파고다 HSK

해설서

6급

실전모의고사

고득점 보장

PAGODA Books

파고다 HSK

6급 실전모의고사 고득점 보장

초판 1쇄 발행 2020년 7월 31일
초판 3쇄 발행 2023년 3월 28일

지 은 이 | 쉬엔메이시, 유지선, 파고다교육그룹 언어교육연구소
펴 낸 이 | 박경실
펴 낸 곳 | **PAGODA Books** 파고다북스
출판등록 | 2005년 5월 27일 제 300-2005-90호
주 소 | 06614 서울특별시 서초구 강남대로 419, 19층(서초동, 파고다타워)
전 화 | (02) 6940-4070
팩 스 | (02) 536-0660
홈페이지 | www.pagodabook.com

ISBN 978-89-6281-854-3(13720)

파고다북스 www.pagodabook.com
파고다 어학원 www.pagoda21.com
파고다 인강 www.pagodastar.com
테스트 클리닉 www.testclinic.com

| 낙장 및 파본은 구매처에서 교환해 드립니다.

★★★
머리말

시험 공부를 위해 학원을 찾아오는 수험생분들과 상담을 하면서 '시험 난이도에 가장 근접하고, 최신 경향이 반영된' 모의고사 문제집을 필요로 한다는 것을 알 수 있었습니다. 새로운 유형으로 실시된 HSK 고급 시험이 10년의 세월을 거치며, 다양한 유형의 문제와 난이도의 시험들이 존재했지만, 집필진은 그 다양함 속에서 출제 경향을 파악했고, 가장 최신 문제들을 완벽히 분석해내어 시험 난이도에 가장 근접하고 최신 경향이 반영된 이 책을 집필하게 되었습니다.

최고 급수인 6급 HSK의 경우, 문제 풀이의 요령과 본인의 기본 중국어 실력 둘 중 한가지 만으로는 완전히 정복하기 어렵기 때문에, 다양한 문제 풀이 연습 뿐 아니라 자세한 설명이 동반되지 않으면 높은 점수를 획득하기 어렵다는 난제를 가지고 있습니다.

이 책은 모의고사라는 형태를 취하면서도, 위와 같은 6급 HSK의 특성에 주목하였습니다. 집필진은 풍부한 시험 경험과 분석을 토대로, 실제 시험과 가장 유사한 난이도로 문제를 구성 하였을 뿐 아니라, 꼼꼼한 해설을 덧붙여 시험을 처음 접하는 수험생 분들도 어려움 없이 접근할 수 있도록 하였습니다.

더불어 빈출어휘 정리를 포함, 수험생 간 실력의 분포가 비교적 넓은 6급 시험을 준비하는 분들께 두루 유용한 내용을 담아내는 데에 힘을 쏟았습니다. 많은 수험생 분들이 어려움을 겪는 쓰기 부분에 대한 접점을 넓히고자 3회를 추가로 준비했으며, 역시 난이도가 높은 독해 1부분에 대해서도 그 구조에 대한 이해를 돕고자 비법노트를 제공하였습니다.

이 책이 지향하는 바는 단 하나, 수험생들의 합격 및 고득점에 대한 기원입니다. HSK 6급 합격은 그 자체가 목적이 아닌, 여러분이 이루어나가고자 하는 궁극적 목표로 나아가는 또 하나의 단계일 것입니다. 집필진은 여러분 각자가 그 단계를 힘차게 내딛으실 수 있도록 심혈을 기울여 집필에 임하였습니다. 저희의 노력이 이 책을 통해 수험생 여러분의 그 발걸음에 조금이라도 기여할 수 있기를 기원합니다.

마지막으로 항상 격려의 말씀을 아끼지 않으시는 박경실 회장님, 고루다 대표님과 이 책을 위해 일선에서 수고해주신 파고다 운영진들께 감사 드리며, 이 책이 세상에 나올 수 있는 가장 큰 동기이자 제일 든든한 후원자인 제자들에게도 감사를 전합니다.

2020. 07
쉬엔레이시 & 유지선

파고다 HSK 6급에 대해 알아보아요

Q 6급의 구성과 시험 시간은 어떻게 되나요?

A HSK 6급은 총 101문항으로 듣기, 독해, 쓰기 3부분으로 나뉘며, 101문항을 약 135분 동안 풀게 됩니다. 듣기 시험을 마치고 나면 답안 작성 시간이 5분 주어집니다.

시험구성		문항 수		배점	시험시간
듣기	제1부분	15	50문항	100점	약 35분
	제2부분	15			
	제3부분	20			
듣기 영역에 대한 답안지 작성 시간					5분
독해	제1부분	10	50문항	100점	50분
	제2부분	10			
	제3부분	10			
	제4부분	20			
쓰기	작문	1문항		100점	45분
총계		101문항		300점	약 135분

- 듣기 시험 시작 전, 응시자 개인 정보를 작성하는 시간(5분)이 주어진다.
- 응시자 개인 정보 작성을 포함한 총 시험 시간은 140분이다.

Q 몇 점이면 합격인가요?

A 총 300점 만점에서 180점 이상이면 합격입니다. 영역별 과락 없이 총점만 180점을 넘으면 6급을 획득할 수 있지만, 성적표에는 영역별로 성적이 모두 표기되기 때문에 점수가 현저히 낮은 영역이 있는 것은 좋지 않습니다.

Q 영역별 배점은 어떻게 되나요?

영역별 배점은 아래와 같습니다. 쓰기영역은 배점이 큰 영역인 만큼 중국어 및 문장부호를 정확하게 쓰는 연습이 필요합니다.

영역	문항 수	한 문제당 배점	총점
듣기	50문항	2점	100점
독해	50문항	2점	100점
쓰기	1문항	100점	100점

Q 얼마나 공부하면 6급을 받을 수 있나요?

A 사람마다 각기 가진 중국어의 기본기와 투자할 수 있는 시간이 다르기 때문에, 한 달, 두 달 이렇게 학습기간을 정하는 것은 무의미합니다. 하지만 일반적으로 5급을 취득한 학습자가 20일 플랜으로 종합서를 통해 기본기를 마스터하고, 모의고사 문제집을 통해 실전문제풀이를 한다면 6급을 취득할 수 있습니다.

Q 기출문제가 중요하나요?

A 기출문제는 문제의 난이도 및 출제경향을 파악하는 가장 중요한 정보이며 자료입니다. 기출문제를 많이 접하게 되면 출제포인트와 빈출 어휘, 빈출 문제유형이 눈에 들어오기 마련입니다. '지피지기면 백전백승'이라고 했듯이, 다량의 기출문제 풀이를 통해 좀 더 빠르게 합격의 길로 들어설 수 있습니다.

Q 6급 시험 난이도는 어떤가요?

A 6급은 HSK 중 가장 높은 급수이기에 결코 쉽다고 할 수 없습니다. HSK 6급 역시 실력을 가늠하는 인증시험이기에 전체 난이도 면에서는 어느 정도 정해진 기준이 있기 마련입니다. 단, 매번 시험마다 각 파트 별로 난이도의 높고 낮음의 변화는 존재하며, 이는 다시 말해 체감 난이도면에서 변화의 폭이 클 수 있음을 시사합니다. 따라서 6급 어휘와 출제 경향 파악 및 기출 문제 풀이로 실력을 쌓아놓는 것이 중요합니다.

목차

모의고사 문제집

모의고사 해설서

HSK 시험소개

HSK란 무엇인가?

汉语水平考试(중국어 능력시험)의 한어병음인 Hànyǔ Shuǐpíng Kǎoshì의 앞 글자를 딴 것으로, 중국어가 제1언어가 아닌 사람이 중국어 능력을 측정하기 위해 만든 표준화 시험이다.

HSK 용도

- 중국 · 한국 대학(원) 입학 · 졸업 시 평가 기준
- 한국 특목고 입학 시 평가 기준
- 각급 업체 및 기관의 채용, 승진을 위한 기준
- 중국 정부 장학생 선발 기준
- 교양 중국어 학력 평가 기준

HSK 각 급수 구성

HSK는 필기시험(HSK 1급~6급)과 회화시험(HSK 초급 · 중급 · 고급)으로 나뉘며, 필기시험과 회화시험은 각각 독립적으로 실시하고 있다. 필기시험은 급수별로, 회화시험은 등급별로 각각 응시할 수 있다.

급수		어휘량
HSK 6급	기존 고등 HSK에 해당	5,000개 이상
HSK 5급	기존 초중등 HSK에 해당	2,500개
HSK 4급	기존 기초 HSK에 해당	1,200개
HSK 3급	중국어 입문자를 위해 신설된 시험	600개
HSK 2급		300개
HSK 1급		150개

HSK 시험 접수

1. 인터넷 접수 HSK 한국사무국 홈페이지(http://www.hsk.or.kr) 에서 접수
2. 우편 접수 **구비 서류** | 응시원서(반명함판 사진 1장 부착) 및 별도 사진 1장, 응시비 입금 영수증
3. 방문 접수 **준비물** | 응시원서, 사진 3장
   접수처 | 서울 공자 아카데미(서울 강남구 테헤란로 5길 24 장연빌딩 2층)
   접수 시간 | 평일 오전 9시 30분 ~12시
   평일 오후 1시 ~ 5시 30분
   토요일 오전 9시 30분 ~ 12시

HSK 시험 당일 준비물

수험표, 신분증, 2B 연필, 지우개

HSK 시험 성적 확인

1. 성적 조회

시험 본 당일로부터 1개월 후 HSK 한국사무국 홈페이지(http://www.hsk.or.kr) 우측의 QUICK MENU에서 **성적조회** ➡ **중국 고시 센터 성적조회 GO** 에서 조회가 가능하다.

입력 정보 | 수험증 번호, 성명, 인증번호

2. 성적표 수령 방법

HSK 성적표는 시험일로부터 45일 이후 발송된다.

우편 수령 신청자의 경우, 등기우편으로 성적표가 발송된다.

방문 수령 신청자의 경우, 홈페이지에서 해당 시험일 성적표 발송 공지문을 확인한 후, 신분증을 지참하여 HSK 한국사무국으로 방문하여 수령한다.

3. 성적의 유효기간

증서 및 성적은 시험일로부터 2년간 유효하다.

HSK 6급
영역별 공략법

	제1부분(第一部分)	제2부분(第二部分)	제3부분(第三部分)
문제 형식	별도의 질문 없이 단문을 듣고 녹음 내용과 일치하는 보기 고르기	700자 정도의 인터뷰를 듣고 이와 관련된 질문에 대한 정답 고르기, 3개의 인터뷰로 구성되며, 한 인터뷰당 5개의 문제가 주어짐	300~400자 정도의 장문을 듣고 이와 관련된 질문에 대한 정답 고르기, 한 지문당 3~4문제가 주어짐
시험 목적	녹음 내용을 이해하고 전체 내용과 관련된 세부 정보를 파악하여 정답을 고를 수 있는지를 테스트	인터뷰의 대상 및 주제와 관련된 세부 정보를 파악하고 해당 전문 용어에 대한 이해도를 테스트	지문의 내용 전개 및 세부 정보를 파악하고, 이해할 수 있는지를 테스트
문항 수	15문항(1~15번)	15문항(16~30번)	20문항(31~50번)
시험 시간	약 35분		

문제는 이렇게 풀어라!

제1부분

Step 1 녹음을 듣기 전 보기를 먼저 살펴보며 지문 유형을 파악하라!

제1부분은 다른 부분에 비해 상대적으로 쉬운 부분이므로 4개의 보기만 미리 살펴보아도 지문이 설명문인지, 논설문인지, 이야기 글인지 파악할 수 있고 지문의 대략적인 내용도 유추할 수 있다.

이야기 글의 보기 예시 (실생활과 밀접한 어휘로 구성)

A 骆驼的眼睑与人类相似
B 骆驼的眼睛有特异功能
C 骆驼的长睫毛可防风沙
D 骆驼的外眼睑是透明的

Step 2 보기에서 핵심어를 찾아 체크해두자!

보기에 반복적으로 제시된 단어라면 녹음에서 중점적으로 언급될 가능성이 크므로 반드시 체크해두어야 한다.

보기 예시

A 骆驼的眼睑与人类相似
B 骆驼的眼睛有特异功能
C 骆驼的长睫毛可防风沙
D 骆驼的外眼睑是透明的

Step 3 처음과 끝을 놓치지 말자!

제1부분은 주로 화자가 설명하거나 주장하고자 하는 것이 무엇인지 파악할 수 있는 첫 문장과 마지막 문장에 정답이 있을 가능성이 크다. 특히 결론을 도출해주는 '所以', '因此', '因而', '这样', '于是' 등이 언급되면 그 부분부터는 집중해서 들어야 한다.

녹음 내용과 정답 예시

许多年后，他觉得自己可以写书了，但提起笔时却连字怎么写都忘了。于是，这个一心想当作家的人，最终只能成为一个书籍收藏家。

정답 : 那个人没有成为作家

제2부분

Step 1 인터뷰의 흐름 파악이 중요하다!

문제는 보통 인터뷰의 흐름에 따라 차례대로 출제되므로 해당 인터뷰의 첫 번째 문제에 제시된 보기를 살펴보며 핵심어를 찾아내고, 이후 문제 번호 순서대로 시선을 옮겨가며 녹음을 듣고 관련 내용이 언급되면 바로 정답으로 체크하는 것이 중요하다.

男：其实最开始就是为了养家糊口，家人也比较认可，我就这么开始了。16 人像摄影与其他类型的不同点应该是主体要以人为主，人物情绪决定环境。

女：您从业这么多年，请问您是怎样理解摄影的呢？

男：人家都说摄影是拍照留念，17 我反倒认为摄影是记录，是为历史拍写真集。

16. 男的认为人像摄影与其他摄影的不同之处在哪儿？
정답：以人为主

17. 문제：男的认为摄影是什么？
정답：时代的记录

Step 2 인터뷰 진행자의 질문이 곧 문제이므로 그의 질문에 귀 기울여라!

대부분의 문제가 인터뷰 진행자의 질문과 동일하다고 할 수 있다. 따라서 인터뷰 하나 당 평균 4~5개로 구성되는 인터뷰 진행자의 모든 질문은 놓치지 말고 듣고, 질문에 대한 답변에서 핵심 내용을 파악한 후 정답을 찾도록 하자.

男：能不能给我们介绍一下您的价值观呢？

女：首先，我很感谢我的父母，他们从小就告诉我，女孩子和男孩子一样，都要好好读书，自食其力。第二，22 人不分贵贱，都是平等的，我绝对不会因为某些人的官位或财富，就用不同的方式去对待他们。

22. 女的坚信什么样的价值观？
정답：平等待人

Step 3 첫 부분과 마지막 부분은 절대 놓치지 말자!

녹음의 첫 시작은 보통 인터뷰 진행자의 인사말이 된다. 그 부분에서 바로 인터뷰 대상자의 개인 정보 및 인터뷰에서 전반적으로 다루게 될 내용을 언급하고 있으며, 마지막 부분에서 향후 계획 및 포부 등을 밝히는 내용이 언급되므로 반드시 집중해서 듣자.

첫 부분 (전반적으로 다루게 될 내용)

女：大家好！今天来到我们演播室的是故宫博物院院长单霁翔。单院长，26 我们知道您在考古、建筑、艺术等多个领域都卓有成就。您能否跟我们谈谈您的治学经历？

26. 男的在哪些领域卓有成就？
정답 : 考古

마지막 부분 (향후 계획, 방향)

男：今后我们将积极探索新的方式，不断增强故宫博物院的文化传播与公众教育职能。30 我们将致力于加强数字化建设，拉近博物馆与公众的距离，让游客可以随时随地地使用移动设备，品鉴故宫展览品，足不出户也能漫游紫禁城，更加便捷轻松地学习历史文化知识，感受故宫博物院的文化氛围。

30. 如何吸引新一代年轻人认识和保护故宫？
정답 : 加强数字化建设

Step 4 메모를 하면서 듣자!

듣기 제2부분에서 인터뷰 대상자의 개인 정보와 관련된 문제는 주로 5개의 문제 중 가장 마지막에 나오지만, 정답은 인터뷰 녹음의 처음이나 중간 부분에 있기 때문에 간단하게 메모를 하면서 듣는 습관을 길러야 한다.

첫 부분 (개인 정보와 관련된 내용)

男：我一直在搞互联网创业，并没特意往文化方面靠，这算是水到渠成吧。20 其实在这之前我先后四次创业，但都以失败告终了。我一直在想，假如能用零散的时间来听点儿东西、学点儿知识，那会是一件很有意义的事。2012年智能手机开始普及，让这个事情成为了可能。

20. 关于男的，下列哪项正确？
정답 : 曾四次创业失败

제3부분

Step 1 매 지문마다 출제되는 문제 수를 체크하라!

듣기 제3부분은 다른 부분과 달리 하나의 지문에 출제되는 문제 개수가 일정하지 않으므로 해당 지문의 문제 범위를 반드시 체크해두어야 혼동하지 않고 문제를 풀 수 있다.

第31到33题**是根据下面一段话** : 31~33번 **문제는 다음 내용에 근거한다**

Step 2 보기를 먼저 살펴보고 지문 유형을 파악하자!

녹음을 듣기 전 보기를 먼저 살펴보면 지문의 유형을 유추할 수 있다. 지문이 어떤 형태인지 또 어떤 내용이 전개될지 대략 예측할 수 있다면 문제 풀이가 보다 쉬워진다는 점을 유념하자.

보기 예시 – 이야기 글 (일상적인 내용)

A 是胆小如鼠的人
B 是不听劝告的人
C 是刚强勇敢的人
D 是诸葛亮的心腹

보기 예시 – 설명문 (특정 대상 언급)

A 新华书店**是西安的新地标**
B 新华书店**有上百年的历史**
C 曲江书城**是复合文化场所**
D 曲江书城**是一个新兴城市**

Step 3 지문 내용의 흐름을 놓치지 말자!

듣기 제2부분과 마찬가지로 대부분의 문제는 지문 내용의 흐름에 따라 순서대로 출제된다. 녹음을 듣기 전 4개의 보기에 제시된 핵심어를 찾은 후 녹음에서 관련 내용이 언급되면 바로 정답으로 체크하는 것이 중요하다.
(단, 주제나 제목을 묻는 문제 혹은 세부 내용의 일치 여부를 판단하는 문제는 내용 전개 순서에 따르지 않는 경우가 많으므로 이 점은 반드시 주의해야 한다.)

	제1부분(第一部分)	제2부분(第二部分)	제3부분(第三部分)	제4부분(第四部分)
문제 형식	보기 4개 중 오류가 있는 문장 1개 찾기	빈칸에 알맞은 어휘 고르기	지문을 읽고 빈칸에 알맞은 문장 채우기	긴 지문을 읽고, 질문에 알맞은 정답 고르기
시험 목적	문장구조 및 어휘의 용법과 의미를 정확하게 파악하고 있는지를 테스트	지문의 문맥을 정확하게 파악하고 유의어, 허사, 고정 어휘, 성어 등에 대한 이해가 있는지를 테스트	지문의 문맥과 내용을 이해하고 문장간의 연결성을 정확하게 파악하고 있는지를 테스트	긴 지문을 시간내에 읽고 지문의 세부 내용, 주제, 제목 등을 파악할 수 있는지를 테스트
문항 수	10문항(51~60번)	10문항(61~70번)	10문항(71~80번)	20문항(81~100번)
시험 시간	50분			

문제는 이렇게 풀어라!

제1부분

Step 1 중국어 어법에 관한 기본적인 지식을 마스터하라!

문장에서 오류를 찾아내려면 중국어의 어법적 특징을 정확히 알고 있어야 한다. 따라서 문장 어순, 문장의 구성 성분, 고정 격식, 특수 문장 등에 관한 기본적인 내용과 형식을 반드시 숙지하도록 하자.

本次活动将以四个传统节日为主题来征集原创诗词。 고정격식
背扇是中国西南地区少数民族妇女们用来背负婴儿的工具，被誉为"妈妈身上的摇篮"。 특수 문장 (被자문)
石门村漫山遍野的油菜花，把来自全国各地的游客吸引了过来。 특수 문장 (把자문)

Step 2 관건은 문장 구조 분석이다!

독해 제1부분에서는 문장 해석을 통해 의미를 파악하지 않고도 문장 구조 분석만으로도 정답을 찾을 수 있는 경우가 많다. 따라서 문장을 주요 성분(주어, 술어, 목적어)과 수식 성분(관형어, 부사어, 보어)으로 나누어 각각의 성분을 표시해가며 그 구조를 분석하는 연습이 매우 중요하다.

这个聪明的	孩子	很快就	听	明白了	我话中的	意思。
관형어	주어	부사어	술어	보어	관형어	목적어

Step 3 자주 출제되는 빈출 유형을 익혀두면 정답이 보인다!

독해 제1부분 문제는 출제되는 유형이 거의 정해져 있으므로 그 출제 포인트만 잘 익혀두면 보다 쉽게 문제를 풀 수 있다. 각 공략 비법에 소개되는 핵심 유형들을 반드시 알아두도록 하자.

1) 增加绿色植被的覆盖率是为了防止水土流失的一种很有效的方法。
불필요한 문장 성분 추가

➡ 增加绿色植被的覆盖率是防止水土流失的一种很有效的方法。

2) 科学家们测算出月球的年龄大约为45亿年左右。
문장 성분 추가로 의미 중복

➡ 科学家们测算出月球的年龄大约为45亿年。
➡ 科学家们测算出月球的年龄为45亿年左右。

3) 老城区规划方案将已通过评审，预计上半年可以开始重建。
문맥상 모순 관계

➡ 老城区规划方案已通过评审，预计上半年可以开始重建。

제2부분

Step 1 확신 있는 빈칸부터 공략하라!

독해 제2부분은 문제 당 3~5개의 빈칸이 주어지는데, 빈칸에 알맞은 단어를 모두 채우지 않더라도 정답을 고를 수 있는 문제가 많다. 따라서 빈칸을 순서대로 풀려고 하기 보다는 본인이 확실히 아는 단어가 있는지 살펴보고 해당 빈칸이 제시된 문장부터 읽고 분석하여 정답을 찾는 것이 더 효과적으로 문제를 풀 수 있는 방법이다.

Step 2 빈칸과 짝을 이루는 것을 찾아라!

4개의 보기에 제시된 단어 간의 차이점을 찾는 것도 중요하지만, 이보다 더 중요한 것은 빈칸 전후의 호응 관계를 파악하는 것이다. 빈칸 앞뒤 내용을 살펴보고 빈칸과 짝을 이루는 단어를 빈칸 주변에서 찾아내도록 하자. 짝을 이루는 단어는 의미상 어울려 쓰이는 것도 있고, 어법상 반드시 함께 쓰여야 하는 것도 있으므로 짝을 이루는 단어만 정확하게 알고 있으면 쉽게 정답을 고를 수 있다.

Step 3 자주 출제되는 빈출 어휘의 의미 및 호응 구조를 반드시 익혀라!

독해 제2부분의 문제는 빈출 어휘의 용법과 의미만 정확히 익혀두더라도 쉽게 정답을 찾을 수 있는 경우가 많다. 이 책의 부록으로 제공되는 주제별 빈출 어휘를 자주 보면서 암기하도록 하자. 6급 필수 어휘 뿐만 아니라 최신 트랜드를 반영한 신조어까지 학습할 수 있다.

제3부분

Step 1 성급하게 보기 내용부터 보지 말고 일단 지문부터 읽어 나가자!

전체적인 글의 흐름을 알지 못하는 상태에서 빈칸이 제시되어 있는 부분만 읽고 정답을 고르려고 하면 오히려 문제 풀이가 더 어려워질 수 있다. 따라서 지문을 처음부터 속독으로 읽어 나가면서 무슨 내용인지 파악하고, 첫 번째 빈칸이 제시된 부분에서 보기를 전체적으로 살펴보자. 그리고 이때 보기 중 키워드가 될 만한 단어를 체크해놓고 빈칸에 들어갈 알맞은 답을 하나씩 선택해나가는 것이 더 빠르고 정확하게 문제를 풀 수 있는 방법이다.

Step 2 확실한 빈칸부터 채워나가자!

빈칸에 들어갈 정답을 확신할 수 없을 경우, 해당 부분을 계속 보고 있지 말고 확실한 빈칸부터 먼저 채우는 전략을 써야 시간을 절약할 수 있다. 4개의 빈칸에 알맞은 답만 정확히 고를 수 있다면 남은 하나의 빈칸에 들어갈 답은 저절로 채워지는 것이므로 문제 풀이에서 빈칸의 순서는 그리 중요하지 않다.

Step 3 본인이 선택한 답이 글의 문맥에 맞는지 빠르게 검토하자!

독해 제3부분은 5개의 문제에 해당하는 정답으로 나열한 보기 순서에서 하나만 잘못되어도 나머지 문제에 영향을 끼칠 가능성이 높아 한꺼번에 많은 점수를 잃게 될 수도 있다. 그러므로 전체 문제를 7~8분 안에 풀고, 본인이 선택한 정답이 전체 글의 내용에 맞는지 빠른 속도로 다시 한 번 체크하도록 하자.

제4부분

Step 1 문제와 보기를 먼저 보고 키워드를 파악한 후 지문을 읽어라!

독해 제4부분은 지문 속독과 이해 능력이 문제 풀이의 관건이다. 5개 지문에 제시되는 20개 문제를 보통 16~18분 안에 풀어야 하므로 모든 지문 내용을 자세히 읽고 해석할 수 없다. 따라서 반드시 문제와 보기를 먼저 읽고 핵심 키워드를 파악한 후 지문에서 그 키워드를 찾아 해당하는 내용을 살펴보며 정답을 선택해야 한다.

Step 2 문제는 대부분 글의 흐름에 따라 출제된다는 점을 유념하라!

문제는 지문의 흐름에 따라 차례대로 출제되는 경우가 많으므로, 그 흐름을 파악하면 지문에서 정답과 관련된 내용을 보다 쉽게 찾아낼 수 있다. 단, 내용의 옳고 그름을 묻는 문제는 지문의 흐름 순서대로 출제되지 않는 경우도 있으므로 이 점은 주의하도록 하자.

Step 3 다양한 글을 많이 접하라!

독해 제4부분은 인물, 사물, 사회, 문화, 역사, 자연, 과학, 경제 등에 관한 다양한 내용을 담은 지문이 출제되므로 평소 여러 유형의 글을 많이 읽는 연습이 필요하다. 특히 중국과 관련된 내용의 지문이 자주 출제되므로 중국에 관한 배경 지식이 있을 경우 지문 내용이 생소하지 않아 쉽게 문제를 풀 수 있는 경우도 많다.

	제1부분(第一部分)
문제 형식	약 1,000자의 지문을 읽고 10분간 읽은 뒤, 35분동안 1,000자의 내용을 400자로 요약하기
시험 목적	주어진 시간내에 지문을 읽고, 지문의 내용을 요약하여 원고지의 활용법에 맞게 요약할 수 있는지를 테스트
문항 수	1문항
시험 시간	45분

문제는 이렇게 풀어라!

Step 1 지문 독해는 10분의 시간을 4분–3분–3분으로 나누어 세 번을 하자!

지문 독해 시간 10분 중 처음 4분 동안은 글의 전체적인 흐름을 파악하며 시간, 장소, 인물, 사건을 꼼꼼하게 체크하자. 이어서 3분 동안에는 단락별로 주된 것과 부차적인 것을 구분하여 이야기의 발단, 전개 과정, 결말에 관한 내용을 기억해두자. 마지막 3분 동안에는 스토리 전개상 핵심이 되는 단어나 문장을 외우도록 하자. 만약 핵심 문장에 너무 어려운 단어가 있을 경우 무작정 외우려고 하지 말고 유사한 의미를 지닌 쉬운 표현으로 바꾸어 외우는 편이 좋다.

Step 2 줄거리 요약은 '기–승–전–결'의 구조대로 하자!

출제되는 지문은 대부분 '기–승–전–결'의 흐름이 명확하고 주제가 분명한 한 편의 서사문(敍事文)이다. 줄거리를 요약할 때는 우선 이야기의 시간적, 공간적 배경 및 등장 인물을 기억하고 각 단락의 키워드를 바탕으로 한 중심 내용을 순서대로 연결하면 어렵지 않게 글을 써낼 수 있다. 요약 시 너무 자세하게 서술된 내용은 과감하게 버리고, 결말 부분에 제시되는 주제 문장은 글의 핵심 내용이므로 이는 반드시 포함시켜야 한다.

Step 3 기본적인 쓰기 테크닉을 익히자!

100점 만점 중 글의 제목에만 배점이 약 10점이므로 제목을 꼭 잊지말고 작성하도록 하자. 지문의 주제와 관련된 단어나 구를 사용하여 제목을 정해야 한다. 또한 원고지와 문장 부호 사용법도 숙지해두어야 하며, 가능한 400자 분량을 채우는 것이 좋다. 이 밖에도 한자 쓰기나 어법 사용 등에서도 기본적인 오류가 발생하지 않도록 주의해야 한다.

✲ 원고지 쓰는 방법은 문법노트에 상세히 나와 있습니다.

이 책의 구성 및 특징

특장점 1

一、听力

第一部分

최신 출제 경향을 반영한 모의고사 5회분 문제집

최근 1~2년간 출제된 문제들을 면밀히 분석해 최신 출제 경향을 완벽히 반영했다.
특히 저자진의 오랜 강의 경력으로 찾아낸 학습자들이 어려워할만한 문제도 적절히 배치해 고득점을 받을 수 있게 구성했다.

특장점 2

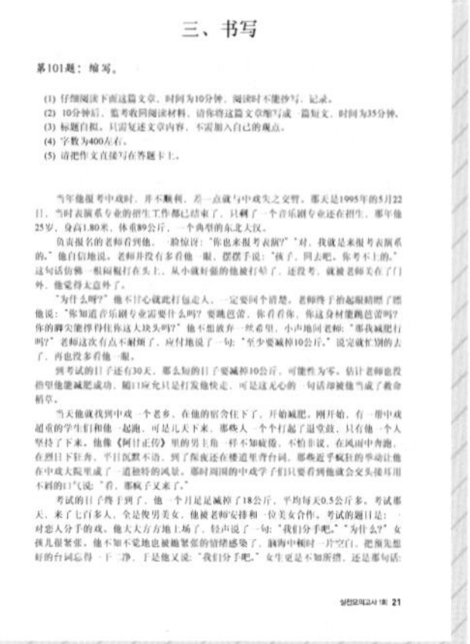

三、书写

고득점의 필수 관문인 쓰기 보강 문제

HSK 6급 시험에서 쓰기는 1문제이지만 배점이 매우 높으므로 잘 준비해야 한다. 문제 비중이 적다는 이유로 자칫 부족할 수 있는 쓰기 훈련을 더 보강할 수 있도록 쓰기 문제 3회분을 별도 제공한다.

특장점 3

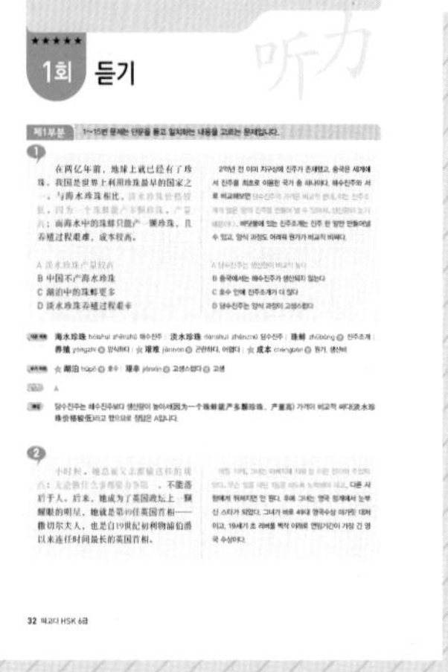

1회 듣기

핵심만 콕 찍은 깔끔한 해설서

문제에 대한 핵심 포인트만 깔끔하게 설명하여 가독성을 높였고, 지문 속 정답이 있는 부분에는 색 처리를 하여 쉽게 답을 찾을 수 있도록 했다.
또한 지문 속 단어를 최대한 상세히 다루었고 6급 어휘에는 ★로 표시해 두었다.

특장점 4

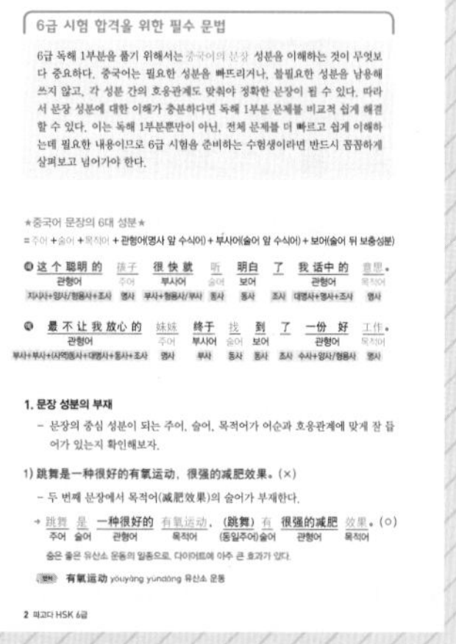

6급 시험 합격을 위한 필수 문법

시험 전 꼭 봐야 할 문법 노트 & 필수 어휘

6급 시험 합격을 위한 필수 문법을 일목요연하게 정리하여 종합서를 따로 보지 않아도 공략비법을 알 수 있게 구성했다. 어휘노트에는 학습자들이 흔히 구할 수 있는 6급 필수어휘 말고도 최신 트렌드를 반영한 신조어, 주제별 단어, 성어 등을 정리해 두었다.

HSK（六级）答题卡

HSK (6급) 답안지 작성법

汉语水平考试　HSK　答题卡

수험생 정보를 써 넣으세요.

请填写考生信息

请按照考试证件上的姓名填写: 수험표상의 영문 성명을 써 넣으세요.

姓名	YU JI SEON

如果有中文姓名，请填写: 중문 성명이 있다면, 써 넣으세요.

中文姓名	庾志先

수험번호를 쓰고 마킹하세요.

考生序号		
	0	■ [1] [2] [3] [4] [5] [6] [7] [8] [9]
	0	■ [1] [2] [3] [4] [5] [6] [7] [8] [9]
	0	■ [1] [2] [3] [4] [5] [6] [7] [8] [9]
	3	[0] [1] [2] ■ [4] [5] [6] [7] [8] [9]
	1	[0] ■ [2] [3] [4] [5] [6] [7] [8] [9]

고사장 정보를 써 넣으세요.

请填写考点信息

고사장 번호를 쓰고 마킹하세요.

考点代码		
	8	[0] [1] [2] [3] [4] [5] [6] [7] ■ [9]
	1	[0] ■ [2] [3] [4] [5] [6] [7] [8] [9]
	5	[0] [1] [2] [3] [4] ■ [6] [7] [8] [9]
	0	■ [1] [2] [3] [4] [5] [6] [7] [8] [9]
	4	[0] [1] [2] [3] ■ [5] [6] [7] [8] [9]
	0	■ [1] [2] [3] [4] [5] [6] [7] [8] [9]
	0	■ [1] [2] [3] [4] [5] [6] [7] [8] [9]

국적 번호를 쓰고 마킹하세요.

国籍		
	5	[0] [1] [2] [3] [4] ■ [6] [7] [8] [9]
	2	[0] [1] ■ [3] [4] [5] [6] [7] [8] [9]
	3	[0] [1] [2] ■ [4] [5] [6] [7] [8] [9]

본인 연령을 쓰고 마킹하세요.

年龄		
	3	[0] [1] [2] ■ [4] [5] [6] [7] [8] [9]
	5	[0] [1] [2] [3] [4] ■ [6] [7] [8] [9]

본인 성별에 마킹하세요.

性别	男 [1]	女 ■

注意　请用2B铅笔这样写: ■ 2B 연필을 사용하여 마킹하세요.

답안 표기 방향에 주의해서 마킹하세요.

一、听力 듣기

제1부분 / 제2부분 / 제3부분

1. [A][B][C][D]	6. [A][B][C][D]	11. [A][B][C][D]	16. [A][B][C][D]	21. [A][B][C][D]
2. [A][B][C][D]	7. [A][B][C][D]	12. [A][B][C][D]	17. [A][B][C][D]	22. [A][B][C][D]
3. [A][B][C][D]	8. [A][B][C][D]	13. [A][B][C][D]	18. [A][B][C][D]	23. [A][B][C][D]
4. [A][B][C][D]	9. [A][B][C][D]	14. [A][B][C][D]	19. [A][B][C][D]	24. [A][B][C][D]
5. [A][B][C][D]	10. [A][B][C][D]	15. [A][B][C][D]	20. [A][B][C][D]	25. [A][B][C][D]
26. [A][B][C][D]	31. [A][B][C][D]	36. [A][B][C][D]	41. [A][B][C][D]	46. [A][B][C][D]
27. [A][B][C][D]	32. [A][B][C][D]	37. [A][B][C][D]	42. [A][B][C][D]	47. [A][B][C][D]
28. [A][B][C][D]	33. [A][B][C][D]	38. [A][B][C][D]	43. [A][B][C][D]	48. [A][B][C][D]
29. [A][B][C][D]	34. [A][B][C][D]	39. [A][B][C][D]	44. [A][B][C][D]	49. [A][B][C][D]
30. [A][B][C][D]	35. [A][B][C][D]	40. [A][B][C][D]	45. [A][B][C][D]	50. [A][B][C][D]

二、阅读 독해

제1부분 / 제2부분 / 제3부분 / 제4부분

51. [A][B][C][D]	56. [A][B][C][D]	61. [A][B][C][D]	66. [A][B][C][D]	71. [A][B][C][D][E]
52. [A][B][C][D]	57. [A][B][C][D]	62. [A][B][C][D]	67. [A][B][C][D]	72. [A][B][C][D][E]
53. [A][B][C][D]	58. [A][B][C][D]	63. [A][B][C][D]	68. [A][B][C][D]	73. [A][B][C][D][E]
54. [A][B][C][D]	59. [A][B][C][D]	64. [A][B][C][D]	69. [A][B][C][D]	74. [A][B][C][D][E]
55. [A][B][C][D]	60. [A][B][C][D]	65. [A][B][C][D]	70. [A][B][C][D]	75. [A][B][C][D][E]
76. [A][B][C][D][E]	81. [A][B][C][D]	86. [A][B][C][D]	91. [A][B][C][D]	96. [A][B][C][D]
77. [A][B][C][D][E]	82. [A][B][C][D]	87. [A][B][C][D]	92. [A][B][C][D]	97. [A][B][C][D]
78. [A][B][C][D][E]	83. [A][B][C][D]	88. [A][B][C][D]	93. [A][B][C][D]	98. [A][B][C][D]
79. [A][B][C][D][E]	84. [A][B][C][D]	89. [A][B][C][D]	94. [A][B][C][D]	99. [A][B][C][D]
80. [A][B][C][D][E]	85. [A][B][C][D]	90. [A][B][C][D]	95. [A][B][C][D]	100. [A][B][C][D]

三、书写 쓰기

101.

不要写到框线以外 테두리 선 밖으로 넘어가지 마세요.

100.

200.

300.

400.

500.

不要写到框线以外 테두리 선 밖으로 넘어가지 마세요.

HSK
6급

실전모의고사 1회

★★★★★

1회 모의고사 듣기 스크립트

大家好！欢迎参加HSK(六级)考试。

大家好！欢迎参加HSK(六级)考试。

大家好！欢迎参加HSK(六级)考试。

HSK(六级)听力考试分三部分，共50题。

请大家注意，听力考试现在开始。

第一部分

第1到15题请选出与所听内容一致的一项。

现在开始第一题：

1

在两亿年前，地球上就已经有了珍珠。我国是世界上利用珍珠最早的国家之一。与海水珍珠相比，淡水珍珠价格较低，因为一个珠蚌能产多颗珍珠，产量高；而海水中的珠蚌只能产一颗珍珠，且养殖过程艰难，成本较高。

2

小时候，她总被父亲灌输这样的观点：无论做什么事都要力争第一，不能落后于人。后来，她成为了英国政坛上一颗耀眼的明星，她就是第49任英国首相——撒切尔夫人，也是自19世纪初利物浦伯爵以来连任时间最长的英国首相。

3

梵净山是中国佛教五大名山之一，山区景色优美，原始生态保存完好，拥有丰富的野生动植物资源，森林覆盖率达95%。2018年7月，梵净山在第42届世界遗产大会上被列入世界自然遗产名录。

4

在影视剧创作中，原作越经典，翻拍的难度就越大。这是因为经典的原作给翻拍剧设了一个极高的参照标准，再加上受到先入为主的心态影响，观众对待翻拍剧的态度一般会更加苛刻，翻拍剧再度成为经典的例子并不多。

5

随着电子商务的快速发展，物流行业从幕后走到了台前，我国也成了名副其实的物流大国。预计一年之内，中国自动化物流系统市场的规模将突破1000亿元，未来几年行业增速有望保持在15%以上。

6

气象局今早公布了第20号台风登陆的时间和路径，并提醒广大广东地区的居民，8月以来，广东接连遭遇台风，务必要提高警惕，时刻关注台风登陆的信息，提前做好各项防范准备，尽量减少不必要的损失。

7

白描又叫白画，原本是中国画的技法名，指单用墨色线条勾描形象而不用渲染烘托的画法。后来被文学界引申为一种文学表现手法，即主要用朴素、简练的文字描写，往往用几个词汇、几句话，就能恰到好处地揭示人物的精神世界。

8

尽管地铁站每天循环播放安全提示，但自动扶梯上的安全事故仍然时有发生。某市地铁管理部门针对这个情况想到了一个妙招，他们让一名小女孩儿录制了安全提示。这段安全提示播放后，事故发生率大大降低，这或许是因为人们更乐意倾听孩子的声音。

9

写简历时，实习经历是需要具体细化的，要写出你所担当的任务，以及起到的作用。比如“2018年3月至8月在某公司实习期间承担某大型超市的消费者调查报告撰写的任务，受到了领导与同事的肯定”等。

10

鱼肉营养丰富，很受人们喜爱，但吃鱼时一定要小心鱼刺，若鱼刺卡在喉咙内，不要用喝醋、大口吃饭这些偏方，可以用勺子压住舌头，用镊子或手指取出。如果鱼刺卡在食道里，则应及时就医。

11

由于认知有限、想象力丰富，幼儿容易产生幼稚、夸张的想法，对事实常有失真的描述，但这并不算是撒谎。因此，父母不必紧张，也不要盲目地批评孩子，应该耐心地引导孩子，让他们学会区分现实和想象。

12

山西平遥古城是我国“保存最为完好的四大古城”之一，因为当地居民相信龟是一种有灵气的动物，所以古城的总体布局就是仿造灵龟的样子而设计的。平遥古城区设计严谨、形体完整，既展现了传统文化的内涵，又具备完善的防御功能。

13

1050年，杭州一带发生灾荒。当时就任杭州太守的范仲淹利用杭州风景秀丽的优势，组织人们修建庙宇，还举行划船比赛。范仲淹号召官员、百姓出游，并亲自到现场游玩。范仲淹用旅游收入赈济灾民，使受灾百姓顺利度过了难关。

14

作为智能家居入口级产品，智能门锁被业内人士视为风口，众多企业纷纷介入智能门锁的研发，然而目前各企业生产的智能门锁产品质量仍然参差不齐，痛点和盲点也比较多，而相关行业标准有望在明年出台。因此，未来智能门锁行业将逐渐规范化。

15

永生花，顾名思义，就是“永不凋谢的鲜花”，它是由新鲜花卉经过一系列复杂工序加工而成的干花。无论是色泽还是手感，永生花都几乎与鲜花无异，且至少可以保存三年。永生花产品自上世纪在德国出现后，就一直受到西方国家白领阶层和上流消费者们的追捧。

第二部分

第16到30题请选出正确答案。

现在开始第16到20题：

第16到20题是根据下面一段采访：

女：今天我们有幸请到了被誉为中国天然气之父的戴金星老师。戴老师您好，您一直从事石油、天然气、地质和地球化学的研究，先给我们介绍一下您最大的成果是什么吧。

男：以往人们认为天然气只跟石油在一起产生，一直没有认识到煤炭层也能生成工业性油和气，所以没有在煤系中去勘探油气。而我们发现了这一点，并提出了在煤系中寻找天然气。现在回想起来，其实也没什么，但在此之前是没有人想到的。

女：真理往往是这样，看似简单，在探寻的过程中却要付出常人无法想象的心血。您肯定也付出了很大的努力，当时您是怎么想到去研究这个课题的呢？

男：当年我从南京大学地质系大地构造专业毕业后，来到江汉油田工作。在那里我发现，无论是在中国还是世界其他国家，几乎都没有系统地全身心投入研究探索天然气的人。于是我决定选择天然气地质和地球化学作为自己的研究目标和方向。后来经过多年的调查研究，我提出了"煤成气理论"概念，推动中国天然气勘探开发走向了黄金时期。

女：您被誉为"天然气之父"，您提出的煤成气理论，在实践中取得了什么效果？

男：上世纪80年代初，我以煤成气理论为依据，先后预测了5个1000亿立方米以上的大气田，最终推动了"西气东输"工程的实施。目前中国天然气70%的储量是根据煤成气理论探测并发现的。我确实对此感到很欣慰。至于"天然气之父"，我真的不敢当，我只不过是把我一生的痴情寄托在了天然气上罢了。

女：如今报考地质专业的学生不多了，原因就是读地质专业毕业后工作艰苦。那么您是如何看待这个问题的？

男：我还是不后悔当年的选择。当年新中国第一代地质勘探科技人员和石油工人白手起家，是最艰苦的。如今我们的石油工业是盈利大户，目前大学毕业生就业难，而读地质专业的就业却很容易，比如西北地区还可以达到百分之百。我希望年轻人前赴后继，继承我们的事业，为祖国寻找更多的能源。

16 男的最大的成果是什么？

17 男的为什么想研究那个课题？

18 男的怎么看"天然气之父"这个称呼？

19 关于中国的地质专业，可以知道什么？

20 根据对话，下列哪项正确？

第21到25题，是根据下面一段采访：

男：您能给我们介绍一下安康科技的基本情况和主营业务吗？

女：我们是一个以创新与科技为驱动的医疗服务组织，我们的愿景是成为中国最大的妇儿医疗集团。我们利用互联网，先在线上推广我们的手机应用，连接医生和用户，然后让医生为我们的用户提供有偿的在线咨询。从去年开始，我们又到线下做实体医疗，也就是安康儿科。为了打造这家诊所我们花了整整一年的时间。线上的服务医生被派到线下来，用户也可以从线上到线下来，这样就形成了一个线上线下的业务体系，给用户一个创新型的服务体验。

男：听说您的团队当中的成员很多都是来自互联网公司的大咖，也有医疗行业的企业高管，那么您认为你们团队的最大优势是什么？

女：其实互联网行业的人跟传统做医疗的人是八竿子打不着的，两个行业相差甚远，因此产生摩擦也是在所难免的。但在过去三年中，安康做到了一个我觉得最值得骄傲的事情，就是大家互相理解、协同配合。我觉得这是因为我们公司有让整个团队协同向前的共同目标，这算是我们团队最大的优势。

男：您肯定在管理上也付出了很大的心血，您能跟我们分享一下您在管理方面的经验吗？

女：第一，应该打造一个学习型的组织，现在的大环境可以用日新月异来形容，因此知识也需要不断地更新，像生物制药、精准医疗，各种各样的新医疗技术都在不断地涌现，我们必须不断去学习，并把理论与实践结合起来。第二就是交叉学习，我们以前培养了一个医生去做销售经理，一方面是他自己感兴趣，另一方面是我们也希望培养出更多跨界的人才，跨界也是我们团队的一大亮点。

男：您曾经说过，创办安康科技的一个目标是想通过互联网来改善中国的就医体验和增进医患之间的信任。要做到这一点，您觉得突破口在哪里呢？

女：我认为是让医生和患者充分地进行沟通。专业的医生加入我们团队以后，我们会让他们每天都有足够的时间去关心每一位患者。医生有足够的时间与患者沟通交流，这样彼此的信任自然就提高了。另外还会不断去强化和培养我们的医疗力量，保证我们的用户体验和服务质量。

21 关于安康科技，可以知道什么？

22 “八竿子打不着”指的是什么意思？

23 在团队管理方面，女的有什么经验？

24 安康科技是怎么增进医患信任的？

25 根据对话，下列哪项正确？

第26到30题，是根据下面一段采访：

女：今天我们非常有幸请到了中国橙王褚时健先生！褚先生，许多人对您70多岁决定种橙子感到好奇，因为橙子好几年才能结果，见效很慢，您为什么不选择其他见效更快的事呢？

男：人生百年！几年的时间怎么能说见效慢呢？我认为只要看准一条路，就应该做下去。人生很多事都不是一条直线，没有什么捷径可走，不能梦想一夜成功。

女：您此前在农业方面几乎没有任何经验，为何认为自己能超越有经验的农民和有知识的农业专家？有没有想过种橙子会失败？

男：那是应该想的，一件事一点儿不懂的话，我不会干。种橙子之前我学了很多有关的知识，有了十足的把握才敢开始干。我重点考察了水果市场，发现外地运来的冰糖橙很贵，本地的便宜，但产量少，所以我才开始想，我肯定能搞成这件事。

女：有人说您这12年来种橙子是触底反弹，您怎么看？

男：跌得越低，反弹力就越大。

女：那您触底反弹的秘诀是什么？

男：做任何事都要打好基础，种橙子的人不少，但像我这样种好上千亩的还不多见。我觉得是因为我农业基础打得好。有的人来我的果园看了一下，回去立马就搞几千亩的果园。但这样到后面是会碰钉子的。像今年我们碰到的难关十几年没遇过，连续高温一个多月，果子都被晒掉了。但我们的五条管道从对面的大山过来，就保障了果园用水，产量几乎没受什么影响。别的果园没想到这一点，损失都很大。

女：在您看来现在对年轻人来说机会还多吗？

男：国家的未来始终是年轻人的。现在很多年轻人最大的问题是只想一夜暴富，而不愿意坚持到底，容易轻言放弃，这是不行的。要有耐心，坚持下去。方法是一点点摸索出来的，多试几次，找到方法就有了机会。

26 人们为什么会对男的选择种橙子创业感到好奇？

27 “人生很多事不是一条直线”，这句话指的是什么意思？

28 男的重点考察了什么？

29 男的触底反弹的秘诀是什么？

30 对于青年人创业，男的有什么建议？

第三部分

第31到50题请选出正确答案。

现在开始第31到33题：

第31到33题是根据下面一段话：

5月18日“国际博物馆日”当天，三星堆博物馆正式发布“古蜀萌娃”表情包。这款表情包一推出就走红了社交媒体，它以三星堆青铜面具为原型，原本一脸严肃的青铜面具突然化身喜怒哀乐皆具的“古蜀萌娃”，再配上各种人们比较熟悉的四川方言，形象生动可爱。三星堆博物馆负责人表示：“目前，青少年已成为博物馆“新公众”的主力军，微信“古蜀萌娃”表情包可以增加博物馆与“新公众”的互动，让三星堆文化更生动活跃。”至于为什么要融进四川话元素，一是因为四川话比较有特色，另一方面是因为三星堆文化代表着古蜀国的文明，这些青铜面具就是最古老的四川人的化身，让最古老的蜀国人说话，当然应该说四川话。

31 古蜀萌娃表情包是哪天发布的？

32 古蜀萌娃表情包有什么特点？

33 三星堆博物馆为什么要推出古蜀萌娃表情包？

第34到36题是根据下面一段话：

独处并非任何人都具备的能力，善于独处也并不意味着不再感到寂寞。人在寂寞时有三种状态：第一种是惶惶不可终日、坐立不安，一心想要摆脱寂寞；第二种是习惯于寂寞，静下心来看看书、写写日记或做别的事情来驱逐寂寞；第三种是让寂寞本身成为一片世外桃源，并引发出人们关于存在和生命的深度思考。具备独处能力指的正是后两种状态，即能安于寂寞并具有生产力。

从心理学的观点来看，人之所以需要独处，是为了进行内在的整合。唯有经过这一整合的过程，自我也才能成为一个既独立又健康的系统。所以有无独处能力，关系到一个人能否真正形成一个相对完整的内心世界。只习惯于与别人共处，一旦独处就难受得要命的人终究是肤浅的。人必须学会倾听自己的心声，自己与自己交流，这样才能逐渐形成一个较有深度的内心世界。

34 下列哪项是人在寂寞时的第一种状态？

35 从心理学上讲，人为什么需要独处？

36 关于独处能力，可以知道什么？

第37到39题是根据下面一段话：

在劳动实践中，老百姓总结出了很多气象谚语，比如人们常说“鱼跳水雨要来，满天星明天晴”。那么为什么如果当天晚上的星星又多又亮，第二天就会是个大晴天呢？原来，当空中云层较厚时，星星会被遮住一部分，同时星星发出的光还会被云层反射和吸收一部分。因此从地面望过去，星星就会显得比较稀少。相反，如果空中云层较薄，我们的肉眼能看到的星星就比较多。夏季中国陆地的天气稳定性较强，所以如果我们在夏天的晚上看到很多星星，也就说明天上的云彩比较少，那么基本可以判断第二天会是晴空万里。但是有人说“星星越多第二天越热”，这种说法就不太准确了，因为影响气温的因素很多，各地的自然条件也不同，因此不能轻易下结论。

37 晚上星星多预示着什么？

38 夏季中国陆地的天气有什么特点？

39 根据这段话，下列哪项正确？

第40到43题是根据下面一段话：

综艺节目《奇遇人生》在某影视评论网站上好评如潮，成为了人们关注的焦点。它是国内首档明星纪实真人秀节目，主持人阿雅与十位明星好友，在全球范围内分别展开十次旅行。每一次行程，都是关乎心灵与人生的体验之旅。体验不同的生活，探索不一样的自己。首期节目是前往景色优美的赞比亚，访问著名的非洲大象孤儿院，这集的宗旨是让人们反思生命。第二集是到美国中西部的龙卷风走廊去追风，这个主题与大自然有关。值得一提的是，《奇遇人生》没有剧本，摄影镜头直接记录了明星在途中遭遇意外事件时的真实反应。该节目的导演赵琦说：“每次出去，大家都要面对很多未知的情况，这正是这档节目的乐趣所在，与其说这是一档综艺节目，不如说是一部令人深思的纪录片。但节目又抛弃了纪录片特有的解说部分，仅靠场景的变化和人物的对话来推动情节，看着看着，观众往往会被深深地吸引、被打动，甚至会不由自主地忘记自己是在看一档综艺节目。”

40 关于该节目，可以知道什么？

41 前两集节目的主题分别是什么？

42 导演认为该节目最大的乐趣是什么？

43 关于该节目下列哪项是错误的？

第44到47题是根据下面一段话：

我们知道在过去，海外之地称为“番”，很多从国外引进的物种都被冠以“番”字，如番茄。而甘薯之所以又被称为“番薯”，也是因为它是海外引进的。相传明朝万历年间，一位名叫陈振龙的福建商人到菲律宾经商，陈振龙很快便发现了一种可与五谷媲美的食物甘薯，这种食物不仅耐旱、易活，而且产量大。当时中国生产力低下，农民食不果腹。于是，陈振龙便下决心将这种食物带回中国种植。但由于当地海关严格限制甘薯出口，陈振龙不顾当地西班牙殖民政府不准带甘薯出境的禁令，将薯藤藏在了船中。陈振龙历尽万难，终于成功地将薯藤带回了老家福建。甘薯的种植不太受气候的影响，他一试种便成功了，老百姓们也纷纷试种，没过多久，甘薯便在全国推广开来。陈振龙把甘薯引入我国，改善了我国农作物的结构和老百姓的食谱，甘薯从此成为了人们饭桌上的重要食物。甘薯的传入使当时中国的饥荒问题得到很大程度上的缓解，陈振龙也因此而被后人称为“甘薯之父”。

44 甘薯为什么又叫“番薯”？

45 根据这段话，甘薯有什么特点？

46 甘薯的传入给当时的中国带来了什么改变？

47 根据这段话，下列哪项正确？

第48到50题是根据下面一段话：

荧光海是一种有趣的生物发光现象。近日，秦皇岛的一处海滩就出现了一片美丽的蓝色荧光。从照片上看如梦如幻，甚为迷人。但这些荧光的真相却远没有图片上那么唯美，其实它是海洋被污染的一种标志。这些发光体是一种微小生物——夜光虫。夜光虫并不是昆虫，而是藻类，属于甲藻的一种。如果温度和氧气含量适宜，夜光虫便会大量繁殖，当掀起海浪或海水被人为搅动时，它们就会发出蓝色的光。海水温度升高、氮磷钾含量增多等原因，促使藻类大量繁殖，这导致了蓝色荧光海现象的频发。甲藻大量的繁殖、死亡和分解，会大量消耗水体中的氧气，造成其他海洋生物窒息死亡，严重威胁海水养殖产业。所以，如果某地区出现了蓝色荧光海现象，这说明这里的海水有可能已经被污染了，有关部门应该及时加强水质监测，查明发生原因，并对可能出现的环境风险做好相应准备。

48 关于夜光虫可以知道什么？

49 蓝色荧光海现象频发的原因是什么？

50 出现蓝色荧光海现象后应该注意什么？

★★★★★

1회 모의고사 정답

➔ 문제집 p. 3

一、听力

第一部分

1. A	2. B	3. A	4. D	5. B	6. B	7. B	8. D	9. A	10. C
11. C	12. A	13. B	14. B	15. D					

第二部分

16. C	17. C	18. B	19. C	20. B	21. C	22. C	23. B	24. C	25. C
26. A	27. B	28. A	29. B	30. A					

第三部分

31. A	32. B	33. B	34. A	35. C	36. D	37. C	38. A	39. B	40. C
41. A	42. C	43. B	44. B	45. D	46. D	47. C	48. A	49. B	50. C

二、阅读

第一部分

51. A	52. B	53. B	54. C	55. C	56. D	57. D	58. D	59. B	60. A

第二部分

61. D	62. A	63. C	64. B	65. D	66. A	67. A	68. A	69. C	70. D

第三部分

71. B	72. E	73. D	74. C	75. A	76. C	77. E	78. A	79. D	80. B

第四部分

81. C	82. B	83. B	84. A	85. B	86. C	87. C	88. C	89. A	90. B
91. C	92. D	93. B	94. C	95. D	96. D	97. B	98. C	99. C	100. D

三、书写

101.

功夫不负有心人

当年他报考中戏时，并不顺利。当时表演系已经招完生了，只剩了一个音乐剧专业还在招生。负责报告的老师说他肯定考不上，让他回去。他感到非常意外。他问老师为什么说他考不上，老师直截了当地说他太胖了，至少要减掉10公斤才行，说完老师就走了。

到考试的日子还有30天，那么短的日子要减掉10公斤，可能性为零。可是他在一个老乡的宿舍里住下来，从那天开始减肥。刚开始，有几个很胖的学生和他一起减肥，但是几天下来，他们都半途而废了，只有他一个人一直坚持下来了。他白天锻炼，晚上背台词，当时别的同学看到他都说他是疯子。

考试的日子到了，他一共减了18公斤。考试那天，老师让他和一个美女合作，演一对恋人分手的戏。但是因为那个美女很紧张，所以他也被感染了，把想好的台词忘得一干二净。他考砸了。当他失望地走出考场时，一位老师却叫住了他，说再给他一次机会。

原来，第一次报名时老师就注意到了他，但是他确实太胖了。看到他减肥成功了，老师觉得也应该再给他一次机会。那一次，700人的考生只录取了他一个人，他就是中国实力派演员孙红雷。

★★★★★

1회 듣기

제1부분 1~15번 문제는 단문을 듣고 일치하는 내용을 고르는 문제입니다.

1

在两亿年前，地球上就已经有了珍珠。我国是世界上利用珍珠最早的国家之一。与海水珍珠相比，淡水珍珠价格较低，因为一个珠蚌能产多颗珍珠，产量高；而海水中的珠蚌只能产一颗珍珠，且养殖过程艰难，成本较高。

2억년 전 이미 지구상에 진주가 존재했고, 중국은 세계에서 진주를 최초로 이용한 국가 중 하나이다. 해수진주와 서로 비교해보면 담수진주의 가격은 비교적 싼데, 이는 진주조개가 많은 알의 진주를 만들어 낼 수 있어서, 생산량이 높기 때문이다. 바닷물에 있는 진주조개는 진주 한 알만 만들어낼 수 있고, 양식 과정도 어려워 원가가 비교적 비싸다.

A 淡水珍珠产量较高
B 中国不产海水珍珠
C 湖泊中的珠蚌更多
D 淡水珍珠养殖过程艰辛

A 담수진주는 생산량이 비교적 높다
B 중국에서는 해수진주가 생산되지 않는다
C 호수 안에 진주조개가 더 많다
D 담수진주는 양식 과정이 고생스럽다

지문 어휘 **海水珍珠** hǎishuǐ zhēnzhū 해수진주 | **淡水珍珠** dànshuǐ zhēnzhū 담수진주 | **珠蚌** zhūbàng 명 진주조개 | **养殖** yǎngzhí 동 양식하다 | ☆**艰难** jiānnán 형 곤란하다, 어렵다 | ☆**成本** chéngběn 명 원가, 생산비

보기 어휘 ☆**湖泊** húpō 명 호수 | **艰辛** jiānxīn 형 고생스럽다 명 고생

정답 A

해설 담수진주는 해수진주보다 생산량이 높아서(因为一个珠蚌能产多颗珍珠，产量高) 가격이 비교적 싸다(淡水珍珠价格较低)라고 했으므로 정답은 A입니다.

2

小时候，她总被父亲灌输这样的观点：无论做什么事都要力争第一，不能落后于人。后来，她成为了英国政坛上一颗耀眼的明星，她就是第49任英国首相——撒切尔夫人，也是自19世纪初利物浦伯爵以来连任时间最长的英国首相。

어릴 적에, 그녀는 아버지에 의해 늘 이런 생각이 주입되었다. 무슨 일을 하던 1등을 하도록 노력해야 하고, 다른 사람에게 뒤처지면 안 된다. 후에 그녀는 영국 정계에서 눈부신 스타가 되었다. 그녀가 바로 49대 영국수상 마가릿 대처이고, 19세기 초 리버풀 백작 이래로 연임기간이 가장 긴 영국 수상이다.

A 她成了英国第一夫人
B 父亲教育她要力争第一
C 撒切尔夫人是演艺明星
D 父亲最终成了政坛明星

A 그녀는 영국의 퍼스트레이디이다
B 아버지는 그녀가 1등이 되기 위해 노력하도록 교육했다
C 대처 부인은 연예계 스타이다
D 아버지는 결국 정계의 스타가 되었다

지문 어휘 **灌输** guànshū 동 (지식 따위를) 주입하다 | ☆**力争** lìzhēng 동 매우 노력하다, 힘쓰다 | **落后于** luòhòuyú ~에 뒤처지다 | **政坛** zhèngtán 명 정계, 정치계 | ☆**耀眼** yàoyǎn 형 눈부시다 | **首相** shǒuxiàng 명 수상 | **撒切尔** Sāqiè'ěr 고유 마가릿 대처(인명) | **世纪** shìjì 명 세기 | **利物浦** Lìwùpǔ 고유 리버풀(인명) | **伯爵** bójué 명 백작 | **连任** liánrèn 동 연임하다

보기 어휘 **第一夫人** dìyī fūrén 명 퍼스트 레이디 | **演艺** yǎnyì 명 연예 | **最终** zuìzhōng 명 결국

정답 B

해설 마가릿 대처의 아버지는 그녀가 어릴 적에 무슨 일을 하더라도 1등을 하기 위해 노력하도록 주입했고(小时候，她总被父亲灌输这样的观点，无论做什么事都要力争第一), 그녀는 결국 정계 스타가 되었다(她成为了英国政坛上一颗耀眼的明星)고 했으므로 정답은 B입니다.

3

梵净山是中国佛教五大名山之一，山区景色优美，原始生态保存完好，拥有丰富的野生动植物资源，森林覆盖率达95%。2018年7月，梵净山在第42届世界遗产大会上被列入世界自然遗产名录。

판징산은 중국 오대 불교 명산 중 하나로, 산의 경치가 아름답다. 원시 생태 보존이 완벽하고, 풍부한 야생 동식물자원을 가지고 있으며, 삼림 면적 비율이 95%에 이른다. 2018년 7월, 판징산은 제42회 세계유산위원회에서 세계 자연유산으로 등재되었다.

A 梵净山自然风光迷人
B 梵净山海拔达2000米
C 梵净山将申请世界遗产
D 梵净山佛教寺庙较多

A 판징산의 자연 경치가 매력적이다
B 판징산의 해발은 2000미터에 이른다
C 판징산은 세계유산의 등재를 신청할 것이다
D 판징산에는 불교 사원이 비교적 많다

지문 어휘 **梵净山** Fànjìngshān 고유 판징산(국가급 자연보호구역인 관광지) | **佛教** Fójiào 명 불교 | **森林覆盖率** sēnlín fùgàilǜ 산림점유율, 삼림면적비율 | ☆**覆盖** fùgài 동 가리다, 덮다 | **世界遗产大会** shìjiè yíchǎn dàhuì 세계유산위원회(The world heritage committee, WHC) | **世界自然遗产** shìjiè zìrán yíchǎn 세계자연유산 | **列入名录** lièrù mínglù 명단에 오르다

보기 어휘 ☆**风光** fēngguāng 명 경치 | ☆**迷人** mí rén 형 매력적이다 | ☆**海拔** hǎibá 명 해발 | **申请** shēnqǐng 동 신청하다 | ☆**寺庙** sìmiào 명 사원

정답 A

해설 판징산은 경치가 아름답고(梵净山山区景色优美), 야생 동식물 자원이 풍부하여(拥有丰富的野生动植物资源) 세계자연유산에 등재되었다고 했으므로 정답은 A입니다.

4

在影视剧创作中，原作越经典，翻拍的难度就越大。这是因为经典的原作给翻拍剧设了一个极高的参照标准，再加上受到先入为主的心态影响，观众对待翻拍剧的态度一般会更加苛刻，翻拍剧再度成为经典的例子并不多。

A 影视剧创作应该统一
B 翻拍剧往往更受欢迎
C 观众对翻拍剧的宽容度高
D 经典作品往往不容易翻拍

영화나 드라마를 창작하는 과정에서 원작이 명작일수록 리메이크하는 어려움이 더 커진다. 이것은 명작인 원작이 리메이크작에게 너무 높은 참조기준이 되었고, 게다가 선입견에 사로잡혀있는 심리적 영향을 받아 관중들도 리메이크작에 대한 시선이 일반적으로 더욱 까다롭기 때문에, 리메이크작이 다시 한 번 명작이 되는 예는 그다지 많지 않다.

A 영화 드라마 창작은 마땅히 통일해야 한다
B 리메이크작은 종종 더욱 인기가 많다
C 관중은 리메이크작에 대해 매우 관용적이다
D 명작은 흔히 리메이크하기 쉽지 않다

지문 어휘 **经典** jīngdiǎn 명 명작, 경전, 고전 | **翻拍** fānpāi 리메이크하다 | **参照标准** cānzhào biāozhǔn 참조기준 | **先入为主** xiān rù wéi zhǔ 성어 선입관에 사로잡히다 | **苛刻** kēkè 형 (조건·요구 등이) 너무 지나치다, 가혹하다 | **再度** zàidù 명 두 번째, 재차

보기 어휘 **受欢迎** shòu huānyíng 환영을 받다, 인기가 있다 | ★**宽容** kuānróng 동 관대하다, 너그럽게 받아들이다 | **宽容度** kuānróngdù 관용도

정답 D

해설 원작이 명작일수록 리메이크하는 어려움이 더 커진다(原作越经典，翻拍的难度就越大)고 했으므로 정답은 D입니다.

5

随着电子商务的快速发展，物流行业从幕后走到了台前，我国也成了名副其实的物流大国。预计一年之内，中国自动化物流系统市场的规模将突破1000亿元，未来几年行业增速有望保持在15%以上。

A 电子商务产业是幕后英雄
B 中国物流市场前景可观
C 物流推动了电子商务的发展
D 中国物流系统尚不成熟

전자상거래의 빠른 발전에 따라, 물류 업종이 무대 뒤에서 무대 앞으로 나오게 되었고, 중국도 명실상부한 물류 대국이 되었다. 1년 안에 중국 자동화 물류 시스템의 시장 규모는 장차 1000억 위안을 돌파해, 앞으로 몇 년간 업계의 성장속도가 15% 이상을 유지할 가능성이 있다고 예측된다.

A 전자상거래 산업은 숨은 영웅이다
B 중국 물류 시장은 전망이 밝다
C 물류는 전자상거래의 발전을 촉진시켰다
D 중국의 물류 시스템은 아직 미숙하다

지문 어휘 **电子商务** diànzǐ shāngwù 전자상거래 | **幕后** mùhòu 명 배후, 막후 | **台前** táiqián 명 무대 앞 | ★**名副其实** míng fù qí shí 성어 명실상부하다, 명성과 실제가 부합되다 | **规模** guīmó 명 규모 | **有望** yǒuwàng 형 유망하다, 가능성이 있다, 희망적이다

보기 어휘 **幕后英雄** mùhòu yīngxióng 숨은 영웅 | ★**可观** kěguān 형 대단하다, 굉장하다 | **系统** xìtǒng 명 시스템, 체계 | **尚** shàng 부 아직

정답 B

해설 중국의 물류 업종은 앞으로 몇 년간 성장 속도를 15% 이상 유지할 전망(未来几年行业增速有望保持在15%以上)이라는 내용으로 미루어보아 중국 물류 시장의 전망이 밝다는 것을 알 수 있으므로 정답은 B입니다.

6

气象局今早公布了第20号台风登陆的时间和路径，并提醒广大广东地区的居民，8月以来，广东接连遭遇台风，务必要提高警惕，时刻关注台风登陆的信息，提前做好各项防范准备，尽量减少不必要的损失。

A 夏季灾害天气频发
B 广东居民要防范台风
C 广东自古便灾难不断
D 台风登陆路径突然改变

기상청은 오늘 아침 제 20호 태풍이 상륙하는 시간과 경로를 발표하며 많은 광둥지역 주민들의 주의를 환기시켰다. 8월 이래로 광둥에 태풍이 연달아 오고 있으니 반드시 경각심을 높여야 하고, 늘 태풍 상륙 정보를 주시하며 만반의 준비를 하여 되도록 불필요한 손실을 줄여야 한다.

A 여름에 재해 날씨가 자주 발생한다
B 광둥 주민은 태풍을 방비해야 한다
C 광둥은 예로부터 재난이 끊이지 않는다
D 태풍 상륙 경로가 갑자기 바뀌었다

지문 어휘 **气象局** qìxiàngjú 기상청 | **公布** gōngbù 동 공개적으로 발표하다 | ☆**台风** táifēng 명 태풍 | ☆**登陆** dēng lù 동 상륙하다 | **路径** lùjìng 명 경로 | **广大** guǎngdà 형 (사람 수가) 많다 | ☆**接连** jiēlián 부 연이어 | ☆**遭遇** zāoyù 동 (적·불행·재해나 순조롭지 않은 일을) 만나다 | ☆**务必** wùbì 부 반드시 | ☆**警惕** jǐngtì 명 경계 동 경계하다 | **时刻** shíkè 부 시시각각, 항상 | **防范** fángfàn 동 방비하다, 대비하다 | **尽量** jǐnliàng 부 가능한 한, 되도록 | **损失** sǔnshī 명 손해 동 손해 보다

보기 어휘 **灾害** zāihài 명 재해 | **频发** pínfā 동 빈번히 발생하다 | **自古** zìgǔ 부 예로부터 | **不断** búduàn 동 끊임없다

정답 B

해설 기상청은 제 20호 태풍의 상륙시간과 경로를 발표하며(气象局今早公布了第20号台风登陆的时间和路径) 광둥지역 주민들이 사전에 만반의 준비를 해야 한다(提醒广大广东地区的居民，提前做好各项防范准备)고 했으므로 정답은 B입니다.

7

白描又叫白画，原本是中国画的技法名，指单用墨色线条勾描形象而不用渲染烘托的画法。后来被文学界引申为一种文学表现手法，即主要用朴素、简练的文字描写，往往用几个词汇、几句话，就能恰到好处地揭示人物的精神世界。

백묘는 백화라고도 부른다. 원래 중국화의 기법 이름으로, 바림으로 돋보이게 하는 화법이 아닌, 묵색 선만을 사용해서 형상의 윤곽을 그리는 것을 가리킨다. 이것은 후에 문학계에서 문학 표현 수법으로 새롭게 파생되었다. 즉 소박하고 간결한 문자를 주로 사용해 묘사하는 것인데, 종종 몇 개의 어휘와 구절을 사용하면 매우 적절하게 인물의 정신 세계를 나타낼 수 있다.

A 中国文学博大精深
B 白描注重文字简练
C 白描技法始于文学界
D 中国画善于表现意境

A 중국 문학은 넓고 심오하다
B 백묘는 문자의 간결함을 중시한다
C 백묘 기법은 문학계에서 시작되었다
D 중국화는 예술적 정취를 매우 잘 표현한다

지문 어휘 **白描** báimiáo 명 백묘, 소묘(먹으로 진하게 선만을 그리는 화법) | **白画** báihuà 명 백화 | **技法** jìfǎ 명 기법 | **单用** dānyòng 동 한 가지로만 사용하다 | **墨色** mòsè 명 묵색, 아주 검은 빛 | **线条** xiàntiáo 명 (그림의) 선 | **勾描** gōumiáo 동 윤곽을 그리다, 묘사하다 | **形象** xíngxiàng 명 (문학 작품에서의) 형상 형 구체적이다 | **渲染** xuànrǎn 동 바림하다, 선염하다(동양화에서 화면에 물을 칠하여 마르기 전에 붓을 대어 몽롱하고 침중한 예술적 효과를 나타내는 기법) | **烘托** hōngtuō 동 묵(墨)이나 엷은 색으로 윤곽을 바림해서 형체를 두드러지게 하다, 돋보이게 하다 | **引申** yǐnshēn 동 다른 뜻을 이끌어내다, 원래 뜻에서 파생된 뜻이 생기다 | ★**朴素** pǔsù 형 소박하다, 수수하다 | **简练** jiǎnliàn 형 간결하고 세련되다 | **词汇** cíhuì 명 어휘 | **描写** miáoxiě 동 묘사하다 | ★**恰到好处** qià dào hǎo chù 성어 꼭 알맞다 | **揭示** jiēshì 동 드러내어 보이다

보기 어휘 ★**博大精深** bó dà jīng shēn 성어 사상·학식이 넓고 심오하다 | ★**注重** zhùzhòng 동 중시하다 | **善于** shànyú 동 ~을(를) 잘하다 | **意境** yìjìng 명 (문예작품에서 표현된) 예술적 정취, 분위기

정답 B

해설 백묘는 원래 중국화의 기법 이름이지만(原本是中国画的技法名) 후에 문학계에서 소박하고 간결한 문자를 주로 사용해 묘사하는 일종의 문학 표현 수법으로 새롭게 파생되었다(后来被文学界引申为一种文学表现手法，即主要用朴素、简练的文字描写)고 했으므로 정답은 B입니다.

8

尽管地铁站每天循环播放安全提示，但自动扶梯上的安全事故仍然时有发生。某市地铁管理部门针对这个情况想到了一个妙招，他们让一名小女孩儿录制了安全提示。这段安全提示播放后，事故发生率大大降低，这或许是因为人们更乐意倾听孩子的声音。

비록 지하철역에서 매일 안전 안내 방송을 반복하지만 에스컬레이터의 안전사고는 여전히 자주 발생한다. 모 시의 지하철 관리부처는 이런 상황을 겨냥해 묘책 한 가지를 생각해 냈다. 그들은 어린 여자아이가 안전수칙을 녹음하게 했는데, 이 안전수칙이 방송된 후, 사고 발생률은 크게 떨어졌다. 이는 아마도 사람들은 아이 목소리를 경청하는 것을 더욱 달가워하기 때문인 것 같다.

A 乘坐地铁要遵守秩序
B 自动扶梯运行速度过快
C 成人应照顾好随同孩子
D 女孩儿录安全提示很有效

A 지하철을 탈 때에는 질서를 지켜야 한다
B 에스컬레이터 운행속도가 지나치게 빠르다
C 성인은 동반한 아이를 잘 보살펴야 한다
D 여자 아이가 녹음한 안전 수칙은 매우 효과가 있다

지문 어휘 ★**循环** xúnhuán 동 순환하다 | **播放** bōfàng 동 방송하다 | ★**提示** tíshì 명 안내, 힌트, 도움말 동 일러 주다, 힌트를 주다 | **自动扶梯** zìdòng fútī 명 에스컬레이터 | **时有** shíyǒu 자주, 늘, 심심찮게 | **某** mǒu 대 모, 어떤 | **针对** zhēnduì 동 겨누다, 겨냥하다 | **妙招** miàozhāo 명 묘책, 묘수 | **录制** lùzhì 동 녹음 제작하다 | ★**乐意** lèyì 동 ~하는 것을 달가워하다, 기꺼이 ~하다 | ★**倾听** qīngtīng 동 경청하다

보기 어휘 遵守 zūnshǒu 동 준수하다 | 秩序 zhìxù 명 질서 | ★运行 yùnxíng 동 운행하다 | 随同 suítóng 동 동반하다

정답 D

해설 한 시(市)의 지하철 관리 부처에서 여자 아이가 안전수칙을 녹음하도록 했는데(他们让一名小女孩儿录制了安全提示), 이 안전수칙이 방송된 후 사고 발생률이 크게 떨어졌다(这段安全提示播放后，事故发生率大大降低)고 했으므로 정답은 D입니다.

9

写简历时，实习经历是需要具体细化的，要写出你所担当的任务，以及起到的作用。比如"2018年3月至8月在某公司实习期间承担某大型超市的消费者调查报告撰写的任务，受到了领导与同事的肯定"等。

A 实习经历要详尽
B 实习可以积累经验
C 写简历前必须实习
D 实习的作用很重要

이력서를 쓸 때 실습 경험은 구체적으로 세분화해야 하고, 당신이 맡은 임무와 역할을 써야 한다. 예를 들면 '2018년 3월에서 8월까지 어느 회사 실습 기간에 어떤 대형 마트의 소비자 조사 보고서 작성의 임무를 맡아서 상사와 동료의 인정을 받았다' 등이다.

A 실습경험은 상세해야 한다
B 실습은 경험을 쌓을 수 있다
C 이력서 작성 전에 반드시 실습을 해야 한다
D 실습의 역할은 매우 중요하다

지문 어휘 简历 jiǎnlì 명 약력, 이력서 | 具体 jùtǐ 형 구체적이다 | 细化 xìhuà 동 세분화하다 | 担当 dāndāng 동 담당하다, 맡다 | 起作用 qǐ zuòyòng 역할을 하다, 작용을 하다 | 承担 chéngdān 동 담당하다, 맡다 | 撰写 zhuànxiě 동 문장을 쓰다, 짓다

보기 어휘 详尽 xiángjìn 형 상세하고 빠짐없다

정답 A

해설 이력서를 쓸 때 실습 경험을 구체적으로 세분화하라(写简历时，实习经历是需要具体细化的)고 했으므로 정답은 A입니다.

10

鱼肉营养丰富，很受人们喜爱，但吃鱼时一定要小心鱼刺，若鱼刺卡在喉咙内，不要用喝醋、大口吃饭这些偏方，可以用勺子压住舌头，用镊子或手指取出。如果鱼刺卡在食道里，则应及时就医。

생선살은 영양이 풍부해서 사람들이 매우 좋아하지만, 생선을 먹을 때 반드시 생선 가시를 조심해야 한다. 만약 생선 가시가 목구멍에 걸리면 식초를 마시거나 밥을 크게 삼키는 이런 민간요법을 사용하면 안 되고, 숟가락으로 혀를 누르고 핀셋이나 손가락으로 꺼내면 된다. 만약 생선 가시가 식도에 걸렸다면, 즉시 의사의 진찰을 받아야 한다.

A 鱼肉有明目的功效
B 吃醋可以软化鱼刺
C 鱼刺卡食道应就医
D 吃鱼可以增进食欲

A 생선 살은 눈을 밝게 하는 효능이 있다
B 식초를 먹으면 생선 가시가 연해진다
C 생선 가시가 식도에 걸리면 병원에 가서 진찰을 받아야 한다
D 생선을 먹으면 식욕을 돋울 수 있다

지문 어휘 **鱼肉** yúròu 명 생선살, 생선의 고기 | **鱼刺** yúcì 명 생선 가시 | **若** ruò 접 만약 ~(이)라면 | **卡** qiǎ 동 끼이다, 걸리다 | ★**喉咙** hóulong 명 목구멍 | **醋** cù 명 식초 | **偏方** piānfāng 명 민간요법 | **镊子** nièzi 명 핀셋 | **手指** shǒuzhǐ 명 손가락 | **食道** shídào 명 식도 | **及时** jíshí 부 즉시 형 시기적절하다 | **就医** jiù yī 동 (의사에게) 치료를 받다

보기 어휘 **明目** míngmù 동 눈을 밝게 하다 | **功效** gōngxiào 명 효능 | **软化** ruǎnhuà 동 연해지다, 부드러워지다

정답 C

해설 생선 가시가 목구멍에 걸렸을 때(若鱼刺卡在喉咙内) 숟가락으로 혀를 누르고 핀셋이나 손가락으로 꺼내면 되고(可以用勺子压住舌头，用镊子或手指取出), 식도에 걸렸으면 바로 의사의 진찰을 받아야 한다(如果鱼刺卡在食道里，则应及时就医)고 했으므로 정답은 C입니다.

11

由于认知有限、想象力丰富，幼儿容易产生幼稚，夸张的想法，对事实常有失真的描述。但这并不算是撒谎。因此，父母不必紧张，也不要盲目地批评孩子，应该耐心地引导孩子，让他们学会区分现实和想象。

아는 것은 한계가 있고 상상력은 풍부하기 때문에, 유아는 유치하고 과장된 생각을 하기 쉽고, 사실에 대해 실제와 어긋난 묘사를 자주 한다. 그러나 이것은 결코 거짓말이라고 할 수 없다. 따라서 부모는 긴장할 필요 없고, 무작정 아이를 혼내서도 안 된다. 인내심을 갖고 아이들이 현실과 상상을 구분하는 것을 배우도록 지도해야 한다.

A 撒谎是一种不成熟的表现
B 幼儿对事实的描述更形象
C 幼儿很难区分现实与想象
D 孩子撒谎父母要及时批评

A 거짓말은 성숙하지 못한 모습이다
B 유아의 사실에 대한 진술은 더욱 구체적이다
C 유아는 현실과 상상을 구분하기 힘들다
D 아이가 거짓말을 하면 부모는 바로 지적해야 한다

지문 어휘 **认知** rènzhī 명 인지 동 인지하다 | ★**幼稚** yòuzhì 형 유치하다 | **夸张** kuāzhāng 동 과장하다 | **失真** shī zhēn 동 사실과 어긋나다 | **描述** miáoshù 명 묘사 동 서술하다 | **算是** suànshì 동 ~인 셈이다, ~라 할 수 있다 | ★**撒谎** sā huǎng 동 거짓말을 하다 | ★**盲目** mángmù 형 무작정, 맹목적인 | ★**引导** yǐndǎo 동 지도하다, 안내하다 | ★**区分** qūfēn 동 구분하다

보기 어휘 **形象** xíngxiàng 형 구체적이고 생동적이다 명 형상, 이미지 | **及时** jíshí 부 즉시, 바로 형 시기적절하다

정답 C

해설 유아는 아직 인지에 한계가 있고, 상상력은 풍부하기 때문에(幼儿认知有限、想象力丰富) 사실에 대해 실제와 어긋난 묘사를 하기도 하지만(对事实常有失真的描述) 이것은 거짓말이 아니다(这并不算是撒谎)라고 한 것으로 보아 유아는 현실과 상상을 잘 구분하지 못하는 것을 알 수 있으므로 정답은 C입니다.

12

山西平遥古城是我国"保存最为完好的四大古城"之一，因为当地居民相信龟是一种有灵气的动物，所以古城的总体布局就是仿造灵龟的样子而设计的。平遥古城区设计严谨、形体完整，既展现了传统文化的内涵，又具备完善的防御功能。

A 平遥古城的布局像灵龟
B 平遥古城水利系统完善
C 平遥建筑以木结构为主
D 龟是中国重点保护动物

산시 핑야오 고성은 중국의 '가장 완벽하게 보존된 4대 고성' 중 하나이다. 현지 주민들이 거북을 신통한 능력이 있는 동물이라고 믿기 때문에 고성의 전체 배치를 신령 거북 모양을 모방해서 설계했다. 핑야오 고성은 구역 설계가 꼼꼼하고, 형태가 완벽하여 전통문화의 의미를 잘 나타내고, 완벽한 방어 기능도 갖추었다.

A 핑야오 고성의 배치는 신령 거북을 닮았다
B 핑야오 고성의 수리 시스템은 완벽하다
C 핑야오 건축물은 목조를 위주로 한다
D 거북은 중국의 주요 보호 동물이다

지문 어휘 **山西平遥古城** Shānxī píngyáo gǔchéng 고유 산시성 핑야오 고성(중국의 4대 옛 도시 중 하나) | **灵气** língqì 명 신령스러운 능력 | ☆**布局** bùjú 명 배치, 구도 | **仿造** fǎngzào 동 모방해서 만들다 | **设计** shèjì 동 설계하다, 디자인하다 | **严谨** yánjǐn 형 빈틈없다, 치밀하다 | **形体** xíngtǐ 명 형체, 형상과 구조 | **完整** wánzhěng 형 제대로 갖추어져 있다, 온전하다 | ☆**展现** zhǎnxiàn 동 드러내다, 나타나다 | ☆**内涵** nèihán 명 (언어에 담겨있는) 내용, 의미 | **具备** jùbèi 동 갖추다, 구비하다 | **完善** wánshàn 형 완전하다, 완벽하다 | ☆**防御** fángyù 명 방어

보기 어휘 ☆**水利** shuǐlì 명 수리 | **系统** xìtǒng 명 체계, 시스템 | **重点** zhòngdiǎn 형 (같은 종류의 사물 중에서) 중요한, 주요한

정답 A

해설 핑야오 고성의 전체 배치를 신령 거북 모양을 모방해 설계했다(古城的总体布局就是仿造灵龟的样子而设计的)고 했으므로 정답은 A입니다.

13

1050年，杭州一带发生灾荒。当时就任杭州太守的范仲淹利用杭州风景秀丽的优势，组织人们修建庙宇，还举行划船比赛。范仲淹号召官员、百姓出游，并亲自到现场游玩。范仲淹用旅游收入赈济灾民，使受灾百姓顺利度过了难关。

A 杭州的百姓酷爱旅游
B 范仲淹的办法很有效
C 灾荒吸引了众多游人
D 灾后百姓无家可归

1050년, 항저우 일대에 흉작이 들었다. 그 당시 항저우 태수로 부임한 범중엄은 항저우 경치가 수려한 장점을 이용해 사람들을 모아 사당을 짓고, 조정 경기도 주최했다. 범중엄은 관리와 백성들이 이곳에 여행 갈 것을 호소했고, 본인도 직접 현장에 구경가서 즐겼다. 범중엄은 여행 수입으로 이재민을 구제하고 재해를 입은 백성들이 난관을 잘 넘길 수 있도록 했다.

A 항저우 백성은 여행을 매우 좋아한다
B 범중엄의 방법은 매우 효과 있다
C 흉작은 많은 여행객의 눈길을 끌었다
D 재난 후 백성들은 돌아갈 집이 없어졌다

지문 어휘 **灾荒** zāihuāng 명 (수해·한해 따위로 인한) 흉작, 흉년, 기근 | **就任** jiùrèn 동 부임하다 | **太守** tàishǒu 명 태수[한대(漢代) 군(郡)의 최고 행정 장관] | **范仲淹** Fàn Zhòngyān 고유 범중엄(중국 북송의 문학가이자 정치가) | **秀丽** xiùlì 형 수려하다, 아름답다 | **优势** yōushì 명 우세, 강점, 장점 | ☆**修建** xiūjiàn 동 건설하다, 시공하다 | **庙宇** miàoyǔ 명 사당 | **划船比赛** huá chuán bǐsài (스포츠) 조정경기 | ☆**号召** hàozhào 동 호소하다 | **官员** guānyuán 명 관리 | **赈济** zhènjì 동 흉년을 당하여 가난한 백성을 구제하다 | **灾民** zāimín 명 이재민 | **度过难关** dùguò nánguān 어려운 고비를 넘기다

보기 어휘 **酷爱** kù'ài 동 몹시 사랑하다, 매우 좋아하다 | **无家可归** wú jiā kě guī 성어 돌아갈 집이 없다

정답 B

해설 범중엄은 사람들을 모아 사당을 짓고, 조정 경기도 주체하는 등(组织人们修建庙宇，还举行划船比赛) 여러 가지 방법으로 번 여행 수입으로 이재민을 구제하고(用旅游收入赈济灾民), 이재민이 난관을 극복할 수 있도록 했다(使受灾百姓顺利度过了难关)라고 했으므로 정답은 B입니다.

14

作为智能家居入口级产品，智能门锁被业内人士视为风口，众多企业纷纷介入智能门锁的研发，然而目前各企业生产的智能门锁产品质量仍然参差不齐，痛点和盲点也比较多，而相关行业标准有望在明年出台。因此，未来智能门锁行业将逐渐规范化。

A 智能门锁的种类单一
B 智能门锁质量有好有坏
C 智能门锁价格昂贵
D 智能门锁已经普及

홈오토메이션으로 통하는 입구가 되어주는 상품으로서, 스마트 도어록은 업계인사들에게 핫트랜드로 여겨진다. 많은 기업들이 잇달아 스마트 도어록의 연구개발에 뛰어들었지만 현재 각 기업이 생산하는 스마트 도어록의 품질은 여전히 들쑥날쑥하고, 불만족스러운 부분과 맹점이 비교적 많다. 그러나 해당 업종의 산업 표준이 내년에 출시될 가능성이 있으므로, 앞으로 스마트 도어록 분야는 점차 규범화될 것이다.

A 스마트 도어록의 종류는 하나이다
B 스마트 도어록의 품질은 좋은 것도 있고 나쁜 것도 있다
C 스마트 도어록은 가격이 비싸다
D 스마트 도어록은 이미 보급되어 있다

지문 어휘 **智能家居** zhìnéng jiājū 홈오토메이션(home automation), 가정 자동화 | **智能门锁** zhìnéng ménsuǒ 스마트 도어록 | **风口** fēngkǒu 명 바람구멍(발전의 좋은 기회, 핫트랜드를 비유함) | **纷纷** fēnfēn 부 (많은 사람이나 물건이) 잇달아 | **参差不齐** cēn cī bù qí 성어 가지런하지 못하다 | **痛点** tòngdiǎn 명 고객이 불만을 느끼고 있는 요소, 충족되지 않은 니즈 | **盲点** mángdiǎn 명 맹점(제대로 알지 못하는 지식이나 기능) | **有望** yǒuwàng 동 유망하다, 가능성이 있다, 희망적이다 | **出台** chū tái 동 (정책이나 조치 등을) 공포하거나 실시하다 | **规范化** guīfànhuà 동 규범화하다

보기 어휘 ☆**昂贵** ángguì 형 물건 값이 비싸다 | ☆**普及** pǔjí 동 보급되다, 대중화되다

정답 B

해설 각 기업이 생산하는 스마트 도어록의 품질은 여전히 들쑥날쑥하다(各企业生产的智能门锁产品质量仍然参差不齐)고 했으므로 정답은 B입니다.

15

永生花，顾名思义，就是“永不凋谢的鲜花”，它是由新鲜花卉经过一系列复杂工序加工而成的干花。无论是色泽还是手感，永生花都几乎与鲜花无异，且至少可以保存三年。永生花产品自上世纪在德国出现后，就一直受到西方国家白领阶层和上流消费者们的追捧。

A永生花的手感和纸一样
B永生花比鲜花更易枯萎
C永生花的颜色比鲜花多
D永生花的加工工序复杂

영생화는 이름 그대로 '영원히 지지 않는 꽃'이다. 그것은 생화를 일련의 복잡한 제조공정을 거쳐 가공해 만든 말린 꽃이다. 빛깔과 광택, 또는 손의 감촉을 불문하고, 영생화는 생화와 거의 다르지 않고, 게다가 최소 3년은 보관할 수 있다. 영생화 상품은 20세기 독일에서 나타난 후, 줄곧 서방 국가의 화이트칼라와 상류 소비자들의 대단한 사랑을 받았다.

A 영생화의 감촉은 종이와 똑같다
B 영생화는 생화보다 더 쉽게 시든다
C 영생화의 색상은 생화보다 많다
D 영생화는 가공 과정이 복잡하다

지문 어휘 **顾名思义** gù míng sī yì 성어 이름을 보고 그 뜻을 생각하다, 이름 그대로 | **永不** yǒngbù 부 영원히 ~않다 | **凋谢** diāoxiè 동 (초목·꽃잎이) 시들어 떨어지다 | **一系列** yíxìliè 일련의 | **工序** gōngxù 명 제조공정 | ★**加工** jiāgōng 동 가공하다 | **干花** gānhuā 명 말린 꽃, 드라이플라워 | **色泽** sèzé 명 빛깔과 광택 | **无异** wúyì 형 다르지 않다, 똑같다 | **白领阶层** báilǐng jiēcéng 화이트칼라 | **上流** shàngliú 형 신분이나 지위가 높은, 상류의 | **追捧** zhuīpěng 동 추종하다, 숭배하다

보기 어휘 ★**枯萎** kūwěi 동 (꽃잎이) 마르다, 시들다

정답 D

해설 영생화는 생화를 복잡한 제조 공정을 거쳐 가공해 만든 말린 꽃(**永生花是由新鲜花卉经过一系列复杂工序加工而成的干花**)이라고 했으므로 정답은 D입니다.

제2부분 16~30번 문제는 인터뷰를 듣고 질문에 알맞은 답을 고르는 문제입니다.

第16到20题是根据下面一段采访：

女：今天我们有幸请到了被誉为中国天然气之父的戴金星老师。戴老师您好，您一直从事石油、天然气、地质和地球化学的研究，先给我们介绍一下您最大的成果是什么吧。

男：以往人们认为天然气只跟石油在一起产生，一直没有认识到煤炭层也能生成工业性油和气，[16]所以没有在煤系中去勘探油气。而我们发现了这一点，并提出了在煤系中寻找天然气。现在回想起来，其实也没什么，但在此之前是没有人想到的。

女：真理往往是这样，看似简单，在探寻的过程中却要付出常人无法想象的心血。您肯定也付出了很大的努力，当时您是怎么想到去研究这个课题的呢？

男：当年我从南京大学地质系大地构造专业毕业后，来到江汉油田工作。[17]在那里我发现，无论是在中国还是世界其他国家，几乎都没有系统地全身心投入研究探索天然气的人。于是我决定选择天然气地质和地球化学作为自己的研究目标和方向。后来经过多年的调查研究，我提出了"煤成气理论"概念，推动中国天然气勘探开发走向了黄金时期。

女：您被誉为"天然气之父"，您提出的煤成气理论，在实践中取得了什么效果？

여: 오늘 우리는 운 좋게도 천연가스의 아버지라 불리는 다이진싱 선생님을 모시게 되었습니다. 다이 선생님 안녕하세요. 당신은 줄곧 석유, 천연가스, 지질과 지구화학 연구에 종사하셨는데, 먼저 가장 큰 성과는 무엇인지 소개 좀 해주세요.

남: 이전에 사람들은 천연가스는 석유와 함께 생긴다고만 알고 있고, 석탄층도 공업용 석유와 가스를 만들어 낼 수 있다는 것을 알지 못했기 때문에 [16]협탄층에서 천연가스를 탐사하지 않았습니다. 그러나 우리는 이 점을 발견해 내고, 협탄층 안에서 천연가스를 찾자고 제안했죠. 지금 회상해보면 사실 별것이 아니지만, 그 전엔 아무도 생각해내지 못했던 거죠.

여: 진리는 늘 그렇죠. 간단해 보이지만, 탐구 과정에서 보통 사람들은 상상할 수 없는 심혈을 기울여야 하죠. 다이 선생님께서도 분명 많이 노력하셨을 텐데, 그 당시 어떻게 이 과제를 연구할 생각을 하게 되었나요?

남: 당시 전 난징 대학 지질학과 구조지질학 전공을 졸업한 후 장한 유전에서 일을 했습니다. [17]그곳에서 전 중국이든 세계 다른 국가든, 체계적으로 온 힘을 기울여 천연가스 탐색에 몰두해 연구하는 사람이 거의 없다는 것을 알게 되었죠. 그래서 천연가스 지질과 지구화학을 선택해 제 연구의 목표와 방향으로 삼기로 결정했습니다. 그 후 여러 해의 조사 연구를 거쳐, 저는 '석탄 파생 가스' 개론을 제시했고, 이는 중국 천연가스 탐사 개발을 촉진시켜 황금기에 들어가게 되었죠.

여: 당신은 '천연가스의 아버지'로 통하는데, 당신이 제기한 석탄 파생 가스 이론은 실천 과정에서 어떤 효과를 거두었나요?

男：上世纪80年代初，我以煤成气理论为依据，先后预测了5个1000亿立方米以上的大气田，[20]最终推动了“西气东输”工程的实施。目前中国天然气70%的储量是根据煤成气理论探测并发现的。我确实对此感到很欣慰。[18]至于“天然气之父”，我真的不敢当，我只不过是把我一生的痴情寄托在了天然气上罢了。

女：如今报考地质专业的学生不多了，原因就是读地质专业毕业后工作艰苦。那么您是如何看待这个问题的?

男：我还是不后悔当年的选择。当年新中国第一代地质勘探科技人员和石油工人白手起家，是最艰苦的。如今我们的石油工业是盈利大户，目前大学毕业生就业难，[19]而读地质专业的就业却很容易，比如西北地区还可以达到百分之百。我希望年轻人前赴后继，继承我们的事业，为祖国寻找更多的能源。

남: 1980년대 초에 저는 석탄 파생 가스 이론을 근거로 삼아, 연이어 5개의 1000억 세제곱미터 이상의 천연가스가 나오는 곳을 예측했고, [20]최종적으로 '서쪽 천연가스의 동쪽 운송' 사업을 추진하게 되었습니다. 현재 중국의 천연가스는 70%의 저장량이 석탄 파생 가스 이론에 근거해 탐측하고 발견한 것이죠. 전 확실히 이에 대해 매우 기쁘게 생각합니다. [18]'천연가스의 아버지'라는 이름은 과찬의 말씀입니다. 전 그저 제 일생의 열정을 천연가스에 담았을 뿐입니다.

여: 오늘날 지질학 전공에 응시하는 학생이 많지 않습니다. 그 원인은 지질학을 졸업하고 난 후 일이 고생스러워서인데, 당신은 이 문제를 어떻게 보시나요?

남: 전 여전히 그때의 선택을 후회하지 않습니다. 그 당시 새로운 중국의 1세대 지질 탐사 과학자와 석유 노동자는 자수성가했고 고생을 제일 많이 했죠. 오늘날 중국의 석유 공업은 영리 업체입니다. 현재 대학 졸업생의 취업은 어렵지만, [19]지질학 전공자의 취업은 쉽습니다. 서북지역 같은 경우는 100%에 이르고 있죠. 저는 젊은 사람들이 용감하게 앞으로 나아가 우리의 사업을 계승하고 조국을 위해 더욱 많은 에너지 자원을 찾아주길 희망합니다.

지문 어휘 **有幸** yǒuxìng 형 행운이다, 운이 좋다 | **被誉为** bèiyùwéi 동 ~(으)로 불리다 | ★**天然气** tiānránqì 명 천연가스 | **戴金星** Dàijīnxīng 고유 다이진싱(인명) | **从事** cóngshì 동 종사하다 | **石油** shíyóu 명 석유 | **成果** chéngguǒ 명 성과 | ★**以往** yǐwǎng 명 이전, 이왕 | **煤炭层** méitàn céng 석탄층 | **煤系** méixì 명 협탄층 | ★**勘探** kāntàn 동 탐사하다 | **寻找** xúnzhǎo 동 찾다 | **回想** huíxiǎng 동 회상하다 | ★**真理** zhēnlǐ 명 진리 | **看似** kànsì 동 ~처럼 보이다 | **探寻** tànxún 동 탐구하다, 찾다 | **付出** fùchū 동 지불하다 | **常人** chángrén 명 일반인 | ★**心血** xīnxuè 명 심혈 | ★**课题** kètí 명 과제 | **地质系** dìzhì xì 명 지질학과 | **大地构造专业** dàdì gòuzào zhuānyè 구조지질학 전공 | **江汉油田** Jiānghàn yóutián 고유 장한유전 | **系统地** xìtǒngde 부 체계적으로 | **全身心** quánshēnxīn 부 몸과 마음을 다해 | **投入** tóurù 동 몰두하다 | ★**探索** tànsuǒ 동 탐색하다 | **煤成气** méi chéng qì 석탄 파생 가스 | **概念** gàiniàn 명 개념 | **推动** tuīdòng 동 추진하다, 촉진하다 | **黄金时期** huángjīn shíqī 황금기 | **实践** shíjiàn 동 실천하다 | **世纪** shìjì 명 세기 | ★**依据** yījù 명 근거 동 근거로 하다 | ★**预测** yùcè 동 예측하다 | **立方米** lìfāngmǐ 양 세제곱미터 | **气田** qìtián 명 천연가스가 나오는 곳 | **西气东输** xī qì dōng shū 서쪽의 천연가스를 동쪽으로 운송하다 | **工程** gōngchéng 명 공정 | **实施** shíshī 동 실시하다 | **储量** chǔliàng 명 저장량 | ★**探测** tàncè 명 탐측 동 탐측하다 | ★**欣慰** xīnwèi 형 기쁘고 위안이 되다 | **至于** zhìyú 전 ~에 관해서는(화제를 바꿀 때 사용) | ★**不敢当** bùgǎndāng 감당하기 어렵다, 과찬이십니다 | **痴情** chīqíng 명 열정, 치정 | **寄托** jìtuō 동 맡기다, 걸다 | ★**罢了** bà le 조 서술문의 끝에 쓰여 '단지 ~일 뿐이다'의 뜻을 나타냄 | **报考** bào kǎo 동 응시원서를 내다, 응시하다 | ★**地质** dìzhì 명 지질 | **艰苦** jiānkǔ 형 고생스럽다 | ★**看待** kàndài 동 (사람이나 사물에 대해) 어떤 견해(태도)를 가지다, 대하다 | **新中国** xīn Zhōngguó 명 신중국(중화 인민 공화국 수립

이후의 중국을 일컬음. 이전의 중국은 '旧中国'라고 함) | **白手起家** bái shǒu qǐ jiā 성어 자수성가 | ★**盈利** yínglì 명 이윤, 이득 동 이득을 보다 | **大户** dàhù 명 (어떤 방면에 규모가 비교적 큰) 회사, 가정 | ★**就业** jiù yè 동 취업하다 | **前赴后继** qián fù hòu jì 성어 앞사람이 돌진하고 뒷사람이 바짝 뒤쫓아가다(희생을 무릅쓰고 용감하게 앞으로 나아가다) | **寻找** xúnzhǎo 동 찾다 | **能源** néngyuán 명 에너지원

16

男的最大的成果是什么?	남자의 가장 큰 성과는 무엇인가?
A 他发现了天然气	A 그는 천연가스를 발견했다
B 开了一家石油公司	B 석유 회사를 차렸다
C 在煤系中寻找天然气	C 협탄층에서 천연가스를 찾았다
D 从海水中提取了天然气	D 바닷물에서 천연가스를 추출했다

보기 어휘 ★**提取** tíqǔ 동 추출하다

정답 C

해설 가장 큰 성과가 무엇인지(最大的成果是什么?)에 대한 여자의 질문에 남자는 협탄층 안에서 천연가스를 찾은 것(在煤系中寻找天然气)이라고 대답했으므로 정답은 C입니다.

17

男的为什么想研究那个课题?	남자는 왜 이 과제를 연구하고 싶은가?
A 受到导师的启发	A 지도교수의 깨우침을 받아서
B 希望圆了儿时的梦想	B 어릴 적 꿈을 실현시키기 위해서
C 潜心研究该方向的人少	C 이 방향을 전념해서 연구하는 사람이 적어서
D 能得到名誉并受人尊重	D 명예를 얻고 사람들의 존중을 받을 수 있어서

보기 어휘 **导师** dǎoshī 명 지도 교수 | **启发** qǐfā 명 깨우침, 계발 | **圆** yuán 동 (꿈을) 이루다 | **梦想** mèngxiǎng 명 꿈 | **潜心** qiánxīn 동 전념하다 | ★**名誉** míngyù 명 명예

정답 C

해설 당시에 이 과제를 어떻게 연구할 생각을 하게 되었는지(当时怎么会想到去研究这个课题的呢)에 대한 여자의 질문에 남자는 이 방면에 체계적으로 연구하는 사람이 없어서(几乎都没有系统地全身心投入研究探索天然气的人) 자신의 연구 목표와 방향으로 삼기로 결정했다고 했으므로 정답은 C입니다.

18

男的怎么看“天然气之父”这个称呼?

남자는 '천연 가스의 아버지'란 호칭을 어떻게 생각하는가?

A 很欣慰 / A 매우 기쁘게 생각한다
B 不敢当 / B 과찬이라고 생각한다
C 很认可 / C 매우 인정한다
D 无所谓 / D 상관하지 않는다

보기 어휘 ★认可 rènkě 동 인정하다 | 无所谓 wúsuǒwèi 상관없다

정답 B

해설 남자는 '천연 가스의 아버지'라는 이름에 대해 과찬의 말씀(至于"天然气之父", 我真的不敢当)이라고 말했으므로 정답은 B입니다.

19

关于中国的地质专业，可以知道什么?

중국의 지질학 전공에 관해 무엇을 알 수 있나?

A 没有前途 / A 미래가 없다
B 是热门专业 / B 인기 있는 전공이다
C 毕业后就业率高 / C 졸업 후 취업률이 높다
D 毕业后要白手起家 / D 졸업 후 자수성가해야 한다

보기 어휘 ★热门 rèmén 명 인기 있는 것, 유행하는 것, 잘 팔리는 것

정답 C

해설 남자가 현재 대학 졸업생들의 취업은 힘들지만(目前大学毕业生就业难) 지질학 전공자의 취업은 쉽다며 서북지역 같은 경우는 100%까지 이른다(而读地质专业的就业却很容易，比如西北地区还可以达到百分之百)고 말했으므로 정답은 C입니다.

20

根据对话，下列哪项正确?

대화에 따르면 아래 어느 것이 정확한가?

A 男的认为真理的发现是偶然的 / A 남자는 진리의 발견을 우연이라고 생각한다
B 男的的理论推动了“西气东输” / B 남자의 이론은 '서쪽 천연가스의 동쪽 이동'을 추진시켰다
C 男的是地质大学的资深教授 / C 남자는 지질대학의 경력이 오래된 교수이다
D 中国的天然气储量居世界之最 / D 중국은 천연가스 매장량이 세계에서 가장 많다

보기 어휘 偶然 ǒurán 형 우연이다 | ★资深 zīshēn 형 경력이 오래된, 베테랑의 | 储量 chǔliàng 명 (천연 자원의) 매장량, 저장량 | 居 jū 동 (~에) 있다, (~을) 차지하다 | 世界之最 shìjiè zhī zuì 세계의 으뜸

정답 B

해설 남자가 그의 '석탄 파생 가스' 이론에 근거해(以"煤成气"理论为依据) 최종적으로 '서쪽 천연가스의 동쪽 이동' 사업을 추진했다(最终推动了"西气东输"工程的实施)고 말했으므로 정답은 B입니다.

第21到25题是根据下面一段采访：

男：您能给我们介绍一下安康科技的基本情况和主营业务吗？

女：我们是一个以创新与科技为驱动的医疗服务组织，我们的愿景是成为中国最大的妇儿医疗集团。[21]我们利用互联网，先在线上推广我们的手机应用，连接医生和用户，然后让医生为我们的用户提供有偿的在线咨询。从去年开始，我们又到线下做实体医疗，也就是安康儿科。为了打造这家诊所我们花了整整一年的时间。线上的服务医生被派到线下来，用户也可以从线上到线下来，这样就形成了一个线上线下的业务体系，给用户一个创新型的服务体验。

男：听说您的团队当中的成员很多都是来自互联网公司的大咖，也有医疗行业的企业高管，那么您认为你们团队的最大优势是什么？

女：[22]其实互联网行业的人跟传统做医疗的人是八竿子打不着的，两个行业相差甚远，因此产生摩擦也是在所难免的。但在过去三年中，安康做到了一个我觉得最值得骄傲的事情，就是大家互相理解、协同配合。我觉得这是因为我们公司有让整个团队协同向前的共同目标，这算是我们团队最大的优势。

男：您肯定在管理上也付出了很大的心血，您能跟我们分享一下您在管理方面的经验吗？

남: '안캉커지'의 기본 상황과 주 영업 업무를 소개해 주시겠어요?

여: 우리는 창의력과 과학기술로 추진된 의료 봉사조직으로, 우리가 지향하는 미래상은 중국에서 가장 큰 모자 의료 단체입니다. [21]우리는 인터넷을 이용해 먼저 온라인에서 우리의 모바일 앱을 널리 보급하고 의사와 가입자를 연결합니다. 그리고 난 후 의사가 우리 가입자에게 온라인 상담을 유상으로 제공할 수 있게 합니다. 작년부터 우리는 오프라인에서도 의료 활동을 하는데, 이것이 바로 '안캉 소아과'이고, 이 진료소를 만들기 위해 우리는 꼬박 1년을 썼습니다. 온라인에서 활동하는 의사가 오프라인으로 파견되고, 가입자도 온라인에서 오프라인으로 옮겨 올 수 있습니다. 이렇게 온·오프라인 업무 시스템을 형성했고, 가입자에게 혁신적인 서비스 경험을 제공합니다.

남: 당신 팀 구성원은 인터넷 회사에서 온 전문가가 많고, 의료 업계의 기업 고위 관리자도 있다고 하던데, 그렇다면 당신 팀의 가장 큰 강점은 무엇이라고 생각하시나요?

여: [22]사실 인터넷 업계 종사자와 기존의 의료 종사자는 서로 아무런 관계가 없습니다. 두 업종의 차이가 매우 크기 때문에 마찰이 생기는 것도 불가피하죠. 하지만 과거 3년 동안 '안캉'은 제가 가장 자랑스러워할 만한 일을 했습니다. 바로 모두가 서로 이해하고, 협동하고 협력한다는 거죠. 이것은 바로 우리 회사에 전체 팀이 협동하며 앞으로 나아가자는 공동 목표가 있었기 때문이라고 생각합니다. 이것이 바로 우리 팀의 가장 큰 강점이라고 할 수 있습니다.

남: 당신은 틀림없이 관리 방면에서도 많은 심혈을 기울였을 텐데, 관리 방면의 노하우를 우리에게 공유해주실 수 있을까요?

女：第一，[23]应该打造一个学习型的组织，现在的大环境可以用日新月异来形容，因此知识也需要不断地更新，像生物制药、精准医疗，各种各样的新医疗技术都在不断地涌现，我们必须不断去学习，并把理论与实践结合起来。第二就是交叉学习，我们以前培养了一个医生去做销售经理，一方面是他自己感兴趣，另一方面是[25]我们也希望培养出更多跨界的人才，跨界也是我们团队的一大亮点。

여: 첫 번째, [23]학습형 조직을 만들어야 합니다. 현재 전체적인 사회 환경은 나날이 새로워진다는 말로 형용할 수 있습니다. 따라서 지식도 부단히 업그레이드되어야 합니다. 바이오 제약, 정밀 의료와 같이 각종 새로운 의료 기술이 계속 쏟아져 나오고 있으므로, 우리는 반드시 부단히 학습하고, 이론과 실천을 결합시켜야 합니다. 두 번째는 교차 학습입니다. 우리는 이전에 의사가 직접 영업 책임자가 되도록 교육했는데, 한편으로는 그 스스로가 관심이 있었고, 또 한편으로는 [25]우리도 더욱 많은 크로스오버형 인재를 양성해 내길 바랬죠. 업종의 경계를 뛰어넘는 것 또한 우리 팀의 강점입니다.

男：您曾经说过，创办安康科技的一个目标是想通过互联网来改善中国的就医体验和增进医患之间的信任。要做到这一点，您觉得突破口在哪里呢？

남: 당신은 일찍이 '안캉커지'를 설립하는 목표는 인터넷을 통해 중국의 의료 체험을 개선하고 의사와 환자간의 신뢰를 증진시키는 것이라고 말씀하셨는데, 이 점을 실현하기 위한 돌파구는 어디에 있다고 생각하시나요?

女：我认为是让医生和患者充分地进行沟通。专业的医生加入我们团队以后，我们会让他们每天都有足够的时间去关心每一位患者。[24]医生有足够的时间与患者沟通交流，这样彼此的信任自然就提高了。另外还会不断去强化和培养我们的医疗力量，保证我们的用户体验和服务质量。

여: 의사가 환자와 충분히 소통을 하는 것이라고 생각합니다. 전문 의사가 우리 팀에 들어오면, 우리는 그들로 하여금 환자 한 명 한 명에게 관심을 가질 수 있는 충분한 시간을 갖게 할 것입니다. [24]의사가 환자와 소통하고 교류할 수 있는 충분한 시간이 생기면 서로간의 신뢰도 자연히 두터워질 테니까요. 그밖에 우리의 의료 역량을 부단히 강화하고 기를 것이고, 우리의 사용자 경험과 서비스 품질을 보장합니다.

지문 어휘 **安康科技** Ānkāngkējì 고유 안캉커지(의료봉사조직의 이름) | **主营业务** zhǔyíng yèwù 주 영업 활동 | ★**创新** chuàngxīn 동 새로운 것을 창조하다 | **驱动** qūdòng 동 시동을 걸다, 촉진하다 | **医疗** yīliáo 명 의료 | **服务组织** fúwù zǔzhī 봉사 조직 | **愿景** yuànjǐng 명 청사진, 꿈꾸는 미래, 지향하는 미래상 | **互联网** hùliánwǎng 명 인터넷 | **线上** xiàn shàng 온라인 | **推广** tuīguǎng 동 널리 보급하다 | **手机应用** shǒujī yìngyòng 모바일 앱, 어플 | **用户** yònghù 명 사용자 | **提供** tígōng 동 제공하다 | **有偿** yǒucháng 형 유상의 | **在线咨询** zàixiàn zīxún 온라인 상담 | **线下** xiàn xià 오프라인 | **实体** shítǐ 명 실체, 오프라인 | **儿科** érkē 명 소아과 | **打造** dǎzào 동 만들다 | **诊所** zhěnsuǒ 명 진료소 | **整整** zhěngzhěng 부 온전히, 꼬박 | **派** pài 동 파견하다, 보내다 | ★**体系** tǐxì 명 체계 | **体验** tǐyàn 동 체험하다 | **团队** tuánduì 명 팀 | ★**成员** chéngyuán 명 구성원, 멤버 | **大咖** dà kā 명 전문가, 권위자, 베테랑 | **企业** qǐyè 명 기업 | **高管** gāoguǎn 명 고위 관리자 | **优势** yōushì 명 우세, 강세 | **八竿子打不着** bā gānzi dǎ bu zháo 속담 피차 서로 아무런 관계가 없다 | **行业** hángyè 명 업종, 산업 | **相差甚远** xiāngchà shènyuǎn 차이가 많이 나다 | **摩擦** mócā 명 (단체나 개인 사이의) 마찰, 갈등 | **在所难免** zài suǒ nán miǎn 성어 피할 수 없다, 불가피하다 | **骄傲** jiāo'ào 형 자랑스럽다 | **协同** xiétóng 동 협동하다 | **配合** pèihé 동 협조하다, 협력하다 | **算是** suànshì ~라고 말할 수 있다 | **付出** fùchū 동 지불하다 | ★**心血** xīnxuè 명 심혈 | **分享** fēnxiǎng 동 공유하다 | **经验** jīngyàn 명 경험, 노하우 | **大环境** dà huánjìng 전체적인 사회 환경과 사회 분위기 | **组织** zǔzhī 명 조직 | ★**日新月异** rì xīn yuè yì 성어 나날이 새로워지다 | **形容** xíngróng 동 형용하다 | **因此**

yīncǐ 접 그래서 | ★更新 gēngxīn 동 갱신하다 | 生物制药 shēngwù zhìyào 바이오 제약 | 精准医疗 jīngzhǔn yīliáo 정밀 의료 | ★涌现 yǒngxiàn 동 한꺼번에 많이 나오다 | 实践 shíjiàn 동 실천하다 | 交叉学习 jiāochā xuéxí 크로스학습, 다른 영역에 대해서 공부하다 | 培养 péiyǎng 동 양성하다 | 销售经理 xiāoshòu jīnglǐ 판매 매니저 | 跨界 kuà jiè 동 크로스오버, 인터미디어 | 亮点 liàngdiǎn 명 브라이트 스폿, 빼어난 점, 장점 | 创办 chuàngbàn 동 창립(창설)하다 | 改善 gǎishàn 동 개선하다 | 就医 jiù yī 동 치료받다 | 增进 zēngjìn 동 증진하다 | 医患 yīhuàn 명 의사와 환자 | 信任 xìnrèn 명 신뢰 | 突破口 tūpòkǒu 명 돌파구 | 足够 zúgòu 형 충분하다 | ★患者 huànzhě 명 환자 | 彼此 bǐcǐ 명 피차 | 保证 bǎozhèng 동 보장하다 | 用户体验 yònghù tǐyàn 사용자 경험(사용자가 어떤 제품이나 서비스를 직·간접적으로 이용하면서 축적하게 되는 총체적 경험)

21

关于安康科技，可以知道什么?	'안캉커지'에 관해 무엇을 알 수 있는가?
A 开了牙科诊所	A 치과 진료소를 열었다
B 科技成果颇丰	B 과학기술 성과가 꽤 많다
C 提供有偿在线医疗咨询	C 온라인 의료 상담을 유상으로 제공한다
D 培养了很多优秀的医生	D 많은 우수한 의사를 양성했다

보기 어휘 牙科 yákē 명 치과 | 诊所 zhěnsuǒ 명 진료소 | ★颇 pō 부 꽤, 상당히

정답 C

해설 '안캉커지'는 인터넷을 이용해 앱을 보급하고 의사와 가입자를 연결시켜 가입자에게 유상 온라인 상담을 제공(利用互联网，先在线上推广我们的手机应用，连接医生和用户，然后让医生为我们的用户提供有偿的在线咨询)하는 의료 봉사 조직이라고 했으므로 정답은 C입니다.

22

"八竿子打不着"指的是什么意思?	'서로 아무런 관계가 없다'는 것은 어떤 의미를 가리키는가?
A 网管与高管之间矛盾大	A 네트워크 관리자와 고위 관리자 간의 갈등이 크다
B 医疗运行模式需要改革	B 의료 운영 모델은 개혁이 필요하다
C 互联网与传统医疗差异大	C 네트워크와 기존 의료의 차이는 크다
D 线上医疗将取代线下医疗	D 온라인 의료는 장차 오프라인 의료를 대체할 것이다

보기 어휘 网管 wǎngguǎn 명 네트워크 관리자 | 矛盾 máodùn 명 갈등, 모순 | ★模式 móshì 명 모델, 패턴 | 差异 chāyì 명 차이 | 取代 qǔdài 동 대체하다, 다른 것으로 바꾸다

정답 C

해설 인터넷 업계 종사자와 기존의 의료 종사자(互联网行业的人跟传统做医疗的人)는 업종간 차이가 매우 커서(两个行业相差甚远) 마찰이 생기는 것도 불가피하다(产生摩擦也是在所难免的)고 했으므로 정답은 C입니다.

23

在团队管理方面，女的有什么经验?

A 请高级管理人才
B 建立学习型组织
C 倾听员工的意见
D 奖励业绩好的员工

팀 관리 방면에 있어서 여자는 어떤 노하우가 있나?

A 고급 관리 인재를 초빙했다
B 학습형 조직을 구축했다
C 직원의 의견을 경청했다
D 업적이 좋은 직원을 표창했다

보기 어휘 ★倾听 qīngtīng 동 경청하다 | ★奖励 jiǎnglì 동 (상품이나 영예를 주어) 표창하다, 장려하다

정답 B

해설 관리 방면에서의 노하우를 공유해달라는(您能跟我们分享一下您在管理方面的经验吗) 남자에게 여자는 첫째로 학습형 조직을 만들어야 한다(第一，应该打造一个学习型的组织)고 대답했으므로 정답은 B입니다.

24

安康科技是怎么增进医患信任的?

A 降低医疗成本
B 拓宽反馈意见渠道
C 保证他们的沟通时间
D 让医生定期留学进修

'안캉커지'는 어떻게 의사와 환자간의 신뢰를 증진시켰는가?

A 의료비용을 낮췄다
B 피드백 루트를 넓혔다
C 그들의 소통 시간을 확보했다
D 의사가 정기적으로 유학을 가서 연수하도록 했다

보기 어휘 ★成本 chéngběn 명 원가, 비용 | 拓宽 tuòkuān 동 넓히다 | ★反馈 fǎnkuì 동 피드백을 하다 | ★渠道 qúdào 명 경로, 루트 | 进修 jìnxiū 동 연수하다

정답 C

해설 '안캉커지'는 전문 의료진이 팀에 들어오면 그들에게 매일 모든 환자들에게 관심을 가질 충분한 시간을 갖게 할 것인데(专业的医生加入我们团队以后，我们会让他们每天都有足够的时间去关心每一位患者), 의사가 환자와 소통할 수 있는 충분한 시간이 생기면 쌍방간의 신뢰도 자연히 두터워진다(医生有足够的时间与患者沟通交流，这样彼此的信任自然就提高了)고 했으므로 정답은 C입니다.

25

根据对话，下列哪项正确?

A 女的曾是资深医生
B 新医疗技术制约多
C 女的注重跨行业人才培养
D 人们对在线医疗还很陌生

대화에 근거하여 다음 중 옳은 것은 무엇인가?

A 여자는 예전에 베테랑 의사였다
B 새로운 의료 기술은 제약이 많다
C 여자는 업종의 경계를 뛰어넘는 인재 양성을 중요시한다
D 사람들은 온라인 의료에 대해 아직 낯설다

보기 어휘 ★资深 zīshēn 형 베테랑의 | ★制约 zhìyuē 명 제약 | ★注重 zhùzhòng 동 중시하다 | ★跨 kuà 동 뛰어넘다 | 跨行业 kuà hángyè 업종의 경계를 뛰어넘다, 다른 업종에 걸치다 | 陌生 mòshēng 형 낯설다

정답 C

해설 새로운 의료 기술이 쏟아져 나오는 상황(新医疗技术都在不断地涌现)에서 여자는 조직 관리 노하우로 학습형 조직을 만드는 것(打造一个学习型的组织)과 크로스 오버형 인재를 양성해(培养出更多跨界的人才) 업종의 경계를 뛰어넘도록 하는 것이 팀의 강점(跨界也是我们团队的一大亮点)이라고 말했으므로 정답은 C입니다.

第26到30题是根据下面一段采访：

女：今天我们非常有幸请到了中国橙王褚时健先生！褚先生，[26]许多人对您70多岁决定种橙子感到好奇，因为橙子好几年才能结果，见效很慢，您为什么不选择其他见效更快的事呢？

여: 오늘 우리는 매우 운 좋게도 중국의 오렌지왕 추스젠 선생을 모셨습니다. 추선생님, [26]많은 사람들이 당신이 70세가 넘는 나이임에도 오렌지를 심는 것에 대해 궁금해 합니다. 왜냐하면 오렌지는 여러 해가 지나야 비로소 열매를 맺고, 성과가 매우 늦게 나타나기 때문이죠. 당신은 왜 성과가 빨리 나타나는 다른 일을 선택하지 않은 거죠?

男：人生百年！几年的时间怎么能说见效慢呢？我认为只要看准一条路，就应该做下去。[27]人生很多事都不是一条直线，没有什么捷径可走，不能梦想一夜成功。

남: 인생은 백 년이니까요! 몇 년이란 시간이 어떻게 성과가 늦다고 말할 수 있죠? 전 한번 선택한 길은 꼭 해냅니다. [27]인생에서 많은 일이 모두 직선이 아니어서 따로 지름길은 없어요. 하룻밤 만에 성공하기를 꿈꿔선 안 되죠.

女：您此前在农业方面几乎没有任何经验，为何认为自己能超越有经验的农民和有知识的农业专家？有没有想过种橙子会失败？

여: 이전에 농업 방면에서 경험이 거의 없었는데, 무엇 때문에 스스로가 경험 많은 농민들과 지식이 풍부한 농업 전문가를 능가할 것이라고 생각하셨죠? 오렌지 심는 것이 실패할 수 있다는 생각은 안 하셨나요?

男：那是应该想的，一件事一点儿不懂的话，我不会干。种橙子之前我学了很多有关的知识，有了十足的把握才敢开始干。[28]我重点考察了水果市场，发现外地运来的冰糖橙很贵，本地的便宜，但产量少，所以我才开始想，我肯定能搞成这件事。

남: 당연히 생각했죠. 어떤 일을 전혀 모른다면 제가 할 리가 없죠. 오렌지를 심기 전에 전 많은 관련 지식을 배웠고, 충분히 자신 있어서 감히 시작해 본 겁니다. [28]전 과일 시장을 중점적으로 현지 조사했는데, 타지에서 운반해온 얼음 사탕 오렌지가 매우 비싸고, 현지 것은 싸지만 생산량이 적다는 것을 알게 되었어요. 그래서 이 일은 내가 꼭 해낼 수 있겠다고 비로소 생각하게 되었습니다.

女：有人说您这12年来种橙子是触底反弹，您怎么看？

여: 누군가는 당신의 12년간 오렌지 경작은 밑바닥을 치고 올라온 것이라고 하더군요. 당신은 어떻게 생각하세요?

男：跌得越低，反弹力就越大。

남: 더 낮게 떨어질수록 반등력은 더 커지죠.

女：那您触底反弹的秘诀是什么？

여: 그렇다면 당신이 바닥을 치고 올라온 비결은 무엇일까요?

男：[29]做任何事都要打好基础，种橙子的人不少，但像我这样种好上千亩的还不多见。我觉得是因为我农业基础打得好。有的人来我的果园看了一下，回去立马就搞几千亩的果园。但这样到后面是会碰钉子的。像今年我们碰到的难关十几年没遇过，连续高温一个多月，果子都被晒掉了。但我们的五条管道从对面的大山过来，就保障了果园用水，产量几乎没受什么影响。别的果园没想到这一点，损失都很大。

女：在您看来现在对年轻人来说机会还多吗？

男：国家的未来始终是年轻人的。现在很多年轻人最大的问题是只想一夜暴富，而不愿意坚持到底，容易轻言放弃，这是不行的。[30]要有耐心，坚持下去。方法是一点点摸索出来的，多试几次，找到方法就有了机会。

남: [29]무슨 일을 하든 기초를 잘 다져야 합니다. 오렌지를 심는 사람은 적지 않지만 저처럼 이렇게 수천 묘에 잘 심는 사람은 흔치 않죠. 이것은 제가 농업 기초를 잘 다졌기 때문이라고 생각합니다. 어떤 사람이 제 과수원을 둘러보고 돌아가서 곧바로 몇 천 묘의 과수원을 지었습니다. 그러나 나중엔 난관에 부딪치게 될 것입니다. 올해 같은 우리가 만난 난관은 십 여년 동안 한 번도 없었습니다. 한달 넘게 이어진 폭염으로 과일이 모두 일소 피해를 입었죠. 그러나 우리는 맞은편 큰 산에서부터 오는 5개 파이프로 과수원의 급수를 확보했고, 생산량에도 거의 영향을 받지 않았습니다. 다른 과수원은 이 점을 생각지 못해 손실이 매우 큽니다.

여: 당신은 지금 젊은 사람들에게 기회는 아직 많다고 생각하시나요?

남: 국가의 미래는 늘 젊은 사람들 것입니다. 현재 많은 젊은이의 가장 큰 문제는 하룻밤 사이에 벼락부자가 되기만을 바라고, 끝까지 버티길 원하지 않는다는 것이죠. 쉽게 말하고 포기하는 것은 안 됩니다. [30]인내심을 갖고 꾸준히 해나가야 해요. 방법은 조금씩 찾아집니다. 몇 번 더 시도해 보세요. 방법을 찾아내면 기회가 생깁니다.

지문 어휘 **有幸** yǒuxìng 형 행운이다, 다행이다, 운이 좋다 | **褚时健** Chǔshíjiàn 고유 추스젠(인명) | **橙子** chéngzi 명 오렌지 | **见效** jiànxiào 동 효과를 보다 | **捷径** jiéjìng 명 지름길 | **梦想** mèngxiǎng 동 꿈꾸다 명 꿈 | **经验** jīngyàn 명 경험 | **为何** wèihé 부 왜, 무엇 때문에 | ☆**超越** chāoyuè 동 초월하다 | ☆**十足** shízú 형 충분하다, 넘쳐흐르다 | **把握** bǎwò 명 자신, 확신 동 파악하다 | **重点** zhòngdiǎn 부 중점적으로 | ☆**考察** kǎochá 동 현지 조사하다 | **冰糖橙** bīngtángchéng 명 얼음 사탕 오렌지 | **本地** běndì 명 현지 | **产量** chǎnliàng 명 생산량 | **触底** chùdǐ 동 바닥을 치다 | **反弹** fǎntán 동 반등하다 | ☆**跌** diē 동 떨어지다 | **秘诀** mìjué 명 비결 | **基础** jīchǔ 명 토대, 기초 | **亩** mǔ 양 묘(중국식 토지 면적 단위) | **果园** guǒyuán 명 과수원 | **立马** lìmǎ 부 곧, 곧바로 | **碰钉子** pèng dīngzi 난관에 부딪치다 | **难关** nánguān 명 난관 | **晒** shài 동 햇볕을 쬐다 | **管道** guǎndào 명 파이프 | ☆**保障** bǎozhàng 동 보장하다 | **损失** sǔnshī 명 손실, 손해 동 손실을 입다 | **始终** shǐzhōng 부 시종, 줄곧 | **暴富** bàofù 동 벼락부자가 되다 | **坚持** jiānchí 동 견지하다, 꾸준히 하다 | **耐心** nàixīn 명 참을성, 인내심 형 참을성이 있다 | ☆**摸索** mōsuǒ 동 모색하다

26

人们为什么会对男的选择种橙子创业感到好奇?

A 见效太慢
B 前景不容乐观
C 收益周期太长
D 竞争过于激烈

사람들은 왜 남자가 오렌지 심는 창업을 선택한 것을 궁금해 하는가?

A 성과가 늦게 나타나기 때문에
B 전망이 낙관적이지 않기 때문에
C 수익 주기가 너무 길기 때문에
D 경쟁이 지나치게 치열하기 때문에

보기 어휘 **前景** qiánjǐng 명 전망, 비전 | ★**收益** shōuyì 명 수익 | ★**周期** zhōuqī 명 주기 | **竞争** jìngzhēng 명 경쟁 | **激烈** jīliè 형 격렬하다

정답 A

해설 오렌지는 여러 해가 지난 후에야 열매를 맺고 성과를 늦게 나타나기 때문에(**因为橙子好几年才能结果，见效很慢**) 많은 사람들이 남자가 70세가 넘는 나이에 오렌지를 심는 것에 대해 궁금해 한다(**许多人对您70多岁决定种橙子感到好奇**)고 여자가 말했으므로 정답은 A입니다.

27

"人生很多事不是一条直线"，这句话指的是什么意思?

A 人生十分复杂
B 人生没有捷径可走
C 人的理想各不相同
D 机会失去了还会再来

'인생에서 많은 일은 직선이 아니다'라는 말이 가리키는 것은 무슨 뜻인가?

A 인생은 매우 복잡하다
B 인생에 지름길은 없다
C 사람의 생각은 각자 다르다
D 기회는 잃어도 다시 올 수 있다

정답 B

해설 남자는 인생에서 많은 일은 직선이 아니어서(**人生很多事都不是一条直线**) 지름길이 따로 없다(**没有什么捷径可走**)고 말했으므로 정답은 B입니다.

28

男的重点考察了什么?

A 水果市场
B 尖端科技
C 水土流失
D 果园选址

남자는 무엇을 중점적으로 현지 조사했나?

A 과일 시장
B 첨단 과학 기술
C 지표면의 수분과 토사 유실
D 과수원의 부지 선택

보기 어휘 **尖端科技** jiānduān kējì 첨단 과학 기술 | **水土流失** shuǐtǔliúshī 지표면의 수분과 토사가 유실되다 | **选址** xuǎnzhǐ 동 부지를 선택하다

정답 A

해설 남자는 오렌지를 심기 전에 과일 시장을 중점적으로 현지 조사했다(我重点考察了水果市场)고 말했으므로 정답은 A입니다.

29

男的触底反弹的秘诀是什么?

A 熟悉政府政策
B 打好了基础
C 擅长做生意
D 吸取失败经验

남자가 바닥을 치고 올라온 비결은 무엇인가?

A 정부의 정책을 잘 알아서
B 기초를 잘 다져서
C 사업에 소질이 있어서
D 실패 경험을 받아들여서

보기 어휘 **秘诀** mìjué 명 비결 | **熟悉** shúxī 동 잘 알다 | **政府** zhèngfǔ 명 정부 | ★**政策** zhèngcè 명 정책 | ★**擅长** shàncháng 동 뛰어나다, 정통하다 | **做生意** zuò shēngyi 장사하다 | **吸取** xīqǔ 동 받아들이다, 흡수하다

정답 B

해설 여자의 바닥을 치고 올라온 비결을 묻는 질문에 남자는 자신의 농업 기초가 잘 다져졌기 때문(我觉得是因为我农业基础打得好)이라고 말했으므로 정답은 B입니다.

30

对于青年人创业，男的有什么建议?

A 要有耐心
B 要知难而退
C 听父母的劝
D 人脉最重要

청년 창업에 대해서 남자는 어떤 제안을 했나?

A 인내심을 가져야 한다
B 곤란하면 물러서야 한다
C 부모님의 조언을 듣는다
D 인맥이 가장 중요하다

보기 어휘 **知难而退** zhī nán ér tuì 성어 어려운 것을 알고 포기하다 | **听劝** tīng quàn 동 조언을 듣다 | **人脉** rénmài 명 인맥

정답 A

해설 남자는 젊은 사람들이 인내심을 갖고 꾸준히 해나가야 한다(要有耐心，坚持下去)고 말했으므로 정답은 A입니다.

제3부분 31~50번 문제는 지문을 듣고 질문에 알맞은 답을 고르는 문제입니다.

第31到33题是根据下面一段话：

[31]5月18日"国际博物馆日"当天，三星堆博物馆正式发布"古蜀萌娃"表情包。这款表情包一推出就走红了社交媒体，它以三星堆青铜面具为原型，原本一脸严肃的青铜面具突然化身喜怒哀乐皆具的"古蜀萌娃"，[32]再配上各种人们比较熟悉的四川方言，形象生动可爱。三星堆博物馆负责人表示：[33]"目前，青少年已成为博物馆"新公众"的主力军，微信"古蜀萌娃"表情包可以增加博物馆与"新公众"的互动，让三星堆文化更生动活跃。"至于为什么要融进四川话元素，一是因为四川话比较有特色，另一方面是因为三星堆文化代表着古蜀国的文明，这些青铜面具就是最古老的四川人的化身，让最古老的蜀国人说话，当然应该说四川话。

[31]5월 18일 '국제 박물관의 날' 당일, 싼싱두이 박물관은 정식으로 '고촉 베이비(고대 촉나라의 귀여운 아기)' 이모티콘팩을 내놓았고, 이 이모티콘팩은 출시되자마자 소셜미디어에서 인기를 끌었다. 이 이모티콘팩은 싼싱두이 청동 마스크가 원형인데, 원래는 근엄한 얼굴의 청동 마스크가 갑자기 희로애락을 모두 가진 '고촉 베이비'로 재탄생했다. [32]거기에 비교적 잘 알려진 여러 가지 쓰촨 방언을 더해 이미지가 생동감 있고 귀엽다. 싼싱두이 박물관 책임자는 [33]"현재 청소년이 이미 박물관의 '새로운 대중'의 주역이 되었고, 위챗의 '고촉베이비' 이모티콘팩은 박물관과 '새로운 관람객' 간의 상호작용을 늘려줄 수 있어 싼싱두이 문화가 더욱 생동감 있고 활기를 띠게 될 것이다."라고 말했다. 왜 쓰촨 방언의 요소를 가미했는지에 관해서는 하나는 쓰촨 방언이 비교적 특색 있기 때문이고, 다른 하나는 싼싱두이 문화가 고대 촉나라의 문명을 대표하고 이 청동 마스크는 바로 가장 오래된 쓰촨 사람의 화신이므로, 가장 오래된 촉나라 사람이 얘기한다면 당연히 쓰촨 방언을 할 것이기 때문이다.

지문 어휘 **国际博物馆日** guójì bówùguǎn rì 국제 박물관의 날 | **三星堆博物馆** sānxīngduī bówùguǎn 싼싱두이 박물관(유네스코에 세계문화유산으로 등록되어 있는 싼싱두이의 발굴품을 전시하는 곳) | ★**发布** fābù 동 선포하다, 발표하다 | **蜀** Shǔ 명 촉나라, 주대(周代)의 제후국[지금의 쓰촨(四川)성 성도(成都) 일대에 있었음] | **表情包** biǎoqíngbāo 이모티콘팩 | **推出** tuīchū 동 (시장에 신상품이나 새로운 아이디어를) 내놓다 | **走红** zǒuhóng 동 인기가 오르다 | **社交媒体** shèjiāo méitǐ 소셜 미디어 | **青铜面具** qīngtóng miànjù 청동 마스크(고대 촉나라 문화 유적지에 남겨진 문물) | **喜怒哀乐** xǐ nù āi lè 성어 희로애락, 기쁨과 노여움과 슬픔과 즐거움 | ★**皆** jiē 부 모두, 전부 | **具** jù 동 갖추다, 가지다 | **配** pèi 동 더하다, 받쳐 주다 | **主力军** zhǔlìjūn 명 주력군, 주역, 중심이 되는 세력 | **微信** wēixìn 위챗(wecaht, 중국의 무료 채팅 어플) | **互动** hùdòng 동 상호 작용하다, 쌍방향 교류하다 | **融进** róngjìn 동 녹아 들어가다, 담다 | **化身** huàshēn 명 화신 (추상적 관념의 구체적 형상)

31

古蜀萌娃表情包是哪天发布的？

A 国际博物馆日
B 国际表情日
C 国际青铜器日
D 国际儿童节

고촉베이비 이모티콘팩은 어느 날 발표했나?

A 국제박물관의 날
B 국제 표정의 날
C 국제 청동기의 날
D 국제 어린이 날

보기 어휘 **青铜器** qīngtóngqì 명 청동기

정답 A

해설 싼싱두이 박물관은 '국제박물관의 날 당일(**国际博物馆日当天**)'에 고촉베이비 이모티콘팩을 정식으로 내놓았다고 했으므로 정답은 A입니다.

32

古蜀萌娃表情包有什么特点?	고촉베이비 이모티콘팩은 무슨 특징이 있나?
A 表情很严肃	A 표정이 매우 근엄하다
B 会说四川方言	B 쓰촨 방언을 할 줄 안다
C 成了博物馆主力军	C 박물관의 주 관람객이 되었다
D 为四川人所独有	D 쓰촨 사람들만 가지고 있다

보기 어휘 **为A所B** wéi A suǒ B A에 의해 B 당하다 | **独有** dúyǒu 동 혼자만이 가지고 있다, 독차지하다

정답 B

해설 고촉베이비는 싼싱두이 청동마스크를 원형으로 하는데(**以三星堆青铜面具为原型**), 청동마스크는 근엄한 얼굴이지만(**原本一脸严肃的青铜面具**) 고촉베이비 이모티콘은 희로애락을 모두 가졌고(**喜怒哀乐皆具的"古蜀萌娃"**), 거기에 비교적 잘 알려진 쓰촨 방언을 쓴다(**再配上各种人们比较熟悉的四川方言**)고 했으므로 정답은 B입니다.

33

三星堆博物馆为什么要推出古蜀萌娃表情包?	싼싱두이 박물관은 왜 고촉베이비 이모티콘팩을 출시하려 하는가?
A 为了宣传四川	A 쓰촨을 홍보하기 위해서
B 为了推广三星堆文化	B 싼싱두이 문화를 널리 보급하기 위해서
C 为了让四川人来博物馆	C 쓰촨 사람들을 박물관에 오게 하기 위해서
D 为了让最古老的四川人说话	D 가장 오래된 쓰촨 사람들을 말하게 하기 위해서

보기 어휘 **宣传** xuānchuán 동 (대중을 향하여) 홍보하다, 선전하다 | **推广** tuīguǎng 동 널리 보급하다

정답 B

해설 현재 청소년이 이미 박물관의 '새로운 대중'의 주역이 되었고(**青少年已成为博物馆"新公众"的主力军**), 고촉베이비 이모티콘팩은 박물관과 청소년과의 상호교류를 늘려 줄 수 있으며(**"古蜀萌娃"表情包可以增加博物馆与"新公众"的互动**), 싼싱두이 문화가 더 활기를 띠도록 해줄 수 있기 때문에(**让三星堆文化更生动活跃**) 싼싱두이 문화를 널리 보급할 수 있다고 한 B가 정답입니다.

第34到36题是根据下面一段话：

[36]独处并非任何人都具备的能力，善于独处也并不意味着不再感到寂寞。人在寂寞时有三种状态：[34]第一种是惶惶不可终日、坐立不安，一心想要摆脱寂寞；第二种是习惯于寂寞，静下心来看看书、写写日记或做别的事情来驱逐寂寞；第三种是让寂寞本身成为一片世外桃源，并引发出人们关于存在和生命的深度思考。具备独处能力指的正是后两种状态，即能安于寂寞并具有生产力。

[35]从心理学的观点来看，人之所以需要独处，是为了进行内在的整合。唯有经过这一整合的过程，自我也才能成为一个既独立又健康的系统。所以有无独处能力，关系到一个人能否真正形成一个相对完整的内心世界。只习惯于与别人共处，一旦独处就难受得要命的人终究是肤浅的。人必须学会倾听自己的心声，自己与自己交流，这样才能逐渐形成一个较有深度的内心世界。

[36]혼자 있는 것은 결코 누구나 다 가진 능력이 아니고, 혼자 잘 있다고 해서 더 이상 외롭지 않다는 걸 의미하지도 않는다. 사람은 외로울 때 3가지 상태가 있다. [34]첫 번째는 불안한 나날을 보내며 안절부절 못하는 것으로 온 마음 다해 외로움에서 벗어나고 싶어한다. 두 번째는 외로움에 익숙해져 마음을 가다듬고 책을 보거나, 일기를 쓰거나, 또는 다른 일을 하면서 외로움을 달랜다. 세 번째는 외로움 자체를 무릉도원이 되게 하여 사람들의 존재와 생명에 관한 심도 있는 사고를 이끌어 낸다. 혼자 있는 능력을 갖췄다는 것은 바로 두 번째와 세 번째 상태를 가리키고, 즉 외로움에 만족해하고 생산적이다.

[35]심리학 관점에서 봤을 때 사람이 혼자 있어야 하는 것은 내재적 통합을 위해서이다. 이런 통합 조정 과정을 거쳐야지만, 독립적이고 건강한 자아 체계를 세울 수 있다. 따라서 혼자 있는 능력은 한 사람이 상대적으로 완벽한 내면세계를 형성할 수 있는지에 관계된다. 다른 사람과 함께 있는 것에만 익숙하고, 혼자 남겨지기만 하면 괴로워하는 사람은 결국 깊이가 없다. 사람은 반드시 자신의 마음의 소리를 경청하고, 스스로 자신과의 교류를 할 줄 알아야 비로소 점차 심도 있는 내면 세계를 이룰 수 있다.

지문 어휘 **独处** dúchǔ 동 혼자 지내다 | ★**并非** bìngfēi 결코 ~이 아니다 | ★**意味着** yìwèizhe 의미하다, 뜻하다 | **寂寞** jìmò 형 외롭다, 쓸쓸하다 | **惶惶** huánghuáng 형 불안해서 떠는 모양 | **不可终日** bù kě zhōng rì 성어 하루도 지탱하기 힘들다 | **惶惶不可终日** huánghuáng bù kě zhōng rì 불안한 나날을 보내다 | **坐立不安** zuò lì bù ān 성어 서도 앉아도 편안하지 않다, 안절부절못하다 | **一心** yìxīn 부 일심으로, 한마음으로, 전심으로 | ★**摆脱** bǎituō 동 벗어나다, 빠져 나오다 | ★**驱逐** qūzhú 동 몰아내다, 쫓아내다 | ★**本身** běnshēn 명 그 자신, 그 자체 | **世外桃源** shì wài táo yuán 성어 무릉도원, 유토피아 | **深度** shēndù 명 깊이, 심도 | **安于** ānyú ~에 만족하다, ~에 안주하다 | ★**内在** nèizài 형 내재하다 | **整合** zhěnghé 동 재 통합시키다, 통합 조정하다 | **唯有** wéiyǒu 부 오직, 오로지 | **系统** xìtǒng 명 체계, 시스템 | **完整** wánzhěng 형 제대로 갖추어져 있다, 온전하다 | **共处** gòngchǔ 동 함께 살다 | ★**终究** zhōngjiū 부 결국 | **肤浅** fūqiǎn 형 깊이가 없다, 얕다 | ★**倾听** qīngtīng 동 경청하다 | **心声** xīnshēng 명 마음의 소리 | **逐渐** zhújiàn 부 점차, 차츰차츰 | **形成** xíngchéng 동 형성되다 | **内心世界** nèixīn shìjiè 내면 세계

34

下列哪项是人在寂寞时的第一种状态?

A 恐惧寂寞
B 驱逐寂寞
C 安于寂寞
D 享受寂寞

다음 중 사람이 외로울 때의 첫 번째 상태는 무엇인가?

A 외로움을 두려워한다
B 외로움을 쫓아낸다
C 외로움에 만족한다
D 외로움을 즐긴다

보기 어휘 ★**恐惧** kǒngjù 동 겁먹다, 두려워하다 | **享受** xiǎngshòu 동 즐기다, 향수하다, 누리다

정답 A

해설 사람이 외로울 때 나타나는 모습 중 첫 번째 상태는 불안한 나날을 보내며 안절부절 못하는 것(第一种是惶惶不可终日、坐立不安)이라고 했으므로 정답은 A입니다.

35

从心理学上讲，人为什么需要独处?

A 独处让人反思过去
B 为了借鉴好的经验
C 需要进行自我调整
D 为了定期整理房间

심리학적으로 설명해 볼 때 사람은 왜 혼자 있을 필요가 있는가?

A 혼자 있는 것은 지난날을 되돌아보게 해서
B 좋은 경험을 거울로 삼기 위해서
C 스스로 조정을 해야 할 필요가 있어서
D 정기적으로 방을 정리하기 위해서

보기 어휘 ★**反思** fǎnsī 동 반성하다, 지난 일을 돌이켜 사색하여 경험한 교훈을 취하다 | ★**借鉴** jièjiàn 동 참고로 하다, 거울로 삼다 | **调整** tiáozhěng 동 조정하다 명 조정 | ★**定期** dìngqī 형 정기의, 정기적인

정답 C

해설 심리학적 관점에서 봤을 때, 사람은 내재적 통합을 하기 위해서(是为了进行内在的整合) 혼자 있을 필요가 있다며, 이런 통합 조정 과정을 거쳐야지만 독립적이고 건강한 자아 체계를 세울 수 있다(自我才能成为一个既独立又健康的系统)고 했으므로 정답은 C입니다.

36

关于独处能力，可以知道什么?

A 寂寞让人更坚强
B 独处是一种灾难
C 爱独处的人性格外向
D 爱独处和不寂寞是两回事

혼자 있는 능력에 관해, 무엇을 알 수 있나?

A 외로움은 사람을 더욱 강하게 만든다
B 혼자 있는 것은 일종의 재앙이다
C 혼자 있는 것을 좋아하는 사람은 성격이 외향적이다
D 혼자 있는 것을 좋아하는 것과 외롭지 않는 것은 별개이다

보기 어휘 **坚强** jiānqiáng 형 (조직이나 의지 따위가) 굳세다, 굳고 강하다 | ★**外向** wàixiàng 형 (성격이) 외향적이다 | **两回事** liǎng huí shì 서로 관계없는 두 종류의 일(사물)

정답 D

해설 혼자 있는 것에 능숙한 것이 더이상 외롭지 않다는 걸 의미하지 않기 때문에(善于独处也并不意味着不再感到寂寞) 혼자 있는 것을 좋아하는 것과 외롭지 않은 것은 별개라는 것을 알 수 있으므로 정답은 D입니다.

第37到39题是根据下面一段话：

在劳动实践中，老百姓总结出了很多气象谚语，比如人们常说"鱼跳水雨要来，满天星明天晴"。[37]那么为什么如果当天晚上的星星又多又亮，第二天就会是个大晴天呢？原来，当空中云层较厚时，星星会被遮住一部分，[39]同时星星发出的光还会被云层反射和吸收一部分。因此从地面望过去，星星就会显得比较稀少。相反，如果空中云层较薄，我们的肉眼能看到的星星就比较多。[38]夏季中国陆地的天气稳定性较强，所以如果我们在夏天的晚上看到很多星星，也就说明天上的云彩比较少，那么基本可以判断第二天会是晴空万里。但是有人说"星星越多第二天越热"，这种说法就不太准确了，因为影响气温的因素很多，各地的自然条件也不同，因此不能轻易下结论。

노동 과정에서 백성들은 많은 기상 속담들을 정리해냈다. 예를 들면 사람들이 자주 말하는 '물고기가 물 위로 튀어 오르면 비가 올 것이고, 하늘에 별이 총총하면 내일은 맑다'가 있다. [37]그렇다면 저녁에 별이 많고 밝으면 왜 다음날 날씨가 화창할까? 알고 보니, 하늘에 구름층이 두꺼우면, 별은 일부가 가려지고, [39]동시에 별에서 나오는 빛도 구름에 의해 일부 반사되고 흡수된다. 때문에 지면에서 바라봤을 때 별이 비교적 적어 보인다. 반대로 만약 하늘에 구름층이 비교적 얇으면 우리는 육안으로 별이 많은 것을 볼 수 있다. [38]여름철 중국 육지 날씨는 매우 안정적이다. 따라서 만약 우리가 여름 밤에 많은 별들을 보게 된다면 내일은 하늘에 구름이 적다는 것을 말해주는 것이고, 그렇다면 다음날은 맑고 쾌청한 하늘이라는 것을 기본적으로 판단할 수 있다. 누군가는 별이 많을수록 다음날은 더 덥다고 말하는데 이것은 그다지 정확하지 않다. 왜냐하면 기온에 영향을 끼치는 요소는 매우 많고, 각 지역의 자연 조건도 다르기 때문에 쉽게 결론 내릴 수 없다.

지문 어휘 **实践** shíjiàn 동 실천하다 명 실천 | **老百姓** lǎobǎixìng 명 백성, 서민 | **总结** zǒngjié 동 총괄하다, 총정리하다 | ★**气象** qìxiàng 명 기상, 날씨, 일기 | **谚语** yànyǔ 명 속담 | **星星** xīngxing 명 별 | **晴天** qíngtiān 명 화창한 날씨 | **云层** yúncéng 명 구름 층 | ★**遮** zhē 동 막다, 가리다 | ★**反射** fǎnshè 동 반사하다 | **吸收** xīshōu 동 빨아들이다, 흡수하다 | **地面** dìmiàn 명 지면, 바닥 | **稀少** xīshǎo 형 희소하다 | **相反** xiāngfǎn 부 반대로 동 상반되다 | **薄** báo 형 엷다 | **肉眼** ròuyǎn 명 육안 | **陆地** lùdì 명 육지, 땅 | **稳定性** wěndìngxìng 명 안정성 | **云彩** yúncai 명 구름 | **晴空万里** qíng kōng wàn lǐ 성어 맑게 갠 하늘이 만리(萬里)에 이르다, 온 하늘이 구름 한 점 없이 맑고 쾌청하다 | **因素** yīnsù 명 요소 | **轻易** qīngyì 부 함부로, 쉽게 | **下结论** xià jiélùn 결론을 내리다 | **结论** jiélùn 명 결론

晚上星星多预示着什么?

A 梅雨即将开始
B 台风要登陆了
C 次日天气晴朗
D 会出现彩虹

저녁에 별이 많은 것은 무엇을 예시하는가?

A 장맛비가 곧 시작될 것이다
B 태풍이 상륙할 것이다
C 다음날 날씨가 맑을 것이다
D 무지개가 뜰 것이다

 **预示** yùshì 동 예시하다, 예지하다 | **梅雨** méiyǔ 명 장맛비 | ★**即将** jíjiāng 부 곧 | ★**登陆** dēnglù 동 상륙하다 | **次日** cìrì 명 다음 날 | ★**晴朗** qínglǎng 형 쾌청하다 | **彩虹** cǎihóng 명 무지개

정답 C

해설 저녁에 별이 많고 밝으면 다음날은 매우 화창한 날씨(如果当天晚上的星星又多又亮，第二天就会是个大晴天)라고 했으므로 정답은 C입니다.

38

夏季中国陆地的天气有什么特点?

A 稳定性强
B 晴天较多
C 雨水充沛
D 多云少雨

여름철 중국 육지의 날씨는 어떤 특징이 있는가?

A 매우 안정적이다
B 맑은 날이 비교적 많다
C 빗물이 넘친다
D 구름은 많고 비는 적다

보기 어휘 ★**充沛** chōngpèi 형 넘쳐흐르다, 왕성하다

정답 A

해설 여름철 중국 육지 날씨는 매우 안정적(夏季中国陆地的天气稳定性较强)이라고 했으므로 정답은 A입니다.

39

根据这段话，下列哪项正确?

A 星座的观察受天气影响
B 云层会反射星星的光线
C 气候类型会影响人的性格
D 星星的数量和温度变化有关

이 지문에 근거하여 다음 중 옳은 것은?

A 별자리 관측은 날씨의 영향을 받는다
B 구름층은 별의 광선을 반사할 수 있다
C 기후형은 사람의 성격에 영향을 끼칠 수 있다
D 별의 수량은 온도 변화와 관련 있다

보기 어휘 **星座** xīngzuò 명 별자리 | **气候类型** qìhòu lèixíng 기후형(기후 구분에 의해 분류된 각 기후 집단의 전형적인 기후 특색)

정답 B

해설 별에서 나오는 빛은 구름층에 의해 일부가 반사되고 흡수된다(星星发出的光还会被云层反射和吸收一部分)고 했으므로 정답은 B입니다.

第40到43题是根据下面一段话：

[40]综艺节目《奇遇人生》在某影视评论网站上好评如潮，成为了人们关注的焦点。它是国内首档明星纪实真人秀节目，主持人阿雅与十位明星好友，在全球范围内分别展开十次旅行。每一次行程，都是关乎心灵与人生的体验之旅。体验不同的生活，探索不一样的自己。[41]首期节目是前往景色优美的赞比亚，访问著名的非洲大象孤儿院，这集的宗旨是让人们反思生命。第二集是到美国中西部的龙卷风走廊去追风，这个主题与大自然有关。值得一提的是，《奇遇人生》没有剧本，摄影镜头直接记录了明星在途中遭遇意外事件时的真实反应。[42]该节目的导演赵琦说："每次出去，大家都要面对很多未知的情况，这正是这档节目的乐趣所在，与其说这是一档综艺节目，不如说是一部令人深思的纪录片。[43]但节目又抛弃了纪录片特有的解说部分，仅靠场景的变化和人物的对话来推动情节，看着看着，观众往往会被深深地吸引、被打动，甚至会不由自主地忘记自己是在看一档综艺节目。"

[40]예능 프로그램인 〈기우인생(奇遇人生)〉이 한 영화 평론 사이트에서 호평이 쏟아져 사람들의 관심이 집중 되었다. 〈기우인생〉은 스타의 실제 상황을 기록한 중국의 첫 번째 리얼리티 쇼이다. 진행자 아야와 10명의 스타 친구들이 전 세계를 걸쳐 각각 10번의 여행을 한다. 모든 여정이 영혼과 인생에 관련된 체험 여행으로, 다른 생활을 체험해보며 다른 자신을 탐색하는 것이다. [41]첫 방송은 경치가 아름다운 잠비아로 떠나, 유명한 아프리카 코끼리 고아원을 방문했는데, 이번 편의 취지는 사람들이 생명을 되돌아 보게 하는 것이다. 2회는 미국 중서부의 토네이도 앨리에 가서 바람을 맞는 것인데, 이 주제는 대자연과 관계 있다. 언급할 만한 것은 〈기우인생〉은 각본 없이 카메라 렌즈가 직접 스타들이 도중에 뜻밖의 일을 만났을 때의 실제 반응을 기록했다는 것이다. [42]이 프로그램의 감독 자오지는 이렇게 말한다. "매번 모두가 많은 미지의 상황에 직면해야 하고 이것이 바로 이 프로그램의 재미있는 관전 포인트이다. 이것은 예능이라고 하기보다 깊이 생각하게 만드는 다큐멘터리라고 말하는 것이 낫다. [43]그러나 프로그램은 다큐멘터리 특유의 해설부분을 버리고 장면의 변화와 인물의 대화만으로 줄거리를 이어나가다 보니, 관중들은 보면서 종종 깊이 매료되고, 감동하고, 심지어 자신도 모르게 자신이 예능을 보고 있다는 사실을 잊게 될 것이다."

지문 어휘 **综艺节目** zōngyì jiémù 예능 프로그램, 버라이어티 쇼 | **影视** yǐngshì 명 영화와 텔레비전 | **评论** pínglùn 명 평론 동 평론하다 | **网站** wǎngzhàn 명 웹사이트 | **好评** hǎopíng 명 호평, 칭찬하는 후기 | **潮** cháo 명 조수, 조류, 추세 | **好评如潮** hǎopíng rú cháo 호평이 자자하다, 호평이 쏟아지다 | ★**焦点** jiāodiǎn 명 초점 | **首** shǒu 형 최초의 명 머리 | **档** dàng 양 (예능 프로그램) 하나, 한 번 | **明星** míngxīng 명 스타 | **纪实** jìshí 동 실제 상황을 기록하다 | **真人秀** zhēn rén xiù 리얼리티 쇼 | **阿雅** Āyǎ 고유 아야(인명) | **展开** zhǎnkāi 동 전개하다 | **行程** xíngchéng 명 노정 | **关乎** guānhū 동 ~에 관계되다, ~에 관련되다 | ★**心灵** xīnlíng 명 심령, 마음 | **体验** tǐyàn 동 체험하다 명 체험 | ★**探索** tànsuǒ 동 탐색하다 | **期** qī 양 (예능 프로그램) 한 번, 차 | **前往** qiánwǎng 동 가다, ~로 향하여 가다 | **赞比亚** Zànbǐyà 고유 잠비아 | **非洲** Fēizhōu 고유 아프리카 | **大象** dàxiàng 명 코끼리 | **孤儿院** gū'éryuàn 명 고아원 | **集** jí 양 드라마나 프로그램의 회차 | **宗旨** zōngzhǐ 명 취지, 종지 | ★**反思** fǎnsī 동 되돌아보다 | **龙卷风** lóngjuǎnfēng 명 토네이도 | ★**走廊** zǒuláng 명 복도, 회랑 | **龙卷风走廊** lóngjuǎnfēng zǒuláng 토네이도 앨리, Tornado Alley(미국 사우스다코타 주 동부와 네브래스카 주, 캔자스 주, 오클라호마 주, 텍사스 주 북부, 콜로라도 주 동부처럼 토네이도가 자주 발생하는 지역을 '토네이도 앨리'라고 한다) | ★**剧本** jùběn 명 극본 | **摄影** shèyǐng 동 사진을 찍다, 촬영하다 | ★**镜头** jìngtóu 명 렌즈, 장면 | ★**遭遇** zāoyù 동 (불행한 일을) 맞닥뜨리다 명 처지, 운명 | **反应** fǎnyìng 명 반응 동 반응하다 | **导演** dǎoyǎn 명 감독 | **赵琦** Zhàoqí 고유 자오치(인명) | **未知** wèizhī 형 미지의, 알지 못하는 | ★**乐趣** lèqù 명 즐거움 | **深思** shēnsī 동 깊이 생각하다 | **纪录片** jìlùpiàn 명 다큐멘터리 | ★**抛弃** pāoqì 동 버리다 | **解说** jiěshuō 동 해설하다 | **场景** chǎngjǐng 명 장면 | **推动** tuīdòng 동 추진하다 | ★**情节** qíngjié 명 줄거리 | **打动** dǎdòng 동 감동시키다 | **不由自主** bù yóu zì zhǔ 성어 자기도 모르게

关于该节目，可以知道什么？

A 有大量植入式广告
B 内容富含神秘色彩
C 赢得了很高的评价
D 嘉宾都是资深记者

이 프로그램에 관해 무엇을 알 수 있나?

A 간접 광고가 많다
B 내용에 신비한 분위기가 많다
C 높은 평가를 받았다
D 게스트 모두가 베테랑 기자이다

 植入式广告 zhírùshì guǎnggào 간접 광고 | 神秘色彩 shénmì sècǎi 신비한 분위기 | 嘉宾 jiābīn 명 귀빈, 방송 게스트 | ☆资深 zīshēn 형 경력이 풍부하다

정답 C

해설 예능 프로그램 〈기우인생〉은 한 평론 사이트에서 호평이 쏟아졌다(综艺节目《奇遇人生》在某影视评论网站上好评如潮)고 언급했으므로 정답은 C입니다.

41

前两集节目的主题分别是什么？

A 生命与自然
B 自由与束缚
C 原始与现代
D 信仰与守护

앞 두 차례 프로그램의 주제는 각각 무엇인가?

A 생명과 자연
B 자유와 속박
C 원시와 현대
D 신앙과 수호

 ☆束缚 shùfù 명 속박, 제한 동 속박하다, 제한하다 | 信仰 xìnyǎng 명 신앙 | ☆守护 shǒuhù 동 지키다

정답 A

 1회에서는 잠비아의 아프리카 코끼리 고아원을 방문해 사람들로 하여금 생명을 돌아보게 하였다(首期节目是前往景色优美的赞比亚，访问著名的非洲大象孤儿院，这集的宗旨是让人们反思生命)고 했고, 2회에서는 미국 중서부 토네이도 앨리에 갔는데 이것은 대자연과 관련 있다(第二集是到美国中西部的龙卷风走廊去追风，这个主题与大自然有关)고 했으므로 정답은 A입니다.

42

导演认为该节目最大的乐趣是什么？

A 综艺性很强
B 可以环游世界
C 拍摄过程充满未知
D 可以结识形形色色的人

감독은 이 프로그램의 가장 큰 묘미가 무엇이라고 생각하는가?

A 예능 성격이 매우 강하다
B 세계를 두루 돌아볼 수 있다
C 촬영 과정이 미지로 가득하다
D 각양각색의 사람들을 사귈 수 있다

보기 어휘 **环游** huányóu 동 두루 돌아다니다, 주유하다 | **结识** jiéshí 동 사귀다 | **形形色色** xíngxíngsèsè 형 형형색색의, 각양각색의

정답 C

해설 감독은 매번 모두가 많은 미지의 상황에 직면해야 하고 이것이 바로 이 프로그램의 관전 포인트다(每次出去，大家都要面对很多未知的情况，这正是这档节目的乐趣所在)라고 말했으므로 정답은 C입니다.

43

关于该节目下列哪项是错误的?

A 更接近纪录片
B 有大量的解说
C 能吸引观众
D 没有编好的剧本

이 프로그램에 관해 다음 중 옳지 않은 것은 무엇인가?

A 다큐멘터리에 더 가깝다
B 많은 해설이 있다
C 관중을 매료시킬 수 있다
D 짜여진 각본이 없다

정답 B

해설 감독의 말 중에 이 프로그램은 다큐멘터리 특유의 해설 부분을 버렸다(节目又抛弃了纪录片特有的解说部分)고 했으므로 정답은 B입니다.

第44到47题是根据下面一段话:

我们知道在过去，海外之地称为“番”，很多从国外引进的物种都被冠以“番”字，如番茄。[44]而甘薯之所以又被称为“番薯”，也是因为它是海外引进的。相传明朝万历年间，一位名叫陈振龙的福建商人到菲律宾经商，陈振龙很快便发现了一种可与五谷媲美的食物甘薯，[45]这种食物不仅耐旱、易活，而且产量大。当时中国生产力低下，农民食不果腹。于是，陈振龙便下决心将这种食物带回中国种植。但由于当地海关严格限制甘薯出口，陈振龙不顾当地西班牙殖民政府不准带甘薯出境的禁令，将薯藤藏在了船中。[47]陈振龙历尽万难，终于成功地将薯藤带回了老家福建。[45]甘薯的种植不太受气候的影响，他一试种便成功了，老百姓

과거에는 해외를 '판'이라고 부르고, 많은 해외에서 들여온 물품들은 모두 앞에 '판'자를 붙였는데 그 예가 '판체(토마토)'이다. [44]고구마가 '판수(고구마)'라고도 불리는 것 역시 그것이 해외에서 들여온 것이기 때문이다. 전해지는 바에 따르면 명나라는 만력 연간, 진진용이란 이름의 푸젠 상인이 필리핀에 가서 장사를 하는데, 진진용은 매우 빨리 오곡과 필적할 만한 식품인 고구마를 발견했다. [45]이 식품은 가뭄에 강하고, 생명력이 좋으며 생산량이 많다. 그 당시 중국의 생산력은 저하되고, 농민들은 굶주림에 허덕였다. 그래서 진진용은 이 음식물을 중국으로 가져가 재배하기로 결심했다. 그러나 현지 세관에서는 고구마 수출을 엄격하게 제한했다. 진진용은 현지 스페인 식민 정부가 고구마를 가지고 출국하지 못하도록 하는 금지령에도 불구하고, 고구마 덩굴을 배에 숨겼고, [47]온갖 어려움을 다 겪어내며 마침내 성공적으로 고구마 덩굴을 고향인 푸젠으로 가지고 돌아왔다. [45]고구마 재배는 기후의 영향을 별로 받지 않아서 그가 시험 재배 해보자마자

们也纷纷试种，没过多久，甘薯便在全国推广开来。46/47陈振龙把甘薯引入我国，46改善了我国农作物的结构和老百姓的食谱，甘薯从此成为了人们饭桌上的重要食物。甘薯的传入使当时中国的饥荒问题得到很大程度上的缓解，陈振龙也因此而被后人称为“甘薯之父”。

바로 성공했다. 백성들도 잇따라 시험 재배 해보고 얼마 지나지 않아 고구마는 전국에 널리 보급되었다. 46/47진진용이 고구마를 중국에 들여와서 46중국의 농작물 구조와 백성들의 식단은 개선되었고, 고구마는 이때부터 사람들 식탁에서 중요한 음식물이 되었다. 고구마가 들어와 그 당시 중국의 기근 문제도 크게 완화되었고, 진진용도 이 때문에 후세 사람들에 의해 '고구마의 아버지'라고 불린다.

지문 어휘 **番** fān 명 외국 | **引进** yǐnjìn 동 도입하다 | **物种** wùzhǒng 명 종, 물종 | **冠以** guànyǐ 동 앞에 ~라고 호칭을 붙이다 | **番茄** fānqié 명 토마토 | **甘薯** gānshǔ 명 고구마의 다른 이름 | **相传** xiāngchuán 동 ~(이)라고 전해지다, 전하는 바에 따르면 ~이다 | **万历** Wànlì 명 만력, 명대(明代) 신종(神宗)의 연호(年號)(1573~1620) | **福建** Fújiàn 고유 푸젠성 | **菲律宾** Fēilǜbīn 고유 필리핀(Philippines) | **经商** jīngshāng 동 장사하다 | **五谷** wǔgǔ 명 오곡 | **媲美** pìměi 동 필적하다, 아름다움을 겨루다, 견줄만하다 | **耐旱** nàihàn 형 가뭄에 강하다, 가뭄에 견디다 | **食不果腹** shí bù guǒ fù 성어 배불리 먹지 못하다, 굶주림에 허덕이다 | **种植** zhòngzhí 동 심다, 재배하다 | **海关** hǎiguān 명 세관 | **限制** xiànzhì 동 제한하다, 규제하다 | **出口** chūkǒu 동 수출하다 | **西班牙** Xībānyá 고유 스페인 | **出境** chūjìng 동 출국하다 | **禁令** jìnlìng 명 금령 | **薯藤** shǔténg 고구마 덩굴 | **藏** cáng 동 숨기다, 숨다 | **历尽** lìjìn 동 두루 다 경험하다(겪다) | **万难** wànnán 명 여러 가지 어려움, 온갖 곤란 | **纷纷** fēnfēn 부 (많은 사람이나 물건이) 잇달아 | **试种** shìzhòng 동 시험 재배하다 | **推广** tuīguǎng 동 널리 보급하다 | **食谱** shípǔ 명 식단 | **饥荒** jīhuang 명 기근, 흉작

44

甘薯为什么又叫“番薯”？

A 产量易翻番
B 是从国外引进的
C 原产地是吐鲁番
D 和“番茄”是同科植物

고구마는 왜 '판수'라고도 부르는가?

A 생산량이 배가 되기 쉬워서
B 외국에서 들여온 것이어서
C 원산지가 투루판이어서
D '판체(토마토)'와 같은 과 식물이어서

보기 어휘 **翻番** fānfān 동 2배가 되다 | **原产地** yuánchǎndì 명 원산지 | **吐鲁番** Tǔlǔfān 고유 투루판(지명) | **科** kē 명 (생물)과

정답 B

해설 과거에는 해외에서 들여온 물건은 앞에 '판' 자를 붙였는데(在过去，海外之地称为“番”，很多从国外引进的物种都被冠以“番”字), 고구마도 해외에서 들여온 것이어서 '판수'라고 부른다(甘薯之所以又被称为“番薯”，也是因为它是海外引进的)고 했으므로 정답은 B입니다.

45

根据这段话，甘薯有什么特点?

A 不易成活
B 不易消化
C 适宜生吃
D 适应性强

지문에 따르면 고구마는 어떤 특징이 있는가?

A 생존하기 쉽지 않다
B 잘 소화가 되지 않는다
C 생으로 먹기에 적합하다
D 적응력이 강하다

보기 어휘 **成活** chénghuó 동 (배양한 동식물이 탄생 초기 또는 종식 후에) 자리를 잡다, 살아남다 | ★**适宜** shìyí 형 적합하다 | **生吃** shēngchī 동 날것으로 먹다

정답 D

해설 고구마는 가뭄에 강하고 생명력이 좋으며 생산량이 많고(**这种食物不仅耐旱、易活，而且产量大**), 재배 시 기후의 영향을 받지도 않는다(**甘薯的种植不太受气候的影响**)고 했으므로 정답은 D입니다.

46

甘薯的传入给当时的中国带来了什么改变?

A 加重了农民的生产负担
B 百姓开始以甘薯为主食
C 农民都开始改种甘薯了
D 改善了饮食结构和食谱

고구마의 유입은 당시 중국에 어떠한 변화를 가져왔나?

A 농민들의 생활 부담을 가중시켰다
B 백성들이 고구마를 주식으로 삼기 시작했다
C 농민은 모두 고구마로 바꾸어 심기 시작했다
D 음식 구조와 식단이 개선되었다

보기 어휘 **加重** jiāzhòng 동 가중하다, 무겁게 하다 | ★**负担** fùdān 명 부담 동 부담하다 | **以A为B** yǐ A wéi B A를 B로 삼다 | **改种** gǎizhòng 동 바꾸어 심다

정답 D

해설 고구마가 중국에 들어와 중국의 농작물 구조와 백성들의 식단이 개선되었다(**改善了我国农作物的结构和老百姓的食谱**)고 했으므로 정답은 D입니다.

47

根据这段话，下列哪项正确?

A 陈振龙曾在泰国经商
B 陈振龙是明朝著名厨师
C 陈振龙将甘薯引入了中国
D 甘薯起源于中国福建省

지문에 근거하여 아래 내용 중 옳은 것은?

A 진진용은 일찍이 태국에서 장사를 한 적이 있다
B 진진용은 명나라 유명한 요리사이다
C 진진용은 고구마를 중국으로 들여왔다
D 고구마는 중국 푸젠성에서 기원한다

보기 어휘 **泰国** Tàiguó 고유 태국 | ★**起源于** qǐyuányú ~에서 기원하다

정답 C

해설 진진용은 필리핀에서 장사를 하며 고구마를 발견했고, 온갖 어려움 끝에 성공적으로 고구마를 고향인 푸젠으로 가지고 돌아왔다(陈振龙历尽万难，终于成功地将薯藤带回了老家福建)고 했으므로 정답은 C입니다.

第48到50题是根据下面一段话：

荧光海是一种有趣的生物发光现象。近日，秦皇岛的一处海滩就出现了一片美丽的蓝色荧光。从照片上看如梦如幻，甚为迷人。但这些荧光的真相却远没有图片上那么唯美，其实它是海洋被污染的一种标志。这些发光体是一种微小生物——夜光虫。[48]夜光虫并不是昆虫，而是藻类，属于甲藻的一种。如果温度和氧气含量适宜，夜光虫便会大量繁殖，当掀起海浪或海水被人为搅动时，它们就会发出蓝色的光。[49]海水温度升高、氮磷钾含量增多等原因，促使藻类大量繁殖，这导致了蓝色荧光海现象的频发。甲藻大量的繁殖、死亡和分解，会大量消耗水体中的氧气，造成其他海洋生物窒息死亡，严重威胁海水养殖产业。所以，[50]如果某地区出现了蓝色荧光海现象，这说明这里的海水有可能已经被污染了，有关部门应该及时加强水质监测，查明发生原因，并对可能出现的环境风险做好相应准备。

형광 바다는 재미있는 생물 발광 현상이다. 최근 친황다오의 한 모래사장에 온통 아름다운 푸른 빛의 형광이 나타났다. 사진상으로 보면 꿈 같기도 환상 같기도 한 것이 아주 매혹적이다. 그러나 이 형광의 실제 모습은 사진에서 만큼 그렇게 아름답지 않다. 사실 그것은 해양이 오염되었다는 표시다. 이 발광체들은 일종의 아주 작은 생물체인 야광충이다. [48]야광충은 곤충이 아니라 일종의 와편모류에 속하는 조류이다. 만약 온도와 산소 함유량이 적합하면, 야광충은 대량으로 번식하는데, 파도가 일렁이거나 바닷물을 인위적으로 휘저어주면 그것들은 푸른 빛을 낸다. [49]해수 온도가 올라가고 질소, 인, 칼륨 함유량이 늘어나는 등의 원인은 조류의 대량 번식을 촉진시켰고, 이는 푸른 현광 바다 현상이 빈번히 나타나는 결과를 초래했다. 와편모류의 대량 번식, 사망과 분해는 수중의 산소를 다량 소모해 다른 해양 생물들이 질식해 죽게 되고, 해수 양식 산업을 심각하게 위협한다. 때문에 [50]만약 어떤 지역에 푸른 현광 바다 현상이 나타났다면 이것은 그곳의 해수가 이미 오염되었을 수 있다는 것을 설명해주므로 관련 부처는 즉시 수질 검사를 강화해 발생 원인을 규명하고, 일어날 가능성이 있는 환경 위험에 대해 상응하는 준비를 해야 한다.

지문 어휘 **荧光** yíngguāng 명 형광 | **秦皇岛** Qínhuángdǎo 고유 친황다오(지명) | **海滩** hǎitān 명 해변 모래사장(백사장) | **如梦如幻** rúmèng rúhuàn 꿈 같기도 하고, 환상 같기도 하다 | **甚为** shènwéi 부 몹시, 매우 | ★**迷人** mírén 형 매력적이다, 매혹적이다 | ★**真相** zhēnxiàng 명 실제 모습, 진상 | **标志** biāozhì 명 상징, 표지 | **发光体** fāguāngtǐ 발광체(發光體) | **夜光虫** yèguāngchóng 명 동물 야광충 | **昆虫** kūnchóng 명 곤충 | **藻类** zǎolèi 명 조류 | **属于** shǔyú ~에 속하다 | **甲藻** jiǎzǎo 와편모류[두 개의 편모를 가진 단세포 원생생물이며 개체군이 갑작스러운 증식에 의해 적조(red tide)를 일으키기도 함] | ★**氧气** yǎngqì 명 산소 | **含量** hánliàng 명 함량 | ★**适宜** shìyí 형 적합하다, 적절하다 | ★**繁殖** fánzhí 명 번식 동 번식하다 | ★**掀起** xiānqǐ 동 물결치다, 넘실거리다 | **海浪** hǎilàng 명 파도 | ★**人为** rénwéi 형 인위적인 | **搅动** jiǎodòng 동 뒤섞다, 휘젓다 | **氮** dàn 명 질소(원소 기호는 N) | **磷** lín 명 인(원소 기호는 P) | **钾** jiǎ 명 칼륨(원소 기호는 K) | **促使** cùshǐ 동 ~(하)도록 (재촉)하다 | **频发** pínfā 동 빈발하다, 빈번히 발생하다, 자주 일어나다 | ★**分解** fēnjiě 동 분해하다 | ★**消耗** xiāohào 동 소모하다 | **造成** zàochéng 동 형성하다 | **窒息** zhìxī 동 질식하다 | **威胁** wēixié 동 위협하다 | **养殖** yǎngzhí 동 양식하다 | ★**产业** chǎnyè 명 산업 | **及时** jíshí 부 즉시, 조속히 형 시기적절하다 | **监测** jiāncè 동 (측량 기구나 특수 기술로) 감시하고 검측하다, 모니터링하다 | **查明** chámíng 동 규명하다, 조사하여 밝히다 | **风险** fēngxiǎn 명 위험, 리스크

48

关于夜光虫可以知道什么?

야광충에 관해 무엇을 알 수 있나?

A 是一种藻类
B 是一种昆虫
C 繁殖能力差
D 喜欢蓝色光

A 조류의 일종이다
B 곤충의 일종이다
C 번식능력이 떨어진다
D 푸른 빛을 좋아한다

정답 A

해설 야광충은 곤충이 아니라 일종의 조류이고(夜光虫并不是昆虫，而是藻类), 온도와 산소량이 적합하면 야광충은 대량 번식한다(如果温度和氧气含量适宜，夜光虫便会大量繁殖)고 했으므로 정답은 A입니다.

49

蓝色荧光海现象频发的原因是什么?

푸른 형광 바다 현상이 빈번히 나타나는 원인은 무엇인가?

A 海水反射蓝光
B 海水温度上升
C 夜光虫在飞舞
D 海水清澈透明

A 해수가 푸른 빛을 반사해서
B 해수 온도가 올라가서
C 야광충이 날고 있기 때문에
D 해수가 맑고 투명해서

보기 어휘 ☆**反射** fǎnshè 동 반사하다 명 반사 | **飞舞** fēiwǔ 동 춤추며 날다, 춤추듯이 공중에 흩날리다 | ☆**清澈** qīngchè 형 맑고 투명하다, 깨끗하다 | **透明** tòumíng 형 투명하다

정답 B

해설 푸른 형광 바다 현상이 빈번히 나타나는 원인으로 해수 온도가 올라가고, 질소, 인, 칼륨 함유량이 많아지는 등의 원인(海水温度升高、氮磷钾含量增多等原因)이 있다고 했으므로 정답은 B입니다.

50

出现蓝色荧光海现象后应该注意什么?

푸른 형광 바다 현상이 나타나면 무엇에 주의해야 하나?

A 为台风的到来做准备
B 加强对环境保护的宣传
C 及时监测海水水质变化
D 及时清理海滩上的垃圾

A 태풍이 올 것을 대비해야 한다
B 환경보호에 대한 홍보를 강화해야 한다
C 즉시 해수 수질 변화를 검사 측정해야 한다
D 즉시 모래사장에 있는 쓰레기를 청소해야 한다

보기 어휘 ☆**台风** táifēng 명 태풍 | **宣传** xuānchuán 동 홍보하다, 선전하다 | ☆**清理** qīnglǐ 동 깨끗이 정리하다

정답 C

해설 어떤 지역에 푸른 형광 바다 현상이 나타났다면 그 곳의 해수가 이미 오염되었을 가능성이 있기 때문에(如果某地区出现了蓝色荧光海现象，这说明这里的海水有可能已经被污染了), 관련 부처는 즉시 그 지역의 수질 검사를 강화해야 한다(有关部门应该及时加强水质监测)고 했으므로 정답은 C입니다.

★★★★★

1회 독해

제1부분 51~60번 문제는 제시된 4개의 보기 중 틀린 문장을 고르는 문제입니다.

51

A 近期感冒流行，大家注意预防，避免不被传染。
B 微生物学对人类的生产活动产生了巨大的影响。
C 这里降水少，常会有羚羊和牦牛等动物出没。
D 面对恶劣的环境，他从来不退缩，从来都是勇往直前。

A 최근 감기가 유행이니 전염되지 않도록 모두 예방에 주의하자.
B 미생물학은 인류의 생산활동에 큰 영향을 끼쳤다.
C 이곳은 강수가 적어서 영양과 야크 등의 동물이 자주 출몰한다.
D 열악한 환경 앞에서 그는 위축되지 않고 늘 용감하게 앞으로 나아간다.

어휘 **传染** chuánrǎn 동 전염하다, 옮다 | **微生物学** wēishēngwùxué 미생물학 | **巨大** jùdà 형 거대하다 | **降水** jiàngshuǐ 명 강수 | **羚羊** língyáng 명 영양 | **牦牛** máoniú 명 야크(yak) | **出没** chūmò 동 출몰하다, 갑자기 나타났다가 갑자기 사라지다 | **恶劣** èliè 형 열악하다 | **退缩** tuìsuō 동 뒷걸음질치다, 위축되다 | **勇往直前** yǒng wǎng zhí qián 성어 용감하게 앞으로 나아가다

정답 A

해설 비슷한 의미를 중복한 부정사 사용의 오류입니다. 감기에 전염되지 않도록 주의하는 것이므로 '避免'과 '不' 중 하나만 써야 합니다.

近期感冒流行，大家注意预防，避免不被传染。
→ 近期感冒流行，大家注意预防，避免被传染。
→ 近期感冒流行，大家注意预防，不被传染。

52

A 这间屋子里陈列着诸多鲁迅读过的书。
B 据统计，现在的网络作家已达到超过了1000万人。
C 丝绸之路的起点在汉唐古都长安，也就是今天的西安。
D 氮气对冥王星的重要性，就相当于水对地球的重要性。

A 이 방안에는 노신이 읽었던 많은 책들이 진열되어 있다.
B 통계에 따르면 현재 인터넷 작가는 이미 1000만명을 초과했다.
C 실크로드의 기점은 한나라와 당나라의 옛 도시인 창안에 있고, 이는 바로 오늘날의 시안이다.
D 명왕성에 대한 질소의 중요성은 지구에 대한 물의 중요성과 같다.

어휘 ★陈列 chénliè 동 진열하다, 전시하다 | 诸多 zhūduō 형 수많은, 많은 | 鲁迅 LǔXùn 고유 루쉰, 노신(중국 현대 저명한 문학가, 사상가 겸 혁명가) | 丝绸之路 sīchóuzhīlù 명 실크로드, 비단길 | 起点 qǐdiǎn 명 기점 | 氮气 dànqì 명 질소 (가스) | 冥王星 míngwángxīng 명 명왕성 | 相当于 xiāngdāngyú 동 ~와 같다, ~에 상당하다

정답 B

해설 동사 남용의 오류입니다. 목적어 '1000万人'에 호응하는 술어는 '达到' 또는 '超过' 중 하나만 써야 합니다.

据统计，现在的网络作家已达到超过了1000万人。

→ 据统计，现在的网络作家已达到了1000万人。

→ 据统计，现在的网络作家已超过了1000万人。

53

A 当今社会团队合作精神已变得不可或缺。

B 船身在这条狭窄的河道中特别显得非常庞大。

C 这位知名导演的新作受到了社会的广泛关注。

D 这对相恋多年的情侣今日终于步入了婚姻的殿堂。

A 현대 사회에서 협동 정신은 이미 반드시 필요하게 되었다.

B 선체는 이 비좁은 수로 안에서 매우 커 보인다.

C 이 저명한 감독의 새 작품은 사회의 광범위한 관심을 받았다.

D 여러 해 동안 연애한 이 커플은 오늘 마침내 결혼의 전당으로 걸어 들어갔다.

어휘 团队合作 tuánduì hézuò 협동, 팀워크 | 不可或缺 bù kě huò quē 성어 없어서는 안되다, 필수 불가결하다 | 船身 chuánshēn 명 선체 | ★狭窄 xiázhǎi 형 비좁다 | 河道 hédào 명 배가 다닐 수 있는 강줄기, 수로 | 显得 xiǎnde 동 ~하게 보이다 | ★庞大 pángdà 형 방대하다 | 相恋 xiāngliàn 동 서로 사랑하다, 연애하다 | 情侣 qínglǚ 명 애인, 연인, 커플 | 殿堂 diàntáng 명 전당

정답 B

해설 부사 사용의 오류입니다. 정도부사(特别)는 형용사(庞大) 앞에 위치해야 하는데, '庞大' 앞에 같은 의미를 갖는 '非常'이 이미 있으므로 '特别'를 지워주거나 '非常'을 없애고 대신 사용해야 합니다.

船身在这条狭窄的河道中特别显得非常庞大。

→ 船身在这条狭窄的河道中显得非常庞大

→ 船身在这条狭窄的河道中显得特别庞大

A 在实施计划时，适当给自己施加一点压力有助于提高效率。

A 계획을 실시할 때, 적당히 스스로에게 약간의 스트레스를 가하는 것은 효율을 올리는데 도움이 된다.

B 小错误常常会造成大灾难，忽视细节往往会带来严重的后果。

B 작은 실수는 종종 큰 재난을 초래할 것이고, 사소한 부분을 소홀이 하면 종종 심각한 결과를 가져올 것이다.

C 石门村漫山遍野的油菜花，来自全国各地的游客吸引了过来。

C 스먼춘은 천지에 유채꽃이 가득해서 전국 각지에서 온 여행객을 매료시켰다.

D 对于孩子来说，大自然也许才是最好、最生动的教科书。

D 아이들에게는 대자연이야말로 아마도 가장 좋은, 가장 생생한 교과서일 것이다.

어휘 **实施** shíshī 동 실시하다 명 실시 | **适当** shìdàng 형 적당하다, 적절하다, 알맞다 | ★**施加** shījiā 동 (압력·영향 따위를) 주다, 가하다 | ★**灾难** zāinàn 명 재난, 불운 | **细节** xìjié 명 세부 (사항), 사소한 부분 | **后果** hòuguǒ 명 (주로 나쁜 측면의) 최후의 결과 | **石门村** Shímén cūn 고유 스먼춘(석문촌) | **漫山遍野** màn shān biàn yě 성어 온 산천에 가득하다 | **油菜花** yóucàihuā 명 유채꽃 | **来自** láizì 동 ~부터 오다 | **游客** yóukè 명 여행객 | **吸引** xīyǐn 동 매료시키다, 흡인하다

정답 C

해설 어순의 오류입니다. '吸引'은 '游客'의 술어이기 때문에 술어(吸引)+목적어(游客) 어순에 맞게 위치하거나, 목적어 대상 앞에 '把'를 사용해 처치문을 만들어야 합니다. '来自全国各地的'는 '游客'의 관형어입니다.

石门村漫山遍野的油菜花，来自全国各地的游客吸引了过来。

→ 石门村漫山遍野的油菜花，吸引了来自全国各地的游客。

→ 石门村漫山遍野的油菜花，把来自全国各地的游客吸引了过来。

55

A 无论结果如何，我们都要勇敢地去尝试。

A 결과가 어떻든지 상관없이 우리는 모두 용감하게 시도해 볼 것이다.

B 赛场上最重要的不是名次，而是坚持到底的勇气。

B 경기장에서 가장 중요한 것은 순위가 아니고, 끝까지 버틸 수 있는 용기이다.

C 街舞是一种中低体能的有氧运动，一定的减肥效果。

C 힙합은 중저 체능의 유산소 운동으로, 어느 정도 다이어트 효과가 있다.

D 他在考虑是否应该放弃现在安逸的生活，选择自己想走的路。

D 그는 현재 편한 생활을 포기하고 자신이 가고 싶은 길을 선택해야 할지 말지 고민하고 있다.

어휘 ★**尝试** chángshì 동 시도하다 명 시험, 시도 | **赛场** sàichǎng 명 경기장 | ★**名次** míngcì 명 순위, 등수, 석차 | **街舞** jiēwǔ 명 힙합, 힙합 댄스 | **体能** tǐnéng 명 체능 | **有氧运动** yǒuyǎng yùndòng 유산소 운동 | **安逸** ānyì 형 편하고 한가롭다, 안일하다

정답 C

해설 술어 부재의 오류입니다. 목적어 '效果'와 함께 호응하는 술어가 필요합니다.

街舞是一种中低体能的有氧运动，一定的减肥效果。
→ 街舞是一种中低体能的有氧运动，具有一定的减肥效果。

56

A 世界上最能使人敬畏的就是头顶的星空和心中的道德观。

A 세상에서 가장 경외심을 갖게 되는 것은 바로 머리 위의 별이 총총한 하늘과 마음속의 도덕관이다.

B 先生本来是向人学习的意思，后来被引申为一种尊称。

B '선생'은 본래 사람에게 본받는다는 의미인데 후에 일종의 존칭으로 의미가 파생되었다.

C 三希堂位于故宫养心殿西暖阁内，那里曾经是乾隆皇帝的书房。

C 삼희당은 고궁 양심전의 서난각 안에 위치한다. 그곳은 일찍이 건륭제의 서재였다.

D 一个人去一家公司应聘，经过多轮的面试，却结果在最后一轮被淘汰了。

D 한 사람이 한 회사에 지원했는데 여러 차례의 면접을 거쳤지만, 결과적으로 최종 면접에서 떨어졌다.

어휘 **敬畏** jìngwèi 동 경외하다 | **星空** xīngkōng 명 별이 총총한 하늘 | **道德观** dàodéguān 도덕적 관점 | **引申** yǐnshēn 동 원의(原義)로부터 파생된 뜻이 생기다, 원의를 확대하다 | **尊称** zūnchēng 명 존칭 | **三希堂** Sānxītáng 고유 삼희당, 옛 건륭제(乾隆帝)의 서재 | **养心殿** Yǎngxīndiàn 고유 양심전, 옛 한족의 궁전 건축물 | **阁** gé 명 각(거실 속에 설치한 작은 방) | **乾隆皇帝** Qiánlóng Huángdì 고유 건륭제 | **应聘** yìngpìn 동 지원하다, 초빙에 응하다 | **轮** lún 양 차, 회, 번째 | ☆**淘汰** táotài 동 탈락하다, 도태하다, 가려내다

정답 D

해설 부사 '却'의 어순 오류입니다. 부사(却)는 일반적으로 주어 뒤, 술어 앞에 위치하므로 접속사(结果)보다 뒤에 위치합니다.

一个人去一家公司应聘，经过多轮的面试，却结果在最后一轮被淘汰了。
→ 一个人去一家公司应聘，经过多轮的面试，结果却在最后一轮被淘汰了。

57

A 苏州园林在中国园林艺术中可以说是首屈一指的。

A 쑤저우 원림은 중국 조경 예술 중 으뜸이라고 말할 수 있다.

B 适当地玩玩电子游戏只是一种娱乐，父母不必为之过分担忧。

B 적당히 컴퓨터 게임을 하는 것은 일종의 오락일 뿐이니, 부모는 이 때문에 지나치게 걱정할 필요 없다.

C 城市地标往往是一座城市历史的见证，也是游客的必到之处。

C 도시 랜드마크는 종종 그 도시의 역사적 증거이자 여행객이 반드시 가봐야 하는 곳이기도 하다.

D 在移动互联网时代，视频网站正取消电视台而成为主流平台。

D 인터넷 시대에서 동영상 사이트는 방송국을 대신해 주류 플랫폼이 되고 있다.

어휘 **苏州园林** Sūzhōu yuánlín 고유 쑤저우 원림[장쑤(江苏)성 쑤저우(苏州)시에 있는 중국 국가 공인 관광지] | ☆**园林** yuánlín 명 조경 풍치림, 정원 | **首屈一指** shǒu qū yì zhǐ 성어 첫째로 손꼽다, 으뜸가다 | **娱乐** yúlè 명 오락, 즐거움 | **为之** wèizhī 접 그것 때문에, 그것으로 인해 | **担忧** dānyōu 동 걱정하다, 근심하다 | **地标** dìbiāo 명 랜드마크 | **见证** jiànzhèng 명 증거 물품, (현장) 증인 동 보고 증명하다 | **移动互联网** yídòng hùliánwǎng 명 인터넷 | ☆**视频** shìpín 명 영상, 동영상 | **网站** wǎngzhàn 명 웹사이트 | **取消** qǔxiāo 동 취소하다 | **电视台** diànshìtái 명 방송국 | **主流** zhǔliú 명 주류 | **平台** píngtái 명 플랫폼

정답 D

해설 동사 사용의 오류입니다. 현재 동영상 사이트가 주류 미디어 플랫폼이 되었는데, 이전의 미디어 플랫폼이었던 방송국을 '취소'하는 것이 아니고, 방송국을 동영상 사이트로 '대체'하는 것이 맞습니다. '取消'는 '计划/资格/制度' 등과 자주 호응합니다.

在移动互联网时代，视频网站正取消电视台而成为主流平台。
→ 在移动互联网时代，视频网站正取代电视台而成为主流平台。

58

A 与有人驾驶的飞机相比，无人机更适合做那些危险的任务。

A 유인 비행기와 서로 비교해보면, 드론은 일부 위험한 임무에 더욱 적합하다.

B 速冻水饺的馅料搭配和营养组合其实比家庭手工制作的还要丰富均衡。

B 냉동 물만두의 소의 배합과 영양 조합은 사실 집에서 손으로 만든 만두보다 더욱 풍부하고 균형적이다.

C 语言类游学是以学习语言为主题的，例如在游玩的过程中学习英语、日语等。

C 언어 캠프는 언어를 배우는 것을 주제로 하는데, 예를 들면 노는 과정에서 영어, 일본어 등을 배운다.

D 春节将至，全国上上下下掀起了一场春运抢票热潮，到处弥漫着"一票难求"。

D 구정이 곧 다가오면서 전국적으로 구정 기간 운송 티켓팅 열풍이 불었고, 도처에 표 한 장 구하기 힘든 긴장된 기운이 감돌고 있다.

어휘 **驾驶** jiàshǐ 동 (기차·기선·비행기 등을) 운전하다, 조종하다 | **无人机** wúrénjī 명 드론 | **速冻** sùdòng 명 급속 냉동 동 급속 냉동하다 | **馅料** xiànliào 명 (떡·만두 따위에 넣는) 소 | ☆**搭配** dāpèi 동 배합(조합)하다 | **组合** zǔhé 동 조합하다 | **均衡** jūnhéng 형 고르다, 균형을 이루다 | **游学** yóuxué 동 유학하다, 캠프 | **将至** jiāngzhì 곧 다가오다 | **上上下下** shàngshàng xiàxià (어떤 단체의 나이와 직위를 막론한) 모든 사람 | ☆**掀起** xiānqǐ 동 불러일으키다, 물결치다 | **春运** chūnyùn 명 음력설 전후의 수송 업무 | **抢票** qiǎng piào 티켓팅 | **热潮** rècháo 명 열기, 열풍 | ☆**弥漫** mímàn 동 자욱하다, 가득 차다 | **一票难求** yīpiào nán qiú 표 한 장 구하기 어렵다

정답 D

해설 목적어 부재의 오류입니다. 동사 '弥漫着'와 호응하는 목적어가 필요합니다. 여기에는 '弥漫'과 호응할 수 있으면서 문맥과 어울리는 '긴장된 분위기(紧张气氛)'가 사용될 수 있습니다.

春节将至，全国上上下下掀起了一场春运抢票热潮，到处弥漫着"一票难求"。
→ 春节将至，全国上上下下掀起了一场春运抢票热潮，到处弥漫着"一票难求"的紧张气氛。

59

A 以前在寒冬腊月里，人们很少能看见绿叶菜的踪迹，但这已成为历史了。

B 大量研究表明，苹果中富含叶酸，能有效防止心脏病发生，尤其特别适合中老年人食用。

C 珍贵树种是属于我国特产稀有或濒于灭绝的树种以及正在逐渐减少的优良树种的统称。

D 中国丹顶鹤博物馆位于江苏盐城，是世界上唯一以世界珍禽丹顶鹤为主题而建立的博物馆。

A 예전 엄동설한 때 사람들은 녹색 잎 채소의 종적을 보기 힘들었지만, 지금은 이미 과거사가 되었다.

B 많은 연구가 분명히 밝혀주기를, 사과에는 엽산이 풍부해서, 심장병을 효과적으로 예방해 줄 수 있어서 특히 중노년의 어른이 먹기에 적합하다.

C 희귀 수종은 중국 특산 또는 멸종위기에 처한 수종에 속하고, 점차 수가 줄고 있는 우량 수종의 통칭이다.

D 중국의 두루미 박물관은 장쑤 옌청에 위치하며, 세상에서 진귀한 조류인 두루미를 테마로 하여 설립한 세계 유일의 박물관이다.

어휘 **寒冬腊月** hán dōng làyuè 성어 추운 섣달, 엄동설한 | ★**踪迹** zōngjì 명 종적, 자취, 발자취 | **富含** fùhán 동 다량 함유하다, 풍부하게 들어 있다 | **叶酸** yèsuān 명 엽산(빈혈에 효험 있는 조혈 작용제) | **属于** shǔyú 동 ~에 속하다 | **特产** tèchǎn 명 특산(물) | **稀有** xīyǒu 형 드물다, 희소하다 | **濒于** bīnyú 동 (어떤 좋지 않은 상황에) 가까이 가다, ~에 이르다 | **灭绝** mièjué 동 멸종하다, 멸절하다 | **濒于灭绝** bīnyú mièjué 멸종 위기에 처하다 | **逐渐** zhújiàn 부 점차 | **优良** yōuliáng 형 우량하다, 우수하다 | **统称** tǒngchēng 명 통칭 동 통칭하여 부르다 | **丹顶鹤** dāndǐnghè 명 두루미 | **江苏省盐城市** Jiāngsūshěng Yánchéngshì 고유 장쑤성 옌청시(지명) | **唯一** wéiyī 형 유일한 | **珍禽** zhēnqín 명 진금, 진기한 조류 | **建立** jiànlì 동 설립하다, 세우다 | **主题** zhǔtí 명 테마, 주제

정답 B

해설 단어 중복의 오류입니다. '尤其'와 '特别'는 같은 의미로 둘 중 하나만 써야 합니다.

大量研究表明，苹果中富含叶酸，能有效防止心脏病发生，尤其特别适合中老年人食用。

→ 大量研究表明，苹果中富含叶酸，能有效防止心脏病发生，尤其适合中老年人食用。

→ 大量研究表明，苹果中富含叶酸，能有效防止心脏病发生，特别适合中老年人食用。

A 看着今天上证指数3.24%的涨幅，使很多人目瞪口呆，大部分的人都没想到今天的指数这么强势。

A 오늘 상하이 종합 주가 지수의 상승폭이 3.24%인 것을 보고 많은 사람들이 매우 놀라 어안이 벙벙했다. 대부분은 오늘 지수가 이렇게 강세일줄 생각치 못했다.

B “班门弄斧”这个成语是说在木工鲁班的面前摆弄斧子，比喻在行家面前卖弄本领，不自量力。

B '노반의 집 앞에서 도끼질한다'라는 성어는 목공 노반 앞에서 도끼를 휘두르는 것을 말하고, 전문가 앞에서 재능을 뽐내며 자기 주제를 모르는 것을 비유한다.

C 正因为人与人之间存在这各种差异，我们每一个人才会各有所长，这也就是通常所说的各有千秋。

C 사람과 사람 사이에 이러한 차이가 있기 때문에 우리는 모두가 각자 자기만의 장점을 가질 수 있는 것이다. 이것이 바로 일반적으로 말하는 사람마다 다 제각기 자기의 장기를 가지고 있다는 것이다.

D 东汉时代的著名科学家张衡早在公元132年就制成了世界上最早的“地震仪”——地动仪。

D 동한 시대의 유명한 과학자 장형은 서기 132년에 세계 최초로 지진계 '후풍지동의'를 발명하였다.

어휘 **上证指数** ShàngZhèng zhǐshù 상하이 종합 주가 지수 | **涨幅** zhǎngfú 명 상승폭 | **目瞪口呆** mù dèng kǒu dāi 성어 어안이 벙벙하다, 눈을 크게 뜨고 입을 벌리다 | **强势** qiángshì 형 기세가 강하다 명 강세 | **班门弄斧** bān mén nòng fǔ 성어 노(鲁)나라의 명공(名工) 노반(鲁班)의 집 앞에서 도끼질한다(공자 앞에서 문자 쓴다, 부처에게 설법한다, 전문가 앞에서 재주를 뽐낸다) | **摆弄** bǎinòng 동 (손으로) 조작하다, 만지작거리다, 다루다 | **斧子** fǔzi 명 도끼 | ☆**比喻** bǐyù 동 비유하다 | **行家** hángjia 명 전문가, 숙련가 | **卖弄** màinong 동 뽐내다, 자랑하다 | **本领** běnlǐng 명 재능, 기량 | **不自量力** búzìliànglì 자기의 힘도 가늠하지 못하다, 주제넘다 | **各有所长** gè yǒu suǒ cháng 성어 각자 자기의 장점을 가지고 있다 | **各有千秋** gè yǒu qiān qiū 성어 사람마다 다 제각기 자기의 장기를 가지고 있다 | **著名** zhùmíng 형 저명하다, 유명하다 | **张衡** ZhāngHéng 고유 장형(중국 동한의 천문학자) | **公元** gōngyuán 명 서기(西紀), 서력 기원 | **地震仪** dìzhènyí 명 지진계 | **地动仪** dìdòngyí 명 후풍지동의[중국 동한(東漢)시기의 천문학자 장형(張衡)이 발명한 세계 최초의 지진계(地震計)로 '候风地动仪'의 준말임]

정답 A

해설 주어 부재의 오류입니다. 상하이 주가 지수가 오른 것을 본(看) 주어와 매우 놀란(目瞪口呆) 주어가 동일 주어이기 때문에 사역동사 '使'가 있으면 안 됩니다. '使'를 빼거나, 앞의 내용을 사역동사의 주어가 될 수 있도록 바꿔줄 수 있습니다.

看着今天上证指数3.24%的涨幅，使很多人目瞪口呆，大部分的人都没想到今天的指数这么强势。
→ 看着今天上证指数3.24%的涨幅，很多人目瞪口呆，大部分的人都没想到今天的指数这么强势。
→ 今天上证指数3.24%的涨幅，使很多人目瞪口呆，大部分的人都没想到今天的指数这么强势。

제2부분 61~70번 문제는 빈칸에 들어가는 알맞은 어휘를 고르는 문제입니다.

61

哈尔滨的冬天是最美丽的。很多南方人选择在这个时候到哈尔滨 欣赏 冬景。漫步在哈尔滨街头，五彩缤纷的冰灯， 充满 异国风情的建筑， 仿佛 让人置身于冰雪王国，让人流连忘返。

A 观察 × 围绕 × 如同 ○
B 打量 × 包围 × 犹如 ○
C 向往 × 充足 × 譬如 ×
D 欣赏 ○ 充满 ○ 仿佛 ○

하얼빈은 겨울이 가장 아름답다. 많은 남방사람들이 이 시기를 선택해 하얼빈에 가서 겨울 풍경을 감상한다. 하얼빈의 길거리를 거닐면, 오색찬란한 얼음, 이국적 정취가 가득한 건축물들이 사람들로 하여금 마치 겨울왕국에 와 있는 것처럼 느끼게 하고 집에 돌아가는 것을 잊게 한다.

지문 어휘 **哈尔滨** Hā'ěrbīn 고유 하얼빈(지명) | **冬景** dōngjǐng 명 겨울 풍경 | **漫步** mànbù 동 한가롭게 거닐다 | **街头** jiētóu 명 길거리 | **五彩缤纷** wǔ cǎi bīn fēn 성어 오색찬란하다 | **冰灯** bīngdēng 명 빙등, 얼음등 | **异国风情** yìguó fēngqíng 이국의 풍토와 인정 | **建筑** jiànzhù 명 건축물 | **置身于** zhìshēnyú 동 몸을 ~에 두다 | **流连忘返** liú lián wàng fǎn 성어 놀이에 빠져 집에 돌아가는 것을 잊다

 D

해설 **[첫 번째 빈칸]**

호응하는 목적어가 '겨울풍경(冬景)'이기 때문에 '欣赏'이 가장 적합합니다.

A **观察** guānchá 동 관찰하다 | 细致观察 상세히 관찰하다
B ★**打量** dǎliang 동 (사람의 복장·외모 따위를) 관찰하다(훑어보다) | 打量陌生人 낯선 사람을 훑어보다
C ★**向往** xiàngwǎng 동 동경하다 | 向往美好的未来 아름다운 미래를 동경하다
D **欣赏** xīnshǎng 동 감상하다 | 欣赏风景 풍경을 감상하다

[두 번째 빈칸]

'이국의 정취(异国风情)가 가득하다'는 의미이므로 '充满'이 가장 적합합니다.

A **围绕** wéirào 동 둘러싸다, 주위를 돌다 | 围绕地球 지구 주위를 돌다
B ★**包围** bāowéi 동 포위하다, 둘러싸다 | 被粉丝包围 팬들로 둘러싸이다
C ★**充足** chōngzú 형 충분하다 | 雨水充足 빗물이 충족하다
D **充满** chōngmǎn 동 충만하다, 가득차다 | 充满信心 자신감이 가득차다

[세 번째 빈칸]

문맥이 '마치 겨울왕국에 와 있는 느낌을 준다'이므로 가장 적합한 단어로는 '如同', '犹如' 그리고 '仿佛'가 있습니다.

A **如同** rútóng 동 마치 ~와 같다 | 如同兄弟 형제 같다
B ★**犹如** yóurú 동 ~와 같다 | 犹如初见 처음 본 것과 같다
C ★**譬如** pìrú 동 예를 들다 | 譬如说 예를 들면
D **仿佛** fǎngfú 부 마치 ~인 듯하다 | 仿佛春天 봄과 같다

62

很久以来，人们一直对地球的内部 颇 为好奇，但是人们对地球内部的认知非常有限，由此产生的地球内部的科幻理论 层出不穷 。最近几十年来，随着探索与研究的不断深入，科学家们已发现了许多地球内部的 奥秘 。

A 颇 ○ 层出不穷 ○ 奥秘 ○
B 亦 × 无穷无尽 × 神奇 ×
C 甚 ○ 家喻户晓 × 机密 ×
D 兼 × 众所周知 × 秘密 ○

오랫동안 사람들은 줄곧 지구의 내부에 대해서 상당히 궁금했지만, 사람들의 지구 내부의 대한 이해는 매우 제한적이고, 이로 인해 생긴 지구 내부에 대한 공상과학(SF) 이론들이 끊임없이 쏟아져 나왔다. 최근 몇 십 년 동안 탐색과 연구가 계속 심화됨에 따라서 과학자들은 이미 많은 지구 내부의 신비를 발견했다.

지문 어휘 **地球** dìqiú 명 지구 | **好奇** hàoqí 동 궁금해하다 | **认知** rènzhī 명 인지, 이해 동 인지하다, 이해하다 | **有限** yǒuxiàn 형 한계가 있다 | **科幻** kēhuàn 명 공상과학, SF | **理论** lǐlùn 명 이론 | ★**探索** tànsuǒ 동 탐색하다 | **研究** yánjiū 명 연구 동 연구하다

정답 A

해설 **[첫 번째 빈칸]**
'好奇' 앞에 정도 부사가 와야 하고, '为'와 함께 묶어서 정도부사로 쓸 수 있는 것은 '颇为'와 '甚为'입니다.

A ★**颇** pō 부 꽤, 상당히 | 颇冷 상당히 춥다
B ★**亦** yì 부 또, 또한 | 亦有 또한 있다
C **甚** shèn 부 매우 | 甚多 매우 많다
D **兼** jiān 동 겸하다, 동시에 하다 | 兼职 겸직하다

[두 번째 빈칸]
사람들이 지구 내부에 대한 궁금증으로 인해 이와 관련된 이론들이 많이 생겼다는 의미이므로 '层出不穷'이 적합합니다. '无穷无尽'은 '앞으로도 밑도 끝도 없이 한계가 없을 것이다'라는 의미라서 '理论'과 호응할 수 없습니다.

A ★**层出不穷** céng chū bù qióng 성어 계속 일어나다, 계속 생기다 | 新款式层出不穷 새로운 모델이 계속 나오다
B ★**无穷无尽** wú qióng wú jìn 성어 무궁무진하다 | 无穷无尽的知识 무궁무진한 지식
C ★**家喻户晓** jiā yù hù xiǎo 성어 집집마다 알다, 유명하다 | 家喻户晓的演员 유명한 배우
D ★**众所周知** zhòng suǒ zhōu zhī 성어 누구나 알고 있다 | 众所周知的事实 대중들이 다 아는 사실

[세 번째 빈칸]
과학자들이 지구 내부의 비밀(신비)을 많이 발견했다는 의미이므로 '奥秘'와 '秘密'가 적합합니다.

A ★**奥秘** àomì 명 신비 | 大自然的奥秘 대자연의 신비
B ★**神奇** shénqí 형 신기하다 | 神奇的现象 신기한 현상
C ★**机密** jīmì 명 기밀 | 国家机密 국가기밀
D **秘密** mìmì 명 비밀 | 保守秘密 비밀을 지키다

63

如果考虑安全的话，开车时应该选择摩擦系数高、跟脚、材料 柔软 轻薄的鞋子。另外，鞋跟越低越好，这样可以让脚腕 自由 活动。总的来说，舒适的休闲鞋和旅游鞋最 适合 驾车时穿。

A 温顺 ×	自觉 ×	恰当 ×
B 温柔 ×	自主 ×	适宜 ○
C 柔软 ○	自由 ○	适合 ○
D 温和 ×	自发 ×	妥当 ×

안전을 생각한다면 운전할 때에는 마찰 계수가 높고, 발에 꼭 맞으며, 재질이 유연하면서 가볍고 얇은 신발을 선택해야 한다. 이외에 신발의 굽은 낮을수록 좋은데 그래야 발목을 자유롭게 움직이게 할 수 있다. 요컨대 편안한 캐주얼 신발과 운동화가 운전할 때 신기에 가장 적합하다.

지문 어휘 **考虑** kǎolǜ 동 고려하다 명 고려 | ★**摩擦** mócā 명 마찰 동 마찰하다 | **系数** xìshù 명 계수 | **跟脚** gēnjiǎo 형 발에 꼭 맞다 | **薄** báo 형 얇다 | **鞋跟** xiégēn 명 신발 굽 | **脚腕** jiǎowàn 명 발목 | **休闲** xiūxián 명 휴식, 오락 활동 동 휴식(오락) 활동을 즐기다 | **驾车** jiàchē 차를 몰다, 운전하다

정답 C

해설 **[첫 번째 빈칸]**
보기 단어 중 '柔软' 빼고는 전부 성격이나 태도가 부드럽다는 의미이고, 지문은 운전할 때 신발이 부드럽고 유연하여 편해야 한다는 의미입니다.

A **温顺** wēnshùn 형 온순하다, 성격이 순하다 | 温顺**的小猫** 순한 고양이
B **温柔** wēnróu 형 상냥하다, 온유하다 | 温柔**的妻子** 상냥한 안내
C **柔软** róuruǎn 형 유연하다, 부드럽다 | **质地**柔软 재질이 부드럽다
D ★**温和** wēnhé 형 기후나 태도가 온화하다 | **气候**温和 기후가 온화하다

[두 번째 빈칸]
발목이 자유롭게 움직인다는 뜻이므로 '自由'만 그 의미와 일치합니다.

A **自觉** zìjué 형 자각하다, 스스로 느끼다 | **学习**自觉 스스로 공부하다
B ★**自主** zìzhǔ 동 스스로 하다 | 自主**研发** 스스로 연구 개발하다
C **自由** zìyóu 형 자유롭다 | 自由**活动** 자유롭게 활동하다
D ★**自发** zìfā 형 자발적이다 | 自发**捐款** 자발적으로 기부하다

[세 번째 빈칸]
운전할 때 캐주얼 신발이나 운동화가 적합하다는 뜻이고, 적합하다는 의미를 갖고 있는 단어는 '适宜'와 '适合'입니다.

A ★**恰当** qiàdàng 형 적절하다 | **用词**恰当 어휘 사용이 적절하다
B ★**适宜** shìyí 형 적합하다 | 适宜**居住** 거주하기에 적합하다
C **适合** shìhé 동 적합하다, 알맞다 | 适合**阅读** 읽기에 적합하다
D ★**妥当** tuǒdang 형 타당하다 | 妥当**的办法** 타당한 방법

64

现在的年轻人旅行只 凭 一部智能手机便足以搞定一切，宅在家里就可完成行程 规划 。科技对游客消费行为的影响越来越大，许多游客会因为 搜索 到一个划算的酒店或一张便宜的机票，而来一 场 "说走就走"的旅行。

A 按 ×	规章 ×	摸索 ×	副 ×
B 凭 ○	规划 ○	搜索 ○	场 ○
C 照 ×	策划 ×	探测 ×	番 ×
D 靠 ○	规范 ×	探索 ×	顿 ×

요즘 젊은이들은 여행 갈 때는 스마트폰 하나만으로 충분히 모든 문제를 다 해결할 수 있는데, 집에 틀어박혀서도 여행 일정을 다 짤 수 있다. 과학 기술이 여행객들의 소비 행위에 끼치는 영향은 점점 더 커지고, 많은 여행객들은 합리적인 금액의 호텔이나 저렴한 비행기표를 검색했다는 이유로 바로 (한 차례) 여행을 떠나기도 한다.

지문 어휘 **智能手机** zhìnéng shǒujī 명 스마트폰 | ★**足以** zúyǐ 동 충분히 ~할 수 있다 | **宅** zhái 동 집에 틀어박혀 있다 명 주택 | **行程** xíngchéng 명 노정, 여정, 여행일정 | **划算** huásuàn 동 수지가 맞다

정답 B

해설 **[첫 번째 빈칸]**
스마트폰으로 뭐든 할 수 있다는 뜻이고, '~으로 ~을(를) 해결하다'라고 할 때 '凭'이나 '靠'를 사용합니다.

A **按** àn 전 ~에 따라 | 按计划 계획에 따라
B **凭** píng 동 의지하다, 의거하다 | 凭能力 능력으로
C **照** zhào 전 ~에 따라 | 照我说的 내 말에 따라
D **靠** kào 동 의지하다 | 靠关系 인맥으로

[두 번째 빈칸]
밖에 나가지 않고 집안에서만 여행 '계획'을 다 짤 수 있다는 뜻으로, '规划'가 가장 적합합니다.

A ★**规章** guīzhāng 명 규정 | 公司的规章 회사의 규정
B ★**规划** guīhuà 명 계획 동 계획하다 | 新年的规划 새해의 계획
C ★**策划** cèhuà 명 기획 동 기획하다 | 策划活动 이벤트를 기획하다
D ★**规范** guīfàn 명 규범 | 道德规范 도덕 규범

[세 번째 빈칸]
이 지문의 주제는 스마트폰과 여행이므로, 여행 정보를 스마트폰으로 '검색하다'가 맞습니다.

A **摸索** mōsuǒ 동 모색하다 | 摸索途径 길을 모색하다
B **搜索** sōusuǒ 동 검색하다 | 搜索信息 정보를 검색하다
C ★**探测** tàncè 동 탐측하다 | 探测石油 석유를 탐측하다
D ★**探索** tànsuǒ 동 탐색하다, 모색하다 | 探索方法 방법을 모색하다

[네 번째 빈칸]
'旅行'과 호응하는 양사는 '场'입니다.

A ★**副** fù 양 쌍, 짝 | 一副对联 대련 한 쌍
B **场** chǎng 양 회(回), 차례(문예·오락·체육 활동에 쓰임) | 一场旅行 한 번의 여행
C ★**番** fān 양 차례, 바탕 | 一番教导 한 차례의 가르침
D **顿** dùn 양 끼니를 세는 양사 | 一顿饭 밥 한 끼

65

选购登山用品时，人们首先要买的 装备 应该是登山鞋，选一双大小合适、穿着舒服的登山鞋 格外 重要。另外，防水性也是选购时要考虑的重要 因素 ，因为登山途中难免会遇到十分 潮湿 的环境。

A 材料 ×	不免 ×	要素 ×	恶劣 ×
B 设施 ×	过于 ×	方案 ×	炎热 ×
C 器材 ×	极其 ○	范畴 ×	严寒 ×
D 装备 ○	格外 ○	因素 ○	潮湿 ○

등산 용품을 구매하기 전에 사람들이 가장 먼저 사야 하는 장비는 등산화이다. 사이즈가 잘 맞고, 신기에 편안한 등산화 한 켤레를 고르는 것은 매우 중요하다. 이외에 방수성 또한 신발을 구매할 때 고려해야 할 중요한 요소이다. 왜냐하면 등산 도중에 매우 습한 환경을 만나는 것은 불가피하기 때문이다.

지문 어휘 **选购** xuǎngòu 동 구매하다, 선택하여 사다 | **登山** dēngshān 명 등산 동 등산하다 | **防水性** fángshuǐxìng 방수성 | **难免** nánmiǎn 형 불가피하다, 면하기 어렵다

D

해설 **[첫 번째 빈칸]**

제일 먼저 사야 하는 등산 장비는 등산화라는 의미이므로 '装备'가 가장 적합합니다.

A **材料** cáiliào 명 재료, 자료 | **学习**材料 학습자료
B **设施** shèshī 명 시설 | **配套**设施 부대 시설
C ☆**器材** qìcái 명 기재, 기구 | **运动**器材 운동 기구
D ☆**装备** zhuāngbèi 명 장비 | **登山**装备 등산 장비

[두 번째 빈칸]

'重要' 앞에 사용할 수 있는 부사를 찾는 문제이므로 '极其'와 '格外'가 적합합니다.

A ☆**不免** bùmiǎn 동 면할 수 없다 | 不免**紧张** 긴장되는 게 어쩔 수 없다
B ☆**过于** guòyú 부 지나치게 | 过于**夸张** 지나치게 과장됐다
C **极其** jíqí 부 극히, 매우 | 极其**认真** 매우 진지하다
D **格外** géwài 부 유달리, 각별히 | 格外**难** 유달리 어렵다

[세 번째 빈칸]

방수성도 생각해야 할 중요한 요인이라는 의미로 '因素'가 맞고, '要素'는 '重要的因素'의 줄인 말입니다.

A ☆**要素** yàosù 명 요소 | **故事的**要素 이야기의 요소
B **方案** fāng'àn 명 방안 | **设计**方案 방안을 설계하다
C **范畴** fànchóu 명 범주 | **哲学**范畴 철학의 범주
D **因素** yīnsù 명 요인, 요소 | **重要的**因素 중요한 요소

[네 번째 빈칸]

'环境'은 '恶劣'와 '潮湿'가 호응할 수 있지만, 다음 문장에 방수성에 대한 내용이 나오기 때문에 '潮湿'이 문맥과 어울립니다.

A **恶劣** èliè 형 열악하다 | 恶劣**的环境** 열악한 환경
B ☆**炎热** yánrè 형 무덥다 | 炎热**的夏天** 무더운 여름날씨
C ☆**严寒** yánhán 명 혹한, 추위 형 추위가 심하다 | 严寒**酷暑** 혹한과 혹서 | 严寒**地带** 추운 지대
D **潮湿** cháoshī 형 축축하다, 눅눅하다 | 潮湿**的环境** 습한 환경

人体出汗方式可分为主动与被动两种。被动出汗是气候 炎热 导致的，它会使人产生许多不良 情绪 。而主动出汗则是指人运动后出的汗，是人体进行的主动 调节 。它能够使人体保持能量平衡，加速 代谢 ，让人感到心情舒畅。

A 炎热 ○ 情绪 ○ 调节 ○ 代谢 ○
B 干燥 × 眼神 × 调整 × 循环 ×
C 温暖 × 心态 × 协调 × 消化 ×
D 湿润 × 神态 × 调动 × 呼吸 ×

인체에서 땀이 나는 방식은 주동적과 피동적 두 가지로 나눌 수 있다. 피동적으로 땀이 나는 것은 기후가 무더워 초래되는 것으로 사람한테 대단히 안 좋은 기분이 생기게 한다. 반면에 주동적으로 땀을 내는 것은 운동 후 나는 땀을 가리키며, 인체의 능동적인 조절이다. 그것은 인체로 하여금 에너지 균형을 유지하게 하고 신진 대사를 활발하게 하여 기분이 상쾌해지게 만든다.

지문 어휘 **出汗** chū hàn 동 땀이 나다 | **导致** dǎozhì 동 초래하다, 야기하다 | ☆**能量** néngliàng 명 에너지 | **平衡** pínghéng 명 균형 동 균형있게 하다 | ☆**舒畅** shūchàng 형 기분이 상쾌하다

 A

해설 **[첫 번째 빈칸]**
날씨가 더워서 땀을 흘린다는 의미로 '炎热'가 문맥과 어울립니다.

A ☆**炎热** yánrè 형 무덥다 | 炎热**的天气** 무더운 날씨
B **干燥** gānzào 형 건조하다 | **天气**干燥 날씨가 건조하다
C **温暖** wēnnuǎn 형 따뜻하다 | 温暖**的天气** 따뜻한 날씨
D **湿润** shīrùn 형 습윤하다, 축축하다 | **气候**湿润 기후가 습윤하다

[두 번째 빈칸]
더워서 사람의 기분이 나빠지는 것이므로 '情绪'가 어울립니다.

A **情绪** qíngxù 명 기분, 마음가짐, 감정 | 情绪**低落** 기분이 다운되다
B ☆**眼神** yǎnshén 명 눈빛 | **忧郁的**眼神 우울한 눈빛
C ☆**心态** xīntài 명 심리상태 | **调整**心态 마음을 다스리다
D ☆**神态** shéntài 명 표정과 태도 | 神态**各异** 표정이 각기 다르다

[세 번째 빈칸]
인체에서 조절한다는 뜻으로 '调节'가 가장 적합하고, '调整'은 상태나 컨디션을 조정한다고 할 때 사용합니다.

A ☆**调节** tiáojié 명 조절 동 조절하다 | 调节**体温** 체온을 조절하다
B **调整** tiáozhěng 명 조정 동 조정하다 | 调整**状态** 상태를 조정하다
C ☆**协调** xiétiáo 동 (의견을) 조정하다, 조화가 이루어지다 | **动作**协调 동작이 자연스럽다
D ☆**调动** diàodòng 명 인사 이동 동 옮기다 | **人事**调动 인사 이동

[네 번째 빈칸]
운동하고 땀을 흘리면서 신진 대사를 가속화 한다는 의미로, '代谢'가 자연스럽습니다.

A ☆**代谢** dàixiè 명 신진 대사 동 신진 대사를 하다 | **新陈**代谢 신진 대사
B ☆**循环** xúnhuán 동 순환하다 명 순환 | **血液**循环 혈액 순환
C **消化** xiāohuà 동 소화하다 명 소화 | **容易**消化 소화가 잘 되다
D **呼吸** hūxī 동 호흡하다 명 호흡 | 呼吸**困难** 호흡이 곤란하다

67

随着电子商务的快速发展，负责货物 运输 的物流行业渐渐走进了我们的生活，为高速发展的电子商务提供了重要 支撑 。预计 在未来几年内，中国国内自动化物流系统的市场规模仍将不断扩大，且有望 保持 高速增长。

A 运输 ○	支撑 ○	预计 ○	保持 ○
B 储备 ×	依托 ○	期望 ×	控制 ×
C 输送 ○	引导 ×	预测 ×	坚持 ×
D 采购 ×	支援 ×	预算 ×	维持 ×

전자상거래의 빠른 발전에 따라 화물 운송을 책임지고 있는 물류업은 점차 우리 생활속으로 들어왔고, 고속으로 발전하고 있는 전자상거래에 중요한 버팀목이 되고 있다. 예측하건데 앞으로 몇 년간 중국 국내 자동화 물류시스템의 시장 규모는 여전히 끊임없이 확대될 것이고 또한 고속 성장을 유지할 가능성이 있다.

지문 어휘 **电子商务** diànzǐ shāngwù 전자상거래 | **物流** wùliú 명 물류 | **规模** guīmó 명 규모 | **有望** yǒuwàng 동 유망하다, 가능성이 있다

정답 A

해설 **[첫 번째 빈칸]**

물류업은 화물 운송을 책임지는 것이므로 '运输'와 '输送'이 적합합니다.

A **运输** yùnshū 명 운수, 운송 동 운수하다, 운송하다 | 运输货物 화물을 운송하다
B ★**储备** chǔbèi 명 예비품 동 비축하다 | 粮食储备 식량의 비축
C **输送** shūsòng 명 수송, 운송 동 수송하다, 운송하다 | 输送物资 물자를 운송하다
D ★**采购** cǎigòu 동 사들이다, 구매하다 | 政府采购 정부 조달

[두 번째 빈칸]

물류가 전자 상거래를 지탱할 수 있는 버팀목이 되어준다, 또는 의지할 곳을 제공한다고 할 수 있으므로 '支撑'과 '依托'가 적합합니다.

A ★**支撑** zhīchēng 명 지주, 버팀목, 받침대 동 지탱하다, 견디다 | 支撑家庭 가정을 지탱하다
B ★**依托** yītuō 명 의지할 곳, 지주 동 (타인의 힘을) 빌다, 빌리다 | 依托社会 사회에 의지하다
C ★**引导** yǐndǎo 동 안내하다, 인도하다 | 引导游客 여행객에게 안내하다
D ★**支援** zhīyuán 명 지원 동 지원하다 | 政府的支援 정부의 지원

[세 번째 빈칸]

미래 몇 년 간의 일을 예측하는 것이므로 '预计'가 적합합니다. '预测'는 뒤에 명사 목적어가 나와야 하고, '预计'는 뒤에 문장이 나옵니다.

A **预计** yùjì 동 예상하다, 전망하다 | 预计会继续上升 계속 상승할 것이라 예측된다
B ★**期望** qīwàng 동 기대하다 명 기대 | 对将来的期望 미래의 대한 기대
C **预测** yùcè 동 예측하다 명 예측 | 预测结果 결과를 예측하다
D ★**预算** yùsuàn 명 예산 동 사전에 계산하다 | 超出预算 예산을 초과하다

[네 번째 빈칸]

높은 성장 속도를 유지한다의 의미로 '保持'가 맞습니다. '维持'는 어떤 상황을 힘들게 유지한다는 어감이 있어서 적합하지 않습니다.

A **保持** bǎochí 동 유지하다 | 保持联系 연락을 유지하다
B **控制** kòngzhì 동 통제하다, 제어하다 | 控制情绪 감정을 제어하다
C **坚持** jiānchí 동 견지하다, 꾸준히 하다 | 坚持运动 운동을 꾸준히 하다
D **维持** wéichí 동 유지하다 | 维持秩序 질서를 유지하다

"沉默螺旋"是指当人们发现自己的观点处于少数派或者容易遭到 反驳 时，会选择沉默来 防止 被孤立。 然而 近年来，"反沉默螺旋"现象却越来越普遍：随着自媒体影响的增大，曾经的"一己之见"反而更容易 传播 。

A 反驳 ○	防止 ○	然而 ○	传播 ○
B 侮辱 ×	摆脱 ×	不料 ×	扩散 ○
C 指责 ○	避免 ○	况且 ×	采纳 ×
D 歧视 ×	阻止 ×	反之 ×	失效 ×

'침묵의 나선이론'은 사람들이 자기의 관점이 소수파에 속하거나 혹은 반박 당하기 쉽다는 것을 알아차렸을 때 침묵을 선택해서 고립 당하지 않도록 하는 것을 가리킨다. 그러나 최근 들어 '반 침묵의 나선' 현상이 점점 보편화되고 있다. 1인 미디어의 영향이 커져 감에 따라 과거의 개인적인 사사로운 의견들이 오히려 더 쉽게 퍼지게 되었다.

지문 어휘 **沉默螺旋** chénmò luóxuán 침묵의 나선 | **少数派** shǎoshùpài 명 소수파 | **遭到** zāodào 동 당하다 | ☆**孤立** gūlì 동 고립시키다 | **自媒体** zìméitǐ 명 1인 미디어 | **一己之见** yìjǐ zhījiàn 사사로운 견해 | **反而** fǎn'ér 부 오히려

정답 A

해설 **[첫 번째 빈칸]**

'观点'과 어울리는 단어는 '反驳'와 '指责'입니다.

A ☆**反驳** fǎnbó 명 반박 동 반박하다 | 反驳意见 반박 의견
B ☆**侮辱** wǔrǔ 명 모욕 동 모욕하다 | 侮辱别人 남을 모욕하다
C ☆**指责** zhǐzé 명 지적 동 지적하다, 질책하다 | 指责别人 남에게 지적하다
D ☆**歧视** qíshì 명 차별 동 차별하다 | 歧视外国人 외국인을 차별하다

[두 번째 빈칸]

고립되는 것을 막는다는 의미와 어울리는 단어는 '防止'와 '避免'이 있습니다.

A ☆**防止** fángzhǐ 동 방지하다 | 防止事故发生 사고를 방지하다
B ☆**摆脱** bǎituō 동 벗어나다, 빠져 나오다 | 摆脱困境 곤경에서 벗어나다
C **避免** bìmiǎn 동 피하다, 모면하다 | 避免误会 오해를 피하다
D **阻止** zǔzhǐ 동 저지하다 | 阻止不文明行为 교양 없는 행위를 저지하다

[세 번째 빈칸]

앞의 문장에서 '沉默螺旋'을 언급했는데, 뒷문장에서 요즘에 다른 관점인 '反沉默螺旋'이 점점 보편화되고 있다는 내용을 보면, 전환관계의 '然而'이 자연스럽습니다.

A **然而** rán'ér 접 그러나 | 大家都想去，然而我却不想去。다들 가고 싶어하지만, 나는 가기 싫다.
B ☆**不料** búliào 부 뜻밖에 |
我以为我能合格，不料却没合格。 나는 내가 합격할 줄 알았지만, 뜻밖에 불합격했다.
C ☆**况且** kuàngqiě 접 하물며, 더구나 |
这件事情很难办，况且又和你无关，你没必要参与。
이 일은 처리하기 어렵고, 더구나 너와도 무관하니, 너는 참여할 필요 없어.
D ☆**反之** fǎnzhī 접 이와 반대로, 바꿔서 말하면 |
酒后驾驶是很危险的，反之如果酒后作诗，可能就会作出优秀的诗篇。
음주운전은 위험하다, 반대로 술을 먹고 나서 시를 작성하면 훌륭한 시가 나올지도 모른다.

[네 번째 빈칸]

'自媒体'와 어울리는 단어는 '传播'와 '扩散'이 있습니다.

A **传播** chuánbō 동 전파하다, 유포하다 명 전파, 유포 | 传播消息 소식을 전파하다
B ☆**扩散** kuòsàn 동 확산하다 명 확산 | 病毒扩散 바이러스가 확산되다
C **采纳** cǎinà 동 의견·건의 등을 받아들이다 | 采纳意见 의견을 받아들이다
D **失效** shīxiào 동 효력을 잃다, 실효가 되다 | 药失效了 약효가 없어졌다

北戴河湿地公园是中央政府 建立 的大面积鸟类自然保护区，这里的鸟类 资源 极为丰富，400余种鸟类在此 繁衍 生息。"万鸟临海"是北戴河特有的 盛况 ，这片湿地也因此被 称 为"观鸟圣地"。

A 设置 ×	数额 ×	繁殖 ○	容貌 ×	封 ×
B 安置 ×	品种 ×	孕育 ×	阵容 ×	叫 ×
C 建立 ○	资源 ○	繁衍 ○	盛况 ○	称 ○
D 树立 ×	能源 ×	生育 ×	情形 ×	誉 ○

베이다이허 습지 공원은 중앙 정부가 세운 아주 넓은 면적의 조류 자연 보호 구역이며 이곳 안의 조류 자원은 매우 풍부하다. 400여 종의 조류들이 여기서 번식하고 생존한다. '만조임해'는 베이다이허의 특유의 진풍경이며, 이 습지 또한 이로 인해 '조류 감상의 성지'라고 불린다.

지문 어휘 **北戴河** Běidàihé 고유 베이다이허(지명) | **湿地** shīdì 명 습지 | **余** yú 명 여, 남짓 | **鸟类** niǎolèi 명 조류 | **生息** shēngxī 동 생존하다

정답 C

해설 **[첫 번째 빈칸]**

자연 보호 구역을 세우다의 의미는 '建立'입니다.

A ☆**设置** shèzhì 동 설정하다, 설치하다 | 设置闹钟 알람을 설정하다
B ☆**安置** ānzhì 동 안치하다 | 安置难民 난민을 안치하다
C **建立** jiànlì 동 건립하다, 세우다, 설립하다 | 建立国家 국가를 건립하다
D ☆**树立** shùlì 동 세우다, 수립하다 | 树立信心 자신감을 세우다

[두 번째 빈칸]

'丰富'는 '数额'와 호응하지 않고, '鸟类'는 '品种, 能源'과 호응할 수 없습니다.

A ☆**数额** shù'é 명 일정한 수, 액수 | 数额有限 수량이 정해져 있다
B **品种** pǐnzhǒng 명 품종, 제품의 종류 | 品种齐全 종류가 다양하다
C **资源** zīyuán 명 자원 | 丰富的资源 풍부한 자원
D **能源** néngyuán 명 에너지 | 节约能源 에너지 절약

[세 번째 빈칸]

'孕育'는 일반적으로 뒤에 문화나 예술을 키운다고 할 때 쓰이고, '生育生息'라는 표현은 없습니다. '生息'와 함께 사용할 수 있는 단어는 '繁殖'와 '繁衍'입니다.

A ☆**繁殖** fánzhí 동 번식하다 명 번식 | 繁殖后代 후대를 번식하다
B ☆**孕育** yùnyù 동 낳아 기르다, 키워내다 | 孕育文化 문화를 키우다

C 繁衍 fányǎn 동 번식하다 | 繁衍生息 번식하고 생존하다
D ☆生育 shēngyù 동 출산하다 명 출산 | 生育子女 자녀를 낳다

[네 번째 빈칸]
베이다이허에서만 볼 수 있는 특유한 자연의 광경이란 의미로 '盛况'이 가능하다. '情形'은 사건의 상황이라는 의미입니다.

A ☆容貌 róngmào 명 용모, 생김새 | 容貌端庄 용모가 단정하다
B ☆阵容 zhènróng 명 한 단체의 구성원들의 짜임새, 라인업(lineup) | 演员阵容 출연진
C 盛况 shèngkuàng 명 성황, 성대한 분위기 | 奥运会的盛况 올림픽 성황
D ☆情形 qíngxíng 명 정황 | 当时的情形 당시의 상황

[다섯 번째 빈칸]
'被称为'와 '被誉为'가 '~(으)로 불리다'의 의미로 쓰인다.

A 封 fēng 동 봉하다 | 被封为 ~로 봉하다
B 叫 jiào 동 부르다, ~라고 하다 | 被叫做 ~로 불리다
C 称 chēng 동 칭하다 | 被称为 ~로 불리다
D 誉 yù 동 칭송하다 | 被誉为 ~로 불리다, ~로 칭송되다

70

有人曾经提出过分段式睡眠法，__即__将睡眠分阶段进行。但是一经提出就被__否定__了。专家指出，人的生物钟不可__随意__改变，如果__违背__了其运行规律，会对身体健康造成不良影响，甚至会危害生命。__显然__，这个方法是有害无利的。

A 称 ×	纠正 ×	满意 ×	破坏 ○	偏偏 ×
B 皆 ×	否认 ×	任意 ○	抵制 ×	明显 ×
C 乃 ×	断定 ×	轻易 ○	违反 ○	显著 ×
D 即 ○	否定 ○	随意 ○	违背 ○	显然 ○

어떤 사람이 일찍이 나눠서 잠을 자는 방법을 제시한적 있는데, 즉 잠을 단계로 나눠서 자는 것이다. 그러나 이 방법은 나오자마자 부정적인 평가를 받았다. 전문가는 생체리듬은 함부로 바꿔서는 안 되고, 만약 그것의 운행규칙을 어긴다면 건강에 나쁜 영향을 끼칠 것이며 심지어 생명도 해칠 수 있다고 지적한다. 분명한 것은 이 방법은 백해무익하다.

지문 어휘 分段 fēnduàn 동 단락을 나누다 | 睡眠 shuìmián 동 수면하다 명 수면 | 指出 zhǐchū 동 지적하다 | 生物钟 shēngwùzhōng 명 생체리듬 | 规律 guīlǜ 명 규율, 규칙 | 危害 wēihài 동 해를 끼치다, 해치다 명 위해, 해 | 有害无利 yǒu hài wú lì 백해무익하다

정답 D

해설 **[첫 번째 빈칸]**
앞의 문장을 다시 설명하며, '~(이)란 즉 ~라는 것이다'의 의미는 '即'입니다.

A 称 chēng 동 칭하다 | 称为 ~로 부르다
B ☆皆 jiē 부 모두 | 爱美之心人皆有之。예뻐지려는 마음은 누구에게나 있다.
C 乃 nǎi 동 ~이다 | 此乃宝物 이것은 보물이다
D 即 jí 부 즉 | 时间即是生命。시간은 바로 생명이다.

[두 번째 빈칸]

이런 방법이 나오자마자 부정적인 평가를 받았다는 의미로 '否定'이 자연스럽고, '否认'은 부정적으로 평가한다는 의미가 아니라 부인한다는 의미입니다.

A ★**纠正** jiūzhèng 동 바로잡다, 시정하다 | 纠正**错误** 잘못을 바로잡다
B ★**否认** fǒurèn 동 부인하다 | 否认**自己的错误** 자신의 잘못을 부인하다
C **断定** duàndìng 동 단정하다, 결론을 내리다 | **我**断定**他是小偷。** 나는 그가 도둑이라 확신했다.
D **否定** fǒudìng 동 부정하다 명 부정 | 否定**别人的方案。** 남의 방안을 부정적으로 평가하다.

[세 번째 빈칸]

생체리듬을 마음대로, 또는 쉽게 바꾸면 안 된다는 의미로, '满意'를 제외한 나머지 어휘 모두 가능합니다.

A **满意** mǎnyì 형 마음에 들다 | **对老师**满意 선생님이 마음에 들다
B ★**任意** rènyì 부 제멋대로 | 任意**行动** 마음대로 행동하다
C **轻易** qīngyì 부 가볍게 함부로 | 轻易**相信** 쉽게 믿다
D ★**随意** suíyì 동 뜻대로 하다, 마음대로 하다 | 随意**否定** 함부로 부정하다

[네 번째 빈칸]

그 규율을 깨거나 위반하면 건강에 안 좋다는 것을 의미로, '抵制'을 제외한 나머지 어휘 모두 가능합니다.

A **破坏** pòhuài 동 파괴하다 | 破坏**环境** 환경 파괴
B ★**抵制** dǐzhì 동 배척하다 | 抵制**外国货** 외제 상품을 배척하다
C **违反** wéifǎn 동 위반하다, 위반되다 | 违反**规定** 규정을 위반하다
D ★**违背** wéibèi 동 위배하다, 어긋나다 | 违背**规律** 규칙을 위배하다

[다섯 번째 빈칸]

결론을 내리면서, 주어 앞에 쓸 수 있는 부사는 '显然' 뿐입니다.

A ★**偏偏** piānpiān 부 하필이면, 유독 | 偏偏**喜欢他** 하필이면 그를 좋아하다
B **明显** míngxiǎn 부 분명히 형 뚜렷하다, 분명하다 | 明显**进步** 분명히 발전하다
C ★**显著** xiǎnzhù 형 현저하다 | 显著**提高** 현저히 향상되다
D **显然** xiǎnrán 부 명백히, 분명히 형 명백하다 | 显然**不对** 분명히 틀렸다

제3부분 71~80번 문제는 빈칸에 들어가는 알맞은 문장을 고르는 문제입니다.

71-75

“伪心理学”是指那些貌似心理学但没有任何事实根据的体系，与真正的心理学家不同，伪心理学家从不进行科学试验。那么为什么大众很难区分心理学和“伪心理学”呢？

首先，心理现象和心理问题与每个人都息息相关，大众对心理学有很高的期待，但是心理学的规律更多是概率性的，即在一定条件下，[71]B 具有某种特征的人，有更大的可能性会产生特定的行为。然而在落实到某个个体的时候，这个概率不是100%就是0%。相对于一个“模棱两可”的概率，“伪心理学”则往往会给出一个肯定、直接的答案。如果这个答案符合人们的期待，是你想听到的答案，那么就特别吸引人。例如临床心理学家一般要花几个小时才能有一个初步的诊断，但我们在电视上经常能看到这样的情况，[72]E 有些所谓的心理学家只问几个问题，就能回答“你哪个地方有问题”，看一封来信，就能知道人家童年有什么问题。那么坚定的目光，那么斩钉截铁的回答，怎么能不吸引人呢？相比之下，临床心理学家给出的意见就会显得黯然失色。

其次，心理学研究的内容大众或多或少都会有所接触或了解。当研究的结果与“常识”或人们的认知不相符时，科学知识会遭到“本能”的抵抗。有一种普遍的现象就是，对于很多人来说，周围的亲戚朋友道听途说的个案都比专家说的话有说服力。也许是由于对心理科学的不了解，[73]D 或者是出于收视率的考虑，大众媒体在传播心理学方面做得并不理想。一些流行的“伪心理学”书籍和一些电视节目增加了科普的难度。心理学家说破嘴皮子经常比不上电视上某“专家”的一句话。甚

‘사이비 심리학’은 보기에는 심리학인 듯하지만 어떠한 사실적 근거 체계가 없는 것을 가리키며, 진짜 심리학자와는 다르게 사이비 심리학자는 과학 실험을 하지 않는다. 그렇다면 왜 대중은 심리학과 ‘사이비 심리학’을 구분하기 어려워할까?

우선, 심리현상과 심리문제는 모두와 밀접하게 관련되어 있다. 대중은 심리학에 대해 높은 기대가 있다. 그러나 심리학의 법칙은 확률성이 더욱 많다. 즉 일정한 조건하에서 [71]어떤 특징을 가진 사람은 특정 행위를 보일 가능성이 더욱 크다. 그러나 어떤 개인에게 적용할 때 이 확률은 100%이거나 0%이다. 이런 애매모호한 확률 대비, ‘사이비 심리학’은 종종 단정적이고, 직접적인 답안을 제시한다. 만약 이 답안이 사람들의 기대와 부합해 당신이 듣고 싶은 답이라면 매우 흡인력이 있다. 예를 들면, 임상 심리학자는 일반적으로 몇 시간을 들여서야 비로소 초보적인 진단을 내릴 수 있다. 하지만 우리는 텔레비전에서 [72]일부 소위 심리학자라는 사람이 몇 마디만 물어보고도, 바로 “당신은 어느 부분에 문제가 있습니다.”라고 대답할 수 있고, 편지 한 통만 보면 그 사람이 어릴 적에 어떤 문제가 있었는지 바로 알 수 있는 것을 종종 본다. 그렇게 확고한 눈빛과, 그렇게 단호한 대답인데 어떻게 사람을 끌지 못할까? 그와 비교해봤을 때 임상 심리학자가 주는 의견은 상대적으로 초라하기 그지 없어 보일 수 있다.

두 번째로, 심리학 연구 내용을 대중은 어느 정도 조금 접해봤거나 알고 있다. 연구 결과가 ‘상식’ 또는 사람들의 인지와 서로 부합하지 않을 때 과학 지식은 ‘본능’의 저항을 당할 수 있다. 일반적인 현상이 바로 많은 사람들에게 있어서 주위 친척이나 친구들의 근거 없는 소문의 개별적인 사례들이 전문가들의 말보다 더 설득력을 갖는 것이다. 심리 과학에 대한 이해가 부족한 탓인지, [73]또는 시청률에 대한 고민 때문인지 대중매체가 심리학을 전파하는 부분에서 제대로 하지 못한 것 같다. 일부 유행하는 ‘사이비 심리학’ 서적과 일부 TV 프로그램은 과학 보급의 어려움을 더했다. 심리학자들이 입이 닳도록 얘기해봤자 종종 TV의 모 ‘전문가’의 한마디 말보다 못하고, 심지어 많은 사람들은 [74]TV에서의 내용은 틀림없이모두 믿을만한 것이라고 생각한다.

至有很多人认为，74C 电视上的内容肯定都是靠谱的。

最后，长期以来心理学家们通常很不擅长推销自己的观点。在与“伪心理学”斗争的时候，75A 明显不占什么优势。要想让大众准确区分心理学和“伪心理学”，可以说是任重道远。

마지막으로, 오랫동안 심리학자들은 보통 자신의 관점을 펼치는데 소질이 없어서, '사이비 심리학'과 투쟁할 때 75분명 어떤 우세도 차지하지 못한다. 대중으로 하여금 심리학과 '사이비 심리학'을 명확하게 구분해내게 하는 것은 책임이 무겁고 갈 길이 아직 멀었다고 할 수 있다.

지문 어휘 **伪心理学** wěi xīnlǐxué 사이비 심리학 | **貌似** màosì 동 보기에는 ~인 듯하다 | ★**体系** tǐxì 명 체계 | ★**区分** qūfēn 동 구분하다 | **息息相关** xī xī xiāng guān 성어 밀접하게 관련되어 있다 | **期待** qīdài 명 기대 동 기대하다 | **规律** guīlǜ 명 법칙, 규칙 | **概率** gàilǜ 명 확률 | ★**落实** luòshí 동 실현하다, 실행에 옮기다 | ★**个体** gètǐ 명 개체, 개인 | **模棱两可** mó léng liǎng kě 성어 (태도 · 의견 등이) 이도 저도 아니다, 애매 모호하다 | **肯定** kěndìng 형 단정적이다, 긍정적이다 | ★**临床** línchuáng 명 임상 | ★**初步** chūbù 형 초보적이다 | **诊断** zhěnduàn 명 진단 동 진단하다 | ★**坚定** jiāndìng 형 (입장 · 주장 · 의지 등이) 확고부동하다 | ★**斩钉截铁** zhǎn dīng jié tiě 성어 결단성 있고 단호하다 | **相比之下** xiāng bǐ zhī xià 그것과 비교하면 | **显得** xiǎnde 동 ~하게 보이다, ~인 것처럼 보이다 | **黯然失色** àn rán shī sè 성어 (비교하여 상대적으로) 무색하다 | **或多或少** huò duō huò shǎo 어느 정도, 많거나 적거나 | **常识** chángshí 명 상식 | **认知** rènzhī 명 인지 | **相符** xiāngfú 형 서로 일치하다, 서로 부합되다 | ★**本能** běnnéng 명 본능 | ★**抵抗** dǐkàng 명 저항 동 저항하다 | **道听途说** dào tīng tú shuō 성어 길에서 주어들은 말, 뜬소문 | **个案** gè'àn 명 개별 사례, 개별 사건 | **说服力** shuōfúlì 명 설득력, 호소력 | **出于** chūyú ~에서 나오다, ~에서 발생하다 | ★**书籍** shūjí 명 서적 | **科普** kēpǔ 명 과학 보급 | **说破嘴皮子** shuōpò zuǐpízi 입술이 닳도록 설득하다 | **比不上** bǐ bu shàng 비교할 수 없다, 보다 못하다 | **靠谱** kàopǔ 형 믿을 수 있다, 신뢰할 수 있다 | **通常** tōngcháng 명 보통, 통상 | ★**擅长** shàncháng 동 잘하다, 소질이 있다 | ★**推销** tuīxiāo 동 판촉을 벌이다, 널리 팔다 | ★**斗争** dòuzhēng 동 투쟁하다 | **明显** míngxiǎn 형 뚜렷하다, 분명하다 | ★**任重道远** rèn zhòng dào yuǎn 성어 맡은 바 책임은 무겁고 갈 길은 아직도 멀다

보기 어휘 **具有** jùyǒu 동 구비하다, 가지다 | **特征** tèzhēng 명 특징 | **所谓** suǒwèi 형 소위, 이른바(수식되는 말에 대하여 부정적인 태도를 나타냄) | **收视率** shōushìlǜ 명 시청률 | **靠谱** kàopǔ 형 믿을 수 있다, 신뢰할 수 있다 | **占优势** zhàn yōushì 우위를 차지하다

정답 B

해설 심리학 법칙은 확률성에 따르는 것을 설명하는 문장입니다. 71번은 '有更大的可能性会产生特定的行为' 앞에 들어갈 주어(具有某种特征的人)를 찾는 문제이고, 일정 조건하에서 어떤 특징을 가진 사람이 특정 행위를 할 가능성이 더 크다고 해야 문맥상 어울리므로 정답은 B입니다.

정답 E

해설 빈칸 뒤에 '就能回答'와 호응할 수 있는 표현은 E의 '只问几个问题'입니다. 빈칸 앞 문장은 오랜 시간을 들여서야 비로소 초보적인 진단을 내린다고 했고 접속사 '但是'가 나왔으니 다음 문장은 몇 마디만 물어보고도 바로 대답해 낼 수 있다는 것이 문맥상 가장 잘 어울리므로 정답은 E입니다.

정답 D

해설 '出于~的考虑'는 '~한 생각에서 나오다'의 의미로 어떤 고민을 한 원인을 설명해주는 표현입니다. 대중 매체가 심리학을 잘 전파하지 못하는 원인을 설명하는 구문으로 '由于~'와 '出于~的考虑'가 호응을 이루기 때문에 정답은 D입니다.

정답 C

해설 심리학자가 입이 닳도록 말해봤자 종종 TV에 나오는 전문가들의 한마디보다 못하다 보니(心理学家说破嘴皮子经常比不上电视上某"专家"的一句话), 사람들은 심리학자보다 TV에 나오는 내용이 가장 믿을만 하다고 생각한다(甚至有很多人认为，电视上的内容肯定是最可信的)고 해야 문맥상 자연스러우므로 정답은 C입니다.

정답 A

해설 TV에 나오는 전문가들은 답변도 확고하고, 심리학자의 한마디가 대중들에게 더욱 믿음을 주다 보다 보니, 결론적으로 심리학자들이 이런 '전문가'들과의 투쟁에서 우위를 점하기 힘들다고 해야 문맥상 자연스러우므로 정답은 A입니다.

76-80

午夜时分，从一座博物馆里突然传出了急促的报警声。警察立刻赶来，抓住了一个划破玻璃企图盗窃展品的小偷。你也许不会相信，76C 报警的不是值夜班的工作人员，而是被划破的玻璃!

这是一种特殊的“防盗玻璃”，里面有一层极细的金属丝网。金属丝网接通电源，跟自动报警器相连。当有人划破或砸开玻璃时，警报就响起来了。普通玻璃很容易打碎，所以小偷可以潜入进行非法活动，而这种防盗玻璃则不然。即使玻璃破碎了，仍有金属线网在起作用，所以小偷很难得逞。这种防盗玻璃给人们带来了安全感，77E 适合在易发生盗窃的地方使用，博物馆、银行可以采用，珠宝店可以采用，存放重要图纸、文件的建筑物也可以采用。

还有一种“夹丝玻璃”不是用来防盗的，而是用来防火的。夹丝玻璃即使被打碎，由于有线或网的支撑，也很难崩落或破碎，78A 可以将熊熊大火隔离开来。即使被火焰穿破的时候，它也可拦住火焰，起到防止大火蔓延的作用。

还有一种“变色玻璃”，能够对阳光起反射作用。建筑物装上这种玻璃，从室内看外面很清楚，79D 从外面看室内却什么也瞧不见。变色玻璃还会随着阳光的强弱而改变颜色的深浅，调节室内的光线，所以人们又把这种玻璃叫做“自动窗帘”。

在现代化的建筑中，新型玻璃正在起着重要作用；在新型玻璃的研制中，80B 人们必将创造出更多的奇迹。

자정 무렵, 한 박물관에서 갑자기 다급한 사이렌 소리가 들려왔다. 경찰이 바로 출동해 유리를 깨고 전시품을 절도하려는 도둑을 붙잡았다. 믿기 어려운 것은 76경찰에 신고한 것은 야간 당직 근무자가 아닌 깨진 유리였다!

이것은 특수한 '도난 방지 유리'인데, 안에 매우 얇은 금속 망사가 있다. 금속 망사를 전원에 연결시키면 자동 경보기와 서로 연결되고, 누군가 유리를 긁어 파손하거나 깨뜨리면 바로 사이렌이 울린다. 일반 유리는 쉽게 깨지기 때문에 도둑이 잠입해 범법 행위를 할 수 있지만 이 도난방지 유리는 그렇지 않다. 설사 유리가 깨진다 하더라도 금속 망사가 작용하기 때문에 도둑은 성공하기 어렵다. 이 도난방지 유리는 사람들에게 안전감을 주므로 77도난 사고가 쉽게 발생하는 곳에 사용하기에 적합하다. 박물관, 은행에서 사용할 수 있고, 보석상에서도 사용할 수 있으며, 중요한 설계도나 문서를 보관한 건축물에도 사용할 수 있다.

그리고 도난방지에 사용하는 것이 아닌, 방화에 사용하는 '철망 유리'가 있다. 철망 유리는 깨진다 하더라도 선이나 망의 지탱 때문에 붕괴되거나 분쇄되지 않고, 78활활 타오르는 불을 차단할 수 있다. 설사 화염에 뚫리더라도 유리는 화염을 막아내어 큰 불로 번지는 것을 방지하는 역할을 한다.

그리고 또 '변색 유리'가 있는데, 햇빛에 대해 반사 작용을 할 수 있다. 건축물에 이 유리를 장착하면 실내에서는 밖을 뚜렷하게 볼 수 있지만, 79밖에서는 실내를 전혀 볼 수 없다. 변색 유리는 햇빛의 강약에 따라 색의 명암이 달라지고, 실내 조명을 조절하기 때문에 우리는 이 유리를 '자동 커튼'이라고도 부른다.

현대식 건물 가운데 신형 유리는 중요한 역할을 하고 있다. 신형 유리의 연구 개발 과정에서 80사람들은 분명 더욱 많은 기적을 만들어낼 것이다.

지문 어휘 **午夜时分** wǔyè shífēn 자정 무렵 | **博物馆** bówùguǎn 명 박물관 | **急促** jícù 형 촉박하다, 다급하다 | ★**报警** bào jǐng 동 경보나 긴급 신호를 보내다 | **划破** huápò 동 긁어서 파괴하다, 긁혀서 찢어지다 | **玻璃** bōli 명 유리 | ★**企图** qǐtú 동 의도하다 | ★**盗窃** dàoqiè 동 도둑질하다, 절도하다 | **小偷** xiǎotōu 명 도둑 | **特殊** tèshū 형 특수하다 | **防盗** fángdào 동 도난을 방지하다 | **细** xì 형 가늘다 | **金属** jīnshǔ 명 금속 | **丝网** sīwǎng 명 실크 망사

| 金属丝网 jīnshǔ sīwǎng 금속망사 | 接通 jiētōng 동 연결되다 | ★电源 diànyuán 명 전원 | 报警器 bàojǐngqì 명 경보기 | ★砸 zá 때려 부수다, 깨뜨리다 | 打碎 dǎsuì 동 부수다 | 潜入 qiánrù 동 잠입하다, 숨어들다 | 不然 bùrán 형 그렇지 않다 | 即使 jíshǐ 접 설령 ~하더라도 | 破碎 pòsuì 동 산산조각 내다, 분쇄하다 | 作用 zuòyòng 명 작용, 역할 | 得逞 déchěng 동 실현하다(부정적으로 쓰임) | 采用 cǎiyòng 동 사용하다, 택하다 | 珠宝店 zhūbǎodiàn 명 보석 가게, 보석상 | 存放 cúnfàng 동 맡기다, 보관하다 | 图纸 túzhǐ 명 도면, 도화지 | 文件 wénjiàn 명 공문, 서류 | 夹丝玻璃 jiāsī bōlí 철망 유리 | 防火 fánghuǒ 동 화재를 방지하다, 방화하다 | ★支撑 zhīchēng 동 버티다, 견디다 | 崩落 bēngluò 동 붕락하다 | ★隔离 gélí 동 격리하다, 차단하다 | ★火焰 huǒyàn 명 화염 | 穿破 chuānpò 동 뚫다 | ★蔓延 mànyán 동 만연하다, 크게 번지다 | 变色 biànsè 동 색이 변하다 | 阳光 yángguāng 명 햇빛 | ★反射 fǎnshè 동 반사하다 | 深浅 shēnqiǎn 명 깊이, (색의) 명암 | ★调节 tiáojié 동 조절하다 | 光线 guāngxiàn 명 광선, 조명 | 窗帘 chuānglián 명 커튼 | 研制 yánzhì 동 연구 제작하다

보기 어휘 值夜班 zhíyèbān 동 야간 당직을 서다 | 适合 shìhé 동 적합하다 | 熊熊大火 xióng xióng dà huǒ 활활 타는 불 | ★隔离 gélí 동 분리시키다, 격리시키다 | 瞧 qiáo 동 보다 | 必将 bìjiāng 부 반드시 ~할 것이다 | 创造 chuàngzào 동 창조하다 | 奇迹 qíjì 명 기적

76

정답 C

해설 경찰에 신고한 것이 누군지를 이야기 하는 문장이면서 '不是~而是'의 호응 관계를 이루는 것은 C입니다.

77

정답 E

해설 도난 방지 유리는 사람들에게 안전감을 가져다 주어서 박물관, 은행, 보석상 등 도난이 발생하기 쉬운 장소에 사용하기에 적합한 것이 문맥상 가장 잘 이울리므로 정답은 E입니다.

78

정답 A

해설 방화에 사용하는 철망 유리가 불이 크게 번지는 것을 방지하는 역할을 설명하는 문장이므로 정답은 A입니다.

79

정답 D

해설 변색 유리를 건물에 설치할 경우 실내에서 밖은 잘 볼 수 있지만 밖에서는 실내를 볼 수 없다는 의미로, 전환관계의 '却'를 사용한 D가 가장 자연스럽습니다.

80

정답 B

해설 현대식 건물에서 신형 유리가 중요한 역할을 하고, 이러한 신형 유리의 연구 개발 과정에서 사람들은 더 많은 기적을 만들어 낼 것이라는 결론이 나와야 하므로 정답은 B입니다.

제4부분 81~100번 문제는 지문을 읽고 질문에 알맞은 답을 고르는 문제입니다.

第81到84题

中国古人为亲友送别时，常常会折一截柳枝相送。"折柳"作为送别之词，常见于中国古代抒写离情别绪的古诗词中。《三浦黄图-桥》便有这样的记载："灞桥在长安东，跨水作桥。汉人送客至此，折柳赠别。"古人分别时为什么要折柳相送呢？

首先是因为"柳"与"留"谐音，含"留恋"之意。柳条随风飘扬，好像要牵住别人的衣服，[81]人们借此来表达难分难离，依依不舍的心情。其次是因为杨柳是春天的标志，在春风里摇曳的杨柳，给人一种朝气蓬勃的感觉，"折柳赠别"就蕴含着"春常在"的祝愿。另外，因为柳树是中国古老的原产树种之一，和其他树木相比，生命力极强，可以随遇而安。柳树是古代行道树的主力树种之一，路边河畔都随处可见。古人送别亲友时，从路边的柳树上折下一枝柳条相送，[82]也喻意正如离枝的柳条，希望离乡的亲人到了新的地方，能很快生根发芽，好像柳枝一样随处可活。

중국 옛 사람들은 가족이나 친구를 배웅할 때 종종 버드나무 가지를 꺾어 서로 선물하곤 했다. '절류(버드나무 가지를 꺾다)'는 송별의 단어로서 중국의 고대 이별의 아쉬움을 표현하는 옛 시와 사에서 자주 볼 수 있다. 〈삼포황도교〉에 이런 기록이 있다. "파교는 장안 동쪽에 있고, 물을 건너는 다리다. 한인들이 손님을 이곳까지 배웅하며 버드나무 가지를 꺾어 정표로 주고 헤어진다." 옛 사람은 이별할 때 왜 버드나무 가지를 꺾어 서로 선물을 하는 것일까?

첫째는 버드나무의 발음 '리우'는 미련을 남긴다는 의미의 '리우'와 발음이 같아서 '그리워한다'는 의미를 내포하기 때문이다. 버드나무 가지가 바람 따라 흔들리면 마치 다른 사람의 옷깃을 꼭 잡아야 할 것 같다. [81]사람들은 이를 빌어 헤어지기 아쉬운 마음을 나타냈다. 두 번째는 버드나무는 봄의 상징이고, 봄바람에 흔들리는 버드나무는 늘 생기발랄한 느낌을 주기 때문에 버드나무 가지를 꺾어 이별의 선물로 주는 것은 늘 봄처럼 번영하라는 축원을 담고 있다. 그밖에 버드나무는 중국의 오래된 원산 수종 중 하나로, 다른 나무와 비교해보면 생명력이 강해서 어떤 환경에서도 잘 적응하고 지낼 수 있기 때문이다. 버드나무는 옛날 가로수의 대표적인 수종 중 하나이고, 길가나 강가 어디서든 볼 수 있다. 옛 사람들은 친구와 헤어질 때 길가의 버드나무에서 가지 하나를 꺾어 선물하며 [82]떨어져나간 가지처럼 고향을 떠나는 친구도 새로운 곳에서 빨리 뿌리를 내리고 싹을 틔어 마치 버드나무 가지처럼 어디서든 잘 살기를 바랐다.

在中国古人看来，青青的柳树不只是一种单纯的自然界的植物，而且还是一种象征物。中国古代的神话中，[83]太阳西沉的地方叫柳谷。古人认为太阳正是在有柳树的山谷里得到了生气，获得了力量，第二天早上才能那么光明、温暖，从东方升起。说到底，古人折柳赠别，赋予柳树各种感情，[84]皆源于他们对于柳的崇拜。

중국 고대 사람들은 푸른 버드나무는 단순한 자연계의 식물만이 아닌 일종의 상징물로 여겼다. 중국 고대 신화에서 [83]태양이 서쪽으로 지는 곳을 버드나무 계곡이라 불렀다. 고대 사람은 태양은 버드나무가 있는 산골짜기에서 생기와 힘을 얻고, 다음날 아침에 다시 환하고 따뜻하게 동쪽에서 떠오르는 것이라 여겼다. 결론적으로 말하면, 옛 사람들은 버드나무 가지를 꺾어 선물하며 버드나무에 여러 가지 감정을 부여했는데, [84]모두 그들의 버드나무에 대한 숭배에서부터 기원한다.

지문 어휘 亲友 qīnyǒu 명 가족이나 친구 | 送别 sòngbié 동 송별하다, 배웅하다 | ☆折 zhé 동 꺾다 | 截 jié 양 나뭇가지를 세는 양사 | 柳枝 liǔzhī 명 버드나무 가지 | 折柳 zhéliǔ 동 버드나무 가지를 꺾다, 길 떠나는 사람을 배웅하다(비유) | 抒写 shūxiě 동 표현하다, 묘사하다 | 离情别绪 lí qíng bié xù 성어 이별의 아쉬움 | 诗词 shīcí 명 시사 | 三浦黄图桥 sānpǔ huángtúqiáo 삼포황도교(도서명) | ☆记载 jìzǎi 동 기록하다, 기재하다 | 灞桥 Bàqiáo 고유 파교(다리명) | 长安 Cháng'ān 고유 창안, 지금의 시안 일대 | ☆跨 kuà 동 뛰어넘다, 걸치다 | 送客 sòng kè 동 손님을 배웅하다 | 至此 zhìcǐ 여기에 이르다 | 赠别 zèngbié 동 시나 노래 따위를 정표로 지어 주고 헤어지다 | 留 liú 동 남다, 남기다 | 谐音 xiéyīn 동 발음이 비슷하다 | 含 hán 동 포함하다 | ☆留恋 liúliàn 동 그리워하다 | 柳条 liǔtiáo 명 버드나무 가지 | 随风飘扬 suí fēng piāo yáng 바람에 따라 휘날리다 | 牵 qiān 동 잡다 | 借此 jiècǐ 동 이 기회를 빌리다 | 表达 biǎodá 동 표현하다 | 难分难离 nán fēn nán lí 헤어지기 아쉽다 | 依依不舍 yī yī bù shě 성어 헤어지기 아쉽다 | 杨柳 yángliǔ 명 버드나무 | 标志 biāozhì 명 표지, 상징 | 摇曳 yáoyè 동 흔들리다 | ☆朝气蓬勃 zhāo qì péng bó 성어 생기가 넘쳐흐르다, 생기발랄하다 | 蕴含 yùnhán 동 (의미가) 내포되다 | 祝愿 zhùyuàn 동 축원하다, 축복하다 | 原产 yuánchǎn 동 원산하다 | 树木 shùmù 명 나무 | 随遇而安 suí yù ér ān 성어 어떠한 환경에도 잘 적응하고 편하게 살다 | 行道树 xíngdàoshù 명 가로수 | 路边 lùbiān 명 길가 | 河畔 hépàn 명 강가 | 喻意 yùyì 동 비유하다, 의미를 나타내다 | 离乡 líxiāng 동 고향을 떠나다 | 亲人 qīnrén 명 가족 | 生根发芽 shēng gēn fā yá 뿌리를 내리고 싹이 트다 | 青 qīng 형 푸르다 | 单纯 dānchún 형 단순하다 | 沉 chén 동 떨어지다, 지다 | 山谷 shāngǔ 명 산골짜기 | 生气 shēngqì 명 생기 | 光明 guāngmíng 형 환하다 | 温暖 wēnnuǎn 형 따뜻하다 | 升起 shēngqǐ 동 떠오르다 | 说到底 shuō dào dǐ 결론적으로 말하다 | ☆赋予 fùyǔ 동 부여하다 | ☆皆 jiē 부 모두 | 源于 yuányú 동 ~에서 발원하다, ~에서 기원하다 | ☆崇拜 chóngbài 동 숭배하다

81

在古诗词中，"折柳"表达了什么样的情感?

A 对未来的迷茫
B 对家乡的思念
C 对离别的不舍
D 对爱人的思念

옛 시와 사에서 '절류(버드나무 가지를 꺾다)'는 어떤 감정을 나타냈나?

A 미래에 대한 아득함
B 고향에 대한 그리움
C 이별에 대한 아쉬움
D 사랑하는 사람에 대한 그리움

보기 어휘 迷茫 mímáng 형 망망하다, 아득하다 | ☆思念 sīniàn 동 그리워하다 | 不舍 bùshě 동 아쉬워하다, 아까워하다

정답 C

해설 헤어질때 나뭇가지를 꺾어 선물하는 이유(分别时为什么要折柳相送呢)에 대해 지문에서 이를 빌어 헤어짐의 아쉬운 마음을 표현한다(人们借此来表达难分难离，依依不舍的心情)고 했으므로 정답은 C입니다.

82

"折柳相送"的喻意是：

A 从此一刀两断
B 尽快适应新生活
C 勿忘过去的时光
D 春暖花开的象征

버드나무 가지를 꺾어 선물하는 것은 어떤 의미를 비유하나?

A 이제부터 관계를 단호하게 끊는다
B 되도록 빨리 새로운 생활에 적응해라
C 과거의 시간을 잊으면 안 된다
D 따뜻하고 꽃이 피는 봄의 상징이다

보기 어휘 **一刀两断** yì dāo liǎng duàn 성어 단칼에 두 동강을 내다, 단호하게 관계를 단절하다 | **尽快** jǐnkuài 부 되도록 빨리 | **勿** wù 부 ~해서는 안 된다 | ★**时光** shíguāng 명 시기, 시간 | **春暖花开** chūn nuǎn huā kāi 성어 봄은 따뜻하고 꽃이 핀다

정답 B

해설 생명력이 강한(生命力极强) 버드나무는, 옛날엔 길가나 강가 도처에 있었는데(路边河畔都随处可见), 옛 사람들은 헤어지면서 길가의 버드나무 가지를 꺾어 선물하며(古人送别亲友时，从路边的柳树上折下一枝柳条相送) 떨어져 나간 가지처럼 고향을 떠나는 친구가 새로운 곳에서 빨리 뿌리를 내리고 싹을 틔어 잘 지내기를 바라는 마음을 비유했다(也喻意正如离枝的柳条，希望离乡的亲人到了新的地方，能很快生根发芽，好像柳枝一样随处可活)고 했으므로 정답은 B입니다.

83

柳谷的意思是：

A 太阳落山的时间
B 太阳落下的地方
C 种植柳树的地区
D 古人聚居的地方

버드나무 계곡의 의미는 무엇인가?

A 태양이 서산으로 지는 시간
B 태양이 지는 곳
C 버드나무를 재배하는 지역
D 옛 사람들이 모여 살던 곳

보기 어휘 **落山** luòshān 동 (해나 달이) 서산으로 지다 | ★**种植** zhòngzhí 동 심다, 재배하다 | **聚居** jùjū 동 모여 살다

정답 B

해설 중국의 고대 신화에서 태양이 서쪽으로 지는 곳을 버드나무 계곡이라고 불렀다(中国古代的神话中，太阳西沉的地方叫柳谷)고 했으므로 정답은 B입니다.

根据上文，下列哪项正确？

A 古人对柳树十分推崇
B 柳树在北方不易成活
C 柳树枝容易刮破衣服
D 柳树是年轻人的象征

지문에 근거하여 다음 중 옳은 것은 무엇인가?

A 옛 사람은 버드나무를 매우 숭배했다
B 버드나무는 북방에서 잘 살지 못한다
C 버드나무 가지에 옷이 잘 긁히고 찢긴다
D 버드나무는 젊은이의 상징이다

보기 어휘 **推崇** tuīchóng 동 추앙하다, 숭배하다 | **成活** chénghuó 동 살다, 생존하다 | **刮** guā 동 깎다, 긁다 | **破** pò 동 파손되다, 찢다

정답 A

해설 옛 사람들은 버드나무 가지를 꺾어 선물하며 버드나무에 여러 가지 감정을 부여했는데, 모두 그들의 버드나무에 대한 숭배에서부터 기원한다(古人折柳赠别，赋予柳树各种感情，皆源于他们对于柳的崇拜)고 했으므로 정답은 A입니다.

第85到88题

说起中国的酒桌文化，就不能不提敬酒。在敬酒时，通常要讲一些祝福类的话，甚至主人和主宾还要发表一篇专门的祝酒词。[85]祝酒词的内容以叙述友谊为主，一般篇幅短小、文辞庄重，大方得体，是很流行的一种演讲文体。

一般情况下，[86]敬酒应以年龄大小、职位高低、宾主身份为序，敬酒前一定要充分考虑好敬酒的顺序，分清主次，避免出现尴尬的情况。即使职位、身份高低不明确，也要按一定的顺序敬酒，比如先从自己身边按顺时针方向开始敬酒，或是从左到右进行敬酒等。

중국의 술자리 문화를 언급하면 권주를 언급하지 않을 수 없다. 술을 권할 때 일반적으로 축복하는 말을 함께 해줘야 한다. 심지어 주인과 주빈은 축배사를 특별히 발표하기도 한다. [85]축배사의 내용은 우정을 서술하는 것을 위주로 하고, 일반적으로 글의 길이는 짧고, 문장은 정중하며 대범하고 품위를 갖춘 유행하는 연설문체로 한다.

일반적으로 [86]권주는 나이의 많고 적음, 지위의 높고 낮음, 손님과 주인의 순서로 한다. 술을 권하기 전엔 반드시 술을 권하는 순서를 잘 고려하고 경중을 분명히 구분하여 난처한 상황이 발생하지 않도록 한다. 직위, 신분의 높고 낮음이 명확하지 않더라도 일정한 순서에 따라 술을 권해야 한다. 예를 들면 자신의 옆에서부터 시계 방향으로 술을 권하기 시작하거나 왼쪽에서 오른쪽으로 술을 권하는 등이다.

敬酒的时候还要注意因地制宜、入乡随俗。中国大部分地区特别是北方地区，敬酒的时候往往讲究“一口干”。在他们看来，这种方式才能表达诚意。所以，如果自己酒量欠佳应该事先诚恳地说明，不要看似豪爽地端着酒去敬对方，而对方一口干了，你却只是“点到为止”，这样往往会引起对方的不快。另外，[87]对于敬酒的人来说，如果对方确实酒量不济，没有必要去强求。如果和对方相距较远，可以以酒杯杯底轻轻碰一下桌面，表示干杯。

酒桌文化中还有一个讲究，即有人向你敬酒干杯后，你也要回敬他一杯。回敬的时候，要右手拿着杯子，左手托底，和对方同时喝。干杯的时候，可以象征性地和对方轻碰一下酒杯，不要用力过猛，非听到响声不可。出于敬重，还可以使自己的酒杯稍低于对方酒杯。

敬酒是一种文化，也是一项技术，[88]了解酒桌文化是必不可少的。

술을 권할 때 또 해당 지역의 문화를 존중해야 한다. 중국 대부분 지역은, 특히 북방 지역은 종종 한입에 바로 비우는 것을 중시하는데, 그들은 이런 방식으로 성의를 표한다. 따라서 만약 자신의 주량이 그다지 세지 않다면 사전에 솔직하게 설명해야 한다. 호쾌한 척 술잔을 들어 상대방에게 술을 권하고, 상대방은 술잔을 단숨에 비웠는데 당신은 잔을 입에 살짝 대기만 한다면, 상대방을 불쾌하게 만들 수도 있다. 그 밖에 [87]술을 권하는 사람 입장에서 만약 상대방이 진짜로 주량이 세지 않다면 강요할 필요는 없다. 만약 상대방과의 거리가 비교적 멀다면 술잔 바닥으로 가볍게 식탁을 치는 것으로서 건배를 대신할 수 있다.

술자리 문화에서 또 중요시하는 것이 있다. 바로 누군가 당신에게 술을 권해 건배를 하고 난 후에는 당신도 답례술을 권해야 한다. 답례술을 권할 때에는 오른손으로 술잔을 잡고, 왼손으로 밑을 받쳐서 상대방과 동시에 마셔야 한다. 건배할 때에는 상징적으로 상대방과 술잔을 가볍게 건드리면 된다. 힘을 너무 세게 주어서 반드시 부딪치는 소리를 들으려고 하면 안 된다. 존경의 뜻으로 자신의 술잔을 상대방 술잔보다 약간 낮춰도 된다.

술을 권하는 것은 하나의 문화이자 기술로서 [88]술자리 문화를 이해하는 것은 반드시 필요하다.

지문 어휘 **酒桌** jiǔzhuō 명 술자리 | **敬酒** jìng jiǔ 동 술을 권하다 | **祝福** zhùfú 동 축복하다 | **甚至** shènzhì 부 심지어 | **主宾** zhǔbīn 명 주빈 | **发表** fābiǎo 동 발표하다, 발언하다 | **篇** piān 양 글을 세는 단위 | **祝酒词** zhùjiǔcí 명 축배의 말 | **叙述** xùshù 동 서술하다 | **友谊** yǒuyì 명 우정 | **篇幅** piānfú 명 글의 길이 | **文辞** wéncí 명 문장 | ☆**庄重** zhuāngzhòng 형 언행이 정중하다 | **大方** dàfāng 형 언행이 시원스럽다 | **得体** détǐ 형 언행이 틀에 꼭 맞다, 신분에 걸맞다 | **演讲** yǎnjiǎng 동 연설하다 | **文体** wéntǐ 명 문체 | **职位** zhíwèi 명 직위 | **序** xù 명 순서 | **考虑** kǎolǜ 동 고려하다 | **分清** fēnqīng 동 분명하게 가리다 | **主次** zhǔcì 명 일의 경중, 본말 | **避免** bìmiǎn 동 피하다 | ☆**尴尬** gāngà 형 난처하다, 민망하다 | **即使** jíshǐ 접 설령 ~라 하더라도 | **明确** míngquè 동 명확하게 하다 | **顺时针方向** shùnshízhēn fāngxiàng 시계방향 | **因地制宜** yīn dì zhì yí 성어 각지의 구체적인 실정에 맞게 적절한 대책을 세우다 | **入乡随俗** rù xiāng suí sú 성어 그 지방에 가면 그 지방의 관습을 따라야 한다 | **讲究** jiǎngjiū 동 따지다, 중시하다 | **干** gān 동 건배하다 | **诚意** chéngyì 명 성의 | **酒量** jiǔliàng 명 주량 | **欠佳** qiànjiā 형 그다지 좋지 않다 | **诚恳** chéngkěn 형 간절하다, 진심이다 | **看似** kànsì 동 ~하게 보이다 | **豪爽** háoshuǎng 형 호쾌하고 시원시원하다 | **点到为止** diǎn dào wéi zhǐ 성어 살짝 닿다 | **不济** bújì 형 좋지 않다 | **强求** qiángqiú 동 강요하다 | **酒杯** jiǔbēi 명 술잔 | **杯底** bēidǐ 명 술잔 밑 | **回敬** huíjìng 동 술잔을 받고 답례술로 권하다 | **托** tuō 동 받치다 | **过猛** guòměng 형 지나치게 맹렬하다 | **非~不可** fēi ~ bùkě ~하지 않으면 안 된다 | **响声** xiǎngshēng 명 소리 | **出于** chūyú ~에서 나오다 | **敬重** jìngzhòng 동 존경하다 | **稍** shāo 부 조금, 약간 | ☆**必不可少** bì bù kě shǎo 성어 없어서는 안 된다

祝酒词有什么特点?

A 即兴发表
B 用词庄重
C 大量使用比喻
D 感叹人生的内容多

축배사는 어떤 특징이 있는가?

A 즉흥적으로 발표한다
B 사용 단어가 정중하다
C 비유를 많이 사용한다
D 인생을 감탄하는 내용이 많다

보기 어휘 即兴 jíxìng 동 즉흥적으로 하다 | 感叹 gǎntàn 동 감탄하다, 감개하다

정답 B

해설 축배사 내용은 대부분 우정에 관한 것이고 길이는 짧고, 문체는 정중하며 대범하고 품위 있어야 한다(祝酒词的内容以叙述友谊为主，一般篇幅短小、文辞庄重，大方得体)고 했으므로 정답은 B입니다.

86

第2段主要讲的是:

A 酒文化的演变
B 敬酒的场合
C 敬酒的次序
D 座位的安排

두 번째 단락이 주로 이야기 하는 것은?

A 술 문화의 변천
B 술을 권하는 경우
C 술을 권하는 순서
D 자리의 배정

보기 어휘 ★演变 yǎnbiàn 명 변천 동 변천하다 | ★场合 chǎnghé 명 경우, 상황 | ★次序 cìxù 명 순서, 차례

정답 C

해설 두 번째 단락에서 술을 권할 때 나이의 많고 적음, 직위의 높고 낮음, 손님과 주인의 순서를 잘 고려해야 하고(敬酒应以年龄大小、职位高低、宾主身份为序), 직위나 신분이 명확하지 않다 하더라도 시계방향으로 술을 권하거나 왼쪽에서부터 오른쪽으로 권하는 등(先从自己身边按顺时针方向开始敬酒，或是从左到右进行敬酒等) 순서를 지켜야 한다고 했으므로 정답은 C입니다.

87

根据第3段，敬酒者:

A 酒肉朋友较多
B 善于营造氛围
C 不应强行劝酒
D 通常酒量过人

세 번째 단락에 따르면 술을 권하는 사람은:

A 술 친구가 비교적 많다
B 분위기를 조성하는 데 능숙하다
C 술을 강요하면 안 된다
D 보통 주량이 남들보다 세다

보기 어휘 酒肉朋友 jiǔròu péngyou 성어 술친구 | 善于 shànyú 동 ~을(를) 잘한다 | 营造氛围 yíngzào fēnwéi 분위기를 조성하다 | 强行 qiángxíng 동 강행하다 | 劝酒 quàn jiǔ 동 술을 권하다 | 过人 guòrén 동 남들보다 뛰어나다

정답 C

해설 술을 권하는 사람은 상대방이 주량이 세지 않으면 강요할 필요가 없고(对于敬酒的人来说，如果对方确实酒量不济，没有必要去强求), 만약 상대방과 거리가 멀다면 술잔 바닥으로 식탁을 가볍게 두드리는 것으로 건배를 하면 된다(如果和对方相距较远，可以以酒杯杯底轻碰桌面，表示碰杯)고 했으므로 정답은 C입니다.

88

根据上文正确的一项是：

A 碰杯时应发出响声
B 北方人不饮白酒
C 了解饮酒礼仪很有必要
D 敬酒时应弯腰表示尊重

지문에 근거하여 정확한 것은 어느 것인가?

A 건배할 때 반드시 소리가 나야 한다
B 북방 사람은 백주를 마시지 않는다
C 음주 예절을 이해하는 것은 매우 필요하다
D 술을 권할 때 허리를 굽혀 존중을 표해야 한다

보기 어휘 **白酒** báijiǔ 명 중국의 백주 | **礼仪** lǐyí 명 예의, 예절 | **弯腰** wān yāo 동 허리를 굽히다

정답 C

해설 지문의 전반적인 내용은 술자리에서 술을 권할 때 지켜야 할 예절로서, 반드시 술자리 문화를 이해해야 한다(了解酒桌文化是必不可少的)고 했으므로 정답은 C입니다.

第89到92题

[89]俗话说“柔情似水”，水历来以柔著称，这其实是由于它处于静止状态或流速缓慢的缘故。现在人们已有办法使看似柔弱无力的水一反常态，让它变得异常锋利，这就是在一定的条件下，使水高速流动，这样它就会具有巨大的能量，从而显得强劲有力。

[90]当人们通过增加压强的方式使水以极高的速度通过极小的喷嘴时，聚集成的高压水射流就具有了切割不同材料的能力，人们称之为“水刀”。水刀的应用范围很广，它可用于切割木材、布料、橡胶等软的材料，对陶瓷、金属等硬质材料，也可切削如泥。倘若水流中掺以细沙，就是岩石、合金钢，也不在话下。其效果绝不亚于金属刀具。

[89]속담에 ‘부드러운 마음이 물과 같다’는 말이 있듯이, 물은 예로부터 부드러운 것으로 유명하다. 이것은 사실 물이 정지 상태에 있거나 유속이 느린 이유 때문이다. 현재 사람들은 이미 유약하고 힘 없어 보이는 물을 완전히 다른 모습으로 매우 예리하게 바꿀 방법을 갖게 되었다. 그것은 바로 일정 조건하에서 물을 고속으로 흐르게 하는 것인데, 이렇게 하면 큰 에너지가 생겨서 강력하고 힘있게 보인다.

[90]압력을 높이는 방식을 통해 물이 매우 높은 속도로 매우 작은 분사 노즐을 통과하게 할 때 모아지는 초고압수는 여러 다른 재료를 절단할 수 있는 능력이 생기는데, 사람들은 이것을 ‘물칼’이라고 부른다. 물칼의 응용 범위는 매우 넓다. 물칼은 목재, 천, 고무 등 부드러운 재료를 자르는데 사용할 수 있고, 도자기, 금속 등 딱딱한 재료도 부드럽게 잘라낼 수 있다. 만약 물살 안에 매우 가는 가루(연마재)를 섞는다면 암석이나 합금강이라 하더라도 전혀 문제가 없고, 그 효과는 금속칼에 절대 뒤지지 않는다.

一般来说，这种高速水流在冲到被加工材料上的一瞬间，由于突然受到阻碍，其速度就会急速下降，压强骤然增加，顷刻间就会产生巨大的冲击力。这种冲击力使受冲击的部位在极小的面积上发生脆性断裂，从而达到切割材料的目的。[91]这就是“水刀”的工作原理。

“水刀”作为一种新技术，与传统的刀具相比，具有很多优势。用“水刀”切割的工件的切口整齐光滑，没有粗糙的边缘，也不会变形。“水刀”可以加工用金属刀具无法加工的复杂型面，还能沿任意曲线切开零部件。“水刀”工作过程所产生的热量几乎都可以被水带走，同时，[92]在切割的过程中，“水刀”所引起的振动和噪声都很小，所产生的少量切屑也会随水流走，不会出现切屑飞扬的情况，大大减少了切屑对人体的危害。

일반적으로 이런 고속의 물살은 가공된 재료에 충돌하는 순간 갑자기 제동이 걸려 그 속도가 급속히 떨어지게 되고, 압박이 순간 증가하면서 순식간에 큰 충격이 생긴다. 충격을 받은 부위는 매우 작은 면적에 부서지듯 분열이 일어나게 되는데, 이로써 재료가 잘라지게 되고, [91]이것이 바로 '물칼'의 작업 원리이다.

'물칼'은 신기술로서 기존의 절삭 공구와 비교해봤을 때 많은 강점을 가지고 있다. '물칼'을 사용해 잘라낸 부품의 절단 부위는 깔끔하고 매끄럽다. 거친 경계가 없고, 변형되지 않는다. '물칼'은 금속칼로 가공할 수 없는 복잡한 형면을 가공할 수 있고, 원하는 곡선에 따라 부품을 잘라낼 수도 있다. '물칼' 작업 과정에서 생기는 열량은 거의 모두 물이 가져가고, 동시에 [92]절단 과정에서 '물칼'이 일으키는 진동과 소음도 매우 작다. 절단하면서 생기는 소량의 쇳밥도 물과 함께 떠내려가서 쇳밥이 날리는 상황도 생기지 않아 쇳밥이 인체에 끼치는 위해도 크게 줄였다.

지문 어휘 ☆**俗话** súhuà 명 속담 | **柔情似水** róu qíng sì shuǐ 부드러운 마음이 물과 같다 | ☆**历来** lìlái 부 예로부터 | **以~著称** yǐ ~zhùchēng ~(으)로 유명하다 | **柔** róu 형 부드럽다, 연하다 | **流速** liúsù 명 유속 | **缓慢** huǎnmàn 형 느리다 | ☆**缘故** yuángù 명 원인, 이유 | **看似** kànsì 동 보기에 마치 | **柔弱无力** róuruò wúlì 부드럽고 힘이 없다 | **一反常态** yì fǎn cháng tài 성어 평소와 완전 다르다 | ☆**异常** yìcháng 부 특히, 대단히 형 이상하다 | ☆**锋利** fēnglì 형 (무기·공구 따위가) 날카롭다, 예리하다 | **高速** gāosù 명 고속 | **流动** liúdòng 동 흐르다, 유동하다 | ☆**能量** néngliàng 명 에너지 | **从而** cóng'ér 접 따라서 | **显得** xiǎnde 동 ~인 것처럼 보이다 | **强劲** qiángjìn 형 강력하다 | **有力** yǒulì 형 힘이 세다 | **压强** yāqiáng 명 단위 면적당 받는 압력 | **喷嘴** pēnzuǐ 명 분사 노즐 | **聚集** jùjí 동 모으다, 모이다 | **高压** gāoyā 명 고압 | **射流** shèliú 명 (가는 구멍으로) 뿜어져 나오는 유체 | **高压水射流** gāoyā shuǐ shèliú 초고압수, water jet | **切割** qiēgē 동 절단하다, 자르다 | **应用** yìngyòng 동 응용하다 | **木材** mùcái 명 목재 | **布料** bùliào 명 천, 옷감 | **橡胶** xiàngjiāo 명 고무 | ☆**陶瓷** táocí 명 도자기 | **金属** jīnshǔ 명 금속 | **切削** qiēxiāo 동 절삭하다, 커팅하다 | **如泥** rúní 형 진흙처럼 부드럽다 | ☆**倘若** tǎngruò 접 만약 ~하다면 | **掺** chān 동 (한데) 섞다 | **细沙** xìshā 명 고운 모래, 고운 가루 | ☆**岩石** yánshí 명 암석 | **合金钢** héjīngāng 명 합금강 | **不在话下** bú zài huà xià 성어 (아무 어려움이 없으므로) 전혀 문제될 것이 없다 | **不亚于** búyàyú ~에 못지않다, 뒤지지 않다 | **刀具** dāojù 명 베는 도구, 절삭 공구 | **冲** chōng 동 돌진하다 | ☆**阻碍** zǔ'ài 동 방해하다, 가로막다 | **急速** jísù 형 몹시 빠르다 | **下降** xiàjiàng 동 하강하다, 떨어지다 | **骤然** zhòurán 부 갑자기 | **顷刻间** qǐngkèjiān 부 순식간에 | **冲击力** chōngjīlì 명 충격 | **脆性** cuìxìng 명 부스러지기 쉬운 성질 | **断裂** duànliè 동 끊어져 갈라지다, 단절되다 | **优势** yōushì 명 우세, 강점, 장점 | **工件** gōngjiàn 명 부품 | **切口** qiēkǒu 명 상처, 자른 곳 | **整齐** zhěngqí 형 단정하다, 고르다, 깔끔하다 | **光滑** guānghuá 형 매끄럽다, 반들반들하다 | **粗糙** cūcāo 형 투박하다, 거칠다 | ☆**边缘** biānyuán 명 가장자리, 계선, 거의 닿을 듯한 곳(상태) | **变形** biànxíng 동 변형하다 | **沿** yán 동 (물·길·물체의 가장자리 따위를) 끼다 | ☆**任意** rènyì 형 임의의, 마음대로 | **曲线** qūxiàn 명 곡선 | **零部件** língbùjiàn 명 부품 | **引起** yǐnqǐ 동 야기하다 | **振动** zhèndòng 명 진동 동 진동하다 | **噪声** zàoshēng 명 소음 | **切屑** qiēxiè 명 쇳밥 | **飞扬** fēiyáng 동 높이 오르다, 휘날리다 | **危害** wēihài 명 위해, 해 동 해를 끼치다

89

根据第一段，水给人们的印象是：

A 柔弱无力
B 透明
C 纯净
D 流速慢

첫 번째 단락에 근거하면 물이 사람들에게 주는 이미지는 어떠한가?

A 부드럽고 힘없다
B 투명하다
C 순수하고 깨끗하다
D 유속이 느리다

보기 어휘 **纯净** chúnjìng 형 (성분이) 순수하다, 깨끗하다

정답 A

해설 지금은 유약하고 힘 없어 보이는 물을 날카롭게 바꿀 방법이 생겼지만 (现在人们已有办法使看似柔弱无力的水一反常态，让它变得异常锋利), 물은 예로부터 부드러운 것으로 유명하다(水历来以柔著称)고 했으므로 정답은 A입니다.

90

水刀的实质是什么?

A 金属刀具
B 高压水射流
C 切水果的刀
D 超低速水流

'물칼'의 실체는 무엇인가?

A 금속 절삭 공구
B 초고압수
C 과일 깎는 칼
D 초저속 물살

보기 어휘 ★**实质** shízhì 명 실질, 본질

정답 B

해설 압력을 높이는 방식을 통해 물을 매우 높은 속도로 아주 작은 분사 노즐을 통과하게 할 때 모아지는 초고압수는 여러 가지 재료를 절단할 수 있는 능력이 생기고(当人们通过增加压强的方式使水以极高的速度通过极小的喷嘴时，聚集成的高压水射流就具有了切割不同材料的能力) 이것을 사람들은 '물칼'이라고 부른다(人们称之为"水刀")고 했으므로 결국 '물칼'의 실체는 초고압수이고 정답은 B입니다.

91

第三段主要谈的是什么?

A 水刀的优势
B 水刀的制作过程
C 水刀的工作原理
D 使用水刀的注意事项

세 번째 단락이 주로 이야기 하는 것은 무엇인가?

A 물칼의 강점
B 물칼의 제작 과정
C 물칼의 작업 원리
D 물칼을 사용할 때의 주의 사항

보기 어휘 **优势** yōushì 명 우세, 강점

정답 C

해설 세 번째 단락은 물칼의 작업 원리(这就是"水刀"的工作原理)를 설명하고 있으므로 정답은 C입니다.

92

下列哪项是水刀的优点?

A 轻巧
B 便于携带
C 磨损少
D 噪音小

다음 중 물칼의 장점은 어느 것인가?

A 가볍고 정교하다
B 휴대가 간편하다
C 마모가 적다
D 소음이 적다

보기 어휘 **轻巧** qīngqiǎo 형 가볍고 정교하다 | ★**携带** xiédài 동 휴대하다 | ★**噪音** zàoyīn 명 소음

정답 D

해설 지문 마지막 단락은 물칼의 장점들입니다. 물칼은 자른 부위가 매끄럽고(用"水刀"切割的工件的切口整齐光滑), 진동 소음도 작고("水刀"所引起的振动和噪声都很小) 절단하면서 생기는 소량의 쇳밥도 물과 함께 떠내려 가서 쇳밥이 날리는 상황도 생기지 않는다(所产生的少量切屑也会随水流走，不会出现切屑飞扬的情况)고 했으므로 정답은 D입니다.

第93到96题

粉红椋鸟是迁徙性候鸟，冬季栖息在欧洲东部及亚洲中西部，五月便迁徙到中国新疆地区，新疆是粉红椋鸟的主要繁殖地，而新疆人也是对粉红椋鸟爱护有加。

有一次，粉红椋鸟在选择安家的地址时，恰好选在了一处位于新疆高速公路的工地上。刚开始，看到大群椋鸟光临工地，工人们有点不知所措，[96]这种鸟喜欢在石堆洞穴筑巢繁育，当时它们正处于繁殖期，于是就选择了这个工地。看着这群一点不见外的小鸟，施工方很头疼。但粉红椋鸟是有益的、有经济价值和研究价值的"三有"保护动物，而且它们不会一直霸占着不走，从筑巢到幼鸟出壳、长毛、随着父母南迁，不到一个月的时间。虽然对这个投资巨大的工程来说，一个月也够长的，[93]但是最后，当地政府和施工方还是毅然决定暂停施工。

분홍찌르레기는 이동성 철새이다. 겨울철엔 유럽 동부와 아시아 중서부에서 서식하다 5월에 중국 신장으로 이동한다. 신장은 분홍찌르레기의 주요 번식지이고, 신장 사람들도 분홍찌르레기를 매우 아끼고 보호한다.

한번은 분홍찌르레기가 정착할 터전을 고를 때 공교롭게도 신장 고속도로에 위치한 공사장을 선택했다. 처음에는 공사장에 온 찌르레기 무리를 보고 인부들은 어찌할 바를 몰랐다. [96]이 새는 돌 더미 동굴에 둥지를 짓고 새끼를 낳아 기르기를 좋아하고, 그 당시 찌르레기는 번식기여서 이 공사장을 선택했다. 전혀 낯설어하지 않는 이 작은 새들을 보며 시공사측은 매우 골치가 아팠다. 그렇지만 분홍찌르레기는 유익하고 경제적 가치와 연구 가치가 있는 '세 가지를 갖춘' 보호동물이다. 게다가 계속 자리를 점령하고 있는 것은 아니고, 둥지를 짓고 새끼 새가 알에서 깨어나 털이 자라면 부모를 따라 남쪽으로 옮겨가는데 그 시간은 한 달이 채 되지 않는다. 비록 이 막대한 투자가 들어간 공사 입장에선 한 달도 충분히 긴 시간이지만, [93]결국 현지 정부와 시공측은 공사를 잠시 중단하기로 과감히 결정했다.

新疆一户农民在建新房时也遇到过类似情况。这个农民为了盖新房买来了一堆砖堆在院子里，不料粉红椋鸟飞到他家院里的砖堆上筑起了巢。[94]为了不打扰粉红椋鸟，老农把那堆砖让给了粉红椋鸟，自己又重新买砖盖了房子。

新疆人爱护粉红椋鸟不是没有原因的。原来粉红椋鸟喜食蝗虫，而且食量大、胃口好，每只成鸟每天进食蝗虫120到180只。在新疆伊犁、塔城、阿勒泰、哈密等地，过去农牧民曾大量使用杀虫剂消灭蝗虫，不仅价格昂贵，而且对环境造成了污染，粉红椋鸟的种群数量也随之降低。通过比对，[95]专家们发现生物防治效果更好，就试着在当地利用粉红椋鸟消灭蝗虫，灭蝗效果立竿见影。过去十年，尼勒克县在85万亩蝗虫多发草场建起了17座大型椋鸟鸟巢，有效控制了蝗灾。

신장의 한 농부도 새 집을 지을 때 마찬가지로 유사한 상황을 만났다. 이 농민은 집을 짓기 위해 벽돌 더미를 사와 마당에 쌓아두었는데, 뜻밖에 분홍찌르레기가 날아와 그의 집 마당에 있는 벽돌더미에 둥지를 짓기 시작했다. [94]분홍찌르레기를 방해하지 않으려고 농부는 그 벽돌들을 분홍찌르레기에게 주고, 자신은 새로 벽돌을 사와서 집을 지었다.

신장사람이 분홍찌르레기를 아끼고 보호하는 것은 다 이유가 있다. 알고 보니 분홍찌르레기는 메뚜기를 즐겨 먹는데, 식사량도 많고, 식욕도 좋아서 다 자란 새 한 마리당 매일 120~180 마리의 메뚜기를 먹는다. 신장 이리, 타청, 아러타이, 하미 등 지역은 과거 농목민이 일찍이 살충제를 대량 사용해서 메뚜기를 소멸한 적이 있었는데, 이는 가격이 비쌀 뿐만 아니라 환경도 오염시켰고, 분홍찌르레기 개체군 수량도 그와 함께 줄어들었다. 비교 대조를 통해 [95]전문가들은 생물을 이용한 예방치료 효과가 더욱 좋다는 것을 발견하고 현지에서 분홍찌르레기를 이용해 메뚜기 소멸을 시도했더니 그 효과가 즉시 나타났다. 과거 10년 동안 니러커현은 85만 묘의 메뚜기 다발 목초지에 17개 대형 찌르레기 둥지를 지어서 효과적으로 메뚜기떼의 재해를 억제하였다.

지문 어휘 ★**迁徙** qiānxǐ 동 (사람·철새 따위가 다른 곳으로) 옮겨가다, 이동하다 | **候鸟** hòuniǎo 명 철새 | **栖息** qīxī 동 서식하다, 머물다 | **欧洲** Ōuzhōu 고유 유럽주(지명) | **亚洲** Yàzhōu 고유 아시아 주(지명) | **新疆** Xīnjiāng 고유 신장(지명) | **粉红椋鸟** fěnhóng liángniǎo 명 분홍찌르레기 | ★**繁殖** fánzhí 동 번식하다 | **安家** ānjiā 동 정착하다, 터전을 잡다 | **地址** dìzhǐ 명 주소 | **恰好** qiàhǎo 부 마침 | ★**位于** wèiyú 동 ~에 위치하다 | **高速公路** gāosùgōnglù 명 고속도로 | **工地** gōngdì 명 공사 현장 | **光临** guānglín 동 왕림하다 | **不知所措** bù zhī suǒ cuò 성어 어찌할 바를 모르다 | **石堆** shíduī 명 돌 더미 | **洞穴** dòngxué 명 동굴 | **筑巢** zhùcháo 동 보금자리를 짓다 | **繁殖期** fánzhíqī 명 번식기 | **不见外** bújiànwài 허물없다, 친하다 | **施工** shī gōng 동 시공하다 | **有益** yǒuyì 형 유익하다 | **霸占** bàzhàn 동 점령하다, 강점하다 | **幼鸟** yòuniǎo 명 새끼 새 | **出壳** chūké 동 껍질을 깨고 나오다 | **长毛** zhǎng máo 동 털이 나다 | **南迁** nánqiān 동 남쪽으로 옮겨가다 | **投资** tóuzī 동 투자하다 | **巨大** jùdà 형 거대하다 | **工程** gōngchéng 명 공정, 공사 | **政府** zhèngfǔ 명 정부 | ★**毅然** yìrán 부 의연히, 단호히 | **暂停** zàntíng 동 일시 정지하다, 잠시 중지하다 | **建** jiàn 동 짓다, 건설하다 | ★**类似** lèisì 형 유사하다, 비슷하다 | **盖房** gàifáng 동 집을 짓다 | **砖堆** zhuānduī 명 벽돌 더미 | ★**不料** búliào 부 뜻밖에, 의외에 | **重新** chóngxīn 부 다시, 처음부터 | **蝗虫** huángchóng 명 메뚜기 | **胃口** wèikǒu 명 식욕 | **成鸟** chéngniǎo 명 다 자란 새 | **进食** jìnshí 동 식사하다 | **伊犁** Yīlí 고유 이리(지명) | **塔城** Tǎchéng 고유 타청(지명) | **阿勒泰** Ālètài 고유 아러타이(지명) | **哈密** Hāmì 고유 하미(지명) | **农牧民** nóngmùmín 명 농목민 | **杀虫剂** shāchóngjì 명 살충제 | **消灭** xiāomiè 동 소멸하다, 없애다 | ★**昂贵** ángguì 형 값이 비싸다 | **造成** zàochéng 동 야기하다, 초래하다 | **污染** wūrǎn 동 오염시키다 | **种群** zhǒngqún 명 군체, 개체군 | **降低** jiàngdī 동 낮추다, 낮아지다 | ★**防治** fángzhì 동 예방 치료하다 | **立竿见影** lì gān jiàn yǐng 성어 장대를 세우면 그림자가 나타난다, 즉시 효과가 나타나다 | **尼勒克县** Nílèkèxiàn 고유 니러커현(지명) | **亩** mǔ 양 묘(중국식 토지 면적의 단위) | **多发** duōfā 형 다발적이다 | **鸟巢** niǎocháo 명 새둥지 | **蝗灾** huángzāi 메뚜기떼의 재해

93

粉红椋鸟在公路上"安家落户"后，施工方是怎么做的？

A 改变工程路线
B 暂时中止工程
C 请鸟类专家驱赶
D 帮粉红椋鸟筑巢

분홍찌르레기가 도로 위에 정착하고 난 후 시공측은 어떻게 했는가?

A 공사 노선을 바꿨다
B 잠시 공사를 중지했다
C 조류 전문가를 초청해 (분홍찌르레기를) 쫓아냈다
D 분홍찌르레기가 둥지 짓는 것을 도왔다

보기 어휘 **安家落户** ān jiā luò hù 성어 정착하고 거주하다 | **路线** lùxiàn 명 노선, 코스 | **中止** zhōngzhǐ 동 중지하다, 중단하다 | **驱赶** qūgǎn 동 쫓다, 내몰다

정답 B

해설 분홍찌르레기 무리가 공사장에 온 것을 보고 시공측은 골치가 아팠지만 찌르레기는 보호 동물이기 때문에 결국, 현지 정부와 시공측은 시공을 잠시 중단하기로 결정했다(**最后，当地政府和施工方还是毅然决定暂停施工**)고 했으므로 정답은 B입니다.

94

第三段主要说的是什么？

A 新疆农村人口变少
B 村民的建筑技术高超
C 老农与粉红椋鸟相处和谐
D 粉红椋鸟的鸟巢形态多样

세 번째 단락은 주로 무엇을 이야기 하는가?

A 신장 농촌은 인구가 적어졌다
B 농민의 건축 기술은 훌륭하다
C 농부와 분홍찌르레기가 더불어 산다
D 분홍찌르레기의 둥지 형태는 다양하다

보기 어휘 ☆**高超** gāochāo 형 우수하다, 출중하다 | **相处** xiāngchǔ 동 함께 지내다 | ☆**和谐** héxié 형 적당하다, 화목하다 | ☆**形态** xíngtài 명 형태

정답 C

해설 신장의 한 농부는 자신의 집을 지으려고 벽돌 더미를 사와 집 마당에 쌓아두었는데, 분홍찌르레기가 여기에 둥지를 짓기 시작하자(**为了盖新房买来了一堆砖堆在院子里，不料粉红椋鸟飞到他家院里的砖堆上筑起了巢**) 그 벽돌 더미는 새에게 주고 자신은 다시 벽돌을 사와서 집을 지었다(**老农把那堆砖让给了粉红椋鸟，自己又重新买砖盖了房子**)고 했으므로 정답은 C입니다.

95

根据第四段，可以知道什么？

A 尼勒克县的面积为85万平方米
B 粉红椋鸟的种群数量不断增长
C 新疆地区向来禁用杀虫剂
D 粉红椋鸟治理虫害效果显著

네 번째 단락에 근거하여 알 수 있는 것은 무엇인가?

A 니러커현의 면적은 85만 제곱미터이다
B 분홍찌르레기의 개체군 수량은 계속 늘고 있다
C 신장 지역은 늘 살충제 사용을 금지한다
D 분홍찌르레기의 해충 피해 처리 효과가 분명하다

보기 어휘 **面积** miànjī 명 면적 | **平方米** píngfāngmǐ 명 제곱미터, 평방미터 | ☆**向来** xiànglái 부 늘, 여태까지 | **禁用** jìnyòng 동 사용을 금지하다 | ☆**治理** zhìlǐ 동 다스리다, 정비하다, 정돈하다, 처리하다 | ☆**显著** xiǎnzhù 형 현저하다

정답 D

해설 신장에선 분홍찌르레기를 이용해 메뚜기 소멸을 시도했더니 그 효과가 즉시 나타났고(**就试着在当地利用粉红椋鸟消灭蝗虫，灭蝗效果立竿见影**), 과거 10년 동안 니러커현의 85만 묘의 메뚜기 다발 목초지에 찌르레기 둥지를 지어 효과적으로 메뚜기떼 재해를 억제했다(**尼勒克县在85万亩蝗虫多发草场建起了17座大型椋鸟鸟巢，有效控制了蝗灾**)고 했으므로 정답은 D입니다.

96

关于粉红椋鸟，下列哪项正确?

A 集中繁殖期是每年一月
B 幼鸟出壳后会向北迁徙
C 是国家三级保护动物
D 喜欢在石堆洞穴里筑巢繁殖

분홍찌르레기에 관해 아래 어느 것이 정확한가?

A 집중 번식기는 매년 1월이다
B 아기 새가 알에서 깨어난 후 북쪽으로 이동한다
C 국가 3급 보호 동물이다
D 돌 더미 동굴에 둥지를 짓고 번식하기를 좋아한다

보기 어휘 **出壳** chū ké 동 껍질을 깨고 나오다, 부화하다 | ☆**迁徙** qiānxǐ 동 옮겨가다

정답 D

해설 분홍찌르레기 새끼 새는 알에서 깨어나 털이 자라면 부모와 함께 남쪽으로 이동하고, 이 기간은 한 달이 채 되지 않는다(**从筑巢到幼鸟出壳、长毛、随着父母南迁，不到一个月的时间**)고 지문에서 언급했습니다. 게다가 분홍찌르레기는 유익하고, 경제 가치와 연구 가치가 있는 '세 가지를 갖춘' 보호동물로(**粉红椋鸟是有益的、有经济价值和研究价值的"三有"保护动物**), 돌 더미 동굴에 둥지를 짓고 번식하기를 좋아한다(**这种鸟喜欢在石堆洞穴筑巢繁育**)고 했으므로 정답은 D입니다.

第97到100题

"开封城，城摞城，地下埋有几座城"，这个一直流传在开封民间的神秘传说，日前终于被考古学家证实了。其实在我国古代都城发展史上，[97]大部分都城都采取了抛开旧都城、另选新址营建都城的做法，而古都开封基本上都是在旧城址上重建，当时的统治者为何这样对开封情有独钟，以至形成了颇为有趣的"城摞城"现象呢?

"카이펑 성은 성라성이고, 지하에 여러 개의 성이 묻혀있다." 이것은 줄곧 카이펑 민간에 대대로 전해지는 신비한 전설인데, 얼마 전 마침내 고고학자에 의해 검증되었다.

사실 중국 고대 도성 발전사 상, [97]대부분 도성은 옛 도성을 버리고 새로운 곳에 도성을 짓는 방법을 채택하는데, 옛 도시 카이펑은 기본적으로 옛 도성 위에 다시 수도를 지었다. 그 당시 통치자는 왜 이렇게 카이펑에 각별한 애정을 가져서 상당히 흥미로운 '성라성'의 모습을 이루게 되었을까?

一座都城得以形成，需具备一些必要的因素，如自然环境、经济、军事和社会等等都是不可或缺的。从军事角度来看，开封并不是一个理想的建都之地，可以说是易攻难守。开封周围地势平坦，不仅没有大山，就连丘阜也很难见到，不像长安、洛阳、北京等都有天然屏障。[98]但开封与其他古都相比，却有着极为优越的水利网络设施，这里河湖密布，交通便利。不但有人工开凿的运河——汴河，可与黄河、淮河沟通，还有蔡河、五丈河等诸多河流，并且开封还是这些河流的中枢和向外辐射的水上交通要道，这一点是国内其他古都无法比拟的。

[99]一个政权建立初期，首先要解决的是社会生活所必需的各种物资。到了唐代，随着京杭大运河的通航，开封恰巧处于汴河要冲，又是通往东都洛阳和唐都长安的重要门户，汴河南通江淮，[99]大批江南的富饶物资可直达开封，运输十分便利。而此时的关中由于连年战乱，经济凋零不堪，长安、洛阳更是屡遭战争破坏，亦非昔日旧观。北宋初年，太祖赵匡胤曾欲迁都洛阳或长安，但最终还是留在了开封，实际上也是服从了当时社会经济的客观情况。

中国自古就有"得中原者得天下"之说。从文化地理角度看，[100]开封地处中原腹地，长期以来在人们的传统观念上，开封都被认为是一个王气很盛的城市。因而开封虽饱经兵火水患，各朝皇帝也不愿轻易放弃这块宝地。

하나의 도성이 이루어지려면 필요한 요소들이 있다. 예를 들면, 자연 환경, 경제, 군사 그리고 사회 등등 모두가 필수불가결하다. 군사 관점에서 보면 카이펑은 그다지 이상적인 도성을 세울 만한 곳이 아닌데, 공격하기 쉽고 지키기 어렵다고 말할 수 있다. 카이펑은 주위 지세는 평평하고, 큰 산도 없을 뿐더러 언덕조차도 보기 힘들다. 창안, 뤄양, 베이징 등은 모두 천연 보호벽이 있는데 말이다. [98]그렇지만 카이펑은 다른 옛 도시와 비교해 봤을 때 매우 우월한 수리 네트워크 시설이 있다. 이곳엔 강과 호수가 빽빽하게 많고, 교통이 편리하다. 이곳에는 볜허라는 인공으로 파낸 운하가 있는데, 황허, 화이허와 통하고, 차이허, 우장허 등 많은 하류가 있다. 게다가 카이펑은 이 하류의 중추이자 밖으로 나가는 수상 교통 요충지이다. 이 점은 국내 다른 옛 도시와 비교가 안 된다.

[99]한 정권이 세워지면 초기에 우선적으로 해결해야 할 것이 사회 생활에 반드시 필요한 각종 물자 문제이다. 당나라 때 징항 대운하의 개통에 따라, 카이펑은 공교롭게도 볜허의 요충지에 위치하고, 동쪽 도시인 뤄양과 당나라 수도 창안으로 통하는 중요한 관문이었는데, 볜허가 남쪽 양쯔장과 화이쉐이로 통하다 보니, [99]양쯔장 이남 지역의 많은 풍요로운 물자가 바로 카이펑으로 갈 수 있을 만큼, 운송이 매우 편리했다. 이때의 관중은 여러 해 계속되는 전란 때문에 경제가 심각하게 쇠락했고, 창안, 뤄양은 여러 차례의 전쟁으로 파괴되어 더 이상 옛 모습이 아니었다. 북송 초기에는 태조 조광윤이 일찍이 수도를 뤄양 또는 창안으로 옮기고 싶었지만 결국 카이펑에 머무르게 되었는데, 사실상 이것도 당시 사회 경제의 객관적인 상황에 따른 것이다.

중국에 자고로 '중원을 얻는 자는 천하를 얻는다'는 말이 있다. 문화 지리 관점에서 보면 [100]카이펑은 중원 중심부에 위치하고, 오랜 시간 동안 사람들의 전통 관념상 카이펑은 왕의 기운이 왕성한 도시로 여겨졌다. 따라서 카이펑은 비록 많은 전쟁과 수해를 겪었지만 각 왕조의 황제들도 이 명당을 쉽게 포기하려 하지 않았다.

지문 어휘 **开封** Kāifēng 고유 카이펑(지명) | **城摞城** chéngluòchéng 성라성(서로 다른 왕조의 옛 도읍, 옛 성이 한데 겹쳐 있는 기이한 현상) | **流传** liúchuán 동 대대로 전해 내려오다, 세상에 널리 퍼지다 | **神秘** shénmì 형 신비하다 | **传说** chuánshuō 명 전설 동 말이 전해지다 | **考古学家** kǎogǔ xuéjiā 고고학자 | **证实** zhèngshí 동 (사실을) 검증하다, 입증하다, 증명하다 | **古代** gǔdài 명 고대 | **都城** dūchéng 명 수도, 도성 | **采取** cǎiqǔ 동 채택하다 | **营建** yíngjiàn 동 짓다 | **古都** gǔdū 명 고도, 옛 도시 | **城址** chéngzhǐ 명 도시가 소재한 위치 | **重建** chóngjiàn 동 재건하다, 다시 짓다 | **统治者** tǒngzhìzhě 명 통치자 | **情有独钟** qíng yǒu dú zhōng 성어 감정이 특별히 깊다, 애정이 유독 한 곳에 집중되어 있다 | ★**以至** yǐzhì 접 ~로 하여, ~때문에(뒤 문장 머리에 놓어 결과를 나타냄) | ★**颇为**

pōwéi 부 꽤, 상당히 | 有趣 yǒuqù 형 재미있다 | 得以 déyǐ 동 ~할 수 있다 | 具备 jùbèi 동 갖추다, 구비하다 | 必要 bìyào 형 필요하다 | 因素 yīnsù 명 요소 | 不可或缺 bù kě huò quē 성어 없어선 안 되다 | 易攻难守 yì gōng nán shǒu 공격하기 쉽고 지키기 어렵다 | ★地势 dìshì 명 지세, 땅의 형세 | ★平坦 píngtǎn 형 평탄하다 | 丘阜 qiū fù 명 언덕 | 长安 Cháng'ān 고유 창안(지명) | 洛阳 Luòyáng 고유 뤄양(지명) | ★屏障 píngzhàng 명 장벽, 보호벽 | ★优越 yōuyuè 형 우월하다 | 水利网络 shuǐlì wǎngluò 수리 네트워크 | 设施 shèshī 명 시설 | 河湖 héhú 명 강과 호수 | 密布 mìbù 형 빽빽하게 들어차다 | ★便利 biànlì 형 편리하다 | 开凿 kāizáo 동 (운하·터널 따위를) 파다 | 运河 yùnhé 명 운하 | 汴河 Biànhé 고유 볜허(강 이름) | 黄河 Huánghé 고유 황허(강 이름) | 淮河 Huáihé 고유 화이허(강 이름) | 沟通 gōutōng 동 소통하다 | 蔡河 Càihé 고유 차이허(강 이름) | 五丈河 Wǔzhànghé 고유 우장허(강 이름) | 诸多 zhūduō 형 수많은, 많은 | 河流 héliú 명 하류, 하천 | 中枢 zhōngshū 명 중추, 중심 | ★辐射 fúshè 동 복사하다, 방사하다 | 交通要道 jiāotōng yàodào 교통 요충지 | 无法比拟 wúfǎ bǐnǐ 비할 수 없다 | ★政权 zhèngquán 명 정권 | 建立 jiànlì 동 건립하다 | 初期 chūqī 명 초기 | ★物资 wùzī 명 물자 | 唐代 Tángdài 고유 당나라, 당대 | 京杭大运河 jīngháng dàyùnhé 징항 대운하 | 通航 tōngháng 명 개통 | 恰巧 qiàqiǎo 부 마침 | 要冲 yàochōng 명 요충지 | 唐都 táng dū 당나라 수도 | 门户 ménhù 명 문호, 관문 | 江淮 Jiānghuái 양쯔장(揚子江)과 화이쉐이(淮水) | 江南 Jiāngnán 양쯔장(揚子江) 이남의 지역 | 富饶 fùráo 형 풍요롭다 | 直达 zhídá 동 직통하다, 직행하다 | 运输 yùnshū 동 운수하다, 운송하다 | 关中 Guānzhōng 관중[산시(陝西)성 웨이허(渭河) 유역 일대] | ★连年 liánnián 명 연년, 여러 해 계속 | 战乱 zhànluàn 명 전란 | 凋零 diāolíng 동 쇠잔해지다 | ★不堪 bùkān 동 심하다, ~하기 그지 없다 | 屡遭 lǚzāo 동 여러 번 당하다 | 战争 zhànzhēng 명 전쟁 | 破坏 pòhuài 동 파괴하다, 훼손하다 | ★亦 yì 부 또, 또한 | ★昔日 xīrì 명 석일, 이전 | 旧观 jiùguān 명 원래 모양, 옛 모습 | 太祖 tàizǔ 명 태조 | 赵匡胤 Zhàokuāngyìn 고유 송나라의 개국 황제 조광윤(인명) | 欲 yù 동 하려고 하다 | 迁都 qiāndū 동 천도하다 | 自古 zìgǔ 부 예로부터 | 得中原者得天下 dé zhōngyuán zhě dé tiānxià 중원을 얻는 자는 천하를 얻는다 | 腹地 fùdì 명 중심지역, 중심부 | 长期以来 chángqī yǐlái 이제까지의, 오랜 동안 | 传统观念 chuántǒng guānniàn 전통 관념 | 王气 wángqì 명 왕의 기운 | 盛 shèng 형 왕성하다 | 饱经 bǎojīng 동 두루 경험하다, 다 겪다 | 兵火 bīnghuǒ 명 병화, 전화 | 水患 shuǐhuàn 명 수해, 수재 | 轻易 qīngyì 부 함부로, 쉽사리 | 宝地 bǎodì 명 좋은 곳, 명당

97

第一段中"有趣的现象"是指?

A 统治者喜好建都
B 开封旧城建新都
C 开封自然条件奇特
D 中国古都都是城摞城

첫 번째 단락에서 '재미있는 현상'이 가리키는 것은?

A 통치자는 수도 세우는 것을 좋아하다
B 카이펑은 옛 도성에 새 수도를 지었다
C 카이펑의 자연 조건은 독특하다
D 중국의 옛 도시는 모두 성라성이다

보기 어휘 喜好 xǐhào 동 좋아하다 | 建都 jiàndū 동 수도를 세우다 | 奇特 qítè 형 기묘하다

정답 B

해설 중국의 대부분 도성은 옛 도성을 버리고 새로운 곳에 도성을 세우는 방법을 취하지만, 옛 도시 카이펑은 옛 도성 자리에 새로 또 수도를 지어(大部分都城都采取了抛开旧都城、另选新址营建都城的做法，而古都开封基本上都是在旧城址上重建) 상당히 흥미로운 '성라성'의 현상을 이루는 결과가 나왔다(以至形成了颇为有趣的"城摞城"现象)고 했으므로 정답은 B입니다.

开封与其他古都相比有什么优势?

A 三面环山
B 有天然屏障
C 水利网络发达
D 是最古老的城市

다른 옛 도시를 비교해봤을 때 카이펑은 어떤 유리한 점이 있는가?

A 삼면이 산으로 둘러싸였다
B 천연 보호벽이 있다
C 수리 네트워크가 발달했다
D 가장 오래된 도시이다

보기 어휘 **环山** huánshān 동 산에 에워싸이다

 C

해설 카이펑은 큰 산이나 언덕이 없어서 창안, 뤄양, 베이징 등과 같이 천연 보호벽은 없지만(**不仅没有大山，就连丘阜也很难见到，不像长安、洛阳、北京等都有天然屏障**) 다른 옛 도시와 비교해볼 때 매우 우월한 수리 네트워크 시설이 있다(**开封与其他古都相比，却有着极为优越的水利网络设施**)고 했으므로 정답은 C입니다.

赵匡胤为什么没有迁都?

A 迁都劳民伤财
B 长安的风水不如开封
C 开封物资运送便利
D 听从了百姓的请愿

조광윤은 왜 수도를 옮기지 않았나?

A 천도는 국민을 혹사시키고 물자를 낭비해서
B 창안의 풍수가 카이펑만 못해서
C 카이펑은 물자 운송이 편리해서
D 백성들의 청원을 따라서

보기 어휘 **劳民伤财** láo mín shāng cái 성어 국민을 혹사시키고 물자를 낭비하다 | **风水** fēngshuǐ 명 풍수 | **听从** tīngcóng 동 듣고 따르다 | **请愿** qǐngyuàn 명 청원

정답 C

해설 한 정권이 세워지면 가장 먼저 해결해야 할 것이 사회생활에 필요한 물자 문제인데(**一个政权建立初期，首先要解决的是社会生活所必需的各种物资**), 카이펑은 위치가 절묘해 황허 이남 지역의 풍요로운 물자를 바로 카이펑으로 옮겨올 수 있을 만큼 물자의 운송이 매우 편리했다(**大批江南的富饶物资可直达开封，运输十分便利**)고 했으므로 정답은 C입니다.

100

根据上文，下列哪项正确？

A 开封是唐朝的都城
B 宋太祖迁都到了开封
C 京杭大运河始凿于唐代
D 开封位于中原地区

지문에 근거하여 다음 중 옳은 것은 무엇인가?

A 카이펑은 당나라의 도성이다
B 송 태조는 천도해 카이펑에 이르렀다
C 징항 대운하는 당나라 때 파기 시작했다
D 카이펑은 중원 지역에 위치한다

보기 어휘 **始凿于** shǐzáoyú ~에 파기 시작하다

정답 D

해설 각 왕조 황제들이 카이펑을 쉽게 포기할 수 없었던 것(**各朝皇帝也不愿轻易放弃这块宝地**)은 바로 카이펑이 중원 중심부에 위치(**开封地处中原腹地**)하기 때문이라고 했으므로 정답은 D입니다.

★★★★★

1회 쓰기

101번 문제는 한 편의 글을 읽고 요약쓰기를 하는 문제입니다.

第101题

(1) 仔细阅读下面这篇文章，时间为10分钟。阅读时间不能抄写、记录。
(2) 10分钟后，监考收回阅读材料，请你将这篇文章缩写成一篇短文，时间为35分钟。
(3) 标题自拟。只需复述文章内容，不需加入自己的观点。
(4) 字数为400字左右。
(5) 请把作文直接写在答题卡上。

当年他报考中戏时，并不顺利，差一点就与中戏失之交臂。那天是1995年的5月22日，当时表演系专业的招生工作都已结束了，只剩了一个音乐剧专业还在招生，那年他25岁，身高1.80米，体重89公斤，一个典型的东北大汉。

负责报名的老师看到他，一脸惊讶："你也来报考表演?""对，我就是来报考表演系的。"他自信地说。老师并没有多看他一眼，摆摆手说："孩子，回去吧。你考不上的。"这句话仿佛一根闷棍打在头上，从小就好强的他被打晕了，还没考，就被老师关在了门外，他觉得太意外了。

"为什么呀?"他不甘心就此打包走人，一定要问个清楚。老师终于抬起眼睛瞟了瞟他说："你知道音乐剧专业需要什么吗? 要跳芭蕾，你看看你，你这身材能跳芭蕾吗? 你的脚尖能撑得住你这大块头吗?"他不想放弃一丝希望，小声地问老师："那我减肥行吗?"老师这次有点不耐

그 당시 그가 중앙희극대학에 지원했을 때, 결코 순조롭지 못했다. 하마터면 중앙희극대학에 들어가지 못할 뻔했다. 그 날은 1995년 5월 22일, 연기과 전공은 이미 신입생 모집을 끝냈고, 뮤지컬 전공만 아직 신입생을 모집하고 있었다. 그 해 그는 25세, 신장 180센티미터, 체중 89킬로그램인 전형적인 둥베이 사내였다.

접수 담당 선생님이 그를 보고는, 얼굴에 놀란 기색을 보이며 "자네도 뮤지컬에 지원하러 왔는가?" "네, 저는 뮤지컬과에 지원하러 왔습니다." 그는 자신 있게 말했다. 선생님은 그를 결코 더 보지 않고, 손을 내저으며 말했다. "이봐, 돌아가게나. 자넨 떨어질 걸세." 마치 몽둥이 한 자루가 머리를 후려치는 것 같았다. 어려서부터 승부욕이 강했던 그는 아득해졌다. 시험도 못보고, 문 밖으로 밀려나다니(거절당하다니) 너무 뜻밖이었다.

"왜 그렇죠?" 그는 이대로 짐을 싸서 떠나고 싶지 않아서, 반드시 분명하게 물어봐야 했다. 선생님은 마침내 시선을 들어 그를 힐끗 보고는 말했다. "자넨 뮤지컬 전공에 무엇이 필요한지 아는가? 발레를 춰야 되는데, 자네를 한번 보게, 자네의 몸매로 발레를 출 수 있겠는가? 자네의 발끝으로 자네의 덩치를 지탱할 수 있겠는가 말일세." 그는 한 가닥의 희망이라도 포기하고 싶지 않아서, 작은 목소리로 선생님한테 물었다. "그럼 제가 다이어트하면 되겠습니까?" 선생님은 이번엔

烦了，应付地说了一句：“至少要减掉10公斤。”说完就忙别的去了，再也没多看他一眼。

到考试的日子还有30天，那么短的日子要减掉10公斤，可能性为零。估计老师也没指望他能减肥成功，随口应允只是打发他快走，可是这无心的一句话却被他当成了救命稻草。

当天他就找到中戏一个老乡，在他的宿舍住下了，开始减肥。刚开始，有一帮中戏超重的学生们和他一起跑，可是几天下来，那些人一个个打起了退堂鼓，只有他一个人坚持了下来。他像《阿甘正传》里的男主角一样不知疲倦，不怕非议，在风雨中奔跑，在烈日下狂奔，平日沉默不语，到了深夜还在楼道里背台词，那些近乎疯狂的举动让他在中戏大院里成了一道独特的风景。那时周围的中戏学子们只要看到他就会交头接耳用不屑的口气说：“看，那疯子又来了。”

考试的日子终于到了，他一个月足足减掉了18公斤，平均每天0.5公斤多。考试那天，来了七百多人，全是俊男美女，他被老师安排和一位美女合作。考试的题目是：一对恋人分手的戏。他大大方方地上场了，轻声说了一句：“我们分手吧。”“为什么?”女孩儿很紧张。他不知不觉地也被她紧张的情绪感染了，脑海中顿时一片空白，把预先想好的台词忘得一干二净，于是他又说：“我们分手吧。”女生更是不知所措，还是那句话：“到底为什么?”……

조금 귀찮아하며, 얼버무리듯 한 마디 했다. “최소한 10킬로그램을 빼야 한다네.” 말을 끝내자 마자 바쁘게 다른 일로 갔고, 더 이상 그를 거들떠보지 않았다.

시험날까지 아직 30일이 남았지만, 그렇게 짧은 시일에 10킬로그램을 뺀다는 것은 가능성이 제로였다. 짐작하기론 선생님도 그가 다이어트에 성공할 수 있으리라고 기대하지 않는 듯 했고, 무심코 대답한 것은 단지 그를 빨리 쫓아내려 한 것 같았지만 이 무심한 한 마디가 그에게는 구명줄로 여겨졌다.

그날 그는 중앙희극대학에서 고향 사람을 찾아서, 그의 기숙사에서 지내며, 다이어트를 하기 시작했다. 막 시작했을 때, 중앙희극대학의 과체중인 학생들 한 무리가 그와 함께 뛰었지만, 며칠이 지나자, 그 사람들은 한 명씩 중도에 포기하기 시작했고, 그 혼자만 계속해 나갔다. 그는 마치 〈포레스트 검프〉의 남자 주인공처럼 지칠 줄 모르게, 남들이 뭐라고 하든 신경 쓰지 않고, 비바람 속에서 내달리고, 작열하는 태양 아래서 미친 듯이 질주하며, 평소에 조용히 있다가, 깊은 밤이 되면 복도에서 대사를 외웠는데, 그런 미친듯한 행동은 그를 중앙희극대학 캠퍼스에서 독특한 풍경이 되게 하였다. 그때 주위의 중앙희극대학 학생들은 그를 보기만 하면 수군거리며 깔보는 말투로 말했다. “봐, 저 미친 놈 또 왔어.”

시험날이 마침내 다가왔고, 꼬박 한 달 만에 그는 18킬로그램을 감량했다, 매일 평균 0.5킬로그램 남짓 뺀 것이다. 시험 보는 그날, 700여 명이 왔는데, 모두 미남미녀였다. 그한테는 선생님이 한 미녀와 함께 하라고 배정해 주었다. 시험 문제는 한 쌍의 연인이 헤어지는 극이었다. 그는 거침없이 무대에 올라서, 낮은 목소리로 한 마디 했다. “우리 헤어지자!” “왜?” 여자 아이는 매우 긴장했다. 그는 자신도 모르게 그녀의 긴장된 마음에 전염되어, 머릿속이 갑자기 텅 비어 버렸고, 미리 생각해 놓은 대사를 깨끗이 잊어버려서, 그는 다시 말했다. “우리 헤어지자!” 여자는 더욱 어쩔 줄을 몰라 하며, 여전히 같은 말을 했다. “도대체 왜?”

辛辛苦苦准备了半年，尤其是一个月来近乎残酷的减肥，没想到竟因为对手的紧张给弄砸了。当他无比失望、垂头丧气地走出考场时，有位老师在后面喊了一声："那位考生，等一下，给你一次机会，让你再考一次。"

原来，第一次报名时老师就注意到了他，但是他确实太胖了。看到他减肥成功了，老师觉得也应该再给他一次机会。那一次，700人的考生只录取了他一个人，他就是中国实力派演员孙红雷。

고생스럽게 반년을 준비했고, 특히 한 달 동안 잔인하게 다이어트를 했는데, 상대방의 긴장으로 망칠 줄은 생각지도 못했다. 그가 매우 실망하고, 의기소침해서 시험장을 걸어 나갈 때, 어떤 선생님이 뒤에서 소리쳤다. "학생, 기다려 봐. 기회를 한 번 줄 테니, 다시 시험 쳐 보게 나."

알고 보니, 처음 지원할 때에 선생님은 그를 주의 깊게 봤지만, 확실히 너무 뚱뚱했다. 그가 다이어트에 성공한 것을 보고, 선생님은 그한테 기회를 다시 한 번 줘야 한다고 생각했던 것이다. 그때, 700명의 수험생 중에서 그 혼자 합격됐는데, 그가 바로 중국의 실력파 배우 쑨훙레이이다

지문 어휘 **报考** bào kǎo 동 (시험에) 지원하다 | **中戏** Zhōngxì 고유 중앙희극대학(中央戏剧学院) | **失之交臂** shī zhī jiāo bì 성어 매우 좋은 기회를 놓치다 | **招生** zhāo shēng 동 신입생을 모집하다 | **音乐剧** yīnyuèjù 명 뮤지컬 | **身高** shēngāo 명 키 | **体重** tǐzhòng 명 체중 | **公斤** gōngjīn 양 킬로그램 | ☆**典型** diǎnxíng 형 전형적이다 | **大汉** dàhàn 명 대한(사내대장부) | **报名** bào míng 동 신청하다, 지원하다 | ☆ **惊讶** jīngyà 형 놀랍고 의아하다 | **表演** biǎoyǎn 동 연기하다 | **摆手** bǎi shǒu 동 손을 내젓다 | **闷棍** mèngùn 명 몽둥이 | **好强** hàoqiáng 형 승부욕이 강하다 | **不甘心** bùgānxīn 원하지 않다 | **打包走人** dǎ bāo zǒu rén 짐을 싸서 떠나다 | **终于** zhōngyú 부 마침내 | **瞟** piǎo 동 힐끗 보다 | **跳芭蕾** tiào bālěi 발레를 추다 | **身材** shēncái 명 몸매 | **脚尖** jiǎojiān 명 발끝 | **撑得住** chēngdezhù 지탱할 수 있다 | **大块头** dàkuàitóu 명 거구 | **放弃** fàngqì 동 포기하다 | **减肥** jiǎnféi 동 다이어트하다 | **不耐烦** búnàifán 형 귀찮다, 성가시다 | **应付** yìngfu 동 얼버무리다 | **可能性** kěnéngxìng 명 가능성 | **估计** gūjì 동 추측하다, 짐작하다 | ☆**指望** zhǐwàng 동 기대하다 | **随口应允** suí kǒu yīng yǔn 아무렇게나(입에서 나오는 대로) 대답하다 | **打发** dǎfa 동 내쫓다 | **救命稻草** jiù mìng dào cǎo 성어 (물에 빠진 사람이) 목숨을 구하는 물건으로 여기는 지푸라기, 생명줄 | **老乡** lǎoxiāng 명 동향(한 고향 사람) | **宿舍** sùshè 명 기숙사 | **超重** chāozhòng 동 (규정된) 무게를 초과하다 | **打退堂鼓** dǎ tuì táng gǔ 성어 퇴청의 북을 울리다, (중도에) 물러나다, 포기하다 | **坚持** jiānchí 동 계속하다, 지속하다 | **阿甘正传** Āgānzhèngzhuàn 고유 포레스트 검프(Forrest Gump) | **男主角** nánzhǔjué 명 남자 주인공 | **不知疲倦** bù zhī píjuàn 지칠 줄 모르다 | ☆**疲倦** píjuàn 동 지치다, 나른해지다 | **非议** fēiyì 동 탓하다, 비난하다 | **奔跑** bēnpǎo 동 달리다, 질주하다 | **烈日** lièrì 명 작열하는 태양 | **狂奔** kuángbēn 동 미친 듯이 달리다 | **沉默不语** chén mò bù yǔ 성어 과묵하다 | **楼道** lóudào 명 (건물내의) 복도 | **背台词** bèi táicí 대사를 외우다 | **近乎** jìnhū 동 ~에 가깝다 | **疯狂** fēngkuáng 형 미치다 | ☆**举动** jǔdòng 명 행동 | **独特** dútè 형 독특하다 | **交头接耳** jiāo tóu jiē ěr 성어 귓속말하다 | **不屑** búxiè 형 경시하다, 깔보다 | **选中** xuǎnzhòng 동 선택하다, 뽑다 | **大大方方** dàda fāngfāng 형 거침없다, 자연스럽다 | **上场** shàng chǎng 동 무대에 오르다 | ☆**感染** gǎnrǎn 동 감염되다 | **脑海** nǎohǎi 명 머리, 뇌리 | ☆**顿时** dùnshí 부 갑자기 | ☆**预先** yùxiān 미리, 사전에 | **设想** shèxiǎng 동 생각하다, 구상하다 | **不知所措** bù zhī suǒ cuò 성어 어쩔 줄을 모르다 | ☆**残酷** cánkù 형 잔인하다 | ☆**砸** zá 동 실패하다, 망치다 | **垂头丧气** chuí tóu sàng qì 성어 의기소침하다 | **录取** lùqǔ 동 합격시키다, 뽑다 | ☆**实力**shílì 명 실력 | **实力派** shílìpài 명 실력파

<table>
<tr><th></th><th>본문</th><th>요약</th></tr>
<tr><td>1
단
락</td><td>当年他报考中戏时，并不顺利，差一点就与中戏失之交臂。那天是1995年的5月22日，当时表演系专业的招生工作都已结束了，只剩了一个音乐剧专业还在招生，那年他25岁，身高1.80米，体重89公斤，一个典型的东北大汉。

그 당시 그가 중앙희극대학에 지원했을 때, 결코 순조롭지 못했다. 하마터면 중앙희극대학에 들어가지 못할 뻔했다. 그날은 1995년 5월 22일, 연기과 전공은 이미 신입생 모집을 끝냈고, 뮤지컬 전공만 아직 신입생을 모집하고 있었다. 그 해 그는 25세, 신장 180센티미터, 체중 89킬로그램인 전형적인 둥베이 사내였다.</td><td>当年他❶报考学校时，并❷不顺利。

그 해 그가 대학을 지원할 때는 결코 순탄치 않았다.

요약 해설

❶ '报考'가 타동사라서 뒤에 학교명이나 전공명을 써야 하지만, '中戏' 같은 학교명(고유명사)을 외우지 못했다면 '学校'라고 써도 무방하다.

❷ '顺利'는 형용사이다. 순탄하지 않았다는 의미이지만, 중국어에는 '了'를 붙이면 안 된다.</td></tr>
<tr><td>2
단
락</td><td>负责报名的老师看到他，一脸惊讶："你也来报考表演?""对，我就是来报考表演系的。"他自信地说。老师并没有多看他一眼，摆摆手说："孩子，回去吧。你考不上的。"这句话仿佛一根闷棍打在头上，从小就好强的他被打晕了，还没考，就被老师关在了门外，他觉得太意外了。

접수 담당 선생님이 그를 보고는, 얼굴에 놀란 기색을 보이며 "자네도 뮤지컬에 지원하러 왔는가?" "네, 저는 뮤지컬과에 지원하러 왔습니다." 그는 자신 있게 말했다. 선생님은 그를 결코 더 보지 않고, 손을 내저으며 말했다. "이봐, 돌아가게나. 자넨 떨어질 걸세." 마치 몽둥이 한 자루가 머리를 후려치는 것 같았다. 어려서부터 승부욕이 강했던 그는 아득해졌다. 시험도 못보고, 문 밖으로 밀려나다니(거절당하다니) 너무 뜻밖이었다.</td><td>他要❶报名时，一位老师说他考不上，❷让他回去。

그가 등록하려고 할 때 한 선생님이 합격하지 못할 테니, 돌아가라고 했다.

요약 해설

❶ '报名'은 이합사이므로, 뒤에 전공이나 학교명을 쓰면 안 된다.

❷ '~을(를) 하라고 시키다'라고 할 때는, '让'으로 표현해 주면 된다. 여기서 '使'을 쓰면 안 된다는 점에 주의해야 한다. '使'는 '누군가에게 어떤 일을 시킨다'의 의미는 없고, '~하게끔 하다'는 뜻을 나타낸다.</td></tr>
</table>

3 단 락

"为什么呀?"他不甘心就此打包走人，一定要问个清楚。老师终于抬起眼睛瞟了瞟他说:"你知道音乐剧专业需要什么吗? 要跳芭蕾，你看看你，你这身材能跳芭蕾吗? 你的脚尖能撑得住你这大块头吗?"他不想放弃一丝希望，小声地问老师:"那我减肥行吗?"老师这次有点不耐烦了，应付地说了一句:"至少要减掉10公斤。"说完就忙别的去了，再也没多看他一眼。

"왜 그렇죠?" 그는 이대로 짐을 싸서 떠나고 싶지 않아서, 반드시 분명하게 물어봐야 했다. 선생님은 마침내 시선을 들어 그를 힐끗 보고는 말했다. "자넨 뮤지컬 전공에 무엇이 필요한지 아는가? 발레를 춰야 되는데, 자네를 한번 보게. 자네의 몸매로 발레를 출 수 있겠는가? 자네의 발끝으로 자네의 덩치를 지탱할 수 있겠는가 말일세." 그는 한 가닥의 희망이라도 포기하고 싶지 않아서, 작은 목소리로 선생님한테 물었다. "그럼 제가 다이어트하면 되겠습니까?" 선생님은 이번엔 조금 귀찮아하며, 얼버무리듯 한 마디 했다. "최소한 10킬로그램을 빼야 한다네." 말을 끝내자마자 바쁘게 다른 일로 갔고, 더 이상 그를 거들떠보지 않았다.

老师说他太胖了，❶至少要减10公斤，说完老师❷就走了。

선생님은 그가 너무 뚱뚱하다며, 적어도 10킬로그램은 빼야 한다고 말한 후, 가버렸다.

요약 해설

❶ '至少'는 부사이기 때문에 한국어로는 '최소 10킬로그램'이라고 하지만, 중국어에서는 명사구 '10公斤' 앞에 쓸 수 없고, 동사 '要' 앞에 넣어야 한다.

❷ 말을 다 하자 그냥 가버렸다는 의미로서 '就'로 표현해 줘야 한다.

4·5 단락

到考试的日子还有30天，那么短的日子要减掉10公斤，可能性为零。估计老师也没指望他能减肥成功，随口应允只是打发他快走，可是这无心的一句话却被他当成了救命稻草。

当天他就找到中戏一个老乡，在他的宿舍住下了，开始减肥。刚开始，有一帮中戏超重的学生们和他一起跑，可是几天下来，那些人一个个打起了退堂鼓，只有他一个人坚持了下来。他像《阿甘正传》里的男主角一样不知疲倦，不怕非议，在风雨中奔跑，在烈日下狂奔，平日沉默不语，到了深夜还在楼道里背台词，那些近乎疯狂的举动让他在中戏大院里成了一道独特的风景。那时周围的中戏学子们只要看到他就会交头接耳用不屑的口气说："看，那疯子又来了。"

시험날까지 아직 30일이 남았지만, 그렇게 짧은 시일에 10킬로그램을 뺀다는 것은 가능성이 제로였다. 짐작하기론 선생님도 그가 다이어트에 성공할 수 있으리라고 기대하지 않는 듯 했고, 무심코 대답한 것은 단지 그를 빨리 쫓아내려 한 것 같았지만 이 무심한 한 마디가 그에게는 구명줄로 여겨졌다.

그날 그는 중앙희극대학에서 고향 사람을 찾아서, 그의 기숙사에서 지내며, 다이어트를 하기 시작했다. 막 시작했을 때, 중앙희극대학의 과체중인 학생들 한 무리가 그와 함께 뛰었지만, 며칠이 지나자, 그 사람들은 한 명씩 중도에 포기하기 시작했고, 그 혼자만 계속해 나갔다. 그는 마치 〈포레스트 검프〉의 남자 주인공처럼 지칠 줄 모르게, 남들이 뭐라고 하든 신경 쓰지 않고, 비바람 속에서 내달리고, 작열하는 태양 아래서 미친 듯이 질주하며, 평소에 조용히 있다가, 깊은 밤이 되면 복도에서 대사를 외웠는데, 그런 미친듯한 행동은 그를 중앙희극대학 캠퍼스에서 독특한 풍경이 되게 하였다. 그때 주위의 중앙희극대학 학생들은 그를 보기만 하면 수군거리며 깔보는 말투로 말했다. "봐, 저 미친 놈 또 왔어."

他在一个朋友的宿舍里❶住了下来，开始减肥。刚开始，有几个很胖的学生跟他❷一起跑，可是他们很快就都放弃了，❸只有他❹坚持下来了。别的同学看到他都说他是疯子。

그는 친구의 기숙사에 머물며, 다이어트에 들어갔다. 처음에는 몇 명의 뚱뚱한 학생들이 그와 함께 달리기 운동을 했는데, 그들 대부분은 금방 포기했지만, 오직 그 혼자 꾸준히 했다. 다른 학생들이 그를 보고 다들 미친 사람이라고 불렀다.

요약 해설

❶ '住了'라는 표현은 중국어에 존재하지 않는다. 방향보어 '下来'를 넣어서 '住了下来'로 표현해 '살게 되었다'고 해야 한다.

❷ '一起跑' 뒤에 '了'를 쓰면 안 되는 것에 주의한다. '跑了'는 도망갔다, 뛰어가버렸다'는 뜻이다.

❸ '只有' 뒤에 명사도 오고 동사도 올 수 있지만, '只是'는 동사 앞에만 쓰는 부사이다. '누구만이 ~한다'고 할 때는 주어 앞에 '只有'를 써야 한다.

❹ 지금까지 버텼다는 것은 '坚持下来了'로 표현하고, 앞으로 버텨야 한다거나 버틸 것이다라고 할 때는 '坚持下去'라고 해야 한다.

	원문	요약
6 단락	考试的日子终于到了，他一个月足足减掉了18公斤，平均每天0.5公斤多。考试那天，来了七百多人，全是俊男美女，他被老师安排和一位美女合作。考试的题目是：一对恋人分手的戏。他大大方方地上场了，轻声说了一句："我们分手吧。""为什么？"女孩儿很紧张。他不知不觉地也被她紧张的情绪感染了，脑海中顿时一片空白，把预先想好的台词忘得一干二净，于是他又说："我们分手吧。"女生更是不知所措，还是那句话："到底为什么？"…… 시험날이 마침내 다가왔고, 꼬박 한 달 만에 그는 18킬로그램을 감량했다, 매일 평균 0.5킬로그램 남짓 뺀 것이다. 시험 보는 그날, 700여 명이 왔는데, 모두 미남미녀였다. 그한테는 선생님이 한 미녀와 함께 하라고 배정해 주었다. 시험 문제는 한 쌍의 연인이 헤어지는 극이었다. 그는 거침없이 무대에 올라서, 낮은 목소리로 한 마디 했다. "우리 헤어지자!" "왜?" 여자아이는 매우 긴장했다. 그는 자신도 모르게 그녀의 긴장된 마음에 전염되어, 머릿속이 갑자기 텅 비어 버렸고, 미리 생각해 놓은 대사를 깨끗이 잊어버려서, 그는 다시 말했다. "우리 헤어지자!" 여자는 더욱 어쩔 줄을 몰라 하며, 여전히 같은 말을 했다. "도대체 왜?"	他一个月❶减了18公斤，减肥成功了。考试❷那天，他和一个美女一起演分手的戏。但是那个女生很紧张，所以他也很紧张，结果把台词都忘了。 그는 한 달에 18킬로그램을 뺐으며, 다이어트에 성공했다. 시험 날에 그는 한 미녀와 헤어지는 장면을 연기하는데, 여자가 너무 긴장해서 그 또한 덩달아 긴장 했고, 결국 대사를 다 잊어버리고 말았다. **요약 해설** ❶ '减肥'는 이합사이다. 따라서 18킬로그램을 뺐다고 표현할 때는 '减肥18公斤'이라고 하면 안 되고, '减了18公斤'이라고 해야 한다. ❷ '那天，当天' 둘 다 쓸 수 있다.
7 단락	辛辛苦苦准备了半年，尤其是一个月来近乎残酷的减肥，没想到竟因为对手的紧张给弄砸了。当他无比失望、垂头丧气地走出考场时，有位老师在后面喊了一声："那位考生，等一下，给你一次机会，让你再考一次。" 고생스럽게 반년을 준비했고, 특히 한 달 동안 잔인하게 다이어트를 했는데, 상대방의 긴장으로 망칠 줄은 생각지도 못했다. 그가 매우 실망하고, 의기소침해서 시험장을 걸어 나갈 때, 어떤 선생님이 뒤에서 소리쳤다. "학생, 기다려 봐. 기회를 한 번 줄 테니, 다시 시험 쳐 보게 나."	他❶没考好，所以❷非常失望，但是一位老师又给了他一次机会。 시험을 못봐서 실망했지만 선생님이 그에게 기회를 한 번 더 주었다. **요약 해설** ❶ 시험을 망쳤다는 의미의 '考砸了'라는 중국식 표현이 있는데, 외워두면 유용하게 쓸 수 있다. ❷ 정도부사 '非常'은 '了'와 같이 쓰지 않으므로, '非常失望了'라고 쓰지 않도록 주의한다.

8 단락

原来，第一次报名时老师就注意到了他，但是他确实太胖了。看到他减肥成功了，老师觉得也应该再给他一次机会。那一次，700人的考生只录取了他一个人，他就是中国实力派演员孙红雷。

알고 보니, 처음 지원할 때에 선생님은 그를 주의 깊게 봤지만, 확실히 너무 뚱뚱했다. 그가 다이어트에 성공한 것을 보고, 선생님은 그한테 기회를 다시 한 번 줘야 한다고 생각했던 것이다. 그때, 700명의 수험생 중에서 그 혼자 합격됐는데, 그가 바로 중국의 실력파 배우 쑨훙레이이다.

原来，老师看到他减肥成功了，觉得应该❶再给他一次机会。那次考试只有他合格了，后来他❷成了一个有名的演员。

알고보니 선생님은 그가 다이어트에 성공한 것을 보고, 한 번 더 그에게 기회를 줘야 한다고 생각했다. 그 시험에서 오로지 그만 합격하였고, 후에 그는 유명한 배우가 되었다.

요약 해설

❶ 또 한번의 기회라고 생각하며 '再一次机会'라고 할 수 있을 것 같지만, '再一次'는 부사이므로 명사 '机会' 앞에 쓸 수 없다.

❷ 여기서 '当了'라고 쓰지 않도록 주의해야 한다. '当了'는 어떤 자리나 직책을 맡다는 의미이고, '成'은 어떤 과정을 거친 후에 어떤 사람이 되었다고 표현할 때 사용한다. 여기는 배우라는 직업을 갖게 됐다는 뜻이 아니라, 노력을 통해서 훌륭한 사람이 되었다는 의미이므로 '成了'라고 써야 한다.

모범답안 참고사항

※ 합격하는 것이 목표라면 인명, 회사명, 학교명 등의 고유명사를 쓰지 않아도 되며, '有一个人, 有一个公司, 有一个学校'라고 쓰면 된다. 기본적인 줄거리만 쓰면 되면, 틀린 글자가 조금 있어도, 마무리를 정확하게 잘 해주면 합격할 수 있다. 400자까지 안 써도 되고, 300자만 써도 충분히 합격할 수 있다.

※※ 고득점을 받고 싶으면 기본적인 줄거리를 정확하게 설명해야 하고, 무미건조하게 쓰면 안 되며, 독자 입장에서 재미있게 읽을 수 있도록 강조 역할을 하는 부사나 묘사성이 강한 성어를 알맞게 써줘야 한다. 또한 길이도 맞춰야 한다. 400자 쓰기는 원고지 400자로 표시된 데까지 작성하는 게 아니라, 400자 이상으로 써야 한다. 원고지를 다 채워도 450자 정도밖에 안될 테니 지필로 시험을 볼 경우에는 원고지를 최대한 채워서 쓰고, IBT로 시험 볼 경우에는 글자수에 제한이 없으므로, 상세하게 내용을 설명하면 고득점을 받을 수 있다.

기본 줄거리만 들어가는 60점 목표 모범답안

一个演员的成功故事

　　当年他报考学校时，并不顺利。他要报名时，一位老师说他考不上，让他回去。老师说他太胖了，至少要减10公斤，说完老师就走了。

　　他在一个朋友的宿舍里住了下来，开始减肥。刚开始，有几个很胖的学生跟他一起跑，可是他们很快就都放弃了，只有他坚持下来了。别的同学看到他都说他是疯子。

　　他一个月减了18公斤，减肥成功了。考试那天，他和一个美女一起演分手的戏。但是那个女生很紧张，所以他也很紧张，结果把台词都忘了。他没考好，所以非常失望，但是一位老师又给了他一次机会。

　　原来，老师看到他减肥成功了，觉得应该再给他一次机会。那次考试只有他合格了，后来他成了一个有名的演员。

功夫不负有心人

当年他报考中戏时，并不顺利。当时表演系已经招完生了，只剩了一个音乐剧专业还在招生。负责报名的老师说他肯定考不上，让他回去。他感到非常意外。他问老师为什么说他考不上，老师直截了当地说他太胖了，至少要减掉10公斤才行，说完老师就走了。

到考试的日子还有30天，那么短的日子要减掉10公斤，可能性为零。可是他在一个老乡的宿舍里住下来，从那天开始减肥。刚开始，有几个很胖的学生和他一起减肥，但是几天下来，他们都半途而废了，只有他一个人一直坚持下来了。他白天锻炼，晚上背台词，当时别的同学看到他都说他是疯子。

考试的日子到了，他一共减了18公斤。考试那天，老师让他和一个美女合作，演一对恋人分手的戏。但是因为那个美女很紧张，所以他也被感染了，把想好的台词都忘得一干二净。

他考砸了。当他失望地走出考场时，一位老师却叫住了他，说再给他一次机会。

原来，第一次报名时老师就注意到了他，但是他确实太胖了。看到他减肥成功了，老师

觉	得	也	应	该	再	给	他	一	次	机	会	。	那	一	次	，	70	0	人
的	考	生	只	录	取	了	他	一	个	人	，	他	就	是	中	国	实	力	派
演	员	孙	红	雷	。														

모범답안 참고 단어

直截了当 zhí jié liǎo dàng 성어 단도직입적이다, 시원시원하다, 단순 명쾌하다 | **半途而废** bàn tú ér fèi 성어 도중에 포기하다 | **一干二净** yì gān èr jìng 성어 깨끗이, 모조리

HSK 6급

실전모의고사 2회

★★★★★

2회 모의고사 듣기 스크립트

大家好！欢迎参加HSK(六级)考试。

大家好！欢迎参加HSK(六级)考试。

大家好！欢迎参加HSK(六级)考试。

HSK(六级)听力考试分三部分，共50题。

请大家注意，听力考试现在开始。

第一部分

第1到15题请选出与所听内容一致的一项。

现在开始第一题：

1

人们常说年轻是人的资本！其实，年轻从来都不是什么资本，健康才是人的资本。没有人会否认健康的重要性。只有拥有健康，才能随之拥有事业与财富，才能享受生活带给我们的幸福。

2

一个年轻人整天在家游手好闲，不积极找工作，但他却为找不到工作而总是愁眉苦脸的。父亲安慰他说：“别为这件事伤脑筋了，有些人总是可以找到工作的。”年轻人疑惑地问：“哪些人？”父亲说：“那些主动去找工作的人啊！”

3

熬夜对男女的影响大相径庭。某大学做了一项关于熬夜对男女不同影响的研究，结果表明男性的记忆未受熬夜影响，而女性熬夜后第二天记忆变差，但她们却对此毫无意识，这也使女性在工作和生活中，更容易出错。

4

古蜀文明不同于中原文明，却又与中原文明有着千丝万缕的关系。春秋时期古蜀国就以“布帛金银”丰饶而闻名天下。西汉初年，蜀地的丝织工匠在织帛技艺的基础上发明了织锦。这种织锦因盛产于蜀地，而被称为蜀锦。

5

研究发现，剩饭重新加热后再吃很难消化，时间长了还可能引起胃病。因为淀粉反复加热会产生“老化”现象，人体对这种老化淀粉的水解和消化能力都大大降低，因此老人、婴幼儿以及有肠胃疾病的人，要少吃反复加热的剩饭。

6

在恶劣的沙漠环境中，骆驼自有其生存之道。骆驼比人类多一个透明的内层眼睑，当遇到风沙袭击时，内层眼睑能起到防护作用。除此以外，骆驼浓密的长睫毛也可以抵御风沙。这些眼部构造都是骆驼在适应环境的过程中进化而来的。

7

曲阳县位于华北平原西部，虽然工农业发展受限，但是曲阳县境内盛产一种汉白玉，汉白玉晶莹剔透，适宜精雕细刻。这种得天独厚的条件，加上世代相传的雕刻工艺，使曲阳成了闻名遐迩的石雕之乡。

8

在线教育打破了传统教育在时间和空间上的限制，并且能够利用很小的成本，实现大范围的教育。但它也存在一些弊端，如互动性不足，效果不明显等。随着新技术的应用，在线教育正在不断克服这些问题，力求为用户提供更加多样化、个性化的服务。

9

从前有位先生立志要当作家，但他一直都没有动笔写文章，只是不停地博览群书，积累写作的素材。许多年后，他觉得自己可以写书了，但提起笔时却连字怎么写都忘了。于是，这个一心想当作家的人，最终只能成为一个书籍收藏家。

10

水下曲棍球是一种曲棍球与冰球结合的球类运动，是由一群英国的潜水爱好者发明的。水曲运动虽然已有70多年的历史，但这项运动在中国显得特别冷门，并不为人所熟知，水曲爱好者也主要集中在北京、上海这样的大城市。

11

近两年中国话在国外的认知度急剧上升。在认知度排名前100名的中国词语中，“春节”、“端午节”等文化类的词语所占比重是最大的，“少林”高居榜首，此外，“人民币”、“元”等经济类的词汇也入选榜单。

12

中国的亲属称谓虽然很多，但是大部分还是容易区分的。好笑的是有不少人分不清表亲和堂亲，比如表哥和堂哥。其实有个简单易行的区分方法，堂亲一定是和你同姓的，而表亲则往往和你的姓氏不同。

13

海洋污染已经是全球性的问题，专家预测，到了2050年，海洋中的塑料可能比鱼类还多。现在每年约有800万吨塑料垃圾被倒入海洋，塑料垃圾一旦被海鸟、海豹等动物误食就会造成生命危险。我们要抵制随手乱扔垃圾的行为，共同保护海洋。

14

“飞鸽”曾经是中国人家喻户晓的电子品牌，在经历了资金链断裂、负债累累直至司法拍卖之后，飞鸽电子最终被华威集团收购，这个老牌电子产品巨头近日在武汉举行了复产启动仪式，宣布将重整旗鼓，卷土重来。

15

提起榴莲，很多人都受不了榴莲散发出的那种特殊味道。但不能否认的是，作为百果之王的榴莲确实有着丰富的营养价值，适当食用对身体是很有益处的，尤其适合大病初愈而需要补充营养的人。

第二部分

第16到30题请选出正确答案。

现在开始第16到20题：

第16到20题是根据下面一段采访：

女：今天来到我们演播室的嘉宾是著名摄影师高峰，高先生，您好，您当初为什么选择了人像摄影？人像摄影与其他类型的摄影有何不同呢？

男：其实最开始就是为了养家糊口，家人也比较认可，我就这么开始了。人像摄影与其他类型的不同点应该是主体要以人为主，人物情绪决定环境。

女：您从业这么多年，请问您是怎样理解摄影的呢？

男：人家都说摄影是拍照留念，我反倒认为摄影是记录，是为历史拍写真集。

女：您入行应该是从传统摄影的胶片时代开始的，现在过渡到了数码时代，那么您认为数码时代和胶片时代相比，最大的区别是什么？

男：拍过胶片的人基本功都很扎实，明暗、角度、比例等等都把握得恰到好处，而数码时代改变了摄影本身，身边好多摄影师都会说："拍出三分就行了，后期慢慢修吧。"但我感觉一张真正的好照片绝对不是修出来的，而是拍出来的。如果摄影师没拍出来氛围、情感、意境，那么后期技术再先进也无济于事。但是必须承认的是，数码时代的确解决了很多前期解决不了的问题，拍出来的照片更好看。

女：现在特别流行"情感摄影"这个词，您能给我们讲讲到底什么是情感摄影吗？

男：情感摄影就是要把被拍摄者内心深处最真实的东西拍出来，追求的是自然。来拍照的人的心理状态有问题时，还需加以引导，帮他调整状态，那时我常常觉得自己就像心理医生一样。

女：那么作为情感摄影师，怎么沟通才能让客人将其内心深处的情感表现出来呢？

男：我还是有我自己的一套沟通方法的，我首先会让客人给我一个字。这个字就足以让我对他有一个初步的了解，之后加以引导，直到他说出内心最真实的感受。

16 男的认为人像摄影与其他摄影的不同之处在哪儿？

17 男的认为摄影是什么？

18 关于数码时代的摄影，下列哪项正确？

19 男的通过什么与客人沟通？

20 男的认为情感摄影最重要的是什么？

第21到25题，是根据下面一段采访：

男：大家好，今天我们有幸请到了著名主持人杨澜女士。杨女士，你好，很多年轻人都很崇拜您，以您为偶像，喜欢您的自信，我想问问您这样的性格是天生的，还是一点一点培养出来的？

女：虽然环境对人性格的影响是不能忽视的，但我认为一个人的性格主要还是跟遗传有关。我从小就特别爱说话，上学的时候，老师给我写的评语一直是："太爱说话"。本来我小时候一直觉得这是我的缺点，没想到这后来成了我的谋生手段。

男：能不能给我们介绍一下您的价值观呢？

女：首先，我很感谢我的父母，他们从小就告诉我，女孩子和男孩子一样，都要好好读书，自食其力。第二，人不分贵贱，都是平等的，我绝对不会因为某些人的官位或财富，就用不同的方式去对待他们。

男：您采访过很多国家的总统或知名人士，采访他们时，您会不会紧张？

女：当然会紧张，但我从来没有因为他们是总统或知名人士而紧张。他们很有自己的思想，有自己的学术体系，而我不可能那么深入地了解每一个领域，所以当我采访时，我总是怕自己问出来的问题很蠢而紧张。

男：在这样一个飞速发展的时代里，什么能让我们的内心感到安定呢？

女：社会的快速发展让很多人感到焦虑，但我觉得我们能够把握的还是自己。首先，面对变化要主动去学习，试图理解正在发生的事情。第二，要有匠心精神，专心做好你热爱的和你做得好的事情。无论时代怎样变化，把握好自己，内心就不会动摇。

男：在日常生活里，有没有不让自己情绪低落的小秘诀？

女：有很多，比如改变一下化妆的风格，让自己看起来像变成了另外一个人。我也喜欢好看的衣服，有的时候会用购物的方式来缓解压力。我还喜欢旅行，喜欢去领略世界各地的风景。

21 女的认为一个人的性格主要与什么有关？

22 女的坚信什么样的价值观？

23 女的采访时会因为什么而紧张？

24 下列哪项是女的保持快乐的方法？

25 面对变化，女的认为怎样做可以让内心安定？

第26到30题，是根据下面一段采访：

女：《美如少年》是一本充满灵性和美感的视觉系诗集，非常别致！请问你设计这本书的时候，灵感是从何而来的？

男：首先，少年时期是一个人一生中最纯真的一段，他眼中的世界都是新鲜的，每天的太阳是为他而升起的，他对世界是不设防的，这是最美好的一段。可惜我们会一点一点地被世俗同化，一个人成熟的过程就是他世俗化的过程。我算是借此表达一种最后的抗衡吧。其次是作者自身独有的魅力对我的设计也很有启发。作者身上散发出的气质让我想到用一种轻而薄的纸，这样的纸张能带来一种朦胧感，与作者很匹配。

女：目前市场上的书有很多版本，你会考虑如何更加突出自己设计的版本吗？

男：我很重视与众不同，我本人很排斥司空见惯的设计，这是我的设计准则，也是我不自觉的行为。我会先考虑书本的内容，而不是先琢磨使用哪些视觉语言去吸引读者的眼球。另外，一个设计师不能完全表达一个作者的意愿，因为设计师和作者是两个人，自然会有不同的解读。此外，一千个设计师对同一本书也会有一千种不同的解读。它的装帧形式、材质运用、包括内文的阅读性都会呈现不同的设计结果。

女：目前中国的图书市场好像不太重视书籍的设计，你觉得这是什么原因导致的呢？

男：我国的读者更重视书的内容而不是设计，而且从价格上来说，我国的书比发达国家的书便宜好几倍，这就导致作者和出版商不愿意在这方面投入更多。

女：现在书籍电子化阅读是大趋势，作为纸书设计师，你是否会担心自己的事业遭受冲击？

男：我一点儿都不担心。电视刚进入家庭时大家都觉得电影院要关门大吉了，今后谁还进电影院呢？可是，你看现在的电影院多红火呀！它所提供的视听效果是电视不具备的。纸书也是这样，有电子书作为一个参照物，我们能更加清楚地看到传统书籍的利弊，它会引导我们寻找新的方向。

26 关于《美如少年》这本书的设计，可以知道什么？

27 男的认为，中国的图书市场怎么样？

28 男的觉得书籍电子化对纸书设计师有什么影响？

29 关于男的，可以知道什么？

30 根据对话，下列哪项正确？

第三部分

第31到50题请选出正确答案。

现在开始第31到33题：

第31到33题是根据下面一段话：

谷建芬是当代著名女作曲家，在内地乐坛，提起谷建芬，可谓无人不知。谷建芬创作了千余首脍炙人口的歌曲，代表作品有《今天是你的生日》、《思念》等，她被誉为中国流行音乐教母。为什么从事流行歌曲创作的谷建芬，到了晚年又开始创作儿歌呢？孩子们想唱属于自己的歌曲，这样的儿歌却少得可怜。退休后的谷建芬老师决定为优秀的古诗词谱曲，让古诗词歌曲成为孩子们的"新学堂歌"。《新学堂歌》是她以古诗词、格言、古训为歌词而谱写的儿歌集，从2004年开始一直到现在，已经有50首了。这些歌曲不仅保留了谷建芬作品旋律优美、且易学易唱的特点，更抓住了古诗词的韵味和意境。在清新的旋律中，让孩子与古代圣贤轻松对话，深刻感受中华传统文化的魅力。这些儿歌备受儿童喜爱，已经在全国各地的幼儿园和小学里广为传唱。

31 谷建芬被誉为什么？

32 关于《新学堂歌》，可以知道什么？

33 对孩子来说，谷建芬的作品有什么意义？

第34到36题是根据下面一段话：

人们在体育新闻中，经常会看到各类锦标赛的报道。根据考证，"锦标"一词最早使用于唐代，是当时最盛大的体育比赛"赛龙舟"的取胜标志。其实，"赛龙舟"这项体育赛事并非唐代才有，它在春秋战国时期就已经出现了，只是当时并无"夺标"的规定。到了唐代，"赛龙舟"成了一项独具特色而又极为隆重的竞赛活动，其目的在于争夺名次，比赛开始具有明显的竞争性。为了判定名次，人们在水面上插上一根竹竿，缠锦挂彩，鲜艳夺目，当时人们称之为"锦标"，亦名"彩标"。参加赛龙舟的船只以首先夺取锦标者为胜，故这一竞赛又称为"夺标"，"标"成了冠军的代名词。宋代以后，夺标成为赛龙舟的正式比赛规则，一直沿用到明清。夺取"锦标"者，也因其获得胜利而受到敬重。

34 锦标一词最早使用于什么朝代？

35 人们为何在水上插竹竿？

36 关于"锦标"，下列哪项正确？

第37到39题是根据下面一段话：

公元225年，诸葛亮为维护国家统一，削除地方割据势力，采取了著名的南征军事行动，最终平定了南中的广大地区。当时南方的首领是孟获，他深得当地土著和汉人所信服，他和诸葛亮展开了顽强的搏斗。诸葛亮得知孟获不但作战勇敢，意志坚强，而且待人忠厚，深得人心，因此决定设计把他招降过来。初次交战，蜀军战败。孟获见蜀军败退下去，便带领军队乘胜追击，结果闯进了蜀军的埋伏圈，被蜀军擒拿了。孟获以为自己会被诸葛亮处死，不料诸葛亮却亲自给他松绑，好言劝他归顺。然而孟获誓死不愿归顺蜀国，诸葛亮便放他回去了。这样，孟获一连被蜀军捉获了7次，又被放了7次。最后一次被放时，孟获对大家说："作战中七擒七纵自古未闻，丞相对我们仁至义尽，我没有脸再回去了。"就这样，孟获等人终于归顺了蜀国。后人就用"七擒七纵"这个成语来比喻运用策略使对方自愿归顺自己。

37 关于孟获，可以知道什么？

38 孟获第一次被擒拿后，诸葛亮是怎么做的？

39 这段话主要谈的是什么？

第40到43题是根据下面一段话：

书店是一个城市的灯塔，为人们指明前进的方向。拥有近百年历史的西安新华书店曾照亮几代人的心灵。在实体书店市场遭受重创的情况下，老字号的西安市新华书店决定在西安市最繁华的街区开设曲江书城，以期探索出一套全新的经营模式。曲江书城整体风格简约大气，尽显古城特有的文化底蕴。在兼具实用性的同时，更创造出灵动的空间感，给读者带来全新的视觉享受。

走进曲江书城，13万种图书让人目不暇接，近70万册的藏书量，可以满足读者的全方位阅读需求。这里还有三万种以上外文原版图书，给读者带来原汁原味的阅读体验。除此以外，曲江书城内还经常举办新书签售会以及丰富多彩的文化活动和亲子活动，提供美味低廉的时尚餐饮，可谓五花八门，涵盖了日常文化生活的方方面面。曲江书城突破了新华书店的传统经营模式，成为了西安市的一个新地标。

40 关于西安新华书店，可以知道什么？

41 曲江书城的设计风格有什么特点？

42 关于曲江书城的图书，可以知道什么？

43 根据这段话，下列哪项正确？

第44到47题是根据下面一段话：

经验是在社会实践中产生的，它是客观事物在人们头脑中形成的记忆，也是认识的开端。在人类历史上经验一直很重要，古时人类的活动范围小，许多人一生都未去过一百公里以外的地方，人类获取信息的渠道仅仅是口耳相传。即使是改朝换代的大事，也可能过了很久才知道。可是现在，人们获取信息的渠道众多，如手机、电脑、电视等。我们在一天之内获取的信息量甚至比古人一辈子所获取的还多。现如今如果还只是一味地依靠经验，忽视正在不断更新的世界，那就意味着落后了。有人说，在大数据时代，人们只需要做两件事：一是收集数据，二是忘记经验。甚至有人说，没有经验就是最大的经验。这也许不符合人才市场的现状，因为大部分企业仍然倾向于招聘有经验的高级人才。可是，如果仔细观察那些新行业、新企业，你就会发现，经验根本不能支持创新，有时甚至会成为一种阻碍。现在，几个掌握数据的年轻人凑在一起，以理想、技术和胆识去创造自己的新天地已经是司空见惯的事了。

44 在人类历史上，经验为什么重要？

45 在现代社会，人们如果只依靠经验会变得怎么样？

46 为什么大数据时代需要人们忘记经验？

47 说话人认为，现在什么现象很常见？

第48到50题是根据下面一段话：

坏的制度能使好人无法做好事甚至走向反面，好的制度能使坏人无法任意横行。同样，不好的制度能使活树变为死树，好的制度能使死树变为活树。某地掀起了轰轰烈烈的植树造林活动，当地政府制定了一项制度，每栽一棵树，就奖励100元现金，于是，很多农民抱起树苗，拿起铁锹，见缝插针地植树。然而政府很快就发现一个问题，树苗成活率很低。原因很简单，农民为了追求数量，忽视了质量，后期管理不到位。为了提高植树质量，政府派一些官员到各地监督，但成活率还是没有得到大的提高。后来，政府修改了原来的奖励制度，将栽一棵树就得到现金奖励改为活一棵树才能得到奖励。这就是说，不管你今年栽了多少棵树，均以下一年的存活数来支付奖金。此后，农民们都开始认真种树，而且后期管理也跟上了，树的成活率直线上升。

48 当地政府发现了什么问题？

49 发现问题后，政府采取了什么措施？

50 下列哪项最适合做这段话的标题？

★★★★★

2회 모의고사 정답

문제집 p. 25

一、听力

第一部分

1. C 2. A 3. C 4. A 5. D 6. C 7. D 8. C 9. B 10. D
11. C 12. A 13. C 14. C 15. A

第二部分

16. C 17. D 18. B 19. A 20. B 21. A 22. C 23. B 24. C 25. C
26. B 27. D 28. B 29. C 30. B

第三部分

31. B 32. A 33. C 34. D 35. A 36. C 37. C 38. D 39. A 40. B
41. B 42. A 43. C 44. D 45. B 46. B 47. D 48. B 49. D 50. C

二、阅读

第一部分

51. C 52. B 53. D 54. C 55. D 56. B 57. A 58. A 59. B 60. D

第二部分

61. B 62. A 63. C 64. A 65. A 66. D 67. C 68. B 69. C 70. D

第三部分

71. E 72. A 73.D 74. B 75. C 76. B 77. D 78. E 79. C 80. A

第四部分

81. A　82. A　83. B　84. B　85. A　86. C　87. B　88. D　89. B　90. A
91. D　92. B　93. A　94. A　95. A　96. A　97. C　98. B　99. B　100. D

三、书写

101.

孟姜女哭长城

古时候，有一个孟老汉和一个姜老汉，一年春天，孟老汉在自己家的院子里种了一颗葫芦籽。但是后来葫芦秧从墙头爬到姜老汉的院子里结了个很大的葫芦。

姜老汉把葫芦切开了，没想到里面竟然有一个可爱的小女孩。孟老汉和姜老汉产生了矛盾，都说这个孩子应该归自己，他们吵了几天，最后决定一起养这个孩子，并给她起了一个名字，叫孟姜女。

十几年过去了，孟姜女长大了。在她成亲的那天，她的丈夫范杞梁却被官兵抓走了。原来，当时秦始皇为了修筑长城，抓了很多成年男子。范杞梁也被抓走了。

过了一年， 孟姜女的丈夫一直没有消息， 她决定去找丈夫。到了修长城的地方，她才知道丈夫已经死了。这个消息如同晴天霹雳，她伤心地哭了起来，把长城都哭倒了。秦始皇知道了这件事，就来见孟姜女。但是他看到孟姜女以后，觉得她很漂亮，就非要让她做自己的妻子。孟姜女忍着气答应了，而且提出了三个条件，她要找到她丈夫的尸体，并让秦始皇为她丈夫举行葬礼。

秦始皇为了得到美丽的孟姜女，他便答应了这三个条件，照孟姜女说的做了。孟姜女终于如愿以偿了，于是她投海自尽了。

★★★★★

2회 듣기

제1부분 1~15번 문제는 단문을 듣고 일치하는 내용을 고르는 문제입니다.

人们常说年轻是人的资本！其实，年轻从来都不是什么资本，健康才是人的资本。没有人会否认健康的重要性。只有拥有健康，才能随之拥有事业与财富，才能享受生活带给我们的幸福。

사람들은 흔히 젊음이 사람의 밑천이라고 말한다. 사실 젊음이 무슨 밑천이 아니라, 건강이야말로 사람의 밑천이다. 누구도 건강의 중요성을 부인할 수 없을 것이다. 건강을 가져야지만 비로소 뒤이어 사업과 부를 가질 수 있고, 생활이 우리에게 가져다 주는 행복을 누릴 수 있다.

A 幸福生活来之不易
B 创业之初资金要到位
C 健康是享受幸福的前提
D 财富是人生的最终目标

A 행복한 생활은 얻기 힘들다
B 창업 초 자본이 마련되야 한다
C 건강은 행복을 누리는 전제이다
D 부는 인생의 최종 목표이다

지문 어휘 ☆资本 zīběn 명 자본, 밑천, 본전 | 否认 fǒurèn 동 부인하다 | 随之 suízhī 이(여기)에 따라 | ☆拥有 yōngyǒu 동 가지다, 소유하다 | ☆事业 shìyè 명 사업 | ☆财富 cáifù 명 부(富), 재산, 자원

보기 어휘 来之不易 lái zhī bú yì 성어 성공을 거두거나 손에 넣기가 쉽지 않다 | ☆创业 chuàng yè 동 사업을 시작하다, 창업하다 | 到位 dào wèi 동 규정된 위치에 도착하다, 요구하는 수준에 도달하다 | ☆前提 qiántí 명 선결 조건, 전제 조건 | 最终 zuìzhōng 명 최후, 최종

정답 C

해설 건강해야만(只有拥有健康) 생활이 가져다 주는 행복을 누릴 수 있다(才能享受生活带给我们的幸福)고 했으므로 정답은 C입니다.

2

一个年轻人整天在家游手好闲，不积极找工作，但他却为找不到工作而总是愁眉苦脸的。父亲安慰他说："别为这件事伤脑筋了，有些人总是可以找到工作的。"年轻人疑惑地问："哪些人？"父亲说："那些主动去找工作的人啊！"

한 청년이 늘 집에서 하는 일 없이 빈둥거리며 적극적으로 일을 찾지도 않으면서 취업 때문에 늘 우거지상이었다. 아버지는 그를 위로하며 이렇게 말했다. "이 일로 너무 속상해하지 말아라. 어떤 사람들은 늘 일을 잘 찾더구나." 청년이 궁금해하며 "어떤 사람이요?"라고 묻자, 아버지는 이렇게 말씀하셨다 "적극적으로 일을 찾는 사람이지!"

A 年轻人找工作很被动
B 父亲常年工作在外
C 父亲认为儿子很上进
D 年轻人倾向于自己创业

A 청년은 구직에 매우 수동적이다
B 아버지는 일년 내내 외지에서 일하신다
C 아버지는 아들이 매우 진취적이라고 생각한다
D 청년은 자신이 창업하는 쪽으로 마음이 기울었다

지문 어휘 **游手好闲** yóu shǒu hào xián 성어 하는 일이 없이 빈둥거리다, 일하지 않고 놀고 먹다 | **愁眉苦脸** chóu méi kǔ liǎn 성어 찡그린 눈썹과 고통스러운 얼굴, 우거지상 | ★**伤脑筋** shāng nǎojīn 골치 아프다, 속을 썩이다, 애를 먹다 | ★**疑惑** yíhuò 형 의문스럽다 명 의혹 동 의심하다

보기 어휘 ★**被动** bèidòng 형 수동적이다, 피동적이다 | **常年** chángnián 명 일년 내내 | ★**上进** shàng jìn 동 나아지려고 애쓰다, 향상하다 | ★**倾向于** qīngxiàngyú ~쪽으로 기울다, 쏠리다, 끌리다

정답 A

해설 청년은 늘 집에서 놀고 먹으며 적극적으로 일을 찾지 않는다(一个年轻人整天在家游手好闲，不积极找工作)고 했으므로 정답은 A입니다.

3

熬夜对男女的影响大相径庭。某大学做了一项关于熬夜对男女不同影响的研究，结果表明男性的记忆未受熬夜影响，而女性熬夜后第二天记忆变差，但她们却对此毫无意识，这也使女性在工作和生活中，更容易出错。

밤샘이 남녀에게 끼치는 영향은 매우 현저한 차이가 있다. 모 대학에서 밤샘이 남녀에게 끼치는 다른 영향에 관한 연구를 했는데, 그 결과 남성의 기억력은 밤샘의 영향을 받지 않았는데, 여성은 밤을 샌 후 다음날 기억력이 떨어졌는데도 이에 대해 전혀 의식하지 못했다. 이는 여성이 일과 생활에서 더욱 쉽게 실수하게 만든다.

A 熬夜的危害超乎想象
B 女性熬夜易产生黑眼圈
C 熬夜对女性记忆影响更大
D 男性熬夜后出错几率加大

A 밤샘의 피해는 상상을 초월하다
B 여성이 밤을 새면 다크서클이 생기기 쉽다
C 밤샘이 여성의 기억력에 끼치는 영향이 더 크다
D 남성은 밤을 샌 후 실수할 확률이 커진다

지문 어휘 **熬夜** áo yè 동 밤을 새다 | **大相径庭** dà xiāng jìng tíng 성어 현저한 차이가 있다, 매우 동떨어지다 | **某** mǒu 대 어느, 아무, 모(특정한 사람이나 사물의 이름을 감출 경우에 쓰임) | **表明** biǎomíng 동 표명하다, 분명하게 보이다 | **未** wèi 부 아직 ~하지 않다 | ★**毫无** háowú 조금도(전혀) ~이(가) 없다

보기 어휘 **危害** wēihài 명 피해 동 해치다 | **超乎** chāohū 동 뛰어넘다, 넘어서다 | **黑眼圈** hēiyǎnquān 명 다크서클 | **几率** jīlǜ 명 확률

정답 C

해설 남성의 기억력은 밤샘의 영향을 받지 않지만(男性的记忆未受熬夜影响) 여성은 밤을 샌 후 다음날 기억력이 나빠진다(而女性熬夜后第二天记忆变差)고 했으므로 정답은 C입니다.

4

古蜀文明不同于中原文明，却又与中原文明有着千丝万缕的关系。春秋时期古蜀国就以“布帛金银”丰饶而闻名天下。西汉初年，蜀地的丝织工匠在织帛技艺的基础上发明了织锦。这种织锦因盛产于蜀地，而被称为蜀锦。

A 蜀锦因产地而得名
B 织锦的颜色比较鲜艳
C 古蜀国农作物丰富
D 织锦技术产生于唐代

고촉 문명은 중원 문명과 다르지만 중원 문명과 매우 밀접한 관계가 있다. 춘추 시기 고촉나라는 '직물과 금은'이 풍부한 것으로 유명했다. 서한 초, 촉 지역의 비단 공예가가 직물을 짜는 기술을 기초로 하여 수 놓는 비단을 발명했다. 이 수놓는 비단은 촉 지역에서 많이 생산되어 '촉금'이라고 불렸다.

A 촉금은 생산지 때문에 얻은 이름이다
B 비단은 색상이 산뜻하고 아름답다
C 고촉나라는 농작물이 풍부하다
D 수단 기술은 당나라에서 만들어졌다

지문 어휘 **古蜀** gǔshǔ 고촉[주대(周代)의 제후국, 지금의 사천성(四川省) 성도(成都) 일대에 있었음] | **中原** Zhōngyuán 명 중원[황허(黄河)의 중류·하류 지역] | **千丝万缕** qiān sī wàn lǚ 성어 (천 갈래 만 갈래로) 대단히 복잡하게 얽혀 있다, 관계가 밀접하다 | **春秋时期** chūnqiū shíqī 춘추 시대 | **布帛** bùbó 명 직물의 총칭 | **金银** jīnyín 명 금과 은 | **丰饶** fēngráo 형 풍요롭다 | **闻名天下** wénmíng tiānxià 세계적으로 유명하다 | **西汉** Xī Hàn 고유 서한 | **丝织** sīzhī 동 견사로 직물을 짜다 | **工匠** gōngjiàng 명 장인, 공예가 | **帛** bó 명 비단, 견직물의 총칭 | **织锦** zhījǐn 명 수놓은 비단(쓰촨·쑤항 등지에서 생산되는) 수단(繡緞) | ★**盛产** shèngchǎn 동 많이 나다, 많이 생산하다 | **蜀锦** shǔjǐn 명 촉금[쓰촨(四川)성에서 나는 채색 비단]

보기 어휘 **产地** chǎndì 명 산지, 생산지 | **得名** dé míng 동 이름을 얻다 | **鲜艳** xiānyàn 형 (색이) 산뜻하고 아름답다, 화려하다

정답 A

해설 수놓은 비단은 촉 지역에서 많이 생산되어 '촉금'이라고 불린다(这种织锦因盛产于蜀地，被称为蜀锦)고 했으므로 정답은 A입니다.

5

研究发现，剩饭重新加热后再吃很难消化，时间长了还可能引起胃病。因为淀粉反复加热会产生“老化”现象，人体对这种老化淀粉的水解和消化能力都大大降低，因此老人、婴幼儿以及有肠胃疾病的人，要少吃反复加热的剩饭。

A 老人新陈代谢慢
B 加热食品没有营养
C 淀粉类食物易使人发胖
D 常吃反复加热的米饭不健康

연구 결과에 따르면 남은 밥을 다시 가열해서 먹으면 소화가 힘들고, 시간이 지나면 위병도 일으킬 수도 있는 것으로 나타났다. 왜냐하면 전분을 반복적으로 가열하면 '노화' 현상이 일어나는데, 인체는 이런 노화된 전분에 대한 가수 분해와 소화 능력이 크게 떨어지게 되기 때문이다. 따라서 노인, 영유아 및 위장병이 있는 사람은 반복적으로 가열한 남은 밥을 적게 먹어야 한다.

A 노인은 신진대사가 느리다
B 가열 식품은 영양가가 없다
C 전분류 음식물은 쉽게 살이 찐다
D 반복적으로 가열한 밥을 먹으면 건강하지 않다

지문 어휘 **剩饭** shèngfàn 명 (먹다) 남은 밥, 식은 밥 | **淀粉** diànfěn 명 전분, 녹말 | **水解** shuǐjiě 동 가수 분해하다

보기 어휘 ☆**新陈代谢** xīnchén dàixiè 명 신진대사, 대사

정답 D

해설 남은 밥을 가열해 다시 먹으면 소화도 잘 안되고(**剩饭重新加热后再吃很难消化**), 시간이 지나면 위병이 생길 수도 있다(**时间长了还可能引起胃病**)고 했으므로 정답은 D입니다.

6

在恶劣的沙漠环境中，骆驼自有其生存之道。骆驼比人类多一个透明的内层眼睑，当遇到风沙袭击时，内层眼睑能起到防护作用。除此以外，骆驼浓密的长睫毛也可以抵御风沙。这些眼部构造都是骆驼在适应环境的过程中进化而来的。

열악한 사막 환경에서 낙타는 나름대로 생존법을 가지고 있다. 낙타는 투명한 안쪽 눈꺼풀이 사람보다 하나 더 있어서, 모래 바람 습격을 만나면 안쪽 눈꺼풀이 보호 역할을 해 줄 수 있다. 이 밖에도 낙타의 촘촘하고 긴 속눈썹도 모래 바람을 막아줄 수 있다. 이러한 눈 부위 구조는 모두 낙타가 환경을 적응하는 과정에서 진화한 것이다.

A 骆驼的眼睑与人类相似
B 骆驼的眼睛有特异功能
C 骆驼的长睫毛可防风沙
D 骆驼的外眼睑是透明的

A 낙타의 눈꺼풀은 사람과 비슷하다
B 낙타의 눈은 초능력이 있다
C 낙타의 긴 속눈썹은 모래 바람을 막아줄 수 있다
D 낙타의 바깥 눈꺼풀은 투명하다

지문 어휘 **恶劣** èliè 형 열악하다 | **骆驼** luòtuo 명 낙타 | **自有** zìyǒu 나름대로(스스로) ~이(가) 있다 | **透明** tòumíng 형 투명하다 | **眼睑** yǎnjiǎn 명 눈꺼풀 | **风沙** fēngshā 명 모래 바람 | ☆**袭击** xíjī 명 습격 동 습격하다 | **浓密** nóngmì 형 빼곡하다, 촘촘하다 | **睫毛** jiémáo 명 속눈썹 | **抵御** dǐyù 동 막아 내다, 방어하다 | ☆**进化** jìnhuà 동 진화하다

보기 어휘 **相似** xiāngsì 형 비슷하다 | **特异功能** tèyì gōngnéng 초능력

정답 C

해설 낙타의 안쪽 눈꺼풀은 보호 작용을 해주고(**内层眼睑能起到防护作用**), 촘촘하고 긴 속눈썹도 모래 바람을 막아줄 수 있다(**骆驼浓密的长睫毛也可以抵御风沙**)고 했으므로 정답은 C입니다.

7

曲阳县位于华北平原西部，虽然工农业发展受限，但是曲阳县境内盛产一种汉白玉，汉白玉晶莹剔透，适宜精雕细刻。这种得天独厚的条件，加上世代相传的雕刻工艺，使曲阳成了闻名遐迩的石雕之乡。

취양현은 화베이 평원 서부에 위치한다. 비록 농공업 발전은 제한을 받고 있지만 취양현에는 한백옥이 많이 생산된다. 한백옥은 맑고 투명해서 세밀하게 새기는 작업에 적합하다. 이러한 우월하고 유리한 조건에 대대로 전해 내려오는 조각 공예를 더해 취양은 명성이 자자한 석조의 고향이 되었다.

A 雕刻艺术起源于曲阳
B 曲阳雕刻技法很简约
C 曲阳雕刻技术已经失传
D 曲阳的汉白玉适宜雕刻

A 조각 예술은 취양에서 기원했다
B 취양의 조각 기법은 매우 간단하다
C 취양의 조각 기술은 이미 전해 내려오지 않는다
D 취양의 한백옥은 조각하기에 적합하다

지문 어휘 **曲阳县** Qūyángxiàn 고유 취양현, 곡양현(지명) | **境内** jìngnèi 명 경내, (일정한) 지역 안 | ★**盛产** shèngchǎn 동 많이 나다, 많이 생산하다 | **汉白玉** Hànbáiyù 명 한백옥[베이징 팡산(房山)구에서 나는 아름다운 흰 돌로 궁전 건축의 장식 재료로 쓰임] | **晶莹剔透** jīng yíng tī tòu 성어 아주 맑고 투명하다, 매우 반짝이고 투명하다 | ★**适宜** shìyí 형 적당하다, 적합하다 | **精雕细刻** jīng diāo xì kè 성어 정성을 다해 세밀하게 새기다, 정밀하게 다듬다 | ★**得天独厚** dé tiān dú hòu 성어 천혜의 자연 조건을 갖추고 있다, 유리한 조건을 갖추다 | **世代相传** shì dài xiāng chuán 성어 대대로 전해지다, 대대로 물려받다 | ★**雕刻** diāokè 명 조각 | **闻名遐迩** wénmíngxiá'ěr 명성이 두루 알려져 있다 | **石雕** shídiāo 명 석조, 돌 조각

보기 어휘 **起源于** qǐyuányú ~에서 기원하다 | **简约** jiǎnyuē 형 간략하다 | **失传** shīchuán 동 전해 내려오지 않다

정답 D

해설 취양은 조각하기에 매우 적합한 한백옥이 많이 생산되고(曲阳县境内盛产一种汉白玉), 대대로 전해 내려오는 조각 공예(世代相传的雕刻工艺)로 매우 유명한 석조의 고향(闻名遐迩的石雕之乡)이라고 했으므로 정답은 D입니다.

8

在线教育打破了传统教育在时间和空间上的限制，并且能够利用很小的成本，实现大范围的教育。但它也存在一些弊端，如互动性不足，效果不明显等。随着新技术的应用，在线教育正在不断克服这些问题，力求为用户提供更加多样化、个性化的服务。

온라인 교육은 전통 교육의 시간과 공간상의 한계를 무너뜨렸고, 적은 비용으로 넓은 범위에서의 교육을 실현시켰지만, 일부 문제점도 존재한다. 예를 들면, 상호 교류성이 부족하고, 효과가 분명하지 못한 점 등이다. 신기술의 응용에 따라 온라인 교육은 이런 문제들을 끊임없이 극복해가고 있고, 사용자에게 더욱 다양하고 개성 있는 서비스를 제공하려고 노력한다.

A 传统教育的优势很明显
B 传统教育要依托新技术
C 在线教育正在克服弊端
D 在线教育互动性非常强

A 전통 교육의 강점은 매우 뚜렷하다
B 전통 교육은 신 기술에 의지해야 한다
C 온라인 교육은 문제점을 극복해가고 있다
D 온라인 교육은 상호 교류성이 매우 강하다

지문 어휘 **在线教育** zàixiàn jiàoyù 온라인 교육, 이러닝(e-learning) | **打破限制** dǎpò xiànzhì 한계를 무너뜨리다 | ★**成本** chéngběn 명 비용, 원가 | ★**弊端** bìduān 명 폐단, 문제점 | **互动** hùdòng 동 상호 작용하다, 쌍방향으로 교류하다 | **互动性** hùdòngxìng 상호 교류성 | **明显** míngxiǎn 형 뚜렷하다, 분명하다 | ★**力求** lìqiú 동 힘써 노력하다 | **用户** yònghù 명 사용자, 가입자

보기 어휘 **优势** yōushì 명 강점, 우세, 장점 | ★**依托** yītuō 동 의지하다 명 의지할 사람, 의지할 곳

정답 C

해설 온라인 교육은 상호 교류성이 부족하고, 효과가 분명하지 못한 점(互动性不足，效果不明显) 등 문제점이 있지만 현재 끊임없이 극복해 나가고 있다(在线教育正在不断克服这些问题)고 했으므로 정답은 C입니다.

9

从前有位先生立志要当作家，但他一直都没有动笔写文章，只是不停地博览群书，积累写作的素材。许多年后，他觉得自己可以写书了，但提起笔时却连字怎么写都忘了。于是，这个一心想当作家的人，最终只能成为一个书籍收藏家。

A 那个人立志要当收藏家
B 那个人没有成为作家
C 那个人非常擅长书画
D 那个人收藏了很多名著

예전에 한 남자가 작가가 될 뜻을 세웠지만, 줄곧 글쓰기를 시작하지 않고, 끊임없이 여러 가지 많은 책을 읽으며 글쓰기 소재를 쌓아가기만 했다. 여러 해 이후 그는 이제 자신이 책을 써도 될 것이라 생각했지만, 펜을 들었을 때에는 글자를 어떻게 써야 하는지 조차도 잊어버렸다. 그래서 간절히 작가가 되고 싶었던 그 사람은 결국 책 수집가가 될 수 밖에 없었다.

A 그 사람은 수집가가 될 뜻을 세웠다
B 그 사람은 작가가 되지 못했다
C 그 사람은 서예와 그림에 재능이 있다
D 그 사람은 많은 명작을 수집했다

지문 어휘 **从前** cóngqián 명 종전, 이전 | **立志** lì zhì 동 뜻을 세우다, 포부를 가지다, 결심하다 | **动笔** dòng bǐ 동 붓(펜)을 들다, 글을 쓰기 시작하다 | **博览群书** bó lǎn qún shū 성어 여러 가지 책을 많이 읽다 | **素材** sùcái 명 (문학·예술의) 소재, 감 | **提笔** tíbǐ 동 붓(펜)을 들다, 집필하다 | **一心** yìxīn 부 전심전력으로, 전심으로, 한마음으로 | ★**书籍** shūjí 명 서적 | **收藏家** shōucángjiā 명 수집가

보기 어휘 **擅长** shàncháng 동 ~에 뛰어나다, ~에 소질이 있다 | **书画** shūhuà 명 서예와 그림, 서화 | **名著** míngzhù 명 명작

정답 B

해설 작가가 되기로 결심한 그 사람은 줄곧 글쓰기를 시작하지 않더니(一直都没有动笔写文章) 결국 책 수집가가 되었다(最终只能成为书籍收藏家)고 했으므로 정답은 B입니다.

10

水下曲棍球是一种曲棍球与冰球结合的球类运动，是由一群英国的潜水爱好者发明的。水曲运动虽然已有70多年的历史，但这项运动在中国显得特别冷门，并不为人所熟知，水曲爱好者也主要集中在北京、上海这样的大城市。

A 水曲是一种极限运动
B 水曲已有上百年的历史
C 下届水曲竞赛将在上海举办
D 中国水曲的爱好者集中在大城市

수중 필드하키는 필드하키와 아이스하키를 결합한 구기 운동으로, 영국의 잠수 애호가들이 발명했다. 수중 필드하키 운동은 비록 70여 년의 역사를 가지고 있지만 이 운동은 중국에서 매우 인기가 없어 보인다. 사람들에게 잘 알려져 있지도 않고, 수중 필드하키 애호가도 주로 베이징이나 상하이와 같은 대도시에 집중되어 있다.

A 수중 필드하키는 극한 운동이다
B 수중 필드하키는 백여 년의 역사를 가지고 있다
C 차기 수중 필드하키 경기는 상하이에서 개최할 것이다
D 중국 수중 필드하키 애호가는 대도시에 집중되어 있다

지문 어휘 **曲棍球** qūgùnqiú 명 필드하키 | **冰球** bīngqiú 명 아이스하키 | **结合** jiéhé 동 결합하다 | **潜水** qiánshuǐ 동 잠수하다 | **爱好者** àihàozhě 명 애호가, 마니아 | **显得** xiǎnde 동 ~하게 보이다 | **冷门** lěngmén 인기없는, 유행하지 않는 | **为 A 所 B** wéi A suǒ B A에 의해 B를(을) 당하다 | **熟知** shúzhī 동 숙지하다, 익히 알다

보기 어휘 ★**极限** jíxiàn 명 극한 | **上百** shàngbǎi 백 이상 | **下届** xiàjiè 명 차기, 다음 회 | ★**竞赛** jìngsài 명 경기 동 경쟁하다, 경기하다

정답 D

해설 수중 필드하키는 70여 년의 역사를 가지고 있지만(已有70多年的历史), 사람들이 잘 알지 못하고(但这项运动…并不为人所熟知), 애호가들도 베이징과 상하이와 같은 대도시에 집중되어 있다(水曲爱好者也主要集中在北京、上海这样的大城市)고 했으므로 정답은 D 입니다.

11

近两年中国话在国外的认知度急剧上升。在认知度排名前100名的中国词语中，“春节”、“端午节”等文化类的词语所占比重是最大的，“少林”高居榜首，此外，“人民币”、“元”等经济类的词汇也入选榜单。

A 人民币在国外影响力提升
B 传统节日词语排名均进入前十
C “少林”一词认知度排行第一
D 中国话排名是由教育部制定的

최근 2년 동안 해외에서 중국어의 인지도가 급격히 상승했다. 인지도 랭킹 100위 안에 드는 중국어 단어는 '춘절', '단오절' 등 문화계 단어가 차지하는 비중이 제일 크고, '소림사'가 1등을 차지했다. 이 밖에도 '위안화', '위안' 등 경제계 단어도 순위에 들었다.

A 위안화는 해외에서 영향력이 커졌다
B 전통 명절 단어는 모두 랭킹 10위 안에 들었다
C '소림사' 단어의 인지도가 랭킹 1위이다
D 중국어 순위는 교육부에서 제정한 것이다

지문 어휘 ★**急剧** jíjù 부 급격하게 | **排名** páimíng 명 석차 동 순위를 매기다 | **春节** chūnjié 명 음력설 | ★**端午节** duānwǔjié 명 단오 | ★**比重** bǐzhòng 명 비중 | **所占比重** suǒ zhàn bǐzhòng 차지하는 비중 | **少林** shàolín 명 소림사 | **高居榜首** gāo jū bǎng shǒu 수석을 차지하다 | **入选** rù xuǎn 동 당선되다, 뽑히다 | **榜单** bǎngdān 명 베스트 리스트, 차트

보기 어휘 **提升** tíshēng 동 진급하다, 위치를 높이다 | **均** jūn 부 모두

정답 C

해설 인지도 랭킹 100위 안에 드는 중국어 단어 중(在认知度排名前100名的中国词语中) '소림사'가 1등을 차지한다(“少林”高居榜首)고 했으므로 정답은 C입니다.

12

中国的亲属称谓虽然很多，但是大部分还是容易区分的。好笑的是有不少人分不清表亲和堂亲，比如表哥和堂哥。其实有个简单易行的区分方法，堂亲一定是和你同姓的，而表亲则往往和你的姓氏不同。

중국의 친족 호칭은 많지만 대부분은 구분하기 쉽다. 재미있는 것은 많은 사람들이 이종 친척과 고종 친척 관계를 잘 구분하지 못하는 것이다. 예를 들면 이종 사촌 오빠(형)와 고종 사촌 오빠(형)가 있다. 사실 간단하고 쉬운 구분 방법이 있다. 고종 친척은 당신과 같은 성이지만 이종 친척은 거의 성씨가 다르다.

A 堂亲与自己姓氏相同
B 传统亲属称谓正在消失
C 表亲实际上没有血缘关系
D 中国人不重视堂亲和表亲

A 고종 친척은 자신과 성씨가 같다
B 전통 친족 호칭은 현재 사라지고 있다
C 이종 친척은 사실상 혈연 관계가 아니다
D 중국인은 친족 관계를 중시하지 않는다

지문 어휘 **亲属** qīnshǔ 명 친족, 친척 | **称谓** chēngwèi 명 (사람이나 사물에 대한) 명칭, 호칭 | ★**区分** qūfēn 동 구분하다 명 구분 | **表** biǎo 명 이종(외종) 친척(조부·부친의 자매나 조모·모친의 형제 자매들의 자녀와의 친족 관계를 가리킴) | **堂** táng 고종 친척[친조부의 동성(同姓) 친족관계] | **易行** yìxíng 행하기 쉽다 | **姓氏** xìngshì 명 성씨

보기 어휘 **消失** xiāoshī 동 사라지다 | **血缘** xuèyuán 명 혈연

정답 A

해설 고종 친척 관계는 성이 꼭 같아야 한다(堂亲一定是和你同姓的)고 했으므로 정답은 A입니다.

13

海洋污染已经是全球性的问题，专家预测，到了2050年，海洋中的塑料可能比鱼类还多。现在每年约有800万吨塑料垃圾被倒入海洋，塑料垃圾一旦被海鸟、海豹等动物误食就会造成生命危险。我们要抵制随手乱扔垃圾的行为，共同保护海洋。

해양 오염은 이미 세계적인 문제이다. 전문가는 2050년이 되면 바닷물 속에 합성수지가 물고기 보다 더 많을 것이라고 예측한다. 현재 매년 약 800만톤의 합성수지 폐기물이 바다에 버려지고 있다. 합성수지 폐기물을 바닷새, 바다표범 등 동물이 잘못 먹기라도 하면 생명이 위험해질 수 있다. 우리는 함부로 쓰레기를 버리는 행위를 자제해 함께 바다를 보호해야 한다.

A 塑料垃圾能变废为宝
B 可降解塑料垃圾已普及
C 海洋中的塑料垃圾危害严重
D 垃圾分类人人有责

A 합성수지 폐기물은 유용한 물건으로 바꿀 수 있다
B 합성수지 폐기물을 분해할 수 있는 것은 이미 보편화되었다
C 바닷 속 합성수지 폐기물의 피해는 심각하다
D 쓰레기 분류는 우리 모두의 책임이다

지문 어휘 **塑料** sùliào 명 (플라스틱·비닐 따위의) 합성수지, 플라스틱 | **塑料垃圾** sùliào lājī 합성수지 폐기물 | **海鸟** hǎiniǎo 명 동물 해조, 바닷새 | **海豹** hǎibào 명 바다표범 | **误食** wùshí 동 잘못 먹다 | ★**抵制** dǐzhì 동 보이콧(boycott)하다, 배척하다, 자제하다 | **随手** suíshǒu 동 손이 가는 대로 하다 | **随手乱扔** suíshǒu luàn rēng 함부로 버리다

보기 어휘 **变废为宝** biàn fèi wéi bǎo 성어 폐물을 보배로 만들다, 쓰레기를 유용한 물건으로 만들다 | **降解** jiàngjiě 동 (고분자 화합물이) 분해되다 | ★**普及** pǔjí 동 보급되다 | **危害** wēihài 명 위해 동 해를 끼치다 | **人人有责** rén rén yǒu zé 모든 사람에게 책임이 있다

정답 C

해설 합성수지 폐기물을 일단 바닷새나 바다표범 등 동물이 잘못 먹게 되면 생명이 위험해질 수 있다(塑料垃圾一旦被海鸟、海豹等动物误食就会造成生命危险)고 했으므로 정답은 C입니다.

14

"飞鸽"曾经是中国人家喻户晓的电子品牌，在经历了资金链断裂、负债累累直至司法拍卖之后，飞鸽电子最终被华威集团收购，这个老牌电子产品巨头近日在武汉举行了复产启动仪式，宣布将重整旗鼓，卷土重来。

'페이거'는 일찍이 중국 사람 모두가 아는 전자 제품 브랜드였다. 자금줄이 끊기면서 빚이 산더미가 되어 법적 경매까지 겪은 후에 페이거 전자는 결국 화웨이 기업이 인수했다. 이 전통 있는 전자 제품계의 거물은 최근 우한에서 생산 재개 발대식을 개최했고, 재기를 도모해서 권토중래할 것이라고 발표했다.

A 该公司管理者之间有隔阂
B 该公司已发展成为大企业
C 该品牌即将重新投入生产
D 该公司的主要产品是乐器

A 이 회사는 관리자 간에 견해차가 있다
B 이 회사는 이미 큰 기업으로 발전했다
C 이 브랜드는 곧 새롭게 생산에 들어갈 것이다
D 이 회사의 주 상품은 악기이다

지문 어휘 **飞鸽** Fēigē 고유 페이거(브랜드 명) | ★**家喻户晓** jiā yù hù xiǎo 성어 집집마다 알다 | **品牌** pǐnpái 명 상표, 브랜드 | **资金** zījīn 명 자본금 | **断裂** duànliè 동 단절되다, 끊어져 갈라지다 | **负债** fùzhài 명 빚, 부채 | **累累** lěilěi 형 쌓이고 쌓인 모양, 거듭 쌓인 모양 | **负债累累** fùzhài lěilěi 빚이 산더미이다 | **直至** zhízhì 동 ~에 이르다 | **司法** sīfǎ 명 사법 | **拍卖** pāimài 명 경매 | **华威集团** Huáwēi jítuán 화웨이 기업 | **收购** shōugòu 동 사들이다, 구매하다 | **老牌** lǎopái 명 전통이 유구한 상표(상호), 유서 깊은 상호 | **巨头** jùtóu 명 거물, 거두, 우두머리 | **武汉** Wǔhàn 고유 우한(지명) | **复产** fùchǎn 생산 재개 | **启动** qǐdòng 동 (기계·설비 따위를) 시동하다 | ★**仪式** yíshì 명 의식 | **宣布** xuānbù 동 선포하다, 발표하다 | **重整旗鼓** chóng zhěng qí gǔ 성어 재기를 도모하다, 실패한 후에 다시 진용(陣容)을 정비하다 | **卷土重来** juǎn tǔ chóng lái 성어 실패 후 재기를 다짐하다, 권토중래하다

보기 어휘 **隔阂** géhé 명 (생각·감정의) 간극, 견해차, 엇갈림 | ★**即将** jíjiāng 부 곧, 머지않아 | **投入** tóurù 동 (어떤 환경에) 돌입하다, 들어가다

정답 C

해설 이 전통 있는 전자 제품계의 거물은 생산 재개 발대식을 개최했고, 다시 재기를 도모하여 권토중래하겠다(这个老牌电子产品巨头近日在武汉举行了复产启动仪式，宣布将重整旗鼓，卷土重来)고 했으므로 정답은 C입니다.

15

提起榴莲，很多人都受不了榴莲散发出的那种特殊味道。但不能否认的是，作为百果之王的榴莲确实有着丰富的营养价值，适当食用对身体是很有益处的，尤其适合大病初愈而需要补充营养的人。

A 榴莲营养丰富
B 榴莲能治百病
C 患者不宜吃榴莲
D 吃榴莲容易上火

두리안을 언급하면 많은 사람들이 두리안에서 나오는 그 특유의 냄새를 견디기 힘들어한다. 하지만 부정할 수 없는 것은 과일의 왕인 두리안은 분명 풍부한 영양 가치를 가지고 있어서 적당히 먹으면 몸에 매우 유익하다. 특히 중병이 갓 나아 영양 보충이 필요한 사람에게 적합하다.

A 두리안은 영양이 풍부하다
B 두리안은 만병을 치료할 수 있다
C 환자가 두리안을 먹는 것은 좋지 않다
D 두리안을 먹으면 상초열이 나기 쉽다

지문 어휘 **提起** tíqǐ 동 언급하다 | **榴莲** liúlián 명 두리안 | ★**散发** sànfā 동 발산하다, 내뿜다 | **适当** shìdàng 형 적당하다 | **食用** shíyòng 동 식용하다 | **益处** yìchu 명 이익, 좋은 점 | **大病初愈** dà bìng chū yù 중병이 갓 나았다

보기 어휘 **百病** bǎibìng 명 백병, 만병, 갖가지 병 | **不宜** bùyí 동 ~하는 것은 좋지 않다 | **上火** shàng huǒ 동 상초열(上焦熱)이 나다

정답 A

해설 두리안은 확실히 풍부한 영양 가치가 있다(榴莲确实有着丰富的营养价值)고 했으므로 정답은 A입니다.

제2부분 16~30번 문제는 인터뷰를 듣고 질문에 알맞은 답을 고르는 문제입니다.

第16到20题是根据下面一段采访：

女：今天来到我们演播室的嘉宾是著名摄影师高峰，高先生，您好，您当初为什么选择了人像摄影？人像摄影与其他类型的摄影有何不同呢？

男：其实最开始就是为了养家糊口，家人也比较认可，我就这么开始了。[16]人像摄影与其他类型的不同点应该是主体要以人为主，人物情绪决定环境。

女：您从业这么多年，请问您是怎样理解摄影的呢？

男：人家都说摄影是拍照留念，[17]我反倒认为摄影是记录，是为历史拍写真集。

女：您入行应该是从传统摄影的胶片时代开始的，现在过渡到了数码时代，那么您认为数码时代和胶片时代相比，最大的区别是什么？

男：拍过胶片的人基本功都很扎实，明暗、角度、比例等等都把握得恰到好处，而数码时代改变了摄影本身，身边好多摄影师都会说："拍出三分就行了，后期慢慢修吧。"但我感觉一张真正的好照片绝对不是修出来的，而是拍出来的。如果摄影师没拍出来氛围、情感、意境，那么后期技术再先进也无济于事。[18]但是必须承认的是，数码时代的确解决了很多前期解决不了的问题，拍出来的照片更好看。

女：现在特别流行"情感摄影"这个词，您能给我们讲讲到底什么是情感摄影吗？

여: 오늘 우리 스튜디오에 오신 게스트는 저명한 사진 작가 가오펑입니다. 가오 선생님, 안녕하세요. 당신은 처음에 왜 인물 사진을 선택했나요? 인물 사진은 다른 유형의 사진과 무엇이 다른가요?

남: 사실 제일 처음에는 가족을 먹여 살리기 위해서였어요. 가족들도 인정해주어서 이렇게 시작하게 되었죠. [16]인물 사진이 다른 유형과 다른 점은 당연히 주체가 사람 위주이고 인물의 감정이 환경을 결정한다는 거죠.

여: 이렇게 여러 해 동안 이 일에 종사하셨는데, 당신은 사진을 어떻게 이해하고 있나요?

남: 사람들 모두 사진은 기념 촬영이라고 말하지만, [17]저는 사진은 기록이고, 역사를 위해서 포토북을 찍는 것이라고 생각합니다.

여: 당신은 이 업계에서 분명 전통적인 사진의 필름 시대부터 시작했을 거예요. 지금은 디지털 시대로 넘어갔는데, 디지털 시대를 필름 시대와 비교하면 가장 큰 차이가 무엇이라고 생각하시나요?

남: 필름 사진을 찍어 본 사람은 모두 기본기가 탄탄합니다. 명암, 각도, 비례 등등 모두 적절하게 컨트롤할 수 있죠. 하지만 디지털 시대는 사진 자체가 바뀌어, 주변에 많은 사진 작가들 모두 "30%만 찍으면 되고 후에 천천히 수정하자"라고 말할 거예요. 그러나 저는 진정으로 좋은 사진은 절대 수정해서 나올 수 있는 것이 아니고 찍어서 나오는 것이라고 생각합니다. 만약 사진 작가가 분위기, 감정, 예술적 경지를 찍어내지 못한다면 후작업 기술이 아무리 선진적이라 하더라도 전혀 소용이 없죠. [18]그러나 디지털 시대는 확실히 앞 작업에서 해결하지 못했던 많은 문제를 해결했고, 사진도 더 예쁘게 나온다는 것은 반드시 인정해야 하죠.

여: 현재 '감성 사진'이란 단어가 매우 유행하는데요, 감성 사진이 도대체 무엇인지 설명해 주시겠어요?

男：[20]情感摄影就是要把被拍摄者内心深处最真实的东西拍出来，追求的是自然。来拍照的人的心理状态有问题时，还需加以引导，帮他调整状态，那时我常常觉得自己就像心理医生一样。

남: [20]감성 사진이란 찍힌 사람의 마음속 깊은 곳의 가장 진실된 부분을 찍어낸 것이고, 자연스러움을 추구해요. 사진 찍으러 오는 사람의 심리 상태에 문제가 있을 때 잘 이끌어 주면서 그가 컨디션을 조절할 수 있도록 도와줘야 하는데, 그럴 때면 종종 제 스스로가 마치 정신과 의사와 같다는 생각이 들어요.

女：那么作为情感摄影师，怎么沟通才能让客人将其内心深处的情感表现出来呢？

여: 그렇다면 감성 사진 작가로서 어떻게 소통해야 비로소 고객으로 하여금 마음속 깊은 곳의 감정을 표현해내도록 할 수 있나요?

男：我还是有我自己的一套沟通方法的，[19]我首先会让客人给我一个字。这个字就足以让我对他有一个初步的了解，之后加以引导，直到他说出内心最真实的感受。

남: 전 저 나름대로의 소통 방법이 있습니다. [19]우선 고객에게 글자를 하나 달라고 하는데, 이 한 글자로 충분히 그에 대한 기초적인 이해가 가능합니다. 그 다음에 그가 마음속의 가장 진실된 느낌을 말할 때까지 유도합니다.

지문 어휘 **演播室** yǎnbōshì 명 스튜디오 | **嘉宾** jiābīn 명 귀빈 | **著名** zhùmíng 형 저명하다 | **摄影师** shèyǐngshī 명 촬영 기사 | **高峰** Gāofēng 고유 가오펑(인명) | ☆**当初** dāngchū 명 당초, 처음 | **人像摄影** rénxiàng shèyǐng 인물 사진 | **养家糊口** yǎng jiā hú kǒu 성어 가족을 먹여 살리다 | ☆**认可** rènkě 동 승낙하다 | **主体** zhǔtǐ 명 (사물의) 주체, 주요(부분) | **情绪** qíngxù 명 정서, 기분 | **从业** cóngyè 동 (어떤 업종에) 종사하다 | ☆**留念** liúniàn 동 기념으로 남기다 | **反倒** fǎndào 부 오히려 | **记录** jìlù 동 기록하다 | **写真集** xiězhēnjí 명 포토북, 사진 앨범 | **入行** rùháng 동 정식으로 업계에 들어가 일원이 되다 | **胶片** jiāopiàn 명 필름 | ☆**过渡** guòdù 동 건너다, 과도하다 | **数码** shùmǎ 명 디지털 | **基本功** jīběngōng 명 기초적 지식과 기술, 기본기 | ☆**扎实** zhāshi 형 (학문·일 따위의 기초가) 견고하다, 착실하다 | **明暗** míng'àn 명 명암 | **比例** bǐlì 명 비율, 비중 | **把握** bǎwò 동 파악하다, 쥐다 | ☆**恰到好处** qià dào hǎochù 딱 적절하다 | ☆**本身** běnshēn 명 그 자체 | **三分** sānfēn 명 30% | **后期** hòuqī 명 후반, 마무리 단계 | **修** xiū 동 (사진을) 보정하다 | **氛围** fēnwéi 명 분위기 | **情感** qínggǎn 명 감정 | **意境** yìjìng 명 예술적 경지 | **无济于事** wú jì yú shì 성어 일에 아무런 도움이 되지 않다 | **承认** chéngrèn 동 인정하다 | **情感** qínggǎn 명 정, 감정 | **加以** jiāyǐ 동 ~을(를) 가하다 | ☆**引导** yǐndǎo 동 인도하다 | **调整** tiáozhěng 동 조정하다 | **心理医生** xīnlǐ yīshēng 정신과 의사 | **沟通** gōutōng 동 소통하다 | ☆**初步** chūbù 형 시작 단계의 초보적이다, 대체적이다 | **了解** liǎojiě 명 이해 동 알다, 알아보다 | **感受** gǎnshòu 명 느낌 동 느끼다

16

男的认为人像摄影与其他摄影的不同之处在哪儿？

남자는 인물 사진이 다른 사진과 다른 점은 어디에 있다고 생각하는가?

A 拍摄技巧
B 灯光效果
C 以人为主
D 拍摄氛围

A 촬영 기교
B 조명 효과
C 사람 위주
D 촬영 분위기

보기 어휘 ☆**技巧** jìqiǎo 명 기교 | **灯光** dēngguāng 명 불빛, 조명

정답 C

해설 남자가 인물 사진이 다른 유형과 다른 점은 주체가 사람 위주(人像摄影与其他类型的不同点应该是主体要以人为主)라고 말했으므로 정답은 C입니다.

17

男的认为摄影是什么?	남자는 사진을 무엇이라고 여기는가?
A 摄影纪念	A 기념촬영
B 情绪的发泄	B 감정의 표출
C 个人的表达	C 개인의 표현
D 时代的记录	D 시대의 기록

보기 어휘 **发泄** fāxiè 동 (불만·감정 따위를) 털어 놓다

정답 D

해설 사람들 모두 사진은 기념 촬영이라고 말하지만(人家都说摄影是拍照留念), 남자는 사진은 기록이라 여긴다(我反倒认为摄影是记录)고 했으므로 정답은 D입니다.

18

关于数码时代的摄影，下列哪项正确?	디지털 시대의 사진에 관해 다음 중 옳은 것은 무엇인가?
A 照相机价格昂贵	A 카메라 가격이 비싸다
B 拍出的照片更美	B 사진이 더 예쁘게 나온다
C 对光线的要求高	C 조명에 대한 요구가 높다
D 全靠后期修剪	D 전부 후 작업에서의 보정에 의존한다

보기 어휘 ☆**昂贵** ángguì 형 비싸다 | **修剪** xiūjiǎn 동 다듬다, 편집하다, 보정하다

정답 B

해설 남자는 디지털 시대에는 앞 작업에서 해결하지 못했던 많은 문제를 해결했고, 사진이 더 예쁘게 나온다(数码时代的确解决了很多前期解决不了的问题，拍出来的照片更好看)고 했으므로 정답은 B입니다.

男的通过什么与客人沟通?

A 一个汉字
B 一段对话
C 一张照片
D 一段音乐

남자는 무엇을 통해 고객과 소통하는가?

A 한자 한 글자
B 대화 한 토막
C 사진 한 장
D 노래 한 소절

정답 A

해설 남자가 자신만의 소통 방법을 소개할 때, 우선 고객에게 글자 하나를 달라고 하고(我首先会让客人给我一个字), 이 한 글자로 충분히 그에 대한 기본적인 이해가 가능하다(这个字足以让我就对他有一个初步的了解)고 했으므로 정답은 A입니다.

男的认为情感摄影最重要的是什么?

A 抓拍最美的瞬间
B 抓住真实的内心
C 纠正对方的错误
D 拍出不同的意境

남자는 감성 사진의 가장 중요한 점은 무엇이라고 생각하나?

A 가장 아름다운 순간을 포착해서 찍는 것
B 진실된 속 마음을 포착하는 것
C 상대방의 잘못을 교정하는 것
D 다른 예술적 경지를 찍는 것

보기 어휘 **抓拍** zhuāpāi 동 (순간을) 포착하다, 스냅 사진을 찍다 | ★**纠正** jiūzhèng 동 교정하다, 고치다

정답 B

해설 남자가 생각하는 감성 사진은 찍힌 사람의 마음속 깊은 곳의 가장 진실된 것을 찍어내는 것이다(情感摄影就是要把被拍摄者内心深处最真实的东西拍出来)라고 했으므로 정답은 B입니다.

第21到25题是根据下面一段采访：

男：大家好，今天我们有幸请到了著名主持人杨澜女士。杨女士，你好，很多年轻人都很崇拜您，以您为偶像，喜欢您的自信，我想问问您这样的性格是天生的，还是一点一点培养出来的？

남: 안녕하세요. 오늘 우리는 운 좋게도 저명한 사회자 양란 여사를 모셨습니다. 양 여사님 안녕하세요. 많은 젊은이들이 모두 당신을 존경하며 우상으로 삼고, 당신의 자신감을 좋아합니다. 당신의 이런 성격은 타고난 것인지, 조금씩 길러진 것인지 묻고 싶어요.

女：虽然环境对人性格的影响是不能忽视的，但我认为[21]一个人的性格主要还是跟遗传有关。我从小就特别爱说话，上学的时候，老师给我写的评语一直是："太爱说话"。本来我小时候一直觉得这是我的缺点，没想到这后来成了我的谋生手段。

여: 비록 환경이 사람 성격에 끼치는 영향을 간과할 수 없지만, 제 생각에 [21]한 사람의 성격은 주로 유전과 관계 있다고 생각해요. 전 어릴 적부터 말하는 것을 매우 좋아했고, 학교 다닐 때 선생님께서 저에서 써주신 평가는 늘 '말이 너무 많다' 였어요. 전 어릴 적엔 줄곧 이것이 저의 단점이라고 생각했는데, 후에 제 생계 수단이 될 줄은 생각 못했네요.

男：能不能给我们介绍一下您的价值观呢？

남: 당신의 가치관을 소개해주시겠어요?

女：首先，我很感谢我的父母，他们从小就告诉我，女孩子和男孩子一样，都要好好读书，自食其力。第二，[22]人不分贵贱，都是平等的，我绝对不会因为某些人的官位或财富，就用不同的方式去对待他们。

여: 우선 제 부모님에게 매우 감사 드립니다. 어릴 적부터 부모님은 저에게 여자도 남자와 똑같이 열심히 공부를 해야 하고, 자신의 힘으로 살아가야 한다고 말씀하셨어요. 두 번째로, [22]사람은 귀천이 없고 모두가 평등하다고 생각합니다. 전 절대로 어떤 사람의 관직이나 부 때문에 다른 방식으로 그들을 대하지 않습니다.

男：您采访过很多国家的总统或知名人士，采访他们时，您会不会紧张？

남: 당신은 많은 국가의 대통령이나 유명인들을 인터뷰해 봤는데, 그들을 인터뷰할 때 긴장되지는 않나요?

女：当然会紧张，但我从来没有因为他们是总统或知名人士而紧张。他们很有自己的思想，有自己的学术体系，而我不可能那么深入地了解每一个领域，所以当我采访时，[23]我总是怕自己问出来的问题很蠢而紧张。

여: 당연히 긴장되죠. 하지만 전 그들이 대통령이거나 유명인이라서 긴장한 적은 한 번도 없어요. 그들은 자신의 생각을 가지고 있고, 자신의 학술 체계도 갖췄죠. 하지만 전 모든 영역을 그리 깊게 알 수가 없어요. 그래서 전 인터뷰할 때 [23]제 질문이 너무 어리석을까 봐 걱정되어 늘 긴장합니다.

男：在这样一个飞速发展的时代里，什么能让我们的内心感到安定呢？

남: 이렇게 매우 빠르게 발전하는 시대에서 무엇이 우리 마음속에 안정을 느끼게 해줄 수 있을까요?

女：社会的快速发展让很多人感到焦虑，但我觉得我们能够把握的还是自己。首先，面对变化要主动去学习，试图理解正在发生的事情。第二，要有匠心精神，专心做好你热爱的和你做得好的事情。[25]无论时代怎样变化，把握好自己，内心就不会动摇。

男：在日常生活里，有没有不让自己情绪低落的小秘诀？

女：有很多，比如改变一下化妆的风格，让自己看起来像变成了另外一个人。我也喜欢好看的衣服，有的时候会用购物的方式来缓解压力。我还喜欢旅行，[24]喜欢去领略世界各地的风景。

여: 사회의 빠른 발전은 많은 사람들로 하여금 초조함을 느끼게 만들지만 전 그래도 우리가 스스로를 컨트롤할 수 있다고 생각해요. 첫째로 변화에 맞서 능동적으로 학습하고, 현재 발생하고 있는 일들을 이해하려고 해야 해요. 두 번째로 장인 정신을 가져야 해요. 자신이 사랑하고 잘 할 수 있는 일을 전념해서 해야 합니다. [25]시대가 어떻게 바뀌어도 스스로를 잘 컨트롤할 수 있다면 마음은 동요하지 않을 겁니다.

남: 일상 생활에서 자신의 기분이 저하되지 않도록 하는 작은 비결이라도 있을까요?

여: 많아요. 예를 들면 화장 스타일을 바꿔서 자신이 다른 사람이 된 것처럼 보이게 하는 거요. 전 예쁜 옷도 좋아해요. 어떤 때는 쇼핑으로 스트레스를 풀기도 하죠. 그리고 전 여행도 좋아해요. [24]세계 각 지역의 경치를 감상하는 것도 좋아하죠.

지문 어휘 **著名** zhùmíng 형 저명하다 | **主持人** zhǔchírén 명 사회자 | **杨澜** Yánglán 고유 양란(인명) | ☆**崇拜** chóngbài 동 존경하다, 숭배하다 | ☆**偶像** ǒuxiàng 명 우상 | ☆**天生** tiānshēng 형 천성적, 선천적 | **培养** péiyǎng 동 양성하다 | **忽视** hūshì 동 소홀히 하다 | ☆**遗传** yíchuán 동 유전하다 | **评语** píngyǔ 명 평가, 코멘트 | **缺点** quēdiǎn 명 결점 | **谋生** móushēng 동 생계를 도모하다 | **自食其力** zì shí qí lì 성 자신의 힘으로 생활하다 | **不分贵贱** bù fēn guì jiàn 귀천을 따지지 않다 | **平等** píngděng 형 평등하다 | **官位** guānwèi 명 관직 | ☆**财富** cáifù 명 부, 재산 | **总统** zǒngtǒng 명 대통령 | **学术** xuéshù 명 학술 | ☆**体系** tǐxì 명 체계 | **领域** lǐngyù 명 영역, 분야 | **蠢** chǔn 형 아둔하다, 멍청하다 | **安定** āndìng 동 안정되다 | **焦虑** jiāolǜ 형 초조하다 | **把握** bǎwò 동 쥐다, 파악하다 명 자신감 | **主动** zhǔdòng 형 능동적이다, 자발적이다 | ☆**试图** shìtú 동 시도하다 | **匠心精神** jiàngxīn jīngshen 장인 정신 | **专心** zhuānxīn 동 전념하다, 몰두하다 | **热爱** rè'ài 동 나라나 자신의 일을 사랑하다 | **动摇** dòngyáo 동 동요하다 | **情绪** qíngxù 명 정서, 기분 | **低落** dīluò 동 떨어지다 | **秘诀** mìjué 명 비결 | **风格** fēnggé 명 풍격, 스타일 | **购物** gòuwù 동 쇼핑하다 | **缓解** huǎnjiě 동 완화시키다 | **压力** yālì 명 스트레스, 압력 | **领略** lǐnglüè 동 (체험·관찰·시험 등을 통해 감성적으로) 이해하다, 음미하다

21

女的认为一个人的性格主要与什么有关? A 遗传 B 教育 C 家庭背景 D 工作环境	여자는 한 사람의 성격이 주로 무엇과 관계가 있다고 생각하나? A 유전 B 교육 C 가정 배경 D 업무 환경

정답 A

해설 여자는 사람의 성격은 주로 유전과 관계 있다고 여긴다(一个人的性格主要还是跟遗传有关)고 했으므로 정답은 A입니다.

22

女的坚信什么样的价值观? A 心态平稳 B 感恩生活 C 平等待人 D 事必躬亲	여자는 어떤 가치관을 굳게 믿는가? A 마음 상태가 평온한 것 B 감사하는 마음으로 생활하는 것 C 평등하게 사람을 대하는 것 D 무슨 일이든 반드시 직접 해보는 것

보기 어휘 **坚信** jiānxìn 동 굳게 믿다 | ★**心态** xīntài 명 심리 상태 | **平稳** píngwěn 형 평온하다 | **感恩** gǎn'ēn 동 매사에 감사하다 | **事必躬亲** shì bì gōng qīn 성어 어떠한 일이라도 반드시 몸소 행하다

정답 C

해설 여자가 자신의 가치관을 말할 때 사람은 귀천이 없고 평등하기 때문에(人不分贵贱，都是平等的) 자신은 절대로 관직이나 부 때문에 사람을 다르게 대하지 않는다(我绝对不会因为某些人的官位或财富，就用不同的方式去对待他们)고 했으므로 정답은 C입니다.

23

女的采访时会因为什么而紧张? A 语言不通 B 提问不恰当 C 受访者的知名度 D 受访者的地位高	여자는 인터뷰할 때 무엇 때문에 긴장하나? A 언어가 통하지 않을까 봐 B 질문이 적당하지 않을까 봐 C 응답자의 지명도 때문에 D 응답자의 지위가 높기 때문에

보기 어휘 ★**恰当** qiàdàng 형 알맞다 | **受访者** shòu fǎng zhě 응답자 | **知名度** zhīmíngdù 명 지명도, 인지도

정답 B

해설 여자는 응답자와는 달리 자신이 모든 영역에 대해 깊게 이해하고 있지 않기 때문에 (我不可能那么深入地了解每一个领域) 인터뷰할 때 자신의 질문이 어리석을까 봐 걱정되어 늘 긴장한다(我总是怕自己问出来的问题很蠢而紧张)고 했으므로 정답은 B입니다.

24

下列哪项是女的保持快乐的方法?	다음 중 여자가 즐거움을 유지하는 방법은 무엇인가?
A 品尝美食	A 맛있는 음식을 맛보는 것
B 坚持锻炼	B 운동을 꾸준히 하는 것
C 去各地旅行	C 각 지역으로 여행을 가는 것
D 与家人沟通	D 가족과 대화하는 것

보기 어휘 ★**品尝** pǐncháng 동 시식하다, 맛보다

정답 C

해설 여자가 말한 즐거움을 유지하는 방법으로 화장 스타일을 바꿔보는 것(改变一下化妆的风格), 쇼핑으로 스트레스를 푸는 것(用购物的方式来缓解压力), 그리고 여행을 좋아해서 세계 각 지역의 경치를 감상하는 것(我还喜欢旅行，喜欢去领略世界各地的风景)을 말했으므로 정답은 C입니다.

25

面对变化，女的认为怎样做可以让内心安定?	변화에 맞서서 여자는 어떻게 해야 마음을 안정시킬 수 있다고 생각하는가?
A 不断尝试	A 끊임없이 시도해본다
B 细心观察	B 세심하게 관찰한다
C 把握自己	C 자신을 컨트롤한다
D 与人交流	D 사람들과 교류한다

보기 어휘 ★**尝试** chángshì 동 시험해 보다

정답 C

해설 여자는 시대가 어떻게 바뀌어도 스스로를 잘 컨트롤하면 마음이 동요되지 않을 것(无论时代怎样变化，把握好自己，内心就不会动摇)이라고 말했으므로 정답은 C입니다.

第26到30题是根据下面一段采访：

女：《美如少年》是一本充满灵性和美感的视觉系诗集，非常别致！请问你设计这本书的时候，灵感是从何而来的？

女:『소년처럼 아름답다』는 지혜와 아름다운 느낌이 가득한 시각 시집으로 매우 색다릅니다! 당신은 이 책을 디자인할 때 어디에서 영감을 얻은 거죠?

男：首先，少年时期是一个人一生中最纯真的一段，他眼中的世界都是新鲜的，每天的太阳是为他而升起的，他对世界是不设防的，这是最美好的一段。可惜我们会一点一点地被世俗同化，一个人成熟的过程就是他世俗化的过程。我算是借此表达一种最后的抗衡吧。其次是作者自身独有的魅力对我的设计也很有启发。作者身上散发出的气质[26]让我想到用一种轻而薄的纸，这样的纸张能带来一种朦胧感，与作者很匹配。

남: 우선 소년기는 한 사람의 일생 중 가장 순수한 시기입니다. 그의 눈에 비친 세상은 모든 것이 신선하고, 매일 태양은 그를 위해 떠오르며, 그는 세상에 방어진을 치지 않는 가장 아름다운 때이죠. 아쉽게도 우리는 조금씩 속세에 동화되고, 한 사람이 성숙되는 과정이 바로 세속화되어가는 과정입니다. 전 이 기회를 빌어 최후의 대항을 나타내고 싶었다고 할 수 있습니다. 그 다음으로 작가 자신만의 매력이 제 디자인에 많은 영감을 주었습니다. 작가에게서 뿜어져 나오는 분위기는 [26]저로 하여금 가볍고 얇은 종이를 떠올리게 하였고, 이러한 종이는 아련한 느낌을 주어서 작가와 잘 매치가 되었죠.

女：目前市场上的书有很多版本，你会考虑如何更加突出自己设计的版本吗？

여: 현재 시중에 나와있는 책은 많은 버전이 있는데, 당신은 자신이 디자인한 버전을 어떻게 더욱 부각시킬지 고민을 하나요?

男：[29]我很重视与众不同，我本人很排斥司空见惯的设计，这是我的设计准则，也是我不自觉的行为。我会先考虑书本的内容，而不是先琢磨使用哪些视觉语言去吸引读者的眼球。另外，一个设计师不能完全表达一个作者的意愿，因为设计师和作者是两个人，自然会有不同的解读。此外，一千个设计师对同一本书也会有一千种不同的解读。它的装帧形式、材质运用、包括内文的阅读性都会呈现不同的设计结果。

남: [29]전 남들과 다른 것을 중시하고, 제 스스로도 흔한 디자인을 거부합니다. 이것이 제 디자인의 철칙이자, 제 자신도 모르게 그렇게 하게 됩니다. 저는 먼저 책의 내용을 고려할 것이고, 어떤 시각 언어를 사용해 독자의 시선을 사로잡으려 하지 않을 것입니다. 그 밖에, 디자이너는 작가의 기대를 완전하게 표현해낼 수 없습니다. 디자이너와 작가는 다른 두 사람이라 자연히 다른 해석이 있을 수 밖에 없기 때문이죠. 그 외에 천 명의 디자이너도 하나의 같은 책에 대해 천 가지의 다른 해석이 있을 수 있습니다. 책의 표지 형식이나 재질의 활용, 본문을 포함한 가독성 모두 다른 디자인 결과를 나타내게 될 것입니다.

女：目前中国的图书市场好像不太重视书籍的设计，你觉得这是什么原因导致的呢？

여: 현재 중국의 도서 시장은 마치 서적의 디자인을 중시하지 않는 듯 한데, 이런 현상을 초래한 원인은 무엇이라고 생각하시나요?

男：[27,30]我国的读者更重视书的内容而不是设计，而且从价格上来说，我国的书比发达国家的书便宜好几倍，这就导致作者和出版商不愿意在这方面投入更多。	남: [27,30]중국 독자들은 디자인이 아닌, 책의 내용을 더 중요시 합니다. 게다가 가격 측면에서 말해보자면, 중국의 책은 선진국의 책보다 몇 배가 쌉니다. 이 때문에 작가와 출판사가 이 방면에 더 많은 투자를 하고 싶어하지 않게 되었죠.
女：现在书籍电子化阅读是大趋势，作为纸书设计师，你是否会担心自己的事业遭受冲击？	여: 현재 책의 전자화 독서가 큰 추세인데, 종이 책 디자이너로서 자신의 일이 타격을 받을까 걱정되지 않으신가요?
男：我一点儿都不担心。电视刚进入家庭时大家都觉得电影院要关门大吉了，今后谁还进电影院呢？可是，你看现在的电影院多红火呀！它所提供的视听效果是电视不具备的。[28]纸书也是这样，有电子书作为一个参照物，我们能更加清楚地看到传统书籍的利弊，它会引导我们寻找新的方向。	남: 조금도 걱정되지 않습니다. TV가 처음 가정에 들어올 때 사람들은 이제 누가 영화관에 가겠냐며 영화관이 문닫게 될 것이라고 생각했죠. 하지만 지금 영화관이 얼마나 잘 되는지 보세요! 영화관이 주는 시청각 효과는 TV가 갖출 수 없습니다. [28]종이 책도 마찬가지입니다. 비교 대상으로 전자 책이 있으니 우리는 종이 책의 장단점을 더욱 뚜렷하게 볼 수 있고, 그것은 우리가 새로운 방향을 찾도록 인도할 것입니다.

지문 어휘 **灵性** língxìng 명 영리함, 총기, 지혜 | **美感** měigǎn 명 아름다움에 대한 느낌, 아름다운 느낌 | **视觉系** shìjuéxì 명 시각, 비주얼 | **诗集** shījí 명 시집 | ☆**别致** biézhì 형 색다르다 | **设计** shèjì 동 설계하다, 디자인하다 | ☆**灵感** línggǎn 명 영감 | **从何** cóng hé 어디서부터 | **纯真** chúnzhēn 형 순수하다 | **设防** shèfáng 동 방어진을 치다 | **可惜** kěxī 형 아쉽다, 안타깝다 | **一点一点** yìdiǎn yìdiǎn 조금씩 | **世俗** shìsú 명 세속, 속세 | **同化** tónghuà 동 동화하다 | **借此** jiècǐ 동 이 기회를 빌리다 | **抗衡** kànghéng 동 맞서다 | **魅力** mèilì 명 매력 | **启发** qǐfā 명 계발, 깨우침, 영감 | ☆**散发** sànfā 동 발산하다 | ☆**气质** qìzhì 명 사람의 분위기 | **薄** báo 형 얇다 | **纸张** zhǐzhāng 명 종이 | **朦胧感** ménglónggǎn 명 흐린 느낌, 아련한 느낌 | **匹配** pǐpèi 형 매칭이 되다 | ☆**版本** bǎnběn 명 버전, 판본 | **突出** tūchū 동 부각시키다 | **与众不同** yǔ zhòng bù tóng 성어 남들과 다르다 | ☆**排斥** páichì 동 배척하다, 거부하다 | ☆**司空见惯** sī kōng jiàn guàn 성어 매우 흔하다 | **准则** zhǔnzé 명 기준, 준칙 | **不自觉** bú zìjué 자신도 모르다 | ☆**琢磨** zuómo 동 궁리하다, 생각하다 | **吸引** xīyǐn 동 흡인하다, 주의를 끌다 | **眼球** yǎnqiú 명 시선, 안구 | **表达** biǎodá 동 표현하다 | **意愿** yìyuàn 명 바람, 소원 | **解读** jiědú 동 해독하다 | **装帧** zhuāngzhēn 명 장정[책의 겉장이나 면지(面紙), 도안, 색채, 싸개 따위의 겉모양을 꾸밈, 또는 그런 꾸밈새] | **材质** cáizhì 명 재질 | **运用** yùnyòng 동 운용하다, 활용하다 | ☆**呈现** chéngxiàn 동 나타나다 | ☆**书籍** shūjí 명 서적 | **导致** dǎozhì 동 야기하다, 초래하다 | **出版商** chūbǎnshāng 명 출판사 | **书籍电子化阅读** shūjí diànzǐhuà yuèdú 서적의 전자화 독서, 전자책(e-book)을 통한 독서 | **趋势** qūshì 명 추세 | ☆**遭受** zāoshòu 동 당하다 | ☆**冲击** chōngjī 명 타격 | **关门大吉** guān mén dà jí 성어 문을 닫다, 폐업하다 | **红火** hónghuo 형 장사가 잘 되다 | **提供** tígōng 동 제공하다 | **视听效果** shìtīng xiàoguǒ 시청각 효과 | **具备** jùbèi 동 구비하다 | **参照物** cānzhàowù 참조물, 대조물, 비교대상 | **利弊** lìbì 명 장단점 | ☆**引导** yǐndǎo 동 인도하다

26

关于《美如少年》这本书的设计，可以知道什么？

A 精选上等纸张
B 所用纸张偏薄
C 受青少年青睐
D 获得了设计大奖

《소년처럼 아름답다》이 책의 디자인에 관하여 무엇을 알 수 있는가?

A 고급 종이를 신중하게 고른다
B 사용하는 종이는 얇은 편이다
C 청소년에게 인기가 많다
D 디자인 상을 받았다

보기 어휘 **精选** jīngxuǎn 동 신중하게 고르다, 알짜만 골라 내다 | **上等** shàngděng 형 고급의, 최고의 | **纸张** zhǐzhāng 명 종이 | **偏** piān 동 치우치다 | **薄** báo 형 얇다 | **青睐** qīnglài 명 주목, 인기

정답 B

해설 작가에게서 뿜어져 나오는 분위기가 남자로 하여금 가볍고 얇은 종이를 떠올리게 했다(**作者身上散发出的气质让我想到用一种轻而薄的纸**)고 했으므로 정답은 B입니다.

27

男的认为，中国的图书市场怎么样？

A 正在走下坡路
B 缺乏优秀作家
C 儿童读物稀缺
D 不重视图书设计

남자는 중국의 도서 시장이 어떻다고 생각하는가?

A 상황이 점차 나빠지고 있다
B 우수한 작가가 부족하다
C 아동 도서가 희소하고 부족하다
D 도서 디자인을 중요시 하지 않는다

보기 어휘 **走下坡路** zǒu xiàpōlù 내리막길을 걷다, 상황이 점차 나빠지다 | **缺乏** quēfá 형 결핍되다, 부족하다 | **读物** dúwù 명 도서 | **稀缺** xīquē 형 희소하다, 부족하다

정답 D

해설 여자가 현재 중국 도서 시장이 책 디자인을 그다지 중요시 하지 않는 원인을 질문(**目前中国的图书市场好像不太重视书籍的设计，你觉得这是什么原因导致的呢**)할 때 남자는 중국 독자는 책의 내용을 더 중요시 하지, 디자인을 중요시 하지 않는다(**我国的读者更重视书的内容而不是设计**)고 했으므로 정답은 D입니다.

28

男的觉得书籍电子化对纸书设计师有什么影响？

A 纷纷被迫转行
B 有助于寻找新的方向
C 提供更多的就业机会
D 设计院都关门大吉了

남자는 책의 전자화가 종이 책 디자이너에게 어떤 영향이 있다고 생각하는가?

A 잇따라 직업을 바꾸도록 강요 당한다
B 새로운 방향을 찾는데 도움이 된다
C 더욱 많은 취업 기회를 제공한다
D 디자인 센터가 모두 폐업했다

보기 어휘 **被迫** bèipò 동 강요당하다 | **纷纷** fēnfēn 부 잇따라 | **转行** zhuǎnháng 동 직업을 바꾸다

정답 B

해설 남자는 전자 책이라는 비교 대상이 있어 종이 책의 장단점을 더 뚜렷하게 볼 수 있고, 이것은 자신들이 새로운 방향을 찾도록 인도할 것(有电子书作为一个参照物，我们能更加清楚地看到传统书籍的利弊，它会引导我们寻找新的方向)이라고 했으므로 정답은 B입니다.

29

关于男的，可以知道什么？

A 是知名小说家
B 正筹备个人设计展
C 追求与众不同的设计
D 重视生活中的仪式感

남자에 관해 무엇을 알 수 있나?

A 저명한 소설가이다
B 개인 디자인전을 기획하고 있다
C 남들과 다른 디자인을 추구한다
D 생활 속의 기념일을 중시한다

보기 어휘 **知名** zhīmíng 형 유명하다 | ☆**筹备** chóubèi 동 준비하다, 기획하다 | **仪式感** yíshìgǎn 의식감(특별한 날을 챙기고 특별하게 보내는 것)

정답 C

해설 남자의 디자인 철칙은 바로 남들과 다른 것을 중시하고, 본인 스스로 흔한 디자인을 거부하는 것(我很重视与众不同，我本人很排斥司空见惯的设计，这是我的设计准则)이라고 했으므로 정답은 C입니다.

30

根据对话，下列哪项正确？

A 纸质书读者流失严重
B 中国读者更看重书的内容
C 男的倾向于小说的逻辑性
D 设计师和作者的解读一致

대화에 근거하여 다음 중 옳은 것은 무엇인가?

A 종이 책 독자의 유실이 심각하다
B 중국 독자는 책의 내용을 더욱 중시한다
C 남자는 소설의 논리성에 치중한다
D 디자이너와 작가의 이해는 일치한다

보기 어휘 **流失** liúshī 동 유실하다, 없어지다 | ☆**倾向** qīngxiàng 동 마음이 쏠리다 | **逻辑性** luójíxìng 논리성

정답 B

해설 중국의 도서 시장에 관해, 남자는 중국 독자들은 디자인이 아닌 책의 내용을 중시한다(我国的读者更重视书的内容而不是设计)고 했으므로 정답은 B입니다.

제3부분 31~50번 문제는 지문을 듣고 질문에 알맞은 답을 고르는 문제입니다.

第31到33题是根据下面一段话：

谷建芬是当代著名女作曲家，在内地乐坛，提起谷建芬，可谓无人不知。谷建芬创作了千余首脍炙人口的歌曲，代表作品有《今天是你的生日》、《思念》等，[31]她被誉为中国流行音乐教母。为什么从事流行歌曲创作的谷建芬，到了晚年又开始创作儿歌呢？孩子们想唱属于自己的歌曲，这样的儿歌却少得可怜。退休后的谷建芬老师决定为优秀的古诗词谱曲，让古诗词歌曲成为孩子们的"新学堂歌"。《新学堂歌》是她以古诗词、格言、古训为歌词而谱写的儿歌集，从2004年开始一直到现在，已经有50首了。[32]这些歌曲不仅保留了谷建芬作品旋律优美、且易学易唱的特点，更抓住了古诗词的韵味和意境。在清新的旋律中，[33]让孩子与古代圣贤轻松对话，深刻感受中华传统文化的魅力。这些儿歌备受儿童喜爱，已经在全国各地的幼儿园和小学里广为传唱。

구젠펀은 당대 저명한 여성 작곡가이고, 중국 내 음악계에서 구젠펀을 언급하면 모르는 사람이 없다. 구젠펀은 많은 사람들 사이에 회자되는 노래들을 약 천 여 곡 정도 창작했는데, 대표작으로는 〈오늘은 당신의 생일이에요〉, 〈사념〉 등이 있다. [31]그녀는 중국 대중 음악의 대모라고 불린다. 대중음악 창작에 종사하던 구젠펀은 왜 노년에 동요 창작을 시작했을까? 아이들은 자신들의 노래를 부르고 싶지만 이런 동요가 형편없이 적다. 정년 퇴직 후 구젠펀 선생은 우수한 옛 시와 사에 곡을 붙여, 고시사 노래를 아이들이 학교에서 배우는 〈신학당가〉로 쓰기로 결심했다. 〈신학당가〉는 그녀가 옛 시와 사, 격언, 고훈을 가사로 써서 작곡한 동요집이다. 2004년부터 시작해서 지금까지 이미 50곡이 있다. [32]이 노래는 구젠펀 작품의 선율이 아름답고 배우기 쉬우며 부르기 쉬운 특징을 그대로 담고 있으면서, 고시사의 우아한 분위기와 예술적 경지를 잘 살려냈다. 맑고 새로운 선율 안에서 [33]아이들은 고대 성현들과 편하게 대화하며 중국 전통 문화의 매력을 깊이 느낄 수 있게 된다. 이러한 노래들은 아이들의 많은 사랑을 받아 이미 전국 각 지역의 유치원과 초등학교에서 널리 애창되고 있다.

지문 어휘 **谷建芬** Gǔjiànfēn 고유 구젠펀(인명) | ★**当代** dāngdài 명 당대 | **著名** zhùmíng 형 저명하다 | **作曲家** zuòqǔjiā 명 작곡가 | **内地** nèidì 명 내지, 대륙 | **乐坛** yuètán 명 악단, 음악계 | **可谓** kěwèi ~라고 말할 수 있다 | **无人不知** wúrén bùzhī 모르는 사람이 없다 | **创作** chuàngzuò 동 창작하다 | **首** shǒu 양 노래를 세는 단위 | **脍炙人口** kuài zhì rén kǒu 성어 좋은 시문(詩文)이나 사물이 널리 사람의 입에 오르내리다 | **被誉为** bèiyùwéi 동 ~(으)로 불리다 | **流行音乐** liúxíng yīnyuè 대중음악, 유행음악 | **教母** jiàomǔ 명 교모, 대모 | **晚年** wǎnnián 명 만년, 노년 | **儿歌** érgē 명 동요 | **可怜** kělián 형 (수량이나 질이) 볼품이 없다, 형편없다 | **退休** tuìxiū 동 정년 퇴직하다 | **诗词** shīcí 명 시와 사 | **谱曲** pǔqǔ 동 작곡하다 | **学堂** xuétáng 명 학교, 학당 | **格言** géyán 명 격언 | **古训** gǔxùn 명 고훈 | **歌词** gēcí 명 가사 | **谱写** pǔxiě 동 창작하다, 작사하다, 작곡하다 | **保留** bǎoliú 동 보존하다, 보류하다 | ★**旋律** xuánlǜ 명 선율, 리듬 | **优美** yōuměi 형 우아하고 아름답다 | **韵味** yùnwèi 명 우아한 느낌, 정취 | **意境** yìjìng 명 예술적 경지 | **圣贤** shèngxián 명 성인과 현인 | **感受** gǎnshòu 동 느끼다 명 느낌 | **备受** bèishòu 동 실컷 받다 | **喜爱** xǐ'ài 동 좋아하다 | **传唱** chuánchàng 동 (가곡 등이) 유행하여 불리다

31

谷建芬被誉为什么?	구젠펀은 무엇이라고 불리나?
A 作词作曲的天才	A 작사작곡의 천재
B 中国流行音乐教母	B 중국 대중음악의 대모
C 最有才华的作曲家	C 가장 재능 있는 작곡가
D 中国最优秀的歌手	D 중국의 가장 우수한 가수

정답 B

해설 지문에서 구젠펀은 중국 대중음악의 대모라고 불린다(她被誉为中国流行音乐教母)고 했으므로 정답은 B입니다.

32

关于《新学堂歌》，可以知道什么?	〈신학당가〉에 관해서 무엇을 알 수 있나?
A 易学易唱	A 배우기 쉽고 부르기 쉽다
B 历时八年完成	B 8년에 걸쳐 완성했다
C 是经典儿歌	C 클래식 동요이다
D 00后参与了创作	D 링링허우가 창작에 참여했다

보기 어휘 **历时** lìshí 동 시간이 경과하다(걸리다) | **经典** jīngdiǎn 명 고전, 중요하고 권위 있는 저작 | **00后** línglíng hòu 링링허우, 2000년에서 2009년 사이에 태어난 중국인(휴대전화, 인터넷을 접하며 자랐기 때문에 '모바일 세대'라고도 한다)
* 80后 바링허우, 80년대에 태어난 중국인
* 90后 쥬링허우, 90년대에 태어난 중국인

정답 A

해설 〈신학당가〉의 노래는 구젠펀 작품의 선율이 아름답고 배우기 쉽고 부르기 쉬운 특징을 그대로 담고 있다(这些歌曲不仅保留了谷建芬作品旋律优美、且易学易唱的特点)고 했으므로 정답은 A입니다.

33

对孩子来说，谷建芬的作品有什么意义?	아이들 입장에서 구젠펀의 작품은 어떤 의미가 있나?
A 是启蒙教材	A 계몽 교재이다
B 是励志歌曲	B 마음을 가다듬는 음악이다
C 感受中国传统文化	C 중국 전통 문화를 느낀다
D 挖掘创造潜能	D 창작의 잠재력을 발굴한다

보기 어휘 ★**启蒙** qǐméng 명 계몽 동 계몽하다 | **励志** lìzhì 동 마음을 가다듬어 뜻을 굳히다, 스스로 분발하다 | ★**挖掘** wājué 동 파다, 발굴하다 | **潜能** qiánnéng 명 잠재력

정답 C

해설 구젠펀 작품은 아이들로 하여금 고대 성현들과 편하게 대화하며 중국 전통 문화의 매력을 깊이 느낄 수 있게 한다(让孩子与古代圣贤轻松对话，深刻感受中华传统文化的魅力)고 했으므로 정답은 C입니다.

第34到36题是根据下面一段话：

人们在体育新闻中，经常会看到各类锦标赛的报道。根据考证，[34]"锦标"一词最早使用于唐代，是当时最盛大的体育比赛"赛龙舟"的取胜标志。其实，"赛龙舟"这项体育赛事并非唐代才有，它在春秋战国时期就已经出现了，只是当时并无"夺标"的规定。到了唐代，"赛龙舟"成了一项独具特色而又极为隆重的竞赛活动，其目的在于争夺名次，比赛开始具有明显的竞争性。[35]为了判定名次，人们在水面上插上一根竹竿，缠锦挂彩，鲜艳夺目，当时人们称之为"锦标"，亦名"彩标"。[36]参加赛龙舟的船只以首先夺取锦标者为胜，故这一竞赛又称为"夺标"，"标"成了冠军的代名词。宋代以后，夺标成为赛龙舟的正式比赛规则，一直沿用到明清。夺取"锦标"者，也因其获得胜利而受到敬重。

사람들은 스포츠 뉴스에서 자주 여러 종류의 선수권대회 보도를 볼 것이다. 옛 문헌(고증)에 따르면 [34]'금표'라는 단어는 최초로 당대에 사용되었고, 그 당시 가장 성대한 스포츠 경기인 '용선 경기'의 우승 마크이다. 사실 '용선 경기' 스포츠 종목은 당대에 비로소 생겨난 것이 아니고, 춘추전국시기에 이미 있었다. 단지 그 당시엔 '우승'의 규정이 없었을 뿐이다. 당대에 들어서 '용선 경기'는 특색 있는 성대한 경기 행사가 되어, 순위 쟁탈에 그 목적을 두었고, 경기는 경쟁성이 뚜렷해지기 시작했다. [35]순위를 판정하기 위해 사람들은 수면 위에 대나무 장대를 꽂았는데, 장대는 비단으로 휘감고 오색 비단천을 매달아 화려하고 아름다웠다. 그 당시 사람들은 그것은 '금표' 또는 '오색 표'라고 불렀고, [36]용선 경기에 참가하는 배는 먼저 금표를 쟁취해야 승리하기 때문에 이 경기를 '표 쟁탈'이라고 불렀으며, '표'는 우승의 대명사가 되었다. 송대 이후 표 쟁탈은 용선 경기의 정식 경기 규칙이 되어 명, 청 시대까지 계속 이어졌다. '금표'를 얻은 자 역시 승리를 했기 때문에 존경 받았다.

지문 어휘 **新闻** xīnwén 명 뉴스 | **锦标赛** jǐnbiāosài 명 선수권 대회 | **报道** bàodào 명 보도 | **考证** kǎozhèng 동 고증하다(예전에 있던 사물들의 시대, 가치, 내용 따위를 옛 문헌에 기초하여 이론적으로 밝히다) | **唐代** tángdài 명 당대, 당나라 | **盛大** shèngdà 형 성대하다 | **比赛** bǐsài 명 경기 | **赛龙舟** sài lóngzhōu 용선 경기를 하다, 롱저우 시합을 하다 | **取胜** qǔshèng 동 승리를 얻다, 승리하다 | **标志** biāozhì 명 상징, 표지 | **春秋战国时期** chūnqiū zhànguó shíqī 명 춘추전국시기 | **夺标** duóbiāo 동 우승하다 | **规定** guīdìng 명 규정 동 규정하다 | **独具特色** dú jù tèsè 혼자만의 특색이 있다 | ★**隆重** lóngzhòng 형 성대하다 | ★**竞赛** jìngsài 명 시합 | ★**争夺** zhēngduó 동 쟁탈하다 | ★**名次** míngcì 명 석차, 서열 | **明显** míngxiǎn 형 뚜렷하다 | **竞争性** jìngzhēngxìng 명 경쟁성 | **判定** pàndìng 동 판정하다 | **插** chā 동 끼우다, 꽂다 | **竹竿** zhúgān 명 대나무 장대, 죽간 | **缠** chán 동 휘감다 | **锦** jǐn 명 비단 | **挂彩** guàcǎi 동 (경축하기 위하여) 오색 비단 천을 매달다 | **鲜艳夺目** xiānyàn duómù 색이 아름답고 눈부시다 | **亦名** yìmíng 동 또한 ~라고 부르다 | **船只** chuánzhī 명 선박 | **夺取** duóqǔ 동 빼앗다 | **冠军** guànjūn 명 챔피언 | **代名词** dàimíngcí 명 대명사 | **宋代** sòngdài 명 송대, 송나라 | **规则** guīzé 명 규칙 | **沿用** yányòng 동 계속하여 상용하다 | **获得** huòdé 동 얻다 | **胜利** shènglì 명 승리 동 승리하다 | **敬重** jìngzhòng 명 존경 동 존경하다

34

锦标一词最早使用于什么朝代?

'금표'란 단어는 최초로 어느 시대 때 사용했는가?

A 明代
B 清代
C 宋代
D 唐代

A 명대
B 청대
C 송대
D 당대

보기 어휘 ★**朝代** cháodài 명 왕조의 연대, 시대

정답 D

해설 '금표'란 단어는 최초로 당대에 사용했다(**"锦标"一词最早使用于唐代**)고 했으므로 정답은 D입니다.

35

人们为何在水上插竹竿?

사람들은 왜 물에 대나무 장대를 꽂았나?

A 为了裁定名次
B 为了庆祝取胜
C 为了告知比赛地点
D 为了渲染比赛气氛

A 순위를 판정하기 위해서
B 승리를 경축하기 위해서
C 경기 장소를 알리기 위해서
D 경기 분위기를 부풀리기 위해서

보기 어휘 **庆祝** qìngzhù 동 경축하다 | **告知** gàozhī 동 알리다, 알려 주다 | **渲染** xuànrǎn 동 (말이나 글을) 과장하다, 부풀리다

정답 A

해설 순위를 판정하기 위해 사람들은 물에 대나무 장대를 꽂았다(**为了判定名次，人们在水面上插上一根竹竿**)고 했으므로 정답은 A입니다.

36

关于“锦标”，下列哪项正确?

'금표'에 관해 다음 중 옳은 것은 무엇인가?

A 是从西方传来的
B 明清时期固定下来
C 是第一名的象征
D 锦标已经绝迹了

A 서방에서 전해온 것이다
B 명, 청 시기에 고정되었다
C 1등의 상징이다
D 금표는 이미 자취를 감췄다

보기 어휘 **象征** xiàngzhēng 명 상징 동 상징하다 | **绝迹** jué jì 동 자취를 감추다, 사라지다

정답 C

해설 용선 경기에 참가한 배는 먼저 금표를 쟁취해야 승리하기 때문에, 경기는 '표 쟁탈'이라고도 불렸고, '표'는 우승의 대명사가 되었다(**参加赛龙舟的船只以首先夺取锦标者为胜，故这一竞赛又称为"夺标"，"标"成了冠军的代名词**)고 했으므로 정답은 C입니다.

第37到39题是根据下面一段话：

公元225年，诸葛亮为维护国家统一，削除地方割据势力，采取了著名的南征军事行动，最终平定了南中的广大地区。当时南方的首领是孟获，他深得当地土著和汉人所信服，他和诸葛亮展开了顽强的搏斗。诸葛亮得知[37]孟获不但作战勇敢，意志坚强，而且待人忠厚，深得人心，因此决定设计把他招降过来。初次交战，蜀军战败。孟获见蜀军败退下去，便带领军队乘胜追击，结果闯进了蜀军的埋伏圈，被蜀军擒拿了。孟获以为自己会被诸葛亮处死，[38]不料诸葛亮却亲自给他松绑，好言劝他归顺。然而孟获誓死不愿归顺蜀国，诸葛亮便放他回去了。这样，孟获一连被蜀军捉获了7次，又被放了7次。最后一次被放时，孟获对大家说："作战中七擒七纵自古未闻，丞相对我们仁至义尽，我没有脸再回去了。"就这样，孟获等人终于归顺了蜀国。[39]后人就用"七擒七纵"这个成语来比喻运用策略使对方自愿归顺自己。

서기 225년, 제갈량은 국가 통일을 수호하고 지방의 할거 세력을 없애기 위해, 유명한 남정군사 행동을 취했고, 결국 남방의 광대한 지역을 평정했다. 그 당시 남방의 우두머리는 맹획이었는데, 그는 현지 토착민과 한인들의 깊은 신임을 받았다. 그와 제갈량은 맹렬한 전투를 벌였다. 제갈량은 [37]맹획이 용감히 싸우고 의지가 강하다는 것과, 사람 대함이 어질어 인심을 크게 얻고 있다는 것을 알고 있었기 때문에 그를 투항시켜 데려올 계책을 꾸미기로 했다. 첫 교전에서 촉군이 패했다. 맹획은 촉군이 패하여 물러가는 것을 보고, 군대를 이끌고 승세를 몰아 추격했다. 그 결과 촉군의 매복권에 들어가게 되어 촉군에게 붙잡혔다. 맹획은 제갈량이 사형을 내릴 것이라 여겼는데, [38]뜻밖에 제갈량은 직접 포승을 풀어주며 좋은 말로 항복을 권했다. 그러나 맹획은 목숨 걸고 촉나라에 투항하지 않겠다고 맹세했고, 제갈량은 그를 풀어 보내주었다. 이렇게 맹획은 촉군에 연이어 7번 붙잡혔고, 7번 풀려났다. 마지막 풀려날 때 맹획이 모두에게 말했다. "전쟁 중 7번 잡았다가 7번 풀어주는 것은 자고로 들은 바가 없다. 승상이 우리에게 모든 성의를 다 해주었으니 우리도 더 이상 돌아갈 낯이 없다." 이렇게 맹획과 그의 사람들은 마침내 촉나라에 항복했다. [39]후세 사람들은 '칠종칠금'이란 성어를 이용해 전략적으로 상대방이 자원해서 자신에게 항복하게 하는 것을 비유한다.

지문 어휘 **公元** gōngyuán 명 기원, 서기 | **诸葛亮** Zhūgě Liàng 고유 제갈량[삼국(三國) 시대 지모가 뛰어난 촉한(蜀漢)의 정치가, 자(字)는 공명(孔明)] | **维护** wéihù 동 수호하다, 유지하고 보호하다 | **割据** gējù 동 할거하다 | ★**势力** shìlì 명 세력, 권력 | **平定** píngdìng 동 (반란 따위를) 평정하다, 진압하다 | **南中** nánzhōng 명 남방 지역, 남방의 땅 | **首领** shǒulǐng 명 수령, 우두머리 | **孟获** Mènghuò 고유 맹획(인명) | **土著** tǔzhù 명 본토박이, 토착민 | **汉人** Hànrén 명 한인, 한족 | **信服** xìnfú 동 신복하다, 믿고 복종하다 | **展开** zhǎn kāi 동 벌이다, 전개하다, 진행하다 | ★**顽强** wánqiáng 형 완강하다, 맹렬하다 | ★**搏斗** bódòu 명 격투, 악전고투 동 격투하다 | **得知** dézhī 알게 되다, 알다 | **坚强** jiānqiáng 형 굳세다, 굳고 강하다, 꿋꿋하다 | **待人** dài rén 동 사람을 대접하다, 사람을 대우하다 | **忠厚** zhōnghòu 형 충실하고 어질다, 정직하고 온후하다 | **招降** zhāo xiáng 동 투항을 권유하다 | **设计** shè jì 동 계책을 꾸미다, 흉계를 꾸미다 | **交战** jiāo zhàn 동 교전하다 | **战败** zhànbài 동 싸움에서 지다, 패전하다 | **败退** bàituì 동 패하여 물러나다, 싸움에 지고 물러나다 | ★**带领** dàilǐng 동 이끌다, 통솔하다, 지휘하다 | ★**军队** jūnduì 명 군대 | **乘胜** chéngshèng 부 기세를 몰다, 승세를 타다 | **追击** zhuījī 동 추격하다 | **闯进** chuǎngjìn 동 돌입하다, (느닷없이) 뛰어들다 | **埋伏** máifu 명 매복 | **擒拿** qínná 동 체포하다, 붙잡다, 생포하다 | **处死** chǔsǐ 동 사형에 처하다 | ★**不料** búliào 부 뜻밖에, 의외에 | **松绑** sōng bǎng 동 포승을 풀다(풀어주다) | **归顺** guīshùn 동 귀순하다, 항복하다 | **誓死** shìsǐ 동 목숨을 걸고 맹세하다 | **捉获** zhuōhuò 동 (범인을) 붙잡다, 체포하다 | **七擒七纵** qī qín qī zòng 성어 칠종칠금(七縱七擒), 일곱 번 잡았다가 일곱 번 풀어 주다 | **丞相** chéngxiàng 명 승상 | **仁至义尽** rén zhì yì jìn 성어 남에게 인의(仁義)를 다하여 최대한의 도움을 주다, 모든 성의를 다하다 | ★**比喻** bǐyù 동 비유하다 | **运用** yùnyòng 동 응용하다, 활용하다, 사용하다 | ★**策略** cèlüè 명 책략, 전술

37

关于孟获，可以知道什么？

A 是胆小如鼠的人
B 是不听劝告的人
C 是刚强勇敢的人
D 是诸葛亮的心腹

맹획에 관해 알 수 있는 것은 무엇인가?

A 겁이 많은 사람이다
B 충고를 듣지 않는 사람이다
C 강직하고 용감한 사람이다
D 제갈량의 심복이다

보기 어휘 **胆小如鼠** dǎn xiǎo rú shǔ 성어 쥐새끼처럼 담이 작다, 겁이 많다 | **劝告** quàngào 동 권고하다, 충고하다 | **刚强** gāngqiang 형 (성격 · 의지가) 굳세다, 강직하다 | **心腹** xīnfù 명 심복, 마음 놓고 믿을 수 있는 사람(측근, 부하)

정답 C

해설 맹획은 전쟁에서 용감하고 의지도 강하다(孟获不但作战勇敢，意志坚强)고 했으므로 정답은 C입니다.

38

孟获第一次被擒拿后，诸葛亮是怎么做的？

A 亲自与他谈判
B 亲自将他处死
C 亲自将其送回
D 亲自为他松绑

맹획이 처음 붙잡힌 후 제갈량은 어떻게 했나?

A 직접 그와 협상했다
B 직접 그를 사형에 처했다
C 직접 그를 돌려보냈다
D 직접 그의 포승을 풀어주었다

보기 어휘 **谈判** tánpàn 동 담판하다, 협상하다

정답 D

해설 처음 붙잡혔을 때 맹획은 제갈량이 자신을 사형에 처할 것이라 생각했지만(孟获以为自己会被诸葛亮处死) 뜻밖에 제갈량은 직접 포승을 풀어주며 좋은 말로 항복을 권했다(不料诸葛亮却亲自给他松绑，好言劝他归顺)고 했으므로 정답은 D입니다.

39

这段话主要谈的是什么？

A 七擒七纵的典故
B 欲擒故纵的技巧
C 擒贼必须先擒王
D 得民心者得天下

이 글이 주로 이야기하는 것은 무엇인가?

A 칠종칠금의 고사
B 더 큰 것을 잡기 위해 일부러 놓아주는 기교
C 도둑을 잡으려면 반드시 우두머리부터 먼저 잡아야 한다
D 민심을 얻는 자가 천하를 얻는다

보기 어휘 **典故** diǎngù 명 전고[제도 · 전례(典例)나 문헌 전적에서 출현된 단어 또는 고사(故事)] | **欲擒故纵** yù qín gù zòng 성어 (더 큰 것을 목적으로) 일부러 놓아주다, 고의로 풀어주다 | ★**技巧** jìqiǎo 명 기교, 테크닉 | **擒贼擒王** qín zéi qín wáng 성어 적과 싸울 때는 먼저 우두머리를 잡아야 한다 | **得民心者得天下** dé mínxīn zhě dé tiānxià 민심을 얻는 자는 천하를 얻는다

정답 A

해설 이 글은 제갈량이 맹획을 7번 잡았다가 7번 풀어주며 그의 항복을 얻어낸 것에서 유래된 '칠종칠금(七擒七纵)' 고사성어를 이야기 해주고 있으므로 정답은 A입니다.

第40到43题是根据下面一段话：

书店是一个城市的灯塔，为人们指明前进的方向。拥有近百年历史的西安新华书店曾照亮几代人的心灵。在实体书店市场遭受重创的情况下，[40]老字号的西安市新华书店决定在西安市最繁华的街区开设曲江书城，以期探索出一套全新的经营模式。[41]曲江书城整体风格简约大气，尽显古城特有的文化底蕴。在兼具实用性的同时，更创造出灵动的空间感，给读者带来全新的视觉享受。

[42]走进曲江书城，13万种图书让人目不暇接，近70万册的藏书量，可以满足读者的全方位阅读需求。这里还有三万种以上外文原版图书，给读者带来原汁原味的阅读体验。除此以外，[43]曲江书城内还经常举办新书签售会以及丰富多彩的文化活动和亲子活动，提供美味低廉的时尚餐饮，可谓五花八门，涵盖了日常文化生活的方方面面。曲江书城突破了新华书店的传统经营模式，成为了西安市的一个新地标。

서점은 한 도시의 등대이고, 사람들에게 앞으로 나아가는 방향을 명시해준다. 백 년 가까운 역사가 있는 시안 신화 서점은 몇 세대에 걸쳐 사람들의 영혼을 밝게 비추어 주었다. 오프라인 서점 시장이 심각한 타격을 입은 상황에서 [40]대대로 내려온 시안시 신화 서점은 새로운 경영 모델을 찾아낼 목적으로 시안시에서 가장 번화한 거리에 취장 서점을 차릴 것을 결정했다. [41]취장 서점의 전체적인 스타일은 심플하고 기품 있는데, 여기에 옛 도시만이 가진 문화적 소양을 명확히 드러냈다. 실용성을 겸비한 동시에 날렵한 공간감을 창조해내어, 독자들에게 완전히 새로운 시각적인 즐거움을 가져다 주었다.

[42]취장 서점에 들어가면 13만 가지의 책들이 눈에 다 들어오지 못할 정도로 많고, 70만 권에 가까운 장서량은 독자의 다각적인 독서 수요를 만족시킬 수 있다. 또 이곳에는 3만 가지 이상의 외국 원서가 있어 독자들에게 오리지널의 독서 체험을 하게 해준다. 이 밖에도, [43]취장 서점 안에서 저자 사인회, 풍부하고 다채로운 문화 활동, 부모와 자녀가 함께 하는 행사를 자주 개최하고, 맛있고 저렴한 트랜디한 음식을 제공한다. 그야말로 종류가 매우 다양하여 일상 문화 생활의 여러 분야를 아우른다고 말할 수 있다. 취장 서점은 신화 서점의 전통적인 경영 모델을 타파했고, 시안시의 새로운 랜드마크가 되었다.

지문 어휘 **灯塔** dēngtǎ 명 등대 | **指明** zhǐmíng 동 명확하게 가리키다, 명시하다 | **西安** Xī'ān 고유 시안[산시(陕西)성의 성도(省都)] | **新华书店** Xīnhuá Shūdiàn 고유 신화 서점 | **照亮** zhàoliàng 동 밝게 비치다, 밝혀 주다 | ★**心灵** xīnlíng 명 정신, 영혼, 마음 | **实体** shítǐ 명 실체, 오프라인 | ★**遭受** zāoshòu 동 받다, (불행 또는 손해를) 만나다, 당하다 | **重创** zhòngchuāng 명 중상, 심한 타격 동 중상을 입다, 심한 타격을 주다 | **老字号** lǎozìhào 명 대대로 내려온 가게, 역사가 깊고 전통이 있는 상호(상점) | ★**繁华** fánhuá 형 번화하다 | **街区** jiēqū 명 거리 | **开设** kāishè 동 (점포·공장 등을) 설립하다, 개업하다, 차리다 | **书城** shūchéng 명 서점 | **以期** yǐqī ~을(를) 목적으로 하여 | ★**探索** tànsuǒ 동 탐색하다, 찾다 | ★**模式** móshì 명 양식, 패턴, 모델 | **整体** zhěngtǐ 명 (집단이나 사물의) 전체 | **风格** fēnggé 명 품격, 스타일, 사상적 또는 예술적 특징 | **简约** jiǎnyuē 형 간단하다, 심플하다 | **大气** dàqi 형 (색깔·스타일 따위가) 대범하다, 기품이 있다 | **尽显** jìnxiǎn 동 완전히 드러내다 | **底蕴** dǐyùn 명 소양, 교양 | **兼具** jiānjù 겸비하다 | **灵动** língdòng 형 재빠르다, 민첩하다 | **目不暇接** mù bù xiá jiē 성어 많아서 다 볼 수 없다, 눈이 모자라다 |

册 cè 양 책, 권(책을 세는 단위) | **藏书** cáng shū 동 책을 소장하다, 장서하다 | **全方位** quán fāng wèi 명 전방위, 다각도 | **原版** yuánbǎn 명 (서적의) 원판 | **原汁原味** yuánzhī yuánwèi 오리지널(원래의 모습과 완전히 같음을 비유하는 말) | **除此以外** chúcǐ yǐwài 이것 이외에, 이밖에 | **签售会** qiānshòuhuì 저자 사인회 | **丰富多彩** fēng fù duō cǎi 성어 풍부하고 다채롭다 | **亲子活动** qīn zǐ huódòng 부모랑 함께 하는 행사 | **美味** měiwèi 형 맛이 좋다 | **低廉** dīlián 형 싸다, 저렴하다 | **时尚** shíshàng 형 유행에 어울리는 명 유행, 패션 | **餐饮** cānyǐn 명 요식업종, 음식과 음료 | **可谓** kěwèi ~라고 말할 수 있다, ~라고 할 만하다 | **五花八门** wǔ huā bā mén 성어 형형색색, 다양하다 | **涵盖** hángài 동 포괄하다, 포함하다 | **方方面面** fāngfāng miànmiàn 각 방면, 여러 가지 면 | ☆**突破** tūpò 동 (한계·난관 따위를) 타파하다, 돌파하다 | **地标** dìbiāo 명 랜드마크

40

关于西安新华书店，可以知道什么？

A 正在走下坡路
B 新开了一家书店
C 正在找新店址
D 书店变成了工业城

시안 신화 서점에 관해 알 수 있는 것은 무엇인가?

A 현재 내리막길을 걷고 있다
B 서점을 하나 새로 열었다
C 새 가게 위치를 찾고 있다
D 서점이 공업 단지로 바뀌었다

보기 어휘 **走下坡路** zǒu xiàpōlù 내리막길을 걷다, 상황이 점차 나빠지다 | **工业城** gōngyèchéng 명 공업 도시, 공업 단지

정답 B

해설 시안 신화 서점이 시안의 가장 번화한 거리에 취장 서점을 내기로 결정했고(**西安市新华书店决定在西安市最繁华的街区开设曲江书城**), 이로써 새로운 경영 모델을 탐색한다(**以期探索出一套全新的经营模式**)고 했으므로 정답은 B입니다.

41

曲江书城的设计风格有什么特点？

A 有层次感
B 简单大气
C 配有灯塔
D 金碧辉煌

취장 서점의 디자인 스타일은 어떤 특징이 있는가?

A 입체감이 있다
B 심플하고 기품 있다
C 등대가 배치되어 있다
D 금빛과 푸른빛이 휘황찬란하다

보기 어휘 **层次感** céngcìgǎn 입체감, 볼륨감 | **配有** pèiyǒu 동 배치되어 있다 | **金碧** jīnbì 명 금빛과 푸른빛 | ☆**辉煌** huīhuáng 형 휘황찬란하다, 눈부시다

정답 B

해설 취장 서점의 전체적인 스타일은 심플하고 기품 있다(**曲江书城整体风格简约大气**)고 했으므로 정답은 B입니다.

42

关于曲江书城的图书，可以知道什么?	취장 서점의 도서에 관해 무엇을 알 수 있나?
A 种类齐全	A 모든 종류가 완비되어 있다
B 缺少外文书	B 외국 서적이 부족하다
C 藏书达12万册	C 장서량이 12만 권에 이른다
D 亲子类图书很畅销	D 가족에 관한 도서가 매우 잘 팔린다

보기 어휘 ★**齐全** qíquán 동 완전히 갖추다, 완비하다 | ★**畅销** chàngxiāo 형 매상이 좋다, 판로가 넓다, 잘 팔리다

정답 A

해설 취장 서점에는 13만 가지의 도서가 있는데(**13万种图书让人目不暇接**), 독자의 전 방위적인 독서 수요를 만족시킬 수 있는(**可以满足读者的全方位阅读需求**) 70만 권의 장서량(**近70万册的藏书量**)을 미루어 보아 모든 종류의 책이 갖춰져 있음을 알 수 있고, 외국어 원서도 3만 가지 이상 있다(**这里还有三万种以上外文原版图书**)고 했으므로 정답은 A입니다.

43

根据这段话，下列哪项正确?	지문에 근거하여 다음 중 옳은 것은 무엇인가?
A 新华书店是西安的新地标	A 신화 서점은 시안의 새로운 랜드마크이다
B 新华书店有上百年的历史	B 신화 서점의 역사는 백 년이 넘는다
C 曲江书城是复合文化场所	C 취장 서점은 복합 문화 장소이다
D 曲江书城是一个新兴城市	D 취장 서점은 하나의 신흥도시이다

보기 어휘 **复合** fùhé 동 복합하다 | **新兴城市** xīnxīng chéngshì 신흥도시

정답 C

해설 취장 서점 안에서 저자 사인회, 풍부하고 다채로운 문화 활동, 부모와 자녀가 함께 하는 행사를 자주 개최하고, 맛있고 저렴한 트랜디한 음식을 제공하는, 그야말로 다양하고 일상 문화 생활의 여러 분야를 아우른다고 말할 수 있다(**曲江书城内还经常举办新书签售会以及丰富多彩的文化活动和亲子活动，提供美味低廉的时尚餐饮，可谓五花八门，涵盖了日常文化生活的方方面面**)고 했으므로 정답은 C입니다.

第44到47题是根据下面一段话：

经验是在社会实践中产生的，它是客观事物在人们头脑中形成的记忆，也是认识的开端。[44]在人类历史上经验一直很重要，古时人类的活动范围小，许多人一生都未去过一百公里以外的地方，人类获取信息的渠道仅仅是口耳相传。即使是改朝换代的大事，也可能过了很久才知道。可是现在，人们获取信息的渠道众多，如手机、电脑、电视等。我们在一天之内获取的信息量甚至比古人一辈子所获取的还多。[45]现如今如果还只是一味地依靠经验，忽视正在不断更新的世界，那就意味着落后了。有人说，在大数据时代，人们只需要做两件事：一是收集数据，二是忘记经验。甚至有人说，没有经验就是最大的经验。这也许不符合人才市场的现状，因为大部分企业仍然倾向于招聘有经验的高级人才。可是，如果仔细观察那些新行业、新企业，你就会发现，[46]经验根本不能支持创新，有时甚至会成为一种阻碍。[47]现在，几个掌握数据的年轻人凑在一起，以理想、技术和胆识去创造自己的新天地已经是司空见惯的事了。

경험은 사회적 실천 과정에서 생겨나고, 객관적 사물이 사람들 머리 속에서 형성된 기억이자 인식의 발단이기도 하다. [44]인류 역사상 경험은 늘 매우 중요하다. 옛날 인류의 활동 범위는 매우 작았다. 많은 사람들이 평생 100킬로미터 밖의 곳은 가본 적도 없고, 인류가 정보를 얻는 방법은 입에서 입으로 전하는 것뿐이어서, 왕조가 바뀌는 큰 일이라 하더라도 오랜 시간이 지나서야 알 수 있었다. 그러나 지금은 정보를 얻는 루트가 매우 많다. 예를 들면, 휴대전화, 컴퓨터, 텔레비전 등이 있다. 우리가 하루 안에 얻는 정보량은 심지어 옛날 사람들이 평생 얻는 것보다도 많다. [45]오늘날 만약 오로지 경험에만 의지하고, 끊임없이 새로워지는 세상에 주의하지 않는다면, 그것은 바로 뒤쳐진 것을 의미한다. 누군가는 빅데이터 시대에 사람들은 두 가지만 잘하면 된다고 말한다. 하나는 데이터 수집이고, 또 하나는 경험을 잊는 것이다. 심지어 어떤 사람은 경험이 없는 것이 가장 큰 경험이라고까지 말한다. 이는 아마도 인력 시장의 지금 상황에는 적합하지 않을 수도 있다. 대부분 기업은 여전히 경험 있는 고급 인재를 모집하는 걸 선호하기 때문이다. 그러나 신 업종, 신 기업들을 자세히 관찰해보면, [46]경험은 창의력을 전혀 받쳐줄 수 없고, 어떤 때는 심지어 방해가 될 수도 있다는 것을 알게 될 것이다. [47]현재 데이터에 능통한 몇몇 젊은이들이 함께 모여 이상, 기술 그리고 용감함과 식견으로 자신만의 새로운 영역을 창조하는 것은 이미 매우 흔한 일이 되었다.

지문 어휘 **经验** jīngyàn 명 경험 | **实践** shíjiàn 동 실천하다 명 실천 | **头脑** tóunǎo 명 두뇌 | **反映** fǎnyìng 명 반영 동 반영하다 | **开端** kāiduān 명 발단 | **范围** fànwéi 명 범위 | **公里** gōnglǐ 명 킬로미터 | **人类** rénlèi 명 인류 | **获取** huòqǔ 동 얻다, 획득하다 | **信息** xìnxī 명 정보 | ☆**渠道** qúdào 명 경로, 관개 수로 | **仅仅** jǐnjǐn 부 단지 | **口耳相传** kǒu'ěr xiāngchuán 문화가 세대를 거쳐 전해지다 | **即使** jíshǐ 접 설령 ~라 하더라도 | **改朝换代** gǎi cháo huàn dài 왕조가 바뀌다, 세상이 바뀌다 | **众多** zhòngduō 형 아주 많다 | **一辈子** yíbèizi 명 한평생 | **现如今** xiànrújīn 명 지금 | **一味地** yíwèide 부 단순히, 덮어놓고 | **忽视** hūshì 동 소홀히 하다 | ☆**更新** gēngxīn 동 갱신하다, 새롭게 바뀌다 | ☆**意味着** yìwèizhe 의미하다 | **落后** luòhòu 동 뒤쳐지다 | **大数据** dàshùjù 빅데이터 | **收集** shōují 동 수집하다 | **符合** fúhé 동 부합하다 | **人才市场** réncái shìchǎng 인력시장 | ☆**现状** xiànzhuàng 명 현재 상황, 현상 | ☆**倾向于** qīngxiàngyú ~쪽으로 기울다 | **招聘** zhāopìn 동 모집하다 | **根本** gēnběn 부 전혀, 아예 형 근본적이다 | **支持** zhīchí 동 지지하다 | ☆**创新** chuàngxīn 명 창의력 동 새로운 것을 창조하다, 혁신하다 | ☆**阻碍** zǔ'ài 동 가로막다, 방해하다 | **掌握** zhǎngwò 동 장악하다, 숙달하다 | **凑** còu 동 한데 모이다, 모으다 | **胆识** dǎnshí 명 용감함과 식견 | **新天地** xīntiāndì 명 신천지, 새로운 영역 | **司空见惯** sī kōng jiàn guàn 성어 매우 흔하다

44

在人类历史上，经验为什么重要？

A 让人少走弯路
B 指南针还没发明
C 人们之间不常沟通
D 获得信息的渠道少

인류 역사상 경험은 왜 중요한가?

A 사람이 시행착오를 적게 겪을 수 있게 해줘서
B 나침반이 아직 발명되지 않아서
C 사람들간에 자주 소통하지 않아서
D 정보를 얻는 방법이 적어서

보기 어휘 **走弯路** zǒu wānlù 길을 돌아가다, 시행착오를 겪다 | ★**指南针** zhǐnánzhēn 명 나침반 | **沟通** gōutōng 동 소통하다

정답 D

해설 옛날에는 인류의 활동 범위가 좁아서 많은 사람들이 100킬로미터 밖의 세상은 나가본 적도 없고, 인류가 정보를 얻는 방법은 입에서 입으로 전해지는 것뿐이어서 경험이 늘 중요했다(**在人类历史上经验一直很重要，古时人类的活动范围小，许多人一生都未去过一百公里以外的地方，人类获取信息的渠道仅仅是口耳相传**)라고 했으므로 정답은 D입니다.

45

在现代社会，人们如果只依靠经验会变得怎么样？

A 进步
B 落后
C 创新
D 时尚

현대 사회에서 사람들이 만약 경험에만 의존한다면 어떻게 변할까?

A 발전한다
B 뒤쳐진다
C 혁신한다
D 트랜디하다

보기 어휘 **时尚** shíshàng 형 유행하다 명 유행

정답 B

해설 오늘날 만약 오로지 경험에만 의지하고 나날이 새로워지는 세상에 주의하지 않는다면 뒤쳐진 것을 의미한다(**现如今如果还只是一味地依靠经验，忽视正在不断更新的世界，那就意味着落后了**)고 했으므로 정답은 B입니다.

为什么大数据时代需要人们忘记经验？ | 왜 빅데이터 시대에 사람들은 경험을 잊어야 하는가?

A 容易出现错误 | A 착오가 생기기 쉽다
B 经验阻碍创新 | B 경험은 창의력에 방해가 된다
C 数据信息更受欢迎 | C 데이터 정보가 더욱 인기 있다
D 经验已经毫无意义 | D 경험은 이미 아무런 의미가 없다

보기 어휘 **受欢迎** shòu huānyíng 환영을 받다, 인기가 있다 | **毫无意义** háowú yìyì 아무런 의미도 없다

정답 B

해설 경험은 창의력을 전혀 받쳐줄 수 없고, 어떤 때는 심지어 방해가 될 수도 있다(**经验根本不能支持创新，有时甚至会成为一种阻碍**)고 했으므로 정답은 B입니다.

说话人认为，现在什么现象很常见？ | 화자는 현재 어떤 현상을 매우 흔히 볼 수 있다고 생각하나?

A 年轻人缺少经验 | A 젊은 사람은 경험이 부족하다
B 收集数据要花钱 | B 데이터 수집은 돈을 써야 한다
C 公司不聘有经验的人 | C 회사는 경험이 있는 사람을 채용하지 않는다
D 掌握数据的年轻人创业 | D 데이터에 능통한 젊은 사람이 창업한다

보기 어휘 **聘** pìn 동 채용하다, 초빙하다

정답 D

해설 현재 몇몇 데이터에 능통한 젊은 사람들이 모여(**现在，几个掌握数据的年轻人凑在一起**) 자신의 새로운 영역을 창조하는 것은 이미 흔한 일이 되었다(**创造自己的新天地已经是司空见惯的事了**)고 했으므로 정답은 D입니다.

第48到50题是根据下面一段话：

坏的制度能使好人无法做好事甚至走向反面，好的制度能使坏人无法任意横行。同样，[50]不好的制度能使活树变为死树，好的制度能使死树变为活树。某地掀起了轰轰烈烈的植树造林活动，当地政府制定了一项制度，每栽一棵树，就奖励100元现金，于是，很多农民抱起树苗，拿起铁锹，见缝插针地植树。[48]然而政府很快就发现一个问题，树苗成活率很低。原因很简单，农民为了追求数量，忽视了质量，后期管理不到位。为了提高植树质量，政府派一些官员到各地监督，但成活率还是没有得到大的提高。后来，[49]政府修改了原来的奖励制度，将栽一棵树就得到现金奖励改为活一棵树才能得到奖励。这就是说，不管你今年栽了多少棵树，均以下一年的存活数来支付奖金。此后，农民们都开始认真种树，而且后期管理也跟上了，树的成活率直线上升。

나쁜 제도는 좋은 사람이 좋은 일을 할 수 없거나 심지어 엇나가게까지 만들 수 있고, 좋은 제도는 나쁜 사람도 제멋대로 행동할 수 없도록 만든다. 마찬가지로 [50]나쁜 제도는 살아있는 나무도 죽게 할 수 있고, 좋은 제도는 죽은 나무도 살릴 수 있다. 어떤 지역에서 식수 조림 활동 붐이 거세게 불었다. 현지 정부는 제도를 제정해 나무 한 그루를 심을 때마다 100위안의 포상금을 지급했더니, 많은 농민들은 묘목을 안고, 삽을 들고, 자리만 있으면 나무를 심었다. [48]그러나 정부는 금방 묘목의 생존율이 매우 낮다는 문제점을 발견했다. 원인은 간단하다. 농민들은 수량만을 신경 쓰고 품질은 소홀히하니 사후 관리가 제대로 이루어지지 못했다. 식수의 질을 높이기 위해, 정부는 공무원을 각 지역으로 파견해 감독 했지만 생존율은 여전히 크게 오르지 않았다. 후에 [49]정부는 원래의 포상 제도를 수정해 나무 한 그루를 심으면 포상금을 받는 것을 나무 한 그루를 살리면 포상금을 받을 수 있도록 고쳤다. 이것은 올해 몇 그루의 나무를 심었는지 상관 없이 이듬해 생존 수량을 기준으로 포상금을 지불한다는 것이다. 이후 농민들이 모두 열심히 나무를 심고, 사후 관리도 뒷받침해 주었더니 나무의 생존율은 수직 상승했다.

지문 어휘 **甚至** shènzhì 부 심지어 | ☆**反面** fǎnmiàn 명 부정적인 면, 나쁜 일면 | ☆**任意** rènyì 부 제멋대로 | **横行** héngxíng 동 제멋대로 행동하다 | ☆**掀起** xiānqǐ 동 자극하다, 불러일으키다 | **轰轰烈烈** hōng hōng liè liè 성어 기세가 드높다 | **植树造林** zhíshù zàolín 식수 조림 | **政府** zhèngfǔ 명 정부 | **制定** zhìdìng 동 제정하다 | **制度** zhìdù 명 제도 | **栽** zāi 동 심다 | **棵** kē 양 그루 | ☆**奖励** jiǎnglì 동 장려하다 | **现金** xiànjīn 명 현금 | **抱** bào 동 안다, 들다 | **树苗** shùmiáo 명 묘목 | **铁锹** tiěqiāo 명 삽 | **见缝插针** jiàn fèng chā zhēn 성어 틈만 보이면 바늘을 꽂다, 이용할 수 있는 시간이나 기회·공간을 모두 이용하다 | **然而** rán'ér 접 그러나 | **成活率** chénghuólǜ 명 생존율, 잔존율 | **忽视** hūshì 동 소홀히 하다 | **质量** zhìliàng 질, 품질 | **后期管理** hòuqī guǎnlǐ 사후 관리 | **到位** dàowèi 형 제대로 되다, 적절하다, 훌륭하다 | **提高** tígāo 동 제고하다, 높이다 | **派** pài 동 사람을 보내다 | **官员** guānyuán 명 관원, 관리, 공무원 | ☆**监督** jiāndū 동 감독하다 | **修改** xiūgǎi 동 고치다 | **不管** bùguǎn 접 ~을(를) 막론하고 | **均** jūn 부 모두 | **存活** cúnhuó 동 생존하다 | **支付** zhīfù 동 지불하다 | **奖金** jiǎngjīn 명 상금 | **跟上** gēnshàng 동 뒤를 쫓다, 따라붙다 | **直线** zhíxiàn 부 급격히, 직선으로 명 직선 | **上升** shàngshēng 동 상승하다

当地政府发现了什么问题?	현지 정부는 어떤 문제점을 발견했나?
A 农民种树不积极	A 농민은 식수에 적극적이지 않다
B 成活的树苗不多	B 생존하는 묘목이 많지 않다
C 当地的土层太薄	C 현지 토양층이 너무 얇다
D 水土流失严重	D 수분과 토사 유실이 심각하다

보기 어휘 **土层** tǔcéng 명 토(양)층, 흙의 층 | **薄** báo 형 얇다 | **水土流失** shuǐtǔ liúshī 지표면의 수분과 토사가 유실되다

 B

해설 나무를 한 그루 심으면 포상금을 주는 정책을 시행한 후, 정부는 묘목의 생존율이 매우 낮다는 문제점을 금방 발견했다(然而政府很快就发现一个问题，树苗成活率很低)고 했으므로 정답은 B입니다.

发现问题后，政府采取了什么措施?	문제점을 발견한 후 정부는 어떤 조치를 취했나?
A 传授植树的技巧	A 식수의 기교를 전수했다
B 给土地施肥	B 토지에 비료를 주었다
C 从外地运好土过来	C 외지에서 좋은 흙을 운반해 왔다
D 改了发放奖金的标准	D 포상금 지급 기준을 바꿨다

보기 어휘 ☆**传授** chuánshòu 동 전수하다, 가르치다 | ☆**技巧** jìqiǎo 명 기교, 테크닉 | **施肥** shī féi 동 (식물에) 비료를 주다 | **发放** fāfàng 동 (정부·기관에서 자금·물자 따위를) 발급하다, 지급하다

정답 D

해설 정부는 원래의 포상금 제도를 수정해 나무 한 그루 심으면 포상금 받는 것을 나무 한 그루를 살리면 받는 것으로 고쳤다(政府修改了原来的奖励制度，将栽一棵树就得到现金奖励改为活一棵树才能得到奖励)고 했으므로 정답은 D입니다.

50

下列哪项最适合做这段话的标题?

A 植树与后期管理
B 奖励现金的效果
C 好制度与坏制度
D 死树与活树的差异

다음 중 이 글의 제목으로 적당한 것은?

A 식수와 사후관리
B 현금 포상의 효과
C 좋은 제도와 나쁜 제도
D 죽은 나무와 살아있는 나무의 차이

보기 어휘 **标题** biāotí 명 (글의 내용을 간단하게 요약한) 표제, 제목

정답 C

해설 나쁜 제도는 살아있는 나무도 죽일 수 있고, 좋은 제도는 죽은 나무도 살릴 수 있다(**不好的制度能使活树变为死树，好的制度能使死树变为活树**)는 것을 한 마을의 나무 심기 운동을 예를 들어 설명하고 있으므로 정답은 C입니다.

2회 독해

제1부분 51~60번 문제는 제시된 4개의 보기 중 틀린 문장을 고르는 문제입니다.

51

A 无人超市的出现让消费者有了全新的购物体验。

A 무인 마트의 출현으로 소비자는 새로운 쇼핑 경험을 가졌다.

B 据考证，古代中国的学校是没有寒假和暑假的。

B 고증에 따르면 고대 중국의 학교는 겨울 방학과 여름 방학이 없었다.

C 地铁的一节车厢大约可容纳三百到四百人左右。

C 지하철은 한 칸에 대략 300명에서 400명까지 수용할 수 있다.

D 据有关人士透露，此次的投标结果将于下周公布。

D 관계자 말에 따르면 이번 경쟁 입찰 결과는 다음 주에 발표할 것이다.

어휘 **无人超市** wú rén chāoshì 무인마트 | **全新** quánxīn 형 완전히 새롭다 | **考证** kǎozhèng 명 고증 동 고증하다 | **节** jié 양 절, 마디, 단락 | **车厢** chēxiāng 명 (열차의) 객실이나 수화물칸, 차량 | ☆**容纳** róngnà 수용하다 | ☆**透露** tòulù 동 (소식·상황·의사 등을) 드러내다, 폭로하다, 누설하다 | **此次** cǐcì 명 이번, 금번 | **投标** tóu biāo 동 경쟁 입찰하다 | **公布** gōngbù 동 공포하다, 공표하다

정답 C

해설 중복의 오류입니다. 의미가 중복되는 '大约'와 '左右' 중 하나만 써야하고, '三百到四百人'은 '左右'와 함께 쓸 수 없습니다.

地铁的一节车厢大约可容纳三百到四百人左右。
→ 地铁的一节车厢大约可容纳三百到四百人。

52

A 听外文歌曲和听广播也是非常有效的学外语的方法。

A 외국어 노래를 듣고, 방송을 듣는 것도 매우 효과적인 외국어 학습법이다.

B 老城区规划方案将已通过评审，预计上半年可以开始重建。

B 구시가지 계획안은 이미 심사를 통과했고, 상반기에 재건축을 시작할 수 있을 것이라고 전망한다.

C 此次关于医疗改革的报告在社会上引起了巨大的反响。

C 이번 의료 계획에 관한 보고서는 사회에서 큰 반향을 일으켰다.

D 妨碍我们行动的往往并不是思想，而是思想上的犹豫不决。

D 우리의 행동을 방해하는 것은 종종 생각이 아니라 생각 속의 망설임이다.

어휘 **老城区** lǎochéngqū 구시가 지역 | **规划** guīhuà 명 계획, 기획 (비교적 종합적이고 장기적인 계획에 쓰임) | **方案** fāng'àn 명 (구체적인) 방안, 계획 | **评审** píngshěn 동 평가하다, 심사·평정하다 | **预计** yùjì 동 예상하다, 전망하다 | **上半年** shàngbànnián 명 일년의 상반기 | **重建** chóngjiàn 동 재건하다 | **医疗** yīliáo 명 의료 | **巨大** jùdà 형 거대하다 | **引起反响** yǐnqǐ fǎnxiǎng 반향을 불러일으키다 | **妨碍** fáng'ài 동 지장을 주다, 방해하다 | **犹豫不决** yóu yù bù jué 성어 결단을 내리지 못하고 망설이다, 우유부단하다

정답 B

해설 단어 사용의 오류입니다. '将'은 '장차'의 의미로 곧 일어날 일을 나타내는 미래 시제 표현이고, '已'는 '이미'라는 뜻으로 벌써 이루어진 일을 나타내므로 함께 사용할 수 없습니다.

老城区规划方案将已通过评审，预计上半年可以开始重建。
→ 老城区规划方案已通过评审，预计上半年可以开始重建。

53

A 眼睛是心灵的窗口，有时它会不知不觉地出卖你。
A 눈은 마음의 창이어서 어떤 때는 자신도 모르는 사이에 당신을 배신하기도 한다.

B 据悉，深圳即将超过上海，成为整个中国的经济中心。
B 소식에 따르면, 선전은 곧 상하이를 앞질러 중국 전체의 경제 중심지가 될 것이다.

C 官方网站正在维修，如有急事，敬请拨打我们的热线电话。
C 공식 홈페이지는 현재 점검 중이니, 급한 일은 우리 직통 전화로 걸어주시길 부탁 드립니다.

D 本次活动将围绕着四个传统节日为主题来征集原创诗词。
D 이번 행사에서는 4개의 전통 명절을 주제로 한 창작 시사를 공모할 것이다.

어휘 **不知不觉** bù zhī bù jué 성어 자기도 모르는 사이에, 부지불식간에 | ★**心灵** xīnlíng 명 영혼, 마음 | ★**出卖** chūmài 동 배반하다, 팔아먹다, 배신하다 | ★**据悉** jùxī 소식에 따르면, 아는 바에 의하면 | **深圳** Shēnzhèn 고유 선전[광둥(廣東)성에 있는 지명] | ★**即将** jíjiāng 부 곧, 머지않아 | **官方网站** guānfāng wǎngzhàn 공식 홈페이지, 공식 웹사이트 | **维修** wéixiū 동 보수하다, 수리하다, 손질하다 | **敬请** jìngqǐng 동 공손히 부탁하다 | **拨打** bōdǎ 동 전화를 걸다 | **热线电话** rèxiàn diànhuà 직통전화, 핫라인(hot line) | **围绕** wéirào 동 (문제나 일을) 둘러싸다, ~을(를) 중심에 놓다 | **征集** zhēngjí 동 (자료·문물 따위를) 공모하다, 모집하다 | **原创** yuánchuàng 동 처음으로 만들다, 처음 창작하다 | **诗词** shīcí 명 诗(시)·词(사)의 병칭, 시사(詩詞)

정답 D

해설 어휘 사용의 오류입니다. '~을(를) 주제로 삼다'는 '以~为主题'라고 해야 하고, '围绕着'는 '(어떤 주제를) 둘러싸다'의 의미이므로 '~为主题'와 함께 쓰면 의미 중복의 오류가 됩니다.

本次活动将围绕着四个传统节日为主题来征集原创诗词。
→ 本次活动将以四个传统节日为主题来征集原创诗词。

A 人不能只顾眼前的利益，要学会"放长线，钓大鱼"。	A 사람은 눈앞의 이익만 생각하면 안 되고, '긴 줄을 늘여 큰 고기를 낚는 법'을 배워야 한다.
B 他面试时的表现非常沉着，最终被这家公司正式录用了。	B 그는 면접 시 태도가 매우 침착하여 결국 이 회사에 정식으로 뽑혔다.
C 增加绿色植被的覆盖率是为了防止水土流失的一种很有效的方法。	C 녹지 비율을 늘리는 것은 지표면의 토양이 유실되는 것을 방지하는 매우 효과적인 방법이다.
D 秋天的香山被漫山遍野的枫叶覆盖着，不失为登山的一个好去处。	D 가을의 향산은 온통 단풍으로 뒤덮여있어, 등산하기 좋은 곳이라고 할만하다.

어휘 **只顾** zhǐgù 동 오직 ~만 생각하다, 오로지 ~에 정신이 팔리다 | **放长线，钓大鱼** fàng chángxiàn, diào dàyú 성어 긴 줄을 늘여 큰 고기를 낚다, 차분히 대처하여 큰 수확을 거두다, 눈앞의 작은 것보다 앞날의 큰 것을 보다 | **表现** biǎoxiàn 명 태도, 품행, 행동 | ☆**沉着** chénzhuó 형 침착하다 | **最终** zuìzhōng 명 맨 마지막, 최종 | **录用** lùyòng 동 채용하다 | **植被** zhíbèi 명 식생 | **覆盖率** fùgàilǜ 명 점유율, 피복률 | **水土流失** shuǐtǔ liúshī (지표면의) 토양이 유실되다 | **漫山遍野** màn shān biàn yě 성어 온 산천에 가득하다, 굉장히 많다 | **枫叶** fēngyè 명 단풍잎 | ☆**覆盖** fùgài 동 덮다, 가리다 | **不失为** bùshīwéi ~(이)라고 할 수 있다, 간주할 수 있다

정답 C

해설 어휘 남용의 오류입니다. 토양의 유실을 방지하기 위해 녹지 비율을 늘린다는 의미는 맞지만 현재 문장 구조는 [주어(增加绿色植被的覆盖率)+술어(是)+목적어(防止水土流失的一种很有效的方法)] 구조로 '为了'가 불필요합니다.

增加绿色植被的覆盖率是为了防止水土流失的一种很有效的方法。
→ 增加绿色植被的覆盖率是防止水土流失的一种很有效的方法。

55

A 西兰花所含的萝卜硫素具有与防晒霜相似的护肤功效。	A 브로콜리에 함유된 설포라판은 자외선 차단제와 비슷한 피부 보호 효과가 있다.
B 团队负责人是团队的核心人物，他决定着团队的发展方向。	B 팀 책임자는 팀의 핵심 인물이고, 팀의 발전 방향을 결정한다.
C 成熟由两部分组成，一半是对美好的追求，一半是对残缺的接纳。	C 성숙은 두 가지로 이루어진다. 절반은 아름다움에 대한 추구이고, 나머지는 부족함에 대한 수용이다.
D 关于因经济条件不允许而失学的孩子，重返校园就是获得重生的时刻。	D 경제 여건이 허락하지 않아서 학업을 중단한 아이들에게는 학교로 복귀하는 것이 다시 태어나는 순간이다.

어휘 **西兰花** xīlánhuā 명 브로콜리 | **萝卜硫素** luóbo liú sù 명 Sulforaphane, 설포라판 | **防晒霜** fángshàishuāng 자외선차단제, 썬크림 | **相似** xiāngsì 동 닮다, 비슷하다 | **护肤** hùfū 동 피부를 보호하다 | **核心人物** héxīn rénwù 핵심인물 | **残缺** cánquē 형 불완전하다, 결손이 있다 | **接纳** jiēnà 동 받아들이다 | **允许** yǔnxǔ 동 허가하다 | **失学** shī xué 동 배움의 기회를 잃다, 학업을 중단하다 | **重返** chóngfǎn 동 복귀하다 | **重生** chóngshēng 동 거듭 나다, 재생하다

정답 D

해설 전치사 사용 오류입니다. 경제 사정상 학업을 중단한 아이들 입장에선 학교로의 복귀가 다시 태어나는 순간이 되기 때문에 '对于~来说'로 표현해야 합니다. '关于'는 술어의 내용을 받는 전치사이기 때문에 적합하지 않습니다.

关于因经济条件不允许而失学的孩子，重返校园就是获得重生的时刻。
→ 对于因经济条件不允许而失学的孩子来说，重返校园就是获得重生的时刻。

56

A 网络热词"佛系"指的是现代人的一种云淡风轻的生活态度。

A 인터넷의 핫 키워드인 '불계'는 현대인의 초연하고 대범한 생활 태도를 가리키다.

B《五牛图》是用宣纸绘制的，它流传千载，因为有很高的艺术价值。

B 〈오우도〉는 선지를 사용해 그려 만든 것으로 유구한 세월 동안 전해내려 왔기 때문에 매우 높은 예술적 가치가 있다.

C 骆驼每喝完一次水后就可以挺几天几夜，所以人们称之为"沙漠之舟"。

C 낙타는 한 번 물을 마신 후 몇 날 며칠을 버틸 수 있어서 사람들은 그것을 '사막의 배'라고 부른다.

D 倘若一个人能在任何情况下都感受到快乐，那么他便会成为世上最幸福的人。

D 만약 누군가 어떤 상황에서도 즐거움을 느낄 수 있다면 그는 세상에서 가장 행복한 사람이 될 수 있다.

어휘 **热词** rècí 명 핫 키워드, 인기어, 화제어 | **佛系** fóxì 불계, 모든 일을 담담하게 보며 살아가는 생활 태도 | **云淡风轻** yún dàn fēng qīng 바람도 잔잔하고 구름도 옅다, 고난을 겪은 후 초연하고 대범한 모습을 나타내는 말 | **宣纸** xuānzhǐ 명 (화)선지 | **绘制** huìzhì 동 그려 제작하다 | **流传** liúchuán 동 세상에 널리 퍼지다 | **千载** qiānzǎi 명 천 년, 유구한 세월 | **骆驼** luòtuo 명 낙타 | **挺** tǐng 동 억지로 버티다, 견디다 | **称之为** chēngzhīwéi ~을(를) ~라고 부르다 | ★**倘若** tǎngruò 접 만약

정답 B

해설 접속사 사용의 오류입니다. 〈오우도〉는 유구한 세월 동안 전해 내려와서 예술 가치가 높은 것이므로 결과 절에는 '因此'가 사용되어야 맞습니다.

《五牛图》是用宣纸绘制的，它流传千载，因为有很高的艺术价值。
→《五牛图》是用宣纸绘制的，它流传千载，因此有很高的艺术价值。

57

A 个人信用体系的完善已成为市场经济是否成熟的显著标志之一。

A 개인 신용 체계가 완벽한지 아닌지가 이미 시장 경제가 성숙한지 아닌지의 분명한 지표 중 하나가 되었다.

B 这件事给我的触动很大，因此我决定拍一部电影，来反映我现在所处的时代。

B 이 일이 나에게 준 감동이 너무 커서, 난 내가 현재 처한 시대를 반영해주는 영화를 한 편 찍을 것을 결심했다.

C 走得慢的人，只要他不丧失目标，最终总会比漫无目的地向前跑的人走得快。

C 천천히 걷는 사람은 목표만 잃지 않는다면 결국 아무런 목적 없이 앞으로 걸어가는 사람보다 빠를 것이다.

D 据天气预报报道，高考前后几天温差将不会太大，考生可以放心参加高考。

D 일기 예보에 따르면 대학 입시 시험 전 후 며칠은 기온 차가 그다지 크지 않아서 수험생은 안심하고 시험에 참가할 수 있을 것이다.

어휘 **信用体系** xìnyòng tǐxì 신용 체계(시스템) | **完善** wánshàn 형 완벽하다, 완전하다 | **市场经济** shìchǎng jīngjì 명 시장 경제 | **显著** xiǎnzhù 형 현저하다, 뚜렷하다 | **标志** biāozhì 명 상징, 표지 | **触动** chùdòng 동 감동시키다 | **反映** fǎnyìng 동 반영하다 | ★**丧失** sàngshī 동 상실하다, 잃다 | **漫无目的** màn wú mùdì 아무런 목적이 없다

정답 A

해설 정반사 사용 오류입니다. 개인 신용 체계가 완벽한 것은 시장 경제가 성숙된 것을 나타내주고, 개인 신용 체계가 완벽하지 못한 것은 시장 경제가 성숙되지 못한 것을 의미하므로, 주어 문장과 목적어 문장에 정반사가 함께 사용되거나 둘 다 사용되지 않아야 논리적으로 맞는 의미가 됩니다.

个人信用体系的完善已成为市场经济是否成熟的显著标志之一。
→ 个人信用体系的完善已成为市场经济成熟的显著标志之一。
→ 个人信用体系是否完善已成为市场经济是否成熟的显著标志之一。

58

A 北宋南方高度发达的经济为海上丝绸之路的繁荣有着不可替代的作用。

B 台湾一直有它独特的魅力，除了各种诱人的美食外，还有让人流连忘返的温泉。

C 把飞机的窗户设计成椭圆形，不是为了美观，而是出于对飞机飞行安全的考虑。

D 美术教育的目的是让学生对每一种平凡的事物都能有美的感触，都能欣赏到美。

A 북송 남방의 고도로 발달한 경제는 해상 실크로드의 번영을 위해 무엇으로도 대체할 수 없는 역할을 했다.

B 대만은 늘 특별한 매력을 가지고 있다. 여러 가지 매력적인 별미 외에도, 발길을 떼지 못하게 하는 온천도 있다.

C 비행기의 창문을 타원형으로 디자인한 것은 미관을 위해서가 아니라 비행기의 비행 안전에 대한 고려에서 나온 것이다.

D 미술 교육의 목적은 학생들이 모든 평범한 사물에서도 아름다움을 느낄 수 있고, 감상해낼 수 있게 하는 데 있다.

어휘 **不可替代** bù kě tìdài 대체할 수 없다 | **独特** dútè 형 독특하다 | **魅力** mèilì 명 매력 | **诱人** yòurén 형 매력적이다, 매혹적이다 | **美食** měishí 명 맛있는 음식 | **流连忘返** liú lián wàng fǎn 성어 돌아가는 것도 잊고 경치(놀이)에 푹 빠지다 | **温泉** wēnquán 명 온천 | **椭圆形** tuǒyuánxíng 명 타원형 | **出于** chūyú 동 ~에서 나오다, ~에서 비롯되다(주로 원인을 나타냄) | **感触** gǎnchù 명 느낌, 감회

정답 A

해설 '역할을 하다'라는 의미의 '起作用'은 전치사 '为'와 호응하고, '有作用'은 전치사 '对'와 호응합니다. 따라서 '为~起作用' 또는 '对~有作用'이라고 표현해야 합니다.

北宋南方高度发达的经济为海上丝绸之路的繁荣有着不可替代的作用。
→ 北宋南方高度发达的经济为海上丝绸之路的繁荣起到了不可替代的作用。
→ 北宋南方高度发达的经济对海上丝绸之路的繁荣有着不可替代的作用。

59

A 保持健康的办法就是吃点你不想吃的，喝点你不想喝的，以及做点你不愿意做的事情。

B 随着技术的发展和经验的积累，再加上政府的扶持，使得中国自主品牌汽车进入快速发展时期，各种创新产品层出不穷。

C 冰箱的低温环境并不能杀死由空气、食物等带入到冰箱中的微生物，它只能抑制部分微生物生长的速度。

D 作曲家刘炽一生写了上千首歌曲，他谱写的电影插曲《让我们荡起双桨》、《我的祖国》等都是影响了几代中国人的经典歌曲。

A 건강을 유지하는 방법은 먹기 싫은 것을 먹고, 마시기 싫은 것을 마시며, 하고 싶지 않은 일을 하는 것이다.

B 기술의 발전과 경험의 축적, 그 위에 정부의 지원까지 더해져 중국 자체 브랜드 자동차는 비약적인 발전기에 들어섰고, 각종 아이디어 상품이 끊임없이 나왔다.

C 냉장고의 저온 환경은 공기, 음식물 등에서부터 냉장고 안으로 옮겨오는 세균을 죽일 수 있는 것이 아니라 일부 세균의 성장 속도를 억제할 뿐이다.

D 작곡가 류츠는 평생 천 여 곡의 노래를 썼다. 그가 작곡한 영화 삽입곡 〈우리 함께 노를 저어요〉, 〈우리의 조국〉 등은 모두 여러 세대의 중국인들에게 영향을 끼친 대표 고전 노래이다.

어휘 **再加上** zài jiāshang 그 위에, 게다가 | **扶持** fúchí 동 지지하다, 지원하다 | **自主品牌** zìzhǔ pǐnpái 자체 브랜드 | ★**创新** chuàngxīn 명 독창성, 창의성 | ★**层出不穷** céng chū bù qióng 성어 끊임없이 나타나다, 꼬리를 물고 나타나다 | **微生物** wēishēngwù 명 세균, 미생물 | **抑制** yìzhì 동 억제하다 | **作曲家** zuòqǔjiā 명 작곡가 | **刘炽** liúchì 고유 류츠(인명) | **谱写** pǔxiě 동 작곡하다, 창작하다 | **电影插曲** diànyǐng chāqǔ 명 영화 주제가, 영화 삽입곡 | **荡起双桨** dàng qǐ shuāng jiǎng 두 개의 노를 젓다 | **经典** jīngdiǎn 명 경전, 고전(古典)

정답 B

해설 주어의 부재 오류입니다.

이 문장의 전체 구조는 '주어(技术的发展和经验的积累，再加上政府的扶持)+술어(使得)+목적어(中国自主品牌汽车进入快速发展时期)'인데, 맨 앞에 쓰인 전치사 '随着'는 주어 앞에 쓸 수 없는 전치사이므로 삭제해야 합니다. 여기서 만약 사역동사 '使得'를 뺀다면, 전치사구(随着技术的发展和经验的积累，再加上政府的扶持)+주어(中国自主品牌汽车)+술어(进入)+목적어(快速发展时期)' 구조의 또 다른 올바른 문장이 만들어 질 수 있습니다.

随着技术的发展和经验的积累，再加上政府的扶持，使得中国自主品牌汽车进入快速发展时期，各种创新产品层出不穷。

→ 技术的发展和经验的积累，再加上政府的扶持，使得中国自主品牌汽车进入快速发展时期，各种创新产品层出不穷。

→ 随着技术的发展和经验的积累，再加上政府的扶持，中国自主品牌汽车进入快速发展时期，各种创新产品层出不穷。

A "拒买族"是在一年之内只买食品、药品等生活必需品的人，除此以外他们绝对不买任何东西。

B 人们常常认为依赖手机的人群大部分是年轻人，其实现在无论男女老少，都已经成为了"手机的奴隶"。

C 干细胞中含有人体的全部遗传信息，具有再生各种组织器官的潜在功能，医学界称之为"万用细胞"。

D 背扇是中国西南地区少数民族妇女们用来背负婴儿的工具，被誉为"妈妈身上的摇篮"的称号。

A '쥐마이주'는 일년 동안 식품, 약품 등 생활 필수품만 구매하고, 이밖에 어떠한 물건도 절대 사지 않는다.

B 사람들은 종종 휴대전화에 의존하는 사람 대부분은 젊은 사람이라고 생각하지만, 사실 현재 남녀노소 불문하고 모두 이미 '휴대전화의 노예'가 되었다.

C 줄기세포에는 인체의 모든 유전 정보가 들어있어서 각종 조직 기관을 재생하는 잠재적 기능을 가지고 있고, 의학계에서는 이를 '만능세포'라고 부른다.

D '베이산'은 중국 서남지역 소수민족 여성들이 아기를 업을 때 사용하는 도구이고 '엄마 품속의 요람'이라고 불린다.

어휘 **拒买族** jùmǎizú 쥐마이주(생활 필수품을 제외한 어떤 물건도 사지 않는 과소비를 지양하는 사람들) | **除此以外** chú cǐ yǐwài 이것 이외에, 이밖에 | ☆**依赖** yīlài 동 의지하다 | ☆**奴隶** núlì 명 노예 | **干细胞** gànxìbāo 명 줄기세포 | ☆**遗传** yíchuán 명 유전 | **再生** zàishēng 동 재생하다 | ☆**器官** qìguān 명 (생물의) 기관 | **万用** wànyòng 만능 | ☆**细胞** xìbāo 명 세포 | **背负** bēifù 동 (사람을) 업다 | **摇篮** yáolán 명 요람

정답 D

해설 어휘 중복의 오류입니다. 'A 被称为 / 被誉为B (A는 B로 불린다 / 칭송된다)'는 'A有B的称号 / 美誉 (A는 B의 이름 / 명성을 가지고 있다)'와 같은 의미이므로 '被誉为'와 '的称号'를 중복해 쓸 수 없습니다.

背扇是中国西南地区少数民族妇女们用来背负婴儿的工具，**被誉为**"妈妈身上的摇篮"**的称号**。

→ 背扇是中国西南地区少数民族妇女们用来背负婴儿的工具，被誉为"妈妈身上的摇篮"。

→ 背扇是中国西南地区少数民族妇女们用来背负婴儿的工具，有"妈妈身上的摇篮"的称号。

제2부분 61~70번 문제는 빈칸에 들어가는 알맞은 어휘를 고르는 문제입니다.

61

阿拉善右旗 位于 内蒙古的最西部，自古被称为“驼乡中的驼乡”。因为有了骆驼，才有了丝绸之路上来往商旅 响亮 的笑声，还有那 悠长 的驼铃声。如果没有骆驼，人类和戈壁沙漠的关系也就无从谈起。

A 地处 ○ 悦耳 ○ 嘈杂 ×
B 位于 ○ 响亮 ○ 悠长 ○
C 蔓延 × 灿烂 × 悠久 ×
D 弥漫 × 迷人 × 深沉 ×

아라산유치는 네이멍구의 가장 서쪽에 위치하고, 예로부터 '낙타의 고향 중의 고향'이라고 불린다. 낙타가 있기 때문에 비로소 실크로드에서 오가는 상인과 여행객의 우렁찬 웃음 소리가 생겼고, 길게 울려 퍼지는 낙타 방울 소리도 있다. 만약 낙타가 없었다면 인류와 고비 사막과의 관계도 말할 거리가 없다.

지문 어휘 **阿拉善右旗** Ālāshànyòuqí 고유 아라산유치(지명) | **内蒙古** Nèiměnggǔ 고유 네이멍구(지명) | **自古** zìgǔ 부 자고로, 예로부터 | **驼乡** tuóxiāng 명 낙타의 고향 | **骆驼** luòtuo 명 낙타 | **丝绸之路** sīchóuzhīlù 명 실크로드 | **商旅** shānglǚ 명 상인과 여객 | **铃** líng 명 방울 | **戈壁** gēbì 명 고비 사막(몽골어의 음역으로 초목이 자라기 힘든 땅이라는 뜻, 주로 굵은 모래와 잔돌로 덮여 있음) | **沙漠** shāmò 명 사막 | **无从** wúcóng 부 ~할 길이 없다, 어디서부터 ~해야 할지 모르다

정답 B

해설 **[첫 번째 빈칸]**
뒤에 장소가 와서 '~에 위치하다'의 의미를 갖는 것은 '位于'와 '地处'입니다.

A 地处 dìchǔ 동 ~에 위치하다 | 地处中原 중원에 위치하다
B 位于 wèiyú 동 ~에 위치하다 | 位于市中心 시 중심에 위치하다
C ★蔓延 mànyán 동 만연하다, 퍼지다 | 大火蔓延 큰 불이 만연하다
D ★弥漫 mímàn 동 (연기나 안개가) 자욱하다 | 烟雾弥漫 연기와 안개가 자욱하다

[두 번째 빈칸]
목적어 '笑声(웃음 소리)'과 호응할 수 있는 보기 중의 단어는 '悦耳(듣기좋다)'과 '响亮(소리가 우렁차다)'입니다.

A 悦耳 yuè'ěr 형 듣기 좋다 | 悦耳的声音 듣기 좋은 소리
B ★响亮 xiǎngliàng 형 소리가 우렁차다 | 歌声响亮 노래 소리가 우렁차다
C ★灿烂 cànlàn 형 찬란하다 | 阳光灿烂 햇살이 찬란하다
D ★迷人 mírén 형 매력적이다 | 迷人的微笑 매력적인 미소

[세 번째 빈칸]
실크로드를 오가며 길게 울려 퍼지는 낙타의 방울 소리를 묘사할 수 있는 단어로는 '悠长'이 적합합니다. '噪杂'는 떠들썩한 소란스런 소리에, '深沉'은 낮고 묵직한 소리에 쓰이므로 지문 내용과 어울리지 않습니다.

A ★嘈杂 cáozá 형 소란하다, 떠들썩하다 | 嘈杂的环境 떠들썩한 환경
B 悠长 yōucháng 형 길다 | 悠长的声音 긴 소리
C 悠久 yōujiǔ 형 유구하다 | 悠久的历史 유구한 역사
D ★深沉 shēnchén 형 진중하다, (소리가) 낮고 둔탁하다 | 深沉的人 진중한 사람

机器翻译出错闹出笑话的例子 数不胜数 ，但大数据的应用正在令机器翻译技术不断完善，甚至有人认为机器翻译必将 代替 人力，让人类攻克语言交流障碍。然而翻译器真能 体会 人类语言的深度吗？

A 数不胜数 ○　代替 ○　体会 ○
B 比比皆是 ○　代表 ×　克服 ×
C 日新月异 ×　超越 ○　领会 ○
D 家喻户晓 ×　补偿 ×　传达 ×

기계 번역 잘못으로 웃음 거리가 되는 경우가 매우 많지만, 빅데이터의 응용으로 현재 기계 번역 기술은 끊임없이 완벽해지고, 심지어 어떤 이는 기계 번역은 분명 인력을 대체하게 되어 인류는 언어 교류의 장애물을 극복하게 될 것이라 생각하기도 한다. 그러나 번역기가 정말 인류 언어의 깊이를 다 이해할 수 있을까?

지문 어휘 **机器** jīqì 명 기계 | **翻译** fānyì 동 번역하다 | **出错** chūcuò 동 착오가 발생하다 | **闹笑话** nào xiàohua 웃음 거리가 되다 | **例子** lìzi 명 예 | **大数据** dàshùjù 명 빅데이터 | **应用** yìngyòng 명 응용 동 응용하다, 사용하다 | **完善** wánshàn 형 완벽하다 | **甚至** shènzhì 부 심지어 | **必将** bìjiāng 부 반드시 ~할 것이다 | **人力** rénlì 명 인력 | ★ **攻克** gōngkè 동 극복하다, 정복하다 | **障碍** zhàng'ài 명 장애물 | **然而** rán'ér 접 그러나

정답 A

해설 **[첫 번째 빈칸]**
지문은 기계 번역 오류로 웃음 거리가 되는 사례가 매우 많다는 것인데 보기 중 '많다'는 의미를 나타낼 수 있는 것은 '数不胜数'와 '比比皆是'입니다.

A 数不胜数 shǔ bú shèng shǔ 성어 셀래야 셀 수 없다 | 作品数不胜数 작품의 수를 셀래야 셀 수 없다
B 比比皆是 bǐ bǐ jiē shì 성어 도처에 있다, 아주 흔하다 | 机器人比比皆是 로봇은 도처에 다 있다
C ★日新月异 rì xīn yuè yì 성어 나날이 새로워지다 | 日新月异的技术 나날이 새로워진 기술
D ★家喻户晓 jiā yù hù xiǎo 성어 집집마다 알다 | 家喻户晓的故事 집집마다 다 아는 이야기

[두 번째 빈칸]
기계와 인력을 두고 나올 수 있는 의미로는 기계가 인력을 '대체한다(代替)' 또는 '뛰어넘는다(超越)'가 적합합니다.

A 代替 dàitì 동 대체하다, 대신하다 | 无法代替 대신할 수 없다
B 代表 dàibiǎo 동 대표하다 명 대표 | 代表中国 중국을 대표하다
C ★超越 chāoyuè 동 뛰어넘다, 초월하다 | 超越自我 자신을 초월하다
D ★补偿 bǔcháng 동 보상하다 | 补偿损失 손실을 보상하다

[세 번째 빈칸]
기계가 인류 언어의 깊이를 다 이해할 수 있을지에 대한 의문을 나타낸 문장으로 '体会'와 '领会'가 적합합니다.

A 体会 tǐhuì 동 체득하다 | 体会意义 의미를 체득하다
B 克服 kèfú 동 극복하다 | 克服困难 어려움을 극복하다
C ★领会 lǐnghuì 동 깨닫다 | 领会意思 뜻을 깨닫다
D ★传达 chuándá 동 전달하다 | 传达指示 지시를 전달하다

63

很多人认为男人力气大，做骑手更合适。其实，送外卖不光 靠 力气，还得动脑筋。比如，怎么 规划 最优行车路线，才能把外卖最快地送到顾客手中。研究显示，男性骑手的工作 效率 没有女性骑手高。

A 考 ×	指定 ×	比例 ×
B 测 ×	计划 ○	比重 ×
C 靠 ○	规划 ○	效率 ○
D 依 ×	规定 ×	频率 ×

많은 사람들이 남자가 힘이 세서 라이더 하기에 더 적합하다고 생각한다. 사실 음식 배달은 힘에만 의지해서는 안되고, 머리를 써야 한다. 예를 들면 가장 좋은 주행 코스를 어떻게 짜야지 비로소 배달 음식을 가장 빨리 고객에게 전해줄 수 있는지이다. 연구에 따르면 남성 라이더의 업무 효율은 여성 라이더만큼 높지 않다.

지문 어휘 **力气** lìqi 명 힘 | **骑手** qíshǒu 명 라이더(말이나 자전거, 오토바이를 타는 사람) | **外卖** wàimài 명 배달 음식 | **动脑筋** dòng nǎojīn 머리를 쓰다, 연구하다 | **路线** lùxiàn 명 노선 | **顾客** gùkè 명 고객 | **显示** xiǎnshì 동 나타내다

 C

해설 **[첫 번째 빈칸]**
음식 배달은 힘만으로는 안 된다는 것은 힘에만 의존할 수 없다는 뜻이므로 '靠'가 어울립니다.

A **考** kǎo 동 검사하다, 테스트하다 | 考**单词** 단어 시험을 보다
B **测** cè 동 측정하다 | 测**电压** 전압을 측정하다
C **靠** kào 동 기대다, 의지하다 | 靠**实力** 실력으로 하다
D **依** yī 동 의거하다 | 依**法处理** 법에 따라 처리하다

[두 번째 빈칸]
배달 음식을 빨리 전달하기 위해 가장 빠른 주행 코스를 짠다는 것이므로 '계획하다'라는 의미의 '计划'와 '规划'가 적합합니다. '规定'은 단체나 기관 등에서 '수량이나 어떤 방식을 정한다'는 의미입니다.

A ★**指定** zhǐdìng 동 지정하다 | 指定**时间** 시간을 지정하다
B **计划** jìhuà 동 계획하다 명 계획 | 计划**去旅行** 여행을 계획하다
C ★**规划** guīhuà 동 계획하다 명 계획 | 规划**路线** 노선을 계획하다
D **规定** guīdìng 동 규정하다 명 규정 | **公司**规定 회사의 규정

[세 번째 빈칸]
지문의 전체적인 내용은 남자가 배달 라이더로 더 적합해 보이지만 실제로 여자가 일을 더 잘한다는 것입니다. '高'와 호응할 수 있고 문맥과도 잘 어울리는 것은 '效率'입니다.

A **比例** bǐlì 명 비율 | **男女**比例 남녀비율
B ★**比重** bǐzhòng 명 비중 | **占很大**比重 큰 비중을 차지하다
C **效率** xiàolǜ 명 효율 | 效率**高** 효율이 높다
D ★**频率** pínlǜ 명 빈도 | 频率**高** 빈도가 높다

"话太多"和"会聊天"不一样。话说得越多，<u>不见得</u>越受欢迎。话多的人爱插话，说话时往往没有经过<u>慎重</u>思考，让对方没有<u>表达</u>的余地；而会聊天的人则懂得什么话该说，什么话不该说，他们的秘诀，<u>不过</u>是把别人装在心里，仅此而已。

A 不见得 ○	慎重 ○	表达 ○	不过 ○
B 不敢当 ×	谨慎 ○	讨论 ×	仅仅 ×
C 怪不得 ×	踊跃 ×	交流 ×	暂时 ×
D 恨不得 ×	沉着 ○	发言 ○	的确 ×

'말이 너무 많다'와 '이야기를 나눌 줄 안다'는 다르다. 말을 많이 할수록 꼭 환영 받<u>는 것은 아니다</u>. 말이 많은 사람은 끼어들기를 좋아하고, 말할 때 종종 <u>신중하게</u> 생각하지 않으며, 상대방에게 <u>표현할</u> 여지를 주지 않는다. 그러나 이야기를 잘 하는 사람은 자기가 해야 할 말과 그렇지 않은 말을 가릴 줄 안다. 그들의 비결은 다른 사람을 마음에 두고 있다는 <u>것 밖에 없다</u>. 단지 그뿐이다.

지문 어휘 **聊天** liáo tiān 동 잡담을 하다 | **插话** chā huà 동 말에 끼어들다 | **思考** sīkǎo 동 사고하다 | **余地** yúdì 명 여지 | **秘诀** mìjué 명 비결 | **装** zhuāng 동 넣다 | **仅此而已** jǐn cǐ ér yǐ 단지 그뿐이다

정답 A

해설 **[첫 번째 빈칸]**

지문은 말이 너무 많은 사람은 끼어들기를 좋아하고, 신중하게 생각하지 않고 말을 하며, 상대방에게 말할 여지를 주지 않는다는 부정적인 면을 설명하고 있습니다. 따라서 말이 너무 많은 사람은 환영 받지 못할 수 있다는 의미의 A가 정답입니다.

A 不见得 bújiànde 부 반드시 ~라고는 할 수 없다 | 贵的东西不见得都好。비싼 물건이 반드시 다 좋다고 말할 수 없다.

B ★不敢当 bùgǎndāng 감당하기 어렵다, (상대방의 초대나 칭찬 등에 대해서) 별말씀을 다 하십니다, 천만의 말씀입니다 | 您太高看我了，真不敢当。 저를 너무 높게 평가해 주시니 황송합니다

C 怪不得 guàibude 부 어쩐지 | 怪不得你昨天没来！ 어쩐지, 어제 왜 안 왔나 했네!

D ★恨不得 hènbude ~못하는 것이 한스럽다(안타깝다), 간절히 ~하고 싶다 | 我恨不得马上回家休息。나 정말 당장 집에 가서 쉬고 싶어.

[두 번째 빈칸]

'思考'와 호응할 수 있는 것은 보기 중 '慎重', '谨慎', '沉着'입니다. '踊跃'는 '어떤 일을 하는 태도가 적극적인 것'을 나타냅니다.

A ★慎重 shènzhòng 형 신중하다 | 慎重考虑 신중하게 생각하다

B 谨慎 jǐnshèn 형 신중하다 | 谨慎的性格 신중한 성격

C ★踊跃 yǒngyuè 형 열렬하다, 적극적이다 | 踊跃参加 적극적으로 참가하다

D ★沉着 chénzhuó 형 침착하다 | 沉着冷静 침착하고 냉철하다

[세 번째 빈칸]

지문 내용은 '상대방이 발언할 수 있는 여지를 주지 않는다'는 것이므로 '表达(자신의 생각을 나타내다)' 또는 '发言(발언하다)'이 적합합니다.

A 表达 biǎodá 동 (생각·감정 등을) 표현하다 | 善于表达 표현을 잘한다

B 讨论 tǎolùn 동 토론하다 | 讨论问题 문제를 토론하다

C 交流 jiāoliú 동 교류하다 | 文化交流 문화 교류

D 发言 fāyán 동 발언하다, 발표하다 | 会上发言 회의에서 발언하다

[네 번째 빈칸]
지문 내용은 이야기를 잘 하는 사람의 비결은 다른 특별한 것은 없고, 다른 사람을 신경 쓰고 배려하는 것뿐이라는 것이므로 '不过'가 적합합니다.

A 不过 búguò 부 ~에 불과하다, ~뿐이다 | 不过如此 이 정도에 불과하다
B ★仅仅 jǐnjǐn 부 ~뿐이다 | 仅仅是普遍朋友 보통 친구 사이일 뿐이다
C 暂时 zànshí 명 잠시 | 暂时停止 잠시 정지하다
D 的确 díquè 부 확실히 | 的确不错 확실히 좋다

起初，中国在航空方面并没有经验，所有的技术都被西方垄断。后来，钱学森创造了"航天"一词，用它来形容地球以外天体的各种活动，他还把大气层内的航行称为"航空"，"宇航员"则是能够妥善处理航天任务、以及能够控制航天器进行太空飞行的人。

A 起初 ○	形容 ○	妥善 ○	控制 ○
B 当年 ×	标志 ×	完善 ×	驾驶 ○
C 目前 ×	定义 ×	完美 ×	掌握 ×
D 如今 ×	提议 ×	完整 ×	把握 ×

당초 중국은 항공 분야에 경험이 없어서 모든 기술을 서방 선진국이 독점했다. 그 후, 첸쉐썬은 '우주 항공'이란 단어를 만들어, 그것으로 지구 이외의 각종 천체 활동을 표현했고, 대기층 내의 비행을 '항공'이라고 불렀다. '우주비행사'는 우주 비행 임무를 잘 처리할 수 있고, 우주선의 제어가 가능해 우주 비행을 할 수 있는 사람이다.

지문 어휘 ★航空 hángkōng 명 항공 | 经验 jīngyàn 명 경험 | 垄断 lǒngduàn 동 독점하다 | 钱学森 Qiánxuésēn 고유 첸쉐썬(인명), 중국의 과학자이며 공기 동력 학자 | ★航天 hángtiān 명 우주 항공, 우주 비행 | 地球 dìqiú 명 지구 | 天体 tiāntǐ 명 천체 | 大气层 dàqìcéng 명 대기층 | ★航行 hángxíng 동 비행하다 | 宇航员 yǔhángyuán 명 우주 비행사 | 航天器 hángtiānqì 명 우주비행선, 우주선 | ★太空 tàikōng 명 우주

정답 A

해설 **[첫 번째 빈칸]**
뒤 문장 '后来'와 호응할 수 있는 표현은 '开始' 또는 '起初'입니다.

A ★起初 qǐchū 부 최초에, 처음 | 起初计划 최초에 계획하다
B 当年 dāngnián 명 그 때, 그 해 | 当年的事情 그 때의 일
C 目前 mùqián 명 현재 | 目前的水平 현재 수준
D 如今 rújīn 명 지금, 오늘날 | 如今的生活 지금의 생활

[두 번째 빈칸]
'우주 항공'이란 단어로 각종 천체 활동을 나타냈다는 의미이므로 정답은 A입니다.

A 形容 xíngróng 동 형용하다 | 无法形容 형용할 수 없다
B 标志 biāozhì 동 상징하다 명 상징, 표지 | 标志着成功 성공을 상징하다
C ★定义 dìngyì 명 정의 | 下定义 정의를 내리다
D ★提议 tíyì 동 제의하다 명 제의 | 提议出去吃饭 외식하는 것을 제안하다

[세 번째 빈칸]
동사 '处理'와 함께 호응할 수 있는 단어는 보기 중 '妥善'뿐이므로 정답은 A입니다.

A ☆妥善 tuǒshàn 형 알맞다, 타당하다, 적절하다 | 妥善处理 적절하게 처리하다
B 完善 wánshàn 형 완벽하다 | 完善的制度 완벽한 제도
C 完美 wánměi 형 완벽하다 | 完美的人 완벽한 사람
D 完整 wánzhěng 형 온전하다, 제대로 갖추어져 있다 | 保存得很完整 온전하게 보존하다

[네 번째 빈칸]
'航天器(우주선)'와 호응해 '제어하다, 잘 다룬다'는 의미를 나타낼 수 있는 것은 보기 중 '控制'와 '驾驶'입니다.

A 控制 kòngzhì 동 제어하다, 통제하다 | 控制情绪 감정을 제어하다
B 驾驶 jiàshǐ 동 운전하다 | 驾驶汽车 자동차를 운전하다
C 掌握 zhǎngwò 동 장악하다, 정통하다 | 掌握外语 외국어를 마스터하다
D 把握 bǎwò 동 쥐다, 파악하다 | 把握情况 상황을 파악하다

人总是将快乐 寄托 在外界的事物上，十分看重地位、金钱、名誉等东西，一旦失去这些，就如同遭受了沉重的 打击 一般，其快乐的根基也随之 动摇 。这样的价值观无法让我们体会到真正的快乐，只能让快乐离我们越来越 遥远 。

A 拜托 ×	障碍 ×	震动 ×	广阔 ×
B 委托 ×	阻碍 ×	摇摆 ×	宽敞 ×
C 嘱托 ×	攻击 ×	动荡 ×	宽广 ×
D 寄托 ○	打击 ○	动摇 ○	遥远 ○

사람은 늘 즐거움을 외부 사물에서 기대하며 지위, 금전, 명예 등을 매우 중시하고, 이런 것들을 잃으면 심각한 충격을 받은 것처럼 그 즐거움의 기반도 함께 흔들린다. 이런 가치관은 우리로 하여금 진정한 즐거움을 느끼게 하지 못하고, 즐거움이 우리에게서 점점 더 멀어지게 만들 뿐이다.

지문 어휘 外界 wàijiè 명 외부 | 看重 kànzhòng 동 중시하다 | 金钱 jīnqián 명 금전 | ☆名誉 míngyù 명 명예 | 一旦 yídàn 부 일단 ~을(를) 하면 | 失去 shīqù 동 잃다 | ☆遭受 zāoshòu 동 당하다 | ☆沉重 chénzhòng 형 몹시 무겁다 | 根基 gēnjī 명 토대, 기초 | 随之 suízhī 이에 따라 | 体会 tǐhuì 동 체득하다 명 체득

정답 D

해설 **[첫 번째 빈칸]**
기대, 희망, 감정 등을 어딘가 또는 누군가에게 거는 것을 나타내는 단어는 보기 중 '寄托'뿐이므로 정답은 D입니다.

A ☆拜托 bàituō 동 부탁하다 | 拜托朋友 친구에게 부탁하다
B 委托 wěituō 동 위탁하다, 부탁하다 | 委托律师 변호사에게 위탁하다
C 嘱托 zhǔtuō 동 당부하고 부탁하다 | 嘱托家人 가족에게 부탁하다
D ☆寄托 jìtuō 동 (희망이나 꿈을) 걸다 | 寄托希望 희망을 걸다

[두 번째 빈칸]

동사 '遭受'와 호응하는 목적어이자, 형용사 '沉重'과 함께 호응해 '심각한 충격을 받다'의 의미를 나타내는 단어는 '打击'입니다.

A 障碍 zhàng'ài 명 장애물 | 没有任何障碍 어떠한 장애물도 없다
B ★阻碍 zǔ'ài 동 방해하다 명 방해 | 阻碍前进 전진을 방해하다
C ★攻击 gōngjī 동 공격하다 | 攻击别人 남을 공격하다
D ★打击 dǎjī 명 충격, 상처 동 충격을 주다, 상처 주다 | 受到打击 충격을 받다

[세 번째 빈칸]

'震动'은 떨림을 느끼는 진동을 의미하며, 더 나아가 중대한 사건이나 소식이 '반향을 일으킨다'는 의미로 사용합니다. '摇摆'는 위아래 또는 좌우로 움직이는 흔들거림을 의미하며 꽃이나 나뭇가지가 바람 따위에 흔들리는 데에 주로 사용합니다. '动荡'은 사회나 정세가 불안정한 상황에 사용합니다. '动摇'는 확고하지 않고, 견고하지 못한 상태를 의미하며 마음이나 기초가 흔들리는데 사용할 수 있습니다. 지문은 즐거움의 기반이 흔들리는 것을 의미하므로 '动摇'가 적합합니다.

A 震动 zhèndòng 동 진동하다, 흔들다 명 진동 | 强烈的震动 강한 진동
B ★摇摆 yáobǎi 동 흔들거리다 | 随风摇摆 바람에 따라 흔들거리다
C ★动荡 dòngdàng 동 (정세, 상황 등이) 흔들리다, 불안하다 | 动荡的社会 흔들리는 사회
D 动摇 dòngyáo 동 동요하다, 흔들리다 | 立场动摇 입장이 동요하다

[네 번째 빈칸]

거리가 멀어진다는 의미는 보기 중 '遥远'을 사용해야 합니다.

A ★广阔 guǎngkuò 형 넓다, 광활하다 | 广阔的天空 넓은 하늘
B ★宽敞 kuānchang 형 넓다, 널찍하다 | 宽敞的教室 넓은 교실
C 宽广 kuānguǎng 형 넓다, 광활하다 | 宽广的草原 광활한 초원
D ★遥远 yáoyuǎn 형 요원하다, 아득히 멀다 | 遥远的未来 아득히 먼 미래

67

"网约车"是网络预约出租车的简称，对于网约车司机来说，在 茫茫 人海里迅速找到乘客很不容易，晚上就更 吃力 了。最近，有一款网约车软件可以让用户手机屏幕显示 特定 的颜色，大大方便了司机 辨认 。

A 默默 ×	模糊 ×	刺激 ×	识别 ○
B 滔滔 ×	耀眼 ×	恰当 ×	区别 ×
C 茫茫 ○	吃力 ○	特定 ○	辨认 ○
D 侃侃 ×	混乱 ×	精致 ×	区分 ×

'모바일 콜택시'는 인터넷으로 예약하는 택시의 약칭이다. 모바일 콜택시 기사 입장에서는 많고 많은 사람들 속에서 빠르게 승객을 찾아내기란 매우 쉽지가 않고, 저녁엔 더욱 힘들어진다. 최근엔 사용자 휴대전화 화면에 특정 색상이 뜨는 콜택시 앱이 있어서 기사가 (승객을) 구별해내기 매우 편리해졌다.

지문 어휘 网约车 wǎngyuēchē 모바일 콜택시 | 预约 yùyuē 동 예약하다 | 出租车 chūzūchē 명 택시 | 简称 jiǎnchēng 명 약칭 | 司机 sījī 명 기사 | 迅速 xùnsù 형 신속하다 | 乘客 chéngkè 명 승객 | 软件 ruǎnjiàn 명 앱(APP), 소프트웨어 | ★屏幕 píngmù 명 화면, 영사막, 스크린 | 显示 xiǎnshì 동 뚜렷하게 나타내 보이다

정답 C

해설 **[첫 번째 빈칸]**
많은 사람들을 '人海(인해)'라고 비유하면 '바다가 끝없이 넓게 펼쳐진 모양'을 묘사하는 '茫茫'과 호응할 수 있습니다.

A 默默 mòmò 형 묵묵하다 부 묵묵히 | 默默支持 묵묵히 지지하다
B 滔滔 tāotāo 형 큰물이 출렁이다, 끊임없이 말하는 모양 | 滔滔江水 출렁이는 강물
C ★茫茫 mángmáng 형 아득하다, 한없이 넓다 | 茫茫人海 많은 사람들
D 侃侃 kǎnkǎn 형 말하는 것이 당당하고 차분한 모양 | 侃侃而谈 당당하고 차분하게 말하다

[두 번째 빈칸]
앞 문장에서 사람이 많은 곳에서는 승객을 찾기 어렵다고 하고, 뒤에 '更'이 있는 것으로 보아 의미상 '吃力'가 적합합니다.

A 模糊 móhu 형 모호하다, 분명하지 않다 | 记忆模糊 기억이 모호하다
B ★耀眼 yàoyǎn 형 눈부시다 | 耀眼的阳光 눈부신 햇살
C ★吃力 chīlì 형 힘들다, 힘겹다 | 学习吃力 공부가 힘들다
D ★混乱 hùnluàn 형 혼란하다 | 逻辑混乱 논리가 혼란스럽다

[세 번째 빈칸]
지문 내용은 해당 콜택시 앱을 깔면 휴대전화 화면에 특정 색상이 떠서 택시 기사가 자신의 승객인 것을 쉽게 알아볼 수 있다는 내용이므로 정답은 C입니다.

A 刺激 cìjī 형 자극적이다 동 자극하다 명 자극 | 内容刺激 내용이 자극적이다
B ★恰当 qiàdàng 형 알맞다, 적당하다 | 恰当的时间 적당한 타이밍
C ★特定 tèdìng 형 특정한, 일정한 | 特定的场所 특정한 장소
D ★精致 jīngzhì 형 정교하다 | 精致的包装 정교하고 예쁜 포장

[네 번째 빈칸]
'区别'와 '区分'은 두 대상의 서로 다른 점을 구별할 때 주로 사용하고, '识别'와 '辨认'은 많은 대상 중에 하나를 가려내는 의미로 사용합니다. 지문은 많은 승객들 중 자신의 승객을 가려내는 것이므로 '识别'와 '辨认'이 적합합니다.

A ★识别 shíbié 동 식별하다 | 识别小偷 도둑을 식별하다
B 区别 qūbié 동 구별하다, 구분하다 명 차이 | 区别近义词 유의어를 구별하다
C ★辨认 biànrèn 동 식별해 내다 | 辨认声音 소리를 식별하다
D ★区分 qūfēn 동 구분하다 | 难以区分 구분하기 어렵다

68

地球 围绕 太阳公转已经超过了四十亿年，尽管偶尔会有小行星或者其他不速之客 闯 入太阳系，但总体来说，它是宇宙中少有的安全 区域 。这也为地球上生命的产生和繁衍创造了 良好 的条件。

A 包围 ×	撞 ×	领域 ×	安宁 ×
B 围绕 ○	闯 ○	区域 ○	良好 ○
C 靠拢 ×	坠 ×	方位 ×	典型 ×
D 跟随 ×	扑 ×	部位 ×	舒适 ×

지구가 태양을 둘러싸고 공전하는 것은 이미 40억년이 넘었다. 간혹 소행성이나 다른 불청객이 느닷없이 태양계에 난입하기도 하지만, 전체적으로 태양은 우주에서 몇 안 되는 안전지대이다. 이것은 지구상의 생명의 탄생과 번식에도 좋은 조건을 만들어 주었다.

지문 어휘 **地球** dìqiú 명 지구 | **公转** gōngzhuàn 동 공전하다 명 공전 | **超过** chāoguò 동 초과하다 | **亿** yì 명 억 | **偶尔** ǒu'ěr 부 때때로, 가끔 | **行星** xíngxīng 명 행성 | **不速之客** bú sù zhī kè 성어 불청객 | **太阳系** tàiyángxì 명 태양계 | ☆**宇宙** yǔzhòu 명 우주 | **繁衍** fányǎn 동 많이 퍼지다, 번영하다, 번성하여 뻗어 나가다

정답 B

해설 **[첫 번째 빈칸]**

지문은 지구가 태양의 둘레를 도는 공전을 이야기하므로 정답은 B입니다.

A ☆**包围** bāowéi 동 둘러싸다, 포위하다 | 被群山包围 많은 산들로 둘러싸여 있다
B **围绕** wéirào 동 둘러싸다, 주위를 돌다 | 围绕太阳 태양을 둘러싸다
C ☆**靠拢** kàolǒng 동 가까이 다가서다, 접근하다 | 向我靠拢! 가까이 오세요!
D ☆**跟随** gēnsuí 동 뒤따르다, 동행하다, 따라가다 | 跟随组织 조직에 따라가다

[두 번째 빈칸]

지문은 태양계에 소행성이나 불청객이 불쑥 침입하는 것을 이야기하므로 '闯'이 적합합니다. 보기 중 '扑'는 뛰어들어 물체에 몸이 안겨지는 의미로 사용합니다.

A **撞** zhuàng 동 부딪치다 | 撞车 차가 서로 충돌하다
B **闯** chuǎng 동 돌진하다, 돌입하다 | 闯进教室 교실로 뛰어들다
C ☆**坠** zhuì 동 떨어지다, 낙하하다 | 坠落下来 떨어지다
D ☆**扑** pū 동 뛰어들다, 달려들다 | 孩子扑到妈妈的怀里。아이가 엄마의 품속으로 뛰어들었다.

[세 번째 빈칸]

태양이 '안전한 곳'이라는 의미를 나타내려면 '안전구역(安全区域)'이라고 해야 맞습니다.

A **领域** lǐngyù 명 영역, 분야 | 知识领域 지식 영역
B ☆**区域** qūyù 명 구역, 지역 | 行政区域 행정 구역
C ☆**方位** fāngwèi 명 방위 | 星座的方位 별자리의 방위
D ☆**部位** bùwèi 명 부위 | 身体部位 신체 부위

[네 번째 빈칸]

태양은 지구에 생명이 생겨나고 번영하는데 좋은 조건이 되어준다는 의미이므로 정답은 B입니다.

A ☆**安宁** ānníng 형 편안하다, 평온하다 | 安宁的社会 평온한 사회
B **良好** liánghǎo 형 양호하다, 좋다 | 良好的状态 양호한 상태
C ☆**典型** diǎnxíng 형 전형적이다 명 전형 | 典型的北方人 전형적인 북방인
D **舒适** shūshì 형 편안하고 쾌적하다 | 舒适的环境 편안하고 쾌적한 환경

贝雷辛最为人知的 成就 是发明了第一台计算机化的文字处理器，首次 实现 了编辑、删除、复制及粘贴等功能，当时她将其命名为“数据秘书”，这种处理器 问世 后，极大地提高了秘书的工作 效率 。

A 本事 ×	实施 ×	推销 ×	功效 ×
B 抱负 ×	实践 ×	畅销 ×	功率 ×
C 成就 ○	实现 ○	问世 ○	效率 ○
D 事迹 ×	实行 ×	诞生 ○	效益 ×

에블린 베레진의 가장 잘 알려진 업적은 최초로 컴퓨터 워드프로세서를 발명했다는 것이다. 처음으로 편집, 삭제, 복사 및 붙여 넣기 등의 기능을 실현시켰고, 그 당시 그녀는 그것을 '데이터 비서'라고 명명했다. 이 프로세서가 출시된 후 비서의 업무 효율이 매우 크게 향상되었다.

지문 어휘 **贝雷辛** Bèiléixīn 고유 Berezin, 에블린 베레진(인명) | **计算机** jìsuànjī 명 컴퓨터 | **文字处理器** wénzì chǔlǐqì 워드프로세서, 문서 작성기 | **编辑** biānjí 동 편집하다 | **删除** shānchú 동 삭제하다 | **复制** fùzhì 동 복제하다 | **粘贴** zhāntiē 동 붙이다 | **功能** gōngnéng 명 기능 | ★**命名** mìngmíng 동 명명하다 | **数据** shùjù 명 데이터 | **秘书** mìshū 명 비서

정답 C

해설 **[첫 번째 빈칸]**
에블린 베레진이 최초로 컴퓨터 워드프로세서를 발명한 것은 그녀의 업적이므로 정답은 C입니다.

A ★**本事** běnshì 명 능력, 재간, 기량 | 有本事 능력 있다
B ★**抱负** bàofù 명 포부 | 远大的抱负 원대한 포부
C **成就** chéngjiù 명 성과, 업적 | 非凡的成就 뛰어난 업적
D ★**事迹** shìjì 명 사적 | 英雄事迹 영웅의 사적

[두 번째 빈칸]
워드 프로세서는 편집, 삭제, 복사, 붙여 넣기 등의 기능이 실제로 이루어지게 한 것이므로 '실현시키다'의 의미인 '实现'이 적합합니다. '实施'와 '实行'은 정책이나 방법, 계획 등을 시행한다는 뜻이고, '实践'은 생각한 바를 실제로 행한다는 의미입니다.

A **实施** shíshī 동 실시하다 | 实施政策 정책을 실시하다
B **实践** shíjiàn 동 실천하다 | 需要实践 실천이 필요하다
C **实现** shíxiàn 동 실현하다 | 实现目标 목표를 실현하다
D ★**实行** shíxíng 동 실행하다 | 实行计划 계획을 실행하다

[세 번째 빈칸]
지문 내용은 워드 프로세서가 발명된 후 세상에 나온 것을 의미하므로 '问世' 또는 '诞生'이 적합합니다.

A ★**推销** tuīxiāo 동 판로를 확장하다 | 推销产品 제품의 판로를 확장하다
B ★**畅销** chàngxiāo 형 매상이 좋다, 잘 팔리다 | 畅销书 잘 팔리는 책, 베스트셀러
C ★**问世** wènshì 동 (저작물 따위가) 세상에 나오다, 출시되다 | 新书问世 새 책이 출판되다
D ★**诞生** dànshēng 동 탄생하다, 태어나다 | 伟人诞生 위인이 탄생하다

[네 번째 빈칸]
보기 중 동사 '提高'와 호응하는 것은 '效率'이고, 비서들이 워드프로세서 덕분에 업무 효율이 향상되었다가 문맥상 가장 자연스러우므로 정답은 C입니다.

A 功效 gōngxiào 명 효능 | 美容功效 미용 효과
B 功率 gōnglǜ 명 출력, 와트(W)를 단위로 사용하는 전력 소모량 | 功率大 고성능이다, (기계가) 힘이 좋다
C 效率 xiàolǜ 명 능률, 효율 | 工作效率 업무 효율
D ☆效益 xiàoyì 명 효과와 이익 | 经济效益 경제적 효과와 이익

70

一遇到异常天气，人们就开始 质疑 全球变暖问题。专家表示，全球变暖是一个 趋势 ，如果仅从人类活动产生的温室气体所带来的增温效应看，全球变暖会 加剧 ，但目前还难以 确定 自然因素在多大程度上可以减弱或 抵消 人类活动的影响，所以其结果还很难说。

A 考察 ×	局面 ×	扩张 ×	确信 ×	消失 ×
B 视察 ×	形势 ×	爆发 ×	确实 ×	消灭 ×
C 迟疑 ×	局势 ×	飙升 ×	确认 ×	消除 ○
D 质疑 ○	趋势 ○	加剧 ○	确定 ○	抵消 ○

이상 기후만 생기면 사람들은 지구 온난화 문제를 의심하기 시작한다. 전문가는 지구 온난화는 하나의 추세라고 말한다. 만약 인류 활동이 빚어낸 온실가스로 인한 온난화 현상에서만 본다면 지구 온난화는 더욱 심각해질 것이다. 하지만 현재 자연적인 요소가 얼마나 인류 활동의 영향을 누그러뜨리거나 상쇄시킬 수 있는지 확정할 수 없다. 따라서 그 결과는 단언하기 어렵다.

지문 어휘 ☆异常 yìcháng 형 심상치 않다 | 异常天气 yìcháng tiānqì 이상 기후 | 全球变暖 quánqiú biàn nuǎn 지구 온난화 | 表示 biǎoshì 동 나타내다 | 温室气体 wēnshì qìtǐ 명 온실가스 | 效应 xiàoyìng 명 효과 | 考虑 kǎolǜ 동 고려하다 | 因素 yīnsù 명 요소 | 难以 nányǐ 형 ~하기 어렵다 | 减弱 jiǎnruò 동 약해지다

정답 D

해설 **[첫 번째 빈칸]**
지문 내용은 사람들이 이상 기후만 생기면 지구 온난화를 의심한다는 것이므로 정답은 D입니다.

A ☆考察 kǎochá 동 고찰하다, 현지 조사하다 | 南极考察 남극 탐사
B 视察 shìchá 동 시찰하다 | 到学校视察 학교에 가서 시찰하다
C ☆迟疑 chíyí 동 망설이다 | 毫不迟疑 조금도 망설이지 않다
D 质疑 zhìyí 동 질의하다, 의심하다 | 质疑问难 어려운 문제들을 제기하고 토론하다

[두 번째 빈칸]
지구 온난화가 진행 되는 방향으로 나아간다는 의미이므로 '趋势(추세)'가 맞습니다.

A ☆局面 júmiàn 명 국면 | 新局面 새로운 국면
B 形势 xíngshì 명 정세, 형세 | 形势严峻 형세가 심각하다
C ☆局势 júshì 명 (정치·군사 등의) 정세, 형세 | 控制局势 정세를 통제하다
D 趋势 qūshì 명 추세, 경향 | 上升的趋势 상승세

[세 번째 빈칸]

어떤 현상이 더욱 심각해진다는 의미는 '加剧'입니다.

A ★扩张 kuòzhāng 동 확장하다 | 扩张范围 범위를 확장하다
B ★爆发 bàofā 동 폭발하다 | 火山爆发 화산이 폭발하다
C 飙升 biāoshēng 동 (가격이나 수량 등이) 급증하다, 급등하다 | 价格飙升 가격이 급등하다
D ★加剧 jiājù 동 심해지다, 격화되다 | 病情加剧 병세가 심해지다

[네 번째 빈칸]

지문은 자연요소가 인류 활동에 영향을 끼칠 수 있는지에 대해 확실하게 결론을 내릴 수 없다는 의미이므로 정답은 D입니다.

A ★确信 quèxìn 동 확신하다 | 确信没问题 괜찮다고 확신하다
B 确实 quèshí 형 확실하다 부 확실히, 정말로 | 确实好吃 확실히 맛있다
C 确认 quèrèn 동 체크하다, 확인하다 | 经过确认 확인을 거치다
D 确定 quèdìng 동 확정하다, 확실한 결론이 나다 | 还不能确定 아직 결론 내릴 수 없다

[다섯 번째 빈칸]

목적어 '人类活动的影响'과 호응할 수 있는 동사는 보기 중 '消除'와 '抵消'입니다. '消失'는 뒤에 목적어를 받을 수 없는 자동사이고, '消灭'는 구체적인 목적어(害虫/敌人)와 호응합니다. 그에 반해 '消除'는 '误会', '矛盾' 등의 추상적인 목적어와 호응합니다.

A 消失 xiāoshī 동 사라지다, 없어지다 | 大雾消失 안개가 사라지다
B ★消灭 xiāomiè 동 소멸하다, 없애다 | 消灭害虫 해충을 없애다
C ★消除 xiāochú 동 (걱정이나 장애 등을) 제거하다, 일소하다 | 消除顾虑 걱정을 없애다
D 抵消 dǐxiāo 동 (작용 따위를) 상쇄하다, 소멸시키다 | 抵消不良影响 나쁜 영향을 상쇄하다

제3부분 71~80번 문제는 빈칸에 들어가는 알맞은 문장을 고르는 문제입니다.

71-75

著名漫画家丰子恺的漫画以富有诗意和哲理著称，但他为了作画，71 E 曾闹出过很多笑话。

丰子恺的速写本是从不离身的，本子里夹着一支铅笔和一个橡皮，他走到哪里就画到哪里，72 A 积累了大量的绘画素材。一天在火车站的候车室里，他看到一个小贩拎着一篮花生米走过来，就掏出铅笔全神贯注地画了起来。那小贩以为丰子恺盯着他是想买花生米，就连忙走到他跟前问:"先生，您要几包?"丰子恺愣了一下，只好将错就错买了两包花生米。

还有一次，去农村写生时，他看到路边有几个农妇正在扫落叶，她们纯朴的表情引起了他的兴致，于是他立即掏出速写本，73 D 躲在一棵大树后面画了起来。正当他画得起劲时，却被一位农妇发现了，于是这群农妇一起把他围了起来，让他把画交出来。74 B 丰子恺百般解释也无济于事。幸亏村里的一位老人闻声赶来，问清了来龙去脉，替丰子恺解释了半天，她们这才息怒而去。

有人说他是一位名人，他却幽默地说："我不是明人（名人），而是清人。""名人"与"明朝人"的"明人"谐音，"清人"虽是清朝人的意思，但丰子恺的意思是他是一个喜欢"清静"的人，75 C 字里行间体现了他的幽默。

저명한 만화가 펑즈카이의 만화는 시적인 감흥과 철학적 이치가 가득하기로 유명하다. 그러나 그는 그림을 그리기 위해 71 해프닝도 많이 겪었다.

펑즈카이는 스케치북을 늘 몸에 지니고 있었고, 스케치북에는 연필 한 자루와 지우개 하나가 끼워져 있다. 그는 가는 곳마다 그곳을 그리며 72 많은 그림 소재를 쌓았다. 하루는 기차 대합실에서 한 행상인이 땅콩 한 바구니를 들고 걸어오는 모습을 보고 바로 연필을 꺼내 집중해서 그림을 그리기 시작했다. 그 행상인은 펑즈카이가 땅콩을 사고 싶어서 그를 주시하는 줄 알고 급히 앞으로 와서 물었다. "선생님, 몇 봉지 드릴까요?" 펑즈카이는 어리둥절했지만 그냥 땅콩 두 봉지를 샀다.

그리고 또 한 번은 농촌에 가서 스케치를 할 때 그는 길가에서 낙엽을 쓰는 아낙네 몇 명을 봤고, 그들의 순박한 표정이 흥미를 끌어서, 바로 스케치북을 꺼내 73 큰 나무 뒤에 숨어서 그림을 그리기 시작했다. 마침 펑즈카이가 신나게 그림을 그리고 있을 때 한 아낙네에게 들켰고, 여자들은 함께 그를 둘러싸고 그림을 내놓으라고 했다. 74 펑즈카이가 여러 방법으로 해명해봐도 소용이 없었다. 다행히 마을의 한 노인이 얘기를 듣고 와서 자초지종을 분명히 묻고 펑즈카이를 대신해 한참을 해명하고 나서야 아낙네들은 비로소 화를 가라앉히고 갔다.

어떤 사람이 펑즈카이를 명(名)인이라고 했는데, 그는 유머러스하게 말했다. "전 명(明)인이 아니라 청(清)인입니다." '명(名)인'은 '명나라 사람'의 '명(明)인'과 발음이 같다. '청(清)인'은 비록 청나라 사람이라는 뜻이지만, 펑즈카이 의미는 그는 '청렴(清静)'한 사람을 좋아한다는 것이었고, 75 구절구절마다 그의 유머감각을 엿볼 수 있다.

지문 어휘 著名 zhùmíng 형 저명하다 | 漫画家 mànhuàjiā 명 만화가 | 丰子恺 Fēngzǐkǎi 고유 펑즈카이(인명) | 富有 fùyǒu 동 많이 있다 | 诗意 shīyì 명 시정, 시적인 감흥 | 哲理 zhélǐ 명 철학적 이치 | 著称 zhùchēng 동 유명하다 | 作画 zuò huà 동 그림을 그리다 | 速写本 sùxiěběn 명 스케치북 | 夹 jiā 동 끼우다 | 铅笔 qiānbǐ 명 연필 | 橡皮 xiàngpí 명 지우개 | 候车室 hòuchēshì 명 대합실 | 小贩 xiǎofàn 명 소상인, 행상인 | 拎 līn 동 손으로 들다 | 花生米 huāshēngmǐ 명 땅콩 | ☆掏 tāo 동 꺼내다 | 全神贯注 quán shén guàn zhù 성어 집중하다 | ☆盯 dīng 동 주시하다 | 连忙 liánmáng 부 얼른, 급히 | ☆跟前 gēnqián 명 앞 | ☆愣 lèng 동 멍해지다 | 将错就错 jiāng cuò jiù cuò 성어 잘못인 줄 알면서도(잘못된 것을) 그대로 계속 밀고 나가다 | 写生 xiěshēng 동 스케치하다, 사생하다 | 农妇 nóngfù 명 농가의 부녀 | 扫 sǎo 동 청소하다, 쓸다 | 落叶 luòyè 명 낙엽 | 纯朴 chúnpǔ 형 순박하다 | 引起 yǐnqǐ 동 끌다 | 兴致 xìngzhì 명 흥, 관심 | 立即 lìjí 부 곧 | 起劲 qǐjìn 동 신이 나다 | 围 wéi 동 둘러싸다 | 幸亏 xìngkuī 부 다행히 | 闻声 wénshēng 동 소리를 듣다 | 来龙去脉 lái lóng qù mài 성어 사물의 경과 상태, 경위, 전후 관계 | 解释 jiěshì 동 설명하다, 해석하다 | 半天 bàntiān 명 한참 | 息怒 xīnù 동 화를 가라앉히다 | 名人 míngrén 명 명인 | 幽默 yōumò 형 유머러스하다, 센스 있다 | 明人 míngrén 명 명나라 사람 | 清人 qīngrén 명 청나라 사람 | 明朝 míngcháo 명 명나라 | 谐音 xiéyīn 형 발음이 같거나 비슷하다 | 清静 qīngjìng 형 청렴하다, 결백하다

보기 어휘 积累 jīlěi 동 쌓다, 축적하다 | 绘画 huìhuà 동 그림을 그리다 | 素材 sùcái 명 소재 | 百般 bǎibān 부 갖가지, 백방으로 | 无济于事 wú jì yú shì 성어 소용없다 | 字里行间 zì lǐ háng jiān 성어 행간, 구절구절 | 体现 tǐxiàn 동 구현하다 | 躲 duǒ 동 숨다, 피하다 | 棵 kē 양 그루 | 曾 céng 부 일찍이 | 闹笑话 nào xiàohua 실수하여 웃음거리가 되다

71

정답 E

해설 글의 전반적인 내용이 화가 펑즈카이가 그림을 그리면서 겪은 해프닝들이기 때문에 지문을 시작하는 내용에서 '많은 해프닝을 겪은 적이 있다(曾闹出过很多笑话)'라는 내용이 들어가야 합니다.

72

정답 A

해설 펑즈카이는 늘 스케치북을 몸에 지니고 다녔고(丰子恺的速写本是从不离身的), 가는 곳마다 그곳의 그림을 그렸다(他走到哪里就画到哪里)고 했으므로 문맥상 많은 그림 소재를 쌓았다(积累了大量的绘画素材)는 내용이 이어져야 합니다.

73

정답 D

해설 농촌에서 낙엽을 쓰는 몇몇 아낙네들의 순수한 표정에 흥미를 느껴 스케치북을 꺼냈다(他看到路边有几个农妇正在扫落叶，她们纯朴的表情引起了他的兴致，于是他立即掏出速写本)의 내용이 앞에 있으므로, 바로 그림을 그리기 시작했다(躲在一棵大树后面画了起来)는 내용이 나와야 의미가 연결되고, 밑줄 뒤에 한 아낙네에게 들켰다(被一位农妇发现了)고 한 것을 보면 나무 뒤에 숨어서 그렸다는 의미와도 어울립니다.

74

정답 B

해설 여자들이 펑즈카이를 둘러싸고 그림을 내놓으라고 했다(这群农妇一起把他围了起来，让他把画交出来)는 앞 내용과 마을의 한 노인이 자초지종을 묻고 한참을 해명하고 나서 아낙네들이 화를 가라앉히고 갔다(村里的一位老人闻声赶来，问清了来龙去脉，替丰子恺解释了半天，她们这才息怒而去)는 뒤 내용을 보면, 펑즈카이가 열심히 해명을 해봐도 소용이 없었다(丰子恺百般解释也无济于事)는 문장이 들어가야 합니다.

75

정답 C

해설 어떤 사람이 펑즈카이를 명(名)인이라고 말한 것에 대해 같은 발음을 가진 명나라 의미의 명(明)인이 아니라며, '청렴하다'라는 의미의 청(清)을 사용해 청나라 사람이라고 한 대답으로 그의 유머감각을 엿볼 수 있습니다. 또한 밑줄 앞의 그가 유머러스하게 말했다(他却幽默地说)라는 문장과도 어울리는 문장은 C입니다.

第76到80题

我们买食品时都会先看保质期，没有人不知道保质期是什么，但是又没有人能说清楚它到底是什么。很多人认为保质期越长食品中添加的防腐剂就越多。那么保质期究竟是指什么？又是哪些因素决定了食品保质期呢？

保质期其实是指食品的最佳食用期。食品保质期由生产者提供，[76]B 标注在食品的包装上。对于一般的食品来说，其标注的保质期会比实际出现问题的天数小。

食品保质期长短和防腐剂添加了多少并没有必然的关系，决定食品保质期的有内部因素和外部因素。内部因素包括水分含量、含糖量、含盐量等，比如蜂蜜、泡菜等食物，由于本身就是高糖、高盐的食品，食材本身就有抑制生物菌群的作用，[77]D 所以能够大幅度延长其保存时间。外部因素则包括食品的包装和生产工艺，通过真空、密封、杀菌包装，食品同样可以不添加防腐剂而长期存放。以牛奶为例，有些牛奶在常温下也可以保存很长时间，其实是采取了高温灭菌和真空包装的方式，将牛奶中几乎所有的细菌都杀死了，[78]E 里面并没有添加防腐剂，故可放心饮用。

综上所述，食物的保质期说的是在适宜的贮存条件下可以保存的期限，如果不符合贮存条件，[79]C 食物的保质期就可能会缩短。因此[80]A 食品包装开封后，真正的食品保质期将会迅速缩短，要尽早食用。

우리는 식품을 살 때 먼저 품질보증기간을 본다. 품질보증기간이 무엇인지 모르는 사람은 없지만 그것이 도대체 무엇인지 정확히 말할 수 있는 사람도 없다. 많은 사람들은 품질보증기간이 길수록 식품에 첨가한 방부제가 더 많을 것이라고 여긴다. 그렇다면 품질보증기간은 도대체 무엇을 가리키는 것일까? 또 어떤 요소가 식품 품질보증기간을 결정할까?

품질보증기간은 사실 식품의 가장 좋은 섭취 기간을 가리킨다. 식품의 품질보증기간은 생산자가 제공하는 것으로 [76]식품의 포장 위에 표시한다. 일반적인 식품에는 표기된 품질보증기간이 실제 문제가 나타나는 날짜보다 짧다.

식품의 품질보증기간의 길이와 방부제의 첨가량은 필연적인 관계가 없다. 식품의 품질보증기간을 결정하는 것은 내부 요소와 외부 요소가 있다. 내부 요소는 수분 함량, 당 함량, 염분 함량 등을 포함한다. 예를 들면, 벌꿀, 김치 등은 그 자체가 고당, 고염 식품으로 식재료 자체가 생물 균군을 억제하는 역할을 하기 때문에 [77]품질보증기간을 대폭 늘릴 수 있다. 외부 요소로는 식품의 포장과 생산 공예를 포함하고, 진공, 밀봉, 살균 포장을 통해, 역시 방부제를 첨가하지 않고도 오랜 시간 동안 보관할 수 있다. 우유를 예로 들면, 어떤 우유는 상온에서 오랜 시간 보관할 수 있지만, 사실 고온 멸균과 진공포장 방식을 통해 우유 안의 거의 모든 세균을 죽였기 때문에 [78]안에는 방부제가 없으므로 안심하고 마셔도 된다.

앞서 말한 내용을 종합해보면, 식품의 품질보증기간이 말하는 것은 적합한 저장 조건하에서 보관할 수 있는 기한이다. 만약 보관 조건이 적합하지 않으면 [79]식품의 품질보증기간은 단축될 수도 있다. 따라서 [80]식품 포장을 개봉한 후에는 실제 식품 품질보증기간은 빠르게 단축될 것이므로 가급적 빨리 먹어야 한다.

지문 어휘 **保质期** bǎozhìqī 명 품질보증기간, 유효기간 | **添加** tiānjiā 동 첨가하다 | **防腐剂** fángfǔjì 명 방부제 | **是指** shìzhǐ 동 ~을(를) 가리키다 | **最佳** zuìjiā 형 최적이다, 가장 적당하다 | **必然** bìrán 형 필연적이다 | **因素** yīnsù 명 요소 | **包括** bāokuò 동 포함하다 | **含量** hánliàng 명 함량 | **蜂蜜** fēngmì 명 벌꿀 | **泡菜** pàocài 명 김치 | ☆**本身** běnshēn 명 (사람이나 물건·일의) 그 자신, 그 자체 | **食材** shícái 명 식자재, 식재료 | **抑制** yìzhì 동 억제하다 | **真空** zhēnkōng 명 진공 | ☆**密封** mìfēng 동 밀봉하다, 밀폐하다 | **杀菌** shājūn 동 살균하다 | **同样** tóngyàng

접 마찬가지로 | **以A为例** yǐ A wéilì A를 예로 들면 | **灭菌** mièjūn 동 멸균하다 | ★**细菌** xìjūn 명 세균 | **综上所述** zōng shàng suǒ shù 앞서 말한 내용을 종합하다 | ★**适宜** shìyí 형 적합하다 | **贮存** zhùcún 동 저축해 두다, 저장하다 | **期限** qīxiàn 명 기한, 예정된 시한 | **尽早** jǐnzǎo 부 되도록 일찍(조속히)

보기 어휘 **开封** kāifēng 동 (편지 따위를) 개봉하다 | **标注** biāozhù 동 표시하다 | **包装** bāozhuāng 명 포장 동 포장하다 | **缩短** suōduǎn 동 단축하다, 줄이다 | ★**幅度** fúdù 명 정도, 폭 | **延长** yáncháng 동 연장하다

76

정답 B

해설 식품 품질보증기간이 식품 포장 위에 표기되어 있다(标注在食品的包装上)고 언급이 되어야 뒷문장의 그 표기된 유효기간(其标注的保质期)과 실제 섭취 가능 날짜와 비교할 수 있으므로 정답은 B입니다.

77

정답 D

해설 앞 문장의 '由于'는 '所以'와 호응합니다. 문맥에 따라 식재료 자체가 고당, 고염인 이유로(由于本身就是高糖、高盐的食品) 세균을 억제하는 작용을 하기 때문에, 보관 기간을 대폭 늘려준다(所以能够大幅度延长其保存时间)고 해야 맞습니다.

78

정답 E

해설 밑줄 앞에서 상온에서 오래 보관할 수 있는 우유는 고온 멸균과 진공 포장 방식으로 우유 안에 있는 거의 모든 세균을 죽였다(有些牛奶在常温下也可以保存很长时间，其实是采取了高温灭菌和真空包装的方式，将牛奶中几乎所有的细菌都杀死了)고 했으므로 우유에 방부제를 첨가하지 않았다(里面并没有添加防腐剂)는 내용이 맞고, 밑줄 뒤 그래서 안심하고 마실 수 있다(故可放心饮用)는 내용과도 어울립니다.

79

정답 C

해설 밑줄 앞 문장의 '如果'는 '就'와 호응하고, 보관 조건이 적합하지 않으면(如果不符合贮存条件) 식품의 품질 보관 기간이 짧아질 수도 있다(食物的保质期就可能会缩短)가 문맥상 자연스러우므로 정답은 C입니다.

80

정답 A

해설 식품의 품질 보관 기간은 보관 조건이 맞아야 하기 때문에 포장을 개봉한 후에는(因此食品包装开封后) 가급적 빨리 섭취해야 한다(要尽早食用)는 결과를 이야기하고 있으므로 정답은 A입니다.

제4부분 81~100번 문제는 지문을 읽고 질문에 알맞은 답을 고르는 문제입니다.

第81到84题

现代人到了冬天会穿上羽绒服御寒，但是在古代，制造衣服的方法没有那么先进，古代人的衣服并没有我们现在这么丰富。[84]那么古人穿什么御寒呢？

唐朝开元年间，唐玄宗命人给驻守在边疆的士兵分发"纩衣"。"纩衣"指的是有填充物的衣服，[81]当时填充的大部分是丝绸制品，而不是我们熟悉的棉花，因为棉花在我国普遍种植的时间要到明朝后期，所以唐朝人一般是不穿"棉袄"的。

除了蚕丝，古人还会在衣服里放麻类纤维或者是纸。这里说的纸不是我们写字时用的纸，而是用植物纤维制造的非编织物，质地坚韧，可挡寒风，价格也便宜。

[82]尽管早在原始时期兽皮就被做成了保暖衣物，并且加工技术也早已成熟，但是由于中国一直是以农耕为主的社会，所以皮草并不常见，而且皮草往往是从北方的游牧民族进贡而来，所以量少而价高，一直是一种奢侈品。[83]到了清代，皮草的货源越来越稳定，统治阶层穿皮草御寒才变得普遍了。我们看《红楼梦》时可以发现，各种裘皮衣服的出场就非常多。但是当时穿裘皮衣服的习惯是将毛朝里穿，外面使用丝绸类面料，只在衣服的边缘露出一点皮毛的边儿，既美观又含蓄。

有了这种设计以后，裁缝们就多了一份心思，将好一些的毛留在边缘处使用。这些露出来的毛就被称为"出锋"或"出风"，我们常说的"出风头"就是这么来的。

현대인은 겨울이 되면 패딩점퍼를 입어 추위를 막는다. 그렇지만 옛날에는 옷을 제작하는 방법이 그렇게 발달하지 못해 옛날 사람들의 옷은 지금처럼 다양하지 못했다. [84]그렇다면 옛날 사람들은 무엇을 입고 추위를 막아냈을까?

당나라 개원 연간, 당현종은 변방을 지키고 있는 병사들에게 '풀솜 옷'을 나누어주라고 명했다. '풀솜 옷'은 충전재가 있는 옷을 가리킨다. [81]당시 충전재는 대부분 견직물이고, 우리에게 익숙한 목화솜이 아니었다. 왜냐하면 목화솜이 중국에서 널리 재배되던 시간은 명나라 후기에 이르러서이기 때문에 당나라 사람은 일반적으로 '솜저고리'를 입지 않았다.

고치실을 제외하고, 옛날 사람들은 옷에 삼베류의 섬유 또는 종이를 옷 안에 넣었다. 여기에서 말하는 종이는 우리가 글씨를 쓸 때 사용하는 종이가 아니라 식물 섬유로 만든 비편직물인데, 재질이 질기고, 찬 바람을 막아낼 수 있으며 가격도 싸다.

[82]비록 일찍이 원시 시기에 동물 가죽으로 보온 의류를 만들었고, 가공 기술도 이미 성숙했다지만 중국은 줄곧 농경 위주의 사회였기 때문에 모피 제품은 흔하지 않았다. 게다가 모피 제품은 보통 북방 유목민족들의 상납으로 들어온 것이어서 수량도 적고 가격도 높아 일종의 사치품이었다. [83]청대에 들어서 모피 제품의 공급원이 점점 안정되고, 지배층이 모피를 입어 추위를 막는 것이 비로소 일반적인 모습이 되었다. 우리는 〈홍루몽〉에서 각종 모피 의류가 매우 많이 출현하는 것을 발견할 수 있다. 하지만 그 당시 모피 의류를 입는 습관은 털을 안에 입고, 밖에 비단류의 옷감을 사용해 옷의 가장자리에서 털의 끝부분만 드러나게 하는 것이었는데, 이는 보기에도 예쁘고 함축적이다.

이런 디자인이 생긴 이후, 재봉사들은 신경을 더 써서 일부 좀 더 좋은 털을 가장자리에만 사용했고, 이렇게 드러난 털을 '锋(끝부분)이 나왔다' 또는 '风(바람)이 나왔다'라고 부르고, 흔히 말하는 '风头(자기 과시)가 나왔다'도 여기서 나온 말이다.

지문 어휘 ☆**羽绒服** yǔróngfú 명 패딩점퍼, 다운재킷 | **御寒** yùhán 동 추위를 막다, 방한하다 | ☆**先进** xiānjìn 형 진보적이다, 선진적이다 | **唐朝** Tángcháo 명 당조, 당 왕조 | **开元** kāiyuán 명 개원[당(唐) 현종(玄宗)의 연호(713~741)] | **唐玄宗** tángxuánzōng 당나라 현종 | **驻守** zhùshǒu 동 주둔하여 지키다 | ☆**边疆** biānjiāng 명 국경 지대, 변방 | **士兵** shìbīng 명 군사 사병, 병사 | **分发** fēnfā 동 (하나씩) 나누어주다, 지급하다 | **纩** kuàng 명 풀솜, 명주솜 | **填充**

物 tiánchōngwù 명 충전물 | 填充 tiánchōng 동 채우다, 충전하다 | 丝绸 sīchóu 명 견직물, 비단 | ☆棉花 miánhua 명 목화솜, 면, 솜 | ☆种植 zhòngzhí 동 심다, 재배하다 | 明朝 Míngcháo 명 명나라 | 棉袄 mián'ǎo 명 솜저고리 | 蚕丝 cánsī 명 잠사, 고치실 | 麻 má 명 삼베, 마직물 | 纤维 xiānwéi 명 섬유 | ☆编织 biānzhī 동 엮다, 편직하다 | 质地 zhìdì 명 (물건의) 속성, 재질 | ☆坚韧 jiānrèn 형 강인하다, 단단하고 질기다 | 挡 dǎng 동 막다, 차단하다 | 兽皮 shòupí 동물 가죽 | 农耕 nónggēng 명 농경, 논밭을 갈아 농사를 지음 | 皮草 pícǎo 명 모피 제품 | 常见 chángjiàn 동 자주(흔히) 보다, 흔히 있다 | 游牧民族 yóumù mínzú 유목 민족 | 进贡 jìn gòng 동 조공하다, 뇌물을 바치다, 상납하다 | ☆奢侈 shēchǐ 형 사치하다 | 奢侈品 shēchǐpǐn 명 사치품 | 货源 huòyuán 명 화물·상품의 공급원 | 稳定 wěndìng 형 안정하다 | 裘皮 qiúpí 명 모피 | 红楼梦 Hónglóumèng 고유 홍루몽[중국 청(清)대 소설가 조설근(曹雪芹)이 지은 장편소설] | 出场 chū chǎng 동 출현하다, 모습을 보이다 | 面料 miànliào 명 옷감(면직·모직물과 화학 섬유를 모두 말함) | ☆边缘 biānyuán 명 가장자리 | 露出 lùchū 동 드러내다, 나타내다 | ☆美观 měiguān 형 (장식·외관 따위가) 보기 좋다, 아름답다 | 含蓄 hánxù 형 함축적이다 | 设计 shèjì 명 설계, 디자인 동 설계하다, 디자인하다 | ☆裁缝 cáifeng 명 재봉사 | 锋 fēng 명 (어떤 사물의) 끝 부분 | 风头 fēngtou 명 주제넘게 나서는 것, 자기를 내세우는 것 | 出风头 chū fēngtou 자기를 내세우다, 주제넘게 나서다, 두각을 나타내다

81

关于唐代的衣服，可以知道什么？

A 多用丝绸制成
B 很难抵御严寒
C 显得十分大气
D 普遍填充棉花

당대의 옷에 관해서 무엇을 알 수 있나?

A 주로 비단을 사용해 만들었다
B 혹한을 막아내기 힘들다
C 매우 기품 있어 보인다
D 일반적으로 목화솜으로 채워졌다

보기 어휘 抵御 dǐyù 동 막아 내다, 방어하다 | ☆严寒 yánhán 명 혹한, 엄동설한 | 显得 xiǎnde 동 ~인 것처럼 보이다 | 大气 dàqi 형 대범하다, 기품이 있다

정답 A

해설 당나라 당시 의류의 충전재는 대부분 실크 제품이고 우리가 잘 아는 목화솜이 아니다(当时填充的大部分是丝绸制品，而不是我们熟悉的棉花)라고 했으므로 정답은 A입니다.

82

根据第四段，我们可以知道什么？

A 兽皮曾被当作衣服
B 皮草加工技术落后
C 北方游牧民族聚居
D 原始社会已出现农耕文明

4번째 단락에 근거해 우리가 알 수 있는 것은 무엇인가?

A 동물 가죽은 일찍이 옷으로 쓰였다
B 모피 가공 기술이 낙후했다
C 북방 유목민족은 모여 살았다
D 원시 사회에 이미 농경문명이 출현했다

보기 어휘 当作 dàngzuò 동 ~로 여기다, ~로 삼다 | 落后 luò hòu 동 낙오하다, 뒤떨어지다 | 聚居 jùjū 동 모여 살다, 집단으로 거주하다

정답 A

해설 일찍이 원시 시기에 동물 가죽이 보온 의류에 사용되고, 가공 기술도 이미 성숙했다(早在原始时期兽皮就被做成了保暖衣物，并且加工技术也早已成熟)고 했으므로 정답은 A입니다.

83

文中举《红楼梦》的例子，是想说明什么?	글에서 〈홍루몽〉을 예로 든 것은 무엇을 설명하고자 한 것인가?
A 清代人穿衣服很时髦	A 청대 사람들의 옷은 매우 트랜디하다
B 清朝人穿皮草很普遍	B 청나라 사람이 모피를 입는 것은 매우 흔했다
C 清代贵族生活很奢侈	C 청대 귀족들의 생활은 매우 사치스러웠다
D 清朝纺织技术飞跃发展	D 청나라 때 방직기술이 비약적으로 발전했다

보기 어휘 **时髦** shímáo 형 최신식이다, 유행하다 | ★**飞跃** fēiyuè 동 비약하다

정답 B

해설 청대에 들어 지배층이 방한으로 모피를 입는 것이 비로소 일반적인 모습이 되었고(统治阶层穿皮草御寒才变得普遍了), 〈홍루몽〉에서 각종 모피 의류가 많이 출현하는 것을 발견할 수 있다(我们看《红楼梦》时可以发现，各种裘皮衣服的出场就非常多)고 했으므로 정답은 B입니다.

84

上文主要谈的是什么?	지문이 주로 이야기 하는 것은 무엇인가?
A "出风头"的来历	A '出风头(자기를 드러내다)'의 유래
B 古人冬天御寒的衣物	B 옛날 사람들의 겨울철 방한 의류
C 古代衣服的各种款式	C 옛날 옷의 여러 가지 스타일
D 经济发展与衣服的关系	D 경제 발전과 옷의 관계

보기 어휘 ★**来历** láilì 명 유래 | ★**款式** kuǎnshì 명 스타일, 디자인

정답 B

해설 지문은 옛날 사람들은 무엇을 입고 추위에 대비했을까(那么古人穿什么御寒呢)라는 질문으로 시작해 방한복의 변천을 이야기해주고 있으므로 정답은 B입니다.

실전모의고사 2회

第85到88题

很多人误以为书院就是古时候的图书馆。尽管古代的书院都有不少藏书，但它们与图书馆是两回事。[85]图书馆以藏书为主，书院则是以讲学为主。古代藏书的地方不叫“图书馆”，图书馆一词的使用，其实是从修建于清代光绪三十三年（1907年）的“江南图书馆”开始的。

[86]图书馆的雏形[88]出现于周代，不过当时不叫图书馆，而叫“盟府”，主要用于保存图籍、档案等与皇室有关的资料。“老子者，姓李氏，名耳，字聃，周守藏室之史也”。这段话出自《史记》，“守藏室”即藏书之所，“史”是专门管理图书的官职。因此老子可以说是中国历史上第一位图书馆馆长。

[88]到了西汉，皇家就开始大量收藏图书了，宫内还设置了专门用来藏书的石渠阁、天禄阁，[87]这也是后来人们常把“皇家图书馆”称为“石渠”、“天禄”的原因。由于汉代收藏图书的书柜多为铜色包边，所以也将“图书馆”称为“金匮”或“金柜”。

[88]东汉桓帝时设秘书监专门管理图书。秘书监相当于现在的“国家图书馆馆长”，这一官职被沿用了很久，到隋炀帝的时候，秘书监已经是正三品了。[88]明代时，图书馆馆长的职务被并入了翰林院。[88]清代除了文渊阁、文津阁、文澜阁这些藏书阁外，翰林院、国子监、内府等机构也收藏过图书。这些机构的长官在做好本职工作的同时，也负责管理这些图书，算得上是兼职的图书馆馆长了。

唐代以前，图书主要由官府掌控，民间不允许大量藏书。唐代民间“私人图书馆”的出现，开启了中国历史上私人藏书的先河，明代范钦建造的“天一阁”是中国现存最早的“私人图书馆”。

많은 사람이 ‘서원’을 옛날 도서관이라고 잘못 알고 있다. 비록 옛날 서원에도 많은 책을 소장하고 있지만 그것들과 도서관은 별개이다. [85]도서관은 장서를 위주로 하고, 서원은 강의를 위주로 한다. 옛날에는 책을 소장하는 곳을 ‘도서관’이라고 부르지 않았다. 도서관이라는 단어의 사용은 사실 청대 광서 33년(1907년)에 ‘장난 도서관’을 건축했을 때부터 시작되었다.

[86]도서관의 전신은 [88]주나라 때 나타났다. 그러나 당시에는 도서관이라 부르지 않고, ‘맹부’라고 불렸는데 주로 지적도와 호적, 문건 등 황실과 관련된 자료를 보관하는데 사용했다. “노자는 성은 이(李)씨이며 이름은 이(耳), 자는 담(聃)이라고 하는데 주(周)나라의 장서실을 관리하는 사관이었다.” 이 말은 〈사기〉에서 나왔다. ‘수장실’은 책을 소장한 곳이고, ‘사’는 전문적으로 도서를 관리하는 관직이다. 따라서 노자는 중국 역사상 첫 번째 도서관장이라 할 수 있다.

[88]서한시대에 이르러 황실은 대량으로 책을 소장하기 시작했고, 황궁 내에 전문적으로 장서에 사용하는 ‘석거각’, ‘천록각’을 설치했다. [87]이것은 또한 후에 사람들이 종종 ‘황실 도서관’을 ‘석거’, ‘천록’이라고 부르는 원인이다. 한나라 때 책을 소장하는 책장은 대부분 테두리가 동색이어서 ‘도서관’을 ‘금궤(匱)’ 또는 ‘금궤(柜)’라고도 불렀다.

[88]동한 환제 때에는 비서감을 세워 전문적으로 책을 관리하게 했다. 비서감은 현재의 ‘국립 도서관 관장’에 해당하고, 이 관직 이름은 오랫동안 계속 사용되었다. 수양제 때에 이르러 비서감은 이미 정삼품이 되었다. [88]명대에 도서관 관장의 직무는 한림원으로 통합되었고, [88]청대에는 문연각, 문진각, 문란각과 같은 장서각 외에도 한림원, 국자감, 내무부 등 기관에서 도서를 소장한 바 있다. 이런 기관의 장관은 본업에 충실해야 하는 동시에 책들을 책임져야 하므로 도서관 관장을 겸직한 것이라고 할 수 있다.

당대 이전에는 책은 주로 관청에서 통제해 민간은 많은 책을 소장할 수 없었다. 당나라 때의 민간 ‘개인 도서관’의 출현이 중국 역사상 개인 도서 소장의 효시가 되었고, 명나라 때 범흠이 지은 ‘천일각’은 중국에 현존하는 최초의 ‘개인 도서관’이다.

지문 어휘 误以为 wù yǐwéi 잘못 알고 있다 | 书院 shūyuàn 명 서원 | 尽管 jǐnguǎn 접 비록 ~이지만 | 藏书 cángshū 명 장서 동 책을 소장하다 | 两回事 liǎng huí shì 별개의 문제이다 | 讲学 jiǎngxué 동 강의하다 | ★修建 xiūjiàn 동 건설하다, 짓다 | 清代 qīngdài 명 청대, 청나라 | 光绪 guāngxù 명 광서[청(清) 덕종(德宗)의 연호(1875~1908)] | 雏形 chúxíng 명 형태가 고정되기 전의 최초의 형식, 전신 | 周代 zhōudài 명 주대, 주왕조 시대 | 盟府 méngfǔ 명 맹부(도서나 황실자료를 보관하는 장서각) | 保存 bǎocún 동 보존하다 | 图籍 tújí 명 지적도와 호적 | ★档案 dàng'àn 명 문서 | 皇室 huángshì 명 황실 | 资料 zīliào 명 자료 | 老子 Lǎozǐ 고유 노자(인명) | 聃 dān 담(인명에 쓰이는 글자) | 周 Zhōu 명 주[무왕인 희발(姬發)이 건립한 왕조] | 守藏室 shǒucángshì 명 수장실(왕실의 문서를 소장하는 곳) | 史 shǐ 명 사관(도서를 관리하는 관직) | 守藏室之史 shǒucángshì zhī shǐ 주나라 왕실의 문서를 지키는 장리(관직이름) | 史记 Shǐjì 고유 사기(서명) | 即 jí 부 즉 | 所 suǒ 명 장소 | 官职 guānzhí 명 관직 | 西汉 XīHàn 명 서한 | 皇家 huángjiā 명 황가, 황실 | ★收藏 shōucáng 명 소장하다 | 图书 túshū 명 도서 | ★设置 shèzhì 명 설치하다 | 石渠阁 shíqúgé 명 석거각(고대 건축물 이름, 서한 황실이 장서하는 곳) | 天禄阁 tiānlùgé 명 천록각(고대 건축물 이름, 서한 황실이 장서하는 곳) | 书柜 shūguì 명 책장 | 铜色 tóngsè 명 동색, 구릿빛 | 包边 bāobiān 동 테두리를 감싸다 | 匮 guì 명 궤, '柜'와 같음 | 东汉 DōngHàn 명 동한 | 桓帝 huándì 명 한환제 | 秘书监 mìshūjiān 명 비서감(고대에 국가도서를 관리하는 관직 명칭) | 相当于 xiāngdāngyú ~에 상당하다 | 馆长 guǎnzhǎng 명 관장 | 官职 guānzhí 명 관직 | 沿用 yányòng 동 계속하여 사용하다 | 隋炀帝 Suíyángdì 고유 수양제(수나라 황제) | 正三品 zhèngsānpǐn 명 정삼품(옛날, 벼슬 품계의 세 번째) | 明代 míngdài 명 명대, 명나라 | 职务 zhíwù 명 직무 | 并入 bìngrù 동 합병하다 | 翰林院 hànlínyuàn 명 한림원 | 清代 qīngdài 명 청대, 청나라 | 文渊阁 Wényuāngé 문연각(사고전서를 보관하던 누각의 하나. 베이징 자금성 안 동남쪽에 있었음) | 文津阁 Wénjīngé 문진각(사고전서를 보관하던 누각의 하나. 허베이성 청더시에 있음. 보관하던 책은 현재 베이징에 위치한 국가도서관으로 옮겨졌음) | 文澜阁 Wénlángé 문란각(사고전서를 보관하던 누각의 하나. 저장성 항저우시 시후 구산에 있음) | 国子监 guózǐjiàn 명 국자감[수(隋)나라에서 청(清)나라까지 국가가 '举人'·'贡生'·'监生'을 교육시키기 위하여 지은 학교] | 内府 nèifǔ 명 내무부(청나라의 특유한 기관 명칭. 황실의 사무를 총관하는 기관) | 长官 zhǎngguān 명 장관 | 本职工作 běnzhí gōngzuò 본 업무, 본업 | 负责 fùzé 동 책임지다 | 算得上 suàndeshàng ~(이)라고 말할 수 있다 | 兼职 jiānzhí 동 겸직하다 | 唐代 tángdài 명 당 왕조 | 官府 guānfǔ 명 관청, 관아 | 掌控 zhǎngkòng 동 통제하다, 지배하다 | 民间 mínjiān 명 민간 | 允许 yǔnxǔ 동 동의하다, 허락하다 | 私人 sīrén 명 개인, 민간 | 开启 kāiqǐ 동 열다 | 先河 xiānhé 명 일의 시작 | 范钦 Fànqīn 고유 범흠(인명) | 建造 jiànzào 건설하다, 짓다 | 天一阁 Tiānyīgé 천일각(중국의 현존하는 가장 오래된 개인 장서각)

85

根据上文，书院和图书馆的区别体现在：

A 功能
B 藏书量
C 建造地址
D 藏书种类

지문에 근거해, '서원'과 '도서관'의 차이는 어디에서 나타나는가?

A 기능
B 장서량
C 건축 주소
D 장서 종류

보기 어휘 **体现** tǐxiàn 동 구현하다, 구체적으로 드러내다 | **建造** jiànzào 동 (집 따위를) 짓다, 건축하다

정답 A

해설 도서관은 책 소장을 위주로 하고 서원은 강의를 위주로 한다(图书馆以藏书为主，书院则是以讲学为主)고 했으므로 각각의 기능의 다르다는 것을 알 수 있습니다. 따라서 정답은 A입니다.

86

第二段中"雏形"意思是：

A 管理方式
B 完整的模型
C 最初的形式
D 建筑风格

두 번째 단락의 '전신'의 의미는 무엇인가?

A 관리 방식
B 완전한 모델
C 최초의 형식
D 건축 특징

보기 어휘 **完整** wánzhěng 형 완벽하다, 완전무결하다 | ★**模型** móxíng 명 모형, 모델 | **风格** fēnggé 명 풍격, 양식, 스타일

정답 C

해설 '雏形'은 형태가 고정되기 전의 최초의 형식인 '전신'의 의미이므로 정답은 C입니다.

87

根据上文，下列哪项正确：

A 私人藏书始于明代
B "天禄"可指皇家藏书之地
C 隋炀帝时取消秘书监一职
D 图书馆一词始于唐代

지문에 근거하여 다음 중 옳은 것은 무엇인가?

A 개인 책 소장은 명대에 시작했다
B '천록'은 황실의 책을 소장하는 곳을 가리킨다
C 수양제 때 비서감이라는 관직을 없앴다
D 도서관이라는 단어는 당대에 시작했다

정답 B

해설 사람들은 '황실 도서관'을 '석거', '천록'이라고 부른다(后来人们常把"皇家图书馆"称为"石渠"、"天禄")고 했으므로 정답은 B입니다.

88

上文主要谈的是：

A 历史名人与图书馆
B 第一所大众图书馆
C "金匮" 一词的来历
D 历代的图书馆

지문에서 주로 이야기하는 것은?

A 역사적인 명인과 도서관
B 첫 번째 대중 도서관
C '궤' 단어의 유래
D 역대 도서관

보기 어휘 **名人** míngrén 명 명인, 유명한 사람 | ★**历代** lìdài 명 역대, 대대

정답 D

해설 도서관의 전신이 주나라에 나타났다(**图书馆的雏形出现于周代**)는 내용부터 동한 환제 때는 비서감이 있었고(**东汉桓帝时设秘书监专门管理图书**), 명대 때에는 도서관 관장이 한림원으로 통합되었으며(**明代时，图书馆馆长的职务被并入了翰林院**), 청대 때에는 문연각, 문진각, 문란각, 한림원, 국자감, 내무부에서 책을 소장했다(**清代除了文渊阁、文津阁、文澜阁这些藏书阁外，翰林院、国子监、内府等机构也收藏过图书**)는 내용을 보면 전반적인 지문은 역대 도서관에 대한 설명이므로 정답은 D입니다.

第89到92题

1950年，美国人韦恩·皮尔斯利用一个油漆喷雾压缩机、喷嘴和一些用来给花木浇水的软管造出了世界上第一台造雪机。他将水注入一个专用喷嘴，水在那里接触到高压空气，高压空气将水流分割成微小的粒子并喷入寒冷的外部空气中，在落到地面以前[89]这些小水滴凝结成冰晶，这就是枪式（炮筒式）造雪机的祖先。

炮筒式造雪受到温度的限制，随着温室效应逐渐加剧，冬天气温升高，只靠炮筒式造雪机造雪，已达到了极限，部分地区滑雪场甚至已无法继续营业。

应运而生的造雪方式就是冰片粉碎式造雪，它的工作流程是，先将水制成片状的冰，储存于带有制冷系统的容器中，在需要使用雪花的时刻，通过高压的密闭风机，经粉碎腔体快速输送到指定的需雪区域。与炮筒式造雪机相比较，冰片粉碎式造雪量更大，[90]而且无气温和湿度的限制，夏天也可以造雪。

1950년, 미국인 웨인 피어스는 페인트 스프레이와 분사 노즐, 그리고 꽃에 물을 뿌려주는 호스를 이용해 세계에서 최초로 제설기를 만들어냈다. 물을 전용 분사 노즐에 주입하면, 물이 노즐 안에서 고압 공기와 만나게 되고, 고압 공기는 물을 미세한 입자로 분해해 차가운 외부 공기 중에 뿌리면 땅에 떨어지기 전에 [89]이 작은 물방울들이 응결되어 얼음 결정이 되는데, 이것이 바로 스노우건(대포식) 제설기의 조상이다.

대포식 인공 제설은 온도의 제한을 받는다. 온실효과가 점점 심각해지면서 겨울철 기온이 올라가고, 대포식 제설기로만 눈을 만들기엔 한계에 이르러 일부 지역 스키장은 계속 영업을 할 수조차 없게 되었다.

이런 상황에 맞춰 생겨난 제설 방식은 얼음 조각을 분쇄하는 것인데, 그 공정 과정은 우선 물을 조각형의 얼음으로 만들어 냉각 시스템을 갖춘 용기에 보관하고 있다가, 눈이 필요할 때 고압의 밀폐 송풍기를 통해 분쇄 구멍을 거쳐 고속으로 눈이 필요한 지정된 장소로 쏘아 올리는 것이다. 스노우건 제설기와 비교해보면, 얼음 조각 분쇄 방식 제설은 양도 더욱 많고, [90]기온과 습도의 제한을 받지 않아서 여름에도 눈을 만들 수 있다.

与自然界的自然雪相比，无论哪种形式的造雪设备，造出来的雪的形状都无法与自然雪的形状相同。自然雪形状各异，[91]而人造雪的形状几乎都是相同的。自然雪花轻盈，可以缓慢地从天而降，美感十足。而所有的人工造雪设备造出的雪花，更类似雪珠，做不出六面体雪花。

造雪机用水量大，冰雪嘉年华和滑雪场人工造雪后，绝大多数的雪会通过空气蒸发或渗透到地下，[92]无法回收再利用，造成了浪费。滑雪场取水造雪会大量损耗地下水，[92]加重山区的春旱。另外，人工造雪还会对植被产生一定的破坏。

자연계의 천연 눈과 비교해보면, 어떤 방식의 제설 설비이던 간에 만들어진 눈의 모양은 모두 천연 눈의 모양과 같을 수 없다. 천연 눈은 생김새가 각각 다르지만 [91]인공 눈의 생김새는 거의 모두가 같다. 천연 눈꽃송이는 가벼워서 느리게 공중에서 떨어져 매우 아름다운 느낌이 가득하다. 하지만 인공 제설기로 만들어진 눈꽃송이는 싸라기눈과 더 비슷해 육면체 눈꽃송이를 만들어낼 수 없다.

제설기는 물 사용량이 많고, 눈 축제나 스키장에서 인공 제설 후 대다수 눈은 공기를 통해 증발하거나 지하로 스며들어가서 [92]회수해 재활용할 수가 없으니 낭비로 이어진다. 스키장에서 물로 눈을 만들려면 지하수를 많이 써야 해서 [92]산간지역의 봄 가뭄이 심각해지고, 이 밖에도 인공 제설은 식물에도 어느 정도 피해를 입힐 것이다.

지문 어휘 韦恩·皮尔斯 Wéi'ēn · Pí'ěrsī 고유 웨인 피어스(인명) | ★油漆 yóuqī 명 페인트 | 喷雾 pēnwù 동 분무하다 | 压缩机 yāsuōjī 명 압축기 | 喷雾压缩机 pēnwù yāsuōjī 스프레이 | 喷嘴 pēnzuǐ 명 분사 노즐 | 浇水 jiāoshuǐ 동 물을 뿌리다 | 软管 ruǎnguǎn 명 호스 | 造雪机 zàoxuějī 명 제설기 | 注入 zhùrù 동 주입하다, 부어 놓다 | 接触 jiēchù 동 닿다, 접촉하다 | 高压 gāoyā 명 높은 압력 | 水流 shuǐliú 명 물살, 물의 흐름 | 分割 fēngē 동 분할하다 | 微小 wēixiǎo 형 미세하다 | 粒子 lìzǐ 명 알, 소립자 | 寒冷 hánlěng 형 한랭하다 | 落 luò 동 떨어지다 | 水滴 shuǐdī 명 물방울 | 凝结 níngjié 동 응결하다 | 冰晶 bīngjīng 명 빙정, 얼음결정 | 枪 qiāng 명 총 | 炮筒 pàotǒng 명 대포, 포신(화약 병기의 일종) | ★祖先 zǔxiān 명 선조, 조상 | 限制 xiànzhì 명 제한 동 제한하다 | 温室效应 wēnshì xiàoyìng 명 온실 효과 | ★加剧 jiājù 동 악화되다, 심해지다 | 升高 shēnggāo 동 위로 오르다 | 靠 kào 동 기대다, 의지하다 | 达到 dádào 동 달성하다, 도달하다 | ★极限 jíxiàn 명 극한 | 滑雪场 huáxuěchǎng 명 스키장 | 甚至 shènzhì 부 심지어 | 营业 yíngyè 동 영업하다 | 应运而生 yìng yùn ér shēng 성어 기회와 시운에 따라 생겨 나다, 시대의 요구에 의해서 나타나다 | 冰片 bīngpiàn 명 얼음 조각 | ★粉碎 fěnsuì 동 가루로 만들다, 분쇄하다 | 流程 liúchéng 명 (공업 제품 생산에서의) 공정 | ★储存 chǔcún 동 저장하여 두다, 저축하여 두다 | 制冷 zhìlěng 동 냉동하다, 냉각하다 | ★容器 róngqì 명 용기 | 雪花 xuěhuā 명 눈송이 | 密闭 mìbì 형 밀폐한 동 밀폐하다 | 风机 fēngjī 명 송풍기 | 输送 shūsòng 동 수송하다 | ★指定 zhǐdìng 동 지정하다 | ★区域 qūyù 명 지역, 구역 | 形状 xíngzhuàng 명 형상, 생김새 | 各异 gèyì 형 제각기 다르다 | 轻盈 qīngyíng 형 가볍다, 나긋나긋하다 | 缓慢 huǎnmàn 형 느리다 | 美感 měigǎn 명 미감, 아름다운 느낌 | ★十足 shízú 형 충분하다, 넘쳐흐르다 | ★类似 lèisì 형 유사하다 | 雪珠 xuězhū 명 싸라기눈 | 六面体 liùmiàntǐ 명 육면체 | 嘉年华 jiāniánhuá 명 카니발 | ★蒸发 zhēngfā 동 증발하다 | ★渗透 shèntòu 동 스며들다, 삼투하다 | ★回收 huíshōu 동 (폐품이나 오래된 물건을) 회수하다 | 再利用 zàilìyòng 동 재활용하다 | 造成 zàochéng 동 초래하다 | 浪费 làngfèi 동 낭비하다 | 损耗 sǔnhào 동 소모하다 | 地下水 dìxiàshuǐ 명 지하수 | 加重 jiāzhòng 동 가중하다 | 山区 shānqū 명 산간 지역 | 春旱 chūnhàn 명 봄 가뭄 | 植被 zhíbèi 명 식물, 식생 | 破坏 pòhuài 명 파괴 동 파괴하다

89

炮筒式造雪的原理是什么?

A 粉碎超薄冰片
B 水滴凝结成冰晶
C 加大空气的湿度
D 冬季的气温极低

대포식 인공 제설의 원리는 무엇인가?

A 아주 얇은 얼음 조각을 분쇄한다
B 물방울을 얼음 결정으로 응결시킨다
C 공기 중 습도를 높인다
D 겨울철 기온이 매우 낮다

보기 어휘 **超薄** chāobáo 형 매우 얇다, 초박형인

정답 B

해설 전용 분사 노즐 안의 고압 공기가 물을 미세한 입자로 분해해 밖으로 쏘면 외부의 차가운 공기 때문에 작은 물방울이 얼음결정으로 응결되는데 이것이 바로 스노우건(대포식) 제설기의 조상 [高压空气将水流分割成微小的粒子并喷入寒冷的外部空气中，在落到地面以前这些小水滴凝结成冰晶，这就是枪式(炮筒式)造雪机的祖先]이라고 했으므로 정답은 B입니다.

90

关于冰片粉碎式造雪，可以知道什么?

A 不受温度影响
B 技术还不成熟
C 对湿度的要求高
D 只能在指定区域使用

얼음 조각 분쇄식 제설에 관해 알 수 있는 것은 무엇인가?

A 온도의 영향을 받지 않는다
B 기술이 아직 성숙되지 않았다
C 습도에 대한 요구가 높다
D 지정된 지역에서만 사용할 수 있다

정답 A

해설 얼음조각 분쇄식 제설(冰片粉碎式造雪)은 기온과 온도의 제한이 없다(无气温和湿度的限制)고 했으므로 정답은 A입니다.

91

与自然雪相比，人造雪有什么特点?

A 没有相同的
B 保护植被
C 包含气象信息
D 形状一致

천연 눈과 서로 비교해보면 인공 눈은 어떤 특징이 있나?

A 같은 것이 없다
B 식생을 보호한다
C 기상 정보를 담고 있다
D 생김새가 일치한다

보기 어휘 **包含** bāohán 동 포함하다, 내포하다, 들어 있다 | **致** yízhì 형 일치하다

정답 D

해설 천연 눈과 비교해보면(与自然界的自然雪相比) 인공 눈의 생김새는 거의 모두 같다(人造雪的形状几乎都是相同的)고 했으므로 정답은 D입니다.

92

最后一段讲的是人造雪的什么?

A 前景
B 弊端
C 市场
D 费用

마지막 단락은 인공 눈의 무엇에 대해 이야기하고 있는가?

A 전망
B 폐단
C 시장
D 비용

보기 어휘 **前景** qiánjǐng 명 장래, 전망 | ☆**弊端** bìduān 명 폐단, 폐해

정답 **B**

해설 인공 눈으로 사용된 물은 재활용할 수도 없어 낭비로 이어지고(**无法回收再利用，造成了浪费**), 많은 지하수를 써야 해서 산간 지역의 봄 가뭄도 가중시키며(**会大量损耗地下水，加重山区的春旱**), 식물 파괴에도 어느 정도 영향이 있다(**人工造雪还会对植被产生一定的破坏**)는 인공 눈의 폐해를 이야기 하고 있습니다.

第93到96题

[93]清代光绪二十五年（1899年），金石学家王懿荣在一种被称为“龙骨”的中草药上，发现了一些细小的符号。这些神秘的符号经专家考证，被认定是商朝的文化产物——甲骨文。

在世界四大古文字中，[96]唯有甲骨文经受住了3600年的考验，一脉传承地“活”到了今天，并演变成为今天的汉字，而其他三种文字都已失传，成为永远无法破解的历史之谜。但如今的甲骨文却经常面临“专家兴趣盎然，百姓兴趣寡然”的尴尬。

2017年，甲骨文顺利入选《世界记忆名录》，对于长期从事甲骨文研究和推广的人来说，是一个“天大的喜事”，社会大众对于甲骨文知识的认知度将会不断扩大。近年来，甲骨文已经逐步从书斋走向大众，但要让群众真正了解，还需要在传播方式上多下功夫。甲骨文的传承和发扬，[94]需要培养更多的甲骨学接班人。

[93]청대 광서 25년(1899년), 금석학자 왕의영은 ‘용골’이라고 불리는 한약재에서 작은 부호들을 발견했다. 이러한 신비로운 부호는 전문가의 고증을 거쳐 상나라의 문화 산물인 갑골문으로 확인되었다.

세계 4대 고대 문자 중 [96]갑골문만이 3600년의 시련을 견뎌냈다. 한 계통으로 전수 계승되어 오늘날까지 살아남았고, 오늘날의 한자로 변천했다. 다른 3가지 문자는 모두 더 이상 전해 내려오지 않고, 영원히 풀 수 없는 역사의 수수께끼가 되었다. 그러나 오늘날의 갑골문은 종종 ‘전문가들은 매우 관심 있어 하고, 백성들은 관심 없는’ 곤란한 상황에 놓이기도 한다.

2017년, 갑골문은 순조롭게 〈세계 기록 유산〉에 입선했다. 오랫동안 갑골문 연구와 보급에 종사하던 사람들 입장에선 ‘너무 기쁜 경사’이자, 사회 대중들의 갑골문 지식에 대한 인지도도 높아질 것이다. 최근 들어 갑골문은 이미 조금씩 서재에서 대중에게로 향하고 있지만, 대중들이 진정으로 갑골문을 이해하려면 아직 전파 방식에 많은 공을 들여야 하고, 갑골문의 전승과 발전은 [94]더욱 많은 갑골학 후학 양성이 필요하다.

中国文字博物馆[95]甲骨学堂是中国文字博物馆传承汉字文化的一次公益性探索，结合中国传统节日和汉字文化背景，[95]开展汉字教育活动，让更多的孩子了解汉字之源。比如，挑选一些象形程度高的字介绍给孩子，通过解读文字背后隐含的历史文化信息，以及这个字从古到今的演变发展过程，让他们理解和掌握汉字的一些特征。

近年来，甲骨文研究一度进入“低迷”，尤其是文字破译工作，更是步履维艰。入选《世界记忆名录》将使甲骨文研究的低迷形势得到改观，让更多的有志之士参与到甲骨文的工作中。理解甲骨文可以让更多的人爱上汉字，从而让更多的人学好汉字、用好汉字。

중국 문자 박물관 [95]갑골학당은 중국 문자 박물관의 한자 문화를 전수, 계승하고자 한 공익성을 담은 시도인데, 중국 전통 명절과 한자 문화 배경을 결합해 [95]한자 교육 활동을 전개하여 더욱 많은 아이들이 한자의 근원을 이해할 수 있게 했다. 예를 들면 상형 정도가 높은 글자를 골라 아이들에게 소개하고 문자 배경에 내포된 역사 문화 정보와 이 글자의 예부터 지금까지 변화 발전해 온 과정을 해설해 줌으로써 아이들이 한자의 일부 특징들을 이해하고 잘 파악할 수 있게 했다.

최근 들어 갑골문 연구가 한동안 침체기에 들어섰고, 특히 문자 해독 작업은 더욱 진행이 어렵고 더뎠지만, 〈세계 기록 유산〉 입선은 갑골문 연구의 침체된 국면을 바꿔, 더 많은 뜻 있는 사람들이 갑골문 연구에 참여하도록 할 것이다. 갑골문의 이해는 많은 사람들이 한자를 더 좋아하게 할 것이고, 이로써 더 많은 사람들이 한자를 잘 배우고 잘 사용하게 할 것이다.

지문 어휘 **清代** qīngdài (명) 청대, 청왕조 | **光绪** Guāngxù (명) 광서[청(清) 덕종(德宗)의 연호(1875~1908)] | **金石** jīnshí (명) 금석 | **学家** xuéjiā (명) 학자 | **王懿荣** Wángyìróng (고유) 왕의영(인명) | **龙骨** lónggǔ (명) 용골 | **中草药** zhōngcǎoyào (명) 중의학에서 사용하는 각종 약재, 한약재 | **细小** xìxiǎo (형) 아주 작다 | ☆**符号** fúhào (명) 기호 | **神秘** shénmì (형) 신비하다 | **经** jīng (동) 거치다 | **专家** zhuānjiā (명) 전문가 | **考证** kǎozhèng (동) 고증하다 | ☆**认定** rèndìng (동) 인정하다 | **商朝** shāngcháo (명) 상조, 상나라 | **甲骨文** jiǎgǔwén (명) 갑골문 | **唯** wéi (부) 오로지 | **经受** jīngshòu (동) 겪다 | ☆**考验** kǎoyàn (명) 시련 (동) 시험하다 | **一脉传承** yí mài chuánchéng 한 계통으로 전수하고 계승하다 | ☆**演变** yǎnbiàn (동) 변천하다 | **失传** shīchuán (동) 전해 내려오지 않다 | **破解** pòjiě (동) 파헤치다 | **谜** mí (명) 수수께끼 | **面临** miànlín (동) 직면하다 | **兴趣** xìngqù (명) 흥미 | **盎然** àngrán (형) 차고 넘치다 | **百姓** bǎixìng (명) 백성, 서민, 일반인 | **寡然** guǎrán (형) 적다 | ☆**尴尬** gāngà (형) 애매하다, 곤란하다 | **顺利** shùnlì (형) 순조롭다 | **入选** rùxuǎn (동) 입선하다 | **世界记忆名录** shìjiè jìyì mínglù 세계 기록 유산 | **从事** cóngshì (동) 종사하다 | **推广** tuīguǎng (동) 널리 보급하다 | **认知度** rènzhīdù (명) 인지도 | **扩大** kuòdà (동) 확대하다 | **逐步** zhúbù (부) 점차, 점점 | **书斋** shūzhāi (명) 서재 | ☆**群众** qúnzhòng (명) 대중 | **了解** liǎojiě (동) 자세하게 알다 | **传播** chuánbō (동) 전파하다 | **下功夫** xià gōngfu 공을 들이다 | **传承** chuánchéng (동) 전승하다 | ☆**发扬** fāyáng (동) 널리 알리다, 선양하여 발전시키다 | **培养** péiyǎng (동) 양성하다, 배양하다 | **接班人** jiēbānrén (명) 후계자, 후임 | **博物馆** bówùguǎn (명) 박물관 | **学堂** xuétáng (명) 학당 | **公益** gōngyì (명) 공익 | ☆**探索** tànsuǒ (동) 탐색하다 | **结合** jiéhé (동) 결합하다 | **背景** bèijǐng (명) 배경 | ☆**开展** kāizhǎn (동) 전개하다, 펼치다 | **源** yuán (명) 근원, 시작 | **挑选** tiāoxuǎn (동) 고르다 | **象形** xiàngxíng (명) 상형 | **解读** jiědú (동) 해독하다 | **背后** bèihòu (명) 배후, 뒤 | **隐含** yǐnhán (동) 은연중 내포하다 | **信息** xìnxī (명) 정보 | **以及** yǐjí (접) 및 | **理解** lǐjiě (동) 이해하다, 알다 | **掌握** zhǎngwò (동) 파악하다, 숙달하다 | **特征** tèzhēng (명) 특징 | ☆**一度** yídù (부) 한때, 한동안 | **低迷** dīmí (형) 저조하다, 인기없다 | **尤其** yóuqí (부) 특히, 더욱 | **破译** pòyì (동) 해독하다 | **步履维艰** bù lǚ wéi jiān (성어) 행보가 힘들다, 일의 진행이 어렵고 더디다 | **形势** xíngshì (명) 정세 | **改观** gǎiguān (명) 변모 (동) 모습이 바뀌다 | **有志之士** yǒu zhì zhī shì (성어) 뜻 있는 사람 | **从而** cóng'ér (접) 따라서

93

关于甲骨文，可以知道什么？	갑골문에 관해 무엇을 알 수 있나?
A 发现于清代	A 청대에 발견되었다
B 是清代的文字	B 청대의 문자이다
C 是王懿荣的作品	C 왕의영의 작품이다
D 写在龙骨上	D 용골 위에 썼다

정답 A

해설 청대 광서 25년(清代光绪二十五年)에 왕의영이 '용골'이라고 불리는 한약재에서 작은 부호들을 발견했고(王懿荣在一种被称为"龙骨"的中草药上，发现了一些细小的符号), 이것은 상나라의 문화 산물인 갑골문으로 확인되었다(被认定是商朝的文化产物——甲骨文)고 했으므로 정답은 A입니다.

94

根据第三段，甲骨学：	세 번째 단락에 근거해 갑골학은 어떠한가?
A 缺乏接班人	A 후계자가 부족하다
B 是热门学科	B 인기 학과이다
C 已经失传了	C 이미 전해지지 않는다
D 不被大众认可	D 대중들에게 인정받지 못한다

보기 어휘 ★**认可** rènkě 동 인가하다, 허가하다 | ★**热门** rèmén 명 인기 있는 것, 유행하는 것

정답 A

해설 세계 4대 고대문자 중(在世界四大古文字中) 갑골문만이 지금까지 계승되어 살아남았고(唯有甲骨文一脉传承地"活"到了今天) 나머지 3가지는 더 이상 전해지지 않는다(其他三种文字都已失传)고 했고, 현재 전문가들은 매우 관심 있어 하지만 백성들은 관심이 없는 곤란한 상황(如今的甲骨文却经常面临"专家兴趣盎然，百姓兴趣寡然"的尴尬)이라고 했으며, 갑골문의 전승과 발전에는 더 많은 후학 양성이 필요하다(甲骨文的传承和发扬需要培养更多的甲骨学接班人)고 했으므로 정답은 A입니다.

95

关于甲骨学堂，下列正确的是：	갑골 학당에 관해 다음 중 옳은 것은 무엇인가?
A 举办汉字教育活动	A 한자 교육 활동을 진행한다
B 介绍传统节日	B 전통 명절을 소개한다
C 始办于光绪年间	C 광서 연간에 처음 설립되었다
D 是亲子活动	D 부모와 아이가 함께하는 활동이다

보기 어휘 **亲子活动** qīn zǐ huódòng 부모랑 함께 하는 행사

정답 A

해설 갑골학당(甲骨学堂)은 중국 전통 명절과 한자 문화 배경을 결합하여 한자 교육을 진행해 많은 어린이들이 한자의 근원을 이해하도록 했다(结合中国传统节日和汉字文化背景，开展汉字教育活动，让更多的孩子了解汉字之源)고 했으므로 정답은 A입니다.

96

根据上文，下列哪项正确？

A 汉字由甲骨文演变而来
B 甲骨文是历史之谜
C 专家对甲骨文兴致寡然
D 现代人不爱写汉字

지문에 근거하여, 다음 중 옳은 것은 무엇인가?

A 한자는 갑골문에서부터 변천해왔다
B 갑골문은 역사의 수수께끼이다
C 전문가는 갑골문에 대해 관심이 적다
D 현대인은 한자 쓰는 것을 좋아하지 않는다

정답 A

해설 세계 4대 고대문자 중 갑골문만이 3600년의 시련을 견뎌 한 계통으로 오늘날까지 전승되었고, 오늘날의 한자로 변천했다(在世界四大古文字中，唯有甲骨文经受住了3600年的考验，一脉传承地“活”到了今天，并演变成为今天的汉字)라고 했으므로 정답은 A입니다.

第97到100题

[97]某社交网站通过对10万份用户的公开档案进行统计分析后，发布了《第一份工作趋势洞察》报告。报告显示：第一份工作往往不是职场人士的理想工作，职场人第一份工作的平均在职时间呈现出越来越短的趋势。

其中，70后的第一份工作平均超过四年，80后为三年半，而90后则骤减到19个月，95后平均仅仅在职7个月就选择了辞职。

报告认为，[98]现代职场人频繁地更换第一份工作，一方面是因为他们变得更加注重自我，关注自身感受和自我价值的实现，因此一旦发现工作与期待不符则会更快做出其他选择。而且如今获取职业信息不像过去那么闭塞，渠道越来越多，因此更换工作显得更加容易，人们不再害怕找不到工作了。

[97]한 소셜 네트워크 서비스(SNS)에서 10만 부의 가입자 공개 파일에 대해 통계분석을 진행한 후 <첫 직장 추세 통찰> 보고서를 발표했다. 보고서에 따르면, 첫 직장은 종종 직장인들의 이상적인 직업이 아니고, 직장인의 첫 번째 직장의 평균 재직 시간은 점점 짧아지는 추세가 나타났다.

그 중, 치링허우(70后)의 첫 직장은 평균 4년을 초과했고, 바링허우(80后)는 3년 반, 쥬링허우(90后)는 19개월로 급감했다. 쥬우허우(95后)는 평균적으로 재직 7개월만에 바로 퇴사를 선택했다.

보고서는 [98]현대 직장인이 빈번히 첫 직장을 바꾸는 원인은 한편으로는 그들이 더욱 자기 자신을 중시하게 되었고, 자신의 느낌과 자신의 가치 실현에 관심을 갖기 때문에, 일단 일과 기대한 바가 맞지 않으면 빠르게 다른 선택을 한다고 여긴다. 게다가 오늘날 직업 정보를 얻는 것은 과거처럼 막혀있지 않고, 방법도 점점 다양해졌기 때문에 일을 바꾸는 것이 더욱 쉬워졌고, 사람들도 더 이상 일을 찾지 못할까 두려워하지 않는다.

但另一方面，其实这样的趋势在一定程度上也反映了当前学校教育与就业市场之间的落差。学校教育几乎不涉及对于行业、职业和企业的具体介绍，学生对于第一份工作往往期待过高，眼高手低的大学生入职后对于工作内容和工作节奏都无法适应，从而出现失落和迷茫的情绪。

因此，报告建议，[99]学生在大学期间应尽早开始了解目标行业和目标工作，并通过实习等方式，缩小预期与实际的差距。

此外，报告还显示，第一份工作的行业选择呈现出明显的集中化趋势，[100]毕业生普遍热衷于进入时下最热门的行业。近年来最热门的行业分别是互联网和金融行业，仅这两大热门行业便吸收了30%以上的95后毕业生。

그러나 또 다른 한편으로는 사실 이러한 추세는 어느 정도 현재 학교 교육과 취업 시장 간의 격차를 반영해주었다고 여겨진다. 학교 교육은 거의 업종, 직업 그리고 기업에 대한 구체적인 소개에까지 미치지 않다 보니, 학생이 첫 직장에 대해 기대가 지나치게 높은 경우가 많고, 눈만 높고 실력은 없는 대학생이 입사 후 업무 내용과 업무 리듬에 대해 적응할 수가 없다 보니 허전하고 막막한 마음이 생기게 된다.

따라서 보고서는 학생이 [99]대학 재학 동안 목표 업종과 목표 업무를 되도록 일찍부터 잘 알아내고, 실습 등 방식을 통해 기대와 현실 간의 격차를 줄일 수 있어야 한다고 제안한다.

이밖에 보고서에 따르면, 첫 직장의 업종 선택이 뚜렷한 집중화 추세를 나타낸다. [100]졸업생은 일반적으로 현재 가장 인기 있는 업종에 들어가기를 갈망한다. 최근 들어 가장 인기 있는 업종은 각각 인터넷과 금융업이고, 이 두 인기 업종에서만 30% 이상의 쥬우허우(95后) 졸업생을 받아들였다.

지문 어휘 **社交网站** shèjiāo wǎngzhàn 명 소셜 네트워크 서비스, SNS | **用户** yònghù 명 사용자, 가입자 | ☆**档案** dàng'àn 명 문서 | **统计分析** tǒngjì fēnxī 통계분석 | ☆**发布** fābù 동 선포하다 | **趋势** qūshì 명 추세 | **洞察** dòngchá 동 통찰하다 | **显示** xiǎnshì 동 나타내다, 현시하다 | **职场人士** zhíchǎng rénshì 명 직장인 | **平均** píngjūn 형 평균적인 | **在职** zàizhí 동 재직하다 | ☆**呈现** chéngxiàn 동 나타나다 | **70后** 치링허우, 70년대에 태어난 중국인 | **80后** 바링허우, 80년대에 태어난 중국인(10대나 20대에 풍족함을 느낀 세대) | **90后** 쥬링허우, 90년대에 태어난 중국인(유아기부터 풍족함을 접한 세대) | **95后** 쥬우허우, 1995년에서 1999년 사이에 태어난 중국인(막 20대 초반이 된 학생 또는 사회 초년생) | ***00后** 링링허우, 2000년에서 2009년 사이에 태어난 중국인(휴대전화, 인터넷을 접하며 자란 '모바일세대') | **骤减** zhòujiǎn 동 급감하다 | **仅仅** jǐnjǐn 부 단지 | **辞职** cí zhí 동 사직하다 | ☆**频繁** pínfán 형 잦다, 빈번하다 | **更换** gēnghuàn 동 바꾸다 | **更加** 부 더, 더욱 | ☆**注重** zhùzhòng 동 중시하다 | **自我** zìwǒ 명 자기 자신, 자아 | **关注** guānzhù 동 주시하다, 관심을 갖다 | **自身** zìshēn 명 자신 | **感受** gǎnshòu 명 느낌, 체득 동 느끼다, 체득하다 | **价值** jiàzhí 명 가치 | **实现** shíxiàn 동 실현하다 | **因此** yīncǐ 접 그래서 | **一旦** yídàn 부 일단 | **期待** qīdài 동 기대하다 | **不符** bùfú 동 서로 맞지 않다, 일치하지 않다 | **如今** rújīn 명 지금 | **获取** huòqǔ 동 획득하다, 취하다 | **信息** xìnxī 명 정보 | ☆**闭塞** bìsè 동 소식에 어둡다, 막히다 | ☆**渠道** qúdào 명 방법, 경로, 루트 | **显得** xiǎnde 동 ~하게 보이다, ~인 것처럼 보이다 | **反映** fǎnyìng 동 반영하다, 되비치다 | ☆**当前** dāngqián 명 현재, 눈앞 | ☆**就业** jiù yè 동 취직하다 | **落差** luòchā 명 낙차, 격차 | ☆**涉及** shèjí 동 관련되다, 미치다 | **行业** hángyè 명 산업, 업종 | **具体** jùtǐ 형 구체적이다 | **企业** qǐyè 명 기업 | **往往** wǎngwǎng 부 종종, 일반적으로 | **眼高手低** yǎn gāo shǒu dī 성어 눈만 높고 실력은 없다 | **入职** rùzhí 동 입사하다 | ☆**节奏** jiézòu 명 리듬 | **适应** shìyìng 동 적응하다 | **失落** shīluò 형 마음이 허전하다 | **迷茫** mímáng 형 막막하다 | **情绪** qíngxù 명 정서, 기분 | **尽早** jǐnzǎo 부 되도록 일찍 | **实习** shíxí 동 실습하다 | **缩小** suōxiǎo 동 축소하다 | ☆**预期** yùqī 동 예기하다, 미리 기대하다 | **差距** chājù 명 격차, 차이 | **此外** cǐwài 이 외에 | **集中化** jízhōnghuà 집중화 | **普遍** pǔbiàn 형 보편적이다 | **热衷** rèzhōng 동 갈망하다, 열중하다 | **时下** shíxià 명 지금 | ☆**热门** 형 인기 있다, 핫하다 | **互联网** hùliánwǎng 명 인터넷 | ☆**金融** jīnróng 명 금융 | **吸收** xīshōu 동 받아들이다, 흡수하다

根据第一段，可以知道：

첫 번째 단락에 근거해 알 수 있는 것은 무엇인가?

A 职场人工作热情高
B 报告针对的是中年人
C 报告是由社交网站发布的
D 10万人的数据被恶意泄露

A 직장인의 업무 열정이 높다
B 보고서가 겨냥한 대상은 중년층이다
C 보고서는 SNS에서 발표한 것이다
D 10만 명의 데이터가 악의로 유출되었다

보기 어휘 **针对** zhēnduì 동 겨누다, 겨냥하다 | **中年人** zhōngniánrén 명 중년인 | **数据** shùjù 명 데이터(data), 통계 수치 | **恶意** èyì 명 악의 | ☆**泄露** xièlòu 동 (남에게) 누설하다, 폭로하다, 흘리다

정답 C

해설 한 소셜 네트워크 서비스(SNS)에서 10만 부의 가입자 공개 파일에 대해 통계 분석한 후 〈첫 직장 추세 통찰〉 보고서를 발표했다(**某社交网站通过对10万份用户的公开档案进行统计分析后，发布了《第一份工作趋势洞察》报告**)고 했으므로 정답은 C입니다.

第三段主要谈的是：

세 번째 단락이 주로 이야기 하는 것은?

A 怎样树立职业精神
B 人们频繁换首份工作的原因
C 如何实现自身价值
D 获取就业信息的各种渠道

A 어떻게 직업 정신을 세우는지
B 사람들이 첫 직장을 빈번히 바꾸는 원인
C 자신의 가치를 어떻게 실현시키는지
D 취업 정보를 얻는 각종 루트

보기 어휘 **树立** shùlì 동 수립하다, 세우다, 확립하다

정답 B

해설 세 번째 단락에서 보고서는 현대 직장인이 자주 첫 직장을 바꾸는 원인은 더욱 자기 자신을 중시하고 자신의 감정과 자아 가치 실현에 관심을 갖기 때문(**现代职场人频繁地更换第一份工作，一方面是因为他们变得更加注重自我，关注自身感受和自我价值的实现**)이라고 했으므로 정답은 B입니다.

99

学生在大学期间应该怎么做？

학생들은 대학 재학 동안 마땅히 어떻게 해야 하는가?

A 多参加专业类竞赛
B 尽早了解目标工作
C 掌握目标企业的面试技巧
D 认真学好专业技能

A 전공 관련 경시대회에 많이 참가한다
B 되도록 일찍 목표 직장을 잘 알아낸다
C 목표 기업의 면접 기교를 마스터한다
D 전공 기능을 열심히 배운다

보기 어휘 ☆**竞赛** jìngsài 명 시합, 경연 | **掌握** zhǎngwò 동 숙달하다, 정통하다 | ☆**技巧** jìqiǎo 명 기교, 테크닉 | **技能** jìnéng 명 기능, 솜씨

정답 B

해설 보고서는 학생이 대학 재학 동안 목표 업종과 목표 업무를 되도록 일찍부터 잘 알아내야 한다고 제안했으므로(报告建议，学生在大学期间应尽早开始了解目标行业和目标工作) 정답은 B입니다.

100

根据上文，下列哪项正确？	지문에 근거하여, 다음 중 옳은 것은 무엇인가?
A 95后追求稳定的生活	A 쥬우허우(95后)는 안정된 생활을 추구한다
B 失业现象集中在个别行业	B 실업 현상은 일부 업종에만 집중된다
C 金融业就业比较容易	C 금융업 취업은 비교적 쉽다
D 毕业生倾向于选择热门行业	D 졸업생은 인기 업종을 선택하려는 경향이 있다

보기 어휘 个别 gèbié 형 극소수의, 일부의 | ★倾向 qīngxiàng 동 치우치다, 기울다

정답 D

해설 졸업생은 일반적으로 현재 가장 인기 있는 업종에 들어가기를 희망한다(毕业生普遍热衷于进入时下最热门的行业)고 했으므로 정답은 D입니다.

2회 쓰기

101번 문제는 한 편의 글을 읽고 요약쓰기를 하는 문제입니다.

第101题

(1) 仔细阅读下面这篇文章，时间为10分钟。阅读时间不能抄写、记录。
(2) 10分钟后，监考收回阅读材料，请你将这篇文章缩写成一篇短文，时间为35分钟。
(3) 标题自拟。只需复述文章内容，不需加入自己的观点。
(4) 字数为400字左右。
(5) 请把作文直接写在答题卡上。

古时候，有一个孟老汉和一个姜老汉，他们俩是邻居。一年春天，孟老汉在自己家的院子里种了一颗葫芦籽。他精心地给这个葫芦籽浇水、施肥，葫芦秧就长得非常高大，从墙头爬过去，到姜老汉的院子里结了个很大的葫芦，足足有几十斤重。

옛날에 맹노인과 강노인이 있었는데, 그들 둘은 이웃이었다. 어느 해 봄에 맹노인은 자신의 정원에 박씨 한 알을 심었다. 그가 정성껏 이 박씨에 물과 비료를 주자, 조롱박 모종이 아주 높고 크게 자라서, 담장의 꼭대기에서 기어올라 강노인의 정원까지 다다라 큰 조롱박을 맺었는데, 족히 수십 근은 되었다.

葫芦成熟后，姜老汉拿刀把葫芦切开了，没想到里边竟然躺着一个又白又胖、非常可爱的女娃娃，姜老汉喜出望外。村里人听说了这件事后，都来到姜老汉的家要看看这个漂亮的女娃。可是就是因为这件事，孟老汉和姜老汉却产生了矛盾，他们俩为了这个女娃娃吵得不可开交。孟老汉非常坚定地说："这葫芦是我亲自种下的，胖女娃应该归我。"姜老汉却固执地说："这葫芦结在我家的院子里，这女娃当然应该是我的。"吵了三天三夜，仍然没有结果。后来村里的乡亲们劝他们说：

조롱박이 익자, 강노인은 칼을 들어 조롱박을 쪼갰는데, 속에 뜻밖에도 희고 통통한데다 매우 귀여운 여자 아기가 누워있을 줄은 생각지도 못했고, 강노인은 뜻밖의 기쁨에 어쩔 줄을 몰랐다. 마을 사람들이 이 일을 들은 후에, 모두 강노인의 집에 와서 이 예쁜 여자 아기를 살펴보려고 했다. 하지만 바로 이 일 때문에 맹노인과 강노인은 오히려 갈등이 생겼고, 그들 둘은 이 여자 아기 때문에 심하게 말다툼을 했다. 맹노인은 확고하게 "이 조롱박은 내가 직접 심은 것이니, 통통한 여자 아기도 당연히 내 아이가 되어야 해."라고 말했다. 강노인도 완고하게 "이 조롱박은 우리 집 정원에서 맺혔으니, 이 여자 아기는 당연히 내 아이지."라고 말했다. 사흘 밤낮을 싸웠는데도 여전히 결론이 나지 않았다. 후에 마을 사람들이 그들에게 이렇게 말했다.

“这个女娃娃应该属于两家共同的，你们俩应该一起扶养这个孩子。”两个老汉听了，觉得有道理，就同意了，并给孩子起了个名字，叫“孟姜女”。

转眼间十几年过去了，孟、姜两家老人为女儿孟姜女选了一个丈夫，叫做范喜梁，并且挑了个好日子，准备成亲。但是万万没想到，天有不测风云，成亲那天，突然从门外闯进几个官兵，一拥而上把新郎范喜梁给抓走了。

原来，当时由于秦始皇在全国各地抓了许多成年男子修筑长城，日日夜夜拼命干活，民夫们被累死、饿死的不计其数，为了加快工程速度，他们又到处抓民夫补充人力，所以范喜梁也被抓去修长城了。

转眼一年过去了，范喜梁杳无音信，急得孟姜女吃不下饭、睡不着觉，不知道怎么办才好，跟两家老人商量后，她决定去找丈夫，发誓找不到丈夫绝不回家。

孟姜女带上粮食和给丈夫的衣服上路了。历经千辛万苦，她终于到了修长城的地方，一打听才知道，为了修长城死了许多人，丈夫范喜梁也早就累死了。这个消息如同晴天霹雳，孟姜女顿时大哭起来，她哭得非常伤心，眼看着长城一段段地倒塌，哭到哪里塌到哪里，足有八百里长。这下可急坏了工程总管，急忙去报告秦始皇。秦始皇赶忙去见孟姜女，要问她为什么这么做。但秦始皇见到孟姜女后却被她的美貌迷住了，非要让她做自己的妻子。孟姜女虽然非常生气，但却忍住答应了。不过孟姜女提出了三个条件：一要找到丈夫范喜梁的尸体；二要为丈夫举行隆重的葬礼；三要秦始皇亲自为丈夫主持葬礼。

"이 여자 아기는 당연히 두 집의 공동 소유이니, 자네 둘은 반드시 함께 이 아이를 양육해야 해." 두 노인은 듣고 일리가 있는 것 같아서 동의하고, 아이에게 이름을 '맹강녀'라고 지어주었다.

눈 깜짝할 사이에 십여 년이 지나, 맹, 강 두 집의 노인은 딸 맹강녀를 위해서 범희량이라고 하는 남편을 선택해, 길일을 골라 결혼을 준비했다. 그러나 하늘에는 예상치 못할 풍운이 있었으니, 결혼 당일 갑자기 문 밖에서 관병 몇 명이 뛰어들었고, 우르르 몰려들어 신랑 범희량을 잡아가버릴 줄은 결코 생각지 못했다.

알고 보니, 당시 진시황이 전국 각지에서 장성을 축조할 수많은 성인 남자들을 잡았는데, 밤낮으로 죽도록 일을 하다 보니, 인부들이 지치고 굶어서 죽는 일이 부지기수였고, 공사 속도를 높이기 위해서, 그들은 또한 도처에서 인부들을 잡아서 인력을 보충한 까닭에, 범희량도 장성을 축조하러 잡혀가게 된 것이었다.

눈 깜짝할 사이에 1년이 지났는데, 범희량이 감감무소식이었다. 초조한 나머지 맹강녀는 밥을 넘기지 못하고 잠도 이루지 못했다. 그녀는 어찌해야 좋을지 몰라 두 집의 노인과 상의한 후에 남편을 찾아 가기로 결심하고서, 남편을 찾지 못한다면 절대 집에 돌아오지 않겠다고 맹세했다.

맹강녀는 식량과 남편에게 줄 옷을 챙겨 길을 떠났다. 수차례의 천신만고 끝에, 그녀는 마침내 장성을 축조하는 곳에 도착했고, 남편의 소식을 알아보자마자 장성 축조를 위해 매우 많은 사람들이 죽었는데, 남편 범희량도 이미 지쳐서 죽었다는 것을 비로소 알게 되었다. 이 소식은 마치 마른 하늘에 날벼락 같아서, 맹강녀는 갑자기 큰 소리로 울기 시작했는데, 그녀가 너무 슬프게 울자, 그대로 장성이 한 구간씩 무너졌고, 울음이 닿는 곳마다 무너져내려 그 길이가 족히 팔백리는 되었다. 이때 몹시 당황한 공사 총관은 서둘러 진시황에게 가서 보고했다. 진시황은 얼른 맹강녀를 보러 가서, 그녀에게 어째서 이랬는지 물어보려 했다. 하지만 진시황은 맹강녀를 보고서 오히려 그녀의 미모에 빠져, 기어이 그녀를 자신의 아내가 되게 하려고 했다. 맹강녀는 비록 매우 화가 났지만, 참고 승낙했다. 그러나 맹강녀는 세 가지 조건을 제

秦始皇思索了片刻，为了得到美丽的孟姜女，他便答应了这三个条件，照孟姜女说的做了。孟姜女戴着孝拜了为筑城而死的范喜梁的坟墓后，如愿以偿，于是她面对着滚滚的大海，纵身一跃，投海自尽了。

시했는데, 첫째는 남편 범희량의 시신을 찾는 것이고, 둘째는 남편을 위해 성대한 장례를 치르는 것이며, 셋째는 진시황이 직접 남편을 위해 장례를 주재하는 것이었다.

진시황은 잠시 생각하다가, 아름다운 맹강녀를 얻기 위해, 곧 이 세 가지 조건을 승낙하고, 맹강녀가 말한 대로 했다. 맹강녀는 상복을 입고 장성 축조 때문에 죽은 범희량의 무덤에 절을 했다. 그 후 소원을 성취한 그녀는 굽이치는 큰 바다를 마주하고, 몸을 훌쩍 날려서 바다에 뛰어들어 자결했다.

지문 어휘 **孟** Mèng 고유 맹(성씨) | **老汉** lǎohàn 명 노인, 영감 | **姜** Jiāng 고유 강(성씨) | **邻居** línjū 명 이웃(집) | **院子** yuànzi 명 뜰, 정원 | **种** zhòng 동 심다, 뿌리다 | **颗** kē 양 알 | **葫芦籽** húlúzǐ 명 조롱박 종자, 박씨 | ☆**精心** jīngxīn 형 정성을 들이다 | **浇水** jiāo shuǐ 동 물을 주다, 관개하다 | **施肥** shī féi 동 비료를 주다 | **秧** yāng 명 (식물의) 모종 | **墙头** qiángtóu 명 담장의 꼭대기 | **爬** pá 동 기어오르다 | **结** jiē 동 (열매를) 맺다 | **足足** zúzú 부 족히, 꼬박 | **成熟** chéngshú 형 (열매가) 익다 | **拿刀** ná dāo 칼을 들다 | **切开** qiēkāi 동 절개하다, 쪼개다 | **没想到** méixiǎngdào 생각지 못하다 | **竟然** jìngrán 부 뜻밖에도 | **躺** tǎng 동 눕다 | **胖** pàng 형 뚱뚱하다, 통통하다 | **娃娃** wáwa 명 아기 | **喜出望外** xǐ chū wàng wài 성어 뜻밖의 기쁨에 어쩔 줄을 모른다 | **矛盾** máodùn 명 갈등, 모순 | **吵** chǎo 동 말다툼하다 | **不可开交** bù kě kāi jiāo 성어 해결할 수 없다, 정도가 심함을 나타냄 | ☆**坚定** jiāndìng 형 확고하다, 결연하다 | **亲自** qīnzì 부 직접, 손수 | **归** guī 동 ~에 속하다, ~의 것이 되다 | ☆**固执** gùzhí 형 고집스럽다, 완고하다 | **三天三夜** sāntiān sānyè 사흘 밤낮 | **仍然** réngrán 부 여전히, 변함없이 | **乡亲** xiāngqīn 명 마을 사람 | **劝** quàn 동 권하다, 타이르다 | **属于** shǔyú 동 ~에 속하다, ~의 소유이다 | **扶养** fúyǎng 동 부양하다, 양육하다 | **起名字** qǐ míngzi 이름을 짓다 | **孟姜女** Mèngjiāngnǚ 고유 맹강녀(인명) | **转眼间** zhuǎn yǎn jiān 눈 깜짝할 사이 | **选** xuǎn 동 선택하다, 고르다 | **叫做** jiàozuò 동 ~라고 부르다(한다) | **范喜梁** Fànxǐliáng 고유 범희량(인명) | **挑** tiāo 동 고르다, 선택하다 | **成亲** chéng qīn 동 결혼하다 | **万万** wànwàn 부 결코, 절대로 | **天有不测风云** tiān yǒu bú cè fēngyún 속담 하늘에는 예측할 수 없는 풍운이 있다, 모든 사물에는 예상 못할 일들이 일어난다 | **突然** tūrán 부 갑자기 | **闯进** chuǎngjìn 동 뛰어들다, 난입하다 | **一拥而上** yì yōng ér shàng 성어 우르르 몰려들다 | **新郎** xīnláng 명 신랑 | **抓走** zhuā zǒu 동 잡아가다 | **秦始皇** Qínshǐhuáng 고유 진시황(인명) | **抓** zhuā 동 (붙)잡다 | **修筑** xiūzhù 동 건설하다, 축조하다 | **长城** chángchéng 명 만리장성 | **日日夜夜** rì rì yè yè 밤낮으로 | ☆**拼命** pīnmìng 동 필사적으로 하다, 죽도록 하다 | **干活** gàn huó 동 일을 하다 | **民夫** mínfū 명 (관부에 부역 나간) 인부 | **累死** lèisǐ 동 지쳐서 죽다 | **饿死** èsǐ 동 아사하다, 굶어 죽다 | **不计其数** bú jì qí shù 성어 부지기수다, 그 수를 셀 수 없이 많다 | **加快速度** jiākuài sùdù 속도를 빠르게 하다, 속도를 높이다 | **工程** gōngchéng 명 공사 | **补充** bǔchōng 동 보충하다 | **杳无音信** yǎo wú yīn xìn 성어 감감무소식이다 | **商量** shāngliang 동 상의하다 | ☆**发誓** fāshì 동 맹세하다 | **粮食** liángshi 명 양식, 식량 | **上路** shàng lù 동 길을 떠나다, 출발하다 | **历经** lìjīng 동 여러 번 경험하다(겪다) | **千辛万苦** qiān xīn wàn kǔ 성어 천신만고 | **打听** dǎtīng 동 물어보다, 알아보다 | **早就** zǎojiù 부 이미, 진작 | **如同** rútóng 동 마치 ~와(과) 같다 | **晴天霹雳** qíng tiān pī lì 성어 마른 하늘에 날벼락, 청천벽력 | ☆**顿时** dùnshí 부 갑자기 | **伤心** shāng xīn 동 상심하다, 슬퍼하다 | **倒塌** dǎotā 동 (건축물이) 무너지다 | **足有** zúyǒu 부 무려(족히) ~이(가) 되다 | **急坏** jíhuài 동 몹시 당황하게 만들다 | **总管** zǒngguǎn 명 총책임자, 총괄 | **急忙** jímáng 부 급히, 서둘러 | **赶忙** gǎnmáng 부 서둘러, 얼른 | **美貌** měimào 명 미모 | **迷住** mízhù 동 홀리다, 빠지다 | **非要** fēiyào 부 기어이 ~하려고 하다 | **忍住** rěnzhù 동 꾹 참다 | **答应** dāying 동 허락하다, 승낙하다 | **提出** tíchū 동 (조건을) 제시하다 | ☆**尸体** shītǐ 명 시체, 시신 | **举行** jǔxíng 동 거행하다 | ☆**隆重** lóngzhòng 형 성대하다 | **葬礼** zànglǐ 명 장례(식) | **主持** zhǔchí 동 주관하다, 주재하다 | ☆**思索** sīsuǒ 동 사색하다, 깊이 생각하다 | ☆**片刻** piànkè 명 잠깐, 잠시 | **戴孝** dàixiào 동 상복을 입다 | **拜** bài 동 절하다 | **筑城** zhùchéng 동 성을 쌓다 | ☆**坟墓** fénmù 명 무덤 | **如愿以偿** rú yuàn yǐ cháng 성어

실전모의고사 2회

소원을 성취하다 | **面对** miànduì 동 마주 보다 | **滚滚** gǔngǔn 형 세차게 굽이치는 모양 | **纵身一跃** zòng shēn yí yuè 몸을 훌쩍 날리다 | **投海** tóu hǎi 바다에 뛰어들다 | **自尽** zìjìn 동 자진하다, 자살하다, 자결하다

해설

	본문 	요약
1 단락	古时候，有一个孟老汉和一个姜老汉，他们俩是邻居。一年春天，孟老汉在自己家的院子里种了一颗葫芦籽。他精心地给这个葫芦籽浇水、施肥，葫芦秧就长得非常高大，从墙头爬过去，到姜老汉的院子里结了个很大的葫芦，足足有几十斤重。 옛날에 맹노인과 강노인이 있었는데, 그들 둘은 이웃이었다. 어느 해 봄에 맹노인은 자신의 정원에 박씨 한 알을 심었다. 그가 정성껏 이 박씨에 물과 비료를 주자, 조롱박 모종이 아주 높고 크게 자라서, 담장의 꼭대기에서 기어올라 강노인의 정원까지 다다라 큰 조롱박을 맺었는데, 족히 수십 근은 되었다.	古时候，❶有两个老人，一个老人种了❷一个东西，但是这个东西到另一个老人的院子里结了果。 옛날에 두 노인이 있었고, 한 분이 뭔가를 심었는데, 그것이 다른 노인의 집 정원에 넘어가 거기서 열매를 맺었다. **요약 해설** ❶ '有'는 동사이지만, 과거형이 없고, '了'와 함께 쓰면, '있었다'는 의미가 아니라, '생겼다'는 뜻입니다. 따라서 '두 노인이 있었다'는 것은 '有两个老人'이라고 표현해야 하고 '了'를 쓰면 안 됩니다. ❷ 원문에서는 호박씨(葫芦籽)를 심은 거였지만, 외우기 어려운 단어라서 도저히 못쓰겠다 싶으면 '一个东西'로 대체해도 괜찮습니다. 요약쓰기이므로 줄거리를 잘 쓰면 되고, 인명이나 사물의 명칭을 하나하나 다 정확하게 외워서 써야 하는 것은 아닙니다.

2 단락

葫芦成熟后，姜老汉拿刀把葫芦切开了，没想到里边竟然躺着一个又白又胖、非常可爱的女娃娃，姜老汉喜出望外。村里人听说了这件事后，都来到姜老汉的家要看看这个漂亮的女娃。可是就是因为这件事，孟老汉和姜老汉却产生了矛盾，他们俩为了这个女娃娃吵得不可开交。孟老汉非常坚定地说："这葫芦是我亲自种下的，胖女娃应该归我。"姜老汉却固执地说："这葫芦结在我家的院子里，这女娃当然应该是我的。"吵了三天三夜，仍然没有结果。后来村里的乡亲们劝他们说："这个女娃娃应该属于两家共同的，你们俩应该一起扶养这个孩子。"两个老汉听了，觉得有道理，就同意了，并给孩子起了个名字，叫"孟姜女"

조롱박이 익자, 강노인은 칼을 들어 조롱박을 쪼갰는데, 속에 뜻밖에도 희고 통통한데다 매우 귀여운 여자 아기가 누워있을 줄은 생각지도 못했고, 강노인은 뜻밖의 기쁨에 어쩔 줄을 몰랐다. 마을 사람들이 이 일을 들은 후에, 모두 강노인의 집에 와서 이 예쁜 여자 아기를 살펴보려고 했다. 하지만 바로 이 일 때문에 맹노인과 강노인은 오히려 갈등이 생겼고, 그들 둘은 이 여자 아기 때문에 심하게 말다툼을 했다. 맹노인은 확고하게 "이 조롱박은 내가 직접 심은 것이니, 통통한 여자 아기도 당연히 내 아이가 되어야 해." 라고 말했다. 강노인도 완고하게 "이 조롱박은 우리 집 정원에서 맺혔으니, 이 여자 아기는 당연히 내 아이지."라고 말했다. 사흘 밤낮을 싸웠는데도 여전히 결론이 나지 않았다. 후에 마을 사람들이 그들에게 이렇게 말했다. "이 여자 아기는 당연히 두 집의 공동 소유이니, 자네 둘은 반드시 함께 이 아이를 양육해야 해." 두 노인은 듣고 일리가 있는 것 같아서 동의하고, 아이에게 이름을 '맹강녀'라고 지어주었다.

那个老人切开了果实，❶发现里面有一个女孩儿。两位老人❷吵了起来，他们都❸说这个孩子是自己的。后来他们决定一起养这个女孩。

그 노인이 열매를 잘랐는데, 그 안에 여자 아이가 있는 것을 발견했다. 두 노인은 이 일 때문에 싸우게 되었고, 서로 자기의 아이라고 주장했다. 결국에 그들은 이 아이를 같이 키우기로 했다.

요약 해설

❶ '发现' 뒤에 명사 목적어가 오면 '发现' 바로 뒤에 '了'를 쓸 수 있지만, '发现' 뒤에 문장이 오면 '发现' 바로 뒤에 '了'를 쓰지 않습니다. 따라서 여기서는 '发现了'라고 쓰지 않도록 해야 합니다.

❷ '싸웠다'라고 생각하면 '吵架了'라고 쓰는 분들이 많습니다. 그러나 중국어에서는 싸우기 시작하는 상황이라면 반드시 '吵了起来'라고 해야 하고, 만약 싸움이 끝났으면 '吵完架了'라고 해야 합니다. 즉 '吵架' 뒤에 보어 없이 '了'만 붙이면 싸우기 시작한 건지 다 싸워서 이제 끝난 건지 알 수 없으므로 '吵架了'라는 표현은 쓰지 않습니다.

❸ 한국어로 '~을(를) 주장하다'는 중국어로도 '主张~'이라고 쓸 수 있을 것 같지만, 그렇지 않습니다. 중국어에서 '主张'은 '호소하다'의 의미와 비슷하기 때문에 여기에서는 쓸 수 없습니다.

3·4 단락

转眼间十几年过去了，孟、姜两家老人为女儿孟姜女选了一个丈夫，叫做范喜梁，并且挑了个好日子，准备成亲。但是万万没想到，天有不测风云，成亲那天，突然从门外闯进几个官兵，一拥而上把新郎范喜梁给抓走了。

原来，当时由于秦始皇在全国各地抓了许多成年男子修筑长城，日日夜夜拼命干活，民夫们被累死、饿死的不计其数，为了加快工程速度，他们又到处抓民夫补充人力，所以范喜梁也被抓去修长城了。

눈 깜짝할 사이에 십여 년이 지나, 맹, 강 두 집의 노인은 딸 맹강녀를 위해서 범희량이라고 하는 남편을 선택해, 길일을 골라 결혼을 준비했다. 그러나 하늘에는 예상치 못할 풍운이 있었으니, 결혼 당일 갑자기 문 밖에서 관병 몇 명이 뛰어들었고, 우르르 몰려들어 신랑 범희량을 잡아가 버릴 줄은 결코 생각지 못했다.

알고 보니, 당시 진시황이 전국 각지에서 장성을 축조할 수많은 성인 남자들을 잡았는데, 밤낮으로 죽도록 일을 하다 보니, 인부들이 지치고 굶어서 죽는 일이 부지기수였고, 공사 속도를 높이기 위해서, 그들은 또한 도처에서 인부들을 잡아서 인력을 보충한 까닭에, 범희량도 장성을 축조하러 잡혀가게 된 것이었다.

后来，两位老人的女儿长大了。女儿❶成亲那天，新郎却❷被抓去修长城了。

후에 두 노인의 딸이 다 커서 시집을 가던 날, 새 신랑이 만리장성을 짓는 일로 잡혀갔다.

요약 해설

❶ '成亲'은 문어체이며 이런 옛날 이야기에서는 '结婚' 대신 '成亲'을 써주는 것이 더 어울립니다.

❷ '抓'라는 동사는 把자문이나 被자문과 더 어울리므로, '新郎被(官兵)抓走了' 또는 '有人把新郎抓走了'라고 쓰는 게 더 좋습니다.

转眼一年过去了，范喜梁杳无音信，急得孟姜女吃不下饭、睡不着觉，不知道怎么办才好，跟两家老人商量后，她决定去找丈夫，发誓找不到丈夫绝不回家。

孟姜女带上粮食和给丈夫的衣服上路了。历经千辛万苦，她终于到了修长城的地方，一打听才知道，为了修长城死了许多人，丈夫范喜梁也早就累死了。这个消息如同晴天霹雳，孟姜女顿时大哭起来，她哭得非常伤心，眼看着长城一段段地倒塌，哭到哪里塌到哪里，足有八百里长。这下可急坏了工程总管，急忙去报告秦始皇。秦始皇赶忙

5·6 단락

去见孟姜女，要问她为什么这么做。但秦始皇见到孟姜女后却被她的美貌迷住了，非要让她做自己的妻子。孟姜女虽然非常生气，但却忍住答应了。不过孟姜女提出了三个条件：一要找到丈夫范喜梁的尸体；二要为丈夫举行隆重的葬礼；三要秦始皇亲自为丈夫主持葬礼。

눈 깜짝할 사이에 1년이 지났는데, 범희량이 감감무소식이었다. 초조한 나머지 맹강녀는 밥을 넘기지 못하고 잠도 이루지 못했다. 그녀는 어찌해야 좋을지 몰라 두 집의 노인과 상의한 후에 남편을 찾아 가기로 결심하고서, 남편을 찾지 못한다면 절대 집에 돌아오지 않겠다고 맹세했다.

맹강녀는 식량과 남편에게 줄 옷을 챙겨 길을 떠났다. 수 차례의 천신만고 끝에, 그녀는 마침내 장성을 축조하는 곳에 도착했고, 남편의 소식을 알아보자마자 장성 축조를 위해 매우 많은 사람들이 죽었는데, 남편 범희량도 이미 지쳐서 죽었다는 것을 비로소 알게 되었다.

过了一年，❶一直没有丈夫的消息，她就去修长城的地方找丈夫。她到了以后，听说丈夫已经死了，就伤心地哭了起来。因为她哭得很厉害，所以长城都倒了。秦始皇听到这个消息以后很生气，就来❷见她，但是他看到她以后，觉得她很漂亮，就让她做自己的妻子。她❸答应了，但是她有一个条件，就是要找到她丈夫的尸体。

일년이 지났는데도 남편에 대한 소식이 계속 없어서 그녀는 남편을 찾으러 만리장성을 짓는 곳으로 갔다. 거기에 도착하고 나니 남편이 이미 죽었다는 것을 듣고 그녀는 슬프게 울었다. 그녀가 너무 심하게 울어서 만리장성이 다 무너졌다. 진시황이 이 소식을 듣고 화가 나서 그녀를 만나러 갔는데, 그녀를 보고 나니 그녀가 아주 예쁘다고 생각해 자신의 아내가 되어 달라고 했다. 그녀는 승낙하였다. 하지만 그녀는 한 가지 조건이 있었고, 그것은 바로 남편의 시신을 찾아야하는 것이었다.

요약 해설

❶ 한국어로 '남편에 대한 소식이 없다'는 중국어로 '没有听到关于丈夫的消息'라고 떠올리겠지만, 이렇게 쓰면, 남편과 연락이 끊긴 것이 아니라, 남편에 대한 이런저런 소식(소문)이 없다는 의미가 됩니다. 남편과 연락이 안 되고, 남편 소식 자체가 없다는 것은 '她一直没有丈夫的消息'라고 해야 합니다.

❷ '见她'와 '看她'는 전혀 다른 의미입니다. '见她'는 용건이 있어서 만나러 가는 것이고, '看她'는 보고 싶어서 보러 갈 때 써야 합니다. 따라서 여기에서는 '见她'만 사용할 수 있습니다.

❸ '答应了'와 '回答了'는 의미가 다릅니다. '答应了'는 '승인하다, 승낙하다'의 의미이고, '回答了'는 '물음에 대답하다'의 뜻입니다. 따라서 여기서는 반드시 '答应了'라고 써야 합니다.

이 소식은 마치 마른 하늘에 날벼락 같아서, 맹강녀는 갑자기 큰 소리로 울기 시작했는데, 그녀가 너무 슬프게 울자, 그대로 장성이 한 구간씩 무너졌고, 울음이 닿는 곳마다 무너져내려 그 길이가 족히 팔 백리는 되었다. 이때 몹시 당황한 공사 총관은 서둘러 진시황에게 가서 보고했다. 진시황은 얼른 맹강녀를 보러 가서, 그녀에게 어째서 이랬는지 물어보려 했다. 하지만 진시황은 맹강녀를 보고서 오히려 그녀의 미모에 빠져, 기어이 그녀를 자신의 아내가 되게 하려고 했다. 맹강녀는 비록 매우 화가 났지만, 참고 승낙했다. 그러나 맹강녀는 세 가지 조건을 제시했는데, 첫째는 남편 범희량의 시신을 찾는 것이고, 둘째는 남편을 위해 성대한 장례를 치르는 것이며, 셋째는 진시황이 직접 남편을 위해 장례를 주재하는 것이었다.

7 단락

秦始皇思索了片刻，为了得到美丽的孟姜女，他便答应了这三个条件，照孟姜女说的做了。孟姜女戴着孝拜了为筑城而死的范喜梁的坟墓后，如愿以偿，于是她面对着滚滚的大海，纵身一跃，投海自尽了。

진시황은 잠시 생각하다가, 아름다운 맹강녀를 얻기 위해, 곧 이 세 가지 조건을 승낙하고, 맹강녀가 말한 대로 했다. 맹강녀는 상복을 입고 장성 축조 때문에 죽은 범희량의 무덤에 절을 했다. 그 후 소원을 성취한 그녀는 굽이치는 큰 바다를 마주하고, 몸을 훌쩍 날려서 바다에 뛰어들어 자결했다.

秦始皇答应了。❶她的愿望实现了，她就自杀了。

진시황이 (그 조건을) 받아들였다. 그녀는 소원이 이뤄지자 스스로 목숨을 끊었다.

요약 해설

❶ '实现'은 타동사와 자동사가 다 됩니다. '实现愿望'과 '愿望实现' 둘 다 쓸 수 있는 표현입니다.

모범답안 참고사항

※ 이번 쓰기는 고전 이야기를 다루기 때문에 내용 요약이 어려울 수 있다. 어려운 내용이 나올 경우 쉬운 표현으로 풀어가는 것이 좋다. 두 노인의 싸움을 아주 상세하게 묘사하는 단락은 적당히 줄이고, 마지막 부분의 맹강녀가 제시한 3가지 조건을 다 언급하지 않아도 된다. 요약쓰기라서 핵심 조건만 써도 무방하며, 또는 3가지 조건 중에 내가 중국어로 표현할 수 있는 것만 잘 써주면 된다. 또한 가능하다면 마지막 단락은 그대로 외워서 써주는 것이 명확한 마무리에 도움이 된다.

※※ 고득점의 관건은 기본 내용에 충실하고, 부사어나 사자성어와 같은 생동감을 더 할 수 있는 단어를 넣어주는 것이다. 또한 400자 이상을 채우는 것도 잊지 말아야 한다.

기본 줄거리만 들어가는 60점 목표 모범답안

孟姜女的故事

古时候，有两个老人，一个老人种了一个东西，但是这个东西到另一个老人的院子里结了果。那个老人切开了果实，发现里面有一个女孩儿。两位老人吵了起来，他们都说这个孩子是自己的。后来他们决定一起养这个女孩。

后来，两位老人的女儿长大了。女儿成亲那天，新郎却被抓去修长城了。过了一年，一直没有丈夫的消息，她就去修长城的地方找丈夫。她到了以后，听说丈夫已经死了，就伤心地哭了起来。因为她哭得很厉害，所以长城都倒了。秦始皇听到这个消息以后很生气，就来见她，但是他看到她以后，觉得她很漂亮，就让她做自己的妻子。她答应了，但是她有一个条件，就是要找到她丈夫的尸体。

秦始皇答应了。她的愿望实现了，她就自杀了。

孟姜女哭长城

古时候，有一个孟老汉和一个姜老汉，一年春天，孟老汉在自己家的院子里种了一颗葫芦籽。但是后来葫芦秧从墙头爬到姜老汉的院子里结了个很大的葫芦。

姜老汉把葫芦切开了，没想到里面竟然有一个可爱的小女孩。孟老汉和姜老汉产生了矛盾，都说这个孩子应该归自己，他们吵了几天，最后决定一起养这个孩子，并给她起了一个名字，叫孟姜女。

十几年过去了，孟姜女长大了。在她成亲的那天，她的丈夫范喜梁却被官兵抓走了。原来，当时秦始皇为了修筑长城，抓了很多成年男子。范喜梁也被抓走了。

过了一年，孟姜女的丈夫一直没有消息，她决定去找丈夫。到了修长城的地方，她才知道丈夫已经死了。这个消息如同晴天霹雳，她伤心地哭了起来，把长城都哭倒了。秦始皇知道了这件事，就来见孟姜女。但是他看到孟姜女以后，觉得她很漂亮，就非要让她做自己的妻子。孟姜女忍着气答应了，而且提出了三个条件，她要找到她丈夫的尸体，并让秦始皇为她丈夫举行葬礼。

		秦	始	皇	为	了	得	到	美	丽	的	孟	姜	女	，	他	便	答	应
了	这	三	个	条	件	，	照	孟	姜	女	说	的	做	了	。	孟	姜	女	终
于	如	愿	以	偿	了	，	于	是	她	投	海	自	尽	了	。				

모범답안 참고 단어

晴天霹雳 qíng tiān pī lì 성어 마른 하늘에 날벼락, 청천벽력 | **如愿以偿** rú yuàn yǐ cháng 성어 소원을 성취하다

HSK
6급

실전모의고사 3회

★★★★★

3회 모의고사 듣기 스크립트

大家好！欢迎参加HSK(六级)考试。

大家好！欢迎参加HSK(六级)考试。

大家好！欢迎参加HSK(六级)考试。

HSK(六级)听力考试分三部分，共50题。

请大家注意，听力考试现在开始。

第一部分

第1到15题请选出与所听内容一致的一项。

现在开始第一题：

1

接种疫苗是预防和控制传染病最经济、有效的公共卫生干预措施，但因为身体中记忆细胞的数量和寿命是有限的，所以并非接种一次就可以永远高枕无忧了。此外，由于接种者个人体质不同，疫苗的防护作用也不是绝对的。

2

近日，教育部基础教育质量监测中心发布了《中国义务教育质量监测报告》，这是我国首份国家义务教育质量监测报告。报告显示，我国学生学业表现良好，但综合应用能力较差；家庭作业用时过长，学习压力较大。

3

科幻小说虽然是一种文艺创作，但是它允许人们去想象一个不一样的现实世界，而这些幻想后来有很多确实在科学上成为了现实。著名科幻小说家阿西诺夫给科幻小说下过这样一个定义：科幻小说涉及的是科学家在未来科学领域中的工作。

4

你是否也有过这样的经历？不停地在心里哼唱一首歌曲，挥之不去，有人戏称这样的歌曲为“神曲”。“神曲”通常节奏轻快、歌词简单，如果再配上一些有趣的舞蹈动作，它的感染性就会更强。

5

锦葵是一种美丽的开花植物，它能预测日出的时间与方位。在日出之前，它会自动将叶子对准太阳将要升起的方位，太阳出来后，锦葵的花瓣和叶子也会随着日光转动，以便收集到更多的光能。

6

为什么越是经济发达的地区，人的平均寿命越长呢？首先，经济发达地区的饮食营养更丰富、均衡，这是长寿的基本条件。其次，经济发达地区都有更先进的医疗资源，卫生防疫条件也更好。由此可见，长寿是经济发展的自然结果。

7

美国记者埃德加·斯诺是中国人民的好朋友。他曾多次来中国采访，中文不错，可以说是个中国通，但他也闹出过不少翻译上的笑话。他曾把“一诺千金”翻译为“只要答应了就要付一千块钱”，把“丈二和尚”译为“一个叫丈二的和尚”。

8

“苦尽甘来”这个成语比喻苦日子已经到了尽头，幸福的生活开始了。在生活中，我们总会遇到各种各样的苦难，但只要我们不言放弃，坚持到底，就一定能战胜困难，闯过难关，迎来美好的明天。

9

讽刺小说以嘲讽、批判的态度描述社会中腐朽的现象或落后的思想。它以现实生活中形形色色的丑陋的事物作为描写对象，善于运用夸张的表现手法，具有很强的社会性，能引发读者的深度思考。

10

水无处不在，人体的66%都是水。补充水分是必要的，但是一次性快速饮用大量的水，却可能会因肾脏不能及时排出过剩的水分而导致水中毒，轻者会出现头痛、恶心等症状，重者甚至会昏迷或死亡。

11

刚转行做销售工作时，我遇到过不少挫折，如今我和客户沟通越来越轻松，处理问题时也变得游刃有余了。在我看来，做销售工作，从客户的角度出发，了解客户的需要是最重要的，只有这样才能更好地为客户服务。

12

与皮质沙发相比，布艺沙发更受年轻人的青睐。布艺沙发款式多样、颜色鲜艳，更能彰显年轻人的个性。然而布艺沙发最大的缺点就是不耐脏。清洗时，皮质沙发用毛巾擦拭即可，而布艺沙发必须将整个沙发套取下来清洗，比较麻烦。

13

上世纪二三十年代，外国房产商来到上海大量修建住宅，这类民居的外门选用石料做门框，故称“石库门”。石库门融汇了西方文化和中国传统民居的特点，是上海最有代表性的民居建筑。

14

人都是主观动物，当人产生负面情绪时，会不自觉地去关注负面事件，并主观地将其与自己建立联系。这种联系一旦建立，负面情绪就会像滚雪球一样越滚越大。因此宣泄、释放负面情绪是非常重要的，倾诉、运动等都是不错的选择。

15

阿里巴巴集团重磅推出的“未来酒店”是一家无人酒店，它位于杭州西溪园区东侧。消费者事先在应用软件上进行预订，入住时，机器人会通过脸部扫描来确认你的身份，此后包括退房等全过程，只要刷一下脸即可轻松完成。

第二部分

第16到30题请选出正确答案。

现在开始第16到20题：

第16到20题是根据下面一段采访：

男：繁忙的赛季终于结束了！当时女排联赛四强转会的时候，很多球队都想邀请你加盟，是什么让你最终选择了上海队呢？

女：其实当时转会的时间很短，我没想那么多，主要是上海队有很多比较熟悉的老队友，在打法上我们可以互补。而且以后在一起并肩作战的机会不多了，考虑到这些，我就过去了。

男：带领上海队打的这五局都比较艰难，上海女排最终惜败天津女排，但是最后一场比赛你拿到全队最高的31分。就个人而言，你是否已经将自己的能力全部发挥出来了？

女：虽然我确实已经尽力了，但是排球毕竟是集体项目，个人成绩再高，赢不了比赛，还是一件很遗憾的事情。如果你让我给自己打分的话，这次我只能给自己打60分。

男：这场比赛你们离最后的冠军其实只差一步之遥，这可能和心态也有关系吧？

女：没错，离冠军或者期待的目标越近，心态就越难控制，容易变得急躁。说实话这次比赛到了最后，大家都有点着急，所以传球时就出现了几次传得不到位的情况，错失了得分的机会。

男：作为赛场上的老将，你想给球队提些什么建议？

女：主要有两点，一是球队的打法要有明确的定位，这样，到了比赛中就能拿出一个一招制胜的东西。另一个就是球队要有一个核心人物，在场上乱的时候，必须有人能控制得住场面，能给大家一些有效的办法。其实这些东西都是通过平常的训练培养出来的。

男：除了高强度的训练、比赛之外，在自己的闲暇时间你喜欢做些什么？

女：更多的还是想和家人在一起喝喝茶、聊聊天。小的时候，一有假期就想去购物，现在更想和家人多待一些。

16 女的为什么选择上海队？

17 关于带领上海队打的几场比赛，可以知道什么？

18 最后一场比赛没拿到冠军，可能与什么有关？

19 下面哪项是女的给球队的建议？

20 根据对话，可以知道什么？

第21到25题，是根据下面一段采访：

女：大家好，今天我们有幸请到了国际安徒生奖的获奖者曹文轩。从视频中我们可以看到在评委会主席宣布您获奖的时候，全场立刻响起了热烈的掌声，而您的表情却十分淡定。您难道真的一点儿都不激动吗？

男：说实话，我原来真的没觉得这是一个多么了不起的奖。看到人们那么热烈的反应之后，我才意识到这是一个比较重要的国际大奖。

女：那直到什么时候您才感到激动了呢？

男：现在想起来应该是在宣布得奖之后，我收到给我家修暖气的师傅发来的祝福短信的那一刻。我只知道他姓杨，所以手机里存的名字是“杨师傅”。那么多的祝福短信，当我读到杨师傅的短信时，我才意识到这个奖确实在中国产生了非常广泛的影响。那一刻我真的激动了。我感谢这个奖，因为它让更多中国人开始关注文学，关注阅读。

女：您为什么这么重视普及文学和推广阅读呢？

男：大部分人的一生只能在很小的范围内体验生活，看问题也比较狭隘，很难对世界有一个完整的把握。但是阅读可以帮助我们开拓视野，让我们走出狭隘的生活，进入一个广阔的世界。持久的阅读可以使一个人的阅历更丰富，同样是活一辈子，坚持阅读的人看问题肯定是更有深度的。

女：现在很多人都用手机来阅读，您怎么看这种现象呢？

男：有的人不赞成用手机来阅读，但我对此并不排斥。手机阅读是一种新的阅读方式，它给人带来的便利是不可否认的。但是我个人还是更倾向于拿着书来读。因为阅读的快乐，往往来自阅读后的思考和推敲，用手机阅读的话，思考和品味的时间就少了。

女：知道自己获奖之后，您的生活有没有什么变化？

男：我是一个作家，作家是写东西的，知道获奖之后我时刻提醒自己必须尽快恢复到或者进入到写作的状态。当时距离去新西兰领奖还有一段时间，虽然期间事情繁多，但是我还是按照原计划完成了一部长篇小说，而且保证了写作的质量。

21 当评委会主席宣布男的获奖时，他是什么反应？

22 男的什么时候才感到激动的？

23 男的为什么重视推广阅读？

24 男的对用手机阅读是什么态度？

25 在领奖之前，男的做了什么？

第26到30题，是根据下面一段采访：

女：大家好！今天来到我们演播室的是故宫博物院院长单霁翔。单院长，我们知道您在考古、建筑、艺术等多个领域都卓有成就。您能否跟我们谈谈您的治学经历？

男：以前我确实涉猎很多领域，学术兴趣比较广泛，但是最近十几年来，我一直把精力集中在文化遗产保护工作上，并苛求自己要绝对执着和专一。

女：提起故宫，很多人都在担心这样一个问题，开放故宫无疑可以带来可观的经济收益，也有助于故宫的宣传，但是由此而产生的破坏也让人十分担忧。近年不少报道都显示故宫游客过多，已令这座古老的建筑不堪重负。

男：是的，作为每年接待上千万游客的博物馆，故宫博物院发展中的每一个环节都充满了矛盾，既要发展，又要保护。只有在这两者之间找到一个经得起历史检验的平衡点，才能协调发展。

女：近年故宫附近起了很多高楼，新式的大型建筑与故宫皇城气质格格不入，受到不少质疑，在这方面难道没有什么解决办法吗？

男：目前故宫博物院正在组织编制《故宫保护总体规划》并上报相关部门。规划确定了故宫周边环境的整治和控制措施。今后，在《故宫保护总体规划》的指导下，我们可以更有序地开展各项保护工作，保护紫禁城的完整性。

女：故宫是中华文明的象征，您认为应如何让新一代的年轻人更深入地认识和保护故宫呢？

男：今后我们将积极探索新的方式，不断增强故宫博物院的文化传播与公众教育职能。我们将致力于加强数字化建设，拉近博物馆与公众的距离，让游客可以随时随地地使用移动设备，品鉴故宫展览品，足不出户也能漫游紫禁城，更加便捷轻松地学习历史文化知识，感受故宫博物院的文化氛围。

26 男的在哪些领域卓有成就？

27 近十余年来，男的对自己在工作上有什么要求？

28 故宫博物院需要在哪方面找到平衡？

29 根据对话，下列哪项是故宫保护总体规划的措施？

30 如何吸引新一代年轻人认识和保护故宫？

第三部分

第31到50题请选出正确答案。

现在开始第31到33题：

第31到33题是根据下面一段话：

“沟通漏斗效应”是指工作时团队沟通效率下降的一种现象。在一个团队中，如果领导想要传达100%的信息，那么他能表达出来的只有80%。当这80%传入其他成员的耳朵里时，由于背景知识和理解能力不够等关系，最后只有40%能被他们真正理解，落实到行动时，便仅剩可怜的20%了。

沟通漏斗效应的产生有很多方面的原因，其中讲话者表达能力有限是最大的原因。其次，听者会按照自己的标准来筛选信息，听者的情绪对信息的传递也有很大影响。另外，噪音等外部干扰也会分散人的注意力，从而产生漏斗效应。团队成员之间若想顺利地沟通，打破这一效应，首先，讲话者在开会前就应做好准备，讲话时要减慢语速，重点内容应反复强调。其次，听者要勤动笔，做好会议记录，不要漏掉重要的内容。最后，会场要保持安静，尽量不要让与会无关的人进入会场，会场里也最好不要摆设引人注意的物品或图画。

31 根据沟通漏斗效应，最终落实到行动的信息，会变成多少？

32 产生沟通漏斗效应的外部干扰是什么？

33 为了打破沟通漏斗效应，最好的办法是什么？

第34到36题是根据下面一段话：

“将来人们需要的不是翻译官，而是翻译机。”最近，中国某著名高校英语系新生的一封署名信件在网络上热传，他在信中向校长喊话，他认为人工智能正在入侵翻译领域，于是他想要转系。在此之前，他也认为机器翻译根本不可能和人比，但是如今，人工智能翻译机的准确度让他焦虑了起来。与此同时，一些互联网公司也竞相宣布，他们研发的翻译软件准确率极高，毫不逊色于翻译官的翻译水平，这更使得很多外语系的学生们开始焦虑。然而专家指出，虽然在日常会话领域，英汉和汉英的机器翻译已经达到了实用水平，但在专业领域，软件翻译的准确率还不高，术语的翻译常常出错，对于文学作品中的反语讽刺、比喻的翻译，更是常常闹笑话。至于小语种的翻译，由于语料库资源匮乏，机器翻译的水平还处于很低的水平。可以说，因为人类语言具有特殊性、模糊性和创造性，机器翻译还远远达不到完全取代人类译者的水平。虽然很多人都在为自己的工作即将被人工智能取代而感到焦虑，但是至少对同声传译者来说，他们短时间内还用不着担心。

34 那个英语系的学生为什么感到焦虑？

35 小语种的机器翻译为什么水平还很低？

36 对于同声传译者将被人工智能替代这一说法，说话人是什么观点？

第37到39题是根据下面一段话：

古人云："开卷有益"，阅读的好处是不言而喻的。中小学时期是培养阅读习惯的重要阶段，如何选择适合学生阅读的图书，一直是让家长头疼的一个难题。一般而言，阅读经典著作有助于提升学生的文学素养，但多数经典著作篇幅较长、思想深邃，想要读下去需要很大的耐力。如今，"亚健康图书"深受学生欢迎，因为这些书往往题材新奇，文字浅显易懂，叙事结构简单，能满足这个年龄段孩子的猎奇心。从这个角度来讲，在不影响学习的前提下，进行适量的亚健康阅读，也并非坏事。

但需要注意的是，以阅读经典著作为代表的严肃阅读，能让人们领略人类精神文明的魅力，并培养人们独立思考的能力，因此更应成为学生阅读的主流。那么应该如何破解孩子们不爱严肃阅读的难题呢？科学规范地推行分级阅读是个不错的选择。针对各个年龄段学生的心理特点，老师和家长可以给孩子们推荐不同的经典作品，以提高他们的阅读效果。

37 下面哪项不是亚健康图书受学生欢迎的原因？

38 关于严肃阅读可以知道什么？

39 怎样破解那个难题？

第40到43题是根据下面一段话：

中国神话是指我国上古时期的传统神话，反映了早期华夏儿女淳朴的思想以及古代人对自然现象及社会生活的原始幻想。中国神话故事里的神都是人类的保护者，真善美的化身。这些神都具有人兽同体的特征，外形并没有被刻意美化。《山海经》中记载的女娲为蛇身人面，炎帝为人身牛首，西王母其状如人，却豹尾虎齿，蚩尤是人身牛蹄四目六手。人们创造了各种神的故事和英雄传说，其实是想借以抒发他们改造自然、征服自然的愿望。比如中国古代神话中的"后羿射日"，讲的就是远古时期天上本来有十个太阳，大地上的旱灾十分严重。后羿张弓搭箭，勇敢地射下了九个太阳，只留下了一个太阳，从此大地上的旱情得到了缓解，人们过上了好日子。

神话是民族文化之根，正如当代学者谢选骏所言，世俗社会的各种宗教行为和神话传说都不是个人的东西，它们实际上是某种集体意识的表现，因而要认识和剖析一个民族，神话是很关键的一部分。

40 中国神话里的神一般具有什么特征？

41 古人想借神话表现什么？

42 关于神话可以知道什么？

43 根据这段话，下面哪项正确？

第44到47题是根据下面一段话：

北京雨燕，又名楼燕，比常见的燕子体型稍大，是著名的食虫益鸟。自15世纪开始，北京雨燕就以北京的古建筑为栖息地筑巢繁衍，见证过一代又一代王朝的兴衰交替。最近几十年来，北京雨燕数量锐减，根据专家考证，这主要与以下几个因素有关。首先，随着城市化的发展，北京的城楼、庙宇、古塔等古建筑所剩无几，原有巢址消失，使北京雨燕无家可归。而且为了防止鸟类的粪便腐蚀漆面和木材，许多古建筑的屋檐下都安装了防雀网，这也对雨燕造成了沉重的打击。其次，园林绿化为了迎合人的审美，将许多原生的乔木灌木等植被换成了四季常青的园林植物，铺上了单一品种的草坪，这种过于单一的园林绿化很难为鸟类提供充足的食物。再次，杀虫剂的使用将雨燕的食物——虫子几乎全部消灭掉了，这也使雨燕的食物来源受到较大影响。最后，大量的夜间景观照明严重影响了雨燕的休息，使得它们飞走以后，便不再回北京来了。

44 关于北京的古建筑，可以知道什么？

45 单一的园林绿化对北京雨燕有什么影响？

46 关于北京雨燕，下列哪项正确？

47 这段话主要谈的是什么？

第48到50题是根据下面一段话：

清朝末年，陈树屏任湖北江夏知县，张之洞则是湖北总督，张之洞和陈树屏的关系还算不错，但和湖北巡抚谭继洵的关系却不太融洽。有一天，张之洞和谭继洵等人在汉水边的黄鹤楼举办公宴。席上，有人谈到了江面的宽窄问题，谭继洵说有五里三分宽，张之洞与他不和，便故意说是七里三分宽，还说自己在书上看过有关的记载。面对张之洞的挑衅，谭继洵岂能轻易认输？于是一个坚持“五里三分”，一个坚持“七里三分”，两人就这样相持不下。最后，张之洞把管理此地的知县陈树屏叫了过来，让陈树屏说江面到底是七里三分宽还是五里三分宽。陈树屏知道他俩不和，听了这个问题后，他稍做沉思，然后笑着说：“江面水涨时是七里三分宽，水落时便是五里三分宽，您二位说得都对啊！”张之洞和谭继洵听了陈树屏这个机智的回答，情不自禁地大笑起来，一场僵局就此化解。

48 张之洞和谭继洵在哪方面发生了争执？

49 听了张之洞和谭继洵的问题，陈树屏有什么反应？

50 根据这段话，可以知道什么？

3회 모의고사 정답

문제집 p. 47

一、听力

第一部分

1. B　2. A　3. C　4. A　5. D　6. C　7. A　8. A　9. D　10. A
11. C　12. D　13. B　14. D　15. C

第二部分

16. D　17. B　18. B　19. C　20. D　21. B　22. D　23. A　24. D　25. C
26. A　27. D　28. C　29. C　30. B

第三部分

31. A　32. C　33. A　34. D　35. C　36. D　37. D　38. A　39. B　40. C
41. C　42. A　43. B　44. A　45. B　46. D　47. C　48. B　49. A　50. B

二、阅读

第一部分

51. A　52. B　53. C　54. B　55. D　56. C　57. D　58. B　59. D　60. C

第二部分

61. A　62. D　63. D　64. C　65. C　66. A　67. D　68. D　69. A　70. D

第三部分

71. A　72. E　73. B　74. C　75. D　76. A　77. C　78. D　79. E　80. B

第四部分

81. B　82. B　83. A　84. C　85. C　86. A　87. B　88. D　89. A　90. A
91. D　92. C　93. B　94. C　95. B　96. D　97. D　98. A　99. A　100. A

三、书写

101.

树枝和提手

2001年，一个中国农民到韩国旅游时，买了四袋泡菜。他感到手很疼，于是就在路边的树上折了一根树枝，准备当做提手来拎泡菜袋子，没想到却被韩国警察抓住了，还被警察罚了50美元。

他很生气，就坐在了路边，这时他发现路人中也有不少人和他一样，手里拎着很重的袋子，手都被勒紫了。他眼前突然一亮，想到可以发明一个方便提手卖给韩国人，一定能赚钱。回国以后，他就一心一意地开始发明提手，最后终于做出了让人满意的提手，邻居们都很喜欢他发明的提手。他把提手免费送给大家用，小提手很快就出名了，他有了信心。

他没有忘记自己发明的最终目标市场是韩国。经过调查，他发现韩国人对色彩和样式十分挑剔，于是他把提手做得更好看了。很多人都不相信他能成功，但是他相信自己能成功。

后来，他接到了一个韩国的订单，他喜出望外。他从一个普通的农民变成了百万富翁。有人问他是如何成功的，他说是用50美元买一根树枝换来的。

★★★★★

3회 듣기

제1부분 1~15번 문제는 단문을 듣고 일치하는 내용을 고르는 문제입니다.

1

接种疫苗是预防和控制传染病最经济、有效的公共卫生干预措施，但因为身体中记忆细胞的数量和寿命是有限的，所以并非接种一次就可以永远高枕无忧了。此外，由于接种者个人体质不同，疫苗的防护作用也不是绝对的。

예방접종은 전염병을 예방하고 억제하는 가장 경제적이고 효과적인 공중 위생 개입 방법이다. 그렇지만 몸 안에 기억세포의 수량과 수명은 한계가 있기 때문에 한 번 접종했다고 영원히 걱정하지 않아도 된다는 것은 결코 아니다. 이 밖에, 접종자 개인의 체질이 다르기 때문에 백신의 보호 효과도 절대적인 것이 아니다.

A 疫苗的研制过程很复杂
B 疫苗防护作用并非绝对
C 身体记忆细胞不断增多
D 打疫苗会产生不良反应

A 백신의 연구 개발 과정은 매우 복잡하다
B 백신의 보호 효과는 결코 절대적인 것이 아니다
C 신체의 기억세포는 끊임없이 증가한다
D 예방 접종은 부작용을 일으킬 수 있다

지문 어휘 **接种** jiēzhòng 동 접종하다 | **疫苗** yìmiáo 명 백신 | **接种疫苗** jiēzhòng yìmiáo 예방접종을 하다 | **预防** yùfáng 동 예방하다 | **控制** kòngzhì 동 통제하다, 제어하다, 억제하다 | ☆**干预** gānyù 동 관여하다, 간섭하다 | **措施** cuòshī 명 조치, 대책 | ☆**细胞** xìbāo 명 세포 | ☆**并非** bìngfēi 동 결코 ~이(가) 아니다 | **高枕无忧** gāo zhěn wú yōu 성어 베개를 높이 베고 잠을 자다, 아무 근심·걱정이 없다 | **防护** fánghù 동 방호하다, 방어하여 보호하다 | **绝对** juéduì 형 절대적인, 무조건적인, 무제한적인

보기 어휘 **研制** yánzhì 동 연구 제작하다, 연구 개발하다 | **不良反应** bùliáng fǎnyìng 부작용

정답 B

해설 접종자 개개인의 체질이 다르기 때문에 백신의 보호 효과가 절대적이지 않다(由于接种者个人体质不同，疫苗的防护作用也不是绝对的)고 했으므로 정답은 B입니다.

2

近日，教育部基础教育质量监测中心发布了《中国义务教育质量监测报告》，这是我国首份国家义务教育质量监测报告。报告显示，我国学生学业表现良好，但综合应用能力较差；家庭作业用时过长，学习压力较大。

최근 교육부 기초 교육 품질 모니터링 센터에서 〈중국 의무교육 품질 모니터링 보고서〉를 발표했다. 이것은 중국에서 국가 의무교육 품질을 모니터링한 첫 보고서이다. 보고서에 따르면, 중국 학생은 학업 능력이 양호하지만 종합 응용 능력은 조금 떨어지고, 숙제하는 시간이 너무 길어서 학업 스트레스가 비교적 크다.

A 学生的学习压力大
B 校外辅导班收费高
C 学生学业表现差距大
D 家长抱怨孩子作业多

A 학생의 학업 스트레스가 크다
B 학교 밖 보습학원의 비용이 비싸다
C 학생의 학업 능력 격차가 크다
D 학부모는 숙제가 많다고 아이를 원망한다

지문 어휘 **监测** jiāncè 동 감시·측정하다, 모니터링(monitoring)하다 | ★**发布** fābù 동 (뉴스·소식·지시·명령 따위를) 선포하다, 발표하다 | **表现** biǎoxiàn 명 태도, 표현, 능력 동 표현하다

보기 어휘 **辅导班** fǔdǎobān 명 학원 | **收费** shōu fèi 명 비용, 요금 동 비용을 받다 | **差距** chājù 명 차이, 격차 | **抱怨** bàoyuàn 동 원망하다, 불평불만을 품다

정답 A

해설 숙제하는 시간이 너무 길어서 학업 스트레스가 비교적 크다(家庭作业用时过长，学习压力较大)고 했으므로 정답은 A입니다.

3

科幻小说虽然是一种文艺创作，但是它允许人们去想象一个不一样的现实世界，而这些幻想后来有很多确实在科学上成为了现实。著名科幻小说家阿西莫夫给科幻小说下过这样一个定义：科幻小说涉及的是科学家在未来科学领域中的工作。

A 科幻小说涉及众多领域
B 科幻小说的定义有争议
C 科幻小说涉及未来科学领域
D 科学研究是科幻作品的根源

SF 소설은 비록 일종의 문예 창작이지만, 사람들이 다른 현실 세계를 상상하도록 해주고, 이러한 공상은 후에 진짜로 과학 분야에서 현실이 되는 경우도 많다. 저명한 SF 소설가 아시모프는 SF 소설에서 언급하는 것이 바로 과학자가 미래 과학 분야에서 하는 일이라고 정의를 내린바 있다.

A SF 소설은 많은 영역과 연관된다
B SF 소설의 정의에 대해 논란이 있다
C SF 소설은 미래 과학 영역과 연관된다
D SF 작품은 과학연구에서 비롯된다

지문 어휘 **科幻小说** kēhuàn xiǎoshuō 명 공상 과학소설, SF 소설 | **阿西莫夫** Āxīmòfū 고유 아이작 아시모프(艾萨克·阿西莫夫) | ★**涉及** shèjí 동 언급하다, 관련되다 | **领域** lǐngyù 명 분야, 영역

보기 어휘 **争议** zhēngyì 명 논쟁 | **根源** gēnyuán 명 근원

정답 C

해설 저명한 SF 소설가 아이작 아시모프가 SF 소설에 대해 내린 결론을 보면, SF 소설이 언급하는 것은 과학자가 미래 과학 분야에서 하는 일이다(科幻小说涉及的是科学家在未来科学领域中的工作)라고 했으므로 정답은 C입니다.

4

你是否也有过这样的经历？不停地在心里哼唱一首歌曲，挥之不去，有人戏称这样的歌曲为“神曲”。“神曲”通常节奏轻快、歌词简单，如果再配上一些有趣的舞蹈动作，它的感染性就会更强。

계속 마음 속으로 노래 한 곡을 흥얼거리게 되고, 자꾸 떠올라 멈출 수 없는 경험이 있는가? 누군가는 우스개로 이런 노래를 '마성의 노래'라고 부른다. '마성의 노래'는 보통 리듬이 경쾌하고 가사가 간단하다. 만약 여기에 재미있는 춤 동작이 더해진다면 그것의 중독성은 더욱 강해진다.

A “神曲”往往节奏轻快
B “神曲”一词意义模糊
C “神曲”歌词思想深刻
D “神曲”舞蹈动作复杂

A '마성의 노래'는 종종 리듬이 경쾌하다
B '마성의 노래'라는 이 단어의 의미는 모호하다
C '마성의 노래'의 가사는 사상이 심오하다
D '마성의 노래'의 춤 동작은 복잡하다

지문 어휘 **哼唱** hēngchàng 동 콧노래를 부르다, 흥얼거리다 | **挥之不去** huī zhī bú qù 떨쳐지지 않는, 가시지 않고 남아있다 | **戏称** xìchēng 동 농담으로 말하다, 우스개로 ~(이)라고 부르다 | **戏称 A 为 B** xìchēng A wéi B 우스개로 A를 B로 부르다 | **神曲** shénqū 신(神)의 노래, 마성의 노래 | ☆**节奏** jiézòu 명 음악 리듬, 템포 | **轻快** qīngkuài 형 (심정·음악 따위가) 경쾌하다 | **舞蹈** wǔdǎo 명 춤, 댄스 동 춤추다

보기 어휘 **模糊** móhu 형 모호하다

정답 A

해설 '마성의 노래'는 일반적으로 리듬이 경쾌하다(“神曲”通常节奏轻快)고 했으므로 정답은 A입니다.

5

锦葵是一种美丽的开花植物，它能预测日出的时间与方位。在日出之前，它会自动将叶子对准太阳将要升起的方位，太阳出来后，锦葵的花瓣和叶子也会随着日光转动，以便收集到更多的光能。

아욱은 예쁜 꽃을 피우는 식물로, 일출 시간과 방위를 예측할 수 있다. 일출 전에 자동으로 잎은 태양이 떠오를 방향을 조준할 것이고, 태양이 떠오르고 난 후, 더욱 많은 빛 에너지를 모으기 위해, 아욱의 꽃잎과 잎사귀는 햇빛을 따라 움직인다.

A 锦葵凌晨开花
B 锦葵的花瓣呈黄色
C 锦葵在中国非常罕见
D 锦葵的叶子会随太阳转动

A 아욱은 새벽녘에 꽃을 피운다
B 아욱의 꽃잎은 노란색을 띤다
C 아욱은 중국에서 매우 드물다
D 아욱의 잎은 태양을 따라 움직일 것이다

지문 어휘 **锦葵** jǐnkuí 명 아욱, 당아욱 | **预测** yùcè 동 예측하다 | **对准** duìzhǔn 동 겨누다, 조준하다, 정확하게 맞추다 | ☆**花瓣** huābàn 명 꽃잎, 화판 | **转动** zhuàndòng 동 (몸을) 움직이다 | **光能** guāngnéng 명 빛 에너지

보기 어휘 **凌晨** língchén 명 이른 새벽, 새벽녘, 동틀 무렵 | **呈** chéng 동 나타내다, 드러내다 | ☆**罕见** hǎnjiàn 형 보기 드물다

정답 D

해설 태양이 떠오르고 난 후, 아욱의 꽃잎과 잎사귀는 햇빛을 따라 움직인다(太阳出来后，锦葵的花瓣和叶子也会随着日光转动)고 했으므로 정답은 D입니다.

6

为什么越是经济发达的地区，人的平均寿命越长呢？首先，经济发达地区的饮食营养更丰富、均衡，这是长寿的基本条件。其次，经济发达地区都有更先进的医疗资源，卫生防疫条件也更好。由此可见，长寿是经济发展的自然结果。

왜 경제가 발달한 지역일수록 사람들의 평균 수명은 길어질까? 우선, 경제 발달 지역의 음식 영양이 더욱 풍부하고 균형적인데, 이것은 장수의 기본 조건이다. 그 다음으로 경제 발달 지역은 모두 더욱 선진화된 의료 자원이 있고, 위생 방역 조건도 더욱 좋다. 이로써 알 수 있듯이 장수는 경제 발전의 자연적인 결과이다.

A 城市医疗条件有待改善
B 农村的环境对健康有利
C 长寿归因于经济的发展
D 营养过剩问题应得到关注

A 도시 의료 조건은 개선이 필요하다
B 농촌의 환경은 건강에 유리하다
C 장수는 경제 발전에 그 원인이 있다
D 영양 과잉 문제에 관심을 가져야 한다

지문 어휘 **平均** píngjūn 형 평균의, 평균적인 | **寿命** shòumìng 명 수명 | **均衡** jūnhéng 형 고르다, 균형이 잡히다 | **长寿** chángshòu 형 장수하다, 오래 살다 | **医疗** yīliáo 명 의료 | **卫生防疫** wèishēng fángyì 위생 방역 | **由此可见** yóucǐ kějiàn 이로부터(이로써) 알 수 있다

보기 어휘 **有待** yǒudài 동 기다리다, ~이 기대되다 | **归因于** guīyīnyú 동 원인을 (~에) 돌리다, (~의) 탓으로 하다 | **过剩** guòshèng 명 과잉 동 과잉되다

정답 C

해설 장수는 경제 발전의 자연적인 결과(长寿是经济发展的自然结果)라고 했으므로 정답은 C입니다.

7

美国记者埃德加·斯诺是中国人民的好朋友。他曾多次来中国采访，中文不错，可以说是个中国通，但他也闹出过不少翻译上的笑话。他曾把"一诺千金"翻译为"只要答应了就要付一千块钱"，把"丈二和尚"译为"一个叫丈二的和尚"。

미국인 기자 에드거 스노는 중국인들의 좋은 친구이다. 그는 여러 번 중국을 취재하러 온 적이 있는데, 중국어도 잘해서 중국통이라고 할 수 있다. 그러나 그도 번역 때문에 웃음 거리가 된 적이 있다. 그는 일찍이 '한 번 약속한 말은 천금과 같다'라는 말을 '약속을 했으면 천 위안을 지불해야 한다'라고 번역하고, '1장(丈) 2(二)척의 키 큰 스님'을 '장이(丈二)라는 이름의 스님'이라고 번역했다.

A 斯诺曾经犯过翻译笑话
B 斯诺是一个守信用的人
C 斯诺认为汉语博大精深
D 斯诺对胡适的评价很高

A 에드거 스노는 번역 때문에 웃음 거리가 된 적이 있다
B 에드거 스노는 신용을 지키는 사람이다
C 에드거 스노는 중국어가 심오하다고 여긴다
D 에드거 스노는 후스를 매우 높이 평가한다

실전모의고사 3회

지문 어휘 **埃德加·斯诺** Āidéjiā·Sīnuò 고유 에드거 스노(Edgar Snow) (인명_미국의 저널리스트) | **闹笑话** nào xiàohua 동 (경험 부족이나 실수로) 웃음거리가 되다, 망신 당하다 | **一诺千金** yí nuò qiān jīn 성어 한 번 승낙한 말은 천금(千金)과 같다, 약속한 말은 틀림없이 지킨다 | **丈二** zhàng èr 1장 2척(丈은 길이의 단위, 장, 척 순으로 표기한다) | **和尚** héshang 명 중, 승려, 화상 | **丈二和尚** zhàng èr héshàng 헐후어로써 보통 뒤에 '**摸不着头脑** mō bu zháo tóu nǎo'를 붙여 쓰며, '1장 2척의 중 – 머리는 만져볼 수도 없다, 내막을 도저히 알 수 없다'의 의미로 쓰인다.

보기 어휘 **犯** fàn 동 (주로 좋지 않은 일이) 발생하다, 일어나다 | ★**博大精深** bó dà jīng shēn 성어 사상·학식이 넓고 심오하다 | **胡适** Hú Shì 고유 후스, 호적(인명_중국 현대 작가이자 학자)

정답 A

해설 에드거 스노는 중국어를 잘해서 중국통이라 할만하지만 그도 번역 때문에 망신을 많이 당했다(中文不错，可以说是个中国通，但他也闹出过不少翻译上的笑话)고 했으므로 정답은 A입니다.

8

"苦尽甘来"这个成语比喻苦日子已经到了尽头，幸福的生活开始了。在生活中，我们总会遇到各种各样的苦难，但只要我们不言放弃，坚持到底，就一定能战胜困难，闯过难关，迎来美好的明天。

A 坚持下去就会成功
B 放弃也是一种智慧
C 挫折让人变得更自信
D 人们常用甘苦比喻人生

'고진감래'란 성어는 힘든 날이 막바지에 이르면, 행복한 생활이 시작되는 것을 비유한다. 생활하면서 우리는 여러 가지 고난을 만나게 되지만, 우리가 포기하지 않고 끝까지 버텨내기만 한다면 틀림없이 어려움을 이겨내고, 난관을 돌파해 아름다운 내일을 맞이하게 될 것이다.

A 계속 버텨나가면 성공할 것이다
B 포기도 일종의 지혜이다
C 좌절은 사람으로 하여금 더욱 자신있게 만든다
D 사람들은 종종 단맛과 쓴맛으로 인생을 비유한다

지문 어휘 ★**苦尽甘来** kǔ jìn gān lái 성어 고진감래, 고생 끝에 낙(樂)이 온다 | ★**比喻** bǐyù 동 비유하다 | **尽头** jìntóu 명 막바지, 끝 | **苦难** kǔnàn 명 고난 | **坚持到底** jiān chí dào dǐ 끝까지 버티다 | **战胜** zhànshèng 동 싸워 이기다, 이겨내다 | **闯过** chuǎngguò 동 돌파하다, 뚫고 나가다 | **难关** nánguān 명 난관, 곤란

보기 어휘 **智慧** zhìhuì 명 지혜 | **挫折** cuòzhé 명 좌절 동 좌절하다

정답 A

해설 끝까지 버텨내면 틀림없이 어려움을 이겨내고 난관을 돌파해 아름다운 내일을 맞이할 수 있다(坚持到底，就一定能战胜困难，闯过难关，迎来美好的明天)고 했으므로 정답은 A입니다.

9

讽刺小说以嘲讽、批判的态度描述社会中腐朽的现象或落后的思想。它以现实生活中形形色色的丑陋的事物作为描写对象，善于运用夸张的表现手法，具有很强的社会性，能引发读者的深度思考。

풍자소설은 조소와 풍자, 비판적인 태도로 사회의 부패한 현상 또는 낙후된 사상을 서술한다. 풍자소설은 현실 생활 속의 여러 가지 추한 것들을 묘사 대상으로 삼고, 과장된 표현법을 잘 사용하며, 강한 사회성을 띠기 때문에, 독자들의 깊은 사고를 이끌어낼 수 있다.

A 艺术创作源于生活
B 讽刺小说读者广泛
C 作家都爱嘲笑别人
D 讽刺小说具有社会性

A 예술 창작은 생활에서 나온다
B 풍자소설은 독자층이 폭넓다
C 작가들은 모두 다른 사람을 곧잘 비웃는다
D 풍자소설은 사회성을 띤다

지문 어휘 **讽刺** fěngcì 명 풍자 | **嘲讽** cháofěng 동 비웃고 풍자하다 | **批判** pīpàn 동 비판하다 | **描述** miáoshù 동 (언어·문자로써) 묘사하다, 서술하다 | ☆**腐朽** fǔxiǔ 동 부패하다, 썩다 | **落后** luò hòu 형 낙후되다 | **形形色色** xíngxíngsèsè 형 형형색색의, 가지각색의 | **丑陋** chǒulòu 형 비열하다, 추하다 | **描写** miáoxiě 명 묘사 동 묘사하다 | **善于** shànyú 동 ~에 능숙하다, ~을(를) 잘하다 | **运用** yùnyòng 동 활용하다, 응용하다 | **夸张** kuāzhāng 동 과장하다 | **引发** yǐnfā 동 유발하다, 야기하다, 일으키다

보기 어휘 **源于** yuányú 동 ~에서 발원하다, ~에서 근원하다 | **广泛** guǎngfàn 형 광범위하다, 폭넓다 | ☆**嘲笑** cháoxiào 동 조소하다, 비웃다

정답 D

해설 풍자소설은 조소와 풍자, 비판하는 태도로 사회 속 부패한 현상이나 낙후된 사상을 서술하는 것(讽刺小说以嘲讽、批判的态度描述社会中腐朽的现象或落后的思想)으로서 매우 강한 사회성을 띤다(具有很强的社会性)고 했으므로 정답은 D입니다.

10

水无处不在，人体的66%都是水。补充水分是必要的，但是一次性快速饮用大量的水，却可能会因肾脏不能及时排出过剩的水分而导致水中毒，轻者会出现头痛、恶心等症状，重者甚至会昏迷或死亡。

물은 어디에나 있고, 인체의 66%가 물이다. 수분 보충은 필요하지만, 한 번에 많은 양의 물을 빠르게 마시면, 신장이 과다한 수분을 바로 배출해낼 수 없기 때문에 물 중독을 초래할 수 있다. 가볍게는 두통, 메스꺼움 등 증상이 나타날 수 있고, 심각한 경우에는 심지어 의식불명이 되거나 사망할 수도 있다.

A 喝水过度容易中毒
B 夏季要及时补充水分
C 要多关注肾脏健康
D 肾虚的人应少喝凉水

A 과도하게 물을 마시면 중독되기 쉽다
B 여름철에는 제때에 수분을 보충해줘야 한다
C 신장 건강에 많이 신경 써야 한다
D 신장이 허약한 사람은 찬 물을 적게 마셔야 한다

실전모의고사 3회

지문 어휘 饮用 yǐnyòng 동 마시다 | 肾脏 shènzàng 명 신장, 콩팥 | 过剩 guòshèng 동 과잉되다 | 及时 jíshí 부 즉시 형 시기적절하다, 때맞다 | 排出 páichū 동 배출하다 | 水中毒 shuǐ zhòng dú 물 중독 | 轻者 qīngzhě 증상이 가벼운 사람, 가벼운 경우 | ★恶心 ěxin 동 구역이 나다, 속이 메스껍다 | ★症状 zhèngzhuàng 명 (병의) 증상, 증세 | 重者 zhòngzhě 증상이 무거운 사람, 심각한 경우 | ★昏迷 hūnmí 동 혼미하다, 의식불명이다 | ★死亡 sǐwáng 동 사망하다

보기 어휘 ★过度 guòdù 형 과도하다, 정도가 지나치다 | 肾虚 shènxū 명 신허, 신장 허약

정답 A

해설 한 번에 많은 양의 물을 빠르게 마시면, 신장이 과다한 수분을 바로 배출할 수 없기 때문에 물 중독을 초래할 수 있다(一次性快速饮用大量的水，却可能会因肾脏不能及时排出过剩的水分而导致水中毒)고 했으므로 정답은 A입니다.

11

刚转行做销售工作时，我遇到过不少挫折，如今我和客户沟通越来越轻松，处理问题时也变得游刃有余了。在我看来，做销售工作，从客户的角度出发，了解客户的需要是最重要的，只有这样才能更好地为客户服务。

A 我的人生很坎坷
B 挫折使我更坚强了
C 我已经熟悉工作了
D 做销售业绩最重要

판매직으로 막 전업했을 때 나는 많은 좌절을 겪었지만, 지금은 고객과의 소통이 점점 편해졌고, 문제 처리도 능수능란해졌다. 내 생각에 판매직은 고객의 편에서 고객의 수요를 이해하는 것이 가장 중요하다. 이렇게 해야지만 비로소 고객에게 더욱 좋은 서비스를 제공할 수 있다

A 내 인생은 매우 순탄치 못하다
B 좌절은 나로 하여금 더욱 강해지게 했다
C 나는 이미 업무가 익숙해졌다
D 판매직은 성과가 가장 중요하다

지문 어휘 转行 zhuǎnháng 동 전업하다, 직업을 바꾸다 | 销售 xiāoshòu 동 팔다, 판매하다 | ★挫折 cuòzhé 명 좌절 동 좌절하다 | 如今 rújīn 명 지금, 오늘날 | ★客户 kèhù 명 고객, 거래처 | 游刃有余 yóu rèn yǒu yú 성어 숙련되어 힘들이지 않고 여유 있게 일을 처리하다, 능수능란하게 처리하다

보기 어휘 坎坷 kǎnkě 형 (길이) 울퉁불퉁하다, (인생이) 순탄하지 못하다 | 业绩 yèjì 명 업적, 성과

정답 C

해설 지금은 고객과 소통도 점점 편해지고, 문제 처리도 능수능란해졌다(如今我和客户沟通越来越轻松，处理问题时也变得游刃有余了)고 했으므로 정답은 C입니다.

12

与皮质沙发相比，布艺沙发更受年轻人的青睐。布艺沙发款式多样、颜色鲜艳，更能彰显年轻人的个性。然而布艺沙发最大的缺点就是不耐脏。清洗时，皮质沙发用毛巾擦拭即可，而布艺沙发必须将整个沙发套取下来清洗，比较麻烦。

A 布艺沙发更容易打理
B 皮质沙发价格更低廉
C 皮质沙发已经不流行了
D 年轻人更喜欢布艺沙发

가죽 소파와 비교하면, 패브릭 소파가 젊은 사람들에게 더 인기가 많다. 패브릭 소파는 디자인이 다양하고, 색상도 산뜻하니 예뻐서 젊은 사람의 개성을 더욱 잘 드러낼 수 있다. 하지만 패브릭 소파의 가장 큰 단점은 바로 때가 잘 탄다는 것이다. 세탁할 때 가죽 소파는 타월로 닦아내면 되지만, 패브릭 소파는 반드시 전체 커버를 벗겨내서 세탁해야 하는 점이 비교적 귀찮다.

A 패브릭 소파는 정리하기 더욱 쉽다
B 가죽 소파의 가격이 더욱 저렴하다
C 가죽 소파는 이미 유행하지 않는다
D 젊은 사람은 패브릭 소파를 더욱 좋아한다

지문 어휘 **皮质沙发** pízhì shāfā 가죽 소파 | **布艺沙发** bùyì shāfā 패브릭 소파 | **青睐** qīnglài 명 총애, 호감, 인기 | ★**款式** kuǎnshì 명 스타일, 디자인 | **鲜艳** xiānyàn 형 산뜻하고 아름답다, 화려하다 | **彰显** zhāngxiǎn 동 충분히 표현하다, 잘 드러내다 | **不耐** búnài 동 견디지 못하다, 잘(쉽게) ~되다 | **擦拭** cāshì 동 닦다 | **即可** jíkě 부 ~하면 곧(바로) ~할 수 있다 | **沙发套** shāfā tào 소파 커버

보기 어휘 **打理** dǎlǐ 동 정리하다, 개다, 처리하다 | **低廉** dīlián 형 싸다, 저렴하다

정답 D

해설 가죽 소파와 비교해보면 패브릭 소파가 젊은 사람들에게 더 인기가 많다(与皮质沙发相比，布艺沙发更受年轻人的青睐)고 했으므로 정답은 D입니다.

13

上世纪二三十年代，外国房产商来到上海大量修建住宅，这类民居的外门选用石料做门框，故称“石库门”。石库门融汇了西方文化和中国传统民居的特点，是上海最有代表性的民居建筑。

A 石库门是中国传统民居
B 石库门得名于门的选材
C 石库门是典型的西方建筑
D 石库门是上海的方言

1920, 30년대에 외국 부동산 업체는 상하이에 들어와 대량으로 주택을 지었다. 이런 민가의 바깥문은 석재를 사용해 문틀을 만들었는데, 이 때문에 '스(石)쿠먼'이라고 부른다. 스쿠먼은 서방 문화와 중국 전통 민가의 특징을 융합했고, 상하이의 가장 대표적인 민가 건축물이다.

A 스쿠먼은 중국 전통의 민가이다
B 스쿠먼은 문의 재료 선택에서 이름을 얻었다
C 스쿠먼은 전형적인 서방 건축물이다
D 스쿠먼은 상하이의 방언이다

실전모의고사 3회

지문 어휘 房产 fángchǎn 명 부동산 | ☆修建 xiūjiàn 동 (건축물 따위를) 짓다, 건설하다 | ☆住宅 zhùzhái 명 주택 | 民居 mínjū 명 민가 | 选用 xuǎnyòng 동 선택해서 사용하다 | 石料 shíliào 명 석재 | 门框 ménkuàng 명 문틀 | 石库门 shíkùmén 스쿠먼(상하이의 전통 주택 양식) | 融汇 rónghuì 동 융합하다, 합쳐지다 | 建筑 jiànzhù 명 건축물

보기 어휘 得名 dé míng 동 이름을 얻다 | 选材 xuǎn cái 동 적당한 재료나 소재를 선택하다 | ☆典型 diǎnxíng 형 전형적인 | ☆方言 fāngyán 명 방언

정답 B

해설 상하이 지역 민가의 바깥문은 석재를 사용해 문틀을 만들었기 때문에 '스쿠먼'이라고 부른다(这类民居的外门选用石料做门框，故称"石库门")고 했으므로 정답은 B입니다.

14

人都是主观动物，当人产生负面情绪时，会不自觉地去关注负面事件，并主观地将其与自己建立联系。这种联系一旦建立，负面情绪就会像滚雪球一样越滚越大。因此宣泄、释放负面情绪是非常重要的，倾诉、运动等都是不错的选择。

A 人无法控制负面情绪
B 负面情绪无处不在
C 运动能使人更健康
D 要及时释放负面情绪

사람은 모두 주관적인 동물이다. 부정적인 감정이 생기면 자신도 모르게 부정적인 사건에 관심을 갖게 되고, 주관적으로 그것을 자신과 연결시킨다. 이런 관계는 일단 성립되면, 부정적인 감정이 눈덩이처럼 점점 더 불어나게 된다. 따라서 부정적인 감정을 쏟아내고, 내보내는 것이 매우 중요하다. 누군가에게 털어놓거나 운동을 하는 것 모두 좋은 방법이다.

A 사람은 부정적인 감정을 통제할 수 없다
B 부정적인 마음은 어디에든 있다
C 운동은 사람을 더욱 건강하게 만든다
D 제때에 부정적인 감정을 내보내야 한다

지문 어휘 负面 fùmiàn 명 나쁜 면, 부정적인 면 | 雪球 xuě qiú 눈덩이 | 滚 gǔn 동 굴리다 | 宣泄 xuānxiè 동 (불만 등을) 털어놓다, 쏟아내다, 발산하다 | ☆释放 shìfàng 동 방출하다, 내보내다 | 倾诉 qīngsù 동 (속마음을) 이것저것 죄다 말하다, 다 털어놓다

보기 어휘 控制 kòngzhì 동 통제하다, 제어하다

정답 D

해설 부정적인 감정을 쏟아내고, 내보내는 것이 매우 중요하다(宣泄、释放负面情绪是非常重要的)고 했으므로 정답은 D입니다.

15

阿里巴巴集团重磅推出的“未来酒店”是一家无人酒店，它位于杭州西溪园区东侧。消费者事先在应用软件上进行预订，入住时，机器人会通过脸部扫描来确认你的身份，此后包括退房等全过程，只要刷一下脸即可轻松完成。

A 未来酒店是一家连锁店
B 入住时会有服务员接待
C 未来酒店需在网上预订
D 未来酒店退房手续复杂

알리바바가 중점적으로 추진한 '미래 호텔'은 무인텔로써, 항저우 시시 단지 동측에 위치한다. 소비자는 사전에 모바일 앱에서 예약을 하고, 입실할 때 로봇이 얼굴 스캐닝을 통해 신분을 확인한다. 이후 퇴실 등을 포함한 모든 과정은 안면 인식으로 바로 쉽게 이루어진다.

A 미래 호텔은 체인점이다
B 입실 시 맞이하는 종업원이 있다
C 미래 호텔은 인터넷으로 예약을 해야 한다
D 미래 호텔은 퇴실 수속이 복잡하다

지문 어휘 **阿里巴巴集团** Ālǐbābā jítuán 고유 알리바바그룹, Alibaba Group(기업 명) | **重磅** zhòngbàng 형 중점의, 비중 있는 | **推出** tuīchū 동 (신기술·신제품 따위를) 내놓다, 출시하다, 선보이다 | **无人酒店** wú rén jiǔdiàn 무인텔 | **西溪** Xīxī 고유 시시(지명) | **园区** yuánqū 명 단지, 구역, 지구 | **事先** shìxiān 명 사전(에) | **应用软件** yìngyòng ruǎnjiàn 명 응용 소프트웨어, 앱(Application) | **预订** yùdìng 동 예약하다 | **入住** rùzhù 동 (호텔 등에) 숙박하다, 입주하다 | **扫描** sǎomiáo 명 스캐닝 동 스캐닝하다, 훑어보다 | **确认** quèrèn 동 확인하다 | **退房** tuì fáng 명 퇴실 동 퇴실하다, 체크아웃하다 | **刷脸** shuā liǎn 안면인식 | **即可** jíkě 부 ~하면 곧(바로) ~할 수 있다

보기 어휘 **连锁店** liánsuǒdiàn 체인점, 프랜차이즈 | **接待** jiēdài 동 접대하다, 응접하다

정답 C

해설 소비자는 사전에 모바일 앱에서 예약을 한다(消费者事先在应用软件上进行预订)고 했으므로 정답은 C입니다.

제2부분 16~30번 문제는 인터뷰를 듣고 질문에 알맞은 답을 고르는 문제입니다.

第16到20题是根据下面一段采访：

男：繁忙的赛季终于结束了！当时女排联赛四强转会的时候，很多球队都想邀请你加盟，是什么让你最终选择了上海队呢？

남: 바쁜 경기 시즌이 마침내 끝났습니다! 당시 여자 배구 리그전에서 4강에 진출한 팀이 선수를 스카우트할 때, 많은 팀에서 당신을 데려가고 싶어했는데, 당신이 최종적으로 상하이 팀을 선택한 것은 무엇 때문인가요?

女：其实当时转会的时间很短，我没想那么多，[16]主要是上海队有很多比较熟悉的老队友，在打法上我们可以互补。而且以后在一起并肩作战的机会不多了，考虑到这些，我就过去了。

여: 사실 당시 소속팀을 옮길 때 시간이 너무 짧아서 전 그렇게 많은 것을 생각하지 않았어요. [16]중요한 것은 상하이팀에는 비교적 잘 아는 옛 팀 동료들이 많아, 플레이에서 우리끼리 서로를 보완해줄 수 있다는 거죠. 게다가 이후에 이 동료들과 함께 경기할 수 있는 기회도 많지 않을 테니 이점을 생각해서 갔습니다.

男：[17]带领上海队打的这五局都比较艰难，上海女排最终惜败天津女排，但是最后一场比赛你拿到全队最高的31分。就个人而言，你是否已经将自己的能力全部发挥出来了？

남: [17]상하이팀을 이끌고 싸운 이번 5차전은 비교적 힘들었습니다. 상하이 여자 배구팀이 최종적으로 톈진 여자 배구팀에게 아깝게 패했지만, 마지막 경기에서 당신은 팀 전체에서 가장 높은 31점을 냈죠. 개인의 기량을 모두 발휘한 거죠?

女：虽然我确实已经尽力了，但是[20]排球毕竟是集体项目，个人成绩再高，赢不了比赛，还是一件很遗憾的事情。如果你让我给自己打分的话，这次我只能给自己打60分。

여: 전 확실히 최선을 다했습니다. 그러나 [20]배구는 결국 팀 스포츠이기 때문에 개인 성적이 아무리 높아도 경기를 이길 수 없으니 매우 아쉽죠. 만약 저더러 스스로에게 점수를 매겨보라고 한다면, 이번에 전 60점 밖에 줄 수 없습니다.

男：[18]这场比赛你们离最后的冠军其实只差一步之遥，这可能和心态也有关系吧？

남: [18]이번 경기에서 여러분은 마지막 우승까지 사실 한 걸음 차이일 뿐이었는데, 이것은 아마도 심리상태와 관계가 있겠죠?

女：没错，离冠军或者期待的目标越近，心态就越难控制，容易变得急躁。说实话这次比赛到了最后，大家都有点着急，所以传球时就出现了几次传得不到位的情况，错失了得分的机会。

여: 맞아요. 우승이나 바라던 목표와 가까워질수록 마인드 컨트롤이 더 어려워지고, 쉽게 초조해져요. 솔직히 말해서, 이번에 경기가 막바지에 이르자 모두가 조급했고, 그래서 공을 패스할 때 몇 번의 패스 미스가 나와 득점 기회를 놓쳤어요.

男：作为赛场上的老将，你想给球队提些什么建议？

남: 경기장의 노장으로서 당신은 팀에 어떤 제안을 하고 싶은가요?

女：主要有两点，[19]一是球队的打法要有明确的定位，这样，到了比赛中就能拿出一个一招制胜的东西。另一个就是球队要有一个核心人物，在场上乱的时候，必须有人能控制得住场面，能给大家一些有效的办法。其实这些东西都是通过平常的训练培养出来的。

여: 크게 두 가지입니다. [19]하나는 팀 플레이는 포지션이 명확해야 합니다. 그래야 경기에서 이기는 묘수가 나올 수 있습니다. 또 다른 하나는 팀에는 핵심 인물이 있어야 합니다. 경기장이 어수선할 때 이 상황을 통제해 모두에게 효과적인 방법을 제시할 수 있는 사람이 반드시 필요합니다. 사실 이런 것들은 모두 평소 훈련을 통해 길러지는 거죠.

男：除了高强度的训练、比赛之外，在自己的闲暇时间你喜欢做些什么？

남: 고강도의 훈련이나 경기 외에, 자신의 여가시간에는 무엇 하는 것을 좋아해요?

女：更多的还是想和家人在一起喝喝茶、聊聊天。小的时候，一有假期就想去购物，现在更想和家人多待一些。

여: 가족과 함께 차도 마시고, 이야기를 하고 싶은 것이 커요. 어릴 때에는 쉬는 날만 되면 쇼핑을 하고 싶었는데, 지금은 가족과 더 많이 있고 싶어요.

지문 어휘 ☆**繁忙** fánmáng 형 번거롭고 바쁘다 | **赛季** sàijì 명 경기 시즌 | **结束** jiéshù 동 끝나다 | **女排** nǚpái 명 여자배구, '女子排球队(여자배구 팀)'의 약칭 | **联赛** liánsài 명 리그(league)전 | **四强** sìqiáng 명 4강 | **转会** zhuǎnhuì 동 소속팀을 옮기다, 이적하다 | **四强转会** 4강 진출팀의 선수 스카우트(일종의 중국 배구 시합의 룰이다. 4강에 진출한 팀들이 타 팀의 잘하는 선수를 스카우트하는 것으로, 4강에 진출하지 못한 팀에 있던 훌륭한 선수들이 팀과 상관없이 4강전에 출전할 수 있게 된다) | **球队** qiúduì 명 (배구) 팀 | **邀请** yāoqǐng 동 초청하다 | **加盟** jiā méng 동 단체에 가입하다, 가맹하다 | **最终** zuìzhōng 부 최종적으로 형 최후의 | **熟悉** shúxī 동 잘 알다 | **队友** duìyǒu 명 멤버, 팀 동료 | **打法** dǎfǎ 명 (경기에서의) 전법, 플레이 | **互补** hùbǔ 동 서로 보충하다, 서로 보완하다 | **并肩作战** bìng jiān zuò zhàn 전우와 함께 싸우다 | **考虑** kǎolǜ 동 고려하다 | ☆**带领** dàilǐng 동 인솔하다, 이끌다 | **局** jú 양 바둑·장기·경기 등 승부의 한 판 | ☆**艰难** jiānnán 형 곤란하다, 어렵다 | **惜败** xībài 동 아깝게 지다, 석패하다 | **天津** Tiānjīn 고유 텐진(지명) | **是否** shìfǒu ~인지 아닌지 | **发挥** fāhuī 동 발휘하다 | **确实** quèshí 부 확실히 형 확실하다 | **尽力** jìnlì 동 온 힘을 다하다 | **排球** páiqiú 명 배구 | **毕竟** bìjìng 부 결국, 어쨌든 | **集体项目** jítǐ xiàngmù 명 팀 스포츠 | **赢** yíng 동 이기다 | **遗憾** yíhàn 형 유감스럽다, 아쉽다 명 유감 | **打分** dǎfēn 동 점수를 매기다 | **冠军** guànjūn 명 금메달, 챔피언 | **一步之遥** yí bù zhī yáo 한 걸음의 거리 | ☆**心态** xīntài 명 심리 상태 | **期待** qīdài 동 기대하다 명 기대 | **控制** kòngzhì 동 통제하다 | ☆**急躁** jízào 형 조급하다 동 조급해하다 | **着急** zháojí 동 조급해하다 | **传球** chuánqiú 동 공을 패스하다 | **到位** dàowèi 동 (예정 위치에) 이르다, 도달하다 | **错失** cuòshī 동 놓치다 | **得分** dé fēn 동 득점하다 명 득점 | **赛场** sàichǎng 명 경기장 | **老将** lǎojiàng 명 노장, 베테랑 | **建议** jiànyì 명 건의 동 건의하다 | **定位** dìngwèi 명 포지션 동 위치를 정하다 | **招** zhāo 명 방법, 수 | **制胜** zhìshèng 동 승리하다, 이기다 | **核心** héxīn 명 핵심 | **乱** luàn 형 어지럽다, 무질서하다 | **场面** chǎngmiàn 명 장면 | **训练** xùnliàn 동 훈련하다 | **培养** péiyǎng 동 양성하다, 배양하다 | **闲暇** xiánxiá 명 틈, 짬, 여가 | **假期** jiàqī 명 휴가 기간 | **购物** gòuwù 동 쇼핑하다 | **待** dāi 동 머물다

16

女的为什么选择上海队?	여자는 왜 상하이 팀을 선택했나?
A 教练强力推荐	A 코치가 강력 추천해서
B 运动员阵容强大	B 선수 라인업이 강해서
C 转会程序相对简单	C 이적 절차가 상대적으로 간단해서
D 想与老队员并肩作战	D 옛 팀 동료들과 함께 뛰고 싶어서

보기 어휘 **教练** jiàoliàn 명 코치 동 코치하다, 훈련하다 | **推荐** tuījiàn 동 추천하다 | ★**阵容** zhènróng 명 진용, 한 단체의 구성원들의 짜임새, 라인업(lineup) | **程序** chéngxù 명 단계, (수속) 절차

정답 D

해설 여자가 상하이 팀에는 비교적 잘 아는 옛 팀 동료가 많아서 플레이할 때 서로 보완이 되고, 이후에 함께 경기를 뛸 수 있는 기회도 많지 않다 보니 이런 점을 생각해서 가게 되었다(**主要是上海队有很多比较熟悉的老队友，在打法上我们可以互补。而且以后在一起并肩作战的机会不多了，考虑到这些，我就过去了**)고 했으므로 정답은 D입니다.

17

关于带领上海队打的几场比赛，可以知道什么?	상하이 팀을 이끌고 싸운 몇 차례 경기에 관해 무엇을 알 수 있나?
A 很过瘾	A 매우 짜릿했다
B 很吃力	B 매우 힘들었다
C 很慎重	C 매우 신중했다
D 很精彩	D 매우 훌륭했다

보기 어휘 ★**过瘾** guò yǐn 형 짜릿하다, 끝내주다, 실컷 하다 | ★**吃力** chīlì 형 힘들다, 힘겹다 | ★**慎重** shènzhòng 형 신중하다 | **精彩** jīngcǎi 형 훌륭하다

정답 B

해설 상하이 팀을 이끌고 싸운 이번 다섯 차례 경기가 모두 힘들었다(**带领上海队打的这五局都比较艰难**)고 했으므로 정답은 B입니다.

18

最后一场比赛没拿到冠军，可能与什么有关?	마지막 경기에서 우승을 하지 못한 것은 무엇과 관련이 있을까?
A 场地限制	A 장소 제한 때문에
B 心态没控制好	B 마인드 컨트롤이 잘 안 되어서
C 球队缺乏球技	C 팀의 구기 테크닉이 부족해서
D 实力悬殊大	D 실력 차이가 커서

보기 어휘 **场地** chǎngdì 명 장소 | **限制** xiànzhì 동 제한하다, 제약하다 | **球技** qiújì 명 공을 다루는 기술(솜씨), 구기의 테크닉 | ★**悬殊** xuánshū 동 큰 차가 있다, 동떨어져 있다

정답 B

해설 마지막 우승까지 한 걸음 차이로 진 것이 심리 상태와 관련이 있는지(**你们离最后的冠军其实只差一步之遥，这可能和心态也有关系吧?**)에 대한 질문에 여자는 우승이나 기대하는 목표에 가까워질수록 마인드 컨트롤이 더 어려워진다(**没错，离冠军或者期待的目标越近，心态就越难控制**)고 했으므로 정답은 B입니다.

19

下面哪项是女的给球队的建议?

A 不要过于看重结果
B 要懂得团结协作
C 打法要有明确定位
D 平常训练要劳逸结合

다음 중 여자가 팀에게 한 제안은 무엇인가?

A 지나치게 결과를 중요시하지 말라
B 단결하고 협력하는 것을 잘 알아야 한다
C 플레이할 때에는 명확한 포지션이 있어야 한다
D 평소 훈련할 때 운동과 휴식을 적당히 조절해야 한다

보기 어휘 ★**过于** guòyú 부 지나치게, 너무 | **看重** kànzhòng 동 중시하다 | **团结** tuánjié 동 단결하다, 뭉치다 | **协作** xiézuò 동 협동하다 | **劳逸** láoyì 명 작업(노동)과 휴식

정답 C

해설 여자가 제안한 것 중 하나는 팀 플레이는 명확한 포지션이 있어야 한다(**一是球队的打法要有明确的定位**)는 것이므로 정답은 C입니다.

20

根据对话，可以知道什么?

A 教练是球队的核心
B 女的最近状态欠佳
C 女的是网球运动员
D 个人得分不能决定胜负

대화에 근거하여 알 수 있는 것은 무엇인가?

A 코치는 팀의 핵심이다
B 여자는 최근 상태가 좋지 않다
C 여자는 테니스 운동 선수이다
D 개인 득점은 승부를 결정할 수 없다

보기 어휘 **欠佳** qiànjiā 형 좋지 않다, 불량하다 | ★**胜负** shèngfù 명 승부, 승패

정답 D

해설 배구는 결국 팀 스포츠라서 개인 성적이 아무리 높아도 경기를 이길 수 없고, 이점은 매우 안타까운 일(**但是排球毕竟是集体项目，个人成绩再高，赢不了比赛，还是一件很遗憾的事情**)이라고 했으므로 정답은 D입니다.

실전모의고사 3회

第21到25题是根据下面一段采访：

女：大家好，今天我们有幸请到了国际安徒生奖的获奖者曹文轩。从视频中我们可以看到在评委会主席宣布您获奖的时候，全场立刻响起了热烈的掌声，[21]而您的表情却十分淡定。您难道真的一点儿都不激动吗？

男：说实话，我原来真的没觉得这是一个多么了不起的奖。看到人们那么热烈的反应之后，我才意识到这是一个比较重要的国际大奖。

女：那直到什么时候您才感到激动了呢？

男：现在想起来应该是在宣布得奖之后，[22]我收到给我家修暖气的师傅发来的祝福短信的那一刻。我只知道他姓杨，所以手机里存的名字是"杨师傅"。那么多的祝福短信，当我读到杨师傅的短信时，我才意识到这个奖确实在中国产生了非常广泛的影响。那一刻我真的激动了。我感谢这个奖，因为它让更多中国人开始关注文学，关注阅读。

女：您为什么这么重视普及文学和推广阅读呢？

男：大部分人的一生只能在很小的范围内体验生活，看问题也比较狭隘，很难对世界有一个完整的把握。但是阅读可以帮助我们开拓视野，让我们走出狭隘的生活，进入一个广阔的世界。[23]持久的阅读可以使一个人的阅历更丰富，同样是活一辈子，坚持阅读的人看问题肯定是更有深度的。

女：现在很多人都用手机来阅读，您怎么看这种现象呢？

여: 안녕하세요. 오늘 우리는 운 좋게도 국제 안데르센 상 수상자인 차오원쉬안씨를 모셨습니다. 영상에서 보니 심사위원장이 당신의 수상을 발표했을 때 장내에 뜨거운 박수 소리가 터져 나왔는데, [21]선생님의 표정은 매우 담담했어요. 설마 정말 조금도 감격스럽지 않으셨나요?

남: 솔직히 말해서, 처음엔 전 정말 이것이 그리 대단한 상이라고 생각하지 않았어요. 사람들의 뜨거운 반응을 보고 난 후에서야 비로소 중요한 국제상이란 걸 알게 되었죠.

여: 그렇다면 언제 비로소 감격스러웠나요?

남: 지금 생각해보니 수상을 발표한 후가 맞겠네요. [22]제가 우리 집 난방기를 수리해준 기사가 보내준 축하 메시지를 받은 그 순간이요. 전 그가 양씨라는 것만 알아서 휴대전화에 저장된 이름이 '양 선생'인데, 그렇게 많은 축하 메시지 중에서 양 선생의 메시지를 읽었을 때 비로소 이 상이 정말 중국에서 매우 광범위한 영향을 끼쳤다는 것을 깨달았죠. 그 순간 정말 감격스러웠어요. 전 이 상에게 감사해요. 이 상은 더욱 많은 중국인으로 하여금 문학과 독서에 관심을 갖게 해줬기 때문이에요.

여: 당신은 왜 이렇게 문학과 독서 문화 보급을 중요시하나요?

남: 대부분의 사람은 평생 아주 작은 범위 내에서만 생활을 체험하기 때문에 문제를 보는 시각이 비교적 편협하고, 세상에 대해 온전히 파악하기 힘들어요. 그러나 독서는 우리의 시야를 넓혀주고, 좁고 한정된 생활을 벗어나 넓은 세계에 들어가게 해주죠. [23]오랜 시간 지속적인 독서는 풍부한 경험을 얻게 해주고, 마찬가지로 평생을 살면서 독서를 꾸준히 하는 사람은 분명 문제를 보는 시각이 더욱 깊이 있어요.

여: 현재 많은 사람들이 휴대전화를 이용해 독서를 하는데 이런 현상은 어떻게 보시나요?

男：有的人不赞成用手机来阅读，[24]但我对此并不排斥。手机阅读是一种新的阅读方式，它给人带来的便利是不可否认的。但是我个人还是更倾向于拿着书来读。因为阅读的快乐，往往来自阅读后的思考和推敲，用手机阅读的话，思考和品味的时间就少了。

女：知道自己获奖之后，您的生活有没有什么变化？

男：我是一个作家，作家是写东西的，知道获奖之后我时刻提醒自己必须尽快恢复到或者进入到写作的状态。当时距离去新西兰领奖还有一段时间，虽然期间事情繁多，但是[25]我还是按照原计划完成了一部长篇小说，而且保证了写作的质量。

남: 어떤 사람은 휴대전화를 이용해 독서하는 것을 찬성하지 않지만, [24]전 이에 대해 그다지 부정적이지는 않아요. 휴대전화 독서는 일종의 새로운 독서 방식이고, 그것이 사람들에게 가져오는 편리함은 부인할 수 없어요. 하지만 저 개인적으로는 역시 책으로 읽는 것을 좋아하는 편이에요. 왜냐하면 독서의 즐거움은 종종 독서 후의 사고와 퇴고에서부터 오는데, 휴대전화로 읽으면 생각하고 음미할 시간이 적어지니까요.

여: 본인이 수상하는 것을 안 후에 당신의 생활은 어떤 변화가 있었나요?

남: 전 작가이고, 작가는 글을 쓰는 사람이에요. 수상할 것을 안 후, 전 되도록 빨리 글을 쓰는 상태로 돌아가거나 어서 글을 써야 한다고 늘 스스로를 일깨웠어요. 그 당시 뉴질랜드에 가서 상을 받기까지 시간이 꽤 있었는데, 비록 그 기간 동안 일이 많았지만 [25]전 원래 계획대로 장편소설 한 편을 완성했고, 저작 내용의 질적인 부분도 확보했답니다.

지문 어휘 **有幸** yǒuxìng 부 운이 좋게 | **国际安徒生奖** Guójì Āntúshēng jiǎng 명 국제 안데르센 상 | **获奖者** huòjiǎngzhě 명 수상자 | **曹文轩** Cáowénxuān 고유 차오원쉬안(인명) | ★**视频** shìpín 명 영상 | **评委会** píngwěihuì 명 심사위원회 | **主席** zhǔxí 명 의장, 주석 | **宣布** xuānbù 동 선포하다 | **立刻** lìkè 부 즉시 | **响起** xiǎngqǐ 동 울려퍼지다, 울리다 | **热烈** rèliè 형 열렬하다 | **掌声** zhǎngshēng 명 박수 소리 | **淡定** dàndìng 형 침착하다 | **难道** nándào 부 설마 ~하겠는가? | **激动** jīdòng 형 감격하다 | **了不起** liǎobuqǐ 형 대단하다 | ★**意识** yìshí 동 의식하다, 깨닫다 명 의식 | **祝福** zhùfú 동 축복하다 명 축복 | **短信** duǎnxìn 명 문자 메시지 | **存** cún 동 저장하다 | **确实** quèshí 부 확실히, 정말로 | **文学** wénxué 명 문학 | **阅读** yuèdú 명 독서 동 독서하다, 열람하다 | **重视** zhòngshì 동 중시하다 명 중시 | **范围** fànwéi 명 범위 | **体验** tǐyàn 동 체험하다 명 체험 | ★**狭隘** xiá'ài 형 (마음·견식·기량 등이) 좁고 한정되다, 편협하다 | **完整** wánzhěng 형 완정하다 | **把握** bǎwò 동 쥐다, 파악하다 | ★**开拓** kāituò 동 개척하다 | ★**视野** shìyě 명 시야 | ★**广阔** guǎngkuò 형 넓다, 광활하다 | ★**持久** chíjiǔ 동 오래 지속되다 | **阅历** yuèlì 명 경험, 경력에서 얻은 지식 | **一辈子** yíbèizi 명 한평생 | **坚持** jiānchí 동 유지하다, 견지하다 | **深度** shēndù 명 깊이, 심도 | **赞成** zànchéng 동 찬성하다 | ★**排斥** páichì 동 배척하다 | ★**便利** biànlì 명 편의 형 편리하다 | **否认** fǒurèn 동 부인하다, 부정하다 | ★**倾向** qīngxiàng 동 마음이 쏠리다 명 경향, 추세 | **思考** sīkǎo 동 사고하다 명 사고 | **推敲** tuīqiāo 동 퇴고하다 | **品味** pǐnwèi 동 맛을 보다, 음미하다 | **作家** zuòjiā 명 작가 | **时刻** shíkè 부 늘, 항상 | **提醒** tíxǐng 동 일깨우다 | **尽快** jǐnkuài 부 되도록 빨리 | **恢复** huīfù 동 회복하다 | **距离** jùlí 동 (~로부터) 떨어지다, 사이를 두다 | **新西兰** Xīnxīlán 고유 뉴질랜드(지명) | **领奖** lǐngjiǎng 동 상을 받다 | **繁多** fánduō 형 많다 | **按照** ànzhào 전 ~에 따라서 | **长篇小说** chángpiān xiǎoshuō 명 장편소설

21

当评委会主席宣布男的获奖时，他是什么反应?	심사위원장이 남자의 수상을 발표했을 때 그는 어떤 반응이었나?
A 很激动	A 매우 감격했다
B 很平静	B 매우 차분했다
C 在意料之中	C 예상했던 대로이다
D 非常自豪	D 매우 자랑스럽게 여겼다

보기 어휘 **平静** píngjìng 형 (마음 · 환경 등이) 조용하다, 차분하다 | ☆**意料** yìliào 동 예상하다 | **自豪** zìháo 형 스스로 긍지를 느끼다, 자랑스럽게 생각하다

정답 B

해설 수상을 발표했을 때 장내에 뜨거운 박수 소리가 터져 나왔지만 차오 선생의 표정은 매우 담담했다(**全场立刻响起了热烈的掌声，而您的表情却十分淡定**)고 했으므로 정답은 B입니다.

22

男的什么时候才感到激动的?	남자는 언제 비로소 감격을 했나?
A 接受奖品时	A 상품을 받았을 때
B 参与颁奖时	B 시상에 참가했을 때
C 获得观众的掌声时	C 관중들의 박수를 받았을 때
D 收到杨师傅的短信时	D 양 선생의 메시지를 받았을 때

보기 어휘 **奖品** jiǎngpǐn 명 상품 | **参与** cānyù 동 참여하다 | **颁奖** bān jiǎng 동 (상장 · 상품 · 트로피 · 메달 따위를) 수여하다, 시상하다

정답 D

해설 언제 감격스러웠는지 묻는 질문에 남자는 집의 난방기를 수리해준 기사가 보낸 축하 메시지를 받는 순간(**我收到给我家修暖气的师傅发来的祝福短信的那一刻**)이라고 했고, 그 기사는 양씨라 휴대전화에 저장된 이름이 '양 선생'(**我只知道他姓杨，所以手机里存的名字是"杨师傅"**)이라고 했으므로 정답은 D입니다.

23

男的为什么重视推广阅读?	남자는 왜 독서 문화 보급을 중시하는가?
A 阅读可丰富人生阅历	A 독서는 인생의 경험을 풍부하게 해줄 수 있기 때문에
B 阅读可以改变学习态度	B 독서는 학습태도를 바꿔줄 수 있기 때문에
C 阅读能够提高生活质量	C 독서는 생활의 질을 향상시켜줄 수 있기 때문에
D 阅读能够增加我们的自信	D 독서는 우리의 자신감을 높여줄 수 있기 때문에

정답 A

해설 오랫동안 꾸준히 독서하면 경험이 더욱 풍부해진다(持久的阅读可以使一个人的阅历更丰富)고 했으므로 정답은 A입니다.

24

男的对用手机阅读是什么态度?	남자는 휴대전화로 독서하는 것에 대해 어떤 태도인가?
A 鄙视	A 경시한다
B 应控制	B 마땅히 통제해야 한다
C 不提倡	C 제창하지 않는다
D 不排斥	D 배척하지 않는다

보기 어휘 ★**鄙视** bǐshì 동 경멸하다, 경시하다 | **控制** kòngzhì 동 통제하다, 제어하다 | **提倡** tíchàng 동 제창하다

정답 D

해설 많은 사람들이 휴대전화로 독서하는 것에 대해 남자는 그다지 부정적이지는 않다(我对此并不排斥)고 했으므로 정답은 D입니다.

25

在领奖之前，男的做了什么?	상을 받기 전에 남자는 무엇을 했나?
A 见了一位朋友	A 친구를 만났다
B 去新西兰旅游	B 뉴질랜드에 가서 여행했다
C 完成了长篇小说	C 장편소설을 완성했다
D 只是耐心地等待	D 인내심을 가지고 기다리기만 했다

정답 C

해설 뉴질랜드에 가서 상을 받기까지 남은 시간 동안 비록 일은 많았지만 원래 계획대로 장편소설 한 편을 완성했다(当时距离去新西兰领奖还有一段时间，虽然期间事情繁多，但是我还是按照原计划完成了一部长篇小说)고 했으므로 정답은 C입니다.

第26到30题是根据下面一段采访：

女：大家好！今天来到我们演播室的是故宫博物院院长单霁翔。单院长，[26]我们知道您在考古、建筑、艺术等多个领域都卓有成就。您能否跟我们谈谈您的治学经历？

男：以前我确实涉猎很多领域，学术兴趣比较广泛，但是最近十几年来，[27]我一直把精力集中在文化遗产保护工作上，并苛求自己要绝对执着和专一。

女：提起故宫，很多人都在担心这样一个问题，开放故宫无疑可以带来可观的经济收益，也有助于故宫的宣传，但是由此而产生的破坏也让人十分担忧。近年不少报道都显示故宫游客过多，已令这座古老的建筑不堪重负。

男：是的，作为每年接待上千万游客的博物馆，故宫博物院发展中的每一个环节都充满了矛盾，[28]既要发展，又要保护。只有在这两者之间找到一个经得起历史检验的平衡点，才能协调发展。

女：近年故宫附近起了很多高楼，新式的大型建筑与故宫皇城气质格格不入，受到不少质疑，在这方面难道没有什么解决办法吗？

男：目前故宫博物院正在组织编制《故宫保护总体规划》并上报相关部门。[29]规划确定了故宫周边环境的整治和控制措施。今后，在《故宫保护总体规划》的指导下，我们可以更有序地开展各项保护工作，保护紫禁城的完整性。

여: 안녕하세요! 오늘은 우리 스튜디오에 고궁박물원 산지샹 원장님이 오셨습니다. 산 원장님, [26]당신은 고고학, 건축물, 예술 등 여러 영역에서 뛰어난 성과를 얻었는데, 우리에게 당신의 학문 연구 경험을 좀 이야기해줄 수 있나요?

남: 이전에 전 확실히 많은 영역을 섭렵했고, 학문적 관심도 비교적 다양했습니다. 그러나 최근 십 여 년 동안, [27]전 줄곧 문화 유산 보호 작업에 정신을 집중했고, 스스로에게 끝까지 집요하고, 그 일에 전념할 것을 요구했습니다.

여: 고궁을 언급하면, 많은 사람들이 걱정하는 문제가 있습니다. 고궁을 개방하면 틀림없이 대단한 경제 수익을 가져올 수 있고, 고궁의 홍보에도 도움이 되지만, 이로 인해 생겨나는 파손도 매우 우려된다는 것이죠. 최근 몇 년 동안의 많은 보도에 따르면, 고궁 관광객이 너무 많아서 이 오래된 건축물은 부담을 감당할 수 없다고 합니다.

남: 맞아요. 매년 수천 만 명의 관광객을 접대하는 박물관으로서, 고궁박물원의 발전 과정의 모든 부분들이 다 모순으로 가득하죠. [28]발전도 해야 하고, 보호도 해야 하니까요. 이 둘 사이에서 역사의 검증을 감당해낼 수 있는 균형점을 찾아내야만 조화롭게 발전할 수 있어요.

여: 최근 몇 년간 고궁 근처에 많은 빌딩이 지어졌고, 신식 대형 건축물과 고궁 황성의 분위기는 전혀 어울리지 않는다는 질의를 많이 받았습니다. 이 부분을 해결할 방법이 정말 없나요?

남: 현재 고궁박물원은 〈고궁 보호 마스터플랜〉을 조직 편성하고, 상급 관련 부처에 보고하고 있습니다. [29]마스터 플랜에서 고궁 주변 환경 정비와 통제 조치를 확정했습니다. 앞으로 〈고궁 보호 마스터 플랜〉의 방침 하에서 우리는 더욱 질서 있게 각 항목의 보호 활동을 하고, 자금성을 온전하게 보호할 수 있습니다.

女：故宫是中华文明的象征，您认为应如何让新一代的年轻人更深入地认识和保护故宫呢？

男：今后我们将积极探索新的方式，不断增强故宫博物院的文化传播与公众教育职能。[30]我们将致力于加强数字化建设，拉近博物馆与公众的距离，让游客可以随时随地地使用移动设备，品鉴故宫展览品，足不出户也能漫游紫禁城，更加便捷轻松地学习历史文化知识，感受故宫博物院的文化氛围。

여: 고궁은 중화문명의 상징입니다. 원장님 생각에는, 어떻게 해야 신세대 젊은이들이 더욱 깊이 고궁을 알고 보호할 수 있을까요?

남: 앞으로 우리는 적극적으로 새로운 방식을 모색해 고궁 박물원의 문화 전파와 대중 교육 기능을 끊임없이 강화시킬 것입니다. [30]우리는 디지털화 건설을 강화하고, 박물관과 대중들의 거리를 좁히는데 힘쓸 것입니다. 여행객들이 언제든지 모바일을 사용해 고궁 전시품을 감상하고, 집 밖으로 나가지 않고도 자금성을 마음대로 구경하며, 더욱 간편하고 쉽게 역사문화 지식을 공부하면서, 고궁 박물원의 문화 분위기를 느낄 수 있도록 할 것입니다.

지문 어휘 **演播室** yǎnbōshì 명 스튜디오 | **故宫博物院** gùgōng bówùyuàn 명 고궁박물원 | **单霁翔** Shànjìxiáng 고유 산지샹(인명_고궁 박물원 원장) | ☆**考古** kǎogǔ 명 고고학 동 (유물이나 유적을 자료로 하여) 연구하다 | **建筑** jiànzhù 명 건축물 | **艺术** yìshù 명 예술 | **领域** lǐngyù 명 영역, 분야 | **卓有成就** zhuó yǒu chéngjiù 뛰어난 성과를 얻다 | **治学** zhìxué 동 학문을 하다 | **经历** jīnglì 명 경험 동 경험하다, 겪다 | **涉猎** shèliè 동 섭렵하다 | **学术** xuéshù 명 학술 | **广泛** guǎngfàn 형 광범위하다 | **精力** jīnglì 명 정력, 에너지 | **集中** jízhōng 동 집중하다 | **文化遗产** wénhuà yíchǎn 명 문화 유산 | **苛求** kēqiú 동 가혹하게 요구하다 | ☆**执着** zhízhuó 형 고집하다, 끝까지 추구하다 | **专一** zhuānyī 형 전념하다, 한결같다 | **无疑** wúyí 형 의심할 바 없다 | ☆**可观** kěguān 형 대단하다, 가관이다 | ☆**收益** shōuyì 명 수익 | **有助于** yǒuzhùyú ~에 도움이 되다 | **宣传** xuānchuán 명 홍보, 선전 동 선전하다 | **产生** chǎnshēng 동 생기다 | **破坏** pòhuài 명 파괴 동 파괴하다 | **担忧** dānyōu 동 걱정하다 | **报道** bàodào 명 보도 동 보도하다 | **显示** xiǎnshì 동 뚜렷하게 나타내 보이다 | **游客** yóukè 명 여행객 | **古老** gǔlǎo 형 오래되다 | **不堪重负** bùkān zhòngfù 부담을 이겨내지 못하다, 중압감을 이겨내지 못하다 | **接待** jiēdài 동 접대하다 | ☆**环节** huánjié 명 일환, 부분 | **充满** chōngmǎn 동 가득차다 | **矛盾** máodùn 명 모순, 갈등 | **经得起** jīngdeqǐ 동 감당할 수 있다 | **检验** jiǎnyàn 명 검증 동 검증하다 | **平衡点** pínghéngdiǎn 명 균형점 | ☆**协调** xiétiáo 동 협조하다, 조화롭게 하다 형 어울리다 | **皇城** huángchéng 명 황성(황제가 있는 나라의 서울) | ☆**气质** qìzhì 명 분위기, 풍격 | **格格不入** gé gé bú rù 성어 전혀 어울리지 않다, 도무지 맞지 않다, 저촉되다 | **质疑** zhìyí 동 질의하다 | **难道** nándào 부 설마 ~하겠는가? | **组织** zǔzhī 동 조직하다, 구성하다 명 조직 | **编制** biānzhì 동 엮다, 편성하다 | **总体规划** zǒngtǐ guīhuà 마스터 플랜 | **上报** shàngbào 동 상부에 보고하다 | **部门** bùmén 명 부처, 부문 | **确定** quèdìng 동 확정하다 | ☆**周边** zhōubiān 명 주변 | **整治** zhěngzhì 동 다스리다, 정리하다 | **控制** kòngzhì 동 통제하다 | **措施** cuòshī 명 조치 | **有序** yǒuxù 동 질서가 있다 | **开展** kāizhǎn 동 전개하다, 넓히다 | **紫禁城** Zǐjìnchéng 고유 자금성 | **完整性** wánzhěngxìng 명 완전성 | **文明** wénmíng 명 문명 | **象征** xiàngzhēng 명 상징 동 상징하다 | **深入** shēnrù 동 깊이 들어가다, 깊이 파고들다 | ☆**探索** tànsuǒ 동 탐색하다 | **不断** búduàn 부 끊임없이 동 끊임없다 | **增强** zēngqiáng 동 증강하다, 강화하다 | **传播** chuánbō 동 전파하다, 널리 퍼뜨리다 | **公众** gōngzhòng 명 대중 | ☆**职能** zhínéng 명 직능, 기능 | ☆**致力** zhìlì 동 애쓰다 | **加强** jiāqiáng 동 강화하다 | **数字化** shùzìhuà 명 디지털화 | **随时随地** suí shí suí dì 성어 언제 어디서나 | **移动设备** yídòng shèbèi 모바일 장치 | **品鉴** pǐnjiàn 동 감상하다, 감정하다 | **展览品** zhǎnlǎnpǐn 명 전시품 | **足不出户** zú bù chū hù 성어 집 밖으로 한 발짝도 나가지 않다 | **漫游** mànyóu 동 자유롭게 유람하다, 기분 나는 대로 노닐다 | **便捷** biànjié 형 간편하다 | **轻松** qīngsōng 형 수월하다 | **感受** gǎnshòu 동 느끼다, 감상하다 | **氛围** fēnwéi 명 분위기

26

男的在哪些领域卓有成就?

A 考古
B 美术
C 摄影
D 哲学

남자는 어느 영역에서 뛰어난 성과를 얻었나?

A 고고학
B 미술
C 촬영
D 철학

보기 어휘 **美术** měishù 명 미술 | **摄影** shèyǐng 명 촬영 동 촬영하다 | **哲学** zhéxué 명 철학

정답 A

해설 남자는 고고학, 건축물, 예술 등 여러 영역에서 뛰어난 성과를 얻었다(您在考古、建筑、艺术等多个领域都卓有成就)고 했으므로 정답은 A입니다.

27

近十余年来，男的对自己在工作上有什么要求?

A 涉猎更广泛的领域
B 培养优秀的后继人才
C 让更多人关注他的研究课题
D 专注于文化遗产保护工作

최근 십여 년 동안, 남자는 스스로에게 업무적으로 어떤 요구를 했는가?

A 더욱 광범위한 영역을 섭렵하라
B 우수한 후계자를 양성하라
C 더 많은 사람이 그의 연구 과제에 관심을 갖게 하라
D 문화 유산 보호 작업에 전념하라

보기 어휘 **后继** hòujì 명 후계자 동 후계하다, 뒤를 잇다 | **专注** zhuānzhù 동 집중하다, 전념하다

정답 D

해설 남자는 줄곧 문화 유산 보호 업무에 정신을 집중했고, 스스로에게 끝까지 집요하고 그일에 전념할 것을 요구했다(我一直把精力集中在文化遗产保护工作上，并苛求自己要绝对执着和专一)고 했으므로 정답은 D입니다.

28

故宫博物院需要在哪方面找到平衡?

A 扩建与复原
B 开放与关闭
C 发展与保护
D 创新与复古

고궁 박물원은 어느 측면에서 균형점을 찾을 필요가 있을까?

A 증축과 복원
B 개방과 폐쇄
C 발전과 보호
D 창의성과 복고

보기 어휘 **扩建** kuòjiàn 동 증축하다 | **复原** fù yuán 동 복원하다 | **复古** fùgǔ 동 복고하다, 옛 것으로 되돌아가다

정답 C

해설 발전도 해야 하고, 보호도 해야 하는 이 양자 사이에서 역사의 검증을 감당할 수 있는 균형점을 찾아내야 비로소 조화롭게 발전할 수 있다(既要发展，又要保护。只有在这两者之间找到一个经得起历史检验的平衡点，才能协调发展)고 했으므로 정답은 C입니다.

29

根据对话，下列哪项是故宫保护总体规划的措施？	대화에 따르면 아래 어느 것이 고궁 보호 마스터 플랜의 조치인가?
A 控制参观人数	A 관람 인원수를 통제한다
B 限制开放时间	B 개방 시간에 제한을 둔다
C 整控周边环境	C 주변 환경을 가다듬는다
D 在附近盖高楼	D 근처에 빌딩을 짓는다

보기 어휘 **整控** zhěng kòng 동 정리 통제하다, 가다듬다 | **盖** gài 동 (건물·가옥 등을) 짓다, 건축하다

정답 C

해설 마스터 플랜에서 고궁 주변 환경을 정리하고 통제하는 방안을 확정했다(规划确定了故宫周边环境的整治和控制措施)고 했으므로 정답은 C입니다.

30

如何吸引新一代年轻人认识和保护故宫？	어떻게 어필해야 신세대 젊은이들이 고궁을 잘 알고 보호하게 될까?
A 编写有关教程	A 관련 교과과정을 편찬한다
B 加强数字化建设	B 디지털화 건설을 강화한다
C 降低门票价格	C 입장료 가격을 낮춘다
D 增设配套设施	D 부대시설을 증설한다

보기 어휘 **编写** biānxiě 동 편집하여 쓰다, 집필하다, 편찬하다 | **教程** jiàochéng 명 교과과정, 강좌(주로 도서명에 쓰임) | **增设** zēngshè 동 증설하다, 늘리다 | ★**配套** pèi tào 동 하나의 세트로 만들다, (부품을 모아) 조립하다 | **设施** shèshī 명 시설

정답 B

해설 신세대 젊은이들이 더욱 깊이 고궁을 알고 보호할 수 있도록(让新一代的年轻人更深入地认识和保护故宫) 디지털화 건설 강화에 힘쓸 것이다(我们将致力于加强数字化建设)라고 했으므로 정답은 B입니다.

제3부분 31~50번 문제는 지문을 듣고 질문에 알맞은 답을 고르는 문제입니다.

第31到33题是根据下面一段话：

"沟通漏斗效应"是指工作时团队沟通效率下降的一种现象。在一个团队中，如果领导想要传达100%的信息，那么他能表达出来的只有80%。当这80%传入其他成员的耳朵里时，由于背景知识和理解能力不够等关系，最后只有40%能被他们真正理解，[31]落实到行动时，便仅剩可怜的20%了。

沟通漏斗效应的产生有很多方面的原因，其中讲话者表达能力有限是最大的原因。其次，听者会按照自己的标准来筛选信息，听者的情绪对信息的传递也有很大影响。另外，[32]噪音等外部干扰也会分散人的注意力，从而产生漏斗效应。团队成员之间若想顺利地沟通，打破这一效应，首先，讲话者在开会前就应做好准备，讲话时要减慢语速，重点内容应反复强调。其次，[33]听者要勤动笔，做好会议记录，不要漏掉重要的内容。最后，会场要保持安静，尽量不要让与会无关的人进入会场，会场里也最好不要摆设引人注意的物品或图画。

'깔대기 효과'는 업무 시 팀의 소통 효율이 떨어지는 현상을 가리킨다. 한 팀에서 만약 상사가 100%의 정보를 전달하고 싶다면 그가 표현해 낼 수 있는 것은 80%뿐이다. 이 80%는 다른 구성원의 귀에 들어갈 때, 배경지식과 이해 능력의 부족 등 이유로 결국 40%만 이해되고, [31]행동에 옮겨질 때에는 안타깝게도 겨우 20%만 남게 된다.

깔대기 효과가 생기는 원인은 여러 가지가 있다. 그 중 말하는 사람의 표현 능력에 한계가 있는 것이 가장 큰 원인이다. 두 번째로 듣는 사람은 자신의 기준에 따라 정보를 선별하게 될 것이고, 듣는 사람의 감정도 정보의 전달에 큰 영향을 끼친다. 그 밖에 [32]소음 등 외부 방해 요소도 사람의 주의력을 분산시키고, 이로써 깔대기 효과가 생겨난다. 팀 구성원끼리 순조롭게 소통을 하고 싶다면, 이 효과를 깨야 한다. 우선, 말하는 사람은 회의 준비를 잘 해서, 설명할 때 말하는 속도는 늦추고 중점적인 내용은 반복적으로 강조해야 한다. 두 번째, [33]듣는 사람은 부지런히 펜을 들고 회의 내용을 잘 기록해야 하며, 중요한 내용을 빠뜨리지 말아야 한다. 마지막으로, 회의장에선 조용히 해야 한다. 또한 되도록 회의와 무관한 사람은 회의장에 들어오지 못하게 하고, 회의장 안은 시선을 뺏는 물품이나 그림으로 꾸미지 않는 것이 가장 좋다.

지문 어휘 **沟通漏斗效应** gōutōng lòudǒu xiàoyìng 깔대기 효과 | **团队** tuánduì 명 단체, 팀 | **效率** xiàolǜ 명 효율 | **下降** xiàjiàng 동 하강하다, 떨어지다 | **领导** lǐngdǎo 명 상사, 지도자 동 지도하다, 이끌다 | ★**传达** chuándá 동 전달하다 | **表达** biǎodá 동 표현하다 | ★**成员** chéngyuán 명 구성원, 멤버 | **耳朵** ěrduo 명 귀 | **背景知识** bèijǐng zhīshi 배경지식 | ★**落实** luòshí 동 실현시키다, 구체화시키다 | **仅** jǐn 부 겨우, 단지 | **剩** shèng 동 남다 | **可怜** kělián 형 가련하다, 불쌍하다 동 동정하다 | **有限** yǒuxiàn 형 유한하다, 한계가 있다 | **标准** biāozhǔn 명 표준, 기준 | ★**筛选** shāixuǎn 체로 치다, 선별하다 | **情绪** qíngxù 명 정서, 기분 | **传递** chuándì 동 전달하다 | ★**噪音** zàoyīn 명 소음 | ★**干扰** gānrǎo 동 방해하다 | ★**分散** fēnsàn 동 분산하다 | **注意力** zhùyìlì 명 주의력 | **从而** cóng'ér 접 따라서 | **若** ruò 접 만약 | **顺利** shùnlì 형 순조롭다 | **打破** dǎpò 동 타파하다, 때려 부수다 | **减慢** jiǎnmàn 동 속도를 줄이다 | **语速** yǔsù 명 말의 속도 | **勤** qín 부 부지런히 형 부지런하다 | **动笔** dòng bǐ 동 펜을 들다 | **记录** jìlù 명 기록 동 기록하다 | **漏掉** lòudiào 동 빠뜨리다 | **会场** huìchǎng 명 회의장 | **安静** ānjìng 형 조용하다 | **尽量** jǐnliàng 부 가능한 한, 되도록 | **摆设** bǎishè 동 진열하다 명 장식품 | **引人注意** yǐn rén zhùyì 주의를 끌다 | **物品** wùpǐn 명 물품 | **图画** túhuà 명 그림

31

根据沟通漏斗效应，最终落实到行动的信息，会变成多少？

A 20%
B 40%
C 60%
D 80%

깔대기 효과에 근거하면 최종적으로 실행에 옮기는 정보는 얼만큼으로 바뀌는가?

A 20%
B 40%
C 60%
D 80%

정답 A

해설 행동으로 옮길 때 처음 100%의 정보는 안타깝게도 겨우 20%밖에 남지 않는다(落实到行动时，便仅剩可怜的20%了)고 했으므로 정답은 A입니다.

32

产生沟通漏斗效应的外部干扰是什么？

A 注意力
B 表达能力
C 噪音
D 情绪

깔대기 효과가 생기는 외부 방해 요소는 무엇인가?

A 주의력
B 표현 능력
C 소음
D 기분

정답 C

해설 소음 등 외부 방해요소도 사람의 주의력을 분산시켜 깔대기 효과가 생긴다(噪音等外部干扰也会分散人的注意力，从而产生漏斗效应)고 했으므로 정답은 C입니다.

33

为了打破沟通漏斗效应，最好的办法是什么？

A 听者要及时记录
B 讲话者要少说废话
C 会议室里应挂一幅画
D 在会议室布置装饰品

깔대기 효과를 깨뜨리기 위해서 가장 좋은 방법은 무엇인가?

A 듣는 사람은 제때 기록을 해야 한다
B 말하는 사람은 쓸데없는 말을 적게 해야 한다
C 회의실 안에 그림을 걸어야 한다
D 회의실을 장식품으로 꾸민다

보기 어휘 **及时** jíshí 부 제때에, 적시에 | **废话** fèihuà 명 쓸데없는 말 | ☆**布置** bùzhì 동 꾸미다, 배치하다, 장식하다 | **装饰品** zhuāngshìpǐn 명 장식품

정답 A

해설 듣는 사람은 부지런히 펜을 들어 회의 내용을 잘 기록하고, 중요한 내용을 빠뜨리지 말아야 한다(听者要勤动笔，做好会议记录，不要漏掉重要的内容)고 했으므로 정답은 A입니다.

第34到36题是根据下面一段话：

“将来人们需要的不是翻译官，而是翻译机。”最近，中国某著名高校英语系新生的一封署名信件在网络上热传，他在信中向校长喊话，他认为人工智能正在入侵翻译领域，于是他想要转系。在此之前，他也认为机器翻译根本不可能和人比，但是如今，[34]人工智能翻译机的准确度让他焦虑了起来。与此同时，一些互联网公司也竞相宣布，他们研发的翻译软件准确率极高，毫不逊色于翻译官的翻译水平，这更使得很多外语系的学生们开始焦虑。然而专家指出，虽然在日常会话领域，英汉和汉英的机器翻译已经达到了实用水平，但在专业领域，软件翻译的准确率还不高，术语的翻译常常出错，对于文学作品中的反语讽刺、比喻的翻译，更是常常闹笑话。[35]至于小语种的翻译，由于语料库资源匮乏，机器翻译的水平还处于很低的水平。可以说，因为人类语言具有特殊性、模糊性和创造性，机器翻译还远远达不到完全取代人类译者的水平。虽然很多人都在为自己的工作即将被人工智能取代而感到焦虑，但是[36]至少对同声传译者来说，他们短时间内还用不着担心。

“미래에 사람들이 필요한 것은 통역사가 아니라 통역기이다.” 최근, 중국의 한 유명 대학 영문과 신입생의 실명으로 쓴 편지 한 통이 인터넷 상에서 뜨거운 논란이 되고 있다. 그는 편지로 교장에게 호소했다. 인공지능이 현재 통번역 영역에 침입하고 있으니 전과를 하고 싶다는 것이다. 이전에 그는 기계 통번역은 전혀 사람과 비교가 안 될 것이라고 여겼다. 그러나 오늘날 [34]인공지능 통번역기의 정확도는 그를 초조하게 만들었다. 이와 동시에, 일부 네트워크 회사들도 앞다투어 발표하기를, 그들이 연구 개발한 통역 소프트웨어의 정확도가 매우 높으며, 통역사의 통역수준에 전혀 뒤떨어지지 않는다고 한다. 이것은 더욱 많은 외국어 전공 학생들로 하여금 긴장하게 만든다. 그러나 전문가가 지적하기를, 비록 일상회화 영역에서 영어를 중국어로 또는 중국어를 영어로 기계 통역하는 것은 이미 실용 수준에 이르렀지만 전문 영역에서는 소프트웨어의 통역 정확도가 아직 높지 않다. 전문용어의 통역도 종종 틀리고, 문학 작품 중의 반어적인 풍자, 비유의 번역은 더욱 종종 웃음을 자아낸다. [35]국제 통용어가 아닌 언어의 통번역에 관해서는 언어 데이터베이스의 자원이 부족해서 기계 통번역의 수준은 아직 매우 낮은 수준이다. 인류언어는 특수성, 모호성, 창조성을 띠기 때문에 기계 통번역은 사람이 하는 통역을 완전히 대신할 수 있는 수준에 훨씬 미치지 못한다. 비록 많은 사람들이 모두 자신의 일이 인공지능에 의해 대체될까 불안해하지만, [36]최소한 동시통역사 입장에서는 당분간 아직 걱정할 필요가 없다.

지문 어휘 **翻译官** fānyìguān 명 통역사 | **某** mǒu 대 어느, 모 | **著名** zhùmíng 형 저명하다, 유명하다 | **高校** gāoxiào 명 대학교 | **系** xì 명 전공, 학과 | **封** fēng 양 편지를 세는 양사 | **署名** shǔmíng 동 서명하다 명 서명 | **信件** xìnjiàn 명 우편물 | **网络** wǎngluò 명 네트워크 | **传** chuán 전하다, 퍼지다 | **校长** xiàozhǎng 명 학교장 | **喊话** hǎnhuà 동 따지다, 외치다 | **人工智能** réngōng zhìnéng 인공지능 | **入侵** rùqīn 동 침입하다 | **领域** lǐngyù 명 영역, 분야 | **转系** zhuǎn xì 동 전과하다 | **根本** gēnběn 부 전혀 형 근본적이다 | **准确** zhǔnquè 형 정확하다 | **焦虑** jiāolǜ 동 마음을 졸이다, 초조하다 | **互联网** hùliánwǎng 명 인터넷 | **竞相** jìngxiāng 동 서로 다투다 | **宣布** xuānbù 동 선포하다 | **研发** yánfā 동 연구 개발하다 | **软件** ruǎnjiàn 명 소프트웨어, 앱 | **毫不逊色** háobú xùnsè 조금도 손색이 없다 | **使得** shǐde 동 ~로 하여금 ~을(를) 하게 하다 | **然而** rán'ér 접 그러나 | **专家** zhuānjiā 명 전문가 | **指出** zhǐchū 동 밝히다 | **实用** shíyòng 형 실용적이다 | **术语** shùyǔ 명 전문 용어 | **出错** chū cuò 동 실수를 하다 | **反语** fǎnyǔ 명 반어 | **讽刺** fěngcì 명 풍자 동 풍자하다 | ★**比喻** bǐyù 명 비유 동 비유하다 | **闹笑话** nào xiàohuà 웃음 거리가 되다 | **至于** zhìyú 전 ~(으)로 말하면, ~에 관해서는(화제를 바꾸거나 제시할 때 쓰임) | **小语种** xiǎo yǔzhǒng 명 국제 통용어가 아닌 언어 | **语料库** yǔliàokù 명 언어자료 보관소, 언어 데이터베이스 | **资源** zīyuán 명 자원 | **匮乏** kuìfá 형 부족하다, 결핍하다 | **特殊性** tèshūxìng 명 특수성 | **模糊性** móhuxìng 명 모호성 | **创造性** chuàngzàoxìng 명 창조성 | **远远** yuǎnyuǎn 부 훨씬 | **取代** qǔdài 동 대체하다 | ★**即将** jíjiāng

부 곧 | 至少 zhìshǎo 부 적어도 | 同声传译 tóngshēng chuányì 동시통역하다 | 用不着 yòng bu zháo ~할 필요가 없다

34

那个英语系的学生为什么感到焦虑?

A 毕业生就业越来越难
B 学长的经验更丰富
C 网络谣言越来越离谱
D 翻译机越来越准确

영문과 학생은 왜 초조함을 느꼈나?

A 졸업생 취업이 점점 더 어려워져서
B 선배의 경험이 더욱 풍부해서
C 인터넷상에서의 소문이 점점 더 실제와 달라서
D 번역기가 점점 더 정확해져서

보기 어휘 **学长** xuézhǎng 명 선배(자신보다 학년이 높거나 나이가 많은 사람에 대한 존칭) | ★**谣言** yáoyán 명 (헛)소문, 뜬소문, 유언비어 | **离谱** lí pǔ 동 실제와 다르다(동떨어지다), 음정이 악보와 맞지 않다

정답 D

해설 오늘날 인공지능 통번역기의 정확도가 영문과 학생으로 하여금 초조해지게 했다(人工智能翻译机的准确度让他焦虑了起来)고 했으므로 정답은 D입니다.

35

小语种的机器翻译为什么水平还很低?

A 投入资金不足
B 市场需要不高
C 语料库资源匮乏
D 研发人员不专业

국제 통용어가 아닌 언어의 통번역은 왜 아직 수준이 낮은가?

A 투자 자금이 부족해서
B 시장 수요가 높지 않아서
C 언어 데이터베이스 자원이 부족해서
D 연구 개발 인원이 전문적이지 못해서

보기 어휘 **投入** tóurù 동 (자금을) 투자하다, 투입하다 | **研发** yánfā 동 연구 개발하다 | **专业** zhuānyè 형 전문적이다 명 전공 학과

정답 C

해설 국제 통용어가 아닌 언어의 통번역에 관해서는 언어 데이터베이스의 자원이 부족해서 기계 통번역의 수준은 아직 매우 낮은 수준(至于小语种的翻译，由于语料库资源匮乏，机器翻译的水平还处于很低的水平)이라고 했으므로 정답은 C입니다.

36

对于"同声传译者将被人工智能替代"这一说法，说话人是什么观点？

A 指日可待
B 大势所趋
C 惊慌失措
D 不必担忧

'동시통역사가 인공지능에 의해 대체될 것'이라는 견해에 대해 화자는 어떤 관점인가?

A 머지않아 실현된다
B 대세이다
C 놀라고 당황스럽다
D 걱정할 필요 없다

보기 어휘 **指日可待** zhǐ rì kě dài 성어 (희망 따위가) 머지않아 실현되다, 실현될 날이 머지않다 | **大势所趋** dà shì suǒ qū 성어 대세의 흐름, 대세 | **惊慌失措** jīng huāng shī cuò 성어 놀라고 당황하여 어찌할 바를 모르다 | **担忧** dānyōu 동 걱정하다

정답 **D**

해설 많은 사람들이 자신의 일이 곧 인공지능에 의해 대체될까 초조해하지만(虽然很多人都在为自己的工作即将被人工智能取代而感到焦虑), 최소한 동시통역사들은 단기간내 걱정할 필요가 없다(但是至少对同声传译者来说，他们短时间内还用不着担心)고 했으므로 정답은 D입니다.

第37到39题是根据下面一段话：

古人云："开卷有益"，阅读的好处是不言而喻的。中小学时期是培养阅读习惯的重要阶段，如何选择适合学生阅读的图书，一直是让家长头疼的一个难题。一般而言，阅读经典著作有助于提升学生的文学素养，但多数经典著作篇幅较长、思想深邃，想要读下去需要很大的耐力。如今，[37]"亚健康图书"深受学生欢迎，因为这些书往往题材新奇，文字浅显易懂，叙事结构简单，能满足这个年龄段孩子的猎奇心。从这个角度来讲，在不影响学习的前提下，进行适量的亚健康阅读，也并非坏事。

但[38]需要注意的是，以阅读经典著作为代表的严肃阅读，能让人们领略人类精神文明的魅力，并培养人们独立思考的能力，因此更应成为学生阅读的主流。那么[39]应该如何破解孩子们不爱严肃阅读的难题呢？科学规范地推行分级阅读是个不错的选择。针对各个年龄段学生的心理特点，老师和家长可以给孩子们推荐不同的经典作品，以提高他们的阅读效果。

옛말에 '독서는 유익하다'고 했듯이, 독서의 장점은 말하지 않아도 모두 안다. 초 중 고교 때는 독서 습관을 기르는 중요한 시기로, 학생이 읽기에 적합한 책을 어떻게 선택하는지가 늘 학부모의 골치 아픈 난제이다. 일반적으로 명작을 읽는 것이 학생의 문학 소양을 키워주는데 도움이 되지만, 대다수의 명작들은 길이가 길고 사상도 심오해서, 읽으려면 큰 인내심이 필요하다. 오늘날, [37]'아(亚)건강 독서물'이 학생들에게 인기가 많다. 왜냐하면 이런 책들은 종종 소재가 신기하고, 문자가 평이해 내용도 이해하기 쉬우며, 서술 구조도 간단해서 이 연령대 아이들의 호기심을 만족시켜줄 수 있기 때문이다. 이런 각도에서 보면 학습에 영향을 끼치지 않는다는 전제하에서 적당량의 아(亚)건강 독서는 그다지 나쁜 일은 아니다.

그러나 [38]주의해야 할 것은 명작 독서로 대표되는 진지한 독서는 인류 정신문명의 매력을 깨닫게 해주고, 독립적으로 사고할 수 있는 능력을 길러줄 수 있기 때문에 학생들 독서의 주류가 되어야 한다. 그렇다면 [39]아이들이 진지한 독서를 좋아하지 않는 난제를 어떻게 해결할 수 있을까? 과학적으로 규범에 맞게 학년별로 나누어 독서하는 것이 좋다. 각 연령대 학생들의 심리적 특징에 맞춰서, 선생님과 학부모가 아이들에게 학년에 맞는 다른 명작을 추천함으로써 독서 효과를 향상시킬 수 있다.

지문 어휘 **古人云** gǔrén yún 옛사람이 말하길 | **开卷有益** kāi juàn yǒu yì 성어 책을 펼치면 이로움이 있다, 독서는 유익하다 | **阅读** yuèdú 동 읽다 | ☆**不言而喻** bù yán ér yù 성어 말하지 않아도 안다, 말할 필요도 없다 | **中小学** zhōngxiǎoxué 명 초 중 고교 | **培养** péiyǎng 동 기르다, 양성하다, 배양하다 | **适合** shìhé 동 적합하다 | **家长** jiāzhǎng 명 학부모 | **经典著作** jīngdiǎn zhùzuò 명 명작 | **有助于** yǒuzhùyú ~에 도움이 되다 | **提升** tíshēng 동 높이다 | **文学** wénxué 명 문학 | **素养** sùyǎng 명 소양 | **篇幅** piānfú 명 (문장의) 편폭, 길이 | **深邃** shēnsuì 형 심오하다 | **耐力** nàilì 명 지구력 | **如今** rújīn 명 지금 | **亚健康** yàjiànkāng 명 아건강(신체적 또는 정신적으로 질병에 걸린 것도 아니고 건강하지도 않은 상태) | **往往** wǎngwǎng 부 왕왕, 종종 | ☆**题材** tícái 명 소재 | **新奇** xīnqí 형 신기하다 | **浅显易懂** qiǎn xiǎn yì dǒng (자구나 내용이) 간명하여 이해하기 쉽다, 평이하다 | **叙事** xùshì (서면으로) 일의 경과를 서술하다 | **年龄段** niánlíngduàn 연령대 | **猎奇心** lièqíxīn 엽기적 심리, 호기심 | **适量** shìliàng 형 적당량이다 | **亚健康阅读** yàjiànkāng yuèdú 아(亚)건강 독서(뚜렷한 질병은 없지만 건강이 좋지 못한 상태의 '아(亚)건강'의 이름을 딴 표현으로서, 마음의 양식이 되는 좋은 책을 읽지 않고, 다양한 소재의 내용이 쉽고 구조가 간단한 책들을 읽는 것을 나타냄) | ☆**并非** bìngfēi 동 결코 ~이(가) 아니다 | **严肃** yánsù 형 엄숙하다, 진지하다 | **领略** lǐnglüè 동 (감성적으로) 느끼다, 이해하다 | **魅力** mèilì 명 매력 | ☆**主流** zhǔliú 명 주류 | **破解** pòjiě 동 파헤치다, 어려운 문제를 해결하다 | ☆**规范** guīfàn 명 규범 | **推行** tuīxíng 동 보급하다, 널리 시행하다 | **分级** fēnjí 동 등급을 나누다 | ☆**针对** zhēnduì 동 겨누다 | **推荐** tuījiàn 동 추천하다

37

下面哪项不是亚健康图书受学生欢迎的原因?	다음 중 아(亚)건강 도서가 학생들에게 인기가 많은 원인이 아닌 것은?
A 题材新奇	A 소재가 신기하다
B 文字通俗	B 문자가 통속적이다
C 叙事结构简单	C 서술 구조가 간단하다
D 篇幅普遍较长	D 길이가 일반적으로 긴 편이다

보기 어휘 ☆**通俗** tōngsú 형 통속적이다

정답 D

해설 '아(亚)건강 독서물'은 종종 소재가 신기하고, 문자도 평이하여 이해가 쉽고, 서술 구조도 간단해서 아이들의 호기심을 만족시켜줄 수 있기 때문에 학생들에게 인기가 많다("亚健康图书"深受学生欢迎，因为这些书往往题材新奇，文字浅显易懂，叙事结构简单，能满足这个年龄段孩子的猎奇心)고 했으므로 정답은 D입니다.

38

关于严肃阅读可以知道什么?	진지한 독서에 관해 무엇을 알 수 있나?
A 会促使人独立思考	A 독립적인 사고를 할 수 있게 해준다
B 能激发人的求知欲	B 사람의 지적 호기심을 불러 일으킬 수 있다
C 耗费时间长	C 시간이 오래 걸린다
D 在中小学中很流行	D 초 중 고교에서 매우 유행한다

보기 어휘 **促使** cùshǐ 동 ~(하)도록 (재촉)하다, ~하게 하다 | ☆**激发** jīfā 동 (감정을) 불러일으키다, 분발시키다 | **求知欲** qiúzhīyù 명 지적 호기심, 알려는 욕망 | ☆**耗费** hàofèi 동 쓰다, 소모하다

정답 A

해설 명작 읽기를 대표로 하는 진지한 독서는 사람들로 하여금 인류 정신문명의 매력을 깨닫게 해주고, 독립적으로 사고할 수 있는 능력을 키워줄 수 있다(以阅读经典著作为代表的严肃阅读，能让人们领略人类精神文明的魅力，并培养人们独立思考的能力)고 했으므로 정답은 A입니다.

39

怎样破解那个难题?	그 난제를 어떻게 해결할 수 있는가?
A 需加强阅读启蒙	A 독서 계몽을 강화할 필요가 있다
B 推行分级式阅读	B 학년별로 독서를 추진한다
C 强控图书质量	C 도서의 질을 강하게 통제한다
D 改善阅读环境	D 독서 환경을 개선시킨다

보기 어휘 ★启蒙 qǐméng 명 계몽 동 계몽하다 | 改善 gǎishàn 동 개선시키다

정답 B

해설 아이들이 진지한 독서를 싫어하는 난제를 어떻게 해결해야 하는지(应该如何破解孩子们不爱严肃阅读的难题呢)에 대해서, 과학적이고 규범에 맞게 학년별로 나누어 독서하는 것이 좋다(科学规范地推行分级阅读是个不错的选择)고 했으므로 정답은 B입니다.

第40到43题是根据下面一段话：

中国神话是指我国上古时期的传统神话，反映了早期华夏儿女淳朴的思想以及古代人对自然现象及社会生活的原始幻想。中国神话故事里的神都是人类的保护者，真善美的化身。[40]这些神都具有人兽同体的特征，外形并没有被刻意美化。《山海经》中记载的女娲为蛇身人面，炎帝为人身牛首，西王母其状如人，却豹尾虎齿，蚩尤是人身牛蹄四目六手。[41]人们创造了各种神的故事和英雄传说，其实是想借以抒发他们改造自然、征服自然的愿望。比如中国古代神话中的“后羿射日”，讲的就是远古时期天上本来有十个太阳，大地上的旱灾十分严重。后羿张弓搭箭，勇敢地射下了九个太阳，只留下了一个太阳，从此大地上的旱情得到了缓解，人们过上了好日子。

[42]神话是民族文化之根，正如当代学者谢选骏所言，世俗社会的各种宗教行为和神话传说都不是个人的东西，[43]它们实际上是某种集体意识的表现，因而要认识和剖析一个民族，神话是很关键的一部分。

중국 신화는 중국 상고시기의 전통신화를 가리키고, 옛날 중화민족 자손들의 순박한 사상과 옛 사람들의 자연 현상과 사회 생활에 대한 원시적인 환상을 반영했다. 중국 신화 이야기에서의 신은 모두 인류를 보호하는 자이고, 진선미의 화신이다. [40]이런 신들은 모두 인간과 짐승이 한 몸에 있는 특징이 있고, 외형은 일부러 미화되지 않았다. 〈산해경〉에 기록된 여와는 뱀의 몸에 사람의 얼굴을 가졌고, 염제는 인간의 몸에 소의 머리를 가졌으며, 서왕모는 사람의 모습이나 표범의 꼬리와 호랑이 이빨을 가졌다. 치우는 사람의 몸에 소의 발굽을 하고 있고, 네 개의 눈과 여섯 개의 손을 갖고 있었다. [41]사람들은 여러 가지 신의 이야기와 영웅 신화를 만들었는데 사실 그것으로써 자연을 바꾸고 정복하고자 하는 소망을 나타내고 싶어했다. 예를 들면 중국 고대 신화 중 '후예가 해를 쏘다'는 아득한 옛날, 하늘에는 원래 10개의 태양이 있었는데 대지의 가뭄 피해가 매우 심각해 후예가 활시위를 당기고 활을 얹어 용감하게 9개 태양을 쏴서 떨어뜨리고, 하나의 태양만 남겼더니, 이때부터 땅의 가뭄이 해결되어 사람들은 행복한 나날을 보내게 되었다는 이야기이다.

[42]신화는 민족문화의 뿌리이다. 바로 당대 학자 셰쉬안쥔이 말한 바와 같이, 속세 사회의 각종 종교 행위와 신화 전설은 모두 개인의 것이 아니고, [43]사실상 한 단체 의식의 표현이다. 따라서 한 민족을 알고 분석하려면 신화는 매우 결정적인 부분이 된다.

지문 어휘 **神话** shénhuà 명 신화 | **上古时期** shànggǔ shíqī 명 상고 (시대)[중국에서는 상(商)·주(周)·진(秦)·한(漢)까지를 말함] | **反映** fǎnyìng 동 반영하다 명 반영 | **华夏** Huáxià 명 화하, 중국의 옛 명칭 | **淳朴** chúnpǔ 형 순박하다, 성실하고 꾸밈이 없다 | ★**原始** yuánshǐ 형 원시의 | **幻想** huànxiǎng 명 환상 | **真善美** zhēn shàn měi 명 진선미, 진실하고 선량하고 아름다운 것 | **化身** huàshēn 명 화신(추상적 관념의 구체적 형상) | **兽** shòu 명 짐승 | **同体** tóngtǐ 한 몸 | **特征** tèzhēng 명 특징 | **外形** wàixíng 명 외형 | **刻意** kèyì 부 일부러, 애써서 | **美化** měihuà 동 미화하다 | **山海经** Shānhǎijīng 고유 산해경(중국에서 가장 오래된 지리서) | ★**记载** jìzǎi 동 기재하다, 기록하다 명 기록 | **女娲** Nǚwā 명 여와 | **蛇** shé 명 뱀 | **炎帝** Yándì 명 염제 | **首** shǒu 명 머리 | **西王母** Xīwángmǔ 명 서왕모[쿤룬산(崑崙山)의 요지(瑤池)에 살며 불로불사(不老不死)의 영약(靈藥)을 가졌다고 하는 고대 신화 속의 여신] | **如** rú 동 ~와 같다 | **豹** bào 명 표범 | **尾** wěi 명 꼬리 | **虎** hǔ 명 호랑이 | **齿** chǐ 명 이, 이빨 | **蚩尤** Chīyóu 명 치우[옛날 전설에서 구려족(九黎族)의 수령으로 중국 동부에 살았는데 부족을 이끌고 서쪽으로 쳐들어와 염제(炎帝)를 무찌르고 황제(黃帝)와 결전을 벌이다 패하여 죽었음] | **蹄** tí 명 발굽 | **传说** chuánshuō 명 전설 동 말이 전해지다 | **借以** jièyǐ 동 ~에 의거해서 ~하다 | **抒发** shūfā 동 (감정을) 나타내다 | **改造** gǎizào 동 개조하다 | ★**征服** zhēngfú 동 정복하다 | **愿望** yuànwàng 명 희망, 소원 | **后羿** Hòuyì 명 후예[하(夏)나라 때 사람, 유궁씨의 수령] | **射** shè 동 쏘다 | **远古** yuǎngǔ 명 상고, 아득한 옛날 | **旱灾** hànzāi 명 한재, 가뭄 | **严重** yánzhòng 형 심각하다 | **张弓搭箭** zhānggōng dājiàn 동 활시위를 당기고 활을 얹다 | **从此** cóngcǐ 부 그 후 | **旱情** hànqíng 명 가뭄의 상태 | **缓解** huǎnjiě 동 완화되다 | **根** gēn 명 뿌리 | ★**当代** dāngdài 명 당대, 현재 이 시대 | **谢选骏** Xièxuǎnjùn 고유 셰쉬안쥔(인명_당대 학자) | **世俗** shìsú 명 속세, 인간 세상 | ★**宗教** zōngjiào 명 종교 | **集体** jítǐ 명 집단, 단체 | **意识** yìshí 명 의식 | **表现** biǎoxiàn 명 표현 | **因而** yīn'ér 접 그러므로, 따라서 | **剖析** pōuxī 동 (문장, 문제나 상황을) 분석하다 | **关键** guānjiàn 형 결정적인, 관건적인, 매우 중요한 명 관건

40

中国神话里的神一般具有什么特征？

A 美的化身
B 让人畏惧
C 人兽同体
D 人面兽身

중국 신화 안에서의 신은 일반적으로 어떤 특징이 있나?

A 미의 화신이다
B 사람들을 두렵게 한다
C 사람과 짐승이 한 몸에 있다
D 사람 얼굴에 짐승 몸이다

보기 어휘 ★**畏惧** wèijù 동 무서워하고 두려워하다

정답 C

해설 신화에 나오는 신들은 사람과 짐승이 한 몸에 있는 특징이 있다(这些神都具有人兽同体的特征)고 했으므로 정답은 C입니다.

41

古人想借神话表现什么？

A 丰富的想象力
B 对英雄的崇拜
C 渴望征服自然的愿望
D 大自然的变幻莫测

옛 사람은 신화를 빌어 무엇을 표현하고자 했는가?

A 풍부한 상상력
B 영웅에 대한 숭배
C 자연을 정복하고픈 소망
D 대자연의 예측 불가능한 변화

보기 어휘 ★崇拜 chóngbài 명 숭배 동 숭배하다 | ★渴望 kěwàng 동 갈망하다, 간절히 바라다 | 变幻莫测 biàn huàn mò cè 성어 변화가 무쌍하여 예측할 수 없다

정답 C

해설 사람들은 각종 신의 이야기와 영웅 전설을 만들어 이로써 자연을 바꾸고 정복하고자 하는 소망을 나타내려 했다(人们创造了各种神的故事和英雄传说，其实是想借以抒发他们改造自然、征服自然的愿望)고 했으므로 정답은 C입니다.

42

关于神话可以知道什么?

A 是民族文化的根源
B 大部分神话已失传
C 神话都是无中生有
D 古人对神话很依赖

신화에 관해 무엇을 알 수 있나?

A 민족문화의 근원이다
B 대부분의 신화는 이미 전해지지 않는다
C 신화는 모두 허황된 이야기이다
D 옛 사람은 신화에 매우 의존했다

보기 어휘 ★根源 gēnyuán 명 근원 | 失传 shīchuán 동 전해 내려오지 않다 | 无中生有 wú zhōng shēng yǒu 성어 없는 사실을 꾸며대다, 허황된 이야기다 | ★依赖 yīlài 동 의지하다, 기대다

정답 A

해설 신화는 민족문화의 뿌리(神话是民族文化之根)라고 했으므로 정답은 A입니다.

43

根据这段话，下面哪项正确?

A 炎帝神农是人面牛身
B 神话是集体意识的表现
C 女娲是中华民族的始祖
D 神话中的神都被美化了

이 지문에 근거하여 다음 중 옳은 것은 무엇인가?

A 염제 신농씨는 사람 얼굴에 소의 몸을 가졌다
B 신화는 단체 의식의 표현이다
C 여와는 중화민족의 선조이다
D 신화에서의 신들은 모두 미화되었다

보기 어휘 神农 Shénnóng 고유 신농씨(인명_ 중국의 전설상의 제왕)

정답 B

해설 속세 사회의 각종 종교 행위와 신화 전설은 모두 개인의 것이 아니고 한 단체 의식의 표현(世俗社会的各种宗教行为和神话传说都不是个人的东西，它们实际上是某种集体意识的表现)이라고 했으므로 정답은 B입니다.

第44到47题是根据下面一段话：

北京雨燕，又名楼燕，比常见的燕子体型稍大，是著名的食虫益鸟。自15世纪开始，北京雨燕就以北京的古建筑为栖息地筑巢繁衍，见证过一代又一代王朝的兴衰交替。最近几十年来，[47]北京雨燕数量锐减，根据专家考证，这主要与以下几个因素有关。首先，[44]随着城市化的发展，北京的城楼、庙宇、古塔等古建筑所剩无几，原有巢址消失，使北京雨燕无家可归。而且为了防止鸟类的粪便腐蚀漆面和木材，许多古建筑的屋檐下都安装了防雀网，这也对雨燕造成了沉重的打击。其次，园林绿化为了迎合人的审美，将许多原生的乔木灌木等植被换成了四季常青的园林植物，铺上了单一品种的草坪，[45]这种过于单一的园林绿化很难为鸟类提供充足的食物。再次，杀虫剂的使用将雨燕的食物——虫子几乎全部消灭掉了，这也使雨燕的食物来源受到较大影响。最后，[46]大量的夜间景观照明严重影响了雨燕的休息，使得它们飞走以后，便不再回北京来了。

베이징 칼새는 '루연'이라고도 부르는데, 흔히 보는 제비보다 체형이 조금 더 크고, 벌레를 잡아먹는 잘 알려진 익조이다. 15세기부터 시작해 베이징 칼새는 베이징의 옛 건축물을 서식지로 삼아 둥지를 짓고 번식하며, 한 시대 또 한 시대 이어지는 왕조의 흥망성쇠와 왕조 교체를 목격해왔다. 최근 몇십 년 동안, [47]베이징 칼새 수량이 급감했는데, 전문가의 고증에 따르면 이것은 주로 아래 몇 가지 요소와 관계가 있다. 우선, [44]도시화가 발전함에 따라서 베이징의 성루, 사당, 고탑 등 옛 건축물이 얼마 남지 않게 되어 기존의 둥지 자리가 사라졌고, 이로써 베이징 칼새가 돌아갈 집이 없어졌다. 게다가 새들의 분변으로 페인트칠과 목재가 부식되는 것을 방지하기 위해 많은 옛 건축물의 처마 아래 새를 막는 그물을 설치했는데, 이 또한 칼새에게 심각한 위협을 주었다. 두 번째로, 조경과 녹지화는 사람의 심미에 맞춰 원래의 교목 관목 등 많은 식물들이 사철나무로 바뀌었고, 단일 품종의 잔디가 깔렸다. [45]이런 지나치게 획일적인 조경과 녹지화는 새들에게 충분한 먹이를 제공하지 못했다. 세 번째로 살충제의 사용으로 칼새의 먹이인 곤충들이 거의 모두 소멸되었고, 이 또한 칼새의 먹이 출처에 비교적 큰 영향을 끼쳤다. 마지막으로 [46]많은 야간 경관 조명이 칼새의 휴식을 방해해, 칼새가 날아간 이후에도 다시 베이징으로 돌아오지 않게 했다.

지문 어휘 **雨燕** yǔyàn 명 칼새 | **燕子** yànzi 명 제비 | **体型** tǐxíng 명 체형 | **稍** shāo 부 약간 | **著名** zhùmíng 형 저명하다, 유명하다 | **食** shí 동 먹다 | **益鸟** yìniǎo 명 익조 | **自** zì 부 ~부터 | **世纪** shìjì 명 세기 | **建筑** jiànzhù 명 건축물 | **栖息** qīxī 동 서식하다 | **筑巢** zhùcháo 동 보금자리를 짓다 | **繁衍** fányǎn 동 번식하다 | **见证** jiànzhèng 동 보고 증명하다 | **王朝** wángcháo 명 왕조 | **兴衰** xīngshuāi 명 흥함과 쇠함, 성쇠 | **交替** jiāotì 동 교체하다 | **锐减** ruìjiǎn 동 급감하다, 격감하다 | **根据** gēnjù 동 근거하다, 따르다 | **专家** zhuānjiā 명 전문가 | **考证** kǎozhèng 동 고증하다 | **因素** yīnsù 명 요소, 원인 | **城楼** chénglóu 명 성루 | **庙宇** miàoyǔ 명 사당, 불당 | **古塔** gǔtǎ 명 고탑 | **所剩无几** suǒ shèng wú jǐ 성어 남은 것이 별로 없다, 얼마 남지 않다 | **巢址** cháozhǐ 명 둥지를 짓는 자리 | **消失** xiāoshī 동 사라지다 | **无家可归** wú jiā kě guī 성어 돌아갈 집이 없다 | ★**防止** fángzhǐ 동 방지하다 | **鸟类** niǎolèi 명 조류 | **粪便** fènbiàn 명 대소변 | ★**腐蚀** fǔshí 동 부식하다 명 부식 | **漆面** qīmiàn 명 페인트를 칠한 표면 | **木材** mùcái 명 목재 | **屋檐** wūyán 명 처마 | **安装** ānzhuāng 동 설치하다 | **防雀网** fángquèwǎng 명 새를 막는 망 | **造成** zàochéng 동 야기하다, 초래하다 | ★**沉重** chénzhòng 형 심각하다, 무겁다 | ★**打击** dǎjī 명 충격, 타격 동 공격하다, 타격을 주다 | ★**园林** yuánlín 명 조경 풍치림 | **园林绿化** yuánlín lǜhuà 조경과 녹지화 | **迎合** yínghé 동 영합하다, 맞추다 | ★**审美** shěnměi 명 심미 | **原生** yuánshēng 형 원생의 | **乔木** qiáomù 명 교목 | **灌木** guànmù 명 관목 | **植被** zhíbèi 명 식생 | **四季常青** sì jì cháng qīng (초목이) 사시사철 푸르다 | ★**铺** pū 동 깔다 | **单一** dānyī 형 단일하다 | **品种** pǐnzhǒng 명 품종 | **草坪** cǎopíng 명 잔디밭 | **提供** tígōng 동 제공하다 | ★**充足** chōngzú 형 충분하다 | **食物** shíwù 명 음식물 | **杀虫剂** shāchóngjì

명 살충제 | **虫子** chóngzi 명 벌레 | ★**消灭** xiāomiè 동 소멸하다, 없애다 | ★**来源** láiyuán 명 근원, 출처 | **夜间** yèjiān 명 야간 | **景观** jǐngguān 명 경관, 경치 | **照明** zhàomíng 명 조명 | **严重** yánzhòng 형 심각하다 | **使得** shǐde 동 ~하게 하다

44

关于北京的古建筑，可以知道什么?

A 消失了很多
B 受腐蚀严重
C 被雨燕损坏不少
D 安装了防盗玻璃

베이징의 옛 건축물에 관해 무엇을 알 수 있나?

A 많이 사라졌다
B 부식이 심각하다
C 칼새에 의해 많이 훼손되었다
D 도난방지 유리를 설치했다

보기 어휘 ★**损坏** sǔnhuài 동 훼손시키다, 손상시키다 | **防盗** fángdào 동 도난을 방지하다

정답 A

해설 도시화의 발전에 따라서, 베이징의 성루, 사원, 고탑 등 옛 건축물이 거의 남지 않게 되어 원래의 둥지 자리가 사라지게 되었다(**随着城市化的发展，北京的城楼、庙宇、古塔等古建筑所剩无几，原有巢址消失**)고 했으므로 정답은 A입니다.

45

单一的园林绿化对北京雨燕有什么影响?

A 容易被捕捉到
B 缺乏食物来源
C 繁殖能力减弱
D 栖息地被摧毁

획일적인 조경과 녹지화는 베이징 칼새에게 어떤 영향을 끼쳤나?

A 쉽게 붙잡히게 되었다
B 먹이가 부족해졌다
C 번식 능력이 떨어졌다
D 서식지가 파괴되었다

보기 어휘 ★**捕捉** bǔzhuō 동 잡다, 붙잡다 | **缺乏** quēfá 동 결핍되다, 모자라다 | ★**繁殖** fánzhí 명 번식 동 번식하다 | **栖息地** qīxīdì 명 서식지 | **摧毁** cuīhuǐ 동 (건물·산림·국가·제도·정신 따위를) 파괴하다

정답 B

해설 지나치게 획일적인 조경과 녹지화는 조류에게 충분한 먹이를 제공하기 힘들다(**这种过于单一的园林绿化很难为鸟类提供充足的食物**)고 했으므로 정답은 B입니다.

46

关于北京雨燕，下列哪项正确?	베이징 칼새에 관해 다음 중 옳은 것은 무엇인가?
A 在北京生存了一百余年	A 베이징에서 백여 년을 살았다
B 食量大得惊人	B 식사량이 놀랄 정도로 많다
C 方向感十分强	C 방향감각이 매우 뛰어나다
D 受到夜间景观照明的干扰	D 야간 경관 조명의 방해를 받았다

보기 어휘 **食量** shíliàng 명 식사 량, 밥 량 | ★**干扰** gānrǎo 명 방해

정답 D

해설 많은 야간 경관 조명은 칼새의 휴식에 심각한 영향을 끼친다(**大量的夜间景观照明严重影响了雨燕的休息**)고 했으므로 정답은 D입니다.

47

这段话主要谈的是什么?	이 지문이 주로 이야기 하는 것은 무엇인가?
A 如何改善城市环境	A 도시 환경을 어떻게 개선시키는지
B 古建筑修缮的必要性	B 옛 건축물 보수의 필요성
C 北京雨燕数量减少的原因	C 베이징 칼새의 수량이 줄어든 원인
D 保护北京雨燕的具体措施	D 베이징 칼새를 보호하는 구체적인 조치

보기 어휘 **改善** gǎishàn 동 개선하다 | **修缮** xiūshàn 동 (건축물 따위를) 손질하다, 수리하다, 보수하다 | **措施** cuòshī 명 조치

정답 C

해설 도입부에서 베이징 칼새가 급감한 것은 전문가의 고증에 따르면 주로 아래 몇 가지 요소들과 관계가 있다(**北京雨燕数量锐减，根据专家考证，这主要与以下几个因素有关**)며 그 요소들을 소개하는 것이 지문의 전반적인 내용이므로 정답은 C입니다.

第48到50题是根据下面一段话：

清朝末年，陈树屏任湖北江夏知县，张之洞则是湖北总督，张之洞和陈树屏的关系还算不错，但和湖北巡抚谭继洵的关系却不太融洽。有一天，张之洞和谭继洵等人在汉水边的黄鹤楼举办公宴。席上，[48]有人谈到了江面的宽窄问题，谭继洵说有五里三分宽，张之洞与他不和，便故意说是七里三分宽，还说自己在书上看过有关的记载。面对张之洞的挑衅，谭继洵岂能轻易认输？于是一个坚持“五里三分”，一个坚持“七里三分”，两人就这样相持不下。最后，张之洞把管理此地的知县陈树屏叫了过来，让陈树屏说江面到底是七里三分宽还是五里三分宽。[49]陈树屏知道他俩不和，听了这个问题后，他稍做沉思，然后笑着说：“江面水涨时是七里三分宽，水落时便是五里三分宽，您二位说得都对啊！”[50]张之洞和谭继洵听了陈树屏这个机智的回答，情不自禁地大笑起来，一场僵局就此化解。

청나라 말년에 천수핑이 후베이 장샤현(县)의 지사를 맡을 때, 장즈동은 후베이 총독이었다. 장즈동은 천수핑과 관계가 괜찮은 편이었지만, 후베이 행정 장관인 탄지쉰과는 그다지 사이가 좋지 않았다. 하루는 장즈동과 탄지쉰 등의 사람들이 한쉐강 근처의 황학루에서 공식 연회를 거행했다. 연회 석상에서 [48]누군가 강의 수면 너비에 관한 문제를 언급했고, 탄지쉰은 너비가 5리3분이라고 말했다. 탄지쉰과 사이가 좋지 않은 장즈동은 일부러 너비는 7리3분이라며, 자신이 책에서 관련 기록을 본 적이 있다고도 말했다. 장즈동의 도발에 맞서 탄즈쉰이 어찌 쉽게 패배를 인정하겠는가? 그래서 한 명은 '5리3분'을 고집하고, 한 명은 '7리3분'을 고집하며 두 사람은 서로 한치의 양보도 없었다. 결국, 장즈동은 이 지역의 지사인 천수핑을 불러왔고, 천수핑에게 강의 수면 너비가 도대체 7리3분인지 아니면 5리3분인지 말하라고 했다. [49]천수핑은 두 사람의 사이가 좋지 않다는 것을 알고 있어서 이 문제를 듣고, 잠시 깊이 생각한 후 웃으며 대답했다. "강물이 불었을 때는 너비가 7리3분이고, 물이 마를 때는 너비가 5리3분이니, 두 분 말씀이 모두 맞습니다!" [50]장즈동과 탄지쉰은 천수핑의 기지 넘치는 대답을 듣고, 자신도 모르게 크게 웃어버렸고, 이로써 대치 상태는 해소되었다.

지문 어휘 **清朝** qīngcháo 명 청대, 청왕조 | **末年** mònián 명 말년 | **陈树屏** Chénshùpíng 고유 천수핑(인명) | **任** rèn 동 (~의 일을) 맡다, 담당하다, ~에 임하다 | **湖北** Húběi 지명 후베이성(지명) | **江夏** Jiāngxià 고유 장샤(지명) | **知县** zhīxiàn 명 지현, 현(县)의 지사 | **张之洞** Zhāngzhīdòng 고유 장즈동(인명) | **总督** zǒngdū 명 총독[명청(明清) 시대의 성(省)의 장관] | **巡抚** xúnfǔ 순무[청대(清代) 지방 행정 장관] | **谭继洵** Tánjìxún 고유 탄지쉰(인명) | ★**融洽** róngqià 형 사이가 좋다 | **汉水** Hànshuǐ 고유 한쉐강[지명_후베이성(湖北省)과 산시성(陕西省)에 위치한 강] | **黄鹤楼** Huánghèlóu 명 황학루 | **举办** jǔbàn 동 거행하다 | **公宴** gōngyàn 명 공식 연회 | **宽窄** kuānzhǎi 명 넓이, 너비, 폭 | **里** lǐ 양 리[길이의 단위로, 1리(里)는 500미터임] | **分** fēn 양 (지적·면적의) 분[1묘(亩)의 10분의 1] | **故意** gùyì 부 고의로, 일부러 | ★**记载** jìzǎi 명 기재 동 기재하다 | ★**挑衅** tiǎoxìn 명 도발 동 트집을 잡다, 도발하다 | **岂能** qǐnéng 어찌 ~할 수 있겠는가? | **轻易** qīngyì 부 쉽게, 가볍게 | **认输** rèn shū 동 패배를 인정하다 | **于是** yúshì 접 그래서 | **坚持** jiānchí 동 고수하다, 견지하다 | **相持不下** xiāng chí bú xià 성어 서로 버티며 양보하지 않다 | **到底** dàodǐ 부 도대체 | **稍** shāo 부 약간 | ★**沉思** chénsī 동 깊이 생각하다 | **水涨** shuǐzhǎng 동 강물이 차오르다 | **水落** shuǐluò 동 강물이 마르다 | ★**机智** jīzhì 형 기지가 넘치다 명 기지 | **情不自禁** qíng bú zì jīn 성어 저도 모르게, 절로 | **僵局** jiāngjú 명 교착된 국면, 대치 상태 | **就此** jiùcǐ 부 이것으로, 이대로 | **化解** huàjiě 동 (갈등을) 없애다, 해소하다

48

张之洞和谭继洵在哪方面发生了争执? | 장즈동과 탄지쉰은 무엇으로 논쟁을 벌였는가?

A 江水的深浅 | A 장쉐강의 깊이
B 江面的宽窄 | B 강의 수면 너비
C 黄鹤楼的层数 | C 황학루의 층수
D 宴会的地点选择 | D 연회의 장소 선택

보기 어휘 **争执** zhēngzhí 명 논쟁, 의견의 충돌

정답 B

해설 연회석상에서 누군가 강의 수면 너비 문제를 이야기하자 탄지쉰은 너비가 5리3분이라고 하고, 탄지쉰과 사이가 좋지 않은 장즈동은 일부러 7리3분이라고 하면서(有人谈到了江面的宽窄问题，谭继洵说有五里三分宽，张之洞与他不和，便故意说是七里三分宽) 서로 버티며 양보하지 않았다(两人就这样相持不下)고 했으므로 정답은 B입니다.

49

听了张之洞和谭继洵的问题，陈树屏有什么反应? | 장즈동과 탄지쉰의 문제를 듣고, 천수핑은 어떤 반응을 보였나?

A 沉思片刻 | A 잠시 깊게 생각했다
B 惊讶不已 | B 매우 놀랐다
C 十分尴尬 | C 매우 난처했다
D 捧腹大笑 | D 포복절도했다

보기 어휘 ★**片刻** piànkè 명 잠깐, 잠시 | ★**惊讶** jīngyà 형 놀라다, 의아하다 | **不已** bùyǐ 동 그치지 않다, ~해 마지않다 | ★**尴尬** gāngà 형 입장이 곤란하다 | **捧腹大笑** pěng fù dà xiào 성어 포복절도하다, 몹시 웃다

정답 A

해설 천수핑은 탄지쉰과 장즈동의 사이가 좋지 않다는 것을 알기에 그 문제를 듣고 잠시 깊게 생각했다(陈树屏知道他俩不和，听了这个问题后，他稍做沉思)고 했으므로 정답은 A입니다.

根据这段话，可以知道什么？

A 宴席最后不欢而散
B 陈树屏缓解了僵局
C 谭继洵主管汉水一带
D 张之洞的猜测最准确

이 지문에 근거해 알 수 있는 것은 무엇인가?

A 연회는 결국 서로 불쾌한 기분으로 헤어지게 되었다
B 천수핑은 대치상태를 완화시켰다
C 탄지쉰은 한쉐강 일대를 주관한다
D 장즈동의 추측이 가장 정확하다

보기 어휘 **不欢而散** bù huān ér sàn 성어 기분이 상해서 헤어지다, 불쾌한 기분으로 헤어지다 | **缓解** huǎnjiě 동 완화시키다 | ☆**主管** zhǔguǎn 동 주관하다, 관할하다 | **一带** yídài 명 일대 | **猜测** cāicè 동 추측하다, 짐작하다

정답 B

해설 장즈동과 탄지쉰은 천수핑의 기지 넘치는 대답을 듣고 자신도 모르게 크게 웃어버렸고, 대치 상태는 이렇게 해소되었다(**张之洞和谭继洵听了陈树屏这个机智的回答，情不自禁地大笑起来，一场僵局就此化解**)고 했으므로 정답은 B입니다.

★★★★★

3회 독해

제1부분 51~60번 문제는 제시된 4개의 보기 중 틀린 문장을 고르는 문제입니다.

A 东北的大米是中国境内产量最高的地区。

B 雨水经过过滤后，可用于路边绿化树的灌溉。

C 她在2018年被授予了“中国十大杰出青年”称号。

D 语文是基础教育课程体系中的教学科目之一。

A 둥베이 지역의 쌀은 중국 내에서 생산량이 가장 높다.

B 빗물은 여과를 거쳐, 길가 가로수의 관개에 사용할 수 있다.

C 그녀는 2018년 '중국 10대 걸출한 청년'이란 호칭을 수여 받았다.

D 국어는 기초교육 커리큘럼의 교과 과목 중 하나이다.

어휘 **东北** dōngběi 명 둥베이(东北)[중국의 북동 지역으로, 헤이룽장(黑龙江)·지린(吉林)·랴오닝(辽宁) 등 3성 및 내몽고 자치구 동부를 포함하는 지역을 가리킴] | **大米** dàmǐ 명 쌀 | **境内** jìngnèi 명 국내 | **产量** chǎnliàng 명 생산량 | **地区** dìqū 명 지역, 지구 | **雨水** yǔshuǐ 명 빗물 | ☆**过滤** guòlǜ 동 거르다, 여과하다 | **路边** lùbiān 명 길가 | **绿化树** lǜhuàshù 명 가로수 | ☆**灌溉** guàngài 동 관개하다 | ☆**授予** shòuyǔ 동 수여하다 | ☆**杰出** jiéchū 형 걸출하다, 뛰어나다 | ☆**称号** chēnghào 명 칭호 | **语文** yǔwén 명 언어와 문학, 국어 | ☆**体系** tǐxì 명 체계, 시스템 | ☆**科目** kēmù 명 과목

정답 A

해설 주어와 목적어의 호응 오류입니다. 是가 술어가 되고 주어(大米)와 목적어(地区)가 명사일 경우에는 '주어=목적어' 관계를 이루어야 하는데 문장 A는 '주어(大米)≠목적어(地区)'입니다. 주어(东北的大米)와 술어(产量高)의 관계를 올바르게 수정하면 아래와 같습니다.

东北的大米是中国境内产量最高的地区。
→ 东北的大米在中国境内产量最高。

A 教育的本质是一个灵魂唤醒另一个灵魂。

B 随着人们的生活，家居装饰越来越受到重视。

C 她的一番话成功地引起了面试官的注意。

D 没时间学习的人，即便有了时间也不会学习。

A 교육의 본질은 영혼이 또 다른 영혼을 깨우는 것이다.

B 사람들의 생활 수준의 향상에 따라 홈 인테리어도 점점 더 중요시된다.

C 그녀의 말은 성공적으로 면접관의 이목을 끌었다.

D 공부할 시간이 없는 사람은 시간이 생기더라도 공부하지 않을 것이다.

어휘 **教育** jiàoyù 명 교육 | **本质** běnzhì 명 본질 | ☆**灵魂** línghún 명 영혼 | **唤醒** huànxǐng 동 깨우다 | **家居装饰** jiājū zhuāngshì 홈 인테리어 | ☆**番** fān 양 차례, 바탕, 말(話)을 세는 단위 | **引起** yǐnqǐ 동 (주의를) 끌다 | **面试官** miànshìguān 명 면접관 | ☆**即便** jíbiàn 접 설령 ~(라)하더라도

정답 B

해설 전치사 사용의 오류입니다. '随着'는 뒤에 '변화/발전'의 의미를 나타내는 어휘와 호응해야 합니다.

예) 随着社会的发展/随着电脑的普及/随着年纪的增长…

随着人们的生活，家居装饰越来越受到重视。

→ 随着人们生活水平的提高，家居装饰越来越受到重视。

53

A 五羊石像堪称广州城的第一标志。

B 河南省济源市是闻名遐迩的愚公故里。

C 这个水果基地的水果除供应给本省外，还销在湖北等地。

D 电影《芳华》讲述的是二十世纪七八十年代的人的青春故事。

A 오양(五羊) 석상은 광저우 도시의 첫 번째 상징이라고 할 수 있다.

B 허난성 지위안시는 매우 유명한 우공의 고향이다.

C 이 과일 기지의 과일은 이 성으로 공급되는 것 외에도 후베이 등 지역으로도 판매된다.

D 영화 〈청춘〉은 1980년대 사람들의 청춘 이야기를 서술했다.

어휘 **石像** shíxiàng 명 석상 | **堪称** kānchēng 동 ~라고 할 수 있다 | **广州** Guǎngzhōu 고유 광저우(지명) | **标志** biāozhì 명 상징 | **河南省** Hénánshěng 고유 허난성(지명) | **济源市** Jǐyuánshì 고유 지위안시(지명) | **闻名遐迩** wén míng xiá ěr 성어 명성이 두루 알려져 있다 | **愚公** Yúgōng 인명 우공 | **故里** gùlǐ 명 고향 | ☆**基地** jīdì 명 근거지, 기지 | **供应** gōngyìng 동 제공하다 | **销** xiāo 동 판매하다 | **湖北** Húběi 고유 후베이성(지명) | **芳华** fānghuá 명 청춘, 젊은 나이 | **讲述** jiǎngshù 동 서술하다 | **世纪** shìjì 명 세기 | **青春** qīngchūn 명 청춘

정답 C

해설 전치사 사용의 오류입니다. '~지역으로(쪽으로) 판매하다'는 '销往~'으로 표현해야 맞습니다. '在'는 동사가 이루어지는 장소 또는 시간을 나타냅니다.

예) 发生在首尔。 서울에서 발생하다.

这个水果基地的水果除供应给本省外，还销在湖北等地。
→ 这个水果基地的水果除供应给本省外，还销往湖北等地。

54

A 真正优秀的人，不会因为情绪而影响自己的工作。
A 진짜 뛰어난 사람은 기분 때문에 자신의 일에 영향을 끼칠 리가 없다.

B 既不认真阅读，又不深入思考，就无法不理解所有的内容。
B 열심히 읽지 않고 깊이 사고하지도 않으면 모든 내용을 이해할 수 없다.

C 北京城就像一块大豆腐，方方正正的，城里有大街，也有胡同。
C 베이징 시내는 마치 한 덩어리의 큰 두부와 같이 반듯반듯하다. 시내에는 큰길도 있고, 골목도 있다.

D 孩子们往往能撤掉世间因果关系的网，看到事物本身的真相。
D 아이들은 종종 사회적 인과 관계망을 없애고, 사물 그 자체의 참모습을 볼 수 있다.

어휘 **优秀** yōuxiù 형 훌륭하다 | **情绪** qíngxù 명 정서, 기분 | **阅读** yuèdú 동 열독하다 | **深入** shēnrù 동 깊이 들어가다, 깊이 파고들다 | **思考** sīkǎo 동 사고하다 명 사고 | **无法** wúfǎ 동 방법이 없다 | **豆腐** dòufu 명 두부 | **方方正正** fāngfāng zhèngzhèng 형 반듯반듯하다 | **街** jiē 명 거리 | **胡同** hútong 명 골목 | **往往** wǎngwǎng 부 왕왕, 종종 | **撤掉** chèdiào 동 없애다 | **世间** shìjiān 명 세간, 세상, 사회 | **因果** yīnguǒ 명 인과 | ★**本身** běnshēn 명 그 자신 | ★**真相** zhēnxiàng 명 진상

정답 B

해설 부정사 사용의 오류입니다. '无法不~'는 이중부정 표현으로서 '~하지 않을 수 없다', '~할 수밖에 없다'의 강한 긍정의 의미를 나타냅니다.

既不认真阅读，又不深入思考，就无法不理解所有的内容。
→ 既不认真阅读，又不深入思考，就无法理解所有的内容。

55

A 食盐的摄入量过多可能会导致血压升高。
A 소금의 섭취량이 지나치게 많으면 혈압 상승을 초래할 수 있다.

B 湘菜，即湖南菜，是中国历史悠久的八大菜系之一。
B '상차이'는 바로 후난 요리로, 중국에서 역사가 오래된 8대 요리 중 하나이다.

C 成功的道路上充满艰辛，它考验的是谁足够坚定。
C 성공의 길은 고생이 가득하고, 누가 충분히 굳센지를 테스트하는 것이다.

D 苹果是一种很有营养的水果，日常吃些苹果是对健康有益。
D 사과는 영양이 풍부한 과일이어서 평소에 사과를 조금씩 먹으면 건강에 유익하다.

어휘 **食盐** shíyán 명 소금, 먹는 소금 | **摄入** shèrù 명 섭취 동 섭취하다 | **导致** dǎozhì 동 야기하다 | ★**血压** xuèyā 명 혈압 | **湘菜** xiāngcài 명 샹차이, 후난(湖南) 요리 | **即** jí 부 즉, 바로 | **湖南** Húnán 고유 후난성(지명) | **悠久** yōujiǔ 형 유구하다, 오래되다 | **菜系** càixì 명 (각 지방의 특색을 띤 요리 방식·맛 등의) 계통 | **八大菜系** bā dà càixì 팔대 요리[산둥(山東)·쓰촨(四川)·장쑤(江蘇)·광둥(廣東)·푸젠(福建)·저장(浙江)·후난(湖南)·안후이(安徽) 요리를 말함] | **道路** dàolù 명 도로, 길 | **充满** chōngmǎn 동 가득차다, 충만하다 | **艰辛** jiānxīn 명 고생 형 고생스럽다 | ★**考验** kǎoyàn 동 시험하다 명 시련 | **足够** zúgòu 형 충분하다 | ★**坚定** jiāndìng 형 확고하다, 굳세다 | **日常** rìcháng 형 일상의, 평소의 | **有益** yǒuyì 형 유익하다

정답 D

해설 '是~的'의 호응관계 오류입니다. 술어구를 강조하는 '是~的' 구문은 '是~的'를 함께 사용하거나, 둘 다 사용하지 않아야 맞습니다.

苹果是一种很有营养的水果，日常吃些苹果是对健康有益。
→ 苹果是一种很有营养的水果，日常吃些苹果是对健康有益的。
→ 苹果是一种很有营养的水果，日常吃些苹果对健康有益。

56

A 张家界位于湖南省西北部，是中国最重要的旅游城市之一。

B 幼儿极善于模仿成年人说话，因此大人在孩子面前说话时要格外注意。

C 我来到了向往已久的海边，聆听着这里的波涛声、沙滩和阳光。

D《天工开物》是世界上第一部关于农业和手工业生产的综合性著作。

A 장자제는 후난성(省) 서북부에 위치한 중국의 가장 중요한 여행도시 중 하나이다.

B 유아는 성인의 말을 매우 잘 모방한다. 때문에 어른은 아이 앞에서 말할 때 각별히 주의해야 한다.

C 나는 오랫동안 그리워한 해변에 와서, 이곳의 파도소리를 듣고, 모래사장과 햇빛을 느끼고 있다.

D 〈천공개물〉은 세계에서 첫 번째 농업과 수공업 생산에 관한 종합서이다.

어휘 **张家界** Zhāngjiājiè 고유 장자제[후난(湖南)성에 있는 도시] | ★**位于** wèiyú 동 ~에 위치하다 | **湖南省** Húnánshěng 고유 후난성(지명) | **幼儿** yòu'ér 명 유아 | **极** jí 부 지극히, 매우 | **善于** shànyú 동 ~을(를) 잘하다 | **模仿** mófǎng 동 모방하다 | **成年人** chéngniánrén 명 성인, 성년 | **因此** yīncǐ 접 그래서, 그러므로 | **大人** dàrén 명 어른 | **格外** géwài 부 각별히, 특히 | ★**向往** xiàngwǎng 동 열망하다, 그리워하다, 동경하다 | **聆听** língtīng 동 경청하다 | ★**波涛** bōtāo 명 파도 | **沙滩** shātān 명 모래사장 | **天工开物** tiān gōng kāi wù 명 천공개물(농업, 수공업 기술의 백과사전) | **农业** nóngyè 명 농업 | **手工业** shǒugōngyè 명 수공업 | **综合性** zōnghéxìng 형 복합적, 종합적 | ★**著作** zhùzuò 명 저작

정답 C

해설 술어 부재의 오류입니다. 술어와 목적어는 서로 호응해야 하는데, '沙滩和阳光(모래사장과 햇빛)'은 동사 '聆听(경청하다)'과 호응할 수 없는 목적어이므로 따로 호응할 수 있는 술어가 필요합니다.

我来到了向往已久的海边，聆听着这里的波涛声、沙滩和阳光。
→ 我来到了向往已久的海边，聆听着这里的波涛声、享受着沙滩和阳光。

57

A 中国语言学界的大多数人认为现代汉语有七大方言。

A 중국 언어학계의 대다수 사람들은 현대 중국어는 7대 방언이 있다고 생각한다.

B 她坐在去学校的公交车上，眺望着远方，陷入了沉思。

B 그녀는 학교 가는 버스에서 멀리 바라보며 깊은 생각에 잠겼다.

C 她喜欢在吃饭时做点儿其他事情，比如用手机上网浏览新闻。

C 그녀는 밥 먹을 때 다른 일을 하는 것을 좋아한다. 예를 들면, 휴대전화로 웹 서핑을 한다.

D 如果不想让美好的瞬间悄悄地溜走，因此摄影是个不错的选择。

D 만약 아름다운 순간이 소리 없이 사라지는 것을 원치 않는다면 사진을 찍어두는 것이 좋은 선택이다.

어휘 **语言** yǔyán 명 언어, 말 | **学界** xuéjiè 명 학계 | ★**方言** fāngyán 명 방언 | **眺望** tiàowàng 동 (높은 곳에 올라) 멀리 바라보다, 조망하다 | **远方** yuǎnfāng 명 먼 곳 | ★**陷入** xiànrù 동 몰두하다, (불리한 상황에) 빠지다 | ★**沉思** chénsī 명 깊은 생각 동 숙고하다 | **上网** shàngwǎng 동 인터넷을 하다 | **浏览** liúlǎn 동 대충 훑어보다 | **瞬间** shùnjiān 명 순간 | **悄悄地** qiāoqiāode 부 살그머니, 살며시 | **溜走** liūzǒu 동 몰래 달아나다 | **因此** yīncǐ 접 그래서 | **摄影** shèyǐng 동 사진을 찍다, 촬영하다 명 촬영

정답 D

해설 접속사의 호응 오류입니다. 가정관계의 '如果'는 접속사 '那么'와 호응하고, '因此'는 인과관계에 사용합니다.

如果不想让美好的瞬间悄悄地溜走，因此摄影是个不错的选择。
→ 如果不想让美好的瞬间悄悄地溜走，那么摄影是个不错的选择。

58

A 如果您也有类似的经历，请在文章下方留言，写下您想跟我们分享的故事。

A 만약 당신도 비슷한 경험이 있다면, 글 아래 댓글을 달아 우리와 공유하고픈 이야기를 써주세요.

B 我喜欢吃粗纤维类的食品，因为它们能疏通肠道，清除体内垃圾的作用。

B 나는 식이섬유 음식을 좋아한다. 왜냐하면 식이섬유 음식은 장을 활성화시켜 체내의 찌꺼기를 청소해주는 효과가 있기 때문이다.

C 近几年，武汉市与英国之间的文化交流频繁，其中重点文化交流项目有近20个。

C 최근 몇 년 동안 우한시와 영국 간의 문화교류가 빈번하고, 그 중 중요한 문화 교류 프로젝트가 20여개에 달한다.

D 新课程含300分钟超值内容，原价599元，现在报名仅需399元，欢迎大家前来咨询。

D 새 수업은 300분 그 이상의 내용을 담고 있고, 원래 가격은 599위안인데, 지금 신청하면 399위안에 살 수 있으니 많이 방문해주세요.

어휘 ☆类似 lèisì 형 유사하다 | 经历 jīnglì 명 경험 동 경험하다, 겪다 | 文章 wénzhāng 명 글 | 下方 xiàfāng 명 아래쪽 | 留言 liúyán 동 말을 남기다, 댓글을 작성하다 | 分享 fēnxiǎng 동 함께 나누다, 공유하다 | 粗纤维 cūxiānwéi 명 식이섬유 | 疏通 shūtōng 동 잘 통하게 하다, 소통시키다 | 肠道 chángdào 명 장 | ☆清除 qīngchú 동 깨끗이 없애다, 철저히 제거하다 | 体内 tǐnèi 명 체내 | 垃圾 lājī 명 쓰레기 | 作用 zuòyòng 명 작용, 역할 | 武汉市 Wǔhànshì 고유 우한시(지명) | ☆频繁 pínfán 형 잦다, 빈번하다 | 项目 xiàngmù 명 프로젝트, 항목 | 课程 kèchéng 명 교육 과정 | 含 hán 동 포함하다 | 超值 chāozhí 동 실제 가치를 뛰어넘다 | 原价 yuánjià 명 정가 | 报名 bào míng 동 신청하다, 등록하다 | 咨询 zīxún 동 자문하다

정답 B

해설 술어 부재의 오류입니다. 목적어 '作用(작용)'과 어울리는 '동사(有)'가 있어야 맞습니다.

我喜欢吃粗纤维类的食品，因为它们能疏通肠道，清除体内垃圾的作用。

→ 我喜欢吃粗纤维类的食品，因为它们能疏通肠道，有清除体内垃圾的作用。

59

A 产品设计者总会遇到"不听话"的用户，他们总是不按照产品设计者所想的方式使用产品。

B 8号台风"玛丽亚"已于今天凌晨在福建省沿海登陆，登陆时中心附近最大风力达到14级。

C 报告显示，全球债务总额近十年来显著上升，尤其是非金融企业部门的债务增速较快。

D 一晃将近二十多年过去了，我最美好的青春年华已渐渐远去，但我的梦想依然很清晰。

A 상품 설계자는 늘 '말을 안 듣는' 사용자를 만난다. 그들은 늘 상품 설계자가 생각한 방식에 따라 상품을 사용하지 않는다.

B 8호 태풍 '마리아'가 이미 오늘 새벽 푸젠성(省) 연해에 상륙했다. 상륙 시 중심 부근 최대 풍력은 14급에 달한다.

C 보고서에 따르면, 전세계 부채 총액은 근 10년 동안 눈에 띄게 상승했고, 특히 비금융 기업 부문의 채무 증가 속도가 비교적 빠르다.

D 어느새 20여년이 지나갔다. 나의 가장 아름다운 청춘은 이미 멀리 가버렸지만, 내 꿈은 여전히 매우 분명하다.

어휘 设计 shèjì 동 설계하다, 디자인하다 명 설계, 디자인 | 遇到 yùdào 동 만나다 | 用户 yònghù 명 사용자 | ☆台风 táifēng 명 태풍 | 玛丽亚 mǎlìyà 명 마리아(8호 태풍의 명칭) | ☆凌晨 língchén 명 새벽녘 | 福建省 Fújiànshěng 고유 푸젠성(지명) | ☆沿海 yánhǎi 명 연해 | ☆登陆 dēnglù 동 상륙하다 | 风力 fēnglì 명 풍력, 풍속 | 显示 xiǎnshì 동 나타내다 | 全球 quánqiú 명 전세계 | 债务 zhàiwù 명 채무, 부채 | 总额 zǒng'é 명 총액 | ☆显著 xiǎnzhù 형 현저하다 | 上升 shàngshēng 동 상승하다 | 尤其 yóuqí 부 특히 | ☆金融 jīnróng 명 금융 | 部门 bùmén 명 부, 부문 | 增速 zēngsù 동 속도를 높이다 | 一晃 yíhuàng 부 어느덧, 어느새 | ☆将近 jiāngjìn 동 거의 ~에 가깝다 | 青春年华 qīngchūn niánhuá 청춘 시절 | 渐渐 jiànjiàn 부 점점, 점차 | 梦想 mèngxiǎng 명 꿈, 몽상 | 依然 yīrán 부 여전히 | ☆清晰 qīngxī 형 또렷하다, 분명하다

정답 D

해설 중복의 오류입니다. 어림수를 나타내는 표현들(将近/多)은 함께 사용하지 않습니다.

一晃将近二十多年过去了，我最美好的青春年华已渐渐远去，但我的梦想依然很清晰。

→ 一晃将近二十年过去了，我最美好的青春年华已渐渐远去，但我的梦想依然很清晰。

→ 一晃二十多年过去了，我最美好的青春年华已渐渐远去，但我的梦想依然很清晰。

60

A 夜航时，飞机平稳飞行的高度已远离城市的灯光污染和低空大气的干扰，因此窗外的星空格外清晰。

A 야간 비행시 비행기의 안정적인 비행고도는 이미 도시의 빛 공해와 저공 대기의 간섭과는 멀리 떨어지기 때문에, 창 밖의 별이 빛나는 하늘은 유난히 또렷하다.

B 性价比的全称是性能价格比，指的是商品性能与价格之间的比例关系，性价比高就是物美价廉的意思。

B 가성비의 정식 명칭은 '가격 대비 성능'으로, 상품의 성능과 가격 간의 비례 관계를 가리키며, 가성비가 높다는 것은 물건이 저렴하지만 만족스럽다는 뜻이다.

C 以上文章全部均为本团队原创，版权归本团队所有，如需转载请务必标明出处，谢谢合作。

C 상술한 글은 전부 이 팀에서 처음 창작한 것으로 판권은 이 팀이 소유합니다. 만약 옮겨 싣는다면 반드시 출처를 표기해야 하니 협조 부탁드립니다.

D 在世界环境日来临之际，中国多座城市发起了"拾荒慢跑"活动，志愿者们边跑边清理路上的垃圾，以达到宣传环保的目的。

D 세계 환경의 날을 맞이해 중국의 여러 도시는 '넝마주이 조깅' 행사를 열었고, 지원자는 환경 보호를 널리 알리기 위해, 달리면서 거리의 쓰레기를 깨끗이 정리한다.

어휘 **夜航** yèháng 동 야간 운행하다 | **平稳** píngwěn 형 안정되다 | **飞行** fēixíng 동 비행하다 | **远离** yuǎnlí 동 멀리 떨어지다 | **灯光** dēngguāng 명 불빛, 조명 | **污染** wūrǎn 명 오염 동 오염시키다 | **低空** dīkōng 명 저공 | **大气** dàqì 명 대기 | **干扰** gānrǎo 동 간섭하다, 방해하다 | **星空** xīngkōng 명 별이 총총한 하늘 | **格外** géwài 부 각별히, 유달리 | ★**清晰** qīngxī 형 또렷하다 | **性价比** xìngjiàbǐ 명 가성비 | **全称** quánchēng 정식 명칭(생략하지 않은 명칭 또는 성명) | **性能** xìngnéng 명 성능 | **比例** bǐlì 명 비율, 비례 | ★**物美价廉** wù měi jià lián 성어 물건도 좋고 값도 싸다 | **以上** yǐshàng 명 이상(의 말한 것), 상기(상술) 한 것 | **文章** wénzhāng 명 글 | **全部** quánbù 부 전부 | **均** jūn 부 모두, 전부 형 균등하다, 고르다 | **团队** tuánduì 명 단체, 팀 | **原创** yuánchuàng 명 원작, 자작 동 처음으로 만들다 | **版权** bǎnquán 명 판권 | **归~所有** guī ~ suǒyǒu ~의 소유로 귀속되다, ~가 소유하다 | **转载** zhuǎnzǎi 동 (출판물에 글이나 그림을) 옮겨 싣다 | ★**务必** wùbì 부 반드시 | **标明** biāomíng 동 명시하다 | **出处** chūchù 명 인용문이나 전고(典故)의 출처, 유래 | **合作** hézuò 동 협력하다, 협조하다 | **世界环境日** shìjiè huánjìngrì 세계 환경의 날 | **来临** láilín 동 이르다, 다가오다 | ★**之际** zhījì 명 ~때, ~무렵 | **发起** fāqǐ 동 제창하다, 발기하다 | **拾荒** shíhuāng 동 넝마를 줍다, 쓰레기를 줍다 | **慢跑** mànpǎo 동 천천히 달리다 | **志愿者** zhìyuànzhě 명 지원자, 자원봉사자 | ★**清理** qīnglǐ 동 깨끗이 정리하다 | **垃圾** lājī 명 쓰레기 | **以** yǐ 접 ~하기 위하여(목적, 결과를 나타냄) | **达到** dádào 동 달성하다 | **宣传** xuānchuán 동 홍보하다, 널리 알리다 | **环保** huánbǎo 명 환경 보호

정답 C

해설 단어 중복의 오류입니다. '全部'와 '均'은 둘 다 '都(모두, 전부)'의 의미로 술어(为) 앞에 함께 사용하지 못합니다.

以上文章全部均为本团队原创，版权归本团队所有，如需转载请务必标明出处，谢谢合作。
→ 以上文章全部为本团队原创，版权归本团队所有，如需转载请务必标明出处，谢谢合作。
→ 以上文章均为本团队原创，版权归本团队所有，如需转载请务必标明出处，谢谢合作。

제2부분 61~70번 문제는 빈칸에 들어가는 알맞은 어휘를 고르는 문제입니다.

61

苏州位于长江三角洲中部，东临上海，西抱太湖，自然条件可谓 得天独厚 ，而且苏州历代百业 兴旺 ，官富民殷，无论是民宅还是官府，房屋的设计都十分 精巧 。这些都是苏州古典园林得以发展的重要因素。

A 得天独厚 ○　兴旺 ○　精巧 ○
B 空前绝后 ×　昌盛 ○　精致 ○
C 家喻户晓 ×　繁荣 ○　精密 ×
D 不相上下 ×　兴隆 ○　细致 ×

쑤저우는 창장 삼각주 중부에 위치한다. 동쪽으로는 상하이와 마주하고 있고, 서쪽으로 타이후를 안고 있어서 그야말로 천혜의 자연조건을 갖췄다고 말할 수 있다. 게다가 쑤저우는 역대로 모든 업종이 다 흥성하고, 관청도 풍족하고 백성도 부유했으며, 민가 또는 관청 상관없이 집의 설계가 모두 매우 정교하다. 이런 것들은 모두 쑤저우의 '고전원림'을 발전시킨 중요한 요소이다.

지문 어휘 **苏州** Sūzhōu 고유 쑤저우(지명) | **位于** wèiyú 동 ~에 위치하다 | **长江三角洲** Chángjiāng sānjiǎozhōu 지명 창장(長江) 삼각주, 장강 삼각주(창장과 첸탕장이 충적되어 이루어진 평원. 중국 장쑤성의 일부, 상하이와 저장성 북부를 포괄함) | **临** lín 동 (어떤 장소와) 마주하다 | **太湖** Tài Hú 고유 타이후[장쑤(江蘇)에 있는 호수. 중국 삼대 담수호] | **可谓** kěwèi 동 ~라고 말할 수 있다 | ★**历代** lìdài 명 역대 | **百业** bǎiyè 명 모든 업계 | **殷** yīn 형 풍성하다, 풍부하다 | **民宅** mínzhái 명 민가 | **官府** guānfǔ 명 관청 | **房屋** fángwū 명 가옥, 집 | **古典** gǔdiǎn 형 고전적이다, 클래식하다 명 고전 | ★**园林** yuánlín 명 조경 풍치림, 수목원 | ***古典园林** 정원을 아름답게 꾸며 사람들이 감상하고 휴식할 수 있도록 한 풍치 지구로서 중국의 대표적인 고전원림으로 **上海豫园**, **杭州西湖**, **北京天坛**, **北京颐和园** 등이 있다. | **因素** yīnsù 명 요소

정답 A

해설 **[첫 번째 빈칸]**

쑤저우의 위치와 좋은 자연조건을 설명하는 문장입니다. 보기 중 자연조건에 관한 성어는 '得天独厚'뿐이므로 정답은 A입니다.

A ★**得天独厚** dé tiān dú hòu 성어 천혜의 자연조건을 갖추고 있다 | 得天独厚**的自然环境** 풍부한 자연 환경
B ★**空前绝后** kōng qián jué hòu 성어 전무후무하다 | 空前绝后**的奥运会** 전무후무한 올림픽대회
C ★**家喻户晓** jiā yù hù xiǎo 성어 집집마다 다 알다 | 家喻户晓**的故事** 집집마다 다 아는 이야기
D ★**不相上下** bù xiāng shàng xià 성어 막상막하, 우열을 가릴 수 없다 | **水平**不相上下 수준이 막상막하이다

[두 번째 빈칸]

'百业'는 모든 업종을 가리키고, '兴旺, 昌盛, 繁荣, 兴荣' 모두 '百业'와 호응할 수 있습니다.

A ★**兴旺** xīngwàng 형 번창하다 | **事业**兴旺 사업이 번창하다
B ★**昌盛** chāngshèng 형 번창하다 | **事业**昌盛 사업이 번창하다
C **繁荣** fánróng 형 번영하다, 번창하다 | **市场**繁荣 시장이 번영하다
D ★**兴隆** xīnglóng 형 번창하다 | **生意**兴隆 장사가 번창하다

[세 번째 빈칸]
디자인(设计)이 정교한 것을 나타낼 수 있는 단어는 '精巧'와 '精致'입니다. '精密'는 자세한 측정이 필요한 기기와 잘 호응하고, '细致'는 행동이 꼼꼼한 것을 나타냅니다.

A 精巧 jīngqiǎo 형 정교하다 | 设计精巧 디자인이 정교하다
B ★精致 jīngzhì 형 세밀하다, 정교하다 | 精致的包装 정교한 포장
C ★精密 jīngmì 형 정밀하다 | 精密仪器 정밀기기
D ★细致 xìzhì 형 섬세하다, 꼼꼼하다 | 观察得很细致 꼼꼼하게 관찰하다

人们经常会受到先入为主的观念的影响，我们会根据自己的信仰、价值观、以及已经形成的各种知识体系去认同或排斥各种新获取的信息。倘若这些新信息与我们先入为主的思想 相符 ，我们便会很容易接受这些信息， 反之 ，我们就会否定或者忽略这些信息。

A 而且 × 相应 × 反倒 ×
B 并且 × 相关 × 反而 ×
C 连接 × 相对 × 从而 ×
D 以及 ○ 相符 ○ 反之 ○

사람들은 선입견의 영향을 자주 받는다. 우리는 자신의 신앙, 가치관, 그리고 이미 형성된 각종 지식 체계에 근거해 새로 얻는 여러 가지 정보를 인정하거나 배척한다. 만약 새로운 정보가 우리의 선입견과 내용이 일치하면 우리는 쉽게 이 정보를 받아들이게 되고, 반대인 경우에 우리는 이런 정보들을 부정하거나 등한시하게 된다.

지문 어휘 先入为主 xiān rù wéi zhǔ 성어 사로잡히다, 선입견에 치우치다 | 观念 guānniàn 명 관념 | ★信仰 xìnyǎng 명 신앙, 신조 | ★体系 tǐxì 명 체계 | 认同 rèntóng 동 인정하다 | ★排斥 páichì 동 배척하다 | 获取 huòqǔ 동 얻다, 획득하다 | ★倘若 tǎngruò 동 만일 ~한다면 | 接受 jiēshòu 동 받아들이다 | 否定 fǒudìng 동 부정하다 | ★忽略 hūlüè 동 소홀히 하다

정답 D

해설 **[첫 번째 빈칸]**
명사 단어 나열 시, 연결사로 사용하는 단어는 '以及'뿐입니다. '而且, 并且'는 접속사로서 문장과 문장을 연결하고, '连接'는 두 가지를 이어준다는 의미의 동사로서 문장의 술어가 됩니다.

A 而且 érqiě 접 게다가, 그리고 | 他不仅学习好，而且乐于助人。그는 공부를 잘할 뿐만 아니라, 게다가 사람을 도와주는 것을 좋아해요.
B 并且 bìngqiě 접 또한, 그리고 | 代表们认真讨论并且通过了这个决议。대표들이 이 결의를 진지하게 의논하고 통과시켰다.
C 连接 liánjiē 동 연결하다 | 连接南北 남과 북을 연결하다
D 以及 yǐjí 접 그리고, 및 | 小明、小红以及小丽都获奖了。샤오밍, 샤오훙 그리고 샤오리는 모두 상을 받았다.

[두 번째 빈칸]
새로운 정보가 자신의 선입견의 내용과 일치하는 경우를 설명하는 문장이므로 '相符'가 맞습니다.

A ★相应 xiāngyìng 동 상응하다 | 相应的措施 상응하는 조치
B 相关 xiāngguān 동 상관되다 | 相关的内容 관련된 내용
C 相对 xiāngduì 동 서로 대립이 되다 | 观点相对 관점이 대립되다
형 상대적이다 | 相对容易 상대적으로 쉽다
D 相符 xiāngfú 형 서로 일치하다, 서로 부합하다 | 内容相符 내용이 서로 맞다

[세 번째 빈칸]
새로운 정보가 자신의 선입견과 일치하는 상황과 반대인 경우를 설명하는 문장으로서 단독으로 쓰일 수 있는 접속사는 '反之'입니다. '反倒/反而'은 같은 의미의 단어이고, 부사이기 때문에 주어 뒤에 위치해야 합니다. '从而'은 방식이나 원인에 따른 결과를 설명하는 접속사입니다.

A 反倒 fǎndào 부 오히려 | 生活好起来了，反倒不幸福了。삶이 좋아졌는데 오히려 행복하지 않다.
B 反而 fǎn'ér 부 오히려 | 降价了，我反而不想买了。가격이 내렸는데, 나는 오히려 안 사고 싶어졌다.
C 从而 cóng'ér 접 따라서 | 学校开展了丰富多彩的课外活动，从而扩大了同学们的知识面。학교에서 다채로운 방과후 수업을 개설해서 학생들의 지식 범위를 넓혔다.
D 反之 fǎnzhī 접 이와 반대로 |
你善待别人的话，别人就会善待你，反之你讨厌的人越多，就有越多的人不喜欢你。당신이 다른 사람들에게 잘 대해준다면 다른 사람들도 당신에게 잘 대해줄 것이다. 반대로, 당신이 싫어하는 사람이 많을수록 당신을 싫어하는 사람도 많아진다.

汉语中有句俗语叫"不分青红皂白"，意思是不分黑白，不问缘由。众所周知，"青"、"红"、"白"都是形容颜色的，那"皂"是什么意思呢？在古代，衙门中的差役穿的黑布衣叫做"皂衣"，所以"皂"在这里是"黑色"的意思。

A 司空见惯 × 指示 ○ 时代 ×
B 顺其自然 × 陈述 × 当代 ×
C 不言而喻 × 描绘 × 现代 ×
D 众所周知 ○ 形容 ○ 古代 ○

중국어에 '청색과 홍색, 검은색과 흰색을 구분하지 않는다'란 속담이 있다. 의미는 흑백을 가리지 않고 이유 불문한다는 것이다. 모두가 알고 있듯이, '청', '홍', '백'은 색을 나타낸다. 그렇다면 '조'는 무슨 의미일까? 고대에 관아의 심부름꾼이 입던 검정색 옷을 '조의'라고 불렀는데, 이 때문에 '조'는 여기에서 '검은색'의 의미이다.

지문 어휘 俗语 súyǔ 명 속담 | 不分青红皂白 bù fēn qīng hóng zào bái 속어 청색과 홍색, 검은색과 흰색을 구분할 수가 없다, 시비곡직(是非曲直)을 따지지 않다, 흑백을 가리지 않다, 이유 불문하다 | 缘由 yuányóu 명 원인, 이유 | 衙门 yámen 명 아문, 관아 | 差役 chāiyì 명 (옛날 백성에게 부과한) 사역, 부역, 관청의 심부름꾼 | 布 bù 명 천

정답 D

해설 **[첫 번째 빈칸]**
지문에서 청, 홍, 백이 색을 나타내는 단어라는 것은 모두 안다는 의미로 4자구를 사용하였기 때문에 '众所周知'가 맞습니다. '众所周知'는 모두가 알고 있는 사실을 이야기할 때 사용하는 성어이고, '不言而喻'는 말할 필요도 없이 당연히 알 수 있는 이치를 설명할 때 사용합니다.

A 司空见惯 sī kōng jiàn guàn 성어 사공은 항상 보아서 신기하지 않게 생각하다, 흔히 있는 일이다 |
这在中国是司空见惯的现象。이것은 중국에서 아주 흔한 현상이다.

B 顺其自然 shùn qí zì rán 성어 순리에 따르다 |
该做的我都做了，现在只能顺其自然了。해야 할 일은 다 했으니 이제 순리에 따를 뿐이다.

C ★不言而喻 bù yán ér yù 성어 말하지 않아도 안다 |
这是一个不言而喻的道理。이것은 말하지 않아도 다 아는 이치이다.

D ★众所周知 zhòng suǒ zhōu zhī 성어 모든 사람이 다 알고 있다 |
众所周知，北京大学是中国的名牌大学。모든 사람이 다 알고 있듯이 베이징 대학은 중국의 명문 대학이다.

[두 번째 빈칸]

'청, 홍, 백'이 색을 '나타낸다'는 의미이므로 '形容'이나 '指示'가 가능합니다. '陈述'는 과정 등을 진술하는 것이며, '描绘'는 어떤 사물이나 대상 등을 언어로 서술하거나 그림을 그려 표현한다는 의미입니다.

A 指示 zhǐshì 동 가리키다, 지시하다 명 지시, 지령 | 指示方向 방향을 가리키다

B ★陈述 chénshù 동 진술하다 | 陈述事情的经过 사건의 경과를 진술하다

C ★描绘 miáohuì 동 묘사하다, (그림같이) 그려내다 명 투사, 묘사 | 生动地描绘 생생하게 묘사하다

D 形容 xíngróng 동 형용하다 | 无法形容 형용할 수 없다

[세 번째 빈칸]

'조(皂)'가 검정색을 나타내게 된 유래를 설명하는 옛날 이야기이므로 '古代'가 맞습니다.

A 时代 shídài 명 시대, 시절 | 青少年时代 청소년 시기

B ★当代 dāngdài 명 당대 | 当代作家 당대 작가

C 现代 xiàndài 명 현대 | 现代社会 현대 사회

D 古代 gǔdài 명 고대 | 古代建筑 고대 건축물

64

许多人都 倾向 于晨跑，觉得晨跑可以改变我们一天的状态，但一位保健专家却提出了“夜跑效果更好”的不同 见解 。因为人体的各种活动都受生物钟的 控制 ，而晚上跑步时人们往往更有耐力。而且，夜跑还能缓解白天的压力，让 心灵 回归平静。

A 乐意 ×	言论 ×	调节 ×	灵魂 ×
B 迁就 ×	见闻 ×	调整 ×	心态 ○
C 倾向 ○	见解 ○	控制 ○	心灵 ○
D 倾力 ×	立场 ×	操纵 ×	心事 ×

많은 사람들이 모두 아침에 조깅을 하는 경향이 있고, 아침 조깅으로 하루의 컨디션이 달라질 수 있다고 생각하지만, 한 보건 전문가는 '저녁 조깅이 효과가 더 좋다'는 다른 견해를 제기했다. 왜냐하면 인체의 각종 활동은 모두 생체리듬의 통제를 받는데, 저녁에 달리기를 할 때 사람들은 더욱 인내심을 갖게 되기 때문이다. 게다가 저녁 조깅은 낮의 스트레스를 풀어줄 수 있어 마음을 다시 평온하게 해준다.

지문 어휘 **晨跑** chénpǎo 명 아침 달리기, 아침 조깅 | **状态** zhuàngtài 명 상태 | **保健** bǎojiàn 명 보건 | **专家** zhuānjiā 명 전문가 | **提出** tíchū 동 제시하다 | **夜跑** yèpǎo 명 야간 조깅 | **生物钟** shēngwùzhōng 명 생체리듬 | **耐力** nàilì 명 지구력, 인내력 | **缓解** huǎnjiě 동 완화되다 | **压力** yālì 명 스트레스, 압력 | **回归** huíguī 동 회귀하다, 돌아가다

정답 C

해설 **[첫 번째 빈칸]**

지문은 일반적으로 사람들이 다른 시간대가 아닌 아침에 달리기하는 경향이 있다는 것이므로 '倾向'이 맞습니다.

A ★乐意 lèyì 동 (~하는 것을) 즐겁게 여기다, ~하기 원하다 | 乐意帮助别人 남을 도와주는 걸 즐겁게 여기다
B ★迁就 qiānjiù 동 (무원칙적으로) 타협하다, 융화하다, 양보하다 | 迁就别人 남에게 양보하다(비위 맞추다)
C ★倾向 qīngxiàng 동 경향이 있다, 마음이 쏠리다 명 경향 | 倾向于弱者 약자에게 마음이 쏠리다
D 倾力 qīnglì 동 모든 힘을 쏟다, 노력을 기울이다 | 倾力支持 모든 힘을 다해 지지하다

[두 번째 빈칸]

일반적으로 아침 달리기를 선호하는데, 한 전문가가 밤에 달리기하는 것이 더 좋다는 의견을 제기했으므로 '见解'가 맞습니다. '见解'가 어떤 사물이나 현상에 대한 자신의 의견이나 생각을 의미하는 것에 반해, '言论'은 개인의 말이나 글로 생각을 발표하는 일을 나타내고, '见闻'은 보고 들은 것을 의미하며, '立场'은 처한 상황을 나타내거나 정치적인 기본적 관점을 의미할 수 있습니다.

A ★言论 yánlùn 명 언론 | 言论自由 언론의 자유
B ★见闻 jiànwén 명 견문 | 旅游的见闻 여행의 견문
C ★见解 jiànjiě 명 견해 | 独特的见解 독특한 견해
D ★立场 lìchǎng 명 입장 | 立场坚定 입장이 확고하다

[세 번째 빈칸]

'受'와 호응할 수 있는 것은 '控制'입니다.

A ★调节 tiáojié 명 조절 동 조절하다 | 调节温度 온도를 조절하다
B 调整 tiáozhěng 명 조정 동 조정하다 | 调整状态 상태를 조정하다
C 控制 kòngzhì 명 통제 동 통제하다 | 控制情绪 기분을 제어하다
D ★操纵 cāozòng 동 조종하다, 조작하다 | 操纵机器 기계를 조종하다

[네 번째 빈칸]

'마음이 평온하다'의 의미로 '平静'과 호응할 수 있는 것은 '心态'와 '心灵'입니다. '心事'는 고민거리를 의미합니다.

A ★灵魂 línghún 명 영혼 | 纯洁的灵魂 순결한 영혼
B 心态 xīntài 명 심리 상태 | 健康的心态 건전한 심리상태
C ★心灵 xīnlíng 명 심령, 마음 | 美好的心灵 예쁘고 착한 마음
D 心事 xīnshì 명 고민, 걱정거리 | 心事重重 걱정이 태산이다

65

五大连池风景区位于黑龙江省，是国家重点风景名胜区，因火山 喷发 ，熔岩阻塞白河河道， 形成 五个相互连接的湖泊，因而得名五大连池。秋天的五大连池，湖水 清澈 见底，而且尚未结冰，因此秋天是 观赏 五大连池的最佳季节。

A 迸发 ×	构成 ×	清晰 ×	考察 ×
B 爆发 ○	造成 ×	清洁 ×	观光 ×
C 喷发 ○	形成 ○	清澈 ○	观赏 ○
D 蒸发 ×	组成 ×	澄清 ○	鉴定 ×

우다롄츠(五大连池 : 다섯 개의 큰 연못) 관광지구는 헤이룽장성(省)에 위치한 핵심 관광 명승지이다. 화산 분출로 용암이 바이허 강의 수로를 가로막아서 다섯 개의 서로 연결되어 있는 호수를 이루었기 때문에 우다롄츠라는 이름이 얻어졌다. 가을의 우다롄츠는 호숫물이 밑바닥이 훤히 보이도록 맑고, 얼음은 얼기 전이라서 가을이 이곳을 감상하기에 가장 좋은 계절이다.

 **五大连池** Wǔdàliánchí 고유 우다롄츠(지명_헤이룽장성 중앙쪽에 있는 휴화산군, 중국 최초 화산자연보호구) | **风景区** fēngjǐngqū 명 관광지구, 명승지구 | **位于** wèiyú 동 ~에 위치하다 | **黑龙江省** Hēilóngjiāng shěng 고유 헤이룽장성(지명) | **重点** zhòngdiǎn 형 중요한, 주요한, 핵심의 명 중점 | **名胜** míngshèng 명 명승지, 명소 | **火山** huǒshān 명 화산 | **熔岩** róngyán 명 용암 | **阻塞** zǔsè 동 가로막다 | **白河** Báihé 고유 바이허강(지명) | **河道** hédào 명 강줄기, 수로 | **连接** liánjiē 동 연결시키다, 연접하다 | ★**湖泊** húpō 명 호수 | **因而** yīn'ér 접 그러므로 | **得名** démíng 동 이름을 얻다 | **尚未** shàngwèi 부 아직 ~하지 않다 | **结冰** jiébīng 동 얼음이 얼다 | **最佳** zuìjiā 형 최적이다 | **季节** jìjié 명 계절

정답 C

해설 **[첫 번째 빈칸]**
'火山'과 함께 사용할 수 있는 단어는 '爆发', '喷发'입니다. '迸发'는 안에서 밖으로 뿜어낸다는 의미로 뒤에 목적어를 수반합니다.

A ★**迸发** bèngfā 동 솟아나오다, 뿜어내다, 분출하다 | 迸发活力 활력을 뿜어내다
B ★**爆发** bàofā 동 폭발하다, 돌발하다 | 火山爆发 화산이 폭발하다
C **喷发** pēnfā 동 분출하다 | 火山喷发 화산이 폭발하다
D ★**蒸发** zhēngfā 동 증발하다 | 水分蒸发 수분이 증발하다

[두 번째 빈칸]
화산 분출로 용암이 강의 수로를 막으면서 만들어진 호수이므로 어떤 모습을 이룬다는 의미의 '形成'이 맞습니다.

A **构成** gòuchéng 동 구성하다, 야기하다 | 构成威胁 위협이 되다
B **造成** zàochéng 동 야기하다, 초래하다 | 造成后果 나쁜 결과를 초래하다
C **形成** xíngchéng 동 형성되다 | 形成河流 하천이 형성되다
D **组成** zǔchéng 동 짜다, 결성하다 | 组成小组 조(팀)을 결성하다

[세 번째 빈칸]
'清澈见底'는 '밑바닥까지 훤히 보일 정도로 맑다'라는 의미의 4자구입니다. 보기 중 '清澈'와 같은 의미를 갖는 것으로는 '澄清'이 있습니다.

A ★**清晰** qīngxī 형 또렷하다, 분명하다, 명석하다 | 画面清晰 화면이 또렷하다
B ★**清洁** qīngjié 형 깨끗하다, 청결하다 | 清洁卫生 청결하고 위생적이다
C ★**清澈** qīngchè 형 맑고 투명하다 | 清澈的河水 맑고 투명한 강물
D ★**澄清** chéngqīng 형 맑다 동 진상을 규명하다 | 澄清的湖水 맑은 호수

[네 번째 빈칸]
지문은 가을이 우다롄츠의 경치를 감상하기에 좋은 계절이란 의미이므로 '观赏'이 맞습니다.

A ☆**考察** kǎochá 동 고찰하다, 현지 조사하다 | **南极考察** 남극탐사
B ☆**观光** guānguāng 동 관광하다 | **旅游观光** 여행관광
C **观赏** guānshǎng 동 감상하다, 보면서 즐기다 | **观赏美景** 아름다운 경치를 감상하다
D ☆**鉴定** jiàndìng 동 (사물의 우열·진위 따위를) 감정하다 | **专家鉴定** 전문가가 감정하다

意大利都灵埃及博物馆是世界上规模最大的古埃及文物收藏 机构 ，此博物馆精心筛选的古埃及文物于12月19日在广东省博物馆揭开了 神秘 的面纱。此次"尼罗河畔的回响——古埃及文明特展" 期间 将从不同的角度展现古埃及文明，包括学术讲座等 配套 内容。

A 机构 ○	神秘 ○	期间 ○	配套 ○
B 团队 ×	奥秘 ×	时期 ×	成套 ×
C 机关 ×	深沉 ×	当时 ×	搭配 ×
D 社团 ×	深奥 ×	当初 ×	配备 ×

이탈리아의 토리노 이집트 박물관은 세계에서 규모가 가장 큰 고대 이집트 문화재 소장 기관이다. 이 박물관이 정성 들여 선별한 고대 이집트 문화재는 12월 19일에 광둥성 박물관에서 신비한 베일이 벗겨졌다. 이번 '나일 강변의 메아리—고대 이집트 문명 특별전' 기간 동안 다른 각도에서 이집트 문명을 선보일 것이고, 학술 강좌 등 관련 내용이 포함된다.

지문 어휘 **意大利** Yìdàlì 고유 이탈리아(국가 명) | **都灵** Dūlíng 고유 토리노(지명) | **埃及** Āijí 고유 이집트(국가 명) | **博物馆** bówùguǎn 명 박물관 | **规模** guīmó 명 규모 | ☆**文物** wénwù 명 문물, 문화재 | ☆**收藏** shōucáng 동 소장하다 | ☆**精心** jīngxīn 형 정성을 들이다, 세심하다 | ☆**筛选** shāixuǎn 동 선별하다, 체로 치다 | **广东省** Guǎngdōng shěng 고유 광둥성(지명) | **揭开** jiēkāi 동 벗기다, 떼다 | **面纱** miànshā 명 베일, 면사포 | **尼罗河畔** Níluóhépàn 고유 나일 강변(지명) | **回响** huíxiǎng 동 울리다, 메아리 치다 | ☆**展现** zhǎnxiàn 동 드러내다, 선보이다 | **包括** bāokuò 동 포함하다 | **学术** xuéshù 명 학술 | **讲座** jiǎngzuò 명 강좌

정답 A

해설 **[첫 번째 빈칸]**
박물관은 역사적 유물을 소장하고 전시하는 시설입니다. 보기 중 일정한 역할과 목적을 위해 설치된 기관을 의미하는 것은 '机构'입니다. '团队'는 같은 일에 종사하는 하나의 팀을 의미하고, '机关'은 정부 부서나 공기업과 같은 조직을 의미하며, '社团'은 대학의 서클, 동아리와 같은 모임을 의미합니다.

A ☆**机构** jīgòu 명 기관, 단체 등의 내부 조직 | **慈善机构** 자선단체
B **团队** tuánduì 명 단체, 팀 | **组建团队** 팀을 꾸리다
C **机关** jīguān 명 공공 사무를 처리하는 조직이나 단체, 공기업 | **政府机关** 정부 기관
D **社团** shètuán 명 동아리 | **英语社团** 영어 동아리

[두 번째 빈칸]

지문은 '신비한 베일이 벗겨진다'는 것인데, '神秘'가 '面纱' 앞에서 수식어로 쓰일 수 있는 형용사입니다. '奥秘'는 명사로서 '人体的奥秘(인체의 신비)', '宇宙的奥秘(우주의 신비)'와 같이 중심어가 됩니다. '深奥'는 학문이나 이치 등이 심오해서 이해하기 어렵다는 의미입니다.

A 神秘 shénmì 형 신비하다 | 神秘的面纱 신비한 베일
B ★奥秘 àomì 명 신비 | 大自然的奥秘 대자연의 신비
C ★深沉 shēnchén 형 (성격이) 진중하다, (소리가) 낮다 | 深沉的声音 낮은 목소리
D ★深奥 shēn'ào 형 심오하다 | 深奥的道理 심오한 이치

[세 번째 빈칸]

이집트 문물 전시 기간을 나타낼 수 있는 것은 '期间'입니다.

A 期间 qījiān 명 기간 | 大会期间 대회 기간
B 时期 shíqī 명 시기 | 少年时期 소년 시기
C 当时 dāngshí 명 당시 | 当时的情况 당시의 상황
D ★当初 dāngchū 명 당초, 처음 | 当初的计划 당초의 계획

[네 번째 빈칸]

'配套'는 관계가 있는 사물을 조합한다는 의미이고, 지문 내용은 학술 강좌 등 관계가 있는 맞춤 내용을 포함해 이집트 문명을 선보인다는 것이므로 정답은 A입니다. '成套'는 완전한 한 세트를 이루는 것에 사용하고, '搭配'는 일정한 기준에 따라 배열하거나 짝을 이루는 것을 나타내며, '配备'는 필요에 의해 인력이나 물건을 배치, 분배하는 것을 나타냅니다.

A ★配套 pèitào 동 (관계가 있는 사물을 조합하여) 맞추다 | 配套设施 부대시설
B 成套 chéngtào 동 한 세트가 되다 | 成套的图书 전집 도서(세트로 되어 있는 도서)
C ★搭配 dāpèi 동 배합하다, 조합하다 | 色彩搭配 색채를 배합하다
D ★配备 pèibèi 동 배치하다, (수요에 따라) 분배하다 | 配备电脑 컴퓨터가 배치되다

酒在中国人眼中更多的是被当作一种交际的 工具 。古代的文人常常借酒来 抒发 各种情怀，现代人的交际 场合 通常也少不了酒。"无酒不成席"便形象地体现出了酒在中国人的人际交往中的 地位 。

A 道具 ×	叙述 ×	局面 ×	威望 ×
B 手段 ○	阐述 ×	场地 ×	威严 ×
C 手法 ×	发表 ×	场所 ×	职位 ×
D 工具 ○	抒发 ○	场合 ○	地位 ○

중국인 눈에 술은 일종의 사교의 도구로 더 많이 여겨진다. 옛날 문인들은 종종 술을 빌어 여러 가지 감정을 나타냈고, 현대인의 사교 장소에도 보통 술을 빼놓을 수 없다. '모임에는 술이 꼭 있어야 한다'는 속담은 중국인들의 교제에서 술의 지위를 구체적으로 드러내준다.

지문 어휘 当作 dàngzuò 동 ~(으)로 여기다 | 交际 jiāojì 동 교제하다 명 교제 | 文人 wénrén 명 문인 | 情怀 qínghuái 명 기분, 감정, 심경 | 无酒不成席 wú jiǔ bù chéng xí 속담 모임에는 술이 꼭 있어야 한다 | 形象 xíngxiàng 형 구체적이다, 생동감이 있다 | 体现 tǐxiàn 동 구현하다, 구체적으로 드러내다 | 人际交往 rénjì jiāowǎng 사람과 사람 사이의 교제

정답 D

해설 **[첫 번째 빈칸]**
술은 일종의 교제의 수단(도구)임을 설명하고 있으므로, 어떤 목적을 이루기 위한 수단이나 방법을 나타내는 '手段' 또는 '工具'가 맞습니다. '道具'는 무대장치에 필요한 촬영, 공연에 사용되는 도구의 총칭이고, '手法'는 문학, 예술 작품의 기교나 수법을 나타냅니다.

A 道具 dàojù 명 공연 도구, 촬영 소품 | 演出道具 공연 도구
B 手段 shǒuduàn 명 수단, 방법 | 外交手段 외교 수단
C ★手法 shǒufǎ 명 기교, 기법, 수법 | 表现手法 표현의 수법
D 工具 gōngjù 명 도구, 수단 | 交通工具 교통수단

[두 번째 빈칸]
목적어 '情怀(감정)'와 호응할 수 있는 동사는 '抒发'입니다. '叙述'는 사건이나 생각을 차례대로 말하거나 적는 것이고, '阐述'는 도리를 논리적으로 설명한다는 의미이며, '发表'는 글이나 의견을 널리 드러내 알린다는 의미입니다.

A 叙述 xùshù 동 서술하다 | 叙述事情的经过 사건의 경과를 서술하다
B ★阐述 chǎnshù 동 상세히 논술하다 | 阐述观点 관점을 논술하다
C 发表 fābiǎo 동 발표하다 | 发表意见 의견을 발표하다
D 抒发 shūfā 동 (감정을) 나타내다 | 抒发情感 감정을 나타내다

[세 번째 빈칸]
'교제 장소'라는 것은 사람을 사귀는 상황이나 자리를 의미하므로 '场合'가 맞습니다. '局面'은 일의 형세나 상황을 나타내는 단어이고, '场地'와 '场所'는 공간적 의미의 장소를 나타냅니다.

A ★局面 júmiàn 명 국면, 규모 | 扭转局面 국면을 전환하다
B 场地 chǎngdì 명 장소 | 租用场地 장소를 임대하다
C ★场所 chǎngsuǒ 명 장소 | 面试的场所 면접 장소
D ★场合 chǎnghé 명 경우, 상황, 자리 | 社交场合 사교 장소

[네 번째 빈칸]
'모임에는 꼭 술이 있어야 한다'는 중국 속담을 통해 술이 중국인들 간의 사교에서 차지하는 지위를 알 수 있으므로 정답은 D입니다. '职位'는 직장에서의 서열을 나타냅니다.

A ★威望 wēiwàng 명 위신 | 威望高 위신이 높다
B 威严 wēiyán 명 위엄 | 保持威严 위엄을 유지하다
C ★职位 zhíwèi 명 직위 | 职位高 직위가 높다
D 地位 dìwèi 명 지위, (개인이나 단체의 사회적) 위치 | 占有地位 지위를 차지하다

68

不要小 瞧 松鼠的尾巴，松鼠的大尾巴除了好看，还 发挥 着重要的作用。松鼠在树上跳来跳去的时候，它的尾巴能够使它保持平衡， 避免 摔伤。从高处跳下来时，硕大的尾巴就是一把降落伞。冬天时，松鼠还可以用尾巴包住自己的 身躯 ，保暖效果极佳。

A 眯 ×	释放 ×	回避 ×	身材 ×
B 瞪 ×	激发 ×	免得 ×	浑身 ×
C 盯 ×	发扬 ×	难免 ×	身影 ×
D 瞧 ○	发挥 ○	避免 ○	身躯 ○

다람쥐 꼬리를 얕보면 안 된다. 다람쥐의 큰 꼬리는 예쁜 것 말고도 중요한 역할을 한다(발휘한다). 다람쥐가 나무 위에서 뛰어다닐 때 꼬리가 균형을 유지할 수 있도록 해줘서 떨어져 다치지 않도록 해준다. 높은 곳에서부터 뛰어 내려올 때 큰 꼬리는 낙하산이 되어준다. 겨울엔 다람쥐는 꼬리로 자신의 몸을 감쌀 수 있고, 보온 효과가 매우 좋다.

지문 어휘 **松鼠** sōngshǔ 명 다람쥐 | **尾巴** wěiba 명 꼬리 | **平衡** pínghéng 명 균형 | **摔** shuāi 동 떨어지다, 넘어지다 | **硕大** shuòdà 형 대단히 크다 | **降落伞** jiàngluòsǎn 명 낙하산 | **包** bāo 동 (종이나 천 따위로) 싸다 | **保暖** bǎonuǎn 동 보온하다 | **佳** jiā 형 좋다

정답 D

해설

[첫 번째 빈칸]

다람쥐의 꼬리는 중요한 역할을 하기 때문에 무시하면 안 된다는 의미이고, '무시하다, 얕보다'의 의미는 '小瞧'입니다.

A ★眯 mī 동 실눈을 뜨다 | 眯眼睛 실눈을 뜨다
B ★瞪 dèng 동 눈을 크게 뜨다, 노려보다 | 瞪眼睛 눈을 크게 뜨다
C ★盯 dīng 동 주시하다, 응시하다 | 盯着学生 학생을 주시하다
D 瞧 qiáo 동 보다 | 小瞧别人 남을 무시하다

[두 번째 빈칸]

'作用'과 호응할 수 있는 동사는 '发挥', '有', '起' 등이 있습니다.

A ★释放 shìfàng 동 (에너지 등을) 방출하다 | 释放能量 에너지를 방출하다
B ★激发 jīfā 동 불러일으키다 | 激发热情 열정을 불러일으키다
C ★发扬 fāyáng 동 널리 알리다 | 发扬传统 전통을 널리 알리다
D 发挥 fāhuī 동 발휘하다 | 发挥作用 역할을 발휘하다

[세 번째 빈칸]

지문은 다람쥐의 꼬리가 몸의 균형을 유지할 수 있도록 해서 나무에서 떨어지지 않도록 해준다는 의미이고, 떨어지는 것을 '피하다'의 의미로 쓰일 수 있는 동사는 '避免'입니다. '回避'는 원치 않거나 책임 회피를 위해 일부러 피하는 것을 의미합니다.

A 回避 huíbì 동 회피하다, 피하다 | 回避问题 문제를 회피하다
B ★免得 miǎnde 접 ~하지 않도록 | 出去玩儿时多带点儿钱，免得不够花。돈이 모자라는 일이 없도록 놀러 갈 때는 돈 좀 많이 챙겨가라.
C 难免 nánmiǎn 형 면하기 어렵다, 피할 수 없다 | 难免紧张 긴장하는 것은 어쩔 수 없다
D 避免 bìmiǎn 동 피하다 | 避免冲突 충돌을 피하다

[네 번째 빈칸]
문장의 의미는 다람쥐의 큰 꼬리가 몸을 감싸는 것인데, '몸통'을 의미하는 단어는 '身躯'입니다. '身材'는 사람의 몸매를 나타내고, '浑身'은 몸의 전체, 전신을 나타내며, '身影'은 어렴풋이 보이는 사람의 형체를 나타냅니다.

A 身材 shēncái 명 몸매 | 身材苗条 몸매가 날씬하다
B ☆浑身 húnshēn 명 전신 | 浑身酸痛 온몸이 다 쑤시다
C 身影 shēnyǐng 명 사람의 그림자, 모습 | 忙碌的身影 바쁜 모습
D 身躯 shēnqū 명 몸 | 强健的身躯 건장한 몸

西安鼓乐，亦称长安鼓乐。它起源于隋唐，千百年来一直流传于西安及其 周边 地区，是一种以打击乐和吹奏乐混合 演奏 的大型乐种。西安鼓乐是中国古代传统音乐的重要 遗存 ，被国际音乐界和史学界 誉 为"中国古代音乐活化石"。

A 周边 ○	演奏 ○	遗存 ○	誉 ○
B 边缘 ×	演绎 ×	遗产 ×	列 ×
C 边境 ×	扮演 ×	文物 ×	诵 ×
D 周围 ○	演出 ×	古董 ×	称 ○

시안 악대는 창안 악대라고도 부른다. 수나라와 당나라에서 기원했고, 긴 세월 동안 줄곧 시안과 그 주변 지역에 전해져 오고 있으며, 타악과 취주악이 함께 연주하는 대형 음악 장르이다. 시안 악대는 중국 고대 전통 음악의 중요한 유물로 국제 음악계와 사학계에 의해 '중국 고대 음악의 활화석'이라고 칭송 받는다.

지문 어휘 西安 Xī'ān 고유 시안(지명) | 鼓乐 gǔyuè 명 악대 | ☆亦 yì 부 ~도 역시, 또한 | 称 chēng 동 부르다 | 长安 Cháng'ān 고유 장안[지명_서한(西漢)·수(隋)·당(唐)나라 때의 수도, 지금의 시안(西安) 일대] | ☆起源 qǐyuán 동 기원하다 명 기원 | 隋唐 suítáng 고유 수나라와 당나라 | 千百年 qiānbǎinián 명 긴 세월, 수천 수백 년 | 流传 liúchuán 동 (사적·작품 따위가) 세상에 널리 퍼지다 | 打击乐 dǎjīyuè 명 타악 | 吹奏乐 chuīzòuyuè 명 취주악 | ☆混合 hùnhé 동 혼합하다 | 界 jiè 명 범위, 경계 | 活化石 huóhuàshí 명 활화석

정답 A

해설 **[첫 번째 빈칸]**
'주변 지역'을 나타내는 표현은 '周边地区'와 '周围地区'입니다.

A ☆周边 zhōubiān 명 주변 | 周边国家 주변 국가
B ☆边缘 biānyuán 명 가장자리 | 边缘地带 가장자리의 지대
C ☆边境 biānjìng 명 국경 지대 | 边境地区 국경 지대
D 周围 zhōuwéi 명 주위 | 周围的人 주위 사람

[두 번째 빈칸]
타악과 취주악의 합주라는 것은 혼합 연주를 의미하므로 정답은 A입니다. '演绎'는 연기한다는 의미 또는 서술 방식에서 귀납법의 반대말인 연역법을 나타낼 수도 있습니다. '扮演'는 역할(角色)을 맡는 것이고, '演出'는 악기 연주가 아닌 공연이나 연기를 나타냅니다.

A ☆演奏 yǎnzòu 동 연주하다 | 演奏乐器 악기를 연주하다
B ☆演绎 yǎnyì 동 표현하다, 연기하다, 연역하다 | 演绎时尚 유행을 표현하다
C ☆扮演 bànyǎn 동 ~의 역을 맡아 하다 | 扮演角色 역을 맡아 하다
D 演出 yǎnchū 동 공연하다 | 参加演出 공연을 참가하다

실전모의고사 3회

[세 번째 빈칸]

시안 악대는 예부터 전해져 내려온 유물이므로 정답은 A입니다.

A 遗存 yícún 명 유물 동 남기다 | 文化遗存 문화 유물
B ★遗产 yíchǎn 명 유산 | 父母的遗产 부모의 유산
C ★文物 wénwù 명 문물, 문화재 | 出土文物 출토 문물
D ★古董 gǔdǒng 명 골동품 | 收藏古董 골동품을 소장하다

[네 번째 빈칸]

'중국 고대 음악의 활화석'이란 이름으로 불리는 것이므로 '被誉为' 또는 '被称为'를 사용해야 합니다.

A 誉 yù 동 칭찬하다 | 被誉为 ~(으)로 칭송되다
B 列 liè 동 배열하다, 끼워 넣다 | 被列为 ~에 수록되다
C 诵 sòng 동 읽다, 외우다 | 背诵 암송하다
D 称 chēng 동 부르다 | 被称为 ~(으)로 불리다

金庸先生以武侠小说为大众所熟知，其实他还有一个重要的身份，就是办报人，他的 财富 来源也主要是办报纸的收益，而 非 武侠小说的版权。金庸先生 开创 了文人办报不但不倒，反而极度成功的历史 先河 。这在中国新闻史上是一个 奇迹 。

A 债务 ×	亦 ×	开拓 ○	源泉 ×	痕迹 ×
B 财务 ×	皆 ×	开阔 ×	焦点 ×	事迹 ×
C 财产 ○	勿 ×	开荒 ×	领域 ×	古迹 ×
D 财富 ○	非 ○	开创 ○	先河 ○	奇迹 ○

김용 선생은 무협 소설로 대중에게 널리 알려져 있다. 사실 그에겐 또 하나의 중요한 신분이 있는데 바로 신문 발행인이다. 그의 재산 출처도 주로 신문 발행의 수익이지 무협 소설 판권이 아니다. 김용 선생은 문인의 신문 발행이 부도는 커녕 오히려 매우 성공을 거둔 역사의 시작을 열었고, 이것은 중국 신문 역사상의 기적이었다.

지문 어휘 金庸 Jīnyōng 고유 김용(인명) | 武侠小说 wǔxiá xiǎoshuō 명 무협 소설 | 为A所B wéi A suǒ B A에 의해 B를 당하다 | 熟知 shúzhī 동 익히 알다 | 办报 bànbào 동 신문을 발행하다 | ★来源 láiyuán 명 출처, 내원 | ★收益 shōuyì 명 수익 | 版权 bǎnquán 명 판권 | 文人 wénrén 명 문인 | 倒 dǎo 동 (사업이) 망하다, 도산하다, 넘어지다 | 极度 jídù 부 극도, 아주 | 新闻 xīnwén 명 뉴스, 신문

정답 D

해설 **[첫 번째 빈칸]**

밑줄 뒤 어휘 '收益'는 '수익'을 나타내므로 김용 선생의 '재산'의 출처라는 의미가 문장에 어울립니다. '债务'는 채무를 나타내고, '财务'는 재정에 관한 사무를 의미합니다.

A 债务 zhàiwù 명 채무, 부채 | 偿还债务 채무를 상환하다
B ★财务 cáiwù 명 재무 | 财务管理 재무 관리
C 财产 cáichǎn 명 재산 | 留下财产 재산을 남기다
D ★财富 cáifù 명 부, 재산 | 精神财富 정신적 재산

[두 번째 빈칸]
앞 문장과의 의미를 보면 김용 선생의 재산 출처는 신문 발행 수익이지 무협 소설의 판권이 아니라는 것으로 보기 중 '不是'의 의미를 갖는 표현은 '非'입니다.

A ★亦 yì 부 ~도 역시, 또한 | 亦然 역시 그렇다
B ★皆 jiē 부 모두 | 皆可 모두 가능하다
C 勿 wù 부 ~해서는 안 된다 | 勿忘 잊지 말아라
D 非 fēi 동 ~가 아니다 | 非我所有 내 것이 아니다

[세 번째 빈칸]
'신문 발행 성공을 거둔 역사의 시작을 열었다'라는 의미이므로 '开创~先河' 또는 '开拓~先河'의 호응이 어울립니다.

A ★开拓 kāituò 동 개척하다 | 开拓新天地 신천지를 개척하다
B ★开阔 kāikuò 형 넓다, 광활하다 | 视野开阔 시야가 넓다
C 开荒 kāihuāng 동 황무지를 개간하다 | 开荒种地 밭을 개간해서 작물을 심다
D 开创 kāichuàng 동 창립하다, 창설하다, 열다 | 开创新局面 새로운 국면을 열다

[네 번째 빈칸]
보기 중 '시작, 처음'의 뜻을 가진 단어는 '先河'입니다.

A ★源泉 yuánquán 명 원천 | 幸福的源泉 행복의 원천
B ★焦点 jiāodiǎn 명 초점 | 关注的焦点 관심을 갖는 초점
C 领域 lǐngyù 명 영역, 분야 | 科学领域 과학 영역
D 先河 xiānhé 명 (일의) 시작, 처음 | 开创先河 시작을 열다

[다섯 번째 빈칸]
문인이 성공적으로 신문 발행을 한 것은 역사상 처음이기 때문에 신문 역사상 기적이라고 해야 의미가 맞습니다.

A ★痕迹 hénjì 명 자취, 흔적 | 留下痕迹 흔적을 남기다
B ★事迹 shìjì 명 사적 | 英雄事迹 영웅의 사적
C 古迹 gǔjì 명 고적 | 名胜古迹 명승고적
D 奇迹 qíjì 명 기적 | 创造奇迹 기적을 만들다

제3부분 71~80번 문제는 빈칸에 들어가는 알맞은 문장을 고르는 문제입니다.

71-75

剧透是一种非常可恶的事，但还是有很多人“乐此不疲”，心理学家认为，这是因为剧透者能借此获得某种心理上的满足。

首先，每个人都渴望被关注，剧透者往往希望通过提前向别人透露剧情来吸引他人的注意，[71]A 并从中得到足够的关注。其次，透露剧情的人一般都有一种比别人提前掌握了重要信息的优越感。“我知道你不知道的事”，这会让人产生优越感，尤其是看到对方的反应时，[72]E 无论对方是兴致盎然还是不以为然，都会激发剧透者的成就感。再次，透露剧情的人往往都是自以为是的人。他们总觉得如果不把剧情告诉你，那么你就根本看不懂这部电影，他们剧透也有“为你着想”的心态。

这些心理让一些剧透者欲罢不能，但另一方面，[73]B 不想被告知剧情的人却苦不堪言。在不知道电影情节的观影过程中，他们能按照情节发展将自己带入到剧情中，从而获得观剧的乐趣，假如被剧透，[74]C 这样的乐趣便荡然无存了。

不过人的喜好都不同，也不是所有的人都忌讳被透露剧情。有人认为适当地了解剧情能扫清观剧时对剧情理解的障碍，让观众对电影有更透彻的理解。从这个角度来看，[75]D 剧透也并非一无是处。

스포일러는 매우 얄미운 일이지만, 여전히 많은 사람들이 스포일러에 지칠 줄 모른다. 이런 사람들은 스포일러를 빌어 심리적인 만족감을 얻기 때문이라고 심리학자는 여긴다.

우선, 모든 사람은 다 관심 받기를 갈망한다. 스포일러는 다른 사람에게 미리 영화의 줄거리를 폭로해 다른 사람의 주의를 끌기를 바라고, [71]그 안에서 충분한 관심을 받는다. 두 번째로 스포일러는 보통 다른 사람보다 먼저 중요한 정보를 가지고 있다는 우월감을 갖고 있다. '난 네가 모르는 일을 알고 있어.' 이것은 그들로 하여금 우월감을 갖게 해주고, 특히 상대방의 반응을 봤을 때, [72]상대방이 흥미를 보이든 무시하든 상관없이 스포일러의 성취감을 불러일으킬 수 있다. 세 번째로, 스포일러는 자기만 옳다고 여기는 사람이 대부분이다. 그들은 만약 줄거리를 당신에게 알려주지 않으면 당신은 그 영화를 전혀 이해할 수 없을 것이라고 생각하고, 그들이 미리 줄거리를 알려주는 것도 당신을 위한 것이라는 심리를 가지고 있다.

이러한 심리는 스포일러로 하여금 그만두려 해도 그만둘 수 없게 만들지만, 또 다른 한 편으로 [73]줄거리를 미리 알고 싶어하지 않는 사람은 괴롭기 그지없다. 줄거리를 모르고 영화를 관람하면 그들은 줄거리의 발전에 따라 자신도 스토리 안에 빠져들어가 영화 관람의 즐거움을 얻는데, 만약 스포일러 당하면 [74]이런 즐거움은 싹 사라지게 된다.

그러나 사람의 취향은 모두 달라서, 모두가 스포일러 당하는 것을 기피하는 것은 아니다. 어떤 사람은 적당히 줄거리를 알면 관람 시 줄거리 이해에 대한 장애를 깨끗이 없애줄 수 있으니 관중이 영화에 대해 더욱 정확하게 이해할 수 있게 해준다고 여긴다. 이런 각도에서 보면 [75]스포일러도 장점이 전혀 없는 것은 아니다.

지문 어휘 剧透 jùtòu 동 영화 내용을 폭로하다, 스포일러 (*스포일러 : 영화, 소설, 애니메이션 등의 줄거리나 내용을 예비 관객이나 독자 특히 네티즌들에게 미리 밝히는 행위나 그런 행위를 하는 사람들을 일컫는 말이다) | ☆可恶 kěwù 형 얄밉다 | 乐此不疲 lè cǐ bù pí 성어 즐거워서 피곤하지 않다 | 借此 jiècǐ 동 이 기회를 빌다 | 获得 huòdé 동 얻다 | ☆渴望 kěwàng 동 갈망하다 | 关注 guānzhù 명 관심 동 관심을 갖다 | ☆透露 tòulù 동 폭로하다, 누설하다 | 剧情 jùqíng 명 줄거리, 스토리 | 吸引 xīyǐn 동 흡인하다, 끌다 | 提前 tíqián 부 미리 동 앞당기다 | 掌握 zhǎngwò 동 숙달하다, 파악하다 | 优越感 yōuyuègǎn 명 우월감 | 尤其 yóuqí 부 특히 | 反应 fǎnyìng 명 반응, 반향 | ☆激发 jīfā 동 불러일으키다 | 成就感 chéngjiùgǎn 명 성취감 | 自以为是 zì yǐ wéi shì 성어 스스로 옳다고 여기다, 잘난 척하다 | ☆着想 zhuóxiǎng 동 (어떤 사람이나 어떤 일의 이익을) 생각하다 | 欲罢不能 yù bà bù néng 성어 그만두려 해도 그만둘 수 없다 | ☆情节 qíngjié 명 줄거리 | ☆乐趣 lèqù 명 즐거움, 재미 | 假如 jiǎrú 접 만약 | 喜好 xǐhào 명 선호 동 선호하다 | ☆忌讳 jìhuì 동 기피하다, 꺼리다 | 适当 shìdàng 형 적절하다 | 扫清 sǎoqīng 동 깨끗이 제거하다 | 障碍 zhàng'ài 명 장애물 | 透彻 tòuchè 형 투철하다

보기 어휘 足够 zúgòu 형 충분하다 | 告知 gàozhī 동 알리다 | 苦不堪言 kǔ bù kān yán 성어 말로 다 할 수 없을 정도로 고통이 심하다 | 荡然无存 dàng rán wú cún 성어 깡그리 사라지다, 하나도 남아 있지 않다 | ☆并非 bìngfēi 동 결코 ~하지 않다 | 一无是处 yì wú shì chù 성어 하나도 옳은 곳이 없다, 맞는 것이 하나도 없다 | 兴致盎然 xìng zhì àng rán 성어 흥미진진하다, 관심을 갖다 | 不以为然 bù yǐ wéi rán 성어 그렇다고는 생각하지 않다, 무시하다

71

정답 A

해설 스포일러를 통해 사람들의 주의를 끌고, 그 안에서 충분한 관심을 받게 되어서 심리적 만족감을 얻을 수 있다는 내용이므로 정답은 A입니다.

72

정답 E

해설 밑줄 뒤 부사 '都'와 호응할 수 있는 접속사는 '无论'이고, 의미도 상대방의 반응에 대한 것인데, 흥미를 보이거나 무시하는 것 모두 반응을 나타내는 표현이므로 정답은 E입니다.

73

정답 B

해설 밑줄 앞 '另一方面'을 두고, 스포일러와 스포일러 당하는 사람의 입장을 설명한 문장이므로 정답은 B입니다.

74

정답 C

해설 밑줄 앞 접속사 '假如(=如果)'와 호응하는 부사는 '便(=就)'이고, 문장의 의미도 줄거리를 모르고 영화를 관람하면서 얻는 즐거움이 스포일러 당하면서 싹 사라지게 된다는 것이므로 정답은 C입니다.

75

정답 D

해설 '并非一无是处'는 '장점이 하나도 없는 것은 아니다'이므로 '좋은 점도 있다'는 의미인데, 마지막 지문은 모두가 스포일러를 기피하는 것이 아니고, 미리 줄거리를 알고 보면 영화를 더욱 정확하게 이해할 수 있다는 스포일러의 장점을 설명했으므로 정답은 D입니다.

当被问及“人为什么工作?”时，[76]A 最普遍的回答是，人不得不工作。工作占据了人们大部分的时间，但很多人却不认为它是件有意义的事，他们觉得工作只是一种谋生的手段。如果真是这样，那么企业管理者只能依靠打卡机和监控器等约束员工，杜绝他们偷懒的可能。

除了“不得不工作”以外，还有一种回答是:“工作是为了挣钱。”如果这是大部分人的真实想法，那么，[77]C 管理者可以通过金钱来激励员工。但实际上，我们可以看到很多工作狂，他们绝不会因为钱少而不去工作。

这样看来，被迫工作和为钱工作并非人们工作的唯一动力。传统观念认为，人对工作都有一种本能的排斥，[78]D 只要有机会便都想逃避。因此，很多管理者相信，只有采取高压手段和惩罚措施才能让员工认真工作，但也有管理学家认为，控制和惩罚并非企业实现目标的最佳手段。他们认为工作和玩耍或休息一样，[79]E 是生活中不可或缺的一部分，如果对工作有很强的责任感，人们会自我引导和自我控制。

现代管理学已不再侧重于约束和惩罚偷懒的员工，[80]B 而是倾向于为他们创造有利条件，让他们产生想要发挥潜能的欲望。事实上，让员工在工作中进行自我管理，远比强迫他们遵守公司规定、实现企业目标更有效。

'사람은 왜 일을 하는가?'라는 질문을 받았을 때, [76]가장 일반적인 대답은 어쩔 수 없이 일한다는 것이다. 일은 사람의 대부분의 시간을 차지하지만 많은 사람은 그것이 의미 있는 일이라고 생각하지 않는다. 그들은 일은 단지 생계 수단이라고 여긴다. 만약 정말 그렇다면 기업 관리자는 출퇴근 기록기와 CCTV 등에 의존해 직원을 단속하고, 직원의 태업을 방지할 수 밖에 없다.

'어쩔 수 없이 일하는 것' 이외에, 다른 대답으로는 '돈을 벌기 위해 일한다'이다. 만약 이것이 대부분 사람의 진짜 생각이라면, [77]관리자는 금전으로 직원을 격려할 수 있다. 그렇지만 사실상 우리는 많은 워커 홀릭을 볼 수 있고, 그들은 절대 돈이 적다고 일을 하지 않을 리가 없다.

이렇게 보면 강요로 일을 하는 것과 돈 때문에 일을 하는 것은 사람이 일을 하는 유일한 동력이 결코 아니다. 전통적인 관념에선 사람은 일에 대해 일종의 본능적인 기피가 있고, [78]기회만 있으면 도피하고 싶어한다고 여긴다. 그래서 많은 관리자는 강압적인 수단과 징벌 조치를 취해야지만 직원들이 열심히 일을 할 것이라고 믿는다. 그렇지만 통제와 징벌이 기업이 목표를 실현시킬 수 있는 가장 좋은 수단이 아니라고 생각하는 관리학자도 있다. 그들은 일이 노는 것이나 쉬는 것과 똑같이 [79]생활에서 없어서는 안 되는 일부분이고, 만약 일에 대해 강한 책임감이 있다면 사람들은 스스로 리드하고 컨트롤할 수 있을 것이라고 여긴다.

현대 관리학은 이미 게으름 피우는 직원을 단속하고 징벌하는데 치중하지 않고, [80]그들에게 유리한 조건을 만들어주어 직원들이 잠재력을 발휘하고픈 욕망이 생기도록 하는 추세이다. 사실상 직원들이 업무 과정에서 스스로 관리하도록 하는 것이 회사 규정을 준수하도록 강요해 기업 목표를 실현시키는 것보다 훨씬 더 효과적이다.

지문 어휘 问及 wènjí 동 묻다, 질문하다 | ★占据 zhànjù 동 점거하다, 차지하다 | 谋生 móushēng 동 생계를 도모하다 | 手段 shǒuduàn 명 수단, 방법 | 企业 qǐyè 명 기업 | ★依靠 yīkào 동 의지하다 | 打卡机 dǎkǎjī 명 출퇴근 기록기 | 监控器 jiānkòngqì 명 감시카메라, CCTV | ★约束 yuēshù 동 단속하다, 제약하다 | 员工 yuángōng 명 직원 | ★杜绝 dùjué 동 두절하다, 끊다 | 偷懒 tōulǎn 동 게으름을 피우다, 꾀부리다 | 挣钱 zhèngqián 동 돈을 벌다 | 实际上 shíjìshang 부 사실상 | 工作狂 gōngzuòkuáng 명 워커홀릭, 일벌레 | 被迫 bèipò 동 핍박을 받다, 강요당하다 | 并非 bìngfēi 동 결코 ~하지 않다 | 唯一 wéiyī 형 유일하다 | ★动力 dònglì 명 동력, 원동력 | ★本能 běnnéng 명 본능 | ★排斥 páichì 동 배척하다 | 因此 yīncǐ 접 그래서, 그러므로 | 采取 cǎiqǔ 동 채택하다 | 高压 gāoyā 명 고압, 강압, 억압 | ★惩罚 chéngfá 동 징벌하다 명 징벌 | 措施 cuòshī 명 조치 | 控制 kòngzhì 동

통제하다, 제어하다 | **实现** shíxiàn 동 실현하다 | **最佳** zuìjiā 형 최적이다 | **玩耍** wánshuǎ 동 놀다 | **责任感** zérèngǎn 명 책임감 | **自我** zìwǒ 명 자아, 자기 자신 | ☆**引导** yǐndǎo 동 인도하다, 이끌다 | **侧重** cèzhòng 동 편중하다, 치중하다, 주로 ~에 중점을 두다 | **发挥** fāhuī 동 발휘하다 | **潜能** qiánnéng 명 잠재력 | ☆**欲望** yùwàng 명 욕망 | ☆**强迫** qiǎngpò 동 강요하다 | **遵守** zūnshǒu 동 준수하다 | **规定** guīdìng 명 규정 동 규정하다 | **有效** yǒuxiào 형 효과 있다, 유효하다

보기 어휘 **普遍** pǔbiàn 형 보편적이다 | **回答** huídá 명 대답 동 대답하다 | **不得不** bùdébù 부 어쩔 수 없이 | ☆**倾向** qīngxiàng 동 경도되다, 마음이 쏠리다 명 경향, 추세 | **创造** chuàngzào 동 창조하다 | **金钱** jīnqián 명 금전 | ☆**激励** jīlì 동 격려하다 | **逃避** táobì 동 도피하다 | **不可或缺** bù kě huò quē 성어 없어서는 안 되다

76

정답 A

해설 밑줄 앞에 '问及'와 '回答'가 호응되므로 정답은 A입니다.

77

정답 C

해설 돈을 위해서 일하는 직원에게는 관리자가 돈으로 격려할 수 있다는 의미가 뒤따라 나와야 의미가 맞으므로 정답은 C입니다.

78

정답 D

해설 전통적인 관념으로 보면 사람들은 모두 본능적으로 일을 기피한다고 했으므로 기회가 있으면 도망가고 싶어한다는 의미가 뒤따라 나와야 합니다. 따라서 정답은 D입니다.

79

정답 E

해설 일과 노는 것, 쉬는 것 모두가 없어서는 안 될 것이라고 설명하는 문장이므로 정답은 E입니다.

80

정답 B

해설 현대 관리학의 직원 관리 추세를 설명하는 문장으로 '不再侧重于~, 而是倾向于~ (더 이상~에 치중하지 않고, ~에 치중한다)'가 호응되므로 정답은 B입니다.

第81到84题

提到蜜蜂，我们首先想到的是它可以为我们酿造蜂蜜。蜜蜂一生最多能够酿造出约为自身重量30倍的蜂蜜，[84]但实际上，酿蜜只是蜜蜂的“副业”，授粉才是蜜蜂的本职工作。蜜蜂是自然界中植物生存繁衍的媒介，是作物增产的重要保障。

[81]目前，世界上已知有16万种由昆虫授粉的显花植物，其中依靠蜜蜂授粉的占85%。在人类所利用的一千三百多种作物中，有超过一千种的作物需要蜜蜂来传授花粉。有关统计表明，利用蜜蜂授粉可使水稻增产5%、棉花增产12%、油菜增产18%，[84]部分果蔬作物产量能成倍增长，同时还可以有效提高农产品的品质，大幅减少化学坐果激素的使用。

没有蜜蜂的世界是无法想象的，如果没有蜜蜂，果树、农作物等将无法结出果实，因而也就无法繁衍下一代。[82]自然界中的生物“牵一发而动全身”，如果蜜蜂在地球上消失的话，整个生态系统都将崩溃。

此外，蜜蜂还被称为“环境哨兵”，充当着环境质量检测员的角色，蜜蜂在长期生存竞争中形成了异常敏锐的嗅觉，对周围环境极为敏感，可以识别出许多种细微的气味，[83]蜂群的数量直接反映环境状况——蜂群多的地方，一定是生态环境好的地方。

꿀벌에 대해 말하자면, 우리가 처음 떠올리는 것은 꿀벌이 우리에게 벌꿀을 양조해준다는 것이다. 꿀벌은 평생 자신의 몸무게의 약 30배가 되는 벌꿀을 양조할 수 있다. [84]하지만 사실상 꿀을 빚는 것은 단지 꿀벌의 '부업'일 뿐이고, '수분'이야말로 꿀벌의 본업이다. 꿀벌은 자연계의 식물 생존과 번식의 매개체이자, 농작물 생산을 늘려주는 중요한 보증수표이다.

[81]현재 세상에 이미 알려진 곤충이 수분하는 현화식물로는 16만 종이 있고, 그 중 꿀벌의 수분에 의존하는 것이 85%를 차지한다. 인류가 이용하는 1300여 종 작물 중, 1000여 종 이상의 작물이 꿀벌의 수분이 필요하다. 관련 통계에 따르면, 꿀벌의 수분을 이용해 벼의 생산량을 5%로 늘리고, 목화의 생산량은 12%, 청경채의 생산량은 18% 늘렸다. [84]일부 과일 및 채소의 생산량도 배로 늘었고, 동시에 농산품의 품질 향상에도 효과적이었으며, 화학적 착과 호르몬의 사용도 대폭 감소했다.

꿀벌이 없는 세상은 상상할 수가 없다. 만약 꿀벌이 없다면, 과일나무, 농작물 등은 과실을 맺지 못할 것이고, 다음 세대를 번식시킬 수가 없다. [82]자연계의 생물은 '사소한 것이 대세에 큰 영향을 미친다.' 만약 꿀벌이 지구상에서 사라지게 되면 모든 생태계는 붕괴될 것이다.

그밖에 꿀벌은 '환경 초병'이라고 불리는데, 환경의 질을 측정하는 역할을 담당하고 있다. 꿀벌은 오랜 시간 생존 경쟁하는 과정에서 몹시 예민한 후각이 생겼고, 주위 환경에 매우 민감해서 많은 미세한 냄새를 가려낼 수 있다. [83]벌떼의 수량은 환경 상황을 직접적으로 반영해준다. 벌떼가 많은 곳은 틀림없이 생태환경이 좋은 곳이다.

지문 어휘 **蜜蜂** mìfēng 명 꿀벌 | **酿造** niàngzào 동 양조하다 | **蜂蜜** fēngmì 명 벌꿀 | **重量** zhòngliàng 명 중량, 무게 | **倍** bèi 양 배 | **酿蜜** niàng mì 동 (꿀벌이) 꿀을 만들다 | **副业** fùyè 명 부업 | **授粉** shòu fěn 동 수분하다(꽃가루받이를 하다) 명 수분 | **本职工作** běnzhí gōngzuò 본업 | **植物** zhíwù 명 식물 | ☆**生存** shēngcún 동 생존하다 명 생존 | **繁衍** fányǎn 동 번식하다 | ☆**媒介** méijiè 명 매개물, 매개체 | **作物** zuòwù 명 농작물 | **增产** zēngchǎn 동 증산하다, 생산을 늘리다 | ☆**保障** bǎozhàng 명 보장, 보증 동 보장하다 | **昆虫** kūnchóng 명 곤충 | **显花植物** xiǎnhuā zhíwù 명 현화식물, 종자식물(꽃이 피어서 열매가 열리고 씨가 생기는 식물) | ☆**依靠** yīkào 동 의지하다 | **占** zhàn 동 차지하다 | **超过** chāoguò 동 초과하다 | **传授** chuánshòu 동 (지식·기술·수완 따위를) 전수하다, 물려주다 | **花粉** huāfěn 명 식물 화분, 꽃가루 | ☆**统计** tǒngjì 명 통계 동 통계하다 | **表明** biǎomíng 동

분명하게 나타내다 | **水稻** shuǐdào 명 벼 | ★**棉花** miánhua 명 목화, 솜 | **油菜** yóucài 명 유채, 청경채 | **果蔬** guǒshū 명 과일 및 채소 | **成倍** chéngbèi 동 배가 되다 | **品质** pǐnzhì 명 품질 | **大幅** dàfú 부 대폭 | **坐果激素** zuòguǒ jīsù 명 착과(과실을 맺게 하는) 호르몬 | **果树** guǒshù 명 과수 | **结** jiē 동 맺다 | **果实** guǒshí 명 과실 | **因而** yīn'ér 접 그러므로 | **牵一发而动全身** qiān yí fà ér dòng quán shēn 성어 머리털 한 오라기를 당겨 온몸이 움직이다. 사소한 일도 전체에 영향을 미칠 수 있다 | **消失** xiāoshī 동 사라지다, 없어지다 | **生态系统** shēngtài xìtǒng 명 생태계 | ★**崩溃** bēngkuì 동 붕괴하다 | **哨兵** shàobīng 명 초병 | ★**充当** chōngdāng 동 충당하다, (직무를) 맡다 | **质量** zhìliàng 명 질, 품질 | **检测** jiǎncè 동 검사하다, 측정하다 | **角色** juésè 명 배역, 역할 | **竞争** jìngzhēng 동 경쟁하다 명 경쟁 | **形成** xíngchéng 동 형성되다 | ★**异常** yìcháng 부 몹시 형 이상하다 | ★**敏锐** mǐnruì 형 (감각이) 예민하다 | ★**嗅觉** xiùjué 명 후각 | **敏感** mǐngǎn 형 민감하다 | ★**识别** shíbié 동 식별하다 | **细微** xìwēi 형 미세하다 | ★**气味** qìwèi 명 냄새 | **反映** fǎnyìng 동 반영하다 명 반영

81

第二段主要是为了说明什么?

A 蜜蜂能酿出大量蜂蜜
B 授粉是蜜蜂的主要职责
C 蜜蜂的生存力强
D 农作物增产不能靠蜜蜂

두 번째 단락은 주로 무엇을 설명하기 위한 것인가?

A 꿀벌은 많은 꿀을 양조할 수 있다
B 수분은 꿀벌의 주요 직책이다
C 꿀벌의 생존력은 강하다
D 농작물의 증산은 꿀벌에 의지하면 안 된다

정답 B

해설 현재 세상에 이미 알려진 곤충이 수분하는 현화식물은 16만 종이 있는데, 그 중 꿀벌에 의존해 수분하는 것이 85%를 차지한다(目前，世界上已知有16万种由昆虫授粉的显花植物，其中依靠蜜蜂授粉的占85%)고 했으므로 정답은 B입니다.

82

第三段中“牵一发而动全身”的意思是:

A 蜂群内部分工明确
B 某生物消亡会影响其他生物
C 果树对蜜蜂的生存至关重要
D 植物处在不断进化中

세 번째 단락에서 '머리카락 한 가닥을 잡아당겨도 온몸이 따라 움직인다'의 의미는?

A 벌떼 내부의 분업이 명확하다
B 어떤 생물이 소멸하면 다른 생물에게도 영향을 끼칠 것이다
C 과수는 꿀벌의 생존에 매우 중요하다
D 식물은 부단히 진화하는 중이다

보기 어휘 **分工** fēn gōng 명 분업 | **消亡** xiāowáng 동 소멸하다, 없어지다 | **至关重要** zhìguān zhòngyào 매우 중요하다 | **处在** chǔzài 동 ~에 처하다, ~한 상황에 놓이다

정답 B

해설 꿀벌이 지구상에서 사라지게 되면 모든 생태계가 붕괴될 것(如果蜜蜂在地球上消失的话，整个生态系统都将崩溃)이라는 설명에서 '牵一发而动全身'은 사소한 것이 큰 영향을 미친다는 의미인 것을 알 수 있으므로 정답은 B입니다.

83

最后一段主要谈的是	마지막 단락이 주로 이야기 하는 것은?
A 蜜蜂能反映环境状况	A 꿀벌은 환경 상황을 반영할 수 있다
B 蜜蜂嗅觉敏锐的原因	B 꿀벌의 후각이 예민한 원인
C 蜜蜂的繁殖与环境有关	C 꿀벌의 번식은 환경과 관계가 있다
D 如何扩大蜂群数量	D 벌떼의 수를 어떻게 늘릴 수 있는지

정답 A

해설 벌떼의 수량은 환경 상황을 직접적으로 반영한다(**蜂群的数量直接反映环境状况**)고 했으므로 정답은 A입니다.

84

根据上文，下列哪项正确?	지문에 따르면 다음 중 옳은 것은 무엇인가?
A 酿蜜是蜜蜂的首要任务	A 꿀을 빚는 것은 꿀벌의 가장 중요한 임무이다
B 世上的已知植物有16万种	B 세상에 이미 알려진 식물은 16만 종이다
C 蜜蜂授粉可使水果产量翻番	C 꿀벌의 수분으로 과일 생산량은 배가 될 수 있다
D 蜜蜂过多会对环境造成破坏	D 꿀벌이 지나치게 많으면 환경을 파괴할 수 있다

보기 어휘 ★**首要** shǒuyào 형 가장 중요하다 | **翻番** fān fān 동 (수량이) 곱으로 늘다, 배로 늘다

정답 C

해설 꿀을 빚는 것은 꿀벌의 '부업'일 뿐(**酿蜜只是蜜蜂的"副业"**)이라고 했고, 세상에 이미 알려진 곤충으로 수분하는 현화식물이 16만 종(**世界上已知有16万种由昆虫授粉的显花植物**)이며, 일부 과일 야채 작물은 꿀벌의 수분으로 생산량이 배로 증가한다(**利用蜜蜂授粉,…部分果蔬作物产量能成倍增长**)고 했으므로 정답은 C입니다.

第85到88题

[85]俗话说“儿行千里母担忧”，这句话表现出了母亲对孩子的爱真挚而深厚。最近有科学家指出，之所以会存在“儿行千里母担忧”的普遍现象，主要是因为“母子连心”，而这里的“母子连心”并不是简单的比喻，而是客观的生理和心理现象。

研究发现，三个月大的婴儿能够和他们的母亲实现心跳同步。[86]研究者让40位妈妈抱着她们的孩子，并给母婴都配备了能够检测心跳的电极。结果发现，随着母亲充满爱意的各种表情的出现，母亲与婴儿的心跳很快就实现了“步调一致”。

[87]那么母子连心的原因是什么呢？另一个团队的研究为解开这个谜团提供了一条重要线索。他们发现，女性大脑中存在“微嵌合细胞”，这种细胞是由某一个体的少量细胞转移到另一个体内所形成的。接近三分之二的女性研究对象的大脑中都存在着这种细胞，这说明胎儿的细胞进入了母亲的大脑中。研究者猜测，胎儿的细胞应该是在母亲怀孕期间通过胎盘进入母亲体内的。总之，这种观点为子女出现不良情绪时，即使母亲不在子女的身边，很多母亲也往往会感到不安的现象提供了科学上的解释。

过去的研究表明，[88]多子女的女性患上老年痴呆症的比例比无子女的女性高，这或许意味着儿女带给母亲的细胞，会对母亲的大脑产生不良影响。当然这些都只是猜测，离下定论还为时过早。但不管怎样，这种现象足以说明母子连心绝不是对母爱的美化，母亲和孩子之间的相互关联，在大脑里确实是有“基础”的。

[85]옛말에 ‘자식이 천 리를 떠나면 어미는 걱정한다’는 속담이 있다. 이 말은 어머니의 아이에 대한 사랑이 진실되고 두터운 것을 나타낸다. 최근에 한 과학자는 ‘자식이 천 리를 떠나면 어미가 걱정한다’는 보편적인 현상이 존재할 수 있는 것은 주로 엄마와 자녀의 마음이 통하기 때문이고, 여기에서의 엄마와 자녀의 마음이 통한다는 것은 간단한 비유가 아니라 객관적인 생리와 심리현상이라고 말했다.

연구 결과, 3개월 정도 된 영아는 엄마와 심장박동수가 같다. [86]연구자는 40명의 엄마들에게 그들의 아이를 안고 있게 하고, 엄마와 아기 모두에게 심장 박동을 검측할 수 있는 전극을 달았다. 그 결과, 엄마의 사랑 가득한 여러 가지 표정이 나타나면서, 엄마와 아기의 심장 박동은 곧 보조를 맞추게 되었다.

[87]그렇다면 엄마와 자녀의 마음이 통하는 원인은 무엇일까? 또 다른 팀의 연구는 이 수수께끼를 풀기 위해 중요한 단서 하나를 제공했다. 그들은 여성의 대뇌 중 ‘미시키메라 세포’가 있는데, 이 세포는 한 개체의 소량 세포가 다른 개체로 옮겨가면서 만들어지는 것이다. 2/3에 가까운 여성 연구 대상의 대뇌에는 이 세포가 있는데, 이것은 태아의 세포가 어머니의 대뇌에 들어갔다는 것을 설명해준다. 태아의 세포는 분명 엄마의 임신 기간 동안 태반을 통해 엄마 몸에 들어갔을 것이라고 연구자들은 추측했다. 요컨대, 이런 관점은 자녀에게 나쁜 감정이 생기면, 설사 엄마가 자녀 곁에 있지 않더라도 종종 같이 불안한 감정이 생기는 현상을 과학적으로 설명해준다.

과거의 연구에 따르면, [88]자녀가 많은 여성이 치매에 걸리는 비율이 자녀가 없는 여성보다 높다. 이것은 아마 자녀가 엄마에게 주는 세포가 엄마의 대뇌에 나쁜 영향을 끼친다는 것을 의미한다. 물론 이것들은 모두 추측일 뿐이기 때문에 결론을 짓기엔 아직 시기상조이다. 하지만 어쨌든 이런 현상은 엄마와 자녀의 마음이 통하는 것이 절대 모성애에 대한 미화가 아니라는 것을 충분히 설명해준다. 엄마와 자녀 간의 상호 관계는 확실히 대뇌에 그 기반이 있다.

지문 어휘 ☆俗话 súhuà 명 속담 | 儿行千里母担忧 ér xíng qiānlǐ mǔ dānyōu 속담 자식이 천 리를 떠나면 어미는 걱정한다 | 表现 biǎoxiàn 동 나타내다 명 행동과 태도 | 母亲 mǔqīn 명 모친 | ☆真挚 zhēnzhì 형 진실하다 | 深厚 shēnhòu 형 (감정이) 깊고 두텁다 | 存在 cúnzài 동 존재하다 명 존재 | 普遍 pǔbiàn 형 보편적이다 | 现象 xiànxiàng 명 현상 | 母子连心 mǔ zǐ lián xīn 성어 엄마와 아이가 마음이 통하다 | ☆比喻 bǐyù 명 비유 동 비유하다 | 客观 kèguān 형 객관적이다 | ☆婴儿 yīng'ér 명 영아 | 实现 shíxiàn 동 실현하다 | 心跳 xīntiào 명 심장의 고동 동 심장이 뛰다 | 同步 tóngbù 동 보조를 맞추다, 행동을 통일하다 | 抱 bào 동 안다 | ☆配备 pèibèi 동 배치하다 | 检测 jiǎncè 동 검사 측정하다 | 电极 diànjí 명 전극 | 充满 chōngmǎn 동 가득차다 | 爱意 àiyì 명 애정 어린 마음 | 步调 bùdiào 명 보조, 걸음걸이 | 一致 yízhì 형 일치하다 | 团队 tuánduì 명 팀 | 解开 jiěkāi 동 열다, 풀다 | 谜团 mítuán 명 수수께끼 | 提供 tígōng 동 제공하다 | ☆线索 xiànsuǒ 명 실마리, 단서 | 女性 nǚxìng 명 여성 | 大脑 dànǎo 명 대뇌 | 微嵌合细胞 wēiqiànhé xìbāo 명 미시키메라(Chimera) 세포(미시키메라 현상은 어떤 특정 기관 속에 극소수의 유전적으로 다른 세포가 박혀 공존하는 현상이다) | ☆个体 gètǐ 명 개체 | 转移 zhuǎnyí 동 전이하다, 옮기다 | 形成 xíngchéng 동 형성되다 | 接近 jiējìn 동 접근하다 형 가깝다 | 胎儿 tāi'ér 명 태아 | 猜测 cāicè 동 추측하다 명 추측 | 怀孕 huáiyùn 동 임신하다 | 胎盘 tāipán 명 태반 | 总之 zǒngzhī 접 한마디로 말하면, 요컨대 | 观点 guāndiǎn 명 관점 | 情绪 qíngxù 명 감정, 기분 | 即使 jíshǐ 접 설령 ~하더라도 | 不安 bù'ān 형 불안하다 | 解释 jiěshì 명 해석, 설명 동 해석하다, 설명하다 | 表明 biǎomíng 동 분명하게 나타내다 | 患 huàn 동 병에 걸리다 | 老年痴呆症 lǎonián chīdāizhèng 명 노인성 치매 | 比例 bǐlì 명 비율, 비례 | 或许 huòxǔ 부 아마 | ☆意味着 yìwèizhe 의미하다 | 下定论 xià dìnglùn 결론을 내리다 | 为时过早 wéi shí guò zǎo 성어 시기상조 | 不管怎样 bùguǎn zěnyàng 어쨌든 | ☆足以 zúyǐ 충분히 ~할 수 있다 | 美化 měihuà 명 미화 동 미화하다 | 相互 xiānghù 형 상호의 | 关联 guānlián 명 관계, 관련 동 관련되다 | 确实 quèshí 부 확실히, 정말로 형 확실하다 | 基础 jīchǔ 명 토대, 기초

85

人们用“儿行千里母担忧”来形容：

A 孩子思念家乡
B 儿女孝顺父母
C 母爱深厚
D 母亲爱操心

사람들은 '자식이 천 리를 떠나면 어미는 걱정한다'라는 속담을 이용해 무엇을 나타내는가?

A 아이들은 고향을 그리워한다
B 자녀는 부모에게 효도한다
C 모성애는 깊고 두텁다
D 엄마는 걱정을 자주 한다

보기 어휘 ☆思念 sīniàn 동 그리워하다 | 孝顺 xiàoshun 동 효도하다 | 操心 cāo xīn 동 마음을 쓰다, 걱정하다

정답 C

해설 '자식이 천 리를 떠나면 어미는 걱정한다'는 속담은 어머니의 아이에 대한 사랑이 진실되고 두터운 것을 나타낸다(俗话说“儿行千里母担忧”，这句话表现出了母亲对孩子的爱真挚而深厚)고 했으므로 정답은 C입니다.

86

根据第二段，那项研究：

A 有40对母婴参与
B 先将母婴隔离了半小时
C 要求母亲和婴儿背对背
D 证实婴儿心跳比母亲快

두 번째 단락에 따르면 그 연구는?

A 40쌍의 엄마와 아기가 참여했다
B 먼저 엄마와 아기를 30분 동안 격리시켰다
C 엄마와 아기가 등을 맞대도록 했다
D 아기의 심장 박동이 엄마보다 빠르다는 것을 입증했다

보기 어휘 ★**隔离** gélí 동 격리하다 | **背对背** bèi duì bèi 등을 맞대다 | ★**证实** zhèngshí 동 (사실을) 검증하다, 입증하다, 증명하다

정답 A

해설 연구자는 40명의 엄마에게 자신의 아기를 안고 있게 했고(**研究者让40位妈妈抱着她们的孩子**), 엄마와 아기 모두에게 심장 박동을 검측할 수 있는 전극을 달았는데(**并给母婴都配备了能够检测心跳的电极**), 엄마와 아기의 심장박동이 곧 보조를 맞추게 되는 결과를 얻었다(**母亲与婴儿的心跳很快就实现了"步调一致"**)고 했으므로 정답은 A입니다.

87

第三段中画线部分指的是：

A 母子基因的差异
B 母子连心的原因
C 微嵌合细胞的功能
D 微嵌合细胞的奥秘

세 번째 단락에서 밑줄 그은 부분이 가리키는 것은?

A 엄마와 자녀간 유전자의 차이
B 엄마와 자녀가 서로 마음이 통하는 원인
C 미시키메라 세포의 기능
D 미시키메라 세포의 신비

보기 어휘 ★**基因** jīyīn 명 유전자 | ★**奥秘** àomì 명 오묘(한 비밀), 신비

정답 B

해설 밑줄 앞부분에서 엄마와 자녀간에 마음이 통하는 원인이 무엇인지(**那么母子连心的原因是什么呢**) 질문하면서 이 수수께끼를 풀기 위한 중요한 단서를 또 다른 팀의 연구에서 제공해주었다(**另一个团队的研究为解开这个谜团提供了一条重要线索**)고 했으므로 정답은 B입니다.

88

根据最后一段，可以知道：

A 无子女者更健康是谣言
B 子女应关注父母的心理变化
C 微嵌合细胞已被证实会致病
D 多子女者患老年痴呆的比例高

마지막 단락에 근거해 알 수 있는 것은?

A 자녀가 없는 여자가 더욱 건강하다는 것은 유언비어이다
B 자녀는 마땅히 부모님의 심리 변화에 관심을 가져야 한다
C 미시키메라 세포가 질병을 유발할 수 있다는 것이 이미 증명되었다
D 자녀가 많은 여자가 노인성 치매에 걸리는 비율이 높다

보기 어휘 ☆**谣言** yáoyán 명 (헛)소문, 뜬소문, 유언비어 | **致病** zhìbìng 동 병을 유발하다

정답 D

해설 자녀가 많은 여성이 치매에 걸리는 비율이 자녀가 없는 여성보다 높다(**多子女的女性患上老年痴呆症的比例比无子女的女性高**)고 했으므로 정답은 D입니다.

第89到92题

[89]一万年前，小麦只是地球上的一种杂草，人类偶然发现并掌握了小麦的播种方法以后，人类以为自己看透了自然的一大奥秘，便放弃了自己历经两百多万年演化形成的适合爬树、奔跑的身体优势，做起了农活儿，不再四处流浪了。人类的工作时间从每天三到四个小时采集打猎，到几乎把所有不睡觉的时间都用在种植小麦上，久而久之，小麦成为了全球种植面积最大的农作物。

自从人类学会了种植，人口大幅增长，可是人口的增加并不代表个体基因的优良，也不代表个体幸福度的增加。

[90]在采集狩猎时代，大自然对人体素质要求极高，那时，人类的身材犹如今天的马拉松运动员一样精瘦，灵活性超过瑜伽教练，可谓耳聪目明。当时虽然没有现代发达的医疗技术，但也没有那么多的进化病。人类的死亡原因多是旱灾和霍乱等引起的。

[92]不少人认为，与古人相比，现代人的心智更高，但我认为这种观点是有待推敲的。虽然现代人的整体认知水平超过了祖先，但是现代社会分工太细，个体的心智并没有明显的提高，[91]而且知识并不是通过基因复制被得知的，而是得益于文字，前人的经验通过文字得以代代传承，所以[92]很难说现代人的心智比古人高。

[89]일만 년 전, 밀은 지구상에서 일종의 잡초에 불과했는데, 인류가 우연히 밀의 파종 방법을 발견하고 숙달한 이후, 인류는 자신이 자연의 큰 신비를 간파했다고 생각했다. 그래서 이 백여 만년에 걸쳐 진화하면서 만들어진 나무 타기, 달리기 등에 적합한 신체적 우세를 버리고, 농사 짓기를 시작하면서 더 이상 사방으로 유랑하지 않게 되었다. 인류의 일하는 시간은 매일 3시간에서 4시간 정도로 채집과 사냥을 했고, 잠을 자지 않는 시간은 거의 모두 밀을 재배하는데 사용했다. 그렇게 오랜 시간이 흘러 밀은 전세계에서 재배면적이 가장 넓은 농작물이 되었다.

인류가 농작물 재배를 배우면서 인구는 대폭 증가했지만 인구의 증가는 개인 유전자가 우수함을 의미하는 것도 아니고, 개인의 행복지수 향상을 의미하는 것도 아니다.

[90]채집 수렵 시대엔 대자연의 신체조건에 대한 요구가 매우 높았다. 그때 인류의 몸은 오늘날의 마라톤 운동선수와 같이 비쩍 말랐고, 유연함이 요가 강사를 뛰어넘었으며, 귀와 눈이 매우 밝았다고 할 수 있다. 그 당시엔 비록 현대의 발달된 의료기술은 없었지만 그리 많은 진화병이 없었고, 인류의 사망 원인 중 대다수는 가뭄으로 생긴 재해와 콜레라 등이 일으킨 것이다.

[92]옛날 사람과 비교해보면, 현대인의 사고력이 더 높다고 많은 사람들이 생각하지만 나는 이런 관점은 고민해 볼 필요가 있다고 여긴다. 비록 현대인의 전반적인 인지수준이 조상을 뛰어 넘었지만, 현대 사회의 분업은 너무 세세하고, 개인의 사고력은 뚜렷한 향상이 없다. [91]게다가 지식은 유전자 복제를 통해 알게 된 것이 아니고, 문자 덕분인데, 선인들의 경험이 문자를 통해서 대대로 계승되기 때문에 [92]현대인의 사고력이 옛날 사람보다 높다고 말하기 어렵다.

农业革命让人类的脑容量和身体素质逐渐退化，工业革命使其退化进一步加剧。现代人一般只需要掌握单一的技能，人们一旦离开社会协作便无法生存下去，而长时间地重复劳作也让人们的幸福感下降。

在不久的将来，当我们建设出更完善的智能城市时，我们的身体会不会又随之退化呢？

농업혁명은 인류의 뇌 용량과 신체 조건을 점차 퇴화시켰고, 산업혁명은 그 퇴화가 더욱 심각해지도록 했다. 현대인은 일반적으로 단일한 기술만 숙달하면 되고, 사람들은 일단 사회 협력이 없으면 생존해갈 수가 없다. 장시간의 반복 노동 또한 사람들의 행복지수를 떨어뜨린다.

머지않아 우리가 더욱 완벽하고 스마트한 도시를 건설해 낸다면 우리의 신체는 또 그에 따라 퇴화되지 않을까?

지문 어휘 **小麦** xiǎomài 명 밀 | **杂草** zácǎo 명 잡초 | **偶然** ǒurán 부 우연히 | **掌握** zhǎngwò 동 숙달하다 | ★**播种** bōzhòng 동 파종하다 | **看透** kàn tòu 동 간파하다 | ★**奥秘** àomì 명 신비 | **放弃** fàngqì 동 포기하다 | **历经** lìjīng 동 여러 번 겪다 | **演化** yǎnhuà 동 발전 변화하다 | **形成** xíngchéng 동 형성되다 | **适合** shìhé 동 적합하다, 알맞다 | **爬树** pá shù 동 나무에 오르다 | **奔跑** bēnpǎo 동 질주하다 | **优势** yōushì 명 우세 | **农活儿** nónghuór 명 농사일 | **四处** sìchù 명 도처 | ★**流浪** liúlàng 동 유랑하다 | ★**采集** cǎijí 동 채집하다 | ★**打猎** dǎliè 동 사냥하다 | ★**种植** zhòngzhí 동 심다, 재배하다 | **久而久之** jiǔ ér jiǔ zhī 성어 오랜 시간이 지나다 | **农作物** nóngzuòwù 명 농작물 | **自从** zìcóng 전 ~부터 | **大幅** dàfú 부 대폭 | **增长** zēngzhǎng 동 증가하다 | **增加** zēngjiā 동 증가하다 | ★**个体** gètǐ 명 개체 | **基因** jīyīn 명 유전자 | **优良** yōuliáng 형 아주 좋다 | **狩猎** shòuliè 동 사냥하다 | ★**素质** sùzhì 명 소양, 자질 | **身材** shēncái 명 몸매 | ★**犹如** yóurú 동 마치 ~와(과) 같다 | **马拉松** mǎlāsōng 명 마라톤 | **精瘦** jīngshòu 형 몹시 마르다 | **灵活性** línghuóxìng 명 유연성 | **超过** chāoguò 동 초과하다, 추월하다 | **瑜伽** yújiā 명 요가 | **教练** jiàoliàn 명 코치 | **可谓** kěwèi 동 ~라고 말할 수 있다 | **耳聪目明** ěr cōng mù míng 성어 귀와 눈이 밝다, 매우 총명하다 | **发达** fādá 동 발달하다 | **医疗** yīliáo 명 의료 | ★**进化** jìnhuà 명 진화 동 진화하다 | ★**死亡** sǐwáng 명 사망 동 죽다, 사망하다 | **旱灾** hànzāi 명 가뭄, 한재 | **霍乱** huòluàn 명 콜레라 | **引起** yǐnqǐ 동 야기하다, (주의를) 끌다 | **古人** gǔrén 명 옛 사람 | **心智** xīnzhì 명 마음의 지혜, 사고력 | **有待** yǒudài 동 기다리다, 기대하다 | **推敲** tuīqiāo 동 (어떤 문제에 대하여) 이것저것 곰곰이 생각하다, 퇴고하다 | **整体** zhěngtǐ 명 전체 | **认知** rènzhī 명 인지 동 인지하다 | ★**祖先** zǔxiān 명 선조, 조상 | **分工** fēngōng 동 분업하다 | **细** xì 형 자세하다 | **明显** míngxiǎn 형 뚜렷하다 | **基因复制** jīyīn fùzhì 유전자 복제 | **得知** dézhī 동 알게 되다 | **得益于** déyìyú 동 ~덕분이다 | **文字** wénzì 명 문자 | **经验** jīngyàn 명 경험, 노하우 | **得以** déyǐ 동 ~할 수 있다 | **传承** chuánchéng 동 전승하다, 계승하다 | **农业** nóngyè 명 농업 | ★**革命** gémìng 명 혁명 동 혁명하다 | **脑** nǎo 명 뇌 | **容量** róngliàng 명 용량 | **逐渐** zhújiàn 부 점차 | **退化** tuìhuà 동 퇴화하다 명 퇴화 | **工业革命** gōngyè gémìng 산업 혁명 | ★**加剧** jiājù 동 격화되다 | **单一** dānyī 형 단일하다 | **技能** jìnéng 명 기능 | **一旦** yídàn 부 일단 | **协作** xiézuò 동 협동하다, 협력하다 | ★**生存** shēngcún 동 생존하다 | **重复** chóngfù 동 반복하다 | **劳作** láozuò 동 노동하다, 일하다 | **下降** xiàjiàng 동 하강하다, 떨어지다 | **将来** jiānglái 명 장래, 미래 | **建设** jiànshè 동 건설하다 | **完善** wánshàn 형 완벽하다, 나무랄 데가 없다 | ★**智能** zhìnéng 명 지능 | **随之** suízhī 이에 따라

第一段中画线词语指的是什么？

A 小麦种植技术
B 爬树的技能
C 制作农具
D 除杂草的方法

첫 번째 단락에서 밑줄 그은 단어가 가리키는 것은 무엇인가?

A 밀의 재배 기술
B 나무를 오르는 기술
C 농기구를 제작하는 것
D 잡초를 뽑는 방법

보기 어휘 **农具** nóngjù 명 농기구 | ★**除** chú 동 없애다, 제거하다

정답 A

해설 일만 년 전에 밀은 잡초에 불과했지만 인류가 우연히 밀의 파종 방법을 발견하고 숙달하게 되면서 자연의 신비를 간파한 것으로 여겼다(**一万年前，小麦只是地球上的一种杂草，人类偶然发现并掌握了小麦的播种方法以后，人类以为自己看透了自然的一大奥秘**)고 했으므로 정답은 A입니다.

在采集狩猎时代，人类：

A 身体素质好
B 受进化病困扰
C 已懂得组织体育比赛
D 已发明了先进的工具

채집 수렵 시대에 인류는?

A 신체조건이 좋았다
B 진화병의 괴롭힘을 받았다
C 이미 스포츠 경기를 결성할 줄 알았다
D 이미 선진적인 도구를 발명했다

보기 어휘 **身体素质** shēntǐ sùzhì 신체 조건, 신체 소질 | **困扰** kùnrǎo 명 괴롭힘, 성가심 동 귀찮게 굴다 | **组织** zǔzhī 동 조직하다, 결성하다

정답 A

해설 채집 수렵 시대엔 대자연의 신체 조건에 대한 요구가 높았다(**在采集狩猎时代，大自然对人体素质要求极高**)고 하면서 그 당시 사람들의 몸은 오늘날 마라톤 운동 선수와 같이 말랐고, 유연성은 요가 강사를 뛰어넘는다(**那时，人类的身材犹如今天的马拉松运动员一样精瘦，灵活性超过瑜伽教练**)고 했으므로 정답은 A입니다.

91

根据第四段，下列哪项正确？ | 네 번째 단락에 근거하여 다음 중 옳은 것은 무엇인가?

A 人类的基因愈来愈优良 | A 인류의 유전자는 점점 더 우수해진다
B 社会分工越细越好 | B 사회 분업은 세분화 될수록 좋다
C 个体的心智远胜过祖先 | C 개인의 사고력은 조상보다 훨씬 뛰어나다
D 知识的获得得益于文字 | D 지식의 획득은 문자 덕분이다

보기 어휘 **愈来愈** yùláiyù 점점 더, 더욱 더 | **远胜过** yuǎn shèng guò 훨씬 낫다, 훨씬 뛰어나다

정답 D

해설 지식은 유전자가 복제되면서 알게 된 것이 아니고 문자 덕분(知识并不是通过基因复制被得知的，而是得益于文字)이라고 했으므로 정답은 D입니다.

92

下列哪项是作者的观点？ | 작가의 관점은 아래 어느 것인가?

A 机器会让人变得更懒惰 | A 기계는 사람을 더욱 게으르게 만든다
B 古人的素质比现代人高 | B 옛날 사람은 현대인보다 수준이 높다
C 现代人不见得比古人聪明 | C 현대인이 꼭 옛날 사람보다 똑똑한 것은 아니다
D 只有一门技术让人感到不幸 | D 기술이 하나만 있으면 불행하게 느끼게 된다

보기 어휘 **机器** jīqì 명 기계, 기기 | ★**懒惰** lǎnduò 형 나태하다, 게으르다 | **不见得** bújiànde 반드시 그렇다고 볼 수 없다

정답 C

해설 많은 사람이 옛날 사람과 비교해 현대인의 사고력이 더욱 높다고 생각하지만 작가는 이런 관점은 고민해볼 필요가 있다(不少人认为，与古人相比，现代人的心智更高，但我认为这种观点是有待推敲的)고 하면서, 현대인의 사고력이 옛날 사람보다 높다고 말하기 힘들다(很难说现代人的心智比古人高)고 했으므로 정답은 C입니다.

第93到96题

京绣又称“宫廷绣”，多用于宫廷装饰、服饰，用料讲究，技艺精湛，民间高档的京绣大都与皇宫有着千丝万缕的联系。京绣是一门古老的刺绣工艺，其历史可追溯到唐代，[93]至明清时期大为兴盛，曾和“苏绣、湘绣、顾绣”并称为中国的“四大绣”。京绣是古代宫廷刺绣的代表，于2014年被列为第四批国家级非物质文化遗产名录。

京绣有三点极为突出：一、[94-A]它具有独特的地位，京绣中的部分纹样在其他绣种中是不许使用的，如龙袍上的十二章纹样和五爪金龙纹只有皇帝才能用。二、[94-D]图案题材广泛：山水花鸟、龙凤图案、飞禽走兽等，在图案的选择上十分讲求寓意的吉祥，处处有着饶有趣味的“口彩”，所谓“图必有意，纹必吉祥”。三、宫廷艺术风格浓厚、[94-B]材料名贵，很多绣品的关键部位都缀有玛瑙、翡翠等宝石。

另外，京绣对不同的图案都有较严格的规范，[95]针法极为考究。如在龙袍纹饰图案中，龙眼、鳞片、毛发、五彩祥云的针法等，都有严格的规范和标准，绣工的智慧、技能必须在这一范围内予以体现。当我们鉴赏那些珍贵的清代宫廷绣品时，可以明显看出，虽然年代不同、图形设计略有变化，但典制章法总体是不变的，而且从每一件绣品中都可体会到京绣艺人高超的技艺和艺术修养。

京绣专门为宫廷服务，有些图案已经不符合现代人的审美观了，比如龙袍和大臣的补服，除了用做收藏，没有人会再去穿它。但经过老艺人们的改造，在一些现代衣服上，京绣这门古老的技艺得以重生，[96]相信这个具有皇家气派的绣法能长久地传承下去。

징슈(베이징 자수)는 '궁슈(궁중 자수)'라고도 부르고, 궁궐의 장식, 의복과 장신구에 많이 사용한다. 재료 선택이 꼼꼼하고, 솜씨가 뛰어나서 민간의 고급 징슈는 대부분 황실과 매우 밀접한 관계를 가지고 있다. 징슈는 오래된 자수 수공예로, 그 역사는 당나라로 거슬러 올라갈 수 있고, [93]명나라와 청나라 때 크게 흥성했으며, 일찍이 '쑤슈, 샹슈, 구슈'와 함께 중국의 '4대 자수'로 불리었다. 징슈는 고대 궁궐 자수의 상징이며, 2014년에 제4차 국가급 무형 문화 유산에 등재되었다.

징슈는 매우 두드러진 세 가지 특징이 있다. 첫째, [94-A]징슈는 특별한 지위를 가진다. 징슈 중 일부 문양은 다른 자수 제품에서는 사용할 수 없는 것이다. 예를 들면 용포상의 십이장 문양과 다섯 개 발톱을 가진 황금색 용의 무늬는 황제만이 사용할 수 있다. 둘째, [94-D]도안의 소재가 다양하다. 산수와 화조, 용과 봉황의 도안, 날짐승과 길짐승 등 도안의 선택에서 함축된 의미의 길한 징조를 추구한다. 곳곳에 재미가 가득한 '덕담'이 있어서, 이른바 '도안은 반드시 의미가 있고, 문양은 반드시 길하다'라고 한다. 셋째, 궁궐 예술 특징이 농후하고, [94-B]재료가 귀하며, 많은 제품의 중요한 부위는 모두 마노와 비취 등 보석으로 장식한다.

그밖에 징슈는 다른 도안에 대해 각각 엄격한 규범을 가지고, [95]바느질법이 매우 정교하다. 예를 들면 용포의 무늬 장식 도안에서 용안, 비늘, 모발, 오색구름의 바느질법 등 모두 엄격한 규범과 기준이 있다. 자수 작업의 지혜와 솜씨는 반드시 이 범위 안에서 구현되어야 한다. 우리가 그런 진귀한 청대 궁중 자수 작품을 감상할 때 비록 연대가 다르고, 도형 디자인에 약간의 변화는 있겠지만, 규칙의 짜임새는 전반적으로 변하지 않는다는 것을 분명하게 볼 수 있다. 게다가 모든 자수 작품에서 징슈 예술가의 뛰어난 기예와 예술적 교양을 느낄 수 있다.

징슈는 오로지 궁궐을 위한 것이고, 일부 도안은 이미 현대인의 심미관에 부합되지 않는다. 예를 들면 용포와 대신의 대례복이 그렇다. 소장하는데 사용하는 것을 제외하고는 더 이상 누구도 그런 옷을 입지 않을 것이다. 그러나 옛 예술가들의 개량을 거쳐, 일부 현대의상에 이 오래된 징슈 기예가 되살아났고, [96]이 황실의 기품을 가진 자수는 오래도록 전해지고 계승될 것이라고 믿는다.

지문 어휘 京绣 jīngxiù 명 징슈, 베이징 자수 | 宫廷 gōngtíng 명 궁궐, 조정 | 装饰 zhuāngshì 명 장식하다 | 服饰 fúshì 명 의복과 장신구 | 讲究 jiǎngjiu 형 정교하다, 꼼꼼하다 동 중요시하다 | 技艺 jìyì 명 기예 | 精湛 jīngzhàn 형 뛰어나다 | 高档 gāodàng 형 고급의 | 皇宫 huánggōng 명 황궁 | 千丝万缕 qiān sī wàn lǚ 성어 (천 갈래 만 갈래로) 대단히 복잡하게 얽혀 있다, 관계가 밀접하다 | 古老 gǔlǎo 형 오래 되다 | 刺绣 cìxiù 명 자수 동 수를 놓다, 자수하다 | 工艺 gōngyì 명 수공예 | 追溯 zhuīsù 동 거슬러 올라가다 | 唐代 tángdài 명 당 왕조 | 明清 míngqīng 명 명나라와 청나라 | 时期 shíqī 명 시기 | 兴盛 xīngshèng 형 흥성하다 | 苏绣 sūxiù 명 쑤슈, 쑤저우 자수 | 湘绣 xiāngxiù 명 샹슈, 후난지방의 자수 | 顾绣 gùxiù 명 구슈[쑤저우(苏州)에서 생산되는 자수(刺繡) 제품. 명(明)대에 진사를 지낸 고명세(顧名世)의 집안에서 창시한 데서 붙여진 이름] | 并称 bìngchēng 동 병칭하다, 함께 부르다 | 被列为 bèi liè wéi 등재되다 | 批 pī 양 더미, 무리 | 非物质文化遗产 fēi wùzhì wénhuà yíchǎn 무형 문화재 | 名录 mínglù 명 명부, 명단 | 突出 tūchū 형 두드러지다 동 부각시키다 | 地位 dìwèi 명 지위 | 纹样 wényàng 명 문양, 무늬 | 龙袍 lóngpáo 명 용포(천자·황태자가 입는 용무늬를 수놓은 예복) | 十二章 shí'èrzhāng 십이장(중국 고래의 12종의 상징적인 문양) | 爪 zhuǎ 명 (짐승의) 발(톱) | ☆图案 tú'àn 명 도안 | 龙 lóng 명 용 | 凤 fèng 명 봉황 | ☆飞禽走兽 fēiqín zǒushòu 명 날짐승과 길짐승, 비금주수 | 讲求 jiǎngqiú 동 추구하다, 중시하다 | 寓意 yùyì 명 함축된 의미, 비유적 의미 | ☆吉祥 jíxiáng 명 성서로운 징조 형 길하다 | 饶有趣味 ráoyǒu qùwèi 매우 재미있다 | 口彩 kǒucǎi 명 덕담 | 所谓 suǒwèi 부 소위, 이른바 | 风格 fēnggé 명 풍격 | ☆浓厚 nónghòu 형 짙다 | 材料 cáiliào 명 재료, 자료 | 名贵 míngguì 형 유명하고 진귀하다 | 缀 zhuì 동 장식하다 | 玛瑙 mǎnǎo 명 마노[아게이트, 단백석(蛋白石), 옥수(玉髓)의 혼합물] | 翡翠 fěicuì 명 비취 | 严格 yángé 형 엄격하다 | ☆规范 guīfàn 명 규범 | 针法 zhēnfǎ 명 바느질법 | 极为 jíwéi 부 극히, 매우 | 考究 kǎojiu 형 정교하다, 세련되다 | 纹饰 wénshì 명 무늬 장식 | 鳞片 línpiàn 명 비늘 | 毛发 máofà 명 모발 | 五彩祥云 wǔ cǎi xiáng yún 오색빛깔의 상서로운 구름 | 标准 biāozhǔn 명 표준 | 绣工 xiùgōng 명 자수 작업 | 智慧 zhìhuì 명 지혜 | 技能 jìnéng 명 기능, 솜씨 | 范围 fànwéi 명 범위 | 予以 yǔyǐ 동 ~을(를) 주다 | 体现 tǐxiàn 동 구현하다 | 鉴赏 jiànshǎng 동 감상하다 | ☆珍贵 zhēnguì 형 진귀하다 | 清代 Qīngdài 명 청나라 시대 | 明显 míngxiǎn 형 뚜렷하다 | 年代 niándài 명 시대, 연대 | 图形 túxíng 명 도형 | 略 lüè 부 대략, 약간 | 典制 diǎnzhì 명 법령, 제도, 규칙 | 章法 zhāngfǎ 명 구도, 짜임새, 구성 | 总体 zǒngtǐ 명 총체, 전체 | 体会 tǐhuì 동 체득하다 | ☆高超 gāochāo 형 뛰어나다, 출중하다 | ☆修养 xiūyǎng 명 수양, 교양 | 服务 fúwù 동 일하다, 복무하다 | 符合 fúhé 동 부합하다 | 审美观 shěnměiguān 명 심미관 | ☆大臣 dàchén 명 대신, 신하 | 补服 bǔfú 명 명·청(明清) 시대 문무관(文武官)의 대례복(大禮服)[가슴과 등 부분에 문관은 조류(鳥類), 무관은 수류(獸類)를 수놓아 관급(官級)을 나타냈음. 가슴과 등에 '补'자를 붙인데서 그 이름이 유래하였음] | ☆收藏 shōucáng 동 소장하다 | 艺人 yìrén 명 예술가 | 改造 gǎizào 동 개조하다 | 技艺 jìyì 명 기예 | 重生 chóngshēng 동 다시 살아나다, 거듭 나다 | 具有 jùyǒu 동 구비하다, 있다 | 皇家 huángjiā 명 황실 | 气派 qìpài 명 기개, 기품 | 长久 chángjiǔ 형 오래되다, 영구하다 | 传承 chuánchéng 동 전승하다, 전하고 계승하다

93

关于京绣，可以知道什么?	징슈에 관해 무엇을 알 수 있나?
A 只供皇帝使用	A 황제만 사용하도록 제공한다
B 兴盛于明清时期	B 명나라 청나라 시기에 흥성했다
C 与苏绣绣法类似	C 쑤슈 자수법과 유사하다
D 多用于绘画装饰	D 대부분 그림과 장식에 사용한다

보기 어휘 ★**类似** lèisì 형 유사하다 | **绘画** huì huà 동 그림을 그리다 명 회화, 그림

정답 B

해설 징슈는 명나라 청나라 시기에 이르러 크게 흥성했다(**至明清时期大为兴盛**)고 했으므로 정답은 B입니다.

94

下列哪项不是京绣的特点?	다음 중 징슈의 특징이 아닌 것은 무엇인가?
A 地位很独特	A 지위가 매우 특별하다
B 用料十分名贵	B 매우 귀한 재료를 사용한다
C 制作过程保密	C 제작 과정을 기밀로 한다
D 图案题材比较广泛	D 도안의 소재가 비교적 다양하다

보기 어휘 **保密** bǎo mì 동 비밀을 지키다, 기밀로 하다

정답 C

해설 징슈의 특징으로 특별한 지위를 가진 것(**它具有独特的地位**)과 도안의 소재가 다양한 것(**图案题材广泛**), 그리고 사용하는 재료가 귀한 것(**材料名贵**)을 언급했으므로 특징이 아닌 것은 C입니다.

95

根据第三段，可以知道什么?	세 번째 단락에 근거해 무엇을 알 수 있나?
A 京绣艺人的待遇很高	A 징슈 예술가에 대한 대우가 매우 좋다
B 京绣的针法颇为考究	B 징슈의 바느질법은 매우 정교하다
C 京绣艺人屈指可数	C 징슈 예술가는 손꼽을 정도로 적다
D 京绣的针法简单易学	D 징슈의 바느질법은 간단하고 배우기 쉽다

보기 어휘 **待遇** dàiyù 명 (봉급·급료·보수·권리·지위 따위의) 대우 | **颇为** pōwéi 부 제법, 상당히 | **屈指可数** qū zhǐ kě shǔ 성어 손꼽아 헤아릴 수 있다, 손꼽아 셀 수 있을 정도의 소수이다

정답 B

해설 세 번째 단락에서 징슈의 바느질법이 매우 정교하다(**针法极为考究**)고 했으므로 정답은 B입니다.

96

根据上文，下列哪项正确?

A 京绣的图案以龙凤为主
B 收藏京绣服饰很流行
C 中国人喜欢穿龙袍
D 京绣技艺不会失传

지문에 근거하여 다음 중 옳은 것은 무엇인가?

A 징슈의 도안은 용과 봉황을 위주로 한다
B 징슈 의복과 장신구를 소장하는 것이 매우 유행이다
C 중국인은 용포 입는 것을 좋아한다
D 징슈 기예는 계속 전해질 것이다

보기 어휘 **失传** shīchuán 동 전해 내려오지 않다

정답 D

해설 옛 예술가들의 개량을 거쳐 일부 현대의상에도 징슈의 기예가 되살아 난다(**但经过老艺人们的改造，在一些现代衣服上，京绣这门古老的技艺得以重生**)고 하였고, 황실의 기품을 가진 징슈는 오래도록 전해지고 계승될 것이라 믿는다(**相信这个具有皇家气派的绣法能长久地传承下去**)고 했으므로 정답은 D입니다.

第97到100题

万里长城是中国也是世界上修建时间最长、工程量最大的一项古代防御工程，自西周时期开始，延续不断修筑了2000多年。长城是古代的劳动人民用血汗换来的伟大工程。但是当时的劳动人民绝对不会想到，千百年后的今天，他们所铸造的长城的上空，会有无人机来继续这项伟大的工程。

[97]北京箭扣长城自然风化严重，修缮和保护工作刻不容缓，然而其大部分位于险峰断崖之上，周围草木茂密，因此修缮人员很难到达现场。这个让人头疼的问题因无人机的出现而迎刃而解。近期，中国文物保护基金会与英特尔公司共同宣布，将运用英特尔人工智能技术和无人机技术来保护长城。

만리장성은 중국에서 그리고 세계에서 건축 기간이 가장 길고, 공사량이 가장 많은 옛 방어시설로서, 서주시기에 시작해 2000여년간 연속으로 끊임없이 건축했다. 장성은 옛날 노동자들의 피땀으로 이룬 위대한 공사이지만 그 당시 노동자들은 절대 생각도 못했을 것이다. 수천 수백 년 후인 오늘날, 그들이 지은 장성 상공에 이 위대한 공사를 계속 이어주는 드론이 있을 거라고는.

[97]베이징의 젠커우장성은 자연 풍화가 심각해서 보수와 보호 작업이 시급하다. 하지만 그 대부분이 험준한 산봉우리와 가파른 낭떠러지 위에 위치하고 주위 초목이 무성해서 보수 인원이 현장에 이르기가 어렵다. 이 골치 아픈 문제는 드론의 출현으로 쉽게 해결되었다. 최근, 중국 문화재 보호재단과 인텔 회사는 인텔의 인공지능 기술과 드론 기술을 활용해 장성을 보호할 것이라고 공동 발표했다.

英特尔无人机事业部负责人介绍，[98]此次无人机修缮长城主要有三个步骤：一，使用无人机对城墙进行检测与航拍，以帮助文保人员全面了解长城现状；二，采用相应的处理器，快速分析处理无人机采集到的数据，判断出需要被修缮的墙面裂痕和砖瓦缺失等；三，对采集到的数据进行分析、处理以及虚拟重建，从而为修缮保护提供指导，并为以后的工作提供预测数据。

인텔의 드론 사업부 책임자는 [98]이번 드론을 이용한 장성 보수 작업은 세 가지 단계가 있다고 소개했다. 첫째, 드론을 이용해 성벽을 검측하고 항공 촬영을 진행해 문화재 보호 인력이 장성의 현재 상황을 파악하도록 돕는다. 둘째, 상응하는 중앙처리장치를 사용해 드론이 수집한 데이터를 재빨리 분석 및 처리하고, 보수가 필요한 담벽의 균열과 기와 벽돌의 훼손 등을 판단한다. 셋째, 수집한 데이터에 대해 분석, 처리 및 가상으로 재건을 진행함으로써 보수 보호작업에 대해 안내하고, 이후 작업을 위해 예측 데이터를 제공한다.

除了长城的修缮工作备受瞩目之外，[99]很多人也十分关注无人机的安全问题。对此负责人表示："通常影响无人机作业的最大因素是风，参与长城保护的所有无人机操作人员会根据天气情况，来安排无人机工作。另外，无人机本身也有编好的程序，遇到特殊情况会自动回到设定的位置。"

장성의 보수 작업이 주목을 받는 것 외에, [99]많은 사람은 드론의 안전 문제에도 많은 관심을 갖고 있다. 이에 대해 책임자는 아래와 같이 발표했다. "보통 드론 작업에 영향을 끼치는 가장 큰 요소는 바람이므로 장성 보호에 참여하는 모든 드론 조종사는 날씨 상황에 따라 드론을 조작할 것이다. 그 밖에 드론 자체에 마련된 프로그램이 있어서 특수 상황을 만나면 자동으로 설정된 위치로 돌아올 것이다."

总之，[100]当前科技创新在文物保护事业中已经占据了举足轻重的位置，文物工作者也在积极尝试运用各种现代科技把文物保护工作推向新的高度。

요컨대, [100]현재 과학기술 혁신은 문화재 보호 사업에서 매우 중요한 위치를 차지했고, 문화재 관련 종사자도 적극적으로 여러 가지 현대 과학 기술을 활용해 문화재 보호 작업을 새로운 높은 단계로 끌어올리려 시도하고 있다.

지문 어휘 **万里长城** Wànlǐ Chángchéng 고유 만리장성 | ☆**修建** xiūjiàn 동 건조하다, 건설하다 | **工程** gōngchéng 명 공정, 공사 | ☆**防御** fángyù 동 방어하다 | **防御工程** fángyù gōngchéng 방어시설, 요새 | **自** zì 전 ~(으)로 부터 | **西周** Xī Zhōu 명 서주[주(周)의 무왕(武王)에서 유왕(幽王)에 이르기까지 호경(鎬京)에 도읍한 시기] | ☆**延续** yánxù 동 계속하다, 연장하다 | **不断** búduàn 동 끊임없다 | **修筑** xiūzhù 동 건설하다 | **血汗** xuèhàn 명 피땀, 힘든 노동 | ☆**铸造** zhùzào 동 주조하다 | **无人机** wūrénjī 명 드론 | **继续** jìxù 동 계속하다 | **箭扣长城** Jiànkòu Chángchéng 고유 젠커우장성(만리장성 한구간의 이름, 베이징의 북부 외곽에 자리함) | **风化** fēnghuà 명 풍화 | **修缮** xiūshàn 동 보수하다 | ☆**刻不容缓** kè bù róng huǎn 성어 일각도 지체할 수 없다, 잠시도 늦출 수 없다 | **然而** rán'ér 접 그러나 | **位于** wèiyú 동 ~에 위치하다 | **险峰** xiǎnfēng 명 험준한 산봉우리 | **断崖** duànyá 명 깎아 세운 듯한 낭떠러지, 가파른 낭떠러지 | **周围** zhōuwéi 명 주위 | **草木** cǎomù 명 풀과 나무, 초목 | **茂密** màomì 형 (초목이) 빽빽이 무성하다 | **到达** dàodá 동 도달하다 | **现场** xiànchǎng 명 현장 | **迎刃而解** yíng rèn ér jiě 성어 주요한 문제를 해결하면 그와 관련된 기타 문제도 쉽게 해결할 수 있다, 순리적으로 문제가 해결되다 | **近期** jìnqī 명 요즘 | ☆**文物** wénwù 명 문물, 문화재 | **基金会** jījīnhuì 명 재단 | **中国文物保护基金会** zhōngguó wénwù bǎohù jījīnhuì 중국 문화재 보호재단 | **英特尔** Yīngtè'ěr 고유 인텔(기업 명) | **宣布** xuānbù 동 선포하다 | **运用** yùnyòng 동 운용하다, 활용하다, 응용하다 | **人工智能** réngōng zhìnéng 명 인공 지능 | **负责人** fùzérén 명 책임자 | **步骤** bùzhòu 명 순서, 단계 | **城墙** chéngqiáng 명 성벽 | **检测** jiǎncè 동 검사 측정하다 | **航拍** hángpāi 명 항공 촬영 | **了解** liǎojiě 동 자세하게 알다 | ☆**现状** xiànzhuàng 명 현상, 현재 상황 | **采用** cǎiyòng 동 (방법이나 기술을) 택하다 | ☆**相应** xiāngyìng 동 상응하다 | **处理器** chǔlǐqì 명 중앙처리장치 | **快速** kuàisù 형 신속하다 | **分析** fēnxī 동 분석하다 | ☆**采集** cǎijí 동 채집하다, 수집하다 | **数据** shùjù 명 데이터 | **判断** pànduàn 동 판단하

다 | **墙面** qiángmiàn 명 담벽의 표면 | **裂痕** lièhén 명 균열, 갈라진 금 | **砖瓦** zhuānwǎ 명 벽돌과 기와 | **缺失** quēshī 명 결함, 훼손 | **虚拟** xūnǐ 동 가정하다, 가설하다 형 가상적인 | **重建** chóngjiàn 동 재건하다 | **从而** cóng'ér 접 따라서 | **提供** tígōng 동 제공하다 | **预测** yùcè 동 예측하다 | **备受瞩目** bèishòu zhǔmù 주목을 많이 받다 | **关注** guānzhù 동 주시하다, 관심을 가지다 | **表示** biǎoshì 동 말하다, 나타내다 | **因素** yīnsù 명 요소 | ☆**操作** cāozuò 동 조작하다, 다루다 | **根据** gēnjù 동 근거하다 명 근거 | ☆**本身** běnshēn 명 그 자체 | **程序** chéngxù 명 프로그램 | **特殊** tèshū 형 특수하다 | **自动** zìdòng 부 자발적으로 | **设定** shèdìng 동 설정하다 | **总之** zǒngzhī 접 요컨대, 한마디로 말하면 | ☆**当前** dāngqián 명 현재, 눈앞 | **科技** kējì 명 과학 기술 | ☆**创新** chuàngxīn 명 창의성 동 옛것을 버리고 새것을 창조하다 | **事业** shìyè 명 사업 | ☆**占据** zhànjù 동 점거하다, 차지하다 | ☆**举足轻重** jǔ zú qīng zhòng 성어 일거수일투족이 전체에 중대한 영향을 끼치다(지위가 중요한 것을 가리킴) | ☆**尝试** chángshì 동 시도하다, 시험해 보다 명 시도, 도전

97

根据第二段，北京箭扣长城：

두 번째 단락에 근거해 베이징 젠커우장성은?

A 已成废墟 — A 이미 폐허가 되었다

B 保存完整 — B 온전하게 보존되어있다

C 建于唐朝 — C 당나라 때 건축되었다

D 地势险峻 — D 지세가 험준하다

보기 어휘 ☆**废墟** fèixū 명 폐허 | **保存完整** bǎocún wánzhěng 온전하게 보존하다 | ☆**地势** dìshì 명 지세 | **险峻** xiǎnjùn 형 험준하다, (산세가) 높고 험하다

정답 D

해설 베이징 젠커우장성은 자연 풍화가 심각해 보수 및 보호 작업이 시급하지만, 대부분이 험준한 산봉우리와 가파른 낭떠러지에 위치해서 보수인력이 현장에 이르기 어렵다(**北京箭扣长城自然风化严重，修缮和保护工作刻不容缓，然而其大部分位于险峰断崖之上，因此修缮人员很难到达现场**)고 했으므로 정답은 D입니다.

98

第三段主要谈的是：

세 번째 단락이 주로 이야기 하는 것은?

A 无人机修缮长城的步骤 — A 드론이 장성을 보수하는 단계

B 英特尔公司的主要技术 — B 인텔 회사의 주요 기술

C 无人机技术的三大优势 — C 드론 기술의 3대 장점

D 获取精确数据的步骤 — D 정확한 데이터를 얻는 순서

보기 어휘 ☆**精确** jīngquè 형 매우 정확하다, 자세하고 확실하다

정답 A

해설 세 번째 단락은 드론이 장성을 보수하는 세 가지 단계(**此次无人机修缮长城主要有三个步骤**)를 설명하고 있으므로 정답은 A입니다.

99

根据上文，下列哪项正确?	지문에 근거하여 다음 중 옳은 것은 무엇인가?
A 无人机的安全性有保障	A 드론의 안전성은 보장된다
B 无人机操作技术尚不成熟	B 드론 조작 기술은 아직 성숙하지 않다
C 慕田峪长城已修缮完毕	C 무톈위장성은 이미 보수가 끝났다
D 长城损坏现象得到了有效控制	D 장성 훼손 현상은 효과적으로 통제되었다

보기 어휘 **慕田峪** Mùtiányù 고유 무톈위장성(지명_만리장성 한 구간의 이름) | ★**完毕** wánbì 동 끝나다, 종료하다 | **损坏** sǔnhuài 동 파손시키다, 훼손시키다 | **控制** kòngzhì 동 통제하다, 제어하다

정답 A

해설 많은 사람이 드론의 안전 문제에 관심을 갖는데, 이에 대해 책임자는 '보통 드론 작업에 영향을 끼치는 가장 큰 요소는 바람인데 장성 보호 작업에 참여하는 조종사들은 날씨 상황에 따라 드론을 조종할 것이고, 드론 자체에 프로그램이 잘 짜여져 있어서 특수한 상황에서는 자동으로 설정한 위치로 돌아온다'(很多人也十分关注无人机的安全问题。对此负责人表示："通常影响无人机作业的最大因素是风，参与长城保护的所有无人机操作人员会根据天气情况，来安排无人机工作。另外，无人机本身也有编好的程序，遇到特殊情况会自动回到设定的位置。")고 발표했으므로 정답은 A입니다.

100

最适合做上文标题的是:	지문에 가장 적합한 제목은?
A 科技为文物保护插上翅膀	A 과학 기술이 문화재 보호에 날개를 달았다
B 无人机——地球守护神	B 드론 - 지구의 수호신
C 长城旅游业的新方向	C 장성 관광업의 새로운 방향
D 走进饱经沧桑的长城	D 세상의 온갖 풍파를 다 겪은 장성을 가다

보기 어휘 **插** chā 동 끼우다, 삽입하다 | **翅膀** chìbǎng 명 날개 | **守护神** shǒuhùshén 명 수호천사, 수호신 | **饱经** bǎojīng 동 두루 경험하다, 다 겪다 | **沧桑** cāngsāng 명 세상의 온갖 풍파

정답 A

해설 현재 과학기술 혁신이 문화재 보호사업에 이미 매우 중요한 위치를 차지하고 문화재 관련 종사자도 적극적으로 여러 가지 현대 과학기술을 응용해 문화재 보호작업을 새로운 높은 단계로 끌어 올리려고 한다(当前科技创新在文物保护事业中已经占据了举足轻重的位置，文物工作者也在积极尝试运用各种现代科技把文物保护工作推向新的高度)고 했으므로 정답은 A입니다.

★★★★★

3회 쓰기

101번 문제는 한 편의 글을 읽고 요약쓰기를 하는 문제입니다.

第101题

(1) 仔细阅读下面这篇文章，时间为10分钟。阅读时间不能抄写、记录。
(2) 10分钟后，监考收回阅读材料，请你将这篇文章缩写成一篇短文，时间为35分钟。
(3) 标题自拟。只需复述文章内容，不需加入自己的观点。
(4) 字数为400字左右。
(5) 请把作文直接写在答题卡上。

2001年，一个中国农民到韩国旅游时，在韩国一家超市买了四大袋泡菜。回旅馆的路上，他感到手中的塑料袋越来越重，勒得手疼。这时他忽然看到了街道两边茂盛的绿化树，顿时计上心来。他在路边的绿化树上折了一根树枝，准备当做提手来拎沉重的泡菜袋子，不料却被迎面走来的韩国警察逮了个正着。他因损坏树木、破坏环境，被韩国警察毫不客气地罚了50美元。

50美元相当于400多元人民币，他心疼得直跺脚。他交完罚款，肚子里憋了不少气，除了舍不得那50美元，更觉得自己给中国人丢了脸。越想越窝囊，他干脆放下袋子，坐在了路边。他看着眼前来来往往的人流，发现路人中也有不少人和他一样，气喘吁吁地拎着大大小小的袋子，手掌被勒得甚至发紫了，有的人坚持不住，还停下来揉手或搓手。

2001년, 한 중국 농민이 한국에서 여행할 때, 한국의 한 슈퍼에서 김치 네 봉지를 샀다. 여관으로 돌아오는 길에, 그는 손에 든 비닐봉지가 갈수록 무겁게 느껴졌고, 손이 아플 정도로 조였다. 이때 그는 갑자기 거리 양쪽에 우거진 푸른 나무를 보고, 문득 묘안이 떠올랐다. 그는 길가의 푸른 나무에서 나뭇가지 하나를 꺾어서, 손잡이로 삼아 무거운 김치 봉지를 들려고 했지만, 뜻밖에도 맞은편에서 걸어온 한국 경찰한테 현장에서 붙잡혔다. 그는 나무를 훼손하고, 환경을 파괴한 이유로 한국 경찰에게 가차없이 50달러의 벌금을 물었다.

50달러는 400여 위안과 같은데, 그는 아까워서 발을 동동 굴렀다. 그는 벌금을 다 내고, 속이 많이 답답했다. 그 50달러가 아까운 것뿐만 아니라, 자신이 중국인을 망신시켰다고 생각했다. 생각할수록 분해서, 그는 아예 봉지를 내려놓고, 길가에 앉았다. 그는 눈앞에 오가는 인파를 보고서, 행인 중에도 적지 않은 사람들이 그와 같이, 숨을 가쁘게 몰아쉬며 크고 작은 봉지들을 들고 있는데, 손바닥이 심지어 새파랗게 될 정도로 죄여서, 어떤 사람은 계속 가지 못하고, 멈춰서 손을 주무르거나 비비는 것을 발견했다.

为什么不想办法搞个既方便又不勒手的提手来拎东西呢？对啊，发明个方便提手，专门卖给韩国人，一定有销路！想到这里，他的精神为之一振，暗下决心，将来一定要找机会挽回这50美元罚款的面子。

回国之后，发明一种方便提手的念头越来越强烈，于是，他干脆放下手头的活计，一头扎进了方便提手的研制中。他反复设计了好几款提手，几经周折，终于做出了令人满意的提手。他请左邻右舍试用，这不起眼的小东西竟一下子得到邻居们的青睐。有了它，买米买菜多提几个袋子，也不觉得勒手了。

他把提手拿到当地的集市上推销，把提手免费赠给那些拎着重物的人使用。小提手的优点一下子就体现出来了。一时间，大街小巷到处有人打听提手的出处。小提手出名了，增加了他将这种产品推向市场的信心。

但是，他没有忘记自己发明的最终目标市场是韩国。他申请了发明专利，接着，为了能让方便提手顺利打进韩国市场，他决定先了解韩国消费者对日常用品的消费心理。经过调查了解，他发现，韩国人对色彩及样式十分挑剔，讲究包装，只要包装精美，做工精良，价格是其次的。于是他决定针对提手的颜色进行改造，增强视觉效果，又不惜重金聘请了专业包装设计师，对提手按国际化标准进行细致地包装。对于他如此大规模的投资，有不少人投以怀疑的眼光，不相信这个小玩意儿能搞出什么大名堂，可他坚信自己能成功。

어째서 편리하고 손을 죄지 않는 손잡이를 만들어 물건을 팔 방법을 생각하지 않는 걸까? 맞아, 편리한 손잡이를 발명해서, 한국인을 겨냥해 파는 건 틀림없이 판로가 있을 거야! 여기까지 생각하자, 그의 정신이 이로 인해 번쩍 들었고, 앞으로 반드시 기회를 잡아 이 50달러의 벌금으로 깎인 체면을 만회해야겠다고 남몰래 결심했다.

귀국한 후에, 편리한 손잡이를 발명해야겠다는 생각이 갈수록 강렬해져서, 그는 아예 하던 일을 그만두고, 곧장 편리한 손잡이의 연구 제작에 뛰어들었다. 그는 여러 가지 손잡이를 거듭 디자인하고, 우여곡절을 겪은 후, 마침내 만족스러운 손잡이를 만들어냈다. 그는 이웃한테 시험 삼아 써보게 했고, 이 별것 아닌 작은 물건은 뜻밖에도 단번에 이웃들의 사랑을 받았다. 그것이 생기자, 쌀과 찬거리를 사며 봉지 몇 개를 드는데도, 손을 죄는 것 같지 않았다.

그는 손잡이를 현지의 시장에 가져가서 홍보하면서 무거운 물건을 들고 있는 사람들에게 사용하도록 무료로 주었다. 작은 손잡이의 장점이 단번에 드러났다. 갑자기, 거리와 골목 곳곳에서 사람들이 손잡이의 출처를 물어봤다. 그 작은 손잡이가 유명해지면서, 이 상품을 시장에 출시하려는 그의 자신감이 더욱 높아졌다.

하지만, 그는 자신이 밝힌 최종 목표인 시장이 한국이란 걸 잊지 않았다. 그는 발명 특허를 신청했고, 편리한 손잡이가 순조롭게 한국 시장에 진출할 수 있도록, 한국 소비자의 일상용품에 대한 소비심리를 먼저 이해하기로 결정했다. 조사를 거쳐, 그는 한국인이 색채와 스타일에 대해 매우 까다롭고, 포장을 중요시해서, 포장이 아름답고 제작 과정이 정교하기만 하면, 가격은 그 다음이란 걸 발견했다. 그래서 그는 손잡이의 색깔에 초점을 맞춰 개선을 진행해, 시각적 효과를 높이고, 또 큰돈을 들여 전문 포장 디자이너를 초빙해서, 국제 기준에 따라 손잡이를 정교하게 포장하기로 결정했다. 그의 이와 같은 대규모 투자에 대해 많은 사람들이 의심스런 눈길을 보내며, 이 하찮은 것으로 어떤 커다란 성과를 낼 수 있을 거라고 믿지 못했다. 하지만 그는 자신이 성공할 수 있다고 굳게 믿었다.

功夫不负有心人，他接到了韩国一家大型超市的订单，以每只0.25美元的价格，一次性订购了120万只方便提手！那一刻他欣喜若狂。

노력은 배신하지 않는다고, 그는 한국의 한 대형 슈퍼의 주문서를 받았는데, 개당 0.25달러의 가격으로, 한번에 편리한 손잡이 120만 개를 예약 구매했다! 그 순간 그는 기뻐서 어쩔 줄 몰랐다.

这个靠简单的方便提手吸引韩国消费者的人叫韩振远，凭一个不起眼的灵感，一下子从一个普通农民变成了百万富翁。有人问他是如何成功的，他说是用50美元买一根树枝换来的。

간단하고 편리한 손잡이로 한국 소비자를 사로잡은 이 사람은 한전위안이라고 하는데, 보잘 것 없는 아이디어로 평범한 농민에서 단번에 백만장자가 되었다. 누군가가 그에게 어떻게 성공했는지 묻자, 그는 50달러로 나뭇가지 하나를 사서 바꾼 거라고 말했다.

지문 어휘 **超市** chāoshì 명 슈퍼(마켓) | **袋** dài 양 부대, 자루, 봉지 | **泡菜** pàocài 명 김치 | **旅馆** lǚguǎn 명 여관 | **塑料袋** sùliàodài 명 비닐봉지 | **勒得手疼** lēi de shǒu téng 손이 아플 정도로 조인다 | **忽然** hūrán 부 갑자기 | **街道** jiēdào 명 거리 | **茂盛** màoshèng 형 (식물이) 우거지다, 무성하다 | **绿化树** lǜhuàshù 푸른 나무 | **顿时** dùnshí 부 갑자기, 문득 | **计上心来** jì shàng xīn lái 성어 계략(묘안)이 떠오르다 | **折** zhé 동 꺾다 | **根** gēn 양 개, 가닥 | **树枝** shùzhī 명 나뭇가지 | **准备** zhǔnbèi 동 준비하다, ~하려고 하다 | **当做** dàngzuò 동 ~(으)로 삼다 | **提手** tíshǒu 명 손잡이 | **拎** līn 동 (손으로 물건을) 들다 | **沉重** chénzhòng 형 (무게가) 무겁다 | **袋子** dàizi 명 주머니, 자루, 봉지 | **不料** búliào 부 뜻밖에도 | **迎面走来** yíngmiàn zǒulái 맞은편에서 걸어오다 | **警察** jǐngchá 명 경찰 | **逮个正着** dài ge zhèng zháo 현장에서 붙잡다 | **损坏树木** sǔnhuài shùmù 나무를 훼손하다 | **毫不客气** háo bú kè qi 가차없다 | **罚** fá 동 벌금을 물다 | **相当于** xiāngdāngyú ~에 상당하다, ~와 같다 | **心疼得直跺脚** xīnténg de zhí duòjiǎo 아까워서 발을 동동 구르다 | **交罚款** jiāo fákuǎn 벌금을 내다 | **肚子里憋了不少气** dùzi lǐ biē le bùshǎo qì 속이 많이 답답했다 | **舍不得** shěbude 아까워하다 | **丢脸** diū liǎn 동 체면을 잃다 | **窝囊** wōnang 형 (억울한 일을 당해) 속상하다, 분하다 | **干脆** gāncuì 부 아예, 차라리 | **人流** rénliú 명 인파 | **路人** lùrén 명 행인 | **气喘吁吁** qì chuǎn xū xū 성어 숨을 가쁘게 몰아쉬다 | **手掌** shǒuzhǎng 명 손바닥 | **甚至** shènzhì 부 심지어 | **发紫** fāzǐ 동 새파랗게 되다 | **坚持不住** jiānchí bú zhù 계속하지 못하다 | **停** tíng 동 정지하다, 멈추다 | **揉手** róushǒu 동 손을 주무르다 | **搓手** cuōshǒu 동 손을 비비다 | **搞** gǎo 동 하다 | **勒手** lēi shǒu 손을 죄다 | **销路** xiāolù 명 (상품의) 판로 | **为之一振** wèi zhī yí zhèn 성어 이를 계기로 분발하다 | **暗下决心** ànxià juéxīn 남몰래 결심하다 | **将来** jiānglái 명 장래, 앞으로 | **挽回** wǎnhuí 동 (체면을) 만회하다 | **念头** niàntou 명 생각 | **强烈** qiángliè 형 강렬하다 | **活计** huójì 명 일 | **扎进** zhājìn 동 뛰어들다 | **研制** yánzhì 동 연구 제작하다 | **设计** shèjì 동 설계하다, 디자인하다 | **款** kuǎn 양 종류, 모양, 스타일 | **几经周折** jǐ jīng zhōu zhé 여러 차례 곡절을 겪다 | **终于** zhōngyú 부 마침내 | **左邻右舍** zuǒ lín yòu shè 성어 이웃(집) | **试用** shìyòng 동 시험 삼아 쓰다 | **不起眼** bùqǐyǎn 보잘 것 없다, 남의 주의를 끌지 못하다 | **竟** jìng 부 뜻밖에도 | **得到~的青睐** dédào ~de qīnglài ~의 사랑을 받다 | **邻居** línjū 명 이웃(집) | **提** tí 동 (손잡이가 있는 물건을) 들다 | **当地** dāngdì 명 현지 | **集市** jíshì 명 (정기적으로 열리는) 시장 | **推销** tuīxiāo 동 판로를 확장하다, 마케팅하다 | **免费** miǎn fèi 동 무료로 하다 | **赠** zèng 동 주다, 증정하다 | **重物** zhòngwù 명 무거운 물건 | **体现** tǐxiàn 동 구체적으로 드러내다, 구현하다 | **大街小巷** dà jiē xiǎo xiàng 성어 거리와 골목 | **到处** dàochù 명 곳곳에, 어디서나 | **打听** dǎtīng 동 물어보다, 알아보다 | **出处** chūchù 명 출처 | **出名** chū míng 동 이름이 나다, 유명해지다 | **推向市场** tuīxiàng shìchǎng 시장에 출시하다 | **忘记** wàngjì 동 (지난 일을) 잊다 | **申请** shēnqǐng 동 신청하다 | **发明专利** fāmíng zhuānlì 발명 특허 | **接着** jiēzhe 부 이어서 | **顺利** shùnlì 형 순조롭다 | **打进** dǎjìn 동 진출하다 | **了解** liǎojiě 동 (자세하게) 알다, 조사하다 | **调查** diàochá 동 조사하다 | **色彩** sècǎi 명 색채 | **样式** yàngshì 명 스타일 | **挑剔** tiāotì 형 까다롭다 | **讲究** jiǎngjiu 동 중요시하다 | **包装** bāozhuāng 명 포장 | **精美** jīngměi 형 (정교하고) 아름답다 | **做工精良** zuò gōng jīngliáng 작업 과정이 정교하다 | **针对** zhēnduì 전 ~에 초점을 맞춰, ~에 대해 | **增强** zēngqiáng 동 증강하다, 높이다 | **视觉效果** shìjué xiàoguǒ 시각적 효과 | **不惜重金** bùxī zhòngjīn 큰돈을 아끼지 않다 | **聘请** pìnqǐng 동

초빙하다 | **设计师** shèjìshī 명 설계사, 디자이너 | **细致** xìzhì 형 세밀하다, 정교하다 | **大规模** dàguīmó 형 대규모의 | **投资** tóuzī 명 투자 | **怀疑** huáiyí 동 의심하다 | **小玩意儿** xiǎowányìr 명 하찮은 물건 | **搞出大名堂** gǎochū dàmíngtang 커다란 성과를 내다 | **坚信** jiānxìn 동 굳게 믿다 | **功夫不负有心人** gōngfū bú fù yǒuxīnrén 노력은 배신하지 않는다 | **订单** dìngdān 명 주문서 | **订购** dìnggòu 동 예약 구매하다 | **欣喜若狂** xīn xǐ ruò kuáng 성어 기뻐서 어쩔 줄 모르다 | **靠** kào 전 ~에 의지해서, ~(으)로 | **吸引** xīyǐn 동 끌어당기다, 사로잡다 | **韩振远** Hánzhènyuǎn 고유 한전위안(인명) | **凭** píng 전 ~을(를) 가지고서 | **灵感** línggǎn 명 영감 | **百万富翁** bǎiwàn fùwēng 명 백만장자

해설

	본문	요약
1 단락	2001年，一个中国农民到韩国旅游时，在韩国一家超市买了四大袋泡菜。回旅馆的路上，他感到手中的塑料袋越来越重，勒得手疼。这时他忽然看到了街道两边茂盛的绿化树，顿时计上心来。他在路边的绿化树上折了一根树枝，准备当做提手来拎沉重的泡菜袋子，不料却被迎面走来的韩国警察逮了个正着。他因损坏树木、破坏环境，被韩国警察毫不客气地罚了50美元。 2001년, 한 중국 농민이 한국에서 여행할 때, 한국의 한 슈퍼에서 김치 네 봉지를 샀다. 여관으로 돌아오는 길에, 그는 손에 든 비닐봉지가 갈수록 무겁게 느껴졌고, 손이 아플 정도로 조였다. 이때 그는 갑자기 거리 양쪽에 우거진 푸른 나무를 보고, 문득 묘안이 떠올랐다. 그는 길가의 푸른 나무에서 나뭇가지 하나를 꺾어서, 손잡이로 삼아 무거운 김치 봉지를 들려고 했지만, 뜻밖에도 맞은편에서 걸어온 한국 경찰한테 현장에서 붙잡혔다. 그는 나무를 훼손하고, 환경을 파괴한 이유로 한국 경찰에게 가차없이 50달러의 벌금을 물었다.	2001年，一个中国农民到韩国旅游时，买了四袋泡菜。他感到手很疼，于是就在路边的树上折了一根树枝，❶准备当做提手来❷拎泡菜袋子，没想到却❸被韩国警察抓住了，❹还被警察罚了50美元。 2001년에, 한 중국 농부가 여행하러 한국에 왔을 때, 김치 네 봉지를 샀다. 그는 손이 아파서 길가에 있던 나무의 나뭇가지 하나를 꺾어서 손잡이를 만들어 무거운 짐을 들려고 했지만, 생각치도 못하게 한국 경찰에게 붙잡혔으며, 게다가 50달러의 벌금까지 물게 됐다. **요약 해설** ❶ '准备'를 일반동사로 사용할 때는 '준비한다'는 뜻이지만, 조동사로 사용하게 되면 '하려고 하다'의 의미입니다. ❷ '물건을 들다'라고 할 때, '提'와 '拎'은 같은 의미입니다. '拎'이 안 외워지면 '提'라고 써도 무방합니다. ❸ '붙잡다'라는 뜻의 '抓'는 把자문이나 被자문으로 표현하는 게 더 자연스럽습니다. '警察抓住了他'라고 표현한다면 경찰이 다른 사람을 안 잡고, 그 사람을 잡았다는 느낌이 들기 때문에 어감이 어색해집니다. '警察把他抓住了', 혹은 '他被警察抓住了'라고 표현해야 자연스럽습니다. ❹ '그리고', '게다가'라는 의미로 쓰는 단어는 접속사 '而且'와 부사 '还'가 있습니다. 여기서 '而且'를 써도 되지만, '还'를 쓸 때 주의할 점은 '还有'로 표현하지 말아야 합니다. '还' 뒤에는 동사나 전치사가 따라와야 하며, '还有' 뒤에는 명사나 수량사가 따라와야 합니다.

50美元相当于400多元人民币，他心疼得直跺脚。他交完罚款，肚子里憋了不少气，除了舍不得那50美元，更觉得自己给中国人丢了脸。越想越窝囊，他干脆放下袋子，坐在了路边。他看着眼前来来往往的人流，发现路人中也有不少人和他一样，气喘吁吁地拎着大大小小的袋子，手掌被勒得甚至发紫了，有的人坚持不住，还停下来揉手或搓手。

2~3 단락

为什么不想办法搞个既方便又不勒手的提手来拎东西呢？对啊，发明个方便提手，专门卖给韩国人，一定有销路！想到这里，他的精神为之一振，暗下决心，将来一定要找机会挽回这50美元罚款的面子。

50달러는 400여 위안과 같은데, 그는 아까워서 발을 동동 굴렀다. 그는 벌금을 다 내고, 속이 많이 답답했다. 그 50달러가 아까운 것뿐만 아니라, 자신이 중국인을 망신시켰다고 생각했다. 생각할수록 분해서, 그는 아예 봉지를 내려놓고, 길가에 앉았다. 그는 눈앞에 오가는 인파를 보고서, 행인 중에도 적지 않은 사람들이 그와 같이, 숨을 가쁘게 몰아쉬며 크고 작은 봉지들을 들고 있는데, 손바닥이 심지어 새파랗게 될 정도로 죄여서, 어떤 사람은 계속 가지 못하고, 멈춰서 손을 주무르거나 비비는 것을 발견했다.

어째서 편리하고 손을 죄지 않는 손잡이를 만들어 물건을 팔 방법을 생각하지 않는 걸까? 맞아, 편리한 손잡이를 발명해서 한국인을 겨냥해 파는 건 틀림없이 판로가 있을 거야! 여기까지 생각하자, 그의 정신이 이로 인해 번쩍 들었고, 앞으로 반드시 기회를 잡아 이 50달러의 벌금으로 깎인 체면을 만회해야겠다고 남몰래 결심했다.

他很生气，就坐在了路边，这时他❶发现路人中也有不少人和他一样，因为袋子太重，所以手疼。他❷突然灵光一闪，❸想到可以发明一个方便提手，然后卖给韩国人，一定能赚钱。

그는 화가 나서 길가에 앉았다. 이때 그는 행인들 중에서도 자기처럼 봉지가 무거워서 손이 아픈 사람이 적지 않다는 것을 알아차렸다. 그는 갑자기 좋은 아이디어가 떠올랐으며, 손잡이를 발명해서 한국사람에게 팔면 분명히 돈을 벌 수 있을 거라고 생각했다.

요약 해설

❶ '发现' 뒤에 명사만 오면 '发现了+명사'라고 해야 하지만, '发现' 뒤에 문장이 오면 '发现了'라고 쓰지 않습니다. 여기서 '了'를 쓰지 않도록 주의해야 합니다.

❷ 갑자기 영감이 떠오르다는 표현으로 '突然灵光一闪', 또는 '眼前突然一亮'이라는 생동적인 표현들이 있습니다. '来了灵感' 대신 활용해도 좋습니다.

❸ 방법이나 아이디어가 생각났다고 할 때는 '想起来'라고 말할 수 없습니다. '想起来'는 '기억이 나다'는 뜻입니다.

4 단락	回国之后，发明一种方便提手的念头越来越强烈，于是，他干脆放下手头的活计，一头扎进了方便提手的研制中。他反复设计了好几款提手，几经周折，终于做出了令人满意的提手。他请左邻右舍试用，这不起眼的小东西竟一下子得到邻居们的青睐。有了它，买米买菜多提几个袋子，也不觉得勒手了。 귀국한 후에, 편리한 손잡이를 발명해야겠다는 생각이 갈수록 강렬해져서, 그는 아예 하던 일을 그만두고, 곧장 편리한 손잡이의 연구 제작에 뛰어들었다. 그는 여러 가지 손잡이를 거듭 디자인하고, 우여곡절을 겪은 후, 마침내 만족스러운 손잡이를 만들어냈다. 그는 이웃한테 시험 삼아 써보게 했고, 이 별것 아닌 작은 물건은 뜻밖에도 단번에 이웃들의 사랑을 받았다. 그것이 생기자, 쌀과 찬거리를 사며 봉지 몇 개를 드는데도, 손을 죄는 것 같지 않았다.	回国以后，他就❶开始发明提手，❷最后终于做出了让人满意的提手，邻居们都很喜欢他发明的提手。 귀국한 후에 그는 바로 손잡이를 발명하기 시작했으며, 마침내 만족스러운 손잡이를 만들어냈고 이웃들도 그가 발명한 손잡이를 좋아했다. **요약 해설** ❶ 중국어는 시작을 꼭 강조하는 편이라 여기서 '**开始**'를 반드시 넣어야 합니다. ❷ '**终于**'는 '드디어'라는 의미만 갖고 있고, '마침내'의 의미가 아닙니다. 따라서 '마침내 ~을(를) 해냈다'라고 말할 때는 '**终于**'만 쓰는 것은 어색합니다. 여기서 '**最后**'는 꼭 들어가야 하는 단어이지만, '**终于**'는 없어도 되고, 있으면 강조의 역할을 합니다.
5 단락	他把提手拿到当地的集市上推销，把提手免费赠给那些拎着重物的人使用。小提手的优点一下子就体现出来了。一时间，大街小巷到处有人打听提手的出处。小提手出名了，增加了他将这种产品推向市场的信心。 그는 손잡이를 현지의 시장에 가져가서 홍보하면서 무거운 물건을 들고 있는 사람들에게 사용하도록 무료로 주었다. 작은 손잡이의 장점이 단번에 드러났다. 갑자기, 거리와 골목 곳곳에서 사람들이 손잡이의 출처를 물어봤다. 그 작은 손잡이가 유명해지면서, 이 상품을 시장에 출시하려는 그의 자신감이 더욱 높아졌다.	他把提手免费送给大家用，小提手❶很快就出名了，他❷有了信心。 그는 손잡이를 사람들에게 공짜로 증정했다. 손잡이는 금방 유명해졌으며, 그는 자신감이 생겼다. **요약 해설** ❶ 동사 앞에 부사로 쓰일 때는 '**很快**'만 쓰면 안됩니다. '**很快就**'는 묶어서 자주 쓰며, '금방'의 뜻을 나타냅니다. ❷ 동사 '**有**'는 과거형이 없습니다. '**有了**'는 '있었다'의 뜻이 아니라, '생겼다'라는 뜻입니다.

	原文	요약
6 단 락	但是，他没有忘记自己发明的最终目标市场是韩国。他申请了发明专利，接着，为了能让方便提手顺利打进韩国市场，他决定先了解韩国消费者对日常用品的消费心理。经过调查了解，他发现，韩国人对色彩及样式十分挑剔，讲究包装，只要包装精美，做工精良，价格是其次的。于是他决定针对提手的颜色进行改造，增强视觉效果，又不惜重金聘请了专业包装设计师，对提手按国际化标准进行细致地包装。对于他如此大规模的投资，有不少人投以怀疑的眼光，不相信这个小玩意儿能搞出什么大名堂，可他坚信自己能成功。 하지만, 그는 자신이 밝힌 최종 목표인 시장이 한국이란 걸 잊지 않았다. 그는 발명 특허를 신청했고, 편리한 손잡이가 순조롭게 한국 시장에 진출할 수 있도록, 그는 한국 소비자의 일상용품에 대한 소비심리를 먼저 이해하기로 결정했다. 조사를 거쳐, 한국인이 색채와 스타일에 대해 매우 까다롭고, 포장을 중요시해서, 포장이 아름답고 제작 과정이 정교하기만 하면, 가격은 그 다음이란 걸 발견했다. 그래서 그는 손잡이의 색깔에 초점을 맞춰 개선을 진행해 시각적 효과를 높이고, 또 큰돈을 들여 전문 포장 디자이너를 초빙해서, 국제 기준에 따라 손잡이를 정교하게 포장하기로 결정했다. 그의 이와 같은 대규모 투자에 대해 많은 사람들이 의심스런 눈길을 보내며, 이 하찮은 것으로 어떤 커다란 성과를 낼 수 있을 거라고 믿지 못했다. 하지만 그는 자신이 성공할 수 있다고 굳게 믿었다.	但是，他❶没有忘记自己发明的最终目标市场是韩国。经过调查，他发现韩国人对色彩和样式十分挑剔，于是他把提手做得更好看了。很多人都❷不相信他能成功，但是他相信自己能成功。 그러나 그는 자신이 발명하는 최종 목표 시장이 한국이라는 것을 잊지 않았다. 조사를 통해서 그는 한국인이 색깔과 스타일에 매우 까다롭다는 것을 알아차렸고, 손잡이를 더 예쁘게 만들었다. 많은 사람들은 그가 성공할 거라고 믿지 않았지만 그는 자신이 성공할 거라고 믿었다. **요약 해설** ❶ '~을 (하지) 못했다(않았다)'의 일반동사의 과거부정은 '没/没有'이므로 '不~了'로 착각하지 않게 주의해야 합니다. '不~了'는 '이제 ~을 하지 않다'라는 의미이고, 변화를 나타냅니다. ❷ 여기서는 '믿지 않았다'의 의미이지만, '没相信'이라고 하면 안됩니다. '相信'은 일반동사가 아니라 심리동사입니다. 심리동사는 기본적으로 '没/没有'와 호응하지 않으므로 '不相信'이라고 해야 합니다.
7 단 락	功夫不负有心人，他接到了韩国一家大型超市的订单，以每只0.25美元的价格，一次性订购了120万只方便提手！那一刻他欣喜若狂。 노력은 배신하지 않는다고, 그는 한국의 한 대형 슈퍼의 주문서를 받았는데, 개당 0.25달러의 가격으로, 한번에 편리한 손잡이 120만 개를 예약 구매했다! 그 순간 그는 기뻐서 어쩔 줄 몰랐다.	他❶接到了一个韩国的订单，他非常高兴。 그는 한국의 주문서를 받았고, 매우 기뻐했다. **요약 해설** ❶ 여기서는 '从韩国接到了一个订单'이라는 한국식 표현을 쓰지 않도록 주의해야 합니다. 한국어에는 '~로부터 ~을(를) 받았다'라는 표현이 있지만 중국어로는 항상 '~의 ~을(를) 받았다'고 표현해야 합니다. 예를 들면 '엄마한테 전화를 받았다'는 표현도 '从妈妈那儿接到电话'가 아니라 '接到妈妈的电话'라고 해야 합니다.

8 단락	这个靠简单的方便提手吸引韩国消费者的人叫韩振远，凭一个不起眼的灵感，一下子从一个普通农民变成了百万富翁。有人问他是如何成功的，他说是用50美元买一根树枝换来的。 간단하고 편리한 손잡이로 한국 소비자를 사로잡은 이 사람은 한전위안이라고 하는데, 보잘 것 없는 아이디어로 평범한 농민에서 단번에 백만장자가 되었다. 누군가가 그에게 어떻게 성공했는지 묻자, 그는 50달러로 나뭇가지 하나를 사서 바꾼 거라고 말했다.	这个农民变成了有钱人。有人问他❶是如何成功的，他说是用50美元买一根树枝换来的。 이 농부는 부자가 되었다. 누군가가 어떻게 성공했는지에 대해서 그에게 물었더니 그는 50달러로 나뭇가지 하나를 산 걸로 성공을 얻었다고 말했다. **요약 해설** ❶ '언제, 어디서, 왜 ~을(를) 했는지' 이 세가지에 대해서 묻거나 설명할 때는 '了'로 표현하면 안되고, '是~的'로 표현해야 합니다. 즉 여기서는 '有人问他为什么成功了'라고 하면 안됩니다.

모범답안 참고사항

※ 60점이 목표점수라면 300자만 써도 충분하지만 키워드는 잘 외워서 써야 합니다. 이 지문 같은 경우에 '나뭇가지를 꺾다'라는 표현을 꼭 써야 하는데, '꺾다'의 의미를 가진 '折'를 못 쓰면 아예 작문을 못쓰게 됩니다. 따라서 작문할 때 꼭 써야 하는 동사와 명사들을 잘 체크해 놓아야 합니다.

※※ 고득점을 받으려면 원문을 정확하게 이해해야 하며, 내용도 자세히 써야 합니다. 특히 마지막 한 단락은 최대한 원문과 비슷하게 쓰는 것이 중요합니다.

기본 줄거리만 들어가는 60점 목표 모범답안

一根树枝

2001年，一个中国农民到韩国旅游时，买了很多东西。他手很疼，于是就在路边的树上折了一根树枝，想当做提手来拎东西，没想到却被韩国警察抓住了，还被警察罚了50美元。

他发现路人中也有不少人和他一样，因为袋子太重，所以手疼。他突然灵光一闪，想到可以发明一个方便提手，然后卖给韩国人，一定能赚钱。回国以后，他就开始发明提手，最后终于做出了让人满意的提手，小提手很快就出名了，他有了信心。

他没有忘记自己发明的最终目标市场是韩国。经过调查，他发现韩国人对色彩和样式十分挑剔，于是他把提手做得更好看了。

后来，他接到了一个韩国的订单，他也变成了有钱人。有人问他是如何成功的，他说是用一根树枝换来的。

树枝和提手

2001年，一个中国农民到韩国旅游时，买了四袋泡菜。他感到手很疼，于是就在路边的树上折了一根树枝，准备当做提手来拎泡菜袋子，没想到却被韩国警察抓住了，还被警察罚了50美元。

他很生气，就坐在了路边，这时他发现路人中也有不少人和他一样，手里拎着很重的袋子，手都被勒紫了。他眼前突然一亮，想到可以发明一个方便的提手卖给韩国人，一定能赚钱。回国以后，他就一心一意地开始发明提手，最后终于做出了让人满意的提手，邻居们都很喜欢他发明的提手。他把提手免费送给大家用，小提手很快就出名了，他有了信心。

他没有忘记自己发明的最终目标市场是韩国。经过调查，他发现韩国人对色彩和样式十分挑剔，于是他把提手做得更好看了。很多人都不相信他能成功，但是他相信自己能成功。

后来，他接到了一个韩国的订单，他喜出望外。他从一个普通的农民变成了百万富翁。有人问他是如何成功的，他说是用50美元买一根树枝换来的。

모범답안 참고 단어

一心一意 yì xīn yí yì 성어 전심전력 | **喜出望外** xǐ chū wàng wài 성어 뜻밖의 기쁜 일을 만나 기뻐 어쩔 줄 모르다

HSK
6급

실전모의고사 4회

★★★★★

4회 모의고사 듣기 스크립트

大家好！欢迎参加HSK(六级)考试。

大家好！欢迎参加HSK(六级)考试。

大家好！欢迎参加HSK(六级)考试。

HSK(六级)听力考试分三部分，共50题。

请大家注意，听力考试现在开始。

第一部分

第1到15题请选出与所听内容一致的一项。

现在开始第一题：

1

为鼓励广大青少年积极参与写作活动，第一届"未来明星作家杯"上海市初中生实践征文活动在上海报业集团的赞助下正式启动，并向全市所有初中在校学生公开征稿。

2

随着社会的发展，人们越来越关注少年儿童的心理健康。提高少年儿童的情感健康水平，全面开展学校心理健康教育，是搞好素质教育的重要组成部分。

3

千眼桥建于明代，因泄水孔约有1000个而得名。千眼桥总长两千多米，桥宽1,2米，是中国最长的湖中石桥。每年只有当鄱阳湖水位下降至枯水位时，千眼桥才会露出水面。

4

金刚石和石墨是一对孪生兄弟，均由碳元素组成，但有趣的是，由于原子排列方式不同，金刚石是地球上最坚硬的物质之一，而石墨却是最软的一种矿物，常被用来做铅笔芯。

5

我们经常因害怕失败而不敢尝试，从而失去了很多良机。但其实最难的不是抵达，而是出发。只要你鼓起勇气，迈出第一步，最难的也就过去了，从此，远方的路在你的脚下无限延伸。

6

"抖音"是一款可以拍短视频的社交软件，它操作起来很方便，上线以来一直很受年轻人的欢迎。但也有人指责抖音缺乏有效的内容审核机制，给社会带来了不可忽视的负面影响。

7

婚姻是人类社会的一个重要组成部分，也是人类文明进程中变化最复杂、最富革命性的一部分。婚礼习俗的变化与社会发展息息相关，它反映了人类社会价值观和人生观的变化，体现了不同时代的特征。

8

要养成良好的品德，离不开家庭的熏陶、学校的教导和社会的磨练。家庭教育是第一环节，也是最重要的部分。人刚出生时只是一张白纸，最先接触的家庭教育决定了其底色。

9

将近三百名驾驶员通过资格审查后，将在重庆参加网约车驾驶员资格考试。此次考试采取新政策，即只要通过这一次考试，驾驶员不但能获得驾驶网约车的资格，还可以开出租车。

10

有一家与众不同的咖啡馆，这里的员工都是自闭症患者。光临此店的顾客只要陪他们聊天儿，就能免费喝咖啡。咖啡馆的老板希望自闭症患者能在这份工作中学会与人沟通，敞开心扉。

11

"幸存者偏差"是指当信息来源于幸存者时，这种信息往往会与实际情况有很大的偏差。例如，我们很容易把在激烈竞争中存活下来并取得成功的企业视为传奇，但也许他们只是运气好而已。

12

橙色不好配色，当用橙色与其他艳丽的色彩搭配时，最佳配色是与它反差最大的深蓝色。总之，如果这两种颜色配得恰到好处的话，就能让你显得更有气质，更有品味。

13

她是为数不多的、同时获得跳台和跳板两个奥运项目金牌的运动员。她像一道绚丽的彩霞，十四岁就照亮了天际，成为举世瞩目的体育明星，她就是中国家喻户晓的跳水皇后——伏明霞。

14

不要浪费时间去羡慕或嫉妒别人，多花些时间与那些善于学习并善于思考的人在一起吧！你会从他们身上学到很多东西，不仅如此，他们的好习惯也会影响你，从而让你的思想变得更深刻。

15

很多人以为洗牙会使牙齿对冷热的刺激变得更为敏感，因此十分惧怕洗牙，其实这是一个误区。洗牙会让牙齿更健康，而且洗牙的不适感会随着洗牙次数的增加而减轻。当然洗牙频率也不能过高，一般而言，一年一次即可。

第二部分

第16到30题请选出正确答案。

现在开始第16到20题：

第16到20题是根据下面一段采访：

女：余先生，您好！谢谢您在百忙之中抽出时间接受我们的采访。喜马拉雅如今是中国最大的移动互联网音频平台，拥有几亿手机用户。你能简单谈谈当初为什么要做这样一个平台吗？

男：我一直在搞互联网创业，并没特意往文化方面靠，这算是水到渠成吧。其实在这之前我先后四次创业，但都以失败告终了。我一直在想，假如能用零散的时间来听点儿东西、学点儿知识，那会是一件很有意义的事。2012年智能手机开始普及，让这个事情成为了可能。

女：事实证明你的第五次创业非常成功，可以分享一下成功的秘诀吗？

男：我觉得应该是因为目标定位准。我们就是要打造用音频传递知识的平台。生活中有很多有才华的人，上知天文、下知地理，但他们缺少一个平台展现自己，我就想建一个像声音百货商店一样的线上平台，让每个有知识、有才华的人到这里来尽情地展现自己。同时，需要知识的人又能从平台上学到他们想要的东西。

女：你经常关注用户的收听体验吗？

男：当然啦！客服团队会第一时间收集用户的各种意见，并向我汇报，有些用户还会到我的微博来留言，我都会关注。如果确实有需要改进的部分，我就会指派相应部门去解决问题。

女：音频节目的内容五花八门，这个部分你们怎么把关呢？

男：我们有一个很严格的审核机制。基本上每一个节目提交后，都要先由三位员工进行内容上的审查，要15分钟后才能正式上线。上线后还会有一个团队对这些节目进行抽查，确保不出差错。

女：能不能再给我们介绍一下公司今后的计划？

男：首先，我希望把各行各业的文化资产都通过声音这个介质保存到我们的平台上来进行分享，几年后能在各种家用设备上实现音频的收听。其次，我希望通过这个平台让中国的文化走向全世界，希望我们的平台也能开拓到国外去，给国外的用户提供优质的服务。

16 关于喜马拉雅音频平台可以知道什么？

17 男的认为喜马拉雅音频平台成功的秘诀是什么？

18 下列哪项属于喜马拉雅音频平台的审核制度？

19 男的对公司未来有什么计划？

20 关于男的，下列哪项正确？

第21到25题，是根据下面一段采访：

男：张老师，家庭亲子阅读真的会对儿童产生那么大的影响吗？

女：我们通过大量研究发现，家庭亲子阅读和儿童的语言发展有着非常密切的关系。丰富的家庭阅读环境对孩子的语音意识、词汇发展、文字意识，以及认知等方面的发展都有着积极的促进作用。同时从长期来看，重视亲子阅读的家庭的孩子进入小学之后，他们的快速认读、独立思考和表达能力都普遍较高，可以说家庭亲子阅读是让孩子终身受益的。

男：那家长是否应该接受相关的培训呢？

女：家长确实需要具有引导孩子关注故事情节的能力，比如念到故事的关键之处，应该向孩子提问，问问孩子接下来会发生什么，让孩子去做一些预测和猜想。很多家长都有一个误区，以为读图画书就是孩子学习词汇的过程，实际上这只是很小的一部分。图画书的真正作用在于让孩子了解日常生活中接触不到的话题。因此，家长和孩子一起看图画书时，父母应该有意识地参与其中，为孩子提供更多思考和讨论的机会，这才是最理想的亲子阅读形式。从这一点来看，我觉得为父母提供一些培训是很有必要的。

男：很多中国父母在教育问题上表现出竞争焦虑，这对孩子有没有影响？

女：父母心态健康、比较放松的话，孩子的语言表达和叙述能力会更好。焦虑的父母必然会导致孩子焦虑，从而孩子的语言发展就会受到阻碍。当然，我并不希望我这么说让那些焦虑的父母变得更加焦虑。

男：那您能不能给焦虑的家长提一些建议？

女：很多家长都把焦点放在孩子五六岁的时候有了多少知识储备，但是家长们也要考虑当孩子到了二、三十岁，甚至终身是否都能对学习保有兴趣、是否对世界怀有好奇心，还是否乐意以积极的态度去尝试新的东西。与孩子在五六岁时懂得三门语言、会玩儿两种乐器相比，这才是最重要的事情。

21 从长期来看，家庭亲子阅读对孩子的哪方面有帮助？

22 图画书的真正作用是什么？

23 女的怎么看家长的竞争焦虑？

24 下列哪项是女的的观点？

25 根据对话，可以知道什么？

第26到30题，是根据下面一段采访：

女：大家好！今天我们非常荣幸地请到了"汉语拼音之父"周有光先生！周老，您早年从事经济研究教学工作，并取得了很大的成绩，但后来却改行投身文字改革工作。您在经济学和语言文字学这两个领域都做出了突出的成就，您能否结合自己的特殊经历，谈谈现在的学校应该给孩子提供什么样的教育？

男：我认为学校的科目不应该分得太细，科目分得太细对一个人的成长并没有太大的好处。此外，我觉得学校最应该做的就是鼓励学生独立思考，我认为没有独立思考就没有教育可言。我的一位老师跟我讲过，人都有天然的智慧、天然的思想，教育就是把这些天然的东西引导出来。这也是古希腊哲学家苏格拉底的思想。装进大脑的东西是有限的，通过教育让人发挥自己的才能才是最重要的。

女：您已经百岁高龄，一辈子笔耕不辍，听说您最近还坚持每月发表一篇文章。一个人能终生保持旺盛的创造力是很不容易的，请问您是如何做到的？

男：写文章其实是我的一个习惯。我现在写文章一方面是让大家了解一些情况，另一方面是为了延缓大脑衰退。年老了更要多动脑筋，这能让人长寿，不易衰老。

女：能保持这样的习惯一定是因为您对它感兴趣，现在不少孩子对学习没有兴趣，您对学习浓厚的兴趣是如何培养出来的？

男：我上学时的老师确实很注重培养兴趣，但兴趣是自然产生的，是无法勉强的。现在的学习负担太重，孩子们一点儿自己的空间都没有，兴趣也就无法生根发芽了。我上中学时学习非常轻松，上午九点钟才上课，只有上午上正课，下午是游艺课。游艺课包括图画、音乐、书法等内容，不考试，不计分数。那时也没有任何家庭辅导，我们学得很轻松、很快乐。兴趣就是在这样一个没有太多压力，有很多空闲时间的环境下产生的。

女：现在很多人提倡通过古汉语、古诗词的学习来提高学生的写作水平，您是如何看待这种现象的呢？

男：其实我个人并不认为读了文言文就能写出好文章，现在我们根本不用文言文，应该先让孩子们把白话学好再学古汉语。白话文和文言文的语法大相径庭，你一会儿文言，一会儿白话，反而会把孩子弄乱了。

26 男的早年从事的是什么工作？

27 男的认为学校教育应该怎么样？

28 下面哪项是男的现在写文章的原因？

29 男的怎么看待兴趣培养？

30 下列哪项是男的的观点？

第三部分

第31到50题请选出正确答案。

现在开始第31到33题：

第31到33题，是根据下面一段话：

余立从一家外企辞职后，决定和丈夫开始参与到垃圾减量、分类处理的低碳生活行列中，两个人在一个月之内只产生了一罐500毫升的垃圾。这听上去似乎不可思议。但余立有一套属于自己的垃圾减量方法。余立说，在日常生活中要有计划地去购买并使用自己的东西，尽可能减少垃圾的出现。比如尽量选择可以反复使用的东西，不用一次性的东西；去菜市场买菜用布袋，不用塑料袋等。余立这样做是因为她曾在网上看到一个四口之家一年只产生一罐垃圾的视频，这令她意识到原来世界上竟然有零浪费的生活方式。这件事情令余立决定彻底改变自己原来的生活方式，她开始从源头上减少垃圾。如今，余立还开了一家零浪费无包装商店，继续倡导零浪费生活。其实，零浪费很简单，只要我们在生活中有意识地去尝试，就会发现它没有想象中的那么复杂。

31 关于余立可以知道什么？

32 余立是怎么开始零浪费生活的？

33 根据这段话，下列哪项正确？

第34到36题是根据下面一段话：

植物种子里的老寿星应当是非“古莲子”莫属了。上世纪五十年代，中国科学家在辽宁省新金县发掘出了古代的莲子，经测定，这些古莲子大约有1000岁了。科学家们把古莲子浸泡了20个月，却不见它们发芽。后来他们在古莲子外面的硬壳上钻了一个小洞，然后又泡在水里。没过多久，奇迹就出现了，90%的古莲子真的长出了嫩芽。

古莲子的寿命为何会这样长呢？影响种子寿命长短的一个重要原因是它的贮藏期间的环境条件。在干燥、低温和密闭的贮藏条件下，古莲子的新陈代谢几乎处于停止或者休眠状态。因此，它就能在漫长的岁月里活下来。而且，古莲子外面是一层坚韧的硬壳，可以防止水分内渗和空气外泄，这样一来，它的寿命就大大延长了。

34 关于辽宁省出土的古莲子，可以知道什么？

35 下面哪项是影响种子寿命长短的原因？

36 古莲子外面的硬壳有什么作用？

第37到39题，是根据下面一段话：

2019年元宵节来临之际，北京市政府和故宫博物院联合举办“紫禁城上元之夜”文化活动，上演了一场现代灯光秀。这场活动是故宫建院94年以来，首次在夜间免费对公众开放。参观人数限定为每晚3000名，观众可提前在故宫博物院门票预售网站上免费预约。“紫禁城上元之夜”元宵节灯会火热到预订网站瘫痪的地步，可谓是一票难求。2月19日晚，在五彩缤纷的灯光映照下，故宫显得更加迷人，但也有观众担心此次活动会对古建筑造成破坏。故宫博物院负责人表示，“紫禁城上元之夜”的照明使用了高精科技，最大限度地考虑了文物保护方面的问题，避免了强光直射，从而达到了保护古建筑的目的。至于今后故宫是否还会继续举办夜场活动，故宫博物院院长单霁翔表示，此次活动结束后，将进行全面评估，研究如何才能把活动举办得更好，哪些地方还可以继续点亮，争取在一些重要的传统节日继续推出灯光秀活动。

37 关于此次活动，可以知道什么？

38 部分观众担心什么？

39 根据这段话，下列哪项正确？

第40到43题，是根据下面一段话：

近日，由中国中车株洲电力机车研究所推出的全球首辆智能轨道列车在湖南省株洲市首次亮相，吸引了不少眼球。这款全新的交通工具的全称为“智能轨道快运系统”，简称“智轨”。“智轨”能像公交车一样在街道上灵活穿行，既保持了地铁载人多的优势，节能环保，又不需要建造专有钢轨，大大减少了建设成本，只需简单的道路改造就可以投入使用。它可以通过车上的各类传感器识别路面虚拟轨道线路，精准控制列车在既定的虚拟轨道上运行，甚至可以做到无人驾驶，完全由自动系统操控。如果出现车辆偏离虚拟轨道的情况，或有外部物体侵入到车辆安全行驶范围内，监控系统会报警提醒，同时采用技术手段限制车辆继续运行，避免事故发生。另外，智轨使用的是快充钛酸锂电池，充电10分钟可满载续航25公里。42智轨一亮相就引起了广泛关注，大多数人都认为智轨的发展前景会非常好。

40 下列哪项不是智轨的优点？

41 车辆如果偏离虚拟轨道会怎样？

42 大多数人对智轨的看法是什么？

43 关于智轨下列哪项正确？

第44到47题，是根据下面一段话：

第三届黄埔马拉松赛即将在广州体育中心拉开帷幕。本次赛事设置了全程马拉松，半程马拉松，欢乐跑三个比赛项目，一万五千多个参赛名额，在报名网站开启后短短的几个小时之内就被报满了。值得一提的是，新规划的赛道包括华门地区的海岸线和远洋交通运输枢纽黄埔港。黄埔港的老港口是中国古代海上丝绸之路的起点之一。目前黄埔港码头正在转型改造中，它将被打造成集现代金融、科技创新、人力资源、港航服务、高端商贸等于一体的现代城市综合体。参赛选手可以跑进黄埔港，一睹黄埔港的新容新貌。本届黄埔马拉松赛还启用了人脸识别技术，这项技术既便于运动员领取物品、参加比赛，又能及时有效地杜绝各类违规行为。此外，主办方还进一步完善了救援保障机制，除了赛道沿线附属医疗站、救护车外，还专门聘请了国内专业的医疗团队来参与应急救护。他们将与3000名医疗志愿者齐心协力，确保参赛选手的安全。

44 关于本次马拉松赛，可以知道什么？

45 本次比赛的赛道有什么特殊之处？

46 关于本次比赛，下列哪项正确？

47 本次比赛是如何完善救援保障机制的？

第48到50题，是根据下面一段话：

提到胶水，我们首先想到的可能是粘贴信封时用的胶水，其实在医学界里有很多神奇的胶水，在治病救人上发挥着重要的作用。最近一个研究团队受补牙技术的启发，发明了一种能快速粘合骨骼的胶水。他们在老鼠身上进行了试验，在分开的两段老鼠骨骼表面涂上一层这种胶水，在上面铺上一层纤维，然后再涂一层胶水，最后用发光二极管(LED)照射胶水，就可以使两段骨骼粘合在一起，整个过程不到五分钟，效果十分理想。目前研究人员正准备进行下一步研究，观察这种胶水能否用于修复人类的骨骼。这种骨骼粘合技术不怕湿润的环境，不会引起排异反应，一旦成功，将彻底改变现有的治疗骨折的思路，将来有望逐渐淘汰金属片、螺丝钉之类的治疗骨折的材料。

48 研发团队使用那种胶水时受到了什么启发？

49 关于那个试验，下列哪项正确？

50 关于那项新技术，可以知道什么？

★★★★★

4회 모의고사 정답

문제집 p. 69

一、听力

第一部分

1. C 2. C 3. B 4. A 5. C 6. D 7. A 8. B 9. A 10. B
11. C 12. A 13. C 14. B 15. A

第二部分

16. A 17. B 18. A 19. D 20. B 21. D 22. B 23. A 24. D 25. D
26. B 27. D 28. B 29. B 30. B

第三部分

31. C 32. C 33. D 34. D 35. C 36. B 37. D 38. B 39. B 40. C
41. C 42. B 43. A 44.A 45. A 46. B 47. C 48. A 49. A 50. B

二、阅读

第一部分

51. B 52. C 53. B 54. A 55. D 56. C 57. A 58. A 59. B 60. B

第二部分

61. B 62. C 63. B 64. A 65. C 66. C 67. C 68. A 69. D 70. D

第三部分

71. E 72. A 73. B 74. C 75. D 76. B 77. E 78. A 79. C 80. D

第四部分

81. A　82. B　83. D　84. B　85. D　86. B　87. D　88. D　89. C　90. D
91. D　92. C　93. B　94. D　95. B　96. D　97. A　98. B　99. A　100. B

三、书写

101.

别饿坏了那匹马

我上小学时，特别喜欢去学校附近一位残疾青年的书摊看书，因为我没有钱，所以每次只能偷看几则小故事，然后溜之大吉。

我经常去白看书的事情被我父亲知道了，父亲义正词严地说不能白看书，让我扯马草换了钱，再去看书。打那以后，我每天就去山上扯马草卖。可是马草并不那么好卖，卖不出马草的日子，我就不去书摊。

有一次，我经过书摊时，坐在轮椅上的他叫住了我，问我为什么不来看书了，我抖抖手里的马草，无奈地摇了摇头。他先是一愣，然后突然叫出来一个叫碧云的姑娘，让她收下我的马草。他叮嘱我以后就把马草卖给他，还说"别饿坏了那匹马"。从那以后，每当我背着马草来到书摊时，他便叫碧云把马草提进去，而且每次都说"别饿坏了那匹马"。

有一天，我又背着马草到了他的书摊，他也像往常一样叫碧云，但碧云一直没出来，于是我就进去了。我走进他家的后院，看见了这些日子我卖给他的所有的马草，我惊讶不已，原来他家里根本就没有马。

他拍着我的肩头，轻声说他知道我真的希望有那么一匹马。他让我继续来看书，我点了点头，泪如雨下。

★★★★★

4회 듣기

제1부분 1~15번 문제는 단문을 듣고 일치하는 내용을 고르는 문제입니다.

1

为鼓励广大青少年积极参与写作活动，第一届“未来明星作家杯”上海市初中生实践征文活动在上海报业集团的赞助下正式启动，并向全市所有初中在校学生公开征稿。

많은 청소년들이 적극적으로 글쓰기 활동에 참여하도록 장려하기 위해, 제1회 '미래의 스타 작가배' 상하이시 중학생 작품 공모전이 상하이 신문 그룹의 후원 하에서 정식 실시되고, 전 시(市)의 모든 중학교 재학생들의 원고를 공개 모집한다.

A 活动已举办了三届
B 活动的奖金十分可观
C 活动的目的是鼓励写作
D 报名对象仅限于高中生

A 행사는 이미 3차례 진행했다
B 행사의 상금이 매우 많다
C 행사의 목적은 글쓰기를 장려하는 것이다
D 지원 대상은 고등학생으로 제한된다

지문 어휘 **广大** guǎngdà 형 (사람 수가) 많다, (면적·규모가) 크다 | **届** jiè 양 회(回), 기(期), 차(次) (정기적인 회의 또는 졸업 년차 따위에 쓰임) | **实践** shíjiàn 동 실천하다, 실행하다 | **征文** zhēngwén 동 (신문·잡지 등에서) 원고를 모집하다, 작품을 공모하다 | **上海报业集团** shànghǎi bàoyè jítuán 상하이 신문 그룹 | ★**赞助** zànzhù 동 (경제적으로) 찬조하다, 후원하다, 지원하다 | **启动** qǐdòng 동 개시하다, 시작하다, (기기·기계 따위가) 작동을 시작하다 | **在校学生** zàixiào xuéshēng 재학생 | **征稿** zhēng gǎo 동 원고를 모집하다

보기 어휘 **可观** kěguān 형 대단하다, 굉장하다 | **仅限于** jǐnxiànyú ~에 국한되다

정답 C

해설 많은 청소년들이 적극적으로 글쓰기 활동에 참여하도록 장려하기 위해서(为鼓励广大青少年积极参与写作活动) 상하이시 중학생 작품 공모전을 실시하는 것이라고 했으므로 정답은 C입니다.

2

随着社会的发展，人们越来越关注少年儿童的心理健康。提高少年儿童的情感健康水平，全面开展学校心理健康教育，是搞好素质教育的重要组成部分。

사회가 발전함에 따라 사람들은 점점 아동의 심리 건강에 관심을 갖게 되었다. 아이들의 정신 건강 수준을 향상시키고, 학교에서 심리 건강 교육을 전면적으로 전개해 나가는 것이 전인 교육을 잘 해내는 중요한 구성요소이다.

A 儿童心理问题不应被关注
B 全民情感水平仍有待提高
C 素质教育包括心理健康教育
D 心理健康比身体健康更重要

A 아동 심리 문제는 관심을 받으면 안 된다
B 전 국민의 정신 수준은 여전히 향상되길 기대한다
C 전인 교육은 심리 건강 교육을 포함한다
D 심리 건강은 신체 건강보다 더욱 중요하다

지문 어휘 **情感** qínggǎn 명 감정, 마음, 정신 | **全面** quánmiàn 형 전면적이다 | ☆**开展** kāizhǎn 동 전개하다 | **素质教育** sùzhì jiàoyù 명 전인 교육, 인성 교육

보기 어휘 **仍** réng 부 아직도, 여전히 | **有待** yǒudài 동 ~이(가) 기대되다, ~할 필요가 있다

정답 C

해설 학교에서 심리 건강 교육을 전면적으로 전개하는 것이 전인 교육을 잘 해내는 중요한 일부분(**全面开展学校心理健康教育，是搞好素质教育的重要组成部分**)이라고 했으므로 정답은 C입니다.

3

千眼桥建于明代，因泄水孔约有1000个而得名。千眼桥总长两千多米，桥宽1.2米，是中国最长的湖中石桥。每年只有当鄱阳湖水位下降至枯水位时，千眼桥才会露出水面。

'첸옌챠오'는 명나라 때 세워졌고, 배수구가 대략 1000개여서 얻은 이름이다. 첸옌챠오는 총 2000여 미터 길이에 너비는 1.2미터인 중국에서 가장 긴 호수 돌다리이다. 매년 포양 호의 수위가 저수위까지 떨어질 때, 첸옌챠오는 비로소 수면 위로 드러난다.

A 千眼桥的桥面很宽
B 千眼桥不会总露出水面
C 千眼桥修建于隋唐时期
D 千眼桥总长将近一千米

A 첸옌챠오은 다리 바닥이 매우 넓다
B 첸옌챠오는 늘 수면 위로 드러나있지 않다
C 첸옌챠오는 수·당나라 시기에 지어졌다
D 첸옌챠오의 총 길이는 거의 1000미터에 이른다

지문 어휘 **千眼桥** Qiānyǎnqiáo 고유 첸옌챠오(명나라때 돌로 지어진 다리 이름) | **泄水** xiè shuǐ 동 배수하다 | ☆**孔** kǒng 명 구멍 | **泄水孔** xièshuǐkǒng 배수구 | **鄱阳湖** Póyánghú 고유 포양 호[지명_장시(江西)성 북부의 담수호] | **水位** shuǐwèi 명 (강·바다·댐 따위의) 수위 | **下降** xià jiàng 동 떨어지다 | **至** zhì 동 이르다, 도착하다 | **枯水位** kūshuǐwèi 저수위(하천의 수위 중 가장 낮은 때의 수위) | **露出** lùchū 동 드러내다, 노출시키다

보기 어휘 **桥面** qiáomiàn 명 다리 바닥, 교량의 노면 | ☆**修建** xiūjiàn 동 (건축물 따위를) 짓다, 시공하다, 건축하다 | **隋唐** suítáng 수나라와 당나라 | ☆**将近** jiāngjìn 동 거의 ~에 근접하다, 거의 ~에 이르다

정답 B

해설 매년 포양 호의 수위가 가장 낮을 때 비로소 첸옌챠오는 수면 위로 드러난다(**每年只有当鄱阳湖水位下降至枯水位时，千眼桥才会露出水面**)고 했으므로 정답은 B입니다.

4

金刚石和石墨是一对孪生兄弟，均由碳元素组成，但有趣的是，由于原子排列方式不同，金刚石是地球上最坚硬的物质之一，而石墨却是最软的一种矿物，常被用来做铅笔芯。

다이아몬드와 흑연은 한 쌍의 쌍둥이 형제처럼 모두 탄소 원소로 구성되어있다. 그러나 흥미롭게도 원자 배열방식이 달라서 다이아몬드는 지구상에서 가장 단단한 물질 중 하나인데, 흑연은 가장 부드러운 광물이어서 연필심으로 자주 사용된다.

A 石墨十分柔软
B 石墨极其稀少
C 金刚石的用途极广
D 金刚石的性能不稳定

A 흑연은 매우 부드럽다
B 흑연은 매우 희소하다
C 다이아몬드의 용도는 매우 광범위하다
D 다이아몬드의 성능은 안정적이지 않다

지문 어휘 **金刚石** jīngāngshí 명 다이아몬드, 금강석 | **石墨** shímò 명 흑연, 석묵 | **孪生兄弟** luánshēng xiōngdì 쌍둥이 형제 | **均** jūn 부 모두, 다 | **由~组成** yóu ~ zǔchéng ~(으)로 구성되다 | **碳** tàn 명 탄소(C) | ★**元素** yuánsù 명 원소 | **原子** yuánzǐ 명 원자 | ★**坚硬** jiānyìng 형 단단하다 | **矿物** kuàngwù 명 광물 | **铅笔芯** qiānbǐxīn 연필심

보기 어휘 **柔软** róuruǎn 형 유연하다, 부드럽고 연하다 | **极其** jíqí 부 매우 | **稀少** xīshǎo 형 희소하다, 적다, 드물다 | ★**性能** xìngnéng 명 성능

정답 A

해설 지문에서 다이아몬드는 지구상 가장 단단한 물질 중 하나인데, 흑연은 가장 부드러운 광물질(金刚石是地球上最坚硬的物质之一，而石墨却是最软的一种矿物)이라고 했으므로 정답은 A입니다.

5

我们经常因害怕失败而不敢尝试，从而失去了很多良机。但其实最难的不是抵达，而是出发。只要你鼓起勇气，迈出第一步，最难的也就过去了，从此，远方的路在你的脚下无限延伸。

우리는 자주 실패가 두려워 감히 시도하지 못하고, 좋은 기회를 많이 잃어 버린다. 사실 가장 어려운 것은 도착이 아니라 출발이다. 용기를 내어 한 발 크게 내딛기만 한다면 가장 어려운 것도 지나가게 되고, 이때부터는 먼 길도 발 아래에서 끝없이 뻗어 나가게 된다.

A 做事不要冲动
B 人生之路是艰辛的
C 要勇于迈出第一步
D 要从失败中吸取教训

A 일을 충동적으로 하지 말라
B 인생의 길은 고생스럽다
C 용감하게 한 걸음 내디뎌야 한다
D 실패에서 교훈을 얻어야 한다

지문 어휘 ★**尝试** chángshì 동 시도해 보다 | **良机** liángjī 명 좋은 기회 | **抵达** dǐdá 동 도착하다, 이르다 | **鼓起** gǔqǐ 동 (용기·사기를) 북돋우다 | **迈出** mài chū 내딛다 | **无限** wúxiàn 형 무한하다, 끝없다 | ★**延伸** yánshēn 동 뻗다, 뻗어 나가다

보기 어휘 **冲动** chōngdòng 동 흥분하다, 충동하다 | **艰辛** jiānxīn 형 힘들고 고생스럽다 | **吸取** xīqǔ 동 받아들이다 | **教训** jiàoxun 명 교훈

정답 C

해설 용기를 내어 한 걸음 내디디면 가장 어려운 것도 지나가게 된다(只要你鼓起勇气，迈出第一步，最难的也就过去了)고 했으므로 정답은 C입니다.

6

“抖音”是一款可以拍短视频的社交软件，它操作起来很方便，上线以来一直很受年轻人的欢迎。但也有人指责抖音缺乏有效的内容审核机制，给社会带来了不可忽视的负面影响。

'틱톡'은 짧은 영상을 찍을 수 있는 소셜 네트워크 서비스(SNS)로서 조작이 간편해서 출시된 이래로 줄곧 젊은 사람들에게 인기가 많다. 그러나 일각에서는 틱톡은 효과적인 내용 심의 시스템이 부족해서 사회에 간과할 수 없는 부정적인 영향을 가져왔다고 비난한다.

A 抖音上线十多年了
B 抖音视频内容追求时尚
C 抖音用户覆盖各个年龄段
D 有人指责抖音带来负面影响

A 틱톡은 출시한지 10여 년 되었다
B 틱톡 동영상 내용은 트랜디하다
C 틱톡 유저는 각 연령대에 깔려있다
D 일각에서는 틱톡이 부정적인 영향을 가져온다고 비난한다

지문 어휘 **抖音** dǒu yīn 더우인, 틱톡(Tik Toc, 젊은층을 겨냥해 2016년 9월에 출시된 15초 쇼트클립 앱) | **款** kuǎn 양 종류, 유형, 스타일, 타입 | ★**视频** shìpín 명 동영상 | **社交软件** shèjiāo ruǎnjiàn 소셜네트워크서비스, SNS(Social Network Services/Sites) | ★**操作** cāozuò 동 조작하다, 다루다. | **上线** shàng xiàn 온라인 상에 올리다, 접속하다, 출시하다 | ★**指责** zhǐzé 동 지적하다, 꾸짖다, 비난하다 | **缺乏** quēfá 동 결핍되다, 모자라다 | **审核** shěnhé 동 (주로 숫자 자료나 문서 자료를) 심사하여 결정하다 | **机制** jīzhì 명 메커니즘, 시스템 | **不可忽视** bùkě hūshì 소홀히 할 수 없다 | **负面影响** fùmiàn yǐngxiǎng 부정적인 영향

보기 어휘 **时尚** shíshàng 명 유행 | ★**用户** yònghù 명 사용자, 유저, 가입자 | ★**覆盖** fùgài 동 가리다, 덮다

정답 D

해설 일각에서는 틱톡은 내용 심의 시스템이 부족해서 사회에 간과할 수 없는 부정적인 영향을 가져왔다(但也有人指责抖音缺乏有效的内容审核机制，给社会带来了不可忽视的负面影响)고 했으므로 정답은 D입니다.

7

婚姻是人类社会的一个重要组成部分，也是人类文明进程中变化最复杂、最富革命性的一部分。婚礼习俗的变化与社会发展息息相关，它反映了人类社会价值观和人生观的变化，体现了不同时代的特征。

A 婚礼习俗有时代性
B 婚姻制度有待完善
C 筹办婚礼不要赶潮流
D 举办婚礼十分复杂

결혼은 인류사회의 중요한 구성 요소이자 인류문명의 진행 과정 중 가장 복잡하고, 가장 혁신적인 일부분이다. 결혼식 풍속의 변화는 사회 발전과 긴밀하게 관련되어 있는데, 인류사회 가치관과 인생관의 변화를 반영해주고, 다른 시대의 특징을 나타내준다.

A 결혼식의 풍속은 시대성을 가지고 있다
B 혼인제도는 보완할 필요가 있다
C 결혼식 준비는 유행을 타면 안 된다
D 결혼식을 진행하는 것은 매우 복잡하다

지문 어휘 **组成部分** zǔchéng bùfen 구성 부분 | **进程** jìnchéng 명 (사물의 변화·활동의) 진행 과정 | **息息相关** xī xī xiāng guān 관계가 매우 밀접하다 | **反映** fǎnyìng 반영하다 | **体现** tǐxiàn 동 구현하다, 구체적으로 반영하다

보기 어휘 **有待** yǒudài 동 기대하다, ~할 필요가 있다 | **完善** wánshàn 형 완벽하다 동 완벽하게 하다 | **筹办** chóubàn 동 기획하고 설립하다, 준비하다 | **赶潮流** gǎn cháoliú 사회풍습이나 시대의 추세를 따르다, 유행을 타다

정답 A

해설 결혼식 풍속의 변화는 사회 발전과 밀접하게 관련되어 있어(婚礼习俗的变化与社会发展息息相关) 다른 시대의 특징을 구체적으로 반영해준다(体现了不同时代的特征)고 했으므로 정답은 A입니다.

8

要养成良好的品德，离不开家庭的熏陶、学校的教导和社会的磨练。家庭教育是第一环节，也是最重要的部分。人刚出生时只是一张白纸，最先接触的家庭教育决定了其底色。

A 品德教育会伴随人的一生
B 良好品德离不开家庭教育
C 社会的磨练能开阔视野
D 画画时选好底色很重要

좋은 인성을 기르려면 가정의 훈도과 학교의 지도, 그리고 사회에서의 단련이 필수불가결하다. 가정 교육은 첫 번째 일환으로 가장 중요한 부분이다. 사람은 막 태어났을 땐 한 장의 백지일 뿐인데, 가장 먼저 접하게 되는 가정 교육이 그 바탕색을 결정한다.

A 인성 교육은 평생을 함께한다
B 좋은 인성은 가정 교육을 벗어날 수 없다
C 사회에서의 단련은 시야를 넓혀준다
D 그림을 그릴 때 바탕색을 잘 선택하는 것이 매우 중요하다

지문 어휘 ★**品德** pǐndé 명 인품과 덕성, 품성, 인성 | ★**熏陶** xūntáo 명 감화, 영향, 훈도 동 훈도하다, 영향을 끼치다 | **教导** jiàodǎo 명 가르침, 지도 교육 동 지도 교육하다 | **磨练** móliàn 명 단련 동 단련하다, 연마하다 | ★**环节** huánjié 명 일환, 부분 | **底色** dǐsè 명 바탕색, 밑색

보기 어휘 **伴随** bànsuí 동 동반하다, 따르다, 함께하다 | ★**开阔** kāikuò 동 넓히다 | ★**视野** shìyě 명 시야

정답 B

해설 좋은 인품을 기르려면 가정의 훈도를 떠날 수 없다(要养成良好的品德，离不开家庭的熏陶)면서, 가정 교육은 첫 번째 일환이자 가장 중요한 부분(家庭教育是第一环节，也是最重要的部分)이라고 했으므로 정답은 B입니다.

9

将近三百名驾驶员通过资格审查后，将在重庆参加网约车驾驶员资格考试。此次考试采取新政策，即只要通过这一次考试，驾驶员不但能获得驾驶网约车的资格，还可以开出租车。

A 参加考试需通过资格审查
B 此次考试人数没达到预期
C 乘坐网约车有安全隐患
D 网约车驾驶证有效期为三年

300명에 가까운 운전자는 자격 심사를 통과한 후 충칭에서 인터넷 예약차 기사 자격 시험에 참가할 것이다. 이번 시험은 새 정책을 채택했는데, 그건 바로 이번 시험을 통과하기만 하면, 운전자는 예약차를 운전할 수 있는 자격을 얻을 뿐만 아니라 택시도 운전할 수 있다.

A 시험에 참가하려면 자격 심사를 통과해야 한다
B 이번 시험은 인원수가 기대한 것에 미치지 못한다
C 예약차 탑승은 안전 상의 위험이 있다
D 예약차 운전면허증 유효 기간은 3년이다

지문 어휘 ☆**将近** jiāngjìn 동 거의 ~에 근접하다, 거의 ~에 이르다 | **驾驶员** jiàshǐyuán 명 운전자 | **审查** shěnchá 명 심사, 심의 동 심사하다 | **重庆** Chóngqìng 고유 충칭 직할시(지명) | **网约车** wǎng yuē chē 인터넷으로 예약해서 타는 차 | **采取** cǎiqǔ 동 채택하다, 취하다 | ☆**政策** zhèngcè 명 정책

보기 어휘 ☆**预期** yùqī 동 예기하다 | ☆**隐患** yǐnhuàn 명 안전 상의 위험 요소, 잠복해 있는 병 | **驾驶证** jiàshǐzhèng 명 운전 면허증 | **有效期** yǒuxiàoqī 명 유효 기간 | **为** wéi 동 ~이다

정답 A

해설 300명에 가까운 운전자는 자격 심사를 통과한 후 충칭에서 예약차 기사 자격 시험에 참가할 수 있다(将近三百名驾驶员通过资格审查后，将在重庆参加网约车驾驶员资格考试)고 했으므로 정답은 A입니다.

10

有一家与众不同的咖啡馆，这里的员工都是自闭症患者。光临此店的顾客只要陪他们聊天儿，就能免费喝咖啡。咖啡馆的老板希望自闭症患者能在这份工作中学会与人沟通，敞开心扉。

색다른 커피숍이 하나 있는데, 이곳의 직원은 모두 자폐증 환자이다. 이곳을 찾아오는 고객은 직원과 대화를 해주면 무료로 커피를 마실 수 있다. 이 커피숍의 사장은 자폐증 환자가 이곳에서 사람과 소통하는 법을 배우고 마음의 문을 열 수 있게 되기를 희망한다.

A 这类咖啡店遍布全国
B 和店员聊天儿能免单
C 这家店得到了政府表彰
D 顾客可免费学制作咖啡

A 이런 커피숍은 전국 곳곳에 퍼져있다
B 점원과 이야기를 하면 무료이다
C 이 가게는 정부의 표창을 받았다
D 고객은 무료로 커피 만드는 법을 배울 수 있다

지문 어휘 **与众不同** yǔ zhòng bù tóng 성어 보통 사람과 다르다, 남다르다 | **自闭症** zìbìzhèng 명 자폐증 | **光临** guānglín 동 왕림하다 | ☆**敞开** chǎngkāi 동 (문·창문 따위를) 활짝 열다 | **心扉** xīnfēi 명 마음의 문

보기 어휘 ☆**遍布** biànbù 동 널리 퍼져 있다, 도처에 깔리다 | **免单** miǎndān 동 계산을 면제하다, 무료로 하다 | ☆**表彰** biǎozhāng 동 표창하다

정답 B

해설 커피숍을 찾아오는 손님은 직원과 대화를 하면 커피를 무료로 마실 수 있다(光临此店的顾客只要陪他们聊天儿，就能免费喝咖啡)고 했으므로 정답은 B입니다.

11

"幸存者偏差"是指当信息来源于幸存者时，这种信息往往会与实际情况有很大的偏差。例如，我们很容易把在激烈竞争中存活下来并取得成功的企业视为传奇，但也许他们只是运气好而已。

'생존자 편향'이라는 것은 정보가 생존자로부터 나올 때 이런 정보는 종종 실제 상황과 매우 큰 편차가 있다는 것을 가리킨다. 예를 들면, 우리는 치열한 경쟁에서 살아남아 성공을 거둔 기업을 전설로 여기지만, 아마 그들도 단지 운이 좋았을 뿐일 수도 있다.

A 要抓住生存的机会
B 要塑造企业的形象
C 有些成功只是侥幸
D 他人的运气不可复制

A 생존의 기회를 잡아야 한다
B 기업의 이미지를 형상화해야 한다
C 어떤 성공은 단지 요행일 뿐이다
D 다른 사람의 운은 복제할 수 없다

지문 어휘 **幸存者偏差** xìngcúnzhě piānchā 생존자 편향 | **幸存者** xìngcúnzhě 생존자 | ☆**偏差** piānchā 명 편차, 오류, 편향 | **传奇** chuánqí 명 전기, 전설 | ☆**而已** éryǐ 조 ~만, ~뿐 | **只是~而已** zhǐshì ~ éryǐ (단지) ~일 뿐이다

보기 어휘 ☆**塑造** sùzào 동 형상화하다, 묘사하다, 만들다 | **形象** xíngxiàng 명 형상, 이미지 | ☆**侥幸** jiǎoxìng 명 요행 형 요행이다 | **复制** fùzhì 동 복제하다

정답 C

해설 우리는 쉽게 치열한 경쟁에서 살아남아 성공을 거둔 기업을 전설로 여기지만 아마 그들도 단지 운이 좋았을 뿐일지도 모른다(我们很容易把在激烈竞争中存活下来并取得成功的企业视为传奇，但也许他们只是运气好而已)고 했으므로 정답은 C입니다.

12

橙色不好配色，当用橙色与其他艳丽的色彩搭配时，最佳配色是与它反差最大的深蓝色。总之，如果这两种颜色配得恰到好处的话，就能让你显得更有气质，更有品味。

A 橙色最适合搭配蓝色
B 橙色是永恒的流行色
C 橙色服装使人感到温暖
D 橙色不适合与艳色搭配

주황색은 색 배합이 어렵다. 주황색을 다른 화려한 색채와 조합할 때 가장 좋은 배색은 대비가 가장 큰 짙은 남색이다. 요컨대, 만약 이 두 가지 색상을 잘 어울리게 매치한다면, 당신을 더욱 분위기 있고 품격 있게 해줄 것이다.

A 주황색은 남색과 배합하는 것이 가장 어울린다
B 주황색은 영원한 유행색이다
C 주황색 옷은 따뜻한 느낌이 들도록 해준다
D 주황색을 화려한 색과 배합하는 것은 어울리지 않는다

지문 어휘 **橙色** chéngsè 명 주황색, 오렌지색 | **配色** pèi sè 동 배색하다, 색깔을 배합하다 | **艳丽** yànlì 형 곱고 아름답다, 화려하다 | ★**搭配** dāpèi 동 조합하다, 맞추다 | **反差** fǎnchā 명 대비 | **深蓝色** shēnlánsè 짙은 남색 | **总之** zǒngzhī 접 아무튼, 어쨌든 | ★**恰到好处** qià dào hǎo chù 성어 꼭 알맞다, 꼭 들어맞다 | ★**气质** qìzhì 명 분위기, 기개, 품격 | **品味** pǐnwèi 명 품위(격조)와 재미(흥미)

보기 어휘 ★**永恒** yǒnghéng 형 영원히 변하지 않다, 영원하다

정답 A

해설 주황색을 다른 화려한 색과 배합할 때 가장 좋은 배색은 대비가 가장 큰 짙은 남색(当用橙色与其他艳丽的色彩搭配时，最佳配色是与它反差最大的深蓝色)이라고 했으므로 정답은 A입니다.

13

她是为数不多的、同时获得跳台和跳板两个奥运项目金牌的运动员。她像一道绚丽的彩霞，十四岁就照亮了天际，成为举世瞩目的体育明星，她就是中国家喻户晓的跳水皇后——伏明霞。

A 跳台项目训练十分辛苦
B 室外比赛对天气要求高
C 伏明霞曾是奥运冠军
D 伏明霞十四岁进入国家队

그녀는 다이빙플랫폼과 스프링보드 두 올림픽 종목에서 동시에 금메달을 획득한 몇 안 되는 운동선수이다. 그녀는 눈부시게 아름다운 노을과 같이 14살에 하늘을 밝게 비추어 전세계가 주목하는 스포츠 스타가 되었다. 그녀가 바로 중국에서 누구나 알고 있는 다이빙의 여왕 푸밍샤이다.

A 다이빙플랫폼 종목의 훈련은 매우 고생스럽다
B 실외 경기는 날씨에 대한 요구가 높다
C 푸밍샤는 일찍이 올림픽 우승자였다
D 푸밍샤는 14살에 국가 대표팀에 들어갔다

지문 어휘 为数不多 wéishù bùduō 그 수가 많지 않다 | **跳台** tiàotái 명 다이빙플랫폼(올림픽 종목) | **跳板** tiàobǎn 명 스프링보드(올림픽 종목) | **绚丽** xuànlì 형 화려하고 아름답다, 눈부시게 아름답다 | **彩霞** cǎixiá 명 아름다운 놀(아침 놀·저녁 놀 따위) | **天际** tiānjì 명 (눈으로 볼 수 있는) 하늘가, 하늘 끝 | ☆**举世瞩目** jǔ shì zhǔ mù 성어 온 세상 사람이 모두 주목하다 | ☆**家喻户晓** jiā yù hù xiǎo 성어 집집마다 알다 | ☆**皇后** huánghòu 명 황후 | **伏明霞** Fúmíngxiá 고유 푸밍샤(인명_중국의 세계적인 다이빙 스타)

보기 어휘 **冠军** guànjūn 명 1등, 우승자 | **国家队** guójiāduì 명 국가 대표팀

정답 C

해설 푸밍샤는 다이빙플랫폼과 스프링보드 두 올림픽 종목에서 동시에 금메달을 획득한 운동선수(同时获得跳台和跳板两个奥运项目金牌的运动员)라고 했으므로 정답은 C입니다.

14

不要浪费时间去羡慕或嫉妒别人，多花些时间与那些善于学习并善于思考的人在一起吧！你会从他们身上学到很多东西，不仅如此，他们的好习惯也会影响你，从而让你的思想变得更深刻。

다른 사람을 부러워하거나 질투하는데 시간을 낭비하지 말고, 공부를 잘하고 생각이 깊은 사람들과 어울리는데 시간을 많이 써라! 당신은 그들에게서 많은 것들을 배울 수 있을 뿐만 아니라 그들의 좋은 습관도 당신에게 영향을 끼칠 것이고, 당신의 생각도 더욱 깊어질 것이다.

A 要多向年长者请教
B 要多与善于思考者相处
C 朋友之间容易互相嫉妒
D 好习惯不是一天养成的

A 연장자에게 많이 가르침을 받아야 한다
B 생각을 깊이 하는 사람과 많이 어울려야 한다
C 친구 사이에선 서로 질투하기 쉽다
D 좋은 습관은 하루 만에 길러지는 것이 아니다

지문 어휘 ☆**嫉妒** jídù 동 질투하다 | **善于** shànyú 동 ~에 소질이 있다, ~을(를) 잘하다

보기 어휘 ☆**请教** qǐng jiào 동 가르침을 받다, 물어보다 | **相处** xiāngchǔ 동 함께 지내다

정답 B

해설 공부를 잘하고 생각을 깊이 할 줄 아는 사람과 어울리는데 시간을 많이 쓰라(多花些时间与那些善于学习并善于思考的人在一起吧)고 했으므로 정답은 B입니다.

15

很多人以为洗牙会使牙齿对冷热的刺激变得更为敏感，因此十分惧怕洗牙，其实这是一个误区。洗牙会让牙齿更健康，而且洗牙的不适感会随着洗牙次数的增加而减轻。当然洗牙频率也不能过高，一般而言，一年一次即可。

A 洗牙频率不宜过高
B 洗牙易导致牙齿敏感
C 多数人洗牙是为了美观
D 牙齿敏感者应少喝冷饮

많은 사람이 스케일링은 치아의 차갑고 뜨거운 것에 대한 자극을 더욱 민감하게 만들 것이라고 생각해서 스케일링을 매우 두려워하지만 사실 이것은 잘못된 인식이다. 스케일링은 치아를 더욱 건강하게 해줄 것이고, 스케일링의 불편함은 스케일링 횟수가 늘어나면서 경감될 것이다. 물론 스케일링을 너무 자주해도 안 되고, 일반적으로 일년에 한 번이면 된다.

A 스케일링을 너무 자주하는 것은 좋지 않다
B 스케일링은 치아를 민감하게 하기 쉽다
C 많은 사람이 미관을 위해서 스케일링을 한다
D 치아가 민감한 사람은 차가운 음료를 덜 마셔야 한다

지문 어휘 **洗牙** xǐyá 명 스케일링 | **牙齿** yáchǐ 명 치아 | **冷热** lěngrè 명 음식물의 차고 더움 | **刺激** cìjī 명 자극 동 자극하다 | **敏感** mǐngǎn 형 민감하다 | **惧怕** jùpà 동 두려워하다 | **误区** wùqū 명 (장시간 형성된) 잘못된 인식, 그릇된 방법, 악습, 맹점 | ★ **频率** pínlǜ 명 빈도 | **一般而言** yìbān'éryán 일반적으로 (말하면) | **即可** jíkě ~하면 된다, ~하면 곧(바로) ~할 수 있다

보기 어휘 **不宜** bùyí 동 ~하는 것은 좋지 않다, ~하기에 적당치 않다 | **冷饮** lěngyǐn 명 차가운 음료, 냉음료

정답 A

해설 많은 사람이 스케일링은 치아의 차가운 것과 뜨거운 것에 대한 자극을 더욱 민감하게 만든다고 생각하지만(很多人以为洗牙会使牙齿对冷热的刺激变得更为敏感) 사실 이것은 잘못된 인식(其实这是一个误区)이라고 했고, 그런데 스케일링을 지나치게 자주 하면 안 된다(当然洗牙频率也不能过高)고 했으므로 정답은 A입니다.

제2부분 16~30번 문제는 인터뷰를 듣고 질문에 알맞은 답을 고르는 문제입니다.

第16到20题是根据下面一段采访：

女：余先生，您好！谢谢您在百忙之中抽出时间接受我们的采访。[16]喜马拉雅如今是中国最大的移动互联网音频平台，拥有几亿手机用户。你能简单谈谈当初为什么要做这样一个平台吗？

여: 위선생님 안녕하세요! 바쁘신데도 시간을 내어 우리 인터뷰에 응해주셔서 감사 드려요. [16]히말라야는 오늘날 중국에서 가장 큰 모바일 인터넷 오디오 플랫폼으로서 수억의 휴대전화 사용자를 보유하고 있습니다. 그 당시 왜 이런 플랫폼을 만들려 했는지 간단히 말씀해 주시겠어요?

男：我一直在搞互联网创业，并没特意往文化方面靠，这算是水到渠成吧。[20]其实在这之前我先后四次创业，但都以失败告终了。我一直在想，假如能用零散的时间来听点儿东西、学点儿知识，那会是一件很有意义的事。2012年智能手机开始普及，让这个事情成为了可能。

남: 전 줄곧 인터넷 관련 창업을 해왔어요. 특별히 문화쪽에 의존하진 않아서, 이것은 자연스럽게 이루어진 일이라고 할 수 있습니다. [20]사실 이전에 전 연이어 4번 창업을 했지만 모두 실패로 끝났어요. 전 줄곧 생각했어요. 만약 자투리 시간을 이용해 뭔가를 듣고, 지식을 배울 수 있다면 정말 의미 있는 일이라고요. 2012년 스마트폰이 보급되기 시작하면서 이 일은 가능해 졌죠.

女：事实证明你的第五次创业非常成功，可以分享一下成功的秘诀吗？

여: 사실이 증명하듯, 당신의 다섯 번째 창업은 매우 성공적인데, 성공의 비결을 공유해주실 수 있을까요?

男：[17]我觉得应该是因为目标定位准。我们就是要打造用音频传递知识的平台。生活中有很多有才华的人，上知天文、下知地理，但他们缺少一个平台展现自己，我就想建一个像声音百货商店一样的线上平台，让每个有知识、有才华的人到这里来尽情地展现自己。同时，需要知识的人又能从平台上学到他们想要的东西。

남: [17]저는 목표 설정이 정확했다고 확신해요. 우리는 바로 오디오 지식 전달 플랫폼을 만들고 싶었어요. 생활 속에는 재주 있는 사람이 정말 많아요. 그들은 천문학부터 지리까지 다 꿰뚫고 매우 박식하죠. 하지만 그들은 자신을 드러낼 플랫폼이 부족해요. 전 소리 백화점과 같은 온라인 플랫폼을 구축해서 모든 박식하고, 재주 있는 사람들이 이곳에서 맘껏 자신의 재주를 펼칠 수 있게 하고, 마찬가지로 지식이 필요한 사람은 플랫폼에서 그들이 필요한 것을 얻을 수 있기를 바라요.

女：你经常关注用户的收听体验吗？

여: 당신은 늘 사용자들의 청취 체험에 관심을 갖나요?

男：当然啦！客服团队会第一时间收集用户的各种意见，并向我汇报，有些用户还会到我的微博来留言，我都会关注。如果确实有需要改进的部分，我就会指派相应部门去解决问题。

남: 당연하죠! 고객 서비스팀은 가장 먼저 고객의 여러 가지 의견을 수집해서 저에게 보고합니다. 어떤 고객은 제 '웨이보'를 찾아와 글을 남기기도 하죠. 전 모두 관심을 갖고 봅니다. 만약 확실히 개선이 필요한 부분이라면 전 관련 부서를 파견해 문제를 해결할 것입니다.

女：音频节目的内容五花八门，这个部分你们怎么把关呢？

여: 오디오 프로그램 콘텐츠가 정말 다양한데, 이 부분은 어떻게 점검하고 있나요?

男：我们有一个很严格的审核机制。基本上每一个节目提交后，都要先由三位员工进行内容上的审查，要15分钟后才能正式上线。[18]上线后还会有一个团队对这些节目进行抽查，确保不出差错。	남: 우리는 매우 엄격한 심사 시스템을 가지고 있습니다. 기본적으로 모든 프로그램은 제출한 후 모두 먼저 3명의 직원이 콘텐츠 부분을 심사하고, 15분 후에 정식으로 인터넷 상에 게재합니다. [18]그 이후에 또 한 팀이 이 프로그램에 대해 추출 검사를 하는데, 착오가 없도록 하기 위해서입니다.
女：能不能再给我们介绍一下公司今后的计划？	여: 회사의 향후 계획을 소개 좀 해주시겠어요?
男：首先，我希望把各行各业的文化资产都通过声音这个介质保存到我们的平台上来进行分享，几年后能在各种家用设备上实现音频的收听。其次，[19]我希望通过这个平台让中国的文化走向全世界，希望我们的平台也能开拓到国外去，给国外的用户提供优质的服务。	남: 우선, 전 여러 업종의 문화 자산을 모두 소리라는 이 매체로서 우리 플랫폼에 저장해 모두와 공유하고, 몇 년 뒤 각종 가정용 기기에서도 오디오 청취를 가능하게 할 수 있기를 희망합니다. 두 번째로, [19]이 플랫폼을 통해, 중국의 문화가 전 세계로 뻗어 나아가고, 우리의 플랫폼도 해외시장을 개척해 해외 사용자에게도 우수한 품질의 서비스를 제공할 수 있기를 희망합니다.

지문 어휘 余 yú 명 위(사람의 성씨) | 抽时间 chōu shíjiān 시간을 내다 | 接受 jiēshòu 동 받아들이다, 수락하다 | 采访 cǎifǎng 동 인터뷰하다, 취재하다 | 喜马拉雅 Xǐmǎlāyǎ 고유 히말라야(중국의 팟캐스트 방송을 들을 수 있는 모바일 앱) | 如今 rújīn 명 지금 | 移动互联网 yídòng hùliánwǎng 명 모바일 인터넷 | 音频 yīnpín 명 오디오 | 平台 píngtái 명 플랫폼 | ★拥有 yōngyǒu 동 보유하다, 가지다 | ★用户 yònghù 명 사용자 | ★当初 dāngchū 명 당초, 처음 | 搞 gǎo 동 하다, 시행하다 | 创业 chuàng yè 동 사업을 시작하다 | ★特意 tèyì 부 특별히 | 水到渠成 shuǐ dào qú chéng 성어 조건이 되면 일은 자연히 이루어진다 | 告终 gàozhōng 동 끝을 알리다 | 假如 jiǎrú 접 만약 | 零散 língsǎn 형 흩어져 있다 | 智能手机 zhìnéng shǒujī 명 스마트폰 | ★普及 pǔjí 동 보급되다 | 分享 fēnxiǎng 동 함께 나누다, 공유하다 | 秘诀 mìjué 명 비결 | 定位 dìngwèi 동 위치를 측정하다, 사물의 지위를 설정하다 명 측정 또는 설정된 위치 | 准 zhǔn 형 정확하다 동 허락하다 명 표준 | 打造 dǎzào 동 만들다 | 传递 chuándì 동 전달하다 | 才华 cáihuá 명 뛰어난 재능 | 上知天文、下知地理 shàng zhī tiānwén、xià zhī dìlǐ 천문학도 잘 알고, 지리학도 잘 안다, 박식하다 | ★展现 zhǎnxiàn 동 드러내다, 전개하다 | 线上 xiànshàng 명 온라인 | 尽情 jìnqíng 동 하고 싶은 바를 다하다 | 关注 guānzhù 동 관심을 가지다 명 관심 | 收听 shōutīng 동 청취하다 | 体验 tǐyàn 명 체험 동 체험하다 | 客服 kèfú 명 고객 서비스 | 团队 tuánduì 명 단체 | 第一时间 dì yī shíjiān 명 가장 긴요한 때, 가장 중요한 순간(일반적으로 사건 발생 중의 가장 이른 시간임) | ★汇报 huìbào 동 상황을 종합하여 상급자 또는 대중에게 보고하다 명 보고 | 微博 wēibó 명 웨이보, 미니 블로그(중국판 트위터) | 留言 liúyán 동 말을 남기다 | 确实 quèshí 형 확실하다 부 확실히 | 改进 gǎijìn 동 개선하다 명 개선, 개진 | 指派 zhǐpài 동 파견하다 | ★相应 xiāngyìng 형 상응하다, 알맞다 | 部门 bùmén 명 부서, 부처 | 节目 jiémù 명 프로그램, 종목 | 五花八门 wǔ huā bā mén 성어 형형색색, 다양하다 | ★把关 bǎguān 동 최종 점검하다, 관문을 지키다 | 严格 yángé 형 엄격하다 | 审核机制 shěnhé jīzhì 심사 시스템 | 提交 tíjiāo 동 제출하다 | 员工 yuángōng 명 직원, 종업원 | ★审查 shěnchá 동 심사하다, 심의하다 명 심사, 심의 | 上线 shàng xiàn 동 인터넷상에 게재하다, 접속하다 | 抽查 chōuchá 동 추출 검사하다 | ★确保 quèbǎo 동 확보하다 | 出差错 chū chācuò 착오가 생기다 | 各行各业 gè háng gè yè 성어 모든 업종, 각 분야 | ★资产 zīchǎn 명 재산 | 介质 jièzhì 명 매체 | 保存 bǎocún 동 보존하다 | 家用 jiāyòng 형 가정용의 명 가정의 비용 | 设备 shèbèi 명 설비 동 갖추다 | 实现 shíxiàn 동 실현하다 | ★开拓 kāituò 동 개척하다 | 提供 tígōng 동 제공하다 | 优质 yōuzhì 명 우수한 품질 | 服务 fúwù 명 서비스 동 서비스하다, 일하다

16

关于喜马拉雅音频平台可以知道什么?

A 拥有几亿用户
B 创建于2018年
C 盈利渠道有待拓宽
D 实时播放交通状况

히말라야 오디오 플랫폼에 관하여 무엇을 알 수 있나?

A 수억의 사용자를 보유하고 있다
B 2018년에 창립했다
C 이윤창출 경로를 넓힐 필요가 있다
D 실시간으로 교통 상황을 방송한다

보기 어휘 **创建** chuàngjiàn 동 창건하다, 창립하다 | ★**盈利** yínglì 명 이윤, 이익 | ★**渠道** qúdào 명 경로, 방법, 루트 | **有待** yǒudài 동 ~이(가) 기대되다, ~할 필요가 있다 | **拓宽** tuòkuān 동 넓히다, 확장하다 | **实时** shíshí 부 즉시, 실시간으로 | **播放** bōfàng 동 방송하다

정답 A

해설 히말라야는 오늘날 중국에서 가장 큰 모바일 인터넷 오디오 플랫폼으로서 수억의 휴대전화 사용자를 보유한다(喜马拉雅如今是中国最大的移动互联网音频平台，拥有几亿手机用户)고 했으므로 정답은 A입니다.

17

男的认为喜马拉雅音频平台成功的秘诀是什么?

A 部门分工明确
B 目标定位准确
C 内容全部收费
D 反馈问题及时

남자는 히말라야 오디오 플랫폼의 성공 비결이 무엇이라고 생각하는가?

A 각 부문의 분업이 명확하다
B 목표 설정이 정확하다
C 콘텐츠가 모두 유료이다
D 문제에 대한 피드백이 시기 적절하다

보기 어휘 **分工** fēn gōng 명 분업 동 분업하다, 분담하다 | **收费** shōu fèi 동 비용을 받다, 요금을 징수하다 | ★**反馈** fǎnkuì 명 피드백(feedback) | **及时** jíshí 형 제때이다, 시기적절하다

정답 B

해설 성공의 비결을 공유해달라(可以分享一下成功的秘诀吗)는 여자의 질문에 남자는 목표 설정이 정확했기 때문이라고 여긴다(我觉得应该是因为目标定位准)고 대답했으므로 정답은 B입니다.

18

下列哪项属于喜马拉雅音频平台的审核制度?

A 上线后抽查
B 用户参与审核
C 两名员工同时审核
D 加大处罚力度

다음 중 히말라야 오디오 플랫폼의 심사 제도에 속하는 것은 어느 것인가?

A 인터넷에 게재한 후 추출 검사한다
B 사용자가 심사에 참여한다
C 두 명의 직원이 동시에 심사한다
D 처벌 강도를 높인다

보기 어휘 **参与** cānyù 동 참여하다 | **加大** jiādà 동 확대하다, 늘리다 | **处罚** chǔfá 명 처벌 동 처벌하다 | **力度** lìdù 명 힘, 역량

정답 A

해설 엄격한 히말라야의 심사 시스템은 기본적으로 모든 프로그램을 제출 후, 먼저 3명의 직원이 콘텐츠 부분의 심사를 하고, 15분 후에 정식으로 인터넷 상에 게재한 후, 이 프로그램에 대해 추출 검사를 한다(**我们有一个很严格的审核机制。基本上每一个节目提交后，都要先由三位员工进行内容上的审查，要15分钟后才能正式上线。上线后还会有一个团队对这些节目进行抽查**)고 했으므로 정답은 A입니다.

19

男的对公司未来有什么计划?	남자는 회사의 미래에 어떤 계획을 가지고 있는가?
A 加大宣传力度	A 홍보 역량을 강화한다
B 促进企业上市	B 기업의 상장을 촉진한다
C 增加少儿节目	C 아동 프로그램을 늘린다
D 开拓海外市场	D 해외시장을 개척한다

보기 어휘 **宣传** xuānchuán 동 선전하다, 홍보하다 명 선전, 홍보 | **促进** cùjìn 동 촉진하다 | **上市** shàngshì 동 상장하다, 출시되다

정답 D

해설 회사의 이후 계획을 소개 해달라는 질문(**能不能再给我们介绍一下公司今后的计划**)에, 남자는 히말라야 플랫폼을 통해 중국 문화가 전 세계로 나아가고 이 플랫폼도 해외를 개척해 갈 수 있기를 희망한다(**我希望通过这个平台让中国的文化走向全世界，希望我们的平台也能开拓到国外去**)고 말했으므로 정답은 D입니다.

20

关于男的，下列哪项正确?	남자에 관해 정확한 것은 어느 것인가?
A 当过客服经理	A 고객 관리자를 한 적이 있다
B 曾四次创业失败	B 일찍이 4번 창업 실패를 해본 적이 있다
C 大学学的是传媒	C 대학에서 배운 것은 대중매체이다
D 想去别的国家移民	D 다른 나라로 이민하고 싶다

보기 어휘 **客服经理** kèfú jīnglǐ 고객 관리자 | **传媒** chuánméi 명 매스 미디어, 대중매체 | **移民** yímín 동 이민하다

정답 B

해설 남자는 이전에 잇따라 4번 창업을 해봤지만 실패로 끝났다(**其实在这之前我先后四次创业，但都以失败告终了**)고 했으므로 정답은 B입니다.

第21到25题是根据下面一段采访：

男：张老师，家庭亲子阅读真的会对儿童产生那么大的影响吗？

女：我们通过大量研究发现，家庭亲子阅读和儿童的语言发展有着非常密切的关系。丰富的家庭阅读环境对孩子的语音意识、词汇发展、文字意识，以及认知等方面的发展都有着积极的促进作用。[21]同时从长期来看，重视亲子阅读的家庭的孩子进入小学之后，他们的快速认读、独立思考和表达能力都普遍较高，可以说家庭亲子阅读是让孩子终身受益的。

男：那家长是否应该接受相关的培训呢？

女：家长确实需要具有引导孩子关注故事情节的能力，比如念到故事的关键之处，应该向孩子提问，问问孩子接下来会发生什么，让孩子去做一些预测和猜想。很多家长都有一个误区，以为读图画书就是孩子学习词汇的过程，实际上这只是很小的一部分。[22]图画书的真正作用在于让孩子了解日常生活中接触不到的话题。因此，家长和孩子一起看图画书时，父母应该有意识地参与其中，为孩子提供更多思考和讨论的机会，这才是最理想的亲子阅读形式。从这一点来看，[25]我觉得为父母提供一些培训是很有必要的。

男：很多中国父母在教育问题上表现出竞争焦虑，这对孩子有没有影响？

남: 장선생님, 가정에서 부모와 아이가 함께 독서를 하는 것이 정말 아이에게 그렇게 큰 영향을 끼칠까요?

여: 우리는 많은 연구를 통해 가정에서 부모와 아이가 함께 독서를 하는 것이 아이의 언어 발달과 매우 밀접한 관계가 있다는 것을 알게 되었어요. 풍부한 가정 독서 환경이 아이의 음성인식, 어휘발달, 문자인식 및 인지 등과 같은 방면의 발달에 모두 긍정적인 촉진 역할을 합니다. [21]이와 동시에 장기적으로 봤을 때 부모와 자녀가 함께 독서하는 것을 중요시하는 가정의 아이들은 초등학교 입학 후 그들의 속독, 독립적인 사고와 표현능력 모두 비교적 높아요. 결국 가정에서 부모와 아이가 함께 책을 읽는 것은 아이에게 평생 유익하다고 할 수 있습니다.

남: 그렇다면 부모는 관련 훈련을 받아야 하는 것이 아닌가요?

여: 부모는 확실히 아이가 이야기 줄거리에 관심을 갖도록 유도하는 능력을 갖춰야 해요. 예를 들면 이야기의 하이라이트 부분을 읽게 되면 아이에게 다음에 어떤 일이 벌어질지 물어보면서 아이가 예측과 짐작을 해볼 수 있게 해줘야 합니다. 많은 부모는 그림책을 보는 것이 바로 아이가 어휘를 공부하는 과정이라고 잘못 생각하고 있는데, 사실 이것은 아주 작은 부분일 뿐이에요. [22]그림책의 진정한 역할은 아이로 하여금 일상생활에서 겪지 못하는 화제를 이해할 수 있게 한다는데 있어요. 때문에 부모와 아이가 함께 그림책을 볼 때에 부모는 마땅히 의식적으로 참여해 아이에게 더욱 많은 사고와 토론의 기회를 제공해야 해요. 이것이야말로 가장 이상적인 부모와 아이가 함께 독서하는 방법입니다. 이런 관점에서 보면, [25]저는 부모 교육을 하는 것이 매우 필요하다고 생각합니다.

남: 많은 중국 부모가 교육 문제에서 경쟁하고 초조한 모습을 보이고 있는데, 이것은 아이에게 영향이 있을까요?

女：父母心态健康、比较放松的话，孩子的语言表达和叙述能力会更好。[23]焦虑的父母必然会导致孩子焦虑，从而孩子的语言发展就会受到阻碍。当然，我并不希望我这么说让那些焦虑的父母变得更加焦虑。

男：那您能不能给焦虑的家长提一些建议？

女：很多家长都把焦点放在孩子五六岁的时候有了多少知识储备，[24]但是家长们也要考虑当孩子到了二、三十岁，甚至终身是否都能对学习保有兴趣、是否对世界怀有好奇心，还是否乐意以积极的态度去尝试新的东西。与孩子在五六岁时懂得三门语言、会玩儿两种乐器相比，这才是最重要的事情。

여: 부모의 심리상태가 건강하고 비교적 편할 때 아이의 언어 표현 능력과 서술 능력이 더욱 좋아요. [23]초조한 부모는 분명 아이도 초조하게 만들 것이고, 그러면 아이의 언어 발달도 방해를 받게 되죠. 물론, 제가 이렇게 말해서 그런 초조해하는 부모님들을 더욱 걱정하게 만들고 싶지 않아요.

남: 그렇다면 초조해하는 부모님께 제안해 주실 게 있을까요?

여: 많은 부모가 포커스를 아이가 5,6살 때 얼만큼의 지식을 갖게 되는지에 둡니다. [24]하지만 부모님들은 아이가 20,30세가 되었을 때도, 심지어 평생 공부에 대해 흥미를 유지할 수 있을지, 세상에 호기심을 가지고 있을지, 즐겁게 적극적인 태도로 새로운 일을 시도할지도 고민을 해보셔야 해요. 이것이야말로 아이가 5,6세에 3개 국어를 이해하고, 두 가지 악기를 다룰 줄 아는 것에 비해 가장 중요하거든요.

지문 어휘 **亲子** qīnzǐ 명 부모와 자녀 | **阅读** yuèdú 동 독서하다, 읽다 | **亲子阅读** qīnzǐ yuèdú 부모와 자녀가 함께 독서하다 | **儿童** értóng 명 어린이 | **密切** mìqiè 형 밀접하다 | **丰富** fēngfù 형 풍부하다 | **语音** yǔyīn 명 말소리, 음성 | ☆**意识** yìshí 명 의식, 인식 동 의식하다, 깨닫다 | **词汇** cíhuì 명 어휘 | **认知** rènzhī 명 인지 동 인지하다 | **促进** cùjìn 동 촉진하다 | **作用** zuòyòng 명 작용, 역할 동 작용하다 | **重视** zhòngshì 동 중시하다 명 중시 | **快速认读** kuàisù rèndú 빨리 읽다, 속독하다 | **独立思考** dúlì sīkǎo 독립적 사고 | **表达能力** biǎodá nénglì 표현능력 | **普遍** pǔbiàn 형 보편적이다 | **终身** zhōngshēn 명 종신, 일생 | **受益** shòuyì 동 이익을 얻다 | **家长** jiāzhǎng 명 학부모, 가장 | **培训** péixùn 동 훈련하다 | **确实** quèshí 부 확실히, 정말로 | ☆**引导** yǐndǎo 동 안내하다, 인도하다 | **关注** guānzhù 동 관심을 가지다 명 관심 | ☆**情节** qíngjié 명 사건의 내용과 경위, 줄거리 | **关键** guānjiàn 명 관건 형 매우 중요한 | **提问** tíwèn 동 질문하다 | **预测** yùcè 동 예측하다 명 예측 | **猜想** cāixiǎng 동 짐작하다, 추측하다 | **误区** wùqū 명 오류가 있는 부분 | **图画书** túhuàshū 명 그림책 | **了解** liǎojiě 동 알다, 이해하다 | **接触** jiēchù 동 닿다, 접촉하다 | **话题** huàtí 명 화제 | **参与** cānyù 동 참여하다 | **竞争** jìngzhēng 명 경쟁 동 경쟁하다 | **焦虑** jiāolǜ 동 초조하다, 걱정하다 | ☆**心态** xīntài 명 심리 상태 | **放松** fàngsōng 동 늦추다, 풀어주다 | **叙述** xùshù 동 진술하다 | **阻碍** zǔ'ài 동 방해하다 명 방해 | ☆**焦点** jiāodiǎn 명 초점 | ☆**储备** chǔbèi 동 비축하다, 저장하다 | **兴趣** xìngqù 명 흥미, 취미 | **怀有** huáiyǒu 동 품고 있다 | **好奇心** hàoqíxīn 명 호기심 | ☆**乐意** lèyì 동 즐겁게 여기다, 기꺼이 ~하다 | **尝试** chángshì 동 시험해 보다 명 시험, 시도 | **乐器** yuèqì 명 악기

21

从长期来看，家庭亲子阅读对孩子的哪方面有帮助?

A 记忆力
B 写作能力
C 自我意识
D 独立思考

장기적으로 봤을 때, 가정에서 부모와 아이가 함께 독서하는 것은 아이의 어느 방면에 도움이 되는가?

A 기억력
B 글짓기 능력
C 자아의식
D 독립적인 사고

보기 어휘 **记忆力** jìyìlì 명 기억력 | **写作** xiězuò 동 글을 짓다

정답 D

해설 장기적으로 봤을 때, 부모와 자녀가 함께 독서하는 것을 중요시하는 가정의 아이들은 초등학교 입학 후 그들의 속독, 독립적인 사고와 표현능력 모두가 일반적으로 비교적 높다(**从长期来看，重视亲子阅读的家庭的孩子进入小学之后，他们的快速认读、独立思考和表达能力都普遍较高**)고 했으므로 정답은 D입니다.

22

图画书的真正作用是什么?

A 提升孩子的智力
B 让孩子接触新话题
C 丰富孩子的想象力
D 扩大孩子的词汇量

그림책의 진정한 역할은 무엇인가?

A 아이들의 지능을 향상시킨다
B 아이들로 하여금 새로운 화제를 접하게 해준다
C 아이의 상상력을 풍부하게 해준다
D 아이의 어휘량을 늘려준다

보기 어휘 **提升** tíshēng 동 진급시키다 | ★**智力** zhìlì 명 지능 | **想象力** xiǎngxiànglì 명 상상력 | **词汇量** cíhuìliàng 명 어휘량

정답 B

해설 그림책의 진정한 역할은 아이로 하여금 일상생활에서 접하지 못하는 화제를 이해할 수 있게 해주는데 있다(**图画书的真正作用在于让孩子了解日常生活中接触不到的话题**)고 했으므로 정답은 B입니다.

23

女的怎么看家长的竞争焦虑?

A 阻碍孩子的语言发展
B 影响孩子的身心健康
C 能激发孩子的上进心
D 能让孩子对文学感兴趣

여자는 학부모가 경쟁하고 걱정하는 것을 어떻게 보는가?

A 아이의 언어 발달을 방해한다
B 아이의 심신 건강에 영향을 끼친다
C 아이의 성취욕을 불러일으킬 수 있다
D 아이로 하여금 문학에 관심을 갖게 할 수 있다

보기 어휘 **身心健康** shēnxīn jiànkāng 심신이 건강하다 | ★**激发** jīfā 동 불러일으키다 | **上进心** shàngjìnxīn 명 성취욕

정답 A

해설 초조한 부모는 틀림없이 아이도 초조하게 만들 것이고, 그렇게되면 아이의 언어 발달도 방해를 받을 수 있다(**焦虑的父母必然会导致孩子焦虑，从而孩子的语言发展就会受到阻碍**)고 했으므로 정답은 A입니다.

24

下列哪项是女的的观点?	다음 중 여자의 관점은 어느 것인가?
A 要让孩子多学几门乐器	A 아이가 여러 악기를 더 배울 수 있도록 해야 한다
B 上小学以后要多储备知识	B 초등학교에 들어간 이후에 지식을 많이 쌓아야 한다
C 学外语会影响母语的学习	C 외국어를 공부하면 모국어 학습에 영향을 끼칠 것이다
D 要让孩子始终保持学习的兴趣	D 아이가 늘 학습에 흥미를 갖도록 해야 한다

보기 어휘 ★**母语** mǔyǔ 명 모국어 | **始终** shǐzhōng 명 시종, 처음과 끝

정답 D

해설 부모들은 아이가 20,30세가 되어도, 심지어 평생토록 배우는 것에 흥미를 가질지, 세상에 호기심을 갖고, 적극적으로 새로운 것에 시도하려 할지를 고민해야 한다(**家长们也要考虑当孩子到了二、三十岁，甚至终身是否都能对学习保有兴趣、是否对世界怀有好奇心，还是否乐意以积极的态度去尝试新的东西**)며, 이것이야말로 아이가 5,6세때 3개 국어를 알고, 2가지 악기를 다룰 줄 아는 것에 비해 가장 중요한 것(**与孩子在五六岁时懂得三门语言、会玩儿两种乐器相比，这才是最重要的事情**)이라고 했으므로 정답은 D입니다.

25

根据对话，可以知道什么?	대화에 근거해, 알 수 있는 것은 무엇인가?
A 孩子普遍崇拜父母	A 아이는 일반적으로 부모님을 숭배한다
B 女的提倡多元化阅读	B 여자는 독서의 다원화를 제창한다
C 应让孩子尽早接触图画书	C 아이가 되도록 빨리 그림책을 접하도록 해야 한다
D 父母应该接受阅读培训	D 부모는 마땅히 독서 교육을 받아야 한다

보기 어휘 ★**崇拜** chóngbài 동 숭배하다 명 숭배 | **提倡** tíchàng 동 제창하다 | ★**多元化** duōyuánhuà 동 다원화하다

정답 D

해설 부모와 아이가 함께 그림책을 볼 때 부모는 의식적으로 그 안에 참여해 아이가 더욱 많이 사고하고 토론하는 기회를 줘야 한다(**家长和孩子一起看图画书时，父母应该有意识地参与其中，为孩子提供更多思考和讨论的机会**)고 하며, 이런 관점에서 보면 부모 교육이 매우 필요하다(**从这一点来看，我觉得为父母提供一些培训是很有必要的**)고 했으므로 정답은 D입니다.

第26到30题是根据下面一段采访：

女：大家好！今天我们非常荣幸地请到了"汉语拼音之父"周有光先生！周老，[26]您早年从事经济研究教学工作，并取得了很大的成绩，但后来却改行投身文字改革工作。您在经济学和语言文字学这两个领域都做出了突出的成就，您能否结合自己的特殊经历，谈谈现在的学校应该给孩子提供什么样的教育？

男：我认为学校的科目不应该分得太细，科目分得太细对一个人的成长并没有太大的好处。此外，[27]我觉得学校最应该做的就是鼓励学生独立思考，我认为没有独立思考就没有教育可言。我的一位老师跟我讲过，人都有天然的智慧、天然的思想，教育就是把这些天然的东西引导出来。这也是古希腊哲学家苏格拉底的思想。装进大脑的东西是有限的，通过教育让人发挥自己的才能才是最重要的。

女：您已经百岁高龄，一辈子笔耕不辍，听说您最近还坚持每月发表一篇文章。一个人能终生保持旺盛的创造力是很不容易的，请问您是如何做到的？

男：写文章其实是我的一个习惯。我现在写文章一方面是让大家了解一些情况，[28]另一方面是为了延缓大脑衰退。年老了更要多动脑筋，这能让人长寿，不易衰老。

女：能保持这样的习惯一定是因为您对它感兴趣，现在不少孩子对学习没有兴趣，您对学习浓厚的兴趣是如何培养出来的？

여: 안녕하세요! 오늘 우리는 매우 영광스럽게도 '한어병음의 아버지' 저우유광 선생님을 모셨습니다. 저우 선생님, [26]당신은 젊을 때 경제 연구 교학 일에 종사하여, 큰 업적을 거두셨는데, 후에 문자 개혁으로 업종을 바꿔 이 분야에 몸을 바치셨어요. 선생님께서는 경제학과 언어 문자학 두 가지 영역에서 모두 뛰어난 성과를 거두셨는데, 당신의 특수한 경험을 접목시켜 현재 학교가 마땅히 아이에게 어떤 교육을 해야 할지 이야기 좀 해주실 수 있을까요?

남: 전 학교의 과목을 너무 세세하게 나누면 안 된다고 생각해요. 과목을 너무 세분화하면 한 사람의 성장에 그렇게 크게 좋을 것이 없어요. 그밖에 [27]제 생각에 학교가 꼭 해야 할 것은 학생이 독립적으로 사고할 수 있도록 격려하는 거예요. 독립적인 사고가 없으면 언급할만한 교육도 없다고 생각해요. 제 스승 중 한 분은 저에게 이런 얘기를 하신 적이 있어요. 사람은 모두 타고난 지혜와 사상이 있고, 교육은 바로 이런 타고난 것들을 이끌어내는 것이라고요. 이건 고대 그리스 철학자 소크라테스 사상이기도 합니다. 대뇌에 넣을 수 있는 것은 한계가 있고, 교육을 통해서 자신의 재능을 발휘하는 것이야말로 가장 중요하죠.

여: 선생님께선 이미 백세 고령이신데 평생 글쓰기를 멈추지 않으세요. 최근에도 매달 꾸준히 한 편씩 글을 발표하신다고 들었어요. 사람이 평생 왕성한 창의력을 발휘할 수 있다는 것은 정말 쉽지 않은데, 어떻게 해내시는 건가요?

남: 글을 쓰는 것은 사실 제 습관입니다. 제가 지금 글을 쓰는 건, 한편으로는 사람들로 하여금 잘 알게 하려는 것이고, [28]또 한편으로는 대뇌 노화를 늦추기 위해서입니다. 나이가 들면 머리를 더 많이 써야 해요. 그래야 장수할 수 있고, 쉽게 노화되지 않아요.

여: 이런 습관을 유지할 수 있는 건 틀림없이 선생님께서 글쓰기에 흥미가 있기 때문일 거예요. 현재 많은 아이들이 공부에 흥미가 없는데, 선생님의 공부에 대한 깊은 관심은 어떻게 길러진 건가요?

男：我上学时的老师确实很注重培养兴趣，但兴趣是自然产生的，是无法勉强的。现在的学习负担太重，孩子们一点儿自己的空间都没有，兴趣也就无法生根发芽了。我上中学时学习非常轻松，上午九点钟才上课，只有上午上正课，下午是游艺课。游艺课包括图画、音乐、书法等内容，不考试，不计分数。那时也没有任何家庭辅导，我们学得很轻松、很快乐。[29]兴趣就是在这样一个没有太多压力，有很多空闲时间的环境下产生的。

女：现在很多人提倡通过古汉语、古诗词的学习来提高学生的写作水平，您是如何看待这种现象的呢？

男：[30]其实我个人并不认为读了文言文就能写出好文章，现在我们根本不用文言文，应该先让孩子们把白话学好再学古汉语。白话文和文言文的语法大相径庭，你一会儿文言，一会儿白话，反而会把孩子弄乱了。

남: 제가 학교에 다닐 때의 선생님은 확실히 흥미를 키우는 것을 중시하셨어요. 하지만 흥미는 자연스럽게 생기는 것이지 강요할 수 없어요. 요즘은 공부 부담이 너무 커서 아이들이 자신만의 여유를 조금도 갖지 못해요. 그러니 흥미도 생기지 않는 거죠. 제가 중학교 들어갔을 때 공부는 수월했어요. 오전 9시가 되서야 수업을 시작하고, 오전에만 정규 수업이 있고, 오후엔 예체능 수업이었죠. 예체능 수업은 미술, 음악, 서예 등이었고, 시험도 없고, 점수도 매기지 않았어요. 그때에는 과외도 없었어요. 우리는 편하고 즐겁게 공부했죠. [29]흥미는 바로 이렇게 스트레스가 너무 많지 않고, 여가시간이 많을 때 생기는 거죠.

여: 현재 많은 사람이 고대 한어, 고대 시사의 학습을 통해 학생들의 작문 수준을 향상시키자고 제안하는데, 선생님께선 이런 현상을 어떻게 보시나요?

남: [30]사실 전 개인적으로 고문을 읽어야 좋은 글을 쓸 수 있다고 생각하지 않아요. 현재 우리는 전혀 고문을 사용하고 있지도 않으니, 마땅히 아이들로 하여금 먼저 백화를 공부하게 하고 난 다음에 고문을 배우게 해야 한다고 생각해요. 백화문과 고문의 어법은 차이가 너무 커서, 고문을 했다 백화를 했다 하면 오히려 아이들을 혼란스럽게 할 겁니다.

지문 어휘 ☆**荣幸** róngxìng 형 영광스럽다 | **汉语拼音** hànyǔ pīnyīn 한어병음 | **周有光** Zhōuyǒuguāng 고유 저우유광(인명_중국의 한어병음을 만든 학자) | **早年** zǎonián 명 여러해 전, 왕년, 젊었을 때 | **从事** cóngshì 동 종사하다, 일을 하다 | **经济** jīngjì 명 경제 | **研究** yánjiū 명 연구 동 연구하다 | **教学** jiàoxué 동 가르치다 명 수업, 교육 | **改行** gǎiháng 동 직업을 바꾸다 | **投身** tóushēn 동 투신하다, 헌신하다 | **文字改革** wénzì gǎigé 문자 개혁 | **领域** lǐngyù 명 영역 | **突出** tūchū 형 뛰어나다 | **成就** chéngjiù 명 성취, 성과 동 성취하다, 완성하다 | **结合** jiéhé 동 결합하다 명 결합 | **特殊** tèshū 형 특수하다 | **经历** jīnglì 명 경험 동 경험하다 | **提供** tígōng 동 제공하다 | **教育** jiàoyù 명 교육 동 교육하다 | ☆**科目** kēmù 명 과목 | **细** xì 형 상세하다, 가늘다 | **好处** hǎochu 명 장점 | **此外** cǐwài 이 밖에 | **鼓励** gǔlì 동 격려하다 | **可言** kěyán 동 말할 수 있다, 말할 만하다, 말할 가치가 있다. | **天然** tiānrán 형 천성적인, 천연의 | **智慧** zhìhuì 명 지혜 | ☆**引导** yǐndǎo 동 인도하다, 이끌다 | **古希腊** gǔ xīlà 고대 그리스 | **哲学家** zhéxuéjiā 명 철학자 | **苏格拉底** Sūgélādǐ 고유 소크라테스 | **大脑** dànǎo 명 대뇌 | **有限** yǒuxiàn 형 한계가 있다 | **发挥** fāhuī 동 발휘하다 | **才能** cáinéng 명 재능 | **高龄** gāolíng 명 고령 | **一辈子** yíbèizi 명 한평생 | **笔耕不辍** bǐ gēng bú chuò 글 쓰는 작업을 멈추지 않는다 | **坚持** jiānchí 동 견지하다, 끝까지 버티다 | **发表** fābiǎo 동 발표하다 | **终生** zhōngshēng 명 일생, 평생 | **保持** bǎochí 동 지키다 | **旺盛** wàngshèng 형 왕성하다 | **创造力** chuàngzàolì 명 창의력 | **延缓** yánhuǎn 동 늦추다 | **大脑** dànǎo 명 대뇌 | ☆**衰退** shuāituì 동 쇠퇴하다 | **动脑筋** dòng nǎojīn 머리를 쓰다 | **长寿** chángshòu 동 장수하다 | ☆**衰老** shuāilǎo 형 노쇠하다 | ☆**浓厚** nónghòu 형 짙다, 농후하다 | **培养** péiyǎng 동 기르다, 양성하다 | **确实** quèshí 부 확실히 | ☆**注重** zhùzhòng 동 중시하다 | ☆**勉强** miǎnqiǎng 동 강요하다 | **负担** fùdān 명 부담 | **生根**

shēnggēn 동 뿌리가 돋아나다 | **发芽** fāyá 동 발아하다, 싹이 트다 | **轻松** qīngsōng 형 수월하다 | **正课** zhèngkè 명 정규 수업 | **游艺课** yóuyìkè 명 예체능 수업 | **图画** túhuà 명 그림, 도화 | **音乐** yīnyuè 명 음악 | **书法** shūfǎ 명 서예의 필법 | **任何** rènhé 대 어떠한 | **家庭辅导** jiātíng fǔdǎo 가정교사, 과외 | **空闲时间** kòngxián shíjiān 여가 시간 | **提倡** tíchàng 동 제창하다 | **古汉语** gǔ Hànyǔ 고대 한어 | **古诗词** gǔ shīcí 고대 시(诗)사(词) | **文言文** wényánwén 명 고문, 문언문 | **白话** báihuà 명 백화, 구어[당송(唐宋) 이래 구어의 기초 위에서 형성된, 현대 중국어의 문자 언어, 처음에는 통속 문학 작품에만 쓰였으나 5·4운동 이후부터 비로소 보편적으로 사용되었음] | **大相径庭** dà xiāng jìng tíng 성어 현저한 차이가 있다 | **一会儿A一会儿B** yíhuìer A yíhuìer B A했다가 B했다가 | **弄乱** nòngluàn 동 어지럽히다

26

男的早年从事的是什么工作?

A 儿童心理咨询
B 经济研究教学
C 古代汉语教学
D 中外文化交流

남자는 젊을 때 어떤 일에 종사하였나?

A 아동 심리 상담사
B 경제 연구 교학
C 고대 한어 교학
D 중외 문화 교류

보기 어휘 **心理咨询** xīnlǐ zīxún 심리 상담사

정답 B

해설 여자가 남자에게 질문할 때 왕년에 경제 연구 교학 일에 종사했다(**您早年从事经济研究教学工作**)고 했으므로 정답은 B입니다.

27

男的认为学校教育应该怎么样?

A 注重素质教育
B 激发学生的创造力
C 引导学生树立理想
D 鼓励学生独立思考

남자는 학교 교육은 마땅히 어때야 한다고 여기는가?

A 인성 교육을 중시한다
B 학생의 창의력을 불러 일으킨다
C 학생이 이상을 세울 수 있도록 인도한다
D 학생이 독립적으로 사고할 수 있도록 격려한다

보기 어휘 ☆**注重** zhùzhòng 동 중시하다 | **素质教育** sùzhì jiàoyù 인성 교육 | ☆**激发** jīfā 동 불러일으키다 | ☆**树立** shùlì 동 세우다, 수립하다

정답 D

해설 남자가 학교에서 가장 해야 할 일은 바로 학생이 독립적으로 사고할 수 있도록 격려하는 것이고, 독립적인 사고가 없으면 언급할만한 교육도 없다고 생각한다(**我觉得学校最应该做的就是鼓励学生独立思考，我认为没有独立思考就没有教育可言**)고 했으므로 정답은 D입니다.

28

下面哪项是男的现在写文章的原因？

A 赚取稿费
B 延缓衰老
C 打算出传记
D 以身作则

다음 중 남자가 현재 글을 쓰는 원인은 무엇인가?

A 원고료를 벌려고
B 노화를 늦추려고
C 전기를 낼 계획이어서
D 솔선수범하려고

보기 어휘 **赚取** zhuànqǔ 동 돈을 벌다 | **稿费** gǎofèi 명 원고료 | ☆**传记** zhuànjì 명 전기 | **以身作则** yǐ shēn zuò zé 성어 솔선수범하다

정답 B

해설 남자가 글을 쓰는 것은 모두가 상황을 잘 알게 하려는 것 외에 또 한편으로는 대뇌의 노화를 늦추기 위해서(我现在写文章一方面是让大家了解一些情况，另一方面是为了延缓大脑衰退)라고 했으므로 정답은 B입니다.

29

男的怎么看待兴趣培养？

A 并非自然形成
B 需有轻松的环境
C 在于父母的引导
D 与学习负担无关

남자는 흥미에 대해 어떤 견해를 가지고 있는가?

A 자연적으로 생기는 것이 아니다
B 편한 환경이 필요하다
C 부모의 인도에 달려있다
D 학습 부담과 무관하다

보기 어휘 **看待** kàndài 동 (사람이나 사물에 대해) 어떤 견해(태도)를 가지다 | ☆**并非** bìngfēi 동 결코 ~이 아니다 | **在于** zàiyú 동 (~에) 달려있다, (~로) 결정되다

정답 B

해설 남자는 흥미란 부담이 너무 많지 않고, 여가시간이 많은 환경에서 생기는 것(兴趣就是在这样一个没有太多压力，有很多空闲时间的环境下产生的)이라고 했으므로 정답은 B입니다.

30

下列哪项是男的的观点？

A 学校课程分得越细越好
B 学文言文对写作水平影响不大
C 孩子同时学多种语言不会混淆
D 应鼓励孩子多背诵诗词

다음 중 남자의 관점은 어느 것인가?

A 학교 커리큘럼은 세분화할수록 좋다
B 고문을 배우는 것은 글쓰기 실력에 크게 영향을 끼치지 않는다
C 아이는 동시에 여러 언어를 배워도 헷갈리지 않는다
D 아이가 시(诗)와 사(词)를 많이 암송하도록 격려해야 한다

보기 어휘 ☆**混淆** hùnxiáo 동 뒤섞이다, 헷갈리다 | ☆**背诵** bèisòng 동 암송하다

정답 B

해설 남자가 사실 개인적으로 고문을 읽는다고 좋은 글을 쓸 수 있다고 생각하지 않는다(其实我个人并不认为读了文言文就能写出好文章)고 했으므로 정답은 B입니다.

제3부분 31~50번 문제는 지문을 듣고 질문에 알맞은 답을 고르는 문제입니다.

第31到33题是根据下面一段话：

[31]余立从一家外企辞职后，决定和丈夫开始参与到垃圾减量、分类处理的低碳生活行列中，两个人在一个月之内只产生了一罐500毫升的垃圾。这听上去似乎不可思议。但余立有一套属于自己的垃圾减量方法。余立说，在日常生活中要有计划地去购买并使用自己的东西，尽可能减少垃圾的出现。比如尽量选择可以反复使用的东西，不用一次性的东西；去菜市场买菜用布袋，不用塑料袋等。[32]余立这样做是因为她曾在网上看到一个四口之家一年只产生一罐垃圾的视频，这令她意识到原来世界上竟然有零浪费的生活方式。这件事情令余立决定彻底改变自己原来的生活方式，她开始从源头上减少垃圾。如今，余立还开了一家零浪费无包装商店，继续倡导零浪费生活。[33]其实，零浪费很简单，只要我们在生活中有意识地去尝试，就会发现它没有想象中的那么复杂。

[31]위리는 외국계 기업을 사직한 후 남편과 쓰레기 감량, 분류 처리하는 저탄소 친환경 생활 대열에 참여했고, 두 사람은 한 달 동안 500ml의 쓰레기 한 통만을 만들어냈다. 이것은 들을 땐 마치 불가사의한 것 같겠지만 위리에게는 자신만의 쓰레기 감량 방법이 있다. 위리는 일상생활에서 계획적으로 물건을 구매 및 사용하고, 되도록 쓰레기가 생기지 않도록 해야 한다고 말한다. 예를 들면 가급적 재활용이 가능한 물건을 선택하고, 일회용 물건은 사용하지 않는다거나 시장에서 야채를 살 때 에코백을 사용하고 비닐봉투를 사용하지 않는 것 등등이다. [32]위리가 이렇게 하는 것은 그녀가 예전에 인터넷 상에서 4인 가구 집에서 일년에 쓰레기가 한 통만 나오는 동영상을 봤기 때문이다. 이 동영상은 그녀로 하여금 세상에는 뜻밖에도 제로웨이스트 생활 방식이 존재한다는 것을 알게 해주었다. 이 일로 그녀는 자신의 원래 생활 방식을 철저하게 바꾸기로 결심했고, 그녀는 원천적으로 쓰레기를 줄이기 시작했다. 현재 위리는 포장지 없는 제로웨이스트 샵을 열었고, 지속적으로 제로웨이스트 라이프에 앞장선다. [33]사실 제로웨이스트는 간단하다. 우리가 생활 속에서 의식적으로 시도해보면 상상했던 것만큼 그렇게 복잡하지 않다는 것을 알게 될 것이다.

지문 어휘 **余立** Yúlì 고유 위리(인명) | **外企** wàiqǐ 명 외자 기업 | **辞职** cízhí 동 사직하다 | **参与** cānyù 동 참여하다 | **垃圾** lājī 명 쓰레기 | **减量** jiǎnliàng 명 감량 | **分类处理** fēnlèi chǔlǐ 분류 처리 | **低碳生活** dītàn shēnghuó 저탄소(친환경적) 생활 | ★**行列** hánglie 명 행렬, 대열 | **产生** chǎnshēng 동 발생하다, 생기다 명 발생 | ★**罐** guàn 명 항아리, 단지, 깡통 | **毫升** háoshēng 양 밀리리터(ml) | **似乎** sìhū 부 마치 | **不可思议** bù kě sī yì 성어 상상할 수 없다 | **属于** shǔyú ~에 속하다 | **购买** gòumǎi 동 구입하다 명 구입 | **尽可能** jìnkěnéng 부 되도록, 가능한 한 | **减少** jiǎnshǎo 동 감소하다 | **尽量** jǐnliàng 부 가능한 한 | **选择** xuǎnzé 동 선택하다 | **反复** fǎnfù 동 반복하다 | **一次性** yícìxìng 명 일회용 | **布袋** bùdài 명 에코백 | **塑料袋** sùliàodài 명 비닐봉투 | ★**视频** shìpín 명 동영상 | ★**意识** yìshí 동 깨닫다 명 의식 | **竟然** jìngrán 부 뜻밖에도 | **零浪费** línglàngfèi 제로웨이스트(ZeroWaste, 생활 속 쓰레기를 최소화하기 위한 환경보호 운동) | **彻底** chèdǐ 형 철저하다 | **源头** yuántóu 명 원천, 근원 | **如今** rújīn 명 지금 | ★**包装** bāozhuāng 명 포장(지) 동 포장하다 | ★**倡导** chàngdǎo 동 앞장서다, 제창하다 명 제창 | ★**尝试** chángshì 동 시험해 보다 명 시험

31

关于余立可以知道什么?	위리에 관해 알 수 있는 것은 무엇인가?
A 家里有四口人	A 집에 4식구가 있다
B 擅长旧物改造	B 옛날 물건 개조를 잘한다
C 曾在外企工作过	C 일찍이 외국기업에서 일을 한 적이 있다
D 以前喜欢奢侈品	D 예전에 사치품을 좋아했다

보기 어휘 ★**擅长** shàncháng 동 정통하다, 뛰어나다 | **改造** gǎizào 동 개조하다 명 개조 | **奢侈品** shēchǐpǐn 명 사치품

정답 C

해설 지문의 첫 부분에 위리는 외국기업을 사직한 후(余立从一家外企辞职后)라고 했으므로 정답은 C입니다.

32

余立是怎么开始零浪费生活的?	위리는 왜 제로웨이스트 라이프를 시작했나?
A 给孩子做榜样	A 아이에게 모범이 되어주려고
B 宣传自己的店铺	B 자신의 가게를 홍보하기 위해서
C 受网络视频的启发	C 인터넷 동영상에서 깨우침을 받아서
D 听取了丈夫的建议	D 남편의 제안을 들어서

보기 어휘 ★**榜样** bǎngyàng 명 본보기, 모범 | **宣传** xuānchuán 동 홍보하다, 선전하다 명 선전 | **店铺** diànpù 명 점포 | **网络** wǎngluò 명 네트워크, 인터넷 | **启发** qǐfā 명 깨우침, 힌트 동 힌트를 주다, 계몽하다 | **听取** tīngqǔ 동 귀담아 듣다 | **建议** jiànyì 명 제안, 건의 동 건의하다

정답 C

해설 위리가 제로웨이스트 라이프를 시작한 것은 인터넷에서 4인 식구가 일년 동안 만들어내는 쓰레기가 한 통뿐인 동영상을 보고, 세상에 제로웨이스트 생활 방식이 존재한다는 것을 알게 되었기 때문(余立这样做是因为她曾在网上看到一个四口之家一年只产生一罐垃圾的视频，这令她意识到原来世界上竟然有零浪费的生活方式)이라고 했으므로 정답은 C입니다.

33

根据这段话，下列哪项正确?	지문에 따르면 다음 중 옳은 것은 무엇인가?
A 垃圾分类，人人有责	A 쓰레기 분류는 모두에게 책임이 있다
B 要教育孩子珍惜粮食	B 아이가 음식을 아끼도록 교육해야 한다
C 一次性的物品价格更贵	C 일회성 물품의 가격이 더욱 비싸다
D "零浪费"实践起来并不难	D '제로웨이스트'는 실천하기에 그다지 어렵지 않다

보기 어휘 **人人有责** rénrén yǒu zé 모든 사람이 책임이 있다 | **珍惜** zhēnxī 동 진귀하게 여겨 아끼다 | **粮食** liángshi 명 양식, 식량 | **实践** shíjiàn 동 실천하다 명 실천

정답 D

해설 지문에서 제로웨이스트는 사실 간단하다며, 우리가 생활하면서 의식적으로 시도해본다면 상상했던 것만큼 그렇게 복잡하지 않다는 것을 알게 될 것(其实，零浪费很简单，只要我们在生活中有意识地去尝试，就会发现它没有想象中的那么复杂)이라고 했으므로 정답은 D입니다.

第34到36题是根据下面一段话：

植物种子里的老寿星应当是非“古莲子”莫属了。上世纪五十年代，中国科学家在辽宁省新金县发掘出了古代的莲子，经测定，[34]这些古莲子大约有1000岁了。科学家们把古莲子浸泡了20个月，却不见它们发芽。后来他们在古莲子外面的硬壳上钻了一个小洞，然后又泡在水里。没过多久，奇迹就出现了，90%的古莲子真的长出了嫩芽。

古莲子的寿命为何会这样长呢？[35]影响种子寿命长短的一个重要原因是它的贮藏期间的环境条件。在干燥、低温和密闭的贮藏条件下，古莲子的新陈代谢几乎处于停止或者休眠状态。因此，它就能在漫长的岁月里活下来。而且，[36]古莲子外面是一层坚韧的硬壳，可以防止水分内渗和空气外泄，这样一来，它的寿命就大大延长了。

식물 종자 중 장수 노인은 분명 '고(古)연밥'일 것이다. 1950년대에 중국 과학자는 랴오닝성 신진현에서 고대 연밥을 발굴해냈다. 측정해보니 [34]이 고연밥은 대략 1,000살 정도가 나왔다. 과학자들은 고연밥을 20개월 동안 물에 담가봤지만 싹이 트는 것을 보지 못했다. 나중에 그들은 고연밥 밖의 딱딱한 껍질에 작은 구멍을 뚫은 다음 또 물에 담가봤더니 얼마 지나지 않아, 90%의 고연밥에 새싹이 자라는 기적이 나타났다.

고연밥의 수명은 어째서 이렇게 긴 것일까? [35]씨앗 수명의 길이에 영향을 끼치는 중요한 원인은 저장 기간 동안의 환경 조건이다. 건조하고 저온으로 밀폐된 보관 조건하에서 고연밥의 신진대사는 거의 정지 또는 휴면 상태에 처해있었기 때문에 오랜 세월 동안 살아있을 수 있었다. 게다가 [36]고연밥 겉의 단단한 껍질은 수분이 안으로 흘러 들어가고 공기가 밖으로 새는 것을 방지해주어 수명이 크게 연장되었다.

지문 어휘 **植物** zhíwù 명 식물 | ★**种子** zhǒngzi 명 종자, 씨앗 | **老寿星** lǎoshòuxīng 명 장수 노인 | **应当** yīngdāng 동 응당(당연히) ~해야 한다 | **非~莫属** fēi ~ mòshǔ ~이(가) 아니면 안 된다, 바로 ~이다 | **莲子** liánzǐ 명 연밥 | **世纪** shìjì 명 세기 | **辽宁省** Liáoníngshěng 고유 랴오닝성(지명) | **新金县** Xīnjīnxiàn 고유 신진현(지명) | **发掘** fājué 동 발굴하다 | **测定** cèdìng 동 측정하다 명 측정 | ★**浸泡** jìnpào 동 담그다 | **发芽** fāyá 동 발아하다 | **硬壳** yìngké 명 단단한 껍질 | **钻** zuān 동 뚫다 | **洞** dòng 명 구멍 | **奇迹** qíjì 명 기적 | **嫩芽** nènyá 명 새싹 | **寿命** shòumìng 명 수명 | **为何** wèihé 부 무엇 때문에 | **长短** chángduǎn 명 길이 | **贮藏** zhùcáng 동 저장하다 | **干燥** gānzào 형 건조하다 | **低温** dīwēn 명 저온 | **密闭** mìbì 형 밀폐한 동 밀봉하다 | ★**新陈代谢** xīnchéndàixiè 명 신진대사 | **处于** chǔyú 동 어떤 지위나 상태에 처하다 | **停止** tíngzhǐ 동 정지하다 | **休眠** xiūmián 동 휴면하다 명 휴면 | ★**漫长** màncháng 형 멀다, 길다 | ★**岁月** suìyuè 명 세월 | ★**坚韧** jiānrèn 형 강인하다 | ★**防止** fángzhǐ 동 방지하다 | **渗** shèn 동 스며들다, 배어 나오다 | **泄** xiè 동 흘려보내다, 새다 | **延长** yáncháng 동 연장하다 명 연장

34

关于辽宁省出土的古莲子，可以知道什么？

A 有细微的变质
B 90%的莲子没有发芽
C 花瓣多呈现出紫色
D 寿命有一千年左右

랴오닝성에서 출토된 고연밥에 관해 무엇을 알 수 있나?

A 미세하게 변질되었다
B 90%의 연밥은 싹을 틔우지 못했다
C 꽃잎은 대부분 자색을 나타냈다
D 수명이 1,000년 정도가 되었다

보기 어휘 **细微** xìwēi 형 미세하다 | ★**变质** biànzhì 명 변질 동 변질하다 | **发芽** fāyá 동 발아하다 | ★**花瓣** huābàn 명 꽃잎 | ★**呈现** chéngxiàn 동 나타내다 | **紫色** zǐsè 명 자색

정답 D

해설 랴오닝성에서 발굴해낸 고연밥은 측정해보니 대략 1,000살 정도가 되었다(经测定，这些古莲子大约有1000岁了)고 했으므로 정답은 D입니다.

35

下面哪项是影响种子寿命长短的原因？

A 浸泡时间
B 细胞结构
C 贮存条件
D 当地的水质

다음 중 씨앗의 수명 길이에 영향을 끼치는 원인은 어느 것인가?

A 물에 담가진 시간
B 세포 구조
C 보관 조건
D 현지 수질

보기 어휘 ★**细胞** xìbāo 명 세포 | **结构** jiégòu 명 구조 | **贮存** zhùcún 명 저장, 보관 동 저장하다 | **水质** shuǐzhì 명 수질

정답 C

해설 씨앗의 수명 길이에 영향을 끼치는 중요한 원인은 그것의 보관기간 동안의 환경 조건(影响种子寿命长短的一个重要原因是它的贮藏期间的环境条件)이라고 했으므로 정답은 C입니다.

36

古莲子外面的硬壳有什么作用？

A 促进新陈代谢
B 防止水分内渗
C 避免营养流失
D 远离病虫侵害

고연밥 겉의 단단한 껍질은 어떤 역할을 하는가?

A 신진대사를 촉진한다
B 수분이 안으로 스며드는 것을 방지한다
C 영양이 유실되는 것을 피한다
D 병충해로부터 멀어진다

보기 어휘 **促进** cùjìn 동 촉진하다 | **避免** bìmiǎn 동 피하다 | **流失** liúshī 동 유실하다 | **远离** yuǎnlí 동 멀리 떨어지다 | **病虫** bìngchóng 명 병충 | **侵害** qīnhài 동 침해하다

정답 B

해설 고연밥 겉은 단단한 껍질이어서 수분이 안으로 스며들고 공기가 밖으로 새어나가는 것을 방지할 수 있다(古莲子外面是一层坚韧的硬壳，可以防止水分内渗和空气外泄)고 했으므로 정답은 B입니다.

第37到39题是根据下面一段话：

2019年元宵节来临之际，北京市政府和故宫博物院联合举办“紫禁城上元之夜”文化活动，上演了一场现代灯光秀。这场活动是故宫建院94年以来，首次在夜间免费对公众开放。参观人数限定为每晚3000名，[37]观众可提前在故宫博物院门票预售网站上免费预约。“紫禁城上元之夜”元宵节灯会火热到预订网站瘫痪的地步，可谓是一票难求。2月19日晚，在五彩缤纷的灯光映照下，故宫显得更加迷人，[38]但也有观众担心此次活动会对古建筑造成破坏。故宫博物院负责人表示，“紫禁城上元之夜”的照明使用了高精科技，最大限度地考虑了文物保护方面的问题，避免了强光直射，从而达到了保护古建筑的目的。至于今后故宫是否还会继续举办夜场活动，故宫博物院院长单霁翔表示，[39]此次活动结束后，将进行全面评估，研究如何才能把活动举办得更好，哪些地方还可以继续点亮，争取在一些重要的传统节日继续推出灯光秀活动。

2019년 정월 대보름을 맞아 베이징시 정부와 고궁 박물원은 '자금성 정월 대보름의 밤' 문화 행사를 공동 개최해 현대 조명쇼를 공연했다. 이 행사는 고궁박물관이 건립된 지 94년 만에 처음으로 야간에 대중에게 무료 개방한 것이다. 참관자 수는 매일 저녁 3,000명으로 제한했고, [37]관객은 고궁 박물원 입장권 예매 사이트에서 사전에 무료로 예약할 수 있다. '자금성 정월 대보름의 밤' 연등회의 열기는 예매 사이트가 마비될 정도로 뜨거워 그야말로 표 한 장 구하기 힘들었다. 2월 19일 저녁, 오색찬란한 불빛 아래 고궁은 더욱 매력적이게 보였지만, [38]이번 행사로 옛 건축물이 파손될까 우려하는 관객도 있었다. 고궁 박물원 책임자는 '자금성 정월 대보름의 밤'의 조명은 첨단과학기술을 사용해 최대한 문물 보호 부분의 문제를 고려했고, 강한 빛을 직접 쏘지 않아 옛 건축물을 보호할 수 있다고 말했다. 이후에도 고궁 야간 행사를 계속 진행할 것인지에 관해서 산지샹 고궁 박물원 원장은 [39]이번 행사가 끝난 후 전반적인 평가를 진행해 어떻게 해야 행사를 더욱 잘 진행할 수 있을지, 어느 부분이 계속 조명을 받아도 될지를 연구해서 중요한 전통 명절에 계속 조명쇼를 공연할 수 있도록 할 것이라고 밝혔다.

지문 어휘 ★**元宵节** Yuánxiāo Jié 명 정월 대보름날 | **来临** láilín 동 이르다, 도래하다 | ★**之际** zhījì 명 ~무렵, ~즈음 | **政府** zhèngfǔ 명 정부 | **故宫博物院** Gùgōng Bówùyuàn 명 고궁 박물원 | **联合** liánhé 동 연합하다 명 연합 | **举办** jǔbàn 동 거행하다 | **紫禁城** Zǐjìnchéng 고유 자금성 | **上元** shàngyuán 명 음력 정월 보름날 밤 | **上演** shàngyǎn 동 공연하다, 상연하다 | **灯光秀** dēngguāngxiù 명 조명쇼 | **建院** jiànyuàn 명 개원 | **首次** shǒucì 명 최초, 제1회 | **公众** gōngzhòng 명 공중, 대중 | **限定** xiàndìng 동 한정하다 | **门票** ménpiào 명 입장권 | **预售网站** yùshòu wǎngzhàn 예매 사이트 | **预约** yùyuē 동 예약하다 명 예약 | **灯会** dēnghuì 명 연등회 | **火热** huǒrè 형 (열기가) 뜨겁다, 인기가 많다 | ★**瘫痪** tānhuàn 동 마비되다 명 마비 | ★**地步** dìbù 명 지경, 상태 | **可谓** kěwèi 부 ~라고 말할 수 있다 | **一票难求** yīpiàonánqiú 표 한 장 구하기도 힘들다 | **五彩缤纷** wǔ cǎi bīn fēn 성어 오색찬란하다 | **映照** yìngzhào 동 조영하다, 비추다 | **显得** xiǎnde 동 ~(하)게 보이다 | ★**迷人** mírén 형 매력적이다 | **古建筑** gǔjiànzhù 명 옛 건축물 | **照明** zhàomíng 명 조명 | **高精科技** gāojīng kējì 하이테크놀리지, 첨단과학기술 | **最大限度** zuìdà xiàndù 최대한도 | ★**文物** wénwù 명 문화재 | **直射** zhíshè 동 직사하다, 바로

쏘다 | **至于** zhìyú 전 ~에 관해서는 | **单霁翔** Shàn Jìxiáng 고유 산지샹(인명) | **全面** quánmiàn 형 전면적이다 | ★**评估** pínggū 동 평가하다 | **点亮** diǎnliàng 동 불을 켜 밝게 하다 | **争取** zhēngqǔ 동 ~을(를) 목표로 노력하다, ~을(를) 실현하기 위해 노력하다 | **推出** tuīchū 동 내놓다

37

关于此次活动，可以知道什么?	이번 행사에 관해 무엇을 알 수 있나?
A 在除夕之夜举办	A 섣달 그믐밤에 진행한다
B 票价与平常一样	B 표 값은 평상시와 같다
C 入场有年龄限制	C 입장은 연령 제한이 있다
D 需要在网上预约	D 인터넷에서 예약해야 한다

보기 어휘 **除夕** chúxī 명 섣달 그믐날 | **平常** píngcháng 명 평소 | **限制** xiànzhì 동 제한하다

정답 D

해설 관객은 고궁 박물원 입장권 예매 사이트에서 사전에 무료로 예약할 수 있다(**观众可提前在故宫博物院门票预售网站上免费预约**)고 했으므로 정답은 D입니다.

38

部分观众担心什么?	일부 관객은 무엇을 걱정하나?
A 开放区域太少	A 개방 구역이 너무 적어서
B 灯光会损坏古建筑	B 조명쇼가 옛 건축물을 훼손할까 봐
C 观众多秩序混乱	C 관객이 많으면 질서가 혼란해져서
D 灯光太暗不利于观赏	D 조명이 너무 어두우면 감상에 좋지 않아서

보기 어휘 ★**区域** qūyù 명 구역 | ★**损坏** sǔnhuài 동 파손시키다 | **秩序** zhìxù 명 질서 | ★**混乱** hùnluàn 형 혼란하다 | **不利于** bùlìyú ~에 불리하다 | **观赏** guānshǎng 동 감상하다, 보면서 즐기다

정답 B

해설 조명쇼 행사로 옛 건축물이 파손될까 걱정하는 관객도 있다(**但也有观众担心此次活动会对古建筑造成破坏**)고 했으므로 정답은 B입니다.

39

根据这段话，下列哪项正确?	지문에 따르면 아래 어느 것이 정확한가?
A 此次活动的门票很好买	A 이번 행사의 입장권은 구입하기 쉽다
B 活动结束后将进行评估	B 행사가 끝난 후 평가를 진행할 것이다
C 活动方案是向网友筹集的	C 행사 방안은 네티즌에게서 모은 것이다
D 院长对此次活动不太满意	D 원장은 이번 행사에 그다지 만족하지 않는다

보기 어휘 **方案** fāng'àn 명 계획, 방안 | **网友** wǎngyǒu 명 네티즌 | **筹集** chóují 동 마련하다, 조달하다

정답 B

해설 이번 행사가 끝난 후 전면적인 평가가 이루어질 것(**此次活动结束后，将进行全面评估**)이라고 했으므로 정답은 B입니다.

第40到43题是根据下面一段话：

近日，由中国中车株洲电力机车研究所推出的全球首辆智能轨道列车在湖南省株洲市首次亮相，吸引了不少眼球。这款全新的交通工具的全称为“智能轨道快运系统”，简称“智轨”。[40]“智轨”能像公交车一样在街道上灵活穿行，既保持了地铁载人多的优势，节能环保，又不需要建造专有钢轨，大大减少了建设成本，只需简单的道路改造就可以投入使用。它可以通过车上的各类传感器识别路面虚拟轨道线路，精准控制列车在既定的虚拟轨道上运行，甚至可以做到无人驾驶，完全由自动系统操控。[41]如果出现车辆偏离虚拟轨道的情况，或有外部物体侵入到车辆安全行驶范围内，监控系统会报警提醒，同时采用技术手段限制车辆继续运行，避免事故发生。另外，[43]智轨使用的是快充钛酸锂电池，充电10分钟可满载续航25公里。[42]智轨一亮相就引起了广泛关注，大多数人都认为智轨的发展前景会非常好。

최근, CRRC 주저우인스티튜트에서 내놓은 세계 최초 스마트 궤도 열차가 후난성 주저우시에서 처음으로 선보여 많은 사람들의 눈길을 끌었다. 이 새로운 교통수단의 정식 명칭은 '스마트궤도 고속운행 시스템(Autonomous rail Rapid Transit)'이고, 'ART'로 약칭한다. [40]'ART'는 버스처럼 거리에서 자유롭게 통행할 수 있고, 사람을 많이 태울 수 있는 지하철의 장점은 유지하면서 에너지를 절감시키고 친환경적이다. 또 전문 철도 레일을 지을 필요가 없으므로 건설 비용도 크게 줄여주고, 도로만 간단히 개조하면 운행을 개시할 수 있다. 'ART'는 차 안의 여러 가지 센서를 통해 노면의 가상궤도 노선을 식별하고, 열차가 이미 정한 가상 궤도 위를 주행하도록 정확하게 통제한다. 심지어 무인 자율주행도 가능하고, 완전히 자동으로 시스템을 조종한다. [41]만약 열차가 가상궤도를 이탈하는 상황이 발생하거나 외부 물체가 차량 안전 운행 범위 안에 침범하게 되면 감시 시스템이 경보를 울려 알려줄 것이고, 동시에 기술 수단을 취해 사고 발생을 피하도록 차량 운행을 제한할 것이다. 그밖에, [43]'ART'가 사용하는 것은 고속충전 티탄산염 리튬 전지여서 10분 충전하면 승객을 가득 싣고 25킬로미터를 쉬지 않고 달릴 수 있다. [42]'ART'가 선보이자 광범위한 관심을 불러일으켰고, 대다수 사람은 모두 'ART'의 발전 전망이 매우 밝을 것이라고 생각한다.

지문 어휘 近日 jìnrì 명 근래, 최근 | 中国中车 Zhōngguó zhōng chē 고유 중국중처그룹(CRRC) | 中车株洲电力机车研究所 zhōng chē zhūzhōu diànlì jīchē yánjiūsuǒ 고유 CRRC 주저우인스티튜트(CRRC Zhuzhou Institute), 중처주저우전력기차연구소 | 推出 tuīchū 동 내놓다, 출시하다 | ★智能 zhìnéng 명 스마트, 지능 | ★轨道 guǐdào 명 궤도 | 湖南省 Húnánshěng 고유 후난성(지명) | 株洲市 Zhūzhōushì 고유 주저우시(지명) | 首次 shǒucì 명 최초 | 亮相 liàngxiàng 동 공개적으로 모습을 드러내다 | 吸引 xīyǐn 동 흡인하다, 끌어당기다 | 眼球 yǎnqiú 명 눈길, 눈동자 | 款 kuǎn 양 양식, 종류(디자인이나 모델을 나타냄) | 交通工具 jiāotōng gōngjù 명 교통수단 | 全称 quánchēng 명 정식 명칭 | 智能轨道快运系统 zhìnéng guǐdào kuàiyùn xìtǒng 스마트 궤도 고속운행 시스템(Autonomous rail Rapid Transit) | 简称 jiǎnchēng 동 약칭하다 명 약칭 | 智轨 zhìguǐ ART(Autonomous rail Rapid Transit의 약칭) | 公交车 gōngjiāochē 명 버스 | 灵活 línghuó 형 유연하다, 탄력성 있다, 재빠르다 | 穿行 chuānxíng 동 지나가다, 통행하다 | 载人 zàirén 동 사람을 태우다 | 优势 yōushì 명 우세, 장점 | 节能环保 jiénéng huánbǎo 에너지 절약 및 환경보호 | 建造 jiànzào 동 건조하다, 짓다 | 钢轨 gāngguǐ 명 철도의 레일 | ★成本 chéngběn 명 원가 | 改造 gǎizào 동 개조하다 명 개조 | 传感器 chuángǎnqì 명 센서, 감응신호장치 | ★识别 shíbié 동 식별하다 | 路面 lùmiàn 명 노면 | 虚拟 xūnǐ 형 가상의, 허구의 | ★轨道 guǐdào 명 궤도 | 线路 xiànlù 명 노선 | 精准 jīngzhǔn 형 정확하다 | 控制 kòngzhì 동 통제하다 | 既定 jìdìng 형 기정의, 이미 정한 | ★运行 yùnxíng 동 운행하다 | 无人驾驶 wúrén jiàshǐ 명 무인 자율 주행 | 系统 xìtǒng 명 시스템, 계통 | 操控 cāokòng 동 조종하다, 제어하다 | 偏离 piānlí 동 빗나가다, 벗어나다 | 侵入 qīnrù 동 침입하다 | 行驶 xíngshǐ 동 운행하다 | 范围 fànwéi 명 범위 | 监控系统 jiānkòng xìtǒng 감시 시스템 | ★报警 bàojǐng 동 경보를 울리다, 경찰에게 신고하다 | 提醒 tíxǐng 동 일깨우다 | 采用 cǎiyòng 동 (방법이나 조치를) 사용하다, 취하다 | 限制 xiànzhì 동 제한하다 | ★事故 shìgù 명 사고 | 快充 kuàichōng 고속충전 | 钛酸锂电池 tàisuānlǐdiànchí 명 티탄산염리튬 전지 | 满载 mǎnzài 동 가득 싣다, 만재하다 | 续航 xùháng 동 연속 운항하다 | 公里 gōnglǐ 양 킬로미터(km) | 广泛 guǎngfàn 형 광범위하다 | 引起关注 yǐnqǐ guānzhù 관심을 끌다 | 前景 qiánjǐng 명 전망

40

下列哪项不是智轨的优点?

A 灵活性高
B 造价低
C 有轨道
D 节能环保

다음 중 ART의 장점이 아닌 것은 어느 것인가?

A 유연성이 좋다
B 건설비가 낮다
C 궤도가 있다
D 에너지를 절감하고 친환경적이다

보기 어휘 灵活性 línghuóxìng 명 유연성, 기동성 | 造价 zàojià 명 건설비, 제조비

정답 C

해설 'ART'는 버스처럼 똑같이 거리에서 자유롭게 통행할 수 있고, 사람을 많이 태울 수 있는 지하철의 장점은 유지하면서 에너지를 절감시키고 친환경적이다("智轨"能像公交车一样在街道上灵活穿行，既保持了地铁载人多的优势，节能环保). 또 전문 철도 레일을 지을 필요가 없으므로 건설 비용도 크게 줄여주고, 도로만 간단히 개조하면 운행을 개시할 수 있다(又不需要建造专有钢轨，大大减少了建设成本，只需简单的道路改造就可以投入使用)고 했으므로 장점이 아닌 것은 C입니다.

41

车辆如果偏离虚拟轨道会怎样?	차량이 만약 가상궤도를 이탈하면 어떻게 되는가?
A 司机可强制停车	A 운전사가 강제로 차를 멈출 수 있다
B 电源立即被切断	B 전원이 즉시 끊긴다
C 监控系统发出警告	C 감시 시스템이 경고를 보낸다
D 系统重新规划路线	D 시스템이 새롭게 노선을 계획한다

보기 어휘 ☆**强制** qiángzhì 동 강제하다 | ☆**电源** diànyuán 명 전원 | **立即** lìjí 부 즉시 | **切断** qiēduàn 동 절단하다 | ☆**警告** jǐnggào 명 경고 동 경고하다 | ☆**规划** guīhuà 동 계획하다 명 계획 | **路线** lùxiàn 명 노선

정답 C

해설 만약 차량이 가상궤도를 이탈하는 상황이 생기면(**如果出现车辆偏离虚拟轨道的情况**) 감시 시스템이 경보를 울려 알려줄 것(**监控系统会报警提醒**)이라고 했으므로 정답은 C입니다.

42

大多数人对智轨的看法是什么?	대다수 사람은 ART에 대해 어떤 견해인가?
A 质疑其可靠性	A 신뢰성에 의문을 제기한다
B 认为前景乐观	B 전망이 낙관적이라고 여긴다
C 更适合大城市	C 대도시에 더욱 어울린다
D 安全性不够高	D 안전성이 그다지 좋지 않다

보기 어휘 **质疑** zhìyí 동 질의하다, 의문을 제기하다 | **可靠性** kěkàoxìng 명 믿음성, 신뢰성 | **乐观** lèguān 형 낙관적이다

정답 B

해설 대다수 사람이 ART 발전 전망이 매우 밝을 것이라고 여긴다(**大多数人都认为智轨的发展前景会非常好**)고 했으므로 정답은 B입니다.

43

关于智轨下列哪项正确?	ART에 관해 다음 중 정확한 것은 무엇인가?
A 充电速度快	A 충전 속도가 빠르다
B 制造成本高	B 제조 비용이 비싸다
C 速度比地铁快	C 속도가 지하철보다 빠르다
D 已经普及了	D 이미 보급되었다

보기 어휘 ☆**普及** pǔjí 동 보급되다

정답 A

해설 ART가 사용하는 것은 쾌속 충전 티탄산염 리튬 전지(**智轨使用的是快充钛酸锂电池**)라고 했으므로 정답은 A입니다.

第44到47题是根据下面一段话：

第三届黄埔马拉松赛即将在广州体育中心拉开帷幕。[44]本次赛事设置了全程马拉松，半程马拉松，欢乐跑三个比赛项目，一万五千多个参赛名额，在报名网站开启后短短的几个小时之内就被报满了。值得一提的是，新规划的赛道包括华门地区的海岸线和远洋交通运输枢纽黄埔港。[45]黄埔港的老港口是中国古代海上丝绸之路的起点之一。目前黄埔港码头正在转型改造中，它将被打造成集现代金融、科技创新、人力资源、港航服务、高端商贸等于一体的现代城市综合体。参赛选手可以跑进黄埔港，一睹黄埔港的新容新貌。[46]本届黄埔马拉松赛还启用了人脸识别技术，这项技术既便于运动员领取物品、参加比赛，又能及时有效地杜绝各类违规行为。此外，主办方还进一步完善了救援保障机制，除了赛道沿线附属医疗站、救护车外，[47]还专门聘请了国内专业的医疗团队来参与应急救护。他们将与3000名医疗志愿者齐心协力，确保参赛选手的安全。

제3차 황푸 마라톤 경기가 광저우 스포츠 센터에서 곧 막을 열 것이다. [44]이번 경기는 풀 코스 마라톤, 하프 코스 마라톤, 해피 런(happy run, happy 10km) 세 가지 종목을 마련했다. 15,000여 명의 참가자 정원이 접수 사이트를 개설한 후 몇 시간 만에 마감되었다. 언급할만한 것은 새로 기획한 경주로가 화먼 지역의 해안선과 해상 교통 운송의 허브인 황푸항을 포함한다. [45]황푸항의 옛 항구는 중국 고대 해상 실크로드의 기점 중 하나이다. 현재 황푸항 부두는 그 모습을 바꿔 개조 중인데, 장차 현대 금융, 과학 기술 혁신, 인적 자원, 항구 항해 관련 서비스, 첨단 상업과 무역 등이 한데 모인 현대 복합도시로 지어질 것이다. 경기에 참가하는 선수는 황푸항에 들어가 그곳의 새로운 면모를 보게된다. [46]이번 황푸 마라톤은 안면인식기술을 사용 개시했는데, 이 기술은 선수가 물품을 수령하고, 경기에 참가하기 편리하게 했으며, 여러 가지 위반 행위를 즉시 효과적으로 두절할 수 있다. 그밖에 주최측은 구조 보장 시스템을 더욱 보완해 주변지역에 임시 진료소와 구급차를 추가 준비한 것 외에도, [47]특별히 국내 전문 의료팀을 초빙해 응급 구조에 참여할 수 있도록 했다. 그들은 3,000명의 의료 자원봉사자와 힘을 합쳐 경기에 참가하는 선수들의 안전을 확보할 것이다.

지문 어휘 **届** jiè 양 회(回), 기(期), 차(次) (정기적인 회의 또는 행사 따위에 쓰임) | **黄埔** Huángpǔ 고유 황푸(지명) | **马拉松** mǎlāsōng 명 마라톤 | ★**即将** jíjiāng 부 곧, 머지않아 | **广州** Guǎngzhōu 고유 광저우(지명) | **拉开** lākāi 동 당겨서 열다 | **帷幕** wéimù 명 막, 장막 | **赛事** sàishì 명 경기, 대회 | ★**设置** shèzhì 동 설치하다 | **全程** quánchéng 명 풀 코스 | **半程** bànchéng 명 하프 코스 | **欢乐跑** huānlèpǎo 해피 런(happy run 또는 happy 10km, 대중성 있는 달리기 경주로 3km 달리기와 10km 달리기 두 종목이 있다) | **项目** xiàngmù 명 종목 | ★**名额** míng'é 명 정원, 인원수 | **开启** kāiqǐ 동 열다, 시작하다 | **值得一提** zhídéyītí 언급할 가치가 있다 | ★**规划** guīhuà 동 계획하다 명 계획 | **赛道** sàidào 명 경주로 | **包括** bāokuò 동 포괄하다 | **华门** huámén 고유 화먼(지명) | **地区** dìqū 명 지역 | **海岸线** hǎi'ànxiàn 명 해안선 | **远洋** yuǎnyáng 명 원양, 바다 | **枢纽** shūniǔ 명 허브, 중추, 중심 | **黄埔港** Huángpǔgǎng 고유 황푸항 | ★**港口** gǎngkǒu 명 항만 | **海上丝绸之路** hǎishàng sīchóuzhīlù 해상실크로드 | ★**码头** mǎtou 명 부두 | **转型** zhuǎnxíng 동 모양을 바꾸다, 변화가 일어나다 | **改造** gǎizào 동 개조하다 명 개조 | **打造** dǎzào 동 만들다, 제조하다 | **集~于一体** jí ~ yúyìtǐ ~을(를) 하나로 모으다 | ★**金融** jīnróng 명 금융 | **科技创新** kējì chuàngxīn 과학 기술 혁신 | **人力资源** rénlì zīyuán 인적 자원 | **港航服务** gǎngháng fúwù 항구 항해 관련 서비스 | **高端商贸** gāoduān shāngmào 첨단 상업과 무역 | **综合体** zōnghétǐ 집합체, 복합체 | ★**选手** xuǎnshǒu 명 선수 | **睹** dǔ 동 목격하다, 보다 | **新容新貌** xīnróng xīnmào 새로운 모습 | **启用** qǐyòng 동 쓰기 시작하다 | **人脸识别技术** rénliǎn shíbié jìshù 안면인식기술 | ★**便于** biànyú 편리하다 | **领取** lǐngqǔ 동 받다, 수령하다 | **及时** jíshí 부 곧바로 형 제때이다 | ★**杜绝** dùjué 동 두절하다, 끊다 | **违规** wéiguī 동 규정을 어기다 | **主办方** zhǔbànfāng 명 주최자, 주최측 | **完善** wánshàn 동 완벽하게 하다 | **救援保障机制** jiùyuán bǎozhàng jīzhì 구조 보장 시스템 | **沿线** yánxiàn 명 인근지역, 주변지역 | ☆**附属** fùshǔ 동 부속하다, 딸려서 붙다, 추가 설치하다 | **医疗站** yīliáozhàn 명 임시 진료소 | **救护车** jiùhùchē 명 구급차 | **医疗团队** yīliáo tuánduì 의료팀, 의료진 | **参与** cānyù 동 참여하다 | **应急救护** yīngjí jiùhù 응급 구조 | **志愿者** zhìyuànzhě 명 자원봉사자, 지원자 | ☆**齐心协力** qí xīn xié lì 성어 한마음 한뜻으로 협력하다 | ☆**确保** quèbǎo 동 확실하게 보장하다

44

关于本次马拉松赛，可以知道什么？

A 共有三个比赛项目
B 设置了娱乐环节
C 目前还有参赛名额
D 是规模最大的一届

이번 마라톤 경기에 관해 무엇을 알 수 있나?

A 전체 세 가지 경기 종목이 있다
B 오락 부분을 마련했다
C 현재 경기 참가 정원이 남아있다
D 규모가 가장 큰 회차이다

보기 어휘 **娱乐** yúlè 명 오락, 즐거움 | ☆**环节** huánjié 명 일환, 부분 | **规模** guīmó 명 규모

정답 A

해설 이번 경기는 풀 코스 마라톤, 하프 코스 마라톤, 해피 런, 이렇게 세 가지 종목(**本次赛事设置了全程马拉松，半程马拉松，欢乐跑三个比赛项目**)이라고 했으므로 정답은 A입니다.

45

本次比赛的赛道有什么特殊之处？

A 会经过一个老港口
B 经过丝绸之路
C 起点是一个码头
D 都是沿海公路

이번 경기의 경주로는 어떤 특별한 부분이 있는가?

A 옛 항구 하나를 거쳐갈 것이다
B 실크로드를 거쳐갈 것이다
C 기점이 한 부두이다
D 모두 연해 도로이다

보기 어휘 **特殊** tèshū 형 특수하다, 특별하다 | ☆**码头** mǎtou 명 부두 | ☆**沿海** yánhǎi 명 연해, 바닷가 근처

정답 A

해설 황푸항의 옛 항구는 중국 고대 해상 실크로드의 기점 중 하나(**黄埔港的老港口是中国古代海上丝绸之路的起点之一**)인데, 황푸항 부두가 현재 새로운 모습으로 개조 중(**目前黄埔港码头正在转型改造中**)이고, 이번 경기에 참가하는 선수는 황푸항에 들어가 새롭게 변모한 황푸항을 볼 수 있다(**参赛选手可以跑进黄埔港，一睹黄埔港的新容新貌**)고 했으므로 정답은 A입니다.

46

关于本次比赛，下列哪项正确？	이번 경기에 관해 다음 중 정확한 것은 무엇인가?
A 免费提供装备	A 장비를 무료로 제공한다
B 采用了人脸识别技术	B 안면인식기술을 사용했다
C 奖金十分丰厚	C 상금이 매우 후하다
D 有运动员违规	D 규정을 어긴 선수가 있다

☆**装备** zhuāngbèi 명 장비 | **采用** cǎiyòng 동 사용하다 | **丰厚** fēnghòu 형 푸짐하다, 두툼하다

정답 B

해설 이번 황푸 마라톤 경기는 안면인식기술을 처음 사용했다(本届黄埔马拉松赛还启用了人脸识别技术)고 했으므로 정답은 B입니다.

47

本次比赛是如何完善救援保障机制的？	이번 경기는 구조 보장 시스템을 어떻게 보완했나?
A 增加了救护车的数量	A 구급차의 수량을 늘렸다
B 对选手加强安全培训	B 선수에게 안전 훈련을 강화했다
C 组织了应急救护团队	C 응급 구조팀을 결성했다
D 拥有最先进的医疗设施	D 가장 선진적인 의료 시설을 갖췄다

보기 어휘 **加强** jiāqiáng 동 강화하다 | **培训** péixùn 동 훈련하다, 양성하다 | **组织** zǔzhī 동 조직하다 명 조직 | ☆**拥有** yōngyǒu 동 보유하다 | **设施** shèshī 명 시설

정답 C

해설 특별히 국내 전문 의료팀을 초청해 응급 구조에 참여하도록 했다(还专门聘请了国内专业的医疗团队来参与应急救护)고 했으므로 정답은 C입니다.

第48到50题是根据下面一段话：

提到胶水，我们首先想到的可能是粘贴信封时用的胶水，其实在医学界里有很多神奇的胶水，在治病救人上发挥着重要的作用。[48]最近一个研究团队受补牙技术的启发，发明了一种能快速粘合骨骼的胶水。他们在老鼠身上进行了试验，在分开的两段老鼠骨骼表面涂上一层这种胶水，在上面铺上一层纤维，然后再涂一层胶水，最后用发光二极管(LED)照射胶水，就可以使两段骨骼粘合在一起，[49]整个过程不到五分钟，效果十分理想。目前研究人员正准备进行下一步研究，观察这种胶水能否用于修复人类的骨骼。[50]这种骨骼粘合技术不怕湿润的环境，不会引起排异反应，一旦成功，将彻底改变现有的治疗骨折的思路，将来有望逐渐淘汰金属片、螺丝钉之类的治疗骨折的材料。

풀에 대해 말하자면, 우리가 가장 먼저 떠올리는 것은 아마도 편지 봉투를 붙일 때 사용하는 풀이겠지만, 사실 의학계에는 신기한 풀이 많고, 병을 치료하고 사람을 구하는데 중요한 역할을 발휘하고 있다. [48]최근 한 연구팀이 이를 때우는 기술에서 힌트를 얻어, 빠르게 뼈를 붙일 수 있는 풀을 발명했다. 그들은 쥐로 실험했는데, 쥐의 부러진 두 뼈 표면에 이 풀을 바르고, 그 위에 섬유를 깔고 난 후, 다시 풀을 한 번 더 발랐다. 마지막으로 LED를 사용해 풀을 비춰주니 두 동강의 뼈가 하나로 붙었다. [49]모든 과정은 5분도 걸리지 않았고, 효과는 매우 이상적이었다. 현재 연구원은 다음 단계로 이 풀이 사람의 뼈를 복원하는 데에도 사용할 수 있는지 관찰하는 연구를 준비 중이다. [50]이런 뼈를 붙이는 기술은 습한 환경에서도 걱정 없고, 거부 반응도 없어서, 일단 성공하면 현재 골절 치료의 사고 방향을 완전히 바꿔놓을 것이며, 점점 금속 핀이나 나사 못과 같은 류의 골절 치료 재료들은 도태될 가능성이 있다.

지문 어휘 **提到** tídào 동 언급하다 | **胶水** jiāoshuǐ 명 풀, 본드 | **粘贴** zhāntiē 동 붙이다 | **信封** xìnfēng 명 편지 봉투 | **治病救人** zhì bìng jiù rén 성어 병을 치료하여 사람을 구하다 | **发挥** fāhuī 동 발휘하다 | **作用** zuòyòng 명 역할, 작용 동 작용하다 | **团队** tuánduì 명 단체, 팀 | **补牙** bǔyá 동 이를 때우다 | **启发** qǐfā 명 계발, 힌트 동 힌트를 주다, 계몽하다 | **粘合** zhānhé 붙다, 붙이다 | **骨骼** gǔgé 명 뼈대, 골간 | **涂** tú 동 바르다 | ★**铺** pū 동 깔다 | **纤维** xiānwéi 명 섬유 | **发光二极管** fā guāng èrjíguǎn 발광 다이오드(LED) | **照射** zhàoshè 동 비추다, 쪼이다 | **整个** zhěnggè 형 전체의 | **能否** néngfǒu ~할 수 있을까? | **用于** yòngyú 동 ~에 쓰다 | ★**修复** xiūfù 동 복원하다 | **湿润** shīrùn 형 습윤하다, 축축하다 | **排异反应** páiyì fǎnyìng 거부 반응 | **一旦** yídàn 부 일단 ~을(를) 하면 | **彻底** chèdǐ 부 완전히, 제대로 | **现有** xiànyǒu 형 현행의 | **骨折** gǔzhé 명 골절 동 골절되다 | **思路** sīlù 명 생각의 갈피(방향) | **有望** yǒuwàng 형 가능성이 있다, 희망이 있다. | **逐渐** zhújiàn 부 점차 | ★**淘汰** táotài 동 도태하다 | **金属片** jīnshǔpiàn 명 금속 핀 | **螺丝钉** luósīdīng 명 나사 못

研发团队使用那种胶水时受到了什么启发?

A 补牙技术
B 动物伤口自愈
C 骨骼修复手术
D 建筑保温材料

연구팀이 그 풀을 사용하는 것은 무엇에서 힌트를 얻었나?

A 이를 때우는 것에서
B 동물이 상처를 자가 치유하는 것에서
C 뼈의 복원 수술에서
D 건축물 보온 재료에서

보기 어휘 **伤口** shāngkǒu 명 상처 | **自愈** zìyù 자가 치유

정답 A

해설 최근 한 연구팀이 이를 때우는 기술에서 힌트를 얻어 빠르게 뼈를 붙일 수 있는 풀을 발명했다(**最近一个研究团队受补牙技术的启发，发明了一种能快速粘合骨骼的胶水**)고 했으므로 정답은 A입니다.

49

关于那个试验，下列哪项正确?

A 耗时很短
B 对象是鸽子
C 效果不够理想
D 产生了有害物质

그 실험에 관해 다음 중 정확한 것은 무엇인가?

A 시간 소모가 매우 짧다
B 대상은 비둘기이다
C 효과가 그다지 이상적이지 않다
D 유해물질이 생겼다

보기 어휘 **耗时** hàoshí 동 시간을 소모하다 | ★ **鸽子** gēzi 명 비둘기 | **有害物质** yǒuhài wùzhì 유해물질

정답 A

해설 연구팀은 쥐를 가지고 뼈를 붙이는 실험을 진행(**他们在老鼠身上进行了试验**)했는데, 모든 과정이 5분도 걸리지 않았다(**整个过程不到五分钟**)고 했으므로 정답은 A입니다.

50

关于那项新技术，可以知道什么?

A 易产生排异反应
B 不怕湿润的环境
C 操作不能超过五分钟
D 将被螺丝钉取代

그 신기술에 관해 알 수 있는 것은 무엇인가?

A 쉽게 거부 반응을 일으킨다
B 습한 환경도 걱정 없다
C 조작이 5분을 초과하면 안 된다
D 나사 못으로 대체될 것이다

보기 어휘 ★ **操作** cāozuò 동 조작하다 명 조작 | **取代** qǔdài 동 자리를 빼앗아 대신 들어서다, 대체하다

정답 B

해설 뼈를 붙이는 기술은 습한 환경에서도 걱정 없다(**这种骨骼粘合技术不怕湿润的环境**)고 했으므로 정답은 B입니다.

★★★★★

4회 독해

제1부분 51~60번 문제는 제시된 4개의 보기 중 틀린 문장을 고르는 문제입니다.

51

A 年轻从来都不是资本，健康才是。	A 젊음은 언제나 밑천이 아니고, 건강이야말로 밑천이다.
B 在这些科目中，我关于化学最感兴趣。	B 이 과목 중에서 난 화학에 가장 관심 있다.
C 把每件小事做好，并坚持下去，就能成功。	C 모든 작은 일을 잘 해내고 끝까지 참고 버틴다면 성공할 것이다.
D 这些小溪如同一条条衣带布满山间。	D 이 작은 개울들은 마치 벨트 하나하나가 산골짜기에 가득 널린 것 같다.

어휘 ★**资本** zīběn 명 자본, 밑천 | ★**科目** kēmù 명 과목 | **化学** huàxué 명 화학 | **感兴趣** gǎnxìngqù 동 흥미를 느끼다 | **坚持** jiānchí 동 견지하다, 끝까지 버티다 | **小溪** xiǎoxī 명 시내 | **如同** rútóng 동 마치 ~와(과) 같다 | **衣带** yīdài 명 벨트, 허리띠 | **布满** bùmǎn 동 가득 널리다 | **山间** shānjiān 명 산간

정답 B

해설 전치사 오류입니다. '感兴趣'와 호응하는 전치사는 '对/对于'입니다. '关于'는 술어의 내용을 나타내며, 술어 앞에서 쓰일 땐 항상 주어 앞에 위치합니다.

예 关于三国演义，我写了一篇论文。| 关于父爱，我拍了一部电影。
在这些科目中，我关于化学最感兴趣。
→ 在这些科目中，我对化学最感兴趣。
→ 在这些科目中，我对于化学最感兴趣。

A 在他的身上，你根本看不到软弱和妥协。

B “呼归石”原名“乌龟石”，因酷似乌龟而得名。

C 他们的努力见效了，以致公司规模不断扩大。

D 近几年来，中国的航天事业取得了巨大突破。

A 그에게서 당신은 연약함과 타협을 전혀 찾아볼 수 없다.

B '후구이석'의 원래 이름은 '거북석'인데, 거북을 몹시 닮아 얻은 이름이다.

C 그들의 노력이 성과를 보여 회사의 규모가 계속 확대되었다.

D 최근 몇 년 동안, 중국의 우주 비행 사업은 큰 진전을 거두었다.

어휘 **根本** gēnběn 부 전혀 명 근본 | **软弱** ruǎnruò 형 연약하다 | ★**妥协** tuǒxié 동 타협하다 | **乌龟** wūguī 명 거북 | **酷似** kùsì 동 몹시 닮다 | **得名** démíng 동 이름을 얻다 | **见效** jiànxiào 동 효력이 나타나다 | ★**以致** yǐzhì ~이(으로) 되다 | **扩大** kuòdà 동 확대하다 | **航天事业** hángtiān shìyè 우주 비행 사업 | **取得** qǔdé 동 취득하다, 얻다 | **巨大** jùdà 형 거대하다 | ★**突破** tūpò 동 (한계, 난관 따위를) 돌파하다, 새로운 진전을 이루다

정답 C

해설 접속사 사용 오류입니다. '以致'는 결과절에 사용하는 접속사인데, 주로 나쁜 결과에만 사용합니다. 나쁜 결과가 아닌 결과절에는 보통 '以至'를 사용합니다.

他们的努力见效了，以致公司规模不断扩大。

→ 他们的努力见效了，以至公司规模不断扩大。

53

A 我们现在已经进入了人工智能的新时代。

B 书上说，人的力量都是通过肌肉收缩所以产生。

C 研究发现，经常玩自拍可以让人更喜欢自己。

D 好作品不是创作出来的，而是在生活中积累出来的。

A 우리는 현재 이미 인공지능의 새로운 시대에 들어섰다.

B 책에서 사람의 힘은 모두 근육 수축을 통해 생기는 것이라고 했다.

C 연구 결과, 자주 셀카를 찍으면 자기 자신을 더욱 좋아하게 된다고 한다.

D 좋은 작품은 창작에서 나오는 것이 아니라 생활 속에서 축적되어 나오는 것이다.

어휘 **人工智能** réngōng zhìnéng 인공지능 | **力量** lìliang 명 힘, 역량 | **肌肉** jīròu 명 근육 | ★**收缩** shōusuō 동 수축하다 | **产生** chǎnshēng 동 생기다 명 발생 | **自拍** zìpāi 동 셀프 카메라를 찍다 | ★**创作** chuàngzuò 동 창작하다 명 창작, 문예 작품 | **积累** jīlěi 동 쌓이다 명 축적

정답 B

해설 연결사 오류입니다. '所以'는 인과관계에 사용하는 접속사로서 결과를 나타내는 뒷절 앞에 사용하고, 한 문장 안에서 '通过'와 함께 호응해 술어 앞에 사용할 수 있는 조사는 '而'입니다. 게다가 지금 문장은 술어 내용을 강조, 단정의 의미를 갖는 '是~的' 구문이므로 마지막에 '的'가 필요합니다.

书上说，人的力量都是通过肌肉收缩所以产生。
→ 书上说，人的力量都是通过肌肉收缩而产生的。

54

A 经过多轮协商，双方即将达成了一项协议。

B 为了治理雾霾天气，市政府大力倡导绿色出行方式。

C 载人航天是人类历史上最为复杂的系统工程之一。

D 人们很难客观地评价自己，总是本能地美化自己。

A 여러 차례의 협상을 거쳐 양측은 합의에 이르렀다.

B 미세먼지를 해결하기 위해, 시 정부는 가급적 자가 차량 운행을 줄이는 방식을 대대적으로 제창한다.

C 유인 우주 비행은 인류 역사상 가장 복잡한 시스템 공학 중 하나이다.

D 사람들은 객관적으로 자신을 평가하기 매우 어렵고, 늘 본능적으로 자신을 미화한다.

어휘 轮 lún 양 차례 | ★协商 xiéshāng 명 협상 동 협상하다 | ★即将 jíjiāng 부 곧, 머지않아 | ★达成 dáchéng 동 달성하다, 도달하다 | 协议 xiéyì 명 협의, 합의 동 협의하다 | ★治理 zhìlǐ 동 다스리다 | 雾霾 wùmái 초미세먼지 | 政府 zhèngfǔ 명 정부 | ★倡导 chàngdǎo 동 제창하다 | 绿色出行 lǜsè chūxíng 그린 외출, 가급적 자가 차량 이용을 줄이는 것(에너지를 아끼고 환경을 보호하기 위해 버스, 지하철 등의 대중교통을 이용하거나, 보행이나 자전거 이용을 권장한다) | 载人航天 zàirén hángtiān 유인 우주 비행 | 系统工程 xìtǒng gōngchéng 시스템 공학, 조직 공학 | 客观 kèguān 형 객관적이다 명 객관 | ★本能 běnnéng 부 본능적으로 명 본능 | 美化 měihuà 동 미화하다 명 미화

정답 A

해설 시제 사용의 오류입니다. '即将'은 '장차 ~할 것이다'의 의미로 미래시제에 사용하기 때문에 완료 의미의 동태조사 '了'와 함께 사용하지 않습니다.

经过多轮协商，双方即将达成了一项协议。
→ 经过多轮协商，双方达成了一项协议。

55

A《战国策》展示了战国时期的历史特点和社会风貌。

A 『전국책』은 전국 시기의 역사적 특징과 사회의 모습을 나타냈다.

B 诗歌读起来朗朗上口，节奏鲜明，颇受孩子们的喜爱。

B 시가는 읽을 때 또랑또랑하고 리듬이 명쾌해서 아이들이 매우 좋아한다.

C 能意识到自己无知的人，才是这个世界上最聪明的人。

C 자신의 무지함을 깨달은 사람이야말로 이 세상에서 가장 똑똑한 사람이다.

D 即使哪个时代，英雄事迹都是激励社会前进的强大力量。

D 어느 시대 상관없이 영웅의 업적은 사회 발전을 이끄는 강한 힘이다.

어휘 **战国策** Zhànguócè 고유 전국책(중국 서한의 유향이 집록하고 명명한 역사책) | ★**展示** zhǎnshì 동 전시하다, 나타내다, 드러내다 | **战国时期** zhànguó shíqī 전국시대 | **风貌** fēngmào 명 풍격과 면모 | **诗歌** shīgē 명 시가 | **朗朗上口** lǎng lǎng shàng kǒu 성어 낭랑하게 읊다, 또랑또랑하고 유창하다 | ★**节奏** jiézòu 명 리듬 | ★**鲜明** xiānmíng 형 선명하다, 명쾌하다 | ★**颇** pō 부 꽤, 상당히 | ★**意识** yìshí 동 깨닫다 명 의식 | ★**无知** wúzhī 형 무지하다 | **即使** jíshǐ 접 설령 ~하더라도 | **时代** shídài 명 시대 | **英雄事迹** yīngxióng shìjì 영웅의 업적 | ★**激励** jīlì 동 격려하다 명 격려

정답 D

해설 접속사 오류입니다. 의문사(哪)가 있는 문장에 사용할 수 있는 접속사는 '不管/不论/无论(~와 상관없이)'입니다.

即使哪个时代，英雄事迹都是激励社会前进的强大力量。

→ 不管是哪个时代，英雄事迹都是激励社会前进的强大力量。

56

A 我一生致力于艺术创作，希望将中国传统艺术发扬光大。

A 나는 평생 예술 창작에 힘썼고, 중국의 전통 예술을 더욱 더 발전시키길 희망한다.

B 专家预测，到2050年，全世界约70%的人口将生活在城市地区。

B 전문가는 2050년이 되면 전 세계 약 70%의 인구가 도시 지역에서 생활하게 될 것이라고 예측한다.

C 老腔是陕西省一种古老的戏曲表演形式之一，广泛流传于华阴地区。

C 라오창은 산시(陕西)성의 오래 된 희곡 공연 형식 중 하나이고, 화인 지역에 널리 전해진다.

D 有些书你看不下去，这未必是你的问题，很有可能是书的内容不吸引人。

D 어떤 책은 계속 읽기가 힘든데, 이것은 꼭 당신 문제라고 할 수는 없고, 책의 내용이 매력적이지 않을 수도 있다.

어휘 ★**致力于** zhìlìyú 애쓰다, 힘쓰다 | ★**艺术** yìshù 명 예술 | ★**创作** chuàngzuò 명 창작, 문예 작품 동 창작하다 | **发扬光大** fā yáng guāng dà 성어 원래의 기초 위에서 더욱 확대 발전시키다 | **预测** yùcè 동 예측하다 명 예측 | **老腔** lǎoqiāng 고유 라오창(산시성의 퉁관현·화인시 일대에서 유행하는 그림자극의 일종) | **陕西省** Shǎnxīshěng 고유 산시성(지명) | **戏曲** xìqǔ 명 곤곡·경극 등의 각종 지방극을 포함한 중국의 전통적인 희곡 | **广泛** guǎngfàn 형 광범위하다 | **流传** liúchuán 동 세상에 널리 퍼지다, 유전하다 | **华阴地区** huáyīn dìqū 화인 지역 | **未必** wèibì 부 반드시 ~한 것은 아니다 | **吸引** xīyǐn 매료시키다, 흡입하다

정답 C

해설 '一种(일종의)'과 '之一(~중 하나)'는 의미가 중복되어 함께 사용할 수 없으므로 하나씩만 사용해야 합니다.

老腔是陕西省一种古老的戏曲表演形式之一，广泛流传于华阴地区。
→ 老腔是陕西省一种古老的戏曲表演形式，广泛流传于华阴地区。
→ 老腔是陕西省古老的戏曲表演形式之一，广泛流传于华阴地区。

57

A 张晓路个子高高的，有着一双深邃的眼睛给人一种严厉的感觉。

B 生活中并非每件事都能称心如意，所以凡事我们要看开一些。

C 郑济高铁的建设将使郑州与济南的铁路通行时间缩短至两个小时左右。

D 按离太阳由近及远的顺序排列，地球是第三颗行星，距离太阳1.5亿公里。

A 장샤오루는 키가 크고, 그의 깊은 눈은 매서운 느낌을 준다.

B 생활 속에서 모든 일이 다 뜻대로 되는 것은 결코 아니기 때문에 우리는 모든 일에 마음을 좀 넓게 가져야 한다.

C 정지 고속철도의 건설은 정저우와 지난의 철도 통행 시간을 두 시간 정도까지 단축시킬 것이다.

D 태양에서 가까운 것부터 먼 순서대로 배열하면 지구는 세 번째 행성이고, 태양으로부터 거리가 1.5억 킬로미터이다.

어휘 **张晓路** zhāngxiǎolù 고유 장샤오루(인명) | **深邃** shēnsuì 형 깊다, 심오하다 | ☆**严厉** yánlì 형 호되다, 매섭다 | ☆**并非** bìngfēi 결코 ~하지 않다 | ☆**称心如意** chèn xīn rú yì 성어 마음에 꼭 들다 | **凡事** fánshì 명 만사 | **看开** kànkāi 동 마음에 두지 않다 | **郑济高铁** zhèngjì gāotiě 정지 고속철도[정저우(郑州)와 지난(济南)을 잇는 고속철도] | **郑州** Zhèngzhōu 고유 정저우(지명) | **济南** Jǐnán 고유 지난(지명) | **铁路** tiělù 명 철도 | **通行** tōngxíng 동 통행하다 | **缩短** suōduǎn 동 단축하다 | **离** lí 전 ~로부터 | **由近及远** yóu jìn jí yuǎn 성어 가까운 곳에서부터 먼 곳까지 | **排列** páiliè 동 배열하다 | **行星** xíngxīng 명 행성 | **公里** gōnglǐ 양 킬로미터(km)

정답 A

해설 문장 성분의 남용 오류입니다. 두 번째 문장은 '주어(一双深邃的眼睛)'와 '술어(给)', '목적어(人/一种严厉的感觉)'가 완전하므로 '有着'가 불필요합니다.

张晓路个子高高的，有着一双深邃的眼睛给人一种严厉的感觉。
→ 张晓路个子高高的，一双深邃的眼睛给人一种严厉的感觉。

A 从来我没听说过，在一片人迹罕至的海滩上居然矗立着一个充满艺术气息的图书馆。

B 读书最大的好处是可以从书中汲取别人的经验，并警示自己不要犯同样的错误。

C 在家人和朋友的鼓励下，他不仅出色地完成了这次任务，还得到了领导的肯定。

D 在这家茶馆里，人们不仅能品尝到上等的好茶，还可以欣赏到精彩的茶艺表演。

A 인적이 드문 해변의 모래사장 위에 예술적 분위기가 가득한 도서관이 우뚝 서 있다는 것을 난 들어본 적이 없다.

B 독서의 가장 큰 장점은 책 안에서 다른 사람의 경험을 얻을 수 있고, 같은 잘못을 하지 않도록 스스로에게 경고한다는 것이다.

C 가족과 친구의 격려 하에서 그는 이번 임무를 훌륭하게 완수했을 뿐만 아니라 상사의 인정도 받았다.

D 이 찻집 안에서는 사람들이 고급 차를 맛볼 수 있을 뿐만 아니라, 멋진 다도 시범도 감상할 수 있다.

어휘 人迹罕至 rén jì hǎn zhì 성어 인적이 드물다 | 海滩 hǎitān 명 해변의 모래사장 | 居然 jūrán 부 뜻밖에 | 矗立 chùlì 동 우뚝 솟다 | 充满 chōngmǎn 동 가득차다 | 艺术气息 yìshù qìxī 예술적인 분위기 | 好处 hǎochu 명 장점, 좋은 점 | 汲取 jíqǔ 동 흡수하다 | 经验 jīngyàn 명 경험 | 警示 jǐngshì 동 경고하다 | 犯错误 fàn cuòwù 실수하다 | 鼓励 gǔlì 동 격려하다 | 出色 chūsè 형 특별히 훌륭하다 | 任务 rènwu 명 임무 | 领导 lǐngdǎo 명 윗사람, 상사 | 肯定 kěndìng 명 인정 동 인정하다 | 茶馆 cháguǎn 명 찻집 | ★品尝 pǐncháng 동 시식하다, 맛보다 | 上等 shàngděng 형 상등의, 고급의 | 欣赏 xīnshǎng 동 감상하다, 높이 평가하다 | 精彩 jīngcǎi 형 뛰어나다 | 茶艺表演 cháyì biǎoyǎn 다도 시범

정답 A

해설 부사 오류입니다. 일반적으로 부사의 어순은 주어(我) 뒤, 술어(听说) 앞입니다. '从来'는 부정사와 함께 사용하는 부사로서 주어 뒤에 쓰여 '从来没'가 되어야 맞습니다.

从来我没听说过，在一片人迹罕至的海滩上居然矗立着一个充满艺术气息的图书馆。
→ 我从来没听说过，在一片人迹罕至的海滩上居然矗立着一个充满艺术气息的图书馆。

59

A 在与别人沟通时，情绪占70%，内容只占30%，如果情绪出现问题，内容就很容易被扭曲。

A 다른 사람과 소통할 때 감정은 70%를 차지하고 내용은 30%밖에 차지하지 않기 때문에, 만약 감정에 문제가 생긴다면 내용도 쉽게 왜곡된다.

B 在中国人的日常生活中，茶几乎是不可或缺的，更是许多人深夜加班离不开它的陪伴。

B 중국인의 일상 생활에서 차는 거의 빠질 수 없고, 많은 사람이 늦은 밤 야근을 할 때엔 더더욱 늘 함께 한다.

C 不管中医还是西医，它们的最终目的都只有一个，就是帮助人们化解疾病带来的痛苦。

C 중국 의학 또는 서양 의학 불문하고 그들의 최종 목적은 단지 하나뿐인데, 바로 질병이 가져오는 고통을 없애도록 돕는 것이다.

D 民宿依靠价格、文化和经营方式等优势，吸引了不少年轻人，成为年轻人旅游时住宿的首选。

D 민박은 가격, 문화 그리고 영업 방식 등의 우위를 업고, 많은 젊은 사람을 매료시켰고, 젊은이들이 여행할 때 선택하는 숙박 1순위가 되었다.

어휘 **沟通** gōutōng 동 통하다, 교류하다 | **情绪** qíngxù 명 정서, 기분 | **占** zhàn 동 차지하다, 처하다 | **扭曲** niǔqū 동 비틀다, (형상·사실 따위를) 왜곡하다 | **不可或缺** bù kě huò quē 성어 없어서는 안 된다 | **更是** gèngshi 부 더욱 (더), 보다 (더) | **深夜** shēnyè 명 심야, 깊은 밤 | **加班** jiā bān 동 초과 근무하다 | **离不开** líbukāi 없어서는 안 되다 | **陪伴** péibàn 동 동반하다, 함께 하다 | **不管** bùguǎn 접 ~에 관계없이 | **中医** zhōngyī 명 중국 의학 | **西医** xīyī 명 서양 의학 | **最终** zuìzhōng 형 최종의 명 최종 | **化解** huàjiě 동 풀리다, 없어지다 | **疾病** jíbìng 명 질병 | **痛苦** tòngkǔ 명 고통 형 괴롭다 | **民宿** mínsù 명 민박 | ★**依靠** yīkào 동 의지하다, 기대다 | **优势** yōushì 명 우세, 강점 | **吸引** xīyǐn 동 흡인하다, 끌어당기다 | **住宿** zhùsù 동 묵다, 숙박하다 | **首选** shǒuxuǎn 동 우선하여 선택하다

정답 **B**

해설 어순과 문장 표현 오류입니다. '更是'는 부사로 주어(许多人) 뒤, 술어(离不开) 앞에 위치해야 하고, '深夜加班'은 시간의 조건구이므로 '~的时候/时'의 표현이 필요합니다.

在中国人的日常生活中，茶几乎是不可或缺的，更是许多人深夜加班离不开它的陪伴。
→ 在中国人的日常生活中，茶几乎是不可或缺的，许多人深夜加班时更是离不开它的陪伴。

A 毫无疑问，在地球资源日渐枯竭的未来，对太空资源的开发和利用会越来越重要。

B 书法是一门艺术，它把汉字和中国特有的审美情趣结合了，是中华民族文化中的瑰宝。

C 1948年，由费穆导演，梅兰芳主演的彩色戏曲艺术片《生死恨》上映了，这是中国第一部彩色电影。

D 团购，是指认识或不认识的消费者联合起来，加大与商家的谈判能力，以求得最优价格的一种购物方式。

A 의심할 여지없이, 지구의 자원이 점점 고갈되는 미래에는 우주자원에 대한 개발과 이용이 점점 중요해질 것이다.

B 서예는 하나의 예술이다. 그것은 한자와 중국 특유의 심미적 정취를 결합시킨, 중화민족문화의 귀한 보배이다.

C 1948년, 페이무가 감독하고 메이란팡이 주연한 컬러로 된 경극 예술작품 〈생사한〉이 상영되었는데, 이것은 중국의 첫 번째 컬러 영화이다.

D 공동구매란 알고 있거나 혹은 그렇지 않은 소비자가 연합해 판매자와의 협상 능력을 키워서 가장 좋은 가격을 얻어내도록 하는 구매 방식을 가리킨다.

어휘 **毫无疑问** háowúyíwèn 부 말할 것도 없이, 틀림없이 | **地球** dìqiú 명 지구 | **资源** zīyuán 명 자원 | **日渐** rìjiàn 부 나날이, 날로, 점차 | **枯竭** kūjié 동 고갈되다 | ★**太空** tàikōng 명 우주, 매우 높은 하늘 | ★**书法** shūfǎ 명 서예 | **特有** tèyǒu 형 고유하다, 특유하다 | ★**审美** shěnměi 형 심미적 명 심미 | **情趣** qíngqù 명 흥취, 정취 | **结合** jiéhé 동 결합하다 명 결합 | **瑰宝** guībǎo 명 진귀한 보물 | **费穆** Fèimù 고유 페이무(인명) | **导演** dǎoyǎn 동 연출하다 명 감독 | **梅兰芳** Méilánfāng 고유 메이란팡(중국 현대 희극 공연 예술가) | **主演** zhǔyǎn 동 주연하다 명 주연 | **彩色** cǎisè 명 채색 | **戏曲** xìqǔ 명 곤곡·경극 등의 각종 지방극을 포함한 중국의 전통적인 희곡 | **上映** shàngyìng 동 상영하다 | **彩色电影** cǎisè diànyǐng 컬러 영화 | **团购** tuángòu 동 공동 구매를 하다 | **消费者** xiāofèizhě 명 소비자 | **联合** liánhé 동 연합하다 명 연합 | **商家** shāngjiā 명 판매자, 상점 | **谈判** tánpàn 동 담판하다 명 담판 | **求得** qiúdé 동 구하다, 구하여 얻다 | **购物** gòuwù 동 물건을 구입하다

정답 B

해설 술어의 오류입니다. '把'자문에서의 술어 '结合'는 방향보어 '起来'와 호응해 '把 A 和 B 结合起来(A와 B를 결합시키다)'의 형태로 사용합니다.

书法是一门艺术，它把汉字和中国特有的审美情趣结合了，是中华民族文化中的瑰宝。
→ 书法是一门艺术，它把汉字和中国特有的审美情趣结合了起来，是中华民族文化中的瑰宝。

실전모의고사 4회

제2부분　61~70번 문제는 빈칸에 들어가는 알맞은 어휘를 고르는 문제입니다.

61

大脑内约有一百亿个脑细胞，人的每一次思维活动都是 成千上万 个脑细胞相互连接、交互作用的结果，思维活动越 频繁 ，脑细胞之间的联系就越紧密，平时我们所说的“脑子越学越活”就是 遵循 这个原理。

A 络绎不绝 ×　细致 ×　尊重 ×
B 成千上万 ○　频繁 ○　遵循 ○
C 千方百计 ×　扎实 ×　尊敬 ×
D 层出不穷 ×　爽快 ×　遵守 ×

대뇌에는 약 백억 개의 뇌세포가 있다. 사람의 모든 사고 활동은 모두 수천수만 개의 뇌세포가 서로 연결되어 상호 연계 작용한 결과이고, 사고 활동이 빈번할수록 뇌세포 간의 연결은 더욱 긴밀해진다. 평상시 우리가 자주 하는 '뇌는 쓸수록 개발된다'는 말이 바로 이런 원리를 따른 것이다.

지문 어휘 **大脑** dànǎo 명 대뇌 | **亿** yì 수 억 | **脑细胞** nǎoxìbāo 명 뇌세포 | **思维活动** sīwéi huódòng 사고 활동 | **连接** liánjiē 동 연결시키다, 연접하다 | **作用** zuòyòng 동 작용하다 | **紧密** jǐnmì 형 긴밀하다 | ★**原理** yuánlǐ 명 원리

정답 B

해설 **[첫 번째 빈칸]**
서로 연결되어 상호 작용하는 뇌세포의 개수가 대단히 많다는 것을 나타낼 수 있는 것은 '成千上万'입니다.

A ★**络绎不绝** luò yì bù jué 성어 왕래가 잦아 끊이지 않다 | 络绎不绝**的游客** 끊이지 않는 여행객
B **成千上万** chéng qiān shàng wàn 성어 수천수만, 대단히 많은 수 | 成千上万**的大学生** 대단히 많은 대학생
C ★**千方百计** qiān fāng bǎi jì 성어 온갖 방법을 다 쓰다 | 千方百计**地完成任务** 온갖 방법을 다 동원해서 임무를 완수하다
D ★**层出不穷** céng chū bù qióng 성어 차례차례로 나타나서 끝이 없다 | **好作品**层出不穷 좋은 작품이 끝없이 나오다

[두 번째 빈칸]
문장의 의미는 사고 활동이 더 많을수록 뇌세포간의 연결이 더욱 긴밀해진다는 것이므로 '(활동) 빈도가 많다, 잦다'의 의미인 '频繁'이 어울립니다.

A ★**细致** xìzhì 형 섬세하다, 치밀하다 | **观察得很**细致 섬세하게 관찰하다
B ★**频繁** pínfán 형 잦다, 빈번하다 | **交流**频繁 교류가 빈번하다
C ★**扎实** zhāshi 형 튼튼하다, 견실하다 | **基础**扎实 기초가 튼튼하다
D ★**爽快** shuǎngkuai 형 상쾌하다, 시원스럽다 | **态度**爽快 태도가 시원스럽다

[세 번째 빈칸]
'原理'와 호응하는 동사는 '遵循'입니다. '遵循'은 원칙이나 법칙을 '따른다'는 의미로 '原则/规律' 등과 호응하고, '遵守'는 규정 등의 룰을 '지킨다'는 의미로 '规则/纪律/法律' 등과 호응합니다.

A **尊重** zūnzhòng 동 존중하다 | 尊重**别人的决定** 다른 사람의 결정을 존중하다
B ★**遵循** zūnxún 동 따르다 | 遵循**原则** 원칙에 따르다
C **尊敬** zūnjìng 동 존경하다 | 尊敬**长辈** 윗사람을 존경하다
D **遵守** zūnshǒu 동 준수하다, 지키다 | 遵守**规则** 규칙을 지키다

62

点子的出现，取决于我们对于某个问题的聚焦度有多高。如果一个人在一段时间里一直在 琢磨 某件事情，好点子往往就会出现，如果没有这种大脑快速转动的紧张感， 以及 思考问题的紧迫感，金点子就不会 迸发 出来。

A 探索 × 时而 × 涌现 ×
B 奋斗 × 以便 × 流露 ×
C 琢磨 ○ 以及 ○ 迸发 ○
D 操作 × 以往 × 沸腾 ×

아이디어의 생성은 우리가 어떤 문제에 대한 집중도가 얼마나 높은지에 달려있다. 만약 한 사람이 한동안 계속 한 가지 일을 심사숙고하면, 종종 좋은 아이디어가 떠오르기도 한다. 이런 대뇌가 빠르게 회전하는 긴장감 및 문제를 사고하는 긴박감이 없다면 기발한 아이디어도 솟아 나올 수 없다.

지문 어휘 **点子** diǎnzi 명 아이디어 | **取决于** qǔjuéyú ~에 달리다, ~에 의해 결정된다 | **聚焦** jùjiāo 동 한 곳에 집중하다, 초점을 모으다 | **聚焦度** jùjiāodù 집중도 | **大脑** dànǎo 명 대뇌 | **快速** kuàisù 형 빠르다, 신속하다 | **转动** zhuǎndòng 동 움직이다, 돌리다, 회전시키다 | **思考** sīkǎo 명 사고 동 사고하다 | ★**紧迫** jǐnpò 형 긴박하다 | **紧迫感** jǐnpògǎn 명 긴박감 | **金点子** jīndiǎnzi 명 좋은(기발한) 아이디어, 골든 아이디어

정답 C

해설 **[첫 번째 빈칸]**

'某件事情'과 호응해 한 가지 일만 계속 생각한다는 의미이므로 '琢磨'가 맞습니다.

A ★探索 tànsuǒ 동 탐색하다, 찾다 | 探索途径 길을 모색하다
B 奋斗 fèndòu 동 분투하다, 노력하다 | 不断奋斗 부단히 노력하다
C ★琢磨 zhuómó 동 생각하다, 고민하다 | 琢磨问题 문제를 심사숙고 하다
D ★操作 cāozuò 동 조작하다, 다루다 명 조작 | 操作电脑 컴퓨터를 다루다

[두 번째 빈칸]

'紧张感'과 '紧迫感' 두 단어를 연결시켜 줄 수 있는 연결사는 '以及'입니다. '以及'는 단어와 단어 사이에서 '그리고, 및'의 의미로 연결합니다.

A ★时而 shí'ér 부 때때로 | 时而想起 때때로 생각나다
B ★以便 yǐbiàn 접 (하기에 편리)하도록, ~하기 위하여 | 我买了两本参考书，以便自学。독학하기 위해서 참고서 두 권을 샀다.
C 以及 yǐjí 접 및, 그리고 | 万达宫内设有游艺室、健身房、保龄球场以及游泳池等。완다궁 안에는 오락실, 헬스장, 볼링장 그리고 수영장 등이 설치되어 있다.
D ★以往 yǐwǎng 명 이왕, 이전 | 以往的经验 이전의 경험

[세 번째 빈칸]

기발한 아이디어(金点子)가 솟아 나온다는 의미는 '迸发'입니다. '涌现'은 한 가지에만 쓰일 수 없고, 사람이나 사물이 한꺼번에 대량으로 나타나는 것을 의미합니다. '流露'는 감정이나 생각이 무의식 중에 드러나는 것을 나타내고, '沸腾'은 액체가 들끓는 것부터 감정, 분위기, 상황 따위가 고취되고 끓어오르는 것을 비유하는 의미로 사용합니다.

A ★涌现 yǒngxiàn 동 대량으로 나타나다, 배출되다 | 涌现出一批青年作家 많은 청년 작가들이 배출되다
B ★流露 liúlù 동 무의식 중에 나타내다 | 流露出自信的表情 자신 있는 표정이 드러나다
C ★迸发 bèngfā 동 솟아 나오다, 뿜어대다 | 迸发出力量 힘이 솟아 나오다
D ★沸腾 fèiténg 동 들끓다 | 热血沸腾 뜨거운 피가 끓다

63

人类是高级动物，但是与其他动物相比，人类却以一种极为无助的 姿态 来到了这个世界。人类的生理 器官 需要用比动物更长的时间逐步完善。而且人类还要在成长过程中不断地学习那些大自然所没有 赋予 我们的生存技能。

A 姿势 ×	性能 ×	授予 ×
B 姿态 ○	器官 ○	赋予 ○
C 面貌 ×	基因 ×	补偿 ×
D 形状 ×	细胞 ×	继承 ×

인류는 고등 동물이지만 다른 동물과 비교해보면 인류는 지극히 도움 없는 상태로 이 세상에 왔다. 인류의 생리 기관은 동물보다 더욱 긴 시간을 거쳐야 차츰 완전해지고, 게다가 인류는 성장 과정에서 대자연이 우리에게 내려주지 않은 생존 능력을 부단히 배워야 한다.

지문 어휘 **无助** wúzhù 도움이나 원조가 없다, ~에 도움이 되지 않다 | ★**生理** shēnglǐ 명 생리 | **逐步** zhúbù 부 점차 | **完善** wánshàn 형 완전하다 | ★**生存** shēngcún 명 생존 동 생존하다 | **技能** jìnéng 명 기능, 솜씨

정답 **B**

해설 **[첫 번째 빈칸]**

인류는 생리 기관과 생존능력이 완전하지 못한 상태로 세상에 왔다는 의미이므로 '姿态'가 맞습니다. '姿态'는 추상적 의미로 모습과 상태를 의미하지만, '姿势'는 구체적 동작의 자세를 의미합니다. '面貌'와 '形状'은 겉으로 보여지는 모습을 나타내는데, '面貌'는 사람의 외관을 나타낼 수 있고, '形状'은 물체의 외관을 나타냅니다.

A 姿势 zīshì 명 자세 | 睡觉的姿势 수면 자세
B ★姿态 zītài 명 자태, 모습 | 姿态优美 자태가 아름답다
C ★面貌 miànmào 명 모습, 면모 | 新面貌 새로운 모습
D 形状 xíngzhuàng 명 형상 | 奇怪的形状 이상한 형상

[두 번째 빈칸]

'生理'와 함께 쓰여 '完善'과 함께 호응할 수 있는 것은 '器官'입니다. '完善'은 '(갖출 것을 모두 갖춰) 완벽하다, 완전하다'의 의미이므로 생리 기관이 모두 갖춰진다는 의미가 문맥에 맞습니다. '性能'은 어떤 물건이 지닌 성질과 능력을 의미하기 때문에 '良好/不好' 등의 술어와 호응합니다.

A 性能 xìngnéng 명 성능 | 性能好 성능이 좋다
B ★器官 qìguān 명 기관 | 内脏器官 내장기관
C ★基因 jīyīn 명 유전자 | 遗传基因 유전자
D ★细胞 xìbāo 명 세포 | 人体细胞 인체 세포

[세 번째 빈칸]

대자연이 준 '生存技能'과 호응할 수 있는 것은 '赋予'입니다. '赋予'는 임무나 사명, 의미 등을 부여하는 의미로 '意义/使命/重任/权力'와 호응하고, '授予'는 훈장, 상장, 칭호 등을 수여하는 의미로 '学位/奖状/称号'와 호응합니다.

A ★授予 shòuyǔ 동 수여하다 | 授予称号 칭호를 수여하다
B ★赋予 fùyǔ 동 부여하다 | 赋予意义 의미를 부여하다
C ★补偿 bǔcháng 동 보상하다 | 无法补偿 보상할 수 없다
D ★继承 jìchéng 동 상속하다, 계승하다 | 继承传统 전통을 계승하다

在中国传统茶道中，喝茶的器具十分重要，紫砂壶作为一种 颇 为名贵的茶壶，其命名也很有 规律 。它的命名方法很多，以象形法和引申法最为常用，如四方壶、沁竹壶等。 不管 用哪种方法，紫砂壶的命名都要遵循 雅俗共赏 的原则。

A 颇 ○	规律 ○	不管 ○	雅俗共赏 ○
B 愈 ×	条理 ×	况且 ×	实事求是 ×
C 挺 ×	要点 ×	固然 ×	喜闻乐见 ×
D 皆 ×	技巧 ×	不止 ×	精益求精 ×

중국의 전통 다도 과정에서 차를 마시는 다기는 매우 중요하다. 자사호는 매우 귀한 찻주전자로서, 그 이름을 짓는 것도 규칙이 있다. 그 이름을 짓는 방법은 매우 많은데, '상형법'과 '인신법'이 가장 일반적이다. 예를 들면 사각 주전자, 대나무 그림 주전자 등이 있다. 어느 방법을 사용하든 상관없이 자사호의 이름을 짓는 것은 모두 누구든 다 감상할 수 있어야 한다는 원칙을 따른다.

지문 어휘 **传统** chuántǒng 명 전통 | **茶道** chádào 명 다도 | **器具** qìjù 명 기구 | **紫砂壶** zǐshāhú 자사호 | **名贵** míngguì 형 유명하고 진귀하다 | **茶壶** cháhú 명 찻주전자 | ★**命名** mìngmíng 동 명명하다, 이름을 짓다 | **象形** xiàngxíng 명 상형, 비슷한 모양 | **引申** yǐnshēn 동 원의로부터 파생된 뜻이 생기다, 인신하다 | **四方壶** sìfānghú 명 사각 주전자(주전자 명칭) | **沁竹壶** qìnzhúhú 명 대나무 그림 주전자(주전자 명칭) | ★**遵循** zūnxún 동 따르다 | **原则** yuánzé 명 원칙

정답 A

해설 **[첫 번째 빈칸]**

형용사 '名贵' 앞에 사용할 수 있는 정도 부사로서 밑줄 바로 뒤 '为'와 붙여 쓸 수 있는 단어는 '颇' 뿐입니다.

A ★颇 pō 부 꽤, 상당히 | 颇高 상당히 높다
B ★愈 yù 부 점점, 갈수록 | 愈演愈烈 일이 더욱 심각해지다
C 挺 tǐng 부 꽤 | 挺好 꽤 좋다
D ★皆 jiē 부 모두, 다 | 皆然 모두 그렇다

[두 번째 빈칸]

자사호의 이름을 짓는 방법은 상형법이나 인신법과 같이 다양한데, 모두 규칙이 있다는 의미이므로 '规律'가 맞습니다.

A 规律 guīlǜ 명 법칙, 규율 | 生活很有规律 생활이 규칙적이다
B ★条理 tiáolǐ 명 (생각·말·문장의) 조리 | 说话有条理 말하는 것이 조리 있다
C 要点 yàodiǎn 명 요점 | 突出要点 요점을 부각시키다
D ★技巧 jìqiǎo 명 기교 | 绘画的技巧 회화의 기교

[세 번째 빈칸]

밑줄 뒤 의문사 '哪'가 있는 문장과 호응하는 접속사는 '不管/不论/无论'입니다.

A 不管 bùguǎn 접 ~에 관계없이 | 不管天气如何，我都要出去。날씨가 어떻든 난 나가야 돼.
B ★况且 kuàngqiě 접 하물며, 게다가 | 我不想出去，况且外面在下雨。난 나가기 싫어, 게다가 밖에 비도 오잖아.
C ★固然 gùrán 접 물론 ~지만 | 工作固然重要，但是不能为了工作而忽视健康。일도 물론 중요하지만, 일 때문에 건강을 소홀히 해서는 안 된다.
D ★不止 bùzhǐ 접 ~뿐만 아니다 | 不止是我，其他人也都反对这么做。 나뿐만 아니라 다른 사람들도 이렇게 하는 것을 반대한다.

[네 번째 빈칸]
문장 내용은 자사호의 이름을 지을 때 따르는 원칙인데, 그 이름이 어렵지 않아서 모두가 그 이름을 들으면 이해할 수 있는 이름으로 짓는다는 것이므로 정답은 '**雅俗共赏**'입니다.

A **雅俗共赏** yǎ sú gòng shǎng 성어 고상한 사람이나 속인이나 다같이 감상할 수 있다 | 雅俗共赏**的作品** 누구나 같이 감상할 수 있는 작품
B ☆**实事求是** shí shì qiú shì 성어 있는 그대로의 사실에 토대하여 진리를 탐구하다 | 实事求是**的态度** 실사구시의 태도
C ☆**喜闻乐见** xǐ wén lè jiàn 성어 기쁜 마음으로 듣고 보다 | 喜闻乐见**的艺术形式** 대중들이 좋아하는 예술 형식
D ☆**精益求精** jīng yì qiú jīng 성어 훌륭한데도 더 훌륭하게 하려 하다 | 精益求精**的态度** 완벽함을 추구하는 태도

生行是京剧表演行当的主要 类型 之一。 依据 所扮演人物的年龄和身份的不同，生行又分为老生、小生、武生等。老生扮演中年男子，多为正面 形象 ，小生扮演青年男子，一般扮相都比较英俊清秀，武生则扮演武艺 高超 的男子。

A 体裁 × 借助 × 气质 × 优越 ×
B 栏目 × 鉴于 × 品德 × 杰出 ×
C 类型 ○ 依据 ○ 形象 ○ 高超 ○
D 情节 × 对应 × 容貌 × 高明 ×

'생항(生行)'은 경극 연기 배역의 중요한 유형 중 하나이다. 맡은 인물의 나이, 신분에 따라 생항은 노생, 소생, 무생 등으로 나뉜다. 노생은 중년 남자 배역을 맡고, 대부분이 긍정적인 이미지이다. 소생은 청년 남자 역할인데, 일반적으로 분장한 모습은 모두 비교적 말쑥하고 잘생겼다. 무생은 무예가 출중한 남자 역할이다.

지문 어휘 **生行** shēngháng 명 생항(경극에서 남자 배역을 가리키는 용어) | **京剧** jīngjù 명 경극 | **表演** biǎoyǎn 명 연기 동 연기하다 | **行当** hángdàng 명 배역 | ☆**扮演** bànyǎn 동 ~의 역을 맡아 하다 | **年龄** niánlíng 명 연령, 나이 | **身份** shēnfèn 명 신분 | **老生** lǎoshēng 명 중년(장년) 남자(중국 전통극에서 통상적으로 수염을 달고 나오는 중년 이상의 남자역) | **小生** xiǎoshēng 명 중국 전통극의 젊은 남자 역 | **武生** wǔshēng 명 중국 전통극의 남자 무사 역 | **扮相** bànxiàng 명 분장, 분장한 모습 | **英俊** yīngjùn 형 재능이 출중하다, 말쑥하다 | **清秀** qīngxiù 형 용모가 맑고 빼어나다 | **武艺** wǔyì 명 무예

 C

해설 **[첫 번째 빈칸]**
'생항(生行)'은 경극에서 남자 배역을 가리키는 용어로서 배역의 한 유형이므로 정답은 '**类型**'입니다.

A ☆**体裁** tǐcái 명 (문학작품의) 표현양식, 장르 | **文学**体裁 문학 장르
B ☆**栏目** lánmù 명 프로그램, (신문, 잡지 등의) 코너 | **新设**栏目 신설 프로그램
C **类型** lèixíng 명 유형 | 类型**不同** 유형이 다르다
D ☆**情节** qíngjié 명 줄거리, 구성 | 情节**曲折** 줄거리가 복잡하다

[두 번째 빈칸]

생항(生行)을 노생(老生)、소생(小生)、무생(武生) 등으로 나누는 근거는 배역의 나이와 신분 차이인데, 이런 '근거에 따라서', '~에 의거해서'의 의미를 갖는 단어는 '**依据**'입니다.

A ★**借助** jièzhù 동 ~의 힘을 빌리다 | 借助**别人的力量** 남의 힘을 빌리다

B ★**鉴于** jiànyú ~에 비추어 보아, ~을(를) 감안하여 | 鉴于**他平时的表现，我决定原谅他一次。** 평소의 태도를 봐서 난 그를 한 번 용서하기로 했다.

C ★**依据** yījù 전 ~에 근거하여 동 근거로 하다 명 근거, 증거 | 依据**原理** 원리를 근거로 하다

D ★**对应** duìyìng 동 대응하다 명 대응 | 对应**措施** 대응조치

[세 번째 빈칸]

밑줄 앞 '正面'과 함께 사용할 수 있는 단어는 '**形象**'뿐입니다.

A ★**气质** qìzhì 명 사람의 분위기 | 气质**出众** 분위기가 출중하다

B ★**品德** pǐndé 명 인품과 덕성 | 品德**高尚** 인품이 고상하다

C **形象** xíngxiàng 명 형상, 이미지 | **企业**形象 기업 이미지

D ★**容貌** róngmào 명 용모 | **美丽的**容貌 아름다운 용모

[네 번째 빈칸]

'**武艺**'와 함께 호응할 수 있는 단어는 '**高超**'뿐입니다. '**高超**'는 기예(**技艺**)가 출중하다는 의미이고, '**优越**'는 조건(**条件**)이나 환경(**环境**)이 다른 것보다 뛰어나다는 의미입니다. '**杰出**'는 성과(**成就**)나 재능, 지혜(**才智**)가 뛰어난 것을 나타내며 이런 방면에 뛰어난 인물(**人物**)에도 사용합니다. '**高明**'은 의술(**医术**)과 같은 학문이나 견해(**见解**), 수단(**手段**) 등이 뛰어나 한 수 위인 것을 나타냅니다.

A ★**优越** yōuyuè 형 우월하다 | 优越**感** 우월감

B ★**杰出** jiéchū 형 걸출하다, 뛰어나다 | 杰出**的贡献** 뛰어난 공헌

C ★**高超** gāochāo 형 뛰어나다 | **技艺**高超 기예가 뛰어나다

D ★**高明** gāomíng 형 뛰어나다, 똑똑하다 | 高明**的办法** 똑똑한 방법

66

积极心理学强调以积极的心态来解读人的心灵，更关注 人性 中的美德与正能量，还侧重研究人的幸福感等积极的心理 因素 ，以人文关怀帮助人们最大限度地 挖掘 自己的潜力， 进而 获得美好的生活。

A 人格 ○	素质 ○	开发 ×	因而 ×
B 性命 ×	品质 ×	放大 ×	从而 ○
C 人性 ○	因素 ○	挖掘 ○	进而 ○
D 命运 ×	要素 ○	发扬 ×	反而 ×

긍정심리학은 긍정적인 마인드로 사람의 심리를 해석하는 것을 강조하고, 인성 중에서 미덕과 긍정 에너지를 더욱 중요시하며, 사람의 행복감 등의 긍정적인 심리 요소에 치중해서 연구한다. 인문사상으로 사람들이 최대한 자신의 잠재력을 발굴하고, 더 나아가 아름다운 생활을 할 수 있도록 도와주는 것에 관심을 갖는다.

지문 어휘 **心理学** xīnlǐxué 명 심리학 | **强调** qiángdiào 동 강조하다 | **解读** jiědú 동 해독하다 | ★**心灵** xīnlíng 명 심령, 정신 | **关注** guānzhù 동 관심을 가지다 | **美德** měidé 명 미덕, 좋은 품성 | **正能量** zhèng néngliàng 긍정 에너지 | **侧重** cèzhòng 동 편중하다, 치중하다 | **人文** rénwén 명 인문(사람이 주체가 되고 사람의 가치를 존중하고 사람의 이익에 관심을 가지는 것을 강조하는 사상 관념을 가리킴) | ★**关怀** guānhuái 동 관심을 보이다, 배려하다 | **限度** xiàndù 명 한도, 한계 | ★**潜力** qiánlì 명 잠재능력 | **获得** huòdé 동 획득하다

정답 C

해설 **[첫 번째 빈칸]**
'美德(미덕)'과 '正能量(긍정 에너지)'은 사람의 덕목이므로 보기 중 '人格'와 '人性'이 적합합니다.

A ★人格 réngé 명 인격 | 高尚的人格 고상한 인격
B ★性命 xìngmìng 명 생명 | 保全性命 목숨을 보전하다
C ★人性 rénxìng 명 인성 | 人性本善 인간의 본성은 착하다
D 命运 mìngyùn 명 운명 | 改变命运 운명을 바꾸다

[두 번째 빈칸]
사람의 행복감과 심리적인 부분에 치중해 연구한다는 의미이므로 '요소'의 의미를 갖는 '因素/要素'가 가장 어울립니다. '素质'는 소양, 자질을 가리키며 '心理素质'라고 하면 심리적인 특징을 나타낼 수 있으므로 '素质'도 가능합니다. '品质'는 사람의 인품이나 상품의 질을 가리키므로 사용할 수 없습니다.

A ★素质 sùzhì 명 소양, 자질 | 文化素质 문화적 소양
B ★品质 pǐnzhì 명 품성, 소질 | 品质高尚 품성이 고상하다
C 因素 yīnsù 명 구성 요소, 원인 | 重要的因素 중요한 요소
D ★要素 yàosù 명 요소 | 三大要素 3대 요소

[세 번째 빈칸]
'潜力(잠재력)'와 호응할 수 있는 것은 '挖掘'뿐입니다.

A 开发 kāifā 동 개발하다 | 开发新产品 신상품을 개발하다
B ★放大 fàngdà 동 크게 하다 | 放大照片 사진을 확대하다
C ★挖掘 wājué 동 파다, 캐다 | 挖掘人才 인재를 발굴하다
D ★发扬 fāyáng 동 발양하다 | 发扬传统 전통을 살리다

[네 번째 빈칸]
'发掘自己的潜力'와 '获得美好的生活' 이 두 내용을 연결하기에 적합한 단어는 '进而(더 나아가)' 또는 '从而(그렇게 함으로써)'입니다. '因而'은 뒤에 나오는 결과를 일으킨 원인이 앞 내용에 오는데, 잠재력을 발굴했기 때문에 아름다운 생활을 얻는 것은 아닙니다.

A 因而 yīn'ér 접 그러므로 | 最近温差比较大，因而容易感冒。요즘에 일교차가 커서 감기 걸리기 쉽다.
B 从而 cóng'ér 접 그리하여, ~함으로써 | 学校开展了丰富多彩的活动，从而扩大了学生们的知识面。학교에서 다채로운 활동을 진행하여 학생들의 지식 범위를 넓혔다.
C ★进而 jìn'ér 접 더 나아가 | 天才能够洞察眼前的世界，进而发现到另一个世界。천재는 눈 앞에 있는 세상을 통찰할 수 있고, 더 나아가 다른 세상을 발견할 수 있다.
D 反而 fǎn'ér 접 오히려 | 他不但不感谢我，反而埋怨我。그는 나에게 고마워하지 않을 뿐더러 오히려 나를 원망했다.

67

北京语言大学素有“小联合国”之称，文化活动也是 异彩纷呈 ，其中一年一度的校园世界文化节规模 盛大 ，活动期间， 主办 单位会推出文化节特制的“护照”，供大家在各个国家的展位前盖章 留念 。

A 欣欣向荣 ×　　庞大 ×　　代理 ×　　纪念 ×
B 锦上添花 ×　　重大 ×　　合伙 ×　　怀念 ×
C 异彩纷呈 ○　　盛大 ○　　主办 ○　　留念 ○
D 津津有味 ×　　大型 ×　　赞助 ×　　思念 ×

베이징 어언대학은 예로부터 '작은 UN'이란 이름이 있고, 문화 행사도 다양하다. 그 중 일년에 한 번 있는 캠퍼스 세계 문화제는 그 규모가 성대하고, 이벤트 기간에 주최측은 문화제에서 특별히 제작한 '여권'을 발행해주는데, 각국의 전시 부스 앞에서 도장을 받아 기념으로 남길 수 있다.

지문 어휘 **素有** sùyǒu 동 원래부터 있는 | **联合国** Liánhéguó 고유 유엔(UN), 국제 연합 | **规模** guīmó 명 규모 | **期间** qījiān 명 기간 | **单位** dānwèi 명 단위 | **推出** tuīchū 동 내놓다 | **特制** tèzhì 동 특별히 제작하다 | **护照** hùzhào 명 여권 | **供** gōng 동 제공하다 | **展位** zhǎnwèi 명 전시 부스 | ★**盖章** gài zhāng 동 도장을 찍다

정답 C

해설 **[첫 번째 빈칸]**

베이징 어언대학에서 진행하는 문화행사가 다양하다는 의미이므로 '异彩纷呈'만이 답이 될 수 있습니다.

A ★欣欣向荣 xīn xīn xiàng róng 성어 초목이 무성하다, 활기차게 발전하다 | 春天的田野到处呈现出一派欣欣向荣的景象。봄에는 들판 곳곳에서 초목이 무성한 모습을 나타낸다.

B ★锦上添花 jǐn shàng tiān huā 성어 금상첨화 | 厅里挂上这幅画，真是锦上添花。홀에 이 그림을 걸어 놓으니 정말 금상첨화구나.

C 异彩纷呈 yì cǎi fēn chéng 성어 각자의 특색이 다양하다 | 我国的民间艺术异彩纷呈。중국의 민간 예술은 각자의 특색이 다양하다.

D ★津津有味 jīn jīn yǒu wèi 성어 흥미진진하다 | 他看电视看得津津有味。그는 흥미진진하게 텔레비전을 보고 있다.

[두 번째 빈칸]

회의나 잔치의 '规模'는 '성대하다(盛大)'라고 표현합니다. '庞大'는 형체나 조직, 수량 등이 지나치게 크거나 많다는 느낌으로 사용하고, '重大'는 주로 추상적인 사물에 사용하여 '의의'나 '역할' 등과 호응합니다. '大型'은 명사 앞 수식어로만 사용합니다.

A ★庞大 pángdà 형 방대하다 | 庞大的机构 방대한 기구
B 重大 zhòngdà 형 중대하다, 크다 | 重大事件 중대한 사건
C 盛大 shèngdà 형 성대하다 | 盛大的会议 성대한 회의
D 大型 dàxíng 형 대형(의) | 大型表演 대형 공연

[세 번째 빈칸]

주최자, 주최측은 '主办单位'라고 표현합니다.

A ★代理 dàilǐ 동 대리하다, 대행하다 | 代理业务 대행 업무
B ★合伙 héhuǒ 동 동업하다 | 合伙做生意 동업하여 장사하다
C ★主办 zhǔbàn 동 주최하다 | 主办奥运会 올림픽을 주최하다
D ★赞助 zànzhù 동 찬조하다, 협찬하다 | 赞助商 협찬회사, 스폰서

[네 번째 빈칸]
각 국가의 부스 앞에서 도장을 찍는 것은 기념으로 남기기 위해서이므로 정답은 '留念'입니다. '纪念'이 동사로서 '기념하다'가 되면, '잊지 않고 그리워하다'라는 의미이므로 '纪念先烈(선열들을 기념하다)/纪念毛泽东(마오쩌둥을 기념하다)' 등처럼 사용합니다. 위 문장과 어울리는 구조가 되려면 '留个纪念/做个纪念' 등으로 활용해야 하는데 이를 줄인 말이 바로 '留念'입니다.

A 纪念 jìniàn 동 기념하다 명 기념 | 留作纪念 기념으로 남기다
B 怀念 huáiniàn 동 그리워하다 | 怀念奶奶 할머니를 그리워하다
C ★留念 liúniàn 동 기념으로 삼다 | 拍照留念 기념 촬영하다
D ★思念 sīniàn 동 그리워하다 | 思念家乡 고향을 그리워하다

68

侦探小说有着它固定的读者群，有趣的是，它 恰恰 能吸引那些对其他形式的白日梦文学很有免疫力的人，侦探小说 迷 往往是一些 功成名就 的专业人士，由于自身专业方面的 优势 ，他们永远不会喜欢那些娱乐杂志或者漫画。

A 恰恰 ○	迷 ○	功成名就 ○	优势 ○
B 偏偏 ×	者 ×	举世瞩目 ×	技巧 ×
C 仅仅 ×	通 ×	众所周知 ×	强项 ×
D 明明 ×	家 ×	见多识广 ○	档次 ×

탐정 소설은 고정 독자층을 가지고 있다. 재미있는 것은, 탐정 소설은 마침 다른 장르의 헛된 공상 문학에 면역이 된 사람들을 매료시킬 수 있다. 탐정 소설 마니아는 종종 성공한 전문가들인데, 자신의 전문 분야의 우위 때문에 그들은 결코 연예 잡지나 만화를 좋아할 리가 없다.

지문 어휘 侦探小说 zhēntàn xiǎoshuō 명 탐정 소설 | 读者群 dúzhěqún 명 독자층 | 有趣 yǒuqù 형 재미있다, 흥미 있다 | 吸引 xīyǐn 동 흡인하다, 끌어당기다 | 白日梦 báirìmèng 명 백일몽, 헛된 공상 | 免疫力 miǎnyìlì 명 면역력 | 很有免疫力 면역력이 강하다, (반복되는 자극 등에) 무디어지거나 무감각해지다 | 专业人士 zhuānyè rénshì 전문가 | 自身 zìshēn 명 자신, 본인 | 娱乐杂志 yúlè zázhì 연예 잡지 | ★漫画 mànhuà 명 만화

정답 A

해설 **[첫 번째 빈칸]**
다른 장르의 공상 문학작품에 더 이상 흥미를 느끼지 못하는 사람들도 좋아하는 것이 '바로' 탐정소설이라는 의미이므로 '恰恰'가 맞습니다.

A 恰恰 qiàqià 부 꼭, 바로, 마침 | 恰恰相反 정 반대이다
B ★偏偏 piānpiān 부 굳이, 공교롭게, 유독 | 偏偏不在 공교롭게도 없다
C 仅仅 jǐnjǐn 부 단지, 다만 | 仅仅说明 ~만 증명하다
D ★明明 míngmíng 부 분명히, 명백히 | 明明是我的 분명히 내 것이다

[두 번째 빈칸]
탐정 소설을 좋아하는 사람을 나타낼 수 있는 애호가, 마니아의 의미는 '迷'입니다.

A 迷 mí 명 팬, 애호가, 마니아 | 电影迷 영화 마니아
B 者 zhě 조 자, 것 | 志愿者 자원봉사자
C 通 tōng 동 통, 전문가(어떤 한 분야에 정통한 사람) | 中国通 중국통
D 家 jiā 명 자, 가[어떤 학문 (활동)에 종사하는 사람] | 企业家 사업가

[세 번째 빈칸]

전문가(专业人士) 앞에서 수식어로 사용할 수 있는 표현은 '功成名就' 또는 '见多识广'입니다.

A 功成名就 gōng chéng míng jiù 성어 공을 세워 이름을 날리다 | 他二十几岁就功成名就了。그는 이십 대에 바로 공을 세워 이름을 날렸다.

B ★举世瞩目 jǔ shì zhǔ mù 성어 온 세상 사람이 모두 주목하다 | 举世瞩目的成就 온 세상 사람이 주목할 만한 성취

C ★众所周知 zhòng suǒ zhōu zhī 성어 모든 사람이 다 알고 있다 | 众所周知的事实 모든 사람이 다 알고 있는 사실

D ★见多识广 jiàn duō shí guǎng 성어 보고 들은 것이 많고 식견이 넓다 | 张老师见多识广。장 선생님은 아는 것이 많다.

[네 번째 빈칸]

전문가는 자신의 분야에서 남들보다 나은 위치나 수준에 있고 그래서 연예 잡지나 만화를 즐기지 않는다는 것이므로 '优势'가 맞습니다.

A 优势 yōushì 명 우세, 강점 | 占优势 강점을 차지하다

B ★技巧 jìqiǎo 명 기교 | 写作技巧 쓰기의 기교

C 强项 qiángxiàng 명 실력이 뛰어난 종목 | 中国的强项 중국의 주 종목

D ★档次 dàngcì 명 등차, 등급 | 档次高 등급이 높다

69

研究表明，狗对人类意图的 领悟 能力非常强，不仅如此，狗还是所有驯化动物中最 忠实 的，因此警犬、导盲犬等总是能非常出色地完成它们的任务。它们神奇的 本领 和对人类无私的爱，使它们成为了人类最 得力 的助手。

A 领会 ○	诚挚 ×	天才 ×	高超 ×
B 参谋 ×	忠诚 ○	才干 ×	骨干 ×
C 反思 ×	朴实 ×	本事 ×	机智 ×
D 领悟 ○	忠实 ○	本领 ○	得力 ○

연구에 따르면, 개는 사람 의사에 대한 이해 능력이 매우 강하다. 뿐만 아니라, 개는 모든 길들여진 동물 중 가장 충성스럽다. 때문에 경찰견, 맹인 안내견 등 모두가 매우 훌륭하게 그들의 임무를 완수해낸다. 개의 신기한 능력과 사람에 대한 헌신적인 사랑은 그들이 인류의 가장 유능한 조수가 되게 해주었다.

지문 어휘 表明 biǎomíng 동 분명히 밝히다 | ★意图 yìtú 명 의도, 의사 | 不仅如此 bùjǐnrúcǐ 접 ~일 뿐만 아니라 | 驯化 xùnhuà 동 길들이다 | 警犬 jǐngquǎn 명 경찰견 | 导盲犬 dǎomángquǎn 명 맹인 안내견 | 出色 chūsè 형 특별히 훌륭하다 | 任务 rènwu 명 임무 | ★神奇 shénqí 형 신비롭고 기이하다 | 无私 wúsī 형 사심이 없다 | ★助手 zhùshǒu 명 조수

정답 D

해설 **[첫 번째 빈칸]**

개는 사람의 의도가 무엇인지 파악하는 능력이 뛰어나다는 의미이므로 '깨닫다, 이해하다'라는 의미의 '领会'와 '领悟'를 사용할 수 있습니다.

A ★领会 lǐnghuì 동 깨닫다, 이해하다 | 领会意思 뜻을 이해하다

B ★参谋 cānmóu 동 조언하다 | 帮我参谋 나에게 조언하다

C ★反思 fǎnsī 동 반성하다 | 反思过去 과거를 반성하다
D ★领悟 lǐngwù 동 깨닫다 | 领悟道理 이치를 깨닫다

[두 번째 빈칸]
'충성스럽다'의 의미를 가진 것은 '忠诚'과 '忠实'입니다.

A ★诚挚 chéngzhì 형 진실하고 진지하다 | 诚挚的谢意 마음에서 우러나오는 감사의 뜻
B ★忠诚 zhōngchéng 형 충성스럽다, 충실하다 | 忠诚的伴侣 충성을 다하는 동반자
C ★朴实 pǔshí 형 소박하다 | 朴实的农民 소박한 농부
D ★忠实 zhōngshí 형 충직하고 성실하다 | 忠实的读者 애독자

[세 번째 빈칸]
동물의 '재주, 능력'을 나타낼 수 있는 것은 '本领'입니다.

A ★天才 tiāncái 명 타고난 재능, 천재 | 天才源于勤奋。(타고난) 재능은 근면함에서 나온다.
B ★才干 cáigàn 명 재능 | 领导很欣赏他的才干。상사는 그의 재능을 매우 좋게 평가한다.
C ★本事 běnshì 명 능력, 기량 | 我没有本事帮你。내가 너를 도와줄 능력이 안 된다.
D 本领 běnlǐng 명 재주, 재능 | 猫有爬树的本领。고양이는 나무를 오르는 재주가 있다.

[네 번째 빈칸]
'助手'와 호응하는 단어는 '得力'입니다.

A ★高超 gāochāo 형 뛰어나다 | 技艺高超 기예가 뛰어나다
B ★骨干 gǔgàn 명 전체 중에서 주요 역할을 하는 사람 | 单位的骨干 회사의 일꾼
C ★机智 jīzhì 형 기지가 넘치다 | 机智勇敢 기지가 넘치고 용감하다
D ★得力 dé lì 동 힘을 입다, 도움을 받다 형 효과가 있다 | 得力助手 일 잘하는 조수

智能快递柜是随着快递业的不断发展而产生的新 事物 。用户在规定时间内找到柜子 输入 密码，就能取走自己的快递。有了它人们就不必担心 配送 时无人收货了。不过，也有用户对此表示 担忧 ：不能当面签收，也就无法当面检查货物在运送中是否被 损坏 。

A 事业 ×	设置 ×	交易 ×	疑惑 ×	败坏 ×
B 事项 ×	辨认 ×	储存 ×	反感 ○	破坏 ×
C 事务 ×	访问 ×	传达 ×	焦急 ×	糟蹋 ×
D 事物 ○	输入 ○	配送 ○	担忧 ○	损坏 ○

스마트 택배함은 택배업의 계속되는 발전으로 생겨난 새로운 사물이다. 사용자는 규정 시간 내에 박스를 찾아가 비밀번호를 입력하면 자신의 택배를 찾을 수 있다. 스마트 택배함이 생겨서 사람들은 택배 배송 시 물건을 받을 사람이 없어서 걱정할 필요가 없게 되었다. 그러나 이에 대해 우려를 표하는 사용자도 있다. 직접 받을 수가 없으니 바로 앞에서 배송 중 물건이 파손되지는 않았는지 확인할 수가 없기 때문이다.

지문 어휘 ★智能 zhìnéng 명 스마트, 지능 | 快递 kuàidì 명 택배 | 柜 guì 명 궤짝, 카운터, 박스 | 产生 chǎnshēng 동 생기다 명 발생 | 用户 yònghù 명 사용자, 가입자 | 规定 guīdìng 동 규정하다 명 규정, 규칙 | 密码 mìmǎ 명 암호, 비밀번호 | 取 qǔ 동 찾다, 얻다 | 收货 shōu huò 동 상품을 받다 | 表示 biǎoshì 동 나타내다, 가리키다 | ★当面 dāngmiàn 동 마주보다, 직접 맞대다 | 签收 qiānshōu 동 받았다는 것을 서명하다 | 检查 jiǎnchá 동 검사하다, 조사하다 명 점검 | 货物 huòwù 명 물품, 상품 | 运送 yùnsòng 동 운송하다

 D

해설 **[첫 번째 빈칸]**
첫 번째 빈칸이 가리키는 것은 '智能快递柜'인데, 이것은 스마트 무인택배 박스로 사물(事物)입니다.

A ★事业 shìyè 명 사업 | 慈善事业 자선 사업
B ★事项 shìxiàng 명 사항 | 注意事项 주의사항
C ★事务 shìwù 명 사무 | 事务繁忙 사무가 바쁘다
D 事物 shìwù 명 사물 | 新生事物 새로운 사물

[두 번째 빈칸]
택배함에서 물건을 찾으려면 비밀번호를 입력해 문을 열어야 하므로 '输入'가 맞습니다.

A ★设置 shèzhì 동 설치하다 | 设置障碍 장애물을 설치하다
B ★辨认 biànrèn 동 분별하다 | 辨认字迹 글씨를 분별하다
C ★访问 fǎngwèn 동 방문하다 | 去公司访问 회사에 방문하다
D 输入 shūrù 동 입력하다 | 输入密码 비밀번호를 입력하다

[세 번째 빈칸]
택배는 배송해주는 물건을 받는 것이므로 '配送'이 맞습니다. '传达'는 명령이나 지시, 의견들을 다른 사람에게 전달한다는 의미이고, '交易'는 거래하는 것이므로 서로 물건과 대가를 주고 받는다는 의미입니다.

A ★交易 jiāoyì 동 교역하다, 거래하다 명 교역, 거래 | 商品交易 상품 거래
B ★储存 chǔcún 동 저장하여 두다 | 储存大米 쌀을 저장해 두다
C ★传达 chuándá 동 전달하다 | 传达意见 의견을 전달하다
D 配送 pèisòng 동 물품을 수하인에게 보내다 | 配送产品 제품을 배송하다

[네 번째 빈칸]
스마트 택배함의 장점을 앞서 언급하고, 전환관계를 나타내는 접속사 '不过'가 있으므로 단점에 대한 우려나 반감을 나타낸다는 의미가 맞습니다.

A ★疑惑 yíhuò 명 의심 동 의심하다 | 疑惑不解 의혹이 풀리지 않다
B ★反感 fǎngǎn 명 반감 동 반감을 가지다 | 令人反感 반감을 갖게 하다
C ★焦急 jiāojí 형 초조하다 | 焦急地等待 초조하게 기다리다
D 担忧 dānyōu 동 걱정하다 | 令人担忧 사람을 걱정하게 하다

[다섯 번째 빈칸]
'损坏'는 사람 또는 기타 원인으로 파손되는 것을 가리키며 무의식적인 결과지만, '破坏'는 주로 인위적이며 고의적인 행위입니다. 지문은 배송 중 파손되었는지 확인할 수 없다는 것인데, 배달원의 고의적인 행위는 아닙니다. '败坏'는 명예, 풍속, 관습 등을 더럽히거나 훼손하는 것을 나타내고, '糟蹋'는 마구 써서 못 쓰게 된 것을 나타냅니다.

A ★败坏 bàihuài 동 손상시키다 | 败坏形象 이미지를 훼손하다
B 破坏 pòhuài 동 파괴하다 | 破坏气氛 분위기를 깨다
C ★糟蹋 zāotà 동 낭비하다, 못쓰게 하다 | 糟蹋粮食 양식을 낭비하다
D ★损坏 sǔnhuài 동 파손시키다 | 损坏公物 공공 기물을 파손하다

제3부분 71~80번 문제는 빈칸에 들어가는 알맞은 문장을 고르는 문제입니다.

71-75

随着网络直播平台的兴起，很多父母开始在网上直播养育孩子、与孩子互动的各种视频，并且乐此不疲。[71]E 这种教育方式还引来了许多跟风的家长，但是这些父母的模仿是非常盲目的。其实每个孩子都有自己的特点，养育孩子要因材施教，要用科学的方式。很多网络上的信息真假难辨，有的还存在危害，父母育儿不能盲目模仿。如果这些方式不正确、不科学，那么很有可能给孩子带来伤害。前不久就有一名武汉的父亲为模仿网上一段视频，跟孩子玩翻跟头的游戏，结果孩子脊髓严重受损，[72]A 导致上半身无法活动，毁了孩子的一生，家长也是后悔莫及。

此外，很多人在网上宣称教育孩子要散养、要给孩子自由，这样的信息看多了，[73]B 一些父母就真的不去管教孩子了。实际上，给孩子自由并不是放任孩子不管，在孩子的成长过程中，父母一定要教孩子懂规矩、会自控，[74]C 否则美其名曰打着"散养"的旗号，可能真的就会使孩子变成一个自由散漫、没有自控能力的人。

教育专家建议，父母应该根据自己孩子的性格特征、身体素质、兴趣爱好等因素来养育孩子，面对海量的网络信息，父母首先要有自己的分辨能力，千万不要被误导，[75]D 更不要拿自己的孩子"尝鲜"和冒险。

인터넷 생중계 플랫폼이 생겨나면서, 많은 부모가 아이를 양육하고, 아이와 소통하는 각종 영상을 인터넷으로 생중계하기 시작했고, 즐겁게 몰두하며 지칠 줄 모른다. 또한 [71]이런 교육방식을 따라 하려는 부모들이 많이 생겨났다. 그러나 이런 부모의 모방은 매우 맹목적이다. 사실 모든 아이는 자신만의 특징을 가지고 있으므로, 아이 양육은 내 아이에 맞는 교육을 해야 하고, 과학적인 방법을 사용해야 한다. 많은 인터넷상의 정보는 진짜와 가짜를 변별하기 힘들고, 어떤 정보는 해로워서 부모가 자식을 키우면서 무조건 모방하면 안 된다. 만약 이런 방법이 정확하지 않고, 과학적이지 않다면, 아이에게 해를 끼칠 가능성이 크다. 얼마 전 우한의 한 부모가 인터넷상의 동영상을 따라 아이와 공중회전 놀이를 했는데, 그 결과 아이는 척수를 크게 다쳐 [72]상반신을 움직일 수 없게 되었고, 이는 아이의 인생을 망친 꼴이 되었으며, 부모는 후회해도 소용없게 되었다.

이밖에, 많은 사람이 인터넷에서 아이는 방목해서 키워야 하고, 아이에게 자유를 줘야 한다고 주장한다. 이런 정보를 많이 보다 보니, [73]일부 부모는 정말로 아이를 단속하지 않는다. 사실상 아이에게 자유를 주는 것은 아이를 방치하는 것이 아니다. 아이가 성장하는 과정에서 부모는 아이가 예의범절을 익히고, 스스로 통제할 수 있도록 가르쳐야 한다. [74]그렇지 않으면 아이를 방목한다는 그럴듯한 미명 하에 정말로 아이가 제멋대로에 산만하고, 자기 통제력도 없는 사람이 되게 할 수도 있다.

교육 전문가는 다음과 같이 제안한다. 부모는 마땅히 자신의 아이의 성격 특징과 신체조건, 흥미와 기호 등 요소에 따라 아이를 양육해야 하고, 인터넷 정보의 바다에서 우선 자신의 분별력을 갖고 절대 잘못 이끌리지 않도록 해야 하며, [75]더더욱 자신의 아이를 가지고 새로운 시도를 해보거나 모험을 하지 않도록 해야 한다.

지문 어휘 随着 suízhe ~에 따라 | 网络 wǎngluò 명 인터넷, 네트워크 | ★直播 zhíbō 명 생방송 동 생방송하다 | 平台 píngtái 명 플랫폼 | 兴起 xīngqǐ 동 일어나다, 흥기하다 | 养育 yǎngyù 동 양육하다 | 互动 hùdòng 동 상호작용하다, 서로 왕래하다 | ★视频 shìpín 명 동영상 | 乐此不疲 lè cǐ bù pí 성어 어떤 일을 특별히 좋아하여 거기에 몰두하다 | 模仿 mófǎng 동 모방하다, 본받다, 흉내내다 | ★盲目 mángmù 형 맹목적(인) | 因材施教 yīn cái shī jiào 성어 대상에 맞게 교육하다, 눈높이에 맞게 가르치다 | 信息 xìnxī 명 소식, 정보 | 难辨 nánbiàn 가리기(구분하기) 어렵다 | 危害 wēihài 동 해를 끼치다, 손상시키다 | 育儿 yù'ér 동 아이를 양육하다 | 伤害 shānghài 동 상해하다, 손상시키다 | 武汉 Wǔhàn 고유 우한(지명) | 翻跟头 fān gēntou 공중회전하다 | 游戏 yóuxì 명 게임 동 놀다 | 脊髓 jǐsuǐ 명 척수 | 受损 shǒusǔn 동 손상을 입다 | 毁 huǐ 동 부수다, 파괴하다 | 后悔莫及 hòu huǐ mò jí 성어 후회해도 소용없다 | 此外 cǐwài 이 밖에 | 宣称 xuānchēng 동 발표하다, 공언하다 | 散养 sǎnyǎng 동 방목해서 기르다 | 实际上 shíjìshang 부 사실상, 실제로 | 放任 fàngrèn 동 방임하다 | 教 jiāo 동 가르치다 | 懂 dǒng 동 알다 | 规矩 guīju 명 규율 | 自控 zìkòng 동 자기 관리를 하다 | 自由散漫 zìyóu sǎnmàn 제멋대로이고 산만하다, 규율이 느슨하다 | 专家 zhuānjiā 명 전문가 | 建议 jiànyì 동 제안하다 명 건의 | 根据 gēnjù 동 근거하다 | 性格特征 xìnggé tèzhēng 성격 특징 | 身体素质 shēntǐ sùzhì 신체 소질, 신체 조건 | 兴趣爱好 xìngqù àihào 흥미와 기호 | 因素 yīnsù 명 구성 요소 | 海量 hǎiliàng 명 대량, 아주 많은 수량 | 分辨能力 fēnbiàn nénglì 구분 능력, 분별력 | 千万 qiānwàn 부 부디, 아무쪼록 | 误导 wùdǎo 동 오도하다, 잘못 이끌다

보기 어휘 导致 dǎozhì 동 초래하다 | 上半身 shàngbànshēn 명 상반신 | 否则 fǒuzé 접 만약 그렇지 않으면 | 美其名曰 měi qí míng yuē 성어 듣기 좋은 이름으로 부르다, 미명을 내세우다 | 打着~的旗号 dǎzhe ~ de qíhào ~의 명분을 내세우다, 명목을 내걸다 | 尝鲜 chángxiān 동 새로운 맛을 보다, 시도하다 | 冒险 màoxiǎn 동 모험하다, 위험을 무릅쓰다 | 跟风 gēnfēng 동 시대 조류를 따르다, 분위기에 휩쓸리다

71

정답 E

해설 인터넷 방송이 유행하면서 많은 부모가 자신의 양육이나 아이와의 소통하는 모습을 동영상으로 찍어 생중계하다 보니, 이런 양육방식을 따라 하는 부모(跟风的家长)가 생기게 되었다는 의미이고, 이어서 이런 부모들은 맹목적으로 따라 한다(这些父母的模仿是非常盲目的)고 설명했으므로 정답은 E입니다.

72

정답 A

해설 밑줄 앞 내용이 아이가 공중회전 놀이를 하다 척수를 다쳤다는 것이므로 이어지는 내용은 상반신을 움직일 수 없게 되었다고 해야 문맥상 자연스럽습니다. 따라서 정답은 A입니다.

73

정답 B

해설 인터넷상에서 많은 사람들이 아이를 방목해 키워야 하고, 자유를 주어야 한다고 주장하다 보니, 이런 정보를 많이 보고 일부 부모는 정말로 아이를 단속하지 않는다는 의미이므로 정답은 B입니다.

74

정답 C

해설 밑줄 앞에서 부모는 아이가 예의범절을 익히고, 스스로 통제할 수 있도록 가르쳐야 한다고 했고, 밑줄 뒤는 아이가 제멋대로에 산만하고, 자기 통제력도 없는 사람이 될 수도 있다는 문장이므로 접속사'否则(그렇지 않으면)'가 있어야 문맥이 연결됩니다.

75

정답 D

해설 밑줄 앞 '千万不要~' 문장과, '更不要~' 문장이 점층 관계로 서로 호응합니다. 문맥도 부모는 인터넷 정보의 바다에서 잘못 이끌리지 않도록 해야 하고, 더더욱 자신의 아이를 상대로 새로운 시도를 하거나 모험을 하면 안 된다는 의미이므로 정답은 D입니다.

76-80

近日，中国建造的“火星模拟基地”终于揭开了神秘的面纱。该基地位于气候寒冷干燥、人烟稀少、平均海拔达3000米的青海省红崖地区。这里拥有典型的雅丹地貌群，[76]B 独特的地貌、自然风光和气候条件，使之成为建造火星模拟基地的最佳选择。

该基地也是中国“太空C计划”——中国青少年空间教育项目的一部分。整个基地由一个“火星登陆”的登陆模拟器以及一个全封闭式的“火星营地”组成。其中，“火星营地”配备有帐篷和睡眠舱，[77]E 供游客体验模拟太空的“火星之旅”，使体验者完全沉浸在“火星”之中，从而培养中国青少年对探索太空的兴趣。

基地内部有一个宽敞的火星主题旅游景点和一个环境模拟空间站，除了用于科研的部分设施之外，[78]A 大部分都会向普通民众开放。而且整个基地的建设风格模拟未来人类移居火星后的生存环境，使体验者有一种身临其境之感。

中国火星模拟基地项目旨在营造一个“科学+科幻+自然+生态+文化”的火星之旅创意体验基地。目前，[79]C 该基地已向媒体开放，但是何时正式向公众开放还没有最后确定。基地负责人在接受采访时表示：“[80]D 我们希望通过这个项目，让青少年有机会体验在火星上生活的感觉，了解科技如何引领社会前进。”

최근 중국이 지은 '화성모의기지'가 마침내 신비한 베일을 벗었다. 이 기지는 기후가 한랭 건조하고, 인적이 드물며, 평균 해발이 3,000미터에 이르는 칭하이성 홍야 지역에 위치한다. 이곳은 전형적인 야르당 지형군으로, [76]이곳의 독특한 지형과 자연 경관, 그리고 기후 조건은 화성모의기지를 짓기에 최적의 선택이 되게 하였다.

이 기지 역시 중국 청소년 우주 교육 사업의 일부인 '우주 C계획'이다. 모든 기지가 '화성상륙'의 상륙 시뮬레이터와 밀폐형 '화성 주둔지'로 이루어져있고, 그 중 '화성 주둔지'는 텐트와 수면실을 갖추고 있어서 [77]여행객이 모의 우주에서의 '화성 여행'을 체험할 수 있게 해준다. 이는 체험자가 완전히 '화성' 안에 빠져들게 해, 청소년의 우주 탐험에 대한 흥미를 길러준다.

기지 내부는 넓은 화성 테마 관광지와 환경 시뮬레이션 우주 정거장이 있는데, 과학 연구에 사용하는 일부 시설을 제외하고, [78]대부분은 모두 민간에 개방할 것이다. 게다가 모든 기지의 분위기는 미래 인류가 화성으로 이주한 후의 생존 환경을 본떠서 만들었기 때문에 체험자로 하여금 직접 화성에 간 느낌을 갖게 해줄 것이다.

중국의 화성모의기지 프로그램의 목적은 과학, 공상과학, 자연, 생태, 문화를 접목한 화성 여행의 창의적 체험 기지를 조성하는 것에 있다. 현재 [79]이 기지는 이미 매스컴에 개방했지만 언제 정식으로 대중에게 개방할지는 아직 최종 확정되지 않았다. 기지 책임자는 인터뷰할 때 다음과 같이 말했다. "[80]우리는 이 프로그램을 통해서 청소년이 화성에서 생활하는 느낌을 체험할 수 있는 기회를 갖고, 과학기술이 어떻게 사회의 발전을 이끄는지 이해할 수 있게 되기를 바란다."

지문 어휘 近日 jìnrì 명 근래 | 建造 jiànzào 동 짓다, 세우다 | 火星模拟基地 huǒxīng mónǐ jīdì 화성모의기지 | 揭开 jiēkāi 동 벗기다, 드러내다 | 神秘 shénmì 형 신비하다 | 面纱 miànshā 명 베일, 면사 | 该 gāi 대 이, 그 동 ~해야 한다 부 아마 ~겠다 | 位于 wèiyú 동 ~에 위치하다 | 气候 qìhòu 명 기후 | 寒冷 hánlěng 형 한랭하다, 몹시 춥다 | 干燥 gānzào 형 건조하다 | 人烟稀少 rényān xīshǎo 인가가 드물다 | 平均 píngjūn 명 평균 | ★海拔 hǎibá 명 해발 | 达 dá 동 도달하다, 이르다 | 青海省 Qīnghǎishěng 고유 칭하이성(지명) | 红崖 Hóngyá 고유 홍야(지명) | ★拥有 yōngyǒu 동 보유하다, 가지다 | ★典型 diǎnxíng 형 전형적이다 명 전형 | 雅丹地貌 yǎdān dìmào 야르당 지형(전형적인 풍식 지형) | 群 qún 명 무리, 군중 | 最佳 zuìjiā 형 최적이다 | 空间教育项目 kōngjiān jiàoyù xiàngmù 우주 교육 프로그램, 우주 교육 사업 | ★登陆 dēnglù 동 상륙하다 | 模拟器 mónǐqì 시뮬레이터 | 以及 yǐjí 접 그리고, 및 | 封闭式 fēngbìshì 명 폐쇄식 | 营地 yíngdì 명 주둔지 | 组成 zǔchéng 동 구성하다 | ★配备 pèibèi 동 배치하다, 갖추다 명 설비, 장치 | ★帐篷 zhàngpeng 명 장막, 텐트 | 睡眠舱 shuìmián cāng 수면실 | 体验者 tǐyànzhě 명 체험자 | 沉浸 chénjìn 동 잠기다 | 从而 cóng'ér 접 따라서 | 培养 péiyǎng 동 양성하다, 배양하다 | ★探索 tànsuǒ 동 탐색하다 | ★太空 tàikōng 명 우주 | ★宽敞 kuānchang 형 넓다 | 主题 zhǔtí 명 주제, 테마 | 旅游景点 lǚyóu jǐngdiǎn 관광 명소 | 环境模拟 huánjìng mónǐ 환경 시뮬레이션 | 空间站 kōngjiānzhàn 명 우주 정거장 | 科研 kēyán 과학연구 | 设施 shèshī 명 시설 | 风格 fēnggé 명 풍격, 스타일, 분위기 | 移居 yíjū 동 거주지를 옮기다, 이주하다 | 身临其境 shēn lín qí jìng 성어 그 장소에 직접 가다 | 旨在 zhǐzài 동 ~을(를) 목적으로 하다, 목적은 ~에 있다, ~에 뜻이 있다 | 营造 yíngzào 동 조성하다 | 科幻 kēhuàn 명 공상과학 | ★生态 shēngtài 명 생태 | 创意 chuàngyì 동 새로운 착상을 펼치다 명 창의 | 公众 gōngzhòng 명 공중, 대중 | 确定 quèdìng 동 확실히 하다 형 명확하다 | 负责人 fùzérén 명 책임자 | 接受 jiēshòu 동 받아들이다 | 采访 cǎifǎng 동 취재하다 | 表示 biǎoshì 동 나타내다, 표시하다 | 了解 liǎojiě 동 알다 | 引领 yǐnlǐng 동 인도하다

보기 어휘 民众 mínzhòng 명 대중, 민간 | 独特 dútè 형 독특하다 | 地貌 dìmào 명 지모, 지형 | 自然风光 zìrán fēngguāng 자연 풍경 | 媒体 méitǐ 명 매체 | 游客 yóukè 명 관광객

76

정답 B

해설 화성모의기지를 짓기에 가장 좋은 선택이 될 수 있게 한 것이 이 지역의 독특한 지형과 자연 경관, 그리고 기후 조건이므로 정답은 B입니다.

77

정답 E

해설 화성 주둔지에 텐트와 수면실이 있어서 여행객에게 모의 우주의 '화성 여행'을 체험할 수 있도록 해주므로 정답은 E입니다.

78

정답 A

해설 '除了~之外, ~都'는 호응 관계입니다. 기지 내부는 과학연구에 사용하는 일부 시설을 제외하고 대부분 민간에 개방할 것이라는 의미이므로 정답은 A입니다.

79

정답 C

해설 매스컴에는 개방했지만 대중에게 언제 정식으로 개방할지 아직 최종 확정되지 않았다는 의미로, 밑줄 뒤 '**但是**'와 호응할 수 있는 의미는 C입니다.

80

정답 D

해설 기지 책임자가 인터뷰에서 '화성모의기지' 프로그램을 통해 청소년이 화성에서의 생활을 체험해보고, 과학 기술이 어떻게 사회 발전을 이끌 수 있는지 이해하게 되기를 희망한다고 했으므로 정답은 D입니다.

제4부분 81~100번 문제는 지문을 읽고 질문에 알맞은 답을 고르는 문제입니다.

第81到84题

人们普遍认为哭是一种没出息的表现。但是你知道吗？如果我们强忍泪水，压抑痛苦，就等于拒绝了一种健康的宣泄方式。

有人曾做过一个有趣的实验，[81]研究者让一批志愿者先看一部令人动情的电影，等他们被感动得哭了，就将泪水收进试管。然后，研究人员又利用切洋葱的办法让同一群人流下眼泪。结果显示，因悲伤而流的“情绪眼泪”和被洋葱刺激出的“化学眼泪”成分很不一样。

[82]情绪眼泪中含有大脑在情绪影响下释放出的一种化学物质——儿茶酚胺。而“化学眼泪”中却没有这种物质。人体内的儿茶酚胺过多会引发心脑血管疾病，严重时，甚至还会导致心肌梗塞。所以，我们流下的“情绪眼泪”，可以将致命的“毒”排出体外。

研究者通过进一步研究发现，眼泪不仅能把有害物质带出体外，[83]泪腺还能分泌出一种活性化合物，这种化合物对伤口的修复能起到积极作用。一个外伤病人放声大哭可以加快伤口的愈合。反之，忍住泪水，压抑泪腺工作，就会影响伤口愈合的速度。从这一点上来说，眼泪不是不坚强的表现，而是加速伤口愈合的天然良药。

[84]可见，我们并不应该指责爱流泪的人，想哭的时候应该尽情地哭！

사람들은 일반적으로 우는 것은 못난 모습이라고 생각하지만, 만약 우리가 억지로 눈물을 참고, 괴로움을 억누르면 건강한 감정 해소 방식을 거부하는 것과 같다는 것을 아는가?

어떤 사람이 재미있는 실험을 하나 한 적이 있다. [81]연구자는 지원자들에게 먼저 감동스러운 영화를 한 편 보여주고, 그들이 감동해 울면 눈물을 시험관에 받았다. 그러고 난 후, 연구원은 양파를 써는 방식으로 같은 사람들이 눈물을 흘리게 했다. 그 결과, 슬퍼서 흘리는 '감정 눈물'과 양파의 자극으로 흘리는 '화학 눈물'의 성분이 달랐다.

[82]'감정 눈물'에는 대뇌가 감정의 영향을 받아 내보내는 카테콜아민이라는 화학물질이 담겨있었고, '화학 눈물'에는 이런 물질이 없었다. 인체에 카테콜아민이 지나치게 많으면 심뇌혈관질환을 일으킬 수 있고, 심각한 경우엔 심근경색을 초래할 수도 있다. 즉 우리가 흘리는 '감정 눈물'은 치명적인 '독'을 체외로 배출해준다.

연구자는 진일보한 연구를 통해 눈물이 유해물질을 체외로 내보내주는 것 말고도, [83]눈물샘이 활성화합물질을 분비한다는 것도 발견했다. 이 화합물질은 상처 회복에 긍정적인 작용을 하여, 외상 환자가 크게 울면 상처가 빨리 아물 수 있다. 반대로 눈물을 참으며 눈물샘의 일을 억압하면, 상처의 유합 속도에 영향을 끼칠 수 있다. 이런 점에서 눈물은 강하지 못한 모습이 아니라 빠르게 상처를 아물게 하는 천연 양약이다.

[84]이로써 알 수 있듯이, 우리는 눈물을 흘리는 사람을 탓하면 안되고, 울고 싶을 때에는 맘껏 울어야 한다!

지문 어휘 **普遍** pǔbiàn 형 보편적이다 | **没出息** méi chūxi 장래성이 없다, 못나다 | **表现** biǎoxiàn 명 행동 동 표현하다, 나타내다 | **强忍** qiǎngrěn 동 억지로 참다 | **泪水** lèishuǐ 명 눈물 | ★**压抑** yāyì 동 억압하다 명 억압 | **痛苦** tòngkǔ 명 고통, 아픔 형 고통스럽다 | **等于** děngyú ~와 같다 | **拒绝** jùjué 동 거절하다 명 거절 | **宣泄** xuānxiè 동 (마음속의 감정 즉 울분이나 응어리를) 풀다, 발산하다, 해소하다 | **有趣** yǒuqù 형 재미있다 | **实验** shíyàn 명 실험 동 실험하다 | **志愿者** zhìyuànzhě 명 지원자 | **动情** dòngqíng 동 감동하다 | **试管** shìguǎn 명 시험관 | **切** qiē 동 끊다, 자르다 | **洋葱** yángcōng 명 양파 | **群** qún 명 무리, 군중 | **显示** xiǎnshì 동 나타내다 | **悲伤** bēishāng 동 슬퍼서 마음이 상하다 | **情绪** qíngxù 명 정서, 기분 | **刺激** cìjī 동 자극하다 명 자극 | **成分** chéngfèn 명 성분, 요소 | **大**

脑 dànǎo 명 대뇌 | 释放 shìfàng 동 방출하다, 석방하다 | 化学物质 huàxué wùzhì 화학물질 | 儿茶酚胺 érchájfēn'àn 카테콜아민 | 引发 yǐnfā 동 일으키다, 야기하다 | 心脑血管疾病 xīnnǎoxuèguǎn jíbìng 심뇌혈관질환 | 严重 yánzhòng 형 중대하다, 심각하다 | 导致 dǎozhì 동 야기하다 | 心肌梗塞 xīnjī gěngsè 명 심근경색 | 致命 zhìmìng 동 죽을 정도에 이르다 | 毒 dú 명 독 | 排出 páichū 동 배출하다 | 不仅 bùjǐn ~만은 아니다, ~일 뿐만 아니라 | 有害 yǒuhài 동 유해하다 | 泪腺 lèixiàn 명 눈물샘 | ☆分泌 fēnmì 동 분비하다 명 분비 | 活性化合物 huóxìng huàhéwù 활성화합물 | 伤口 shāngkǒu 명 상처 | ☆修复 xiūfù 동 수리하여 복원하다 | 起到 qǐdào 동 (역할을) 다하다 | 作用 zuòyòng 명 작용 동 작용하다 | 外伤 wàishāng 명 외상 | 放声大哭 fàngshēngdàkū 울음이 터지다 | 加快 jiākuài 동 빠르게 하다 | 愈合 yùhé 명 유합 동 유합하다 | ☆反之 fǎnzhī 접 이와 반대로 | 忍 rěn 동 참다, 견디다 | 坚强 jiānqiáng 형 굳세다, 씩씩하다 | 可见 kějiàn ~을(를) 볼(알) 수 있다 | ☆指责 zhǐzé 동 나무라다, 지적하다 명 지적 | 尽情 jìnqíng 동 하고 싶은 바를 다 하다

81

关于那个实验，可以知道什么？

A 志愿者看了情感电影
B 第一批志愿者脾气急躁
C 两次泪水分析结果一致
D 受伤的志愿者得到了补偿

그 실험에 관해 알 수 있는 것은 무엇인가?

A 지원자는 감성영화를 봤다
B 첫 번째 지원자들은 성격이 조급하다
C 두 번의 눈물 분석 결과는 일치한다
D 다친 지원자는 보상을 받았다

보기 어휘 情感电影 qínggǎn diànyǐng 감성영화 | 脾气 píqi 명 성격, 기질 | ☆急躁 jízào 동 조급해하다 | 一致 yízhì 형 일치하다 명 일치 | ☆补偿 bǔcháng 명 보상 동 보상하다

정답 A

해설 눈물 성분을 분석하기 위해, 연구자는 지원자들에게 우선 감동스러운 영화를 한 편 보게 했다(研究者让一批志愿者先看一部令人动情的电影)고 했으므로 정답은 A입니다.

82

根据第三段，儿茶酚胺：

A 能被人体自行分解
B 因情绪变化而产生
C 化学眼泪中有少量存在
D 对治疗心脑血管疾病有利

세 번째 단락에 근거하면, 카테콜아민은:

A 인체에 의해 자연 분해된다
B 감정의 변화 때문에 생긴다
C 화학 눈물에 소량 존재한다
D 심뇌혈관질환 치료에 유리하다

보기 어휘 自行分解 zìxíng fēnjiě 자연 분해

정답 B

해설 감정 눈물에는 대뇌가 감정의 영향을 받아 내보내는 카테콜아민이라는 화학물질이 있다(情绪眼泪中含有大脑在情绪影响下释放出的一种化学物质——儿茶酚胺)고 했으므로 정답은 B입니다.

83

泪腺分泌出的活性化合物有什么作用?

A 增强免疫力
B 避免伤口发炎
C 可以改善视力
D 加速伤口愈合

눈물샘이 분비해내는 활성화합물은 어떤 역할을 하는가?

A 면역력을 강화시킨다
B 상처의 염증을 피해준다
C 시력을 개선시켜준다
D 상처를 빨리 아물게 해준다

보기 어휘 **增强** zēngqiáng 동 증강하다, 강화하다 | **免疫力** miǎnyìlì 명 면역력 | **避免** bìmiǎn 동 피하다 | ★**发炎** fāyán 동 염증을 일으키다 | **改善** gǎishàn 동 개선하다 | ★**视力** shìlì 명 시력

정답 D

해설 눈물샘은 활성화합물을 분비하는데, 이 화합물질은 상처 회복에 긍정적인 작용을 한다(**泪腺还能分泌出一种活性化合，这种化合物对伤口的修复能起到积极作用**)고 하며, 외상환자가 울면 상처가 빨리 아물 수 있다(**一个外伤病人放声大哭可以加快伤口的愈合**)고 했으므로 정답은 D입니다.

84

最适合上文的标题是:

A 泪水，疫病的信号
B 哭吧！不是错
C 男儿有泪不轻弹
D 眼泪的好处和坏处

지문의 제목으로 가장 적합한 것은?

A 눈물, 유행성 전염병의 신호
B 울어라! 틀린게 아니다
C 남자는 울지 않는다
D 눈물의 좋은 점과 나쁜 점

보기 어휘 **疫病** yìbìng 명 역병, 돌림병, 유행성 전염병 | **信号** xìnhào 명 신호 | **男儿有泪不轻弹** nán'ér yǒu lèi bù qīng dàn 속담 남자는 울지 않는다

정답 B

해설 지문은 감정 눈물의 좋은 점을 나열하면서 마지막 결론에는 눈물을 흘리는 사람을 나무라면 안되고, 울고 싶을 땐 맘껏 울어야 한다(**我们并不应该指责爱流泪的人，想哭的时候应该尽情地哭**)고 했으므로 지문의 제목으로 B가 가장 잘 어울립니다.

第85到88题

我们经常会看到一些这样的孩子，[85]为了讨好他人，他们总是委屈自己，即使心里不愿意，但是只要能让父母满意、让小朋友们开心，他们就处处退让，我们把这种类型归属为讨好型人格。

专家解释说：讨好型人格对于肯定和赞赏有极其强烈的需求。他们总能十分敏锐地觉察到别人的需求，并随时准备无条件地去满足对方。即使意识到这样做不对劲儿，但他们还是会做出迁就他人的举动。他们避免争吵，回避竞争，尽一切努力让大家都满意。[86]他们倾向于主动承担罪责，无论自己是否有过失，都先检讨自己，而对于他人的缺点或不足总是十分宽容。

[87]讨好型人格成年后，做事常常卑躬屈膝，委曲求全，盲目付出。他们认为自己必须做得很好，别人才会对他们好。对于讨好型人格的人而言，这种观念已经在他们的潜意识之中根深蒂固了。其实性格再好也不可能让全世界的人都喜欢你，有这样性格的人往往容易被坏人利用，吃亏上当。

我们都希望自己的孩子拥有善良的品性，得到别人的称赞和肯定，但是在教导孩子要懂事、会分享、要帮助他人的同时，我们还要提醒他们：帮助他人也是有底线的。产生"讨好"行为的根源，其实是把自我价值建立在了别人评价的基础上了。因此，[88]指导孩子摆脱对他人赞赏和认可的依赖、明确自我的价值和需求是至关重要的。

우리는 아래와 같은 아이들을 자주 본다. [85]다른 사람에게 잘 보이기 위해 늘 자신을 속상하게 하고, 설사 원하지 않는다 하더라도 부모님을 만족시키거나, 친구들을 기쁘게 해줄 수 있다면 모든 것을 다 양보한다. 우리는 이러한 유형을 '환심형 인격'에 포함시킨다.

환심형 인격은 인정과 칭찬에 매우 강한 욕구가 있다고 전문가는 말한다. 그들은 늘 매우 예리하게 다른 사람의 요구를 알아차리고, 언제든지 조건 없이 상대방을 만족시키려 한다. 설사 이렇게 하는 것이 문제가 있다는 것을 알게 되어도 그들은 다른 사람에게 끌려 다니는 행동을 할 것이다. 그들은 다툼을 피하고 경쟁을 피하며 모두를 만족시키려 최선을 다한다. [86]그들은 주동적으로 잘못에 책임을 지려하는 경향이 있고, 자신에게 과실이 있든 없든 상관없이 우선 자신의 잘못을 반성하고, 다른 사람의 단점과 부족함에는 늘 매우 관대하다.

[87]환심형 인격은 성인이 되면 종종 비굴하게 남에게 아첨을 하면서 자신을 굽혀 일을 성사시키려 하고, 맹목적으로 희생하려 한다. 그들은 자신이 반드시 잘해내야 다른 사람이 그들에게 잘할 것이라고 생각한다. 환심형 인격을 가진 사람에게 이런 관념은 이미 그들의 잠재의식 중에 뿌리깊게 자리잡고 있다. 사실 성격이 아무리 좋아도 세상 사람들이 모두 당신을 좋아할 수는 없다. 이런 성격을 가진 사람은 왕왕 나쁜 사람에게 이용당하고, 손해보고 속아 넘어가기 쉽다.

우리 모두는 자신의 아이가 착한 품성을 갖고, 다른 사람의 칭찬과 인정을 받기를 바란다. 하지만 사리 분별할 줄 알고, 나눌 줄 알며, 다른 사람을 돕도록 아이를 가르치는 동시에 남을 돕는 것엔 마지노선이 있다는 것도 알려줘야 한다. 남의 환심을 사는 행위는 사실 스스로의 가치를 다른 사람의 평가를 토대로 세우는 데서 비롯된다. 따라서 [88]아이가 다른 사람의 칭찬과 인정에 대한 의존에서 벗어나고, 자신의 가치와 요구를 명확히 하도록 가르치는 것이 매우 중요하다.

지문 어휘 ★讨好 tǎohǎo 동 비위를 맞추다 | 他人 tārén 명 타인 | 委屈 wěiqu 형 억울하다 | 即使 jíshǐ 접 설령 ~(라) 하더라도 | 愿意 yuànyì 동 희망하다 | 退让 tuìràng 동 양보하다 | 类型 lèixíng 명 유형 | 归属 guīshǔ 동 속하다, 귀속하다 | ★人格 réngé 명 인격 | 解释 jiěshì 동 해석하다 | 肯定 kěndìng 동 인정하다, 단언하다 형 분명하다 부 틀림없이 | 赞赏 zànshǎng 동 칭찬하다, 높이 평가하다 | 极其 jíqí 부 지극히, 매우 | 强烈 qiángliè 형 강렬하다 | ★需求 xūqiú 동 요구되다 명 수요 | ★敏锐 mǐnruì 형 예민하다 | 觉察 juéchá 동 깨닫다 | 随时 suíshí 부 수시로, 때를 가리지 않고 | 意识到 yìshídào 깨닫다, 알아차리다 | 不对劲儿 búduìjìnr 정상이 아니다, 문제가 있다 | ★迁就 qiānjiù 동 끌려가다, (마지못해) 영합하다, 타협하다 | ★举动 jǔdòng 명 거동, 행동 | 避免 bìmiǎn 동 피하다, 모면하다 | 争吵 zhēngchǎo 동 말다툼하다 | 回避 huíbì 동 회피하다 | 竞争 jìngzhēng 명 경쟁 동 경쟁하다 | 倾向于 qīngxiàngyú 치우치다, ~하는 경향이 있다 | 主动 zhǔdòng 형 자발적이다 | 承担 chéngdān 동 담당하다, 맡다 | 罪责 zuìzé 명 죄책 동 처벌하다 | 无论 wúlùn 접 ~에도 불구하고, ~에 관계없이 | 过失 guòshī 명 잘못, 실수 | ★检讨 jiǎntǎo 동 검토하다 | 缺点 quēdiǎn 명 결점 | 不足 bùzú 형 부족하다 | ★宽容 kuānróng 동 관용하다, 너그럽게 받아들이다 | 成年 chéngnián 동 성인이 되다 명 성년 | 卑躬屈膝 bēi gōng qū xī 성어 비굴하게 남에게 아첨하다 | 委曲求全 wěiqū qiúquán 자기 의견을 굽혀 일을 성사시키려고 하다 | ★盲目 mángmù 형 맹목적인 | 付出 fùchū 동 지불하다 | 观念 guānniàn 명 관념, 생각 | 潜意识 qiányìshí 명 잠재의식 | ★根深蒂固 gēn shēn dì gù 성어 뿌리가 깊다 | 吃亏 chīkuī 동 손해를 보다 부 안타깝게도 | 上当 shàng dàng 동 속다, 꾐에 빠지다 | ★拥有 yōngyǒu 동 소유하다 | 品性 pǐnxìng 명 품성 | 称赞 chēngzàn 명 칭찬 동 칭찬하다 | 教导 jiàodǎo 동 가르치다, 지도하다 | 懂事 dǒng shì 동 사리를 분별하다 | 分享 fēnxiǎng 동 함께 나누다 | 提醒 tíxǐng 동 일깨우다 | 底线 dǐxiàn 명 최저선, 마지노선 | ★根源 gēnyuán 명 근원 동 비롯되다 | 价值 jiàzhí 명 가치 | 建立 jiànlì 동 건립하다, 세우다 | 评价 píngjià 명 평가 동 평가하다 | 基础 jīchǔ 명 토대, 기초 | ★摆脱 bǎituō 동 벗어나다 | ★认可 rènkě 명 인정 동 인정하다 | ★依赖 yīlài 명 의존 동 의존하다 | 明确 míngquè 동 명확하게 하다 형 명확하다 | 至关重要 zhìguān zhòngyào 매우 중요하다

85

第一段划线部分指的是什么?	첫 단락의 밑줄 친 부분이 가리키는 것은 무엇인가?
A 待人友善	A 다정하게 사람을 대한다
B 获得他人的称赞	B 다른 사람의 칭찬을 얻는다
C 经常拒绝他人	C 다른 사람을 자주 거절하다
D 委屈自己迁就他人	D 자신을 속상하게 하고 다른 사람에게 끌려 다닌다

보기 어휘 待人 dàirén 동 사람을 대하다 | 友善 yǒushàn 형 친근하고 상냥하다, 다정하다 | 拒绝 jùjué 동 거절하다 | 犯错误 fàn cuòwù 실수하다

정답 D

해설 다른 사람에게 잘 보이기 위해 늘 자신을 속상하게 하고, 설사 원하지 않는다 하더라도 부모님을 만족시키거나 친구들을 기쁘게 할 수 있다면 모든 것을 다 양보하는 사람(为了讨好他人，他们总是委屈自己，即使心里不愿意，但是只要能让父母满意、让小朋友们开心，他们就处处退让)을 가리키므로 정답은 D입니다.

86

讨好型人格的孩子有什么特点?

A 经常犯错误
B 主动承担责任
C 喜欢逃避问题
D 不能包容他人的缺点

환심형 인격의 아이들은 어떤 특징이 있는가?

A 자주 잘못을 저지른다
B 주동적으로 책임을 맡는다
C 툭하면 문제를 해결하지 않고 피한다
D 다른 사람의 단점을 포용하지 못한다

보기 어휘 **责任** zérèn 명 책임 | **逃避** táobì 동 도피하다 | **包容** bāoróng 동 포용하다, 수용하다

정답 B

해설 환심형 인격의 아이들은 주동적으로 잘못에 책임을 지려하는 경향이 있고, 자신에게 과실이 있든 없든 상관없이 우선 자신의 잘못을 반성하고, 다른 사람의 단점과 부족함에는 늘 매우 관대하다(**他们倾向于主动承担罪责，无论自己是否有过失，都先检讨自己，而对于他人的缺点或不足总是十分宽容**)고 했으므로 정답은 B입니다.

87

成年后，这样的孩子有什么表现?

A 喜欢骗人
B 性格孤僻
C 做事执着
D 与世无争

이런 아이의 어른이 된 후 모습은 어떠한가?

A 남을 속이는 것을 좋아한다
B 성격이 괴팍하다
C 일에 집착한다
D 세상에 맞서지 않고 소극적으로 산다

보기 어휘 **骗** piàn 동 속이다, 기만하다 | **孤僻** gūpì 형 괴팍하다 | ★**执着** zhízhuó 동 집착하다 | **与世无争** yǔ shì wú zhēng 성어 세속과 싸우지 않고 남과도 싸우지 않다, 현실을 도피해서 소극적으로 살다

정답 D

해설 환심형 인격을 가진 사람들은 어른이 된 후 종종 비굴하게 남에게 아첨을 하면서 자신을 굽혀 일을 성사시키려 하고, 맹목적으로 희생하려 한다(**讨好型人格成年后，做事常常卑躬屈膝，委曲求全，盲目付出**)고 했으므로 세상에 맞서지 않는 모습을 알 수 있습니다. 따라서 정답은 D입니다.

88

根据上文，下列说法哪项是正确的?

A 要懂得无私奉献
B 要学会与他人合作
C 赞赏和认可很重要
D 不要太在意他人的评价

지문에 따르면 다음 중 정확한 것은 무엇인가?

A 사심 없이 봉사할 줄 알아야 한다
B 다른 사람과 협력할 줄 알아야 한다
C 칭찬과 인정은 매우 중요하다
D 다른 사람의 평가를 너무 신경 쓰지 않아야 한다

실전모의고사 4회

보기 어휘 无私奉献 wúsī fèngxiàn 사심없이 헌신하다 | 合作 hézuò 동 협력하다 명 협동 | ★在意 zàiyì 동 마음에 두다

정답 D

해설 아이에게 다른 사람을 돕는 것은 마지노선이 있다는 것을 알려줘야 하고(我们还要提醒他们：帮助他人也是有底线的), 아이가 다른 사람의 칭찬과 인정에 대한 의존에서 벗어나 자신의 가치와 요구를 명확하게 하도록 지도하는 것이 매우 중요하다(指导孩子摆脱对他人赞赏和认可的依赖、明确自我的价值和需求是至关重要的)고 했으므로 정답은 D입니다.

第89到92题

数字音乐是用数字格式存储的、可以通过网络来传输的音乐。目前，数字音乐产业已经确立了它在我国数字内容产业中的重要地位，一批具有一定规模、拥有各自竞争优势的代表性企业相继涌现，对在中国市场条件下发展数字音乐产业进行了大量的探索和尝试。

随着"互联网+"时代的到来，数字音乐产业链的价值将更多地体现出来。[89]信息技术的发展为各种音乐资源提供了多样的载体，让消费者获得音乐的方式更加便捷。同时，用户对音乐的需求增加，又促使渠道方大量购买音乐内容资源。渠道方对音乐内容生产方的依赖也随之增强。

目前，[90]中国的数字音乐产业虽然发展可观，但尚未形成良好的盈利分成模式。虽然渠道方和音乐内容生产方已达成盈利分成共识，但唱片公司（音乐内容生产方）与词曲作者、歌手如何分账，还欠缺清晰透明的规定。所以，当侵权问题发生时，词曲作者、歌手和唱片公司等各方的利益计算就变得十分复杂，且处理起来效率较低。[91]这就需要一个合理高效的版权管理机制，在信息技术支撑下，各方之间应该建立透明规范的授权、监测和计费平台，并设计合理的收益结算机制，使所有版税收益的流向透明。

디지털 음악은 디지털 포맷으로 저장하고, 인터넷을 통해 전송할 수 있는 음악이다. 현재 디지털 음악 산업은 이미 중국의 디지털 콘텐츠 산업에서 매우 중요한 위치를 확립했다. 일정한 규모를 갖추고 각자의 경쟁 우위를 가진 많은 간판 기업들이 잇따라 생겨나면서, 중국 시장 조건에 맞는 디지털 음악 산업을 발전시키는 것에 대해 많은 탐색과 시도를 했다.

'네트워크 플러스' 시대가 도래함에 따라 디지털 음악 산업 사슬의 가치는 더욱 많이 구현될 것이다. [89]정보 기술의 발전은 각종 음악 자원에 다양한 매개체를 제공했고, 이로서 소비자가 음악을 얻을 수 있는 방식은 더욱 간편해졌다. 동시에 사용자의 음악에 대한 수요 증가는 유통채널이 음원을 대량 구매하도록 촉진 시켰고, 유통채널의 음악 콘텐츠 생산자에 대한 의존도도 더불어 높아졌다.

현재, [90]중국의 디지털 음악 산업은 비록 크게 발전하고 있지만, 아직 만족할 만한 이윤 배당 모델을 만들지 못했다. 비록 유통채널과 음악 콘텐츠 생산자가 이윤 배당에 대한 합의를 이뤘지만, 음반회사(음악 콘텐츠 생산측)와 작사·작곡가, 가수에게 어떻게 배분할지에 대한 명확하고 투명한 규정이 아직 부족하다. 따라서 저작권 침해 문제가 발생하면 작사·작곡가, 가수, 그리고 음반회사 등 각 입장에서의 이익 계산이 매우 복잡해지고, 처리하기엔 효율이 낮다. 그래서 [91]합리적이고 효율 높은 저작권 관리 기구가 필요하다. 정보 기술의 뒷받침 하에서 각 측 간에 투명하고 규범적인 수권, 감시, 비용계산 환경을 구축하고, 합리적인 수익 결산 기구를 세워서 모든 저작권료의 수익 흐름이 투명하도록 해야 한다.

[92]总而言之，中国数字音乐产业上的各方应当把握机会、齐心协力，并积累独有的、不易被其他企业复制的专长和特色，提高自身竞争力，争取实现各方利益的最大化。

[92]요컨대, 중국의 디지털 음악 산업의 각 종사자는 기회를 잘 포착하고 협력해서 다른 기업에 의해 쉽게 복제 당하지 않는 자신만의 전문 기술과 특색을 쌓아야 한다. 그렇게 자신의 경쟁력을 높이고, 각 측의 이익을 최대화할 수 있도록 노력해야 한다.

지문 어휘 **数字音乐** shùzì yīnyuè 디지털 음악 | ★**格式** géshì 명 격식, 포맷 | **存储** cúnchǔ 명 축적, 기억 동 저장하다 | **网络** wǎngluò 명 네트워크, 인터넷 | **传输** chuánshū 동 전송하다 명 전송 | ★**产业** chǎnyè 명 산업 | ★**确立** quèlì 동 확립하다 | **内容** nèiróng 명 콘텐츠(content), 내용 | **地位** dìwèi 명 위치, 지위 | **规模** guīmó 명 규모 | ★**拥有** yōngyǒu 동 가지다 | **竞争** jìngzhēng 명 경쟁 동 경쟁하다 | **代表性企业** dàibiǎoxìng qǐyè 대표적인 기업, 간판기업 | **相继** xiāngjì 동 잇따르다 | ★**涌现** yǒngxiàn 동 생겨나다, 배출되다 | ★**探索** tànsuǒ 동 탐색하다, 찾다 | ★**尝试** chángshì 명 시험 동 시험해 보다 | **互联网** hùliánwǎng 명 인터넷 | ***互联网+** 인터넷 플러스: 모든 전자기기에 인터넷을 연결시켜 고부가가치를 창출해 내는 것. 다시 말하면, 중국의 이전 전통산업에 각종 IT기술을 결합시켜 스마트화 시키는 것 | **产业链** chǎnyèliàn 명 산업 사슬 | **体现** tǐxiàn 동 구현하다 | **资源** zīyuán 명 천연자원 | **提供** tígōng 동 제공하다 | **载体** zàitǐ 명 (지식과 정보의) 매체, 매개체, 캐리어 | **便捷** biànjié 형 간편하다, 민첩하다 | **用户** yònghù 명 사용자, 가입자 | **增加** zēngjiā 동 증가하다, 더하다 | **促使** cùshǐ 동 ~(하)도록 (재촉)하다 | **渠道方** qúdàofāng 유통채널 | **购买** gòumǎi 동 구입하다 | ★**依赖** yīlài 동 의지하다, 기대다 | ★**可观** kěguān 형 볼만하다, 굉장하다 | **尚未** shàngwèi 아직 ~하지 않다 | **形成** xíngchéng 동 형성하다 | **盈利** yínglì 명 이윤 | **分成** fēnchéng 동 나누다 | ★**模式** móshì 명 모식, 양식 | ★**达成** dáchéng 동 도달하다 | **共识** gòngshí 명 공통의 인식 | **唱片公司** chàngpiàn gōngsī 명 음반사 | **词曲作者** cíqǔ zuòzhě 명 작사가·작곡가 | **分账** fēnzhàng 동 돈이나 재물을 나누다 | **欠缺** qiànquē 형 부족하다 | ★**清晰** qīngxī 형 뚜렷하다 | **透明** tòumíng 형 투명하다 | **规定** guīdìng 명 규정 동 규정하다 | **侵权** qīnquán 동 권리를 침범하다 | **利益** lìyì 명 이익 | **效率** xiàolǜ 명 효율 | **合理** hélǐ 형 도리에 맞다, 합리적이다 | **高效** gāoxiào 명 높은 효율 | **版权** bǎnquán 명 판권, 저작권 | **机制** jīzhì 명 시스템, 구조 | ★**支撑** zhīchēng 동 버티다, 지탱하다 | **建立** jiànlì 동 건립하다 | ★**规范** guīfàn 명 본보기, 규범 | **授权** shòuquán 동 수권 (지적재산권 용어), 권한을 부여하다 | **监测** jiāncè 명 감시와 측정, 모니터링 | **计费** jìfèi 동 비용을 계산하다 | **平台** píngtái 명 플랫폼, 환경 | **收益** shōuyì 명 수익 | **结算** jiésuàn 명 결산 동 결산하다 | **版税** bǎnshuì 명 인세, 저작권료 | **流向** liúxiàng 명 물흐름의 방향, (자금·화물·인원 따위가) 유동하는 방향, 흐름 | **透明** tòumíng 형 투명하다 | ★**总而言之** zǒng ér yán zhī 성어 총괄적으로 말하면, 요컨대 | **把握** bǎwò 동 쥐다, 잡다 | ★**齐心协力** qí xīn xié lì 성어 한마음 한뜻으로 협력하다 | **积累** jīlěi 동 쌓다 | **复制** fùzhì 동 복제하다 | ★**专长** zhuāncháng 명 전문 기술, 특기 | **特色** tèsè 명 특색, 특징 | **争取**zhēngqǔ 동 ~을(를) 실현하기 위해 노력하다 | **实现** shíxiàn 동 실현하다 | **利益** lìyì 명 이익

실전모의고사 4회

89

根据第二段，信息技术使得：

A 音乐产品价格更低
B 原创歌曲增多
C 音乐的获得方式更便利
D 渠道方与内容方矛盾更多

두 번째 단락에 따르면 정보기술은 :

A 음악 상품의 가격을 더욱 낮춘다
B 창작곡이 많아지게 한다
C 음악을 얻는 방식이 더욱 편리해지도록 한다
D 유통채널측과 콘텐츠측의 갈등이 더욱 많아지게 한다

보기 어휘 **原创** yuánchuàng 처음 창작하다, 오리지널 | ★**便利** biànlì 형 편리하다 | **矛盾** máodùn 명 모순, 갈등

정답 C

해설 정보 기술의 발전은 각종 음악 자원을 위해 다양한 매개체를 제공했고, 이로서 소비자가 음악을 얻을 수 있는 방식은 더욱 간편해졌다(**信息技术的发展为各种音乐资源提供了多样的载体，让消费者获得音乐的方式更加便捷**)고 했으므로 정답은 C입니다.

90

关于数字音乐，可以知道什么？

A 储存空间有待提升
B 营收远超实体唱片
C 盈利分成模式相对健全
D 发展势头良好

디지털 음악에 관해서 알 수 있는 것은 무엇인가?

A 저장 공간을 확장할 필요가 있다
B 영업 수익이 피지컬 앨범을 훨씬 초과한다
C 이익 배당 모델이 상대적으로 완전하다
D 발전 상황이 양호하다

보기 어휘 **储存空间** chǔcún kōngjiān 저장 공간 | **有待** yǒudài 동 ~이 기대되다, ~할 필요가 있다 | **提升** tíshēng 동 진급시키다, (직무, 급별 등을) 높이다 | **营收** yíngshōu 명 영업 수입 | **超** chāo 동 넘다 | **实体** shítǐ 명 실체 | **实体唱片** shítǐ chàngpiàn 피지컬 앨범(Physical Album) | ★**健全** jiànquán 형 완전하다 | **势头** shìtóu 명 형세, 위세

정답 D

해설 현재, 중국의 디지털 음악 산업은 비록 크게 발전하고 있지만, 아직 만족할 만한 이윤 배당 모델을 만들지 못했다(**中国的数字音乐产业虽然发展可观，但尚未形成良好的盈利分成模式**)고 했으므로 정답은 D입니다.

91

第三段主要谈的是什么?

A 计算平台的弊端
B 歌手与唱片公司如何分账
C 政府的监管责任
D 完善版权管理机制的必要性

세 번째 단락이 주로 이야기하는 것은 무엇인가?

A 계산 환경의 폐단
B 가수와 음반사의 이익 분배 방법
C 정부의 감독 관리 책임
D 완벽한 판권 관리 기구의 필요성

보기 어휘 ☆**弊端** bìduān 명 폐단 | **监管** jiānguǎn 동 감독하고 관리하다 | **完善** wánshàn 형 완전하다, 완벽하다

정답 D

해설 현재 중국의 디지털 음악산업(**中国的数字音乐产业**)은 아직 만족할 만한 이윤 배당 모델을 만들지 못했고(**尚未形成良好的盈利分成模式**), 음반회사와 작사·작곡가, 가수에게 어떻게 이윤을 배당할지에 대한 명확하고 투명한 규정이 아직 부족해서(**但唱片公司与词曲作者、歌手如何分账，还欠缺清晰透明的规定**) 저작권 침해 문제가 발생하면 작사·작곡가, 가수, 음반회사 등 각 입장에서의 이익 계산이 매우 복잡해지고 처리하기엔 효율이 낮기 때문에(**当侵权问题发生时，词曲作者、歌手和唱片公司等各方的利益计算就变得十分复杂，且处理起来效率较低**) 합리적이고 효율 높은 판권 관리 기구가 필요하다(**这就需要一个合理高效的版权管理机制**)고 했으므로 정답은 D입니다.

92

下列哪项是作者的观点?

A 付费用户是产业链的核心
B 词曲作者应该共享经验
C 数字音乐的各方应通力合作
D 竞争对整个行业有利有弊

다음 중 작가의 관점은 무엇인가?

A 비용을 지불하는 사용자가 산업 사슬의 핵심이다
B 작사·작곡가는 마땅히 경험을 공유해야 한다
C 디지털 음악의 각 종사자는 모두가 힘을 합쳐 일해야 한다
D 경쟁은 모든 업종에 일장일단이 있다

보기 어휘 **付费** fùfèi 동 비용을 지불하다 | **产业链** chǎnyèliàn 명 산업 사슬 | **核心** héxīn 명 핵심 | **共享** gòngxiǎng 동 함께 누리다, 공유하다 | **经验** jīngyàn 명 경험 | **通力合作** tōng lì hé zuò 성어 전부의 힘을 합하여 한 가지 일을 하다 | **有利有弊** yǒu lì yǒu bì 일장일단이 있다, 좋은 점도 있고 나쁜 점도 있다

정답 C

해설 지문 마지막에 결론적으로 중국의 디지털 음악 산업의 각 종사자는 기회를 잘 포착해 서로 한마음 한뜻으로 협력해야 한다(**总而言之，中国数字音乐产业上的各方应当把握机会、齐心协力**)고 했으므로 정답은 C입니다.

第93到96题

筷子是中国独特的进食工具，中国人使用它的历史十分悠久。筷子最早可以追溯到商朝，据说商朝时，妃子为了讨好商纣王，用玉簪作为筷子夹着食物送到纣王嘴里。《韩非子・喻老》中有记载曰："昔者纣为象箸，而箕子怖。"[93]意思是说商王纣以象牙为箸，挥霍无度，大臣箕子为之恐惧。

我国公元前十一世纪就出现了比较精致的筷子，筷子的称谓也是几经变化，先秦时称为"挟"或"荚"，[94]到了唐、宋、元、明、清几个朝代时，又谓之"箸"。汉代史学家司马迁在《史记》中记载说，商纣时为"箸"，汉时为"筯"。

[95]筷子蕴意丰富，上方下圆，圆象征天，方象征地，对应天圆地方，且方圆也代表着一个人立身处世有方有圆的态度，体现了中国人对世界的基本理解，这是自古以来中国人的传统哲学观念的体现。

中国人遵守太极和阴阳的理念，太极是一，阴阳是二，代表世间万事万物都有阴阳之分，一分为二。[95]筷子有两根，使用时一根动，一根静，主动为阳，从动为阴，此为两仪之象，太极相谐，动静相宜，代表着万事万物都有两个对立面，阴阳结合，合二为一，才意味着一个完美的结果。

中国人自古便重视饮食，对饮食工具也赋予了很多含义，[96]筷子一般是七寸六分长，代表人有"七情六欲"，是不同于一般动物的情感动物。它提醒我们，要懂得控制自己的欲望。

젓가락은 중국의 독특한 식사 도구이고, 중국인이 젓가락을 사용한 역사는 매우 오래되었다. 젓가락의 시초는 상나라 때로 거슬러 올라갈 수 있다. 듣건대 상나라 때 임금의 비가 상주왕에게 잘 보이려고 옥비녀를 젓가락으로 삼아 음식을 집어 상주왕 입에 넣어주었다고 한다. 〈한비자·유로〉에 '옛적에 상주왕은 상아로 젓가락을 만들고, 신하 기자는 두려워한다'라고 기록되어 있다. [93]이것은 상주왕이 상아로 젓가락을 만들려고 돈을 물 쓰듯 해서 대신 기자가 이 때문에 매우 불안해하고 두려워했다는 것을 의미한다.

중국에선 기원전 11세기에 비교적 정교한 젓가락이 만들어졌고, 젓가락의 이름은 몇 번의 변화를 거쳤다. 선진 시기에는 '셰' 또는 '쟈'라고 불렀고, [94]당·송·원·명·청의 몇몇 왕조 때에는 '주'라고도 불렀다. 한나라 사학자 사마천은 〈사기〉에 상주왕 때에는 '箸(주)'였고, 한나라 때에는 '筯(주)'였다고 기록했다.

[95]젓가락이 담고 있는 의미는 다양하다. 젓가락의 위는 네모지고, 아래는 둥근데, 둥근 것은 하늘을 상징하고, 네모는 땅을 상징하여, 하늘은 둥글고 땅은 네모진 것에 상응한다. 게다가 사각형과 원형은 사람이 세상을 살면서 네모지기도 하고 둥글기도 한 처세를 대표하며, 중국인의 세상에 대한 기본적인 이해를 나타냈다. 이것은 예로부터 중국인의 전통적인 철학 이념이 구현된 것이다.

중국인은 태극과 음양의 이론을 따른다. 태극은 하나이고, 음양은 둘이다. 이것은 세상의 만사, 만물은 모두 음양의 구분이 있고, 하나는 둘로 나뉜다는 것을 의미한다. [95]젓가락은 두 개가 한 쌍으로 사용할 때 한 개가 움직이면 다른 하나는 움직이지 않는다. 주로 움직이는 것이 양이고, 움직임을 따르는 것은 음인데, 이것은 하늘과 땅의 모습이다. 태극은 서로 조화를 이루고, 동적인 것과 정적인 것은 잘 어울려 만사만물 모두 두 개의 대립면이 있다는 것을 나타내고, 음양이 서로 결합해 둘이 합쳐져 하나가 되는 것은 완벽한 결과를 의미한다.

중국인은 예부터 음식을 중요시하고, 음식 도구에 대해서도 많은 의미를 부여했다. [96]젓가락의 길이는 일반적으로 '칠촌육분'인데, 이는 인간이 '칠정육욕'을 가진, 일반 동물과는 다른 감정 동물임을 나타낸다. 이것은 우리가 자신의 욕망을 통제할 줄 알아야 함을 일깨우고 있다.

지문 어휘 **筷子** kuàizi 명 젓가락 | **独特** dútè 형 독특하다 | **进食** jìnshí 동 식사를 하다 | **工具** gōngjù 명 공구 | **悠久** yōujiǔ 형 유구하다 | **追溯** zhuīsù 동 거슬러 올라가다 | **商朝** Shāngcháo 고유 상조 | **据说** jùshuō 말하는 바에 의하면 | **妃子** fēizi 명 임금의 비 | ★**讨好** tǎohǎo 동 비위를 맞추다, 잘 보이다 | **商纣王** Shāng Zhòuwáng 고유 상주왕 | **玉簪** yùzān 명 옥잠, 옥비녀 | **夹** jiā 동 집다, 끼우다 | **《韩非子·喻老》** Hánfēizǐ yùlǎo 고유 〈한비자·유로〉 | ★**记载** jìzǎi 동 기재하다 | **曰** yuē 동 이르다, 말하다 | **箸** zhù 명 젓가락 | **箕子** Jīzi 고유 기자(중국 상나라의 왕족이자 기자조선의 시조로 알려져 있는 전설 상의 인물) | **怖** bù 동 무서워하다 | **挥霍无度** huī huò wú dù 성어 돈을 절제 없이 함부로 쓰다 | ★**大臣** dàchén 명 대신 | **为之** wèizhī 접 그것 때문에 | ★**恐惧** kǒngjù 동 겁먹다 명 공포 | **公元** gōngyuán 고유 서기 | **世纪** shìjì 명 세기 | ★**精致** jīngzhì 형 세밀하다 | **称谓** chēngwèi 명 명칭, 호칭 | **先秦** XiānQín 명 선진 | **挟** xié 명 젓가락 | **荚** jiá 명 젓가락 | ★**朝代** cháodài 명 왕조의 연대 | **谓** wèi 동 말하다, ~라고 부르다 | **史学家** shǐxuéjiā 사학자 | **司马迁** Sīmǎqiān 고유 사마천(인명) | **《史记》** Shǐjì 고유 사기 | **筯** zhù 형 분명하다 동 글을 쓰다 | **蕴意** yùnyì 명 내포된 의미 | **象征** xiàngzhēng 동 상징하다 명 상징 | ★**对应** duìyìng 동 대응하다, 상응하다 명 대응 | ★**方圆** fāngyuán 명 사각형과 원형, 주위 | **立身处世** lì shēn chǔ shì 성어 사회에서의 처세, 세상살이를 하다 | **体现** tǐxiàn 동 구현하다 | **自古以来** zì gǔ yǐ lái 자고로, 예로부터 | **哲学观念** zhéxué guānniàn 철학 관념 | **遵守** zūnshǒu 동 준수하다, 지키다 | **太极** tàijí 명 태극, 태초 | **阴阳** yīnyáng 명 음과 양 | **理念** lǐniàn 명 이념 | **世间** shìjiān 명 세간 | **一分为二** yì fēn wéi èr 하나가 분열하여 둘로 되다 | **根** gēn 명 뿌리 양 개, 대(가늘고 긴 것을 세는 단위) | **主动** zhǔdòng 형 능동적이다 명 주동 | **从动** cóngdòng 형 수동적이다 명 수동 | **两仪** liǎngyí 명 하늘과 땅 | **相谐** xiāngxié 서로 잘 어울리다 | **相宜** xiāngyí 형 적합하다, 어울린다 | **结合** jiéhé 동 결합하다 명 결합 | ★**意味着** yìwèizhe 의미하다 | **重视** zhòngshì 동 중시하다 명 중시 | ★**饮食** yǐnshí 명 음식 동 음식을 먹고 마시다 | ★**赋予** fùyǔ 동 부여하다 | **含义** hányì 명 내포된 뜻 | **寸** cùn 양 촌, 치[길이를 재는 단위, 1척(尺)의 10분의 1로 0.0333미터] | **分** fēn 양 (길이·척도의) 푼(0.3333센티미터) [1'尺(자)'의 100분의 1] | **七情六欲** qīqíngliùyù 모든 욕망과 감정, 칠정육욕, 희(喜)·노(怒)·애(哀)·구(懼)·애(愛)·오(惡)·욕(欲)의 일곱 가지 감정과 생(生)·사(死)·이(耳)·목(目)·구(口)·비(鼻)의 여섯 가지 육체의 욕망] | **情感动物** qínggǎn dòngwù 감정 동물 | **提醒** tíxǐng 동 일깨우다 | **懂得** dǒngde 동 알다 | **控制** kòngzhì 동 통제하다, 제어하다 | ★**欲望** yùwàng 명 욕망

실전모의고사 4회

93

大臣箕子对商王使用象牙筷子持怎样的态度?

A 喜闻乐见
B 感到害怕
C 认为无比荒谬
D 极力表示反对

대신 기자는 상주왕이 상아 젓가락을 사용하는 것에 대해 어떤 태도인가?

A 기쁘게 반겼다
B 두려움을 느꼈다
C 매우 터무니없다고 여겼다
D 강력하게 반대를 표했다

보기 어휘 ★喜闻乐见 xǐ wén lè jiàn 성어 기쁜 마음으로 듣고 보다, 기쁘게 반기다 | ★无比 wúbǐ 형 비할 바 없다 | ★荒谬 huāngmiù 형 터무니없다 | 极力 jílì 동 있는 힘을 다하다 | 表示 biǎoshì 동 나타내다

정답 B

해설 〈한비자·유로〉의 기록에 '옛적에 상주왕은 상아로 젓가락을 만들고, 신하 기자는 두렵다'고 했는데(《韩非子·喻老》中有记载曰:"昔者纣为象箸，而箕子怖。"), 상주왕이 상아로 젓가락을 만들려고 돈을 물 쓰듯 해서 대신 기자가 매우 불안해하고 두려워했다는 의미(意思是说商王纣以象牙为箸，挥霍无度，大臣箕子为之恐惧)라고 했으므로 정답은 B입니다.

94

关于筷子的名称，下列哪项正确?

A 商代称箕
B 先秦称筷
C 汉代称筷
D 明代称箸

젓가락의 이름에 관해 다음 중 정확한 것은 무엇인가?

A 상나라 때 '지'라고 불렀다
B 선진 시대에 '콰이'라고 불렀다
C 한나라 때 '콰이'라고 불렀다
D 명나라 때 '주'라고 불렀다

정답 D

해설 젓가락의 이름은 몇 번의 변화를 거쳤는데, 선진 시기에는 '셰' 또는 '쟈'라고 불렸고 당·송·원·명·청 등의 몇몇 왕조 때에는 '주'라고도 불렀다(筷子的称谓也是几经变化，先秦时称为"挟"或"荚"。到了唐、宋、元、明、清几个朝代时，又谓之"箸")고 했으므로 정답은 D입니다.

95

筷子的寓意不包括下列哪项?

A 天圆地方
B 艰苦朴素
C 阴阳和谐
D 动静相宜

다음 중 젓가락이 담고 있는 비유적 의미에 포함되지 않는 것은 무엇인가?

A 하늘은 둥글고 땅은 네모지다
B 어려움을 잘 참고 견디며 생활이 근검 소박하다
C 음양은 서로 조화를 이룬다
D 동적인 것과 정적인 것은 서로 잘 어울린다

보기 어휘 **寓意** yùyì 명 우의, 비유적 의미 동 우의하다 | **天圆地方** tiān yuán dì fāng 하늘은 둥글고 땅은 네모지다 | **艰苦朴素** jiān kǔ pǔ sù 성어 어렵고 고달픈 시련을 참고 견디며 검소한 생활을 하다 | ★**和谐** héxié 형 조화롭다, 잘 어울리다

정답 B

해설 젓가락이 담고 있는 의미는 다양한데, 아래가 둥근 것은 하늘을 상징하고, 위가 네모난 것은 땅을 상징하여 하늘은 둥글고 땅이 네모진 것과 상응한다(筷子蕴意丰富，上方下圆，圆象征天，方象征地，对应天圆地方)고 했고, 젓가락을 사용할 때 움직이는 것은 양이고, 움직이지 않는 나머지 하나는 음으로서 음양을 상징하는데, 태극은 서로 조화를 이루고 동적인 것과 정적인 것도 서로 잘 어울린다(筷子有两根，使用时一根动，一根静，主动为阳，从动为阴，此为两仪之象，太极相谐，动静相宜)고 했으므로, 언급하지 않은 내용은 B입니다.

96

筷子的长度提醒我们什么?	젓가락의 길이는 우리에게 무엇을 일깨워주는가?
A 要恰到好处	A 매우 적절해야 한다
B 要权衡利弊	B 이해득실을 따져봐야 한다
C 要不断进取	C 끊임없이 향상을 위해 노력해야 한다
D 要节制欲望	D 욕망을 절제해야 한다

보기 어휘 ★**恰到好处** qià dào hǎo chù 성어 꼭 알맞다 | ★**权衡** quánhéng 동 따져보다 명 저울, 권력 | **利弊** lìbì 명 이해, 이로움과 폐단 | **不断** búduàn 동 끊임없다 부 끊임없이 | **进取** jìnqǔ 동 향상하려 노력하다, 진취하다 | ★**节制** jiézhì 동 절제하다, 제한하다 명 절제, 제한

정답 D

해설 젓가락의 길이는 보통 '칠촌육분'인데, 이것은 사람이 '칠정육욕'을 가진 일반 동물과는 다른 감정 동물이라는 것을 나타내고, 이것은 우리가 자신의 욕망을 통제할 줄 알아야 함을 일깨워준다(筷子一般是七寸六分长，代表人有"七情六欲"，是不同于一般动物的情感动物。它提醒我们，要懂得控制自己的欲望)고 했으므로 정답은 D입니다.

第97到100题

可以说，创造出和人一样有灵性的机器，是人类最古老的梦想之一。拟人机器人的快速发展正在让人类的这一梦想慢慢成真。虽然在外貌上拟人机器人已经和人类十分相似，但在动作等方面仍进展缓慢。它们是由电机驱动的，[97]所以现在最先进的机器人的动作依然非常生硬。"让机器的动作像人类一样自然"，这是一个名为"软机器人"的新兴领域的目标。

最近，有一篇学术论文描述了一种全新的机器人"肌肉"，其全名为"液压放大自愈式静电致动器"。[98]这种致动器虽然有多种不同的设计，但基本上就是一个内含油液、外面裹着多个电极的小袋子，当这些电极被电流击发后，它们将释放电场，驱动致动器开始收放。

[100]这种新型致动器在力量和效率方面与人类肌肉十分接近，并可以在一秒钟之内实现多次收缩。因此，使用这种"肌肉"驱动的假肢在动作上将会更贴近自然肢体。如果这种肌肉被用到机器人身上，我们就不必担心它们工作时会一不小心戳伤自己的同事了。

不过，在软机器人领域，还有其他需要解决的问题，比如，由于软机器人远比传统的机器人脆弱，软机器人的设计师必须考虑它们的躯体被刺穿从而损失动力的可能。所以，[99]软机器人领域有待解决的难题是——可以自愈的皮肤。好在这一难题目前已获得初步成果。

软机器人可以与人类和谐共事，它们并不会抢走人类的饭碗。当软机器人的可靠性、安全性、实用性达到一定级别时，它们将很快融入到我们的社会与生活中。

사람과 똑같은 지혜를 갖춘 기계를 만들어내는 것이 인류의 가장 오래된 소원 중 하나라고 할 수 있다. 휴머노이드 로봇의 빠른 발전은 인류의 이 꿈이 조금씩 현실이 되도록 해 주고 있다. 비록 외모 면에서 휴머노이드 로봇은 이미 사람과 매우 비슷하지만 동작 등 방면에서 여전히 진전이 느리다. 휴머노이드 로봇은 전동기로 구동하기 때문에 [97]현재 가장 선진적인 로봇이라도 동작이 여전히 매우 어색하다. '로봇의 동작을 사람과 똑같이 자연스럽게 하는 것', 이것은 '소프트 로봇'이라고 부르는 신흥 영역의 목표이다.

최근 한 학술논문에서는 완전히 새로운 로봇의 '근육'을 서술했는데, 그 정식 명칭은 '유압 증폭 자기 치유형 정전식 작동 장치'이다. [98]이러한 작동 장치는 비록 다양한 디자인이 있지만 기본적으로 안에는 유액을 담고 있고, 밖은 많은 전극의 주머니가 감싸고 있다. 이 전극들이 전류에 의해 격발되면, 전기장을 방출하게 되고, 구동 작동 장치는 전기를 내보내기 시작한다.

[100]이러한 신형 작동 장치는 힘과 효율 방면에서 인류의 근육과 매우 근접해있고, 1초 안에 여러 번의 수축을 할 수 있다. 따라서 이 '근육'이 구동하는 의수, 의족의 동작은 자연스러운 팔다리에 더욱 근접하게 될 것이다. 만약 이런 '근육'을 로봇 몸에 사용하게 되면 우리는 로봇이 일을 할 때 실수로 동료를 찔러 다치게 할까 걱정할 필요가 없게 된다.

그렇지만 소프트 로봇 영역에서 또 해결해야 할 다른 문제가 있다. 예를 들면, 소프트 로봇은 기존의 로봇보다 훨씬 약해서 소프트 로봇 디자이너는 로봇의 몸에 구멍이 뚫려 동력의 손실을 가져올 가능성을 반드시 고려해야 한다. 따라서 [99]소프트 로봇 영역에서 해결해야 할 난제는 스스로 치유할 수 있는 피부인데, 다행히 이 난제가 현재 초보적 성과를 거두었다.

소프트 로봇은 인류와 함께 어울려 일할 수 있다. 그들은 결코 인류의 밥그릇을 빼앗지 않을 것이다. 소프트 로봇의 신뢰도와 안전성, 실용성이 어느 정도 수준에 이르게 되면, 그들은 빠르게 우리의 사회와 생활 속에 들어오게 될 것이다.

지문 어휘 创造 chuàngzào 동 창조하다 | 灵性 língxìng 명 지혜, 총기 | 机器 jīqì 명 기계 | 人类 rénlèi 명 인류 | 古老 gǔlǎo 형 오래되다 | 梦想 mèngxiǎng 명 꿈 동 꿈꾸다 | 拟人机器人 nǐrén jīqìrén 휴머노이드 로봇, 인간형 로봇 | 外貌 wàimào 명 외모, 외관 | 相似 xiāngsì 동 닮다 | ★进展 jìnzhǎn 명 진전 동 진전하다 | 缓慢 huǎnmàn 형 완만하다, 느리다 | 电机 diànjī 명 (전동기, 발전기 따위의) 전기 기계 | 驱动 qūdòng 동 시동을 걸다, 움직이게 하다 명 구동, 시동 | 依然 yīrán 부 여전히 | 生硬 shēngyìng 형 서투르다, 부드럽지 못하다 | 新兴 xīnxīng 형 신흥의 | 领域 lǐngyù 명 영역 | 学术论文 xuéshù lùnwén 명 학술논문 | 描述 miáoshù 동 묘사하다, 서술하다 명 묘사 | 肌肉 jīròu 명 근육 | 全名 quánmíng 명 정식 명칭, 풀 네임 | 液压自愈静电致动器 yèyā zìyù jìngdiàn zhìdòngqì 유압 증폭 자기 치유형 정전식(HASEL) 작동 장치(hydraulically amplified self-healing electrostatic actutator) | 设计 shèjì 명 설계 동 설계하다 | 油液 yóuyè 명 유액, 기름 | 裹 guǒ 동 감다, 싸매다 | 电极 diànjí 명 전극 | 袋子 dàizi 명 주머니 | 电流 diànliú 명 전류 | 击发 jīfā 동 격발하다 | ★释放 shìfàng 동 내보내다, 방출하다 | 电场 diànchǎng 명 전기장 | 收放 shōufàng 명 수입과 지출, 받고 내보내다 | 力量 lìliang 명 힘, 능력 | 效率 xiàolǜ 명 효율 | 接近 jiējìn 형 접근해 있다 동 가까이하다 | ★收缩 shōusuō 동 수축하다, 축소하다 | 假肢 jiǎzhī 명 의수, 의족 | 贴近 tiējìn 동 바짝 다가가다 형 아주 가깝다 | 肢体 zhītǐ 명 사지, 지체 | 戳伤 chuōshāng 동 찔러서 상처를 내다 | 领域 lǐngyù 명 영역 | ★脆弱 cuìruò 형 취약하다 | 考虑 kǎolǜ 동 고려하다 | 躯体 qūtǐ 명 몸, 몸체 | 刺穿 cìchuān 동 찔러서 꿰뚫다 | 损失 sǔnshī 동 손실하다, 손해보다 명 손실, 손해 | ★动力 dònglì 명 동력 | 有待 yǒudài 동 기다리다, 기대하다 | 获得 huòdé 동 획득하다 | ★初步 chūbù 형 시작 단계의 초보적이다 | 成果 chéngguǒ 명 성과 | ★和谐 héxié 형 잘 어울리다 | 共事 gòngshì 동 함께 일하다 | 抢饭碗 qiǎng fànwǎn 남의 밥그릇(일자리)을 뺏다 | 达到 dádào 동 도달하다 | ★级别 jíbié 명 등급, 단계 | 融入 róngrù 동 융합되어 들어가다

97

拟人机器人有什么特征?

휴머노이드 로봇은 어떤 특징을 가지고 있나?

A 动作僵硬 / A 동작이 뻣뻣하다
B 说话流利 / B 말이 유창하다
C 反应迟钝 / C 반응이 둔하다
D 擅长运算 / D 계산에 능하다

보기 어휘 特征 tèzhēng 명 특징 | ★僵硬 jiāngyìng 형 뻣뻣하다, 경직되어 있다 | 流利 liúlì 형 유창하다 | 反应 fǎnyìng 명 반응 | ★迟钝 chídùn 형 둔하다 | ★擅长 shàncháng 동 장기가 있다, 정통하다 | ★运算 yùnsuàn 명 연산 동 연산하다

정답 A

해설 휴머노이드 로봇은 전동기로 구동하기 때문에 현재 가장 선진적인 로봇의 동작도 여전히 어색하다(它们是由电机驱动的，所以现在最先进的机器人的动作依然非常生硬)고 했으므로 정답은 A입니다.

98

关于那种新型致动器，下列哪项正确？

A 成本较低
B 设计简单
C 节约能源
D 便于携带

신형 작동 장치에 관해 다음 중 옳은 것은 무엇인가?

A 비용이 비교적 낮다
B 디자인이 간단하다
C 에너지를 절약한다
D 휴대가 편리하다

보기 어휘 ☆**成本** chéngběn 명 원가 | **节约** jiéyuē 동 절약하다 | **能源** néngyuán 명 에너지원 | ☆**便于** biànyú 편리하다 | ☆**携带** xiédài 동 휴대하다, 인솔하다, 돌보아 주다

정답 B

해설 신형 작동 장치는 다양한 디자인이 있지만 대부분 안에는 유액이 담겨있고, 밖은 여러 전극 주머니가 감싸고 있다(这种致动器虽然有多种不同的设计，但基本上就是一个内含油液、外面裹着多个电极的小袋子)고 했으므로 대부분의 디자인은 간단하다는 것을 알 수 있습니다.

99

根据第4段，软机器人领域的难题是什么？

A 皮肤自愈
B 动力来源
C 材料稀缺
D 后期维修

4번째 단락에 근거하면, 소프트 로봇 영역의 난제는 무엇인가?

A 피부의 자가 치유
B 동력의 내원
C 재료의 부족
D 사후 보수

보기 어휘 ☆**动力** dònglì 명 동력 | ☆**来源** láiyuán 명 근원, 내원 동 유래하다 | **材料** cáiliào 명 재료, 자료 | **稀缺** xīquē 명 결핍, 부족 동 희소하다 | **后期** hòuqī 명 후기, 사후 | **维修** wéixiū 명 보수, 수리 동 보수하다

정답 A

해설 소프트 로봇 영역에서 해결이 필요한 난제는 스스로 치유되는 피부(软机器人领域有待解决的难题是——可以自愈的皮肤)라고 했으므로 정답은 A입니다.

根据上文，下列哪项正确？

A 软机器人已投入使用
B 新型致动器收缩性好
C 新型致动器无需电力
D 传统机器人躯体更脆弱

지문에 따르면 다음 중 옳은 것은 무엇인가?

A 소프트 로봇은 이미 사용하고 있다
B 신형 작동장치는 수축성이 좋다
C 신형 작동장치는 전력이 필요 없다
D 기존 로봇의 몸체가 더욱 약하다

 无需 wúxū 동 ~할 필요가 없다

정답 B

해설 신형 작동장치는 힘과 효율 방면에서 인류의 근육과 매우 근접하고, 1초 안에 여러 번 수축을 할 수 있다(这种新型致动器在力量和效率方面与人类肌肉十分接近，并可以在一秒钟之内实现多次收缩)고 했으므로 정답은 B입니다.

실전모의고사 4회

★★★★★

4회 쓰기

101번 문제는 한 편의 글을 읽고 요약쓰기를 하는 문제입니다.

第101题

(1) 仔细阅读下面这篇文章，时间为10分钟。阅读时间不能抄写、记录。
(2) 10分钟后，监考收回阅读材料，请你将这篇文章缩写成一篇短文，时间为35分钟。
(3) 标题自拟。只需复述文章内容，不需加入自己的观点。
(4) 字数为400字左右。
(5) 请把作文直接写在答题卡上。

我上小学的时候，学校不远处的书摊是我放学后流连忘返的地方。可是身无分文的我大部分时间只能装作挑书的样子，偷看几个小故事，然后偷偷地跑掉。守书摊的是一位坐在轮椅上的残疾青年。偷看书的时候，我根本不敢回头去看他的脸。当我第二天上学经过书摊，看见他依然憨厚地对我一笑时，我忐忑不安的心才得以平静。

有一天，我看一本小说看得入了神。"坐下慢慢看吧！"他说着指了指身旁的一个小凳子。当时我完全忘记了白看书的尴尬，正要坐下的一瞬间，突然身后有人揪住了我的衣领。我回过头来一看，看到了父亲愤怒的脸。然后，父亲的两巴掌不由分说地抽在我的脸上。

"别打孩子！"年轻人竭力想从轮椅上挣扎起来阻止我父亲，"孩子看书又不是坏事。"

"我不反对他看书。是，是为其他事……"说罢，父亲夺过我手里的书还给那个年轻人，拽着我就走了。

내가 초등학교 다닐 때, 학교에서 멀지 않은 곳의 책 노점은 내가 방과 후에 집에 돌아가는 것마저 잊게 하는 곳이었다. 그러나 대부분의 경우 수중에 돈이 한 푼도 없던 나는 책을 고르는 척하며 짧은 이야기 몇 토막을 훔쳐본 다음에 몰래 도망칠 수밖에 없었다. 책 노점을 지키는 이는 휠체어에 앉은 장애 청년이었다. 책을 훔쳐볼 때, 나는 도저히 고개를 돌려 그의 얼굴을 볼 엄두가 나지 않았다. 내가 이튿날 등굣길에 책 노점을 지나면서, 그가 여전히 나에게 너그럽게 웃어주는 것을 봤을 때, 내 불안한 마음이 비로소 안정될 수 있었다.

어느 날, 나는 책 한 권을 몰입해 읽고 있었다. "앉아서 천천히 봐!" 그가 말을 하며 옆에 있는 조그만 걸상을 가리켰다. 당시 나는 공짜로 책을 보는 난처함을 완전히 잊고, 막 앉으려는 순간 갑자기 뒤에서 누군가 내 옷깃을 붙잡았다. 내가 고개를 돌리자, 아버지의 분노한 얼굴이 보였다. 그 다음에 아버지의 두 손바닥이 다짜고짜 내 얼굴을 때렸다.

"아이를 때리지 마세요!" 젊은이는 있는 힘을 다해 휠체어에서 발버둥치며 나의 아버지를 막으려 했다. "아이가 책을 보는 것은 나쁜 짓도 아닌 걸요."

"나는 얘가 책을 보는 것을 반대하는 게 아닐세. 다른 일 때문이야……." 아버지는 내 손에 있는 책을 빼앗아 그 젊은 이에게 돌려주고서, 나를 끌고 가버렸다.

晚上，父亲对我说："打你不为别的事。都像你这样白看书，人家怎么过日子？搬运队的马车夫需要马草，你可以扯马草换钱。"

打那以后，每天清早我就去山上扯马草，上学前卖给那些马车夫。攥着马草换来的钱，我立即奔向书摊，从容地读着一本又一本的书。可是马草并不那么好卖。卖不出马草的日子，我就不去书摊。

有一次，我背着马草四处寻找买主，经过书摊时，坐在轮椅上的他叫住了我："怎么不来看书了？"我抖抖手里的马草，无奈地摇摇头。他先是一愣，继而眼睛一亮，笑着对我说："过来，让我看看你的马草。"他认真地看过马草后，冲里屋叫道："碧云，你出来一下！"闻声走出一个姑娘，可能是他的妹妹吧。

"碧云，咱家的那匹马正缺马草，收下这孩子的马草。"他盯着姑娘茫然的眼睛，命令道："听见没有？快把马草提进去！"姑娘接过我的马草，提进了里屋。这天傍晚，我离开书摊时，他叮嘱我："以后，马草就卖给我。别饿坏了那匹马，行吗？""没问题！"我巴不得有这样的好事。

从那以后，每当我背着马草来到书摊时，他便冲里屋叫道："碧云，快把马草提进去，别饿坏了那匹马。"

저녁에 아버지는 나에게 "너를 때린 것은 다른 일 때문이 아니란다. 모두 너처럼 이렇게 공짜로 책을 보면, 그 사람은 어찌 먹고 살겠느냐? 운반팀의 마부가 말먹이 풀이 필요하다니까, 네가 말먹이 풀을 뜯어다가 돈으로 바꿀 수 있을 거야."라고 말했다.

그 때 이후부터, 매일 이른 아침에 나는 산에 가서 말먹이 풀을 뜯었고, 등교하기 전에 그 마부들에게 팔았다. 말먹이 풀로 바꾼 돈을 쥐고, 나는 즉시 책 노점으로 달려가 여유롭게 한 권 한 권의 책을 읽고 있었다. 하지만 말먹이 풀은 결코 그렇게 잘 팔리지 않았다. 말먹이 풀을 팔지 못한 날엔, 나는 책 노점에 가지 않았다.

한번은 내가 말먹이 풀을 짊어지고 사방으로 살 사람을 찾으며 책 노점을 지날 때, 휠체어에 앉아있던 그가 나를 불러 세웠다. "어째서 책을 보러 오지 않는 거니?" 나는 손 안의 말먹이 풀을 털어내고는 어쩔 수 없이 고개를 저었다. 그는 처음에는 어리둥절해하더니, 뒤이어 눈을 반짝이고는 웃으며 나에게 "이리 와, 내게 너의 말먹이 풀을 좀 보여줘."라고 말했다. 그는 진지하게 말먹이 풀을 본 후, 안방을 향해 "벽운, 좀 나와 봐!"라고 소리쳤다. 소리를 듣고 한 아가씨가 나왔는데, 아마도 그의 여동생일 것이다.

"벽운, 우리 집에 그 말이 마침 말먹이 풀이 부족했지, 이 아이의 말먹이 풀을 받아." 그는 아가씨의 멍한 눈을 응시하고는 "들었어 못 들었어? 얼른 마초를 들고 들어가!"라고 명령했다. 아가씨는 나의 말먹이 풀을 받아 집 안으로 들고 들어갔다. 이날 저녁 무렵, 내가 책 노점을 떠날 때, 그는 나에게 당부했다. "앞으로 말먹이 풀은 내게 팔아. 그 말을 너무 굶기면 안 돼, 알았니?" "문제 없어요!" 나는 이런 좋은 일이 있길 간절히 바랐다.

그 때 이후로, 내가 말먹이 풀을 짊어지고 책 노점에 올 때마다, 그는 바로 집 안을 향해 소리쳤다. "벽운, 얼른 말먹이 풀을 들고 들어가, 그 말을 너무 굶기면 안 돼."

有一天，我一如既往地背着马草走向他的书摊，他也像往常一样叫碧云，但碧云一直没出来。于是我说，“别饿坏了那匹马，我把马草放进去吧。”他说什么也不让我进去，但我没有听他的劝阻，提着马草推门进去了。我走进他家的后院，看见了一堆枯黄的马草——这些日子我卖给他的所有的马草！原来他家里根本就没有马！

“对不起。”他拍着我的肩头，轻声说道：“我知道你真的希望有那么一匹马。没事的，你看书吧。”我点了点头，泪如雨下。

어느 날, 나는 예전과 같이 말먹이 풀을 짊어지고 그의 책 노점으로 가자, 그도 평소와 같이 벽운을 불렀지만, 벽운은 계속 나오지 않았다. 그래서 나는 "그 말을 굶기면 안되니까, 제가 말먹이 풀을 넣어둘게요."라고 말했다. 그는 무슨 말을 해도 나를 들여보내주지 않았지만, 나는 그의 만류도 듣지 않고, 말먹이 풀을 들고서 문을 밀고 들어갔다. 나는 그의 집 뒤뜰에 들어가서, 누렇게 시든 말먹이 풀 더미를 보았다. 요사이 내가 그에게 팔았던 모든 말먹이 풀이었다! 알고 보니 그의 집에는 원래 말이 없었다.

"미안해." 그가 나의 어깨를 두드리며 낮은 목소리로 말했다. "나는 네가 정말로 말 한 필이 있길 바란 걸 알아. 괜찮아, 책 보렴." 나는 고개를 끄덕이며 눈물을 쏟아냈다.

지문 어휘 **书摊** shūtān 명 책 노점 | **流连忘返** liú lián wàng fǎn 성어 놀이에 빠져 돌아가는 것을 잊다, 어떤 일에 미련을 두어 떠나지 못하다 | **身无分文** shēn wú fēn wén 성어 수중에 돈이 한 푼도 없다 | **装作** zhuāngzuò 동 ~하는 척하다 | **挑书** tiāo shū 책을 고르다 | **偷看** tōu kàn 동 훔쳐보다, 몰래 보다 | **偷偷地** tōutōude 부 몰래 | **守** shǒu 동 지키다 | **轮椅** lúnyǐ 명 휠체어 | **残疾** cánjí 명 장애 | **根本** gēnběn 부 전혀, 아예 | **不敢** bùgǎn 동 감히 ~하지 못하다 | **经过** jīngguò 동 지나다, 통과하다 | **依然** yīrán 부 여전히 | **憨厚** hānhòu 형 (남에게) 너그럽고 후하다, 관대하다 | **忐忑不安** tǎn tè bù ān 성어 안절부절 못하다, 불안하다 | **得以** déyǐ 동 ~할 수 있다 | **平静** píngjìng 형 (마음이) 차분하다, 안정되다 | **慢慢** mànmàn 부 천천히 | **身旁** shēnpáng 명 (몸) 옆 | **凳子** dèngzi 명 걸상(등받이가 없는 의자) | **忘记** wàngjì 동 잊어버리다 | **尴尬** gāngà 형 (입장이) 곤란하다, 난처하다 | **一瞬间** yíshùnjiān 명 순간 | **揪住** jiūzhù 동 (꽉) 붙잡다, 붙들다 | **衣领** yīlǐng 명 옷깃, 칼라 | **回过头来** huí guò tóu lái 고개를 돌리다 | **愤怒** fènnù 형 분노하다 | **巴掌** bāzhang 명 손바닥 | **不由分说** bù yóu fēn shuō 성어 변명을 허용하지 않다, 다짜고짜 | **抽** chōu 동 때리다, 후려치다 | **竭力** jiélì 동 있는 힘을 다하다 | **挣扎** zhēngzhá 동 발버둥치다, 몸부림치다 | **阻止** zǔzhǐ 동 저지하다, 가로막다 | **说罢** shuō bà 말을 마치고, 말하고 나서 | **夺** duó 동 빼앗다, 강탈하다 | **拽** zhuài 동 잡아당기다, 끌다 | **搬运队** bānyùnduì 명 운반팀 | **马车夫** mǎchēfū 명 마부 | **马草** mǎcǎo 명 마초, 말먹이 풀 | **扯** chě 동 (풀을) 뜯다 | **换钱** huàn qián 동 (물건을) 돈으로 바꾸다 | **打那以后** dǎ nà yǐhòu 그 때 이후부터 | **清早** qīngzǎo 명 이른 아침 | **攥** zuàn 동 쥐다, 잡다 | **立即** lìjí 부 즉시, 바로 | **奔向** bēnxiàng ~(으)로 달려가다 | **从容** cóngróng 형 (시간이) 여유 있다 | **好卖** hǎo mài 잘 팔리다 | **背** bēi 동 (등에) 짊어지다, 지다 | **四处** sìchù 명 사방, 도처, 곳곳 | **寻找** xúnzhǎo 동 찾다 | **买主** mǎizhǔ 명 살 사람, 구매자 | **叫住** jiàozhù 불러 세우다 | **抖** dǒu 동 털어내다 | **无奈地** wúnàide 어쩔 수 없이 | **摇头** yáo tóu 동 고개를 젓다 | **先是** xiānshì 부 처음에는, 먼저 | **愣** lèng 동 놀라 멍하다, 어리둥절하다 | **继而** jì'ér 부 계속하여, 뒤이어 | **眼睛一亮** yǎnjing yíliàng 눈을 반짝이다 | **冲** chòng 전 ~을 향해 동 돌진하다 | **里屋** lǐwū 명 안방 | **碧云** Bìyún 고유 벽운(인명) | **闻声** wénshēng 소리를 듣다 | **匹** pǐ 양 필(말 등의 가축을 세는 단위) | **缺** quē 동 모자라다, 부족하다 | **收下** shōuxià 동 받다, 받아 두다 | **盯** dīng 동 응시하다 | **茫然** mángrán 형 망연하다, 멍하다 | **提** tí 동 들다 | **接** jiē 동 (손으로) 받다 | **傍晚** bàngwǎn 명 저녁 무렵 | **离开** lí kāi 동 떠나다 | **叮嘱** dīngzhǔ 동 (신신) 당부하다 | **饿坏** è huài 동 너무 배고프게 하다 | **巴不得** bā bu de 동 간절히 바라다 | **一如既往** yì rú jì wǎng 성어 지난날과 다름없다, 예전과 같다 | **往常** wǎngcháng 명 평소 | **劝阻** quànzǔ 동 그만두게 말리다, 만류하다 | **后院** hòuyuàn 명 후원, 뒤뜰 | **堆** duī 양 무더기, 더미 | **枯黄** kūhuáng 형 누렇게 시들다 | **扭头** niǔ tóu 동 머리를 돌리다, 몸을 돌리다 | **拍** pāi 동 (손바닥으로) 치다, 두드리다 | **肩头** jiāntóu 명 어깨 | **轻声** qīngshēng 명 낮은 목소리 | **泪如雨下** lèi rú yǔ xià 성어 눈물이 비 오듯 쏟아지다

해설

	본문	요약
1 단락	我上小学的时候，学校不远处的书摊是我放学后流连忘返的地方。可是身无分文的我大部分时间只能装作挑书的样子，偷看几个小故事，然后偷偷地跑掉。守书摊的是一位坐在轮椅上的残疾青年。偷看书的时候，我根本不敢回头去看他的脸。当我第二天上学经过书摊，看见他依然憨厚地对我一笑时，我忐忑不安的心才得以平静。 내가 초등학교 다닐 때, 학교에서 멀지 않은 곳의 책 노점은 내가 방과 후에 집에 돌아가는 것마저 잊게 하는 곳이었다. 그러나 대부분의 경우 수중에 돈이 한 푼도 없던 나는 책을 고르는 척하며 짧은 이야기 몇 토막을 훔쳐본 다음에 몰래 도망칠 수밖에 없었다. 책 노점을 지키는 이는 휠체어에 앉은 장애 청년이었다. 책을 훔쳐볼 때, 나는 도저히 고개를 돌려 그의 얼굴을 볼 엄두가 나지 않았다. 내가 이튿날 등굣길에 책 노점을 지나면서, 그가 여전히 나에게 너그럽게 웃어주는 것을 봤을 때, 내 불안한 마음이 비로소 안정될 수 있었다.	我❶上小学时，很喜欢去学校附近的一个残疾人的书摊看书，因为我没有钱买书，所以❷每次只能偷看。 내가 초등학교 다닐 때 학교 근처에 있는 장애인의 책 노점에 가서 책을 보는 것을 좋아했다. 나는 책을 살 돈이 없어서 매번 훔쳐볼 수밖에 없었다. **요약 해설** ❶ 한국어로 '초등학생 때'라는 말이 있지만 중국어로 '小学生的时候'라고 쓰지 않습니다. 반드시 '上小学的时候'라고 표현해야 합니다. ❷ '每次'가 있어서 과거의 일이지만 '了'와 함께 쓰지 않습니다.

有一天，我看一本小说看得入了神。“坐下慢慢看吧!”他说着指了指身旁的一个小凳子。当时我完全忘记了白看书的尴尬，正要坐下的一瞬间，突然身后有人揪住了我的衣领。我回过头来一看，看到了父亲愤怒的脸。然后，父亲的两巴掌不由分说地抽在我的脸上。

“别打孩子!”年轻人竭力想从轮椅上挣扎起来阻止我父亲，“孩子看书又不是坏事。”

“我不反对他看书。是，是为其他事……”说罢，父亲夺过我手里的书还给那个年轻人，拽着我就走了。

晚上，父亲对我说：“打你不为别的事。都像你这样白看书，人家怎么过日子？搬运队的马车夫需要马草，你可以扯马草换钱。”

2~5 단락

어느 날, 나는 책 한 권을 몰입해 읽고 있었다. “앉아서 천천히 봐!” 그가 말을 하며 옆에 있는 조그만 걸상을 가리켰다. 당시 나는 공짜로 책을 보는 난처함을 완전히 잊고 막 앉으려는 순간 갑자기 뒤에서 누군가 내 옷깃을 붙잡았다. 내가 고개를 돌리자, 아버지의 분노한 얼굴이 보였다. 그 다음에 아버지의 두 손바닥이 다짜고짜 내 얼굴을 때렸다.

“아이를 때리지 마세요!” 젊은이는 있는 힘을 다해 휠체어에서 발버둥치며 나의 아버지를 막으려 했다. “아이가 책을 보는 것은 나쁜 짓도 아닌 걸요.”

“나는 얘가 책을 보는 것을 반대하는 게 아닐세. 다른 일 때문이야…….” 아버지는 내 손에 있는 책을 빼앗아 그 젊은이에게 돌려주고서, 나를 끌고 가버렸다.

저녁에 아버지는 나에게 “너를 때린 것은 다른 일 때문이 아니란다. 모두 너처럼 이렇게 공짜로 책을 보면, 그 사람은 어찌 먹고 살겠느냐? 운반팀의 마부가 말먹이 풀이 필요하다니까, 네가 말먹이 풀을 뜯어다가 돈으로 바꿀 수 있을 거야.”라고 말했다.

父亲知道了我❶白看书的事后，打了我，他❷让我卖马草赚钱，然后拿钱去看书。

아버지가 내가 돈을 안 내고 책을 보는 것을 알고 나서 나를 때렸다. 그는 나에게 말먹이풀을 팔아 돈을 번 다음에, 그 돈을 가지고 가서 책을 보라고 했다.

요약 해설

❶ ‘白’가 부사로 쓰일 경우에 ‘괜히’라는 의미로도 쓰이지만, ‘공짜로’라는 의미로도 쓰입니다. 여기서 ‘白看书’는 ‘공짜로 책을 보다’는 의미입니다.

❷ 요약 쓰기는 되도록이면 대화형으로 쓰지 말아야 합니다. 간접화법으로 풀어서 쓸 때 ‘~에게 ~하라고 시켰다’고 할 때는 중국어로 ‘让+人+~’라고 쓰면 됩니다.

6 단락		
	打那以后，每天清早我就去山上扯马草，上学前卖给那些马车夫。攥着马草换来的钱，我立即奔向书摊，从容地读着一本又一本的书。可是马草并不那么好卖。卖不出马草的日子，我就不去书摊。 그 때 이후부터, 매일 이른 아침에 나는 산에 가서 말먹이 풀을 뜯었고, 등교하기 전에 그 마부들에게 팔았다. 말먹이 풀로 바꾼 돈을 쥐고, 나는 즉시 책 노점으로 달려가 여유롭게 한 권 한 권의 책을 읽고 있었다. 하지만 말먹이 풀은 결코 그렇게 잘 팔리지 않았다. 말먹이 풀을 팔지 못한 날엔, 나는 책 노점에 가지 않았다.	从那以后，我开始卖马草，可是马草❶不好卖，❷卖不出马草的日子，我就不能去书摊。 그때 이후로 나는 말먹이 풀을 팔기 시작했지만, 말먹이 풀은 잘 팔리지 않았다. 안 팔리는 날에는 나는 책 노점에 갈 수 없었다. **요약 해설** ❶ '不好'가 부사어로 쓰일 경우에는 '~을(를) 하기가 어렵다'는 뜻입니다. 따라서 여기서 '不好卖'는 '팔기 어렵다'는 뜻입니다. ❷ '卖不出'는 '물건이 팔리지 않다'는 뜻입니다. '不出'가 결과보어이기 때문에 '卖不出'는 일반적으로 팔리지 않다는 게 아니라 결과적으로 안 팔린다는 뜻을 나타냅니다. 따라서 앞의 '不好卖'와 다른 뜻이고, 여기서는 (결과적으로) 안 팔리는 날에 대한 이야기를 하는 것이므로 '卖不出'라고 해야 합니다.

6~9 단락

有一次，我背着马草四处寻找买主，经过书摊时，坐在轮椅上的他叫住了我："怎么不来看书了?"我抖抖手里的马草，无奈地摇摇头。他先是一愣，继而眼睛一亮，笑着对我说："过来，让我看看你的马草。"他认真地看过马草后，冲里屋叫道："碧云，你出来一下!"闻声走出一个姑娘，可能是他的妹妹吧。

"碧云，咱家的那匹马正缺马草，收下这孩子的马草。"他盯着姑娘茫然的眼睛，命令道："听见没有? 快把马草提进去!"姑娘接过我的马草，提进了里屋。这天傍晚，我离开书摊时，他叮嘱我："以后，马草就卖给我。别饿坏了那匹马，行吗?""没问题!"我巴不得有这样的好事。

从那以后，每当我背着马草来到书摊时，他便冲里屋叫道："碧云，快把马草提进去，别饿坏了那匹马。"

한번은 내가 말먹이 풀을 짊어지고 사방으로 살 사람을 찾으며 책 노점을 지날 때, 휠체어에 앉아있던 그가 나를 불러 세웠다. "어째서 책을 보러 오지 않는 거니?" 나는 손 안의 말먹이 풀을 털어내고는 어쩔 수 없이 고개를 저었다. 그는 처음에는 어리둥절해하더니, 뒤이어 눈을 반짝이고는 웃으며 나에게 "이리 와, 내게 너의 말먹이 풀을 좀 보여줘."라고 말했다. 그는 진지하게 말먹이 풀을 본 후, 집 안을 향해 "벽운, 좀 나와 봐!"라고 소리쳤다. 소리를 듣고 한 아가씨가 나왔는데, 아마도 그의 여동생일 것이다.

"벽운, 우리 집에 그 말이 마침 말먹이 풀이 부족했지, 이 아이의 말먹이 풀을 받아." 그는 아가씨의 멍한 눈을 응시하고는 "들었어 못 들었어? 얼른 마초를 들고 들어가!"라고 명령했다. 아가씨는 나의 말먹이 풀을 받아 집 안으로 들고 들어갔다. 이날 저녁 무렵, 내가 책 노점을 떠날 때, 그는 나에게 당부했다. "앞으로 말먹이 풀은 내게 팔아. 그 말을 너무 굶기면 안 돼, 알았니?" "문제 없어요!" 나는 이런 좋은 일이 있길 간절히 바랐다.

그 때 이후로, 내가 말먹이 풀을 짊어지고 책 노점에 올 때 마다, 그는 바로 집 안을 향해 소리쳤다. "벽운, 얼른 말먹이 풀을 들고 들어가, 그 말을 너무 굶기면 안 돼."

有一次，我经过书摊时，那个残疾人❶叫住了我，问我为什么❷不来看书了，我告诉他我要卖马草，他愣了一下，然后叫来他妹妹，让她收下我的马草。他让我以后就把马草卖给他，还说不想饿坏了他家的马。从那以后，我每次都把马草卖给他。

한 번은 내가 책 노점을 지나갈 때, 그 장애인이 나를 불러 세우더니 나에게 왜 책을 보러 오지 않느냐고 물었다. 나는 말먹이 풀을 팔아야 한다고 그에게 알려줬다. 그는 잠시 어리둥절해하더니 그 다음에 그의 여동생을 불러서 나의 말먹이 풀을 받아두라고 했다. 그는 나에게 앞으로 말먹이 풀을 그에게 팔라고 했고, 그의 집 말을 굶기고 싶지 않다고 말했다. 그 후로 나는 매번 말먹이 풀을 그에게 팔았다.

요약 해설

❶ 쓰기 시험에서 '사람을 불러 세우다'는 표현을 써야 할 때가 종종 있습니다. 따라서 '叫住了+人'을 잘 외워두는 것이 좋습니다.

❷ '不+동사+了'는 과거형이 아니라, 변화를 나타냅니다. 여기서는 책을 보러 오다가 안 오게 된 상황이므로 변화를 나타내는 '了'를 꼭 써줘야 합니다.

10~11 단락

有一天，我一如既往地背着马草走向他的书摊，他也像往常一样叫碧云，但碧云一直没出来。于是我说，"别饿坏了那匹马，我把马草放进去吧。"他说什么也不让我进去，但我没有听他的劝阻，提着马草推门进去了。我走进他家的后院，看见了一堆枯黄的马草——这些日子我卖给他的所有的马草！原来他家里根本就没有马！

"对不起。"他拍着我的肩头，轻声说道："我知道你真的希望有那么一匹马。没事的，你看书吧。"我点了点头，泪如雨下。

어느 날, 나는 예전과 같이 말먹이 풀을 짊어지고 그의 책 노점으로 가자, 그도 평소와 같이 벽운을 불렀지만, 벽운은 계속 나오지 않았다. 그래서 나는 "그 말을 굶기면 안 되니까, 제가 말먹이 풀을 넣어둘게요."라고 말했다. 그는 무슨 말을 해도 나를 들여보내주지 않았지만, 나는 그의 만류도 듣지 않고, 말먹이 풀을 들고서 문을 밀고 들어갔다. 나는 그의 집 뒤뜰에 들어가서, 누렇게 시든 말먹이 풀 더미를 보았다. 요사이 내가 그에게 팔았던 모든 말먹이 풀이었다! 알고 보니 그의 집에는 원래 말이 없었다.

"미안해." 그가 나의 어깨를 두드리며 낮은 목소리로 말했다. "나는 네가 정말로 말 한 필이 있길 바란 걸 알아. 괜찮아, 책 보렴." 나는 고개를 끄덕이며 눈물을 쏟아냈다.

有一天，我又背着马草到了他的书摊，但他妹妹一直❶没出来，于是我就进去了。我❷走进他家的后院，❸看见了我卖给他的马草都堆在那里。原来他家里根本没有马。他让我继续来看书，我点了点头，流下了眼泪。

그러던 어느 날, 나는 또 말먹이 풀을 메고서 그의 책 노점에 갔는데, 그의 여동생이 계속 나오지 않자 나는 안으로 들어갔다. 내가 그의 집 뒷마당에 들어서자 내가 그에게 팔았던 말먹이 풀들이 거기에 쌓여 있는 것을 봤다. 알고 보니 그의 집에는 말이 원래 없었다. 그는 나에게 계속 책을 보러 오라고 했고, 나는 고개를 끄덕이면서 눈물을 흘렸다.

요약 해설

❶ 동사의 과거 부정을 나타내는 단어는 '没'입니다. 이때 동사 뒤에 '了'를 쓰지 않는다는 것에 주의해야 합니다. 즉 '没出来了'라고 쓰면 안 됩니다.

❷ '~에 들어간다'라고 표현할 때는 '走进+장소'라고 하면 되고, '~에서 나온다'라고 할 때는 '走出+장소'라고 하면 됩니다. 참고로 '进去+장소', 또는 '出来+장소'라고 쓰지 않는 것에 주의해야 합니다.

❸ '~을(를) 보게 됐다'라고 할 때는 '看' 뒤에 반드시 결과보어를 써야 합니다. 즉 '看了'가 아니라, '看到了' 또는 '看见了'라고 표현해야 합니다. '看了'는 '~을(를) 확인했다'라는 뜻이거나 책이나 영화를 봤다는 의미입니다.

모범답안 참고사항

※ 이 이야기 같은 경우는 독해하기 어렵고 쓰기도 아주 어려운 편입니다. 쓰기는 상대평가를 받기 때문에 어려운 이야기가 나오면 모든 사람들이 다 어려울 것이라 생각하고, 짧게 쓰더라도 주요내용을 다 담아내고, 결말을 잘 마무리하면 됩니다. 쓰기 위해서 꼭 외워야 하는 것은 동사입니다. 명사는 다른 단어로 설명할 수 있고, 형용사는 버리면 되지만, 동사는 대체할 수 있는 다른 표현이 거의 없습니다. 따라서 지문을 읽을 때는 동사 위주로 잘 외워야 쉽게 쓸 수 있습니다.

※※ 고득점에 도전하고 싶다면 양을 최대한 채워주는 것이 무엇보다 중요합니다. 요약이라고 하지만 짧게 쓰는 것보다 알찬 내용으로 길게 쓰는 것이 훨씬 더 좋은 평가를 받을 수 있습니다. 그리고 직접화법으로 쓰는 것을 피하고 서술형으로 풀어서 써야 합니다. 가능하면 성어나 생동감을 더 하는 부사어를 적절하게 써주는 것이 고득점을 받는데 도움이 됩니다.

기본 줄거리만 들어가는 60점 목표 모범답안

							卖	马	草	的	故	事							
		我	上	小	学	时	，	很	喜	欢	去	学	校	附	近	的	一	个	残
疾	人	的	书	摊	看	书	，	因	为	我	没	有	钱	买	书	，	所	以	每
次	只	能	偷	看	。														
		父	亲	知	道	了	我	白	看	书	的	事	后	，	打	了	我	，	他
让	我	卖	马	草	赚	钱	，	然	后	拿	钱	去	看	书	。	从	那	以	后,
我	开	始	卖	马	草	，	可	是	马	草	不	好	卖	，	卖	不	出	马	草
的	日	子	，	我	就	不	能	去	书	摊	。								
		有	一	次	，	我	经	过	书	摊	时	，	那	个	残	疾	人	叫	住
了	我	，	问	我	为	什	么	不	来	看	书	了	，	我	告	诉	他	我	要
卖	马	草	，	他	愣	了	一	下	，	然	后	叫	来	他	妹	妹	，	让	她
收	下	我	的	马	草	。	他	让	我	以	后	就	把	马	草	卖	给	他	，
还	说	不	想	饿	坏	了	他	家	的	马	。	从	那	以	后	，	我	每	次
都	把	马	草	卖	给	他	。												
		有	一	天	，	我	又	背	着	马	草	到	了	他	的	书	摊	，	但
他	妹	妹	一	直	没	出	来	，	于	是	我	就	进	去	了	。	我	走	进
他	家	的	后	院	，	看	见	了	我	卖	给	他	的	马	草	都	堆	在	那
里	。	原	来	他	家	里	根	本	没	有	马	。	他	让	我	继	续	来	看
书	，	我	点	了	点	头	，	流	下	了	眼	泪	。						

别饿坏了那匹马

我上小学时，特别喜欢去学校附近一位残疾青年的书摊看书，因为我没有钱，所以每次只能偷看几则小故事，然后溜之大吉。

我经常去白看书的事情被我父亲知道了，父亲义正词严地说不能白看书，让我扯马草换了钱，再去看书。打那以后，我每天就去山上扯马草卖。可是马草并不那么好卖，卖不出马草的日子，我就不去书摊。

有一次，我经过书摊时，坐在轮椅上的他叫住了我，问我为什么不来看书了，我抖抖手里的马草，无奈地摇了摇头。他先是一愣，然后突然叫出来一个叫碧云的姑娘，让她收下我的马草。他叮嘱我以后就把马草卖给他，还说“别饿坏了那匹马。”从那以后，每当我背着马草来到书摊时，他便叫碧云把马草提进去，而且每次都说“别饿坏了那匹马。”

有一天，我又背着马草到了他的书摊，他也像往常一样叫碧云，但碧云一直没出来，于是我就进去了。我走进他家的后院，看见了这些日子我卖给他的所有的马草，我惊讶不已，原来他家里根本就没有马。

他拍着我的肩头，轻声说他知道我真的希望有那么一匹马。他让我继续来看书，我点了

点	头	，	泪	如	雨	下	。												

모범답안 참고 단어

溜之大吉 liū zhī dà jí 성어 몰래 달아나다 | **义正词言** yì zhèng cí yán 성어 말하는 것이 진지하다 | **惊讶不已** jīng yà bù yǐ 성어 놀라움을 금치 못하다

HSK
6급

실전모의고사 5회

★★★★★

5회 모의고사 듣기 스크립트

大家好！欢迎参加HSK(六级)考试。

大家好！欢迎参加HSK(六级)考试。

大家好！欢迎参加HSK(六级)考试。

HSK(六级)听力考试分三部分，共50题。

请大家注意，听力考试现在开始。

第一部分

第1到15题请选出与所听内容一致的一项。

现在开始第一题：

1

黄酒亦称米酒，是世界上最古老的酒类之一，它与啤酒、葡萄酒并称为世界三大古酒。黄酒是用稻米酿制而成的，古时,由于过滤技术尚不成熟，黄酒多呈浑浊状态，因此黄酒又被称为浊酒。

2

靠“情怀牌”刺激消费一直是各品牌在春节期间的主要营销手段，某汽车公司的新能源汽车广告中，居然出现了人们在回家过年的路上用车上的电源做饭的情景。虽然这种做法可行性不大，但该广告还是成功地引起了人们的注意。

3

北宋绘刻的《禹迹图》是中国现存最早的石刻地图之一，所绘内容十分丰富，现保存于陕西西安的碑林中。这块石刻地图的独特之处是地图上绘有方格，它是世界上最早用网格符号来表示比例的地图。

4

最新研究显示，狗的直觉远远超乎我们的想象。研究人员发现，狗会根据人类的面部表情和声音来判断人们是高兴还是生气，也就是说，狗比人更会察言观色。

5

压力在无形中会给人带来很大的影响，慢性压力还会影响大脑的尺寸、结构和功能，甚至可能影响基因。当你感觉到有压力时，不妨尝试一下深呼吸，做个拉伸,让自己放松一下。

6

小华不小心把爷爷的紫砂壶打破了，于是他偷偷地去卖场花几百块钱买了个一模一样的回来，爷爷并没有发现两个壶有什么不同。一天，爷爷端着茶壶自言自语地说：“我这个几十块的地摊货居然还挺好用的。”

7

有些人吃药时想立竿见影，就自作主张地加大剂量，其实擅自加大药量绝对不是明智之举，如果超过了肠道的吸收限度，反而可能会出现不良反应。最好的办法就是严格按照医嘱或说明书上规定的剂量服药。

8

北宋画家文与可在家周围种上了各种竹子，并天天去竹林里观察竹子，一有新的感受就马上画下来，因此他画的竹子颇为传神。别人夸他时他总是谦虚地说，“我只是把琢磨成熟的竹子画下来罢了。”胸有成竹这个成语就是从这个故事里来的。

9

曾经辉煌一时的天津夏利汽车，已经在人们的视野里渐渐消失了。这家上世纪80年代曾经在中国出租车市场占据重要位置，并连续多年蝉联自主品牌轿车销量冠军的企业，如今却资不抵债，前景堪忧。

10

人类的智商值并不是一成不变的，新西兰科学家詹姆斯・弗林发现，随着近亲通婚的减少,以及人们受教育水平的提高，全球人类平均智商一直在上涨。这种现象被命名为弗林效应。

11

武林中有句古话:“初学三年，天下俱得；再学三年，寸步难行。”意思是说刚开始学武术时进步明显，学了一段时间后便很有成就感，觉得可以凭这点儿本事闯荡天下了。然而继续钻研，就会发现自己的功夫开始停滞不前，这就需要不断突破自我。

12

澳大利亚有一种不怕火的树,名叫桉树。桉树之所以不怕火,是因为它的营养输送管道深藏在树干的木质层的深部，种子也包在厚厚的木质外壳里，假如遭遇森林大火，只要树干的木心没被烧干，等到雨季来临，桉树不但会获得重生,而且能长得更好。

13

丽水位于浙江省西南部，素有“浙江绿谷”和“浙南林海”之称，至今已有上千年的历史。整个丽水的版图其实是由一个个独立于山间水畔的古村落组成的，丽水古村落数量之多，堪称全国之最。

14

在各种感官记忆中，嗅觉记忆是最不容易被遗忘的。视觉记忆几个小时甚至几分钟之内就可能消失，而嗅觉记忆却十分长久。数据显示，对气味的准确回忆率在一年后仍能达到65%。

15

自信使人成功，而自卑却是成功路上的一大障碍。自卑者总是消极地评价自己，觉得自己处处不如人。这种消极意识使自卑者各方面的潜力都受到压制，即使有才能，也发挥不出来，很难有大成就。

第二部分

第16到30题请选出正确答案。

现在开始第16到20题：

第16到20题是根据下面一段采访：

男：你是怎么得知自己入选了赫希洪博物馆“2017年全球最具开创性女性艺术家”的？

女：是我们馆长给我发来了一封官方邮件通知我，我才知道的。

男：你个人如何看待当代艺术体系中的性别语言？

女：艺术不应该有性别之分。实际上，很多优秀的艺术家的创作风格都是中性的，甚至是没有性别的。艺术是一种信仰，是一种创造美的哲学。我个人不太喜欢用性别来区分艺术家，我也不会把性别的属性带入作品创作。当然我不会回避自己的性别，因为性别是父母恩赐给我们的，是无法选择的。

男：这些年你的作品大多是跟爱有关的，很多艺术家都对“爱”这个符号情有独钟，你如何让自己的爱的语言与众不同呢？

女：每个人对爱的理解和视角都不同，而爱这个主题也应该得到更广泛、更全面的诠释和挖掘，因此我有信心让自己表达的爱与别人表达的爱不同。而之所以选择爱这个符号，是因为我相信以爱的视角去创作，那么无论走到哪里都能产生一个无需语言的共鸣。

男：能说说你眼中的艺术是什么吗？

女：我曾经在《挣扎》一书中说过，艺术先于一切事物发生。我认为伟大的艺术家不是思考和探讨人性，而是超越人性的层面。艺术具有一个神奇的功能，它使人们探索精神内核，并帮助人们寻找宇宙世界的能量。艺术就好像先知，把没有发生的事物提前预告给人类。

男：在歌手和艺术家这两种身份之间，你选择了成为职业艺术家。你觉得从艺术爱好者到职业艺术家，之间是否存在一条难以跨越的界限？

女：我作为职业艺术家进行创作和展出，只有十年的时间，但是近二十年里，我一直在学习和实践中进行视觉艺术的创作。如果音乐也能被定义为艺术的话，那么我从事艺术创作的时间就有三十年了。就我而言，创作是一种能力，也是一种习惯。别人说我跨界的时候，我总是说：“我从未看到界限，因此也就跨越了。”

16 女的是如何得知自己得奖的？

17 女的认为性别与艺术创作的关系是什么？

18 为什么女的多以爱为主题创作？

19 关于艺术与人性的关系，下列哪项正确？

20 “我从未看到界限，因此也就跨越了。”这句话是什么意思？

第21到25题，是根据下面一段采访：

男：业界认为新能源市场门槛很高，您为什么看好这一市场呢？

女：门槛高不高是因人而异的，我认为所有的行业都需要有高门槛，这样才能做好产品和市场。新能源是未来发展的必然方向，具有很好的发展前景。在这个领域，目前全世界几乎都在同一个起跑线上。我们也希望通过强大的人才和技术在新能源领域领航。

男：在新能源方面，各大企业有哪些具体的推进方式？

女：我们一直在努力推动新能源技术成熟，很多企业已经形成了自己的逻辑和方式，大家都认为自己的电池是最好的。而我认为好与不好今后经过实践检验才是最真实的，现在说什么都为时过早。在我看来，好电池首先应该安全性高，使用寿命长，其次就是充电快。除了研究新能源本身，各大企业也要关注环保问题，做好新能源电池的回收、拆解规划。

男：您是做空调的，您觉得用空调企业的管控方式去管理新能源汽车行业没问题吗？

女：这并不是空调企业的管控方式是否适合汽车行业的问题，关键在于我们的管理是否能满足消费者的需求并让消费者满意。我们始终坚持"不需要售后的服务才是最好的服务"的理念，不断挑战自我，才做出了现在高端的品质。目前，新能源汽车行业还存在一些管理粗放、制度不健全的问题，而我们有比较完善的管理体系，也更注重对品质的追求。

男：在您看来，你们的企业需要进行怎样的革新？

女：最近几年，我们取得了飞跃式的发展，这也让我们有了另一种梦想和追求，就是希望从量的提升达到质的飞跃。此外，我们不仅要关注财富的积累，更要关注对社会的贡献。

男：听说你们接下来打算投资装备制造，这是一种多元化发展吗？

女：这不是简单的多元化，我们不会放弃空调业务。之前所做的都是在打地基，打地基别人不容易看出成绩，但是花费的精力比盖楼要多。制造业必须打好地基，不忘初心，我们会继续用这样的精神打造更多的产品。

21 女的怎么看新能源市场？

22 下列哪项不是好电池的标准？

23 新能源汽车行业存在什么问题？

24 对于企业革新，女的认为应该怎么做？

25 下列哪项是女的的观点？

第26到30题，是根据下面一段采访：

女：中国的公益事业是什么时候接触到互联网的？

男：有三大标志性的事件，首先是1998年抗洪，然后是印度洋海啸，最后就是2008年汶川地震救灾。汶川地震时网友们通过网上捐赠已经很普遍了，我觉得中国公益和互联网的对接主要是通过这几大救灾事件来实现的。在救灾的过程中，逐渐形成了一个越来越发达的捐赠和参与机制。

女：您怎么看公益事业给互联网带来的影响？

男：公益事业使互联网的社会价值进一步凸显。现在哪儿有灾害了，通过互联网平台，大家很快就能联合在一起。不仅是政府和民间，甚至是国内和国际都能迅速联合起来行动。所以说，随着公众对公益活动参与度的提高，互联网的社会价值也显露出来了。

女：据统计，在互联网公益活动中，90后占了很大的比例，成为了公益事业的新生力量。您怎么看待这个现象？

男：坦率地说，汶川地震让我对90后刮目相看。以前人们常觉得90后没有吃过苦，不知道生活的艰辛，但我在灾区看到那些年轻人，他们义无反顾地工作，而且不留姓名，我真的被他们感动了。而且这些年轻人要比我们这代人更有创新意识，更有干劲儿，接受新事物也更快。

女：用互联网做公益事业的话，是不是也意味着更高的挑战和要求呢？

男：没错。首先用互联网做公益，对专业化的要求很高，如果公益事业从业者不懂专业的互联网知识和技术等等，在事业的开拓方面会寸步难行。其次，在互联网平台上，还需要用互联网语言。过去我们用正式且非常严肃的语言在互联网平台上与网友们沟通，大家都不太接受，因此效果很不理想。

女：最后您能不能给我们介绍一下“互联网公益事业”未来的发展方向？

男：互联网平台会从很多方面改变公益事业的体系，会让大家更容易参与到公益中来，因此，我们应该迎接这个时代的到来，并积极地参与到这场变革之中去。同时，我们还要不断推动这场变革进行下去，让公益的发展跟上时代的潮流。

26 关于中国公益与互联网的对接可以知道什么？

27 公益事业对互联网的影响是什么？

28 下列哪项是用互联网做公益所面临的挑战？

29 男的现在如何评价90后？

30 下列哪项是男的的观点？

第三部分

第31到50题请选出正确答案。

现在开始第31到33题：

第31到33题，是根据下面一段话：

信心是指我们在做某件事时是否有把握，它强调的是个人能力；而在评价一个人本身自信与否的时候，又是从更为整体的视角进行判断的，除了个人能力之外，还包括我们对自身、对人际关系的态度。

我们可以将自信分为三个层面，它的底层是自尊，主要体现在是否觉得自己值得被爱、被尊重，是否觉得自己有价值。中间层就是通常意义上的自信，与个人能力有关。这种自信是在计划、决策和实际行动中体现出来的，比如工作做得出色、厨艺精湛，这都能使人更加自信。顶层主要是在人际互动中的自我肯定，能妥善地处理自己与他人的关系，能在人际互动中承受一定的挫败等等，这些也使人更加自信。

总之，这三个方面是从个人内心逐步向社会环境和周遭世界展开的，它们是互相补充、互相影响的，而非独立存在的。

31 自信和信心都与什么有关？

32 下列哪项属于自信的底层？

33 根据这段话，下列哪项正确？

第34到36题，是根据下面一段话：

在大多数人的印象中，中小学的活动空间基本就是教室和操场，但其实包括走廊和楼梯这样的交通空间，也是能够承载活动的，例如课间活动时有很多学生都会在楼梯间打闹。这就引出了一个很重要的空间利用的问题，即是否应该出现一种介于“动”和“静”之间的灰色空间来承载非正式课堂的教学，以及除此之外的课间和兴趣活动。

在为北京某校做建筑设计的过程中，设计师就对原有的阵列式平面布局做了不同程度的尝试，教师可以通过移动墙体实现空间的组合与分离，做出大小不同的区域，以满足不同级别和人数的课程及课外活动的需要。

如今，校园的格局不再单调地被划分为教学楼、音乐楼、办公楼、餐厅和操场，而是一个集合了不同人群活动轨迹的教育空间。

34 在人们的印象中，中小学的活动空间有哪两类？

35 灰色空间指的是什么？

36 北京那所学校的设计有什么特点？

第37到39题，是根据下面一段话：

生物圈是指地球上所有出现并感受到生命活动影响的地区，它是地球所特有的圈层，也是目前人类和所有生物唯一的栖身之所。生物圈中所蕴藏的物质能量是生命的物质源泉，也是无机自然界向人类提供的可利用的物质力量的源泉。这种物质能量主要来自太阳辐射，能量在生物圈中逐级传送，最后以热能形式散发到太空。在接受这种来自外界的辐射时，生物圈扮演了选择者的角色——生物圈要对这些射线进行一番过滤，它接受那些能够养育生命的有益的射线，排斥导致死亡的有害射线。生物圈的规模极为有限，生物圈所包含的资源是有限的，而所有物种都依赖于这些资源维持它们的生存。对任何物种而言，如果过分使用可更新资源，或是耗尽了不可再生的资源，都会导致自身的灭绝。迄今为止，地球上已灭绝的物种数量多得惊人。

37 关于生物圈，下列哪项正确？

38 生物圈中的能量主要来自什么？

39 关于生物圈所包含的资源，可以知道什么？

第40到43题，是根据下面一段话：

市民王女士发现，女儿很快就完成了语文的抄写作业，而且字迹工整，为此她感到很欣慰。然而后来在整理女儿房间时，王女士却发现了一个抄写神器。在王女士的追问下，女儿承认自己用压岁钱在网上买了这款写字机器人。知道了真相后，王女士哭笑不得。

据介绍，写字机器人是一组杆状的电子金属套件，可以装一支笔。使用者只需简单组装，下载手机软件，让机器人识别使用者的笔记，导入需要书写的内容，它就能模仿使用者的笔迹书写指定内容，并且书写速度很快。其实如果仔细观察，还是能够发现机器人与人写字的区别的。写字机器人在字的间距、字体大小等方面比较规范，而一般人很难做到如此一致。

此事一经报道，迅速引发热议，有网友表示，现在的作业负担实在是太重了，而且老师布置的作业很多是枯燥而无意义的，孩子的这种做法固然不对，但是写字机器人的出现也是情有可原的，这些问题应该引起我们的反思。

40 了解事情真相后，王女士是什么反应？

41 关于写字机器人可以知道什么？

42 下列哪项是网友的观点？

43 根据这段话，下列哪项正确？

第44到47题，是根据下面一段话：

我们都知道在各类体育比赛中，除了手势外，裁判还会用吹哨子作为判罚的信号。但是你知道吗？世界上最早的一声裁判哨是由一个兼职做足球裁判的警察吹响的。1863年，英国出现了足球裁判。但当时的裁判员只在场外靠吆喝和手势来进行裁判，而不进入场内。但足球场外观众席上的噪音很大，在场内比赛的队员难以听得清楚裁判的声音。1875年的一场足球比赛上，双方运动员发生了争执，并开始动手。为了声援自己支持的球队，很多观众也跑进场内，一时间秩序大乱，比赛也进行不下去了。当时兼职裁判的警察灵机一动，掏出警笛吹了起来。众人以为触犯了警察，纷纷各归其位，现场立即安静下来，场上秩序也恢复了正常。这一出人意料的结果使人们意识到哨子的警醒作用，此后，足球场上的裁判便开始使用哨子进行判罚，并且很快扩展到了其他比赛之中。

44 最初足球裁判通过什么来判罚？

45 观众们为什么进入赛场内？

46 听到警笛声后，人们有什么表现？

47 根据这段话，下列哪项正确？

第48到50题，是根据下面一段话：

华南虎是中国特有的一种老虎，在老虎家族里，它的体型并不算大。由于过度捕杀和栖息地丧失等原因，20世纪80年代后，野生华南虎数量越来越少。据估计，野生华南虎的总数仅为50只左右。中国政府一直非常重视人工饲养华南虎。截至2017年，人工饲养的华南虎的数量已达164只。

将人工饲养的华南虎放回森林是未来华南虎保护工作的一项重要内容。这不光是把训练好的老虎放回野外这么简单，更要保证经过野化放归的老虎的后代能够学会捕猎，并去往更远的地方。经过这样一代代的野外放归，实现“放虎归山”的最终目标。

选择适宜的放归地点，以保证放归自然的老虎可以生存，同时又要确保对当地人的生产生活不产生不良影响，这是科学家们要解决的关键问题。这不仅需要科学家和相关部门的共同努力，也需要来自政府和社会的支持，以解决华南虎重返自然所需的大量资金问题。

48 下列哪项是野生华南虎数量减少的原因？

49 关于“放虎归山”工作，可以知道什么？

50 根据这段话，下列哪项正确？

5회 모의고사 정답

➡ 문제집 p. 91

一、听力

第一部分

1. A	2. D	3. B	4. D	5. B	6. A	7. A	8. B	9. A	10. B
11. D	12. A	13. B	14. C	15. A					

第二部分

16. D	17. A	18. A	19. B	20. A	21. C	22. B	23. C	24. D	25. A
26. A	27. D	28. A	29. A	30. C					

第三部分

31. A	32. A	33. D	34. A	35. D	36. D	37. D	38. A	39. C	40. A
41. C	42. A	43. D	44. D	45. C	46. C	47. D	48. A	49. D	50. A

二、阅读

第一部分

51. D	52. C	53. A	54. C	55. C	56. B	57. B	58. C	59. B	60. D

第二部分

61. A	62. A	63. B	64. D	65. D	66. B	67. A	68. C	69. B	70. B

第三部分

71. C	72. B	73. A	74. D	75. E	76. C	77. B	78. E	79. D	80. A

第四部分

81. A	82. A	83. C	84. A	85. C	86. A	87. B	88. D	89. C	90. C
91. A	92. B	93. D	94. D	95. B	96. C	97. D	98. C	99. C	100. A

三、书写

101.

凯叔讲故事

“凯叔”的本名叫王凯，他原来是中央电视台的主持人。2013年他宣布辞职，辞职后的王凯做起了自媒体“凯叔讲故事”。目前，这个公众号已经是互联网上最大的亲子阅读社群了。

“凯叔讲故事”是王凯偶然之得。王凯是个好爸爸，他每天都给女儿讲故事，每个故事都是他精挑细选的。他觉得这些故事只讲给女儿听太可惜了，后来他索性将故事录下来，放在网络上和大家分享。结果收听和转发的人很多，王凯便萌发了专心做这件事情的想法。

一开始，王凯在女儿的幼儿园家长群里分享了两个故事录音，马上就有孩子听上瘾了，想听更多故事。于是王凯便开通了“凯叔讲故事”微信公众号。每天都会有一群孩子用微信跟王凯聊天，有些话孩子们可能不会跟自己的爸爸妈妈说，但是他们愿意跟凯叔说。这让王凯开始有一种使命感。

2014年，他带着两个小伙伴，正式开始运营“凯叔讲故事”。2015年“凯叔讲故事”的用户数达到了400万。

同样是讲故事，“会讲”与“不会讲”，对孩子的教育意义可是截然不同的！王凯总说：“凯叔是陪伴品、增补品，绝不是替代品。每一个爸爸妈妈才是最好的故事讲述者。”

★★★★★

5회 듣기

제1부분 1~15번 문제는 단문을 듣고 일치하는 내용을 고르는 문제입니다.

黄酒亦称米酒，是世界上最古老的酒类之一，它与啤酒、葡萄酒并称为世界三大古酒。黄酒是用稻米酿制而成的，古时，由于过滤技术尚不成熟，黄酒多呈浑浊状态，因此黄酒又被称为浊酒。

'미주'라고도 부르는 '황주'는 세계에서 가장 오래된 주종 중 하나이며, 맥주, 포도주와 함께 '세계 3대 옛술'이라고 불린다. 황주는 쌀을 양조한 것인데, 옛날에는 여과 기술이 아직 충분히 발전하지 않아 황주는 대부분 혼탁한 모습이었고, 그래서 황주를 '탁주'라고도 부른다.

A 黄酒历史悠久
B 黄酒由小麦酿成
C 啤酒曾被称为浊酒
D 葡萄酒气味最浓郁

A 황주는 역사가 유구하다
B 황주는 밀로 빚어 만들었다
C 맥주는 일찌이 탁주라고도 불렸다
D 포도주는 향이 매우 강하다

지문 어휘 **黄酒** huángjiǔ 명 황주(차조·쌀·수수 등을 주원료로 하여 만든 누런 색깔의 알콜 도수가 낮은 술) | ★**亦** yì 부 ~도 역시, 또한('也'에 해당함) | **称** chēng 동 부르다, 일컫다 | **米酒** mǐjiǔ 명 미주, 쌀로 담근 술 | **并称** bìngchēng 동 함께 ~라고 부르다, 병칭되다 | **稻米** dàomǐ 명 쌀 | **酿制** niàngzhì 동 담그다, 빚다 | ★**过滤** guòlǜ 동 받다, 거르다 | **尚** shàng 부 아직 | **成熟** chéngshú 동 성숙하다 | **呈** chéng 동 나타내다 | **浑浊** húnzhuó 형 혼탁하다

보기 어휘 **悠久** yōujiǔ 형 유구하다 | **小麦** xiǎomài 명 소맥, 밀 | ★**气味** qìwèi 명 냄새 | **浓郁** nóngyù 형 짙다, 강하다

정답 A

해설 황주는 세계에서 가장 오래된 주종 중 하나(是世界上最古老的酒类之一)라고 했으므로 정답은 A입니다.

2

靠"情怀牌"刺激消费一直是各品牌在春节期间的主要营销手段，某汽车公司的新能源汽车广告中，居然出现了人们在回家过年的路上用车上的电源做饭的情景。虽然这种做法可行性不大，但该广告还是成功地引起了人们的注意。

'감성 마케팅'으로 소비를 자극하는 것은 각 브랜드의 춘절 기간 주요 마케팅 수단이 되어왔다. 어떤 자동차 회사의 신 에너지 자동차 광고에서는 뜬금없이 사람들이 설을 쇠러 집으로 돌아가는 길에 자동차의 전원을 이용해 밥을 짓는 장면이 나왔다. 비록 이런 방법은 실행 가능성이 크지 않지만, 이 광고는 성공적으로 사람들의 관심을 끌어 모았다.

A 春节期间堵车严重	A 구정 기간 교통체증이 심각하다
B 饥饿状态下不能开车	B 배고픈 상태에서 운전을 할 수 없다
C 该汽车的销量全国领先	C 이 자동차의 판매량은 전국 선두를 차지한다
D 汽车公司的广告引人注意	D 자동차 회사의 광고는 사람들의 관심을 모았다

지문 어휘 **靠** kào 동 기대다, 의지하다 | **情怀** qínghuái 명 기분, 감정, 감성 | **牌** pái 명 간판, 상표 | **情怀牌** qínghuái pái (소비자 감성을 자극하는) 감성 마케팅 | **刺激** cìjī 동 자극하다 명 자극 | **消费** xiāofèi 명 소비 동 소비하다 | **品牌** pǐnpái 명 브랜드 | **营销手段** yíngxiāo shǒuduàn 마케팅 수단 | **新能源** xīn néngyuán 명 신에너지, 대체 에너지 | **居然** jūrán 부 뜻밖에 | **过年** guò nián 동 설을 쇠다, 새해를 맞다 | ★**电源** diànyuán 명 전원 | **情景** qíngjǐng 명 장면, 상황 | **可行性** kěxíngxìng 명 실행 가능성 | **引起注意** yǐnqǐ zhùyì 관심을 끌다

보기 어휘 **堵车** dǔchē 명 교통 체증 | ★**饥饿** jī'è 형 배가 고프다 명 굶주림 | **销量** xiāoliàng 명 판매량 | ★**领先** lǐngxiān 동 선두에 서다, 앞세우다

정답 D

해설 한 자동차 회사의 신에너지 자동차 광고는 비록 실현 가능성은 적어도 성공적으로 사람들의 관심을 끌었다(虽然这种做法可行性不大，但该广告还是成功地引起了人们的注意)고 했으므로 정답은 D입니다.

3

北宋绘刻的《禹迹图》是中国现存最早的石刻地图之一，所绘内容十分丰富，现保存于陕西西安的碑林中。这块石刻地图的独特之处是地图上绘有方格，它是世界上最早用网格符号来表示比例的地图。

북송 시대에 새긴 〈우적도〉는 중국의 현존하는 최초의 석각 지도 중 하나이다. 새겨진 내용이 매우 다양하고, 현재 산시성(省) 시안의 비림에 보존되어 있다. 이 석각 지도의 독특한 점은 지도에 격자가 그려진 것인데, 그것은 세계에서 최초로 격자 부호를 사용해 비례를 나타낸 지도이다.

A《禹迹图》保存在故宫	A 〈우적도〉는 고궁에 보존되어 있다
B《禹迹图》绘制于宋代	B 〈우적도〉는 송나라 때 제작했다
C《禹迹图》没有标记方向	C 〈우적도〉에는 기호 방향이 없다
D《禹迹图》上有圆形符号	D 〈우적도〉에는 원형 부호가 있다

지문 어휘 **北宋** BěiSòng 고유 북송 | **绘刻** huìkè 동 새기다 | **《禹迹图》** Yǔjìtú 고유 우적도(석각 지도 이름) | **现存** xiàncún 동 현존하다 | **石刻** shíkè 명 (문자, 그림이 새겨진) 석각 | **保存** bǎocún 동 보존하다 | **陕西** Shǎnxī 고유 산시성(지명) | **西安** Xī'ān 고유 시안(지명) | **碑林** bēilín 명 비림, 비석이 즐비한 곳 | **独特** dútè 형 독특하다 | **方格** fānggé 명 격자, 체크무늬 | **网格** wǎnggé 명 격자 | ★**符号** fúhào 명 부호 | **比例** bǐlì 명 비례

보기 어휘 **故宫** gùgōng 명 고궁 | **绘制** huìzhì 동 (도면·도표 따위를) 제작하다 | **标记** biāojì 명 기호 | **圆形** yuánxíng 명 원형

정답 B

해설 중국에서 현존하는 최초 석각 지도 중 하나인 〈우적도〉는 북송 시대에 새겨진 것(北宋绘刻的《禹迹图》是中国现存最早的石刻地图之一)이라고 했으므로 정답은 B입니다.

4

最新研究显示，狗的直觉远远超乎我们的想象。研究人员发现，狗会根据人类的面部表情和声音来判断人们是高兴还是生气，也就是说，狗比人更会察言观色。

A 狗的嗅觉十分灵敏
B 狗对外部环境很警惕
C 狗与人的情感联系疏远了
D 狗能凭人的声音判断其情绪

개의 직감은 우리의 상상을 훨씬 초월한다는 최신 연구결과가 나왔다. 연구원이 알아낸 바에 따르면, 개는 사람의 얼굴 표정과 목소리에 근거해 사람들이 기쁜지 화가 났는지 판단하는데, 다시 말하면 개가 사람보다 눈치가 더 빠르다.

A 개의 후각은 매우 예민하다
B 개는 외부 환경에 대해 매우 경계심을 갖는다
C 개와 사람의 정서적 관계가 소원해졌다
D 개는 사람의 목소리에 의지해 그의 기분을 판단할 수 있다

지문 어휘 **研究** yánjiū 명 연구 동 연구하다 | **显示** xiǎnshì 동 나타내다, 보여주다 | **直觉** zhíjué 명 직감 | **超乎** chāohū 동 뛰어넘다 | **想象** xiǎngxiàng 명 상상 동 상상하다 | **面部表情** miànbù biǎoqíng 얼굴 표정 | **察言观色** chá yán guān sè 성어 상대방의 말과 안색을 살펴보고 그 의중을 헤아리다, 눈치를 살피다

보기 어휘 ☆**嗅觉** xiùjué 명 후각 | ☆**灵敏** língmǐn 형 반응이 빠르다, 예민하다 | ☆**警惕** jǐngtì 동 경계하다 명 경계 | **情感联系** qínggǎn liánxì 정서적 관계 | ☆**疏远** shūyuǎn 형 소원하다 동 소원하게 되다 | **凭** píng 동 기대다, 의지하다 | **情绪** qíngxù 명 감정, 기분

정답 D

해설 개는 사람의 얼굴 표정과 목소리에 근거해 그 사람이 기쁜지 화가 났는지 판단할 수 있다(狗会根据人类的面部表情和声音来判断人们是高兴还是生气)고 했으므로 정답은 D입니다.

5

压力在无形中会给人带来很大的影响，慢性压力还会影响大脑的尺寸、结构和功能，甚至可能影响基因。当你感觉到有压力时，不妨尝试一下深呼吸，做个拉伸，让自己放松一下。

A 压力会让人产生动力
B 慢性压力会影响大脑
C 基因决定了压力的程度
D 深呼吸对缓解压力毫无作用

스트레스는 자기도 모르게 큰 영향을 끼친다. 만성 스트레스는 대뇌의 크기와 구조, 기능에도 영향을 끼칠 수 있고, 심지어 유전자에도 영향을 끼칠 가능성이 있다. 당신이 스트레스를 받는다고 생각이 되면 심호흡과, 스트레칭을 해보면서 자신을 좀 쉬게 해주는 것도 좋다.

A 스트레스는 사람으로 하여금 원동력이 생기게 해준다
B 만성 스트레스는 대뇌에 영향을 끼칠 수 있다
C 유전자가 스트레스의 정도를 결정했다
D 심호흡은 스트레스를 완화시키는데 전혀 소용이 없다

지문 어휘 **压力** yālì 명 스트레스, 압력 | **无形中** wúxíngzhōng 부 모르는 사이에, 어느 새 | ☆**慢性** mànxìng 형 만성의 | **尺寸** chǐcun 명 치수, 사이즈, 크기 | **结构** jiégòu 명 구성, 구조 | **功能** gōngnéng 명 기능 | ☆**基因** jīyīn 명 유전자 | ☆**不妨** bùfáng 동 무방하다, 괜찮다 | ☆**尝试** chángshì 동 시험해보다 명 시험, 시도 | **深呼吸** shēnhūxī 명 심호흡 동 심호흡하다 | **拉伸** lāshēn 명 스트레칭 | **放松** fàngsōng 동 느슨하게 하다, 풀어주다

보기 어휘 ☆**动力** dònglì 명 동력, 원동력 | **缓解** huǎnjiě 동 완화시키다 | ☆**毫无** háowú 조금도 ~이(가) 없다

정답 B

해설 만성 스트레스는 대뇌의 크기, 구조, 기능에도 영향을 끼칠 수 있고, 심지어 유전자에도 영향을 끼칠 가능성이 있다(慢性压力甚至会影响大脑的尺寸、结构和功能，甚至还可能影响基因)고 했으므로 정답은 B입니다.

6

小华不小心把爷爷的紫砂壶打破了，于是他偷偷地去卖场花几百块钱买了个一模一样的回来，爷爷并没有发现两个壶有什么不同。一天，爷爷端着茶壶自言自语地说：“我这个几十块的地摊货居然还挺好用的。”

A 新茶壶比原来的贵
B 爷爷的茶壶是古董
C 爷爷发现茶壶有异常
D 小华被爷爷惩罚了

샤오화는 실수로 할아버지의 자사호를 깨뜨렸다. 그래서 몰래 매장에 가서 몇 백 위안을 주고 똑같은 것으로 사왔는데, 할아버지는 두 자사호가 다른 것인지 알아차리지 못하셨다. 하루는 할아버지가 찻주전자를 들고 혼잣말을 하셨다. “이 몇 십 위안 짜리 길거리표 물건이 의외로 정말 쓸만하네.”

A 새 찻주전자는 원래 것보다 비싸다
B 할아버지의 찻주전자는 골동품이다
C 할아버지는 찻주전자가 이상하다는 것을 알아챘다
D 샤오화는 할아버지에게 벌을 받았다

지문 어휘 **紫砂壶** zǐshāhú 자사호(자줏빛의 도기 주전자) | **打破** dǎpò 동 깨뜨리다 | **偷偷地** tōutōude 부 몰래, 슬며시 | **卖场** màichǎng 명 매장 | **一模一样** yì mú yí yàng 성어 같은 모양 같은 모습이다 | ☆**端** duān 동 들다, 받쳐들다 | **茶壶** cháhú 명 찻주전자 (차를 끓이거나 담아 두는 손잡이가 달린 주전자 모양의 사기그릇) | **自言自语** zì yán zì yǔ 성어 혼잣말을 하다 | **地摊** dìtān 명 노점 | **地摊货** dìtān huò 길거리표 물건 | **居然** jūrán 부 뜻밖에 | **好用** hǎoyòng 형 쓰기에 편하다

보기 어휘 ☆**古董** gǔdǒng 명 골동품 | ☆**异常** yìcháng 명 이상 형 심상치 않다, 이상하다 | ☆**惩罚** chéngfá 동 징벌하다 명 징벌

정답 A

해설 샤오화는 할아버지의 자사호를 실수로 깨뜨려서 몰래 매장에 가 몇 백 위안을 주고 똑같은 것으로 사왔는데(他偷偷地去卖场花几百块钱买了个一模一样的回来), 할아버지는 혼잣말로 몇 십 위안 짜리 길거리표 물건이 뜻밖에 참 쓸만하다(这个几十块的地摊货居然还挺好用的)고 했으므로 정답은 A입니다.

7

有些人吃药时想立竿见影，就自作主张地加大剂量，其实擅自加大药量绝对不是明智之举，如果超过了肠道的吸收限度，反而可能会出现不良反应。最好的办法就是严格按照医嘱或说明书上规定的剂量服药。

A 不能随意增加药量
B 医生不建议患者自行买药
C 空腹吃药易引起肠道疾病
D 人对药物的吸收能力不同

어떤 사람은 약을 먹을 때, 즉시 효과를 보고 싶어서 자기 마음대로 조제량을 늘리는데, 사실 제멋대로 투여량을 늘리는 것은 절대로 현명한 행동이 아니다. 만약 장이 흡수할 수 있는 한계를 초과하게 되면, 오히려 부작용이 나타날 수 있다. 가장 좋은 방법은 의사의 지시나 설명서 상에 규정된 조제량에 따라 약을 복용하는 것이다.

A 마음대로 투여량을 늘려선 안 된다
B 의사는 환자가 스스로 약을 구매하는 것을 권하지 않는다
C 공복에 약을 먹으면 장의 질병을 일으키기 쉽다
D 사람의 약물에 대한 흡수력은 각각 다르다

지문 어휘 **立竿见影** lì gān jiàn yǐng 성어 즉시 효과가 나타나다 | **自作主张** zìzuò zhǔzhāng 자신의 생각대로 결정하다 | **加大** jiādà 동 확대하다, 늘리다 | **剂量** jìliàng 명 조제량 | **擅自** shànzì 부 제멋대로, 독단적으로 | **药量** yàoliàng 명 약량, 투여량 | **明智之举** míng zhì zhī jǔ 현명한 행동 | **肠道** chángdào 명 장, 창자 | **限度** xiàndù 명 한도, 한계 | **反而** fǎn'ér 부 오히려 접 그런데 | **不良反应** bùliáng fǎnyìng 부작용, 거부반응 | **医嘱** yīzhǔ 명 의사의 지시 | **剂量** jìliàng 명 조제량 | **服药** fúyào 동 약을 먹다

보기 어휘 ★**随意** suíyì 동 마음대로 하다 | ★**患者** huànzhě 명 환자 | **自行** zìxíng 부 스스로 | **空腹** kōngfù 명 공복 | **疾病** jíbìng 명 질병 | **药物** yàowù 명 약물

정답 A

해설 마음대로 투여량을 늘리는 것은 현명한 행동이 아니고(**其实擅自加大药量绝对不是明智之举**), 가장 좋은 방법은 엄격하게 의사의 지시나 설명서에 규정된 조제량에 따라 약을 복용하는 것(**最好的办法就是严格按照医嘱或说明书上规定的剂量服药**)이라고 했으므로 정답은 A입니다.

8

北宋画家文与可在家周围种上了各种竹子，并天天去竹林里观察竹子，一有新的感受就马上画下来，因此他画的竹子颇为传神。别人夸他时他总是谦虚地说，“我只是把琢磨成熟的竹子画下来罢了。”胸有成竹这个成语就是从这个故事里来的。

A 文与可非常傲慢
B 文与可擅长画竹
C 文与可种的竹子长势很好
D 文与可的画起初不被看重

북송 화가 문여가는 집 주위에 각종 대나무를 심고, 매일 대나무 숲에 가서 대나무를 관찰하며 새로운 느낌이 들면 바로 그림으로 그렸기 때문에 그가 그린 대나무는 매우 생동감 있다. 다른 사람이 그를 칭찬할 때 그는 늘 겸손하게 말했다. "저는 곰곰이 생각하고 익숙한 대나무를 그렸을 뿐입니다." '흉유성죽'이란 성어는 바로 이 이야기에서 나온 것이다.

A 문여가는 매우 오만하다
B 문여가는 대나무를 잘 그린다
C 문여가가 심은 대나무는 매우 잘 자란다
D 문여가의 그림은 처음에는 주목받지 못했다

지문 어휘 **北宋** BěiSòng 명 북송 | **文与可** Wényǔkě 고유 문여가(인명) | **种** zhòng 동 (씨를) 뿌리다, 심다 | **竹子** zhúzi 명 대나무 | **观察** guānchá 동 관찰하다 | **感受** gǎnshòu 동 느끼다 명 인상, 느낌 | **颇为** pōwéi 부 제법, 꽤 | **传神** chuánshén 동 생생하다 | **夸** kuā 동 칭찬하다 | **谦虚** qiānxū 형 겸손하다 | ★**琢磨** zuómo 동 생각하다, 궁리하다 | **成熟** chéngshú 동 성숙하다, 숙련되다 | **罢了** bà le 조 단지 ~일 뿐이다 | **胸有成竹** xiōng yǒu chéng zhú 성어 흉유성죽, 대나무를 그리기 전에 마음속에 이미 대나무의 형상이 있다, 일을 하기 전에 이미 모든 준비가 되어 있다

보기 어휘 **傲慢** àomàn 형 오만하다 | ★**擅长** shàncháng 동 ~에 뛰어나다, ~을(를) 잘하다 | **长势** zhǎngshì 명 성장 상황, 성장도 | ★**起初** qǐchū 부 최초에, 처음 | **看重** kànzhòng 동 중시하다

정답 B

해설 문여가가 그린 대나무는 매우 생동감 있다(他画的竹子颇为传神)고 했으므로 정답은 B입니다.

9

曾经辉煌一时的天津夏利汽车，已经在人们的视野里渐渐消失了。这家上世纪80年代曾经在中国出租车市场占据重要位置，并连续多年蝉联自主品牌轿车销量冠军的企业，如今却资不抵债，前景堪忧。

A 该企业面临资金危机
B 国内轿车企业越来越多
C 出租车已趋于饱和
D 该企业调整了营销策略

일찍이 한때 호황이었던 톈진 샤리 자동차는 이미 사람들 시야에서 점점 사라졌다. 1980년대에 중국 택시 시장에서 중요한 위치를 차지했고, 연속으로 여러 해 동안 지속된 자체 브랜드 승용차 판매량 1위 기업이 오늘날 채무 초과로 앞날이 매우 걱정스럽다.

A 이 기업은 자금 위기에 처해있다
B 국내 승용차 기업이 점점 많아진다
C 택시는 이미 포화상태가 되었다
D 이 기업은 마케팅 전략을 조정했다

지문 어휘 **曾经** céngjīng 부 일찍이 | ★**辉煌** huīhuáng 형 휘황찬란하다 | **一时** yìshí 명 한때, 한동안 | **天津夏利汽车** Tiānjīn Xiàlì qìchē 고유 톈진 샤리 자동차(자동차 브랜드) | ★**视野** shìyě 명 시야 | **渐渐** jiànjiàn 부 점점 | **消失** xiāoshī 동 사라지다 | **世纪** shìjì 명 세기 | ★**占据** zhànjù 동 차지하다 | **连续** liánxù 동 연속하다 | **蝉联** chánlián 동 길게 이어지다, 계속하다 | **自主品牌** zìzhǔ pǐnpái 자체 브랜드 | **轿车** jiàochē 명 승용차 | **销量** xiāoliàng 명 판매량 | **冠军** guànjūn 명 우승 | **如今** rújīn 명 지금 | **资不抵债** zī bù dǐ zhài 성어 지불 불능, 채무 초과(개인이나 기업의 총채무가 자산의 총가치를 초과하여 채무 지불 능력이 없는 재정 상태) | **前景堪忧** qiánjǐng kānyōu 전망이 걱정스럽다

보기 어휘 **面临** miànlín 동 직면하다 | **资金** zījīn 명 자금 | ★**危机** wēijī 명 위기 | **趋于** qūyú 동 ~(으)로 되어가다, ~(으)로 기울어지다 | ★**饱和** bǎohé 명 포화 동 최대한도에 이르다 | **调整** tiáozhěng 동 조정하다 | **营销** yíngxiāo 동 마케팅하다 | ★**策略** cèlüè 명 전략

정답 A

해설 톈진 샤리 자동차 기업은 오늘날 채무 초과로 앞날이 걱정스럽다(如今却资不抵债，前景堪忧)고 했으므로 정답은 A입니다.

실전모의고사 5회

10

人类的智商值并不是一成不变的，新西兰科学家詹姆斯·弗林发现，随着近亲通婚的减少，以及人们受教育水平的提高，全球人类平均智商一直在上涨。这种现象被命名为弗林效应。

A 智商由基因决定
B 人类的智商逐渐提高了
C 新西兰的科学技术很先进
D 大脑的潜力未得到充分的开发

인류의 지능지수는 고정불변한 것이 아니다. 뉴질랜드 과학자 제임스 플린은 근친혼의 감소와 사람들의 교육 수준이 향상됨에 따라 전 세계 인류의 평균 지능지수가 계속 올라가고 있다고 밝혔다. 이런 현상은 '플린효과'라고 명명되었다.

A 지능지수는 유전자가 결정한다
B 인류의 지능지수는 점점 올라갔다
C 뉴질랜드 과학기술은 매우 선진적이다
D 대뇌의 잠재력은 아직 충분히 개발되지 않았다

지문 어휘 **人类** rénlèi 명 인류 | **智商值** zhìshāngzhí 명 지능지수(IQ) | **一成不变** yì chéng bú biàn 성어 고정불변하다, 변함 없다 | **新西兰** Xīnxīlán 고유 뉴질랜드 | **詹姆斯·弗林** Zhānmǔsī·Fúlín 고유 제임스 플린(James Flynn) | **随着** suízhe ~(함)에 따라 | **近亲** jìnqīn 명 근친, 가까운 친척 | **通婚** tōnghūn 동 통혼하다, 혼인 관계를 맺다 | **以及** yǐjí 접 및, 그리고 | ★**命名** mìngmíng 동 명명하다, 이름을 짓다 | **弗林效应** fúlín xiàoyìng 플린효과(Flynn Effect)

보기 어휘 ★**基因** jīyīn 명 유전자 | **逐渐** zhújiàn 부 점차 | ★**先进** xiānjìn 형 선진적이다 | **潜力** qiánlì 명 잠재능력

정답 B

해설 근친혼의 감소와 사람들의 교육 수준의 향상에 따라 전 세계 인류의 평균 지능지수가 계속 올라가고 있다(随着近亲通婚的减少，以及人们受教育水平的提高，全球人类平均智商一直在上涨)고 했으므로 정답은 B입니다.

11

武林中有句古话："初学三年，天下俱得；再学三年，寸步难行。"意思是说刚开始学武术时进步明显，学了一段时间后便很有成就感，觉得可以凭这点儿本事闯荡天下了。然而继续钻研，就会发现自己的功夫开始停滞不前，这就需要不断突破自我。

A 学武前三年最辛苦
B 学武不能半途而废
C 学武第三年会遇到瓶颈
D 学武需要不断自我突破

무림에 이런 옛 말이 있다. "처음 배우는 3년 동안에는 천하를 모두 얻은 것 같지만, 3년을 더 공부하면 난제가 첩첩산중이다." 이 말의 의미는, 무술을 막 배우기 시작할 때에는 눈에 띄게 향상하기 때문에, 한동안 배운 후 성취감이 매우 커서, 이 정도 능력으로도 세상을 떠돌아다닐 수 있을 것 같지만, 계속 깊이 연구하다 보면 자신의 무예가 앞으로 나아가지 못하고 제자리걸음하고 있음을 깨닫게 될 것이고, 그땐 부단히 자신의 한계를 돌파해야 한다는 것이다.

A 무술은 배우기 시작한 처음 3년이 가장 고생스럽다
B 무술을 배울 때에는 중도에 포기하면 안 된다
C 무술을 배우는 3년차에 난관을 만나게 될 것이다
D 무술을 배우려면 부단히 자신의 한계를 돌파해야 한다

지문 어휘 武林 wǔlín 명 무림 | 古话 gǔhuà 명 옛말 | 初学 chūxué 명 초학 동 처음 배우기 시작하다 | 俱 jù 부 모두, 전부 | 寸步难行 cùn bù nán xíng 성어 한 발자국도 움직일 수 없다(어떤 일을 하는 데 난제가 첩첩산중이다) | 武术 wǔshù 명 무술, 무예 | 明显 míngxiǎn 형 뚜렷하다, 분명하다 | 成就感 chéngjiùgǎn 명 성취감 | 凭 píng 동 기대다, 의지하다 | ☆本事 běnshi 명 능력, 기량 | 闯荡天下 chuǎngdàng tiānxià 천하를 떠돌아다니다 | 继续 jìxù 동 계속하다 | ☆钻研 zuānyán 동 깊이 연구하다 | 功夫 gōngfu 명 재주, 솜씨, 무술 | 停滞不前 tíng zhì bù qián 정체되어 앞으로 나가지 못하다, 제자리걸음하다 | 不断 búduàn 부 끊임없이, 늘 | ☆突破 tūpò 동 돌파하다 | 自我 zìwǒ 명 자아, 자기 자신

보기 어휘 ☆半途而废 bàn tú ér fèi 성어 중도에서 그만두다 | 瓶颈 píngjǐng 명 병목, 난관

정답 D

해설 처음 무술을 배울 때에는 눈에 띄게 향상하지만(刚开始学武术时进步明显), 계속 깊이 연구해보면 자신의 무예가 제자리걸음하기 시작하는 것을 깨닫게 되기 때문에 부단히 자신의 한계를 돌파해야 한다(然而继续钻研，就会发现自己的功夫开始停滞不前，这就需要不断突破自我)고 했으므로 정답은 D입니다.

12

澳大利亚有一种不怕火的树，名叫桉树。桉树之所以不怕火，是因为它的营养输送管道深藏在树干的木质层的深部，种子也包在厚厚的木质外壳里，假如遭遇森林大火，只要树干的木心没被烧干，等到雨季来临，桉树不但会获得重生，而且能长得更好。

A 桉树不怕火
B 春季森林火灾频发
C 有些植物能预示天气
D 桉树树干适合做家具

오스트레일리아에 불을 두려워하지 않는 나무가 있는데, 그 이름은 유칼립투스이다. 유칼립투스가 불을 두려워하지 않는 것은 그것의 영양 수송관이 나무 줄기의 나무결 깊은 곳에 숨겨져 있고, 씨앗도 두꺼운 나무 껍데기로 싸여있어서, 만약 숲에 큰 불이 난다 해도 나무줄기의 심재만 타지 않는다면, 우기가 왔을 때 유칼립투스는 다시 살아날 뿐만 아니라 더욱 잘 자랄 수 있기 때문이다.

A 유칼립투스는 불을 두려워하지 않는다
B 봄철에는 숲에 화재가 빈번하다
C 일부 식물은 날씨를 예지할 수 있다
D 유칼립투스 나무줄기는 가구를 만드는데 적합하다

지문 어휘 澳大利亚 Àodàlìyà 고유 오스트레일리아 | 桉树 ānshù 고유 유칼립투스 | 输送 shūsòng 동 수송하다 명 수송 | 管道 guǎndào 명 파이프, 관 | 藏 cáng 동 숨기다, 저장하다 | 树干 shùgàn 명 수간, 나무줄기 | 木质 mùzhì 명 나무 | ☆种子 zhǒngzi 명 종자, 씨앗 | 包 bāo 동 싸다 | 厚 hòu 형 두껍다 | 外壳 wàiké 명 껍데기 | 假如 jiǎrú 접 만약 | ☆遭遇 zāoyù 동 맞닥뜨리다 명 처지 | 森林 sēnlín 명 삼림 | 木心 mùxīn 명 심재(나무 줄기의 중심부) | 烧 shāo 동 태우다 | 等到 děngdào ~때가 되다(다른 동사나 주술구 앞에 쓰여 주요 동작이 일어나는 시간을 나타냄) | 雨季 yǔjì 명 우기 | 来临 láilín 동 이르다, 도래하다 | 获得 huòdé 동 획득하다 | 重生 chóngshēng 동 다시 살아나다

보기 어휘 春季 chūnjì 명 봄철 | 火灾 huǒzāi 명 화재 | 频发 pínfā 동 빈발하다 | 预示 yùshì 동 예지하다 명 예지 | 适合 shìhé 동 적합하다

정답 A

해설 오스트레일리아에 있는 불을 두려워하지 않는 나무 이름이 유칼립투스(澳大利亚有一种不怕火的树，名叫桉树)라고 했으므로 정답은 A입니다.

실전모의고사 5회

13

丽水位于浙江省西南部，素有“浙江绿谷”和“浙南林海”之称，至今已有上千年的历史。整个丽水的版图其实是由一个个独立于山间水畔的古村落组成的，丽水古村落数量之多，堪称全国之最。

A 丽水人民热情好客
B 丽水的古村落数量颇多
C 旅游业是丽水的支柱产业
D 丽水的版图经过多次变更

리쉐이는 저장성(省) 서남부에 위치하고, 예로부터 '저장성의 푸른 골짜기'와 '저장성 남부의 숲바다'라는 이름이 있으며, 오늘날까지 이미 수 천년의 역사를 가지고 있다. 리쉐이의 전체 영역은 사실 산, 물과는 분리된 옛마을 하나하나가 모여 이루어진 것이고, 리쉐이의 옛마을 수량은 전국에서 최고라고 할 만큼 많다.

A 리쉐이 사람들은 친절하고 손님에게 호의적이다
B 리쉐이의 옛마을 수량은 상당히 많다
C 여행업은 리쉐이의 주요 산업이다
D 리쉐이의 영역은 여러 번에 걸쳐 변경되었다

지문 어휘 **丽水** Lìshuǐ 고유 리쉐이(저장성에 있는 지명) | **位于** wèiyú 동 ~에 위치하다 | **浙江省** Zhèjiāngshěng 고유 저장성 | **素有** sùyǒu 동 예로부터 가지고 있다 | **绿谷** lǜgǔ 명 푸른 골짜기 | **林海** línhǎi 명 숲바다 | **之称** zhīchēng ~라는 이름 | **素有~之称** sùyǒu ~ zhīchēng 예로부터 ~라는 이름이 있다 | **至今** zhìjīn 동 오늘에 이르다 부 지금까지 | **版图** bǎntú 명 판도, 국가의 영토, 영역 | **独立** dúlì 동 독립하다, 떨어져 나가다 | **山间** shānjiān 명 산간 | **水畔** shuǐpàn 명 물가 | **村落** cūnluò 명 촌락, 마을 | **组成** zǔchéng 동 구성하다 | **堪称** kānchēng 동 ~라고 할 만하다 | **之最** zhīzuì ~중에 최고다

보기 어휘 **热情好客** rèqíng hàokè 친절하고 손님에게 호의적이다 | ★**颇** pō 부 꽤, 상당히 | **支柱产业** zhīzhù chǎnyè 중심 산업, 주요 산업 | **变更** biàngēng 동 변경하다, 개변하다

정답 B

해설 리쉐이의 옛마을 수량은 전국 최고라고 할 만큼 많다(丽水古村落数量之多，堪称全国之最)고 했으므로 정답은 B입니다.

14

在各种感官记忆中，嗅觉记忆是最不容易被遗忘的。视觉记忆几个小时甚至几分钟之内就可能消失，而嗅觉记忆却十分长久。数据显示，对气味的准确回忆率在一年后仍能达到65%。

A 聋哑人的嗅觉更灵敏
B 清新的气味可改善睡眠
C 嗅觉记忆相对持久
D 视觉记忆比嗅觉记忆深

각종 감각 기관의 기억력 중, 후각의 기억이 가장 쉽게 잊혀지지 않는다. 시각의 기억은 몇 시간 심지어 몇 분 안에 사라지지만, 후각의 기억은 매우 오래간다. 데이터에 따르면, 냄새에 대해 정확히 기억할 확률은 1년 후에도 여전히 65%에 이를 수 있다.

A 농아의 후각은 더욱 예민하다
B 상쾌한 냄새는 수면을 개선시킬 수 있다
C 후각의 기억은 상대적으로 오래간다
D 시각의 기억은 후각의 기억보다 깊이 남는다

지문 어휘 **感官** gǎnguān 명 감각 기관 | ★**嗅觉** xiùjué 명 후각 | **遗忘** yíwàng 동 잊다, 잊어버리다 | **视觉** shìjué 명 시각 | **消失** xiāoshī 동 사라지다 | **长久** chángjiǔ 형 길다, 오래다 | **数据** shùjù 명 데이터 | **显示** xiǎnshì 동 나타내다 | **准确** zhǔnquè 형 확실하다 | **回忆** huíyì 동 회상하다 명 회상 | **率** lǜ 명 율, 비율 | **仍** réng 부 여전히 | **达到** dádào 동 도달하다

보기 어휘 **聋哑人** lóngyǎrén 명 농아, 청각장애와 언어장애가 있는 사람 | ★**灵敏** língmǐn 형 반응이 빠르다, 예민하다 | **清新** qīngxīn 형 깨끗하고 신선하다, 상쾌하고 산뜻하다 | **改善睡眠** gǎishàn shuìmián 수면을 개선하다 | ★**持久** chíjiǔ 동 오래가다, 오래 지속되다

정답 C

해설 사람의 여러 감각 중에서 후각의 기억이 가장 잊혀지기 어렵다(嗅觉记忆是最不容易被遗忘的)고 하면서, 후각의 기억은 매우 오래간다(嗅觉记忆却十分长久)고 했으므로 정답은 C입니다.

15

自信使人成功，而自卑却是成功路上的一大障碍。自卑者总是消极地评价自己，觉得自己处处不如人。这种消极意识使自卑者各方面的潜力都受到压制，即使有才能，也发挥不出来，很难有大成就。

A 自卑是成功的绊脚石
B 自卑者难以经受挫折
C 自卑者往往很有才华
D 自卑者易受积极意识影响

자신감은 사람을 성공시키지만 열등감은 성공의 길에 큰 장애물이다. 열등감을 가진 사람은 늘 부정적으로 자신을 평가하고, 자신의 모든 것이 남들보다 못하다고 여긴다. 이런 부정적인 의식은 열등감을 가진 사람으로 하여금 여러 방면에서의 잠재력을 억압받게 하여, 설사 재능이 있다 하더라도 발휘하지 못하고, 큰 성과를 거두기 힘들게 만든다.

A 열등감은 성공의 장애물이다
B 열등감을 가진 사람은 좌절을 견디기 힘들다
C 열등감을 가진 사람은 종종 재능이 많다
D 열등감을 가진 사람은 긍정적인 의식의 영향을 받기 쉽다

지문 어휘 **自信** zìxìn 명 자신감 형 자신감이 넘치다 | ★**自卑** zìbēi 형 스스로 낮추다, 열등감을 가지다 | **障碍** zhàng'ài 명 장애, 방해물 | **消极** xiāojí 형 소극적이다, 부정적이다 | **评价** píngjià 동 평가하다 명 평가 | **处处** chùchù 명 도처에, 모든 방면에 | **不如** bùrú 동 ~만 못하다 | ★**意识** yìshí 명 의식 동 깨닫다 | **潜力** qiánlì 명 잠재능력 | ★**压制** yāzhì 명 억제, 억압 동 억제하다 | **即使** jíshǐ 접 설령 ~하더라도 | **才能** cáinéng 명 재능 | **发挥** fāhuī 동 발휘하다 | **成就** chéngjiù 명 성취 동 성취하다

보기 어휘 **绊脚石** bànjiǎoshí 명 방해물, 장애물 | **难以** nányǐ 형 ~하기 어렵다 | **经受** jīngshòu 동 견디다, 이겨내다 | ★**挫折** cuòzhé 명 좌절 | **积极** jījí 형 적극적이다, 긍정적이다, 건설적이다

정답 A

해설 열등감은 성공의 길에서 큰 장애물(自卑却是成功路上的一大障碍)이라고 했으므로 정답은 A입니다.

제2부분 16~30번 문제는 인터뷰를 듣고 질문에 알맞은 답을 고르는 문제입니다.

第16到20题是根据下面一段采访：

男：你是怎么得知自己入选了赫希洪博物馆"2017年全球最具开创性女性艺术家"的？

女：[16]是我们馆长给我发来了一封官方邮件通知我，我才知道的。

男：你个人如何看待当代艺术体系中的性别语言？

女：[17]艺术不应该有性别之分。实际上，很多优秀的艺术家的创作风格都是中性的，甚至是没有性别的。艺术是一种信仰，是一种创造美的哲学。我个人不太喜欢用性别来区分艺术家，我也不会把性别的属性带入作品创作。当然我不会回避自己的性别，因为性别是父母恩赐给我们的，是无法选择的。

男：这些年你的作品大多是跟爱有关的，很多艺术家都对"爱"这个符号情有独钟，你如何让自己的爱的语言与众不同呢？

女：每个人对爱的理解和视角都不同，而爱这个主题也应该得到更广泛、更全面的诠释和挖掘，因此我有信心让自己表达的爱与别人表达的爱不同。[18]而之所以选择爱这个符号，是因为我相信以爱的视角去创作，那么无论走到哪里都能产生一个无需语言的共鸣。

男：能说说你眼中的艺术是什么吗？

남: 당신은 자신이 허시혼 박물관의 '2017년 세계 가장 창의적인 여성 예술가'에 뽑힌 것을 어떻게 알게 되었나요?

여: [16]관장님께서 공문메일을 보내주셔서 알게 되었어요.

남: 당신은 개인적으로 당대 예술체계에서 성별에 관한 말들을 어떻게 생각하시나요?

여: [17]예술은 성별의 구분이 있으면 안 돼요. 사실 많은 우수한 예술가의 창작 스타일은 모두 중성적이거나 심지어 성별이 없어요. 예술은 일종의 신앙이고, 창조미의 철학이죠. 전 개인적으로 성별로 예술가를 구분하는 것을 좋아하지 않고, 성별의 특징을 작품 창작에 담지도 않습니다. 물론 전 자신의 성별을 회피하지 않아요. 왜냐하면 성별은 부모님께서 제게 주신 것이고, 선택할 수 있는 것이 아니니까요.

남: 요 몇 년 동안 당신의 작품은 대다수가 사랑과 관련된 것인데, 많은 예술가가 '사랑'이란 이 부호에 각별한 애정을 가지고 있죠. 당신의 사랑이라는 언어는 다른 작품과 어떻게 다를까요?

여: 모든 사람이 사랑에 대한 이해와 시각이 다르고, 사랑이란 주제는 마땅히 더욱 폭넓고, 더욱 전면적인 해석과 개발이 되어야 해요. 그래서 저는 제가 표현하는 사랑이 다른 사람이 표현하는 사랑과 다를 것이라고 자신해요. 그리고 [18]제가 사랑이라는 이 부호를 선택한 것은 사랑의 시각에서 창작한 것은 어느 곳에 가도 언어가 필요 없는 공감대를 이끌어낼 수 있을 거라 믿기 때문입니다.

남: 당신이 생각하는 예술은 무엇인지 말씀해주시겠어요?

女：我曾经在《挣扎》一书中说过，艺术先于一切事物发生。[19]我认为伟大的艺术家不是思考和探讨人性，而是超越人性的层面。艺术具有一个神奇的功能，它使人们探索精神内核，并帮助人们寻找宇宙世界的能量。艺术就好像先知，把没有发生的事物提前预告给人类。

男：在歌手和艺术家这两种身份之间，你选择了成为职业艺术家。你觉得从艺术爱好者到职业艺术家，之间是否存在一条难以跨越的界限？

女：[20]我作为职业艺术家进行创作和展出，只有十年的时间，但是近二十年里，我一直在学习和实践中进行视觉艺术的创作。如果音乐也能被定义为艺术的话，那么我从事艺术创作的时间就有三十年了。就我而言，创作是一种能力，也是一种习惯。别人说我跨界的时候，我总是说"我从未看到界限，因此也就跨越了。"

여: 제가 예전에 〈발악〉이란 책에서도 말한 적 있지만, 예술은 모든 사물보다 먼저 발생합니다. [19]제 생각에 위대한 예술가는 인생을 사고하고 연구 토론하는 것이 아닌 인성의 범위를 초월해요. 예술은 신기한 기능을 지니고 있고, 사람들로 하여금 정신의 본질을 탐색하게 하고, 사람들이 우주세계의 에너지를 찾을 수 있도록 도와줍니다. 예술은 마치 아직 일어나지 않은 일을 미리 인류에게 예언해주는 '예언자' 같아요.

남: 가수와 예술가 이 두 가지 신분 사이에서 당신은 프로 예술가를 선택했어요. 당신 생각에 예술 마니아에서 프로 예술가까지, 그 사이에 뛰어넘기 힘든 한계가 있나요?

여: [20]제가 프로 예술가로서 창작과 전시를 한지가 10년 정도 밖에 되지 않았어요. 하지만 20년 가까이 전 줄곧 배우고 실천하는 과정에서 시각예술 창작을 해왔죠. 만약 음악이 예술로 정의될 수 있다면 제가 예술 창작에 종사한 시간은 벌써 30년이 되었어요. 제 경우에는 창작은 능력이자 습관이에요. 다른 사람이 제가 한계를 뛰어넘었다고 말할 때 전 늘 이렇게 말합니다. "전 한계를 본 적이 없어요. 그래서 뛰어 넘었던 거죠."

지문 어휘 **得知** dézhī 동 알다, 알게 되다 | **入选** rùxuǎn 동 입선하다, 뽑히다 | **赫希洪博物馆** Hèxīhóng bówùguǎn 고유 허시혼 박물관(박물관 이름) | **全球** quánqiú 명 전 세계 | **具** jù 동 갖추다, 구비하다 | **开创性** kāichuàngxìng 명 창의성, 획기적 | **馆长** guǎnzhǎng 명 관장 | ☆**官方** guānfāng 명 정부 당국 | **官方邮件** guānfāng yóujiàn 공문 메일 | ☆**看待** kàndài 동 대하다, 어떤 견해를 가지다 | ☆**当代** dāngdài 명 당대 | ☆**体系** tǐxì 명 체계, 시스템 | **实际上** shíjìshang 부 사실상, 실제로 | ☆**创作** chuàngzuò 명 창작 동 창작하다 | **风格** fēnggé 명 풍격, 스타일 | **中性** zhōngxìng 명 중성 | ☆**信仰** xìnyǎng 명 신앙 | **创造** chuàngzào 동 창조하다 | **哲学** zhéxué 명 철학 | ☆**区分** qūfēn 동 구분하다 명 구분 | **属性** shǔxìng 명 속성 | **回避** huíbì 동 회피하다 | **恩赐** ēncì 동 은혜를 베풀다 | ☆**符号** fúhào 명 부호, 기호 | **情有独钟** qíng yǒu dú zhōng 성어 감정이 특별히 깊다 | **与众不同** yǔ zhòng bù tóng 성어 보통 사람과 다르다 | **视角** shìjué 명 시각 | **主题** zhǔtí 명 주제 | **广泛** guǎngfàn 형 광범위하다 | **诠释** quánshì 명 설명, 해석 동 설명하다, 해석하다 | ☆**挖掘** wājué 동 파다, 발굴하다, 개발하다 | **表达** biǎodá 동 표현하다 | **产生共鸣** chǎnshēng gòngmíng 공감이 생기다, 공감대가 형성되다 | ☆**共鸣** gòngmíng 명 공명, 공감 동 공감하다 | ☆**挣扎** zhēngzhá 동 힘써 버티다, 발악하다 | **伟大** wěidà 형 위대하다 | **思考** sīkǎo 동 사고하다 명 사고, 생각 | ☆**探讨** tàntǎo 동 연구 토론하다 명 연구와 토론 | ☆**人性** rénxìng 명 인성 | ☆**超越** chāoyuè 동 뛰어넘다 형 뛰어나다 | **层面** céngmiàn 명 방면 | **功能** gōngnéng 명 기능 | ☆**探索** tànsuǒ 동 탐색하다, 찾다 | **内核** nèihé 명 알맹이, 핵심 비유 (사물의) 본질, 골자 | **寻找** xúnzhǎo 동 찾다 | ☆**宇宙** yǔzhòu 명 우주 | ☆**能量** néngliàng 명 능력, 역량, 에너지 | **先知** xiānzhī 명 선각자, 예견자 동 미리 알다 | **预告** yùgào 동 예고하다 명 예고 | **人类** rénlèi 명 인류 | **职业** zhíyè 형 프로(적) | **难以** nányǐ 형 ~하기 어렵다 | **跨越** kuàyuè 동 뛰어넘다 | ☆**界限** jièxiàn 명 한계 | **展出** zhǎnchū 동 전시하다, 진열하다 | **实践** shíjiàn 동 실천하다 명 실천 | **从事** cóngshì 동 종사하다, 일을 하다 | **跨界** kuàjiè 동 한계를 뛰어넘다

16

女的是如何得知自己得奖的？
A 馆长亲自登门拜访
B 收到了博物馆的奖金
C 网上公布了获奖名单
D 收到了馆长的邮件通知

여자는 자신이 상을 받는 것을 어떻게 알게 되었나?
A 관장이 직접 집으로 찾아왔다
B 박물관의 상금을 받았다
C 인터넷에 수상 명단이 발표되었다
D 관장의 메일 통지를 받았다

보기 어휘 **亲自** qīnzì 부 몸소, 친히 | **登门** dēng mén 동 (상대방의) 집으로 찾아가다, 집을 방문하다. | ★**拜访** bàifǎng 동 예를 갖추어 방문하다 | **奖金** jiǎngjīn 명 상금, 장려금 | **公布** gōngbù 동 공포하다, 공개적으로 발표하다 | **获奖** huòjiǎng 동 상을 받다, 수상하다 | **名单** míngdān 명 명단

정답 **D**

해설 관장이 여자에게 공문메일을 보내 통지해줘서 알게 되었다(是我们馆长给我发来了一封官方邮件通知我，我才知道的)고 했으므로 정답은 D입니다.

17

女的认为性别与艺术创作的关系是什么？
A 艺术没有性别
B 性别是独特优势
C 作品会暴露性别
D 创作中应回避性别

여자는 성별이 예술 창작과 어떤 관계가 있다고 생각하는가?
A 예술은 성별이 없다
B 성별은 특별한 강점이다
C 작품이 성별을 드러낼 것이다
D 창작하는 과정에서 성별을 회피해야만 한다

보기 어휘 **独特** dútè 형 독특하다, 특별하다 | **优势** yōushì 명 우세, 강점 | ★**暴露** bàolù 동 폭로하다, 드러내다

정답 **A**

해설 여자의 말에서 예술은 성별의 구분이 있으면 안 된다(艺术不应该有性别之分)며, 사실상 많은 우수한 예술가의 창작 스타일은 중성적이고, 심지어 성별이 없기도 하다(实际上，很多优秀的艺术家的创作风格都是中性的，甚至是没有性别的)고 했으므로 정답은 A입니다.

18

为什么女的多以爱为主题创作？
A 容易引起共鸣
B 呼唤人们献出爱心
C 向其他艺术家学习
D 作品易得到学者的关注

여자가 사랑을 주제로 창작을 많이 하는 이유는 무엇인가?
A 공감대를 이끌어내기 쉬워서이다
B 사람들에게 사랑을 베풀도록 외치기 때문이다
C 다른 예술가에게 본받을 수 있기 때문이다
D 작품이 학자들의 관심을 얻기 쉬워서이다

보기 어휘 ★**呼唤** hūhuàn 동 부르다, 외치다 | **献出** xiànchū 동 바치다, 베풀다 | **爱心** àixīn 명 사랑하는 마음

정답 A

해설 여자가 사랑이라는 이 부호를 선택하는 것은 사랑의 시각으로 창작을 하면 어디서도 언어가 필요 없는 공감대를 형성할 수 있을 거라 믿기 때문(而之所以选择爱这个符号，是因为我相信以爱的视角去创作，那么无论走到哪里都能产生一个无需语言的共鸣)이라고 했으므로 정답은 A입니다.

19

关于艺术与人性的关系，下列哪项正确？

A 艺术探讨人性
B 艺术超越人性
C 艺术诠释人性的复杂
D 艺术体现人性的本质

예술과 인성의 관계에 관해 다음 중 옳은 것은 무엇인가?

A 예술은 인성을 탐구 토론한다
B 예술은 인성을 초월한다
C 예술은 인성의 복잡함을 해석한다
D 예술은 인성의 본질은 구현한다

보기 어휘 本质 běnzhì 명 본질

정답 B

해설 여자가 생각하는 위대한 예술가는 인성은 사고하고 탐구 토론하는 것이 아니라, 인성의 범위를 초월하는 것(我认为伟大的艺术家不是思考和探讨人性，而是超越人性的层面)이라고 했으므로 정답은 B입니다.

20

"我从未看到界限，因此也就跨越了。"这句话是什么意思？

A 艺术没有界限
B 音乐与绘画不同
C 时间帮助她跨界了
D 她无视界限的存在

"저는 한계를 본 적이 없어요. 그래서 뛰어넘었어요." 이 말은 무슨 의미인가?

A 예술은 한계가 없다
B 음악과 회화는 다르다
C 시간은 그녀가 한계를 뛰어넘도록 도와주었다
D 그녀는 한계의 존재를 무시했다

보기 어휘 绘画 huìhuà 동 그림을 그리다, 회화하다 | 无视 wúshì 동 무시하다

정답 A

해설 여자는 예술가로서 창작과 전시를 한 것은 10년뿐이지만(我作为职业艺术家进行创作和展出，只有十年的时间) 음악도 예술로 정의한다면 예술 창작을 한 시간이 30년이 되었다고 말하며(如果音乐也能被定义为艺术的话，那么我从事艺术创作的时间就有三十年了) 자신의 경우는 창작이 능력이자 습관(就我而言，创作是一种能力，也是一种习惯)이라고 말했으므로, 여자에겐 예술의 한계가 없었던 것입니다. 따라서 정답은 A입니다.

第21到25题是根据下面一段采访：

男：业界认为新能源市场门槛很高，您为什么看好这一市场呢？

女：门槛高不高是因人而异的，我认为所有的行业都需要有高门槛，这样才能做好产品和市场。[21]新能源是未来发展的必然方向，具有很好的发展前景。在这个领域，目前全世界几乎都在同一个起跑线上。我们也希望通过强大的人才和技术在新能源领域领航。

男：在新能源方面，各大企业有哪些具体的推进方式？

女：我们一直在努力推动新能源技术成熟，很多企业已经形成了自己的逻辑和方式，大家都认为自己的电池是最好的。而我认为好与不好今后经过实践检验才是最真实的，现在说什么都为时过早。[22]在我看来，好电池首先应该安全性高，使用寿命长，其次就是充电快。除了研究新能源本身，各大企业也要关注环保问题，做好新能源电池的回收、拆解规划。

男：您是做空调的，您觉得用空调企业的管控方式去管理新能源汽车行业没问题吗？

女：这并不是空调企业的管控方式是否适合汽车行业的问题，关键在于我们的管理是否能满足消费者的需求并让消费者满意。我们始终坚持“不需要售后的服务才是最好的服务”的理念，不断挑战自我，才做出了现在高端的品质。[23]目前，新能源汽车行业还存在一些管理粗放、制度不健全的问题，而我们有比较完善的管理体系，也更注重对品质的追求。

남: 업계에선 신에너지 시장의 문턱이 너무 높다고 생각하는데 당신은 왜 이 시장의 전망을 밝게 보나요?

여: 기준이 높고 낮은 건 사람에 따라 생각이 다릅니다. 전 모든 업종이 다 높은 기준이 있어야 한다고 생각합니다. 이렇게 해야 비로소 상품과 시장이 잘 될 수 있어요. [21]신에너지는 미래 발전에 필연적인 방향이며 매우 좋은 발전 전망을 가지고 있습니다. 이 영역에서 현재 전세계가 거의 모두 같은 출발선에 있기 때문에 우리는 강대한 인재와 기술로 신에너지 영역에서 선도할 수 있기를 희망합니다.

남: 신에너지 방면에 대기업들은 어떤 구체적인 추진 방안을 가지고 있나요?

여: 우리는 줄곧 신에너지 기술이 성숙되도록 노력하고 있습니다. 많은 기업이 이미 자신만의 논리와 방식을 갖추었고, 모두가 자신의 전지가 가장 좋다고 여기고 있죠. 좋고 나쁜 것은 이후에 실천과 검증을 거쳐야 비로소 진실이 드러난다고 생각합니다. 지금은 무슨 말을 해도 다 시기상조이죠. [22]제 생각에는 좋은 전지는 우선 안전성이 높아야 하고, 사용 수명도 길어야 합니다. 그 다음은 충전이 빠른 것이죠. 신에너지 자체를 연구하는 것 외에도 여러 기업은 환경보호 문제도 관심을 가져야 하고, 신에너지 전지의 회수와 해체 계획도 잘 세워야 합니다.

남: 당신은 에어컨을 만드는데, 에어컨 회사의 관리 방식으로 신에너지 자동차 업종을 관리하는 것은 문제가 없다고 생각하시나요?

여: 이것은 에어컨 회사의 관리 방식이 자동차 업종에 적합한지 아닌지의 문제가 아닙니다. 중요한 것은 우리의 관리가 소비자의 수요를 만족시킬 수 있는지와 소비자가 만족할지에 있죠. 우리는 늘 '애프터 서비스가 필요 없는 것이야말로 가장 좋은 서비스이다'라는 이념을 고수하고, 끊임없이 도전해 왔습니다. 그렇게 비로소 지금의 고품질의 상품을 만들어낸 거죠. [23]현재 신에너지 자동차 업종은 아직 관리가 소홀하고, 제도가 완벽하지 않는다는 문제들이 있지만, 우리는 비교적 완벽한 관리 시스템을 갖췄고, 품질 추구에도 더욱 중점을 두고 있습니다.

男：在您看来，你们的企业需要进行怎样的革新？

女：最近几年，我们取得了飞跃式的发展，这也让我们有了另一种梦想和追求，就是希望从量的提升达到质的飞跃。此外，[24]我们不仅要关注财富的积累，更要关注对社会的贡献。

男：听说你们接下来打算投资装备制造，这是一种多元化发展吗？

女：这不是简单的多元化，我们不会放弃空调业务。之前所做的都是在打地基，打地基别人不容易看出成绩，但是花费的精力比盖楼要多。[25]制造业必须打好地基，不忘初心，我们会继续用这样的精神打造更多的产品。

남: 당신이 보기에, 당신 기업은 어떤 혁신이 필요한가요?

여: 최근 몇 년 우리는 비약적인 발전을 거두었습니다. 이로 인해 우리는 또 다른 꿈과 추구가 생겼는데 바로 양적 향상에서부터 질적 향상을 추구하는 것입니다. 그 밖에 [24]우리는 부의 축적뿐만 아니라 사회에 대한 공헌도 더욱 중요시할 것입니다.

남: 다음 순서로 장비 제조에 투자할 계획이라고 들었는데, 이것은 일종의 다원화 발전인가요?

여: 이것은 간단한 다원화가 아니고, 우리는 에어컨 사업을 포기하지 않을 거예요. 이전에 했던 모든 것들은 기반을 다진 것입니다. 터를 닦는 것은 다른 사람에겐 쉽게 성과가 보이지 않지만 들어가는 노력은 건물을 짓는 것보다 훨씬 많아요. [25]제조업은 반드시 기초를 잘 다져야 하고, 초심을 잃으면 안됩니다. 우리는 계속 이런 정신으로 더욱 많은 상품을 만들어갈 거예요.

지문 어휘 **业界** yèjìe 명 업계 | **新能源** xīnnéngyuán 명 새로운 에너지, 대체 에너지 | **门槛** ménkǎn 명 문턱, (요구하는) 조건, 기준 | **看好** kànhǎo 동 잘 되리라 예측하다, 전망이 밝다 | **因人而异** yīn rén ér yì 성어 사람에 따라 다르다 | **行业** hángyè 명 업무, 직업 | **必然** bìrán 형 필연적이다 부 반드시 | **前景** qiánjǐng 명 장래 | **领域** lǐngyù 명 영역 | **目前** mùqián 명 지금, 현재 | **起跑线** qǐpǎoxiàn 명 출발선 | **领航** lǐngháng 동 항로를 인도하다, 선도하다 | **企业** qǐyè 명 기업 | **推进** tuījìn 동 추진하다 | **推动** tuīdòng 동 밀고 나아가다 | **成熟** chéngshú 동 성숙하다 | **逻辑** luójí 명 논리 | **电池** diànchí 명 전지 | **实践** shíjiàn 동 실천하다 명 실천 | **检验** jiǎnyàn 동 검증하다 명 검증 | **为时过早** wéi shí guò zǎo 성어 시기상조이다 | **寿命** shòumìng 명 수명 | **充电** chōngdiàn 동 충전하다 | ☆**本身** běnshēn 명 그 자신 | **关注** guānzhù 동 관심을 가지다 명 관심 | **环保** huánbǎo 명 환경 보호 | ☆**回收** huíshōu 동 회수하다 | **拆解** chāijiě 동 해체하다 | **规划** guīhuà 명 계획 동 계획하다 | **空调** kōngtiáo 명 에어컨 | **管控** guǎnkòng 동 관리 통제하다 | **关键** guānjiàn 명 키포인트 형 매우 중요한 | **消费者** xiāofèizhě 명 소비자 | ☆**需求** xūqiú 명 수요 | **满足 ~ 需求** mǎnzú ~ xūqiú ~수요를 만족시키다 | **始终** shǐzhōng 명 시종, 처음과 끝 | **售后** shòuhòu 명 애프터(서비스) | **理念** lǐniàn 명 이념 | **不断** búduàn 동 끊임없다 부 끊임없이 | **挑战** tiǎozhàn 동 도전하다 명 도전 | **高端** gāoduān 형 고급의, 첨단의 | ☆**品质** pǐnzhì 명 품질 | **粗放** cūfàng 형 거칠다, 엉성하다, 소홀하다 | **制度** zhìdù 명 제도 | ☆**健全** jiànquán 동 완전하게 하다, 완벽하게 하다 형 건전하다 | **完善** wánshàn 형 완전하다 | ☆**体系** tǐxì 명 체계, 시스템 | ☆**注重** zhùzhòng 동 중시하다, 중점을 두다 | **追求** zhuīqiú 동 추구하다 | **革新** géxīn 명 혁신 동 혁신하다 | ☆**飞跃** fēiyuè 명 비약 동 비약하다 | **提升** tíshēng 동 진급 시키다, 끌어 올리다 | ☆**财富** cáifù 명 부, 재산 | **积累** jīlěi 동 쌓이다, 누적하다 | **贡献** gòngxiàn 명 공헌 동 공헌하다 | **听说** tīngshuō 동 듣는 바로는 | **接下来** jiēxiàlái 부 곧이어 | **投资** tóuzī 동 투자하다 | ☆**装备** zhuāngbèi 명 장비 | **制造** zhìzào 동 제조하다 | ☆**多元化** duōyuánhuà 동 다원화하다 | **放弃** fàngqì 동 버리다, 포기하다 | **业务** yèwù 명 업무, 일 | **打地基** dǎ dìjī 터를 닦다, 기반을 다지다 | **花费** huāfèi 동 쓰다, 소비하다 | **精力** jīnglì 명 정력 | **盖楼** gài lóu 동 건물을 짓다 | **制造业** zhìzàoyè 명 제조업 | **不忘初心** bú wàng chūxīn 초심을 잊지 않다 | **打造** dǎzào 동 만들다, 제조하다

21

女的怎么看新能源市场?

A 门槛没有想象的那么高
B 技术型人才达到饱和
C 是未来发展的必然趋势
D 中国在该领域全球领先

여자는 신에너지 시장을 어떻게 생각하는가?

A 기준이 생각만큼 그렇게 높지 않다
B 기술형 인재는 포화상태에 이르렀다
C 미래 발전의 필연적인 추세이다
D 중국은 이 영역에서 전세계 선두에 서있다

보기 어휘 **想象** xiǎngxiàng 동 상상하다 명 상상 | ★**饱和** bǎohé 명 포화 동 최대한도에 이르다, 포화상태에 이르다 | **趋势** qūshì 명 추세, 경향 | ★**领先** lǐngxiān 동 선두에 서다, 앞세우다

정답 C

해설 여자가 신에너지는 미래 발전의 필연적인 방향으로, 발전 전망이 매우 밝다(**新能源是未来发展的必然方向，具有很好的发展前景**)고 했으므로 정답은 C입니다.

22

下列哪项不是好电池的标准?

A 充电快
B 体积小
C 安全性高
D 使用寿命长

다음 중 좋은 전지의 기준이 아닌 것은 무엇인가?

A 충전이 빠르다
B 부피가 작다
C 안전성이 높다
D 사용 수명이 길다

보기 어휘 ★**体积** tǐjī 명 체적, 부피

정답 B

해설 여자가 생각하는 좋은 전지의 기준은 우선 안전성이 높아야 하고, 사용수명이 길어야 하며, 그 다음으로 충전이 빨라야 한다(**好电池首先应该安全性高，使用寿命长，其次就是充电快**)고 했으므로 정답은 B입니다.

23

新能源汽车行业存在什么问题?

A 亏损严重
B 无序竞争
C 管理制度不健全
D 售后服务不完善

신에너지 자동차 업종은 어떤 문제가 있는가?

A 손실이 심각하다
B 무질서한 경쟁을 벌인다
C 관리 제도가 완벽하지 않다
D 애프터 서비스가 완벽하지 않다

보기 어휘 ★亏损 kuīsǔn 명 결손, 손실 동 결손 나다, 적자 나다 | 严重 yánzhòng 형 중대하다, 심각하다 | 无序竞争 wúxù jìngzhēng 무질서한 경쟁

정답 C

해설 현재 신에너지 자동차 업종에는 일부 관리가 소홀하고, 제도가 완벽하지 못한 문제점들이 있다(目前，新能源汽车行业还存在一些管理粗放、制度不健全的问题)고 했으므로 정답은 C입니다.

24

对于企业革新，女的认为应该怎么做?

A 通过增产提高利润
B 走自主研发的道路
C 在产量上有所突破
D 强调为社会多做贡献

기업 혁신에 대해서 여자는 어떻게 해야 한다고 생각하는가?

A 생산을 늘려서 이윤을 올린다
B 자체 연구 개발의 길을 간다
C 생산량 부분에서 다소 돌파한다
D 사회를 위해 많이 공헌하는 것을 강조한다

보기 어휘 增产 zēngchǎn 동 증산하다, 생산을 늘리다 | 利润 lìrùn 명 이윤 | ★自主 zìzhǔ 동 자주적이다, 자주적으로 하다 | 研发 yánfā 동 연구개발하다 | ★突破 tūpò 동 돌파하다

정답 D

해설 여자는 양적 향상에서부터 질적 향상으로 옮겨가길 희망한다(就是希望从量的提升达到质的飞跃)고 했고, 부의 축적뿐만 아니라 사회에 대한 공헌에도 더욱 관심을 가질 것(我们不仅要关注财富的积累，更要关注对社会的贡献)이라고 했으므로 정답은 D입니다.

25

下列哪项是女的的观点?

A 制造业要打好基础
B 环保永远是第一位的
C 建筑业实现了多元化
D 空调企业将逐渐消失

다음 중 여자의 관점은 무엇인가?

A 제조업은 기초를 잘 다져야 한다
B 환경 보호는 영원히 제 1순위이다
C 건축업은 다원화를 실현시켰다
D 에어컨 회사는 앞으로 점차 사라질 것이다

보기 어휘 建筑业 jiànzhùyè 명 건축업 | 消失 xiāoshī 동 사라지다, 소실하다

정답 A

해설 여자가 제조업은 반드시 기초를 잘 다져야 한다(制造业必须打好地基)고 했으므로 정답은 A입니다.

第26到30题是根据下面一段采访：

女：中国的公益事业是什么时候接触到互联网的？

男：有三大标志性的事件，首先是1998年抗洪，然后是印度洋海啸，最后就是2008年汶川地震救灾。汶川地震时网友们通过网上捐赠已经很普遍了，[26]我觉得中国公益和互联网的对接主要是通过这几大救灾事件来实现的。在救灾的过程中，逐渐形成了一个越来越发达的捐赠和参与机制。

女：您怎么看公益事业给互联网带来的影响？

男：[27]公益事业使互联网的社会价值进一步凸显。现在哪儿有灾害了，通过互联网平台，大家很快就能联合在一起。不仅是政府和民间，甚至是国内和国际都能迅速联合起来行动。所以说，随着公众对公益活动参与度的提高，互联网的社会价值也显露出来了。

女：据统计，在互联网公益活动中，90后占了很大的比例，成为了公益事业的新生力量。您怎么看待这个现象？

男：坦率地说，汶川地震让我对90后刮目相看。以前人们常觉得90后没有吃过苦，不知道生活的艰辛，但我在灾区看到那些年轻人，他们义无反顾地工作，而且不留姓名，我真的被他们感动了。[29]而且这些年轻人要比我们这代人更有创新意识，更有干劲儿，接受新事物也更快。

女：用互联网做公益事业的话，是不是也意味着更高的挑战和要求呢？

여: 중국의 공익사업은 언제 인터넷을 접하게 되었나요?

남: 세 가지 상징적인 사건이 있는데, 첫 번째는 1998년 홍수와 싸운 일이고, 그 다음은 인도양 해일, 마지막이 바로 2008년 원촨 지진 구조 사건입니다. 원촨 지진 때 네티즌들의 온라인 기부는 이미 일반화 되었죠. [26]중국 공익과 인터넷의 연결은 주로 이 몇 가지 재난 구조 사건을 통해 실현되었다고 전 생각해요. 재난 구조 과정에서 점점 발달된 기부와 참여 메커니즘이 차츰 구축되었거든요.

여: 당신은 공익사업이 인터넷에 가져 온 영향을 어떻게 보시나요?

남: [27]공익사업은 인터넷의 사회적 가치를 더욱 분명히 드러나게 했어요. 지금은 어디에나 재해가 있고, 인터넷이라는 플랫폼을 통해 모두가 빠르게 단결할 수 있죠. 정부와 민간뿐만 아니라, 심지어 국내, 국제 사회 모두 빠르게 단결해 행동할 수 있어요. 따라서 대중의 공익 활동에 대한 참여도가 향상하면서, 인터넷의 사회적 가치도 드러나게 되었다고 말씀드릴 수 있어요.

여: 통계에 따르면, 인터넷 공익 활동 중 '쥬링허우'가 대부분을 차지했고, 공익사업의 신흥 세력이 되었는데, 이 현상을 어떻게 보시나요?

남: 솔직하게 말씀 드리면, 원촨 지진은 제가 쥬링허우를 다시 보게 만들었습니다. 이전에 사람들은 쥬링허우는 고생을 해본 적이 없어서 생활고를 모른다고 생각했어요. 그런데 저는 재해 지역에서 그 젊은 사람들을 보았습니다. 그들은 조금도 주저함 없이 일했고, 이름도 남기지 않았죠. 전 정말 그들에게 감동 받았어요. [29]게다가 이 젊은 사람들은 우리 세대 사람들보다 더욱 창의적인 사고를 가지고 있고, 더욱 열의 넘치며, 새로운 사물을 받아들이는 것도 더욱 빠릅니다.

여: 인터넷을 통해 공익사업을 하면, 도전과 요구도 더욱 높아진다는 것을 의미하나요?

男：没错。[28]首先用互联网做公益，对专业化的要求很高，如果公益事业从业者不懂专业的互联网知识和技术等等，在事业的开拓方面会寸步难行。其次，在互联网平台上，还需要用互联网语言。过去我们用正式且非常严肃的语言在互联网平台上与网友们沟通，大家都不太接受，因此效果很不理想。	남: 맞습니다. [28]우선 인터넷으로 공익사업을 하려면 전문화에 대한 요구가 매우 높아집니다. 만약 공익사업 종사자가 전문적인 인터넷 지식과 기술 등을 모른다면 사업을 개척할 때 난제가 첩첩산중일 것입니다. 그 다음으로, 인터넷상에서는 인터넷 용어를 써야 합니다. 과거에 우리는 정식적이고 매우 진지한 언어로 인터넷상에서 네티즌과 소통했더니 잘 받아들여지지 않아서 효과가 그다지 이상적이지 못했어요.
女：最后您能不能给我们介绍一下"互联网公益事业"未来的发展方向？	여: 마지막으로 우리에게 '인터넷 공익사업'의 미래 발전 방향을 소개해 주시겠어요?
男：互联网平台会从很多方面改变公益事业的体系，会让大家更容易参与到公益中来，因此，我们应该迎接这个时代的到来，并积极地参与到这场变革之中去。同时，我们还要不断推动这场变革进行下去，[30]让公益的发展跟上时代的潮流。	남: 인터넷은 많은 부분에서 공익사업의 체계를 바꿔놓을 것이고, 여러분이 더욱 쉽게 공익사업에 참여할 수 있도록 할 것입니다. 따라서 우리는 마땅히 이 시대의 도래를 맞이하고, 적극적으로 이 변혁에 참여할 것입니다. 동시에 우리는 이 변혁이 앞으로 계속되도록 부단히 추진하고, [30]공익사업의 발전이 시대의 흐름을 따라갈 수 있도록 할 것입니다.

지문 어휘 **公益事业** gōngyì shìyè 명 공익사업 | **接触** jiēchù 동 닿다, 접촉하다 | **互联网** hùliánwǎng 명 인터넷 | **标志性** biāozhìxìng 상징성, 상징적 | ★**事件** shìjiàn 명 사건, 일 | **抗洪** kàng hóng 동 홍수와 싸우다 | **印度洋** Yìndùyáng 고유 인도양 | **海啸** hǎixiào 명 해일, 해소 | **汶川** Wènchuān 고유 원촨(지명) | **地震** dìzhèn 명 지진 | **救灾** jiù zāi 동 재난에서 구원하다 | **网友** wǎngyǒu 명 네티즌 | **捐赠** juānzèng 동 기증하다, 기부하다 | **对接** duìjiē 동 마주 잇다, 연결하다 | **实现** shíxiàn 동 실현하다 | **逐渐** zhújiàn 부 점차 | **形成** xíngchéng 동 형성하다 | **发达** fādá 동 발달하다 | **参与** cānyù 동 참여하다 | **机制** jīzhì 명 메커니즘, 시스템, 체제 | **价值** jiàzhí 명 가치 | **进一步** jìnyíbù 명 진일보 동 한 걸음 나아가다 | **凸显** tūxiǎn 동 분명하게 드러나다 | **灾害** zāihài 명 재해 | **平台** píngtái 명 플랫폼 | **联合** liánhé 동 연합하다, 단결하다 | **政府** zhèngfǔ 명 정부 | ★**民间** mínjiān 명 민간 | **迅速** xùnsù 형 신속하다 | **公众** gōngzhòng 명 대중 | **显露** xiǎnlù 동 밖으로 드러내다 | **据** jù 동 ~에 따르다, 근거하다 | **90后** jiǔlínghòu 쥬링허우 90년 이후에 태어난 '소황제(小皇帝) 2기'에 해당한다. '80后(바링허우)'가 10대나 20대에 풍족함을 느낀 세대라면 '90后(쥬링허우)'는 유아기부터 풍족함을 접한 세대이다 | **占** zhàn 동 차지하다 | **比例** bǐlì 명 비례 | **新生力量** xīn shēng lìliàng 신흥 세력 | **坦率** tǎnshuài 형 솔직하다 | **刮目相看** guā mù xiāng kàn 성어 눈을 비비고 다시 보다, 괄목상대하다 | ★**吃苦** chī kǔ 동 고생하다 | **艰辛** jiānxīn 형 고생스럽다 명 고생 | **灾区** zāiqū 명 재해 지역 | **义无反顾** yì wú fǎn gù 성어 정의를 위해 뒤돌아보지 않고 용감하게 나아가다 | ★**创新** chuàngxīn 동 옛것을 버리고 새 것을 창조하다 명 창조성 | ★**意识** yìshí 명 의식 동 의식하다, 깨닫다 | ★**干劲儿** gànjìnr 명 일을 하려고 하는 의욕, 열성 | **接受** jiēshòu 동 받아들이다 | ★**意味着** yìwèizhe 동 의미하다 | **挑战** tiǎozhàn 명 도전 동 도전하다 | **专业化** zhuānyèhuà 명 전문화 | **从业者** cóngyèzhě 명 종사자 | ★**开拓** kāituò 동 개척하다 | **寸步难行** cùn bù nán xíng 성어 한 발자국도 움직일 수 없다, 난제가 첩첩산중이다 | **严肃** yánsù 형 엄숙하다 | **沟通** gōutōng 동 소통하다, 교류하다 | ★**体系** tǐxì 명 체계 | **迎接** yíngjiē 동 영접하다, 맞이하다 | **到来** dàolái 동 도래하다 | **变革** biàngé 명 변혁 동 변혁하다 | **不断** búduàn 동 끊임없다 | **推动** tuīdòng 동 밀고 나아가다, 추진하다 | **跟上** gēnshang 동 뒤따르다 | ★**潮流** cháoliú 명 조류, 시대의 추세

26

关于中国公益与互联网的对接可以知道什么?	중국의 공익과 인터넷의 연결에 관해 알 수 있는 것은 무엇인가?
A 是通过救灾事件实现的	A 재난 구조 사건을 통해 실현되었다
B 得到了政府的大力支持	B 정부의 큰 지지를 얻었다
C 有国际公益组织的援助	C 국제 공익 조직의 원조가 있다
D 前期工作极其不顺	D 초기 작업은 매우 순조롭지 않았다

보기 어휘 **大力** dàlì 명 큰 힘 | **支持** zhīchí 동 힘써 견디다, 지지하다 | **国际** guójì 명 국제 | **援助** yuánzhù 명 원조, 지원 동 지원하다 | **前期** qiánqī 명 전기, 초기 | **极其** jíqí 부 지극히, 매우

정답 A

해설 남자가 중국의 공익과 인터넷의 연결은 주로 몇 번의 큰 재난 구조 사건을 통해 실현되었다(**我觉得中国公益和互联网的对接主要是通过这几大救灾事件来实现的**)고 했으므로 정답은 A입니다.

27

公益事业对互联网的影响是什么?	공익사업이 인터넷에 끼친 영향은 무엇인가?
A 暴露了互联网的弊端	A 인터넷의 폐단을 드러냈다
B 提升了从业者的待遇	B 업계 종사자의 대우가 향상되었다
C 使互联网得到了大众的监督	C 인터넷이 대중의 관리감독을 받게 만들었다
D 凸显了互联网的社会价值	D 인터넷의 사회적 가치를 분명하게 보여주었다

보기 어휘 ★**暴露** bàolù 동 폭로하다, 드러내다 | ★**弊端** bìduān 명 폐단, 부정 | **待遇** dàiyù 명 대우 | ★**监督** jiāndū 명 감독 동 감독하다 | **凸显** tūxiǎn 동 분명하게 드러나다

정답 D

해설 공익사업은 인터넷의 사회적 가치를 더욱 분명하게 드러내 주었다(**公益事业使互联网的社会价值进一步凸显**)고 했으므로 정답은 D입니다.

28

下列哪项是用互联网做公益所面临的挑战?	다음 중 인터넷으로 공익사업을 하게 되면 직면하게 될 도전은 어느 것인가?
A 对专业化要求较高	A 전문화에 대한 요구가 비교적 높다
B 资金管理不透明	B 자금 관리가 불투명하다
C 办事流程过于复杂	C 일 처리 과정이 지나치게 복잡하다
D 法律法规不太完善	D 법률과 법규가 그다지 완벽하지 않다

보기 어휘 **资金** zījīn 명 자금 | **透明** tòumíng 형 투명하다 | **流程** liúchéng 명 작업과정 | **法律** fǎlǜ 명 법률 | **法规** fǎguī 명 법규 | **完善** wánshàn 형 완벽하다 동 완전해지게 하다

정답 A

해설 인터넷으로 하는 공익은 전문화에 대한 요구가 매우 높다(用互联网做公益，对专业化的要求很高)고 했으므로 정답은 A입니다.

29

男的现在如何评价90后？	남자는 현재 쥬링허우를 어떻게 평가하는가?
A 创新意识强	A 창의적 의식이 강하다
B 极具忍耐力	B 매우 인내심이 있다
C 不愿意吃苦	C 고생하길 원하지 않는다
D 总喜欢埋怨	D 늘 불평하기를 좋아한다

보기 어휘 **忍耐力** rěnnàilì 명 인내력 | ★**埋怨** mányuàn 동 원망하다

정답 A

해설 남자는 쥬링허우가 그들 세대 사람들보다 더욱 창의적인 사고를 가지고 있다(这些年轻人要比我们这代人更有创新意识)고 했으므로 정답은 A입니다.

30

下列哪项是男的的观点？	다음 중 남자의 관점은 무엇인가?
A 要多提携90后的年轻人	A 쥬링허우 젊은이들을 많이 육성해야 한다
B 募捐的效率有待提高	B 모금 효율을 높일 필요가 있다
C 公益要跟上时代的潮流	C 공익은 시대의 흐름을 따라가야 한다
D 公益募捐平台鱼龙混杂	D 공익 모금 플랫폼은 구성이 복잡하다

보기 어휘 **提携** tíxié 동 손잡고 가다, (후진을) 이끌다, 육성하다 | **募捐** mùjuān 동 기부금을 모으다, 모금하다 | **效率** xiàolǜ 명 효율 | **有待** yǒudài 동 기다리다, 기대하다 | **鱼龙混杂** yú lóng hùn zá 성어 물고기와 용이 한데 섞여 있다, 악한 사람과 착한 사람이 마구 뒤섞여 있다, 구성이 복잡하다

정답 C

해설 남자는 공익의 발전은 시대의 흐름을 따라가야 한다(让公益的发展跟上时代的潮流)고 했으므로 정답은 C입니다.

제3부분 31~50번 문제는 지문을 듣고 질문에 알맞은 답을 고르는 문제입니다.

第31到33题是根据下面一段话：

[31]信心是指我们在做某件事时是否有把握，它强调的是个人能力；而在评价一个人本身自信与否的时候，又是从更为整体的视角进行判断的，除了个人能力之外，还包括我们对自身、对人际关系的态度。

[31]我们可以将自信分为三个层面，[32]它的底层是自尊，主要体现在是否觉得自己值得被爱、被尊重，是否觉得自己有价值。[31]中间层就是通常意义上的自信，与个人能力有关。这种自信是在计划、决策和实际行动中体现出来的，比如工作做得出色、厨艺精湛，这都能使人更加自信。顶层主要是在人际互动中的自我肯定，能妥善地处理自己与他人的关系，能在人际互动中承受一定的挫败等等，这些也使人更加自信。

[33]总之，这三个方面是从个人内心逐步向社会环境和周遭世界展开的，它们是互相补充、互相影响的，而非独立存在的。

[31]확신은 우리가 어떤 일을 할 때 자신감이 있는지 없는지를 가리키며 개인의 능력을 강조한다. 그런데 사람 그 자체의 자신감 여부를 평가할 때에는 더욱 전반적인 시각에서 판단하는데, 여기에는 개인의 능력 외에도 자기 자신과 대인관계에 대한 태도도 포함한다.

[31]우리는 자신감을 세 개 층으로 나눌 수 있다. [32]그것의 맨 아래층은 자존감인데, 주로 자신이 사랑 받고, 존중 받을 가치가 있는지 여부와 자기 스스로 가치가 있다고 느끼는지의 여부에서 구체적으로 드러난다. 중간층은 바로 통상적인 의미에서의 자신감으로, 개인의 능력과 관계 있다. 이런 자신감은 계획, 정책 결정, 그리고 실제 행동 과정에서 드러나는데, 예를 들면 일을 훌륭하게 해내고, 요리 솜씨가 뛰어난 것 등이고, 이것은 그 사람으로 하여금 더욱 자신감 있게 만든다. 맨 위층은 주로 사람들과 상호교류 과정에서의 자아 긍정인데, 적절하게 자신과 타인의 관계를 처리할 수 있고, 사람들과 상호 교류 과정에서 어느 정도의 좌절 등도 이겨낼 수 있다. 이러한 것들도 더욱 자신감 있게 만들어준다.

[33]결론적으로 말하면, 이 세 가지 방면은 개인의 마음 속에서부터 점차 사회 환경과 주변 세계로 전개되는데, 서로 보완하고, 영향을 끼치는 것이지, 각각 독립적으로 존재하는 것이 아니다.

지문 어휘 **信心** xìnxīn 명 확신, 자신감 | **是否** shìfǒu 부 ~인지 아닌지 | **把握** bǎwò 명 자신감, 확신 동 (기회 등을) 잡다 | **强调** qiángdiào 동 강조하다 | **评价** píngjià 동 평가하다 명 평가 | ★**本身** běnshēn 명 그 자체 | **自信** zìxìn 명 자신감 동 자신하다 | **与否** yǔfǒu 명 여부 | **整体** zhěngtǐ 명 전체, 전반, 전면 | **视角** shìjiǎo 명 시각 | **包括** bāokuò 동 포함하다 | **自身** zìshēn 명 자신 | **人际关系** rénjì guānxì 대인관계 | **层面** céngmiàn 명 방면, 층 | **底层** dǐcéng 명 맨 아래층, 하층 | **自尊** zìzūn 명 자존감 | **体现** tǐxiàn 동 구현하다 | **通常** tōngcháng 명 통상, 일반 | ★**决策** juécè 동 방법, 정책을 결정하다 | **出色** chūsè 형 출중하다, 특별히 훌륭하다 | **厨艺** chúyì 명 요리솜씨 | **精湛** jīngzhàn 형 정밀하고 뛰어나다 | **顶层** dǐngcéng 명 맨 위층 | **互动** hùdòng 동 상호 작용하다 | ★**妥善** tuǒshàn 형 알맞다, 타당하다 | **处理** chǔlǐ 동 처리하다 | **承受** chéngshòu 동 감당하다, 이겨내다 | **挫败** cuòbài 명 좌절과 실패 동 좌절 시키다 | **总之** zǒngzhī 접 총괄적으로 말해서 | **逐步** zhúbù 부 차츰차츰 | **周遭** zhōuzāo 명 주위, 사방 | **展开** zhǎnkāi 동 펴다, 전개하다 | **补充** bǔchōng 동 보충하다, 보완하다 | **非** fēi 동 ~이(가) 아니다(부정적 판단으로서 '不是'에 해당함) | **独立** dúlì 형 독립적이다 동 독립하다 | **存在** cúnzài 동 존재하다 명 존재

自信和信心都与什么有关?

A 个人能力
B 人际关系
C 对自己的态度
D 对世界的态度

자신감과 확신은 모두 무엇과 관계가 있는가?

A 개인 능력
B 인간 관계
C 자신에 대한 태도
D 세계에 대한 태도

정답 A

해설 확신은 우리가 어떤 일을 할 때 자신감이 있는지 없는지를 가리키며 개인의 능력을 강조한다(信心是指我们在做某件事时是否有把握，它强调的是个人能力)고 했고 자신감은 세 개 층으로 나눌 수 있는데(我们可以将自信分为三个层面) 중간층은 통상적 의미의 자신감으로 개인의 능력과 관계가 있다(中间层就是通常意义上的自信，与个人能力有关)고 했으므로 정답은 A입니다.

32

下列哪项属于自信的底层?

A 是否觉得自己有价值
B 是否能完成既定目标
C 自己的厨艺是否精湛
D 能否承受较大的工作压力

다음 중 자신감의 맨 아래층에 속하는 것은 어느 것인가?

A 자신이 가치가 있다고 느끼는지의 여부
B 기정 목표를 완성할 수 있는지의 여부
C 자신의 요리 솜씨가 뛰어난지의 여부
D 비교적 큰 업무 스트레스를 감당할 수 있는지의 여부

보기 어휘 **完成** wánchéng 동 완성하다 | **既定** jìdìng 형 기정의, 이미 정한

정답 A

해설 자신감의 맨 아래층은 자존감인데 주로 자신이 사랑 받고 존중 받을 가치가 있다고 느끼는지의 여부와 스스로가 가치 있다고 느끼는지의 여부에서 구체적으로 드러난다(它的底层是自尊，主要体现在是否觉得自己值得被爱、被尊重，是否觉得自己有价值)고 했으므로 정답은 A입니다.

33

根据这段话，下列哪项正确?

A 不能随意批评他人
B 要客观评价历史人物
C 自信的中层是人际关系
D 自信的三方面互相影响

이 지문에 근거해 아래 어느 것이 정확한가?

A 마음대로 다른 사람을 비난하면 안 된다
B 객관적으로 역사 인물을 평가해야 한다
C 자신감의 중간층은 대인 관계이다
D 자신감의 세 가지 방면은 서로 영향을 끼친다

보기 어휘 ☆**随意** suíyì 동 마음대로 하다 | **他人** tārén 명 타인, 다른 사람 | **客观** kèguān 형 객관적이다

정답 D

해설 자신감의 세 가지 방면은 서로 보충하면서 영향을 끼치는 것이지, 각각 독립적으로 존재하는 것이 아니다(它们是互相补充、互相影响的，而非独立存在的)라고 했으므로 정답은 D입니다.

第34到36题是根据下面一段话:

[34]在大多数人的印象中，中小学的活动空间基本就是教室和操场，但其实包括走廊和楼梯这样的交通空间，也是能够承载活动的，例如课间活动时有很多学生都会在楼梯间打闹。这就引出了一个很重要的空间利用的问题，[35]即是否应该出现一种介于“动”和“静”之间的灰色空间来承载非正式课堂的教学，以及除此之外的课间和兴趣活动。

[36]在为北京某校做建筑设计的过程中，设计师就对原有的阵列式平面布局做了不同程度的尝试，教师可以通过移动墙体实现空间的组合与分离，做出大小不同的区域，以满足不同级别和人数的课程及课外活动的需要。

如今，校园的格局不再单调地被划分为教学楼、音乐楼、办公楼、餐厅和操场，而是一个集合了不同人群活动轨迹的教育空间。

[34]대다수의 사람들 기억에 초중고교의 활동 공간은 기본적으로 교실과 운동장이다. 그러나 사실 복도와 계단과 같은 이러한 교통 공간도 학생들의 활동을 감당해낸다. 예를 들면 쉬는 시간에 많은 학생들이 계단 사이에서 떠든다. 이것은 매우 중요한 공간 활용 문제를 이끌어낸다. 바로 ‘동적’과 ‘정적’ 사이에 끼어있는 회색 공간을 가지고 비공식적인 교실 수업과 이를 제외한 쉬는 시간과 취미활동을 감당하게 해야 하는지의 여부이다.

[36]베이징의 어느 학교 건축 설계 과정에서 디자이너는 원래의 진열식 평면 구도에 약간의 다른 시도를 했다. 교사는 이동 벽을 통해 공간의 조합과 분리를 실현시킬 수 있고, 크기가 다른 구역을 만들어 다른 레벨과 인원수의 교과목 및 수업 외 활동의 수요를 만족시켰다.

오늘날, 캠퍼스의 구조는 더 이상 단조롭게 강의동, 음악동, 사무동, 식당 그리고 운동장으로 구분하지 않고, 서로 다른 사람들의 활동을 패턴 별로 모아놓은 교육 공간이다.

지문 어휘 **印象** yìnxiàng 명 인상 | **中小学** zhōngxiǎoxué 명 초중고교 | **空间** kōngjiān 명 공간 | **基本** jīběn 부 대체로, 거의 명 기본, 형 기본의 | **操场** cāochǎng 명 운동장 | **包括** bāokuò 동 포괄하다 | ☆**走廊** zǒuláng 명 복도, 회랑 | **楼梯** lóutī 명 계단 | **承载** chéngzài 동 적재 중량을 견디다, 지탱하다 | **课间** kèjiān 명 쉬는 시간 | **打闹** dǎnào 동 떠들다 | **即** jí 부 바로, 즉 | **是否** shìfǒu 부 ~인지 아닌지 | **介于** jièyú ~의 사이에 있다 | **课堂** kètáng 명 교실 | **教学** jiàoxué 명 수업 동 가르치고 배우다 | **以及** yǐjí 접 및, 그리고 | **除此之外** chúcǐzhīwài 이 외에 | **建筑** jiànzhù 동 건축하다 명 건축물 | **设计** shèjì 명 설계, 디자인 동 설계하다 | ☆**阵列** chénliè 진열하다 | ☆**平面** píngmiàn 명 평면 | ☆**布局** bùjú 명 구성 동 구성하다 | ☆**尝试** chángshì 명 시험 동 시험해 보다 | **移动** yídòng 동 이동하다 | **墙体** qiángtǐ 명 벽 | **组合** zǔhé 동 조합하다 명 조합 | **分离** fēnlí 동 분리하다 명 분리 | ☆**区域** qūyù 명 구역 | **满足** mǎnzú 동 만족시키다 | ☆**级别** jíbié 명 등급 | **如今** rújīn 명 지금 | **校园** xiàoyuán 명 교정 | ☆**格局** géjú 명 짜임새, 구조 | **单调** dāndiào 형 단조롭다 | ☆**划分** huàfēn 동 나누다 | **教学楼** jiàoxuélóu 명 강의동 | **办公楼** bàngōnglóu 명 사무동 | **餐厅** cāntīng 명 식당 | **集合** jíhé 동 집합하다, 모이다 | **人群** rénqún 명 군중, 무리 | **轨迹** guǐjì 명 궤적, 자취

在人们的印象中，中小学的活动空间有哪两类？

A 教室与操场
B 教室与走廊
C 操场与走廊
D 教室与楼梯

사람들 기억에 초중고교의 활동 공간인 두 가지는 무엇인가?

A 교실과 운동장
B 교실과 복도
C 운동장과 복도
D 교실과 계단

정답 A

해설 많은 사람들 기억에 초중고교 활동 공간은 기본적으로 교실과 운동장(在大多数人的印象中，中小学的活动空间基本就是教室和操场)이라고 했으므로 정답은 A입니다.

35

灰色空间指的是什么？

A 没有具体用途的空间
B 不受约束的活动空间
C 轻松的课堂教学空间
D "动" "静" 之间的空间

회색 공간이 가리키는 것은 무엇인가?

A 구체적인 용도가 없는 공간
B 구속 받지 않는 활동 공간
C 편한 교실 수업 공간
D '동적'과 '정적' 사이의 공간

보기 어휘 **具体** jùtǐ 형 구체적이다 | **用途** yòngtú 명 용도 | **约束** yuēshù 동 구속하다, 제약하다

정답 D

해설 '동적'과 '정적' 사이에 끼어있는 회색공간(一种介于"动"和"静"之间的灰色空间)이라고 했으므로 정답은 D입니다.

36

北京那所学校的设计有什么特点？

A 采用对称式布局
B 拆除了部分墙体
C 更适合小学教学的需要
D 打破了教学区与活动区的界限

베이징 그 학교의 디자이너 설계는 어떤 특징이 있는가?

A 대칭식 배치를 사용했다
B 일부 벽을 철거했다
C 초등학교 교육에 더욱 적합하다
D 수업 공간과 활동 공간의 한계를 깨뜨렸다

보기 어휘 **采用** cǎiyòng 동 채용하다 | **对称式** duìchènshì 명 대칭식 | **拆除** chāichú 동 철거하다 | **打破** dǎpò 동 타파하다 | ★**界限** jièxiàn 명 한계

정답 D

해설 베이징 어느 학교의 건축 설계 과정에서 디자이너는 원래의 진열식 평면 배치에 조금은 다른 시도를 해보았다(在为北京某校做建筑设计的过程中，设计师就对原有的阵列式平面布局做了不同程度的尝试)며, 교사는 이동 벽을 통해 공간의 조합과 분리를 실현시킬 수 있고, 크기가 다른 구역을 만들어 다른 레벨과 인원수의 교과목 및 수업 외 활동의 수요를 만족시켰다(教师可以通过移动墙体实现空间的组合与分离，做出大小不同的区域，以满足不同级别和人数的课程及课外活动的需要)고 했으므로 정답은 D입니다.

第37到39题是根据下面一段话：

[37]生物圈是指地球上所有出现并感受到生命活动影响的地区，它是地球所特有的圈层，也是目前人类和所有生物唯一的栖身之所。生物圈中所蕴藏的物质能量是生命的物质源泉，也是无机自然界向人类提供的可利用的物质力量的源泉。[38]这种物质能量主要来自太阳辐射，能量在生物圈中逐级传送，最后以热能形式散发到太空。在接受这种来自外界的辐射时，生物圈扮演了选择者的角色——生物圈要对这些射线进行一番过滤，它接受那些能够养育生命的有益的射线，排斥导致死亡的有害射线。生物圈的规模极为有限，[39]生物圈所包含的资源是有限的，而所有物种都依赖于这些资源维持它们的生存。对任何物种而言，如果过分使用可更新资源，或是耗尽了不可再生的资源，都会导致自身的灭绝。迄今为止，地球上已灭绝的物种数量多得惊人。

[37]생물권은 지구상에 생명활동이 나타나고 영향을 받는 모든 지역을 가리킨다. 그것은 지구만이 가진 특별한 범위로, 현재 인류와 모든 생물의 유일한 거처이기도 하다. 생물권 안에 매장되어 있는 물질 에너지는 생명의 물질적 근원이자, 무기자연계가 인류에게 제공해주는 이용 가능한 물질적 힘의 원천이기도 하다. [38]이런 물질 에너지는 주로 태양 복사에서부터 온다. 에너지는 생물권 안에서 단계별로 전달되고, 마지막으로 열에너지 형식으로 우주로 발산한다. 이런 외부에서 오는 복사열을 받을 때, 생물권은 선택자의 역할을 하게 된다. 생물권은 이런 방사선들을 한차례 거르고 생명에 양분이 될 수 있는 유익한 방사선은 받아들이고, 사망에 이르게 하는 유해 방사선은 배척한다. 생물권의 규모는 매우 제한적이고, [39]생물권이 포함하는 자원도 한계가 있으며, 모든 생물이 이러한 자원에 의지해 생존을 유지한다. 어떠한 '종'이라도 만약 재생 가능 자원을 지나치게 사용하거나 재생 불가능한 자원을 다 써버리게 되면 멸종을 초래하게 될 것이다. 오늘날까지 지구상에서 이미 멸종한 종은 놀라울 만큼 그 수가 많다.

지문 어휘 **生物圈** shēngwùquān 명 생물권 | **感受** gǎnshòu 동 (영향을) 받다 명 느낌 | **地区** dìqū 명 지역 | **特有** tèyǒu 형 특유하다, 고유하다 | **圈层** quāncéng 명 범위, 층 | **目前** mùqián 명 지금 | **人类** rénlèi 명 인류 | ★**生物** shēngwù 명 생물 | **唯一** wéiyī 형 유일한 | **栖身** qīshēn 동 거주하다, 머물다 | ★**蕴藏** yùncáng 동 매장되다, 묻히다 | **物质** wùzhì 명 물질 | ★**能量** néngliàng 명 에너지, 역량 | ★**源泉** yuánquán 명 원천 | **无机自然界** wújī zìránjiè 명 무기자연계 | ★**辐射** fúshè 명 방사, 복사 동 방사하다, 복사하다 | **太阳辐射** tàiyáng fúshè 명 태양복사 | **逐级** zhújí 부 한 단계 한 단계 | **传送** chuánsòng 동 전달하여 보내다 | **热能** rènéng 명 열에너지, 열량 | ★**散发** sànfā 동 뿌리다, 발산하다 | ★**太空** tàikōng 명 우주, 매우 높은 하늘 | ★**扮演** bànyǎn 동 ~의 역을 맡아 하다, 출연하다 | **角色** juésè 명 배역, 역할 | **射线** shèxiàn 명 방사선 | **一番** yìfān 부 한바탕, 한차례 | ★**过滤** guòlǜ 동 여과시키다, 거르다 | **养育** yǎngyù 동 자양하다, 영양(양분)을 공급하다 | **有益** yǒuyì 형 유익하다, 도움이 되다 | ★**排斥** páichì 동 배척하다 | **导致** dǎozhì 동 야기하다, 초래하다 | ★**死亡** sǐwáng 명 사망 동 사망하다 | **有害** yǒuhài 동 유해하다, 해롭다 | **规模** guīmó 명 규모 | **极为** jíwéi 부 극히, 매우 | **有限** yǒuxiàn 형 제한적이다, 한계가 있다 | **资源** zīyuán 명 천연자원 | **物种** wùzhǒng 명 종 | ★**依赖** yīlài 동 의지하다 | ★**维持**

wéichí 동 유지하다 | ★生存 shēngcún 명 생존 동 생존하다 | 可更新资源 kě gēngxīn zīyuán 재생 가능 자원 | 耗尽 hàojìn 동 다 소비하다 | 不可再生 bù kě zàishēng 재생 불가능하다 | 自身 zìshēn 명 자신 | 灭绝 mièjué 동 멸종하다 | 迄今为止 qì jīn wéi zhǐ 성어 지금까지 | 惊人 jīngrén 동 사람을 놀라게 하다

37

关于生物圈，下列哪项正确？

A 受地震的影响很大
B 形成于生命产生之前
C 防止动物被人类侵犯
D 是人类唯一的栖息地

생물권에 관해 아래 어느 것이 정확한가?

A 지진의 영향을 크게 받는다
B 생명이 생겨나기 전에 이루어졌다
C 동물이 인류에 의해 침해 받는 것을 방지한다
D 인류의 유일한 거처이다

보기 어휘 地震 dìzhèn 명 지진 | 形成 xíngchéng 동 형성하다 | ★防止 fángzhǐ 동 방지하다 | ★侵犯 qīnfàn 동 침범하다 명 침범 | 栖息地 qīxīdì 명 서식지

정답 D

해설 생물권은 지구만이 가진 특별한 범위로 현재 인류와 모든 생물의 유일한 거처(它是地球所特有的圈层，也是目前人类和所有生物唯一的栖身之所)라고 했으므로 정답은 D입니다.

38

生物圈中的能量主要来自什么？

A 太阳辐射
B 宇宙大爆炸
C 化石燃料的燃烧
D 生物的新陈代谢

생물권 안의 에너지는 주로 어디에서부터 오는가?

A 태양복사
B 우주 대폭발
C 화석 연료의 연소
D 생물의 신진대사

보기 어휘 ★宇宙 yǔzhòu 명 우주 | ★爆炸 bàozhà 동 폭발하다 | ★化石 huàshí 명 화석 | 燃料 ránliào 명 연료 | 燃烧 ránshāo 동 연소하다 명 연소 | ★新陈代谢 xīnchén dàixiè 명 신진대사

정답 A

해설 생물권 안의 에너지는 주로 태양복사에서부터 온다(这种物质能量主要来自太阳辐射)고 했으므로 정답은 A입니다.

39

关于生物圈所包含的资源，可以知道什么?

A 分布集中
B 种类惊人
C 数量有限
D 开采难度大

생물권이 포함하는 자원에 관해서 무엇을 알 수 있나?

A 분포가 집중되어 있다
B 종류가 놀랄 만큼 많다
C 수량이 한계가 있다
D 채굴이 매우 어렵다

보기 어휘 **分布** fēnbù 동 분포하다 | **集中** jízhōng 동 집중하다 | ★**开采** kāicǎi 동 채굴하다 | **难度** nándù 명 난이도

정답 C

해설 생물권에 포함된 자원은 제한적(**生物圈所包含的资源是有限的**)이라고 했으므로 정답은 C입니다.

第40到43题是根据下面一段话：

市民王女士发现，女儿很快就完成了语文的抄写作业，而且字迹工整，为此她感到很欣慰。然而后来在整理女儿房间时，王女士却发现了一个抄写神器。在王女士的追问下，女儿承认自己用压岁钱在网上买了这款写字机器人。[40]知道了真相后，王女士哭笑不得。

据介绍，写字机器人是一组杆状的电子金属套件，可以装一支笔。使用者只需简单组装，下载手机软件，让机器人识别使用者的笔记，导入需要书写的内容，它就能模仿使用者的笔迹书写指定内容，[41]并且书写速度很快。其实如果仔细观察，还是能够发现机器人与人写字的区别的。[43]写字机器人在字的间距、字体大小等方面比较规范，而一般人很难做到如此一致。

此事一经报道，迅速引发热议，[42]有网友表示，现在的作业负担实在是太重了，而且老师布置的作业很多是枯燥而无意义的，孩子的这种做法固然不对，但是写字机器人的出现也是情有可原的，这些问题应该引起我们的反思。

왕여사는 딸이 어문과 필사 숙제를 빠르게 완성했고, 글자도 반듯한 것을 보고 기분이 매우 좋았다. 하지만 나중에 딸의 방을 정리할 때 신기한 필사 도구를 발견했다. 왕여사의 추궁 하에 딸은 세뱃돈으로 인터넷에서 이 글 쓰는 로봇을 샀다고 인정했다. [40]진상을 알고 난 후, 왕여사는 정말 어처구니가 없었다.

소개에 따르면 글 쓰는 로봇은 막대 모양의 전자 금속 세트로, 펜 하나를 넣을 수 있다. 사용자는 간단한 조립만으로, 휴대전화 어플을 다운받아 로봇이 사용자의 필기를 구별해낼 수 있게 하고, 써야하는 내용을 입력하면, 사용자의 필적을 따라 지정 내용을 써낼 수 있고, [41]쓰는 속도도 매우 빠르다. 사실 자세히 관찰하면 기계와 사람의 글자 차이를 알아볼 수 있다. [43]글 쓰는 로봇은 글자의 간격, 글자체의 크기 등이 비교적 규범에 맞지만, 사람은 이렇게 일치되게 써내기 힘들다.

이 일이 보도된 후, 빠르게 열띤 토론이 벌어졌다. [42]한 네티즌은 현재 숙제 부담이 너무 크고, 선생님이 내주신 숙제 대부분은 단조롭고 의미 없는 것들이기 때문에, 아이의 이런 방법은 물론 잘못 되었지만 글 쓰는 로봇이 나온 것은 정상참작할 만하다고 말했다. 이런 문제들을 우리는 마땅히 되돌아봐야 한다.

지문 어휘 市民 shìmín 명 시민 | 语文 yǔwén 명 국어 | 抄写 chāoxiě 동 베껴 쓰다, 필사하다 | 字迹 zìjì 명 필적 | 工整 gōngzhěng 형 반듯하다, 또박또박하다 | ★欣慰 xīnwèi 형 기쁘고 안심되다 | 神器 shénqì 명 신기한 물건 | 追问 zhuīwèn 동 캐묻다, 추궁하다 | 承认 chéngrèn 동 인정하다 | ★压岁钱 yāsuìqián 명 세뱃돈 | 机器人 jīqìrén 명 로봇 | ★真相 zhēnxiàng 명 진상, 실상 | 哭笑不得 kū xiào bù dé 성어 울 수도 웃을 수도 없다, 어처구니없다 | 杆状 gǎnzhuàng 명 막대 모양 | 金属 jīnshǔ 명 금속 | 套件 tàojiàn 명 세트 | 装 zhuāng 동 넣다, 장착하다 | 组装 zǔzhuāng 동 조립하다 | 下载 xiàzài 동 다운로드하다 | 手机软件 shǒujī ruǎnjiàn 휴대전화 어플리케이션 | ★识别 shíbié 동 식별하다 | 笔记 bǐjì 명 필기 | 导入 dǎorù 동 도입하다, 입력해넣다 | 模仿 mófǎng 동 모방하다 | 笔迹 bǐjì 명 필적, 글씨 | ★指定 zhǐdìng 동 지정하다 | 区别 qūbié 명 차이 동 구별하다 | 间距 jiānjù 명 간격 | 字体 zìtǐ 명 글자체 | ★规范 guīfàn 명 본보기, 규범 | 一致 yízhì 형 일치하다 명 일치 | 报道 bàodào 동 보도하다 명 보도 | 迅速 xùnsù 형 신속하다 | 引发 yǐnfā 동 일으키다 | 热议 rèyì 동 열띤 토론을 벌이다 | 网友 wǎngyǒu 명 네티즌 | ★负担 fùdān 명 부담 | 实在 shízài 부 확실히 | ★布置 bùzhì 동 안배하다, (활동을) 내주다, 배치하다 | ★枯燥 kūzào 형 바싹 마르다, 무미건조하다, 단조롭다 | ★固然 gùrán 접 물론 ~지만 | 情有可原 qíng yǒu kě yuán 성어 용서할 만한 점이 있다, 정상 참작할 만하다 | ★反思 fǎnsī 동 되돌아보다, 반성하다 명 반성

40

了解事情真相后，王女士是什么反应？

A 感到荒唐
B 感到欣慰
C 并不在意
D 感到遗憾

일의 진상을 알게 된 후, 왕여사는 어떤 반응인가?

A 매우 황당하다
B 기쁘고 위안이 되다
C 그다지 개의치 않는다
D 유감스러웠다

보기 어휘 ★荒唐 huāngtáng 형 황당하다, 터무니없다 | ★在意 zàiyì 동 마음에 두다 | 遗憾 yíhàn 형 유감스럽다 명 유감

정답 A

해설 진상을 알게 된 후, 왕여사는 울 수도 웃을 수도 없었다(知道了真相后，王女士哭笑不得)고 했으므로 매우 어처구니가 없고, 황당하다는 반응입니다.

41

关于写字机器人可以知道什么？

A 噪音很大
B 组装复杂
C 写字速度快
D 字体较大

글 쓰는 로봇에 관해 무엇을 알 수 있나?

A 소음이 매우 크다
B 조립이 복잡하다
C 글 쓰는 속도가 빠르다
D 글자체가 비교적 크다

보기 어휘 ★噪音 zàoyīn 명 소음, 잡음

정답 C

해설 글 쓰는 로봇은 조립이 간단(只需简单组装)하고, 글 쓰는 속도가 매우 빠르다(并且书写速度很快)고 했으므로 정답은 C입니다.

42

下列哪项是网友的观点?

A 老师也有责任
B 学生应该反思
C 禁止卖写字机器人
D 不该给学生留作业

다음 중 네티즌의 관점은 무엇인가?

A 선생님도 책임이 있다
B 학생은 마땅히 반성해야 한다
C 글 쓰는 로봇 판매를 금지한다
D 학생에게 숙제를 내주면 안 된다

정답 A

해설 한 네티즌의 의견을 들어보면, 현재 숙제 부담이 너무 크고, 선생님이 내주시는 숙제 대부분이 단조롭고 의미 없는 것이라서 학생의 이런 행동은 물론 잘못 되었지만 정상 참작할 만하다(**有网友表示，现在的作业负担实在是太重了，而且老师布置的作业很多是枯燥而无意义的，孩子的这种做法固然不对，但是写字机器人的出现也是情有可原的**)며, 우리의 반성이 필요하다(**这些问题应该引起我们的反思**)고 했으므로 정답은 A입니다.

43

根据这段话，下列哪项正确?

A 人类越来越依靠科技
B 写字机器人拥有专利
C 王女士从事司法工作
D 机器人写的字更规范

지문에 근거하여 다음 중 옳은 것은 무엇인가?

A 인류는 점점 과학 기술에 의지한다
B 글 쓰는 로봇은 특허가 있다
C 왕여사는 사법 업무에 종사한다
D 로봇이 쓴 글씨는 더욱 규범에 맞다

보기 어휘 ☆**依靠** yīkào 동 의지하다 | **科技** kējì 명 과학 기술 | ☆**拥有** yōngyǒu 동 보유하다 | **专利** zhuānlì 명 특허 | **从事** cóngshì 동 종사하다 | ☆**司法** sīfǎ 명 사법

정답 D

해설 글 쓰는 로봇은 글자 간격, 글자체의 크기 등에서 비교적 규범적이다(**写字机器人在字的间距、字体大小等方面比较规范**)라고 했으므로 정답은 D입니다.

第44到47题是根据下面一段话：

我们都知道在各类体育比赛中，除了手势外，裁判还会用吹哨子作为判罚的信号。但是你知道吗？世界上最早的一声裁判哨是由一个兼职做足球裁判的警察吹响的。[47]1863年，英国出现了足球裁判。[44]但当时的裁判员只在场外靠吆喝和手势来进行裁判，而不进入场内。但足球场外观众席上的噪音很大，在场内比赛的队员难以听得清楚裁判的声音。1875年的一场足球比赛上，双方运动员发生了争执，并开始动手。[45]为了声援自己支持的球队，很多观众也跑进场内，一时间秩序大乱，比赛也进行不下去了。[46]当时兼职裁判的警察灵机一动，掏出警笛吹了起来。众人以为触犯了警察，纷纷各归其位，现场立即安静下来，场上秩序也恢复了正常。这一出人意料的结果使人们意识到哨子的警醒作用，此后，足球场上的裁判便开始使用哨子进行判罚，并且很快扩展到了其他比赛之中。

여러 가지 스포츠 경기에서 손짓을 제외하고 심판은 호루라기를 사용해 페널티의 신호로 삼는다는 것을 우리는 모두 알고 있다. 하지만 세계 최초의 심판 호각 소리는 축구심판을 겸직한 경찰의 호각 소리에서 나왔다는 것도 알고 있는가? [47]1863년 영국에 축구 심판이 있었지만, [44]그 당시 심판은 경기장 밖에서 고함과 손짓으로 심판을 봤을 뿐, 경기장 내에 들어오지 않았다. 그러나 축구장 밖 관중석상의 소음이 너무 커서 경기장내에서 경기하는 선수들은 심판의 소리를 정확히 들을 수가 없었다. 1875년의 한 축구 경기에서 양측 선수들의 의견 충돌이 일어났고, 그들은 주먹질을 하기 시작했다. [45]자신이 응원하는 팀을 도와주기 위해 많은 관중들도 경기장 안으로 뛰어들어왔고, 일순간 질서는 엉망이 되고, 경기도 더 이상 진행할 수 없게 되었다. [46]그 당시 겸직으로 심판을 보던 경찰이 기지를 발휘해 호각을 꺼내 불기 시작했다. 사람들은 경찰을 거슬렀다고 생각해 잇달아 각자 위치로 돌아갔고, 현장은 즉시 안정되어 경기장의 질서도 정상으로 회복되었다. 이런 놀라운 결과는 사람들로 하여금 호루라기의 경각 효과를 깨닫게 해주었다. 그 후로 축구 경기장의 심판은 호루라기를 사용해 심판을 보기 시작했고, 다른 경기에도 빠르게 확장되었다.

지문 어휘 **各类** gè lèi 형 각 종류의 | **体育比赛** tǐyù bǐsài 스포츠 경기 | ★**手势** shǒushì 명 손짓 | ★**裁判** cáipàn 명 심판, 재판 동 심판하다, 재판하다 | **吹哨子** chuī shàozi 동 호루라기(휘파람)를 불다 | **判罚** pànfá 동 페널티를 주다 | **信号** xìnhào 명 신호 | **兼职** jiānzhí 동 겸직하다 명 겸직 | **吹响** chuīxiǎng 동 소리를 내다 | **场外** chǎngwài 명 장외, 경기장 밖 | **吆喝** yāohe 동 고함치다 | **场内** chǎngnèi 명 장내, 경기장 안 | **观众席** guānzhòngxí 명 관람석 | ★**噪音** zàoyīn 명 소음 | **队员** duìyuán 명 대원, 팀원 | **难以** nányǐ 형 ~하기 어렵다 | **争执** zhēngzhí 명 논쟁, 의견 충돌 동 고집을 부리며 양보하지 않다 | ★**动手** dòngshǒu 동 때리다, 손찌검하다, (어떤 일에) 착수하다 | **声援** shēngyuán 동 성원하다 명 성원 | **球队** qiúduì 명 구기팀 | **秩序** zhìxù 명 질서 | **灵机一动** líng jī yí dòng 성어 영감이 딱 떠오르다, 기지를 발휘하다 | ★**掏** tāo 동 물건을 꺼내다 | **警笛** jǐngdí 명 호각, 경적 | **众人** zhòngrén 명 많은 사람, 군중 | ★**触犯** chùfàn 동 위반하다, 거스르다 | **纷纷** fēnfēn 부 잇달아 형 어수선하게 많다 | **各归其位** gè guī qí wèi 각자 제자리로 돌아가다 | ★**现场** xiànchǎng 명 현장 | **立即** lìjí 부 즉시, 곧 | **出人意料** chū rén yì liào 성어 예상 밖이다, 뜻밖이다 | ★**意识** yìshi 동 의식하다, 깨닫다 | **警醒** jǐngxǐng 동 각성하다, 경계하고 깨닫다 | **作用** zuòyòng 명 역할, 효과 | **此后** cǐhòu 명 이후 | **扩展** kuòzhǎn 동 확장하다

44

最初足球裁判通过什么来判罚?	최초의 축구 심판은 무엇으로 페널티를 주었나?
A 竖旗帜	A 깃발을 세웠다
B 吹喇叭	B 나팔을 불었다
C 喊叫与举牌	C 소리치며 피켓을 들었다
D 吆喝和手势	D 고함치고 손짓을 했다

보기 어휘 **最初** zuìchū 명 최초 | ★**竖** shù 동 세우다 명 수직 | ★**旗帜** qízhì 명 깃발 | ★**喇叭** lǎba 명 나팔 | **喊叫** hǎnjiào 동 외치다 | **举牌** jǔ pái 동 피켓을 들다

정답 D

해설 최초의 축구 심판은 경기장 밖에서 고함치고 손짓을 하는 것으로 페널티를 주었다(**但当时的裁判员只在场外靠吆喝和手势来进行裁判**)고 했으므로 정답은 D입니다.

45

观众们为什么进入赛场内?	관중들은 왜 경기장 안으로 들어왔나?
A 与裁判争论	A 심판과 논쟁하려고
B 庆祝比赛结束	B 경기가 끝난 것을 축하하려고
C 声援喜爱的球队	C 좋아하는 팀을 도와주려고
D 与运动员合影留念	D 운동선수와 사진을 찍어 기념으로 남기려고

보기 어휘 **争论** zhēnglùn 동 논쟁하다 명 논쟁 | **庆祝** qìngzhù 동 경축하다 | **合影** héyǐng 동 함께 사진을 찍다 | ★**留念** liúniàn 동 기념으로 남겨 두다

정답 C

해설 양측 선수들이 충돌이 생겨 싸움이 일어났을 때(**双方运动员发生了争执，并开始动手**), 자신이 응원하는 팀을 도와주기 위해 많은 관중들도 경기장 내로 뛰어 들었다(**为了声援自己支持的球队，很多观众也跑进场内**)고 했으므로 정답은 C입니다.

46

听到警笛声后，人们有什么表现？

A 惊慌失措
B 不屑一顾
C 迅速安静了下来
D 一起冲向了裁判

경찰의 호각소리를 듣고 사람들은 어떤 반응을 보였나?

A 당황하여 어쩔 줄을 몰랐다
B 거들떠보지도 않았다
C 빠르게 안정되었다
D 함께 심판을 향해 돌진했다

보기 어휘 **惊慌失措** jīng huāng shī cuò 성어 당황하여 어쩔 줄을 모르다 | **不屑一顾** bú xiè yí gù 성어 거들떠볼 가치도 없다 | **冲** chōng 동 돌진하다

정답 C

해설 겸직으로 심판을 보던 경찰이 기지를 발휘해 호루라기를 꺼내 불기 시작하자 사람들은 경찰을 거슬렀다 생각해서 각자 제자리로 돌아가 현장은 즉시 안정되었다(**当时兼职裁判的警察灵机一动，掏出警笛吹了起来。众人以为触犯了警察，纷纷各归其位，现场立即安静下来**)고 했으므로 정답은 C입니다.

47

根据这段话，下列哪项正确？

A 比赛规则有待完善
B 最初的运动员多是兼职
C 裁判最早是负责治安的
D 最初裁判出现在1863年

지문에 근거해 다음 중 정확한 것은 무엇인가?

A 경기 규칙은 보완할 필요가 있다
B 최초의 운동선수는 대부분 겸직이다
C 심판은 처음에 치안을 책임졌다
D 최초 심판은 1863년에 나왔다

보기 어휘 **规则** guīzé 명 규칙 | **有待** yǒudài 동 ~할 필요가 있다 | **完善** wánshàn 동 완벽해지게 하다 형 완벽하다 | ★**治安** zhì'ān 명 치안

정답 D

해설 1863년에 영국에서 축구 심판이 나왔다(**1863年，英国出现了足球裁判**)고 했으므로 정답은 D입니다.

第48到50题是根据下面一段话：

华南虎是中国特有的一种老虎，在老虎家族里，它的体型并不算大。[48]由于过度捕杀和栖息地丧失等原因，20世纪80年代后，野生华南虎数量越来越少。据估计，野生华南虎的总数仅为50只左右。中国政府一直非常重视人工饲养华南虎。截至2017年，人工饲养的华南虎的数量已达164只。

将人工饲养的华南虎放回森林是未来华南虎保护工作的一项重要内容。[49]这不光是把训练好的老虎放回野外这么简单，更要保证经过野化放归的老虎的后代能够学会捕猎，并去往更远的地方。经过这样一代代的野外放归，实现“放虎归山”的最终目标。

选择适宜的放归地点，以保证放归自然的老虎可以生存，同时又要确保对当地人的生产生活不产生不良影响，这是科学家们要解决的关键问题。[50]这不仅需要科学家和相关部门的共同努力，也需要来自政府和社会的支持，以解决华南虎重返自然所需的大量资金问题。

남중국호랑이는 중국 특유의 호랑이로, 호랑이 동족 중 체형이 그다지 크지 않다. [48]지나치게 잡아 죽이고 서식지를 잃은 탓에 1980년대 후 야생 남중국호랑이의 수량은 점점 줄었다. 예측에 따르면 야생 남중국호랑이의 전체 수는 겨우 50마리 정도뿐이다. 중국 정부는 줄곧 남중국호랑이의 인공 사육을 매우 중요시해왔고, 2017년까지 인공 사육한 남중국호랑이의 수량은 이미 164마리에 이른다.

인공 사육한 남중국호랑이를 숲에 방생하는 것이 미래 남중국호랑이 보호 작업의 중요한 내용이다. [49]이는 단지 훈련을 마친 호랑이를 야생으로 돌려보내는 간단한 문제가 아니다. 야생화를 거쳐 돌아간 호랑이의 후세가 사냥을 배울 수 있고, 더욱 먼 곳으로 떠나 살 수 있도록 보장해줘야 하는 것이다. 이렇게 대대로 야생으로 돌려보내서 '호랑이를 풀어 산으로 돌려보낸다'라는 최종 목표를 실현한다.

자연으로 돌아간 호랑이의 생존을 보장하기 위해, 돌려보내기에 적합한 장소를 선택해야 하고, 동시에 현지인의 생산 생활에도 나쁜 영향을 끼치지 않도록 보장해줘야 한다. 이것은 과학자가 해결해야 할 중요한 문제이다. [50]남중국호랑이를 자연으로 돌려보내는데 필요한 많은 자금 문제를 해결하기 위해서, 과학자와 관련 부처의 공동 노력뿐만 아니라 정부와 사회의 지지도 필요하다.

지문 어휘 **华南虎** huánánhǔ 명 남중국호랑이 | **特有** tèyǒu 형 특유하다 | **家族** jiāzú 명 가족, 동족 | **体型** tǐxíng 명 체형 | ☆**过度** guòdù 형 지나치다 | **捕杀** bǔshā 동 잡아 죽이다 | **栖息地** qīxīdì 명 서식지 | ☆**丧失** sàngshī 동 상실하다 | **世纪** shìjì 명 세기 | **年代** niándài 명 연대 | **野生** yěshēng 명 야생 | **据估计** jù gūjì 예측에 따르면 | **总数** zǒngshù 명 총수, 총액 | **政府** zhèngfǔ 명 정부 | ☆**人工** réngōng 형 인공의 | ☆**饲养** sìyǎng 동 사육하다 | ☆**截至** jiézhì 동 ~에 이르다 | **训练** xùnliàn 동 훈련하다 명 훈련 | **野外** yěwài 명 야외 | **保证** bǎozhèng 동 보장하다, 확보하다 | **野化** yěhuà 명 야생화 | **放归** fàngguī 동 돌려보내다, 방생하다 | ☆**后代** hòudài 명 후대, 자손 | **捕猎** bǔliè 동 사냥하다 | **放虎归山** fàng hǔ guī shān 성어 범을 놓아 산으로 돌려보내다 | **最终** zuìzhōng 형 최종의 명 최종 | ☆**适宜** shìyí 동 적합하다, ~하기에 좋다 | ☆**生存** shēngcún 동 생존하다 명 생존 | ☆**确保** quèbǎo 동 확실하게 보장하다, 확보하다 | **当地** dāngdì 명 현지, 그 지방 | **关键** guānjiàn 명 관건 형 매우 중요한 | **部门** bùmén 명 부처 | **重返** chóngfǎn 동 되돌아오다(가다) | **资金** zījīn 명 자금

下列哪项是野生华南虎数量减少的原因?

A 过度捕杀
B 砍伐树木
C 地震频发
D 水源污染严重

다음 중 야생 남중국호랑이 수량이 줄어든 원인은 무엇인가?

A 과도하게 잡아 죽였다
B 나무를 베었다
C 지진이 빈번히 발생했다
D 수원 오염이 심각하다

보기 어휘 ☆**砍伐** kǎnfá 동 나무를 베다 | **地震** dìzhèn 명 지진 | **频发** pínfā 동 빈발하다 | **水源** shuǐyuán 명 수원

A

해설 지문에서 지나치게 잡아 죽이고 서식지를 잃은 원인 때문에(**由于过度捕杀和栖息地丧失等原因**) 야생 남중국호랑이의 수가 점점 줄었다(**野生华南虎数量越来越少**)고 했으므로 정답은 A입니다.

49

关于"放虎归山"工作，可以知道什么?

A 遭到了当地人的反对
B 尚未取得政府的许可
C 首选目的地是华南地区
D 需保证老虎后代捕猎

'호랑이를 풀어 산으로 돌려보낸다'는 작업에 관해 알 수 있는 것은 무엇인가?

A 현지인의 반대에 부딪혔다
B 정부의 허가를 아직 얻지 못했다
C 우선 선택한 목적지는 화남지역이다
D 호랑이 자손들의 사냥능력이 보장되어야 한다

보기 어휘 **遭到** zāodào 동 당하다 | **尚未** shàngwèi 아직 ~하지 않다 | **许可** xǔkě 명 허가 동 허가하다 | **首选** shǒuxuǎn 동 우선하여 선택하다 | **捕猎** bǔliè 동 사냥하다, 잡다

정답 D

해설 '호랑이를 풀어 산으로 돌려보낸다'라는 최종 목표 실현(**实现"放虎归山"的最终目标**)에 관해, 지문에서 훈련을 마친 호랑이를 야생에 방생하는 것은 간단하지 않을 뿐더러, 야생화를 거쳐 방생한 호랑이의 후손들이 사냥을 배울 수 있고 더 먼 곳으로 가서 살 수 있게 해줘야 한다(**这不光是把训练好的老虎放回野外这么简单，更要保证经过野化放归的老虎的后代能够学会捕猎，并去往更远的地方**)고 했으므로 정답은 D입니다.

50

根据这段话，下列哪项正确?	지문에 근거하여 다음 중 옳은 것은 무엇인가?
A 放归华南虎需大量资金	A 남중국호랑이를 방생하는 것은 많은 자금이 필요하다
B 华南虎并非只分布在中国	B 남중국호랑이는 중국에만 분포한 것이 아니다
C 野生华南虎多次袭击人类	C 야생 남중국호랑이는 여러 번 인류를 습격했다
D 科学家反对人工饲养老虎	D 과학자는 호랑이를 인공 사육하는 것을 반대한다

보기 어휘 **并非** bìngfēi 부 결코 ~이(가) 아니다 | **分布** fēnbù 동 분포하다 | ★**袭击** xíjī 동 습격하다 명 습격

정답 A

해설 지문에서 남중국호랑이를 자연으로 돌려보내는데 필요한 많은 자금 문제를 해결하기 위해, 과학자와 관련 부처의 공동 노력뿐만 아니라 정부와 사회의 지지도 필요하다(这不仅需要科学家和相关部门的共同努力，也需要来自政府和社会的支持，以解决华南虎重返自然所需的大量资金问题)고 했으므로 정답은 A입니다.

★★★★★

5회 독해

제1부분 51~60번 문제는 제시된 4개의 보기 중 틀린 문장을 고르는 문제입니다.

51

A 看护行业的兴起也许能解决养老的难题。

B 读书在某种意义上来说是一种生活方式。

C 成功人士都有一个共同的特点，那就是勤奋。

D 科学家们测算出月球的年龄大约为45亿年左右。

A 간호 업종의 성행은 어쩌면 노인문제를 해결할 수 있을 것이다.

B 독서는 어떤 의미에서 보면 일종의 생활방식이다.

C 성공한 사람은 모두 공통적인 특징을 가지고 있는데, 바로 근면함이다.

D 과학자들은 달의 나이가 45억 년 정도라고 측정했다.

어휘 **看护** kānhù 명 간호, 간병인 동 간호하다, 보살피다 | **行业** hángyè 명 업종 | **兴起** xīngqǐ 동 성행하다, 흥기하다 | **养老** yǎnglǎo 동 노인을 봉양하다(모시다) | **勤奋** qínfèn 형 근면하다, 열심이다 | **测算** cèsuàn 동 측량 계산하다 | **月球** yuèqiú 명 달 | **大约** dàyuē 부 대략, 대강 | **亿** yì 수 억

정답 D

해설 중복 오류입니다. 어림수를 나타내는 '左右'는 같은 의미를 가진 부사 '大约'와 함께 사용하지 않습니다.

科学家们测算出月球的年龄大约为45亿年左右。

→ 科学家们测算出月球的年龄大约为45亿年。

→ 科学家们测算出月球的年龄为45亿年左右。

52

A 一座城市有了包容力，才会有吸引力和号召力。

A 도시가 포용력이 생겨야만 비로소 흡인력과 호소력이 생길 것이다.

B 这部电影的情节很一般，但演员的演技都很优秀。

B 이 영화의 줄거리는 평범하지만 배우의 연기는 매우 우수하다.

C 在此次研究中，科学家们分析了比以往最多的数据。

C 이번 연구에서 과학자들은 예전보다 더욱 많은 데이터를 분석했다.

D 地铁5号线的正式运营，极大地缓解了市内交通拥堵的状况。

D 지하철 5호선의 정식 운행은 시내 교통 체증을 크게 완화시켜주었다.

어휘 **包容** bāoróng 동 포용하다 | **吸引力** xīyǐnlì 명 흡인력 | **号召力** hàozhàolì 명 호소력 | ☆**情节** qíngjié 명 줄거리 | **演员** yǎnyuán 명 배우 | **演技** yǎnjì 명 연기 | **优秀** yōuxiù 형 우수하다, 뛰어나다 | **研究** yánjiū 명 연구 동 연구하다 | **分析** fēnxī 동 분석하다 명 분석 | ☆**以往** yǐwǎng 명 예전, 이전, 과거 | **数据** shùjù 명 데이터 | **运营** yùnyíng 동 (차·배 따위를) 운행하다, 운영하다 | **极大** jídà 형 지극히 크다 | **缓解** huǎnjiě 동 완화시키다, 완화되다 | **拥堵** yōngdǔ 동 길이 막히다 | **状况** zhuàngkuàng 명 상황

정답 C

해설 비교문의 부사 사용 오류입니다. '비교문'에서는 '더, 더욱'의 의미를 가진 '更/更加/还/再'와 같은 정도부사를 사용하고 '매우, 가장' 등의 의미를 나타내는 '很/挺/极/最/非常/十分' 등의 정도부사는 사용하지 않습니다.

在此次研究中，科学家们分析了比以往最多的数据。
→ 在此次研究中，科学家们分析了比以往更多的数据。

53

A 我生长在戏曲之家，京剧对我一点都不陌生。

A 나는 희곡가 집안에서 자라서 경극에 대해 조금도 낯설지 않다.

B 黄冰一向认为书画不分家，他称作画为"写画"。

B 황빙은 늘 글과 그림은 서로 연관되어 있다고 여겨서, 그림 '그린다'는 것을 그림을 '쓴다'라고 말한다.

C 写文章时语言要精炼，一定要把不必要的话统统删掉。

C 글을 쓸 때, 언어는 간결해야 하고, 불필요한 말은 모두 지워버려야 한다.

D 语言源自对话，而最初的人类对话主要是为了交换社会信息。

D 언어는 대화에서 시작되었고, 최초의 인류 대화는 주로 사회 정보를 교환하기 위해서였다.

어휘 **戏曲** xìqǔ 명 중국 전통극, 희곡 | **京剧** jīngjù 명 경극 | **陌生** mòshēng 형 생소하다 | **黄冰** Huángbīng 고유 황빙(인명) | ☆**一向** yíxiàng 부 줄곧, 본래 | **不分家** bù fēnjiā 네 것 내 것이 없다, 서로 연관되어 있다 | **称A为B** chēng A wéi B A를 B로 부르다 | **作画** zuò huà 동 그림을 그리다 | **文章** wénzhāng 명 글 | **精炼** jīngliàn 형 정련하다 형 (말·문장 따위가) 군더더기가 없다, 간결하다 | ☆**统统** tǒngtǒng 부 전부 | **删掉** shāndiào 동 지우다, 삭제하다 | **源自** yuánzì ~에서 시작하다, ~(으)로부터 나오다 | **最初** zuìchū 명 최초, 처음 | **交换** jiāohuàn 동 교환하다 | **信息** xìnxī 명 정보

정답 A

해설 주어와 전치사구의 사용 오류입니다. '不陌生'의 주어는 '我'이어야 하고, '내가 익숙한 대상'이 '京剧'입니다.

我生长在戏曲之家，京剧对我一点都不陌生。

→ 我生长在戏曲之家，我对京剧一点都不陌生。

54

A 这家跨国公司很早就进入了中国市场。	A 이 다국적 기업은 일찍부터 중국 시장에 진출했다.
B 在母亲的言传身教下，他养成了勤俭节约的好习惯。	B 말과 행동으로 모범을 보이는 어머니의 참다운 가르침으로, 그는 근검절약하는 좋은 습관을 길렀다.
C 他平时话不多，可变得异常健谈，只要一谈起自己的专业。	C 그는 평소에 말이 많지 않지만 자신의 전공 얘기만 하기 시작하면, 매우 입담이 좋아진다.
D 乐观的人能看见问题后面的机会，悲观的人只能看到机会后面的问题。	D 낙관적인 사람은 문제 뒤에 감춰진 기회를 볼 수 있고, 비관적인 사람은 기회 뒤의 문제만 볼 수 있다.

어휘 **跨国公司** kuàguó gōngsī 명 다국적 기업 | **母亲** mǔqīn 명 모친 | **言传身教** yán chuán shēn jiào 성어 말과 행동으로 모범을 보이다 | **养成** yǎngchéng 동 기르다 | ★**勤俭** qínjiǎn 형 근검하다, 알뜰하다 | **节约** jiéyuē 동 절약하다 | ★**异常** yìcháng 부 특히, 몹시 형 심상치 않다 | **健谈** jiàntán 형 입담이 좋다, 달변이다 | **专业** zhuānyè 명 전공 | **乐观** lèguān 형 낙관적이다 | **悲观** bēiguān 형 비관적이다

정답 C

해설 문장 호응 순서의 오류입니다. 평소에 말이 많지 않지만(平时话不多) 입담이 좋아지는(变得异常健谈) 상황의 전환관계에서 달변가가 되는 조건이 자신의 전공 이야기를 할 때(一谈起自己的专业)입니다. 따라서 문장의 어순이 ①他平时话不多 ②只要一谈起自己的专业 ③变得异常健谈이 되어야 맞습니다. 이때 '只要~就~'는 '~하기만 하면, ~하다'라는 뜻의 고정격식입니다.

他平时话不多，可变得异常健谈，只要一谈起自己的专业。

→ 他平时话不多，可只要一谈起自己的专业，就变得异常健谈。

55

A 当人精神紧张时，眨眼的次数会不自觉地增加。

A 긴장을 하면 눈을 깜박이는 횟수가 자신도 모르게 늘어난다.

B《红楼梦》是举世公认的中国古典小说巅峰之作。

B『홍루몽』은 세계에서 인정받는 중국 고전 소설의 독보적인 작품이다.

C 这套昂贵的紫檀木家具是在中国广东省产生的。

C 이 비싼 자단목 가구는 중국 광둥성에서 생산된 것이다.

D 今年风调雨顺，庄稼一定会有一个好收成。

D 올해 기후가 좋으니 농작물이 분명 풍작일 것이다.

어휘 ☆眨 zhǎ 눈을 깜박거리다 | 次数 cìshù 명 횟수 | 不自觉地 búzìjuéde 자신도 모르게 | 增加 zēngjiā 동 증가하다 | 红楼梦 Hónglóumèng 고유 홍루몽(도서명) | 举世公认 jǔ shì gōng rèn 세상이 다 인정하다 | 古典 gǔdiǎn 명 고전 | 巅峰 diānfēng 명 최고봉, 정상 | ☆昂贵 ángguì 형 비싸다 | 紫檀木 zǐtánmù 명 자단목 | 家具 jiājù 명 가구 | 广东省 Guǎngdōngshěng 고유 광둥성(지명) | 风调雨顺 fēng tiáo yǔ shùn 성어 때맞춰 비가 오고 바람이 불다, 기후가 좋다 | ☆庄稼 zhuāngjia 명 농작물 | 收成 shōucheng 명 (작물 등의) 수확, 작황, (수산물의) 어황

정답 C

해설 동사 사용 오류입니다. 자단목으로 가구를 만드는 곳이 중국 광둥성이라는 의미로 가구를 '생산하다'라는 의미의 '生产'이 사용되어야 맞습니다. '产生'은 '怀疑/误会/影响/兴趣' 등과 호응하는 동사입니다.

这套昂贵的紫檀木家具是在中国广东省产生的。
→ 这套昂贵的紫檀木家具是在中国广东省生产的。

56

A 如今，越来越多的纸媒跨入了手机报纸的行列。

A 오늘날, 점점 더 많은 인쇄 매체가 휴대전화 신문의 대열에 들어섰다.

B 我从小时候开始，就幻想着有一天能登泰山看日出的梦想。

B 난 어릴 적부터 언젠가는 태산에 올라 일출을 볼 수 있기를 상상하고 있다.

C 当你用一根手指去指责别人时，别忘了还有三个手指是指向自己的。

C 당신이 한 손가락으로 다른 사람을 비난할 때, 나머지 세 손가락은 자신을 가리키고 있다는 것을 잊지 말아야 한다.

D 为了创作剧本，他查阅了大量史料，还走访了当年经历过那件事的老人。

D 시나리오를 창작하기 위해서 그는 많은 역사 자료를 찾아 읽었고, 당시 그 일을 겪었던 노인들을 방문해 인터뷰했다.

어휘 如今 rújīn 명 지금, 오늘날 | 纸媒 zhǐméi 명 (홍보용 인쇄물·잡지·신문 따위의) 인쇄 매체, 출판 매체 | 跨入 kuàrù 동 진입하다, 들어서다 | ☆行列 hángliè 명 행렬, 대열 | 幻想 huànxiǎng 동 공상하다, 상상하다 | 登 dēng 동 (사람이) 오르다, 올라가다 | 泰山 Tàishān 고유 태산, 타이산[산동(山東)에 위치한 산 이름, 오악의 하나] | 日出 rìchū 동 일출하다, 해가 뜨다 | 梦想 mèngxiǎng 명 꿈, 몽상 | 手指 shǒuzhǐ 명 손가락 | ☆指责 zhǐzé 동 지적하다, 비난하다 | 指向 zhǐxiàng 동 향하다, 가리키다 | ☆剧本 jùběn 명 극본, 각본, 대본 | 查阅 cháyuè 동 검색하다, 찾아 읽다, 열람하다 | 史料 shǐliào 명 사료, 역사 자료 | 走访 zǒufǎng 동 방문하다, (기자가) 취재하다, 인터뷰하다

정답 B

해설 중복 오류입니다. 술어가 '상상하다(幻想)'의 의미이므로 목적어에 '상상(梦想)'을 중복해 사용하지 않습니다.

我从小时候开始，就幻想着有一天能登泰山看日出的梦想。

→ 我从小时候开始，就幻想着有一天能登泰山看日出

57

A《史记》和《汉书》这两部著作奠定了中国古典史学的基础。

B 如果发生疑似心脏病的胸痛，一定要静卧，切勿避免盲目走动。

C 网络公众筹款是一种新兴的公益筹款方式，具有方便快捷的优点。

D 据民俗专家介绍，清明节起源于周朝，至今已有两千五百多年的历史了。

A『사기』와『한서』이 두 저서는 중국 고전 사학의 기초를 다져주었다.

B 만약 심장병으로 의심되는 가슴 통증이 있다면 반드시 가만히 누워있어야지, 절대로 함부로 걸어 다녀서는 안 된다.

C 인터넷 모금은 일종의 신흥 공익 모금 방식으로, 편리하고 신속하다는 장점을 가지고 있다.

D 민속 전문가의 소개에 따르면, 청명절은 주나라 때부터 시작되었고, 오늘날까지 이미 2500여년의 역사가 있다.

어휘 **史记** Shǐjì 고유 사마천의『사기』| **汉书** Hànshū 고유『한서』중국 동한 반고(班固)가 편찬한 역사서로 서한 시대의 역사적 사건을 기술한 중국 최초의 단대사 | ★**著作** zhùzuò 명 저서, 저작, 작품 | ★**奠定** diàndìng 동 다지다, 마련하다 | **疑似** yísì 동 그런 것 같기도 하고 아닌 것 같기도 하다, 긴가민가하다 | **心脏病** xīnzàngbìng 명 심장병 | **卧** wò 동 눕다, 드러눕다 | **切勿** qièwù 동 절대 ~하지 마라, 제발 ~하지 마라 | **避免** bìmiǎn 동 피하다 | ★**盲目** mángmù 형 맹목적(인), 무작정 | **走动** zǒudòng 동 걷다, 움직이다 | **网络** wǎngluò 명 네트워크(network), 웹(web), 사이버(cyber) | **公众** gōngzhòng 명 공중, 대중 | **筹款** chóu kuǎn 동 (자금·경비 따위를) 조달하다, 마련하다, 모으다 | **新兴** xīnxīng 형 신흥의, 새로 일어난 | **公益** gōngyì 명 공익 | **快捷** kuàijié 형 빠르다, 신속하다 | **清明节** Qīngmíng Jié 고유 청명절(24절기의 하나, 양력 4월 5일 전후로 민간에 답청·성묘의 풍습이 있음) | **起源于** qǐyuányú ~(으)로부터 기원하다 | **周朝** Zhōucháo 고유 주나라 | **至今** zhìjīn 부 지금까지, 오늘까지

정답 B

해설 부정사의 사용 오류입니다. '切勿'는 '절대로 ~하지 말라'는 의미로 '避免(피하다)'과 의미가 겹치므로 함께 사용할 수 없습니다.

如果发生疑似心脏病的胸痛，一定要静卧，切勿避免盲目走动。

→ 如果发生疑似心脏病的胸痛，一定要静卧，切勿盲目走动。

58

A 父亲住院期间，芳华每天晚上都陪伴在他身旁，就算再忙再累，也没有一天例外。	A 아버지 입원 기간에 팡화는 매일 저녁 늘 아버지 곁에서 함께 하며, 아무리 바쁘고 힘들어도, 하루도 예외는 없었다.
B 四川省绵阳市内的报恩寺，始建于明正统五年，是中国现存结构最完整的明代寺院。	B 쓰촨성 멘양시에 있는 보은사는 명나라 정통 5년에 건축되었고, 중국에서 현존하는 구조가 가장 완벽한 명대 사원이다.
C 做任何事情都不能急于求成，想要三四月就掌握一门语言或者一个专业技能，这简直就是做白日梦。	C 어떤 일을 하더라도 서둘러 목적을 달성하려 하면 안 된다. 3~4개월 만에 하나의 언어나 전문 기술을 마스터하고 싶다는 것은 그야말로 헛된 꿈을 꾸는 것이다.
D 治病救人最初既不是人们谋生的手段，也不是专门的职业，而是一种人性善良的自然体现，是一种人文关怀的自然行为。	D 병을 치료하고 생명을 구하는 것은 처음엔 생계 수단도 아니었고, 전문 직업도 아니었다. 그것은 사람 본성의 선량함이 자연스럽게 구현된 것이자 인간적인 관심과 배려의 자연스러운 행위였다.

어휘 **芳华** Fānghuá 고유 팡화(인명) | **陪伴** péibàn 동 같이 있다, 모시다 | **就算** jiùsuàn 접 설령 ~(이)라도 | ★**例外** lìwài 동 예외이다, 예외로 하다 | **四川省绵阳市** Sìchuānshěng Miányángshì 고유 쓰촨성 멘양시(지명) | **报恩寺** bào'ēnsì 고유 보은사(지명) | **始建于** shǐjiànyú 처음 ~때 지어지다 | **明** Míng 고유 중국의 명나라(1368~1644) | **正统** Zhèngtǒng 고유 정통[명대(明代) 영종(英宗)의 연호(年號) (1436~1449)] | **现存** xiàncún 동 현존하다 | **完整** wánzhěng 형 완전하다, 온전하다 | **寺院** sìyuàn 명 절, 사원 | ★**急于求成** jí yú qiú chéng 성어 목적을 달성하기에 급급하다 | **掌握** zhǎngwò 동 정통하다, 마스터(master)하다 | **专业技能** zhuānyè jìnéng 전문기술 | **简直** jiǎnzhí 부 그야말로, 정말 | **白日梦** báirìmèng 명 백일몽, 헛된 꿈 | **治病救人** zhì bìng jiù rén 성어 병을 치료하고 생명을 구하다 | **最初** zuìchū 명 최초, 처음, 맨 먼저 | **谋生** móushēng 동 생계를 도모하다 | **体现** tǐxiàn 동 구현하다, 구체적으로 드러내다 | **人文关怀** rénwén guānhuái 인간적 관심과 배려

정답 C

해설 수량사 사용의 오류입니다. '三月/四月'는 '3월/4월'과 같이 '몇 월'인지 나타내는 표현이고, 문장에서 '짧은 시간'을 의미하는 '3· 4개월'은 '양사(个)'를 붙여 '三四个月'라고 표기해야 합니다.

做任何事情都不能急于求成，想要三四月就掌握一门语言或者一个专业技能，……
→ 做任何事情都不能急于求成，想要三四个月就掌握一门语言或者一个专业技能，……

A 很多人爱旅行，不是为了抵达目的地，而是为了享受旅途中的种种乐趣。

B 尽管气候条件和地理环境都极端恶劣，登山队员还是克服了重重困难，攀登顺利到了顶峰。

C 他们逐渐意识到，在做游戏时总是让儿子取得胜利，其实是在溺爱他，对他的成长没有什么好处。

D 支付宝宣布“刷脸”支付大规模商业化之后，这种连手机都不用掏、“靠脸吃饭”的支付方式迅速占领了年轻人市场。

A 많은 사람이 여행을 좋아하는 것은 목적지에 도달하기 위해서가 아니라 여행하면서 여러 가지 즐거움을 누리기 위해서이다.

B 비록 기후 조건과 지리 환경이 모두 열악했지만 등산대원은 많은 어려움을 극복하고 순조롭게 정상까지 등반했다.

C 게임을 할 때 늘 아들이 이기도록 해주는 것은 사실 지나치게 그를 사랑하는 것이지, 그의 성장에 별 도움이 되지 않는다는 것을 그들은 점점 깨닫게 되었다.

D 알리페이가 '안면인식' 결제의 대규모 상업화를 발표한 이후, 휴대전화조차도 꺼낼 필요 없이 '얼굴로 먹고 사는' 지불 방식이 젊은 층을 빠르게 사로잡았다.

어휘 ★**抵达** dǐdá 동 도달하다 | **享受** xiǎngshòu 동 누리다, 즐기다 | **旅途** lǚtú 명 여정, 여행 도중 | ★**乐趣** lèqù 명 즐거움, 재미 | **尽管** jǐnguǎn 접 비록 ~지만 | ★**极端** jíduān 부 극도로, 지극히 형 극단적이다 | **恶劣** èliè 형 아주 나쁘다, 열악하다 | **克服** kèfú 동 극복하다 | **重重** chóngchóng 형 중첩되다, 겹치다, 매우 많다 | ★**攀登** pāndēng 동 등반하다, 타고 오르다 | **顶峰** dǐngfēng 명 산의 정상, 산꼭대기 | **逐渐** zhújiàn 부 점차, 차츰차츰 | ★**意识** yìshí 동 의식하다, 깨닫다[뒤에 항상 '到(dào)'가 따라온다] 명 의식 | **胜利** shènglì 명 승리 | **溺爱** nì'ài 동 지나치게 총애하다, 무절제하게 사랑하다 | **支付宝** Zhīfùbǎo 고유 알리페이(중국 모바일 전자 결제 앱) | **宣布** xuānbù 동 공표하다, 발표하다 | **刷脸** shuā liǎn 안면인식 | **刷脸支付** shuā liǎn zhīfù 안면인식 결제 | **规模** guīmó 명 규모 | ★**掏** tāo 동 (손이나 공구로 물건을) 꺼내다, 끌어내다 | **靠脸吃饭** kào liǎn chī fàn 얼굴로 밥 벌어먹고 산다(원래 잘생겼음을 의미하지만, 안면인식을 통해 결제가 되는 것을 재치있게 표현한 말) | ★**占领** zhànlǐng 동 점령하다

정답 B

해설 부사어의 어순 오류입니다. '顺利'는 형용사로서 술어 앞에서 부사어로 사용할 수 있습니다. 예를들면 '顺利完成任务/顺利到达目的地…' 등의 호응 구조가 있습니다.

주어진 문장은 '顺利(부사어) + 攀登(술어) 到(결과보어) 了(동태조사) + 顶峰(목적어)'이 되어야 합니다.

尽管气候条件和地理环境都极端恶劣，登山队员还是克服了重重困难，攀登顺利到了顶峰。

→ 尽管气候条件和地理环境都极端恶劣，登山队员还是克服了重重困难，顺利攀登到了顶峰。

실전모의고사 5회

60

A 身体内的肌肉比例越高，基础代谢率就越高，所以提高基础代谢率最直接的方法就是增肌。

A 신체 내의 근육 비율이 높을수록 기초 대사율도 높아지므로, 기초 대사율을 높이는 가장 직접적인 방법은 바로 근육량을 늘리는 것이다.

B 访谈需要巧妙周全的构思，所以访谈之前一定要做好充分的准备，包括材料准备、思想准备等。

B 방문 취재는 정교하고 빈틈없는 구상이 필요하므로 방문 취재 전에 반드시 자료 준비와 마음가짐 등을 포함해 충분한 준비를 해야 한다.

C 大部分人在日常生活中都出现过耳鸣，但这种耳鸣大多是非持续性的，很快就会消失，一般不会有实质性的危害。

C 대부분 사람이 일상생활 중에 이명이 나타난 적 있지만, 이명은 대다수가 비지속적이어서 금방 사라지고, 일반적으로 실질적인 위험은 없을 것이다.

D 1920年，"上海新舞台"上演萧伯纳的名剧《华伦夫人之职业》，"民众观剧社"成立，从这两件事标志着话剧正式走上了中国舞台。

D 1920년, '상해신무대'가 조지 버나드 쇼의 명작 〈워렌 부인의 직업〉을 공연하고, '민중관극사'가 설립되었다. 이 두 사건은 연극이 정식으로 중국 무대에 진출했음을 상징한다.

어휘 **肌肉** jīròu 명 근육 | **比例** bǐlì 명 비례, 비율 | **基础代谢率** jīchǔ dàixièlǜ 기초 대사율 | **增肌** zēng jī 근육량을 늘리다 | **访谈** fǎngtán 동 방문 취재하다, 인터뷰하다 | **巧妙** qiǎomiào 형 교묘하다, 정교하다, 뛰어나다 | **周全** zhōuquán 형 주도면밀하다, 빈틈없다 | **构思** gòusī 명 구상 동 구상하다 | **思想准备** sīxiǎng zhǔnbèi 마음의 준비, 마음가짐, 각오 | **耳鸣** ěrmíng 명 이명, 귀울음 | **非持续性** fēi chíxùxìng 비지속성 | **消失** xiāoshī 동 사라지다, 없어지다 | **危害** wēihài 명 피해, 위해 | **上海新舞台** Shànghǎixīnwǔtái 고유 상해신무대(극장이름) | **上演** shàngyǎn 동 (영화·드라마·무용 따위를) 공연하다, 상영하다 | **萧伯纳** Xiāobónà 고유 조지 버나드 쇼(George Bernard Shaw, 1856–1950, 영국의 작가) | **华伦夫人之职业** Huálúnfūrén zhī zhíyè 고유 워렌 부인의 직업(도서명_Mrs. WARREN'S PROFESSION) | **民众观剧社** Mínzhòngguānjùshè 고유 민중관극사(극장이름) | **成立** chénglì 동 (조직·기구 따위를) 창립하다, 설립하다 | **标志** biāozhì 동 상징하다 명 표지, 지표 | **话剧** huàjù 명 연극

정답 D

해설 주어 부재 오류입니다. 다음과 같은 구조이므로, 주어 앞에 전치사 '从'을 사용할 수 없습니다.

这两件事 (주어) + 标志着 (술어) + 话剧正式走上了中国舞台 (목적어)

……，从这两件事标志着话剧正式走上了中国舞台。

→ ……，这两件事标志着话剧正式走上了中国舞台。

제2부분 61~70번 문제는 빈칸에 들어가는 알맞은 어휘를 고르는 문제입니다.

61

有人惧怕告别，可是人总是要 经历 告别。告别让我们成长，告别让我们更成熟。不管是什么样的情况， 面对 告别，人或多或少都会有些伤感，但是它也 蕴藏 着再会的希望。

A 经历 ○　　面对 ○　　蕴藏 ○
B 经验 ×　　面临 ×　　隐藏 ×
C 体验 ×　　承担 ×　　伴随 ×
D 遭遇 ×　　承受 ×　　包含 ×

어떤 이는 이별을 두려워하지만 사람은 늘 이별을 겪는다. 이별은 우리로 하여금 성장하고, 더욱 성숙해질 수 있도록 해준다. 어떤 상황인지와 상관없이 이별 앞에서 사람은 조금은 슬프겠지만, 이별은 재회의 희망도 담고 있다.

지문 어휘 **惧怕** jùpà 동 두려워하다 | **告别** gàobié 동 헤어지다 | **成长** chéngzhǎng 동 성장하다 | **成熟** chéngshú 동 성숙하다 | **不管** bùguǎn 접 ~에 관계없이 | **或多或少** huò duō huò shǎo 많든 적든, 다소간, 조금 | **伤感** shānggǎn 명 슬픔 동 슬퍼하다 | **再会** zàihuì 동 재회하다

정답 A

해설 **[첫 번째 빈칸]**
'告别'라는 목적어와 의미가 호응할 수 있는 술어 동사는 '经历'입니다. '经验'은 명사로서 술어가 될 수 없고, '体验'은 구체적이고 쉽게 접할 수 있는 생활을 체험하는 것을 의미하며, '遭遇'는 적이나 재해 등과 같은 불행한 일을 우연히 맞닥뜨린 것을 나타냅니다.

A 经历 jīnglì 동 경험하다 명 경험 | 经历失败 실패를 경험하다
B 经验 jīngyàn 명 경험 | 经验丰富 경험이 풍부하다
C 体验 tǐyàn 동 체험하다 명 체험 | 体验生活 생활을 체험하다
D ★遭遇 zāoyù 동 맞닥뜨리다 명 처지 | 遭遇不幸 불행을 맞닥뜨리다

[두 번째 빈칸]
지문은 어떤 상황이든 상관없이 이별을 만나는 것은 슬프다는 의미이므로 '(현실화된) 상황을 마주하다'라는 의미의 '面对'가 맞습니다. '面临'은 '(다가올) 상황 또는 문제 앞에 처해있다'는 의미입니다.

A 面对 miànduì 동 마주하다, 직접 대면하다 | 面对现实 현실을 직시하다
B 面临 miànlín 동 직면하다 | 面临倒闭 부도의 위기에 직면하다
C 承担 chéngdān 동 담당하다 | 承担责任 책임을 지다
D 承受 chéngshòu 동 감당하다 | 承受痛苦 고통을 감당하다

[세 번째 빈칸]
'蕴藏'은 '(자원 등이) 매장되어 있다' 또는 '(지혜, 힘, 의미 등이) 담겨있다, 잠재하다'는 뜻입니다. '隐藏'은 '비밀로 숨긴다'는 의미이고, '包含'은 의의, 도리, 내용 등 추상적인 목적어와 호응합니다.

A ★蕴藏 yùncáng 동 매장되다 | 蕴藏着资源 자원이 매장되어 있다
B 隐藏 yǐncáng 동 숨기다 | 隐藏身份 신분을 숨기다
C ★伴随 bànsuí 동 동행하다 | 伴随着人 어떤 사람과 함께하다
D 包含 bāohán 동 포함하다 | 包含着道理 도리가 포함되어 있다

62

在五花八门的极限运动中，自由潜水被 评 为世界第二大危险运动，其危险性仅次于高楼跳伞。它 考验 的是个人耐力、控制力等综合素质。不过，自由潜水时团队合作也十分重要，这项运动有一条 规则 ，就是不能独自潜水。

A 评 ○	考验 ○	规则 ○
B 称 ×	检测 ×	宗旨 ×
C 赞 ×	权衡 ×	原则 ×
D 捧 ×	检讨 ×	规范 ×

다양한 익스트림 스포츠 중에서, 프리다이빙은 세계에서 두 번째로 위험한 운동으로 평가되며, 그 위험성은 고층 빌딩에서 스카이다이빙하는 것에 버금간다. 프리다이빙은 개인의 인내심, 통제력 등 종합적인 자질을 테스트하지만, 팀의 협력도 매우 중요하다. 이 운동은 규칙이 하나 있는데, 바로 혼자서 잠수하면 안 된다.

지문 어휘 **五花八门** wǔ huā bā mén 성어 형형색색, 다양하다 | **极限运动** jíxiàn yùndòng 익스트림 스포츠 | **自由潜水** zìyóu qiánshuǐ 프리다이빙 | **仅次于** jǐncìyú 동 버금가다 | **跳伞** tiàosǎn 동 낙하산으로 뛰어 내리다, 스카이다이빙하다 | **耐力** nàilì 명 인내력 | **控制力** kòngzhìlì 명 제어력, 통제력 | **综合** zōnghé 명 종합 동 종합하다 | ★**素质** sùzhì 명 자질, 소양, 소질 | **团队** tuánduì 명 단체, 팀 | **合作** hézuò 동 협력하다 명 협력 | **独自** dúzì 부 단독으로, 혼자서 | ★**潜水** qiánshuǐ 동 잠수하다

정답 A

해설 **[첫 번째 빈칸]**

문맥상 프리다이빙은 세계에서 두 번째로 위험한 익스트림 스포츠로 '평가된다'고 해야 맞습니다. '被称为'는 뒤에 불리는 호칭이 나와야 하고, '被赞为'도 칭송받는 이름이 뒤이어 나와야 합니다.

A 评 píng 동 논평하다, 판정하다 명 논평, 평가 | 被评为~ ~(으)로 평가받다
B 称 chēng 동 부르다, 말하다 | 被称为~ ~(으)로 불리다
C 赞 zàn 동 돕다, 찬양하다 | 被赞为~ ~(으)로 칭송되다
D ★捧 pěng 동 받들다 | 被捧成~ ~(으)로 치켜세워지다

[두 번째 빈칸]

프리다이빙을 통해 개인의 인내심과 통제력 등 종합적인 자질을 시험해 볼 수 있으므로 '考验'이 맞습니다. '检测'는 품질이나 기준 값 등을 검사 측정하는 것을 나타내고, '权衡'은 목표나 기준에 맞는 여부를 헤아려 보는 것이며, '检讨'는 결점이나 잘못을 검토해보는 것으로서 반성하는 의미를 나타냅니다.

A ★考验 kǎoyàn 동 시험하다 명 시험 | 考验胆量 담력을 시험하다
B 检测 jiǎncè 동 검사하다, 측정하다 | 检测水质 수질검사
C ★权衡 quánhéng 동 따지다, 가늠하다 | 权衡利弊 이해득실을 따지다
D ★检讨 jiǎntǎo 동 반성하다 | 自我检讨 자기반성

[세 번째 빈칸]

프리다이빙을 할 때 지켜야 할 규칙을 나타낼 수 있는 단어는 '规则'입니다. '规则'는 반드시 지켜야 할 룰(rule)을 의미합니다. '原则'는 많은 경우에 두루 적용되는 기본적인 법칙을 의미합니다.

A 规则 guīzé 명 규칙 | 游戏规则 게임의 규칙
B 宗旨 zōngzhǐ 명 종지, 취지 | 服务宗旨 서비스의 취지
C 原则 yuánzé 명 원칙 | 做人的原则 사람의 원칙
D ★规范 guīfàn 명 규범 | 道德规范 도덕적 규범

63

雕刻艺术萌芽于原始社会，不过当时的雕刻和绘画十分 相似 。古人先把画儿画在石壁上，然后再用利器雕刻出画儿的 线条 。这样，风雨的 侵蚀 对画作造成的影响就不会太大，画就可以长期保存了。

A 类似 ○	痕迹 ×	摩擦 ×
B 相似 ○	线条 ○	侵蚀 ○
C 犹如 ×	界限 ×	渗透 ×
D 仿佛 ×	轮廓 ○	冲击 ×

조각예술은 원시 사회 때 시작되었지만, 그 당시의 조각은 그림과 매우 비슷했다. 옛날 사람들은 그림을 먼저 석벽에 그리고 난 후, 예리한 공구로 그림의 선을 조각해냈다. 이렇게 해야 비바람의 침식도 작품에 큰 영향을 끼치지 않을 것이고, 그림은 오래도록 보존될 수 있다.

지문 어휘 ★**雕刻** diāokè 명 조각 동 조각하다 | ★**萌芽** méngyá 동 싹트다 | **原始社会** yuánshǐ shèhuì 원시 사회 | **绘画** huìhuà 동 그림을 그리다 | **石壁** shíbì 석벽, 벽처럼 가파른 암석 | **利器** lìqì 명 예리한 무기, 편리한 도구 | **画作** huàzuò 명 회화 작품 | **保存** bǎocún 동 보존하다

정답 **B**

해설 **[첫 번째 빈칸]**

'类似'와 '相似'는 두 가지가 '비슷하다'라는 의미이고, '犹如'와 '仿佛'는 '마치 ~와 같다'의 의미로 비유를 나타냅니다. 지문은 원시사회 때의 조각은 그림과 '비슷하다'의 의미이므로 '类似' 또는 '相似'가 맞습니다.

A ★类似 lèisì 형 유사하다 | 类似的情况 유사한 상황
B 相似 xiāngsì 동 닮다 | 情节相似 줄거리가 비슷하다
C ★犹如 yóurú 동 ~와 같다 | 犹如春天一般 봄과 같다
D 仿佛 fǎngfú 부 마치 ~인 듯하다 | 仿佛发生过 발생한 적 있는 듯하다

[두 번째 빈칸]

옛날 사람은 그림을 그린 뒤 그림이 비바람에 지워지지 않도록 그림의 윤곽을 조각해냈습니다. 그림의 윤곽을 의미할 수 있는 단어는 '线条'와 '轮廓'입니다.

A ★痕迹 hénjì 명 흔적 | 留下痕迹 흔적을 남기다
B 线条 xiàntiáo 명 선, 라인 | 优美的线条 아름다운 라인
C ★界限 jièxiàn 명 한계, 경계 | 划清界限 경계를 분명히 긋다
D ★轮廓 lúnkuò 명 윤곽, 테두리 | 清晰的轮廓 뚜렷한 윤곽

[세 번째 빈칸]

빈칸 앞의 '风雨'와 함께 사용할 수 있는 단어는 '侵蚀'입니다.

A ★摩擦 mócā 명 마찰 동 마찰하다 | 产生摩擦 마찰이 생기다
B 侵蚀 qīnshí 명 침식 동 침식하다 | 风雨的侵蚀 비바람의 침식
C ★渗透 shèntòu 동 삼투하다, 스며들다 | 雨水渗透 빗물이 스며들다
D ★冲击 chōngjī 동 충돌하다, 세게 부딪치다 | 文化冲击 문화 충격

64

宋代是中国饮食文化的 鼎盛 时期，食物品种之丰富超乎我们的 想象 。当时，开封城内的食品 达 两百余种。我们现在吃的包子、爆米花当时就有，煎、炒等 烹饪 方法也是从宋代开始的。

A 繁荣 ×	幻想 ×	总 ×	烘烤 ×
B 兴隆 ×	空想 ×	足 ×	提炼 ×
C 灿烂 ×	联想 ×	计 ×	搅拌 ×
D 鼎盛 ○	想象 ○	达 ○	烹饪 ○

송나라는 중국 음식문화의 전성기로, 음식 종류가 매우 다양하여 우리의 상상을 초월한다. 그 당시 카이펑 시내의 식품은 200여 종에 이르렀는데, 우리가 지금 먹는 만두, 팝콘은 그 당시 이미 있었고, 지지고, 볶는 등 조리 방법도 송나라 때부터 시작한 것이다.

지문 어휘 **宋代** sòngdài 명 송대, 송나라 | ★**饮食** yǐnshí 명 음식 | **食品** shípǐn 명 식품 | **超乎** chāohū 동 뛰어넘다 | **开封** Kāifēng 고유 카이펑[허난(河南)성에 있는 도시 이름] | **包子** bāozi 명 왕만두 | **爆米花** bàomǐhuā 명 팝콘 | ★**煎** jiān 동 지지다, 부치다 | **炒** chǎo 동 볶다

정답 D

해설 **[첫 번째 빈칸]**

전성기는 '鼎盛时期'라고 합니다. '繁荣'은 '나라'나 '경제' 등과 호응하고, '兴隆'은 '사업' 또는 '장사'와 호응합니다. '灿烂'은 '눈부시게 빛나다'의 의미로 햇살이나 미소 외에도, 문화나 문명과 호응합니다.

A 繁荣 fánróng 형 번영하다 | 祖国繁荣 조국이 번영하다
B ★兴隆 xīnglóng 형 번창하다 | 生意兴隆 장사가 번창하다
C ★灿烂 cànlàn 형 찬란하다 | 阳光灿烂 햇살이 찬란하다
D 鼎盛 dǐngshèng 형 흥성하다, 한창이다 | 鼎盛时期 전성기

[두 번째 빈칸]

'超乎想象'은 '상상을 뛰어넘다'라는 의미로 마음속으로 생각해본 상상 이상임을 의미합니다.

A 幻想 huànxiǎng 명 환상 동 상상하다, 꿈꾸다 | 孩子们幻想着能变成小鸟在天上飞。아이들이 작은 새가 되어 하늘을 나는 것을 상상하고 있다.
B ★空想 kōngxiǎng 명 공상 동 공상하다 | 这是一个不切实际的空想。이것은 비현실적인 공상이다.
C ★联想 liánxiǎng 명 연상 동 연상하다 | 他的话让我联想到了我的幼年。그의 말은 나로 하여금 나의 유년 시절을 연상하게 했다.
D 想象 xiǎngxiàng 명 상상 동 상상하다, 생각하다 | 我能想象出他会多么高兴。그가 얼마나 기뻐할지 나는 상상할 수 있다.

[세 번째 빈칸]

빈칸 뒤 '两百余种'을 목적어로 받을 수 있는 동사는 '达'입니다.

A 总 zǒng 동 총괄하다 형 전부의 부 늘, 자꾸 | 总经理 사장
B 足 zú 형 충분하다 | 足够 충분하다
C 计 jì 동 세다, 계산하다 | 计算 계산하다
D 达 dá 동 도달하다 | 达到 달하다

[네 번째 빈칸]
지지고(煎), 볶는(炒) 등의 조리 방법을 의미하는 어휘는 '烹饪'입니다.

A 烘烤 hōngkǎo 동 불에 굽다 | 烘烤面包 빵을 굽다
B ☆提炼 tíliàn 동 정련하다, 추출하다 | 提炼黄金 황금을 추출하다
C ☆搅拌 jiǎobàn 동 휘저어 섞다, 반죽하다 | 搅拌混凝土 콘크리트를 섞다
D ☆烹饪 pēngrèn 동 요리하다 | 烹饪技术 요리기술

65

想给素昧平生的人留下深刻的第一印象吗？那就多 张 嘴微笑吧！与毫无 表情 的扑克脸相比，当你面带笑容时，被陌生人记住的 概率 要高出9%。与长得差不多的人站在一起，笑一笑会显著增加你的 识别 度。

A 开 ×	面貌 ×	比例 ×	分别 ×
B 闭 ×	外表 ×	比率 ×	辨别 ×
C 咧 ○	容貌 ×	频率 ×	鉴定 ×
D 张 ○	表情 ○	概率 ○	识别 ○

평소 일면식도 없는 사람에게 깊은 첫인상을 남기고 싶은가? 그렇다면 입을 벌려 미소를 많이 지어라! 전혀 표정이 없는 포커페이스와 비교해보면 얼굴에 웃음을 띨 때 낯선 사람에게 기억될 수 있는 확률은 9%가 넘고, 비슷하게 생긴 사람들과 함께 서 있을 때 미소를 지으면 당신을 구별할 수 있게 될 가능성이 현저하게 커진다.

지문 어휘 素昧平生 sù mèi píng shēng 성어 평소 서로 만난 일이 없다 | 留下 liúxià 동 남기다, 말하여 남겨 놓다 | 第一印象 dì yī yìnxiàng 명 첫인상 | 微笑 wēixiào 동 미소하다 명 미소 | 毫无 háowú 조금도 ~이(가) 없다 | 扑克脸 pūkèliǎn 명 포커페이스 | 高出 gāochū 동 (~보다) 더 높다 | 陌生人 mòshēngrén 명 낯선 사람 | 记住 jìzhu 동 확실히 기억해 두다 | ☆显著 xiǎnzhù 형 현저하다, 뚜렷하다

정답 D

해설 **[첫 번째 빈칸]**
'입을 벌리다'의 의미로 사용할 수 있는 어휘는 '咧嘴'와 '张嘴'입니다.

A 开 kāi 동 열다 | 开门 문을 열다
B 闭 bì 동 닫다 | 闭眼睛 눈을 감다
C 咧 liě 동 벌리다 | 咧嘴 입을 벌리다
D 张 zhāng 동 열다, 펴다 | 张嘴 입을 열다

[두 번째 빈칸]
밑줄 바로 뒤에 중심어로 '포커페이스(扑克脸)'란 단어가 나온 것을 보면 수식어는 '아무런 표정이 없다(毫无表情)'가 되어야 의미가 맞습니다.

A ☆面貌 miànmào 명 면모, 모습 | 社会面貌 사회의 면모
B ☆外表 wàibiǎo 명 외모, 겉모양 | 重视外表 외모를 중시하다
C ☆容貌 róngmào 명 용모, 모습 | 容貌迷人 용모가 아름답다
D 表情 biǎoqíng 명 표정 | 表情丰富 표정이 다양하다

[세 번째 빈칸]

확률을 나타낼 수 있는 단어는 '概率' 또는 '几率'입니다.

A 比例 bǐlì 명 비례, 비율 | 男女比例 남녀 비율
B 比率 bǐlǜ 명 비율 | 现金比率 현금 비율
C ★频率 pínlǜ 명 주파수, 빈도 | 使用频率 사용 빈도
D 概率 gàilǜ 명 확률 | 成功的概率 성공의 확률

[네 번째 빈칸]

'分别'와 '辨别'는 두 가지 혹은 두 가지 이상 대상의 차이 등을 구별하는데 사용하고, '识别'는 많은 대상 가운데 하나를 구별해 내는 것을 의미합니다. 지문은 여러 사람들 속에서 미소를 짓는 하나의 대상을 구별해낼 수 있는 것을 나타내므로 '识别'가 맞습니다.

A 分别 fēnbié 동 구별하다, 이별하다 | 分别好坏 좋고 나쁜 것을 구별하다
B 辨别 biànbié 동 판별하다 | 辨别是非 시비를 판별하다
C ★鉴定 jiàndìng 동 감정하다, 판정하다 | 鉴定古董 골동품을 감정하다
D ★识别 shíbié 동 식별하다 | 识别朋友的声音 친구의 목소리를 식별하다

中国传统医学是人文主导型医学。它 强调 医疗活动应以人为中心，诊断治疗过程中贯穿尊重、 关怀 病人的思想，主张 建立 医患之间的合作关系，将"医乃仁术"作为医学的基本 原则 。

A 压抑 ×	关照 ×	创立 ×	准则 ○
B 强调 ○	关怀 ○	建立 ○	原则 ○
C 约束 ×	守护 ×	设立 ×	原理 ×
D 贡献 ×	爱护 ×	树立 ○	条理 ×

중국 전통의학은 인문주도형 의학으로, 의료활동은 사람을 중심으로 해야 하고, 진단 치료 과정에서 환자를 존중하고 배려하는 사상을 내포해야 한다고 강조한다. 또한 의사와 환자 간의 협력 관계를 구축해야 한다고 주장하며, '의학은 인술(仁术)이다'라는 것을 의학의 기본 원칙으로 삼는다.

지문 어휘 **医学** yīxué 명 의학 | **人文** rénwén 명 인문 | ★**主导** zhǔdǎo 명 주도 동 주도하다, 이끌다 | **医疗** yīliáo 명 의료 | **诊断** zhěnduàn 명 진단 동 진단하다 | **治疗** zhìliáo 명 치료 동 치료하다 | **贯穿** guànchuān 동 내포하다, 관통하다, 꿰뚫다 | **尊重** zūnzhòng 동 존중하다 | **主张** zhǔzhāng 동 주장하다 명 주장 | **医患** yīhuàn 의료진과 환자 | **合作** hézuò 명 협력 동 협력하다 | **乃** nǎi 동 ~이다 | **仁术** rénshù 인술(仁術) (사람을 살리는 어진 기술이라는 뜻으로, '의술'을 이르는 말)

정답 B

해설 **[첫 번째 빈칸]**

'医疗活动应以人为中心(의료활동은 사람을 위주로 해야 한다)'의 내용을 목적어로 취해야 하며, 이것은 문맥상 중국 전통의학이 강조하는 내용이므로 '强调'가 맞습니다.

A 压抑 yāyì 동 억압하다 형 답답하다 | 心情压抑 마음이 답답하다
B 强调 qiángdiào 동 강조하다 | 再三强调 거듭 강조하다
C ★约束 yuēshù 동 속박하다, 제약하다 | 约束自己 자제하다
D 贡献 gòngxiàn 명 공헌 동 공헌하다 | 做出贡献 공을 세우다

[두 번째 빈칸]

빈칸에 들어가는 동사와 호응하는 목적어가 '病人(환자)'이므로 '따뜻하게 배려하다'의 의미인 '关怀'가 어울립니다. '关照'는 '学生/新同学' 등이 잘 적응할 수 있도록 도와주는 의미로 사용합니다.

A ☆关照 guānzhào 동 돌보다 | 请多关照! 잘 부탁 드립니다!
B ☆关怀 guānhuái 동 배려하다 명 배려 | 关怀学生 학생을 챙겨주다
C ☆守护 shǒuhù 동 수호하다, 지키다 | 守护地球 지구를 지키다
D 爱护 àihù 동 애호하다, 사랑하고 아끼다 | 爱护公物 공공기물을 아끼다

[세 번째 빈칸]

보기 중 '关系'와 호응할 수 있는 동사는 '建立'와 '树立'입니다. '建立'는 '关系/友谊/制度/新中国' 등과 호응하고, '树立'는 '关系/榜样/形象/价值观' 등과 호응합니다. '创立'는 '公司/学派/学说' 등과 호응하고, '设立'는 '公司/机构/图书馆/阅览室' 등과 호응합니다.

A ☆创立 chuànglì 동 창립하다 | 创立公司 회사를 창립하다
B 建立 jiànlì 동 건립하다 | 建立关系 관계를 세우다
C ☆设立 shèlì 동 설립하다 | 设立分公司 지사를 설립하다
D ☆树立 shùlì 동 수립하다 | 树立形象 이미지를 세우다

[네 번째 빈칸]

'医乃仁术'가 중국 전통의학의 기본 원칙이므로 어울릴 수 있는 단어는 '准则', '原则'입니다.

A ☆准则 zhǔnzé 명 준칙, 규범 | 行动准则 행동 규범
B 原则 yuánzé 명 원칙 | 做事的原则 일 처리의 원칙
C ☆原理 yuánlǐ 명 원리 | 工作原理 작업 원리
D ☆条理 tiáolǐ 명 조리, 맥락, 두서 | 条理清楚 논리 정연하다

67

中国的青铜时代始于公元前3000年的商代，那么，青铜到底 意味 着什么呢？青铜不但适合制造工具，而且是人类历史上出现的第一个具有永久价值的 昂贵 商品。青铜的出现 开启 了人类大规模贸易和交流的序幕，人类 文明 从此进入新的阶段。

A 意味 ○	昂贵 ○	开启 ○	文明 ○
B 意识 ×	珍贵 ×	启发 ×	文艺 ×
C 提示 ×	可贵 ×	启蒙 ×	神话 ×
D 暗示 ×	宝贵 ×	启示 ×	文物 ×

중국의 청동기 시대는 기원전 3000년 상나라때 시작했다. 청동은 도대체 무엇을 의미할까? 청동은 도구를 만들기에 적합할 뿐 아니라 인류 역사상 나타난 첫 번째 영구적인 가치를 지닌 비싼 상품이다. 청동의 출현으로 인류는 대규모 무역과 교류의 서막을 열었고, 인류문명은 이로써 새로운 단계에 들어섰다.

지문 어휘 **青铜** qīngtóng 명 청동 | **始于** shǐyú 동 비롯되다 | **公元** gōngyuán 명 서기 | **商代** shāngdài 명 상대 | **适合** shìhé 동 적합하다 | **制造** zhìzào 동 제조하다 | **工具** gōngjù 명 공구 | **永久** yǒngjiǔ 형 영원한 | **商品** shāngpǐn 명 상품 | **规模** guīmó 명 규모 | **贸易** màoyì 명 무역 | **序幕** xùmù 명 서막

정답 A

해설 **[첫 번째 빈칸]**

청동의 의미가 무엇인지를 묻는 문장이고, '意味'는 술어가 되면 '意味着' 형태로 사용합니다.

A 意味 yìwèi 동 의미하다 | 180分意味着合格。 180점은 합격을 의미한다.
B ★意识 yìshí 동 의식하다 명 의식 | 我意识到了健康的重要性。 나는 건강의 중요성을 의식하게 됐다.
C ★提示 tíshì 동 상기시키다, 힌트를 주다 명 암시, 힌트 | 老师提示同学们还有5分钟的时间了。 선생님이 학생들에게 5분의 시간이 남았다고 알려줬다.
D 暗示 ànshì 동 암시하다, 시사하다 명 암시 | 这暗示着他很喜欢你。 이것은 그가 너를 아주 좋아한다는 것을 암시한다.

[두 번째 빈칸]

'商品'과 호응할 수 있는 형용사는 '昂贵'입니다. '珍贵'는 보통 의미 있고, 소장 가치가 있는 귀한 물건에 사용하기 때문에 '商品'과 호응하지 않습니다. '可贵'는 '精神/生命/品质' 등과 호응하며, '宝贵'는 '时间/机会/经验' 등과 호응합니다.

A ★昂贵 ángguì 형 물건값이 비싸다 | 昂贵的手表 비싼 시계
B ★珍贵 zhēnguì 형 진귀하다 | 珍贵的照片 귀한 사진
C 可贵 kěguì 형 기특하고 대단하다 | 可贵的精神 대단한 정신
D 宝贵 bǎoguì 형 귀중하다 | 宝贵的时间 귀한 시간

[세 번째 빈칸]

목적어 '序幕'와 호응하는 동사는 '开启'입니다.

A 开启 kāiqǐ 동 열다, 시작하다 | 开启新纪元 신기원을 열다
B 启发 qǐfā 동 힌트를 주다 명 계몽, 힌트 | 启发学生 학생에게 힌트를 주다
C ★启蒙 qǐméng 동 계몽하다 명 계몽 | 启蒙教育 조기교육
D ★启示 qǐshì 명 깨달음, 시사 동 시사하다 | 获得启示 깨달음을 얻다

[네 번째 빈칸]

사회의 여러 가지 기술적, 물질적 측면의 발전에 의해 이루어진 것은 '文明'이라고 하고, 청동의 출현은 인류문명의 획기적인 일입니다.

A 文明 wénmíng 명 문명 | 精神文明 정신 문명
B ★文艺 wényì 명 문예 | 文艺作品 문예 작품
C 神话 shénhuà 명 신화 | 民间神话 민간 신화
D ★文物 wénwù 명 문물 | 出土文物 출토 문물

68

按理说，同样的商品在不同国家的售价应该是相同的，这就是 著名 的"一价定律"，但 事实 上，受到文化背景和信息不 对称 等因素的影响，商品在世界各地的售价都 略 有不同，现实情况与理论往往并不吻合。

A 鲜明 ×	实质 ×	参照 ×	极 ×
B 显著 ×	实践 ×	对照 ×	皆 ×
C 著名 ○	事实 ○	对称 ○	略 ○
D 响亮 ×	实际 ○	衬托 ×	颇 ○

이치상으로 동일한 상품은 다른 국가에서도 판매 가격이 같아야 하는데, 이것이 바로 그 유명한 '일물일가의 법칙'이다. 하지만 사실상 문화 배경과 정보의 비대칭 등 요소의 영향을 받아, 세계 각지에서의 상품 판매가가 모두 조금씩 다르다. (이렇듯) 현실 상황과 이론은 종종 들어맞지 않는다.

지문 어휘 **按理说** àn lǐ shuō 이치상으로는, 일반적으로 보자면 | **售价** shòujià 명 판매 가격 | **一价定律** yījiàdìnglǜ 일물일가의 법칙(가격이 어떤 통화 단위로 표시되든 동일한 가격으로 판매되어야 한다는 주장) | **背景** bèijǐng 명 배경 | **信息** xìnxī 명 소식, 정보 | **因素** yīnsù 명 구성 요소, 원인 | **吻合** wěnhé 동 들어맞다, 부합하다

정답 C

해설 **[첫 번째 빈칸]**

뒤이어 나오는 경제이론 이름을 수식할 수 있는 의미는 '著名' 뿐입니다. '鲜明'은 색체가 선명하거나 태도나 입장이 분명하다는 의미이고, '显著'는 '变化/效果/进步' 등이 눈에 띄게 두드러진 모습을 나타냅니다.

A ★鲜明 xiānmíng 형 선명하다 | 立场鲜明 입장이 분명하다
B ★显著 xiǎnzhù 형 현저하다 | 显著的变化 현저한 변화
C 著名 zhùmíng 형 저명하다 | 著名演员 유명한 배우
D ★响亮 xiǎngliàng 형 높고 크다, 우렁차다 | 声音响亮 소리가 크다

[두 번째 빈칸]

빈칸 뒤 '上'과 호응해, 전환의 의미로 '사실상'이라는 의미를 나타낼 수 있는 것은 '事实'과 '实际'입니다.

A ★实质 shízhì 명 실질 | 问题的实质 문제의 실질
B 实践 shíjiàn 명 실천 동 실천하다 | 理论与实践 이론과 실천
C 事实 shìshí 명 사실 | 事实上 사실상
D 实际 shíjì 명 실제 형 실제의 | 实际上 사실상

[세 번째 빈칸]

경제 거래가 이루어지는 상황에서 한쪽이 다른 쪽보다 더 많은 정보를 가지고 있는 상태를 경제용어로 '信息不对称(비대칭 정보)'이라고 합니다.

A ☆参照 cānzhào 동 참조하다 | 参照物 참조물, 대조물
B ☆对照 duìzhào 동 대조하다 | 对照试验 대조실험
C ☆对称 duìchèn 명 대칭 형 대칭적인 | 左右对称 좌우가 대칭이다
D ☆衬托 chèntuō 동 두드러지게 하다 | 衬托主角 주연을 두드러지게 하다

[네 번째 빈칸]

문장은 여러 가지 이유로, 세계 각지에서의 상품 가격이 '다소 다르다'는 의미이고, '略'는 '약간, 다소'의 느낌으로 사용할 수 있습니다. '颇'는 '상당히'의 뜻으로 뒤의 '有不同'과 어울리지만, '极'는 앞에 붙일 수 없습니다.

A 极 jí 부 지극히, 매우 명 절정, 극도 | 极差 매우 나쁘다
B ☆皆 jiē 부 모두, 다 | 皆如此 다 그렇다
C 略 lüè 부 대략, 조금 | 略深 약간 깊다
D ☆颇 pō 부 꽤, 상당히 | 颇难 상당히 어렵다

69

琉璃厂大街位于北京和平门外，清朝时，各地来京参加科举考试的举人大多在此 居住 ，因此这里出售书籍、笔墨纸砚的店铺很多，形成了 浓厚 的文化氛围，并延续至今。历经多次 翻修 ，如今这条文化老街又焕发出了新的 活力 。

A 停留 ○	典型 ×	振兴 ×	风气 ×
B 居住 ○	浓厚 ○	翻修 ○	活力 ○
C 奔波 ×	纯粹 ×	修建 ×	光彩 ×
D 滞留 ×	深厚 ×	复兴 ×	风光 ×

류리창 거리는 베이징 허핑먼 밖에 위치한다. 청나라 때 각 지역에서 베이징으로 와 과거 시험을 치렀던 향시 합격생은 대부분 이곳에서 머물렀다. 그래서 이곳은 책과 붓, 먹, 종이, 벼루를 판매하는 점포가 많고 농후한 문화 분위기가 형성되어, 오늘날까지 이어지고 있다. 여러 번의 보수작업을 거쳐 오늘날 이 문화의 옛 거리는 다시 새로운 활력이 넘치게 되었다.

지문 어휘 **琉璃厂大街** Liúlíchǎng Dàjiē 고유 류리창 거리 | **位于** wèiyú 동 ~에 위치하다 | **和平门** Hépíngmén 고유 허핑먼, 화평문(지명) | **清朝** Qīngcháo 고유 청나라 | **科举考试** kējǔ kǎoshì 과거 시험 | **举人** jǔrén 명 명청 시대에 향시에 합격한 사람 | **出售** chūshòu 동 팔다 | ☆**书籍** shūjí 명 서적, 책 | **笔墨纸砚** bǐ mò zhǐ yàn 문방사우, 문방사보(붓·먹·종이·벼루) | **店铺** diànpù 명 점포 | **氛围** fēnwéi 명 분위기 | **延续至今** yánxù zhìjīn 오늘까지 계속되다 | **历经** lìjīng 동 두루 ~을(를) 경험하다 | **如今** rújīn 명 지금 | **焕发** huànfā 동 환하게 빛나다, 뿜어 내다

정답 B

해설 **[첫 번째 빈칸]**

각 지역에서 온 향시에 합격한 사람이 살던 곳이라는 의미이므로 '停留'와 '居住'가 적합합니다. '滞留'는 교통수단 지연 등 타인에 의해 부득이하게 움직이지 못하는 경우에 사용합니다.

A 停留 tíngliú 동 머물다 | 停留三天 3일을 머물다
B ☆居住 jūzhù 동 거주하다 | 在首尔居住 서울에 거주하다
C ☆奔波 bēnbō 동 바쁘게 뛰어다니다 | 到处奔波 도처에 뛰어다니다
D ☆滞留 zhìliú 동 체류하다 | 滞留期间 체류기간

[두 번째 빈칸]

'氛围'를 수식할 수 있는 것은 '浓厚'입니다. '浓厚'는 '气氛/色彩/兴趣' 등과 호응하고, '深厚'는 '感情/友谊/根底' 등과 호응합니다.

A ★典型 diǎnxíng 형 전형적이다 명 전형 | 典型的中国人 전형적인 중국인
B ★浓厚 nónghòu 형 짙다 | 兴趣浓厚 관심이 많다
C ★纯粹 chúncuì 형 순수하다, 깨끗하다 부 순전히 | 纯粹的友谊 순수한 우정
D 深厚 shēnhòu 형 깊고 두텁다 | 感情深厚 정이 두텁다

[세 번째 빈칸]

기존의 낡은 거리를 여러 차례 보수하여 옛 문화의 거리 모습을 그대로 유지했다는 것을 의미하므로 '翻修'가 맞습니다. '修建'은 건축물 등을 새로 짓는다는 의미입니다.

A ★振兴 zhènxīng 동 진흥하다 | 振兴祖国 조국을 진흥하다
B 翻修 fānxiū 동 복원하다, 보수하다 | 翻修店铺 점포를 보수하다
C ★修建 xiūjiàn 동 건조하다, 건설하다 | 修建大桥 다리를 건설하다
D ★复兴 fùxīng 동 부흥하다 | 文艺复兴 문예부흥

[네 번째 빈칸]

빈칸의 목적어와 호응하는 동사 '焕发'는 '진작하다, 분출하다' 의미로 '活力/生机/士气' 등과 호응합니다.

A ★风气 fēngqì 명 풍조, 기풍 | 社会风气 사회풍조
B ★活力 huólì 명 활력 | 充满活力 활력이 가득하다
C ★光彩 guāngcǎi 명 광채 형 영광스럽다 | 光彩照人 아름답고 눈부셔서 사람의 이목을 끌다
D ★风光 fēngguāng 명 풍경 | 风光秀丽 풍경이 수려하다

70

有人说：爱情是一种疑虑重重的状态，而友谊 则 是一种稳定的状态。在恋爱中，双方总是在不断试探 彼此 的态度，两人之间很容易产生怀疑，所以恋爱关系比较 脆弱 ；友谊则不然，即使两人各自度过一段 漫长 的时间，期间对对方的消息一无所知，也 无关紧要 ，他们的友谊丝毫都不会动摇。

A 便 ×	各自 ×	孤立 ×	遥远 ×	不言而喻 ×
B 则 ○	彼此 ○	脆弱 ○	漫长 ○	无关紧要 ○
C 乃 ×	互相 ×	生疏 ×	疏远 ×	微不足道 ×
D 岂 ×	本身 ×	薄弱 ×	悠久 ×	无微不至 ×

누군가 말했다. 사랑은 불안이 가득한 상태이고, 우정은 반면 안정된 상태라고. 연애 과정에서 양쪽은 늘 끊임없이 서로의 태도를 떠보고, 둘 사이에서는 쉽게 의심이 생기기 때문에 연애 관계는 비교적 취약하다. 하지만 우정은 그렇지 않다. 설령 두 사람이 각자 긴 시간을 보내면서 그 기간 동안 상대방에 대한 소식을 전혀 모른다 하더라도 그것은 중요하지 않고, 그들의 우정은 조금도 흔들리지 않을 것이다.

지문 어휘 **疑虑** yílǜ 명 불안, 걱정 동 (의심으로) 불안해하다, 걱정하다 | **重重** chóngchóng 형 겹쳐진 모양 | **稳定** wěndìng 형 안정하다 동 안정시키다 | **恋爱** liàn'ài 동 연애하다 명 연애 | **双方** shuāngfāng 명 쌍방 | **不断** búduàn 부 끊임없이 동 끊임없다 | **试探** shìtan 동 떠보다, 타진하다, 알아보다 | **怀疑** huáiyí 동 의심하다, 추측하다 | **不然** bùrán 형 그렇지 않다 접 그렇지 않으면 | **即使** jíshǐ 접 설령 ~(라)하더라도 | **各自** gèzì 명 각자 | **度过** dùguò 동 보내다 | **对方** duìfāng 명 상대방 | **一无所知** yīwúsuǒzhī 하나도 아는 것이 없다 | **丝毫** sīháo 부 조금도, 추호도 | **动摇** dòngyáo 동 동요하다

정답 B

해설 **[첫 번째 빈칸]**
두 대상을 비교, 대조할 때 사용하는 부사는 '则'입니다. 지문은 '爱情'과 '友谊'를 비교, 대조하고 있습니다.

A 便 biàn 부 바로, 그러면, 그래서('就'의 문어체 표현) | 你去我便去。당신이 가면 나도 갈래요.
B 则 zé 부 반면 | 姐姐喜欢红色，我则喜欢绿色。언니는 빨간색을 좋아하는데, 나는 초록색을 좋아해요.
C 乃 nǎi 동 바로 ~이다 | "骄必败"乃至理名言。'자만하면 꼭 실패한다'라는 말은 명언이다.
D 岂 qǐ 부 어찌 ~하겠는가 | 这样岂不更好？ 이게 어찌 더 좋지 않겠는가?

[두 번째 빈칸]
연애하는 두 사람이 끊임없이 '서로'의 태도를 탐색한다는 내용이므로 '彼此'가 맞습니다. '互相'은 부사이기 때문에 명사 앞에서 수식어로 사용할 수 없습니다.

A 各自 gèzì 명 각자 | 各自为政 각자 알아서 한다
B 彼此 bǐcǐ 명 피차, 서로, 양쪽 | 不分彼此 네 것 내 것을 가리지 않다， 매우 친하다
C 互相 hùxiāng 부 서로 | 互相帮助 서로 돕다
D ★本身 běnshēn 명 그 자체 | 事件本身 사건 그 자체

[세 번째 빈칸]
'关系'와 호응할 수 있는 형용사는 '脆弱'입니다. '脆弱'는 '관계'가 견실하지 않고 쉽게 깨지거나, '감정'이 굳세지 않음을 나타내고, '薄弱'는 '힘'이나 '의지'가 강하지 않거나, '실력'이 탄탄하지 않음을 나타내는데 주로 사용합니다.

A ★孤立 gūlì 형 고립되어 있다 동 고립하다 | 被孤立 고립되다, 왕따를 당하다
B ★脆弱 cuìruò 형 취약하다, 연약하다 | 感情脆弱 마음이 약하다
C ★生疏 shēngshū 형 생소하다 | 概念生疏 개념이 생소하다
D ★薄弱 bóruò 형 박약하다 | 意志薄弱 의지가 박약하다

[네 번째 빈칸]
빈칸 뒤 '时间'과 호응할 수 있는 수식어는 '漫长'입니다.

A ★遥远 yáoyuǎn 형 아득히 멀다 | 遥远的地方 아득히 먼 곳
B ★漫长 màncháng 형 멀다, 길다 | 漫长的岁月 긴 세월
C ★疏远 shūyuǎn 형 소원하다 동 소원하게 되다 | 关系疏远 관계가 소원하다
D 悠久 yōujiǔ 형 유구하다 | 悠久的历史 유구한 역사

[다섯 번째 빈칸]
지문 내용은 오랜 시간 서로의 소식에 대해 알지 못해도 우정은 전혀 흔들리지 않음을 의미하므로 '无关紧要'가 문맥에 맞습니다.

A ★不言而喻 bù yán ér yù 성어 말하지 않아도 안다 | 不言而喻的结果 말하지 않아도 알 만한 결과
B 无关紧要 wú guān jǐn yào 성어 중요하지 않다 | 无关紧要的事情 중요하지 않은 일
C ★微不足道 wēi bù zú dào 성어 하찮아서 말할 가치도 없다 | 微不足道的事情 하찮아서 말할 가치도 없는 일
D ★无微不至 wú wēi bú zhì 성어 매우 세밀하고 두루 미치다 | 无微不至的关怀 세밀하고 섬세한 관심

제3부분 71~80번 문제는 빈칸에 들어가는 알맞은 문장을 고르는 문제입니다.

71-75

许多人以为鸟巢就是鸟儿的家，和我们人类一样，每当夜幕降临，鸟儿就会在“安乐窝”里睡觉；每当风雨袭来，它们就会躲进这个“避风港”。但是科学家发现，事实并非如此。

许多鸟并不在巢里过夜，狂风暴雨来临时，[71]C 也有许多鸟都不躲在窝里。夜幕降临之后，野鸭和天鹅把脖子弯曲着，将头夹在翅膀间，飘浮在水面上入睡；鹤、鹳及鹭等长腿鸟类，则是站在地上睡觉。

既然不在巢里睡觉，[72]B 那么鸟儿辛辛苦苦地筑巢，又是为了什么呢？原来，对于大多数鸟来说，鸟巢不是它们的家，而是它们精心建造的“产房”。雌鸟大都在巢中产卵，产下卵以后，它们就呆在鸟巢里孵卵。小鸟出壳后，鸟巢里便热闹起来。[73]A 随着小鸟逐渐长大，鸟巢会越来越拥挤，直到小鸟们的翅膀硬了，飞离“产房”后，饱经风吹雨打的鸟巢已破烂不堪，这时，鸟巢的使命已经完成，便被鸟儿们抛弃了。

值得一提的是，还有一些鸟是不筑巢的，它们孵卵时不需要“产房”。比如南极的企鹅，雄企鹅把卵放在脚面上孵化，因此它们根本不需要巢。

讲到这里你可能会产生另一个疑问，[74]D 到底有没有以巢为家的鸟呢？答案当然是肯定的。中国吉林省曾发现一个喜鹊窝，喜鹊在里面足足住了9年。美国有一对秃鹫，在一个直径达2.47米的大巢里住了整整36年。

少数鸟确实以巢为家，[75]E 但对于大多数鸟来说，它们的巢只是“产房”和“育儿室”，而不是真正意义上的家。

많은 사람이 새 둥지는 바로 새의 집이고 우리 인류처럼 땅거미가 질 때마다 새들은 '안식처'에서 잠을 자고, 비바람이 몰아칠 때마다 이 '대피소'에 들어가 숨을 것이라고 생각한다. 그러나 과학자가 발견한 바에 따르면, 사실은 전혀 그렇지 않다.

많은 새가 둥지에서 밤을 보내지 않고, 비바람이 세차게 몰아칠 때에도 [71]둥지에 몸을 숨기지 않는 새가 매우 많다. 땅거미가 내리면 물오리와 백조는 목을 구부려 머리를 날개 사이에 파묻고 물 위에 둥둥 뜬 채로 잠을 잔다. 두루미, 황새, 해오라기 등 다리가 긴 새들은 땅 위에 서서 잠을 잔다.

둥지에서 잠을 자지도 않으면서, [72]그렇다면 새들이 고생스럽게 둥지를 짓는 것은 또 무엇 때문일까? 알고 보니 대부분의 새들에게 있어, 새 둥지는 그들의 집이 아니라 그들이 정성스럽게 지은 '산실'이다. 새의 암컷은 대부분 둥지에서 알을 낳고, 산란 후 새 둥지에 머무르며 알을 부화시킨다. 새끼 새가 껍질을 까고 나오면, 새 둥지 안은 시끌벅적해진다. [73]아기 새가 점점 자라면서, 새 둥지는 점점 붐비게 되고, 아기 새들의 날개가 자라 날 수 있게 되어 '산실'을 떠나 날아갈 때가 되면, 온갖 풍상을 겪은 새 둥지는 이미 해져서 너덜너덜해지고, 이로써 새 둥지의 사명은 끝나 새들에게 버림받는다.

언급할만한 것은, 둥지를 짓지 않는 새들도 있는데, 그들은 부화시킬 때 '산실'이 필요 없기 때문이다. 예를 들면, 남극의 펭귄은 수컷 펭귄이 알을 발 위에 올려놓고 부화시키기 때문에 둥지가 전혀 필요 없다.

이쯤에서 또 다른 의문이 생길 수 있다. [74]그렇다면 둥지를 집으로 삼는 새는 없을까? 대답은 당연히 긍정이다. 중국 지린성(省)에서 까치 둥지를 하나 발견한 적이 있는데, 까치는 그 안에서 꼬박 9년을 살았다고 한다. 미국에 대머리 독수리 한 쌍도 직경이 2.47m 되는 큰 둥지에서 꼬박 36년을 살았다.

소수의 새는 확실히 둥지를 집으로 삼는다. [75]그러나 대다수의 새들에게 그들의 둥지는 단지 '산실'과 '육아실'일 뿐, 진정한 의미에서의 집은 아니다.

지문 어휘 鸟巢 niǎocháo 명 새 둥지 | 人类 rénlèi 명 인류 | 夜幕 yèmù 명 땅거미, 밤의 장막 | ★降临 jiànglín 동 내려오다, 찾아오다 | ★窝 wō 명 둥지 | 安乐窝 ānlèwō 명 안식처, 안락한 곳 | 袭来 xílái 동 엄습하다 | 躲 duǒ 동 숨다, 피하다 | 避风港 bìfēnggǎng 명 대피소, 대피항 | 并非如此 bìng fēi rú cǐ 절대 그렇지 않다 | 过夜 guò yè 동 밤을 지내다 | 狂风暴雨 kuáng fēng bào yǔ 성어 세차게 몰아치는 비바람 | 来临 láilín 동 이르다, 도래하다 | 野鸭 yěyā 명 물오리 | 天鹅 tiān'é 명 백조류의 총칭 | 脖子 bózi 명 목 | 弯曲 wānqū 동 굽히다, 구부리다 형 꼬불꼬불하다 | 夹 jiā 동 끼우다 | 翅膀 chìbǎng 명 날개 | 飘浮 piāofú 동 (물 위를) 둥둥 뜨다 | 鹤 hè 명 두루미, 학 | 鹳 guàn 명 황새 | 鹭 lù 명 해오라기 | 鸟类 niǎolèi 명 조류 | 既然 jìrán 접 기왕 이렇게 된 바에야 | ★精心 jīngxīn 형 공들이다 | 建造 jiànzào 동 짓다, 세우다 | 产房 chǎnfáng 명 산실, 분만실 | 雌 cí 형 암컷의 | 雌鸟 cíniǎo 명 암새, 새의 암컷 | 产卵 chǎn luǎn 동 알을 낳다 명 산란 | 孵卵 fūluǎn 동 부화하다 | 出壳 chū ké 동 알을 까다 | 热闹 rènao 형 번화하다, 시끌벅적하다 | 拥挤 yōngjǐ 형 붐비다 | 翅膀硬了 chìbǎng yìng le 조류의 날개가 자라 날 수 있다, 자립할 수 있는 능력이 생기다 | 饱经 bǎojīng 동 두루 경험하다 | 风吹雨打 fēng chuī yǔ dǎ 성어 비바람을 맞다, 풍상을 겪다 | 破烂 pòlàn 형 너덜너덜하다 | ★不堪 bùkān 형 몹시 ~하다, ~하기 그지없다(부정적인 뜻의 단어 뒤에 놓여 정도가 아주 심함을 나타냄) 동 감당할 수 없다 | ★使命 shǐmìng 명 사명 | ★抛弃 pāoqì 동 버리다, 포기하다 | 筑巢 zhù cháo 동 둥지를 짓다 | 南极 nánjí 명 남극 | 企鹅 qǐ'é 명 펭귄 | 雄 xióng 형 수컷의 | 脚面 jiǎomiàn 명 발볼, 발등 | 孵化 fūhuà 동 부화하다 | 疑问 yíwèn 명 의문 | 答案 dá'àn 명 답안, 해답 | 肯定 kěndìng 형 긍정적이다 동 인정하다 부 분명히 | 喜鹊 xǐquè 명 까치 | 足足 zúzú 부 꼬박, 충분히 | 秃鹫 tūjiù 명 대머리 독수리 | ★直径 zhíjìng 명 직경 | 育儿室 yù'érshì 육아실, 아이를 키우는 방

보기 어휘 逐渐 zhújiàn 부 점차 | 长大 zhǎngdà 동 자라다, 성장하다

정답 C

해설 많은 사람이 새는 인류처럼 저녁이 되면 둥지에서 잠을 자고, 비바람이 몰아칠 때마다 둥지에 숨을 것이라고 생각하지만 사실은 전혀 그렇지 않다(事实并非如此)고 합니다. 밑줄 바로 앞에 많은 새가 둥지에서 밤을 보내지 않는다(许多并不在巢里过夜)고 하였으니 비바람이 몰아칠 때에도 많은 새가 둥지에 숨지 않는다(狂风暴雨来临时，也有许多鸟都不躲在窝里)는 내용이 이어 나와야 합니다.

정답 B

해설 '既然'과 '那么'는 호응관계입니다. '둥지에서 잠을 자지도 않으면서(既然不在巢里睡觉), 그렇다면 새들이 고생스럽게 둥지를 짓는 것은 도대체 무엇 때문일까(那么鸟儿辛辛苦苦地筑巢，又是为了什么呢)?'라는 의미입니다.

정답 A

해설 밑줄 앞에서 '새끼 새가 껍질을 까고 나오면, 새 둥지 안은 시끌벅적해진다(小鸟出壳后，鸟巢里便热闹起来。)'는 문장으로 마쳤습니다. 밑줄 뒤 주어(鸟巢)+술어(拥挤)가 모두 있는 문장이 나왔으므로, 밑줄에는 문장 앞에 독립적으로 사용할 수 있는 전치사구(随着小鸟逐渐长大)가 들어갈 수 있고, '아기 새가 점점 자라면서 새 둥지는 점점 붐비게 된다(随着小鸟逐渐长大，鸟巢会越来越拥挤)'는 의미입니다.

74

정답 D

해설 밑줄 앞에서 의문이 생길 수 있다(你可以会产生另一个疑问)고 제시했으므로 의문문(到底有没有以巢为家的鸟呢?)이 나와야 합니다.

75

정답 E

해설 밑줄 앞에 소수의 새(少数鸟)와 다르게 대다수의 새(大多数鸟)에게 둥지는 '산실'과 '육아실' 뿐이라고 문장을 전환시켜 주고 있으므로 접속사 '但'이 있는 E가 정답입니다.

每个人对疼痛的感受和反应都不一样。同样的外科手术，[76]C 有的人麻药一进就可以安然入睡，有的人即使加了剂量还是会痛得冒冷汗。伤口拆线时，有的人可以面无表情看着医生拆线，有的人却一碰伤口就开始大叫。这是为什么呢?

我们对疼痛的感受不同的原因有很多。首先，生理条件决定了每个人对疼痛有着不同的感知能力。这就是说，[77]B 表现淡定的人可能真的不太痛，而那些不顾形象而大喊大叫的人，也许真的是感受到了无法形容的痛苦。

其次，[78]E 文化标准也会影响不同群体对疼痛的反应。比如中国有一句俗话叫“男儿有泪不轻弹”，意思是男人不能轻易地掉眼泪，遇到难以承受的事情也要忍着一笑而过，因此中国人形成了一种潜意识，就是男人一般情况都不会哭，要是哭了那就是动真格的了。相反，中国人认为女人的眼泪窝浅，没什么大不了的事情也容易掉眼泪。这种潜意识使得医疗人员可能对男性抱怨的疼痛更当真，[79]D 他们倾向于认为男性只要开口抱怨，那他们的疼痛就一定真的很严重。

因此，医疗人员应该意识到这一点，不能按照自己的标准去估计患者的疼痛的程度。最好的做法就是，[80]A 应该尊重患者对疼痛的表述，不要加入任何个人的偏见，这样才能准确地对症下药。

통증에 대한 느낌과 반응은 사람마다 모두 다르다. 같은 외과 수술에도 [76]마취제가 들어가기만 하면 편안하게 잠이 드는 사람도 있고, 마취제 사용량을 늘려도 아파서 식은땀을 흘리는 사람도 있다. 상처 수술 후 실밥을 뽑을 때에도 의사가 실밥 뽑는 것을 무표정하게 지켜보는 사람도 있고, 상처만 건드려도 소리를 지르는 사람도 있다. 왜 그럴까?

우리가 통증에 대한 느낌이 다른 원인은 여러 가지가 있다. 우선, 생리적 조건이 사람마다 통증에 대해 다른 감지 능력을 갖도록 결정한다. 다시 말하면, [77]표현이 담담한 사람은 아마 정말로 별로 아프지 않은 것이지만, 체면 따지지 않고 고래고래 소리 지르는 사람은 아마 정말로 말로 표현할 수 없는 고통을 느꼈을 것이다.

두 번째로 [78]문화 기준도 서로 다른 무리의 통증에 대한 반응에 영향을 끼칠 수 있다. 예를 들면, 중국에 '남자는 눈물이 있지만 쉽게 흘리지 않는다'란 속담이 있는데, 남자는 쉽게 눈물을 흘리면 안 되고, 견디기 힘든 일을 만나도 참고 웃어 넘겨야 한다는 의미이다. 그래서 중국인의 잠재의식 속에 남자는 어지간해서는 울지 않아서, 만약 운다면 그건 진짜로 우는 것이다. 반대로 여자는 눈물샘이 얕아서 별것 아닌 일에도 쉽게 눈물을 흘린다고 생각한다. 이러한 잠재의식 때문에 의료인은 남성이 호소하는 고통을 더 진지하게 받아들일 수 있고, [79]남성이 소리 내어 불평하면 그들의 통증은 틀림없이 진짜 심각하다고 생각하는 경향이 있다.

따라서 의료인은 자신의 기준으로 환자의 통증 정도를 판단하면 안 된다는 것을 깨달아야 한다. 가장 좋은 방법은 [80]통증에 대한 환자의 표현을 존중해야 하고, 어떠한 개인적인 편견을 개입시켜서는 안 된다. 그래야 비로소 정확하게 증상에 따른 처방을 내릴 수 있다.

지문 어휘 疼痛 téngtòng 명 통증 형 아프다 | 感受 gǎnshòu 명 느낌 동 느끼다 | 反应 fǎnyìng 명 반응 동 반응하다 | 外科手术 wàikē shǒushù 외과수술 | 即使 jíshǐ 접 설령 ~하더라도 | 剂量 jìliàng 명 조제량, 사용량 | 冒冷汗 mào lěnghàn 식은땀이 나다 | 伤口 shāngkǒu 명 상처 | 拆线 chāi xiàn 동 (수술 후) 실밥을 뽑다 | 面无表情 miàn wú biǎoqíng 무표정하다 | 碰 pèng 동 건드리다, 부딪치다 | 生理条件 shēnglǐ tiáojiàn 생리적 조건 | 感知 gǎnzhī 명 감각과 지각 동 감지하다 | 不顾形象 bú gù xíngxiàng 이미지를 고려하지 않다, 체면 따지지 않다 | 大喊大叫 dà hǎn dà jiào 큰 소리로 부르짖다 | 形容 xíngróng 동 형용하다 | 痛苦 tòngkǔ 명 고통 형 고통스럽다 | 俗话 súhuà 명 속담 | 男儿有泪不轻弹 nán'ér yǒu lèi bù qīng dàn 남자는 눈물은 있지만 쉽게 흘리지 않는다 | 轻易 qīngyì 부 쉽게, 쉽사리 | 掉眼泪 diào yǎnlèi 눈물을 흘리다 | 难以 nányǐ 형 ~하기 어렵다 | 承受 chéngshòu 동 감당하다 | 忍 rěn 동 참다 | 一笑而过 yí xiào ér guò 성어 웃어넘기다 | 潜意识 qiányìshí 명 잠재의식 | 动真格的 dòng zhēngéde 실제로 행동하다, (가짜가 아닌) 진짜로 하다 | 相反 xiāngfǎn 동 상반되다 | ☆窝 wō 명 집, 근거지, 소굴 | 眼泪窝 yǎnlèiwō 명 눈물샘 | 浅 qiǎn 형 얕다, 좁다 | 使得 shǐde 동 하게끔 하다 | 医疗人员 yīliáo rényuán 명 의료인 | 男性 nánxìng 명 남성 | 抱怨 bàoyuàn 동 원망하다 | 当真 dàngzhēn 동 진실로 받아들이다 | ☆意识 yìshí 동 깨닫다 | 按照 ànzhào 전 ~에 비추어, ~에 따라 | 标准 biāozhǔn 명 표준 | 估计 gūjì 동 예측하다 | ☆患者 huànzhě 명 환자 | ☆偏见 piānjiàn 명 편견 | 准确 zhǔnquè 형 확실하다 | 对症下药 duì zhèng xià yào 성어 병의 증세에 따라 처방하다

보기 어휘 表述 biǎoshù 동 설명하다 | 表现 biǎoxiàn 명 태도와 행동 동 표현하다 | 淡定 dàndìng 형 냉정하다, 침착하다 | 麻药 máyào 명 마취제 | 安然入睡 ānrán rùshuì 편안하게 잠들다 | ☆倾向 qīngxiàng 동 치우치다 | 群体 qúntǐ 명 군체, 무리

76

정답 C

해설 같은 외과 수술에 다른 반응을 보이는 사람을 '有的人~, 有的人~' 형식으로 연결하고 있습니다.

77

정답 B

해설 밑줄 뒤 '而'을 두고 '표현이 담담한 사람(表现淡定的人)'과 '체면 따지지 않고 고래고래 소리 지르는 사람(那些不顾形象而大喊大叫的人)'을 대조적으로 설명하고 있습니다. '而'은 서로 대조되는 것을 연결하여 역접관계를 나타낼 수 있습니다.

78

정답 E

해설 사람마다 통증에 대한 느낌과 반응이 다른 이유를 '首先', '其次'로 연결하고 있습니다. 첫 번째는 생리적 조건(生理条件)이 다르기 때문이었고, 두 번째는 중국의 속담(中国有一句俗话叫"男儿有泪不轻弹")을 언급하며 중국인의 잠재의식 속에 자리 잡은 생각(中国人形成了一种潜意识)을 이야기했으므로, 문화의 기준 때문에 통증에 대한 반응이 다르다는 것(文化标准也会影响不同群体对疼痛的反应)을 알 수 있습니다.

79

정답 D

해설 중국에선 남자는 쉽게 울지 않고(男人一般情况都不会哭), 여자는 별것 아닌 일에도 쉽게 운다(女人的眼泪窝浅，没什么大不了的事情也容易掉眼泪)고 여기기 때문에, 남자가 소리 내어 불평하면 정말로 통증이 심각한 것이라고 여기는 경향이 있다(他们倾向于认为男性只要开口抱怨，那他们的疼痛就一定真的很严重)는 의미입니다.

80

정답 A

해설 의료인이 깨닫고 해야 할 것을 언급한 문장으로 통증에 대한 환자의 표현을 존중하고(应该尊重患者对疼痛的表述), 어떠한 개인적인 편견을 개입시켜서는 안 된다(不要加入任何个人的偏见)는 의미입니다.

제4부분 81~100번 문제는 지문을 읽고 질문에 알맞은 답을 고르는 문제입니다.

第81到84题

全球范围内的大坝约有80万座，数量十分可观。[81]水坝可以为我们提供清洁能源，此外，它还给我们提供了饮用水和灌溉水，这对人类来说是一大福音。

[82]然而水坝的建造也让河流的生态系统变得脆弱，许多物种种群数量减少，甚至灭绝，鱼类便是最直接的受害者。每一条河流的流动都有自身的节奏，而水坝却破坏了河流的这种自然节奏。水势和含沙量的变化会迫使水流做出调整，进而影响下游河段中河床和河岸的沉积物，改变河道的形状和起伏，[82]并阻碍鱼类在河床上产卵。此外，这一围截也会大大减少有机物和营养物质的输送，进而影响河流的食物网。

那么为了扭转这一局面，我们能做些什么呢？人们首先想到的是拆除水坝，让河流再次自由流淌。事实证明，有些地区拆除水坝后，生态环境的恢复效果确实很惊人。但这也是一笔巨大的开支。不仅如此，[83]拆除水坝后的河流很可能存在其他安全隐患。

生态学家们想出了一个聪明的办法：使水坝本身作为保护环境的工具，通过精准控制洪水来影响淤泥的堆积情况，改变河流的节奏，从而恢复河道的自然地理特征和生态环境。

[84]应该说在永久恢复筑坝河流的生态环境方面，我们是任重而道远，我们也希望在各种努力下，今后水坝的角色能被重新下定义。

전 세계에 댐은 약 80만 개로 그 수량이 굉장하다. [81]댐은 우리에게 깨끗한 에너지를 제공해주는 것 외에도 마실 물과 관개용수를 제공해주는데, 이것은 인류에겐 큰 복음이다.

[82]그러나 댐의 건설로 하류의 생태계가 무너지고, 많은 종의 개체군 수가 줄거나 심지어 멸종하기도 한다. 그중 어류는 가장 직접적인 피해자이다. 하류의 이동은 모두 자신만의 흐름이 있는데, 댐은 하류의 이러한 자연스러운 흐름을 망가뜨렸다. 물살과 모래 함유량의 변화는 물의 흐름을 강제로 조절하고, 더 나아가 하류 구간의 하천 바닥과 강기슭의 침전물에도 영향을 끼쳐 수로의 외관과 기복도 바꾸며, [82]어류가 하천 바닥에 산란하는 것도 방해한다. 그 밖에도 댐에 둘러싸여 가로막힌 이유로 유기물과 영양물질의 이동이 크게 줄게 될 것이고, 더 나아가 하류의 먹이그물에도 영향을 끼칠 것이다.

그렇다면 이런 국면을 바꾸기 위해 우리가 무엇을 할 수 있을까? 사람들이 우선 생각하는 것은 댐을 철거해 하류가 다시 자유롭게 흐를 수 있도록 하는 것이다. 사실이 증명하듯, 일부 지역에서는 댐을 철거한 후 생태환경의 회복 효과가 확실히 놀라웠다. 그러나 이것도 막대한 지출이 필요할 뿐만 아니라, [83]댐 철거 후의 하류에는 또 다른 안전 상의 위험이 존재할 가능성이 크다.

(그래서) 생태학자들이 똑똑한 방법을 생각해냈다. 댐 자체를 환경보호의 도구로 삼는 것인데, 정확한 홍수 통제를 통해 충적토의 퇴적에 영향을 주고, 하류의 흐름을 바꾸어 수로의 자연지리적 특징과 생태환경을 회복하는 것이다.

[84]댐 하류의 생태환경을 영구적으로 회복하는 측면에서 우리의 책임은 매우 무겁다고 할 수 있다. 우리도 여러 가지 노력으로 앞으로 댐의 역할이 새롭게 정의될 수 있기를 희망한다.

지문 어휘 **全球** quánqiú 명 전 세계, 전 지구 | **范围** fànwéi 명 범위 | **大坝** dàbà 명 댐(dam) | **座** zuò 양 좌, 채(산·건축물·교량·대포 따위의 비교적 크고 든든한 것이나 고정된 물체를 세는 데 쓰임) | ★**可观** kěguān 형 볼만하다, 굉장하다 | **水坝** shuǐbà 명 댐, 제방 | **提供** tígōng 동 제공하다 | ★**清洁** qīngjié 형 청결하다 | **能源** néngyuán 명 에너지원 | **此外** cǐwài 접 이 밖에, 이 이외 | **饮用** yǐnyòng 동 마시다 | ★**灌溉** guàngài 명 관개 동 관개하다 | **灌溉水** guàngài shuǐ 관개용수 | **福音** fúyīn 명 복음, 기쁜 소식 | **建造** jiànzào 동 건조하다, (집 따위를) 짓다 | **河流**

héliú 명 강의 흐름, 하류 | ★生态 shēngtài 명 생태 | 生态系统 shēngtài xìtǒng 생태계 | ★脆弱 cuìruò 형 취약하다, 연약하다 | 物种 wùzhǒng 명 종(species) | 种群 zhǒngqún 명 군체, 개체군 | 灭绝 mièjué 동 멸종하다 | 鱼类 yúlèi 명 어류 | 受害者 shòuhàizhě 명 피해자 | ★节奏 jiézòu 명 리듬 | 破坏 pòhuài 동 파괴하다, 훼손하다, 손해를 입히다 | 水势 shuǐshì 명 물살, 수세 | 含沙量 hán shā liàng 명 함사량(모래함유량) | 迫使 pòshǐ 동 무리하게 ~시키다, 강제하다, 강요하다 | 水流 shuǐliú 명 강·하천 등의 총칭, 물의 흐름 | 调整 tiáozhěng 동 조정하다 명 조정 | 进而 jìn'ér 접 더 나아가, 진일보하여 | 下游 xiàyóu 명 하류 | 河段 héduàn 명 하천의 한 구간 | 河床 héchuáng 명 하천의 바닥 | 河岸 hé'àn 강기슭, 강변, 강가 | 沉积物 chénjīwù 명 침적물, 퇴적물, 침전물 | 河道 hédào 명 (배가 다닐 수 있는) 강줄기, 수로 | 形状 xíngzhuàng 명 형상, 물체의 외관 | ★起伏 qǐfú 명 기복 동 기복하다 | ★阻碍 zǔ'ài 동 방해하다 명 방해 | 产卵 chǎnluǎn 동 산란하다, 알을 낳다 명 산란 | 有机物 yǒujīwù 명 유기물 | 输送 shūsòng 명 수송, 운송 동 수송하다, 운송하다 | 食物网 shí wù wǎng 먹이그물 | ★扭转 niǔzhuǎn 동 (상황 따위를) 돌리다, 돌려세우다 명 비틀림, 반전 | ★局面 júmiàn 명 국면, 형세 | 拆除 chāichú 동 (건축물 따위를) 뜯어 없애다, 철거하다 | 流淌 liútǎng 동 (액체가) 흐르다, 유동하다 | 恢复 huīfù 동 회복되다, 회복하다 | 确实 quèshí 형 확실하다 부 확실히, 정말로 | 惊人 jīngrén 동 사람을 놀라게 하다 | 开支 kāizhī 명 지출, 비용 동 지출하다, 지불하다 | 不仅如此 bùjǐn rúcǐ 이와 같을 뿐만 아니라 | ★隐患 yǐnhuàn 명 잠복해 있는 병, 겉에 드러나지 않은 폐해 또는 재난 | ★本身 běnshēn 명 (사람이나 물건·일의) 그 자신, 그 자체 | 工具 gōngjù 명 공구, 작업 도구 | 精准 jīngzhǔn 형 정확하다 | 控制 kòngzhì 동 제압하다, 제어하다 | ★洪水 hóngshuǐ 명 홍수, 큰물 | 淤泥 yūní 명 (하천·호수·연못 등에) 충적된 진흙, 충적토 | ★堆积 duījī 동 쌓아 올리다, 쌓이다, 밀리다 명 퇴적 | 特征 tèzhēng 명 특징 | 永久 yǒngjiǔ 형 영구한, 영원한 | 筑坝 zhù bà 동 댐을 쌓다, 제방을 쌓다 | 任重而道远 rènzhòng'érdàoyuǎn 임중이도원, 등에 진 물건은 무겁고, 길은 멀다는 뜻으로, 큰일을 맡아 책임이 무거움을 이르는 말 | 角色 juésè 명 배역, 역할 | 重新 chóngxīn 부 다시, 거듭, 처음부터 | ★定义 dìngyì 명 정의 | 下定义 xià dìngyì 정의를 내리다

81

第一段主要讲的是: 첫 번째 단락이 주로 이야기 하는 것은?

A 水坝的优点 A 댐의 장점
B 水坝的分布情况 B 댐의 분포 상황
C 能源的种类 C 에너지의 종류
D 灌溉水的来源 D 관개용수의 근원

보기 어휘 分布 fēnbù 동 분포하다, 널려 있다 | ★来源 láiyuán 명 (사물의) 내원, 출처, 근원

정답 A

해설 댐은 인류에게 '복음'이 되어주었다며(这对人类来说是一大福音), 우리에게 깨끗한 에너지를 제공해주는 것 외에도 마실 물과 관개용수를 제공해준다(水坝可以为我们提供清洁能源，此外，它还给我们提供了饮用水和灌溉水)고 했으므로 정답은 A입니다.

82

水坝有什么缺点？

A 影响鱼类繁殖
B 经济效益不高
C 易引发地质灾害
D 使河流变得浑浊

댐은 어떠한 단점이 있는가?

A 어류의 번식에 영향을 끼친다
B 경제적 수익이 많지 않다
C 지질 재해를 쉽게 일으킨다
D 하류를 혼탁하게 만든다

보기 어휘 ★**繁殖** fánzhí 명 번식 동 번식하다 | **经济效益** jīngjì xiàoyì 경제적 효과, 경제 수익 | **引发** yǐnfā 동 (폭발·감정·병 따위를) 일으키다, 야기하다, (흥미를) 자아내다 | **地质** dìzhì 명 지질 | **灾害** zāihài 명 재해 | **浑浊** húnzhuó 형 혼탁하다

정답 A

해설 지문에서 언급한 댐의 단점으로는 하류의 생태계를 약하게 만드는 것(**水坝的建造也让河流的生态系统变得脆弱**), 댐 건설로 많은 종의 개체군 수량이 줄거나 심지어 멸종하는 것(**许多物种种群数量减少，甚至灭绝**), 그리고 댐 건설의 가장 직접적인 피해자가 어류인데, 어류가 강 바닥에 산란하는 것을 방해하는 것(**鱼类便是最直接的受害者，并阻碍鱼类在河床上产卵**)이라고 했으므로 정답은 A입니다.

83

根据第三段，可以知道什么？

A 建造水坝价格昂贵
B 上游河段水流湍急
C 拆除水坝存在安全隐患
D 生态环境可自我恢复

세 번째 단락에 근거하면 무엇을 알 수 있는가?

A 댐 건설 비용은 비싸다
B 강 상류 구간의 물살이 세다
C 댐 철거는 안전 상의 위험이 존재한다
D 생태환경은 스스로 회복할 수 있다

보기 어휘 ★**昂贵** ángguì 형 물건값이 비싸다 | ★**上游** shàngyóu 명 (강의) 상류 | **湍急** tuānjí 형 물살이 세다(급하다)

정답 C

해설 댐을 철거한 하류도 또 다른 안전 상의 위험이 존재할 가능성이 크다(**拆除水坝后的河流很可能存在其他安全隐患**)고 했으므로 정답은 C입니다.

84

下列哪项最适合做上文的标题？

A 水坝与生态
B 是谁在质疑水坝
C 河流与家园
D 拆除水坝，刻不容缓

다음 중 윗 글의 제목으로 가장 적절한 것은 무엇인가?

A 댐과 생태
B 누가 댐에 관해 의문을 제기하는가
C 하류와 고향
D 댐 철거, 매우 시급하다

보기 어휘 **质疑** zhìyí 동 질의하다, 물어보다 | **家园** jiāyuán 명 고향, 가정 | ★**刻不容缓** kè bù róng huǎn 성어 일각도 지체할 수 없다, 잠시도 늦출 수 없다

정답 A

해설 댐 건설로 인한 하류의 생태환경을 복원시켜야 할 우리의 책임이 매우 크다(**应该说在永久恢复筑坝河流的生态环境方面，我们是任重而道远**)고 했고, 여러 방면의 노력을 들여 이후의 댐의 역할이 새롭게 정의 내려지길 희망한다(**我们也希望在各种努力下，今后水坝的角色能被重新下定义**)고 했으므로 정답은 A입니다.

第85到88题

从前，有一个猎人。一天，天气异常寒冷，猎人背着猎枪去打猎，他一边走一边想，如果运气好，能够捕捉到一只鹿的话，那么这个冬天就不用发愁了。

[85]到达乡间野地不久，他就惊喜地发现了鹿留下的痕迹。在鹿痕的引导下，猎人来到了一条结冰的河流跟前。[86]这是一条相当宽阔的河流，河面完全被冰所覆盖。虽然冰面上明显地留下了鹿走过的踪迹，但是这冰面能否承受得了一个人，猎人一点把握也没有。最终，捕鹿的强烈愿望使猎手决定，涉险跨过河流。

猎手伏下双手和膝盖，开始小心翼翼地在冰面上爬行起来。当他爬到将近一半的时候，他的想像力开始空前活跃起来。他似乎听到了冰面裂开的声音，他觉得随时都有可能跌落下去。在这个寒风凛冽的日子，在这人迹罕至的荒郊野外，一旦跌入冰下，除了死亡，不会有第二种可能。巨大的恐惧向猎人袭来，但他已经爬得太远了，无论是爬到对岸还是返回去，都危险重重。[87]他的心在惊恐紧张中怦怦地跳个不停，他趴在冰面上瑟瑟发抖，进退两难。

这时，猎人突然听到了一阵嘈杂声。一个农夫驾着一辆满载货物的马车，正悠然地驶过冰面。[88]看到匍匐在冰面上、满脸惊恐不安的猎人时，农夫一脸莫名其妙。

很多时候，使我们踌躇不前的并非外界的阻挡，而是我们内心的纠结。

예전에 한 사냥꾼이 날씨가 매우 추운 어느 날 사냥총을 어깨에 매고 사냥을 하러 갔다. 그는 걸으면서 만약 운이 좋으면 사슴 한 마리를 잡을 수 있을 테고, 그렇게 되면 이번 겨울도 걱정할 필요가 없을 것이라 생각했다.

[85]시골 들판에 도착한지 얼마 안 되어, 그는 놀랍게도 사슴이 남긴 흔적을 발견했다. 흔적을 따라 사냥꾼은 얼어버린 강 앞에 도착했다. [86]그것은 상당히 드넓은 강이었고, 수면은 완전히 얼음으로 뒤덮여 있었다. 비록 빙판 위로 사슴이 지나간 종적이 분명하게 남아있지만, 이 빙판이 사람도 견뎌낼 수 있을지에 대해서 사냥꾼은 조금도 자신할 수가 없었지만, 결국 사슴을 잡겠다는 강한 의지로 사냥꾼은 위험을 무릅쓰고 강을 건너기로 결정했다.

사냥꾼은 두 손과 무릎을 꿇고 엎드려 매우 조심스럽게 얼음 위를 기어가기 시작했다. 거의 반 정도 기어갔을 때 그의 상상력은 전에 없이 활개를 치기 시작했다. 그는 마치 빙판이 갈라지는 소리가 들리는 듯했고, 언제든 아래로 떨어질 것 같았다. 살을 에는 추위에 인적이 드문 황량한 곳에서, 일단 얼음 아래로 떨어지게 되면 죽는 것 외엔 다른 가능성이 있을 리가 없었다. 거대한 공포가 사냥꾼을 엄습해왔지만, 그는 이미 너무 멀리 기어왔기 때문에 반대편 기슭까지 기어가든 되돌아 가든 모두 너무 위험했다. [87]그는 두렵고 긴장되어 계속해서 심장이 쿵쾅쿵쾅 뛰고, 빙판 위에서 부들부들 떨며 진퇴양난이었다.

이때 사냥꾼은 갑자기 떠들썩한 소리를 들었다. 한 농부가 물건을 가득 실은 마차를 몰고 유유하게 빙판을 달려 지나가고 있었다. [88]얼굴 가득 공포에 질려 얼음 위를 기고 있는 사냥꾼을 보고 농부는 영문을 알 수 없어 어리둥절한 얼굴이었다.

때때로 우리를 주저하며 앞으로 나아가지 못하게 하는 것은 외부의 방해가 아닌 우리 마음속의 갈등이다.

지문 어휘 从前 cóngqián 명 이전, 종전 | 猎人 lièrén 명 사냥꾼 | ☆异常 yìcháng 부 대단히, 몹시 형 심상치 않다, 이상하다 | 寒冷 hánlěng 동 한랭하다, 몹시 춥다 | 猎枪 lièqiāng 명 엽총, 사냥총 | ☆打猎 dǎ liè 동 사냥하다 | 运气 yùnqi 명 운명, 운세, 운수 | ☆捕捉 bǔzhuō 동 잡다, 붙잡다 | 鹿 lù 명 사슴 | 发愁 fā chóu 동 근심하다, 걱정하다 | 乡间 xiāngjiān 명 시골, 마을 | 野地 yědì 명 들판 | 惊喜 jīngxǐ 명 놀람과 기쁨 동 (뜻밖의 좋은 일 따위로) 놀라고도 기뻐하다 | 留 liú 동 남기다, 남다 | ☆痕迹 hénjì 명 흔적, 자취 | ☆引导 yǐndǎo 동 안내하다, 인도하다, 이끌다 | 结冰 jié bīng 동 얼음이 얼다, 결빙하다 | 河流 héliú 명 강, 하천 | ☆跟前 gēnqián 명 옆, 곁, 앞, 근처 | 相当 xiāngdāng 부 상당히, 무척 형 상당하다, (수량·가치·조건·상황 등이) 비슷하다 | 宽阔 kuānkuò 형 넓다 | 河面 hémiàn 명 강의 수면, 강물 위 | ☆覆盖 fùgài 동 가리다, 뒤덮다 명 피복 | 明显 míngxiǎn 형 뚜렷하다, 분명하다, 분명히 드러나다 | ☆踪迹 zōngjì 명 종적, 자취, 발자취 | 承受 chéngshòu 동 감당하다 | 把握 bǎwò 명 자신, 성공의 가능성 동 잡다, 장악하다, (추상적인 것을) 파악하다 | 最终 zuìzhōng 명 맨 마지막, 최종 형 마지막의, 최종의 | 强烈 qiángliè 형 강렬하다, 선명하다 | 愿望 yuànwàng 명 바람, 소망 | 涉险 shèxiǎn 동 위험을 무릅쓰다, (지형이) 험한 곳으로 진입하다 | ☆跨 kuà 동 (가랑이를 벌리고) 뛰어넘다, 활보하다 | 伏 fú 동 엎드리다 | ☆膝盖 xīgài 명 무릎 | ☆小心翼翼 xiǎo xīn yì yì 성어 매우 조심스럽다 | ☆将近 jiāngjìn 동 거의 ~에 근접하다, 거의 ~에 이르다 | 想像力 xiǎngxiànglì 명 상상력 | 空前 kōngqián 형 공전의, 전대미문(前代未聞)의 | 活跃 huóyuè 형 활동적이다, 행동이 활발하고 적극적이다 동 활약하다, 적극적으로 활동하다 | 裂开 lièkāi 동 갈라지다 | 随时 suíshí 부 수시(로), 때를 가리지 않고, 즉시 | 跌落 diēluò 동 (물체가) 떨어지다 | 寒风凛冽 hánfēng lǐnliè 찬바람이 살을 에듯 불다 | 人迹罕至 rén jì hǎn zhì 성어 인적이 드물다, 인적이 드문 곳 | 荒郊野外 huāngjiāo yěwài 황량한 야외 | ☆死亡 sǐwáng 명 사망 동 사망하다 | ☆恐惧 kǒngjù 명 공포 동 겁먹다, 두려워하다 | 袭来 xílái 동 엄습하다, 들이닥치다 | 对岸 duì'àn 명 대안, 맞은편 기슭 | 返 fǎn 동 돌아가다, 돌아오다 | 重重 chóngchóng 형 겹쳐진 모양, 거듭된 모양, 매우 많다 | 惊恐 jīngkǒng 동 놀라 두려워하다, 질겁하다 | 怦怦地 pēngpēngde 펄떡펄떡 | ☆趴 pā 동 엎드리다, 몸을 앞으로 기울여 물건 따위에 기대다 | 瑟瑟发抖 sèsè fādǒu 부들부들 떨다 | 进退两难 jìn tuì liǎng nán 성어 진퇴양난 | 嘈杂声 cáozá shēng 떠들썩한 소리, 시끄러운 소리 | 农夫 nóngfū 명 농부 | 驾 jià 동 (소나 말에) 수레를 메우다, 몰다 | 满载 mǎnzài 동 가득 싣다 | 货物 huòwù 명 물품, 화물 | 马车 mǎchē 명 마차 | 悠然 yōurán 형 유연하다, 유유하다 | 驶 shǐ 동 (차·말 등이 빠른 속도로) 달리다, (차·배 등을) 운전하다 | 匍匐 púfú 동 기다 | ☆莫名其妙 mò míng qí miào 성어 아무도 그 오묘함을 설명할 수 없다, 영문을 모르다 | 踌躇不前 chóu chú bù qián 성어 주저하며 앞으로 나가지 못하다 | ☆外界 wàijiè 명 외부 | 阻挡 zǔdǎng 동 저지하다, 가로막다 | 纠结 jiūjié 동 서로 뒤엉키다(얽히다), 망설이다, 갈등하다

85

发现鹿的痕迹后，猎人的反应是：

A 淡定自如
B 停下观察
C 立即追踪
D 迅速逃跑

사슴의 흔적을 발견한 후 사냥꾼의 반응은?

A 태연자약했다
B 관찰을 멈추었다
C 즉시 추적했다
D 신속하게 달아났다

보기 어휘 反应 fǎnyìng 명 반응, 반향 동 반응하다, 응답하다 | 淡定 dàndìng 형 냉정하다, 침착하다 | 自如 zìrú 형 침착하고 태연하다 | 立即 lìjí 부 즉시, 곧 | 追踪 zhuīzōng 동 (종적이나 단서를 가지고) 추적하다, 행방을 쫓다 | 迅速 xùnsù 형 신속하다 | 逃跑 táopǎo 동 도망가다, 달아나다

정답 C

해설 사냥꾼은 사슴이 남긴 흔적을 발견하고 흔적을 따라 얼어붙은 강 앞까지 오게 되었다(他就惊喜地发现了鹿留下的痕迹。在鹿痕的引导下，猎人来到了一条结冰的河流跟前)고 했으므로 정답은 C입니다.

86

关于猎人面前的那条河，可以知道什么？	사냥꾼 앞에 있던 그 강에 대해 알 수 있는 것은 무엇인가?
A 十分宽阔	A 매우 넓다
B 冰层很薄	B 얼음층이 매우 얇다
C 冰面有裂痕	C 빙판에 갈라진 금이 있다
D 冰面正在融化	D 얼음이 녹고 있다

보기 어휘 **薄** báo 형 얇다 | **裂痕** lièhén 명 (사물의) 갈라진 금, 틈, 균열 | ★**融化** rónghuà 동 (얼음·눈 따위가) 녹다, 융해되다

정답 A

해설 강은 상당히 넓고, 수면은 완전히 얼음으로 덮여 있었다(这是一条相当宽阔的河流，河面完全被冰所覆盖)고 했으므로 정답은 A입니다.

87

根据第三段，猎人：	세 번째 단락에 근거하면 사냥꾼은:
A 抓到了鹿	A 사슴을 잡았다
B 浑身发抖	B 온몸을 부들부들 떨었다
C 跌进了河里	C 강 속으로 떨어졌다
D 顺利到了对岸	D 무사히 맞은편 기슭에 도착했다

보기 어휘 **抓** zhuā 동 잡다, (사람의 손톱·기구 따위로) 긁다 | ★**浑身** húnshēn 명 온몸, 전신 | ★**跌** diē 동 (물체가) 떨어지다 | **顺利** shùnlì 형 순조롭다

정답 B

해설 조심스럽게 빙판 위를 기어가던 사냥꾼(开始小心翼翼地在冰面上爬行起来)은 절반 정도에 이르렀을 때(当他爬到将近一半的时候) 언제든 떨어질 것 같은 무서운 생각이 들면서(他觉得随时都有可能跌落下去) 가슴이 두려움으로 심장이 쿵쾅쿵쾅 뛰고, 빙판 위에서 부들부들 떨었다(他的心在惊恐紧张中怦怦地跳个不停，他趴在冰面上瑟瑟发抖)고 했으므로 정답은 B입니다.

88

看到猎人的样子，农夫：	사냥꾼의 모습을 보고, 농부는?
A 很沮丧	A 매우 실망했다
B 很镇定	B 매우 침착했다
C 很惊慌	C 매우 놀라 허둥댔다
D 很纳闷儿	D 매우 어리둥절했다

보기 어휘 ★**沮丧** jǔsàng 동 기가 꺾이다, 실망하다, 낙담하다 | ★**镇定** zhèndìng 형 (다급한 상황에서도) 침착하다, 냉정하다, 차분하다 동 진정시키다, 마음을 가라앉히다 | **惊慌** jīnghuāng 형 놀라 당황하다, 놀라 허둥지둥하다 | ★**纳闷儿** nàmèn(r) 동 (마음에 의혹이 생겨) 답답하다, 궁금해하다

정답 D

해설 농부는 빙판 위에 엎드려 겁에 질린 사냥꾼을 보고 영문을 몰라 어리둥절했다(看到匍匐在冰面上、满脸惊恐不安的猎人时，农夫一脸莫名其妙)고 했으므로 정답은 '영문을 몰라 답답하다, 궁금하다'의 의미인 '纳闷儿'입니다.

第89到92题

继故宫咖啡、故宫初雪、故宫灯会以后，大年初一"奉旨开张"的故宫角楼餐厅又成了大众聚焦的热点。

故宫角楼餐厅位于故宫博物院神武门东侧，如今在原建筑框架下改造成了餐厅，白天供应包括炸酱面、角楼鸭卷等食物的自助餐，下午五点半到晚上十点半则供应火锅，最近被网友们刷上热搜的"故宫火锅"指的就是角楼餐厅的火锅。这家店的"圣旨菜单"上面的菜品贵族范儿十足，每道菜都很有历史渊源，因此被网友们热议。此店人手有限，餐位难求，且由于故宫特殊的地理环境和文物保护需求，这里不能使用明火，也不提供取暖设备，所以就餐环境很难像在现代餐厅一样舒适惬意。[89]尽管"故宫火锅"的就餐环境不那么令人满意，而且价格也略高于市场价格，但它依托故宫带来的文化内涵，还是吸引了大批消费者慕名前来打卡。

与其他旅游观光产品相比，博物馆一直是比较受冷落的。[90]而博物馆管理者们都意识到了，一本正经地去教育群众、灌输知识不是最行之有效的办法，不妨先投放一些精致的、喜闻乐见的产品来吸引大众。民以食为天，博物馆做文创走到做美食这一步，也是一个必然的趋势。

'고궁커피', '고궁첫눈', '고궁연등회'에 이어, 정월 초하루 '어명으로 개업'하는 '고궁각루식당'이 또 핫 이슈가 되었다.

'고궁각루식당'은 고궁 박물원 신무문 동측에 위치하고, 기존의 건축물 골격을 바탕으로 오늘날 식당으로 개조되었다. 낮에는 '자장면', '각루(角楼) 오리고기 롤(roll)' 등의 음식을 포함한 뷔페이고, 오후 5시 반에서 저녁 10시 반까지는 '훠궈'를 먹을 수 있다. 최근 네티즌 사이에서 인기 검색어에 오르던 '고궁훠궈'가 바로 이 고궁각루식당의 훠궈이다. 이 식당의 '성지 메뉴'에 있는 요리는 귀족적 분위기가 물씬 풍기고, 모든 음식이 다 역사적 근원이 있기 때문에 네티즌들에 의해 열띤 토론이 벌어진다. 이 식당은 일손이 많지 않고, 자리를 구하기도 힘들다. 게다가 고궁이라는 특수한 지리적 환경과 문물 보호 요구 때문에 이곳에서는 불을 사용할 수가 없고, 난방 설비도 없어서 식당의 환경은 요즘 식당처럼 쾌적하고 만족스럽기 힘들다. 그런데 [89]비록 '고궁훠궈'의 식사 환경이 그다지 만족스럽지 못하고, 가격도 시장 가격보다 약간 높지만, 고궁이 가져다 주는 문화적 깊이에 힘입어, 많은 소비자들이 그 명성을 듣고 출첵하러 몰려들었다.

다른 여행 관광 상품과 비교해보면, 박물관은 늘 푸대접을 받는 편이다. [90]그리고 박물관 관리자들도 진지하게 대중을 교육하고 지식을 주입하는 것이 가장 효과적인 방법이 아니고, 먼저 우수하고 즐길 수 있는 상품으로 대중을 매료시켜도 괜찮다는 것을 깨달았다. 백성에게 가장 중요한 것은 먹는 것이니 박물관도 문화 창작에서 맛있는 요리를 해주는 방향으로 가는 것이 필연적인 추세이다.

而至于博物馆在知识产权开发上最后能走多远，满足大众需求与过度商业化的准确界限究竟在哪里，这需要博物馆自己去思考，也需要大众去把关，[92]文创或者博物馆的开发是否过犹不及，评价与选择权全在大众手里。

박물관이 지적 재산권 개발 방면에서 결국 얼마나 멀리 갈 수 있을지, 대중의 수요를 만족시키는 기준과 지나친 상업화의 정확한 경계가 도대체 무엇인지에 관해서는 박물관 스스로도 고민해야 하고, 대중의 엄밀한 점검도 필요하다. [92]문화창작 또는 박물관 개발이 과유불급인지 아닌지, 그것을 평가하고 선택하는 것은 모두 대중들 손에 달려있다.

지문 어휘 **继** jì 접 그 다음에, 이어서 동 계속하다, 잇다 | **继~以后** jì ~ yǐhòu ~에 이어, ~후에 | **故宫咖啡** gùgōng kāfēi 고궁커피(커피숍이름) | **故宫初雪** gùgōng chūxuě 고궁첫눈(첫눈이 내릴 때 고궁에서 하는 행사) | **故宫灯会** gùgōng dēnghuì 고궁연등회 | **大年初一** dànián chūyī 음력 정월 초하루 | **奉旨** fèngzhǐ 동 임금의 명을 받들다 | **开张** kāi zhāng 동 개점하다, 개업하다 | **故宫角楼餐厅** gùgōng jiǎolóu cāntīng 고궁각루식당(식당이름) | **聚焦** jùjiāo 동 초점을 모으다 | **热点** rèdiǎn 명 이슈, 인기 화제, 주 관심거리 | **神武门** Shénwǔmén 고유 신무문(자금성 북쪽 문) | **如今** rújīn 명 지금, 이제 | ☆**框架** kuàngjià 명 건국 틀, 골격, 프레임 | **改造** gǎizào 동 개조하다 명 개조 | **供应** gōngyìng 동 제공하다, 공급하다 명 제공, 공급 | **炸酱面** zhájiàngmiàn 고유 자장면 | **鸭卷** yā juǎn 고유 오리고기 롤(roll) | **自助餐** zìzhùcān 명 뷔페 | **火锅** huǒguō 고유 훠궈(중국식 샤브샤브) | **网友** wǎngyǒu 명 네티즌 | **刷** shuā 동 (sns 소식 등을) 몰아서 보다 | **热搜** rè sōu 인기검색어 | **圣旨** shèngzhǐ 명 성지, 황제의 명령 | **圣旨菜单** shèngzhǐ càidān 성지 메뉴(메뉴판이름) | **菜品** càipǐn 명 (주로 음식점 등에서 제공되는) 요리, 음식 | ☆**贵族** guìzú 명 귀족 | **范儿** fànr 명 사람의 분위기나 스타일 | ☆**十足** shízú 형 (기세 따위가) 넘쳐흐르다, 충만하다 | **历史渊源** lìshǐ yuānyuán 역사적 근원 | **热议** rèyì 동 열띤 토론을 벌이다 | **人手** rénshǒu 명 일손 | **有限** yǒuxiàn 형 한계가 있다, 많지 않다 | **餐位** cānwèi 명 식탁 좌석 | **特殊** tèshū 형 특수하다 | ☆**需求** xūqiú 명 요구, 수요 | **明火** mínghuǒ 명 화염이 있는 불, 타오르는 불 | **取暖** qǔnuǎn 동 온기를 받다, 따뜻하게 하다 | **设备** shèbèi 명 설비 | **就餐** jiùcān 동 밥을 먹다, 식사하다 | **舒适** shūshì 형 쾌적하다, 편하다 | **惬意** qièyì 형 (마음·기분이) 만족스럽다, 흡족하다 | **略** lüè 부 대략, 약간 | **高于** gāoyú 형 ~보다 높다 | ☆**依托** yītuō 동 (어떤 명의를) 빌리다, 구실로 삼다 | ☆**内涵** nèihán 명 내포, 함축적 의미 | **慕名** mùmíng 동 명성을 듣다, 명성을 부러워하다 | **打卡** dǎkǎ 동 출석체크하다 | ☆**冷落** lěngluò 동 냉대하다, 푸대접하다 형 한산하다, 썰렁하다 | **受冷落** shòu lěngluò 푸대접을 받다, 소외되다 | ☆**意识** yìshí 동 의식하다, 깨닫다 명 의식 | **一本正经** yì běn zhèng jīng 성어 태도가 진지하다, 엄숙하다 | **灌输** guànshū 동 (지식 따위를) 주입하다 | **行之有效** xíng zhī yǒu xiào 성어 실행해보니 효과가 있다, 효과를 보다 | ☆**不妨** bùfáng 부 괜찮다, 무방하다 | ☆**精致** jīngzhì 형 정교하다, 상등이다 | ☆**喜闻乐见** xǐ wén lè jiàn 성어 즐겨 듣고 기쁘게 보다, 사람들에게 환영 받다 | **民以食为天** mín yǐ shí wéi tiān 성어 백성은 식량을 하늘로 여긴다, 금강산도 식후경 | **文创** wén chuàng 문화창작 | **趋势** qūshì 명 추세 | **知识产权** zhīshi chǎnquán 명 지적 재산권 | ☆**过度** guòdù 형 과도하다, 정도를 지나치다 | **商业化** shāngyèhuà 상업화 | ☆**界限** jièxiàn 명 경계, 끝, 격 | **把关** bǎguān 동 관문을 지키다, 엄밀히 점검하다, 엄격히 심사하다 | **过犹不及** guò yóu bù jí 성어 과유불급, 지나침은 미치지 못함과 같다

89

关于故宫火锅，可以知道什么？	고궁훠궈에 관해 무엇을 알 수 있나?
A 晚上不开门	A 저녁에는 문을 열지 않는다
B 使用的是明火	B 불을 사용한다
C 价格略高于市场	C 가격이 시장보다 약간 높다
D 就餐环境颇为舒适	D 식사 환경이 상당히 쾌적하다

보기 어휘 **颇为** pōwéi 부 제법, 상당히

정답 C

해설 고궁훠궈에서의 식사 환경이 그다지 만족스럽지 않고 가격도 시장 가격보다 조금 높다(**尽管"故宫火锅"的就餐环境不那么令人满意，而且价格也略高于市场价格**)고 했으므로 정답은 C입니다.

90

博物馆管理者认为，应如何推广文化？	박물관 관리자는 마땅히 어떻게 문화를 보급해야 한다고 생각하는가?
A 正经传播文化知识	A 진지하게 문화지식을 전파해야 한다
B 广泛结合学校教育	B 학교 교육과 폭넓게 결합해야 한다
C 投放受欢迎的产品	C 인기 많은 상품을 내놓아야 한다
D 要靠大众评价把关	D 대중의 평가와 심사에 의존해야 한다

보기 어휘 **推广** tuīguǎng 동 보급하다, 일반화하다 | ★**正经** zhèngjing 형 품행이나 태도가 올바르다, 진지하다 | **传播** chuánbō 동 널리 퍼뜨리다, 전파하다 | **广泛** guǎngfàn 형 광범위하다 | **结合** jiéhé 동 결합하다 명 결합 | **投放** tóufàng 동 (상품을 시장에) 공급하다, 출하하다, 내놓다

정답 C

해설 박물관 관리자들도 진지하게 대중을 교육하고 지식을 주입하는 것은 효과적인 방법이 아니고, 먼저 우수하고 즐길 수 있는 상품을 대중에게 내놓는 것도 괜찮다는 것을 깨달았다(**而博物馆管理者们都意识到了，一本正经地去教育群众、灌输知识不是最行之有效的办法，不妨先投放一些精致的、喜闻乐见的产品来吸引大众**)고 했으므로 정답은 C입니다.

91

最后一段的"过犹不及"是什么意思?	마지막 단락의 '과유불급'은 무슨 의미인가?
A 做得过头也不合适	A 도가 지나친 것도 좋지 않다
B 过去的不值得回忆	B 지나간 것은 회상해볼 가치가 없다
C 做过的事没必要后悔	C 이미 한 일은 후회할 필요 없다
D 犯了过错要及时改正	D 잘못을 저질렀으면 바로 고쳐야 한다

보기 어휘 **过头(儿)** guò tóu(r) 형 (정도·한도가) 지나치다, 심하다 | **不值得** bùzhíde ~할 가치가 없다 | **犯** fàn 동 위반하다, 저지르다 | **过错** guòcuò 명 과실, 잘못 | **及时** jíshí 부 제때에, 바로 | **改正** gǎizhèng 동 정정하다, 고치다

정답 A

해설 '过犹不及'는 '지나친 것은 모자란 것과 같다'의 의미이므로 정답은 A입니다.

92

根据上文，下列哪项正确?	지문에 근거해 다음 중 옳은 것은 무엇인가?
A 故宫火锅非常美味	A 고궁훠궈는 매우 맛있다
B 大众有权评价博物馆开发	B 대중은 박물관 개발을 평가할 권리가 있다
C 博物馆学比考古学更冷门	C 박물관학은 고고학보다 더 인기가 없다
D 文创产品被过度商业化了	D 문화 창작 상품이 지나치게 상업화되었다

보기 어휘 **美味** měiwèi 형 맛이 좋다 명 맛있는 음식 | **冷门** lěngmén 명 (학문·사업·경기 따위의) 주의를 끌지 못하는(인기 없는) 분야

정답 B

해설 지문에서 박물관 개발이 과유불급인지 아닌지에 대한 평가와 선택권은 모두 대중들 손에 달려있다(**博物馆的开发是否过犹不及，评价与选择权全在大众手里**)고 했으므로 정답은 B입니다.

第93到96题

[93]有一家电视台，主要播一些生活类的节目，教你做一道菜，调节一下邻里纠纷。然而就在这个电视频道，你却经常能看到一些奢侈品的广告。

显然，那些买得起名贵手表和汽车的人，他们的休闲场所大多都在高尔夫球场或者游艇上，而不是电视机前。那为什么奢侈品公司会选择在这样的频道上打广告呢？进化心理学的相关理论或许可以回答这个问题。

假如你想买一辆最新款的奔驰车，得知电视广告上某个成功男士驾驶着这辆车，你或许很容易会相信，如果买了这辆车，将增添你的男子汉气概。也可能你对此不屑一顾，心想："不就是辆车吗？"但是你能意识到一点，很多电视观众都相信，驾驶它的十有八九都是成功人士。

奢侈品公司把广告投放到普通电视台的目的就在于此。广告有两类观众：一类是潜在的商品购买者，另一类便是潜在的商品观察者。商品观察者认为，这些奢侈品的主人拥有各种各样广告商所表现出来的特质。商品越是昂贵稀有，观察者就会越多。[94]因此，把奢侈品广告投放到这些大众电视节目上去，它们的广告目标人群不是潜在的购买者，而是潜在的崇拜者，目的就是让更多的人羡慕那些买得起这些奢侈品的极少数人。

通常来讲，产品可以分为两类：[95]一类是愉悦性产品，即使没人知道我们拥有它们，但它们还是能激活我们的愉悦开关，带给我们满足感；另一类则是地位性产品，它们可以展现我们想要的特质，当别人看到我们拥有它们时，会认为我们很有"地位"。

[93]한 텔레비전 방송국에서는 주로 생활 교양 프로그램을 방송하는데, 요리를 가르쳐주고, 이웃들과의 분쟁을 중재해 주는 내용이다. 그런데 이 방송국 채널에서 당신은 사치품 광고들을 자주 볼 것이다.

분명, 명품 시계와 자동차를 구입할 수 있는 사람들의 레저 공간은 대부분이 골프장 또는 요트 위이지 텔레비전 앞이 아니다. 그렇다면 왜 사치품 회사는 이런 채널을 골라 광고를 하는 걸까? 진화심리학의 관련 이론이 아마 이 문제에 대답할 수 있을 것이다.

만약 당신이 최신형 벤츠 차를 사고 싶은데 텔레비전 광고에서 한 성공한 남자가 이 차를 운전하는 모습을 볼 때, 아마도 이 차를 사면 '남자의 멋'이 더해진다고 믿게 될 것이다. 또는 이 광고를 거들떠보지도 않고, 마음 속으로 '그냥 자동차일 뿐이야'라고 생각할 수도 있다. 하지만 한가지 알 수 있는 것은, 많은 텔레비전 시청자들이 벤츠를 운전하는 사람 중 열에 아홉은 성공한 사람이라고 믿고 있다.

사치품 회사가 광고를 일반 텔레비전에 내놓는 목적은 바로 여기에 있다. 광고를 보는 시청자는 두 부류가 있다. 하나는 잠재적 상품 구매자이고, 나머지 하나는 잠재적 상품 관찰자이다. 상품 관찰자는 이런 사치품의 주인은 광고주가 보여주는 특징을 가지고 있다고 생각한다. 상품이 비싸고 희소할수록, 관찰자의 수도 많아질 것이다. [94]따라서 사치품을 이런 대중 텔레비전 프로그램에 넣어 광고하는 그들의 타깃층은 잠재적 구매자가 아닌 잠재적 숭배자이고, 더욱 많은 사람들이 이러한 사치품을 살 수 있는 극소수의 사람을 부러워하게 만드는 것이 바로 그 목적이다.

일반적으로 상품은 두 가지로 분류할 수 있다. [95]하나는 '희열성' 상품으로, 우리가 그 상품을 가진 것을 아무도 모른다 하더라도 그 상품은 우리의 '기쁨 스위치'를 켜주고, 우리에게 만족감을 가져다 준다. 나머지 하나는 '지위성' 상품인데, 우리가 바라는 특별함을 드러낼 수 있고, 그 상품을 가진 것을 다른 사람이 봤을 때, 자신의 지위가 매우 높은 것처럼 여기게 된다.

[96]我们的祖先没有地位性产品，但是我们这种天性却是从他们那里继承来的。对地位的渴望和偏好是人的天性，而奢侈品便是这种偏好最直接的体现。	[96]우리의 조상에게는 지위형 상품이 없었지만, 우리의 이러한 천성은 그들에게서 이어받은 것이다. 지위에 대한 갈망과 선호는 사람의 천성이고, **사치품은 바로 이런 열망이 가장 직접적으로 반영된 것이다.**

지문 어휘 **电视台** diànshìtái 명 텔레비전 방송국 | **播** bō 동 방송하다 | **节目** jiémù 명 프로그램 | ★**调节** tiáojié 동 조절하다, 중재하다 | **邻里** línlǐ 명 이웃사람, 동네사람 | ★**纠纷** jiūfēn 명 다툼, 분쟁 | **然而** rán'ér 접 그러나 | **频道** píndào 명 채널 | **奢侈品** shēchǐpǐn 명 사치품 | **广告** guǎnggào 명 광고 | **显然** xiǎnrán 부 분명히 형 분명하다, 명확하다 | **名贵** míngguì 형 유명하고 진귀하다 | **休闲** xiūxián 명 휴식과 오락, 레저(leisure) 동 오락 활동을 즐기다, 레저 활동을 하다 | ★**场所** chǎngsuǒ 명 장소, 시설 | **休闲场所** xiūxián chángsuǒ 레저(leisure) 공간, 레저 시설 | **高尔夫球场** Gāo'ěrfūqiúchǎng 명 골프장 | **游艇** yóutǐng 명 유람선, 요트 | **进化心理学** jìnhuà xīnlǐxué 진화심리학 | **相关** xiāngguān 동 상관되다, 관련되다 | **理论** lǐlùn 명 이론 | **或许** huòxǔ 부 아마, 혹시, 어쩌면 | **假如** jiǎrú 접 만약 | **新款** xīnkuǎn 명 새로운 스타일, 최신 모델 | ★**奔驰** bēnchí 명 벤츠 동 질주하다 | **得知** dézhī 동 알게 되다 | **驾驶** jiàshǐ 동 운전하다, 조종하다 | ★**增添** zēngtiān 동 더하다 | **男子汉气概** nánzǐhàn qìgài 남자다운 기개, 남자의 멋 | **不屑一顾** bú xiè yí gù 성어 거들떠볼 가치도 없다 | ★**意识** yìshí 동 의식하다, 깨닫다 명 의식 | **十有八九** shí yǒu bā jiǔ 십중팔구 | **投放** tóufàng 동 투자하다, 넣다 | **潜在** qiánzài 동 잠재하다 | **购买** gòumǎi 동 구매하다 | ★**拥有** yōngyǒu 동 소유하다, 가지다 | **广告商** guǎnggàoshāng 명 광고주 | **表现** biǎoxiàn 동 드러내다 명 표현, 행동과 태도 | **特质** tèzhì 명 특성, 특별한 성질 | ★**昂贵** ángguì 형 값이 비싸다 | **稀有** xīyǒu 형 드물다, 희소하다 | **目标人群** mùbiāo rénqún 타깃층, 어떤 목적을 이루기 위해 설정한 주된 대상층 | ★**崇拜** chóngbài 동 숭배하다 명 숭배 | **通常** tōngcháng 형 일반적이다, 보통이다 명 평소, 평상시 | **愉悦** yúyuè 형 기쁘다, 즐겁다, 유쾌하다 | **激活** jīhuó 동 (사물을) 활성화하다, 활기를 띠게 하다 | **开关** kāiguān 명 스위치, 밸브(valve) | ★**展现** zhǎnxiàn 동 드러내다, 나타나다 | ★**祖先** zǔxiān 명 선조, 조상 | **天性** tiānxìng 명 천성, 타고난 성격 | **继承** jìchéng 동 계승하다, 이어받다, 물려받다 | ★**渴望** kěwàng 동 갈망하다, 간절히 바라다 | **偏好** piānhào 동 선호하다, 열중하다, 빠지다 | **体现** tǐxiàn 동 구현하다, 구체적으로 드러내다

93

下列哪项可能不会出现在生活类频道上?	다음 중 생활 교양 채널에서 나오지 않는 것은 어느 것인가?
A 烹饪节目	A 요리 프로그램
B 邻里纠纷	B 이웃 간 분쟁
C 奢侈品广告	C 사치품 광고
D 高尔夫比赛	D 골프 경기

보기 어휘 ★**烹饪** pēngrèn 명 요리

정답 D

해설 생활 교양 프로그램을 방송하는 한 방송국에서는 요리를 가르치거나 이웃 간의 분쟁을 중재해주는데, 사치품 광고도 자주 볼 수 있다(**有一家电视台，主要播一些生活类的节目，教你做一道菜，调节一下邻里纠纷。然而就在这个电视频道，你却经常能看到一些奢侈品的广告**)고 했으므로 정답은 D입니다.

94

奢侈品公司为什么要在一般节目上投放广告?	사치품 회사는 왜 일반 프로그램에 광고를 넣을까?
A 吸引潜在购买者	A 잠재적 구매자를 사로잡으려고
B 显得商品档次高	B 상품의 등급이 높아 보이게 하려고
C 一般节目的观众最多	C 일반적인 프로그램의 시청자가 가장 많기 때문에
D 使人们羡慕奢侈品拥有者	D 사람들이 사치품 소유자를 부러워하게 하려고

보기 어휘 ★**档次** dàngcì 명 (품질 등의) 등차, 등급 | **显得** xiǎnde 동 ~하게 보이다

정답 D

해설 사치품 광고를 대중들 TV프로그램에 넣는 것은 그들의 타깃층이 잠재적 구매자가 아닌 잠재적 숭배자이고, 더욱 많은 사람들이 사치품을 살 수 있는 극소수 사람들을 부러워하게 만들기 위해서이다(**把奢侈品广告投放到这些大众电视节目上去，它们的广告目标人群不是潜在的购买者，而是潜在的崇拜者，目的就是让更多的人羡慕那些买得起这些奢侈品的极少数人**)라고 했으므로 정답은 D입니다.

95

愉悦性产品的特点是：

A 稀有性
B 带来满足感
C 可以用来炫耀
D 价格比较低廉

'희열성' 상품의 특징은 무엇인가?

A 희소성
B 만족감을 가져다 준다
C 과시용이 될 수 있다
D 가격이 비교적 저렴하다

보기 어휘 **稀有** xīyǒu 형 적다, 희소하다 | ★**炫耀** xuànyào 동 뽐내다, 자랑하다, 과시하다 | **低廉** dīlián 형 싸다, 저렴하다

정답 B

해설 지문에서 희열성 상품을 설명할 때, 우리가 그것을 가진 것을 아무도 몰라도 희열성 상품은 우리의 '기쁨 스위치'를 켜주고, 우리에게 만족감을 가져다 준다(**即使没人知道我们拥有它们，但它们还是能激活我们的愉悦开关，带给我们满足感**)고 했으므로 정답은 B입니다.

96

关于地位性产品，下列哪项正确？

A 靠继承得来
B 是交际的需要
C 符合人类的天性
D 原始社会就存在

'지위성' 상품에 관해 다음 중 옳은 것은 무엇인가?

A 물려 받을 수 있는지에 달려있다
B 교제에서 필요하다
C 인류의 천성에 부합하다
D 원시사회 때부터 존재했다

정답 C

해설 지문에서 우리 조상들은 지위형 상품이 없었지만, 우리의 천성은 그들로부터 이어받은 것(**我们的祖先没有地位性产品，但是我们这种天性却是从他们那里继承来的**)이라며, 지위에 대한 갈망과 선호는 사람의 천성(**对地位的渴望和偏好是人的天性**)이라고 했으므로 정답은 C입니다.

第97到100题

大众理解的抑郁症，很多时候只是一种抑郁情绪。抑郁情绪和抑郁症是两回事，要想知道抑郁症到底该如何治疗，首先得把这两种情况分清楚。如果某段时间情绪低落，对什么事都不感兴趣，这是你有了抑郁情绪。但是，有抑郁情绪并不等于得了抑郁症。人都会有抑郁的时候，难过、悲伤、沮丧等，都是抑郁情绪的一种。[97]抑郁情绪大部分是暂时性的，也就是说，在某个点上，你可能非常不开心，但通过调整心态，你完全可以扭转这种不开心的情绪。

[100]抑郁情绪可以通过放松心情或者心理咨询得到缓解，但是抑郁症的情况就没那么简单了。从生物学角度看，抑郁症是大脑中神经传导物质“5-羟色胺”和“去甲肾上腺素”等神经递质系统功能失调所致的心理障碍。这就是为何抑郁症患者完全无法快乐的原因，因为他们大脑中的神经递质已经不听指挥了。

医学专家解释，神经递质充当着脑细胞间“邮递员”的角色。其中，5-羟色胺和去甲肾上腺素就是传递快乐信息的。[98]如果这些神经递质系统的功能失调了，就会使人对高兴等积极情绪毫无反应，并使负面情绪的反应过度，情绪调节能力下降，认知功能减退。这样一来，只要外界有一点点负面信号，便会在抑郁症患者的脑内被放大，因为无法调节情绪，就容易越陷越深，无法自拔。

사람들이 이해하는 우울증은 대부분 단지 우울한 감정일 뿐이지만, 우울한 감정과 우울증은 별개이다. 우울증을 도대체 어떻게 치료해야 할지 알고 싶다면 우선 이 두 가지를 분명하게 구분해야 한다. 만약 어떤 기간 동안 기분이 다운되고, 어떤 일에도 관심이 없다면 그것은 우울한 감정이 생긴 것이지만, 우울한 기분이 들었다고 우울증에 걸린 것은 아니다. 사람은 누구나 우울할 때가 있을 수 있고, 슬프고, 속상하고, 의기소침한 기분은 모두 우울한 기분의 일종이다. [97]우울한 감정은 대부분이 일시적인 것이다. 다시 말하면, 어떤 부분에서 당신은 매우 기분 나쁠 수 있지만, 마인드 컨트롤을 통해 이런 나쁜 기분을 완전히 바꿀 수 있다.

[100]우울한 감정은 마음을 편하게 하거나 심리상담을 통해 완화시킬 수 있다. 그러나 우울증의 상황은 그렇게 간단하지가 않다. 생물학적 관점에서 보면 우울증은 대뇌의 신경전도물질인 '세로토닌'과 '노르아드레날린' 등 신경전달물질 시스템의 기능이 균형을 잃어 일으킨 심리 장애이다. 이것이 바로 우울증 환자가 왜 완전히 즐거울 수 없는지를 설명해주는 원인인데, 그들 대뇌의 신경전달물질이 이미 말을 듣지 않기 때문이다.

의학 전문가는 신경전달물질은 뇌세포 간의 '우편집배원' 역할을 맡고 있다고 설명한다. 그 중 세로토닌과 노르아드레날린은 즐거운 정보를 전달하는데, [98]만약 이런 신경전달물질 시스템이 기능을 잃게 되면 사람이 '기쁨'과 같은 긍정적인 감정에 대해 아무런 반응을 하지 못하게 되고, 부정적인 감정에 대한 반응이 과도해져, 감정 조절 능력이 떨어지고, 인지 기능도 감퇴하게 된다. 이렇게 되면 외부에서 약간의 부정적 신호만 있어도 우울증 환자의 뇌에서는 그 신호가 확대되고, 감정을 조절할 수 없기 때문에 쉽게 더 깊이 빠져들어 헤어나올 수 없게 된다.

[99]被诊断为“抑郁症”之后，该怎么办呢？最关键的还是药物治疗，然后才是放松心情和心理咨询。因为必须先让患者的神经递质功能恢复正常，他们才能感受到轻松和快乐。这就好比治疗高血压，要先通过药物把血压降下来，然后才是注意饮食和多锻炼。如果被诊断为抑郁症，那就一定要接受药物治疗，只靠读好文章或跟朋友谈心的形式来缓解，那显然是远远不够的。

[99]'우울증' 진단을 받은 후에 어떻게 해야 할까? 가장 중요한 것은 역시 약물치료이다. 그 다음이 비로소 마음을 편안히 갖는 것이고, 심리상담을 하는 것이다. 왜냐하면 반드시 먼저 환자의 신경전달물질 기능을 정상으로 회복해야지만 편안함과 즐거움을 느낄 수 있기 때문이다. 이는 흡사 고혈압 치료와 비슷하다. 고혈압도 우선 약물로 혈압을 떨어뜨린 다음에 음식을 주의하고 운동을 많이 해야 한다. 만약 우울증 진단을 받았다면 반드시 약물치료를 받아야 한다. 단지 좋은 글을 읽거나 친구와 마음을 터놓고 이야기하는 방법에 의지한 치료는 확실히 크게 부족하다.

지문 어휘 **大众** dàzhòng 명 대중 | **抑郁症** yìyùzhèng 명 우울증 | **情绪** qíngxù 명 정서, 기분, 감정 | **两回事** liǎng huí shì 서로 관계없는 두 종류의 일(사물), 서로 별개의 일 | **治疗** zhìliáo 동 치료하다 명 치료 | **低落** dīluò 형 (정서·사기 따위가) 떨어지다, 침체되다 동 떨어지다 | **感兴趣** gǎn xìngqù 동 흥미를 느끼다 | **等于** děngyú 동 ~와(과) 같다, ~이나 다름없다 | **难过** nánguò 형 괴롭다, 슬프다 | **悲伤** bēishāng 동 슬퍼서 마음이 상하다, 몹시 슬퍼하다 | ☆**沮丧** jǔsàng 동 기가 꺾이다, 낙담하다 | **暂时性** zànshíxìng 명 일시성, 일시적 | **调整** tiáozhěng 동 조정하다 명 조정 | ☆**心态** xīntài 명 심리 상태 | **调整心态** tiáozhěng xīntài 마음을 다스리다, 마인드 컨트롤하다 | ☆**扭转** niǔzhuǎn 동 방향을 바로잡다, 전환시키다 | **放松** fàngsōng 동 늦추다, 느슨하게 하다, (근육을) 이완시키다 | **心理咨询** xīnlǐ zīxún 심리 상담 | **缓解** huǎnjiě 동 (급박하거나 긴박한 정도가) 완화되다, 풀어지다, 완화시키다 | **大脑** dànǎo 명 대뇌 | **神经传导物质** shénjīng chuándǎo wùzhì 신경전도물질 | **5-羟色胺** wǔ qiǎng sè àn 명 세로토닌(serotonin), 혈청소 | **去甲肾上腺素** qùjiǎshènshàngxiànsù 명 노르아드레날린, 노르에피네프린 | **神经递质** shénjīng dìzhì 신경전달물질 | **系统** xìtǒng 명 계통, 체계, 시스템 | **功能** gōngnéng 명 기능 | **失调** shītiáo 동 평형(균형)을 잃다, 균형이 맞지 않다 | **所致** suǒzhì 명 (어떤 원인으로) 야기된 결과, 소치, 탓 | **心理障碍** xīnlǐ zhàng'ài 정신 장애, 심신 장애 | **解释** jiěshì 동 해명하다, 설명하다 명 해석, 해명 | ☆**充当** chōngdāng 동 충당하다, (직무를) 맡다(담당하다) | **脑细胞** nǎoxìbāo 명 뇌세포 | **邮递员** yóudìyuán 명 우편 집배원 | **角色** juésè 명 배역, 인물, 역할 | **传递** chuándì 동 전달하다 | **信息** xìnxī 명 정보 | ☆**毫无** háowú 조금도(전혀) ~이(가) 없다 | **反应** fǎnyìng 명 반응 동 반응하다 | **负面** fùmiàn 명 나쁜 면, 부정적인 면 | ☆**过度** guòdù 형 (정도가) 지나치다 | **认知功能** rènzhī gōngnéng 인지 기능, 인지 요인 | **减退** jiǎntuì 동 감퇴하다, 약해지다 | ☆**外界** wàijiè 명 외부 | ☆**患者** huànzhě 명 환자 | ☆**放大** fàngdà 동 확대하다 | **陷** xiàn 동 (진흙·함정 따위에) 빠지다 | **无法自拔** wúfǎ zìbá 발목을 붙잡다, 스스로 헤어날 방법이 없다 | **诊断** zhěnduàn 동 진단하다 | **关键** guānjiàn 명 관건, 키포인트 형 매우 중요한 | **药物治疗** yàowù zhìliáo 약물치료 | **恢复** huīfù 동 회복하다, 회복되다 | **好比** hǎobǐ 동 (마치) ~와(과) 같다 | ☆**血压** xuèyā 명 혈압 | **高血压** gāoxuèyā 명 고혈압 | **文章** wénzhāng 명 글 | **谈心** tán xīn 동 마음을 터놓고 이야기하다 | **显然** xiǎnrán 형 명백하다, 분명하다 | **远远** yuǎnyuǎn 부 훨씬

97

根据第一段，抑郁情绪：	첫 번째 단락에 근거해, 우울한 감정은:
A 常被忽视	A 종종 등한시된다
B 持续时间较长	B 지속 시간이 비교적 길다
C 中年人更易产生	C 중년 사람들에게 더 쉽게 생긴다
D 多是暂时性的	D 대부분이 일시적인 것이다

보기 어휘 **忽视** hūshì 동 소홀히 하다, 경시하다 | **持续** chíxù 동 지속하다

정답 D

해설 지문에서는 '우울증'과 '우울한 감정'은 별개(**抑郁情绪和抑郁症是两回事**)라며 우울한 감정은 대부분 일시적인 것(**抑郁情绪大部分是暂时性的**)이라고 했으므로 정답은 D입니다.

98

如果神经递质系统功能失调，人们会怎么样？	만약 신경전달물질 시스템의 기능에 균형이 깨지면 사람들은 어떻게 되는가?
A 容易头晕	A 자주 어지럽다
B 浑身酸痛	B 온몸이 쑤시고 아프다
C 认知功能减退	C 인지기능이 감퇴한다
D 情绪高涨	D 기분이 업된다

보기 어휘 **头晕** tóuyūn 형 머리가 아찔하다, 어지럽다 | ☆**浑身** húnshēn 명 온몸, 전신 | **酸痛** suāntòng 형 시큰시큰 쑤시고 아프다 | ☆**高涨** gāozhǎng 동 (물가·정서 등이) 뛰어오르다, 급증하다

정답 C

해설 지문에서 신경전달물질 시스템의 기능에 균형이 깨지면 사람은 긍정적인 감정에 아무런 반응이 없게 되고, 부정적인 감정 반응이 과도해져서 감정 조절 능력이 떨어지고 인지 기능도 감퇴된다(**如果这些神经递质系统的功能失调了，就会使人对高兴等积极情绪毫无反应，并使负面情绪的反应过度，情绪调节能力下降，认知功能减退**)고 했으므로 정답은 C입니다.

99

最后一段主要说的是：	마지막 단락이 주로 이야기 하는 것은:
A 患抑郁症的原因	A 우울증을 앓는 원인
B 抑郁症的主要症状	B 우울증의 주요 증상
C 治疗抑郁症的方法	C 우울증을 치료하는 방법
D 高血压与抑郁症的关系	D 고혈압과 우울증의 관계

보기 어휘 ★**症状** zhèngzhuàng 명 (병의) 증상, 증세

정답 C

해설 마지막 단락은 우울증 진단을 받은 다음 어떻게 해야 할지(**被诊断为"抑郁症"之后，该怎么办呢**)에 관한 내용입니다. 가장 중요한 것은 약물치료이고 그 다음에 마음을 편하게 갖고 심리치료를 받아야 한다(**最关键的还是药物治疗，然后才是放松心情和心理咨询**)며 우울증 치료 방법에 대한 내용을 이야기하고 있으므로 정답은 C입니다.

100

根据上文，下列哪项正确？	지문에 근거해 다음 중 옳은 것은 무엇인가?
A 抑郁症很难通过放松来缓解	A 우울증은 마음을 편하게 하는 것으로 완화시키기 어렵다
B 抑郁情绪也需药物治疗	B 우울한 감정도 약물치료가 필요하다
C 抑郁情绪并非人皆有之	C 우울한 감정은 모든 사람이 다 가지고 있는 것이 아니다
D 抑郁症患者排斥心理咨询	D 우울증 환자는 심리상담을 거부한다

보기 어휘 ★**并非** bìngfēi 동 결코 ~이(가) 아니다 | **人皆有之** rén jiē yǒu zhī 누구나 다 가지고 있다 | ★**排斥** páichì 동 배척하다, 거부하다

정답 A

해설 우울한 감정은 마음을 편하게 갖거나 심리상담을 통해 완화시킬 수 있지만 우울증의 상황은 그렇게 간단하지 않다(**抑郁情绪可以通过放松心情或者心理咨询得到缓解，但是抑郁症的情况就没那么简单了**)고 했으므로 정답은 A입니다.

5회 쓰기

101번 문제는 한 편의 글을 읽고 요약쓰기를 하는 문제입니다.

第101题

(1) 仔细阅读下面这篇文章，时间为10分钟。阅读时间不能抄写、记录。
(2) 10分钟后，监考收回阅读材料，请你将这篇文章缩写成一篇短文，时间为35分钟。
(3) 标题自拟。只需复述文章内容，不需加入自己的观点。
(4) 字数为400字左右。
(5) 请把作文直接写在答题卡上。

"凯叔"的本名叫王凯，他原来是中央电视台的主持人，很善于讲故事。2013年他宣布辞职离开中央电视台，辞职后的王凯创业做起了自媒体"凯叔讲故事"。不到两年，这个公众号就有了400多万用户。目前，这个公众号已经是互联网上最大的亲子阅读社群了。

"凯叔讲故事"是王凯偶然之得。王凯的女儿每天守着他让他讲故事，每天都得讲三、四个故事，而且不许重复。王凯是个好爸爸，每次讲故事他都很认真，每个故事都是经过他精心筛选的，因为他认为，不是所有的儿童故事都适合给儿童讲。给女儿讲故事消耗王凯很大精力，他觉得这些故事只讲给女儿听太可惜了，后来他索性将一天中自己认为讲得最好的故事录下来，放在网络上和大家分享。结果收听和转发的人很多，王凯便萌发了专心做这件事情的想法。

'카이 삼촌'의 본명은 왕카이이다. 그는 원래 중앙 방송국의 아나운서였고, 이야기를 잘한다. 2013년에 그는 사직을 선언하고 중앙방송국을 떠났다. 퇴사 후, 왕카이는 창업을 해서 1인 미디어 '이야기하는 카이 삼촌'을 운영하게 되었다. 2년도 채 안 되어, 이 공식 계정의 사용자는 400만명을 넘었고, 현재 이 계정은 이미 인터넷 상에서 부모와 자녀가 함께 하는 가장 큰 독서 카페가 되었다.

'이야기하는 카이 삼촌'은 왕카이가 우연히 만들게 된 것이다. 왕카이의 딸이 매일 그에게 이야기를 해달라고 하여, 매일 3~4개의 이야기를 해야 했으며, 게다가 중복되어서도 안 됐다. 왕카이는 좋은 아빠였다. 매번 이야기를 할 때마다 항상 진지했고, 모든 이야기는 그가 신경 써서 고른 것이었다. 왜냐하면 그는 모든 어린이 이야기가 전부 다 아이에게 적합하다고 생각하지 않았기 때문이다. 왕카이는 딸에게 이야기를 들려주는 것에 신경을 많이 썼다. 그는 이 이야기들이 딸에게만 들려주는 게 너무 아깝다는 생각이 들어서 나중에는 아예 그때마다 자기가 생각하기에 가장 좋은 이야기를 녹음해서 인터넷에 올려 사람들과 공유했다. 그 결과 듣고 퍼가는 사람들이 많아졌고, 왕카이는 이 일에 전념해야겠다는 생각이 들었다.

一开始，王凯在女儿的幼儿园家长群里分享了两个故事录音，这28个家庭的28个孩子成了他的第一批用户，马上就有孩子听上瘾了，想听更多故事。后来王凯又把故事发到微博上，他的微博粉丝以男性为主，尽管这样，一个故事平均也有几百次转发。这两次尝试让王凯确认了一件事，很多家长和孩子需要这样的故事形式。于是王凯便开通了“凯叔讲故事”微信公众号，也没有刻意运营，就是隔一天发一个故事录音。

每天都会有一群孩子用微信跟王凯语音聊天，而且频度非常高。孩子跟王凯聊的东西，让他很受触动。有的孩子说：“我在看书，一听爸爸妈妈又吵架了，凯叔你说我怎么办？”有的孩子说：“凯叔，今天在幼儿园有谁欺负我了……”有些话孩子们可能未必会跟自己的爸爸妈妈说，但是他们愿意跟凯叔说。有时候家长有一些育儿的困惑，也会和王凯聊聊。这些无保留的沟通对王凯的触动特别大，他开始有一种使命感。

他果断把之前的创业项目全部清盘，2014年4月，他带着两个小伙伴，租了一个两居室，正式开始运营“凯叔讲故事”。2015年“凯叔讲故事”的用户数从六七十万增长到400万，现在每天新增用户仍有6000多。

“妈妈（爸爸）给我讲个故事吧!”可能每位家长都遇到过孩子这样的请求。是随手找本故事书读一下，即兴编一个故事？还是通过故事用心与孩子交流呢？同样是讲故事，“会讲”与“不会讲”，对孩子的教育意义可是截然不同的！王凯总说：“凯叔是陪伴品、增补品，绝不是替代品。每一个爸爸妈妈才是最好的故事讲述者。”

처음에 왕카이는 딸의 유치원 학부모 채팅방에서 이야기 녹음 두 개를 공유했다. 이 28개 가정의 28명의 아이들이 그의 첫 번째 사용자가 되었으며, 곧바로 그의 이야기를 듣는 것에 중독되어 더 많은 이야기를 듣고 싶어 하는 아이가 생겼다. 나중에 왕카이는 이야기를 웨이보에도 올렸는데, 그의 웨이보 팔로워는 남성 위주였다. 그런데도 이야기마다 평균 몇 백 번 정도 퍼갔다. 이러한 두 번의 시도가 왕카이에게 많은 학부모와 아이들이 이러한 이야기 형식이 필요하다는 것을 확인시켜 주었다. 그래서 왕카이는 '이야기하는 카이 삼촌'의 공식 위챗 계정을 만들었는데, 일부러 공들여 운영하지는 않았고, 그저 격일로 이야기 녹음을 하나씩 올리기만 했다.

위챗에서는 매일 왕카이와 음성채팅 하는 아이들이 있는데, 그 빈도도 높았다. 아이와 이야기하는 것은 그에게 큰 감동을 주었다. 어떤 아이는 "나는 지금 책을 보고 있는데, 아빠랑 엄마랑 또 싸우는 소리가 들려요. 제가 어떻게 해야 할지 왕카이아저씨가 말씀해주시겠어요?"라고 말했고, 어떤 아이는 "왕카이아저씨, 오늘 유치원에서 누군가가 저를 괴롭혔어요……"라고 말하기도 했다. 어떤 아이들은 엄마 아빠에게도 안 하려는 이야기를 왕카이한테 하고 싶어 한다. 때로는 학부모들도 육아의 고민을 왕카이한테 이야기한다. 이러한 기탄없는 소통은 왕카이에게 큰 감명을 줬으며, 사명감도 생겼다.

그는 그 동안의 창업 아이템들을 과감하게 접었고, 2014년 4월에 두 친구를 데리고 투룸을 임대하여 '이야기하는 카이 삼촌'을 정식으로 운영하기 시작했다. 2015년 '이야기하는 카이 삼촌'의 구독자 수가 60~70만명에서 400만명으로 늘었고, 지금도 하루 신규가입자가 여전히 6000명 남짓 된다.

"엄마(아빠) 이야기 해주세요!" 아마도 모든 학부모들이 아이들의 이런 요구를 들은 적이 있을 것이다. 아무 이야기책을 꺼내서 읽어줄까 아니면 즉흥적으로 이야기를 지어낼까, 아니면 이야기를 통해서 진심으로 아이와 소통할까? 똑같은 이야기라 해도 '잘하고', '못하는' 것은 아이들에 대한 교육적 의미가 확실히 다르다. 왕카이는 항상 이렇게 말한다. "카이 삼촌은 동반품도 될 수 있고, 보완품도 될 수 있지만 절대로 대체품은 될 수 없습니다. 엄마 아빠야말로 가장 좋은 이야기꾼이니까요."

지문 어휘 **中央电视台** zhōngyāng diànshìtái 명 중국 중앙 방송국 | **主持人** zhǔchírén 명 아나운서, MC | **讲故事** jiǎng gùshi 이야기를 하다 | **宣布** xuānbù 동 선언하다 | **辞职** cízhí 동 사직하다 | **自媒体** zìméitǐ 명 1인 미디어 | **公众号** gōngzhònghào 명 위챗의 공식 계정 | **用户** yònghù 명 사용자, 구독자 | **互联网** hùliánwǎng 명 인터넷 | **亲子** qīnzǐ 부모와 자식 | **阅读社群** yuèdú shèqún 독서카페 | **精心** jīngxīn 부 정성껏 | **筛选** shāixuǎn 동 선별하다 | **消耗** xiāohào 동 소모하다 | **精力** jīnglì 명 정력, 에너지, 신경 | **可惜** kěxī 형 아쉽다, 안타깝다 | **索性** suǒxìng 부 아예 | **录** lù 동 녹음하다 | **网络** wǎngluò 명 인터넷 | **分享** fēnxiǎng 동 공유하다 | **收听** shōutīng 동 청취하다 | **转发** zhuǎnfā 동 글을 퍼가다 | **萌发** méngfā 동 싹트다 | **想法** xiǎngfǎ 명 생각 | **家长群** jiāzhǎngqún 학부모들의 채팅방 | **录音** lùyīn 동 녹음하다 명 녹음 | **上瘾** shàng yǐn 동 인이 박이다, 중독되다 | **微博** wēibó 명 웨이보 | **粉丝** fěnsī 명 팬, 팔로워 | **尝试** chángshì 동 시도하다 명 시도 | **微信** wēixìn 명 위챗 | **刻意** kèyì 부 일부러 | **运营** yùnyíng 동 운영하다 | **语音聊天** yǔyīn liáotiān 음성채팅 | **受触动** shòu chùdòng 감명을 받다 | **欺负** qīfu 동 괴롭히다 | **果断** guǒduàn 형 결단력 있다 | **创业项目** chuàngyè xiàngmù 창업 아이템 | **清盘** qīngpán 동 청산하다, 접어버리다 | **小伙伴** xiǎohuǒbàn 명 친구 | **租** zū 동 임대하다 | **即兴** jíxìng 부 즉흥적으로 | **编故事** biān gùshi 이야기를 지어내다 | **截然不同** jié rán bù tóng 성어 확연히 다르다 | **陪伴** péibàn 동 함께 하다 | **增补** zēngbǔ 동 보충하다, 보완하다 | **替代** tìdài 동 대신하다 | **讲述** jiǎngshù 동 서술하다, 이야기하다

해설

	본문	요약
1 단락	"凯叔"的本名叫王凯，他原来是中央电视台的主持人，很善于讲故事。2013年他宣布辞职离开中央电视台，辞职后的王凯创业做起了自媒体"凯叔讲故事"。不到两年，这个公众号就有了400多万用户。目前，这个公众号已经是互联网上最大的亲子阅读社群。 '카이 삼촌'의 본명은 왕카이이다. 그는 원래 중앙 방송국의 아나운서였고, 이야기를 잘한다. 2013년에 그는 사직을 선언하고 중앙 방송국을 떠났다. 퇴사 후, 왕카이는 창업을 해서 1인 미디어 '이야기하는 카이 삼촌'을 운영하게 되었다. 2년도 채 안 되어, 이 공식 계정의 사용자는 400만명을 넘었고, 현재 이 계정은 이미 인터넷 상에서 부모와 자녀가 함께하는 가장 큰 독서 카페가 되었다.	王凯原来是中央电视台的主持人，他❶辞职后做起了自媒体"凯叔讲故事"，现在这个公众号已经有400多万用户了。 왕카이는 원래 중앙 방송국의 아나운서였으며, 퇴사 후 1인미디어인 '이야기하는 카이 삼촌'을 시작했다. 지금은 이 계정 사용자가 이미 400만 명이 넘는다. **요약 해설** ❶ '辞职'는 이합동사이기 때문에 '辞职' 뒤에 목적어를 쓸 수 없습니다. 즉 '辞职工作' 또는 '辞职中央电视台'라고 쓸 수 없습니다.

2 단락

"凯叔讲故事"是王凯偶然之得。王凯的女儿每天守着他让他讲故事，每天都得讲三、四个故事，而且不许重复。王凯是个好爸爸，每次讲故事他都很认真，每个故事都是经过他精心筛选的，因为他认为，不是所有的儿童故事都适合给儿童讲。给女儿讲故事消耗王凯很大精力，他觉得这些故事只讲给女儿听太可惜了，后来他索性将一天中自己认为讲得最好的故事录下来，放在网络上和大家分享。结果收听和转发的人很多，王凯便萌发了专心做这件事情的想法。

'이야기하는 카이 삼촌'은 왕카이가 우연히 만들게 된 것이다. 왕카이의 딸이 매일 그에게 이야기를 해달라고 하여, 매일 3~4개의 이야기를 해야 했으며, 게다가 중복되어서도 안 됐다. 왕카이는 좋은 아빠였다. 매번 이야기를 할 때마다 항상 진지했고, 모든 이야기는 그가 신경 써서 고른 것이었다. 왜냐하면 그는 모든 어린이 이야기가 전부 다 아이에게 적합하다고 생각하지 않았기 때문이다. 왕카이는 딸에게 이야기를 들려주는 것에 신경을 많이 썼다. 그는 이 이야기들이 딸에게만 들려주는 게 너무 아깝다는 생각이 들어서 나중에는 아예 그때마다 자기가 생각하기에 가장 좋은 이야기를 녹음해서 인터넷에 올려 사람들과 공유했다. 그 결과 듣고 퍼가는 사람들이 많아졌고, 왕카이는 이 일에 전념해야겠다는 생각이 들었다.

"凯叔讲故事"是王凯偶然之得。王凯❶每天都给女儿讲故事，而且每个故事都是他精心筛选的，他❷觉得这些故事只讲给女儿听太可惜了，就把好故事❸录下来，放在网上和大家分享。

'이야기하는 카이 삼촌'은 왕카이가 우연히 만들게 된 것이다. 왕카이는 매일 딸에게 이야기를 해주었으며, 모든 이야기들은 그가 정성을 들여서 선정한 것이었다. 그는 이야기들을 딸에게만 들려주는 게 너무 아까워서 좋은 이야기들을 녹음한 후, 인터넷에 올려서 사람들에게 공유했다.

요약 해설

❶ '了'는 완료나 변화를 나타내기 때문에 '每天'과 같이 쓰지 않습니다. 따라서 '讲故事' 뒤에 '了'를 쓰지 않도록 주의해야 합니다.

❷ '觉得'는 어떤 일에 대한 판단을 말할 때 쓰는 표현이고, '想'은 ~을(를) 하고 싶어 한다거나 사람을 보고 싶어 한다는 의미입니다. 여기서는 아쉽다고 생각(판단)하는 의미이므로 '想'을 쓸 수 없습니다.

❸ '录音'은 이합동사이기 때문에 '~을(를) 녹음 해놓다'는 '把~录下来'라고 써야 하며, '录音下来'라고 쓰면 안 됩니다.

3 단락

一开始，王凯在女儿的幼儿园家长群里分享了两个故事录音，这28个家庭的28个孩子成了他的第一批用户，马上就有孩子听上瘾了，想听更多故事。后来王凯又把故事发到微博上，他的微博粉丝以男性为主，尽管这样，一个故事平均也有几百次转发。这两次尝试让王凯确认了一件事，很多家长和孩子需要这样的故事形式。于是王凯便开通了"凯叔讲故事"微信公众号，也没有刻意运营，就是隔一天发一个故事录音。

처음에 왕카이는 딸의 유치원 학부모 채팅방에서 이야기 녹음 두 개를 공유했다. 이 28개의 가정의 28명의 아이들이 그의 첫 번째 사용자가 되었으며, 곧바로 그의 이야기를 듣는 것에 중독되어 더 많은 이야기를 듣고 싶어 하는 아이가 생겼다. 나중에 왕카이는 이야기를 웨이보에도 올렸는데, 그의 웨이보 팔로워는 남성 위주였다. 그런데도 이야기마다 평균 몇백 번 정도 퍼갔다. 이러한 두 번의 시도가 왕카이에게 많은 학부모와 아이들이 이러한 이야기 형식이 필요하다는 것을 확인시켜 주었다. 그래서 왕카이는 '이야기하는 카이 삼촌'의 공식 위챗 계정을 만들었는데, 일부러 공들여 운영하지는 않았고, 그저 격일로 이야기 녹음을 하나씩 올리기만 했다.

王凯的故事很❶受孩子和家长们的欢迎，❷于是他就开通了"凯叔讲故事"微信公众号。

왕카이의 이야기는 아이들과 부모들에게 인기가 있었으며, 그래서 그는 '이야기하는 카이 삼촌' 위챗 계정을 만들었다.

요약 해설

❶ '~을(를) 알아차렸다'라는 말은 '**发现**'이라고 쓰면 되는데, '**发现**' 뒤에 문장이 이어지는 경우에는 '**发现**' 뒤에 '**了**'를 쓰지 않습니다.

❷ '**于是~就**'는 아주 유용한 표현입니다. '그래서 ~을(를) 했다' 또는 '그래서 ~(하)게 되었다'라고 말할 때 접속사로 활용하면 문장이 자연스럽게 연결됩니다.

4 단락

每天都会有一群孩子用微信跟王凯语音聊天，而且频度非常高。孩子跟王凯聊的东西，让他很受触动。有的孩子说："我在看书，一听爸爸妈妈又吵架了，凯叔你说我怎么办?"有的孩子说："凯叔，今天在幼儿园有谁欺负我了……"有些话孩子们可能未必会跟自己的爸爸妈妈说，但是他们愿意跟凯叔说。有时候家长有一些育儿的困惑，也会和王凯聊聊。这些无保留的沟通对王凯的触动特别大，他开始有一种使命感。

위챗에서는 매일 왕카이와 음성채팅 하는 아이들이 있는데, 그 빈도도 높았다. 아이와 이야기하는 것은 그에게 큰 감동을 주었다. 어떤 아이는 "나는 지금 책을 보고 있는데, 아빠랑 엄마랑 또 싸우는 소리가 들려요. 제가 어떻게 해야할지 왕카이아저씨가 말씀해주시겠어요?"라고 말했고, 어떤 아이는 "왕카이아저씨, 오늘 유치원에서 누군가가 저를 괴롭혔어요……"라고 말하기도 했다. 어떤 아이들은 엄마 아빠에게도 안 하려는 이야기를 왕카이한테 하고 싶어 한다. 때로는 학부모들도 육아의 고민을 왕카이한테 이야기한다. 이러한 기탄없는 소통은 왕카이에게 큰 감명을 줬으며, 사명감도 생겼다.

每天都会有一群孩子用微信跟王凯语音聊天，有些话孩子们不想❶跟自己的爸爸妈妈说，但是他们愿意跟凯叔说，这让王凯开始有一种使命感。

매일 왕카이와 위챗으로 음성채팅하는 아이들이 있다. 어떤 이야기들은 아이가 자기 부모와는 하기 싫어해도, 왕카이에게 하는 것은 좋아했다. 이것은 왕카이로 하여금 일종의 사명감을 느끼게 했다.

요약 해설

❶ '~에게 말하다'라는 표현은 '对~说' 또는 '跟~说'라고 해야 하고, '给~说' 또는 '说人'이라고 표현할 수 없습니다.

5 단락

他果断把之前的创业项目全部清盘，2014年4月，他带着两个小伙伴，租了一个两居室，正式开始运营"凯叔讲故事"。2015年"凯叔讲故事"的用户数从六七十万增长到400万，现在每天新增用户仍有6000多。

그는 그 동안의 창업 아이템들을 과감하게 접었고, 2014년 4월에 두 친구를 데리고 투룸을 임대하여 '이야기하는 카이 삼촌'을 정식으로 운영하기 시작했다. 2015년 '이야기하는 카이 삼촌'의 구독자 수가 60~70만명에서 400만명으로 늘었고, 지금도 하루 신규가입자가 여전히 6000명 남짓 된다.

2014年，他带着两个❶小伙伴，❷开始运营"凯叔讲故事"。2015年"凯叔讲故事"的用户就达到了400万。

2014년, 그는 두 친구를 데리고 '이야기하는 카이 삼촌'을 운영하기 시작했다. 2015년에 '이야기하는 카이 삼촌'의 구독자수는 400만명에 달했다.

요약 해설

❶ '小伙伴'은 기본적으로 '친구'라는 뜻을 갖고 있지만, 상황에 따라 '파트너' 또는 '동료'라고 해석할 수 있습니다.

❷ '开始'은 대부분 조동사로 쓰이며 뒤에 동사가 이어져야 하므로 '开始运营'이라고 해야 합니다.

6 단락

"妈妈（爸爸）给我讲个故事吧!"可能每位家长都遇到过孩子这样的请求。是随手找本故事书读一下，即兴编一个故事？还是通过故事用心与孩子交流呢？同样是讲故事，"会讲"与"不会讲"，对孩子的教育意义可是截然不同的！王凯总说："凯叔是陪伴品、增补品，绝不是替代品。每一个爸爸妈妈才是最好的故事讲述者。"

"엄마(아빠) 이야기 해주세요!" 아마도 모든 학부모들이 아이들의 이런 요구를 들은 적이 있을 것이다. 아무 이야기 책을 꺼내서 읽어줄까 아니면 즉흥적으로 이야기를 지어낼까, 아니면 이야기를 통해서 진심으로 아이와 소통할까? 똑같은 이야기라 해도 '잘하고', '못하는' 것은 아이들에 대한 교육적 의미가 확실히 다르다. 왕카이는 항상 이렇게 말한다. "카이 삼촌은 동반품도 될 수 있고, 보완품도 될 수 있지만 절대로 대체품은 될 수 없습니다. 엄마 아빠야말로 가장 좋은 이야기꾼이니까요."

王凯总说："凯叔是陪伴品、增补品，绝不是替代品。每一个爸爸妈妈❶才是最好的故事讲述者。"

왕카이는 항상 이렇게 말한다. "카이 삼촌은 동반품 또는 보완품이지 절대로 대체품은 아닙니다. 엄마 아빠야 말로 가장 좋은 이야기꾼입니다."

요약 해설

❶ '就是'와 '才是'를 잘 구별해서 써야 합니다. 단문에서 '주어+就是~'는 '바로 ~이다'라는 뜻이므로, 모두들 이미 알고 있다는 의미를 나타냅니다. 그러나 '주어+才是~'는 '~이(가) 그야말로 ~이다'라는 뜻이므로 사람들이 잘 모르고 있거나 착각하기 쉬운 것을 상기시키는 어감을 나타냅니다. 따라서 여기서는 '才是'가 더 적합합니다.

모범답안 참고사항

※ 이번 작문은 독해하기 쉬운 편이라 주요 내용을 잘 요약하여 표현해줘야 합니다. 너무 짧게 쓰면 안 되며, 마지막 문단에 주인공이 말한 명언은 꼭 외워서 그대로 쓰는 것이 좋습니다.

※※ 고득점에 도전하고 싶으면 이런 줄거리가 쉬운 내용일 경우에는 꼭 길게 써야 하며 단순 서술 보다는 좀 더 생동감 있게 써야 합니다. 특히 마지막 문단은 주인공이 한 명언을 포함해서 최대한 많이 외워서 쓰는 것이 중요합니다.

기본 줄거리만 들어가는 60점 목표 모범답안

凯叔讲故事

王凯原来是中央电视台的主持人，他辞职后做起了自媒体“凯叔讲故事”，现在这个公众号已经有400多万用户了。

“凯叔讲故事”是王凯偶然之得。王凯每天都给女儿讲故事，而且每个故事都是他精心筛选的，他觉得这些故事只讲给女儿听太可惜了，就把好故事录下来，放在网上和大家分享。王凯的故事很受孩子和家长们的欢迎，于是他就开通了“凯叔讲故事”微信公众号。每天都会有一群孩子用微信跟王凯语音聊天，有些话孩子们不想跟自己的爸爸妈妈说，但是他们愿意跟凯叔说，这让王凯开始有一种使命感。

2014年，他带着两个小伙伴，开始运营“凯叔讲故事”。2015年“凯叔讲故事”的用户就达到了400万。

王凯总说：“凯叔是陪伴品、增补品，绝不是替代品。每一个爸爸妈妈才是最好的故事讲述者。”

凯叔讲故事

“凯叔”的本名叫王凯，他原来是中央电视台的主持人。2013年他宣布辞职，辞职后的王凯做起了自媒体“凯叔讲故事”。目前，这个公众号已经是互联网上最大的亲子阅读社群了。

“凯叔讲故事”是王凯偶然之得。王凯是个好爸爸，他每天都给女儿讲故事，每个故事都是他精挑细选的。他觉得这些故事只讲给女儿听太可惜了，后来他索性将故事录下来，放在网络上和大家分享。结果收听和转发的人很多，王凯便萌发了专心做这件事情的想法。

一开始，王凯在女儿的幼儿园家长群里分享了两个故事录音，马上就有孩子听上瘾了，想听更多故事。于是王凯便开通了“凯叔讲故事”微信公众号。每天都会有一群孩子用微信跟王凯聊天，有些话孩子们可能不会跟自己的爸爸妈妈说，但是他们愿意跟凯叔说。这让王凯开始有一种使命感。

2014年，他带着两个小伙伴，正式开始运营“凯叔讲故事”。2015年“凯叔讲故事”的用户数达到了400万。

同样是讲故事，“会讲”与“不会讲”，对孩子的教育意义可是截然不同的！王凯总说：“凯叔是陪伴品、增补品，绝不是替代品。每

一	个	爸	爸	妈	妈	才	是	最	好	的	故	事	讲	述	者	。”			

모범답안 참고 단어

精挑细选 jīng tiāo xì xuǎn 성어 정선하다, 신중하고 세심하게 고르다 | **截然不同** jié rán bù tóng 성어 확연히 다르다

HSK 6급

쓰기 강화

★★★★★★★★★★

쓰기 강화 1

101번 문제는 한 편의 글을 읽고 요약쓰기를 하는 문제입니다.

第101题

（1）仔细阅读下面这篇文章，时间为10分钟。阅读时间不能抄写、记录。
（2）10分钟后，监考收回阅读材料，请你将这篇文章缩写成一篇短文，时间为35分钟。
（3）标题自拟。只需复述文章内容，不需加入自己的观点。
（4）字数为400字左右。
（5）请把作文直接写在答题卡上。

三国时期，魏、蜀、吴三个国家各据一方，征战不休，争夺霸主的统治地位。其中，刘备管辖割据的地方称为蜀。刘备依靠诸葛亮、关羽、张飞等一批能干的文臣武将打下了江山，他死后将王位传给了他的儿子刘禅。临终前，刘备嘱咐诸葛亮辅佐刘禅好好儿治理蜀国。但是刘禅是一位非常无能的君主，什么也不懂，什么也不做，整天就知道吃喝玩乐，将政事都交给诸葛亮去全权处理。诸葛亮在世的时候，呕心沥血地使蜀国维持着与魏、吴三国鼎立的地位；但诸葛亮去世后，由姜维辅佐刘禅，从此，蜀国的国力迅速开始走下坡路。

삼국 시기, 위, 촉, 오 세 국가는 각자 한 자리를 차지하고 출정하여 싸우는 것을 멈추지 않으며, 맹주의 통치 지위를 다투고 있었다. 그중, 유비가 할거한 지역을 촉이라 불렀다. 유비는 제갈량, 관우, 장비 등 능력 있는 문신과 무장들에 힘입어 나라를 세웠고, 그가 죽은 후 왕위를 그의 아들 유선에게 넘겼다. 임종 전, 유비는 제갈량에게 유선을 잘 보필하여 촉나라를 잘 다스려 달라고 당부했다. 하지만 유선은 매우 무능한 군주로, 아무것도 모르는데다 아무것도 하지 않고, 하루 종일 먹고 마시고 놀며 즐길 줄만 알아, 정사를 모두 제갈량에게 넘겨 전권으로 처리하게 했다. 제갈량이 살아 있을 때에는 심혈을 기울여 촉이 위, 오와 함께 삼국이 정립하는 지위를 유지하게 했다. 그러나 제갈량이 세상을 뜬 후, 강유가 유선을 보필하였는데, 이때부터 촉나라의 국력은 빠르게 내리막길을 걷기 시작했다.

一次，魏国大军侵入蜀国，一路势如破竹。姜维抵挡不住，结果被打败了。刘禅惊慌不已，一点继续战斗的信心和勇气都没有，为了保全自己的性命，他赤着上身、反绑双臂，叫人捧着玉玺，出宫投降，做了魏国的俘虏。同时跟他一块儿做了俘虏的，还有一大批蜀国的臣子。投降以后，魏王把刘禅他们接到魏国的京都去居住，还是让他和以前一样养尊处优，为了笼络人心，还封他为"安乐公"。"安乐公"只是一个称号，并无实权。

其实当时的魏王自己也无实权，真正掌握魏国大权的是司马昭。司马昭虽然知道刘禅无能，但对他还是有点怀疑，怕他只是表面上装成很顺从，暗地里存着东山再起的野心，所以有意要试探他一下。有一次，他故意大摆宴席，请刘禅来喝酒，席间，还特意叫人为刘禅表演蜀地的乐舞。跟随刘禅一起来到魏国的蜀国人看了都触景生情，难过得直掉眼泪，但刘禅却没什么反应。司马昭看看刘禅，见他正咧着嘴看得高兴，就故意问他："你想不想你的故乡啊?"刘禅随口就说："这里的日子这么快乐，我一点儿也不想念蜀国。"

한 번은, 위국의 대군이 줄곧 파죽지세로 촉나라를 침략했다. 강유는 막아내지 못했고, 결국 패배하고 말았다. 유선은 매우 놀라 허둥대며, 계속해서 전투하려는 자신과 용기조차 없었다. 자신의 목숨을 보전하기 위해서, 그는 상반신을 드러내고, 두 팔을 뒷짐 결박한 후, 사람을 불러 옥새를 받쳐 들고, 궁을 나가 투항하여 위국의 포로가 되었다. 그와 함께 포로가 된 자들 가운데, 촉나라의 많은 신하들도 있었다. 투항 이후, 위왕은 유선의 무리들을 위나라의 수도에 가서 살게 했고, 그가 이전만큼 풍족한 생활을 계속 누리게 해주었다. 민심을 수습하기 위해서 또한 그를 '안락공'에 봉했는데, '안락공'은 단지 칭호일 뿐 실권은 전혀 없었다.

사실 당시의 위왕 자신도 실권이 없었고, 위국의 대권을 진짜로 장악하고 있는 자는 사마소였다. 사마소는 비록 유선이 무능하단 걸 알았지만, 그에 대해 여전히 조금 의심하고 있었다. 그가 겉으로만 순종적인 척하고, 남몰래 다시 재기하려는 야심을 가지고 있을까 봐 일부러 그를 한번 떠보려고 했다. 한 번은 그가 일부러 연회를 크게 벌여 유선이 와서 술을 마시게 했고, 석상에 특별히 사람을 불러 유선을 위해 촉국의 노래와 춤도 공연했다. 유선을 따라 함께 위나라에 온 촉나라 사람들은 공연을 보고 모두 슬퍼서 눈물을 흘렸지만, 유선은 오히려 아무런 반응이 없었다. 사마소가 유선을 살펴보니, 그가 마침 입을 벌리고 즐겁게 보는 모습이 보여, 일부러 그에게 "고향이 그립지 않으신가요?"라고 물었다. 유선은 아무 생각 없이 "이곳의 날들이 이렇게 즐거우니, 저는 촉나라가 전혀 그립지 않습니다."라고 말했다.

散席之后，刘禅的近臣教他说："主公，下次司马昭再这样问，主公您应该痛哭流涕地说：'蜀地是我的家乡，我没有一天不想念那里。'这样也许会感动司马昭，让他放我们回去呀！"刘禅听了这番话，觉得也有道理，于是就答应了。没过多久，司马昭果然又问到这个问题，刘禅想起他的近臣说过的话，就装着悲痛的样子，照这话说了一遍，但他不觉得悲伤，怎么也挤不出眼泪来，于是只好闭着眼睛。司马昭一眼就看出来他是装的了，于是忍住笑问他："这话是人家教你的吧？"刘禅睁开眼睛，眼睛瞪得滴溜圆，他吃惊地说："是呀，正是人家教我的，你是怎么知道的？"司马昭明白刘禅确实是个胸无大志的人，从此也就不再防备他了。

后来人们就用"乐不思蜀"这个成语比喻在新的环境中感到很开心，不再想回到原来的环境中去。

연회가 끝난 후, 유선의 근신이 그에게 "주공, 다음에 사마소가 같은 질문을 하면, 주공은 반드시 통곡하고 눈물을 흘리며 '촉 땅이 나의 고향이오, 나는 하루도 그곳을 그리워하지 않은 날이 없었소.'라고 말씀하십시오. 아마도 사마소를 감동시켜, 그가 우리를 풀어줘서 돌아가게 해줄 겁니다!"라고 가르쳐 주었다. 유선은 이 말을 듣고 또한 일리가 있다고 여겨서, 바로 승낙했다. 얼마 지나지 않아, 아니나 다를까 사마소는 또 이 질문을 했고, 유선은 그의 근신이 했던 말을 떠올렸다. 슬픈 척을 하고 그의 말대로 한 번 말했지만, 그는 슬프지가 않아 아무리 해도 눈물을 짜내지 못해서 눈을 감고 있을 수 밖에 없었다. 사마소는 그가 그런척한 것을 한 눈에 알아채고는 웃음을 참으며 물었다. "이 말은 다른 사람이 당신에게 가르쳐준 것이잖소?" 유선은 눈을 동그랗게 뜨고 놀라며 "맞소, 바로 다른 사람이 나한테 가르쳐준 말이오. 어떻게 알았소?"라고 말했다. 사마소는 유선이 확실히 가슴에 큰 뜻이 없는 사람이라는 것을 알게 되었고, 이때부터 더 이상 그를 대비하지 않았다.

훗날에 사람들은 '낙불사촉'이란 이 성어로 새로운 환경이 즐거워서, 원래의 환경으로 더 이상 돌아가고 싶어하지 않는 것을 비유했다.

지문 어휘 **魏** Wèi 고유 위 | **蜀** Shǔ 고유 촉 | **吴** Wú 고유 오 | **据** jù 동 점거하다, 차지하다 | **征战** zhēngzhàn 동 출정하여 싸우다 | **不休** bùxiū 동 멈추지 않다 | **争夺** zhēngduó 동 쟁탈하다, 다투다 | **霸主** bàzhǔ 명 군주, 맹주 (춘추 시대에 최고의 자리에 오른 제후) | **统治** tǒngzhì 동 통치하다, 다스리다 | **地位** dìwèi 명 (사회적) 지위 | **刘备** Liúbèi 고유 유비(인명) | **管辖** guǎnxiá 동 관할하다, 맡다 | **割据** gējù 동 할거하다 | **称为** chēngwéi 동 ~라고 부르다 | **依靠** yīkào 동 의지하다, 의존하다 | **诸葛亮** ZhūgěLiàng 고유 제갈량(인명) | **关羽** GuānYǔ 고유 관우(인명) | **张飞** ZhāngFēi 고유 장비(인명) | **批** pī 양 무리, 떼, 무더기 | **能干** nénggàn 형 유능하다 | **文臣** wénchén 명 문신 | **武将** wǔjiàng 명 무장, 장수 | **打江山** dǎ jiāngshān 나라를 세우다, 창업하다 | **刘禅** LiúShàn 고유 유선(인명) | **临终** línzhōng 동 임종하다, 죽을 때가 되다 | **嘱咐** zhǔfù 동 분부하다, 당부하다 | **辅佐** fǔzuǒ 동 보좌하다, 보필하다 | **治理** zhìlǐ 동 통치하다, 다스리다 | **整天** zhěngtiān 명 하루 종일 | **吃喝玩乐** chī hē wán lè 성어 먹고 마시고 놀며 즐기다 | **政事** zhèngshì 명 정사 | **全权处理** quánquán chǔlǐ 전권으로 처리하다 | **在世** zàishì 동 살아 있다 (주로 죽은 사람을 회고할 때 사용하는 말임) | **呕心沥血** ǒu xīn lì xuè 성어 심혈을 기울이다 | **维持** wéichí 동 유지하다, 지키다 | **三国鼎立** sān guó dǐnglì 삼국이 정립하다 | **去世** qùshì 동 서거하다, 세상을 뜨다 | **姜维** JiāngWéi 고유 강유(인명) | **走下坡路** zǒu xià pō lù 내리막길을 걷다, 사양길에 들어서다 | **侵入** qīnrù 동 침입하다 | **势如破竹** shì rú pò zhú 성어 파죽지세 | **抵挡** dǐdǎng 동 저지하다, 막아내다 | **打败** dǎbài 동 싸워 이기다, 물리치다 | **惊慌不已** jīnghuāng bùyǐ 한없이 놀라 허둥대다 | **继续** jìxù 동 계속하다 | **战斗** zhàndòu 동 전투하다 | **勇气** yǒngqì 명 용기 | **保全性命** bǎoquán xìngmìng 목숨을 보전하다 | **赤着上身** chìzhe shàngshēn 상반신을 드러내다 | **反绑双臂** fǎnbǎng shuāngbì 두 팔을 뒷짐 결박하다 | **捧** pěng 동 두 손으로 받쳐들다 | **玉玺** yùxǐ 명 옥새 | **投降** tóuxiáng 동 투항하다, 항복하다 | **俘虏** fúlǔ 명 포로 | **一块儿**yíkuàir 부 함께, 같이 | **京都** jīngdū 명 수도 | **居住** jūzhù 동 거주하다 | **养尊处优** yǎng zūn chǔ yōu 성어 높은 지위에 있으면서 풍족한 생활을 누리다 | **笼络人心** lǒngluò rénxīn 민심을 수습하다 | **封A为B** fēng A wéi B A를 B에 봉하다 | **称号** chēnghào 명 칭호, 호칭 | **实权** shíquán 명 실권 | **掌握** zhǎngwò 동 장악하다 | **司马昭** SīmǎZhāo 고유 사마소(인명) | **怀疑** huáiyí 동 의심하다, 의심을 품다 | **装成** zhuāngchéng ~인 척하다 | **顺从** shùncóng 형 순종적이다 | **暗地里** àndìlǐ 부 남몰래, 내심 | **东山再起** dōng shān zài qǐ 성어 세력을 잃었다가 다시 재기하다, 권토중래하다 | **存** cún 동 (어떤 마음을) 가지고 있다 | **野心** yěxīn 명 야심 | **有意** yǒuyì 부 일부러, 고의로 | **试探** shìtan 동 (상대방의 의사를) 알아보다, 떠보다 | **大摆宴席** dàbǎi yànxí 연회를 크게 벌이다 | **席间** xíjiān 명 (술자리 연회의) 석상 | **特意** tèyì 부 특별히, 일부러 | **表演** biǎoyǎn 동 공연하다 | **乐舞** yuèwǔ 명 노래와 춤(반주가 있는 무용) | **跟随** gēnsuí 동 (뒤)따르다 | **触景生情** chù jǐng shēng qíng 성어 어떤 정경을 보니 감정이 일어나다 | **难过** nánguò 형 괴롭다, 슬프다 | **直掉眼泪** zhídiào yǎnlèi 눈물을 흘리다 | **反应** fǎnyìng 명 반응 | **咧嘴** liě zuǐ 동 (웃거나 울 때) 입을 벌리다 | **故乡** gùxiāng 명 고향 | **随口** suíkǒu 부 입에서 나오는 대로, 아무 생각 없이 | **想念** xiǎngniàn 동 그리워하다 | **散席** sàn xí 동 연회가 끝나다 | **痛哭流涕** tòng kū liú tì 성어 통곡하며 눈물을 흘리다 | **家乡** jiāxiāng 명 고향 | **也许** yěxǔ 부 어쩌면, 아마도 | **答应** dāying 동 허락하다, 승낙하다 | **果然** guǒrán 부 아니나 다를까, 과연 | **悲痛** bēitòng 형 비통하다, 슬프다 | **悲伤** bēishāng 형 마음이 아프다, 몹시 슬퍼하다 | **挤** jǐ 동 (눈물을) 짜다 | **只好** zhǐhǎo 부 할 수 없이, ~할 수 밖에 없다 | **闭着眼睛** bìzhe yǎnjing 눈을 감다 | **看出来** kàn chūlái 알아차리다, 간파하다 | **忍住** rěnzhù 동 참다 | **睁开眼睛** zhēngkāi yǎnjing 눈을 뜨다 | **瞪** dèng 동 (눈을) 크게(휘둥그렇게) 뜨다 | **滴溜圆** dīliūyuán 형 동그랗다, 둥그렇다 | **吃惊** chī jīng 동 놀라다 | **确实** quèshí 부 확실히 | **胸无大志** xiōng wú dà zhì 성어 가슴에 큰 뜻이 없다 | **防备** fángbèi 동 방비하다, 대비하다 | **乐不思蜀** lè bù sī shǔ 성어 이곳이 즐거워 촉을 그리워하지 않는다, 안락하여 고향에 돌아가는 것을 잊다 | **成语** chéngyǔ 명 성어 | **比喻** bǐyù 동 비유하다

해설

	본문	요약
1 단락	三国时期，魏、蜀、吴三个国家各据一方，征战不休，争夺霸主的统治地位。其中，刘备管辖割据的地方称为蜀。刘备依靠诸葛亮、关羽、张飞等一批能干的文臣武将打下了江山，他死后将王位传给了他的儿子刘禅。临终前，刘备嘱咐诸葛亮辅佐刘禅好好儿治理蜀国。但是刘禅是一位非常无能的君主，什么也不懂，什么也不做，整天就知道吃喝玩乐，将政事都交给诸葛亮去全权处理。诸葛亮在世的时候，呕心沥血地使蜀国维持着与魏、吴三国鼎立的地位；但诸葛亮去世后，由姜维辅佐刘禅，从此，蜀国的国力迅速开始走下坡路。 삼국 시기, 위, 촉, 오 세 국가는 각자 한 자리를 차지하고 출정하여 싸우는 것을 멈추지 않으며, 맹주의 통치 지위를 다투고 있었다. 그중, 유비가 할거한 지역을 촉이라 불렀다. 유비는 제갈량, 관우, 장비 등 능력 있는 문신과 무장들에 힘입어 나라를 세웠고, 그가 죽은 후 왕위를 그의 아들 유선에게 넘겼다. 임종 전, 유비는 제갈량에게 유선을 잘 보필하여 촉나라를 잘 다스려 달라고 당부했다. 하지만 유선은 매우 무능한 군주로, 아무것도 모르는데다 아무것도 하지 않고, 하루 종일 먹고 마시고 놀며 즐길 줄만 알아, 정사를 모두 제갈량에게 넘겨 전권으로 처리하게 했다. 제갈량이 살아 있을 때에는 심혈을 기울여 촉이 위, 오와 함께 삼국이 정립하는 지위를 유지하게 했다. 그러나 제갈량이 세상을 뜬 후, 강유가 유선을 보필하였는데, 이때부터 촉나라의 국력은 빠르게 내리막길을 걷기 시작했다.	三国时期，刘备管辖的地方叫做蜀。他死后，他的儿子刘禅继承了王位，但是刘禅非常无能，蜀国的国力❶越来越弱。 삼국시대, 유비가 관할했던 곳은 촉이라고 불렀다. 그가 죽은 후에 그의 아들인 유선이 왕위를 물려받았는데, 유선이 매우 무능해서 촉나라의 국력이 갈수록 약해졌다. **요약 해설** ❶ '越来越' 뒤에는 형용사 아니면 심리동사가 와야 하며 '下降'과 같은 일반동사는 쓸 수 없습니다.

一次，魏国大军侵入蜀国，一路势如破竹。姜维抵挡不住，结果被打败了。刘禅惊慌不已，一点继续战斗的信心和勇气都没有，为了保全自己的性命，他赤着上身、反绑双臂，叫人捧着玉玺，出宫投降，做了魏国的俘虏。同时跟他一块儿做了俘虏的，还有一大批蜀国的臣子。投降以后，魏王把刘禅他们接到魏国的京都去居住，还是让他和以前一样养尊处优，为了笼络人心，还封他为“安乐公”。“安乐公”只是一个称号，并无实权。

2 단락

한 번은, 위국의 대군이 줄곧 파죽지세로 촉나라를 침략했다. 강유는 막아내지 못했고, 결국 패배하고 말았다. 유선은 매우 놀라 허둥대며, 계속해서 전투하려는 자신과 용기조차 없었다. 자신의 목숨을 보전하기 위해서, 그는 상반신을 드러내고, 두 팔을 뒷짐 결박한 후, 사람을 불러 옥새를 받쳐 들고, 궁을 나가 투항하여 위국의 포로가 되었다. 그와 함께 포로가 된 자들 가운데, 촉나라의 많은 신하들도 있었다. 투항 이후, 위왕은 유선의 무리들을 위나라의 수도에 가서 살게 했고, 그가 이전만큼 풍족한 생활을 계속 누리게 해주었다. 민심을 수습하기 위해서 또한 그를 '안락공'에 봉했는데, '안락공'은 단지 칭호일 뿐 실권은 전혀 없었다.

蜀国被魏国❶打败以后，魏王把刘禅❷接到魏国去住。

촉국이 위국에 패배한 후, 위왕이 유선을 위나라에 데려가 살게 했다.

요약 해설

❶ '打败'는 꼭 '把자문'이나 '被자문'으로 표현해야 합니다.

❷ '接到' 역시 '把자문'이나 '被자문'으로 표현해야 합니다.

3 단락

其实当时的魏王自己也无实权，真正掌握魏国大权的是司马昭。司马昭虽然知道刘禅无能，但对他还是有点怀疑，怕他只是表面上装成很顺从，暗地里存着东山再起的野心，所以有意要试探他一下。有一次，他故意大摆宴席，请刘禅来喝酒，席间，还特意叫人为刘禅表演蜀地的乐舞。跟随刘禅一起来到魏国的蜀国人看了都触景生情，难过得直掉眼泪，但刘禅却没什么反应。司马昭看看刘禅，见他正咧着嘴看得高兴，就故意问他："你想不想你的故乡啊？"刘禅随口就说："这里的日子这么快乐，我一点儿也不想念蜀国。"

사실 당시의 위왕 자신도 실권이 없었고, 위국의 대권을 진짜로 장악하고 있는 자는 사마소였다. 사마소는 비록 유선이 무능하단 걸 알았지만, 그에 대해 여전히 조금 의심하고 있었다. 그가 겉으로만 순종적인 척하고, 남몰래 다시 재기하려는 야심을 가지고 있을까 봐 일부러 그를 한번 떠보려고 했다. 한 번은 그가 일부러 연회를 크게 벌여 유선이 와서 술을 마시게 했고, 석상에 특별히 사람을 불러 유선을 위해 촉국의 노래와 춤도 공연했다. 유선을 따라 함께 위나라에 온 촉나라 사람들은 공연을 보고 모두 슬퍼서 눈물을 흘렸지만, 유선은 오히려 아무런 반응이 없었다. 사마소가 유선을 살펴보니, 그가 마침 입을 벌리고 즐겁게 보는 모습이 보여, 일부러 그에게 "고향이 그립지 않으신가요?"라고 물었다. 유선은 아무 생각 없이 "이곳의 날들이 이렇게 즐거우니, 저는 촉나라가 전혀 그립지 않습니다."라고 말했다.

魏国的司马昭❶<u>怀疑</u>刘禅想东山再起，于是就想试试他。有一次，他故意请刘禅来喝酒，还叫人表演蜀地的乐舞。蜀国人看了都很❷<u>难过</u>，但刘禅却没什么反应。司马昭❸<u>问刘禅想不想故乡</u>，刘禅说魏国的日子很快乐，他一点儿也不想念蜀国。

위나라의 사마소가 유선이 재기할 생각을 하고 있을까 봐 의심이 되어 그를 시험해보기로 했다. 한 번은 그가 일부러 유선을 데려와 술을 먹게 했으며 사람을 불러서 촉국의 음악과 춤을 공연하도록 했다. 촉나라 사람들은 보고 나서 모두 슬퍼했지만 유선은 별다른 반응이 없었다. 사마소가 유선에게 고향이 그립지 않느냐 묻자 유선은 위나라의 삶이 아주 즐거워 전혀 그립지 않다고 했다.

요약 해설

❶ 의심하다는 것은 '疑心'이라고 착각할 수 있는데, 중국어로 '疑心'은 명사입니다. 누구를 의심한다고 할 때는 동사인 '怀疑'를 써야 합니다.

❷ 슬프다는 것은 중국어로 '伤心'이라고 표현하면 되고, '难过'도 '伤心'의 동의어입니다. 그러나 여기서 '아프다, 괴롭다'의 뜻인 '难受'는 쓸 수 없음을 주의해야 합니다.

❸ '问' 뒤에는 의문문으로 표현해야 하며 서술형 문장으로 표현하면 안 됩니다. 즉 반드시 '问刘禅想不想~'로 의문문 형식으로 써야 합니다.

4 단락

散席之后，刘禅的近臣教他说：“主公，下次司马昭再这样问，主公您应该痛哭流涕地说：‘蜀地是我的家乡，我没有一天不想念那里。’这样也许会感动司马昭，让他放我们回去呀!”刘禅听了这番话，觉得也有道理，于是就答应了。没过多久，司马昭果然又问到这个问题，刘禅想起他的近臣说过的话，就装着悲痛的样子，照这话说了一遍，但他不觉得悲伤，怎么也挤不出眼泪来，于是只好闭着眼睛。司马昭一眼就看出来他是装的了，于是忍住笑问他：“这话是人家教你的吧？”刘禅睁开眼睛，眼睛瞪得滴溜圆，他吃惊地说：“是呀，正是人家教我的，你是怎么知道的？”司马昭明白刘禅确实是个胸无大志的人，从此也就不再防备他了。

연회가 끝난 후, 유선의 근신이 그에게 "주공, 다음에 사마소가 같은 질문을 하면, 주공은 반드시 통곡하고 눈물을 흘리며 '촉 땅이 나의 고향이오, 나는 하루도 그곳을 그리워하지 않은 날이 없었소.'라고 말씀하십시오. 아마도 사마소를 감동시켜, 그가 우리를 풀어줘서 돌아가게 해줄 겁니다!"라고 가르쳐 주었다. 유선은 이 말을 듣고 또한 일리가 있다고 여겨서, 바로 승낙했다. 얼마 지나지 않아, 아니나 다를까 사마소는 또 이 질문을 했고, 유선은 그의 근신이 했던 말을 떠올렸다. 슬픈 척을 하고 그의 말대로 한 번 말했지만, 그는 슬프지가 않아 아무리 해도 눈물을 짜내지 못해서 눈을 감고 있을 수 밖에 없었다. 사마소는 그가 그런 척한 것을 한 눈에 알아채고는 웃음을 참으며 물었다. "이 말은 다른 사람이 당신에게 가르쳐준 것이잖소?" 유선은 눈을 동그랗게 뜨고 놀라며 "맞소, 바로 다른 사람이 나한테 가르쳐준 말이오. 어떻게 알았소?"라고 말했다. 사마소는 유선이 확실히 가슴에 큰 뜻이 없는 사람이라는 것을 알게 되었고, 이때부터 더 이상 그를 대비하지 않았다.

刘禅的大臣教他，如果下次司马昭❶再问的话，刘禅应该说非常想念蜀国，因为这样也许会感动司马昭，放他们回去。后来司马昭果然❶又问到这个问题，刘禅就说他想回家，但他不觉得伤心，所以哭不出来。司马昭知道刘禅真的没有什么想法，就❷不再防备他了。

유선의 신하가 유선에게 만약 다음에 사마소가 또 물어보면 유선은 촉나라를 매우 그리워한다고 말해야 한다고 가르쳐 주었다. 왜냐하면 그렇게 해야 사마소를 감동시켜 그들을 풀어주어 돌아가게 할지도 모르니까. 나중에 아니나 다를까 사마소가 이 문제에 대해서 또 물어보자 유선은 집에 가고 싶다고 말했다. 하지만 그는 슬프지 않아서 눈물이 나지 않았다. 사마소는 유선이 정말 별다른 생각이 없다는 것을 알고는 더이상 그를 경계하지 않았다.

요약 해설

❶ 부사 '또, 다시'는 '再, 又' 두 단어가 있지만, 再는 미래형에 쓰고, 又는 과거형에 씁니다. 따라서 위에 '만약 또 물어본다면'의 표현에서는 '再'를 써야 하고, '아니나 다를까 사마소가 또 물어봤다'의 문장에서는 '又'를 써야 합니다.

❷ '不~了'는 '~을(를) 하지 않았다'의 의미가 아니라 '더 이상 ~을(를) 하지 않겠다'의 뜻입니다. 사마소가 더 이상 유선을 경계하지 않게 되었다는 내용이므로 '不~了'를 사용해야 합니다.

모범답안 참고사항

※ 사자성어 유래 이야기 같은 경우는 보통 역사의 배경을 바탕으로 전개됩니다. 따라서 나라 이름이나 인물 이름 등의 어려운 고유명사가 많이 나오기 때문에 쓰기 어렵습니다. 그러나 우리는 줄거리를 잘 요약해주면 되기 때문에 고유명사를 하나하나 다 외워서 쓸 필요는 없습니다. 나라이름 같은 경우 '촉나라' '위나라'를 못 쓰겠다면 '**一个国家**', '**另一个国家**'라고 쓰면 됩니다. 성어 유래 이야기에서 60점을 받기 위해서는 사자성어를 제대로 써주는 것과 마지막에 현재 이 성어가 어떤 경우에 쓰이는지를 잘 표현해주는 것이 중요합니다.

※※ 6급 쓰기는 줄거리를 요약하는 것입니다. 따라서 묘사 역할을 하는 형용사는 크게 신경 쓰지 않아도 됩니다. 줄거리를 제대로 전달하려면 무엇보다 그 상황을 설명할 수 있는 동사를 적절하게 잘 쓰는 것이 중요합니다. '**吃**'를 '**喝**'로 설명할 수 없듯이, 반드시 써야 하는 동사를 외워 놓지 않으면 작문 도중 막히게 됩니다. 이번 쓰기와 같은 경우에는 '**管辖, 被打败, 投降, 掌握大权**' 등의 표현들을 잘 체크해서 제대로 써준다면 고득점을 받을 수 있습니다.

기본 줄거리만 들어가는 60점 목표 모범답안

乐不思蜀

三国时期，刘备管辖的地方叫做蜀。他死后，他的儿子刘禅继承了王位，但是刘禅非常无能，蜀国的国力越来越弱。

蜀国被魏国打败以后，魏王把刘禅接到魏国去住。魏国的司马昭怀疑刘禅想东山再起，于是就想试试他。有一次，他故意请刘禅来喝酒，还叫人表演蜀地的乐舞。蜀国人看了都很难过，但刘禅却没什么反应。司马昭问刘禅想不想故乡，刘禅说魏国的日子很快乐，他一点儿也不想念蜀国。

刘禅的大臣教他，如果下次司马昭再问的话，刘禅应该说非常想念蜀国，因为这样也许会感动司马昭，放他们们去。后来司马昭果然又问到这个问题，刘禅就说他想回家，但他不觉得伤心，所以哭不出来。司马昭知道刘禅真的没有什么想法，就不再防备他了。

后来人们就用"乐不思蜀"这个成语比喻

在新的环环中感到很开心，不再想回到原来的

环境中去。

乐不思蜀

三国时期，魏、蜀、吴三个国家各据一方，其中刘备管辖割据的地方称为蜀。刘备死后将王位传给了他的儿子刘禅。刘禅整天就知道吃喝玩乐，从此，蜀国的国力开始走下坡路。

后来，蜀国被魏国打败了。为了保全自己的性命，刘禅就投降了。魏王把刘禅和他的大臣们接到魏国去居住，还封他为“安乐公”。

当时掌握魏国大权的司马昭怀疑刘禅只是表面上顺从，所以决定试探他一下。有一次，他故意叫人为刘禅表演蜀地的乐舞。跟随刘禅一起来到魏国的蜀国人看了都很难过，但刘禅却没什么反应。司马昭故意问他想不想自己的故乡，刘禅随口就说根本不想。

散席之后，刘禅的近臣教他说，下次司马昭再这样问，刘禅应该说想回家，这样也许会感动司马昭，放他们回去。刘禅觉得也有道理，于是就答应了。没过多久，司马昭果然又问到这个问题，刘禅就装着悲痛的样子说自己想念蜀国，但他不觉得悲伤，怎么也挤不出眼泪来。司马昭看出来刘禅确实是个胸无大志的人，从此也就不再防备他了。

后来人们就用“乐不思蜀”这个成语比喻在新的环境中感到很开心，不再想回到原来的

环	境	中	去	。															

모범답안 참고 단어

吃喝玩乐 chī hē wán lè 성어 먹고 마시고 놀며 즐기다 | **胸无大志** xiōng wú dà zhì 성어 가슴에 큰 뜻이 없다

쓰기 강화 1

★★★★★★★★★★★

쓰기 강화 2

101번 문제는 한 편의 글을 읽고 요약쓰기를 하는 문제입니다.

第101题

(1) 仔细阅读下面这篇文章，时间为10分钟。阅读时间不能抄写、记录。
(2) 10分钟后，监考收回阅读材料，请你将这篇文章缩写成一篇短文，时间为35分钟。
(3) 标题自拟。只需复述文章内容，不需加入自己的观点。
(4) 字数为400字左右。
(5) 请把作文直接写在答题卡上。

放暑假的时候，给我家送报的换成了一个十七八岁的少年。我家住6楼，每天清早8点多钟的时候，便有一阵轻快的脚步声急急地上楼来了。不论晴天雨天，他都来得很准时。门没开的时候，他轻轻地把报纸塞进报筒。门开着的时候，他便会礼貌地喊一声:“王老师，报纸来了!”

我曾与他闲聊过，得知他每天清晨5点钟就起床，每天要为200多户人家送报，而且都是楼房住户，他每天要爬一万八千多个台阶。骄阳似火，送报少年每天大汗淋漓地骑着车子穿街过巷，一大早，他的短袖衬衣就湿透了，但他的车铃却拨弄得很快活，小圆脸上闪着一双明亮的大眼睛，见人就腼腆地笑，他的日子似乎无忧无虑。

여름방학을 할 때, 우리 집에 신문을 배달하는 사람이 17,18살 소년으로 바뀌었다. 우리 집은 6층인데, 매일 아침 8시가 조금 넘으면, 바로 경쾌한 발걸음 소리를 내며 서둘러서 올라온다. 맑은 날이든 비 오는 날이든 관계없이, 그는 정확한 시간에 왔고, 문이 열려있지 않을 때는 살며시 신문지를 신문지 통에 밀어 넣는다. 문이 열려있으면 그는 예의 바르게 외친다. "왕선생님, 신문 왔습니다."

나는 이전에 그와 이야기를 나누고는, 그가 새벽 5시에 일어나서, 매일 200여 가구에 신문 배달을 하며, 또한 다층집이라서, 매일 만 팔천 개가 넘는 계단을 오른다는 사실을 알게 되었다. 뙤약볕이 마치 불과 같아서, 신문 배달하는 소년은 매일 땀을 줄줄 흘리며, 자전거를 타고 거리를 지나다닌다. 이른 아침, 반소매 셔츠가 흠뻑 젖었지만, 그는 자전거 벨을 매우 즐겁게 누르고, 작고 둥근 얼굴에 빛나는 큰 눈을 반짝이며, 사람을 만나면 수줍게 웃음을 짓는데, 그의 삶은 마치 아무런 걱정이 없는 듯 했다.

7月下旬的一天，少年来送报来时对我说："今天报上刊登了高考录取分数线!"我说了声谢谢，少年便下楼去了。这时，我那儿子闻声从床上跳起来，接过报纸急匆匆地翻看，高兴地说："妈，我考上邮电大学了!"我既高兴，又对儿子的那种少爷做派很不满意。8点多钟了还穿着睡衣，卧室里空调也开着。每天几乎都是这样，千呼万唤才起床洗漱，然后，打开电视，靠在沙发上一边喝牛奶，一边不停地换电视频道……我说："高考完了可以休息休息，但不能天天这样睡懒觉，一个青年有没有抱负，就看他能不能早起床!"儿子不屑地说："你那观念早过时了!"我说："你看看人家那送报的少年，每天5点就起床了!"儿子笑得更厉害了："他是干什么的？我是干什么的？我进了大学，还要攻读硕士、博士，还要出国留学!"

一天，下起了大雨，送报的少年头一次误点了。上午9点半时，才出现在我家门口，他浑身衣服湿透了，像一个落汤鸡。他像一个做了错事的孩子说："对不起，我摔了一跤，自行车也不转了，连报纸也弄湿了……"我刚说了声"没关系"，儿子却夺过报纸狠狠地一摔："换份干的来，这份不能看!"我一边说没事，一边把儿子推进房里。

7월 하순의 어느 날, 소년이 신문 배달하러 왔을 때 내게 말했다. "오늘 신문에는 대입 시험 합격 커트라인이 실렸어요!" 내가 고맙다고 말하자, 소년은 바로 계단을 내려갔다. 이때, 내 아들이 소리를 듣고 침대에서 벌떡 일어나더니, 신문을 받아서 얼른 들춰보고, 기뻐하며 말했다. "엄마, 나 체신대학에 합격했어요!" 나는 기쁘면서도 아들이 도련님처럼 행동하는 것이 매우 못마땅했다. 8시가 넘었는데 아직도 잠옷을 입고 있고, 침실의 에어컨도 켜져 있다. 매일 거의 이 모양이라서, 수 차례 재촉을 해야 겨우 일어나서 세수하고 양치질을 한다. 그런 후에, TV를 틀고는, 소파에 기대서 우유를 마시면서, 계속해서 TV 채널을 바꾼다. 내가 말했다. "대입 시험이 끝났으니 좀 쉴 수는 있어, 하지만 매일 이렇게 늦잠을 자서는 안 되잖아, 한 청년한테 포부가 있는 지는 그 사람이 일찍 일어날 수 있는 가를 보면 알 수 있는 거야!" 아들은 가볍게 여기며 말했다. "엄마의 그런 생각은 벌써 시대에 뒤떨어졌어요!" 나는 "너 신문 배달하는 소년을 좀 봐봐, 매일 5시에 일어난다고 하잖아!"라고 말했다. 아들은 더 심하게 웃었다. "걔는 뭐 하는 사람이고, 나는 뭐 하는 사람인데요? 나는 대학에 진학하고, 석사, 박사를 공부하고, 또 외국 유학을 갈 거라구요!"

하루는, 폭우가 내리기 시작해서, 신문 배달하는 소년이 처음으로 늦었다. 오전 9시 반이 되어서야, 우리 집 현관에 나타났는데, 그는 옷이 전부 흠뻑 젖어서, 마치 물에 빠진 생쥐 같았다. 그는 잘못을 저지른 아이처럼 말했다. "죄송합니다. 제가 넘어지는 바람에, 자전거도 고장 나고, 신문지도 젖어버려서…" 내가 "괜찮아."라고 막 말하는 순간, 아들은 신문을 채가더니 사납게 던져 버렸다. "마른 걸로 바꿔 와, 이건 볼 수 없잖아!" 나는 괜찮다고 말하면서 아들을 방으로 밀어 넣었다.

转眼到了8月底，儿子接到邮电大学的入学通知书，高高兴兴地收拾行李准备上学。这天8点刚过，送报的少年就准时出现在我家门口。他把报纸交给我后，笑眯眯地说："王老师，从明天起，这报纸还是由我爸爸送。"我随口问："那你呢？"少年说："我被北京大学录取了，明天去上学。"我惊得不知说什么才好，那少年又补充道；"我爸是个下岗工人，身体不太好，以后若送迟了，您多包涵！"说完少年深深地朝我鞠了一躬，便下楼去了。	어느 새 8월 말이 다가왔고, 아들은 체신대학 입학통지서를 받고, 기뻐하며 짐을 정리해서 학교 갈 준비를 하였다. 이 날 8시가 막 넘자, 신문 배달 소년은 제때에 우리집 현관에 나타났다. 그는 신문을 내게 건넨 후에, 빙그레 웃으며 말했다. "왕선생님, 내일부터 이 신문은 저희 아버지가 하시던대로 배달하실 거예요." 나는 무심코 물었다. "그럼 너는?" 소년이 말했다. "저는 베이징 대학에 합격해서, 내일 학교에 가요." 나는 놀라서 뭐라고 말해야 좋을지 몰랐다. 그 소년은 또 말을 덧붙였다. "저희 아버지는 퇴직하시고 몸이 별로 좋지 않아요. 나중에 만일 배달이 늦더라도, 너그럽게 이해해주세요!" 말을 마친 후 소년은 허리를 깊이 숙여 인사하고는, 곧 계단을 내려갔다.

지문 어휘 **放暑假** fàng shǔjià 여름방학을 하다 | **送报** sòng bào 동 신문을 배달하다 | **换** huàn 동 바뀌다 | **清早** qīngzǎo 명 이른 아침 | **一阵** yízhèn 명 한바탕 | **轻快** qīngkuài 형 경쾌하다 | **脚步** jiǎobù 명 발걸음 | **急急** jíjí 형 조급해하다 | **晴天** qíngtiān 명 맑은 날 | **准时** zhǔnshí 형 (규정된) 시간에 맞다 | **塞进** sāijìn 동 밀어 넣다 | **报筒** bàotǒng 명 신문 통 | **礼貌** lǐmào 형 예의 바르다 | **喊** hǎn 동 외치다 | **闲聊** xiánliáo 동 한담하다 | **得知** dézhī 동 알게 되다 | **清晨** qīngchén 명 이른 아침 | **起床** qǐ chuáng 동 (잠자리에서) 일어나다 | **楼房** lóufáng 명 층집(2층 이상의 건물) | **住户** zhùhù 명 주택, 주민 | **台阶** táijiē 명 계단 | **骄阳似火** jiāoyáng sì huǒ 뙤약볕이 마치 불과 같다 | **大汗淋漓** dà hàn lín lí 성어 비지땀을 줄줄 흘리다 | **穿街过巷** chuān jiē guò xiàng 거리를 지나다니다 | **一大早** yídàzǎo 명 이른 새벽 | **短袖衬衣** duǎnxiù chènyī 반소매 셔츠 | **湿透** shītòu 동 흠뻑 젖다 | **车铃** chēlíng 명 자전거의 벨 | **拨弄** bōnong 동 (손으로) 만지다 | **快活** kuàihuo 형 즐겁다 | **圆脸** yuánliǎn 명 둥근 얼굴 | **闪** shǎn 동 반짝이다 | **明亮** míngliàng 형 빛나다 | **腼腆** miǎntiǎn 형 수줍어하다 | **无忧无虑** wú yōu wú lǜ 성어 아무런 걱정이 없다 | **刊登** kāndēng (신문에) 실리다 | **高考** gāokǎo 명 대입 시험 | **录取分数线** lùqǔ fēnshùxiàn 합격 커트라인 | **急匆匆** jícōngcōng 형 급히 서두르는 모양 | **翻看** fānkàn 동 펴 보다, 들춰 보다 | **邮电大学** yóudiàn dàxué 명 체신대학 | **少爷** shàoye 명 도련님 | **做派** zuòpài 명 행동 | **睡衣** shuìyī 명 잠옷 | **卧室** wòshì 명 침실 | **空调** kōngtiáo 명 에어컨 | **千呼万唤** qiān hū wàn huàn 성어 천 번 만 번 부르다(여러 차례 재촉하다) | **洗漱** xǐshù 동 세수하다 | **沙发** shāfā 명 소파 | **频道** píndào 명 채널 | **睡懒觉** shuìlǎnjiào 늦잠을 자다 | **抱负** bàofù 명 포부 | **不屑** búxiè 동 하찮게 여기다 | **观念** guānniàn 명 관념 | **过时** guò shí 형 시대에 뒤떨어지다 | **攻读** gōngdú 동 공부하다 | **硕士** shuòshì 명 석사 | **博士** bóshì 명 박사 | **误点** wù diǎn 동 늦게 도착하다 | **浑身** húnshēn 명 온몸 | **落汤鸡** luòtāngjī 물에 빠진 병아리(생쥐) | **摔跤** shuāi jiāo 동 넘어지다 | **转** zhuàn 동 회전하다 | **弄湿** nòngshī 동 적시다 | **夺** duó 동 빼앗다 | **狠狠** hěnhěn 부 매섭게 | **摔** shuāi 동 내던지다 | **通知书** tōngzhīshū 통지서 | **收拾** shōushi 동 정리하다 | **行李** xíngli 명 짐 | **笑眯眯** xiàomīmī 형 빙그레 웃다 | **随口** suíkǒu 부 아무 생각 없이 (말하다) | **录取** lùqǔ 동 합격하다 | **补充** bǔchōng 동 보충하다 | **下岗工人** xiàgǎng gōngrén 실업 근로자 | **包涵** bāohan 동 너그럽게 이해하다 | **鞠躬** jū gōng 동 허리를 굽혀 절하다

	본문	요약
1 단락	放暑假的时候，给我家送报的换成了一个十七八岁的少年。我家住6楼，每天清早8点多钟的时候，便有一阵轻快的脚步声急急地上楼来了。不论晴天雨天，他都来得很准时。门没开的时候，他轻轻地把报纸塞进报筒。门开着的时候，他便会礼貌地喊一声："王老师，报纸来了!" 여름방학을 할 때, 우리 집에 신문을 배달하는 사람이 17,18살 소년으로 바뀌었다. 우리 집은 6층인데, 매일 아침 8시가 조금 넘으면, 바로 경쾌한 발걸음 소리를 내며 서둘러서 올라온다. 맑은 날이든 비 오는 날이든 관계없이, 그는 정확한 시간에 왔고, 문이 열려있지 않을 때는 살며시 신문지를 신문지 통에 밀어 넣는다. 문이 열려있으면 그는 예의 바르게 외친다. "왕선생님, 신문 왔습니다."	放暑假的时候，给我家送报的换成了❶一个少年。每天早上他都来得很准时。 여름방학 때, 우리집 신문 배달부는 한 소년으로 바뀌었다. 매일 아침 그는 제시간에 왔다. **요약 해설** ❶ 중국어에서는 사람의 직업이나 신분을 나타내는 단어 앞에 반드시 '一个'를 사용합니다.
2 단락	我曾与他闲聊过，得知他每天清晨5点钟就起床，每天要为200多户人家送报，而且都是楼房住户，他每天要爬一万八千多个台阶。骄阳似火，送报少年每天大汗淋漓地骑着车子穿街过巷，一大早，他的短袖衬衣就湿透了，但他的车铃却拨弄得很快活，小圆脸上闪着一双明亮的大眼睛，见人就腼腆地笑，他的日子似乎无忧无虑。 나는 이전에 그와 이야기를 나누고는, 그가 새벽 5시에 일어나서, 매일 200여 가구에 신문 배달을 하며, 또한 다층집이라서, 매일 만 팔천 개가 넘는 계단을 오른다는 사실을 알게 되었다. 뙤약볕이 마치 불과 같아서, 신문 배달하는 소년은 매일 땀을 줄줄 흘리며, 자전거를 타고 거리를 지나다닌다. 이른 아침, 반소매 셔츠가 흠뻑 젖었지만, 그는 자전거 벨을 매우 즐겁게 누르고, 작고 둥근 얼굴에 빛나는 큰 눈을 반짝이며, 사람을 만나면 수줍게 웃음을 짓는데, 그의 삶은 마치 아무런 걱정이 없는 듯 했다.	他的工作很辛苦，但是他❶看起来很快乐。 그의 일은 매우 고생스럽지만, 그는 아주 즐거워 보였다. **요약 해설** ❶ '~하게 보인다'는 표현은 '看起来'와 '显得'가 있습니다. '看起来'는 추측의 의미를 나타내고, '显得'는 '~하게 보이나 실제로 그렇지 않음'을 나타냅니다. 여기서는 실제 즐거워 보임을 추측하고 있으므로 '显得快乐'라고 표현할 수 없습니다.

3 단락

7月下旬的一天，少年送报来时对我说："今天报上刊登了高考录取分数线！"我说了声谢谢，少年便下楼去了。这时，我那儿子闻声从床上跳起来，接过报纸急匆匆地翻看，高兴地说："妈，我考上邮电大学了！"我既高兴，又对儿子的那种少爷做派很不满意。8点多钟了还穿着睡衣，卧室里空调也开着。每天几乎都是这样，千呼万唤才起床洗漱，然后，打开电视，靠在沙发上一边喝牛奶，一边不停地换电视频道……我说："高考完了可以休息休息，但不能天天这样睡懒觉，一个青年有没有抱负，就看他能不能早起床！"儿子不屑地说："你那观念早过时了！"我说："你看看人家那送报的少年，每天5点就起床了！"儿子笑得更厉害了："他是干什么的？我是干什么的？我进了大学，还要攻读硕士、博士，还要出国留学！"

7월 하순의 어느 날, 소년이 신문 배달하러 왔을 때 내게 말했다. "오늘 신문에는 대입 시험 합격 커트라인이 실렸어요!" 내가 고맙다고 말하자, 소년은 바로 계단을 내려갔다. 이때, 내 아들이 소리를 듣고 침대에서 벌떡 일어나더니, 신문을 받아서 얼른 들춰보고, 기뻐하며 말했다. "엄마, 나 체신대학에 합격했어요!" 나는 기쁘면서도 아들이 도련님처럼 행동하는 것이 매우 못마땅했다. 8시가 넘었는데 아직도 잠옷을 입고 있고, 침실의 에어컨도 켜져 있다. 매일 거의 이 모양이라서, 수 차례 재촉을 해야 겨우 일어나서 세수하고 양치질을 한다. 그런 후에, TV를 틀고는, 소파에 기대서 우유를 마시면서, 계속해서 TV 채널을 바꾼다. 내가 말했다. "대입 시험이 끝났으니 좀 쉴 수는 있어, 하지만 매일 이렇게 늦잠을 자서는 안 되잖아, 한 청년한테 포부가 있는 지는 그 사람이 일찍 일어날 수 있는 가를 보면 알 수 있는 거야!" 아들은 가볍게 여기며 말했다. "엄마의 그런 생각은 벌써 시대에 뒤떨어졌어요!" 나는 "너 신문 배달하는 소년을 좀 봐봐, 매일 5시에 일어난다고 하잖아!"라고 말했다. 아들은 더 심하게 웃었다. "걔는 뭐 하는 사람이고, 나는 뭐 하는 사람인데요? 나는 대학에 진학하고, 석사, 박사를 공부하고, 또 외국 유학을 갈 거라구요!"

一天，少年来送报时告诉我，报上刊登了高考录取分数线。我儿子马上接过报纸，他❶看完报纸以后高兴地告诉我他❷考上了邮电大学！我既高兴，又对儿子很不满意。他天天睡懒觉，所以我让儿子向那送报的少年学习，但是儿子却看不起那个送报的少年。

어느 날, 소년이 신문 배달하러 왔을 때 신문에 대학 입학 시험의 커트라인이 실렸다고 나에게 알려줬다. 아들이 바로 신문을 받아갔고, 그는 신문을 보고 기뻐하며 자기가 체신대학교에 붙었다고 알려줬다. 나는 기쁘면서도 아들이 못마땅했다. 아들은 매일 늦잠을 자기 때문에, 나는 아들에게 신문 배달 소년을 보고 좀 배우라고 말했지만, 아들은 오히려 그 신문 배달 소년을 무시했다.

요약 해설

❶ '~을(를) 보고 나서'라는 표현은 반드시 결과보어 '完'을 써야 합니다. 즉 '**看完**~'라고 해야 하고, 목적어 뒤에 '**以后**'는 강조하기 위해서 써도 되고, 쓰지 않아도 상관없습니다.

❷ 대학에 합격했다는 것은 '대학이름+**合格了**'보다 '**考上了**+대학이름'으로 쓰는 것이 더 자연스럽습니다.

4 단락

一天，下起了大雨，送报的少年头一次误点了。上午9点半时，才出现在我家门口，他浑身衣服湿透了，像一个落汤鸡。他像一个做了错事的孩子说："对不起，我摔了一跤，自行车也不转了，连报纸也弄湿了……"我刚说了声"没关系"，儿子却夺过报纸狠狠地一摔："换份干的来，这份不能看！"我一边说没事，一边把儿子推进房里。

하루는, 폭우가 내리기 시작해서, 신문 배달하는 소년이 처음으로 늦었다. 오전 9시 반이 되어서야, 우리 집 현관에 나타났는데, 그는 옷이 전부 흠뻑 젖어서, 마치 물에 빠진 생쥐 같았다. 그는 잘못을 저지른 아이처럼 말했다. "죄송합니다. 제가 넘어지는 바람에, 자전거도 고장 나고, 신문지도 젖어버려서…" 내가 "괜찮아."라고 막 말하는 순간, 아들은 신문을 채가더니 사납게 던져 버렸다. "마른 걸로 바꿔 와, 이건 볼 수 없잖아!" 나는 괜찮다고 말하면서 아들을 방으로 밀어 넣었다.

一个下雨天，少年来晚了。他一直❶向我道歉，我说没关系，但是我儿子却很生气。

비가 오던 어느 날, 소년이 늦게 왔다. 그는 계속해서 나에게 사과를 했고, 나는 괜찮다고 했지만, 내 아들은 그에게 화를 냈다.

요약 해설

❶ 6급 시험의 쓰기문제를 보면 사과하는 상황이 종종 나오는데, 이때 '向＋대상＋道歉'이라고 표현하면 됩니다. 반대로 감사의 마음을 나타내는 장면 역시 '向＋대상＋表示感谢'라는 표현으로 줄이면 됩니다.

5 단락

转眼到了8月底，儿子接到邮电大学的入学通知书，高高兴兴地收拾行李准备上学。这天8点刚过，送报的少年就准时出现在我家门口。他把报纸交给我后，笑眯眯地说："王老师，从明天起，这报纸还是由我爸爸送。"我随口问："那你呢?"少年说："我被北京大学录取了，明天去上学。"我惊得不知说什么才好，那少年又补充道；"我爸是个下岗工人，身体不太好，以后若送迟了，您多包涵!"说完少年深深地朝我鞠了一躬，便下楼去了。

어느 새 8월 말이 다가왔고, 아들은 체신대학 입학통지서를 받고, 기뻐하며 짐을 정리해서 학교 갈 준비를 하였다. 이날 8시가 막 넘자, 신문 배달 소년은 제때에 우리집 현관에 나타났다. 그는 신문을 내게 건넨 후에, 빙그레 웃으며 말했다. "왕선생님, 내일부터 이 신문은 저희 아버지가 하시던대로 배달하실 거예요." 나는 무심코 물었다. "그럼 너는?" 소년이 말했다. "저는 베이징 대학에 합격해서, 내일 학교에 가요." 나는 놀라서 뭐라고 말해야 좋을지 몰랐다. 그 소년 또 말을 덧붙였다. "저희 아버지는 실직하시고 몸이 별로 좋지 않아요. 나중에 만일 배달이 늦더라도, 너그럽게 이해해주세요!" 말을 마친 후 소년은 허리를 깊이 숙여 인사하고는, 곧 계단을 내려갔다.

8月底的一天，送报的少年准时到我家把报纸交给我后，笑着告诉我，❶以后报纸还是他爸爸送，他考上了北京大学，要去上学了。我❷非常吃惊。那少年又说，他爸爸身体不太好，以后如果送晚了，希望我能理解，说完他便下楼去了。

8월 말의 어느 날, 신문 배달 소년이 제시간에 우리집에 와서 신문을 나에게 전달한 후에, 웃으며 알려줬다. 앞으로 신문은 아버지가 하시던대로 배달할 것이고, 그는 베이징 대학에 합격해서 곧 학교에 갈 것이라고. 나는 매우 놀랐다. 소년은 또 말했다. 그의 아버지가 몸이 안 좋으니 앞으로 배달이 조금 늦더라도 이해해달라고. 말을 마친 후 그는 계단을 내려갔다.

요약 해설

❶ 원문에는 '从明天起'라고 되어 있지만, 요약문을 작성할 때는 '明天、后天' 등과 같이 시간을 직접적으로 나타내 주는 말은 피하는 것이 좋습니다. 따라서 '앞으로, 나중에'의 의미인 '以后'를 쓰는 것이 적당합니다.

❷ 한국어로 '매우 ~했다'고 해서 중국어로 '非常~了'라고 표현하면 안 됩니다. 정도부사 '很, 非常, 十分'은 '了'와 호응하지 않습니다. 따라서 '매우 놀랐다'는 것은 '非常吃惊'이나 '很吃惊'이라고 표현해야 합니다.

모범답안 참고사항

※ 이번 작문은 비교적 쉬운 내용으로, 아들의 게으름과 신문 배달 소년의 부지런함이 대조가 되도록 잘 요약해서 쓰면 됩니다. 그리고 마지막에 소년이 부지런한 것뿐만 아니라 공부도 잘해서 아들보다 더 좋은 대학에 갔다는 사실도 대조가 되도록 반드시 언급해줘야 합니다.

※※ 이번 작문에서 고득점을 받기 위해서는 내용을 너무 많이 줄이는 것 보다 상세하게 표현하는 것이 좋습니다. 그리고 대화 형식으로 되어 있는 원문 내용을 반드시 간접화법으로 풀어서 표현해주고 줄거리만 요약하는 느낌이 들 수 있도록 서술형으로 써야 고득점을 받을 수 있습니다.

기본 줄거리만 들어가는 60점 목표 모범답안

送报的少年

放暑假的时候，给我家送报的换成了一个少年。每天早上他都来得很准时。他的工作很辛苦，但是他看起来很快乐。

一天，少年来送报时告诉我，报上刊登了高考录取分数线。我儿子马上接过报纸，他看完报纸以后高兴地告诉我他考上了邮电大学！我既高兴，又对儿子很不满意。他天天睡懒觉，所以我让儿子向那送报的少年学习，但是儿子却看不起那个送报的少年。

一个下雨天，少年来晚了。他一直向我道歉，我说没关系，但是我儿子却很生气。

8月底的一天，送报的少年准时到我家把报纸交给我后，笑着告诉我，以后报纸还是他爸爸送，他考上了北京大学，要去上学了。我非常吃惊。那少年又说，他爸爸身体不太好，以后如果送晚了，希望我能理解，说完他便下楼去了。

送报的少年

放暑假的时候，给我家送报的换成了一个十七八岁的少年。不论晴天雨天，他都来得很准时，而且他很有礼貌。

我得知他每天清晨5点钟就起床，每天要为200多户人家送报，而且都是楼房住户，他每天要爬一万八千多个台阶。送报的工作很辛苦，但是他的日子似乎无忧无虑。

有一天，少年来送报时对我说报上刊登了高考录取分数线。我儿子闻声从床上跳起来，接过报纸急匆匆地翻看，他高兴地告诉我他考上邮电大学了。我既高兴，又对儿子的那种少爷做派很不满意。送报的少年那么勤快，但是我儿子实在是太懒了。

一天，下起了大雨，送报的少年头一次误点了。尽管我说了没关系，但是他还是很内疚，不过我的儿儿却说报纸不能看了，冲送报的少年大发脾气。

到了8月底，儿子收拾行李准备上学了。这天送报的少年准时出现在我家门口，他把报纸交给我后，笑眯眯地告诉我以后报纸还是他爸爸送。他说他被北京大学录取了，要去上学了。听完他的话我哑口无言。他继续说，他爸爸是个下岗工人，身体不太好，以后若送迟了，

请	我	多	包	涵	。	说	完	少	年	深	深	地	朝	我	鞠	了	一	躬	，
便	下	楼	去	了	。														

모범답안 참고 단어

无忧无虑 wú yōu wú lǜ 성어 아무런 걱정이 없다 | **哑口无言** yǎ kǒu wú yán 성어 벙어리처럼 말을 못하다, 말문이 막히다

쓰기 강화 2

★★★★★★★★★★★

쓰기 강화 3

101번 문제는 한 편의 글을 읽고 요약쓰기를 하는 문제입니다.

第101题

（1）仔细阅读下面这篇文章，时间为10分钟。阅读时间不能抄写、记录。
（2）10分钟后，监考收回阅读材料，请你将这篇文章缩写成一篇短文，时间为35分钟。
（3）标题自拟。只需复述文章内容，不需加入自己的观点。
（4）字数为400字左右。
（5）请把作文直接写在答题卡上。

老王是村里的首富，但他生活得并不快乐。有一天，老王家门前来了一位远游的高僧，他便把自己的苦恼跟高僧说了。高僧一听就笑了，说："我有一个快乐的秘方放在山上的庙中了，施主愿意跟我去拿吗？不过路很远，你得带上足够的路费。"

就这样，老王跟高僧上路了。路真的很远，他们走过了一个又一个村庄，翻过了一座又一座高山。路上他们遇到很多穷人，高僧毫不犹豫地让老王掏出钱施舍给穷人，老王心里其实并不愿意，但是碍于高僧的面子，他不得不掏钱施舍给那些穷人，直到他口袋里的钱越来越少。老王有点儿担心，心里想："这样下去，我拿到秘方后怎么回家呢？"高僧好像看出了老王的心思。高僧说："你不必担心，我保证你到时候会开开心心地回家去。"老王听了高僧的话，就把剩余的钱都毫无保留地施舍给了穷人们。

라오왕은 마을의 갑부였지만, 그의 생활은 결코 즐겁지 않았다. 어느 날, 라오왕네 문 앞에 먼 곳을 유람한 고승 한 분이 오자, 그는 자신의 고민을 고승에게 말했다. 고승은 말을 듣자마자 웃으며 "제게 즐거움의 비법이 하나 있는데 산에 있는 절에 두었습니다. 시주 님 저와 함께 가지러 가시겠습니까? 하지만 길이 매우 멀어, 충분한 여비를 가지고 가셔야 합니다."라고 말했다.

이렇게, 라오왕과 고승은 출발했다. 길은 정말로 멀었다. 그들은 계속해서 마을을 지나고, 높은 산을 넘고 또 넘었다. 도중에 그들이 가난한 사람들을 많이 만나자, 고승은 아무 망설임 없이 라오왕에게 돈을 꺼내 가난한 사람에게 시주하게 했고, 라오왕은 속으론 결코 원하지 않았지만, 고승의 얼굴을 봐서, 어쩔 수 없이 돈을 꺼내 그의 주머니 속에 있던 돈이 점점 떨어질 때까지 그 가난한 사람들에게 시주했다. 라오왕은 걱정이 좀 되어서 내심 "이대로 간다면, 내가 비법을 받은 후에 어떻게 집에 돌아가지?"라고 생각했다. 고승은 라오왕의 생각을 알아차린 것 같았다. 고승이 "걱정할 필요 없습니다. 제가 당신이 그 때가 되면 즐겁게 집에 돌아갈 거라고 보증하지요."라고 말했다. 라오왕은 고승의 말을 듣고, 남은 돈을 모두 남김없이 가난한 사람들에게 시주했다.

经过了长途跋涉，他们终于来到了庙中。一到庙中老王便急忙问高僧快乐的秘方在哪儿。高僧不急不忙地说：“我已经把秘方给你了啊!”老王听了很吃惊，说：“你什么时候给我的，我怎么没印象啊?”高僧说：“你想不起来，我也没办法。你既然来了，就先别急着走，过一些日子再回去吧。”

于是，老王便在山上住了下来，但是他心里一直纳闷儿，因为在他印象之中，高僧明明没有给过他秘方，他想不通高僧葫芦里到底卖的是什么药。在庙中，老王听和尚们念那些听不懂的经文，时间久了，他烦躁得受不了了，于是他向高僧要路费，说自己要下山去。没想到高僧却说：“我已经把路费给你了。”

老王终于明白了，他原来是个骗人的僧人，他从一开始就是在逗自己玩儿呢!老王一气之下离开了庙，下山去了，一赌气跑出了很远。当他来到一个小山村的时候，天已经黑了，他的肚子也饿得咕咕叫，但他的口袋空空，一分钱也没有，老王不知道如何是好。就在这个时候，一个老农从他身边走过，一眼就认出他来了。老农说：“哎呀，这不是我的恩人吗?你怎么会到这里来了?”老王根本想不起对这个老农施舍过什么，但老农却把他当亲人一样看待。老农把他领到家中过了一晚。次日，他继续赶路。在途中，每当老王遇到困难的时候，就会有人来帮他，那些人都是接受过他的施舍的人，他们都一眼就认出了他，这让他感到惊喜。一路上，虽然老王身无分文，但在大家的的帮助下，他顺利地回到了家。

먼 길을 고생스럽게 간 끝에 그들은 마침내 절에 도착했다. 절에 도착하자마자 라오왕은 바로 급하게 고승에게 즐거움의 비법이 어디 있냐고 물었다. 고승이 침착하게 "제가 이미 당신에게 비법을 주지 않았습니까!"라고 말했다. 라오왕이 듣고 매우 놀라서 "당신이 언제 저에게 주었습니까, 나는 왜 기억이 없지요?"라고 말했다. 고승이 "당신께서 생각이 나지 않는다면, 저도 어쩔 수 없지요. 이왕 온 김에, 우선 서둘러 가지 말고, 좀 지내다가 다시 돌아 가도록 합시다."라고 말했다.

그래서 라오왕은 산에 머무르기 시작했지만, 그의 마음은 계속 답답했다, 왜냐하면 그의 기억 속에는 고승이 분명히 자신에게 비법을 주지 않았기 때문인데, 고승이 도대체 무슨 꿍꿍이인지 이해할 수가 없었다. 사당에서 라오왕이 스님들이 읽는 그 알아듣지 못하는 경문을 오랫동안 듣고 있자니, 초조해서 견딜 수가 없었다. 그래서 그는 고승에게 여비를 달라고 했고, 자신은 산을 내려갈 것이라고 말했다. 고승은 뜻밖에도 "저는 이미 여비를 당신에게 주었습니다."라고 말했다.

라오왕은 마침내 깨달았다. 그는 알고 보니 사기를 치는 스님이었고, 처음부터 바로 자신을 가지고 논 것이었다! 라오왕은 홧김에 절을 떠나 산을 내려갔고, 울컥해서 아주 먼 곳까지 달려갔다. 그가 어느 작은 산촌에 도착했을 때, 날은 이미 어두워져 있었다. 그의 배에서는 배고파서 꼬르륵 소리가 났지만, 그의 주머니는 텅텅 빈 채 돈이 한 푼도 없었다. 라오왕은 어떻게 해야 좋을지 몰랐다. 바로 이때, 한 늙은 농부가 그의 옆을 지나가다가, 첫 눈에 그를 알아봤다. 늙은 농부가 "아이고, 이거 저의 은인 아니십니까? 어떻게 여기까지 오시게 된 거요?"라고 말했다. 라오왕은 이 늙은 농부에게 무엇을 시주했었는지 전혀 생각이 나지 않았지만, 늙은 농부는 그를 가족처럼 대해주었다. 늙은 농부는 그를 집으로 데려가서 하룻밤을 재워 주었다. 다음 날, 그는 계속해서 갈 길을 재촉했다. 가는 길에, 라오왕이 매번 어려움을 겪을 때마다 어떤 사람이 그를 도우러 왔다. 그 사람들은 모두 그의 시주를 받았던 사람들이었고, 그들은 모두 첫 눈에 그를 알아보았다. 이것은 그를 매우 놀랍고도 기쁘게 했다. 가는 길 내내 라오왕은 비록 수중에 돈이 한 푼도 없었지만, 모두의 도움으로 순조롭게 집에 도착했다.

回到家以后，大家都说老王完全变成了另一个人，看起来他非常快乐，因此大家都问他那个高僧的快乐的秘方到底是什么。老王突然明白了，原来他误会了高僧，高僧不是骗子，高僧真的把快乐的秘方给了他。

집으로 돌아온 후, 다들 라오왕이 완전히 다른 사람으로 변했다며, 그가 매우 즐거워 보인다고 말했다. 그래서 모두 그에게 그 고승의 즐거움의 비법은 도대체 무엇이냐고 물었다. 라오왕은 문득 깨달았다. 알고 보니 그가 고승을 오해했던 것이다. 고승은 사기꾼이 아니었고, 진정한 즐거움의 비법을 그에게 주었던 것이다.

지문 어휘 **首富** shǒufù 명 갑부 | **远游** yuǎnyóu 동 먼 곳을 유람하다 | **高僧** gāosēng 명 고승 | **苦恼** kǔnǎo 동 고뇌하다, 고민하다 | **秘方** mìfāng 명 비법, 비방 | **庙** miào 명 사당, 사찰 | **施主** shīzhǔ 명 시주 | **足够** zúgòu 형 충분하다 | **路费** lùfèi 명 여비, 노자 | **上路** shàng lù 동 출발하다, 길에 오르다 | **村庄** cūnzhuāng 명 마을, 촌락 | **翻过** fānguò 동 (산을) 넘다 | **座** zuò 양 좌, 동, 채(부피가 크거나 고정된 물체를 세는 단위) | **穷人** qióngrén 명 가난한 사람 | **毫不犹豫** háo bù yóu yù 성어 조금도 망설이지 않다, 아무 망설임 없다 | **掏钱** tāoqián 동 돈을 꺼내다 | **施舍** shīshě 동 (재물을) 시주하다, 내놓다 | **碍于~的面子** àiyú~de miànzi ~의 체면을 생각하다, ~의 얼굴을 보다 | **不得不** bùdébù 부 할 수 없이 | **口袋** kǒudai 명 주머니 | **看出** kànchū 동 알아차리다, 간파하다 | **心思** xīnsi 명 생각, 마음 | **保证** bǎozhèng 동 보증하다, 보장하다 | **剩余** shèngyú 동 남다, 남겨두다 | **毫无保留** háowú bǎoliú 남김없이, 아낌없이 | **长途跋涉** chángtú báshè 먼 길을 고생스럽게 가다 | **急忙** jímáng 부 황급히, 서둘러 | **吃惊** chī jīng 동 놀라다 | **印象** yìnxiàng 명 기억, 인상 | ★**纳闷儿** nàmènr 동 (마음에 의혹이 생겨) 답답하다 | **想不通** xiǎng bu tōng 납득(이해)할 수 없다 | **葫芦里到底卖的什么药** húlúlǐ dàodǐ mài de shénme yào 도대체 무슨 꿍꿍이인지 모르겠다 | **和尚** héshang 명 스님 | **经文** jīngwén 경문 | **烦躁** fánzào 형 초조하다 | **受不了** shòu bu liǎo 견딜 수 없다 | **骗人** piàn rén 동 사기를 치다 | **僧人** sēngrén 명 승려, 스님 | **逗** dòu 동 놀리다 | **一气之下** yíqì zhī xià 홧김에 | **赌气** dǔ qì 동 울컥하다 | **山村** shāncūn 명 산촌, 산골 | **饿** è 형 배고프다 | **咕咕叫** gūgū jiào 꼬르륵 소리가 나다 | **老农** lǎonóng 명 늙은 농부 | **认出** rènchū 동 알아보다 | **恩人** ēnrén 명 은인 | **根本** gēnběn 부 전혀, 아예 | ★**看待** kàndài 동 대하다 | **领** lǐng 동 인도하다, 이끌다 | **次日** cìrì 명 다음 날, 이튿날 | **赶路** gǎn lù 동 길을 재촉하다, 서둘러 가다 | **途中** túzhōng 명 도중 | **接受** jiēshòu 동 받다, 받아들이다 | **惊喜** jīngxǐ 형 놀랍고 기쁘다 | **身无分文** shēn wú fēn wén 성어 수중에 돈이 한 푼도 없다 | **误会** wùhuì 동 오해하다 | **骗子** piànzi 명 사기꾼

해설

	본문	요약
1 단락	老王是村里的首富，但他生活得并不快乐。有一天，老王家门前来了一位远游的高僧，他便把自己的苦恼跟高僧说了。高僧一听就笑了，说:“我有一个快乐的秘方放在山上的庙中了，施主愿意跟我去拿吗？不过路很远，你得带上足够的路费。” 라오왕은 마을의 갑부였지만, 그의 생활은 결코 즐겁지 않았다. 어느 날, 라오왕네 문 앞에 먼 곳을 유람한 고승 한 분이 오자, 그는 자신의 고민을 고승에게 말했다. 고승은 말을 듣자마자 웃으며 “제게 즐거움의 비법이 하나 있는데 산에 있는 절에 두었습니다. 시주 님 저와 함께 가지러 가시겠습니까? 하지만 길이 매우 멀어, 충분한 여비를 가지고 가셔야 합니다.”라고 말했다.	老王是一个有钱人，但是他并不快乐。有一天，他遇到一位高僧，就把自己的苦恼跟高僧说了。高僧说他有一个秘方放在❶山上的庙里了，让老王跟自己一起去拿。 라오왕은 부자였지만 그는 즐겁지 않았다. 어느 날 그는 한 고승을 만났고, 자신의 고민을 고승에게 말했다. 고승은 비법이 하나 있는데 산 속의 절에 놓아두었으니, 라오왕에게 자기와 함께 가지러 가자고 얘기했다. **요약 해설** ❶ ‘山’과 ‘庙’는 둘 다 장소명사가 아니므로 앞에 ‘在’가 있는 경우에는 ‘山’과 ‘庙’ 뒤에 방향명사를 같이 써야 합니다. 즉 ‘在山上’과 ‘在庙里’라고 표현해야 합니다.

2 단락

就这样，老王跟高僧上路了。路真的很远，他们走过了一个又一个村庄，翻过了一座又一座高山。路上他们遇到很多穷人，高僧毫不犹豫地让老王掏出钱施舍给穷人，老王心里其实并不愿意，但是碍于高僧的面子，他不得不掏钱施舍给那些穷人，直到他口袋里的钱越来越少。老王有点儿担心，心里想："这样下去，我拿到秘方后怎么回家呢？"高僧好像看出了老王的心思。高僧说："你不必担心，我保证你到时候会开开心心地回家去。"老王听了高僧的话，就把剩余的钱都毫无保留地施舍给了穷人们。

이렇게, 라오왕과 고승은 출발했다. 길은 정말로 멀었다. 그들은 계속해서 마을을 지나고, 높은 산을 넘고 또 넘었다. 도중에 그들이 가난한 사람들을 많이 만나자, 고승은 아무 망설임 없이 라오왕에게 돈을 꺼내 가난한 사람에게 시주하게 했고, 라오왕은 속으론 결코 원하지 않았지만, 고승의 얼굴을 봐서, 어쩔 수 없이 돈을 꺼내 그의 주머니 속에 있던 돈이 점점 떨어질 때까지 그 가난한 사람들에게 시주했다. 라오왕은 걱정이 좀 되어서 내심 "이대로 간다면, 내가 비법을 받은 후에 어떻게 집에 돌아가지?"라고 생각했다. 고승은 라오왕의 생각을 알아차린 것 같았다. 고승이 "걱정할 필요 없습니다, 제가 당신이 그 때가 되면 즐겁게 집에 돌아갈 거라고 보증하지요."라고 말했다. 라오왕은 고승의 말을 듣고, 남은 돈을 모두 남김없이 가난한 사람들에게 시주했다.

于是老王就跟高僧上路了。路上他们❶遇到很多穷人，高僧让老王帮助穷人。老王不得不把钱给了那些穷人。他❷很担心回家时没有路费，但是高僧说保证老王会开开心心地回家去。

그리하여 라오왕은 고승을 따라 길을 나섰다. 길에서 그들은 가난한 사람들을 많이 만났다. 고승은 라오왕에게 가난한 사람들을 도와주라고 했다. 라오왕은 어쩔 수 없이 가난한 사람들에게 돈을 줬다. 그는 집에 갈 때 여비가 없을까 봐 걱정했다. 그러나 고승은 라오왕이 즐겁게 집에 돌아갈 수 있을 거라고 장담했다.

요약 해설

❶ 우연히 사람을 만나거나 돌발상황이 생긴 경우에 동사는 '遇到'로 표현해야 합니다. 가는 길에 가난한 사람들이 있었다고 해서 '有很多穷人'이라고 하면 안 되고, '遇到很多穷人'이라고 표현해야 합니다.

❷ '担心' 뒤에 문장이 이어질 경우에 '担心了'라고 쓸 수 없고, '担心+걱정되는 상황'이라고 표현해야 합니다.

3 단 락	经过了长途跋涉，他们终于来到了庙中。一到庙中老王便急忙问高僧快乐的秘方在哪儿。高僧不急不忙地说："我已经把秘方给你了啊!"老王听了很吃惊，说："你什么时候给我的，我怎么没印象啊?"高僧说："你想不起来，我也没办法。你既然来了，就先别急着走，过一些日子再回去吧。" 먼 길을 고생스럽게 간 끝에 그들은 마침내 절에 도착했다. 절에 도착하자마자 라오왕은 바로 급하게 고승에게 즐거움의 비법이 어디 있냐고 물었다. 고승이 침착하게 "제가 이미 당신에게 비법을 주지 않았습니까!"라고 말했다. 라오왕이 듣고 매우 놀라서 "당신이 언제 저에게 주었습니까, 나는 왜 기억이 없지요?"라고 말했다. 고승이 "당신께서 생각이 나지 않는다면, 저도 어쩔 수 없지요. 이왕 온 김에, 우선 서둘러 가지 말고, 좀 지내다가 다시 돌아 가도록 합시다."라고 말했다.	他们到了庙中，老王就❶问高僧快乐的秘方在哪儿，但是高僧却说已经把秘方给了老王。 그들이 절에 도착하자마자 라오왕은 고승에게 즐거운 비법이 어디에 있냐고 물었다. 그러나 고승은 이미 비법을 라오왕에게 줬다고 했다. **요약 해설** ❶ '问' 뒤에는 의문문으로 표현하는 것이 자연스럽습니다. 즉 '问秘方'이 아니라, '问秘方在哪儿'이라고 표현해야 합니다.
4 단 락	于是，老王便在山上住了下来，但是他心里一直纳闷儿，因为在他印象之中，高僧明明没有给过他秘方，他想不通高僧葫芦里到底卖的是什么药。在庙中，老王听和尚们念那些听不懂的经文，时间久了，他烦躁得受不了了，于是他向高僧要路费，说自己要下山去。没想到高僧却说："我已经把路费给你了。" 그래서 라오왕은 산에 머무르기 시작했지만, 그의 마음은 계속 답답했다. 왜냐하면 그의 기억 속에는 고승이 분명히 자신에게 비법을 주지 않았기 때문인데, 고승이 도대체 무슨 꿍꿍이인지 이해할 수가 없었다. 사당에서 라오왕이 스님들이 읽는 그 알아듣지 못하는 경문을 오랫동안 듣고 있자니, 초조해서 견딜 수가 없었다. 그래서 그는 고승에게 여비를 달라고 했고, 자신은 산을 내려갈 것이라고 말했다. 고승은 뜻밖에도 "저는 이미 여비를 당신에게 주었습니다."라고 말했다.	老王又向高僧❶要回家的路费，没想到高僧又说路费也已经给老王了。 라오왕이 또 고승에게 집에 돌아갈 여비를 달라고 하자, 고승이 여비도 라오왕에게 다 줬다고 말할 줄을 생각지도 못했다. **요약 해설** ❶ '~을(를) 요구하다'는 것은 '要+명사목적어'라고 표현하면 되고, 여기서 '要求+명사목적어'라고 쓰지 않도록 주의해야 합니다. '要求'는 '要求+주어+술어+목적어'의 구조로 써야 합니다.

5 단락

老王终于明白了，他原来是个骗人的僧人，他从一开始就是在逗自己玩儿呢！老王一气之下离开了庙，下山去了，一赌气跑出了很远。当他来到一个小山村的时候，天已经黑了，他的肚子也饿得咕咕叫，但他的口袋空空，一分钱也没有，老王不知道如何是好。就在这个时候，一个老农从他身边走过，一眼就认出他来了。老农说："哎呀，这不是我的恩人吗？你怎么会到这里来了？"老王根本想不起对这个老农施舍过什么，但老农却把他当亲人一样看待。老农把他领到家中过了一晚。次日，他继续赶路。在途中，每当老王遇到困难的时候，就会有人来帮他，那些人都是接受过他的施舍的人，他们都一眼就认出了他，这让他感到惊喜。一路上，虽然老王身无分文，但在大家的的帮助下，他顺利地回到了家。

라오왕은 마침내 깨달았다. 그는 알고 보니 사기를 치는 스님이었고, 처음부터 바로 자신을 가지고 논 것이었다! 라오왕은 홧김에 절을 떠나 산을 내려갔고, 울컥해서 아주 먼 곳까지 달려갔다. 그가 어느 작은 산촌에 도착했을 때, 날은 이미 어두워져 있었다. 그의 배에서는 배고파서 꼬르륵 소리가 났지만, 그의 주머니는 텅텅 빈 채 돈이 한 푼도 없었다. 라오왕은 어떻게 해야 좋을지 몰랐다. 바로 이때, 한 늙은 농부가 그의 옆을 지나가다가, 첫 눈에 그를 알아봤다. 늙은 농부가 "아이고, 이거 저의 은인 아니십니까? 어떻게 여기까지 오시게 된 거요?"라고 말했다. 라오왕은 이 늙은 농부에게 무엇을 시주했었는지 전혀 생각이 나지 않았지만, 늙은 농부는 그를 가족처럼 대해주었다. 늙은 농부는 그를 집으로 데려가서 하룻밤을 재워 주었다. 다음 날, 그는 계속해서 갈 길을 재촉했다. 가는 길에, 라오왕이 매번 어려움을 겪을 때마다 어떤 사람이 그를 도우러 왔다. 그 사람들은 모두 그의 시주를 받았던 사람들이었고, 그들은 모두 첫 눈에 그를 알아보았다. 이것은 그를 매우 놀랍고도 기쁘게 했다. 가는 길 내내 라오왕은 비록 수중에 돈이 한 푼도 없었지만, 모두의 도움으로 순조롭게 집에 도착했다.

老王觉得高僧是一个❶骗子，他生气地下山去了。回家的路上，每当老王遇到困难的时候，就会有人来帮他，那些人都是他帮助过的人。在大家的的帮助下，他顺利地❷回到了家。

라오왕은 고승이 사기꾼이라고 여겼으며, 그는 화가 나서 산을 내려갔다. 집으로 돌아가는 길에 라오왕이 어려움을 겪을 때마다 누군가가 와서 그를 도와줬다. 그들은 모두 그가 도와줬던 사람들이었다. 사람들의 도움으로 그는 무사히 집에 도착했다.

요약 해설

❶ '骗子'와 '骗人'을 잘 구별해야 합니다. '骗子'는 사기꾼의 뜻이며 명사입니다. '骗人'은 이합동사이며 사람을 속인다는 뜻입니다.

❷ '回家了'와 '回到了家'는 다릅니다. '回家了'는 집에 갔다는 의미이고, 집에 도착했다는 뜻은 없습니다. 여기서는 무사히 집에 도착했다고 표현하는 것이 맞기 때문에 '回到了家'라고 해야 합니다.

6 단락

回到家以后，大家都说老王完全变成了另一个人，看起来他非常快乐，因此大家都问他那个高僧的快乐的秘方到底是什么。老王突然明白了，原来他误会了高僧，高僧不是骗子，高僧真的把快乐的秘方给了他。

집으로 돌아온 후, 다들 라오왕이 완전히 다른 사람으로 변했다며, 그가 매우 즐거워 보인다고 말했다. 그래서 모두 그에게 그 고승의 즐거움의 비법은 도대체 무엇이냐고 물었다. 라오왕은 문득 깨달았다. 알고 보니 그가 고승을 오해했던 것이다. 고승은 사기꾼이 아니었고, 진정한 즐거움의 비법을 그에게 주었던 것이다.

回到家以后，大家都说老王❶变成了一个非常快乐的人，老王❷这才明白，原来高僧真的把快乐的秘方给他了。

집에 도착한 후에, 사람들은 라오왕이 즐거운 사람으로 변했다고 말했다. 라오왕은 그제서야 깨달았다. 알고 보니 고승은 즐거운 비법을 정말 그에게 줬던 것이다.

요약 해설

❶ '变成了'와 '变得'는 쓰임이 다릅니다. '变成了' 뒤에는 명사 또는 명사구가 나와야 하고, '变得'는 뒤에 보어 구조가 오기 때문에 명사가 올 수 없으며, 형용사구 또는 동사구 등이 옵니다.

❷ 이야기의 결말 부분에 '이제서야' 또는 '그제서야'라는 표현을 종종 쓰게 되는데, 이때 '这才'를 사용하면 됩니다.

쓰기 강화 3

快乐的秘方

老王是一个有钱人，但是他并不快乐。有一天，他遇到一位高僧，就把自己的苦恼跟高僧说了。高僧说他有一个秘方放在山上的庙里了，让老王跟自己一起去拿。

于是老王就跟高僧上路了。路上他们遇到很多穷人，高僧让老王帮助穷人。老王不得不把钱给了那些穷人。他很担心回家时没有路费，但是高僧说保证老王会开开心心地回家去。

他们到了庙中，老王就问高僧快乐的秘方在哪儿，但是高僧却说已经把秘方给了老王。老王又向高僧要回家的路费，没想到高僧又说路费也已经给老王了。

老王觉得高僧是一个骗子，他生气地下山去了。回家的路上，每当老王遇到困难的时候，就会有人来帮他，那些人都是他帮助过的人。在大家的帮助下，他顺利地回到了家。

回到家以后，大家都说老王变成了一个非常快乐的人，老王这才明白，原来高僧真的把快乐的秘方给他了。

快乐的秘方

老王是村里的首富，但是他并不快乐。有一天，他遇到一位高僧，就把自己的苦恼跟高僧说了。高僧说他有一个秘方放在山上的庙里了，让老王跟自己一起去拿。

于是老王就跟高僧上路了。路上他们遇到很多穷人，高僧让老王把钱施舍给穷人。老王其实并不愿意，但是碍于高僧的面子，他不得不掏钱施舍给那些穷人。老王的钱越来越少，他开始担心回家时没有路费，但是高僧说保证老王会开开心心地回家去。老王听了高僧的话，就把钱都分给穷人们了。

到了庙中，老王就迫不及待地问高僧快乐的秘方到底在哪儿，高僧说已经把秘方给了老王，但是老王根本没有印象。老王在庙里住了几天，觉得无聊，便想回家。他向高僧要回家的路费，没想到高僧又说路费也已经给老王了。

老王以为高僧是一个骗子，他一气之下就下山去了。路上，他遇到了很多困难，但每当老王遇到困难的时候，都会有人来帮他，那些人都是接受过他施舍的人。在大家的帮助下，他顺利地回到了家。

回到家以后，大家都说老王变成了另一个人，看起来他非常快乐。老王恍然大悟，原来

他	误	会	了	高	僧	，	高	僧	不	是	骗	子	，	高	僧	真	的	把	快
乐	的	秘	方	给	了	他	。												

모범답안 참고 단어

迫不及待 pò bù jí dài 성어 한시도 지체할 수 없다 | **恍然大悟** huǎng rán dà wù 성어 문득 모든 것을 깨닫다

파고다 HSK

문제집

6급
실전모의고사

고득점 보장

PAGODA Books

모의고사

国家汉办/孔子学院总部
Hanban/Confucius Institute Headquarters

新汉语水平考试
HSK（六级）模拟试题
第一套

注　意

一、 HSK（六级）分三部分：
　　1. 听力（50题，约35分钟）
　　2. 阅读（50题，50分钟）
　　3. 书写（1题，45分钟）

二、 **听力结束后，有5分钟填写答题卡。**

三、 全部考试约140分钟（含考生填写个人信息时间5分钟）。

실전모의고사 1회 듣기
음원 바로 듣기

一、听力

第一部分

第1-15题：请选出与所听内容一致的一项。

1. A 淡水珍珠产量较高
B 中国不产海水珍珠
C 湖泊中的珠蚌更多
D 淡水珍珠养殖过程艰辛

2. A 她成了英国第一夫人
B 父亲教育她要力争第一
C 撒切尔夫人是演艺明星
D 父亲最终成了政坛明星

3. A 梵净山自然风光迷人
B 梵净山海拔达2000米
C 梵净山将申请世界遗产
D 梵净山佛教寺庙较多

4. A 影视剧创作应该统一
B 翻拍剧往往更受欢迎
C 观众对翻拍剧的宽容度高
D 经典作品往往不容易翻拍

5. A 电子商务产业是幕后英雄
B 中国物流市场前景可观
C 物流推动了电子商务的发展
D 中国物流系统尚不成熟

6. A 夏季灾害天气频发
B 广东居民要防范台风
C 广东自古便灾难不断
D 台风登陆路径突然改变

7. A 中国文学博大精深
B 白描注重文字简练
C 白描技法始于文学界
D 中国画善于表现意境

8. A 乘坐地铁要遵守秩序
B 自动扶梯运行速度过快
C 成人应照顾好随同孩子
D 女孩儿录安全提示很有效

9. A 实习经历要详尽
B 实习可以积累经验
C 写简历前必须实习
D 实习的作用很重要

10. A 鱼肉有明目的功效
B 吃醋可以软化鱼刺
C 鱼刺卡食道应就医
D 吃鱼可以增进食欲

11. A 撒谎是一种不成熟的表现
B 幼儿对事实的描述更形象
C 幼儿很难区分现实与想象
D 孩子撒谎父母要及时批评

12. A 平遥古城的布局像灵龟
B 平遥古城水利系统完善
C 平遥建筑以木结构为主
D 龟是中国重点保护动物

13. A 杭州的百姓酷爱旅游
B 范仲淹的办法很有效
C 灾荒吸引了众多游人
D 灾后百姓无家可归

14. A 智能门锁的种类单一
B 智能门锁质量有好有坏
C 智能门锁价格昂贵
D 智能门锁已经普及

15. A 永生花的手感和纸一样
B 永生花比鲜花更易枯萎
C 永生花的颜色比鲜花多
D 永生花的加工工序复杂

第二部分

第16-30题：请选出正确答案。

16. A 他发现了天然气
    B 开了一家石油公司
    C 在煤系中寻找天然气
    D 从海水中提取了天然气

17. A 受到导师的启发
    B 希望圆了儿时的梦想
    C 潜心研究该方向的人少
    D 能得到名誉并受人尊重

18. A 很欣慰
    B 不敢当
    C 很认可
    D 无所谓

19. A 没有前途
    B 是热门专业
    C 毕业后就业率高
    D 毕业后要白手起家

20. A 男的认为真理的发现是偶然的
    B 男的的理论推动了"西气东输"
    C 男的是地质大学的资深教授
    D 中国的天然气储量居世界之最

21. A 开了牙科诊所
    B 科技成果颇丰
    C 提供有偿在线医疗咨询
    D 培养了很多优秀的医生

22. A 网管与高管之间矛盾大
    B 医疗运行模式需要改革
    C 互联网与传统医疗差异大
    D 线上医疗将取代线下医疗

23. A 请高级管理人才
    B 建立学习型组织
    C 倾听员工的意见
    D 奖励业绩好的员工

24. A 降低医疗成本
    B 拓宽反馈意见渠道
    C 保证他们的沟通时间
    D 让医生定期留学进修

25. A 女的曾是资深医生
    B 新医疗技术制约多
    C 女的注重跨行业人才培养
    D 人们对在线医疗还很陌生

26. A 见效太慢
    B 前景不容乐观
    C 收益周期太长
    D 竞争过于激烈

27. A 人生十分复杂
    B 人生没有捷径可走
    C 人的理想各不相同
    D 机会失去了还会再来

28. A 水果市场
B 尖端科技
C 水土流失
D 果园选址

29. A 熟悉政府政策
B 打好了基础
C 擅长做生意
D 吸取失败经验

30. A 要有耐心
B 要知难而退
C 听父母的劝
D 人脉最重要

第三部分

第31-50题：请选出正确答案。

31. A 国际博物馆日
B 国际表情日
C 国际青铜器日
D 国际儿童节

32. A 表情很严肃
B 会说四川方言
C 成了博物馆主力军
D 为四川人所独有

33. A 为了宣传四川
B 为了推广三星堆文化
C 为了让四川人来博物馆
D 为了让最古老的四川人说话

34. A 恐惧寂寞
B 驱逐寂寞
C 安于寂寞
D 享受寂寞

35. A 独处让人反思过去
B 为了借鉴好的经验
C 需要进行自我调整
D 为了定期整理房间

36. A 寂寞让人更坚强
B 独处是一种灾难
C 爱独处的人性格外向
D 爱独处和不寂寞是两回事

37. A 梅雨即将开始
B 台风要登陆了
C 次日天气晴朗
D 会出现彩虹

38. A 稳定性强
B 晴天较多
C 雨水充沛
D 多云少雨

39. A 星座的观察受天气影响
B 云层会反射星星的光线
C 气候类型会影响人的性格
D 星星的数量和温度变化有关

40. A 有大量植入式广告
B 内容富含神秘色彩
C 赢得了很高的评价
D 嘉宾都是资深记者

41. A 生命与自然
B 自由与束缚
C 原始与现代
D 信仰与守护

42. A 综艺性很强
B 可以环游世界
C 拍摄过程充满未知
D 可以结识形形色色的人

43. A 更接近纪录片
B 有大量的解说
C 能吸引观众
D 没有编好的剧本

44. A 产量易翻番
B 是从国外引进的
C 原产地是吐鲁番
D 和“番茄”是同科植物

45. A 不易成活
B 不易消化
C 适宜生吃
D 适应性强

46. A 加重了农民的生产负担
B 百姓开始以甘薯为主食
C 农民都开始改种甘薯了
D 改善了饮食结构和食谱

47. A 陈振龙曾在泰国经商
B 陈振龙是明朝著名厨师
C 陈振龙将甘薯引入了中国
D 甘薯起源于中国福建省

48. A 是一种藻类
B 是一种昆虫
C 繁殖能力差
D 喜欢蓝色光

49. A 海水反射蓝光
B 海水温度上升
C 夜光虫在飞舞
D 海水清澈透明

50. A 为台风的到来做准备
B 加强对环境保护的宣传
C 及时监测海水水质变化
D 及时清理海滩上的垃圾

二、阅读

第一部分

第51-60题：请选出有语病的一项。

51. A 近期感冒流行，大家注意预防，避免不被传染。
    B 微生物学对人类的生产活动产生了巨大的影响。
    C 这里降水少，常会有羚羊和牦牛等动物出没。
    D 面对恶劣的环境，他从来不退缩，从来都是勇往直前。

52. A 这间屋子里陈列着诸多鲁迅读过的书。
    B 据统计，现在的网络作家已达到超过了1000万人。
    C 丝绸之路的起点在汉唐古都长安，也就是今天的西安。
    D 氮气对冥王星的重要性，就相当于水对地球的重要性。

53. A 当今社会团队合作精神已变得不可或缺。
    B 船身在这条狭窄的河道中特别显得非常庞大。
    C 这位知名导演的新作受到了社会的广泛关注。
    D 这对相恋多年的情侣今日终于步入了婚姻的殿堂。

54. A 在实施计划时，适当给自己施加一点压力有助于提高效率。
    B 小错误常常会造成大灾难，忽视细节往往会带来严重的后果。
    C 石门村漫山遍野的油菜花，来自全国各地的游客吸引了过来。
    D 对于孩子来说，大自然也许才是最好、最生动的教科书。

55. A 无论结果如何，我们都要勇敢地去尝试。
    B 赛场上最重要的不是名次，而是坚持到底的勇气。
    C 街舞是一种中低体能的有氧运动，一定的减肥效果。
    D 他在考虑是否应该放弃现在安逸的生活，选择自己想走的路。

56. A 世界上最能使人敬畏的就是头顶的星空和心中的道德观。
    B 先生本来是向人学习的意思，后来被引申为一种尊称。
    C 三希堂位于故宫养心殿西暖阁内，那里曾经是乾隆皇帝的书房。
    D 一个人去一家公司应聘，经过多轮的面试，却结果在最后一轮被淘汰了。

57. A 苏州园林在中国园林艺术中可以说是首屈一指的。
B 适当地玩玩电子游戏只是一种娱乐，父母不必为之过分担忧。
C 城市地标往往是一座城市历史的见证，也是游客的必到之处。
D 在移动互联网时代，视频网站正取消电视台而成为主流平台。

58. A 与有人驾驶的飞机相比，无人机更适合做那些危险的任务。
B 速冻水饺的馅料搭配和营养组合其实比家庭手工制作的还要丰富均衡。
C 语言类游学是以学习语言为主题的，例如在游玩的过程中学习英语、日语等。
D 春节将至，全国上上下下掀起了一场春运抢票热潮，到处弥漫着“一票难求”。

59. A 以前在寒冬腊月里，人们很少能看见绿叶菜的踪迹，但这已成为历史了。
B 大量研究表明，苹果中富含叶酸，能有效防止心脏病发生，尤其特别适合中老年人食用。
C 珍贵树种是属于我国特产稀有或濒于灭绝的树种以及正在逐渐减少的优良树种的统称。
D 中国丹顶鹤博物馆位于江苏盐城，是世界上唯一以世界珍禽丹顶鹤为主题而建立的博物馆。

60. A 看着今天上证指数3.24%的涨幅，使很多人目瞪口呆，大部分的人都没想到今天的指数这么强势。
B “班门弄斧”这个成语是说在木工鲁班的面前摆弄斧子，比喻在行家面前卖弄本领，不自量力。
C 正因为人与人之间存在着各种差异，我们每一个人才会各有所长，这也就是通常所说的各有千秋。
D 东汉时代的著名科学家张衡早在公元132年就制成了世界上最早的“地震仪”——地动仪。

第二部分

第61-70题：选词填空。

61. 哈尔滨的冬天是最美丽的。很多南方人选择在这个时候到哈尔滨______冬景。漫步在哈尔滨街头，五彩缤纷的冰灯，______异国风情的建筑，______让人置身于冰雪王国，让人流连忘返。

A 观察 围绕 如同　　B 打量 包围 犹如
C 向往 充足 譬如　　D 欣赏 充满 仿佛

62. 很久以来，人们一直对地球的内部______为好奇，但是人们对地球内部的认知非常有限，由此产生的地球内部的科幻理论______。最近几十年来，随着探索与研究的不断深入，科学家们已发现了许多地球内部的______。

A 颇 层出不穷 奥秘　　B 亦 无穷无尽 神奇
C 甚 家喻户晓 机密　　D 兼 众所周知 秘密

63. 如果考虑安全的话，开车时应该选择摩擦系数高、跟脚、材料______轻薄的鞋子。另外，鞋跟越低越好，这样可以让脚腕______活动。总的来说，舒适的休闲鞋和旅游鞋最______驾车时穿。

A 温顺 自觉 恰当　　B 温柔 自主 适宜
C 柔软 自由 适合　　D 温和 自发 妥当

64. 现在的年轻人旅行只______一部智能手机便足以搞定一切，宅在家里就可完成行程______。科技对游客消费行为的影响越来越大，许多游客会因为______到一个划算的酒店或一张便宜的机票，而来一______"说走就走"的旅行。

A 按 规章 摸索 副
B 凭 规划 搜索 场
C 照 策划 探测 番
D 靠 规范 探索 顿

65. 选购登山用品时，人们首先要买的______应该是登山鞋，选一双大小合适、穿着舒服的登山鞋______重要。另外，防水性也是选购时要考虑的重要______，因为登山途中难免会遇到十分______的环境。

A 材料 不免 要素 恶劣
B 设施 过于 方案 炎热
C 器材 极其 范畴 严寒
D 装备 格外 因素 潮湿

66. 人体出汗方式可分为主动与被动两种。被动出汗是气候______导致的，它会使人产生许多不良______。而主动出汗则是指人运动后出的汗，是人体进行的主动______。它能够使人体保持能量平衡，加速______，让人感到心情舒畅。

A 炎热　情绪　调节　代谢
B 干燥　眼神　调整　循环
C 温暖　心态　协调　消化
D 湿润　神态　调动　呼吸

67. 随着电子商务的快速发展，负责货物______的物流行业渐渐走进了我们的生活，为高速发展的电子商务提供了重要______。______在未来几年内，中国国内自动化物流系统的市场规模仍将不断扩大，且有望______高速增长。

A 运输　支撑　预计　保持
B 储备　依托　期望　控制
C 输送　引导　预测　坚持
D 采购　支援　预算　维持

68. "沉默螺旋"是指当人们发现自己的观点处于少数派或者容易遭到______时，会选择沉默来______被孤立。______近年来，"反沉默螺旋"现象却越来越普遍：随着自媒体影响的增大，曾经的"一己之见"反而更容易______。

A 反驳　防止　然而　传播
B 侮辱　摆脱　不料　扩散
C 指责　避免　况且　采纳
D 歧视　阻止　反之　失效

69. 北戴河湿地公园是中央政府______的大面积鸟类自然保护区，这里的鸟类______极为丰富，400余种鸟类在此______生息。"万鸟临海"是北戴河特有的______，这片湿地也因此被______为"观鸟圣地"。

A 设置　数额　繁殖　容貌　封
B 安置　品种　孕育　阵容　叫
C 建立　资源　繁衍　盛况　称
D 树立　能源　生育　情形　誉

70. 有人曾经提出过分段式睡眠法，______将睡眠分阶段进行。但是一经提出就被______了。专家指出，人的生物钟不可______改变，如果______了其运行规律，会对身体健康造成不良影响，甚至会危害生命。______，这个方法是有害无利的。

A 称　纠正　满意　破坏　偏偏
B 皆　否认　任意　抵制　明显
C 乃　断定　轻易　违反　显著
D 即　否定　随意　违背　显然

第三部分

第71-80题：选句填空。

71-75.

“伪心理学”是指那些貌似心理学但没有任何事实根据的体系，与真正的心理学家不同，伪心理学家从不进行科学试验。那么为什么大众很难区分心理学和“伪心理学”呢？

首先，心理现象和心理问题与每个人都息息相关，大众对心理学有很高的期待，但是心理学的规律更多是概率性的，即在一定条件下，(71)______________，有更大的可能性会产生特定的行为。然而在落实到某个个体的时候，这个概率不是100%就是0%。相对于一个“模棱两可”的概率，“伪心理学”则往往会给出一个肯定、直接的答案。如果这个答案符合人们的期待，是你想听到的答案，那么就特别吸引人。例如临床心理学家一般要花几个小时才能有一个初步的诊断，但我们在电视上经常能看到这样的情况，(72)______________，就能回答“你哪个地方有问题”，看一封来信，就能知道人家童年有什么问题。那么坚定的目光，那么斩钉截铁的回答，怎么能不吸引人呢？相比之下，临床心理学家给出的意见就会显得黯然失色。

其次，心理学研究的内容大众或多或少都会有所接触或了解。当研究的结果与“常识”或人们的认知不相符时，科学知识会遭到“本能”的抵抗。有一种普遍的现象就是，对于很多人来说，周围的亲戚朋友道听途说的个案都比专家说的话有说服力。也许是由于对心理科学的不了解，(73)______________，大众媒体在传播心理学方面做得并不理想。一些流行的“伪心理学”书籍和一些电视节目增加了科普的难度。心理学家说破嘴皮子经常比不上电视上某“专家”的一句话。甚至有很多人认为，(74)______________。

最后，长期以来心理学家们通常很不擅长推销自己的观点。在与“伪心理学”斗争的时候，(75)______________。要想让大众准确区分心理学和“伪心理学”，可以说是任重道远。

A 明显不占什么优势

B 具有某种特征的人

C 电视上的内容肯定都是靠谱的

D 或者是出于收视率的考虑

E 有些所谓的心理学家只问几个问题

76-80.

午夜时分，从一座博物馆里突然传出了急促的报警声。警察立刻赶来，抓住了一个划破玻璃企图盗窃展品的小偷。你也许不会相信，(76)______________，而是被划破的玻璃!

这是一种特殊的“防盗玻璃”，里面有一层极细的金属丝网。金属丝网接通电源，跟自动报警器相连。当有人划破或砸开玻璃时，警报就响起来了。普通玻璃很容易打碎，所以小偷可以潜入进行非法活动，而这种防盗玻璃则不然。即使玻璃破碎了，仍有金属线网在起作用，所以小偷很难得逞。这种防盗玻璃给人们带来了安全感，(77)______________，博物馆、银行可以采用，珠宝店可以采用，存放重要图纸、文件的建筑物也可以采用。

还有一种“夹丝玻璃”不是用来防盗的，而是用来防火的。夹丝玻璃即使被打碎，由于有线或网的支撑，也很难崩落或破碎，(78)______________。即使被火焰穿破的时候，它也可拦住火焰，起到防止大火蔓延的作用。

还有一种“变色玻璃”，能够对阳光起反射作用。建筑物装上这种玻璃，从室内看外面很清楚，(79)______________。变色玻璃还会随着阳光的强弱而改变颜色的深浅，调节室内的光线，所以人们又把这种玻璃叫做“自动窗帘”。

在现代化的建筑中，新型玻璃正在起着重要作用；在新型玻璃的研制中，(80)______________。

A 可以将熊熊大火隔离开来

B 人们必将创造出更多的奇迹

C 报警的不是值夜班的工作人员

D 从外面看室内却什么也瞧不见

E 适合在易发生盗窃的地方使用

第四部分

第81-100题：请选出正确答案。

81-84.

中国古人为亲友送别时，常常会折一截柳枝相送。“折柳”作为送别之词，常见于中国古代抒写离情别绪的古诗词中。《三浦黄图桥》便有这样的记载：“灞桥在长安东，跨水作桥。汉人送客至此，折柳赠别。”古人分别时为什么要折柳相送呢？

首先是因为“柳”与“留”谐音，含“留恋”之意。柳条随风飘扬，好像要牵住别人的衣服，人们借此来表达难分难离，依依不舍的心情。其次是因为杨柳是春天的标志，在春风里摇曳的杨柳，给人一种朝气蓬勃的感觉，“折柳赠别”就蕴含着“春常在”的祝愿。另外，因为柳树是中国古老的原产树种之一，和其他树木相比，生命力极强，可以随遇而安。柳树是古代行道树的主力树种之一，路边河畔都随处可见。古人送别亲友时，从路边的柳树上折下一枝柳条相送，也喻意正如离枝的柳条，希望离乡的亲人到了新的地方，能很快生根发芽，好像柳枝一样随处可活。

在中国古人看来，青青的柳树不只是一种单纯的自然界的植物，而且还是一种象征物。中国古代的神话中，太阳西沉的地方叫柳谷。古人认为太阳正是在有柳树的山谷里得到了生气，获得了力量，第二天早上才能那么光明、温暖，从东方升起。说到底，古人折柳赠别，赋予柳树各种感情，皆源于他们对于柳的崇拜。

81. 在古诗词中，“折柳”表达了什么样的情感？

A 对未来的迷茫　　B 对家乡的思念
C 对离别的不舍　　D 对爱人的思念

82. “折柳相送”的喻意是：

A 从此一刀两断　　B 尽快适应新生活
C 勿忘过去的时光　　D 春暖花开的象征

83. 柳谷的意思是：

A 太阳落山的时间　　B 太阳落下的地方
C 种植柳树的地区　　D 古人聚居的地方

84. 根据上文，下列哪项正确？

A 古人对柳树十分推崇　　B 柳树在北方不易成活
C 柳树枝容易刮破衣服　　D 柳树是年轻人的象征

85-88.

说起中国的酒桌文化，就不能不提敬酒。在敬酒时，通常要讲一些祝福类的话，甚至主人和主宾还要发表一篇专门的祝酒词。祝酒词的内容以叙述友谊为主，一般篇幅短小、文辞庄重，大方得体，是很流行的一种演讲文体。

一般情况下，敬酒应以年龄大小、职位高低、宾主身份为序，敬酒前一定要充分考虑好敬酒的顺序，分清主次，避免出现尴尬的情况。即使职位、身份高低不明确，也要按一定的顺序敬酒，比如先从自己身边按顺时针方向开始敬酒，或是从左到右进行敬酒等。

敬酒的时候还要注意因地制宜、入乡随俗。中国大部分地区特别是北方地区，敬酒的时候往往讲究“一口干”。在他们看来，这种方式才能表达诚意。所以，如果自己酒量欠佳应该事先诚恳地说明，不要看似豪爽地端着酒去敬对方，而对方一口干了，你却只是“点到为止”，这样往往会引起对方的不快。另外，对于敬酒的人来说，如果对方确实酒量不济，没有必要去强求。如果和对方相距较远，可以以酒杯杯底轻轻碰一下桌面，表示干杯。

酒桌文化中还有一个讲究，即有人向你敬酒干杯后，你也要回敬他一杯。回敬的时候，要右手拿着杯子，左手托底，和对方同时喝。干杯的时候，可以象征性地和对方轻碰一下酒杯，不要用力过猛，非听到响声不可。出于敬重，还可以使自己的酒杯稍低于对方酒杯。

敬酒是一种文化，也是一项技术，了解酒桌文化是必不可少的。

85. 祝酒词有什么特点？

A 即兴发表　　B 用词庄重

C 大量使用比喻　　D 感叹人生的内容多

86. 第2段主要讲的是：

A 酒文化的演变　　B 敬酒的场合

C 敬酒的次序　　D 座位的安排

87. 根据第3段，敬酒者：

A 酒肉朋友较多　　B 善于营造氛围

C 不应强行劝酒　　D 通常酒量过人

88. 根据上文正确的一项是：

A 碰杯时应发出响声　　B 北方人不饮白酒

C 了解饮酒礼仪很有必要　　D 敬酒时应弯腰表示尊重

89-92.

俗话说“柔情似水”，水历来以柔著称，这其实是由于它处于静止状态或流速缓慢的缘故。现在人们已有办法使看似柔弱无力的水一反常态，让它变得异常锋利，这就是在一定的条件下，使水高速流动，这样它就会具有巨大的能量，从而显得强劲有力。

当人们通过增加压强的方式使水以极高的速度通过极小的喷嘴时，聚集成的高压水射流就具有了切割不同材料的能力，人们称之为“水刀”。水刀的应用范围很广，它可用于切割木材、布料、橡胶等软的材料，对陶瓷、金属等硬质材料，也可切削如泥。倘若水流中掺以细沙，就是岩石、合金钢，也不在话下。其效果绝不亚于金属刀具。

一般来说，这种高速水流在冲到被加工材料上的一瞬间，由于突然受到阻碍，其速度就会急速下降，压强骤然增加，顷刻间就会产生巨大的冲击力。这种冲击力使受冲击的部位在极小的面积上发生脆性断裂，从而达到切割材料的目的。这就是“水刀”的工作原理。

“水刀”作为一种新技术，与传统的刀具相比，具有很多优势。用“水刀”切割的工件的切口整齐光滑，没有粗糙的边缘，也不会变形。“水刀”可以加工用金属刀具无法加工的复杂型面，还能沿任意曲线切开零部件。“水刀”工作过程所产生的热量几乎都可以被水带走，同时，在切割的过程中，“水刀”所引起的振动和噪声都很小，所产生的少量切屑也会随水流走，不会出现切屑飞扬的情况，大大减少了切屑对人体的危害。

89. 根据第一段，水给人们的印象是：

A 柔弱无力　　B 透明
C 纯净　　D 流速慢

90. 水刀的实质是什么？

A 金属刀具　　B 高压水射流
C 切水果的刀　　D 超低速水流

91. 第三段主要谈的是什么？

A 水刀的优势　　B 水刀的制作过程
C 水刀的工作原理　　D 使用水刀的注意事项

92. 下列哪项是水刀的优点？

A 轻巧　　B 便于携带
C 磨损少　　D 噪音小

93-96.

粉红椋鸟是迁徙性候鸟，冬季栖息在欧洲东部及亚洲中西部，五月便迁徙到中国新疆地区，新疆是粉红椋鸟的主要繁殖地，而新疆人也是对粉红椋鸟爱护有加。

有一次，粉红椋鸟在选择安家的地址时，恰好选在了一处位于新疆高速公路的工地上。刚开始，看到大群椋鸟光临工地，工人们有点不知所措，这种鸟喜欢在石堆洞穴筑巢繁育，当时它们正处于繁殖期，于是就选择了这个工地。看着这群一点不见外的小鸟，施工方很头疼。但粉红椋鸟是有益的、有经济价值和研究价值的“三有”保护动物，而且它们不会一直霸占着不走，从筑巢到幼鸟出壳、长毛、随着父母南迁，不到一个月的时间。虽然对这个投资巨大的工程来说，一个月也够长的，但是最后，当地政府和施工方还是毅然决定暂停施工。

新疆一户农民在建新房时也遇到过类似情况。这个农民为了盖新房买来了一堆砖堆在院子里，不料粉红椋鸟飞到他家院里的砖堆上筑起了巢。为了不打扰粉红椋鸟，老农把那堆砖让给了粉红椋鸟，自己又重新买砖盖了房子。

新疆人爱护粉红椋鸟不是没有原因的。原来粉红椋鸟喜食蝗虫，而且食量大、胃口好，每只成鸟每天进食蝗虫120到180只。在新疆伊犁、塔城、阿勒泰、哈密等地，过去农牧民曾大量使用杀虫剂消灭蝗虫，不仅价格昂贵，而且对环境造成了污染，粉红椋鸟的种群数量也随之降低。通过比对，专家们发现生物防治效果更好，就试着在当地利用粉红椋鸟消灭蝗虫，灭蝗效果立竿见影。过去十年，尼勒克县在85万亩蝗虫多发草场建起了17座大型椋鸟鸟巢，有效控制了蝗灾。

93. 粉红椋鸟在公路上“安家落户”后，施工方是怎么做的？

A 改变工程路线　　B 暂时中止工程
C 请鸟类专家驱赶　　D 帮粉红椋鸟筑巢

94. 第三段主要说的是什么？

A 新疆农村人口变少　　B 村民的建筑技术高超
C 老农与粉红椋鸟相处和谐　　D 粉红椋鸟的鸟巢形态多样

95. 根据第四段，可以知道什么？

A 尼勒克县的面积为85万平方米　　B 粉红椋鸟的种群数量不断增长
C 新疆地区向来禁用杀虫剂　　D 粉红椋鸟治理虫害效果显著

96. 关于粉红椋鸟，下列哪项正确？

A 集中繁殖期是每年一月　　B 幼鸟出壳后会向北迁徙
C 是国家三级保护动物　　D 喜欢在石堆洞穴里筑巢繁殖

97-100.

"开封城，城摞城，地下埋有几座城"，这个一直流传在开封民间的神秘传说，日前终于被考古学家证实了。其实在我国古代都城发展史上，大部分都城都采取了抛开旧都城、另选新址营建都城的做法，而古都开封基本上都是在旧城址上重建，当时的统治者为何这样对开封情有独钟，以至形成了颇为有趣的"城摞城"现象呢?

一座都城得以形成，需具备一些必要的因素，如自然环境、经济、军事和社会等等都是不可或缺的。从军事角度来看，开封并不是一个理想的建都之地，可以说是易攻难守。开封周围地势平坦，不仅没有大山，就连丘阜也很难见到，不像长安、洛阳、北京等都有天然屏障。但开封与其他古都相比，却有着极为优越的水利网络设施，这里河湖密布，交通便利。不但有人工开凿的运河——汴河，可与黄河、淮河沟通，还有蔡河、五丈河等诸多河流，并且开封还是这些河流的中枢和向外辐射的水上交通要道，这一点是国内其他古都无法比拟的。

一个政权建立初期，首先要解决的是社会生活所必需的各种物资。到了唐代，随着京杭大运河的通航，开封恰巧处于汴河要冲，又是通往东都洛阳和唐都长安的重要门户，汴河南通江淮，大批江南的富饶物资可直达开封，运输十分便利。而此时的关中由于连年战乱，经济凋零不堪，长安、洛阳更是屡遭战争破坏，亦非昔日旧观。北宋初年，太祖赵匡胤曾欲迁都洛阳或长安，但最终还是留在了开封，实际上也是服从了当时社会经济的客观情况。

中国自古就有"得中原者得天下"之说。从文化地理角度看，开封地处中原腹地，长期以来在人们的传统观念上，开封都被认为是一个王气很盛的城市。因而开封虽饱经兵火水患，各朝皇帝也不愿轻易放弃这块宝地。

97. 第一段中"有趣的现象"是指?
A 统治者喜好建都　　B 开封旧城建新都
C 开封自然条件奇特　　D 中国古都都是城摞城

98. 开封与其他古都相比有什么优势?
A 三面环山　　B 有天然屏障
C 水利网络发达　　D 是最古老的城市

99. 赵匡胤为什么没有迁都?
A 迁都劳民伤财　　B 长安的风水不如开封
C 开封物资运送便利　　D 听从了百姓的请愿

100. 根据上文，下列哪项正确?
A 开封是唐朝的都城　　B 宋太祖迁都到了开封
C 京杭大运河始凿于唐代　　D 开封位于中原地区

三、书写

第101题：缩写。

(1) 仔细阅读下面这篇文章，时间为10分钟，阅读时不能抄写、记录。
(2) 10分钟后，监考收回阅读材料，请你将这篇文章缩写成一篇短文，时间为35分钟。
(3) 标题自拟。只需复述文章内容，不需加入自己的观点。
(4) 字数为400左右。
(5) 请把作文直接写在答题卡上。

当年他报考中戏时，并不顺利，差一点就与中戏失之交臂。那天是1995年的5月22日，当时表演系专业的招生工作都已结束了，只剩了一个音乐剧专业还在招生，那年他25岁，身高1.80米，体重89公斤，一个典型的东北大汉。

负责报名的老师看到他，一脸惊讶："你也来报考表演?""对，我就是来报考表演系的。"他自信地说。老师并没有多看他一眼，摆摆手说："孩子，回去吧。你考不上的。"这句话仿佛一根闷棍打在头上，从小就好强的他被打晕了，还没考，就被老师关在了门外，他觉得太意外了。

"为什么呀?"他不甘心就此打包走人，一定要问个清楚。老师终于抬起眼睛瞟了瞟他说："你知道音乐剧专业需要什么吗? 要跳芭蕾，你看看你，你这身材能跳芭蕾吗? 你的脚尖能撑得住你这大块头吗?"他不想放弃一丝希望，小声地问老师："那我减肥行吗?"老师这次有点不耐烦了，应付地说了一句："至少要减掉10公斤。"说完就忙别的去了，再也没多看他一眼。

到考试的日子还有30天，那么短的日子要减掉10公斤，可能性为零。估计老师也没指望他能减肥成功，随口应允只是打发他快走，可是这无心的一句话却被他当成了救命稻草。

当天他就找到中戏一个老乡，在他的宿舍住下了，开始减肥。刚开始，有一帮中戏超重的学生们和他一起跑，可是几天下来，那些人一个个打起了退堂鼓，只有他一个人坚持了下来。他像《阿甘正传》里的男主角一样不知疲倦，不怕非议，在风雨中奔跑，在烈日下狂奔，平日沉默不语，到了深夜还在楼道里背台词，那些近乎疯狂的举动让他在中戏大院里成了一道独特的风景。那时周围的中戏学子们只要看到他就会交头接耳用不屑的口气说："看，那疯子又来了。"

考试的日子终于到了，他一个月足足减掉了18公斤，平均每天0.5公斤多。考试那天，来了七百多人，全是俊男美女，他被老师安排和一位美女合作。考试的题目是：一对恋人分手的戏。他大大方方地上场了，轻声说了一句："我们分手吧。""为什么?"女孩儿很紧张。他不知不觉地也被她紧张的情绪感染了，脑海中顿时一片空白，把预先想好的台词忘得一干二净，于是他又说："我们分手吧。"女生更是不知所措，还是那句话:

“到底为什么?”……

辛辛苦苦准备了半年，尤其是一个月来近乎残酷的减肥，没想到竟因为对手的紧张给弄砸了。当他无比失望、垂头丧气地走出考场时，有位老师在后面喊了一声:“那位考生，等一下，给你一次机会，让你再考一次。”

原来，第一次报名时老师就注意到了他，但是他确实太胖了。看到他减肥成功了，老师觉得也应该再给他一次机会。那一次，700人的考生只录取了他一个人，他就是中国实力派演员孙红雷。

HSK（六级）答题卡

汉语水平考试 HSK 答题卡

请填写考生信息

请按照考试证件上的姓名填写：

姓名	

如果有中文姓名，请填写：

中文姓名	

考生序号	
	[0] [1] [2] [3] [4] [5] [6] [7] [8] [9]
	[0] [1] [2] [3] [4] [5] [6] [7] [8] [9]
	[0] [1] [2] [3] [4] [5] [6] [7] [8] [9]
	[0] [1] [2] [3] [4] [5] [6] [7] [8] [9]
	[0] [1] [2] [3] [4] [5] [6] [7] [8] [9]

请填写考点信息

考点代码	
	[0] [1] [2] [3] [4] [5] [6] [7] [8] [9]
	[0] [1] [2] [3] [4] [5] [6] [7] [8] [9]
	[0] [1] [2] [3] [4] [5] [6] [7] [8] [9]
	[0] [1] [2] [3] [4] [5] [6] [7] [8] [9]
	[0] [1] [2] [3] [4] [5] [6] [7] [8] [9]
	[0] [1] [2] [3] [4] [5] [6] [7] [8] [9]
	[0] [1] [2] [3] [4] [5] [6] [7] [8] [9]

国籍	
	[0] [1] [2] [3] [4] [5] [6] [7] [8] [9]
	[0] [1] [2] [3] [4] [5] [6] [7] [8] [9]
	[0] [1] [2] [3] [4] [5] [6] [7] [8] [9]

年龄	
	[0] [1] [2] [3] [4] [5] [6] [7] [8] [9]
	[0] [1] [2] [3] [4] [5] [6] [7] [8] [9]

性别	男 [1] 女 [2]

注意	请用2B铅笔这样写：▬

一、听力

1. [A][B][C][D]　6. [A][B][C][D]　11. [A][B][C][D]　16. [A][B][C][D]　21. [A][B][C][D]
2. [A][B][C][D]　7. [A][B][C][D]　12. [A][B][C][D]　17. [A][B][C][D]　22. [A][B][C][D]
3. [A][B][C][D]　8. [A][B][C][D]　13. [A][B][C][D]　18. [A][B][C][D]　23. [A][B][C][D]
4. [A][B][C][D]　9. [A][B][C][D]　14. [A][B][C][D]　19. [A][B][C][D]　24. [A][B][C][D]
5. [A][B][C][D]　10. [A][B][C][D]　15. [A][B][C][D]　20. [A][B][C][D]　25. [A][B][C][D]

26. [A][B][C][D]　31. [A][B][C][D]　36. [A][B][C][D]　41. [A][B][C][D]　46. [A][B][C][D]
27. [A][B][C][D]　32. [A][B][C][D]　37. [A][B][C][D]　42. [A][B][C][D]　47. [A][B][C][D]
28. [A][B][C][D]　33. [A][B][C][D]　38. [A][B][C][D]　43. [A][B][C][D]　48. [A][B][C][D]
29. [A][B][C][D]　34. [A][B][C][D]　39. [A][B][C][D]　44. [A][B][C][D]　49. [A][B][C][D]
30. [A][B][C][D]　35. [A][B][C][D]　40. [A][B][C][D]　45. [A][B][C][D]　50. [A][B][C][D]

二、阅读

51. [A][B][C][D]　56. [A][B][C][D]　61. [A][B][C][D]　66. [A][B][C][D]　71. [A][B][C][D][E]
52. [A][B][C][D]　57. [A][B][C][D]　62. [A][B][C][D]　67. [A][B][C][D]　72. [A][B][C][D][E]
53. [A][B][C][D]　58. [A][B][C][D]　63. [A][B][C][D]　68. [A][B][C][D]　73. [A][B][C][D][E]
54. [A][B][C][D]　59. [A][B][C][D]　64. [A][B][C][D]　69. [A][B][C][D]　74. [A][B][C][D][E]
55. [A][B][C][D]　60. [A][B][C][D]　65. [A][B][C][D]　70. [A][B][C][D]　75. [A][B][C][D][E]

76. [A][B][C][D][E]　81. [A][B][C][D]　86. [A][B][C][D]　91. [A][B][C][D]　96. [A][B][C][D]
77. [A][B][C][D][E]　82. [A][B][C][D]　87. [A][B][C][D]　92. [A][B][C][D]　97. [A][B][C][D]
78. [A][B][C][D][E]　83. [A][B][C][D]　88. [A][B][C][D]　93. [A][B][C][D]　98. [A][B][C][D]
79. [A][B][C][D][E]　84. [A][B][C][D]　89. [A][B][C][D]　94. [A][B][C][D]　99. [A][B][C][D]
80. [A][B][C][D][E]　85. [A][B][C][D]　90. [A][B][C][D]　95. [A][B][C][D]　100. [A][B][C][D]

三、书写

101.

不要写到框线以外

절취선

100.

200.

300.

400.

500.

不要写到框线以外

新汉语水平考试

HSK（六级）模拟试题

第二套

注 意

一、 HSK（六级）分三部分：

1. 听力（50题，约35分钟）
2. 阅读（50题，50分钟）
3. 书写（1题，45分钟）

二、 听力结束后，有5分钟填写答题卡。

三、 全部考试约140分钟（含考生填写个人信息时间5分钟）。

실전모의고사 2회 듣기
음원 바로 듣기

一、听力

第一部分

第1-15题：请选出与所听内容一致的一项。

1. A 幸福生活来之不易
   B 创业之初资金要到位
   C 健康是享受幸福的前提
   D 财富是人生的最终目标

2. A 年轻人找工作很被动
   B 父亲常年工作在外
   C 父亲认为儿子很上进
   D 年轻人倾向于自己创业

3. A 熬夜的危害超乎想象
   B 女性熬夜易产生黑眼圈
   C 熬夜对女性记忆影响更大
   D 男性熬夜后出错几率加大

4. A 蜀锦因产地而得名
   B 织锦的颜色比较鲜艳
   C 古蜀国农作物丰富
   D 织锦技术产生于唐代

5. A 老人新陈代谢慢
   B 加热食品没有营养
   C 淀粉类食物易使人发胖
   D 常吃反复加热的米饭不健康

6. A 骆驼的眼睑与人类相似
   B 骆驼的眼睛有特异功能
   C 骆驼的长睫毛可防风沙
   D 骆驼的外眼睑是透明的

7. A 雕刻艺术起源于曲阳
   B 曲阳雕刻技法很简约
   C 曲阳雕刻技术已经失传
   D 曲阳的汉白玉适宜雕刻

8. A 传统教育的优势很明显
   B 传统教育要依托新技术
   C 在线教育正在克服弊端
   D 在线教育互动性非常强

9. A 那个人立志要当收藏家
   B 那个人没有成为作家
   C 那个人非常擅长书画
   D 那个人收藏了很多名著

10. A 水曲是一种极限运动
    B 水曲已有上百年的历史
    C 下届水曲竞赛将在上海举办
    D 中国水曲的爱好者集中在大城市

11. A 人民币在国外影响力提升
    B 传统节日词语排名均进入前十
    C “少林”一词认知度排行第一
    D 中国话排名是由教育部制定的

12. A 堂亲与自己姓氏相同
    B 传统亲属称谓正在消失
    C 表亲实际上没有血缘关系
    D 中国人不重视堂亲和表亲

13. A 塑料垃圾能变废为宝
B 可降解塑料垃圾已普及
C 海洋中的塑料垃圾危害严重
D 垃圾分类人人有责

14. A 该公司管理者之间有隔阂
B 该公司已发展成为大企业
C 该品牌即将重新投入生产
D 该公司的主要产品是乐器

15. A 榴莲营养丰富
B 榴莲能治百病
C 患者不宜吃榴莲
D 吃榴莲容易上火

第二部分

第16-30题：请选出正确答案。

16. A 拍摄技巧
    B 灯光效果
    C 以人为主
    D 拍摄氛围

17. A 摄影纪念
    B 情绪的发泄
    C 个人的表达
    D 时代的记录

18. A 照相机价格昂贵
    B 拍出的照片更美
    C 对光线的要求高
    D 全靠后期修剪

19. A 一个汉字
    B 一段对话
    C 一张照片
    D 一段音乐

20. A 抓拍最美的瞬间
    B 抓住真实的内心
    C 纠正对方的错误
    D 拍出不同的意境

21. A 遗传
    B 教育
    C 家庭背景
    D 工作环境

22. A 心态平稳
    B 感恩生活
    C 平等待人
    D 事必躬亲

23. A 语言不通
    B 提问不恰当
    C 受访者的知名度
    D 受访者的地位高

24. A 品尝美食
    B 坚持锻炼
    C 去各地旅行
    D 与家人沟通

25. A 不断尝试
    B 细心观察
    C 把握自己
    D 与人交流

26. A 精选上等纸张
    B 所用纸张偏薄
    C 受青少年青睐
    D 获得了设计大奖

27. A 正在走下坡路
    B 缺乏优秀作家
    C 儿童读物稀缺
    D 不重视图书设计

28. A 纷纷被迫转行
B 有助于寻找新的方向
C 提供更多的就业机会
D 设计院都关门大吉了

29. A 是知名小说家
B 正筹备个人设计展
C 追求与众不同的设计
D 重视生活中的仪式感

30. A 纸质书读者流失严重
B 中国读者更看重书的内容
C 男的倾向于小说的逻辑性
D 设计师和作者的解读一致

第三部分

第31-50题：请选出正确答案。

31. A 作词作曲的天才
B 中国流行音乐教母
C 最有才华的作曲家
D 中国最优秀的歌手

32. A 易学易唱
B 历时八年完成
C 是经典儿歌
D 00后参与了创作

33. A 是启蒙教材
B 是励志歌曲
C 感受中国传统文化
D 挖掘创造潜能

34. A 明代
B 清代
C 宋代
D 唐代

35. A 为了裁定名次
B 为了庆祝取胜
C 为了告知比赛地点
D 为了渲染比赛气氛

36. A 是从西方传来的
B 明清时期固定下来
C 是第一名的象征
D 锦标已经绝迹了

37. A 是胆小如鼠的人
B 是不听劝告的人
C 是刚强勇敢的人
D 是诸葛亮的心腹

38. A 亲自与他谈判
B 亲自将他处死
C 亲自将其送回
D 亲自为他松绑

39. A 七擒七纵的典故
B 欲擒故纵的技巧
C 擒贼必须先擒王
D 得民心者得天下

40. A 正在走下坡路
B 新开了一家书店
C 正在找新店址
D 书店变成了工业城

41. A 有层次感
B 简单大气
C 配有灯塔
D 金碧辉煌

42. A 种类齐全
B 缺少外文书
C 藏书达12万册
D 亲子类图书很畅销

43. A 新华书店是西安的新地标
B 新华书店有上百年的历史
C 曲江书城是复合文化场所
D 曲江书城是一个新兴城市

44. A 让人少走弯路
B 指南针还没发明
C 人们之间不常沟通
D 获得信息的渠道少

45. A 进步
B 落后
C 创新
D 时尚

46. A 容易出现错误
B 经验阻碍创新
C 数据信息更受欢迎
D 经验已经毫无意义

47. A 年轻人缺少经验
B 收集数据要花钱
C 公司不聘有经验的人
D 掌握数据的年轻人创业

48. A 农民种树不积极
B 成活的树苗不多
C 当地的土层太薄
D 水土流失严重

49. A 传授植树的技巧
B 给土地施肥
C 从外地运好土过来
D 改了发放奖金的标准

50. A 植树与后期管理
B 奖励现金的效果
C 好制度与坏制度
D 死树与活树的差异

二、阅读

第一部分

第51-60题：请选出有语病的一项。

51. A 无人超市的出现让消费者有了全新的购物体验。
    B 据考证，古代中国的学校是没有寒假和暑假的。
    C 地铁的一节车厢大约可容纳三百到四百人左右。
    D 据有关人士透露，此次的投标结果将于下周公布。

52. A 听外文歌曲和听广播也是非常有效的学外语的方法。
    B 老城区规划方案将已通过评审，预计上半年可以开始重建。
    C 此次关于医疗改革的报告在社会上引起了巨大的反响。
    D 妨碍我们行动的往往并不是思想，而是思想上的犹豫不决。

53. A 眼睛是心灵的窗口，有时它会不知不觉地出卖你。
    B 据悉，深圳即将超过上海，成为整个中国的经济中心。
    C 官方网站正在维修，如有急事，敬请拨打我们的热线电话。
    D 本次活动将围绕着四个传统节日为主题来征集原创诗词。

54. A 人不能只顾眼前的利益，要学会“放长线，钓大鱼”。
    B 他面试时的表现非常沉着，最终被这家公司正式录用了。
    C 增加绿色植被的覆盖率是为了防止水土流失的一种很有效的方法。
    D 秋天的香山被漫山遍野的枫叶覆盖着，不失为登山的一个好去处。

55. A 西兰花所含的萝卜硫素具有与防晒霜相似的护肤功效。
    B 团队负责人是团队的核心人物，他决定着团队的发展方向。
    C 成熟由两部分组成，一半是对美好的追求，一半是对残缺的接纳。
    D 关于因经济条件不允许而失学的孩子，重返校园就是获得重生的时刻。

56. A 网络热词“佛系”指的是现代人的一种云淡风轻的生活态度。
    B《五牛图》是用宣纸绘制的，它流传千载，因为有很高的艺术价值。
    C 骆驼每喝完一次水后就可以挺几天几夜，所以人们称之为“沙漠之舟”。
    D 倘若一个人能在任何情况下都感受到快乐，那么他便会成为世上最幸福的人。

57. A 个人信用体系的完善已成为市场经济是否成熟的显著标志之一。
B 这件事给我的触动很大，因此我决定拍一部电影，来反映我现在所处的时代。
C 走得慢的人，只要他不丧失目标，最终总会比漫无目的地向前跑的人走得快。
D 据天气预报报道，高考前后几天温差将不会太大，考生可以放心参加高考。

58. A 北宋南方高度发达的经济为海上丝绸之路的繁荣有着不可替代的作用。
B 台湾一直有它独特的魅力，除了各种诱人的美食外，还有让人流连忘返的温泉。
C 把飞机的窗户设计成椭圆形，不是为了美观，而是出于对飞机飞行安全的考虑。
D 美术教育的目的是让学生对每一种平凡的事物都能有美的感触，都能欣赏到美。

59. A 保持健康的办法就是吃点你不想吃的，喝点你不想喝的，以及做点你不愿意做的事情。
B 随着技术的发展和经验的积累，再加上政府的扶持，使得中国自主品牌汽车进入快速发展时期，各种创新产品层出不穷。
C 冰箱的低温环境并不能杀死由空气、食物等带入到冰箱中的微生物，它只能抑制部分微生物生长的速度。
D 作曲家刘炽一生写了上千首歌曲，他谱写的电影插曲《让我们荡起双桨》、《我的祖国》等都是影响了几代中国人的经典歌曲。

60. A "拒买族"是在一年之内只买食品、药品等生活必需品的人，除此以外他们绝对不买任何东西。
B 人们常常认为依赖手机的人群大部分是年轻人，其实现在无论男女老少，都已经成为了"手机的奴隶"。
C 干细胞中含有人体的全部遗传信息，具有再生各种组织器官的潜在功能，医学界称之为"万用细胞"。
D 背扇是中国西南地区少数民族妇女们用来背负婴儿的工具，被誉为"妈妈身上的摇篮"的称号。

第二部分

第61-70题：选词填空。

61. 阿拉善右旗______内蒙古的最西部，自古被称为“驼乡中的驼乡”。因为有了骆驼，才有了丝绸之路上来往商旅______的笑声，还有那______的驼铃声。如果没有骆驼，人类和戈壁沙漠的关系也就无从谈起。

A 地处　悦耳　嘈杂　　B 位于　响亮　悠长
C 蔓延　灿烂　悠久　　D 弥漫　迷人　深沉

62. 机器翻译出错闹出笑话的例子______，但大数据的应用正在令机器翻译技术不断完善，甚至有人认为机器翻译必将______人力，让人类攻克语言交流障碍。然而翻译器真能______人类语言的深度吗?

A 数不胜数　代替　体会　　B 比比皆是　代表　克服
C 日新月异　超越　领会　　D 家喻户晓　补偿　传达

63. 很多人认为男人力气大，做骑手更合适。其实，送外卖不光______力气，还得动脑筋。比如，怎么______最优行车路线，才能把外卖最快地送到顾客手中。研究显示，男性骑手的工作______没有女性骑手高。

A 考　指定　比例　　B 测　计划　比重
C 靠　规划　效率　　D 依　规定　频率

64. “话太多”和“会聊天”不一样。话说得越多，______越受欢迎。话多的人爱插话，说话时往往没有经过______思考，让对方没有______的余地；而会聊天的人则懂得什么话该说，什么话不该说，他们的秘诀______是把别人装在心里，仅此而已。

A 不见得　慎重　表达　不过
B 不敢当　谨慎　讨论　仅仅
C 怪不得　踊跃　交流　暂时
D 恨不得　沉着　发言　的确

65. ______，中国在航空方面并没有经验，所有的技术都被西方垄断。后来，钱学森创造了“航天”一词，用它来______地球以外天体的各种活动，他还把大气层内的航行称为“航空”，“宇航员”则是能够______处理航天任务、以及能够______航天器进行太空飞行的人。

A 起初　形容　妥善　控制
B 当年　标志　完善　驾驶
C 目前　定义　完美　掌握
D 如今　提议　完整　把握

66. 人总是将快乐______在外界的事物上，十分看重地位、金钱、名誉等东西，一旦失去这些，就如同遭受了沉重的______一般，其快乐的根基也随之______。这样的价值观无法让我们体会到真正的快乐，只能让快乐离我们越来越______。

A 拜托　　障碍　　震动　　广阔
B 委托　　阻碍　　摇摆　　宽敞
C 嘱托　　攻击　　动荡　　宽广
D 寄托　　打击　　动摇　　遥远

67. "网约车"是网络预约出租车的简称，对于网约车司机来说，在______人海里迅速找到乘客很不容易，晚上就更______了。最近，有一款网约车软件可以让用户手机屏幕显示______的颜色，大大方便了司机______。

A 默默　　模糊　　刺激　　识别
B 滔滔　　耀眼　　恰当　　区别
C 茫茫　　吃力　　特定　　辨认
D 侃侃　　混乱　　精致　　区分

68. 地球______太阳公转已经超过了四十亿年，尽管偶尔会有小行星或者其他不速之客______入太阳系，但总体来说，它是宇宙中少有的安全______。这也为地球上生命的产生和繁衍创造了______的条件。

A 包围　　撞　　领域　　安宁
B 围绕　　闯　　区域　　良好
C 靠拢　　坠　　方位　　典型
D 跟随　　扑　　部位　　舒适

69. 贝雷辛最为人知的______是发明了第一台计算机化的文字处理器，首次______了编辑、删除、复制及粘贴等功能，当时她将其命名为"数据秘书"，这种处理器______后，极大地提高了秘书的工作______。

A 本事　　实施　　推销　　功效
B 抱负　　实践　　畅销　　功率
C 成就　　实现　　问世　　效率
D 事迹　　实行　　诞生　　效益

70. 一遇到异常天气，人们就开始______全球变暖问题。专家表示，全球变暖是一个______，如果仅从人类活动产生的温室气体所带来的增温效应看，全球变暖会______，但目前还难以______自然因素在多大程度上可以减弱或______人类活动的影响，所以其结果还很难说。

A 考察　　局面　　扩张　　确信　　消失
B 视察　　形势　　爆发　　确实　　消灭
C 迟疑　　局势　　飙升　　确认　　消除
D 质疑　　趋势　　加剧　　确定　　抵消

第三部分

第71-80题：选句填空。

71-75.

著名漫画家丰子恺的漫画以富有诗意和哲理著称，但他为了作画，(71)______________。

丰子恺的速写本是从不离身的，本子里夹着一支铅笔和一个橡皮，他走到哪里就画到哪里，(72)______________。一天在火车站的候车室里，他看到一个小贩拎着一篮花生米走过来，就掏出铅笔全神贯注地画了起来。那小贩以为丰子恺盯着他是想买花生米，就连忙走到他跟前问："先生，您要几包?"丰子恺愣了一下，只好将错就错买了两包花生米。

还有一次，去农村写生时，他看到路边有几个农妇正在扫落叶，她们纯朴的表情引起了他的兴致，于是他立即掏出速写本，(73)______________。正当他画得起劲时，却被一位农妇发现了，于是这群农妇一起把他围了起来，让他把画交出来。(74)______________。幸亏村里的一位老人闻声赶来，问清了来龙去脉，替丰子恺解释了半天，她们这才息怒而去。

有人说他是一位名人，他却幽默地说："我不是明人（名人），而是清人。""名人"与"明朝人"的"明人"谐音，"清人"虽是清朝人的意思，但丰子恺的意思是他是一个喜欢"清静"的人，(75)______________。

A 积累了大量的绘画素材

B 丰子恺百般解释也无济于事

C 字里行间体现了他的幽默

D 躲在一棵大树后面画了起来

E 曾闹出过很多笑话

76-80.

我们买食品时都会先看保质期，没有人不知道保质期是什么，但是又没有人能说清楚它到底是什么。很多人认为保质期越长食品中添加的防腐剂就越多。那么保质期究竟是指什么？又是哪些因素决定了食品保质期呢？

保质期其实是指食品的最佳食用期。食品保质期由生产者提供，(76)______________。对于一般的食品来说，其标注的保质期会比实际出现问题的天数小。

食品保质期长短和防腐剂添加了多少并没有必然的关系，决定食品保质期的有内部因素和外部因素。内部因素包括水分含量、含糖量、含盐量等，比如蜂蜜、泡菜等食物，由于本身就是高糖、高盐的食品，食材本身就有抑制生物菌群的作用，(77)______________。外部因素则包括食品的包装和生产工艺，通过真空、密封、杀菌包装，食品同样可以不添加防腐剂而长期存放。以牛奶为例，有些牛奶在常温下也可以保存很长时间，其实是采取了高温灭菌和真空包装的方式，将牛奶中几乎所有的细菌都杀死了，(78)______________，故可放心饮用。

综上所述，食物的保质期说的是在适宜的贮存条件下可以保存的期限，如果不符合贮存条件，(79)______________。因此(80)______________，真正的食品保质期将会迅速缩短，要尽早食用。

A 食品包装开封后

B 标注在食品的包装上

C 食物的保质期就可能会缩短

D 所以能够大幅度延长其保存时间

E 里面并没有添加防腐剂

第四部分

第81-100题：请选出正确答案。

81-84.

现代人到了冬天会穿上羽绒服御寒，但是在古代，制造衣服的方法没有那么先进，古代人的衣服并没有我们现在这么丰富。那么古人穿什么御寒呢？

唐朝开元年间，唐玄宗命人给驻守在边疆的士兵分发“纩衣”。“纩衣”指的是有填充物的衣服，当时填充的大部分是丝绸制品，而不是我们熟悉的棉花，因为棉花在我国普遍种植的时间要到明朝后期，所以唐朝人一般是不穿“棉袄”的。

除了蚕丝，古人还会在衣服里放麻类纤维或者是纸。这里说的纸不是我们写字时用的纸，而是用植物纤维制造的非编织物，质地坚韧，可挡寒风，价格也便宜。

尽管早在原始时期兽皮就被做成了保暖衣物，并且加工技术也早已成熟，但是由于中国一直是以农耕为主的社会，所以皮草并不常见，而且皮草往往是从北方的游牧民族进贡而来，所以量少而价高，一直是一种奢侈品。到了清代，皮草的货源越来越稳定，统治阶层穿皮草御寒才变得普遍了。我们看《红楼梦》时可以发现，各种裘皮衣服的出场就非常多。但是当时穿裘皮衣服的习惯是将毛朝里穿，外面使用丝绸类面料，只在衣服的边缘露出一点皮毛的边儿，既美观又含蓄。

有了这种设计以后，裁缝们就多了一份心思，将好一些的毛留在边缘处使用。这些露出来的毛就被称为“出锋”或“出风”，我们常说的“出风头”就是这么来的。

81. 关于唐代的衣服，可以知道什么？

A 多用丝绸制成　　B 很难抵御严寒
C 显得十分大气　　D 普遍填充棉花

82. 根据第四段，我们可以知道什么？

A 兽皮曾被当作衣服　　B 皮草加工技术落后
C 北方游牧民族聚居　　D 原始社会已出现农耕文明

83. 文中举《红楼梦》的例子，是想说明什么？

A 清代人穿衣服很时髦　　B 清朝人穿皮草很普遍
C 清代贵族生活很奢侈　　D 清朝纺织技术飞跃发展

84. 上文主要谈的是什么？

A “出风头”的来历　　B 古人冬天御寒的衣物
C 古代衣服的各种款式　　D 经济发展与衣服的关系

85-88.

很多人误以为书院就是古时候的图书馆。尽管古代的书院都有不少藏书，但它们与图书馆是两回事。图书馆以藏书为主，书院则是以讲学为主。古代藏书的地方不叫“图书馆”，图书馆一词的使用，其实是从修建于清代光绪三十三年（1907年）的“江南图书馆”开始的。

图书馆的雏形出现于周代，不过当时不叫图书馆，而叫“盟府”，主要用于保存图籍、档案等与皇室有关的资料。“老子者，姓李氏，名耳，字聃，周守藏室之史也”。这段话出自《史记》，“守藏室”即藏书之所，“史”是专门管理图书的官职。因此老子可以说是中国历史上第一位图书馆馆长。

到了西汉，皇家就开始大量收藏图书了，宫内还设置了专门用来藏书的石渠阁、天禄阁，这也是后来人们常把“皇家图书馆”称为“石渠”、“天禄”的原因。由于汉代收藏图书的书柜多为铜色包边，所以也将“图书馆”称为“金匮”或“金柜”。

东汉桓帝时设秘书监专门管理图书。秘书监相当于现在的“国家图书馆馆长”，这一官职被沿用了很久，到隋炀帝的时候，秘书监已经是正三品了。明代时，图书馆馆长的职务被并入了翰林院。清代除了文渊阁、文津阁、文澜阁这些藏书阁外，翰林院、国子监、内府等机构也收藏过图书。这些机构的长官在做好本职工作的同时，也负责管理这些图书，算得上是兼职的图书馆馆长了。

唐代以前，图书主要由官府掌控，民间不允许大量藏书。唐代民间“私人图书馆”的出现，开启了中国历史上私人藏书的先河，明代范钦建造的“天一阁”是中国现存最早的“私人图书馆”。

85. 根据上文，书院和图书馆的区别体现在：

A 功能 B 藏书量

C 建造地址 D 藏书种类

86. 第二段中“雏形”意思是：

A 管理方式 B 完整的模型

C 最初的形式 D 建筑风格

87. 根据上文，下列哪项正确：

A 私人藏书始于明代 B “天禄”可指皇家藏书之地

C 隋炀帝时取消秘书监一职 D 图书馆一词始于唐代

88. 上文主要谈的是：

A 历史名人与图书馆 B 第一所大众图书馆

C “金匮”一词的来历 D 历代的图书馆

89-92.

1950年，美国人韦恩·皮尔斯利用一个油漆喷雾压缩机、喷嘴和一些用来给花木浇水的软管造出了世界上第一台造雪机。他将水注入一个专用喷嘴，水在那里接触到高压空气，高压空气将水流分割成微小的粒子并喷入寒冷的外部空气中，在落到地面以前这些小水滴凝结成冰晶，这就是枪式（炮筒式）造雪机的祖先。

炮筒式造雪受到温度的限制，随着温室效应逐渐加剧，冬天气温升高，只靠炮筒式造雪机造雪，已达到了极限，部分地区滑雪场甚至已无法继续营业。

应运而生的造雪方式就是冰片粉碎式造雪，它的工作流程是，先将水制成片状的冰，储存于带有制冷系统的容器中，在需要使用雪花的时刻，通过高压的密闭风机，经粉碎腔体快速输送到指定的需雪区域。与炮筒式造雪机相比较，冰片粉碎式造雪量更大，而且无气温和湿度的限制，夏天也可以造雪。

与自然界的自然雪相比，无论哪种形式的造雪设备，造出来的雪的形状都无法与自然雪的形状相同。自然雪形状各异，而人造雪的形状几乎都是相同的。自然雪花轻盈，可以缓慢地从天而降，美感十足。而所有的人工造雪设备造出的雪花，更类似雪珠，做不出六面体雪花。

造雪机用水量大，冰雪嘉年华和滑雪场人工造雪后，绝大多数的雪会通过空气蒸发或渗透到地下，无法回收再利用，造成了浪费。滑雪场取水造雪会大量损耗地下水，加重山区的春旱。另外，人工造雪还会对植被产生一定的破坏。

89. 炮筒式造雪的原理是什么？

A 粉碎超薄冰片　　B 水滴凝结成冰晶
C 加大空气的湿度　　D 冬季的气温极低

90. 关于冰片粉碎式造雪，可以知道什么？

A 不受温度影响　　B 技术还不成熟
C 对湿度的要求高　　D 只能在指定区域使用

91. 与自然雪相比，人造雪有什么特点？

A 没有相同的　　B 保护植被
C 包含气象信息　　D 形状一致

92. 最后一段讲的是人造雪的什么？

A 前景　　B 弊端
C 市场　　D 费用

93-96.

清代光绪二十五年（1899年），金石学家王懿荣在一种被称为“龙骨”的中草药上，发现了一些细小的符号。这些神秘的符号经专家考证，被认定是商朝的文化产物——甲骨文。

在世界四大古文字中，唯有甲骨文经受住了3600年的考验，一脉传承地“活”到了今天，并演变成为今天的汉字，而其他三种文字都已失传，成为永远无法破解的历史之谜。但如今的甲骨文却经常面临“专家兴趣盎然，百姓兴趣寡然”的尴尬。

2017年，甲骨文顺利入选《世界记忆名录》，对于长期从事甲骨文研究和推广的人来说，是一个“天大的喜事”，社会大众对于甲骨文知识的认知度将会不断扩大。近年来，甲骨文已经逐步从书斋走向大众，但要让群众真正了解，还需要在传播方式上多下功夫。甲骨文的传承和发扬，需要培养更多的甲骨学接班人。

中国文字博物馆甲骨学堂是中国文字博物馆传承汉字文化的一次公益性探索，结合中国传统节日和汉字文化背景，开展汉字教育活动，让更多的孩子了解汉字之源。比如，挑选一些象形程度高的字介绍给孩子，通过解读文字背后隐含的历史文化信息，以及这个字从古到今演变发展过程，让他们理解和掌握汉字的一些特征。

近年来，甲骨文研究一度进入“低迷”，尤其是文字破译工作，更是步履维艰。入选《世界记忆名录》将使甲骨文研究的低迷形势得到改观，让更多的有志之士参与到甲骨文的工作中。理解甲骨文可以让更多的人爱上汉字，从而让更多的人学好汉字、用好汉字。

93. 关于甲骨文，可以知道什么？

A 发现于清代　　B 是清代的文字

C 是王懿荣的作品　　D 写在龙骨上

94. 根据第三段，甲骨学：

A 缺乏接班人　　B 是热门学科

C 已经失传了　　D 不被大众认可

95. 关于甲骨学堂，下列正确的是：

A 举办汉字教育活动　　B 介绍传统节日

C 始办于光绪年间　　D 是亲子活动

96. 根据上文，下列哪项正确？

A 汉字由甲骨文演变而来　　B 甲骨文是历史之谜

C 专家对甲骨文兴致寡然　　D 现代人不爱写汉字

97-100.

某社交网站通过对10万份用户的公开档案进行统计分析后，发布了《第一份工作趋势洞察》报告。报告显示：第一份工作往往不是职场人士的理想工作，职场人第一份工作的平均在职时间呈现出越来越短的趋势。

其中，70后的第一份工作平均超过四年，80后为三年半，而90后则骤减到19个月，95后平均仅仅在职7个月就选择了辞职。

报告认为，现代职场人频繁地更换第一份工作，一方面是因为他们变得更加注重自我，关注自身感受和自我价值的实现，因此一旦发现工作与期待不符则会更快做出其他选择。而且如今获取职业信息不像过去那么闭塞，渠道越来越多，因此更换工作显得更加容易，人们不再害怕找不到工作了。

但另一方面，其实这样的趋势在一定程度上也反映了当前学校教育与就业市场之间的落差。学校教育几乎不涉及对于行业、职业和企业的具体介绍，学生对于第一份工作往往期待过高，眼高手低的大学生入职后对于工作内容和工作节奏都无法适应，从而出现失落和迷茫的情绪。

因此，报告建议，学生在大学期间应尽早开始了解目标行业和目标工作，并通过实习等方式，缩小预期与实际的差距。

此外，报告还显示，第一份工作的行业选择呈现出明显的集中化趋势，毕业生普遍热衷于进入时下最热门的行业。近年来最热门的行业分别是互联网和金融行业，仅这两大热门行业便吸收了30%以上的95后毕业生。

97. 根据第一段，可以知道：

A 职场人工作热情高
B 报告针对的是中年人
C 报告是由社交网站发布的
D 10万人的数据被恶意泄露

98. 第三段主要谈的是：

A 怎样树立职业精神
B 人们频繁换首份工作的原因
C 如何实现自身价值
D 获取就业信息的各种渠道

99. 学生在大学期间应该怎么做？

A 多参加专业类竞赛
B 尽早了解目标工作
C 掌握目标企业的面试技巧
D 认真学好专业技能

100. 根据上文，下列哪项正确？

A 95后追求稳定的生活
B 失业现象集中在个别行业
C 金融业就业比较容易
D 毕业生倾向于选择热门行业

三、书写

第101题：缩写。

(1) 仔细阅读下面这篇文章，时间为10分钟，阅读时不能抄写、记录。
(2) 10分钟后，监考收回阅读材料，请你将这篇文章缩写成一篇短文，时间为35分钟。
(3) 标题自拟。只需复述文章内容，不需加入自己的观点。
(4) 字数为400左右。
(5) 请把作文直接写在答题卡上。

古时候，有一个孟老汉和一个姜老汉，他们俩是邻居。一年春天，孟老汉在自己家的院子里种了一颗葫芦籽。他精心地给这个葫芦籽浇水、施肥，葫芦秧就长得非常高大，从墙头爬过去，到姜老汉的院子里结了个很大的葫芦，足足有几十斤重。

葫芦成熟后，姜老汉拿刀把葫芦切开了，没想到里边竟然躺着一个又白又胖、非常可爱的女娃娃，姜老汉喜出望外。村里人听说了这件事后，都来到姜老汉的家要看看这个漂亮的女娃。可是就是因为这件事，孟老汉和姜老汉却产生了矛盾，他们俩为了这个女娃娃吵得不可开交。孟老汉非常坚定地说："这葫芦是我亲自种下的，胖女娃应该归我。"姜老汉却固执地说："这葫芦结在我家的院子里，这女娃当然应该是我的。"吵了三天三夜，仍然没有结果。后来村里的乡亲们劝他们说：

"这个女娃娃应该属于两家共同的，你们俩应该一起扶养这个孩子。"两个老汉听了，觉得有道理，就同意了，并给孩子起了个名字，叫"孟姜女"。

转眼间十几年过去了，孟、姜两家老人为女儿孟姜女选了一个丈夫，叫做范喜梁，并且挑了个好日子，准备成亲。但是万万没想到，天有不测风云，成亲那天，突然从门外闯进几个官兵，一拥而上把新郎范喜梁给抓走了。

原来，当时由于秦始皇在全国各地抓了许多成年男子修筑长城，日日夜夜拼命干活，民夫们被累死、饿死的不计其数，为了加快工程速度，他们又到处抓民夫补充人力，所以范喜梁也被抓去修长城了。

转眼一年过去了，范喜梁杳无音信，急得孟姜女吃不下饭、睡不着觉，不知道怎么办才好，跟两家老人商量后，她决定去找丈夫，发誓找不到丈夫绝不回家。

孟姜女带上粮食和给丈夫的衣服上路了。历经千辛万苦，她终于到了修长城的地方，一打听才知道，为了修长城死了许多人，丈夫范喜梁也早就累死了。这个消息如同晴天霹雳，孟姜女顿时大哭起来，她哭得非常伤心，眼看着长城一段段地倒塌，哭到哪里塌到哪里，足有八百里长。这下可急坏了工程总管，急忙去报告秦始皇。秦始皇赶忙去见孟姜女，要问她为什么这么做。但秦始皇见到孟姜女后却被她的美貌迷住了，非要让她做自己的妻子。孟姜女虽然非常生气，但却忍住答应了。不过孟姜女提出了三个条件：一要找到丈夫范喜梁的尸体；二要为丈夫举行隆重的葬礼；三要秦始皇亲自为丈夫主持葬礼。

秦始皇思索了片刻，为了得到美丽的孟姜女，他便答应了这三个条件，照孟姜女说的做了。孟姜女戴着孝拜了为筑城而死的范喜梁的坟墓后，如愿以偿，于是她面对着滚滚的大海，纵身一跃，投海自尽了。

HSK（六级）答题卡

汉语水平考试　　HSK　　答题卡

请填写考生信息

请按照考试证件上的姓名填写:

姓名	

如果有中文姓名，请填写:

中文姓名	

考生序号		
		[0] [1] [2] [3] [4] [5] [6] [7] [8] [9]
		[0] [1] [2] [3] [4] [5] [6] [7] [8] [9]
		[0] [1] [2] [3] [4] [5] [6] [7] [8] [9]
		[0] [1] [2] [3] [4] [5] [6] [7] [8] [9]
		[0] [1] [2] [3] [4] [5] [6] [7] [8] [9]

请填写考点信息

考点代码		
		[0] [1] [2] [3] [4] [5] [6] [7] [8] [9]
		[0] [1] [2] [3] [4] [5] [6] [7] [8] [9]
		[0] [1] [2] [3] [4] [5] [6] [7] [8] [9]
		[0] [1] [2] [3] [4] [5] [6] [7] [8] [9]
		[0] [1] [2] [3] [4] [5] [6] [7] [8] [9]
		[0] [1] [2] [3] [4] [5] [6] [7] [8] [9]
		[0] [1] [2] [3] [4] [5] [6] [7] [8] [9]

国籍		
		[0] [1] [2] [3] [4] [5] [6] [7] [8] [9]
		[0] [1] [2] [3] [4] [5] [6] [7] [8] [9]
		[0] [1] [2] [3] [4] [5] [6] [7] [8] [9]

年龄		
		[0] [1] [2] [3] [4] [5] [6] [7] [8] [9]
		[0] [1] [2] [3] [4] [5] [6] [7] [8] [9]

性别	男 [1]	女 [2]

注意	请用2B铅笔这样写: ▬

一、听力

1. [A][B][C][D]	6. [A][B][C][D]	11. [A][B][C][D]	16. [A][B][C][D]	21. [A][B][C][D]
2. [A][B][C][D]	7. [A][B][C][D]	12. [A][B][C][D]	17. [A][B][C][D]	22. [A][B][C][D]
3. [A][B][C][D]	8. [A][B][C][D]	13. [A][B][C][D]	18. [A][B][C][D]	23. [A][B][C][D]
4. [A][B][C][D]	9. [A][B][C][D]	14. [A][B][C][D]	19. [A][B][C][D]	24. [A][B][C][D]
5. [A][B][C][D]	10. [A][B][C][D]	15. [A][B][C][D]	20. [A][B][C][D]	25. [A][B][C][D]
26. [A][B][C][D]	31. [A][B][C][D]	36. [A][B][C][D]	41. [A][B][C][D]	46. [A][B][C][D]
27. [A][B][C][D]	32. [A][B][C][D]	37. [A][B][C][D]	42. [A][B][C][D]	47. [A][B][C][D]
28. [A][B][C][D]	33. [A][B][C][D]	38. [A][B][C][D]	43. [A][B][C][D]	48. [A][B][C][D]
29. [A][B][C][D]	34. [A][B][C][D]	39. [A][B][C][D]	44. [A][B][C][D]	49. [A][B][C][D]
30. [A][B][C][D]	35. [A][B][C][D]	40. [A][B][C][D]	45. [A][B][C][D]	50. [A][B][C][D]

二、阅读

51. [A][B][C][D]	56. [A][B][C][D]	61. [A][B][C][D]	66. [A][B][C][D]	71. [A][B][C][D][E]
52. [A][B][C][D]	57. [A][B][C][D]	62. [A][B][C][D]	67. [A][B][C][D]	72. [A][B][C][D][E]
53. [A][B][C][D]	58. [A][B][C][D]	63. [A][B][C][D]	68. [A][B][C][D]	73. [A][B][C][D][E]
54. [A][B][C][D]	59. [A][B][C][D]	64. [A][B][C][D]	69. [A][B][C][D]	74. [A][B][C][D][E]
55. [A][B][C][D]	60. [A][B][C][D]	65. [A][B][C][D]	70. [A][B][C][D]	75. [A][B][C][D][E]
76. [A][B][C][D][E]	81. [A][B][C][D]	86. [A][B][C][D]	91. [A][B][C][D]	96. [A][B][C][D]
77. [A][B][C][D][E]	82. [A][B][C][D]	87. [A][B][C][D]	92. [A][B][C][D]	97. [A][B][C][D]
78. [A][B][C][D][E]	83. [A][B][C][D]	88. [A][B][C][D]	93. [A][B][C][D]	98. [A][B][C][D]
79. [A][B][C][D][E]	84. [A][B][C][D]	89. [A][B][C][D]	94. [A][B][C][D]	99. [A][B][C][D]
80. [A][B][C][D][E]	85. [A][B][C][D]	90. [A][B][C][D]	95. [A][B][C][D]	100. [A][B][C][D]

三、书写

101.

不要写到框线以外

절취선

100.

200.

300.

400.

500.

不要写到框线以外

新汉语水平考试
HSK（六级）模拟试题
第三套

注　意

一、 HSK（六级）分三部分：

1. 听力（50题，约35分钟）

2. 阅读（50题，50分钟）

3. 书写（1题，45分钟）

二、 **听力结束后，有5分钟填写答题卡。**

三、 全部考试约140分钟（含考生填写个人信息时间5分钟）。

실전모의고사 3회 듣기
음원 바로 듣기

一、听力

第一部分

第1-15题：请选出与所听内容一致的一项。

1. A 疫苗的研制过程很复杂
   B 疫苗防护作用并非绝对
   C 身体记忆细胞不断增多
   D 打疫苗会产生不良反应

2. A 学生的学习压力大
   B 校外辅导班收费高
   C 学生学业表现差距大
   D 家长抱怨孩子作业多

3. A 科幻小说涉及众多领域
   B 科幻小说的定义有争议
   C 科幻小说涉及未来科学领域
   D 科学研究是科幻作品的根源

4. A "神曲"往往节奏轻快
   B "神曲"一词意义模糊
   C "神曲"歌词思想深刻
   D "神曲"舞蹈动作复杂

5. A 锦葵凌晨开花
   B 锦葵的花瓣呈黄色
   C 锦葵在中国非常罕见
   D 锦葵的叶子会随太阳转动

6. A 城市医疗条件有待改善
   B 农村的环境对健康有利
   C 长寿归因于经济的发展
   D 营养过剩问题应得到关注

7. A 斯诺曾经犯过翻译笑话
   B 斯诺是一个守信用的人
   C 斯诺认为汉语博大精深
   D 斯诺对胡适的评价很高

8. A 坚持下去就会成功
   B 放弃也是一种智慧
   C 挫折让人变得更自信
   D 人们常用甘苦比喻人生

9. A 艺术创作源于生活
   B 讽刺小说读者广泛
   C 作家都爱嘲笑别人
   D 讽刺小说具有社会性

10. A 喝水过度容易中毒
    B 夏季要及时补充水分
    C 要多关注肾脏健康
    D 肾虚的人应少喝凉水

11. A 我的人生很坎坷
    B 挫折使我更坚强了
    C 我已经熟悉工作了
    D 做销售业绩最重要

12. A 布艺沙发更容易打理
    B 皮质沙发价格更低廉
    C 皮质沙发已经不流行了
    D 年轻人更喜欢布艺沙发

13. A 石库门是中国传统民居
B 石库门得名于门的选材
C 石库门是典型的西方建筑
D 石库门是上海的方言

14. A 人无法控制负面情绪
B 负面情绪无处不在
C 运动能使人更健康
D 要及时释放负面情绪

15. A 未来酒店是一家连锁店
B 入住时会有服务员接待
C 未来酒店需在网上预订
D 未来酒店退房手续复杂

第二部分

第16-30题：请选出正确答案。

16. A 教练强力推荐
    B 运动员阵容强大
    C 转会程序相对简单
    D 想与老队员并肩作战

17. A 很过瘾
    B 很吃力
    C 很慎重
    D 很精彩

18. A 场地限制
    B 心态没控制好
    C 球队缺乏球技
    D 实力悬殊大

19. A 不要过于看重结果
    B 要懂得团结协作
    C 打法要有明确定位
    D 平常训练要劳逸结合

20. A 教练是球队的核心
    B 女的最近状态欠佳
    C 女的是网球运动员
    D 个人得分不能决定胜负

21. A 很激动
    B 很平静
    C 在意料之中
    D 非常自豪

22. A 接受奖品时
    B 参与颁奖时
    C 获得观众的掌声时
    D 收到杨师傅的短信时

23. A 阅读可丰富人生阅历
    B 阅读可以改变学习态度
    C 阅读能够提高生活质量
    D 阅读能够增加我们的自信

24. A 鄙视
    B 应控制
    C 不提倡
    D 不排斥

25. A 见了一位朋友
    B 去新西兰旅游
    C 完成了长篇小说
    D 只是耐心地等待

26. A 考古
    B 美术
    C 摄影
    D 哲学

27. A 涉猎更广泛的领域
    B 培养优秀的后继人才
    C 让更多人关注他的研究课题
    D 专注于文化遗产保护工作

28. A 扩建与复原
B 开放与关闭
C 发展与保护
D 创新与复古

29. A 控制参观人数
B 限制开放时间
C 整控周边环境
D 在附近盖高楼

30. A 编写有关教程
B 加强数字化建设
C 降低门票价格
D 增设配套设施

第三部分

第31-50题：请选出正确答案。

31. A 20%
B 40%
C 60%
D 80%

32. A 注意力
B 表达能力
C 噪音
D 情绪

33. A 听者要及时记录
B 讲话者要少说废话
C 会议室里应挂一幅画
D 在会议室布置装饰品

34. A 毕业生就业越来越难
B 学长的经验更丰富
C 网络谣言越来越离谱
D 翻译机越来越准确

35. A 投入资金不足
B 市场需要不高
C 语料库资源匮乏
D 研发人员不专业

36. A 指日可待
B 大势所趋
C 惊慌失措
D 不必担忧

37. A 题材新奇
B 文字通俗
C 叙事结构简单
D 篇幅普遍较长

38. A 会促使人独立思考
B 能激发人的求知欲
C 耗费时间长
D 在中小学中很流行

39. A 需加强阅读启蒙
B 推行分级式阅读
C 强控图书质量
D 改善阅读环境

40. A 美的化身
B 让人畏惧
C 人兽同体
D 人面兽身

41. A 丰富的想象力
B 对英雄的崇拜
C 渴望征服自然的愿望
D 大自然的变幻莫测

42. A 是民族文化的根源
B 大部分神话已失传
C 神话都是无中生有
D 古人对神话很依赖

43. A 炎帝神农是人面牛身
B 神话是集体意识的表现
C 女娲是中华民族的始祖
D 神话中的神都被美化了

44. A 消失了很多
B 受腐蚀严重
C 被雨燕损坏不少
D 安装了防盗玻璃

45. A 容易被捕捉到
B 缺乏食物来源
C 繁殖能力减弱
D 栖息地被摧毁

46. A 在北京生存了一百余年
B 食量大得惊人
C 方向感十分强
D 受到夜间景观照明的干扰

47. A 如何改善城市环境
B 古建筑修缮的必要性
C 北京雨燕数量减少的原因
D 保护北京雨燕的具体措施

48. A 江水的深浅
B 江面的宽窄
C 黄鹤楼的层数
D 宴会的地点选择

49. A 沉思片刻
B 惊讶不已
C 十分尴尬
D 捧腹大笑

50. A 宴席最后不欢而散
B 陈树屏缓解了僵局
C 谭继洵主管汉水一带
D 张之洞的猜测最准确

二、阅读

第一部分

第51-60题：请选出有语病的一项。

51. A 东北的大米是中国境内产量最高的地区。
B 雨水经过过滤后，可用于路边绿化树的灌溉。
C 她在2018年被授予了“中国十大杰出青年”称号。
D 语文是基础教育课程体系中的教学科目之一。

52. A 教育的本质是一个灵魂唤醒另一个灵魂。
B 随着人们的生活，家居装饰越来越受到重视。
C 她的一番话成功地引起了面试官的注意。
D 没时间学习的人，即便有了时间也不会学习。

53. A 五羊石像堪称广州城的第一标志。
B 河南省济源市是闻名遐迩的愚公故里。
C 这个水果基地的水果除供应给本省外，还销在湖北等地。
D 电影《芳华》讲述的是二十世纪七八十年代的人的青春故事。

54. A 真正优秀的人，不会因为情绪而影响自己的工作。
B 既不认真阅读，又不深入思考，就无法不理解所有的内容。
C 北京城就像一块大豆腐，方方正正的，城里有大街，也有胡同。
D 孩子们往往能撤掉世间因果关系的网，看到事物本身的真相。

55. A 食盐的摄入量过多可能会导致血压升高。
B 湘菜，即湖南菜，是中国历史悠久的八大菜系之一。
C 成功的道路上充满艰辛，它考验的是谁足够坚定。
D 苹果是一种很有营养的水果，日常吃些苹果是对健康有益。

56. A 张家界位于湖南省西北部，是中国最重要的旅游城市之一。
B 幼儿极善于模仿成年人说话，因此大人在孩子面前说话时要格外注意。
C 我来到了向往已久的海边，聆听着这里的波涛声、沙滩和阳光。
D《天工开物》是世界上第一部关于农业和手工业生产的综合性著作。

57. A 中国语言学界的大多数人认为现代汉语有七大方言。
B 她坐在去学校的公交车上，眺望着远方，陷入了沉思。
C 她喜欢在吃饭时做点儿其他事情，比如用手机上网浏览新闻。
D 如果不想让美好的瞬间悄悄地溜走，因此摄影是个不错的选择。

58. A 如果您也有类似的经历，请在文章下方留言，写下您想跟我们分享的故事。
B 我喜欢吃粗纤维类的食品，因为它们能疏通肠道，清除体内的垃圾的作用。
C 近几年，武汉市与英国之间的文化交流频繁，其中重点文化交流项目有近20个。
D 新课程含300分钟超值内容，原价599元，现在报名仅需399元，欢迎大家前来咨询。

59. A 产品设计者总会遇到“不听话”的用户，他们总是不按照产品设计者所想的方式使用产品。
B 8号台风“玛丽亚”已于今天凌晨在福建省沿海登陆，登陆时中心附近最大风力达到14级。
C 报告显示，全球债务总额近十年来显著上升，尤其是非金融企业部门的债务增速较快。
D 一晃将近二十多年过去了，我最美好的青春年华已渐渐远去，但我的梦想依然很清晰。

60. A 夜航时，飞机平稳飞行的高度已远离城市的灯光污染和低空大气的干扰，因此窗外的星空格外清晰。
B 性价比的全称是性能价格比，指的是商品性能与价格之间的比例关系，性价比高就是物美价廉的意思。
C 以上文章全部均为本团队原创，版权归本团队所有，如需转载请务必标明出处，谢谢合作。
D 在世界环境日来临之际，中国多座城市发起了“拾荒慢跑”活动，志愿者们边跑边清理路上的垃圾，以达到宣传环保的目的。

第二部分

第61-70题：选词填空。

61. 苏州位于长江三角洲中部，东临上海，西抱太湖，自然条件可谓______，而且苏州历代百业______，官富民殷，无论是民宅还是官府，房屋的设计都十分______。这些都是苏州古典园林得以发展的重要因素。

A 得天独厚　兴旺　精巧　B 空前绝后　昌盛　精致
C 家喻户晓　繁荣　精密　D 不相上下　兴隆　细致

62. 人们经常会受到先入为主的观念的影响，我们会根据自己的信仰、价值观、______已经形成的各种知识体系去认同或排斥各种新获取的信息。倘若这些新信息与我们先入为主的思想______，我们便会很容易接受这些信息，______，我们就会否定或者忽略这些信息。

A 而且　相应　反倒　B 并且　相关　反而
C 连接　相对　从而　D 以及　相符　反之

63. 汉语中有句俗语叫“不分青红皂白”，意思是不分黑白，不问缘由。______，“青”“红”“白”都是______颜色的，那“皂”是什么意思呢？在______，衙门中的差役穿的黑布衣叫做“皂衣”，所以“皂”在这里是“黑色”的意思。

A 司空见惯　指示　时代　B 顺其自然　陈述　当代
C 不言而喻　描绘　现代　D 众所周知　形容　古代

64. 许多人都______于晨跑，觉得晨跑可以改变我们一天的状态，但一位保健专家却提出了“夜跑效果更好”的不同______。因为人体的各种活动都受生物钟的______，而晚上跑步时人们往往更有耐力。而且，夜跑还能缓解白天的压力，让______回归平静。

A 乐意　言论　调节　灵魂
B 迁就　见闻　调整　心态
C 倾向　见解　控制　心灵
D 倾力　立场　操纵　心事

65. 五大连池风景区位于黑龙江省，是国家重点风景名胜区，因火山______，熔岩阻塞白河河道，______五个相互连接的湖泊，因而得名五大连池。秋天的五大连池，湖水______见底，而且尚未结冰，因此秋天是______五大连池的最佳季节。

A 迸发　构成　清晰　考察
B 爆发　造成　清洁　观光
C 喷发　形成　清澈　观赏
D 蒸发　组成　澄清　鉴定

66. 意大利都灵埃及博物馆是世界上规模最大的古埃及文物收藏______，此博物馆精心筛选的古埃及文物于12月19日在广东省博物馆揭开了______的面纱。此次“尼罗河畔的回响——古埃及文明特展”______将从不同的角度展现古埃及文明，包括学术讲座等______内容。

A 机构　神秘　期间　配套
B 团队　奥秘　时期　成套
C 机关　深沉　当时　搭配
D 社团　深奥　当初　配备

67 酒在中国人眼中更多的是被当作一种交际的______。古代的文人常常借酒来______各种情怀，现代人的交际______通常也少不了酒。“无酒不成席”便形象地体现出了酒在中国人的人际交往中的______。

A 道具　叙述　局面　威望
B 手段　阐述　场地　威严
C 手法　发表　场所　职位
D 工具　抒发　场合　地位

68. 不要小______松鼠的尾巴，松鼠的大尾巴除了好看，还______着重要的作用。松鼠在树上跳来跳去的时候，它的尾巴能够使它保持平衡，______摔伤。从高处跳下来时，硕大的尾巴就是一把降落伞。冬天时，松鼠还可以用尾巴包住自己的______，保暖效果极佳。

A 眯　释放　回避　身材
B 瞪　激发　免得　浑身
C 盯　发扬　难免　身影
D 瞧　发挥　避免　身躯

69. 西安鼓乐，亦称长安鼓乐。它起源于隋唐，千百年来一直流传于西安及其______地区，是一种以打击乐和吹奏乐混合______的大型乐种。西安鼓乐是中国古代传统音乐的重要______，被国际音乐界和史学界______为“中国古代音乐活化石”。

A 周边　演奏　遗存　誉
B 边缘　演绎　遗产　列
C 边境　扮演　文物　诵
D 周围　演出　古董　称

70. 金庸先生以武侠小说为大众所熟知，其实他还有一个重要的身份，就是办报人，他的______来源也主要是办报纸的收益，而______武侠小说的版权。金庸先生______了文人办报不但不倒，反而极度成功的历史______。这在中国新闻史上是一个______。

A 债务　亦　开拓　源泉　痕迹
B 财务　皆　开阔　焦点　事迹
C 财产　勿　开荒　领域　古迹
D 财富　非　开创　先河　奇迹

第三部分

第71-80题：选句填空。

71-75.

剧透是一种非常可恶的事，但还是有很多人“乐此不疲”，心理学家认为，这是因为剧透者能借此获得某种心理上的满足。

首先，每个人都渴望被关注，剧透者往往希望通过提前向别人透露剧情来吸引他人的注意，(71)______________。其次，透露剧情的人一般都有一种比别人提前掌握了重要信息的优越感。“我知道你不知道的事”，这会让人产生优越感，尤其是看到对方的反应时，(72)______________，都会激发剧透者的成就感。再次，透露剧情的人往往都是自以为是的人。他们总觉得如果不把剧情告诉你，那么你就根本看不懂这部电影，他们剧透也有“为你着想”的心态。

这些心理让一些剧透者欲罢不能，但另一方面，(73)______________。在不知道电影情节的观影过程中，他们能按照情节发展将自己带入到剧情中，从而获得观剧的乐趣，假如被剧透，(74)______________。

不过人的喜好都不同，也不是所有的人都忌讳被透露剧情。有人认为适当地了解剧情能扫清观剧时对剧情理解的障碍，让观众对电影有更透彻的理解。从这个角度来看，(75)______________。

A 并从中得到足够的关注

B 不想被告知剧情的人却苦不堪言

C 这样的乐趣便荡然无存了

D 剧透也并非一无是处

E 无论对方是兴致盎然还是不以为然

76-80.

当被问及“人为什么工作?”时，(76)______________。工作占据了人们大部分的时间，但很多人却不认为它是件有意义的事，他们觉得工作只是一种谋生的手段。如果真是这样，那么企业管理者只能依靠打卡机和监控器等约束员工，杜绝他们偷懒的可能。

除了“不得不工作”以外，还有一种回答是:“工作是为了挣钱。”如果这是大部分人的真实想法，那么，(77)______________。但实际上，我们可以看到很多工作狂，他们绝不会因为钱少而不去工作。

这样看来，被迫工作和为钱工作并非人们工作的唯一动力。传统观念认为，人对工作都有一种本能的排斥，(78)______________。因此，很多管理者相信，只有采取高压手段和惩罚措施才能让员工认真工作，但也有管理学家认为，控制和惩罚并非企业实现目标的最佳手段。他们认为工作和玩耍或休息一样，(79)______________，如果对工作有很强的责任感，人们会自我引导和自我控制。

现代管理学已不再侧重于约束和惩罚偷懒的员工，(80)______________，让他们产生想要发挥潜能的欲望。事实上，让员工在工作中进行自我管理，远比强迫他们遵守公司规定、实现企业目标更有效。

A 最普遍的回答是，人不得不工作

B 而是倾向于为他们创造有利条件

C 管理者可以通过金钱来激励员工

D 只要有机会便都想逃避

E 是生活中不可或缺的一部分

第四部分

第81-100题：请选出正确答案。

81-84.

提到蜜蜂，我们首先想到的是它可以为我们酿造蜂蜜。蜜蜂一生最多能够酿造出约为自身重量30倍的蜂蜜，但实际上，酿蜜只是蜜蜂的“副业”，授粉才是蜜蜂的本职工作。蜜蜂是自然界中植物生存繁衍的媒介，是作物增产的重要保障。

目前，世界上已知有16万种由昆虫授粉的显花植物，其中依靠蜜蜂授粉的占85%。在人类所利用的一千三百多种作物中，有超过一千种的作物需要蜜蜂来传授花粉。有关统计表明，利用蜜蜂授粉可使水稻增产5%、棉花增产12%、油菜增产18%，部分果蔬作物产量能成倍增长，同时还可以有效提高农产品的品质，大幅减少化学坐果激素的使用。

没有蜜蜂的世界是无法想象的，如果没有蜜蜂，果树、农作物等将无法结出果实，因而也就无法繁衍下一代。自然界中的生物“牵一发而动全身”，如果蜜蜂在地球上消失的话，整个生态系统都将崩溃。

此外，蜜蜂还被称为“环境哨兵”，充当着环境质量检测员的角色，蜜蜂在长期生存竞争中形成了异常敏锐的嗅觉，对周围环境极为敏感，可以识别出许多种细微的气味，蜂群的数量直接反映环境状况——蜂群多的地方，一定是生态环境好的地方。

81. 第二段主要是为了说明什么？
A 蜜蜂能酿出大量蜂蜜　　B 授粉是蜜蜂的主要职责
C 蜜蜂的生存力强　　D 农作物增产不能靠蜜蜂

82. 第三段中“牵一发而动全身”的意思是：
A 蜂群内部分工明确　　B 某生物消亡会影响其他生物
C 果树对蜜蜂的生存至关重要　　D 植物处在不断进化中

83. 最后一段主要谈的是：
A 蜜蜂能反映环境状况　　B 蜜蜂嗅觉敏锐的原因
C 蜜蜂的繁殖与环境有关　　D 如何扩大蜂群数量

84. 根据上文，下列哪项正确？
A 酿蜜是蜜蜂的首要任务　　B 世上的已知植物有16万种
C 蜜蜂授粉可使水果产量翻番　　D 蜜蜂过多会对环境造成破坏

85-88.

俗话说“儿行千里母担忧”，这句话表现出了母亲对孩子的爱真挚而深厚。最近有科学家指出，之所以会存在“儿行千里母担忧”的普遍现象，主要是因为“母子连心”，而这里的“母子连心”并不是简单的比喻，而是客观的生理和心理现象。

研究发现，三个月大的婴儿能够和他们的母亲实现心跳同步。研究者让40位妈妈抱着她们的孩子，并给母婴都配备了能够检测心跳的电极。结果发现，随着母亲充满爱意的各种表情的出现，母亲与婴儿的心跳很快就实现了“步调一致”。

那么母子连心的原因是什么呢？另一个团队的研究为解开这个谜团提供了一条重要线索。他们发现，女性大脑中存在“微嵌合细胞”，这种细胞是由某一个体的少量细胞转移到另一个体内所形成的。接近三分之二的女性研究对象的大脑中都存在着这种细胞，这说明胎儿的细胞进入了母亲的大脑中。研究者猜测，胎儿的细胞应该是在母亲怀孕期间通过胎盘进入母亲体内的。总之，这种观点为子女出现不良情绪时，即使母亲不在子女的身边，很多母亲也往往会感到不安的现象提供了科学上的解释。

过去的研究表明，多子女的女性患上老年痴呆症的比例比无子女的女性高，这或许意味着儿女带给母亲的细胞，会对母亲的大脑产生不良影响。当然这些都只是猜测，离下定论还为时过早。但不管怎样，这种现象足以说明母子连心绝不是对母爱的美化，母亲和孩子之间的相互关联，在大脑里确实是有“基础”的。

85. 人们用“儿行千里母担忧”来形容：

A 孩子思念家乡　　B 儿女孝顺父母
C 母爱深厚　　D 母亲爱操心

86. 根据第二段，那项研究：

A 有40对母婴参与　　B 先将母婴隔离了半小时
C 要求母亲和婴儿背对背　　D 证实婴儿心跳比母亲快

87. 第三段中画线部分指的是：

A 母子基因的差异　　B 母子连心的原因
C 微嵌合细胞的功能　　D 微嵌合细胞的奥秘

88. 根据最后一段，可以知道：

A 无子女者更健康是谣言　　B 子女应关注父母的心理变化
C 微嵌合细胞已被证实会致病　　D 多子女者患老年痴呆的比例高

89-92.

一万年前，小麦只是地球上的一种杂草，人类偶然发现并掌握了小麦的播种方法以后，人类以为自己看透了自然的一大奥秘，便放弃了自己历经两百多万年演化形成的适合爬树、奔跑的身体优势，做起了农活儿，不再四处流浪了。人类的工作时间从每天三到四个小时采集打猎，到几乎把所有不睡觉的时间都用在种植小麦上，久而久之，小麦成为了全球种植面积最大的农作物。

自从人类学会了种植，人口大幅增长，可是人口的增加并不代表个体基因的优良，也不代表个体幸福度的增加。

在采集狩猎时代，大自然对人体素质要求极高，那时，人类的身材犹如今天的马拉松运动员一样精瘦，灵活性超过瑜伽教练，可谓耳聪目明。当时虽然没有现代发达的医疗技术，但也没有那么多的进化病。人类的死亡原因多是旱灾和霍乱等引起的。

不少人认为，与古人相比，现代人的心智更高，但我认为这种观点是有待推敲的。虽然现代人的整体认知水平超过了祖先，但是现代社会分工太细，个体的心智并没有明显的提高，而且知识并不是通过基因复制被得知的，而是得益于文字，前人的经验通过文字得以代代传承，所以很难说现代人的心智比古人高。

农业革命让人类的脑容量和身体素质逐渐退化，工业革命使其退化进一步加剧。现代人一般只需要掌握单一的技能，人们一旦离开社会协作便无法生存下去，而长时间地重复劳作也让人们的幸福感下降。

在不久的将来，当我们建设出更完善的智能城市时，我们的身体会不会又随之退化呢？

89. 第一段中画线词语指的是什么？
A 小麦种植技术
B 爬树的技能
C 制作农具
D 除杂草的方法

90. 在采集狩猎时代，人类：
A 身体素质好
B 受进化病困扰
C 已懂得组织体育比赛
D 已发明了先进的工具

91. 根据第四段，下列哪项正确？
A 人类的基因愈来愈优良
B 社会分工越细越好
C 个体的心智远胜过祖先
D 知识的获得得益于文字

92. 下列哪项是作者的观点？
A 机器会让人变得更懒惰
B 古人的素质比现代人高
C 现代人不见得比古人聪明
D 只有一门技术让人感到不幸

93-96.

京绣又称“宫廷绣”，多用于宫廷装饰、服饰，用料讲究，技艺精湛，民间高档的京绣大都与皇宫有着千丝万缕的联系。京绣是一门古老的刺绣工艺，其历史可追溯到唐代，至明清时期大为兴盛，曾和“苏绣、湘绣、顾绣”并称为中国的“四大绣”。京绣是古代宫廷刺绣的代表，于2014年被列为第四批国家级非物质文化遗产名录。

京绣有三点极为突出：一、它具有独特的地位，京绣中的部分纹样在其他绣种中是不许使用的，如龙袍上的十二章纹样和五爪金龙纹只有皇帝才能用。二、图案题材广泛：山水花鸟、龙凤图案、飞禽走兽等，在图案的选择上十分讲求寓意的吉祥，处处有着饶有趣味的“口彩”，所谓“图必有意，纹必吉祥”。三、宫廷艺术风格浓厚、材料名贵，很多绣品的关键部位都缀有玛瑙、翡翠等宝石。

另外，京绣对不同的图案都有较严格的规范，针法极为考究。如在龙袍纹饰图案中，龙眼、鳞片、毛发、五彩祥云的针法等，都有严格的规范和标准，绣工的智慧、技能必须在这一范围内予以体现。当我们鉴赏那些珍贵的清代宫廷绣品时，可以明显看出，虽然年代不同、图形设计略有变化，但典制章法总体是不变的，而且从每一件绣品中都可体会到京绣艺人高超的技艺和艺术修养。

京绣专门为宫廷服务，有些图案已经不符合现代人的审美观了，比如龙袍和大臣的补服，除了用做收藏，没有人会再去穿它。但经过老艺人们的改造，在一些现代衣服上，京绣这门古老的技艺得以重生，相信这个具有皇家气派的绣法能长久地传承下去。

93. 关于京绣，可以知道什么？

A 只供皇帝使用
B 兴盛于明清时期
C 与苏绣绣法类似
D 多用于绘画装饰

94. 下列哪项不是京绣的特点？

A 地位很独特
B 用料十分名贵
C 制作过程保密
D 图案题材比较广泛

95. 根据第三段，可以知道什么？

A 京绣艺人的待遇很高
B 京绣的针法颇为考究
C 京绣艺人屈指可数
D 京绣的针法简单易学

96. 根据上文，下列哪项正确？

A 京绣的图案以龙凤为主
B 收藏京绣服饰很流行
C 中国人喜欢穿龙袍
D 京绣技艺不会失传

97-100.

万里长城是中国也是世界上修建时间最长、工程量最大的一项古代防御工程，自西周时期开始，延续不断修筑了2000多年。长城是古代的劳动人民用血汗换来的伟大工程。但是当时的劳动人民绝对不会想到，千百年后的今天，他们所铸造的长城的上空，会有无人机来继续这项伟大的工程。

北京箭扣长城自然风化严重，修缮和保护工作刻不容缓，然而其大部分位于险峰断崖之上，周围草木茂密，因此修缮人员很难到达现场。这个让人头疼的问题因无人机的出现而迎刃而解。近期，中国文物保护基金会与英特尔公司共同宣布，将运用英特尔人工智能技术和无人机技术来保护长城。

英特尔无人机事业部负责人介绍，此次无人机修缮长城主要有三个步骤：一，使用无人机对城墙进行检测与航拍，以帮助文保人员全面了解长城现状；二，采用相应的处理器，快速分析处理无人机采集到的数据，判断出需要被修缮的墙面裂痕和砖瓦缺失等；三，对采集到的数据进行分析、处理以及虚拟重建，从而为修缮保护提供指导，并为以后的工作提供预测数据。

除了长城的修缮工作备受瞩目之外，很多人也十分关注无人机的安全问题。对此负责人表示："通常影响无人机作业的最大因素是风，参与长城保护的所有无人机操作人员会根据天气情况，来安排无人机工作。另外，无人机本身也有编好的程序，遇到特殊情况会自动回到设定的位置。"

总之，当前科技创新在文物保护事业中已经占据了举足轻重的位置，文物工作者也在积极尝试运用各种现代科技把文物保护工作推向新的高度。

97. 根据第二段，北京箭扣长城：

A 已成废墟　　B 保存完整
C 建于唐朝　　D 地势险峻

98. 第三段主要谈的是：

A 无人机修缮长城的步骤　　B 英特尔公司的主要技术
C 无人机技术的三大优势　　D 获取精确数据的步骤

99. 根据上文，下列哪项正确？

A 无人机的安全性有保障　　B 无人机操作技术尚不成熟
C 慕田峪长城已修缮完毕　　D 长城损坏现象得到了有效控制

100. 最适合做上文标题的是：

A 科技为文物保护插上翅膀　　B 无人机——地球守护神
C 长城旅游业的新方向　　D 走进饱经沧桑的长城

三、书写

第101题：缩写。

(1) 仔细阅读下面这篇文章，时间为10分钟，阅读时不能抄写、记录。
(2) 10分钟后，监考收回阅读材料，请你将这篇文章缩写成一篇短文，时间为35分钟。
(3) 标题自拟。只需复述文章内容，不需加入自己的观点。
(4) 字数为400左右。
(5) 请把作文直接写在答题卡上。

2001年，一个中国农民到韩国旅游时，在韩国一家超市买了四大袋泡菜。回旅馆的路上，他感到手中的塑料袋越来越重，勒得手疼。这时他忽然看到了街道两边茂盛的绿化树，顿时计上心来。他在路边的绿化树上折了一根树枝，准备当做提手来拎沉重的泡菜袋子，不料却被迎面走来的韩国警察逮了个正着。他因损坏树木、破坏环境，被韩国警察毫不客气地罚了50美元。

50美元相当于400多元人民币，他心疼得直跺脚。他交完罚款，肚子里憋了不少气，除了舍不得那50美元，更觉得自己给中国人丢了脸。越想越窝囊，他干脆放下袋子，坐在了路边。他看着眼前来来往往的人流，发现路人中也有不少人和他一样，气喘吁吁地拎着大大小小的袋子，手掌被勒得甚至发紫了，有的人坚持不住，还停下来揉手或搓手。

为什么不想办法搞个既方便又不勒手的提手来拎东西呢？对啊，发明个方便提手，专门卖给韩国人，一定有销路！想到这里，他的精神为之一振，暗下决心，将来一定要找机会挽回这50美元罚款的面子。

回国之后，发明一种方便提手的念头越来越强烈，于是，他干脆放下手头的活计，一头扎进了方便提手的研制中。他反复设计了好几款提手，几经周折，终于做出了令人满意的提手。他请左邻右舍试用，这不起眼的小东西竟一下子得到邻居们的青睐。有了它，买米买菜多提几个袋子，也不觉得勒手了。

他把提手拿到当地的集市上推销，把提手免费赠给那些拎着重物的人使用。小提手的优点一下子就体现出来了。一时间，大街小巷到处有人打听提手的出处。小提手出名了，增加了他将这种产品推向市场的信心。

但是，他没有忘记自己发明的最终目标市场是韩国。他申请了发明专利，接着，为了能让方便提手顺利打进韩国市场，他决定先了解韩国消费者对日常用品的消费心理。经过调查了解，他发现，韩国人对色彩及样式十分挑剔，讲究包装，只要包装精美，做工精良，价格是其次的。于是他决定针对提手的颜色进行改造，增强视觉效果，又不惜重金聘请了专业包装设计师，对提手按国际化标准进行细致地包装。对于他如此大规模的投资，有不少人投以怀疑的眼光，不相信这个小玩意儿能搞出什么大名堂，可他坚信自己能成功。

功夫不负有心人，他接到了韩国一家大型超市的订单，以每只0.25美元的价格，一次性订购了120万只方便提手！那一刻他欣喜若狂。

这个靠简单的方便提手吸引韩国消费者的人叫韩振远，凭一个不起眼的灵感，一下子从一个普通农民变成了百万富翁。有人问他是如何成功的，他说是用50美元买一根树枝换来的。

HSK（六级）答题卡

汉语水平考试　HSK　答题卡

请填写考生信息

请按照考试证件上的姓名填写：

姓名	

如果有中文姓名，请填写：

中文姓名	

考生序号		
		[0] [1] [2] [3] [4] [5] [6] [7] [8] [9]
		[0] [1] [2] [3] [4] [5] [6] [7] [8] [9]
		[0] [1] [2] [3] [4] [5] [6] [7] [8] [9]
		[0] [1] [2] [3] [4] [5] [6] [7] [8] [9]
		[0] [1] [2] [3] [4] [5] [6] [7] [8] [9]

请填写考点信息

考点代码		
		[0] [1] [2] [3] [4] [5] [6] [7] [8] [9]
		[0] [1] [2] [3] [4] [5] [6] [7] [8] [9]
		[0] [1] [2] [3] [4] [5] [6] [7] [8] [9]
		[0] [1] [2] [3] [4] [5] [6] [7] [8] [9]
		[0] [1] [2] [3] [4] [5] [6] [7] [8] [9]
		[0] [1] [2] [3] [4] [5] [6] [7] [8] [9]
		[0] [1] [2] [3] [4] [5] [6] [7] [8] [9]

国籍		
		[0] [1] [2] [3] [4] [5] [6] [7] [8] [9]
		[0] [1] [2] [3] [4] [5] [6] [7] [8] [9]
		[0] [1] [2] [3] [4] [5] [6] [7] [8] [9]

年龄		
		[0] [1] [2] [3] [4] [5] [6] [7] [8] [9]
		[0] [1] [2] [3] [4] [5] [6] [7] [8] [9]

性别	男 [1]	女 [2]

注意	请用2B铅笔这样写：▬

一、听力

1. [A][B][C][D]	6. [A][B][C][D]	11. [A][B][C][D]	16. [A][B][C][D]	21. [A][B][C][D]
2. [A][B][C][D]	7. [A][B][C][D]	12. [A][B][C][D]	17. [A][B][C][D]	22. [A][B][C][D]
3. [A][B][C][D]	8. [A][B][C][D]	13. [A][B][C][D]	18. [A][B][C][D]	23. [A][B][C][D]
4. [A][B][C][D]	9. [A][B][C][D]	14. [A][B][C][D]	19. [A][B][C][D]	24. [A][B][C][D]
5. [A][B][C][D]	10. [A][B][C][D]	15. [A][B][C][D]	20. [A][B][C][D]	25. [A][B][C][D]
26. [A][B][C][D]	31. [A][B][C][D]	36. [A][B][C][D]	41. [A][B][C][D]	46. [A][B][C][D]
27. [A][B][C][D]	32. [A][B][C][D]	37. [A][B][C][D]	42. [A][B][C][D]	47. [A][B][C][D]
28. [A][B][C][D]	33. [A][B][C][D]	38. [A][B][C][D]	43. [A][B][C][D]	48. [A][B][C][D]
29. [A][B][C][D]	34. [A][B][C][D]	39. [A][B][C][D]	44. [A][B][C][D]	49. [A][B][C][D]
30. [A][B][C][D]	35. [A][B][C][D]	40. [A][B][C][D]	45. [A][B][C][D]	50. [A][B][C][D]

二、阅读

51. [A][B][C][D]	56. [A][B][C][D]	61. [A][B][C][D]	66. [A][B][C][D]	71. [A][B][C][D][E]
52. [A][B][C][D]	57. [A][B][C][D]	62. [A][B][C][D]	67. [A][B][C][D]	72. [A][B][C][D][E]
53. [A][B][C][D]	58. [A][B][C][D]	63. [A][B][C][D]	68. [A][B][C][D]	73. [A][B][C][D][E]
54. [A][B][C][D]	59. [A][B][C][D]	64. [A][B][C][D]	69. [A][B][C][D]	74. [A][B][C][D][E]
55. [A][B][C][D]	60. [A][B][C][D]	65. [A][B][C][D]	70. [A][B][C][D]	75. [A][B][C][D][E]
76. [A][B][C][D][E]	81. [A][B][C][D]	86. [A][B][C][D]	91. [A][B][C][D]	96. [A][B][C][D]
77. [A][B][C][D][E]	82. [A][B][C][D]	87. [A][B][C][D]	92. [A][B][C][D]	97. [A][B][C][D]
78. [A][B][C][D][E]	83. [A][B][C][D]	88. [A][B][C][D]	93. [A][B][C][D]	98. [A][B][C][D]
79. [A][B][C][D][E]	84. [A][B][C][D]	89. [A][B][C][D]	94. [A][B][C][D]	99. [A][B][C][D]
80. [A][B][C][D][E]	85. [A][B][C][D]	90. [A][B][C][D]	95. [A][B][C][D]	100. [A][B][C][D]

三、书写

101.

不要写到框线以外

100.

200.

300.

400.

500.

不要写到框线以外

절취선

新汉语水平考试
HSK（六级）模拟试题
第四套

注　意

一、 HSK（六级）分三部分：
　　1. 听力（50题，约35分钟）
　　2. 阅读（50题，50分钟）
　　3. 书写（1题，45分钟）

二、 **听力结束后，有5分钟填写答题卡。**

三、 全部考试约140分钟（含考生填写个人信息时间5分钟）。

실전모의고사 4회 듣기
음원 바로 듣기

一、听力

第一部分

第1-15题：请选出与所听内容一致的一项。

1. A 活动已举办了三届
   B 活动的奖金十分可观
   C 活动的目的是鼓励写作
   D 报名对象仅限于高中生

2. A 儿童心理问题不应被关注
   B 全民情感水平仍有待提高
   C 素质教育包括心理健康教育
   D 心理健康比身体健康更重要

3. A 千眼桥的桥面很宽
   B 千眼桥不会总露出水面
   C 千眼桥修建于隋唐时期
   D 千眼桥总长将近一千米

4. A 石墨十分柔软
   B 石墨极其稀少
   C 金刚石的用途极广
   D 金刚石的性能不稳定

5. A 做事不要冲动
   B 人生之路是艰辛的
   C 要勇于迈出第一步
   D 要从失败中吸取教训

6. A 抖音上线十多年了
   B 抖音视频内容追求时尚
   C 抖音用户覆盖各个年龄段
   D 有人指责抖音带来负面影响

7. A 婚礼习俗有时代性
   B 婚姻制度有待完善
   C 筹办婚礼不要赶潮流
   D 举办婚礼十分复杂

8. A 品德教育会伴随人的一生
   B 良好品德离不开家庭教育
   C 社会的磨练能开阔视野
   D 画画时选好底色很重要

9. A 参加考试需通过资格审查
   B 此次考试人数没达到预期
   C 乘坐网约车有安全隐患
   D 网约车驾驶证有效期为三年

10. A 这类咖啡店遍布全国
    B 和店员聊天儿能免单
    C 这家店得到了政府表彰
    D 顾客可免费学制作咖啡

11. A 要抓住生存的机会
    B 要塑造企业的形象
    C 有些成功只是侥幸
    D 他人的运气不可复制

12. A 橙色最适合搭配蓝色
    B 橙色是永恒的流行色
    C 橙色服装使人感到温暖
    D 橙色不适合与艳色搭配

13. A 跳台项目训练十分辛苦
B 室外比赛对天气要求高
C 伏明霞曾是奥运冠军
D 伏明霞十四岁进入国家队

14. A 要多向年长者请教
B 要多与善于思考者相处
C 朋友之间容易互相嫉妒
D 好习惯不是一天养成的

15. A 洗牙频率不宜过高
B 洗牙易导致牙齿敏感
C 多数人洗牙是为了美观
D 牙齿敏感者应少喝冷饮

第二部分

第16-30题：请选出正确答案。

16. A 拥有几亿用户
    B 创建于2018年
    C 盈利渠道有待拓宽
    D 实时播放交通状况

17. A 部门分工明确
    B 目标定位准确
    C 内容全部收费
    D 反馈问题及时

18. A 上线后抽查
    B 用户参与审核
    C 两名员工同时审核
    D 加大处罚力度

19. A 加大宣传力度
    B 促进企业上市
    C 增加少儿节目
    D 开拓海外市场

20. A 当过客服经理
    B 曾四次创业失败
    C 大学学的是传媒
    D 想去别的国家移民

21. A 记忆力
    B 写作能力
    C 自我意识
    D 独立思考

22. A 提升孩子的智力
    B 让孩子接触新话题
    C 丰富孩子的想象力
    D 扩大孩子的词汇量

23. A 阻碍孩子的语言发展
    B 影响孩子的身心健康
    C 能激发孩子的上进心
    D 能让孩子对文学感兴趣

24. A 要让孩子多学几门乐器
    B 上小学以后要多储备知识
    C 学外语会影响母语的学习
    D 要让孩子始终保持学习的兴趣

25. A 孩子普遍崇拜父母
    B 女的提倡多元化阅读
    C 应让孩子尽早接触图画书
    D 父母应该接受阅读培训

26. A 儿童心理咨询
    B 经济研究教学
    C 古代汉语教学
    D 中外文化交流

27. A 注重素质教育
    B 激发学生的创造力
    C 引导学生树立理想
    D 鼓励学生独立思考

28. A 赚取稿费
B 延缓衰老
C 打算出传记
D 以身作则

29. A 并非自然形成
B 需有轻松的环境
C 在于父母的引导
D 与学习负担无关

30. A 学校课程分得越细越好
B 学文言文对写作水平影响不大
C 孩子同时学多种语言不会混淆
D 应鼓励孩子多背诵诗词

第三部分

第31-50题：请选出正确答案。

31. A 家里有四口人
 B 擅长旧物改造
 C 曾在外企工作过
 D 以前喜欢奢侈品

32. A 给孩子做榜样
 B 宣传自己的店铺
 C 受网络视频的启发
 D 听取了丈夫的建议

33. A 垃圾分类，人人有责
 B 要教育孩子珍惜粮食
 C 一次性的物品价格更贵
 D“零浪费”实践起来并不难

34. A 有细微的变质
 B 90%的莲子没有发芽
 C 花瓣多呈现出紫色
 D 寿命有一千年左右

35. A 浸泡时间
 B 细胞结构
 C 贮存条件
 D 当地的水质

36. A 促进新陈代谢
 B 防止水分内渗
 C 避免营养流失
 D 远离病虫侵害

37. A 在除夕之夜举办
 B 票价与平常一样
 C 入场有年龄限制
 D 需要在网上预约

38. A 开放区域太少
 B 灯光会损坏古建筑
 C 观众多秩序混乱
 D 灯光太暗不利于观赏

39. A 此次活动的门票很好买
 B 活动结束后将进行评估
 C 活动方案是向网友筹集的
 D 院长对此次活动不太满意

40. A 灵活性高
 B 造价低
 C 有轨道
 D 节能环保

41. A 司机可强制停车
 B 电源立即被切断
 C 监控系统发出警告
 D 系统重新规划路线

42. A 质疑其可靠性
 B 认为前景乐观
 C 更适合大城市
 D 安全性不够高

43. A 充电速度快
 B 制造成本高
 C 速度比地铁快
 D 已经普及了

44. A 共有三个比赛项目
 B 设置了娱乐环节
 C 目前还有参赛名额
 D 是规模最大的一届

45. A 会经过一个老港口
B 经过丝绸之路
C 起点是一个码头
D 都是沿海公路

46. A 免费提供装备
B 采用了人脸识别技术
C 奖金十分丰厚
D 有运动员违规

47. A 增加了救护车的数量
B 对选手加强安全培训
C 组织了应急救护团队
D 拥有最先进的医疗设施

48. A 补牙技术
B 动物伤口自愈
C 骨骼修复手术
D 建筑保温材料

49. A 耗时很短
B 对象是鸽子
C 效果不够理想
D 产生了有害物质

50. A 易产生排异反应
B 不怕湿润的环境
C 操作不能超过五分钟
D 将被螺丝钉取代

二、阅读

第一部分

第51-60题：请选出有语病的一项。

51. A 年轻从来都不是资本，健康才是。
    B 在这些科目中，我关于化学最感兴趣。
    C 把每件小事做好，并坚持下去，就能成功。
    D 这些小溪如同一条条衣带布满山间。

52. A 在他的身上，你根本看不到软弱和妥协。
    B "呼归石"原名"乌龟石"，因酷似乌龟而得名。
    C 他们的努力见效了，以致公司规模不断扩大。
    D 近几年来，中国的航天事业取得了巨大突破。

53. A 我们现在已经进入了人工智能的新时代。
    B 书上说，人的力量都是通过肌肉收缩所以产生。
    C 研究发现，经常玩自拍可以让人更喜欢自己。
    D 好作品不是创作出来的，而是在生活中积累出来的。

54. A 经过多轮协商，双方即将达成了一项协议。
    B 为了治理雾霾天气，市政府大力倡导绿色出行方式。
    C 载人航天是人类历史上最为复杂的系统工程之一。
    D 人们很难客观地评价自己，总是本能地美化自己。

55. A《战国策》展示了战国时期的历史特点和社会风貌。
    B 诗歌读起来朗朗上口，节奏鲜明，颇受孩子们的喜爱。
    C 能意识到自己无知的人，才是这个世界上最聪明的人。
    D 即使哪个时代，英雄事迹都是激励社会前进的强大力量。

56. A 我一生致力于艺术创作，希望将中国传统艺术发扬光大。
    B 专家预测，到2050年，全世界约70%的人口将生活在城市地区。
    C 老腔是陕西省一种古老的戏曲表演形式之一，广泛流传于华阴地区。
    D 有些书你看不下去，这未必是你的问题，很有可能是书的内容不吸引人。

57. A 张晓路个子高高的，有着一双深邃的眼睛给人一种严厉的感觉。
B 生活中并非每件事都能称心如意，所以凡事我们要看开一些。
C 郑济高铁的建设将使郑州与济南的铁路通行时间缩短至两个小时左右。
D 按离太阳由近及远的顺序排列，地球是第三颗行星，距离太阳1.5亿公里。

58. A 从来我没听说过，在一片人迹罕至的海滩上居然矗立着一个充满艺术气息的图书馆。
B 读书最大的好处是可以从书中汲取别人的经验，并警示自己不要犯同样的错误。
C 在家人和朋友的鼓励下，他不仅出色地完成了这次任务，还得到了领导的肯定。
D 在这家茶馆里，人们不仅能品尝到上等的好茶，还可以欣赏到精彩的茶艺表演。

59. A 在与别人沟通时，情绪占70%，内容只占30%，如果情绪出现问题，内容就很容易被扭曲。
B 在中国人的日常生活中，茶几乎是不可或缺的，更是许多人深夜加班离不开它的陪伴。
C 不管中医还是西医，它们的最终目的都只有一个，就是帮助人们化解疾病带来的痛苦。
D 民宿依靠价格、文化和经营方式等优势，吸引了不少年轻人，成为年轻人旅游时住宿的首选。

60. A 毫无疑问，在地球资源日渐枯竭的未来，对太空资源的开发和利用会越来越重要。
B 书法是一门艺术，它把汉字和中国特有的审美情趣结合了，是中华民族文化中的瑰宝。
C 1948年，由费穆导演，梅兰芳主演的彩色戏曲艺术片《生死恨》上映了，这是中国第一部彩色电影。
D 团购，是指认识或不认识的消费者联合起来，加大与商家的谈判能力，以求得最优价格的一种购物方式。

第二部分

第61-70题：选词填空。

61. 大脑内约有一百亿个脑细胞，人的每一次思维活动都是______个脑细胞相互连接、交互作用的结果，思维活动越______，脑细胞之间的联系就越紧密，平时我们所说的“脑子越学越活”就是______这个原理。

A 络绎不绝　细致　尊重　B 成千上万　频繁　遵循
C 千方百计　扎实　尊敬　D 层出不穷　爽快　遵守

62. 点子的出现，取决于我们对于某个问题的聚焦度有多高。如果一个人在一段时间里一直在______某件事情，好点子往往就会出现，如果没有这种大脑快速转动的紧张感，______思考问题的紧迫感，金点子就不会______出来。

A 探索　时而　涌现　B 奋斗　以便　流露
C 琢磨　以及　迸发　D 操作　以往　沸腾

63. 人类是高级动物，但是与其他动物相比，人类却以一种极为无助的______来到了这个世界。人类的生理______需要用比动物更长的时间逐步完善。而且人类还要在成长过程中不断地学习那些大自然所没有______我们的生存技能。

A 姿势　性能　授予　B 姿态　器官　赋予
C 面貌　基因　补偿　D 形状　细胞　继承

64. 在中国传统茶道中，喝茶的器具十分重要，紫砂壶作为一种______为名贵的茶壶，其命名也很有______。它的命名方法很多，以象形法和引申法最为常用，如四方壶、沁竹壶等。______用哪种方法，紫砂壶的命名都要遵循______的原则。

A 颇　规律　不管　雅俗共赏
B 愈　条理　况且　实事求是
C 挺　要点　固然　喜闻乐见
D 皆　技巧　不止　精益求精

65. 生行是京剧表演行当的主要______之一。______所扮演人物的年龄和身份的不同，生行又分为老生、小生、武生等。老生扮演中年男子，多为正面______，小生扮演青年男子，一般扮相都比较英俊清秀，武生则扮演武艺______的男子。

A 体裁　借助　气质　优越
B 栏目　鉴于　品德　杰出
C 类型　依据　形象　高超
D 情节　对应　容貌　高明

66. 积极心理学强调以积极的心态来解读人的心灵，更关注______中的美德与正能量，还侧重研究人的幸福感等积极的心理______，以人文关怀帮助人们最大限度地______自己的潜力，______获得美好的生活。

A 人格　素质　开发　因而
B 性命　品质　放大　从而
C 人性　因素　挖掘　进而
D 命运　要素　发扬　反而

67. 北京语言大学素有“小联合国”之称，文化活动也是______，其中一年一度的校园世界文化节规模______，活动期间，______单位会推出文化节特制的“护照”，供大家在各个国家的展位前盖章______。

A 欣欣向荣　庞大　代理　纪念
B 锦上添花　重大　合伙　怀念
C 异彩纷呈　盛大　主办　留念
D 津津有味　大型　赞助　思念

68. 侦探小说有着它固定的读者群，有趣的是，它______能吸引那些对其他形式的白日梦文学很有免疫力的人，侦探小说______往往是一些______的专业人士，由于自身专业方面的______，他们永远不会喜欢那些娱乐杂志或者漫画。

A 恰恰　迷　功成名就　优势
B 偏偏　者　举世瞩目　技巧
C 仅仅　通　众所周知　强项
D 明明　家　见多识广　档次

69. 研究表明，狗对人类意图的______能力非常强，不仅如此，狗还是所有驯化动物中最______的，因此警犬，导盲犬等总是能非常出色地完成它们的任务。它们神奇的______和对人类无私的爱，使它们成为了人类最______的助手。

A 领会　诚挚　天才　高超
B 参谋　忠诚　才干　骨干
C 反思　朴实　本事　机智
D 领悟　忠实　本领　得力

70. 智能快递柜是随着快递业的不断发展而产生的新______。用户在规定时间内找到柜子______密码，就能取走自己的快递。有了它人们就不必担心______时无人收货了。不过，也有用户对此表示______：不能当面签收，也就无法当面检查货物在运送中是否被______。

A 事业　设置　交易　疑惑　败坏
B 事项　辨认　储存　反感　破坏
C 事务　访问　传达　焦急　糟蹋
D 事物　输入　配送　担忧　损坏

第三部分

第71-80题：选句填空。

71-75.

随着网络直播平台的兴起，很多父母开始在网上直播养育孩子、与孩子互动的各种视频，并且乐此不疲。(71)_______________，但是这些父母的模仿是非常盲目的。其实每个孩子都有自己的特点，养育孩子要因材施教，要用科学的方式。很多网络上的信息真假难辨，有的还存在危害，父母育儿不能盲目模仿。如果这些方式不正确、不科学，那么很有可能给孩子带来伤害。前不久就有一名武汉的父亲为模仿网上一段视频，跟孩子玩翻跟头的游戏，结果孩子脊髓严重受损，(72)_______________，毁了孩子的一生，家长也是后悔莫及。

此外，很多人在网上宣称教育孩子要散养、要给孩子自由，这样的信息看多了，(73)_______________。实际上，给孩子自由并不是放任孩子不管，在孩子的成长过程中，父母一定要教孩子懂规矩、会自控，(74)_______________，可能真的就会使孩子变成一个自由散漫、没有自控能力的人。

教育专家建议，父母应该根据自己孩子的性格特征、身体素质、兴趣爱好等因素来养育孩子，面对海量的网络信息，父母首先要有自己的分辨能力，千万不要被误导，(75)_______________。

A 导致上半身无法活动

B 一些父母就真的不去管教孩子了

C 否则美其名曰打着“散养”的旗号

D 更不要拿自己的孩子“尝鲜”和冒险

E 这种教育方式还引来了许多跟风的家长

76-80.

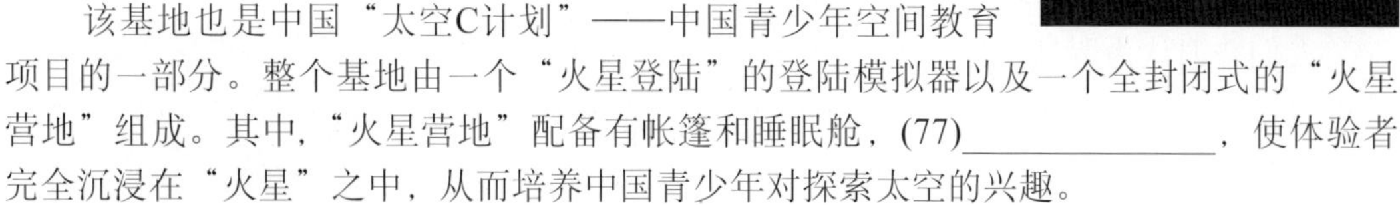

近日，中国建造的“火星模拟基地”终于揭开了神秘的面纱。该基地位于气候寒冷干燥、人烟稀少、平均海拔达3000米的青海省红崖地区。这里拥有典型的雅丹地貌群，(76)___________________，使之成为建造火星模拟基地的最佳选择。

该基地也是中国“太空C计划”——中国青少年空间教育项目的一部分。整个基地由一个“火星登陆”的登陆模拟器以及一个全封闭式的“火星营地”组成。其中，“火星营地”配备有帐篷和睡眠舱，(77)______________，使体验者完全沉浸在“火星”之中，从而培养中国青少年对探索太空的兴趣。

基地内部有一个宽敞的火星主题旅游景点和一个环境模拟空间站，除了用于科研的部分设施之外，(78)______________。而且整个基地的建设风格模拟未来人类移居火星后的生存环境，使体验者有一种身临其境之感。

中国火星模拟基地项目旨在营造一个“科学+科幻+自然+生态+文化”的火星之旅创意体验基地。目前，(79)______________，但是何时正式向公众开放还没有最后确定。基地负责人在接受采访时表示：“(80)______________，让青少年有机会体验在火星上生活的感觉，了解科技如何引领社会前进。”

A 大部分都会向普通民众开放

B 独特的地貌、自然风光和气候条件

C 该基地已向媒体开放

D 我们希望通过这个项目

E 供游客体验模拟太空的“火星之旅”

第四部分

第81-100题：请选出正确答案。

81-84.

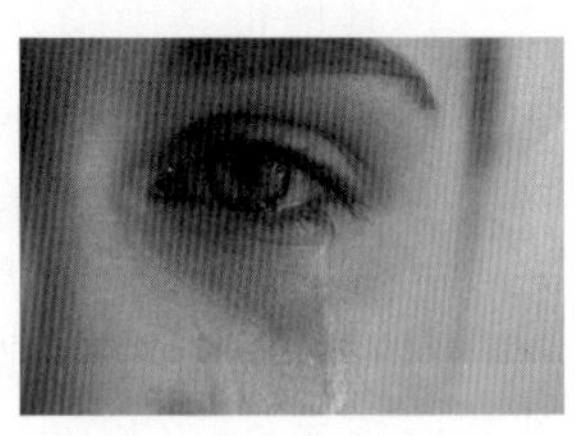

人们普遍认为哭是一种没出息的表现。但是你知道吗？如果我们强忍泪水，压抑痛苦，就等于拒绝了一种健康的宣泄方式。

有人曾做过一个有趣的实验，研究者让一批志愿者先看一部令人动情的电影，等他们被感动得哭了，就将泪水收进试管。然后，研究人员又利用切洋葱的办法让同一群人流下眼泪。结果显示，因悲伤而流的“情绪眼泪”和被洋葱刺激出的“化学眼泪”成分很不一样。

情绪眼泪中含有大脑在情绪影响下释放出的一种化学物质——儿茶酚胺。而“化学眼泪”中却没有这种物质。人体内的儿茶酚胺过多会引发心脑血管疾病，严重时，甚至还会导致心肌梗塞。所以，我们流下的“情绪眼泪”，可以将致命的“毒”排出体外。

研究者通过进一步研究发现，眼泪不仅能把有害物质带出体外，泪腺还能分泌出一种活性化合物，这种化合物对伤口的修复能起到积极作用。一个外伤病人放声大哭可以加快伤口的愈合。反之，忍住泪水，压抑泪腺工作，就会影响伤口愈合的速度。从这一点上来说，眼泪不是不坚强的表现，而是加速伤口愈合的天然良药。

可见，我们并不应该指责爱流泪的人，想哭的时候应该尽情地哭！

81. 关于那个实验，可以知道什么？
A 志愿者看了情感电影
B 第一批志愿者脾气急躁
C 两次泪水分析结果一致
D 受伤的志愿者得到了补偿

82. 根据第三段，儿茶酚胺：
A 能被人体自行分解
B 因情绪变化而产生
C 化学眼泪中有少量存在
D 对治疗心脑血管疾病有利

83. 泪腺分泌出的活性化合物有什么作用？
A 增强免疫力
B 避免伤口发炎
C 可以改善视力
D 加速伤口愈合

84. 最适合上文的标题是：
A 泪水，疾病的信号
B 哭吧！不是错
C 男儿有泪不轻弹
D 眼泪的好处和坏处

85-88.

我们经常会看到一些这样的孩子，为了讨好他人，他们总是委屈自己，即使心里不愿意，但是只要能让父母满意、让小朋友们开心，他们就处处退让，我们把<u>这种类型</u>归属为讨好型人格。

专家解释说：讨好型人格对于肯定和赞赏有极其强烈的需求。他们总能十分敏锐地觉察到别人的需求，并随时准备无条件地去满足对方。即使意识到这样做不对劲儿，但他们还是会做出迁就他人的举动。他们避免争吵，回避竞争，尽一切努力让大家都满意。他们倾向于主动承担罪责，无论自己是否有过失，都先检讨自己，而对于他人的缺点或不足总是十分宽容。

讨好型人格成年后，做事常常卑躬屈膝，委曲求全，盲目付出。他们认为自己必须做得很好，别人才会对他们好。对于讨好型人格的人而言，这种观念已经在他们的潜意识之中根深蒂固了。其实性格再好也不可能让全世界的人都喜欢你，有这样性格的人往往容易被坏人利用，吃亏上当。

我们都希望自己的孩子拥有善良的品性，得到别人的称赞和肯定，但是在教导孩子要懂事、会分享、要帮助他人的同时，我们还要提醒他们：帮助他人也是有底线的。产生“讨好”行为的根源，其实是把自我价值建立在了别人评价的基础上了。因此，指导孩子摆脱对他人赞赏和认可的依赖、明确自我的价值和需求是至关重要的。

85. 第一段划线部分指的是什么？

A 待人友善　　B 获得他人的称赞
C 经常拒绝他人　　D 委屈自己迁就他人

86. 讨好型人格的孩子有什么特点？

A 经常犯错误　　B 主动承担责任
C 喜欢逃避问题　　D 不能包容他人的缺点

87. 成年后，这样的孩子有什么表现？

A 喜欢骗人　　B 性格孤僻
C 做事执着　　D 与世无争

88. 根据上文，下列说法哪项是正确的？

A 要懂得无私奉献　　B 要学会与他人合作
C 赞赏和认可很重要　　D 不要太在意他人的评价

89–92.

数字音乐是用数字格式存储的、可以通过网络来传输的音乐。目前，数字音乐产业已经确立了它在我国数字内容产业中的重要地位，一批具有一定规模、拥有各自竞争优势的代表性企业相继涌现，对在中国市场条件下发展数字音乐产业进行了大量的探索和尝试。

随着“互联网+”时代的到来，数字音乐产业链的价值将更多地体现出来。信息技术的发展为各种音乐资源提供了多样的载体，让消费者获得音乐的方式更加便捷。同时，用户对音乐的需求增加，又促使渠道方大量购买音乐内容资源。渠道方对音乐内容生产方的依赖也随之增强。

目前，中国的数字音乐产业虽然发展可观，但尚未形成良好的盈利分成模式。虽然渠道方和音乐内容生产方已达成盈利分成共识，但唱片公司（音乐内容生产方）与词曲作者、歌手如何分账，还欠缺清晰透明的规定。所以，当侵权问题发生时，词曲作者、歌手和唱片公司等各方的利益计算就变得十分复杂，且处理起来效率较低。这就需要一个合理高效的版权管理机制，在信息技术支撑下，各方之间应该建立透明规范的授权、监测和计费平台，并设计合理的收益结算机制，使所有版税收益的流向透明。

总而言之，中国数字音乐产业上的各方应当把握机会、齐心协力，并积累独有的、不易被其他企业复制的专长和特色，提高自身竞争力，争取实现各方利益的最大化。

89. 根据第二段，信息技术使得：

A 音乐产品价格更低
B 原创歌曲增多
C 音乐的获得方式更便利
D 渠道方与内容方矛盾更多

90. 关于数字音乐，可以知道什么？

A 储存空间有待提升
B 营收远超实体唱片
C 盈利分成模式相对健全
D 发展势头良好

91. 第三段主要谈的是什么？

A 计算平台的弊端
B 歌手与唱片公司如何分账
C 政府的监管责任
D 完善版权管理机制的必要性

92. 下列哪项是作者的观点？

A 付费用户是产业链的核心
B 词曲作者应该共享经验
C 数字音乐的各方应通力合作
D 竞争对整个行业有利有弊

93-96.

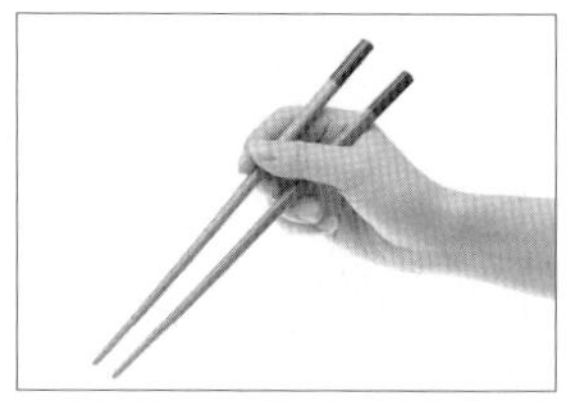

筷子是中国独特的进食工具，中国人使用它的历史十分悠久。筷子最早可以追溯到商朝，据说商朝时，妃子为了讨好商纣王，用玉簪作为筷子夹着食物送到纣王嘴里。《韩非子·喻老》中有记载曰："昔者纣为象箸，而箕子怖。"意思是说商王纣以象牙为箸，挥霍无度，大臣箕子为之恐惧。

我国公元前十一世纪就出现了比较精致筷子，筷子的称谓也是几经变化，先秦时称为"挟"或"荚"。到了唐、宋、元、明、清几个朝代时，又谓之"箸"。汉代史学家司马迁在《史记》中记载说，商纣时为"箸"，汉时为"筯"。

筷子蕴意丰富，上方下圆，圆象征天，方象征地，对应天圆地方，且方圆也代表着一个人立身处世有方有圆的态度，体现了中国人对世界的基本理解，这是自古以来中国人的传统哲学观念的体现。

中国人遵守太极和阴阳的理念，太极是一，阴阳是二，代表世间万事万物都有阴阳之分，一分为二。筷子有两根，使用时一根动，一根静，主动为阳，从动为阴，此为两仪之象，太极相谐，动静相宜，代表着万事万物都有两个对立面，阴阳结合，合二为一，才意味着一个完美的结果。

中国人自古便重视饮食，对饮食工具也赋予了很多含义，筷子一般是七寸六分长，代表人有"七情六欲"，是不同于一般动物的情感动物。它提醒我们，要懂得控制自己的欲望。

93. 大臣箕子对商王使用象牙筷子持怎样的态度？

A 喜闻乐见　　B 感到害怕
C 认为无比荒谬　　D 极力表示反对

94. 关于筷子的名称，下列哪项正确？

A 商代称箕　　B 先秦称筷
C 汉代称筷　　D 明代称箸

95. 筷子的寓意不包括下列哪项？

A 天圆地方　　B 艰苦朴素
C 阴阳和谐　　D 动静相宜

96. 筷子的长度提醒我们什么？

A 要恰到好处　　B 要权衡利弊
C 要不断进取　　D 要节制欲望

97-100.

可以说，创造出和人一样有灵性的机器，是人类最古老的梦想之一。拟人机器人的快速发展正在让人类的这一梦想慢慢成真。虽然在外貌上拟人机器人已经和人类十分相似，但在动作等方面仍进展缓慢。它们是由电机驱动的，所以现在最先进的机器人的动作依然非常生硬。"让机器的动作像人类一样自然"，这是一个名为"软机器人"的新兴领域的目标。

最近，有一篇学术论文描述了一种全新的机器人"肌肉"，其全名为"液压放大自愈式静电致动器"。这种致动器虽然有多种不同的设计，但基本上就是一个内含油液、外面裹着多个电极的小袋子，当这些电极被电流击发后，它们将释放电场，驱动致动器开始收放。

这种新型致动器在力量和效率方面与人类肌肉十分接近，并可以在一秒钟之内实现多次收缩。因此，使用这种"肌肉"驱动的假肢在动作上将会更贴近自然肢体。如果这种肌肉被用到机器人身上，我们就不必担心它们工作时会一不小心戳伤自己的同事了。

不过，在软机器人领域，还有其他需要解决的问题，比如，由于软机器人远比传统的机器人脆弱，软机器人的设计师必须考虑它们的躯体被刺穿从而损失动力的可能。所以，软机器人领域有待解决的难题是——可以自愈的皮肤。好在这一难题目前已获得初步成果。

软机器人可以与人类和谐共事，它们并不会抢走人类的饭碗。当软机器人的可靠性、安全性、实用性达到一定级别时，它们将很快融入到我们的社会与生活中。

97. 拟人机器人有什么特征？

A 动作僵硬　　B 说话流利

C 反应迟钝　　D 擅长运算

98. 关于那种新型致动器，下列哪项正确？

A 成本较低　　B 设计简单

C 节约能源　　D 便于携带

99. 根据第4段，软机器人领域的难题是什么？

A 皮肤自愈　　B 动力来源

C 材料稀缺　　D 后期维修

100. 根据上文，下列哪项正确？

A 软机器人已投入使用　　B 新型致动器收缩性好

C 新型致动器无需电力　　D 传统机器人躯体更脆弱

三、书写

第101题：缩写。

(1) 仔细阅读下面这篇文章，时间为10分钟，阅读时不能抄写、记录。
(2) 10分钟后，监考收回阅读材料，请你将这篇文章缩写成一篇短文，时间为35分钟。
(3) 标题自拟。只需复述文章内容，不需加入自己的观点。
(4) 字数为400左右。
(5) 请把作文直接写在答题卡上。

我上小学的时候，学校不远处的书摊是我放学后流连忘返的地方。可是身无分文的我大部分时间只能装作挑书的样子，偷看几个小故事，然后偷偷地跑掉。守书摊的是一位坐在轮椅上的残疾青年。偷看书的时候，我根本不敢回头去看他的脸。当我第二天上学经过书摊，看见他依然憨厚地对我一笑时，我忐忑不安的心才得以平静。

有一天，我看一本小说看得入了神。"坐下慢慢看吧！"他说着指了指身旁的一个小凳子。当时我完全忘记了白看书的尴尬，正要坐下的一瞬间，突然身后有人揪住了我的衣领。我回过头来一看，看到了父亲愤怒的脸。然后，父亲的两巴掌不由分说地抽在我的脸上。

"别打孩子！"年轻人竭力想从轮椅上挣扎起来阻止我父亲，"孩子看书又不是坏事。"

"我不反对他看书。是，是为其他事……"说罢，父亲夺过我手里的书还给那个年轻人，拽着我就走了。

晚上，父亲对我说："打你不为别的事。都像你这样白看书，人家怎么过日子？搬运队的马车夫需要马草，你可以扯马草换钱。"

打那以后，每天清早我就去山上扯马草，上学前卖给那些马车夫。攥着马草换来的钱，我立即奔向书摊，从容地读着一本又一本的书。可是马草并不那么好卖。卖不出马草的日子，我就不去书摊。

有一次，我背着马草四处寻找买主，经过书摊时，坐在轮椅上的他叫住了我："怎么不来看书了？"我抖抖手里的马草，无奈地摇摇头。他先是一愣，继而眼睛一亮，笑着对我说："过来，让我看看你的马草。"他认真地看过马草后，冲里屋叫道："碧云，你出来一下！"闻声走出一个姑娘，可能是他的妹妹吧。

"碧云，咱家的那匹马正缺马草，收下这孩子的马草。"他盯着姑娘茫然的眼睛，命令道："听见没有？快把马草提进去！"姑娘接过我的马草，提进了里屋。这天傍晚，我离开书摊时，他叮嘱我："以后，马草就卖给我。别饿坏了那匹马，行吗？""没问题！"我巴不得有这样的好事。

从那以后，每当我背着马草来到书摊时，他便冲里屋叫道："碧云，快把马草提进去，别饿坏了那匹马。”

有一天，我一如既往地背着马草走向他的书摊，他也像往常一样叫碧云，但碧云一直没出来。于是我说，“别饿坏了那匹马，我把马草放进去吧。”他说什么也不让我进去，但我没有听他的劝阻，提着马草推门进去了。我走进他家的后院，看见了一堆枯黄的马草——这些日子我卖给他的所有的马草！ 原来他家里根本就没有马！

“对不起。”他拍着我的肩头，轻声说道：“我知道你真的希望有那么一匹马。没事的，你看书吧。”我点了点头，泪如雨下。

HSK（六级）答题卡

汉语水平考试 HSK 答题卡

请填写考生信息

请按照考试证件上的姓名填写:

姓名	

如果有中文姓名，请填写:

中文姓名	

考生序号		
		[0] [1] [2] [3] [4] [5] [6] [7] [8] [9]
		[0] [1] [2] [3] [4] [5] [6] [7] [8] [9]
		[0] [1] [2] [3] [4] [5] [6] [7] [8] [9]
		[0] [1] [2] [3] [4] [5] [6] [7] [8] [9]
		[0] [1] [2] [3] [4] [5] [6] [7] [8] [9]

请填写考点信息

考点代码		
		[0] [1] [2] [3] [4] [5] [6] [7] [8] [9]
		[0] [1] [2] [3] [4] [5] [6] [7] [8] [9]
		[0] [1] [2] [3] [4] [5] [6] [7] [8] [9]
		[0] [1] [2] [3] [4] [5] [6] [7] [8] [9]
		[0] [1] [2] [3] [4] [5] [6] [7] [8] [9]
		[0] [1] [2] [3] [4] [5] [6] [7] [8] [9]
		[0] [1] [2] [3] [4] [5] [6] [7] [8] [9]

国籍		
		[0] [1] [2] [3] [4] [5] [6] [7] [8] [9]
		[0] [1] [2] [3] [4] [5] [6] [7] [8] [9]
		[0] [1] [2] [3] [4] [5] [6] [7] [8] [9]

年龄		
		[0] [1] [2] [3] [4] [5] [6] [7] [8] [9]
		[0] [1] [2] [3] [4] [5] [6] [7] [8] [9]

性别	男 [1]	女 [2]

注意	请用2B铅笔这样写: ▬

一、听力

1. [A][B][C][D]	6. [A][B][C][D]	11. [A][B][C][D]	16. [A][B][C][D]	21. [A][B][C][D]
2. [A][B][C][D]	7. [A][B][C][D]	12. [A][B][C][D]	17. [A][B][C][D]	22. [A][B][C][D]
3. [A][B][C][D]	8. [A][B][C][D]	13. [A][B][C][D]	18. [A][B][C][D]	23. [A][B][C][D]
4. [A][B][C][D]	9. [A][B][C][D]	14. [A][B][C][D]	19. [A][B][C][D]	24. [A][B][C][D]
5. [A][B][C][D]	10. [A][B][C][D]	15. [A][B][C][D]	20. [A][B][C][D]	25. [A][B][C][D]
26. [A][B][C][D]	31. [A][B][C][D]	36. [A][B][C][D]	41. [A][B][C][D]	46. [A][B][C][D]
27. [A][B][C][D]	32. [A][B][C][D]	37. [A][B][C][D]	42. [A][B][C][D]	47. [A][B][C][D]
28. [A][B][C][D]	33. [A][B][C][D]	38. [A][B][C][D]	43. [A][B][C][D]	48. [A][B][C][D]
29. [A][B][C][D]	34. [A][B][C][D]	39. [A][B][C][D]	44. [A][B][C][D]	49. [A][B][C][D]
30. [A][B][C][D]	35. [A][B][C][D]	40. [A][B][C][D]	45. [A][B][C][D]	50. [A][B][C][D]

二、阅读

51. [A][B][C][D]	56. [A][B][C][D]	61. [A][B][C][D]	66. [A][B][C][D]	71. [A][B][C][D][E]
52. [A][B][C][D]	57. [A][B][C][D]	62. [A][B][C][D]	67. [A][B][C][D]	72. [A][B][C][D][E]
53. [A][B][C][D]	58. [A][B][C][D]	63. [A][B][C][D]	68. [A][B][C][D]	73. [A][B][C][D][E]
54. [A][B][C][D]	59. [A][B][C][D]	64. [A][B][C][D]	69. [A][B][C][D]	74. [A][B][C][D][E]
55. [A][B][C][D]	60. [A][B][C][D]	65. [A][B][C][D]	70. [A][B][C][D]	75. [A][B][C][D][E]
76. [A][B][C][D][E]	81. [A][B][C][D]	86. [A][B][C][D]	91. [A][B][C][D]	96. [A][B][C][D]
77. [A][B][C][D][E]	82. [A][B][C][D]	87. [A][B][C][D]	92. [A][B][C][D]	97. [A][B][C][D]
78. [A][B][C][D][E]	83. [A][B][C][D]	88. [A][B][C][D]	93. [A][B][C][D]	98. [A][B][C][D]
79. [A][B][C][D][E]	84. [A][B][C][D]	89. [A][B][C][D]	94. [A][B][C][D]	99. [A][B][C][D]
80. [A][B][C][D][E]	85. [A][B][C][D]	90. [A][B][C][D]	95. [A][B][C][D]	100. [A][B][C][D]

三、书写

101.

不要写到框线以外

절취선

100.

200.

300.

400.

500.

不要写到框线以外

新汉语水平考试

HSK（六级）模拟试题

第五套

注　意

一、 HSK（六级）分三部分：
　　1. 听力（50题，约35分钟）
　　2. 阅读（50题，50分钟）
　　3. 书写（1题，45分钟）

二、 **听力结束后，有5分钟填写答题卡。**

三、 全部考试约140分钟（含考生填写个人信息时间5分钟）。

一、听力

第一部分

第1-15题：请选出与所听内容一致的一项。

1. A 黄酒历史悠久
   B 黄酒由小麦酿成
   C 啤酒曾被称为浊酒
   D 葡萄酒气味最浓郁

2. A 春节期间堵车严重
   B 饥饿状态下不能开车
   C 该汽车的销量全国领先
   D 汽车公司的广告引人注意

3. A《禹迹图》保存在故宫
   B《禹迹图》绘制于宋代
   C《禹迹图》没有标记方向
   D《禹迹图》上有圆形符号

4. A 狗的嗅觉十分灵敏
   B 狗对外部环境很警惕
   C 狗与人的情感联系疏远了
   D 狗能凭人的声音判断其情绪

5. A 压力会让人产生动力
   B 慢性压力会影响大脑
   C 基因决定了压力的程度
   D 深呼吸对缓解压力毫无作用

6. A 新茶壶比原来的贵
   B 爷爷的茶壶是古董
   C 爷爷发现茶壶有异常
   D 小华被爷爷惩罚了

7. A 不能随意增加药量
   B 医生不建议患者自行买药
   C 空腹吃药易引起肠道疾病
   D 人对药物的吸收能力不同

8. A 文与可非常傲慢
   B 文与可擅长画竹
   C 文与可种的竹子长势很好
   D 文与可的画起初不被看重

9. A 该企业面临资金危机
   B 国内轿车企业越来越多
   C 出租车已趋于饱和
   D 该企业调整了营销策略

10. A 智商由基因决定
    B 人类的智商逐渐提高了
    C 新西兰的科学技术很先进
    D 大脑的潜力未得到充分的开发

11. A 学武前三年最辛苦
    B 学武不能半途而废
    C 学武第三年会遇到瓶颈
    D 学武需要不断自我突破

12. A 桉树不怕火
    B 春季森林火灾频发
    C 有些植物能预示天气
    D 桉树树干适合做家具

13. A 丽水人民热情好客
B 丽水的古村落数量颇多
C 旅游业是丽水的支柱产业
D 丽水的版图经过多次变更

14. A 聋哑人的嗅觉更灵敏
B 清新的气味可改善睡眠
C 嗅觉记忆相对持久
D 视觉记忆比嗅觉记忆深

15. A 自卑是成功的绊脚石
B 自卑者难以经受挫折
C 自卑者往往很有才华
D 自卑者易受积极意识影响

第二部分

第16-30题：请选出正确答案。

16. A 馆长亲自登门拜访
    B 收到了博物馆的奖金
    C 网上公布了获奖名单
    D 收到了馆长的邮件通知

17. A 艺术没有性别
    B 性别是独特优势
    C 作品会暴露性别
    D 创作中应回避性别

18. A 容易引起共鸣
    B 呼唤人们献出爱心
    C 向其他艺术家学习
    D 作品易得到学者的关注

19. A 艺术探讨人性
    B 艺术超越人性
    C 艺术诠释人性的复杂
    D 艺术体现人性的本质

20. A 艺术没有界限
    B 音乐与绘画不同
    C 时间帮助她跨界了
    D 她无视界限的存在

21. A 门槛没有想象的那么高
    B 技术型人才达到饱和
    C 是未来发展的必然趋势
    D 中国在该领域全球领先

22. A 充电快
    B 体积小
    C 安全性高
    D 使用寿命长

23. A 亏损严重
    B 无序竞争
    C 管理制度不健全
    D 售后服务不完善

24. A 通过增产提高利润
    B 走自主研发的道路
    C 在产量上有所突破
    D 强调为社会多做贡献

25. A 制造业要打好基础
    B 环保永远是第一位的
    C 建筑业实现了多元化
    D 空调企业将逐渐消失

26. A 是通过救灾事件实现的
    B 得到了政府的大力支持
    C 有国际公益组织的援助
    D 前期工作极其不顺

27. A 暴露了互联网的弊端
    B 提升了从业者的待遇
    C 使互联网得到了大众的监督
    D 凸显了互联网的社会价值

28. A 对专业化要求较高
B 资金管理不透明
C 办事流程过于复杂
D 法律法规不太完善

29. A 创新意识强
B 极具忍耐力
C 不愿意吃苦
D 总喜欢埋怨

30. A 要多提携90后的年轻人
B 募捐的效率有待提高
C 公益要跟上时代的潮流
D 公益募捐平台鱼龙混杂

第三部分

第31-50题：请选出正确答案。

31. A 个人能力
B 人际关系
C 对自己的态度
D 对世界的态度

32. A 是否觉得自己有价值
B 是否能完成既定目标
C 自己的厨艺是否精湛
D 能否承受较大的工作压力

33. A 不能随意批评他人
B 要客观评价历史人物
C 自信的中层是人际关系
D 自信的三方面互相影响

34. A 教室与操场
B 教室与走廊
C 操场与走廊
D 教室与楼梯

35. A 没有具体用途的空间
B 不受约束的活动空间
C 轻松的课堂教学空间
D "动""静"之间的空间

36. A 采用对称式布局
B 拆除了部分墙体
C 更适合小学教学的需要
D 打破了教学区与活动区的界限

37. A 受地震的影响很大
B 形成于生命产生之前
C 防止动物被人类侵犯
D 是人类唯一的栖息地

38. A 太阳辐射
B 宇宙大爆炸
C 化石燃料的燃烧
D 生物的新陈代谢

39. A 分布集中
B 种类惊人
C 数量有限
D 开采难度大

40. A 感到荒唐
B 感到欣慰
C 并不在意
D 感到遗憾

41. A 噪音很大
B 组装复杂
C 写字速度快
D 字体较大

42. A 老师也有责任
B 学生应该反思
C 禁止卖写字机器人
D 不该给学生留作业

43. A 人类越来越依靠科技
B 写字机器人拥有专利
C 王女士从事司法工作
D 机器人写的字更规范

44. A 竖旗帜
B 吹喇叭
C 喊叫与举牌
D 吆喝和手势

45. A 与裁判争论
B 庆祝比赛结束
C 声援喜爱的球队
D 与运动员合影留念

46. A 惊慌失措
B 不屑一顾
C 迅速安静了下来
D 一起冲向了裁判

47. A 比赛规则有待完善
B 最初的运动员多是兼职
C 裁判最早是负责治安的
D 最初裁判出现在1863年

48. A 过度捕杀
B 砍伐树木
C 地震频发
D 水源污染严重

49. A 遭到了当地人的反对
B 尚未取得政府的许可
C 首选目的地是华南地区
D 需保证老虎后代捕猎

50. A 放归华南虎需大量资金
B 华南虎并非只分布在中国
C 野生华南虎多次袭击人类
D 科学家反对人工饲养老虎

二、阅读

第一部分

第51-60题：请选出有语病的一项。

51. A 看护行业的兴起也许能解决养老的难题。
    B 读书在某种意义上来说是一种生活方式。
    C 成功人士都有一个共同的特点，那就是勤奋。
    D 科学家们测算出月球的年龄大约为45亿年左右。

52. A 一座城市有了包容力，才会有吸引力和号召力。
    B 这部电影的情节很一般，但演员的演技都很优秀。
    C 在此次研究中，科学家们分析了比以往最多的数据。
    D 地铁5号线的正式运营，极大地缓解了市内交通拥堵的状况。

53. A 我生长在戏曲之家，京剧对我一点都不陌生。
    B 黄冰一向认为书画不分家，他称作画为"写画"。
    C 写文章时语言要精炼，一定要把不必要的话统统删掉。
    D 语言源自对话，而最初的人类对话主要是为了交换社会信息。

54. A 这家跨国公司很早就进入了中国市场。
    B 在母亲的言传身教下，他养成了勤俭节约的好习惯。
    C 他平时话不多，可变得异常健谈，只要一谈起自己的专业。
    D 乐观的人能看见问题后面的机会，悲观的人只能看到机会后面的问题。

55. A 当人精神紧张时，眨眼的次数会不自觉地增加。
    B《红楼梦》是举世公认的中国古典小说巅峰之作。
    C 这套昂贵的紫檀木家具是在中国广东省产生的。
    D 今年风调雨顺，庄稼一定会有一个好收成。

56. A 如今，越来越多的纸媒跨入了手机报纸的行列。
    B 我从小时候开始，就幻想着有一天能登泰山看日出的梦想。
    C 当你用一根手指去指责别人时，别忘了还有三个手指是指向自己的。
    D 为了创作剧本，他查阅了大量史料，还走访了当年经历过那件事的老人。

57. A《史记》和《汉书》这两部著作奠定了中国古典史学的基础。
B 如果发生疑似心脏病的胸痛，一定要静卧，切勿避免盲目走动。
C 网络公众筹款是一种新兴的公益筹款方式，具有方便快捷的优点。
D 据民俗专家介绍，清明节起源于周朝，至今已有两千五百多年的历史了。

58. A 父亲住院期间，芳华每天晚上都陪伴在他身旁，就算再忙再累，也没有一天例外。
B 四川省绵阳市内的报恩寺，始建于明正统五年，是中国现存结构最完整的明代寺院。
C 做任何事情都不能急于求成，想要三四月就掌握一门语言或者一个专业技能，这简直就是做白日梦。
D 治病救人最初既不是人们谋生的手段，也不是专门的职业，而是一种人性善良的自然体现，是一种人文关怀的自然行为。

59. A 很多人爱旅行，不是为了抵达目的地，而是为了享受旅途中的种种乐趣。
B 尽管气候条件和地理环境都极端恶劣，登山队员还是克服了重重困难，攀登顺利到了顶峰。
C 他们逐渐意识到，在做游戏时总是让儿子取得胜利，其实是在溺爱他，对他的成长没有什么好处。
D 支付宝宣布“刷脸”支付大规模商业化之后，这种连手机都不用掏、“靠脸吃饭”的支付方式迅速占领了年轻人市场。

60. A 身体内的肌肉比例越高，基础代谢率就越高，所以提高基础代谢率最直接的方法就是增肌。
B 访谈需要巧妙周全的构思，所以访谈之前一定要做好充分的准备，包括材料准备、思想准备等。
C 大部分人在日常生活中都出现过耳鸣，但这种耳鸣大多是非持续性的，很快就会消失，一般不会有实质性的危害。
D 1920年，“上海新舞台”上演萧伯纳的名剧《华伦夫人之职业》，“民众观剧社”成立，从这两件事标志着话剧正式走上了中国舞台。

第二部分

第61-70题：选词填空。

61. 有人惧怕告别，可是人总是要______告别。告别让我们成长，告别让我们更成熟。不管是什么样的情况，______告别，人或多或少都会有些伤感，但是它也______着再会的希望。

A 经历　面对　蕴藏　B 经验　面临　隐藏
C 体验　承担　伴随　D 遭遇　承受　包含

62. 在五花八门的极限运动中，自由潜水被______为世界第二大危险运动，其危险性仅次于高楼跳伞。它______的是个人耐力、控制力等综合素质。不过，自由潜水时团队合作也十分重要，这项运动有一条______，就是不能独自潜水。

A 评　考验　规则　B 称　检测　宗旨
C 赞　权衡　原则　D 捧　检讨　规范

63. 雕刻艺术萌芽于原始社会，不过当时的雕刻和绘画十分______。古人先把画儿画在石壁上，然后再用利器雕刻出画儿的______。这样，风雨的______对画作造成的影响就不会太大，画就可以长期保存了。

A 类似　痕迹　摩擦　B 相似　线条　侵蚀
C 犹如　界限　渗透　D 仿佛　轮廓　冲击

64. 宋代是中国饮食文化的______时期，食物品种之丰富超乎我们的______。当时，开封城内的食品______两百余种。我们现在吃的包子、爆米花当时就有，煎、炒等______方法也是从宋代开始的。

A 繁荣　幻想　总　烘烤
B 兴隆　空想　足　提炼
C 灿烂　联想　计　搅拌
D 鼎盛　想象　达　烹饪

65. 想给素昧平生的人留下深刻的第一印象吗？那就多______嘴微笑吧！与毫无______的扑克脸相比，当你面带笑容时，被陌生人记住的______要高出9%。与长得差不多的人站在一起，笑一笑会显著增加你的______度。

A 开　面貌　比例　分别
B 闭　外表　比率　辨别
C 咧　容貌　频率　鉴定
D 张　表情　概率　识别

66. 中国传统医学是人文主导型医学。它______医疗活动应以人为中心，诊断治疗过程中贯穿尊重、______病人的思想，主张______医患之间的合作关系，将“医乃仁术”作为医学的基本______。

A 压抑　关照　创立　准则
B 强调　关怀　建立　原则
C 约束　守护　设立　原理
D 贡献　爱护　树立　条理

67. 中国的青铜时代始于公元前3000年的商代，那么，青铜到底______着什么呢？青铜不但适合制造工具，而且是人类历史上出现的第一个具有永久价值的______商品。青铜的出现______了人类大规模贸易和交流的序幕，人类______从此进入新的阶段。

A 意味　昂贵　开启　文明
B 意识　珍贵　启发　文艺
C 提示　可贵　启蒙　神话
D 暗示　宝贵　启示　文物

68. 按理说，同样的商品在不同国家的售价应该是相同的，这就是______的“一价定律”，但______上，受到文化背景和信息不______等因素的影响，商品在世界各地的售价都______有不同，现实情况与理论往往并不吻合。

A 鲜明　实质　参照　极
B 显著　实践　对照　皆
C 著名　事实　对称　略
D 响亮　实际　衬托　颇

69. 琉璃厂大街位于北京和平门外，清朝时，各地来京参加科举考试的举人大多在此______，因此这里出售书籍、笔墨纸砚的店铺很多，形成了______的文化氛围，并延续至今。历经多次______，如今这条文化老街又焕发出了新的______。

A 停留　典型　振兴　风气
B 居住　浓厚　翻修　活力
C 奔波　纯粹　修建　光彩
D 滞留　深厚　复兴　风光

70. 有人说：爱情是一种疑虑重重的状态，而友谊______是一种稳定的状态。在恋爱中，双方总是在不断试探______的态度，两人之间很容易产生怀疑，所以恋爱关系比较______；友谊则不然，即使两人各自度过一段______的时间，期间对对方的消息一无所知，也______，他们的友谊丝毫都不会动摇。

A 便　各自　孤立　遥远　不言而喻
B 则　彼此　脆弱　漫长　无关紧要
C 乃　互相　生疏　疏远　微不足道
D 岂　本身　薄弱　悠久　无微不至

第三部分

第71-80题：选句填空。

71-75.

许多人以为鸟巢就是鸟儿的家，和我们人类一样，每当夜幕降临，鸟儿就会在“安乐窝”里睡觉；每当风雨袭来，它们就会躲进这个“避风港”。但是科学家发现，事实并非如此。

许多鸟并不在巢里过夜，狂风暴雨来临时，(71)______________。夜幕降临之后，野鸭和天鹅把脖子弯曲着，将头夹在翅膀间，飘浮在水面上入睡；鹤、鹳及鹭等长腿鸟类，则是站在地上睡觉。

既然不在巢里睡觉，(72)______________，又是为了什么呢？原来，对于大多数鸟来说，鸟巢不是它们的家，而是它们精心建造的“产房”。雌鸟大都在巢中产卵，产下卵以后，它们就呆在鸟巢里孵卵。小鸟出壳后，鸟巢里便热闹起来。(73)______________，鸟巢会越来越拥挤，直到小鸟们的翅膀硬了，飞离“产房”后，饱经风吹雨打的鸟巢已破烂不堪，这时，鸟巢的使命已经完成，便被鸟儿们抛弃了。

值得一提的是，还有一些鸟是不筑巢的，它们孵卵时不需要“产房”。比如南极的企鹅，雄企鹅把卵放在脚面上孵化，因此它们根本不需要巢。

讲到这里你可能会产生另一个疑问，(74)______________？答案当然是肯定的。中国吉林省曾发现一个喜鹊窝，喜鹊在里面足足住了9年。美国有一对秃鹫，在一个直径达2.47米的大巢里住了整整36年。

少数鸟确实以巢为家，(75)______________，它们的巢只是“产房”和“育儿室”，而不是真正意义上的家。

A 随着小鸟逐渐长大

B 那么鸟儿辛辛苦苦地筑巢

C 也有许多鸟都不躲在窝里

D 到底有没有以巢为家的鸟呢

E 但对于大多数鸟来说

76-80.

每个人对疼痛的感受和反应都不一样。同样的外科手术，(76)______________，有的人即使加了剂量还是会痛得冒冷汗。伤口拆线时，有的人可以面无表情看着医生拆线，有的人却一碰伤口就开始大叫。这是为什么呢？

我们对疼痛的感受不同的原因有很多。首先，生理条件决定了每个人对疼痛有着不同的感知能力。这就是说，(77)______________，而那些不顾形象而大喊大叫的人，也许真的是感受到了无法形容的痛苦。

其次，(78)______________。比如中国有一句俗话叫“男儿有泪不轻弹”，意思是男人不能轻易地掉眼泪，遇到难以承受的事情也要忍着一笑而过，因此中国人形成了一种潜意识，就是男人一般情况都不会哭，要是哭了那就是动真格的了。相反，中国人认为女人的眼泪窝浅，没什么大不了的事情也容易掉眼泪。这种潜意识使得医疗人员可能对男性抱怨的疼痛更当真，(79)______________，那他们的疼痛就一定真的很严重。

因此，医疗人员应该意识到这一点，不能按照自己的标准去估计患者的疼痛的程度。最好的做法就是，(80)______________，不要加入任何个人的偏见，这样才能准确地对症下药。

A 应该尊重患者对疼痛的表述

B 表现淡定的人可能真的不太痛

C 有的人麻药一进就可以安然入睡

D 他们倾向于认为男性只要开口抱怨

E 文化标准也会影响不同群体对疼痛的反应

第四部分

第81-100题：请选出正确答案。

81-84.

全球范围内的大坝约有80万座，数量十分可观。水坝可以为我们提供清洁能源，此外，它还给我们提供了饮用水和灌溉水，这对人类来说是一大福音。

然而水坝的建造也让河流的生态系统变得脆弱，许多物种种群数量减少，甚至灭绝，鱼类便是最直接的受害者。每一条河流的流动都有自身的节奏，而水坝却破坏了河流的这种自然节奏。水势和含沙量的变化会迫使水流做出调整，进而影响下游河段中河床和河岸的沉积物，改变河道的形状和起伏，并阻碍鱼类在河床上产卵。此外，这一围截也会大大减少有机物和营养物质的输送，进而影响河流的食物网。

那么为了扭转这一局面，我们能做些什么呢？人们首先想到的是拆除水坝，让河流再次自由流淌。事实证明，有些地区拆除水坝后，生态环境的恢复效果确实很惊人。但这也是一笔巨大的开支。不仅如此，拆除水坝后的河流很可能存在其他安全隐患。

生态学家们想出了一个聪明的办法：使水坝本身作为保护环境的工具，通过精准控制洪水来影响淤泥的堆积情况，改变河流的节奏，从而恢复河道的自然地理特征和生态环境。

应该说在永久恢复筑坝河流的生态环境方面，我们是任重而道远，我们也希望在各种努力下，今后水坝的角色能被重新下定义。

81. 第一段主要讲的是：
A 水坝的优点　　B 水坝的分布情况
C 能源的种类　　D 灌溉水的来源

82. 水坝有什么缺点？
A 影响鱼类繁殖　　B 经济效益不高
C 易引发地质灾害　　D 使河流变得浑浊

83. 根据第三段，可以知道什么？
A 建造水坝价格昂贵　　B 上游河段水流湍急
C 拆除水坝存在安全隐患　　D 生态环境可自我恢复

84. 下列哪项最适合做上文的标题？
A 水坝与生态　　B 是谁在质疑水坝
C 河流与家园　　D 拆除水坝，刻不容缓

85-88.

从前，有一个猎人。一天，天气异常寒冷，猎人背着猎枪去打猎，他一边走一边想，如果运气好，能够捕捉到一只鹿的话，那么这个冬天就不用发愁了。

到达乡间野地不久，他就惊喜地发现了鹿留下的痕迹。在鹿痕的引导下，猎人来到了一条结冰的河流跟前。这是一条相当宽阔的河流，河面完全被冰所覆盖。虽然冰面上明显地留下了鹿走过的踪迹，但是这冰面能否承受得了一个人，猎人一点把握也没有。最终，捕鹿的强烈愿望使猎手决定，涉险跨过河流。

猎手伏下双手和膝盖，开始小心翼翼地在冰面上爬行起来。当他爬到将近一半的时候，他的想像力开始空前活跃起来。他似乎听到了冰面裂开的声音，他觉得随时都有可能跌落下去。在这个寒风凛冽的日子，在这人迹罕至的荒郊野外，一旦跌入冰下，除了死亡，不会有第二种可能。巨大的恐惧向猎人袭来，但他已经爬得太远了，无论是爬到对岸还是返回去，都危险重重。他的心在惊恐紧张中怦怦地跳个不停，他趴在冰面上瑟瑟发抖，进退两难。

这时，猎人突然听到了一阵嘈杂声。一个农夫驾着一辆满载货物的马车，正悠然地驶过冰面。看到匍匐在冰面上、满脸惊恐不安的猎人时，农夫一脸莫名其妙。

很多时候，使我们踌躇不前的并非外界的阻挡，而是我们内心的纠结。

85. 发现鹿的痕迹后，猎人的反应是:

A 淡定自如　　B 停下观察
C 立即追踪　　D 迅速逃跑

86. 关于猎人面前的那条河，可以知道什么?

A 十分宽阔　　B 冰层很薄
C 冰面有裂痕　　D 冰面正在融化

87. 根据第三段，猎人:

A 抓到了鹿　　B 浑身发抖
C 跌进了河里　　D 顺利到了对岸

88. 看到猎人的样子，农夫:

A 很沮丧　　B 很镇定
C 很惊慌　　D 很纳闷儿

89-92.

继故宫咖啡、故宫初雪、故宫灯会以后，大年初一“奉旨开张”的故宫角楼餐厅又成了大众聚焦的热点。

故宫角楼餐厅位于故宫博物院神武门东侧，如今在原建筑框架下改造成了餐厅，白天供应包括炸酱面、角楼鸭卷等食物的自助餐，下午五点半到晚上十点半则供应火锅，最近被网友们刷上热搜的“故宫火锅”指的就是角楼餐厅的火锅。这家店的“圣旨菜单”上面的菜品贵族范儿十足，每道菜都很有历史渊源，因此被网友们热议。此店人手有限，餐位难求，且由于故宫特殊的地理环境和文物保护需求，这里不能使用明火，也不提供取暖设备，所以就餐环境很难像在现代餐厅一样舒适惬意。尽管“故宫火锅”的就餐环境不那么令人满意，而且价格也略高于市场价格，但它依托故宫带来的文化内涵，还是吸引了大批消费者慕名前来打卡。

与其他旅游观光产品相比，博物馆一直是比较受冷落的。而博物馆管理者们都意识到了，一本正经地去教育群众、灌输知识不是最行之有效的办法，不妨先投放一些精致的、喜闻乐见的产品来吸引大众。民以食为天，博物馆做文创走到做美食这一步，也是一个必然的趋势。

而至于博物馆在知识产权开发上最后能走多远，满足大众需求与过度商业化的准确界限究竟在哪里，这需要博物馆自己去思考，也需要大众去把关，文创或者博物馆的开发是否<u>过犹不及</u>，评价与选择权全在大众手里。

89. 关于故宫火锅，可以知道什么？
   A 晚上不开门　　B 使用的是明火
   C 价格略高于市场　　D 就餐环境颇为舒适

90. 博物馆管理者认为，应如何推广文化？
   A 正经传播文化知识　　B 广泛结合学校教育
   C 投放受欢迎的产品　　D 要靠大众评价把关

91. 最后一段的“过犹不及”是什么意思？
   A 做得过头也不合适　　B 过去的不值得回忆
   C 做过的事没必要后悔　　D 犯了过错要及时改正

92. 根据上文，下列哪项正确？
   A 故宫火锅非常美味　　B 大众有权评价博物馆开发
   C 博物馆学比考古学更冷门　　D 文创产品被过度商业化了

93-96.

有一家电视台，主要播一些生活类的节目，教你做一道菜，调节一下邻里纠纷。然而就在这个电视频道，你却经常能看到一些奢侈品的广告。

显然，那些买得起名贵手表和汽车的人，他们的休闲场所大多都在高尔夫球场或者游艇上，而不是电视机前。那为什么奢侈品公司会选择在这样的频道上打广告呢？进化心理学的相关理论或许可以回答这个问题。

假如你想买一辆最新款的奔驰车，得知电视广告上某个成功男士驾驶着这辆车，你或许很容易会相信，如果买了这辆车，将增添你的男子汉气概。也可能你对此不屑一顾，心想："不就是辆车吗？"但是你能意识到一点，很多电视观众都相信，驾驶它的十有八九都是成功人士。

奢侈品公司把广告投放到普通电视台的目的就在于此。广告有两类观众：一类是潜在的商品购买者，另一类便是潜在的商品观察者。商品观察者认为，这些奢侈品的主人拥有各种各样广告商所表现出来的特质。商品越是昂贵稀有，观察者就会越多。因此，把奢侈品广告投放到这些大众电视节目上去，它们的广告目标人群不是潜在的购买者，而是潜在的崇拜者，目的就是让更多的人羡慕那些买得起这些奢侈品的极少数人。

通常来讲，产品可以分为两类：一类是愉悦性产品，即使没人知道我们拥有它们，但它们还是能激活我们的愉悦开关，带给我们满足感；另一类则是地位性产品，它们可以展现我们想要的特质，当别人看到我们拥有它们时，会认为我们很有"地位"。

我们的祖先没有地位性产品，但是我们这种天性却是从他们那里继承来的。对地位的渴望和偏好是人的天性，而奢侈品便是这种偏好最直接的体现。

93. 下列哪项可能不会出现在生活类频道上？

A 烹饪节目　　B 邻里纠纷
C 奢侈品广告　　D 高尔夫比赛

94. 奢侈品公司为什么要在一般节目上投放广告？

A 吸引潜在购买者　　B 显得商品档次高
C 一般节目的观众最多　　D 使人们羡慕奢侈品拥有者

95. 愉悦性产品的特点是：

A 稀有性　　B 带来满足感
C 可以用来炫耀　　D 价格比较低廉

96. 关于地位性产品，下列哪项正确？

A 靠继承得来　　B 是交际的需要
C 符合人类的天性　　D 原始社会就存在

97-100.

大众理解的抑郁症，很多时候只是一种抑郁情绪。抑郁情绪和抑郁症是两回事，要想知道抑郁症到底该如何治疗，首先得把这两种情况分清楚。如果某段时间情绪低落，对什么事都不感兴趣，这是你有了抑郁情绪。但是，有抑郁情绪并不等于得了抑郁症。人都会有抑郁的时候，难过、悲伤、沮丧等，都是抑郁情绪的一种。抑郁情绪大部分是暂时性的，也就是说，在某个点上，你可能非常不开心，但通过调整心态，你完全可以扭转这种不开心的情绪。

抑郁情绪可以通过放松心情或者心理咨询得到缓解，但是抑郁症的情况就没那么简单了。从生物学角度看，抑郁症是大脑中神经传导物质"5-羟色胺"和"去甲肾上腺素"等神经递质系统功能失调所致的心理障碍。这就是为何抑郁症患者完全无法快乐的原因，因为他们大脑中的神经递质已经不听指挥了。

医学专家解释，神经递质充当着脑细胞间"邮递员"的角色。其中，5-羟色胺和去甲肾上腺素就是传递快乐信息的。如果这些神经递质系统的功能失调了，就会使人对高兴等积极情绪毫无反应，并使负面情绪的反应过度，情绪调节能力下降，认知功能减退。这样一来，只要外界有一点点负面信号，便会在抑郁症患者的脑内被放大，因为无法调节情绪，就容易越陷越深，无法自拔。

被诊断为"抑郁症"之后，该怎么办呢？最关键的还是药物治疗，然后才是放松心情和心理咨询。因为必须先让患者的神经递质功能恢复正常，他们才能感受到轻松和快乐。这就好比治疗高血压，要先通过药物把血压降下来，然后才是注意饮食和多锻炼。如果被诊断为抑郁症，那就一定要接受药物治疗，只靠读好文章或跟朋友谈心的形式来缓解，那显然是远远不够的。

97. 根据第一段，抑郁情绪：

A 常被忽视　　B 持续时间较长
C 中年人更易产生　　D 多是暂时性的

98. 如果神经递质系统功能失调，人们会怎么样？

A 容易头晕　　B 浑身酸痛
C 认知功能减退　　D 情绪高涨

99. 最后一段主要说的是：

A 患抑郁症的原因　　B 抑郁症的主要症状
C 治疗抑郁症的方法　　D 高血压与抑郁症的关系

100. 根据上文，下列哪项正确？

A 抑郁症很难通过放松来缓解　　B 抑郁情绪也需药物治疗
C 抑郁情绪并非人皆有之　　D 抑郁症患者排斥心理咨询

三、书写

第101题：缩写。

(1) 仔细阅读下面这篇文章，时间为10分钟，阅读时不能抄写、记录。
(2) 10分钟后，监考收回阅读材料，请你将这篇文章缩写成一篇短文，时间为35分钟。
(3) 标题自拟。只需复述文章内容，不需加入自己的观点。
(4) 字数为400左右。
(5) 请把作文直接写在答题卡上。

“凯叔”的本名叫王凯，他原来是中央电视台的主持人，很善于讲故事。2013 年他宣布辞职离开中央电视台，辞职后的王凯创业做起了自媒体“凯叔讲故事”。不到两年，这个公众号就有了400多万用户。目前，这个公众号已经是互联网上最大的亲子阅读社群了。

“凯叔讲故事”是王凯偶然之得。王凯的女儿每天守着他让他讲故事，每天都得讲三、四个故事，而且不许重复。王凯是个好爸爸，每次讲故事他都很认真，每个故事都是经过他精心筛选的，因为他认为，不是所有的儿童故事都适合给儿童讲。给女儿讲故事消耗王凯很大精力，他觉得这些故事只讲给女儿听太可惜了，后来他索性将一天中自己认为讲得最好的故事录下来，放在网络上和大家分享。结果收听和转发的人很多，王凯便萌发了专心做这件事情的想法。

一开始，王凯在女儿的幼儿园家长群里分享了两个故事录音，这28个家庭的28个孩子成了他的第一批用户，马上就有孩子听上瘾了，想听更多故事。后来王凯又把故事发到微博上，他的微博粉丝以男性为主，尽管这样，一个故事平均也有几百次转发。这两次尝试让王凯确认了一件事，很多家长和孩子需要这样的故事形式。于是王凯便开通了“凯叔讲故事”微信公众号，也没有刻意运营，就是隔一天发一个故事录音。

每天都会有一群孩子用微信跟王凯语音聊天，而且频度非常高。孩子跟王凯聊的东西，让他很受触动。有的孩子说:“我在看书，一听爸爸妈妈又吵架了，凯叔你说我怎么办?”有的孩子说:“凯叔，今天在幼儿园有谁欺负我了……”有些话孩子们可能未必会跟自己的爸爸妈妈说，但是他们愿意跟凯叔说。有时候家长有一些育儿的困惑，也会和王凯聊聊。这些无保留的沟通对王凯的触动特别大，他开始有一种使命感。

他果断把之前的创业项目全部清盘，2014年4月，他带着两个小伙伴，租了一个两居室，正式开始运营“凯叔讲故事”。2015年“凯叔讲故事”的用户数从六七十万增长到400万，现在每天新增用户仍有6000多。

“妈妈（爸爸）给我讲个故事吧！”可能每位家长都遇到过孩子这样的请求。是随手找本故事书读一下，即兴编一个故事？还是通过故事用心与孩子交流呢？同样是讲故事，“会讲”与“不会讲”，对孩子的教育意义可是截然不同的！王凯总说：“凯叔是陪伴品、增补品，绝不是替代品。每一个爸爸妈妈才是最好的故事讲述者。”

HSK（六级）答题卡

汉语水平考试　HSK　答题卡

请填写考生信息

请按照考试证件上的姓名填写：

姓名	

如果有中文姓名，请填写：

中文姓名	

考生序号		
		[0] [1] [2] [3] [4] [5] [6] [7] [8] [9]
		[0] [1] [2] [3] [4] [5] [6] [7] [8] [9]
		[0] [1] [2] [3] [4] [5] [6] [7] [8] [9]
		[0] [1] [2] [3] [4] [5] [6] [7] [8] [9]
		[0] [1] [2] [3] [4] [5] [6] [7] [8] [9]

请填写考点信息

考点代码		
		[0] [1] [2] [3] [4] [5] [6] [7] [8] [9]
		[0] [1] [2] [3] [4] [5] [6] [7] [8] [9]
		[0] [1] [2] [3] [4] [5] [6] [7] [8] [9]
		[0] [1] [2] [3] [4] [5] [6] [7] [8] [9]
		[0] [1] [2] [3] [4] [5] [6] [7] [8] [9]
		[0] [1] [2] [3] [4] [5] [6] [7] [8] [9]
		[0] [1] [2] [3] [4] [5] [6] [7] [8] [9]

国籍		
		[0] [1] [2] [3] [4] [5] [6] [7] [8] [9]
		[0] [1] [2] [3] [4] [5] [6] [7] [8] [9]
		[0] [1] [2] [3] [4] [5] [6] [7] [8] [9]

年龄		
		[0] [1] [2] [3] [4] [5] [6] [7] [8] [9]
		[0] [1] [2] [3] [4] [5] [6] [7] [8] [9]

性别	男 [1]	女 [2]

注意	请用2B铅笔这样写：▬

一、听力

1. [A][B][C][D]	6. [A][B][C][D]	11. [A][B][C][D]	16. [A][B][C][D]	21. [A][B][C][D]
2. [A][B][C][D]	7. [A][B][C][D]	12. [A][B][C][D]	17. [A][B][C][D]	22. [A][B][C][D]
3. [A][B][C][D]	8. [A][B][C][D]	13. [A][B][C][D]	18. [A][B][C][D]	23. [A][B][C][D]
4. [A][B][C][D]	9. [A][B][C][D]	14. [A][B][C][D]	19. [A][B][C][D]	24. [A][B][C][D]
5. [A][B][C][D]	10. [A][B][C][D]	15. [A][B][C][D]	20. [A][B][C][D]	25. [A][B][C][D]
26. [A][B][C][D]	31. [A][B][C][D]	36. [A][B][C][D]	41. [A][B][C][D]	46. [A][B][C][D]
27. [A][B][C][D]	32. [A][B][C][D]	37. [A][B][C][D]	42. [A][B][C][D]	47. [A][B][C][D]
28. [A][B][C][D]	33. [A][B][C][D]	38. [A][B][C][D]	43. [A][B][C][D]	48. [A][B][C][D]
29. [A][B][C][D]	34. [A][B][C][D]	39. [A][B][C][D]	44. [A][B][C][D]	49. [A][B][C][D]
30. [A][B][C][D]	35. [A][B][C][D]	40. [A][B][C][D]	45. [A][B][C][D]	50. [A][B][C][D]

二、阅读

51. [A][B][C][D]	56. [A][B][C][D]	61. [A][B][C][D]	66. [A][B][C][D]	71. [A][B][C][D][E]
52. [A][B][C][D]	57. [A][B][C][D]	62. [A][B][C][D]	67. [A][B][C][D]	72. [A][B][C][D][E]
53. [A][B][C][D]	58. [A][B][C][D]	63. [A][B][C][D]	68. [A][B][C][D]	73. [A][B][C][D][E]
54. [A][B][C][D]	59. [A][B][C][D]	64. [A][B][C][D]	69. [A][B][C][D]	74. [A][B][C][D][E]
55. [A][B][C][D]	60. [A][B][C][D]	65. [A][B][C][D]	70. [A][B][C][D]	75. [A][B][C][D][E]
76. [A][B][C][D][E]	81. [A][B][C][D]	86. [A][B][C][D]	91. [A][B][C][D]	96. [A][B][C][D]
77. [A][B][C][D][E]	82. [A][B][C][D]	87. [A][B][C][D]	92. [A][B][C][D]	97. [A][B][C][D]
78. [A][B][C][D][E]	83. [A][B][C][D]	88. [A][B][C][D]	93. [A][B][C][D]	98. [A][B][C][D]
79. [A][B][C][D][E]	84. [A][B][C][D]	89. [A][B][C][D]	94. [A][B][C][D]	99. [A][B][C][D]
80. [A][B][C][D][E]	85. [A][B][C][D]	90. [A][B][C][D]	95. [A][B][C][D]	100. [A][B][C][D]

三、书写

101.

不要写到框线以外

不要写到框线以外

쓰기 강화 1

三、书写

第101题：缩写。

(1) 仔细阅读下面这篇文章，时间为10分钟，阅读时不能抄写、记录。
(2) 10分钟后，监考收回阅读材料，请你将这篇文章缩写成一篇短文，时间为35分钟。
(3) 标题自拟。只需复述文章内容，不需加入自己的观点。
(4) 字数为400左右。
(5) 请把作文直接写在答题卡上。

三国时期，魏、蜀、吴三个国家各据一方，征战不休，争夺霸主的统治地位。其中，刘备管辖割据的地方称为蜀。刘备依靠诸葛亮、关羽、张飞等一批能干的文臣武将打下了江山，他死后将王位传给了他的儿子刘禅。临终前，刘备嘱咐诸葛亮辅佐刘禅好好儿治理蜀国。但是刘禅是一位非常无能的君主，什么也不懂，什么也不做，整天就知道吃喝玩乐，将政事都交给诸葛亮去全权处理。诸葛亮在世的时候，呕心沥血地使蜀国维持着与魏、吴三国鼎立的地位；但诸葛亮去世后，由姜维辅佐刘禅，从此，蜀国的国力迅速开始走下坡路。

一次，魏国大军侵入蜀国，一路势如破竹。姜维抵挡不住，结果被打败了。刘禅惊慌不已，一点继续战斗的信心和勇气都没有，为了保全自己的性命，他赤着上身、反绑双臂，叫人捧着玉玺，出宫投降，做了魏国的俘虏。同时跟他一块儿做了俘虏的，还有一大批蜀国的臣子。投降以后，魏王把刘禅他们接到魏国的京都去居住，还是让他和以前一样养尊处优，为了笼络人心，还封他为“安乐公”。“安乐公”只是一个称号，并无实权。

其实当时的魏王自己也无实权，真正掌握魏国大权的是司马昭。司马昭虽然知道刘禅无能，但对他还是有点怀疑，怕他只是表面上装成很顺从，暗地里存着东山再起的野心，所以有意要试探他一下。有一次，他故意大摆宴席，请刘禅来喝酒，席间，还特意叫人为刘禅表演蜀地的乐舞。跟随刘禅一起来到魏国的蜀国人看了都触景生情，难过得直掉眼泪，但刘禅却没什么反应。司马昭看看刘禅，见他正咧着嘴看得高兴，就故意问他:“你想不想你的故乡啊?”刘禅随口就说:“这里的日子这么快乐，我一点儿也不想念蜀国。”

散席之后，刘禅的近臣教他说:“主公，下次司马昭再这样问，主公您应该痛哭流涕地说:‘蜀地是我的家乡，我没有一天不想念那里。’这样也许会感动司马昭，让他放我们回去呀!”刘禅听了这番话，觉得也有道理，于是就答应了。没过多久，司马昭果然又问到这个问题，刘禅想起他的近臣说过的话，就装着悲痛的样子，照这话说了一遍，但他不觉得悲伤，怎么也挤不出眼泪来，于是只好闭着眼睛。司马昭一眼就看出来他是装的了，于是忍住笑问他："这话是人家教你的吧？"刘禅睁开眼睛，眼睛瞪得滴溜圆，他吃惊地说："是呀，正是人家教我的，你是怎么知道的？"司马昭明白刘禅确实是个胸无大志的人，从此也就不再防备他了。

后来人们就用"乐不思蜀"这个成语比喻在新的环境中感到很开心，不再想回到原来的环境中去。

三、书写

101.

100.

200.

300.

400.

500.

쓰기 강화 2

三、书写

第101题：缩写。

(1) 仔细阅读下面这篇文章，时间为10分钟，阅读时不能抄写、记录。
(2) 10分钟后，监考收回阅读材料，请你将这篇文章缩写成一篇短文，时间为35分钟。
(3) 标题自拟。只需复述文章内容，不需加入自己的观点。
(4) 字数为400左右。
(5) 请把作文直接写在答题卡上。

放暑假的时候，给我家送报的换成了一个十七八岁的少年。我家住6楼，每天清早8点多钟的时候，便有一阵轻快的脚步声急急地上楼来了。不论晴天雨天，他都来得很准时。门没开的时候，他轻轻地把报纸塞进报筒。门开着的时候，他便会礼貌地喊一声："王老师，报纸来了!"

我曾与他闲聊过，得知他每天清晨5点钟就起床，每天要为200多户人家送报，而且都是楼房住户，他每天要爬一万八千多个台阶。骄阳似火，送报少年每天大汗淋漓地骑着车子穿街过巷，一大早，他的短袖衬衣就湿透了，但他的车铃却拨弄得很快活，小圆脸上闪着一双明亮的大眼睛，见人就腼腆地笑，他的日子似乎无忧无虑。

7月下旬的一天，少年来送报来时对我说："今天报上刊登了高考录取分数线!"我说了声谢谢，少年便下楼去了。这时，我那儿子闻声从床上跳起来，接过报纸急匆匆地翻看，高兴地说："妈，我考上邮电大学了!"我既高兴，又对儿子的那种少爷做派很不满意。8点多钟了还穿着睡衣，卧室里空调也开着。每天几乎都是这样，千呼万唤才起床洗漱，然后，打开电视，靠在沙发上一边喝牛奶，一边不停地换电视频道……我说："高考完了可以休息休息，但不能天天这样睡懒觉，一个青年有没有抱负，就看他能不能早起床!"儿子不屑地说："你那观念早过时了!"我说："你看看人家那送报的少年，每天5点就起床了!"儿子笑得更厉害了："他是干什么的？我是干什么的？我进了大学，还要攻读硕士、博士，还要出国留学!"

一天，下起了大雨，送报的少年头一次误点了。上午9点半时，才出现在我家门口，他浑身衣服湿透了，像一个落汤鸡。他像一个做了错事的孩子说："对不起，我摔了一跤，自行车也不转了，连报纸也弄湿了……"我刚说了声"没关系"，儿子却夺过报纸狠狠地一摔："换份干的来，这份不能看!"我一边说没事，一边把儿子推进房里。

转眼到了8月底，儿子接到邮电大学的入学通知书，高高兴兴地收拾行李准备上学。这天8点刚过，送报的少年就准时出现在我家门口。他把报纸交给我后，笑眯眯地说:“王老师，从明天起，这报纸还是由我爸爸送。”我随口问:“那你呢?”少年说:“我被北京大学录取了，明天去上学。”我惊得不知说什么才好，那少年又补充道;“我爸是个下岗工人，身体不太好，以后若送迟了，您多包涵!”说完少年深深地朝我鞠了一躬，便下楼去了。

三、书写

101.

쓰기 강화 3

三、书写

第101题：缩写。

(1) 仔细阅读下面这篇文章，时间为10分钟，阅读时不能抄写、记录。
(2) 10分钟后，监考收回阅读材料，请你将这篇文章缩写成一篇短文，时间为35分钟。
(3) 标题自拟。只需复述文章内容，不需加入自己的观点。
(4) 字数为400左右。
(5) 请把作文直接写在答题卡上。

老王是村里的首富，但他生活得并不快乐。有一天，老王家门前来了一位远游的高僧，他便把自己的苦恼跟高僧说了。高僧一听就笑了，说:“我有一个快乐的秘方放在山上的庙中了，施主愿意跟我去拿吗? 不过路很远，你得带上足够的路费。”

就这样，老王跟高僧上路了。路真的很远，他们走过了一个又一个村庄，翻过了一座又一座高山。路上他们遇到很多穷人，高僧毫不犹豫地让老王掏出钱施舍给穷人，老王心里其实并不愿意，但是碍于高僧的面子，他不得不掏钱施舍给那些穷人，直到他口袋里的钱越来越少。老王有点儿担心，心里想:“这样下去，我拿到秘方后怎么回家呢?”高僧好像看出了老王的心思。高僧说:“你不必担心，我保证你到时候会开开心心地回家去。”老王听了高僧的话，就把剩余的钱都毫无保留地施舍给了穷人们。

经过了长途跋涉，他们终于来到了庙中。一到庙中老王便急忙问高僧快乐的秘方在哪儿。高僧不急不忙地说:“我已经把秘方给你了啊！”老王听了很吃惊，说:“你什么时候给我的，我怎么没印象啊?”高僧说:“你想不起来，我也没办法。你既然来了，就先别急着走，过一些日子再回去吧。”

于是，老王便在山上住了下来，但是他心里一直纳闷儿，因为在他印象之中，高僧明明没有给过他秘方，他想不通高僧葫芦里到底卖的是什么药。在庙中，老王听和尚们念那些听不懂的经文，时间久了，他烦躁得受不了了，于是他向高僧要路费，说自己要下山去。没想到高僧却说:“我已经把路费给你了。”

老王终于明白了，他原来是个骗人的僧人，他从一开始就是在逗自己玩儿呢！老王一气之下离开了庙，下山去了，一赌气跑出了很远。当他来到一个小山村的时候，天已经黑了，他的肚子也饿得咕咕叫，但他的口袋空空，一分钱也没有，老王不知道如何是好。就在这个时候，一个老农从他身边走过，一眼就认出他来了。老农说:“哎呀，这不是我的恩人吗? 你怎么会到这里来了?”老王根本想不起对这个老农施舍过什么，但老农却把他当亲人一样看待。老农把他领到家中过了一晚。次日，他继续赶路。在途中，每当老王遇到困难的时候，就会有人来帮他，那些人都是接受过他的施舍的人，他们都一眼就认出了他，这让他感到惊喜。一路上，虽然老王身无分文，但在大家的的帮助下，他顺利地回到了家。

回到家以后，大家都说老王完全变成了另一个人，看起来他非常快乐，因此大家都问他那个高僧的快乐的秘方到底是什么。老王突然明白了，原来他误会了高僧，高僧不是骗子，高僧真的把快乐的秘方给了他。

三、书写

101.

파고다 HSK

6급 실전모의고사 고득점 보장

문제집

파고다 HSK

문법&어휘노트

6급
실전모의고사

고득점 보장

PAGODA Books

HSK 6급

문법노트
필수어휘

6급 시험 합격을 위한 필수 문법

6급 독해 1부분을 풀기 위해서는 중국어의 문장 성분을 이해하는 것이 무엇보다 중요하다. 중국어는 필요한 성분을 빠뜨리거나, 불필요한 성분을 남용해 쓰지 않고, 각 성분 간의 호응관계도 맞춰야 정확한 문장이 될 수 있다. 따라서 문장 성분에 대한 이해가 충분하다면 독해 1부분 문제를 비교적 쉽게 해결할 수 있다. 이는 독해 1부분뿐만이 아닌, 전체 문제를 더 빠르고 쉽게 이해하는데 필요한 내용이므로 6급 시험을 준비하는 수험생이라면 반드시 꼼꼼하게 살펴보고 넘어가야 한다.

★중국어 문장의 6대 성분★

= 주어 + 술어 + 목적어 + 관형어(명사 앞 수식어) + 부사어(술어 앞 수식어) + 보어(술어 뒤 보충성분)

예

这个聪明的	孩子	很快就	听	明白	了	我话中的	意思。
관형어	주어	부사어	술어	보어		관형어	목적어
지시사+양사/형용사+조사	명사	부사+형용사/부사	동사	동사	조사	대명사+명사+조사	명사

예

最不让我放心的	妹妹	终于	找	到	了	一份好	工作。
관형어	주어	부사어	술어	보어		관형어	목적어
부사+부사+(사역)동사+대명사+동사+조사	명사	부사	동사	동사	조사	수사+양사/형용사	명사

1. 문장 성분의 부재

- 문장의 중심 성분이 되는 주어, 술어, 목적어가 어순과 호응관계에 맞게 잘 들어가 있는지 확인해보자.

1) 跳舞是一种很好的有氧运动，很强的减肥效果。(×)

- 두 번째 문장에서 목적어(减肥效果)의 술어가 부재한다.

→

跳舞	是	一种很好的	有氧运动，	(跳舞)	有	很强的减肥	效果。(○)
주어	술어	관형어	목적어	(동일주어)	술어	관형어	목적어

춤은 좋은 유산소 운동의 일종으로, 다이어트에 아주 큰 효과가 있다.

단어 有氧运动 yǒuyǎng yùndòng 유산소 운동

2) 听到老师的一番话后，令我们深受鼓舞。(×)

– 사역동사 '令'은 전체 문장의 술어 역할을 하므로 문장의 주어가 필요한데, '令'의 주어가 부재한다.

→ 老师的一番 话 令 我们 深受 鼓舞。(○)
관형어 주어1 (사역)동사1 목적어1
주어2 술어2 목적어2

선생님 말씀은 우리를 크게 고무시켜 주었다.

단어 **鼓舞** gǔwǔ 동 고무하다, 격려하다

→ 听到 老师的 一番话 后，我们 深受 鼓舞。(○)
관형어 목적어 주어 주어 술어 목적어

선생님 말씀을 들은 후, 우리는 크게 고무되었다.

3) 北极村是中国唯一一处可以观测极光。(×)

– 술어(是)와 호응하는 목적어가 부재한다.
– 관형어가 되는 수량사 '一处'의 수식을 받는 명사 중심어(목적어)가 부재한다.

→ 北极村 是 中国唯一一处可以观测极光的 地方。(○)
주어 술어 관형어 목적어

베이지춘은 중국에서 오로라를 관측할 수 있는 유일한 장소이다.

단어 **北极村** Běijícūn 고유 베이지춘(중국 영토 최북단에 위치함) | **唯一** wéiyī 형 유일한, 하나밖에 없는 | **观测** guāncè 동 관측하다 | **极光** jíguāng 명 오로라

4) 动物的尾巴一般起着平衡或保护自己。(×)

– 술어(起)와 호응하는 목적어가 부재한다.

→ 动物的 尾巴 一般 起 着 平衡或保护自己的 作用。(○)
관형어 주어 부사어 술어 관형어 목적어

동물의 꼬리는 보통 균형을 맞추거나 자신을 보호하는 역할을 한다.

단어 **平衡** pínghéng 동 (물체가) 평형을 유지하다, 균형을 이루다 | **起作用** qǐ zuòyòng 역할을 하다, 효과가 나타나다, 작용을 하다

5) 不管做什么工作，你都应该积极的态度对待自己的工作。(×)

– 술어(对待) 앞에 명사구(积极的态度)는 주어가 아니다. 부사어가 되려면 '전치사구(전치사+명사)'가 되어야 하는데 전치사가 부재한다.

→ 不管做什么工作，你 都 应该 以积极的态度 对待 自己的 工作。(○)

你	都 应该 以积极的态度	对待	自己的	工作
주어	부사어	술어	관형어	목적어
	부사/능원동사/전치사구(전치사+명사)			

무슨 일을 하든 상관없이, 넌 반드시 적극적인 태도로 자신의 일을 대해야 한다.

단어 **对待** duìdài 동 대하다, 다루다

2. 문장 성분의 남용

– 같은 의미를 중복해 썼는지, 불필요한 성분을 남용했는지 확인해보자.

1) 非洲大象的哺乳期大约是两年左右的时间。(×)

– '大约'와 '左右'는 똑같이 어림수를 나타내는 표현으로 중복되었다. 그밖에 '多'나 '来' 등도 숫자와 함께 사용하면 어림수를 나타내므로 필요 시 하나씩만 활용한다.

→ 非洲大象的哺乳期大约是两年的时间。(○)

→ 非洲大象的哺乳期是两年左右的时间。(○)

아프리카 코끼리의 포유기는 대략 2년 정도이다.

단어 **哺乳期** bǔrǔqī 명 포유기(어미가 새끼에게 젖을 먹이는 기간)

2) 地中海沿岸被称为西方文明的摇篮之称。(×)

– '被称为~'가 있는데, 같은 의미를 나타내는 '~之称'을 중복했다.

→ 地中海沿岸被称为西方文明的摇篮。(○)

지중해 연안은 서방 문명의 요람이라고 불린다.

단어 **鼓舞** gǔwǔ 동 고무하다, 격려하다

→ 地中海沿岸有西方文明的摇篮之称。(○)

지중해 연안은 서방 문명의 요람이라는 이름이 있다.

단어 **地中海** Dìzhōnghǎi 고유 지중해 | **沿岸** yán'àn 명 연안, 강·호수·바닷가에 연한 지방 | **被称为** bèichēngwéi ~라고 불린다 | **摇篮** yáolán 명 요람, 문화·운동 따위의 발상지 | **~之称** ~ zhī chēng ~의 이름, 별칭

3) 树上的大苹果仿佛好像是红着脸的胖娃娃。(×)

– '仿佛'와 '好像'은 같은 의미로 중복되었다.

→ 树上的大苹果仿佛是红着脸的胖娃娃。(○)

→ 树上的大苹果好像是红着脸的胖娃娃。(○)

나무 위의 큰 사과는 마치 얼굴이 발갛고 포동포동한 아이와 같다.

단어 **仿佛** fǎngfú 부 마치 ~와 같다

4) 庐山的风景美极了，尤其特别是那千变万化的云雾。(×)

– 같은 의미를 가진 '尤其'와 '特别'가 중복되었다.

→ 庐山的风景美极了，尤其是那千变万化的云雾。(○)

→ 庐山的风景美极了，特别是那千变万化的云雾。(○)

루산의 경치는 정말 아름답다. 그 변화무쌍한 구름과 안개는 특히 더 그렇다.

단어 **庐山** Lú Shān 고유 루산[장시(江西)성 쥬쟝(九江) 남쪽에 있는 산] | **千变万化** qiān biàn wàn huà 성어 변화무쌍하다, 끝없이 변화하다 | **云雾** yúnwù 명 운무, 구름과 안개

5) 由于缺乏自信是性格软弱和事业不能成功的主要原因。(×)

– 목적어에 '~的原因'이 있는데 주어 앞에 접속사 '由于'가 남용되었다.

→ 缺乏自信(주어) 是(술어) 性格软弱和事业不能成功的(관형어) 主要原因。(○)

자신감 결여는 성격이 나약하고 사업이 성공하지 못하는 주 원인이다.

6) 今年年初，我国许多地区出现雾霾天气比较频繁。(×)

- 문장의 술어는 '出现'이고, 목적어는 '天气'로 문장이 마무리 되었는데, '比较频繁'이 남용되었다.
- '频繁'은 형용사로 술어 앞에서 부사어가 될 수 있다.

→ 今年年初，我国许多地区(주어) 频繁(부사어) 出现(술어) 雾霾天气(목적어)。(○)

올해 초, 우리나라 많은 지역에서 미세먼지 날씨가 빈번하게 나타났다.

단어 **频繁** pínfán 형 잦다, 빈번하다 | **雾霾** wùmái 명 미세먼지

3. 문장 성분의 호응

- 주어+술어/술어+목적어/주어+목적어 간의 호응관계와, 전치사+술어 또는 전치사+부사 간의 호응관계를 살펴보고, 문장 의미가 논리적으로 맞는지도 확인해보자.

1) 桂林是个山明水秀、风景宜人的好时节。(×)

- '是'가 문장의 술어일 때, 주어와 목적어는 호응 관계가 되어야 한다.

→ 桂林(주어) 是(술어) 个山明水秀、风景宜人的好(관형어) 地方(목적어)。(○)

구이린은 산 좋고 물 맑은, 풍경이 아름다운 좋은 장소이다.

단어 **桂林** Guìlín 고유 구이린, 계림[광시(广西)성에 있는 저명한 명승지의 하나] | **山明水秀** shān míng shuǐ xiù 성어 산 좋고 물 맑다, 산수의 풍경이 아름답다 | **宜人** yírén 동 (사람의) 마음에 들다, 마음에 맞다, 좋은 느낌을 주다

2) 苹果是一种很有营养的水果，日常吃些苹果是对健康有益。(×)

- '是~的' 구문이 문장의 술어구 내용을 단정, 강조하는 용법이라면 '是~的'를 함께 사용하여 호응시키거나 둘 다 사용하지 않아야 한다.

→ 苹果是一种很有营养的水果，日常吃些苹果是对健康有益的。(○)

→ 苹果 是 一种很有营养的 水果，日常吃些苹果 对健康 有益。(○)
주어 술어 관형어 목적어 주어 부사어 술어

사과는 영양이 풍부한 과일로서 평소 사과를 조금씩 먹으면 건강에 유익하다.

3) 在此次研究中，科学家们分析了比以往最多的数据。(×)

– 비교문에서는 정도 부사 '最'를 사용할 수 없고, '더'의 의미를 가진 '更'을 사용해야 한다.

→ 在此次研究中，科学家们分析了比以往更多的数据。(○)

이번 연구에서 과학자들은 예전보다 더욱 많은 데이터를 분석했다.

단어 **数据** shùjù 명 데이터(data), 통계 수치

4) 家庭的熏陶为孩子的成长有极为重要的作用。(×)

– 동사 '有'는 전치사 '为'와 호응할 수 없다. 올바른 호응관계는 '对~有作用', '对~起作用', '为~起作用'이다.

→ 家庭的熏陶对孩子的成长有极为重要的作用。(○)

→ 家庭的熏陶对孩子的成长起着极为重要的作用。(○)

→ 家庭的熏陶为孩子的成长起着极为重要的作用。(○)

가정의 훈육은 아이의 성장에 매우 중요한 역할을 한다.

단어 **熏陶** xūntáo 명 훈도, 교화, 훈육

5) 每年做全身检查可以有效地避免很多大病不发生。(×)

– '避免'는 '어떤 일의 발생을 피하다'는 의미이므로 부정사(不)와 함께 호응하지 않는다. '避免' 외에도 '防止', '以免' 역시 뒤에 부정사를 동반할 수 없다.

→ 每年做全身检查可以有效地避免很多大病发生。(○)

매년 신체검사를 하면 큰 병을 효과적으로 피할 수 있다.

단어 **全身检查** quánshēn jiǎnchá 신체검사

6) 夫妻关系是否协调，决定着白头偕老。(×)

– 부부관계가 조화로우면 백년해로를 하고, 그렇지 않으면 백년해로를 할 수 없다는 의미이므로 조화로움의 여부가 '백년해로 할 수 있을지 없을지'를 결정한다고 표현해야 논리적으로 맞다. 따라서 앞에 정반사(是否)가 있으면 뒤에도 정반사가 동반되어야 한다.

→ 夫妻关系是否协调，决定着能否白头偕老。(○)

부부관계가 조화로운지 아닌지는 백년해로할 수 있는지 없는지를 결정한다.

단어 **协调** xiétiáo 형 어울리다, 조화를 이루다 | **白头偕老** bái tóu xié lǎo 성어 부부가 백년해로(**百年偕老**)하다

4. 문장 성분의 어순

– 단어의 품사가 어순에 맞게 쓰였는지, '수식어 + 중심어'의 어순이 맞는지 확인하자.

1) 唐代诗坛中，代表最为杰出的是李白和杜甫。(×)

– 관형어(最为杰出的)는 수식하는 명사 중심어(代表) 앞에 위치한다.

→ 唐代诗坛中，最为杰出的(관형어) 代表(주어) 是(술어) 李白和杜甫(목적어)。(○)

당대 시단에서 가장 출중한 대표는 이백과 두보이다.

단어 **诗坛** shītán 명 시단 | **最为** zuìwéi 부 제일, 가장 | **杰出** jiéchū 형 걸출하다, 출중하다, 뛰어나다

2) 每个孩子都在想要迫不及待地长大。(×)

– 부사어는 술어 앞에 위치한다.

– '迫不及待'는 '간절히 희망한다'는 의미로 '希望/想' 앞에서 수식어가 되거나, '서두르다'의 의미로 '跑出去/打开/推开' 등 동작 동사 앞에서 수식어가 된다.

→ 每个孩子(주어) 都在迫不及待地(부사어) 想要(술어) 长大(목적어)。(○)

모든 아이들은 어서 자라기를 간절히 바란다.

단어 **迫不及待** pò bù jí dài 성어 한시도 지체할 수 없다, 서두르다, 간절히 희망하다

3) 在改革开放40年的进程中，中国翻天覆地的发生了变化。(×)

– '翻天覆地'는 거대한 변화가 일어난 것을 나타내는 성어로 '变化' 앞에 수식어로 사용해야 한다.

→ 在改革开放40年的进程中，中国(주어) 发生了(술어) 翻天覆地的(관형어) 变化(목적어)。(○)

개혁개방을 진행하는 40년 동안의 과정 중에 중국은 거대한 변화가 일어났다.

단어 **翻天覆地** fān tiān fù dì 성어 하늘과 땅이 뒤집히다, 거대한 변화가 일어나다

4) 在杭州旅游时，西湖是一个景点绝对不能错过的。(×)

– 수식어(绝对不能错过的)는 중심어(景点) 앞에 위치한다.

→ 在杭州旅游时，西湖(주어) 是(술어) 一个绝对不能错过的(관형어) 景点(목적어)。(○)

항저우 여행 시, 시후는 절대 놓쳐서는 안 되는 명소이다.

단어 **杭州** Hángzhōu 고유 항저우 | **西湖** Xīhú 고유 시후[저장(浙江)성 항저우(杭州)에 있는 유명한 호수] | **景点** jǐngdiǎn 명 경치가 좋은 곳, 관광지, 명소

5) 从来我没见过那么迅速敏捷的人。(×)

– 일반적으로 '부사(从来)'는 주어(我) 뒤, 술어 앞에 위치한다.

→ 我(주어) 从来 没(부사어: 부사+부사) 见过(술어) 那么迅速敏捷的(관형어) 人(목적어)。(○)

난 지금껏 그렇게 빠르고 민첩한 사람을 본 적이 없다.

단어 **敏捷** mǐnjié 형 민첩하다

5. 문장 연결

– 문장 간의 연결관계를 나타내는 접속사를 살펴보고, 호응관계를 확인하자.

1) 仪器和感觉都不可能尽善尽美，因为测量误差总在所难免。(×)

– '因为'가 이끄는 절은 원인인데, 측정오차가 생길 수 밖에 없는 것은 결과이므로 의미상 오류가 있다.

→ 仪器和感觉都不可能尽善尽美(원인)，因此测量误差总在所难免(결과)。(○)

측정기와 감각은 모두 완벽할 수 없다. 따라서 측정오차는 늘 불가피하다.

단어 **仪器** yíqì 명 측정(계측)기(과학 기술 분야에서 실험 · 검측 · 제도 · 계량 등에 쓰이는 각종 정밀 기구 혹은 장치) | **尽善尽美** jìn shàn jìn měi 성어 사물이 완전무결하다, 더할 수 없이 훌륭하다 | **测量误差** cèliáng wùchā 측정오차 | **在所难免** zài suǒ nán miǎn 성어 피할 수 없다, 불가피하다

2) 如果不想让美好的瞬间悄悄地溜走，因此摄影是个不错的选择。(×)

– '如果(가정관계)'와 '因此(인과관계)'는 호응관계가 아니다.

→ 如果不想让美好的瞬间悄悄地溜走(가정)，那么摄影是个不错的选择(결과)。(○)

만약 아름다운 순간이 소리 없이 사라지게 하고 싶지 않다면, 촬영은 괜찮은 선택이다.

단어 **悄悄地** qiāoqiāode 조용히, 소리 없이 | **溜走** liūzǒu 동 도망치다, 사라지다 | **摄影** shèyǐng 명 촬영 동 촬영하다

3) 无人售票公交车给广大乘客带来便利的同时，却给一些人提供了可趁之机。(×)

– '~的同时(점층관계)'는 '却(전환관계)'와 호응하지 않는다.

→ 无人售票公交车给广大乘客带来便利的同时，也给一些人提供了可趁之机。(○)

무인 매표 버스는 많은 승객에게 편리함을 가져온 동시에, 일부 사람들에게 편승의 기회도 제공했다.

단어 **趁** chèn 동 편승하다 전 ~하는 틈을 타서

4) 书上说，人的力量都是通过肌肉收缩所以产生。(×)

- 접속사 '所以'는 문장과 문장을 연결한다. 한 문장 안에서 목적, 원인, 방식 등을 나타내는 성분을 동사와 연결시킬 수 있는 연결사는 '而'이다.
- 因 A 而 B (A때문에 B하다) / 为 A 而 B (A를 위해 B하다) / 通过 A 而 B (A를 통해서 B하다)

→ 书上说，人的力量都 是 通过肌肉收缩而产生 的。(○)

책에서 사람의 힘은 모두 근육 수축을 통해 생기는 것이라고 했다.

단어 **肌肉收缩** jīròu shōusuō 근육 수축

5) 尽管哪个时代，在国家多难时总会有一些英雄出来拨乱反正。(×)

- 의문문에 사용할 수 있는 접속사는 '不管 / 不论 / 无论(~을 막론하고, 관계없이)' 등이다.
- 不论 / 无论 / 不管~都 / 也 / 总

→ 不论 + 哪个时代，在国家多难时总会有一些英雄出来拨乱反正。(○)
不论/无论/不管+의문사

어느 시대를 막론하고, 국가가 어려움이 많을 때에는 늘 영웅이 나타나 어지러운 세상을 바로잡아 주었다.

단어 **拨乱反正** bō luàn fǎn zhèng 성어 어지러운 세상을 바로잡아 정상을 회복하다

6급 쓰기 영역의 고득점을 위한 체크 포인트

1. 기본적으로 알아 둬야 할 것

1) 지문을 10분동안 최소 두 번을 읽어야 하므로 정독보다, 속독을 해야 한다. 천천히 정독하다가 지문을 끝까지 못 읽을 가능성도 있으므로 빠르게 읽으며 내용을 이해해야 한다.

2) 쓰기 시험의 관건은 한자 능력, 표현 능력 보다는 독해력이다. 문장의 의미만 정확히 파악할 수 있다면 충분히 합격선을 넘을 수 있다.

3) 6급 쓰기에서는 시작 부분 보다는 결론(결말) 부분을 공들여 써야 한다. 처음부터 너무 거창하게 시작하려 하지 말고, 끝맺음을 잘 할 수 있도록 연습하자.

4) 너무 본문의 내용을 그대로 쓰려고 하기 보다는 4~5급 단어 수준으로 쉽게 풀어 쓰는 것이 좋다. 고급 어휘를 쓰는 것보다 글의 논리적 전개가 더 중요함을 잊지 말자.

2. 제목 작성하는 방법

1) 인물에 관한 이야기가 출제되면 '○○的故事'이라고 쓰는 것이 가장 적당하다.

예 马云的故事
凯叔的故事

2) 성어와 관련된 이야기가 출제되면 성어를 제목으로 쓰면 된다.

예 滥竽充数
乐不思蜀

3) 이야기의 중심이 되는 사물이 있을 경우에는 그 사물을 제목으로 쓰면 된다.

예 两家饭店
一份报纸

3. 내용을 줄이는 방법

1) 주어나 목적어 앞에 있는 수식 성분인 관형어는 적절하게 생략한다.

예 有个心地十分善良的大好人死了。

요약 有个好人死了。

2) 동사 앞의 수식 성분인 부사어는 적절하게 생략한다.

예 老王十分感慨地说我白辛苦了。

요약 老王说我白辛苦了。

3) 구체적으로 묘사하고 설명하는 부분은 생략한다.

예 渔王把所有的东西都教给他们了，告诉他们怎样织网最容易捕捉到鱼，怎样划船最不会惊动鱼，怎样下网最容易请鱼入瓮。

요약 渔王把所有的东西都教给他们。

4) 고유명사, 숫자, 연도 등은 써도 좋지만, 외우지 못했으면 다른 표현으로 쉽게 바꿔 써도 무방하다.

예 一家房地产公司要招一名主管。

요약 一家公司要招一个人。

예 1990年他博士毕业时只有28岁。

요약 当年他博士毕业时很年轻。

4. 대화문을 간접화법으로 바꾸는 방법

6급 쓰기는 줄거리를 요약하는 것이다. 지문의 대화문을 그대로 사용하지 않고, 간접화법을 이용해 대화내용을 요약해 표현해야 한다.

간접화법으로 바꿔 쓸 때 자주 사용되는 동사들은 아래와 같다.

对 + 대상 + 说	跟 + 대상 + 说
告诉 + 대상 + 내용	通知 + 대상 + 동사 + (목적어)
问 + 대상 + 질문	让 + 대상 + 동사 + (목적어)
求 + 대상 + 동사 + (목적어)	拜托 + 대상 + 동사 + (목적어)
提醒 + 대상 + 동사 + (목적어)	推荐 + 대상 + 동사 + (목적어)
派 + 대상 + 동사 + (목적어)	

예1 老王说我白辛苦了。

鹦鹉说: "老牛，主人根本不喜欢你！"

문장 속 '你'는 바로 '老牛'이기 때문에 '老牛'로 바꿔 써야 한다. '它'는 앵무새를 가리킬 수도 있으므로 여기서는 쓰면 안 된다.

→ 鹦鹉对老牛说，主人根本不喜欢老牛。

예2 上帝对天使说: "你带他回人间去吧。"

여기서 '吧'는 명령을 나타내는 어기 조사이다. 상대방에게 무엇을 하도록 시키는 내용이므로, 사역동사 '让'을 써야 한다.

→ 上帝让天使带他回人间去。

예3 老师对我说: "你最好参加这次考试。"

'最好'는 무엇을 하도록 권하는 어기를 나타내므로 '劝'을 활용해 간접화법으로 바꿔 쓰면 된다.

→ 老师劝我参加这次考试。

예4 孙女问奶奶: "您为什么带我来这儿?"

'问' 뒤는 반드시 의문문으로 나타내야 한다. 여기에선 '为什么'가 있기 때문에 그대로 쓰면 되고, '您'은 '奶奶'와 같은 사람이기 때문에 생략하며, '我'는 '孙女'를 가리키기 때문에 '她'로 바꿔 표현하면 된다.

→ 孙女问奶奶为什么带她来这儿。

예5 我问他: "你吃吗?"

'吗'는 직접화법에만 쓰는 말이므로, 간접화법으로 바꿀 때에는 쓰지 않는다. '吗' 대신에 정반 의문문을 이용해 의문문으로 만들어야 하고, 간접화법에서는 물음표 대신 마침표로 문장이 끝나야 한다.

→ 我问他吃不吃。

5. 쓰기를 할 때 틀리지 말아야 할 기본적인 어법

1) '真'이나 '死了'로 정도를 나타내는 것은 대화법에서만 가능하다. 요약 쓰기를 할 때는 '真'과 '死了' 대신 '很/非常'으로 정도를 나타내는 것이 자연스럽다.

예1 她小时候真漂亮。(×)
→ 她小时候很漂亮。(○)

예2 我饿死了。(×)
→ 我非常饿。(○)

2) '再'와 '又'를 잘 구분해야 한다. '再'는 미래형에 사용하고, 완료형에는 '又'를 사용한다.

예2 王师傅让我明天又来。(×)
→ 王师傅让我明天再来。(○)

예3 没想到他再来了。(×)
→ 没想到他又来了。(○)

3) '동사+방향보어 来/去'의 경우 여기서 '来'와 '去'는 동사가 아니고 방향보어이다. 따라서 장소목적어가 뒤에 오려면 '동사+장소+来/去'의 순서로 표현하거나 전치사를 활용해 장소목적어를 동사 앞에 놓아야 한다.

进去 → 进+장소+去
进来 → 进+장소+来

上去 → 上+장소+去
上来 → 上+장소+来

下去 → 下+장소+去
下来 → 下+장소+来

出去 → 从+장소+出去
出来 → 从+장소+出来

예1 同学们都进去教室了。(×)
→ 同学们都进教室去了。(○)

예2 小王下去楼了。(×)
→ 小王下楼去了。(○)

예4 我出来了我们团队。(×)
→ 我从我们团队出来了。(○)

4) '想'과 '觉得'를 잘 구분해야 한다. 想은 '~을(를) 하고 싶다' 또는 '~을(를) 보고 싶다'라는 의미를 나타낼 때 사용한다. 평가나 판단 또는 '~라고 여기다'의 의미는 '想'이 아니라 '觉得'로 표현해야 한다.

예 我想他是一个好人。(×)
→ 我觉得他是一个好人。(○)

5) '最后'와 '终于'를 잘 구분해야 한다. '最后'는 이야기의 결말을 소개할 때 무난하게 쓸 수 있다. 그러나 '终于'는 주인공이 간절히 바라던 바가 이루어졌다는 것을 강조할 때만 사용할 수 있어서, 요약쓰기를 할 때 주인공이 무언가를 간절히 바란다는 내용의 소개가 없으면 '终于'의 사용은 부적절하다.

예 终于只有他被录取了。(×)

→ 最后只有他被录取了。(○)

6) '以后'와 '后来'를 잘 구분해야 한다. '以后'를 문장 맨 앞에 쓰면 미래를 나타낸다. 과거형에 '시간이 지나 나중에'라는 의미에는 '后来'를 사용해야 한다.

예 以后他辞职了。(×)

→ 后来他辞职了。(○)

6. 원고지 작성법

1) 제목을 쓸 때는 최소 네 칸을 띄어 쓴다.

2) 단락이 시작될 때마다 두 칸을 반드시 띄어 쓴다.

3) 단락은 최소 3개이상으로 꼭 나눠서 써야 한다.

4) 원고지에 작성할 때 문장부호 하나가 한 칸을 차지한다.
마침표(。), 물음표(?), 느낌표(!), 쉼표(,), 모점(、), 세미콜론(;)과 콜론(:)은 일반적으로 각각 한 칸을 차지한다.

5) 이들 부호는 다음 행의 첫 칸에 단독으로 쓰이지 않는다. 따라서 행의 마지막 칸에 걸린 경우에는 글자와 부호를 함께 쓴다.

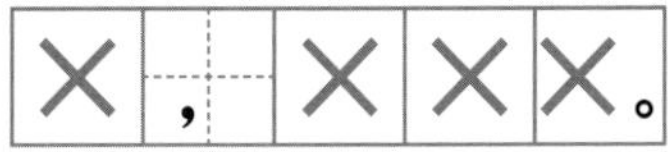

6) 문장부호를 행의 첫 칸에 쓰지 않지만, “ ” 나 《》 등 쌍을 이루는 문장 부호는 예외이다. 따옴표와 책이름표의 앞 부호는 행의 마지막 칸에 단독으로 쓰지 않으며, 뒤 부호는 행의 첫 칸에 단독으로 쓰지 않는다. 따라서 이런 경우 행의 마지막 칸에 글자와 부호를 함께 쓴다.

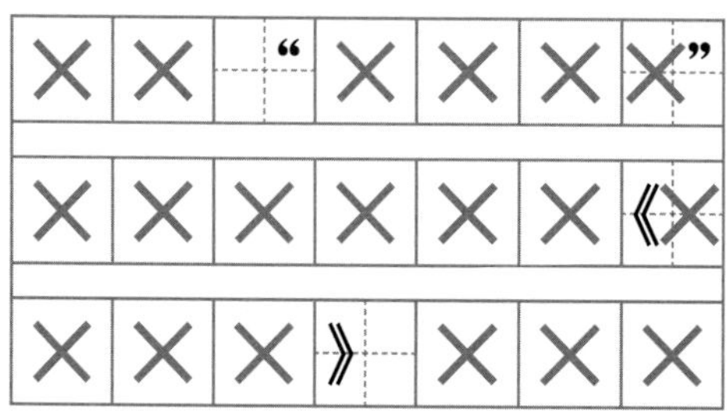

7) 대시(——)와 줄임표(……)는 각각 두 칸을 차지하며, 이음표(—)와 가운뎃점(·)는 각각 한 칸을 차지한다.

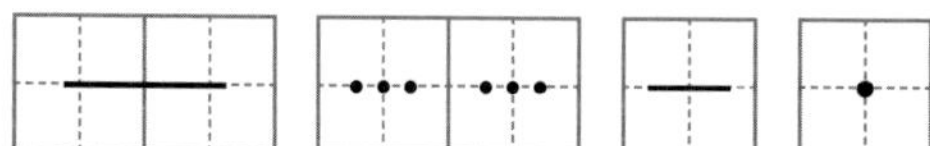

대시(——)와 줄임표(……)는 중간을 끊어 쓰지 않으며, 행의 마지막에 한 칸의 여유밖에 없을 경우 글자와 부호를 함께 붙여 쓴다.

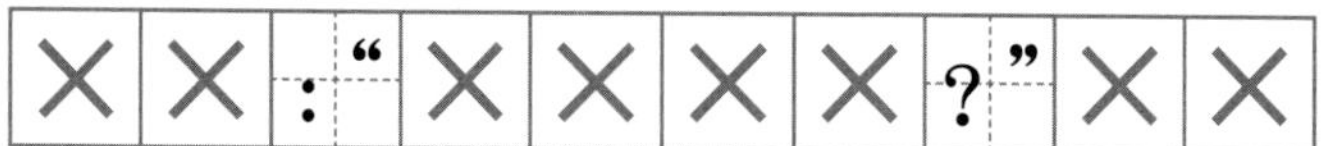

8) 두 개의 부호가 연달아 쓰이는 경우 원고지 한 칸에 같이 쓴다.

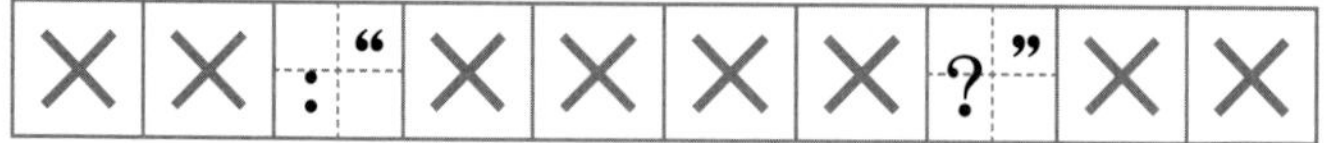

9) 원고지 한 칸에 숫자 2자씩 [12] [34]로 표기한다.

참고: 숫자의 자릿수가 홀수인 경우 [1] [23] [45]로 표기한다.

HSK
6급

품사별 호응 정리

품사별 호응 정리

1. 명사

1	奥秘	àomì	신비
호응	大自然的奥秘 대자연의 신비		
2	机密	jīmì	기밀
호응	国家机密 국가기밀		
3	表面	biǎomiàn	표면
호응	表面现象 표면현상		
4	侧面	cèmiàn	측면
호응	从侧面反映 단면적으로 보여주다		
5	反面	fǎnmiàn	반면, 나쁜 면
호응	反面人物 나쁜 캐릭터(악역)		
6	平面	píngmiàn	평면
호응	平面图 평면도		
7	步伐	bùfá	발걸음
호응	前进的步伐 나아가는 발걸음		
8	步骤	bùzhòu	순서, 절차
호응	画画的步骤 그림을 그리는 순서		
9	踪迹	zōngjì	종적
호응	寻找踪迹 종적을 찾다		
10	成效	chéngxiào	성과
호응	成效显著 성과가 뚜렷하다		
11	收益	shōuyì	수익
호응	收益高 수익이 높다		
12	效益	xiàoyì	효과와 이익
호응	效益好 경제적 효과가 좋다		

13	程序	chéngxù	(컴퓨터) 프로그램
호응	电脑程序 컴퓨터 프로그램		
14	工程	gōngchéng	공정, 공사
호응	承包工程 공사를 도급 맡다		
15	工序	gōngxù	제조공정
호응	工序复杂 제조공정이 복잡하다		
16	定义	dìngyì	정의
호응	下定义 정의를 내리다		
17	含义	hányì	내포된 뜻
호응	含义深刻 담긴 의미가 깊다		
18	内涵	nèihán	내포, 내면
호응	有内涵 속이 깊다, 교양이 깊다		
19	寓意	yùyì	우의
호응	故事的寓意 이야기의 비유적 의미		
20	范畴	fànchóu	범주
호응	哲学范畴 철학적인 범주		
21	范围	fànwéi	범위
호응	活动范围 활동범위		
22	方式	fāngshì	방식
호응	处理问题的方式 일 처리 방식		
23	格式	géshì	격식, 양식
호응	写作的格式 글을 쓰는 양식		
24	模式	móshì	모델, 패턴, 방식
호응	工作模式 업무 패턴		
25	形式	xíngshì	형식
호응	艺术形式 예술형식		

26	风度	fēngdù	풍격
호응	绅士风度 신사의 풍격		
27	风格	fēnggé	풍격, 스타일
호응	艺术风格 예술 스타일		
28	风光	fēngguāng	풍경
호응	风光迷人 풍경이 아름답다		
29	风味	fēngwèi	풍미
호응	四川风味 사천의 풍미		
30	风俗	fēngsú	풍속
호응	风俗习惯 풍속과 습관		
31	习俗	xísú	습관, 풍속
호응	少数民族的习俗 소수민족의 풍속		
32	幅度	fúdù	폭
호응	动作的幅度 동작의 폭		
33	角度	jiǎodù	각도, 입장
호응	看问题的角度 문제를 보는 시각		
34	概率	gàilǜ	확률
호응	出错的概率 실수할 확률		
35	频率	pínlǜ	주파수, 빈도
호응	使用频率 사용빈도		
36	效率	xiàolǜ	효율
호응	工作效率 일의 효율		
37	功能	gōngnéng	기능
호응	手机的功能 휴대전화의 기능		
38	功效	gōngxiào	효능
호응	生姜的功效 생강의 효능		

39	技能	jìnéng	기능, 기량, 솜씨
호응	工作技能 업무기능		
40	性能	xìngnéng	성능
호응	机器的性能 기계의 성능		
41	职能	zhínéng	직책과 기능, 기능이나 역할
호응	政府的职能 정부의 기능		
42	规定	guīdìng	규정
호응	公司的规定 회사의 규정		
43	规划	guīhuà	계획
호응	新年规划 새해 계획		
44	规章	guīzhāng	규정
호응	规章制度 규정과 제도		
45	规则	guīzé	규칙
호응	游戏规则 게임의 규칙		
46	记录	jìlù	기록
호응	会议记录 회의 기록		
47	记载	jìzǎi	기재, 기록
호응	历史记载 역사 기록		
48	机器	jīqì	기계
호응	大型机器 대형 기계		
49	器材	qìcái	기구
호응	运动器材 운동기구		
50	机械	jīxiè	기계
호응	机械化 기계화		
51	仪器	yíqì	측정 기구
호응	精密仪器 정밀기기		

52	阶段	jiēduàn	단계
호응	发展阶段 발전의 단계		
53	阶梯	jiētī	계단, 디딤돌
호응	进步的阶梯 발전의 디딤돌		
54	台阶	táijiē	층계, 계단
호응	爬台阶 계단을 오르다		
55	来历	láilì	내력, 유래
호응	成语的来历 성어의 유래		
56	来源	láiyuán	출처, 근원
호응	经济来源 수입원		
57	起源	qǐyuán	기원
호응	汉字的起源 한자의 기원		
58	源泉	yuánquán	원천
호응	创作的源泉 창작의 원천		
59	面貌	miànmào	면모
호응	社会面貌 사회의 면모		
60	容貌	róngmào	용모
호응	容貌端庄 용모가 단정하다		
61	外貌	wàimào	외모
호응	不看外貌 외모를 안 보다		
62	名誉	míngyù	명성
호응	名誉扫地 명성이 땅바닥에 떨어지다		
63	荣誉	róngyù	영예, 영광
호응	最高荣誉 최고의 영광		
64	声誉	shēngyù	명성, 명예
호응	声誉大振 명성이 자자하다		

65	信誉	xìnyù	신용과 명예
호응	失去信誉 신용과 명예를 잃다		
66	气色	qìsè	안색
호응	气色好 안색이 좋다		
67	神色	shénsè	기색, 표정
호응	神色慌张 표정이 당황하다		
68	神态	shéntài	기색과 자태
호응	神态安详 표정과 자세가 평온하다		
69	形态	xíngtài	형태
호응	艺术形态 예술 형태		
70	渠道	qúdào	수로, 경로
호응	销售渠道 판매 루트		
71	途径	tújìng	경로, 길
호응	探索途径 길을 모색하다		
72	用途	yòngtú	용도
호응	用途广泛 용도가 다양하다		
73	权威	quánwēi	권위
호응	权威人士 권위자		
74	权利	quánlì	권리
호응	公民的权利 공민의 권리		
75	权益	quányì	권익
호응	消费者的权益 소비자의 권익		
76	设备	shèbèi	설비
호응	生产设备 생산 설비		
77	设施	shèshī	시설
호응	娱乐设施 오락 시설		

78	装备	zhuāngbèi	장비
호응	旅游装备 여행 장비		
79	手段	shǒuduàn	수단
호응	外交手段 외교 수단		
80	手法	shǒufǎ	수법
호응	表现手法 표현 수법		
81	手续	shǒuxù	수속
호응	出国手续 출국 수속		
82	特征	tèzhēng	특징
호응	面部特征 얼굴의 특징		
83	特长	tècháng	특기
호응	特长生 특기생		
84	专长	zhuāncháng	특기
호응	个人专长 개인의 특기		
85	题材	tícái	소재
호응	题材丰富 소재가 풍부하다		
86	体裁	tǐcái	체재, 장르
호응	文学体裁 문학 장르		
87	体系	tǐxì	체계
호응	知识体系 지식 체계		
88	系统	xìtǒng	계통, 시스템
호응	生态系统 생태 시스템		
89	物资	wùzī	물자
호응	物资分配 물자의 분배		
90	资源	zīyuán	자원
호응	资源丰富 자원이 풍부하다		

91	资产	zīchǎn	자산
호응	资产管理 자산관리		
92	形势	xíngshì	형세, 시국
호응	就业形势 취업 상황		
93	形态	xíngtài	형태
호응	社会形态 사회 형태		
94	优势	yōushì	우위, 장점
호응	占优势 우위를 차지하다(유리하다)		
95	要素	yàosù	요소
호응	环境要素 환경 요소		
96	因素	yīnsù	(기본적인) 요소
호응	内在因素 내적 요인		
97	元素	yuánsù	원소
호응	微量元素 미량 원소		

2. 동사

1	包含	bāohán	(뜻을) 포함하다
호응	包含三个意思 세 가지 뜻을 포함하다		
2	包括	bāokuò	(범위, 수량을) 포함하다
호응	包括我们俩 우리 둘을 포함하다		
3	辨别	biànbié	분별하다
호응	辨别方向 방향을 분별하다		
4	辨认	biànrèn	식별하다
호응	辨认声音 소리를 식별하다		

5	辩论	biànlùn	변론하다
호응	反方辩论 반대측이 변론하다		
6	采集	cǎijí	채집하다
호응	采集标本 표본을 채집하다		
7	采取	cǎiqǔ	채택하다, 취하다
호응	采取措施 조치를 취하다		
8	采用	cǎiyòng	채택하다
호응	采用方案 방안을 채택하다		
9	采纳	cǎinà	(의견, 건의를) 받아들이다
호응	采纳意见 의견을 받아들이다		
10	归纳	guīnà	귀납하다
호응	归纳内容 내용을 귀납하다		
11	缴纳	jiǎonà	납입하다
호응	缴纳税金 세금을 납입하다		
12	容纳	róngnà	수용하다
호응	容纳一百人 백 명을 수용하다		
13	操练	cāoliàn	훈련하다
호응	军事操练 군사 훈련		
14	操纵	cāozòng	조종하다
호응	操纵政府 정부를 조종하다		
15	操作	cāozuò	조작하다
호응	操作电脑 컴퓨터를 조작하다(다루다)		
16	测量	cèliáng	측량하다
호응	测量血压 혈압을 측정하다		
17	测验	cèyàn	시험하다, 테스트하다
호응	汉语测验 중국어 테스트		

18	衡量	héngliáng	따져보다, 평가하다
호응	衡量学生的标准 학생을 평가하는 기준		
19	呈现	chéngxiàn	나타내다
호응	呈现出繁荣的景象 번영한 모습을 나타내다		
20	出现	chūxiàn	출현하다, 나타나다
호응	出现问题 문제가 생기다		
21	体现	tǐxiàn	구현하다
호응	体现价值 가치를 구현하다		
22	涌现	yǒngxiàn	많이 생겨나다
호응	涌现出大量作品 대량의 작품이 생겨나다		
23	储备	chǔbèi	비축하다
호응	储备粮食 식량을 비축하다		
24	储存	chǔcún	저장하여 두다
호응	储存食物 음식을 저장해 두다		
25	储蓄	chǔxù	저축하다
호응	储蓄业务 저축업무		
26	储藏	chǔcáng	저장하다
호응	储藏物品 물품을 저장하다		
27	蹬	dēng	(다리를) 뻗다
호응	蹬腿 발차기 하다		
28	跨	kuà	뛰어넘다
호응	跨栏 허들을 넘다		
29	迈	mài	큰 걸음으로 걷다
호응	迈向未来 미래로 나아가다		
30	等待	děngdài	기다리다
호응	等待机会 기회를 기다리다		

31	看待	kàndài	대하다
호응	看待问题 문제를 대하다		
32	期待	qīdài	기대하다
호응	期待相逢 만남을 기대하다		
33	抵挡	dǐdǎng	막다
호응	抵挡诱惑 유혹을 견디다		
34	抵抗	dǐkàng	저항하다
호응	抵抗侵略 침략에 저항하다		
35	抵制	dǐzhì	제압하다
호응	抵制谣言 소문을 억제하다		
36	防备	fángbèi	방비하다, 대비하다
호응	防备别人 다른 사람에 대비하다		
37	防御	fángyù	방어하다
호응	防御措施 방어 조치		
38	防止	fángzhǐ	방지하다
호응	防止事故 사고를 방지하다		
39	制止	zhìzhǐ	제지하다
호응	制止不文明行为 교양 없는 행위를 제지하다		
40	阻止	zǔzhǐ	저지하다
호응	阻止不了 저지할 수 없다		
41	覆盖	fùgài	가리다, 덮다
호응	被冰雪覆盖 얼음과 눈으로 덮이다		
42	掩盖	yǎngài	덮어씌우다
호응	掩盖真相 진상을 덮다		
43	赋予	fùyǔ	부여하다
호응	赋予意义 의미를 부여하다		

44	给予	jǐyǔ	주다
호응	给予帮助 도움을 주다		
45	授予	shòuyǔ	수여하다
호응	授予称号 칭호를 수여하다		
46	检验	jiǎnyàn	검사하다, 검증하다
호응	检验品质 품질을 검사하다		
47	考验	kǎoyàn	시험하다
호응	考验意志 의지를 시험하다		
48	体验	tǐyàn	체험하다
호응	体验生活 생활을 체험하다		
49	激发	jīfā	불러일으키다
호응	激发上进心 열심히 하는 욕심을 불러일으키다		
50	激励	jīlì	격려하다
호응	激励年轻人 젊은이를 격려하다		
51	揭露	jiēlù	폭로하다
호응	揭露问题 문제를 폭로하다		
52	流露	liúlù	무의식중에 드러내다
호응	流露真心 무의식 중에 진심을 드러내다		
53	透露	tòulù	(정보나 소식을) 스포일하다
호응	透露剧情 드라마 줄거리를 스포일하다		
54	泄露	xièlòu	누설하다
호응	泄露秘密 비밀을 누설하다		
55	具备	jùbèi	갖추다
호응	具备条件 조건을 갖추다		
56	具有	jùyǒu	가지다
호응	具有能力 능력을 가지다		

57	渴望	kěwàng	갈망하다
호응	渴望自由 자유를 갈망하다		
58	展望	zhǎnwàng	전망하다
호응	展望未来 미래를 전망하다		
59	指望	zhǐwàng	기대하다
호응	指望好收成 풍년을 기대하다		
60	履行	lǚxíng	이행하다
호응	履行义务 의무를 이행하다		
61	实行	shíxíng	실행하다
호응	实行政策 정책을 실행하다		
62	执行	zhíxíng	집행하다
호응	强制执行 강제 집행하다		
63	蔓延	mànyán	만연하다
호응	大火蔓延 불이 만연하다		
64	拖延	tuōyán	(시간을) 끌다
호응	拖延时间 시간을 끌다		
65	迷失	míshī	잃다
호응	迷失方向 방향을 잃다		
66	丧失	sàngshī	상실하다
호응	丧失能力 능력을 상실하다		
67	损失	sǔnshī	손실하다
호응	损失一百万 백만 위안의 손실을 입다		
68	遗失	yíshī	분실하다
호응	遗失身份证 신분증을 분실하다		
69	确定	quèdìng	확정하다
호응	确定名单 명단을 확정하다		

70	制定	zhìdìng	제정하다
호응	制定计划 계획을 제정하다		
71	指定	zhǐdìng	지정하다
호응	指定地点 장소를 지정하다		
72	收集	shōují	모으다
호응	收集古董 골동품을 모으다		
73	收藏	shōucáng	소장하다
호응	收藏名画 유명한 그림을 소장하다		
74	消除	xiāochú	제거하다
호응	消除误会 오해를 풀다		
75	消失	xiāoshī	사라지다
호응	大雾消失 안개가 사라지다		
76	消灭	xiāomiè	없애다, 소멸시키다
호응	消灭害虫 해충을 없애다		
77	搜索	sōusuǒ	검색하다
호응	搜索信息 정보를 검색하다		
78	探索	tànsuǒ	탐색하다
호응	探索途径 길을 탐색하다		
79	探测	tàncè	탐측하다
호응	探测石油 석유를 탐측하다		
80	消耗	xiāohào	소모하다
호응	消耗能量 에너지를 소모하다		
81	消费	xiāofèi	소비하다
호응	过度消费 과도하게 소비하다		
82	遮掩	zhēyǎn	숨기다, 가리다
호응	遮掩问题 문제를 가리다		

83	遮挡	zhēdǎng	(시야를) 가리다
호응	遮挡视线 시선을 가리다		
84	拥护	yōnghù	옹호하다
호응	拥护组织 조직을 옹호하다		
85	拥有	yōngyǒu	보유하다, 가지다
호응	拥有资源 자원을 보유하다		
86	运输	yùnshū	수송하다
호응	运输货物 화물을 실어 나르다		
87	运送	yùnsòng	운송하다
호응	运送粮食 양식을 운송하다		
88	运算	yùnsuàn	연산하다
호응	运算方法 연산 방법		
89	运行	yùnxíng	운행하다
호응	运行时间 운행 시간		
90	运用	yùnyòng	운용하다, 활용하다
호응	运用技术 기술을 사용하다		
91	运转	yùnzhuǎn	회전하다, 돌다
호응	机器运转 기계가 돌다		
92	赞同	zàntóng	찬동하다, 찬성하다
호응	赞同领导的决定 윗사람의 결정에 찬성하다		
93	赞叹	zàntàn	탄복하다
호응	由衷地赞叹 진심으로 탄복하다		
94	赞助	zànzhù	찬조하다, 협찬하다
호응	赞助商 스폰서, 협찬회사		

3. 형용사

1	沉默	chénmò	과묵하다
호응	沉默不语 침묵하고 말을 안 하다		
2	沉重	chénzhòng	무겁다, 심각하다
호응	心情沉重 마음이 무겁다		
3	沉着	chénzhuó	침착하다
호응	沉着冷静 침착하고 냉철하다		
4	充实	chōngshí	충실하다
호응	充实的生活 충실한 생활		
5	朴实	pǔshí	소박하다, 순박하다
호응	朴实的青年 소박한 청년		
6	切实	qièshí	확실하다
호응	切实可行 확실하고 실행 가능하다		
7	纯粹	chúncuì	순수
호응	纯粹的中国人 순수 중국인		
8	纯洁	chúnjié	순결하다
호응	纯洁的友谊 순결한 우정		
9	独特	dútè	독특하다
호응	独特的风格 독특한 스타일		
10	奇特	qítè	기묘하다
호응	奇特的想法 신기하고 독특한 생각		
11	特殊	tèshū	특수하다
호응	特殊材料 특수재료		
12	高超	gāochāo	고결하다, 뛰어나다
호응	技艺高超 기예가 뛰어나다		

13	高明	gāomíng	빼어나다, 고명하다
호응	高明的办法 훌륭한 방법		
14	高尚	gāoshàng	고상하다
호응	高尚的人格 고상한 인격		
15	高雅	gāoyǎ	고상하고 우아하다
호응	高雅的气质 고상하고 우아한 분위기		
16	固执	gùzhí	완고하다
호응	性格固执 성격이 완고하다		
17	执着	zhízhuó	집요하다, 집착하다
호응	执着的追求 집요한 추구		
18	广泛	guǎngfàn	광범위하다
호응	爱好广泛 취미가 광범위하다		
19	广阔	guǎngkuò	넓다, 광활하다
호응	广阔的天空 넓은 하늘		
20	活跃	huóyuè	활발하다
호응	气氛活跃 분위기가 활발하다(뜨겁다)		
21	踊跃	yǒngyuè	열렬하다, 적극적이다
호응	踊跃参加 적극적으로 참여하다		
22	激烈	jīliè	격렬하다
호응	竞争激烈 경쟁이 치열하다		
23	剧烈	jùliè	극렬하다
호응	剧烈运动 격하게 운동하다		
24	强烈	qiángliè	강렬하다
호응	强烈反对 강렬하게 반대하다		
25	热烈	rèliè	열렬하다
호응	热烈欢迎 열렬하게 환영하다		

26	坚固	jiāngù	견고하다
호응	坚固的地基 견고한 기반		
27	坚强	jiānqiáng	굳세다
호응	坚强的性格 굳센 성격		
28	坚韧	jiānrèn	강인하다
호응	坚韧的意志 강인한 의지		
29	精密	jīngmì	정밀하다
호응	精密仪器 정밀 기기		
30	精确	jīngquè	매우 정확하다
호응	精确的计算 정확한 계산		
31	精致	jīngzhì	정교하고 아름답다
호응	精致的包装 정교하고 예쁜 포장		
32	绝妙	juémiào	절묘하다
호응	绝妙的句子 절묘한 문장		
33	美妙	měimiào	미묘하다, 아름답고 즐겁다
호응	美妙的旋律 아름다운 멜로디		
34	奇妙	qímiào	기묘하다
호응	奇妙的现象 기묘한 현상		
35	巧妙	qiǎomiào	절묘하다
호응	巧妙的办法 절묘한 방법		
36	可观	kěguān	가관이다, 볼만하다
호응	收入可观 수입이 대단하다		
37	壮观	zhuàngguān	장관이다
호응	景色壮观 경치가 장관이다		
38	灵敏	língmǐn	(감각이나 기계가) 예민하다
호응	灵敏的电表 예민한 전기 계량기		

39	敏捷	mǐnjié	(반응이나 동작이) 민첩하다
호응	动作敏捷 동작이 민첩하다		
40	敏锐	mǐnruì	예민하고 날카롭다, 예리하다
호응	敏锐的视角 예리한 시각(관점)		
41	美满	měimǎn	원만하고 행복하다
호응	美满的生活 행복한 생활		
42	圆满	yuánmǎn	(마루리가) 원만하다
호응	圆满结束 원만하게 끝나다		
43	清澈	qīngchè	맑다
호응	清澈的泉水 맑은 샘물		
44	清晰	qīngxī	뚜렷하고 선명하다
호응	清晰的画面 선명한 화면		
45	深奥	shēn'ào	심오하다
호응	深奥的道理 심오한 이치		
46	深刻	shēnkè	(인상이나 의미가) 깊다
호응	深刻的印象 깊은 인상		
47	深沉	shēnchén	진중하다
호응	深沉的性格 진중한 성격		
48	严格	yángé	엄격하다
호응	要求严格 요구가 엄격하다		
49	严密	yánmì	빈틈없다
호응	严密的逻辑 빈틈 없는 논리		
50	严肃	yánsù	엄숙하다, 진지하다
호응	表情严肃 표정이 진지하다		
51	严重	yánzhòng	심각하다
호응	问题严重 문제가 심각하다		

52	正当	zhèngdàng	정당하다
호응	正当理由 정당한 이유		
53	正经	zhèngjīng	올바르다
호응	正经工作 안정적인 직장		
54	正宗	zhèngzōng	정통이다
호응	正宗的火锅 정통 샤브샤브		
55	自卑	zìbēi	열등감을 느끼다
호응	自卑心理 열등감		
56	自发	zìfā	자발적이다
호응	自发捐款 자발적으로 기부하다		
57	自觉	zìjué	자각하다
호응	自觉的学生 알아서 잘하는 학생		
58	自满	zìmǎn	자만하다
호응	骄傲自满 거만하고 자만하다		

4. 부사

1	毕竟	bìjìng	어쨌든, 결국
호응	我毕竟不是中国人。 난 어쨌든 중국사람이 아니다.		
2	竟然	jìngrán	뜻밖에도
호응	我竟然合格了！ 내가 합격을 하다니!		
3	究竟	jiūjìng	도대체
호응	你究竟去不去参加考试? 넌 도대체 시험을 보러 갈 거니 안 갈 거니?		
4	不必	búbì	~할 필요가 없다
호응	你不必把这件事放在心上。 넌 이 일을 마음에 담아 둘 필요가 없어.		

5	未必	wèibì	반드시 ~한 것은 아니다
호응	贵的东西未必都好。 비싼 것이 반드시 다 좋은 것은 아니다.		
6	不免	bùmiǎn	면할 수 없다
호응	刚到中国不免有些想家。 막 중국에 와서 집이 그리운 건 어쩔 수 없다.		
7	未免	wèimiǎn	아무래도 ~하다, 좀 ~하다
호응	第一次参加面试未免会紧张。 처음 면접을 보니 아무래도 좀 긴장이 될 수밖에.		
8	不妨	bùfáng	무방하다
호응	你不妨试一试。 한번 해봐도 좋을 것 같습니다.		
9	不禁	bùjīn	자신도 모르게
호응	我不禁想起了以前的事。 나도 모르게 옛날 일이 생각났다.		
10	反倒	fǎndào	오히려
호응	他不但不感谢我，反倒怪我。 그는 나에게 고마워하기는커녕 오히려 내 탓을 했다.		
11	反而	fǎn'ér	오히려
호응	不但没降价，反而涨价了。 가격이 떨어지기는커녕 오히려 인상됐다.		
12	时常	shícháng	자주, 한 번씩
호응	我时常想起在中国时的留学生活。 나는 중국에서의 유학생활이 자주 생각난다.		
13	通常	tōngcháng	통상적으로
호응	我通常早上五点起床。 난 통상적으로 아침 5시에 기상한다.		
14	照常	zhàocháng	평소와 같이
호응	我们今天照常上课。 우리 오늘 평소와 같이 수업한다.		
15	突然	tūrán	갑자기
호응	突然下起雨来了。 갑자기 비가 내렸다.		
16	依然	yīrán	여전히
호응	我依然爱你。 난 여전히 너를 사랑한다.		

17	骤然	zhòurán	돌연히
호응	气温骤然下降。 기온이 돌연히 떨어졌다.		
18	一度	yídù	한때
호응	这项运动一度很流行。 이 운동은 한때 유행했었다.		
19	一贯	yíguàn	한결같이
호응	他一贯不迟到。 그는 한결같이 지각을 안 한다.		
20	一律	yílǜ	일률적으로, 무조건
호응	没有票一律不许进。 티켓이 없으면 무조건 입장 불가합니다.		
21	一味	yíwèi	그저, 무턱대고
호응	不要一味崇拜名人。 무턱대로 유명한 사람을 우러러보지 마세요.		
22	终于	zhōngyú	마침내, 드디어
호응	我终于合格了。 난 드디어 합격했다.		
23	终究	zhōngjiū	결국, 언젠가
호응	他终究会明白的。 그는 결국 깨닫게 될 거야.		
24	最终	zuìzhōng	결국, 끝내
호응	他最终还是失败了。 그는 결국 실패하고 말았다.		

HSK
6급

주제별 빈출 어휘

주제별 빈출 어휘

1. 과학기술

1	测量	cèliáng	동 측량하다
2	创新	chuàngxīn	명 창의력, 독창성 동 새로운 것을 창조하다
3	电源	diànyuán	명 전원
4	反射	fǎnshè	동 반사하다
5	放射	fàngshè	동 방출하다
6	粉碎	fěnsuì	동 가루로 만들다, 분쇄하다
7	辐射	fúshè	동 방사하다, 복사하다
8	杠杆	gànggǎn	명 지레
9	更新	gēngxīn	동 갱신하다
10	轨道	guǐdào	명 궤도
11	过滤	guòlǜ	동 거르다, 여과하다
12	航空	hángkōng	명 항공
13	航天	hángtiān	명 우주 항공, 우주 비행
14	航天器	hángtiānqì	명 우주비행선, 우주선
15	后勤	hòuqín	명 후방 근무, 물자 조달 관리 업무
16	火箭	huǒjiàn	명 로켓
17	尖端科技	jiānduān kējì	명 첨단 과학 기술
18	结晶	jiéjīng	명 결정(체) 동 결정하다
19	精准	jīngzhǔn	형 정확하다
20	冷却	lěngquè	동 냉각하다
21	立体	lìtǐ	형 입체의, 입체적인
22	密度	mìdù	명 밀도
23	能量	néngliàng	명 에너지

24	凝固	nínggù	동 응고하다, 굳어지다
25	普及	pǔjí	동 보급되다, 대중화되다
26	人为	rénwéi	형 인위적인
27	溶解	róngjiě	동 용해하다
28	日新月异	rì xīn yuè yì	성어 나날이 새로워지다
29	渗透	shèntòu	동 삼투하다, 스며들다
30	试验	shìyàn	명 시험, 테스트 동 테스트하다
31	太空	tàikōng	명 우주
32	探测	tàncè	동 탐측하다
33	提取	tíqǔ	동 추출하다
34	天体	tiāntǐ	명 천체
35	突破	tūpò	동 돌파하다, 타파하다
36	卫星	wèixīng	명 (인공)위성
37	遥控	yáokòng	동 원격 조종하다
38	依据	yījù	명 근거 동 근거로 하다
39	预测	yùcè	동 예측하다
40	宇航员	yǔhángyuán	명 우주 비행사
41	宇宙	yǔzhòu	명 우주
42	原理	yuánlǐ	명 원리
43	运行	yùnxíng	동 운행하다
44	载人航天	zàirénhángtiān	명 유인 우주 비행
45	蒸发	zhēngfā	동 증발하다
46	指南针	zhǐnánzhēn	명 나침반
47	智能	zhìnéng	명 지능, 스마트

48	重力	zhònglì	명 중력
49	重心	zhòngxīn	명 무게중심
50	装备	zhuāngbèi	명 장비

2. 동식물

1	濒临	bīnlín	동 임박하다, ~한 지경에 이르다
2	濒于灭绝	bīnyúmièjué	멸종 위기에 처하다
3	播种	bōzhǒng	동 파종하다, 씨를 뿌리다
4	捕猎	bǔliè	동 사냥하다, 잡다
5	哺乳	bǔrǔ	명 포유
6	捕捉	bǔzhuō	동 잡다, 붙잡다
7	巢穴	cháoxué	명 (새나 짐승의) 굴, 둥지
8	翅膀	chìbǎng	명 (새나 곤충의) 날개
9	打猎	dǎliè	동 사냥하다
10	凋谢	diāoxiè	동 시들어 떨어지다
11	发芽	fāyá	동 발아하다
12	发育	fāyù	동 자라다, 성장하다
13	繁衍	fányǎn	동 번식하다
14	繁殖	fánzhí	동 번식하다
15	飞翔	fēixiáng	동 비상하다, 날다
16	鸽子	gēzi	명 비둘기
17	海豚	hǎitún	명 돌고래
18	花瓣	huābàn	명 꽃잎, 화반
19	候鸟	hòuniǎo	명 철새

20	加工	jiāgōng	동 가공하다
21	茎	jīng	명 식물의 줄기
22	砍伐	kǎnfá	동 나무를 베다
23	枯萎	kūwěi	동 (꽃·잎이) 마르다, 시들다
24	昆虫	kūnchóng	명 곤충
25	猎物	lièwù	명 사냥감
26	媒介	méijiè	명 매개물, 매개체
27	萌芽	méngyá	명 새싹, 사물의 시작(비유) 동 싹이 트다, 막 발생하다(비유)
28	灭绝	mièjué	동 멸종하다
29	敏锐	mǐnruì	형 (감각이) 예민하다
30	栖息	qīxī	동 서식하다
31	迁徙	qiānxǐ	동 옮겨 가다
32	人工	réngōng	형 인공의
33	盛开	shèngkāi	동 활짝 피다
34	狩猎	shòuliè	동 사냥하다, 수렵하다
35	饲养	sìyǎng	동 사육하다
36	窝	wō	명 둥지
37	嗅觉	xiùjué	명 후각
38	翼	yì	명 날개
39	枝	zhī	명 나무의 가지
40	栽培	zāipéi	동 재배하다, 심어 가꾸다
41	植被	zhíbèi	명 식생
42	种植	zhòngzhí	동 심다, 재배하다
43	筑巢	zhùcháo	동 보금자리를 짓다
44	踪迹	zōngjì	명 종적, 자취, 발자취

3. 건축, 지리, 명승고적

1	北极	běijí	명 북극
2	边境	biānjìng	명 국경 지대
3	边缘	biānyuán	명 가장자리
4	波浪	bōlàng	명 파도
5	波涛	bōtāo	명 파도
6	布局	bùjú	명 구도, 구성, (가구 등의) 배치
7	赤道	chìdào	명 적도
8	城堡	chéngbǎo	명 작은 성
9	城墙	chéngqiáng	명 성벽
10	岛屿	dǎoyǔ	명 섬
11	得天独厚	dé tiān dú hòu	성어 천혜의 자연 조건을 갖추고 있다, 유리한 조건을 갖추다
12	地标	dìbiāo	명 랜드마크
13	地貌	dìmào	명 지모, 지형
14	地势	dìshì	명 지세, 땅의 형세
15	地震	dìzhèn	명 지진
16	地质	dìzhì	명 지리지질학
17	洞穴	dòngxué	명 동굴
18	防御	fángyù	명 방어 동 방어하다
19	废墟	fèixū	명 폐허
20	风光	fēngguāng	명 풍경
21	风景区	fēngjǐngqū	명 관광지구
22	覆盖	fùgài	동 덮다
23	覆盖率	fùgàilǜ	점유율
24	腐蚀	fǔshí	명 부식 동 부식하다

25	港口	gǎngkǒu	명 항구, 항만
26	格局	géjú	명 구조, 구성, 짜임새
27	宫殿	gōngdiàn	명 궁전
28	海拔	hǎibá	명 해발
29	湖泊	húpō	명 호수
30	化石	huàshí	명 화석
31	考察	kǎochá	동 현지 조사하다
32	勘探	kāntàn	동 탐사하다
33	可观	kěguān	형 대단하다, 굉장하다
34	坑	kēng	명 구덩이, 웅덩이
35	孔	kǒng	명 구멍
36	空隙	kòngxì	명 틈, 간격
37	框架	kuàngjià	명 건축 틀, 골격, 프레임
38	里程碑	lǐchéngbēi	명 이정표
39	落成	luòchéng	동 준공되다, 완공되다
40	络绎不绝	luò yì bù jué	성어 (사람의) 왕래가 잦아 끊이지 않다
41	码头	mǎtou	명 부두, 선창
42	迷人	mí rén	형 매력적이다
43	盆地	péndì	명 분지
44	频发	pínfā	동 빈번히 발생하다
45	平坦	píngtǎn	형 (지세, 도로 등이) 평탄하다
46	平原	píngyuán	명 평원
47	屏障	píngzhàng	명 장벽, 보호벽(병풍처럼 둘러쳐진 것, 주로 산봉우리나 섬 등을 가리킴)
48	坡	pō	명 비탈
49	铺	pū	동 깔다

50	瀑布	pùbù	명 폭포
51	奇观	qíguān	명 기이한 풍경, 훌륭한 광경[경치]
52	气势	qìshì	명 기세, 위엄
53	气势宏伟	qìshìhóngwěi	기세가 웅장하다
54	气势恢宏	qìshìhuīhóng	기세가 웅장하다
55	桥梁	qiáoliáng	명 교량, 다리
56	清澈	qīngchè	형 맑고 투명하다, 깨끗하다
57	清澈见底	qīngchèjiàndǐ	밑바닥이 환히 보이도록 물이 맑다
58	丘陵	qiūlíng	명 언덕, 구릉
59	水利	shuǐlì	명 수리
60	水利设施	shuǐlìshèshī	수리 시설
61	水泥	shuǐní	명 시멘트
62	山脉	shānmài	명 산맥
63	上游	shàngyóu	명 상류
64	神奇	shénqí	형 신기하다
65	寺庙	sìmiào	명 사원
66	隧道	suìdào	명 굴, 터널
67	损坏	sǔnhuài	동 훼손시키다, 손상시키다
68	塌	tā	동 무너지다, 붕괴하다
69	完整	wánzhěng	형 온전하다
70	位于	wèiyú	동 ~에 위치하다
71	屋檐	wūyán	명 처마
72	溪	xī	명 산골짝, 시내
73	修复	xiūfù	동 복원하다
74	修建	xiūjiàn	동 건설하다, 건축하다

75	峡谷	xiágǔ	명 협곡
76	掀起	xiānqǐ	동 물결치다, 넘실거리다
77	悬崖峭壁	xuán yá qiào bì	명 깎아지른 듯한 절벽
78	沿海	yánhǎi	명 연해
79	岩石	yánshí	명 암석
80	油漆	yóuqī	명 페인트
81	园林	yuánlín	명 원림, 정원
82	蕴藏	yùncáng	동 매장되다, 묻히다
83	沼泽	zhǎozé	명 소택(지), 늪
84	遮	zhē	동 막다, 가리다
85	走廊	zǒuláng	명 복도, 회랑(回廊) 지대(두 지역을 연결하는 좁고 긴 지대)
86	展现	zhǎnxiàn	동 드러내다, 나타나다
87	住宅	zhùzhái	명 주택
88	砖瓦	zhuānwǎ	명 벽돌과 기와

4. 기후, 환경, 농업

1	包装	bāozhuāng	명 포장(지) 동 포장하다
2	布袋	bùdài	명 에코백
3	倡导	chàngdǎo	동 제창하다 명 제창
4	潮湿	cháoshī	형 습하다
5	充沛	chōngpèi	형 넘쳐흐르다, 왕성하다
6	登陆	dēng lù	동 상륙하다

7	低碳生活	dītàn shēnghuó	명 저탄소(친환경적) 생활
8	恶劣	èliè	형 열악하다
9	二氧化碳	èryǎnghuàtàn	명 이산화탄소
10	防范	fángfàn	동 방비하다, 대비하다
11	丰收	fēngshōu	동 풍작이다, 풍년이 들다
12	干旱	gānhàn	형 가물다, 가뭄이 들다
13	灌溉	guàngài	동 관개하다
14	洪水	hóngshuǐ	명 홍수
15	回收	huíshōu	동 (폐품이나 오래된 물건을) 회수하다
16	回收利用	huíshōu lìyòng	재생하여 이용하다, 재활용하다
17	极昼	jízhòu	명 백야
18	龙卷风	lóngjuǎnfēng	명 토네이도
19	气象	qìxiàng	명 기상
20	气压	qìyā	명 대기압
21	前兆	qiánzhào	명 전조, 징조
22	晴朗	qínglǎng	형 쾌청하다
23	全球变暖	quánqiú biàn nuǎn	명 지구 온난화
24	盛产	shèngchǎn	동 많이 나다, 많이 생산하다
25	生态	shēngtài	명 생태
26	适宜	shìyí	동 적합하다
27	水土流失	shuǐtǔ liúshī	지표면의 수분과 토사가 유실되다
28	台风	táifēng	명 태풍
29	温室气体	wēnshì qìtǐ	명 온실가스
30	温室效应	wēnshì xiàoyìng	명 온실효과
31	塑料	sùliào	명 (플라스틱·비닐 따위의) 합성수지, 플라스틱

32	塑料袋	sùliàodài	명 비닐봉투
33	塑料垃圾	sùliào lājī	명 합성수지 폐기물
34	天然气	tiānránqì	명 천연가스
35	雾霾	wùmái	명 초미세먼지
36	袭击	xíjī	명 습격 동 습격하다
37	循环利用	xúnhuán lìyòng	재활용
38	严寒	yánhán	명 혹한, 추위 형 추위가 심하다
39	炎热	yánrè	형 무덥다
40	氧气	yǎngqì	명 산소
41	异常天气	yìcháng tiānqì	명 이상 기후
42	一次性	yícìxìng	명 일회용
43	预兆	yùzhào	명 조짐
44	灾荒	zāihuāng	명 (수해 · 한해 따위로 인한) 흉작, 흉년, 기근
45	灾民	zāimín	명 이재민
46	噪音	zàoyīn	명 소음
47	遭遇	zāoyù	동 (적 · 불행 · 재해나 순조롭지 않은 일을) 만나다
48	征兆	zhēngzhào	명 징조
49	昼夜	zhòuyè	명 주야, 밤낮

5. 문화, 예술

1	八大菜系	bā dà càixì	명 팔대 요리[산둥(山東) · 쓰촨(四川) · 장쑤(江蘇) · 광둥(廣東) · 푸젠(福建) · 저장(浙江) · 후난(湖南) · 안후이(安徽) 요리를 말함]

2	版本	bǎnběn	명 버전, 판본
3	扮演角色	bànyǎn juésè	역할을 맡다
4	别致	biézhì	형 색다르다
5	博大精深	bó dà jīng shēn	성어 사상·학식이 넓고 심오하다
6	畅销	chàngxiāo	형 잘 팔린다
7	呈现	chéngxiàn	동 나타나다, 양상을 띠다
8	崇拜	chóngbài	동 숭배하다
9	春运	chūnyùn	명 음력설 전후의 수송 업무
10	诞生	dànshēng	동 탄생하다, 태어나다
11	雕刻	diāokè	동 조각하다
12	方言	fāngyán	명 방언
13	风格	fēnggé	명 사상적·예술적 특징, 양식
14	腐败	fǔbài	형 썩다, 부패하다
15	稿件	gǎojiàn	명 원고
16	构思	gòusī	명 구상
17	古典	gǔdiǎn	명 고전, 클래식, 명작
18	古董	gǔdǒng	명 골동품
19	辉煌	huīhuáng	형 휘황찬란하다, 눈부시다
20	简练	jiǎnliàn	형 간결하고 세련되다
21	技巧	jìqiǎo	명 기교
22	祭祀	jìsì	동 제사 지내다
23	吉祥	jíxiáng	명 상서로운 징조 형 길하다
24	技艺	jìyì	명 기예
25	镜头	jìngtóu	명 렌즈
26	精湛	jīngzhàn	형 뛰어나다

27	精致	jīngzhì	형 정교하다
28	鉴定	jiàndìng	동 감정하다
29	剧本	jùběn	명 극본
30	考古	kǎogǔ	명 고고학 동 고고학을 연구하다
31	礼仪	lǐyí	명 예의, 예절
32	灵感	línggǎn	명 영감
33	乐趣	lèqù	명 즐거움
34	流传	liúchuán	동 (사적·작품 등이) 세상에 널리 퍼지다
35	漫画	mànhuà	명 만화
36	盲目	mángmù	형 맹목적인, 무작정
37	内涵	nèihán	명 (언어에 담겨있는) 내용, 의미
38	偶像	ǒuxiàng	명 우상
39	排斥	páichì	동 배척하다
40	朴素	pǔsù	형 소박하다, 수수하다
41	祈祷	qídǎo	동 기도하다
42	启蒙	qǐméng	명 계몽 동 계몽하다
43	情节	qíngjié	명 줄거리
44	入乡随俗	rù xiāng suí sú	성어 그 지방에 가면 그 지방의 관습을 따라야 한다
45	色泽	sèzé	명 빛깔과 광택
46	摄影	shèyǐng	명 사진, 촬영 동 촬영하다
47	审美	shěnměi	명 심미 동 아름다움을 평가하다
48	失传	shīchuán	동 전해 내려오지 않다

49	石雕	shídiāo	명 석조, 돌 조각
50	收藏	shōucáng	동 소장하다, 보관하다
51	守护	shǒuhù	동 지키다
52	书法	shūfǎ	명 서예
53	束缚	shùfù	명 속박, 제한 동 속박하다, 제한하다
54	书籍	shūjí	명 서적, 책
55	俗话	súhuà	명 속담
56	陶瓷	táocí	명 도자기
57	题材	tícái	명 제재, 소재
58	体裁	tǐcái	명 (문학 작품의) 장르, 체재
59	通俗	tōngsú	형 통속적이다
60	图案	tú'àn	명 도안
61	闻名	wénmíng	동 이름나다, 유명하다
62	闻名遐迩	wénmíngxiá'ěr	명성이 두루 알려져 있다
63	闻名于世	wénmíngyúshì	세계에서 유명하다
64	问世	wènshì	동 (저작, 발명품, 신상품 등이) 세상에 나오다
65	文物	wénwù	명 문물, 문화재
66	舞蹈	wǔdǎo	명 무도, 춤
67	信仰	xìnyǎng	명 신앙
68	形象	xíngxiàng	명 형상, 이미지 형 구체적이고 생동적이다
69	旋律	xuánlǜ	명 선율, 리듬
70	悬念	xuánniàn	명 서스펜스, 궁금증, 긴장감
71	压岁钱	yāsuìqián	명 세뱃돈

72	演变	yǎnbiàn	명 변천 동 변천하다
73	烟花爆竹	yānhuābàozhú	명 불꽃놀이 폭죽
74	演奏	yǎnzòu	명 연주 동 연주하다
75	耀眼	yàoyǎn	형 눈부시다
76	仪式	yíshì	명 의식
77	侦探小说	zhēntàn xiǎoshuō	명 탐정 소설
78	著称	zhùchēng	동 이름나다, 유명하다
79	祝福	zhùfú	동 축복하다, 기원하다
80	主题	zhǔtí	명 주제
81	铸造	zhùzào	동 주조하다(녹인 쇠붙이를 거푸집에 부어 물건을 만드는 것)
82	著作	zhùzuò	명 저작, 저서
83	宗教	zōngjiào	명 종교

6. 역사, 군사, 교통

1	边疆	biānjiāng	명 국경 지대, 변방
2	舱	cāng	명 객실, 선실
3	策略	cèlüè	명 책략, 전술
4	朝代	cháodài	명 왕조의 연대, 시대
5	丞相	chéngxiàng	명 승상
6	出卖	chūmài	동 배반하다, 팔아먹다
7	船舶	chuánbó	명 배
8	大臣	dàchén	명 대신
9	带领	dàilǐng	동 이끌다, 통솔하다

10	导航	dǎoháng	동 항해나 항공을 인도하다 명 네비게이션
11	鼎盛	dǐngshèng	형 바야흐로 가장 흥성하다, 한창이다
12	鼎盛时期	dǐngshèng shíqī	전성기
13	公元	gōngyuán	명 기원, 서기
14	管辖	guǎnxiá	동 관할하다
15	航行	hángxíng	동 항행(항해)하다
16	记载	jìzǎi	명 기록, 기재 동 기록하다, 기재하다
17	建都	jiàndū	동 수도를 세우다
18	军队	jūnduì	명 군대
19	来历	láilì	명 유래
20	历代	lìdài	명 역대, 대대
21	轮船	lúnchuán	명 (증)기선
22	农历	nónglì	명 음력
23	派别	pàibié	명 파벌
24	起源	qǐyuán	명 기원
25	起源于	qǐyuányú	~에서 기원하다
26	势力	shìlì	명 세력, 권력
27	丝绸之路	sīchóuzhīlù	명 실크로드
28	停泊	tíngbó	동 정박하다
29	文献	wénxiàn	명 문헌
30	昔日	xīrì	명 이전
31	遗留	yíliú	동 남겨놓다
32	引擎	yǐnqíng	명 엔진
33	运输	yùnshū	동 운송하다

34	政权	zhèngquán	명 정권
35	直达	zhídá	동 직통하다, 직행하다
36	追溯	zhuīsù	동 거슬러 올라가다
37	祖先	zǔxiān	명 선조, 조상

7. 경제, 사회

1	安全隐患	ānquán yǐnhuàn	안전 방면의 잠복해 있는 위험
2	报警	bàojǐng	동 경보를 울리다, 경찰에게 신고하다
3	保障	bǎozhàng	동 보장하다
4	弊病	bìbìng	명 폐단, 문제점
5	弊端	bìduān	명 폐단, 문제점
6	闭塞	bìsè	동 소식에 어둡다, 막히다
7	财富	cáifù	명 부(富), 재산, 자원
8	产业	chǎnyè	명 산업
9	成本	chéngběn	명 원가, 비용
10	成员	chéngyuán	명 구성원, 맴버
11	传授	chuánshòu	동 전수하다, 가르치다
12	创办	chuàngbàn	동 창립(창설)하다
13	创业	chuàng yè	동 사업을 시작하다, 창업하다
14	储存	chǔcún	동 저장하다
15	淡季	dànjì	명 비성수기
16	档案	dàng'àn	명 문서
17	档次	dàngcì	명 등차, 등급
18	当前	dāngqián	명 현재, 눈앞

19	抵制	dǐzhì	동 보이콧(boycott)하다, 배척하다
20	跌	diē	동 떨어지다
21	独处	dúchǔ	동 혼자 지내다
22	杜绝	dùjué	동 두절하다, 끊다
23	发布	fābù	동 (뉴스 · 소식 · 지시 · 명령 따위를) 선포하다, 발표하다
24	发扬	fāyáng	동 널리 알리다, 선양하여 발전시키다
25	反馈	fǎnkuì	명 피드백(feedback) 동 피드백을 하다
26	飞跃	fēiyuè	동 비약하다
27	分歧	fēnqí	명 (의견의) 불일치
28	幅度	fúdù	명 정도, 폭
29	负面	fùmiàn	명 나쁜 면, 부정적인 면
30	赶潮流	gǎn cháoliú	사회 풍습이나 시대의 추세를 따르다, 유행을 타다
31	高档	gāodàng	형 고급의
32	行业	hángyè	명 업종, 산업
33	汇报	huìbào	동 상황을 종합하여 상급자 또는 대중에게 보고하다 명 보고
34	机密	jīmì	명 기밀
35	迹象	jìxiàng	명 흔적, 조짐
36	监测	jiāncè	동 감시 · 측정하다, 감독 · 측량하다, 모니터링(monitoring)하다
37	监督	jiāndū	동 감독하다
38	奖励	jiǎnglì	동 장려하다
39	焦点	jiāodiǎn	명 초점
40	节奏	jiézòu	명 (일이나 활동의) 리듬

41	金融	jīnróng	명 금융
42	纠纷	jiūfēn	명 다툼, 분쟁
43	就业	jiù yè	동 취업하다
44	决策	juécè	동 방법, 정책을 결정하다
45	客户	kèhù	명 고객, 거래처
46	跨	kuà	동 뛰어넘다
47	亏损	kuīsǔn	명 결손, 손실 동 결손 나다, 적자 나다
48	冷门	lěngmén	명 (학문·사업·경기 따위의) 주의를 끌지 못하는·인기 없는 분야, 뜻밖의 결과
49	领先	lǐngxiān	동 선두에 서다, 앞세우다
50	流程	liúchéng	(공업 제품 생산에서의) 공정
51	垄断	lǒngduàn	동 독점하다
52	弥漫	mímàn	동 자욱하다, 가득 차다
53	命名	mìngmíng	동 명명하다
54	摩擦	mócā	명 마찰, (단체나 개인 사이의) 갈등
55	谋生	móushēng	동 생계를 도모하다
56	奴隶	núlì	명 노예
57	培训	péixùn	동 (기술자, 간부 등을) 양성하다
58	培育	péiyù	동 기르다, 재배하다, (인재, 우정 등을) 기르다
59	频繁	pínfán	형 잦다, 빈번하다
60	频率	pínlǜ	명 빈도
61	启事	qǐshì	명 광고, 공고
62	前提	qiántí	명 선결 조건, 전제 조건
63	强迫	qiǎngpò	동 강요하다

64	青睐	qīnglài	명 주목, 인기
65	情形	qíngxing	명 정황, 상황
66	渠道	qúdào	명 경로, 루트
67	权威	quánwēi	명 권위
68	扰乱	rǎoluàn	동 혼란시키다, 어지럽히다
69	热门	rèmén	명 인기 있는 것, 유행하는 것, 잘 팔리는 것, 유력한 것, (시험 따위에서) 경쟁율이 높은 것
70	人人有责	rénrén yǒu zé	모든 사람이 책임이 있다
71	容纳	róngnà	동 수용하다
72	散发	sànfā	동 배포하다, 발산하다, 내뿜다
73	涉及	shèjí	동 관련되다, 미치다
74	设置	shèzhì	명 설치하다
75	审查	shěnchá	명 심사, 심의 동 심사하다, 심의하다
76	声誉	shēngyù	명 명성
77	事业	shìyè	명 사업
78	收益	shōuyì	명 수익
79	素质教育	sùzhì jiàoyù	인성 교육
80	淘汰	táotài	동 도태하다, 가려내다, 탈락하다
81	体系	tǐxì	명 체계
82	透露	tòulù	동 (소식·상황·의사 등을) 드러내다, 폭로하다, 누설하다
83	物流	wùliú	명 물류
84	物美价廉	wù měi jià lián	성어 물건도 좋고 값도 싸다
85	物资	wùzī	명 물자
86	息息相关	xī xī xiāng guān	관계가 매우 밀접하다

87	先进	xiānjìn	형 진보적이다, 선진적이다
88	线索	xiànsuǒ	명 실마리, 단서
89	向往	xiàngwǎng	동 열망하다, 그리워하다, 동경하다
90	效益	xiàoyì	명 효과와 수익
91	泄露	xièlòu	동 (남에게) 누설하다, 폭로하다, 흘리다
92	严峻	yánjùn	형 심각하다
93	严密	yánmì	형 엄밀하다, 빈틈없다
94	遗产	yíchǎn	명 유산
95	意味着	yìwèizhe	동 의미하다, 뜻하다
96	引起关注	yǐnqǐ guānzhù	관심을 끌다
97	引起反响	yǐnqǐ fǎnxiǎng	반향을 불러일으키다
98	盈利	yínglì	명 이윤, 이득
99	在所难免	zài suǒ nán miǎn	피할 수 없다, 불가피하다
100	赞助	zànzhù	동 (경제적으로) 찬조하다, 후원하다, 지원하다
101	占优势	zhàn yōushì	우위를 차지하다
102	政策	zhèngcè	명 정책
103	制约	zhìyuē	명 제약
104	中枢	zhōngshū	명 중추, 중심
105	周期	zhōuqī	명 주기
106	注重	zhùzhòng	동 중시하다
107	资本	zīběn	명 자본, 밑천, 본전
108	走下坡路	zǒu xiàpōlù	내리막길을 걷다, 상황이 점차 나빠지다, 일이 악화되다

8. 인물, 교훈

1	颁奖	bān jiǎng	동 (상장·메달 등을) 수여하다, 시상하다
2	榜样	bǎngyàng	명 본보기, 모범, 귀감
3	被动	bèidòng	형 피동적이다, 수동적이다
4	被誉为	bèiyùwéi	동 ~으로 칭송되다, 불리다
5	本事	běnshì	명 능력, 기량
6	鼻祖	bízǔ	명 시조(어떤 영역이나 학설·문파 따위의 창시자)
7	搏斗	bódòu	명 격투, 악전고투 동 격렬하게 싸우다
8	不敢当	bùgǎndāng	천만의 말씀입니다
9	才干	cáigàn	명 재능
10	尝试	chángshì	명 시험, 시도 동 시도하다
11	传承	chuánchéng	동 (기예·지식 등을) 전수하고 계승하다
12	大师	dàshī	명 거장, 대가, 권위자
13	大咖	dà kā	명 전문가, 권위자, 베테랑
14	队伍	duìwu	명 대열, 단체, 팀
15	传记	zhuànjì	명 전기
16	挫折	cuòzhé	명 좌절
17	高超	gāochāo	형 (솜씨, 기예 등이) 우수하다, 출중하다
18	高层	gāocéng	형 고위층의 명 고위급
19	高管	gāoguǎn	명 고위관리자
20	骨干	gǔgàn	명 전체 중에서 주요 역할을 하는 사람
21	和谐	héxié	형 정답다, 화목하다
22	激发	jīfā	동 불러일으키다
23	机智	jīzhì	형 기지가 넘치다

24	奖励	jiǎnglì	동 (상품이나 영예를 주어) 장려하다
25	借鉴	jièjiàn	동 참고로 하다, 거울로 삼다, 본받다
26	看待	kàndài	동 (사람이나 사물에 대해) 어떤 견해(태도)를 가지다, 대하다
27	考验	kǎoyàn	명 시련 동 시험하다
28	宽容	kuānróng	동 관대하다, 너그럽다
29	力争	lìzhēng	동 매우 노력하다, 힘쓰다
30	廉洁	liánjié	형 청렴결백하다
31	连任	liánrèn	동 연임하다
32	门槛	ménkǎn	명 문턱, (요구하는) 조건, 기준
33	秘诀	mìjué	명 비결
34	名次	míngcì	명 순위, 등수, 석차
35	名誉	míngyù	명 명예
36	模范	mófàn	명 모범
37	摸索	mōsuǒ	동 모색하다
38	品德	pǐndé	명 인품과 덕성, 품성, 인성
39	启迪	qǐdí	명 깨우침 동 깨우치다, 일깨우다
40	启发	qǐfā	명 계발, 깨우침 동 계발하다, 일깨우다
41	启示	qǐshì	명 계시, 깨달음, 시사 동 계시하다, 시사하다
42	气质	qìzhì	명 분위기, 품격
43	倾向	qīngxiàng	명 경향 동 기울다, 쏠리다, 끌리다
44	荣幸	róngxìng	형 영광스럽다
45	筛选	shāixuǎn	동 체로 치다, 선별하다

46	擅长	shàncháng	동 잘 한다, 정통하다
47	上进	shàng jìn	동 나아지려 애쓰다, 향상하다
48	上进心	shàngjìnxīn	명 성취욕
49	上流	shàngliú	형 신분이나 지위가 높은, 상류의
50	首相	shǒuxiàng	명 수상
51	授予～称号	shòuyǔ ~ chēnghào	(~의) 칭호를 수여하다
52	素质	sùzhì	명 소양, 자질
53	泰斗	tàidǒu	명 권위자, 일인자
54	探索	tànsuǒ	동 탐색하다
55	特长	tècháng	명 특기, 장기
56	天生	tiānshēng	형 천성적, 선천적
57	向来	xiànglái	부 늘, 여태까지
58	心血	xīnxuè	명 심혈
59	欣慰	xīnwèi	형 기쁘고 위안이 되다, 흐뭇하다
60	熏陶	xūntáo	명 감화, 영향, 훈도 동 훈도하다, 영향을 끼치다
61	挖掘	wājué	동 파다, 발굴하다
62	外向	wàixiàng	형 (성격이) 외향적이다
63	文凭	wénpíng	명 (졸업)증서
64	涌现	yǒngxiàn	동 한꺼번에 많이 나오다
65	扎实	zhāshi	형 기초가 튼튼하다
66	忠厚	zhōnghòu	형 충실하고 어질다, 정직하고 온후하다
67	主力军	zhǔlìjūn	명 주력군, 주역, 중심이 되는 세력
68	追捧	zhuīpěng	동 추종 숭배하다
69	资深	zīshēn	형 경력이 오래된, 베테랑의
70	钻研	zuānyán	동 깊이 연구하다

71	琢磨	zuómo	동 궁리하다, 생각하다

9. 인체, 의학, 스포츠

1	癌症	áizhèng	명 암
2	裁判	cáipàn	명 심판, 재판 동 심판하다, 재판하다
3	触犯	chùfàn	동 위반하다, 거스르다
4	东道主	dōngdàozhǔ	명 개최국
5	锦标赛	jǐnbiāosài	명 선수권 대회
6	二氧化碳	èryǎnghuàtàn	명 이산화탄소
7	蛋白质	dànbáizhì	명 단백질
8	恶心	ěxin	동 구역질 나다, 역겹다, 혐오감을 일으키다
9	发炎	fāyán	동 염증이 생기다
10	分解	fēnjiě	동 분해하다
11	分泌	fēnmì	동 분비하다
12	副作用	fùzuòyòng	명 부작용
13	感染	gǎnrǎn	동 감염되다, 전염되다
14	干细胞	gànxìbāo	명 줄기세포
15	功效	gōngxiào	명 효능
16	喉咙	hóulóng	명 목구멍
17	患者	huànzhě	명 환자
18	昏迷	hūnmí	동 의식불명이다
19	浑身	húnshēn	명 전신
20	疾病	jíbìng	명 질병
21	季军	jìjūn	명 3등

22	极限	jíxiàn	명 극한
23	基因	jīyīn	명 유전자
24	进化	jìnhuà	동 진화하다
25	教练	jiàoliàn	명 코치 동 코치하다, 훈련하다
26	竞赛	jìngsài	명 경쟁, 시합 동 경쟁하다, 경기하다
27	酒精	jiǔjīng	명 알코올
28	就医	jiù yī	동 (의사에게) 치료를 받다
29	喇叭	lǎba	명 나팔
30	老年痴呆症 (= 阿尔茨海默病)	lǎoniánchīdāizhèng (ā'ěrcíhǎimòbìng)	명 치매(알츠하이머)
31	隆重	lóngzhòng	형 성대하다
32	免疫力	miǎnyìlì	동 면역력
33	名次	míngcì	명 석차, 이름 순서, 서열, 순위, 랭킹
34	膜	mó	명 (생물체의 세포를 싸고있는) 막
35	平衡	pínghéng	명 균형, 밸런스 동 균형있게 하다
36	器官	qìguān	명 기관
37	旗帜	qízhì	명 깃발
38	缺陷	quēxiàn	명 결함, 결점
39	赛季	sàijì	명 경기 시즌
40	胜负	shèngfù	명 승부, 승패
41	生物钟	shēngwùzhōng	명 생체리듬
42	生育	shēngyù	동 출산하다
43	肾脏	shènzàng	명 신장, 콩팥
44	收缩	shōusuō	동 수축하다

45	死亡	sǐwáng	동 사망하다
46	田径	tiánjìng	명 육상경기
47	天生	tiānshēng	형 타고난, 선천적인
48	维生素	wéishēngsù	명 비타민
49	细胞	xìbāo	명 세포
50	细菌	xìjūn	명 세균
51	膝盖	xīgài	명 무릎
52	纤维	xiānwéi	명 섬유
53	消耗	xiāohào	동 소모하다
54	新陈代谢	xīnchéndàixiè	명 신진대사
55	心态	xīntài	명 심리 상태
56	选拔	xuǎnbá	동 선발하다
57	血压	xuèyā	명 혈압
58	血液循环	xuèyè xúnhuán	혈액순환
59	亚军	yàjūn	명 2등, 준우승자
60	氧气	yǎngqì	명 산소
61	遗传	yíchuán	동 유전하다
62	医患	yīhuàn	명 의사와 환자
63	隐患	yǐnhuàn	잠복해 있는 병, 겉에 드러나지 않은 폐해 또는 재난
64	有氧运动	yǒuyǎng yùndòng	유산소 운동
65	预赛	yùsài	명 예선 경기
66	元素	yuánsù	명 원소
67	孕育	yùnyù	동 낳아 기르다
68	争夺	zhēngduó	동 쟁탈하다

69	阵容	zhènróng	명 진용, 한 단체의 구성원들의 짜임새, 라인업(lineup)
70	症状	zhèngzhuàng	명 증상
71	终点	zhōngdiǎn	명 결승점
72	肿瘤	zhǒngliú	명 종양

10. 심리, 행위

1	拜访	bàifǎng	동 예를 갖추어 방문하다
2	鄙视	bǐshì	동 경멸하다, 경시하다
3	采集	cǎijí	동 사냥하다
4	参谋	cānmóu	동 조언하다
5	嘲笑	cháoxiào	동 조소하다, 비웃다
6	沉思	chénsī	동 깊이 생각하다
7	沉着	chénzhuó	형 침착하다
8	出风头	chūfēngtou	자기를 내세우다, 주제넘게 나서다
9	盗窃	dàoqiè	동 도둑질하다, 절도하다
10	瞪	dèng	동 눈을 크게 뜨다, 노려보다
11	盯	dīng	동 주시하다
12	赌博	dǔbó	동 도박하다
13	反思	fǎnsī	동 반성하다, 지난 일을 돌이켜 사색하여 경험한 교훈을 취하다
14	尴尬	gāngà	형 곤란하다, 민망하다, 어색하다
15	共鸣	gòngmíng	명 공명, 공감 동 공감하다
16	急躁	jízào	형 조급하다

17	机智	jīzhì	명 기지 형 기지가 넘치다
18	侥幸	jiǎoxìng	명 요행 형 요행이다
19	警惕	jǐngtì	명 경계 동 경계하다
20	敬畏	jìngwèi	동 경외하다
21	惊讶	jīngyà	형 놀라다, 의아하다
22	沮丧	jǔsàng	동 실망하다, 낙담하다
23	恐惧	kǒngjù	동 겁먹다, 두려워하다
24	懒惰	lǎnduò	형 나태하다, 게으르다
25	乐意	lèyì	동 기꺼이 ~하다, (~하는 것을) 즐겁게 여기다
26	愣	lèng	동 멍해지다
27	领会	lǐnghuì	동 깨닫다, 이해하다
28	聆听	língtīng	동 경청하다
29	领悟	lǐngwù	동 깨닫다
30	流浪	liúlàng	동 유랑하다
31	埋怨	mányuàn	동 원망하다
32	眯	mī	동 실눈을 뜨다
33	勉强	miǎnqiǎng	동 강요하다
34	纳闷	nàmèn	동 (마음에 의혹이 생겨) 답답하다, 궁금해하다
35	趴	pā	부 엎드리다, 몸을 앞으로 기울여 물건 따위에 기대다
36	攀登	pāndēng	동 등반하다, 타고 오르다
37	捧	pěng	동 받들다
38	朴实	pǔshí	형 소박하다

39	企图	qǐtú	동 꾀하다, 도모하다(주로 부정적 의미를 내포함)
40	迁就	qiānjiù	동 끌려가다, (마지못해) 영합하다, 타협하다
41	倾诉	qīngsù	동 (속마음을) 이것저것 말하다, 다 털어놓다
42	倾听	qīngtīng	동 경청하다
43	区分	qūfēn	동 구분하다
44	权衡	quánhéng	동 따지다, 가늠하다
45	撒谎	sā huǎng	동 거짓말을 하다
46	慎重	shènzhòng	형 신중하다
47	舒畅	shūchàng	형 기분이 상쾌하다
48	掏	tāo	동 꺼내다
49	讨好	tǎohǎo	동 비위를 맞추다
50	挑衅	tiǎoxìn	명 도발 동 트집을 잡다, 도발하다
51	畏惧	wèijù	동 무서워하고 두려워하다
52	慰问	wèiwèn	동 위문하다
53	心存侥幸	xīncúnjiǎoxìng	요행을 바라다
54	欣慰	xīnwèi	형 기쁘고 흐뭇하다
55	宣泄	xuānxiè	동 (불만 등을) 털어놓다, 쏟아 내다, 발산하다
56	压迫	yāpò	동 억압하다, 압박하다
57	谣言	yáoyán	명 (헛)소문, 뜬소문, 유언비어
58	疑惑	yíhuò	명 의혹 형 의문스럽다 동 의심하다
59	遗失	yíshī	동 분실하다

60	踊跃	yǒngyuè	형 열렬하다, 적극적이다
61	犹豫不决	yóu yù bù jué	성어 결단을 내리지 못하고 망설이다, 우유부단하다
62	幼稚	yòuzhì	형 유치하다
63	砸	zá	동 실패하다, 망치다(결과보어 용법), 때려 부수다, 깨뜨리다
64	眨	zhǎ	동 눈을 깜박거리다
65	真挚	zhēnzhì	형 진실하다
66	指责	zhǐzé	명 지적 동 나무라다, 지적하다
67	执着	zhízhuó	형 고집하다
68	忠诚	zhōngchéng	형 충성스럽다
69	忠实	zhōngshí	형 충직하고 성실하다

11. 인터넷, 통신, 방송

1	拨打	bōdǎ	동 전화를 걸다
2	电商	diànshāng	명 전자 상거래
3	电子商务	diànzǐ shāngwù	명 전자 상거래
4	电视台	diànshìtái	동 방송국
5	传媒	chuánméi	명 매스 미디어, 대중매체
6	复制	fùzhì	동 복제하다
7	官方网站	guānfāng wǎngzhàn	명 공식 홈페이지, 공식 웹사이트
8	互动	hùdòng	동 상호 작용하다, 쌍방향 교류하다
9	互联网	hùliánwǎng	명 인터넷
10	栏目	lánmù	명 프로그램, 코너, (신문, 잡지 등의) 난
11	模式	móshì	명 모델, 패턴

12	屏幕	píngmù	명 영사막, 스크린
13	平台	píngtái	명 플랫폼
14	热线电话	rèxiàn diànhuà	명 직통전화, 핫라인(hot line)
15	扫描	sǎomiáo	명 스캐닝 동 스캐닝하다, 훑어보다
16	删除	shānchú	동 삭제하다
17	上线	shàng xiàn	온라인 상에 올리다, 접속하다, 출시하다
18	视频	shìpín	명 영상, 동영상
19	实体	shítǐ	명 실체, 오프라인
20	实体店	shítǐdiàn	오프라인 매장
21	手机应用	shǒujī yìngyòng	명 모바일앱, 어플
22	收视率	shōushìlǜ	명 시청률
23	数码	shùmǎ	명 디지털
24	搜索	sōusuǒ	동 검색하다
25	瘫痪	tānhuàn	명 마비 동 마비되다
26	网络	wǎngluò	명 네트워크
27	网站	wǎngzhàn	명 웹사이트
28	文字处理器	wénzì chǔlǐqì	명 워드프로세서, 문서작성기
29	线上	xiàn shàng	온라인
30	线下	xiàn xià	오프라인
31	移动互联网	yídòng hùliánwǎng	명 인터넷
32	应用软件	yìngyòngruǎnjiàn	명 응용 소프트웨어, 앱(Application)
33	用户	yònghù	명 사용자, 유저, 가입자
34	语料库	yǔliàokù	명 언어자료 보관소, 언어 데이터베이스
35	预售网站	yùshòu wǎngzhàn	명 예매 사이트

36	在线	zàixiàn	온라인
37	载体	zàitǐ	명 캐리어, 저장 장치(지식이나 데이터를 수용하는 물질 형태, 보편적으로 일반 물질을 수용할 수 있는 물체), (지식과 정보의) 매체, 매개체, 전달체
38	直播	zhíbō	명 생방송 동 생방송하다
39	智能手机	zhìnéngshǒujī	명 스마트폰
40	自媒体	zìméitǐ	명 1인 미디어

12. 신조어

1	打卡	dǎkǎ	[인터넷 용어] 인증, 출첵(맛집과 같은 유명한 곳에 갔을 때, 또는 본인 계획 이행에 대한 인증 사진을 올리는데 사용) 동 출근카드 찍다
2	大数据	dàshùjù	빅데이터
3	抖音	dǒu yīn	더우인, 틱톡(Tik Toc, 젊은층을 겨냥해 2016년 9월에 출시된 15초 쇼트클립 앱)
4	低头族	dītóuzú	스몸비족(스마트폰 좀비), 고개를 낮게 숙여 스마트폰만 바라보고 있는 사람을 이르는 말, 스마트폰 중독
5	风口	fēngkǒu	명 바람구멍, 발전의 좋은 기회, 핫트랜드(비유)
6	互联网+	hùliánwǎng+	인터넷 플러스(모든 전자기기에 인터넷을 연결시켜 고부가가치를 창출해 내는 것, 다시 말하면, 중국의 이전 전통산업을 각종 IT기술을 결합시켜 스마트화 시키는 것)
7	拒买族	jùmǎizú	쥐마이주, 생활 필수품을 제외한 어떤 물건도 사지 않는 과도한 소비를 지양하는 사람들
8	啃老族	kěnlǎozú	캥거루족, 부모에게 경제적으로 의존하는 젊은이들을 일컫는 말

9	零浪费	línglàngfèi	제로웨이스트(ZeroWaste, 생활 속 쓰레기를 최소화하기 위한 환경보호 운동)
10	绿色出行	lǜsè chūxíng	녹색출행, 가급적 자가 차량 이용을 줄이는 것(에너지를 아끼고 환경을 보호하기 위해 버스, 지하철 등의 대중교통을 이용하거나, 보행이나 자전거 이용을 권장한다)
11	尼特族	nítèzú	니트족(NEET族), 나라에서 정한 의무교육을 마친 뒤에도 진학이나 취직을 하지 않으면서도, 직업훈련도 받지 않는 사람을 가리키는 말로, Not currently engaged in Education, Employment or Training의 약자
12	拟人机器人	nǐrén jīqìrén	휴머노이드 로봇, 인간형 로봇
13	抢票	qiǎngpiào	티켓팅
14	亲子阅读	qīnzǐ yuèdú	부모와 자녀가 함께 하는 독서
15	亲子活动	qīnzǐ huódòng	부모와 자녀가 함께 하는 행사
16	情怀牌	qínghuái pái	(소비자 감성을 자극하는) 감성마케팅
17	热门	rèmén	인기 있는 것, 유행하는 것, 잘 팔리는 것
18	人脸识别技术	rénliǎn shìbié jìshù	안면인식기술
19	社交媒体	shèjiāo méitǐ	소셜 미디어
20	社交软件	shèjiāo ruǎnjiàn	소셜네트워크서비스, SNS(Social Network Services/Sites)
21	社交网站	shèjiāo wǎngzhàn	소셜 네트워크 서비스, SNS
22	刷脸	shuā liǎn	안면인식
23	刷脸支付	shuā liǎn zhīfù	안면인식결제
24	剧透	jùtòu	동 영화 내용을 폭로하다 명 스포일러
25	网约车	wǎngyuēchē	모바일 콜택시
26	微博	wēibó	웨이보, 미니 블로그(중국판 트위터)
27	微信	wēixìn	위챗(위채트, wecaht) (중국의 무료채팅 어플)

28	伪心理学	wěi xīnlǐxué	사이비 심리학
29	无人机	wúrén jī	드론, '无人驾驶飞机(wúrén jiàshǐ fēijī, 무인비행기)'의 약칭
30	无人驾驶	wúrén jiàshǐ	무인자율주행
31	无人酒店	wúrén jiǔdiàn	무인텔
32	虚拟现实	xūnǐ xiànshí	가상 현실
33	亚健康	yàjiànkāng	아건강 (건강과 질병 사이의 일종 상태로서 주요 증세는 식욕감퇴·짜증·두통·피로·신경쇠약·불면증 등이 있음)
34	亚健康阅读	Yàjiànkāng yuèdú	아(亚)건강 독서 (뚜렷한 질병은 없지만 건강이 좋지 못한 상태의 '아(亚)건강'의 이름을 딴 표현으로서, 마음의 양식이 되는 좋은 책을 읽지 않고, 다양한 소재의 내용이 쉽고 구조가 간단한 책들을 읽는 것을 나타낸다)
35	支付宝	zhīfùbǎo	알리페이(중국 모바일 전자 결제 앱)
36	智能家居	zhìnéng jiājū	홈오토메이션(home automation), 가정자동화
37	智能门锁	zhìnéng ménsuǒ	스마트 도어록
38	70后	qīlínghòu	치링허우, 70년대에 태어난 중국인
39	80后	bālínghòu	바링허우, 80년대에 태어난 중국인(10대나 20대에 풍족함을 느낀 세대)
40	90后	jiǔlínghòu	쥬링허우, 90년대에 태어난 중국인(유아기부터 풍족함을 접한 세대)
41	95后	jiǔwǔhòu	쥬우허우, 1995년에서 1999년 사이에 태어난 중국인(막 20대 초반이 된 학생 또는 사회 초년생)
42	00后	língling hòu	링링허우, 2000년에서 2009년 사이에 태어난 중국인(휴대전화, 인터넷을 접하며 자란 '모바일세대')

HSK
6급

꼭 알아두어야 할
6급 성어

꼭 알아두어야 할 6급 성어

1	爱不释手 ài bú shì shǒu	너무나 좋아하여 차마 손에서 떼지 못하다 这次新换的手机功能很多，让我爱不释手。 이번에 새로 바꾼 휴대전화의 기능이 너무 많아서 나로 하여금 손에서 떼지 못하게 했다.
2	半途而废 bàn tú ér fèi	일을 중도에 그만두다 学习不能半途而废。 공부는 도중에 포기해서는 안 된다.
3	比比皆是 bǐ bǐ jiē shì	도처에 있다, 아주 흔하다, 비일비재다 会说汉语的人比比皆是。 중국어를 할 줄 아는 사람이 비일비재다.
4	必不可少 bì bù kě shǎo	없어서는 안 되다 想要成功的话，自信是必不可少的。 성공하려면 자신감이 없어서는 안 된다.
5	博大精深 bó dà jīng shēn	문화나 예술이 넓고 심오하다 中国文化博大精深。 중국문화는 넓고 심오하다.
6	不可或缺 bù kě huò quē	없어서는 안되다 水是我们生命中不可或缺的一部分。 물은 우리 생명에 없어서 안 되는 일부이다.
7	不可思议 bù kě sī yì	불가사의하다 世界上有很多不可思议的事情。 세상에 불가사의한 일들이 아주 많다.
8	不相上下 bù xiāng shàng xià	막상막하이다 他们俩的水平不相上下。 그 두 사람의 실력은 막상막하이다.
9	不言而喻 bù yán ér yù	말하지 않아도 안다 这是一个不言而喻的道理。 이것은 말하지 않아도 다 아는 이치이다.

10	层出不穷 céng chū bù qióng	끊임없이 나타나다 最近好人好事层出不穷。 요즘에 착한 사람이 선행을 베푸는 일이 끊임없이 나온다.
11	称心如意 chèn xīn rú yì	마음에 꼭 들다 他终于找到了一份称心如意的工作。 그는 마침내 마음에 꼭 드는 일을 찾았다.
12	出人意料 chū rén yì liào	예상 밖이다 考试的结果出人意料。 시험 결과가 예상 밖이다.
13	川流不息 chuān liú bù xī	끊임없이 오가다 学校门前那条路上总是川流不息。 학교 정문 앞 그 길은 항상 차들이 오간다.
14	大街小巷 dà jiē xiǎo xiàng	큰길과 작은 골목, 온 거리 春节到了，大街小巷都是人。 설날이 되어 온 거리에 사람들로 가득하다.
15	当机立断 dāng jī lì duàn	제 때에 즉시 결단하다 他当机立断，直接辞职了。 그는 즉시 결단을 내려 바로 사직했다.
16	得不偿失 dé bù cháng shī	얻는 것보다 잃는 것이 많다 饿肚子减肥是一种得不偿失的做法。 굶어서 다이어트를 하는 것은 얻는 것보다 잃는 것이 더 많은 방법이다.
17	得天独厚 dé tiān dú hòu	우월한 자연조건을 갖고 있다 他的身体条件得天独厚。 그의 신체조건은 타고났다.
18	各抒己见 gè shū jǐ jiàn	제각기 자기 의견을 말하다 会上大家各抒己见，提出了很多好的建议。 회의 때 사람들이 제각기 자기 의견을 말하여 좋은 제안을 많이 제시했다.

19	顾名思义 gù míng sī yì	글자 그대로, 말 그대로 亲情，顾名思义，就是亲人的情义。 '亲情'은 말 그대로 가족 간의 정이다.
20	归根到底 guī gēn dào dǐ	근본으로 돌아가다, 결국, 끝내 这件事归根到底还是得你出面。 이 일은 결국 네가 나서야 한다.
21	恍然大悟 huǎng rán dà wù	문득 모든 것을 깨닫다 他恍然大悟，终于明白了自己错在哪里。 그는 문득 모든 것을 깨달았고, 자신이 무엇을 잘못했는지를 드디어 알았다.
22	急功近利 jí gōng jìn lì	눈앞의 성공과 이익에만 급급하다 做生意不能急功近利。 장사하는 데 눈앞의 성공과 이익에 급급해서는 안 된다.
23	急于求成 jí yú qiú chéng	서둘러 성공을 추구하다, 마음이 급하다 减肥不能急于求成。 다이어트하는 데 마음이 급해서는 안 된다.
24	家喻户晓 jiā yù hù xiǎo	집집마다 다 알다, 누구나 다 알고 있다 这个故事在中国家喻户晓。 이 이야기는 중국에서 누구나 다 알고 있다.
25	家家户户 jiā jiā hù hù	가가호호, 집집마다 春节到了，家家户户都贴上了对联。 설날이 되어 집집마다 대련을 붙였다.
26	见多识广 jiàn duō shí guǎng	보고 들은 것이 많고 식견도 넓다 王教授见多识广，很受学生们的爱戴。 왕교수는 식견이 넓어서 학생들의 존경을 많이 받는다.
27	竭尽全力 jié jìn quán lì	모든 힘을 다 기울이다 我会竭尽全力帮你的。 나는 모든 힘을 다 해 너를 도와주겠다.

28	津津有味 jīn jīn yǒu wèi	흥미진진하다 妹妹听我讲故事听得津津有味。 동생이 내가 해주는 이야기를 흥미진진하게 듣고 있다.
29	锦上添花 jǐn shàng tiān huā	금상첨화 他的出现对这次颁奖典礼来说无疑是锦上添花。 그가 나타난 것은 이번 시상식에 틀림없이 금상첨화이다.
30	精益求精 jīng yì qiú jīng	더 잘하려고 애쓰다 做事要精益求精，不能马马虎虎的。 일을 할 때 잘하려고 애써야 하고, 대충해서는 안 된다.
31	举世闻名 jǔ shì wén míng	전세계에 이름이 알려지다 中国的万里长城举世闻名。 중국의 만리장성은 전세계에 이름이 알려져 있다.
32	举足轻重 jǔ zú qīng zhòng	일거수일투족이 전체에 중대한 영향을 끼치다 他在我们公司是举足轻重的人物。 그는 우리회사의 중대한 영향을 끼치는 인물이다.
33	聚精会神 jù jīng huì shén	정신을 집중하다, 열중하다 上课时要聚精会神地听老师讲课。 수업 때 집중하여 선생님의 강의를 들어야 한다.
34	举世瞩目 jǔ shì zhǔ mù	온 세상 사람이 모두 주목하다 我国的现代化建设取得了举世瞩目的成就。 우리나라의 현대화 건설은 온 세상이 주목할 만한 성취를 이루었다.
35	空前绝后 kōng qián jué hòu	전무후무하다 这次大会的规模可谓空前绝后。 이번 대회의 규모는 전무후무라고 말할 수 있다.
36	苦尽甘来 kǔ jìn gān lái	고진감래, 고생 끝에 낙이 온다 我在这家公司干了十年了，现在终于苦尽甘来了。 나는 이 회사에서 10년 동안 일했고, 이제 드디어 고생 끝에 낙이 왔다.

37	理所当然 lǐ suǒ dāng rán	도리로 보아 당연하다 孝顺父母是理所当然的事情。 부모에게 효도를 하는 것은 도리로 보아 당연한 일이다.
38	力所能及 lì suǒ néng jí	자기 능력으로 해낼 수 있다 应该多让孩子们做一些力所能及的事情。 아이들에게 스스로 할 수 있는 일을 많이 하도록 시켜야 한다.
39	络绎不绝 luò yì bù jué	(사람, 수레, 배 등) 왕래가 빈번해 끊이지 않다 北京的故宫一年到头游客络绎不绝。 베이징의 고궁은 일년내내 여행객들이 끊이지 않는다.
40	名副其实 míng fù qí shí	명실상부하다 他是一个名副其实的好人。 그는 명실상부한 좋은 사람이다.
41	莫名其妙 mò míng qí miào	영문을 모르다, 황당하다 他今天的表现让人感到莫名其妙。 오늘 그의 행동은 사람들이 황당하다고 여기게끔 했다.
42	目不暇接 mù bù xiá jiē	많아서 다 볼 수 없다, 눈이 모자라다 展品多得让人目不暇接。 전시품이 많아서 다 볼 수 없다.
43	难能可贵 nán néng kě guì	어려운 일을 해내어 대단하다 他的这种爱学习的精神真是难能可贵。 그의 학구열이 정말 대단하다.
44	迫不及待 pò bù jí dài	상황이 급하여 한시도 지체할 수 없다 一放假，同学们就都迫不及待地回老家了。 방학하자마자 학생들은 기다렸다는 듯이 고향으로 내려갔다.
45	齐心协力 qí xīn xié lì	한마음 한 뜻으로 함께 노력하다 同事们齐心协力渡过了难关。 동료들은 힘을 합쳐 난관을 극복했다.

46	迄今为止 qì jīn wéi zhǐ	지금에 이르기까지 迄今为止还没有人打破这个纪录。 지금까지 이 기록을 깬 사람은 없다.
47	千方百计 qiān fāng bǎi jì	온갖 방법과 계략을 다하다 他千方百计帮我买到了一张火车票。 그는 온갖 방법을 다 동원하여 나의 기차표를 구해줬다.
48	潜移默化 qián yí mò huà	은연중에 감화되다 父母的言行给我们带来了潜移默化的影响。 부모의 언행은 은연중에 우리에게 영향을 끼친다.
49	锲而不舍 qiè ér bù shě	중도에 그만두지 않고 끝까지 하다 有了目标就要锲而不舍地坚持下去。 목표가 생겼으면 끝까지 버텨야 한다.
50	轻而易举 qīng ér yì jǔ	매우 수월하다 这件事对我来说轻而易举。 이 일은 나에게는 매우 수월하다.
51	全力以赴 quán lì yǐ fù	전력 투구하다 我们会全力以赴完成任务。 우리는 전력을 다 해 임무를 완수할 것이다.
52	日新月异 rì xīn yuè yì	나날이 새로워지다 近年来中国科技发展日新月异。 최근 몇 년간 중국의 과학기술 발전이 나날이 새로워지고 있다.
53	身临其境 shēn lín qí jìng	그 장소에 직접 가다 他的画总是给人一种身临其境的感觉。 그의 그림은 항상 사람들에게 그 장소에 직접 가 있는 느낌을 준다.
54	实事求是 shí shì qiú shì	있는 그대로의 사실에 토대하여 진리를 탐구하다 做事应该实事求是，不能夸张。 일하는 데 있는 그대로 해야 하며 과장해서는 안 된다.

55	数不胜数 shǔ bú shèng shǔ	셀래야 셀 수 없다 他的作品数不胜数。 그의 작품은 셀 수 없이 많다.
56	顺其自然 shùn qí zì rán	순리에 따르다 该做的我都做了，现在只能顺其自然了。 할 것을 다 했으니 이제 순리에 따를 뿐입니다.
57	司空见惯 sī kōng jiàn guàn	사공은 항상 보아서 신기하지 않게 생각하다, 흔히 있는 일이다 这在中国是司空见惯的现象。 이것은 중국에서는 아주 흔한 현상입니다.
58	四面八方 sì miàn bā fāng	사방팔방 亲朋好友从四面八方赶来参加我的婚礼。 친척과 친구들은 사방팔방으로 나의 결혼식에 참석했다.
59	酸甜苦辣 suān tián kǔ là	세상의 온갖 고초, 풍상 我尝尽了人生的酸甜苦辣。 나는 인생의 온갖 고초를 다 겪었다.
60	讨价还价 tǎo jià huán jià	흥정하다, 여러 가지 조건을 내걸고 시시콜콜 따지다 中国人买东西时爱讨价还价。 중국인은 물건을 살 때 흥정하는 것을 좋아한다.
61	脱颖而出 tuō yǐng ér chū	재능이 나타나다, 두각을 나타내다 他在这次大赛上脱颖而出。 그는 이번 대회에서 두각을 드러냈다.
62	微不足道 wēi bù zú dào	하찮아서 말할 가치도 없다 我做的都是微不足道的小事。 내가 한 것은 다 말할 가치도 없는 작은 일들이었다.
63	无能为力 wú néng wéi lì	여건이 안 돼서 할 수 없다 这次我也无能为力了。 이번에는 나도 어떻게 할 수가 없다.

번호	성어	뜻 / 예문
64	无穷无尽 wú qióng wú jìn	무궁무진하다 知识是无穷无尽的。 지식은 무궁무진하다.
65	无微不至 wú wēi bú zhì	매우 세밀하고 두루 미치다 我永远也忘不了王老师对我的无微不至的关怀。 왕선생님의 나의 대한 세심한 관심은 영원히 잊을 수 없다.
66	无影无踪 wú yǐng wú zōng	흔적도 없다 大雾消失得无影无踪。 짙은 안개가 흔적도 없이 사라졌다.
67	五花八门 wǔ huā bā mén	형형색색, 다양하다 这条街上有很多五花八门的小吃。 이 거리에는 다양한 먹거리가 있다.
68	物美价廉 wù měi jià lián	물건도 좋고 값도 싸다 这家商店的东西物美价廉。 이 가게의 물건들은 품질도 좋고 값도 싸다.
69	喜闻乐见 xǐ wén lè jiàn	기쁜 마음으로 듣고 보다 相声是老百姓喜闻乐见的一种艺术形式。 만담은 서민들이 즐겨 듣고 좋아하는 일종의 예술형식이다.
70	相辅相成 xiāng fǔ xiāng chéng	상부상조하다 学与问是相辅相成的关系。 배우는 것과 묻는 것은 상부상조한 관계이다.
71	想方设法 xiǎng fāng shè fǎ	온갖 방법을 생각하다 我会想方设法帮助你的。 나는 온갖 방법을 다 찾아서 너를 도와줄 거야.
72	显而易见 xiǎn ér yì jiàn	명백히 알 수 있다 这是一个显而易见的道理。 이것은 아주 명백한 이치이다.

73	小心翼翼 xiǎo xīn yì yì	매우 조심스럽다 他小心翼翼地出去了，生怕打扰了我。 나를 방해할까 봐 그는 조심스럽게 나갔다.
74	新陈代谢 xīn chén dài xiè	신진대사 坚持运动可以加快新城代谢。 꾸준히 운동하는 것은 신진대사를 빠르게 할 수 있다.
75	欣欣向荣 xīn xīn xiàng róng	초목이 무성하다, 번영하다 首尔到处呈现出一片欣欣向荣的景象。 서울 곳곳에 번영한 모습이 나타나고 있다.
76	雪上加霜 xuě shàng jiā shuāng	설상가상 考试没考好，还把钱包丢了，真是雪上加霜。 시험도 못봤고, 게다가 지갑도 잃어버렸으니 정말로 설상가상이었다.
77	循序渐进 xún xù jiàn jìn	순차적으로 진행하다 学习应该循序渐进。 공부는 순차적으로 진행해야 한다.
78	咬牙切齿 yǎo yá qiè chǐ	분노하여 이를 갈다, 몹시 화가 나다 孩子不听话，妈妈气得咬牙切齿的。 아이가 말을 안 들어서 엄마가 화가 나서 이를 갈 정도였다.
79	一动不动 yí dòng bú dòng	꼼짝하지 않다 爸爸躺在沙发上看电视，一动不动。 아빠가 소파에 누워서 TV를 보는데 꼼짝하지도 않았다.
80	一帆风顺 yì fān fēng shùn	순풍(順風)에 돛을 올리다, 일이 순조롭게 진행되다 人生不可能一帆风顺，总会遇到一些挫折。 인생은 늘 순탄할 수가 없고, 언젠가는 좌절을 마주치게 된다.
81	一举一动 yì jǔ yí dòng	일거수일투족, 모든 행동 他的一举一动都很有礼貌。 그의 일거수일투족은 매우 예의 바르다.

82	**一目了然** yí mù liǎo rán	일목요연하다 他的报告写得很清楚，让人看了一目了然。 그의 보고서는 아주 정확하게 써서 사람들로 하여금 일목요연하게 보이게 했다.
83	**一丝不苟** yì sī bù gǒu	조금도 소홀히 하지 않다, 꼼꼼하다 他做什么事情都一丝不苟。 그는 무슨 일을 하든 다 꼼꼼하게 잘한다.
84	**一举两得** yì jǔ liǎng dé	일거양득 我来北京留学，既学到了汉语，又交到了中国朋友，真是一举两得。 내가 베이징에 유학 와서 중국어도 배웠고, 중국인 친구도 사귀게 되니 정말 일거양득이었다.
85	**一无所有** yì wú suǒ yǒu	아무것도 없다 我都已经工作十年了，还是一无所有。 나는 벌써 일한 지 10년이 되었는데 가진 것은 여전히 아무것도 없다.
86	**因人而异** yīn rén ér yì	사람에 따라 다르다 凡事都是因人而异的，不能一概而论。 모든 일은 다 사람에 따라 다르고, 일률적으로 논해서는 안된다.
87	**优胜劣汰** yōu shèng liè tài	우승열패, 강한자는 번성하고 약한자는 쇠멸한다 优胜劣汰是自然法则，不好的东西早晚会被淘汰。 우승열패는 자연의 법칙이며 안 좋은 것은 언젠가는 도태된다.
88	**由此可见** yóu cǐ kě jiàn	이로부터(이로써) 알 수 있다, 이로부터 볼 수 있다 由此可见，没有压力就没有动力。 이로써 알 수 있는 것은 압력이 없으면 원동력도 없다.
89	**游刃有余** yóu rèn yǒu yú	힘들이지 않고 여유 있게 일을 처리하다, 식은 죽 먹기 他的中文水平很高，这么简单的翻译工作对他来说是游刃有余。 그의 중국어 수준이 매우 높아서 이런 간단한 통역 업무는 그에게 식은 죽 먹기라고 할 수 있다.

90	犹豫不决 yóu yù bù jué	결단을 내리지 못하고 망설이다, 우유부단하다 他在换工作的问题上一直犹豫不决。 그는 직장을 옮기는 문제에서 계속 망설이고 있다.
91	有条不紊 yǒu tiáo bù wěn	조리 있고 질서 정연하다 他做事一向有条不紊，从来都不慌。 그는 일 처리할 때 항상 조리 있게 하고 한번도 당황하지 않는다.
92	与日俱增 yǔ rì jù zēng	날이 갈수록 많아지다 最近走出国门的中国游客与日俱增。 요즘에 나라 밖으로 나가는 중국 여행객이 나날이 많아지고 있다.
93	再接再厉 zài jiē zài lì	더욱더 힘쓰다, 한층 더 분발하다 我们要再接再厉，争取取得更好的成绩。 우리는 한층 더 분발하여 더 좋은 성적을 얻기 위해 노력해야 한다.
94	朝气蓬勃 zhāo qì péng bó	생기가 넘쳐흐르다, 생기발랄하다 朝气蓬勃的年轻人就像早上升起的太阳。 생기발랄한 젊은이들은 아침에 떠오르는 태양과 같다.
95	争先恐后 zhēng xiān kǒng hòu	앞을 다투다 同学们都争先恐后地回答老师的问题。 학생들이 앞 다투어 선생님의 질문에 대답하고 있다.
96	至关重要 zhì guān zhòng yào	매우 중요하다, 지극히 중용하다 养成良好的生活习惯对一个人来说是至关重要的。 좋은 생활습관을 기르는 것은 사람에게 매우 중요한 것이다.
97	众所周知 zhòng suǒ zhōu zhī	모든 사람이 다 알고 있다 众所周知，纸是中国人发明的。 모든 사람이 다 알고 있듯이 종이는 중국인이 발명한 것이다.
98	助人为乐 zhù rén wéi lè	남을 돕는 것을 기쁘게 생각하다 他助人为乐的事迹非常让人感动。 그가 남을 도운 일은 매우 감동적이었다.

99	自力更生 zì lì gēng shēng	자력갱생하다
		毕业后应该自力更生，不应该依赖父母。 졸업한 후에는 자력갱생해야 마땅하고, 부모에게 의존해서는 안 된다.
100	总而言之 zǒng ér yán zhī	총괄적으로 말하면, 요컨대, 어쨌든
		总而言之，我会永远支持你的！ 어쨌든 나는 영원히 너를 응원할 거야!